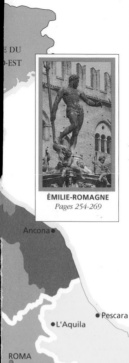

ÉMILIE-ROMAGNE
Pages 254-269

TRENTIN-HAUT ADIGE
Pages 166-175

VÉNÉTIE ET FRIOUL
Pages 138-165

VENISE
Pages 84-137

OMBRIE
Pages 348-363

MARCHES
Pages 364-373

ABRUZZES, MOLISE ET POUILLE
Pages 500-513

E DU
O-EST

Ancona

L'Aquila • Pescara

ROMA

ROME
ET LE LATIUM

Campobasso

Foggia

Bari •

ITALIE
DU
SUD

Napoli •

Salerno • Potenza

Taranto •

NAPLES ET CAMPANIE
Pages 482-499

Catanzaro •

BASILICATE ET CALABRE
Pages 514–521

Messina • Reggio di Calabria

Palermo •

Catania •

Agrigento •

SICILE
Pages 522-543

GUIDES ◉ VOIR

ITALIE

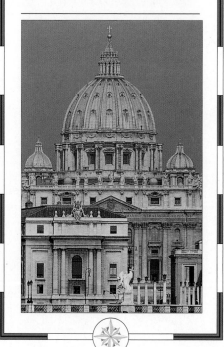

GUIDES 👁 VOIR

ITALIE

Libre Expression
QUEBECOR MEDIA

@ QUEBECOR MEDIA

HACHETTE TOURISME
43, quai de Grenelle 75905 Paris Cedex 15

DIRECTION
Nathalie Pujo

RESPONSABLE DE COLLECTION
Catherine Laussucq

ÉDITION
Jennifer Joly

TRADUIT ET ADAPTÉ DE L'ANGLAIS PAR
Dominique Brotot

AVEC LA COLLABORATION DE
Cécile Beaucourt

MISE EN PAGES (PAO)
Maogani

CE GUIDE VOIR A ÉTÉ ÉTABLI PAR
Ros Belford, Susie Boulton, Christopher Catling, Sam Cole,
Paul Duncan, Olivia Ercoli, Andrew Gumbel,
Tim Jepson, Ferdie McDonald, Jane Shaw

Publié pour la première fois en Grande-Bretagne
en 1996 sous le titre :
Eyewitness Travel Guides : Italy
© Dorling Kindersley Limited, London 2007
© Hachette Livre (Hachette Tourisme)
2007 pour la traduction et l'édition française.
Cartographie © Dorling Kindersley 2007

IMPRIMÉ EN CHINE PAR SOUTH CHINA PRINTING COMPANY LTD

Aussi soigneusement qu'il ait été établi, ce guide
n'est pas à l'abri des changements de dernière heure.
Faites-nous part de vos remarques, informez-nous
de vos découvertes personnelles : nous accordons
la plus grande attention au courrier de nos lecteurs.

Éditions Libre Expression
7, chemin Bates
Outremont (Québec) H2V 4V7

DÉPÔT LÉGAL :
BIBLIOTHÈQUE ET ARCHIVES NATIONALES DU QUÉBEC, 2007
ISBN 978-2-7648-0334-9

SOMMAIRE

David par le Bernin, Rome

PRÉSENTATION
DE L'ITALIE

L'ITALIE
DU NORD-EST

NORTHWEST ITALY

◁ **Fertile campagne viticole aux environs de Panzano in Chianti en Toscane**

Gondoles sur un canal vénitien

Petit magasin traditionnel à
Volterra en Toscane

La basilique San Francesco entreprise en 1228 à Assise

COMMENT UTILISER CE GUIDE

Ce guide a pour but de vous aider à profiter au mieux de votre séjour en Italie. L'introduction, *Présentation de l'Italie*, situe le pays dans son contexte géographique et historique. Dans les quinze chapitres consacrés aux provinces italiennes, ainsi que dans ceux décrivant *Rome, Floren-*

ce et *Venise*, plans, textes et illustrations présentent en détail tous les principaux sites et monuments. Les *Bonnes adresses* vous fourniront des informations sur les hôtels et les restaurants, et les *Renseignements pratiques* vous donneront des conseils utiles dans tous les domaines de la vie quotidienne.

ROME

Nous avons divisé le centre de Rome en cinq quartiers. À chacun correspond un chapitre qui débute par une description générale et une liste des monuments présentés. Des numéros situent clairement ces monuments sur un plan. Ils correspondent à l'ordre dans lequel ils sont décrits en détail dans le corps du chapitre.

Le quartier d'un coup d'œil donne une liste par catégories des centres d'intérêt : églises, musées, rues, places et édifices.

Un repère rouge signale toutes les pages concernant Rome.

Une carte de localisation indique la situation du quartier dans la ville.

1 Plan général du quartier
Un numéro indique sur ce plan les monuments et sites de chaque quartier. Ils apparaissent également sur les plans de l'Atlas des rues, pages 447-457.

2 Plan du quartier pas à pas
Il offre une vue aérienne détaillée du quartier.

Le meilleur itinéraire de promenade apparaît en rouge.

Des étoiles signalent les sites à ne pas manquer.

3 Renseignements détaillés
Les sites et les monuments sont décrits un par un. Les adresses, heures d'ouverture ou accès en fauteuil roulant sont fournis. La légende des symboles se trouve sur le dernier rabat de couverture.

1 Introduction
Elle décrit les paysages et la personnalité de chacune des régions du guide en montrant l'empreinte de l'histoire, et présente ses principaux attraits touristiques.

L'ITALIE RÉGION PAR RÉGION
Nous avons divisé l'Italie (hors Rome, Florence et Venise) en quinze régions, qui font chacune l'objet d'un chapitre séparé. Sur la *Carte touristique*, un numéro indique les localités et sites les plus intéressants.

Un repère de couleur correspond à chaque région. Le premier rabat de couverture en donne la liste complète.

2 La Carte touristique
Elle offre une vue d'ensemble de toute la région et de son réseau routier. Les sites principaux sont répertoriés et numérotés. Des informations pour visiter la région en voiture, en car ou en train sont fournies.

3 Renseignements détaillés
Les localités et sites importants sont décrits un par un, dans l'ordre de la numérotation de la Carte touristique. *Les notices présentent en détail ce qu'il y a d'intéressant à visiter dans chaque région.*

Des encadrés approfondissent certains sujets.

Le Mode d'emploi vous aide à organiser votre visite.

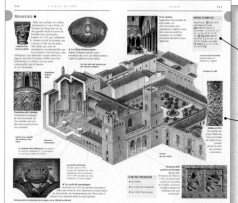

4 Les principaux sites
Deux pleines pages, ou plus, leur sont réservées. La représentation en coupe des édifices historiques en dévoile l'intérieur. Les plans des musées, par étage, vous aident à localiser les œuvres les plus intéressantes.

PRÉSENTATION
DE L'ITALIE

DÉCOUVRIR L'ITALIE

L'Italie est un pays enchanteur qui permet à tous les visiteur de découvrir une extraordinaire palette de régions et de vivre de riches expériences. Sur plus de 1 000 km du nord au sud, elle s'étend des Alpes et de la plaine industrialisée du Pô,

L'empereur Auguste, à Turin

à l'extrême nord, jusqu'aux îles et rivages méditerranéens inondés de soleil, au sud. Si son incomparable héritage artistique et culturel se concentre sur la Renaissance, elle regorge aussi d'une myriade de merveilles naturelles et de trésors artisanaux et culinaires.

VENISE

- Piazza San Marco
- Marché de produits frais du Rialto
- Promenades en gondole

Venise est une ville enchanteresse, mais le visiteur ne doit pas oublier qu'elle est aussi humide, brumeuse et particulièrement chère. De plus, elle ne connaît guère de basse saison, ce qui signifie que ses principaux sites, tels que la **Piazza San Marco** *(p. 108-109)* et le pont du **Rialto**, ou encore ses marchés *(p. 97)* et ses multiples musées et galeries d'art, sont parfois envahis par la foule. En revanche, son dédale de ruelles souvent peu fréquenté vous permettra de découvrir, au hasard d'une balade, des églises ornées de splendides œuvres d'art. Au départ du **Grand Canal** *(p. 88-91)*, les vaporetti font le tour de la ville et desservent les îles isolées de la lagune,

telles que **Murano** et **Burano** *(p. 121)*. Une promenade en gondole s'impose pour découvrir les ruelles secrètes et les paisibles canaux.

VÉNÉTIE ET FRIOUL

- Vérone
- Cappella degli Scrovegni de Padoue
- Ruines d'Aquileia

Statue de nymphée, en Vénétie

Si vous sillonnez les collines couvertes de vignes du Nord-Est de l'Italie, vous découvrirez de majestueuses villas, des villes charmantes… et des vins de grande qualité. Les villes animées de la Vénétie sont des lieux de visite incontournables : **Vérone** *(p. 142-147)*, où se déroula la tragique histoire de Roméo et Juliette, et Padoue, avec son impressionnante **Cappella degli Scrovegni** *(p. 156-157)*. Plus à l'est, on trouve le Frioul, plus dépouillé, et les ruines mélancoliques de

Les collines couvertes de vignes de la campagne vénétienne

l'ancienne cité romaine d'**Aquileia** *(p. 164)*, entièrement rasée par le célèbre Attila le Hun en 452. Enfin, ne manquez pas la ravissante **Cividale di Friuli** *(p. 163)* située sur les contreforts des magnifiques Alpes juliennes.

TRENTIN-HAUT-ADIGE

- Skier dans les Dolomites
- Châteaux médiévaux
- « L'homme des glaces » de Bolzano

Ces anciennes terres autrichiennes mêlent harmonieusement la culture pastorale alpine traditionnelle et l'héritage germanique. De vieilles fermes en bois, ainsi que des châteaux et monastères médiévaux ornent les versants des imposantes **Dolomites** *(p. 82-83)*, offrant un contraste frappant avec les complexes modernes qui accueillent en hiver une foule de skieurs. L'été, amoureux de la nature et alpinistes traversent les vergers et les prairies fleuries

Santa Maria della Salute sur les rives du Grand Canal, à Venise

Corniglia, l'une des Cinque Terre en Ligurie

pour atteindre les refuges de haute montagne. Quant à la charmante commune de **Bolzano** *(p. 172)*, elle abrite dans son musée la momie de « l'homme des glaces », vieille de 5 000 ans.

LOMBARDIE

- **Milan, capitale de la mode**
- **En ferry sur les lacs**
- **Bergame et Mantoue**

Milan, ville de Versace, Gucci et Armani, possède une architecture élégante dont témoigne le **Duomo** gothique *(p. 193)*, et une profusion de trésors artistiques avec, à leur tête, le *Dernier Souper* de Léonard de Vinci *(p. 192)*. Milan abrite aussi **la Scala** *(p. 193)*, principal opéra du pays. À proximité, le **lac de Côme** et le **lac Majeur** *(p. 190-191)* sont bordés de villas et parcourus par de lents ferries. **Bergame** *(p. 201)*, **Pavie** *(p. 203)* et **Mantoue** *(p. 207)* méritent le détour : elles regorgent de monastères et palais Renaissance.

Lèche-vitrines dans la Via Montenapoleone, à Milan

VAL D'AOSTE ET PIÉMONT

- **Turin et le Linceul**
- **Ski olympique**
- **Parco Nazionale del Gran Paradiso**

Turin, capitale du Piémont *(p. 220-225)*, évoque tout à la fois les usines automobiles Fiat et le Saint Suaire ; c'est également la ville qui a accueilli les Jeux Olympiques d'hiver 2006. Elle est renommée pour sa nourriture raffinée et ses vins rouges des collines de Langhe, ainsi que pour les fromages de la région et le riz produit dans les champs détrempés de **Vercelli** *(p. 228)*.
Non loin, les Alpes occidentales s'élancent vers le ciel et culminent au **Mont Blanc** *(p. 214)*, situé sur la frontière franco-italienne. Les vallées alpines du **parc national du Grand-Paradis** *(p. 216-217)* abritent de nombreux animaux sauvages, notamment des bouquetins et des chamois.

LIGURIA

- **Cinque Terre**
- **Riviera italienne**
- **Gênes, cité prospère**

Les ravissants hameaux de la côte des **Cinque Terre** *(p. 241)* offrent au promeneur des sentiers vertigineux traversant des coteaux cultivés en terrasses. La Riviera italienne, qui jouit

d'un climat doux, est réputée pour ses marchés, en particulier celui de **San Remo** *(p. 235)*. La mer Ligurienne attire les bateaux de plaisance, qui font escale dans les pittoresques villages côtiers.
La capitale de la région, **Gênes** *(p. 236-239)*, regorge de richesses : citons pêle-mêle les pâtes au pesto, la maison de Christophe Colomb, le front de mer et l'un des plus grands aquariums d'Europe.

Mosaïque de la Sant'Apollinare Nuovo basilica, à Ravenne

ÉMILIE-ROMAGNE

- **Plages de Rimini**
- **Bologne, chargée d'histoire**
- **Ravenne et ses mosaïques**

Située au centre de l'Italie et s'étendant jusqu'à la côte adriatique, l'Émilie-Romagne couvre une large partie de la chaîne des Apennins. Toute visite doit inclure **Bologne** *(p. 262-265)*, ainsi que l'impressionnante station balnéaire de **Rimini** *(p. 266)*, avec son front de mer tout en longueur, et les splendides mosaïques byzantines des églises de **Ravenne** *(p. 266-269)*.
La nourriture joue ici un rôle de premier plan. Les tortellini, le jambon de Parme séché, le parmesan et le vinaigre balsamique parfumé de **Modène** *(p. 260)* sont célèbres dans le monde entier.

FLORENCE ET TOSCANE

- **Florence et l'art de la Renaissance**
- **Pise et sa tour**
- **Vignobles du Chianti**

Florence incarne l'art de la Renaissance et regorge de jardins italiens, de superbes places et de monuments, comme le **Duomo** *(p. 280-281)* et l'**Uffizi** *(p. 286-289)*. Non loin de là, la **tour de Pise** *(p. 326)*, **Lucques** *(p. 320-323)* et **Sienne** *(p. 338-343)* méritent une visite.
La campagne toscane, avec ses collines ondulées, ses cyprès au tronc fin et ses champs de coquelicots éclatants au printemps, est un véritable rêve pour les artistes et les touristes. De nombreux vignobles de la célèbre région du Chianti *(p. 250-251)* invitent les passants à une dégustation.

La superbe campagne toscane

Orvieto *(p. 358)* avec son glorieux Duomo et la paisible **Spolète** *(p. 360)*. Les **Monti Sibillini** *(p. 362)* offrent l'été une profusion de fleurs sauvages, tandis que les collines boisées accueillent sangliers et oiseaux chanteurs.

OMBRIE

- **Assise et saint François**
- **Pérouse, ville d'art**
- **Les Monti Sibillini et leur paysage spectaculaire**

Plus paisible que la Toscane, cette région a beaucoup à offrir en termes de paysages et d'art roman.
Assise *(p. 354-355)*, idéalement située, abrite une basilique du XIIIe siècle, associée aux pérégrinations de saint François. On peut également citer la **Pérouse** médiévale *(p. 352-353)*,

MARCHES

- **République de San Marino**
- **Stations balnéaires de l'Adriatique**
- **Urbino Renaissance**

Cette région dépouillée de la côte Adriatique abrite la plus ancienne république d'Europe : **San Marino** *(p. 368)*. Ses stations balnéaires sont prises d'assaut en été. Les villes portuaires d'**Ancône** *(p. 372)* et de **Pèsaro** *(p. 368)* possèdent des marchés aux poissons animés. Située dans l'intérieur vallonné, **Urbino** *(p. 370-371)* est tout simplement merveilleuse avec son Palazzo Ducale, triomphe de l'architecture du XVe siècle.

ROME ET LE LATIUM

- **Colisée et Forum**
- **Cité du Vatican et basilique Saint-Pierre**
- **Sites étrusques**

La capitale du pays recèle de magnifiques monuments de style romain, Renaissance et baroque. L'antique **Forum** *(p. 390-392)* et le **Colisée**

Gradins extérieurs de l'antique Colisée de Rome

(p 393) sont incontournables. L'État indépendant de la Cité du Vatican fait également partie de tous les programmes de visite, avec la **chapelle Sixtine** *(p. 424-426)* et la **basilique Saint-Pierre de Rome** *(p. 418-419)*.
Dans les environs, on peut visiter les anciennes cités étrusques de **Cerveteri** *(p. 466)* et **Tarquinia** *(p. 466)*, ainsi que les célèbres villas de **Tivoli** *(p. 468)* et **Viterbo** *(p. 464-465)*.

Cathédrale historique d'Amalfi, en Campanie

NAPLES ET CAMPANIE

- **Ruines de Pompéi**
- **Capri, l'île en vogue**
- **Amalfi et sa côte**

La Campanie, région de contrastes, possède quelques-unes des plus belles villes d'Italie. **Naples** *(p. 486-493)* propose d'excellentes pizzas et abrite des musées magnifiques et des églises enchanteresses.

Pompéi *(p. 494-495)*, dévastée par le puissant volcan du Vésuve en 62, est fascinante. Nombre de ces vestiges sont rassemblés dans le **Museo Archeologico Nazionale** *(p. 490-491)* de Naples.

Des ferries desservent l'île légendaire de **Capri** *(p. 498-499)*, chérie des Romains, permettant d'admirer les formations de pierre calcaire et les grottes marines. Dernier site incontournable : l'extraordinaire **côte d'Amalfi** *(p. 497)*, avec ses collines en terrasses plantées de citronniers odorants, ses baies et ses plages.

Les étranges *trulli* d'Alberobello, dans les Pouille

ABRUZZES, MOLISE ET POUILLE

- **Plages de Gargano**
- ***Trulli* d'Alberobello**
- **Parco Nazionale d'Abruzzo**

Ces régions méridionales regorgent de trésors : plages de la **péninsule de Gargano** *(p. 508)*, *trulli* (maisonnettes blanchies à la chaux) d'**Alberobello** *(p. 511)*, monuments antiques de **Trani** *(p. 509)*, villes de **L'Aquila** *(p. 504)* et **Lecce** *(p. 512-513)*, célèbre pour son architecture baroque.

Les étendues sauvages et rocailleuses du Gran Sasso, dans le **Parco Nazionale d'Abruzzo** *(p. 506-507)*, sont appréciées pour les randonnées de haute altitude. Une tradition pastorale séculaire habite toujours le village montagneux de **Scanno** *(p 505)*.

Temple de la Concorde dans la vallée des temples, en Sicile

BASILICATE ET CALABRE

- **« Ville de pierre » de Matera**
- **Statues de bronze de Riace**
- **Villages de pêcheurs**

L'extrême sud de l'Italie attire peu de visiteurs. On y trouve pourtant quelques villes qui méritent le détour, à commencer par **Matera** *(p. 518-519)*, classée au patrimoine mondial de l'UNESCO pour ses habitations troglodytiques bâties au fil des siècles dans les collines rocailleuses. À **Reggio di Calabria** *(p. 521)*, sur le détroit de Messine, on admirera deux imposantes statues du Ve siècle av. J.-C., connues sous le nom de bronzes de Riace. Plus bas sur la côte, le coquet village de pêcheurs de **Tropea** *(p. 520)* offre des vues splendides et d'agréables plages.

SICILE

- **Volcans en activité**
- **Cefalù, la très charmante**
- **Ruines grecques monumentales**

La Sicile regorge de superbes paysages. L'imposant **Mont Etna** *(p. 539)* domine. L'intérieur montagneux permet de belles randonnées ; des plages spectaculaires attirent les amateurs de soleil. Les visiteurs seront enchantés par les merveilles byzantines de la **cathédrale de Monreale** *(p. 530-531)*, par **Cefalù** *(p. 535)*, ou encore par les ruines grecques classiques de **Taormine** *(p. 538)*, **Selinunte** *(p. 534)* et **Agrigento** *(p. 535)*.

SARDAIGNE

- **Stations balnéaires de la jet-set**
- **Nuraghi préhistorique**
- **Charmante Alghero**

La Sardaigne est une île de contrastes. Une eau turquoise baigne la somptueuse **Costa Smeralda** *(p. 548)* et des yachts accostent dans ses baies. **Cala Gonone** *(p. 550)* est un peu plus paisible, et **Alghero** *(p. 548)*, sur la côte occidentale, arbore un parfum nettement hispanique. L'intérieur sauvage et rocailleux est parsemée d'énigmatiques **nuraghi** *(p. 549)*.

Les splendides eaux turquoises de la Costa Smeralda, en Sardaigne

La péninsule italienne

La célèbre botte italienne s'enfonce de plus de
1 000 kilomètres dans la Méditerranée. Sur toute
sa longueur, de Gênes à la Sicile, la chaîne des
Appenins sépare ses deux littoraux, tandis
qu'au nord, les Alpes l'isolent du reste de
l'Europe et dominent sa plus grande
plaine, celle du Pô. D'une superficie
de 301 268 km2, y compris la Sicile
et la Sardaigne, le pays compte
58 millions d'habitants.

EUROPE

Vue aérienne de Venise et de son Grand Canal

AUTRICHE Graz

HONGRIE

Klagenfurt

Balaton

Cortina d'Ampezzo

Drau

Dráva

SLOVÉNIE

Belluno

Udine **LJUBLJANA**

Danube

Treviso Trieste

CROATIE

VENEZIA

Ravenna

Rimini

Pèsaro

SAN MARINO Ancona

Image satellite de l'Europe du Sud et la Méditerranée

Gubbio

Mer

BOSNIE ET HERZÉGOVINE

Perugia

Todi Ascoli Piceno

Orvieto Pescara

Dubrovnik

Adriatique

Viterbo L'Aquila

Sulmona

Isole Tremiti

ROMA

Anzio Foggia

Grèce Turquie Egypte

Benevento Bari

Grèce

Naples

Isola d'Ischia Pompei

Brindisi

Amalfi Lecce

Isola di Capri Agri Taranto

Cosenza

Mer Ionienne

Catanzaro

Isole Eólie o Lípari

LÉGENDE

Trapani Palermo

Reggio di Calabria

⎯⎯ Autoroute

SICILE ⎯⎯ Route principale

Catania - - - Liaison par ferries

Siracusa

Malte ⎯·⎯ Frontière

Isola di Pantelleria

0 200 km

L'Italie du Nord

Des liaisons aériennes régulières relient les
principales villes d'Europe à Milan, Turin, Florence,
Bologne, Pise, Vérone et Venise. En voiture depuis la
France, le seul itinéraire qui n'emprunte pas de cols
ou de tunnels de montagne longe le littoral entre
Nice et Vintimille. C'est dans la plaine du Pô et le
long des deux côtes que les réseaux ferroviaire et
autoroutier sont les plus performants. Circuler se
révèle plus difficile dans les Appenins.

Florence par la route
*Autoroutes et routes à deux voies relient
Florence à Pise à l'ouest, à Rome et Sienne
au sud, et à Bologne au nord.*

FLORENCE ET SES ENVIRONS

LÉGENDE

⛴ Embarcadère de ferries

✈ Aéroport

FS Gare principale

■ ■ Frontière internationale

▬ ▬ Frontière régionale

▬▬ Autoroute

▬▬ Route principale

── Voie ferrée

0   4 km

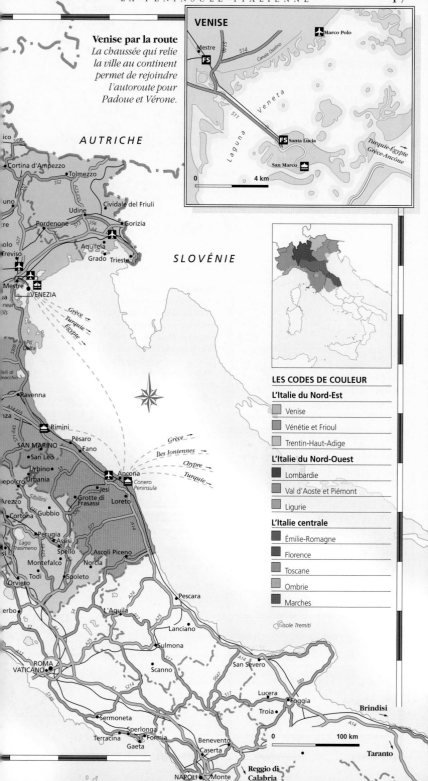

Venise par la route
La chaussée qui relie la ville au continent permet de rejoindre l'autoroute pour Padoue et Vérone.

VENISE

Marco Polo

Mestre

FS

Canale Osellino

S14

Laguna Veneta

S11

FS Santa Lucia

San Marco

Turquie-Égypte
Grèce-Ancône

0   4 km

AUTRICHE

ico

Cortina d'Ampezzo

Tolmezzo

uno

re

Udine

Cividale del Friuli

Pordenone

Gorizia

olo

Treviso

Aquileia

Grado

Trieste

SLOVÉNIE

Mestre

ua

nean

ills

VENEZIA

Grèce

Turquie-Égypte

Pô Delta

alli di nacchio

Ravenna

nza

Rimini

Pèsaro

Fano

SAN MARINO

San Leo

Urbino

epolcro Urbania

Arezzo

Sibillini

Cortona

Gubbio

Perugia

Assisi

Lago Trasimeno

Spello

Montefalco

Todi

Spoleto

Orvieto

erbo

Grèce

Îles Ioniennes

Chypre

Turquie

Ancona
Conero Peninsula

Jesi

Grotte di Frasassi

Loreto

Ascoli Piceno

Norcia

Pescara

Isole Tremiti

L'Aquila

Lanciano

Sulmona

Scanno

San Severo

ROMA
VATICANO

Lucera

Foggia

Troia

Brindisi

Sermoneta

Sperlonga

Terracina

Formia

Gaeta

Benevento

Caserta

Reggio di Calabria

Taranto

NAPOLI

Monte Vesuvio

0   100 km

LES CODES DE COULEUR

L'Italie du Nord-Est

Venise

Vénétie et Frioul

Trentin-Haut-Adige

L'Italie du Nord-Ouest

Lombardie

Val d'Aoste et Piémont

Ligurie

L'Italie centrale

Émilie-Romagne

Florence

Toscane

Ombrie

Marches

L'Italie du Sud

Rome, Naples et Palerme possèdent
des aéroports internationaux. Des
autoroutes longent les côtes adriatique
et tyrrhénienne et franchissent les
Appenins pour relier Rome à Pescara
et Naples à Bari. Mais à l'intérieur
des terres, notamment en Sicile et
en Sardaigne, le réseau routier
n'est pas aussi bon que dans le
nord. Le train dessert toutes les
grandes villes du littoral.

Sicile et Sardaigne

*Des ferries desservent la
Sicile au départ de Naples,
Villa San Giovanni et
Reggio di Calabria. Depuis
l'île, il est possible de
poursuivre son voyage vers
Malte et la Tunisie. Des
liaisons régulières au
départ de nombreux ports,
notamment Civitavecchia,
Gênes et Livourne,
permettent de se rendre
en Sardaigne.*

LÉGENDE

	Embarcadère de ferries
	Aéroport
= =	Frontière internationale
– –	Frontière régionale
▬	Autoroute
▬	Route principale
—	Voie ferrée

ROME ET SES ENVIRONS

0   10 km

Rome par la route
Les autoroutes reliant Rome à Naples, Pescara et Florence convergent toutes vers le boulevard périphérique : le Grande Raccordo Annulare.

VIA CASSIA
VIA FLAMINIA
VIA SALARIA
VIA NOMENTANA
VIA TIBURTINA
A24
VIA CASILINA
GRANDE RACCORDO ANNULARE (GRA)
VATICANO
FS
VIA AURELIA
A12
VIA APPIA NUOVA
VIA CRISTOFORO COLOMBO
A1
Tevere (Tiber)
Leonardo da Vinci (Fiumicino)
Ciampino

Vasto
Termoli
Isole Tremiti
Rodi Garganico
Vieste
San Severo
Gargano Peninsula
Manfredonia
Lucera
Foggia
Troia
A14-E55
S16
S17
S99
Trani
Bari
Albanie →
Grèce →
Égypte →
Grèce →
Benevento
Castel del Monte
Ruvo di Puglia
A16
Caserta
Melfi
Venosa
Lagopesole
S379-E55
Alberobello
Brindisi
Monte Vesuvio
Pompei
Amalfi
Salerno
Bari
Sorrento
Paestum
Matera
Taranto
Lecce
Grèce →
S407
Metaponto
Galatina
Otranto
S275
Cilento
S18
Maratea
Rossano
Cosenza
S107-E846
S106
Sant'Eufemia Lamezia
S280-E848
Isole Eolie
Tropea
Stilo
Gerace
A3
Napoli →
Milazzo
Messina
Villa San Giovanni
Tindari
Reggio di Calabria
A20
Taormina
Malte →
Napoli →
A18
Enna
Catania
A19
Naples →
Piazza Armerina
N117
Pantalica
Siracusa
Malte →
Noto

0   100 km

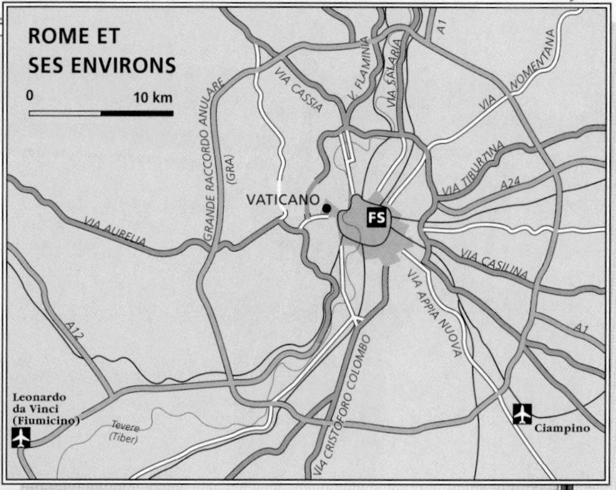

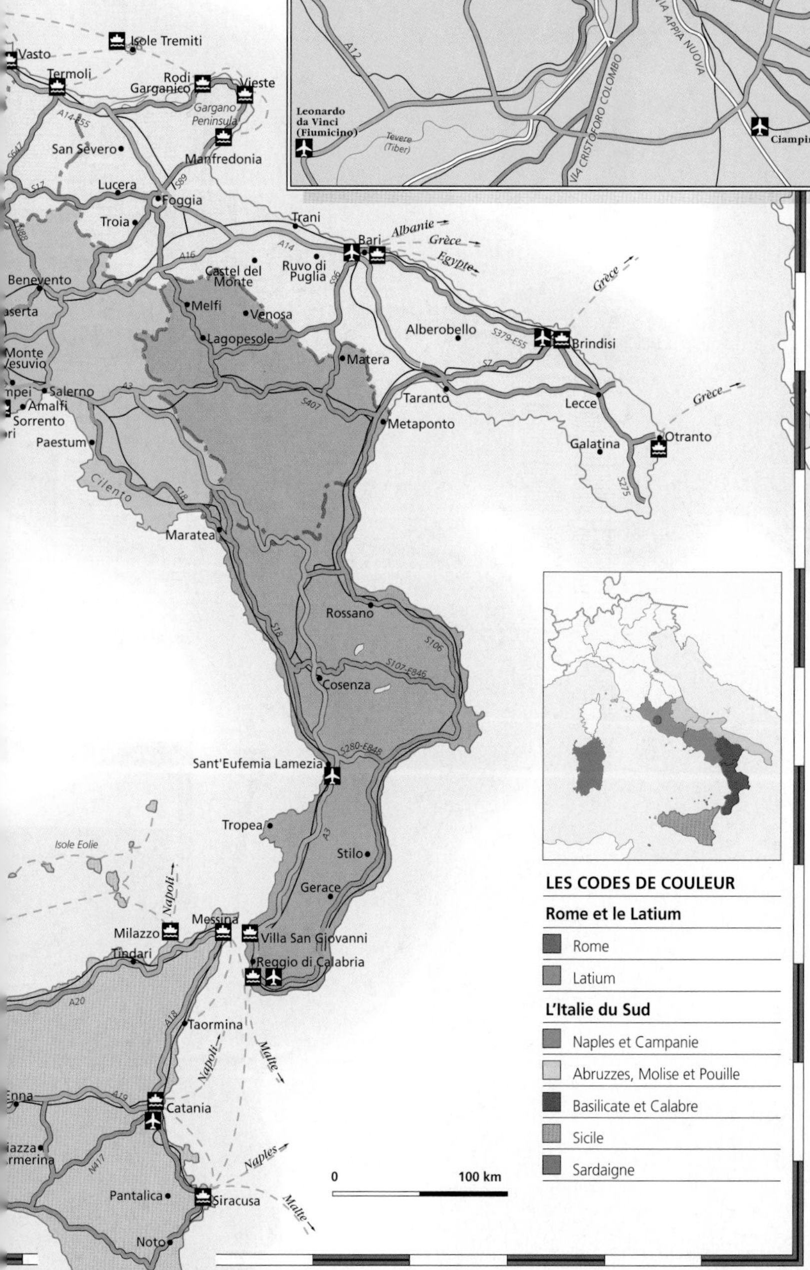

LES CODES DE COULEUR

Rome et le Latium

Rome

Latium

L'Italie du Sud

Naples et Campanie

Abruzzes, Molise et Pouille

Basilicate et Calabre

Sicile

Sardaigne

UNE IMAGE DE L'ITALIE

Il y a une magie italienne. Aujourd'hui sixième puissance économique mondiale, un rang qui était inimaginable à la fin de la Deuxième Guerre mondiale, l'Italie a su entrer de plein pied dans l'époque moderne sans que ses habitants perdent rien de leur fantaisie, de leur amour de la beauté ou de leur attachement aux traditions. Le pays a ainsi préservé les trésors de son passé : vestiges classiques, chefs-d'œuvre Renaissance et centres-villes à l'architecture vieille de plusieurs siècles.

Malgré une histoire millénaire, l'Italie est un jeune État : l'achèvement de son unification ne date que de 1870. Divisées en 95 provinces, ses 20 régions conservent une large autonomie, reflet de la diversité des dialectes, des architectures et traditions culinaires d'un pays qui s'étend sur 1 300 km, des neiges des Alpes à la latitude de Tunis. Aucune ville n'y possède, comme Paris en France, d'hégémonie. Alors que Rome est la capitale politique, le moteur économique se trouve dans la vallée du Pô autour de Milan, tandis que Florence ou Venise gardent un

Un mariage en Ferrari

rôle culturel de premier plan. Aux simples particularismes locaux s'ajoute cependant une profonde division qui conduit certains à parler de deux Italies : le Nord, riche et industrialisé, et le Sud, ou *Mezzogiorno*, comparativement sous-développé. La frontière entre les deux se situe entre Rome et Naples et, plus que la géographie ou le climat, c'est l'histoire qui est à l'origine de leurs différences. Alors qu'au Nord, dès la fin du Moyen Âge, les rivalités entre le pape, la France et l'Empire permettaient aux cités de développer leur autonomie et leur puissance

Villa et cyprès sur une colline toscane

◁ Trois cadrans solaires ornent la façade du palazzo del Governatore sur la piazza Garibaldi de Parme

commerciale, le Sud restait sous la domination de souverains étrangers qui y maintenaient le système féodal.

Les différences s'accrurent à la fin du XIXe siècle après l'unification, le jeune Royaume d'Italie préférant consacrer toutes ses forces à l'industrialisation des villes les plus dynamiques et les plus proches du reste de l'Europe. Malgré la création

Conversation au Palazzo Farnese

en 1950 d'une Caisse pour le Midi qui permit l'engagement de grands travaux, le chômage reste aujourd'hui nettement plus élevé au Sud, et c'est de Calabre ou de Sicile que sont parties les grandes vagues migratoires vers les États-Unis ou la France. Très surprenant dans un pays où la tolérance fait partie de l'art de vivre, un véritable antagonisme, avivé par l'importance des subventions détournées par les maffias du *Mezzogiorno*, a grandi entre Italiens du Sud et du Nord. Il est à l'origine des succès électoraux de la Ligue du Nord qui prône la transformation de l'État en fédération.

VIE SOCIALE ET POLITIQUE

Écrite juste après la guerre, la constitution italienne avait pour priorité d'éviter qu'une prise de pouvoir autoritaire

comme celle de Mussolini puisse se reproduire. Elle limite donc grandement les prérogatives du pouvoir exécutif. Depuis 1970, le gouvernement partage de surcroît le pouvoir politique et législatif avec les conseils des vingt régions dont cinq, la Sicile, la Sardaigne, le Trentin-Haut-Adige, le Val d'Aoste et le Frioul-Vénétie Julienne, possèdent un statut d'autonomie renforcée.

Cette faiblesse de l'État se manifeste par une relative insuffisance des infrastructures : le réseau téléphonique, les chemins de fer, le système de santé manquent de fiabilité, et l'incompétence des fonctionnaires est de notoriété publique. Partout ailleurs qu'en Italie, ces maux pèseraient lourdement sur l'économie, alors qu'ils semblent au contraire stimuler l'imagination des habitants de la péninsule qui ont réussi malgré ces handicaps à faire de leur pays, en quelques décennies, un des moteurs de l'Europe. Et si l'on impute souvent ce succès à la *combinazione*, cet art d'esquiver les contraintes telles qu'impôts ou réglementations, il repose en réalité avant tout sur une énorme capacité de travail et de remarquables facultés d'adaptation. En dehors de quelques grands groupes comme Fiat et Olivetti, ce sont les petites et moyennes entreprises, souvent familiales, qui font la richesse de l'Italie avec des activités reposant principalement sur la main-d'œuvre et la créativité comme la confection, la maroquinerie ou la fabrication de

Détente en terrasse à Marina di Pisa, Toscane

San Gimignano en Toscane a conservé ses tours médiévales

meubles. L'agriculture n'emploie d'ailleurs plus que 10 % de la population active et les zones rurales et montagneuses se vident au profit des villes et du littoral.

Avec l'enracinement agricole recule également la ferveur religieuse qui associait souvent catholicisme et réminiscences de rites païens – la Vierge garde certains attributs des déesses de la fertilité antiques

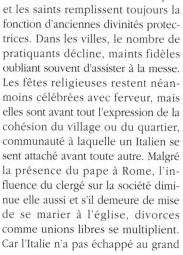

Sophia Loren

et les saints remplissent toujours la fonction d'anciennes divinités protectrices. Dans les villes, le nombre de pratiquants décline, maints fidèles oubliant souvent d'assister à la messe. Les fêtes religieuses restent néanmoins célébrées avec ferveur, mais elles sont avant tout l'expression de la cohésion du village ou du quartier, communauté à laquelle un Italien se sent attaché avant toute autre. Malgré la présence du pape à Rome, l'influence du clergé sur la société diminue elle aussi et s'il demeure de mise de se marier à l'église, divorces comme unions libres se multiplient. Car l'Italie n'a pas échappé au grand

bouleversement des mœurs survenu en Europe dans les années 1960 et 1970, et notamment aux revendications féministes. Pour les visiteuses, le changement le plus visible est l'évolution du comportement des mâles transalpins : ils ne considèrent plus une femme seule dans la rue comme un défi à leur talent de séducteurs. Mais les Italiennes n'ont pas gagné que le droit de se promener sans être

La fontaine du Triton du Bernin (xviie siècle) à Rome

LES ARTS ET LA CULTURE

Entre les sites archéologiques, les cathédrales, les églises, les maisons anciennes et les statues, le pays compte plus de 100 000 monuments, et il ne faut pas s'étonner que les fonds manquent pour leur entretien. De nombreux musées, en particulier dans le Sud, sont fermés ou partiellement fermés et vous rencontrerez plus d'une façade cachée derrière un échafaudage installé à demeure. Toutefois, le tourisme générant désormais 3 % du Produit Intérieur Brut, les collectivités augmentent leurs efforts pour rendre accessibles collections d'art et bâtiments historiques.

Plus que l'État, ce sont les villes qui financent les manifestations culturelles et elles se livrent dans ce domaine, comme au temps de la Renaissance, une fructueuse compétition dont témoigne la multiplicité des festivals organisés dans toute la péninsule. Peut-être parce que leur langue est d'elle-même si mélodieuse, les Italiens ont de tout temps privilégié le chant dans leurs créations musicales et toutes les

Au bord de la route près de Positano, Campanie

importunées, elles ont aussi imposé leur présence dans le monde du travail. Que ce soit une conséquence de cette prise d'indépendance ou simplement la conséquence de l'élévation du niveau de vie, la natalité a fortement baissé dans la péninsule pour atteindre un niveau équilibrant à peine les décès. L'enfant reste cependant roi et les voyageurs accompagnés de *bambini* recevront partout un accueil chaleureux. Tout comme la législation du travail, le code de la route possède au-delà des Alpes et, en particulier dans le Sud, une valeur vaguement indicative plutôt que contraignante. En ville notamment, la seule règle respectée paraît être

Le chic italien par Armani

l'interdiction de heurter un autre véhicule. Mais les Italiens se montrent beaucoup plus respectueux des usages et du qu'en-dira-t-on. Et la famille demeure le pivot de la société. Cette famille entretient traditionnellement des liens étroits avec le voisinage, ces habitants du quartier ou du village dont les sonneries du même campanile rythment la vie. Grâce à ces relations communautaires, la pauvreté prend beaucoup moins en Italie qu'ailleurs la forme d'une exclusion.

Statue de l'empereur Domitien, jardins du Vatican

Les deux-roues, comme ici à Rome, se prêtent bien à la circulation en ville

agglomérations importantes possèdent aujourd'hui leur opéra, le plus célèbre étant la Scala de Milan. Toutes les couches de la population fréquentent les salles de spectacle : l'art en Italie appartient à tous. Une de ces formes les plus populaires, le cinéma, après avoir donné au monde certains de ses plus grands films, connaît une crise grave depuis les années 1970 et, malgré quelques jeunes auteurs comme Nanni Moretti, il ne semble pas réussir à résister à la concurrence de la télévision. La presse garde quant à elle une belle santé. Comme tout dans le pays, elle reste très décentralisée, les grands quotidiens nationaux étant chacun lié à une ville, *La Stampa* à Turin, *Il Corriere della Sera* à Milan et *La Repubblica* à Rome.

Promenade sous une arcade de Bologne

L'ART DE VIVRE

La cuisine italienne ne possède pas la richesse de la gastronomie française, mais l'amateur prêt à sortir des sentiers battus, notamment en zone rurale, découvrira que chaque région propose de savoureuses spécialités. La sieste après le déjeuner est une coutume millénaire et, surtout l'été, mieux vaut renoncer à faire du shopping en début d'après-midi. Magasins fermés, le pays vit au ralenti. Vers 18 h en revanche, rues et places se remplissent pour la *passegiatta*. Tradition originaire du Sud, cette promenade rituelle offre l'occasion à tout un chacun d'échanger les dernières nouvelles et de s'exposer dans ses plus beaux atours. Car l'élégance, la *bella figura*, est pour les hommes comme pour les femmes d'Italie la première expression de l'amour qu'ils portent à la beauté, cet amour qui a donné tant d'harmonie à leurs paysages ruraux et conservé intact à travers les siècles leurs centres-villes.

L'art du Moyen Âge et de la première Renaissance

C'est en Italie, du XIIIᵉ au XVᵉ siècle, qu'a eu lieu l'évolution sans doute la plus importante de l'art occidental. Simple support de la prière et de la contemplation, les œuvres du Moyen Âge n'aspiraient en effet qu'à évoquer la beauté idéale du royaume des cieux. Inspirés par la Rome antique, les artistes italiens de la Renaissance vont étudier l'anatomie et la perspective pour représenter des personnages réalistes et les placer dans des décors recréant l'espace à trois dimensions.

v. 1305 Giotto di Bondone, *La Rencontre d'Anne et de Joachim* (cappella degli Scrovegni, Padoue). Giotto s'éloigna du formalisme du style byzantin pour représenter avec naturel les émotions humaines. Son art jeta les bases de la Renaissance florentine.

1235 Bonaventura Berlinghieri, *Retable de saint François* (San Francesco, Pescia)

1285 Duccio di Buoninsegna, *Madone en majesté* (Uffizi, Florence). Par sa maîtrise de la composition et l'humanité, nouvelle pour l'époque, qu'il donna à ses personnages, Duccio domina la peinture siennoise.

1339 Ambroggio Lorenzetti, *Le Bon Gouvernement* (Sala dei Nove, Palazzo Pubblico, Sienne)

1220	1240	1260	1280	1300	1320

MOYEN ÂGE   PRÉCURSEURS DE LA RENAISSANC

1220	1240	1260	1280	1300	1320

v. 1259 Nicola Pisano, chaire du baptistère de la cathédrale de Pise

v. 1265 Coppo di Marcovaldo, *Vierge à l'Enfant* (Santa Monica dei Servi, Orvieto)

v. 1280 Cimabue, *Vierge en majesté* (Galleria degli Uffizi, Florence)

v. 1291 Pietro Cavallini, *Le Jugement dernier*, détail (Santa Cecilia, Trastevere, Rome)

v. 1316-1318 Simone Martini, *Vie de saint Martin* (église inférieure de San Francesco, Assise)

v. 1297 Giovanni Pisano, chaire de Sant'Andrea, Pistoia

v. 1336 Andrea Pisano, *Baptême de saint Jean-Baptiste*, panneau de la porte sud (baptistère, Florence)

v. 1425-1452 Lorenzo Ghiberti, *Portes du Paradis*, panneau des portes est (baptistère de la cathédrale de Florence). Les reliefs ornant ces portes marquent une transition entre le style gothique et la première Renaissance florentine.

v. 1435 Donatello, *David* (Museo del Bargello, Florence)

1357 Andrea Orcagna, *Christ triomphant* (chapelle Strozzi, Santa Maria Novella, Florence)

v. 1452-1465 Piero della Francesca, détail du *Rêve de Constantin* (San Francesco, Arezzo)

v. 1410 Nanni di Banco, *Quatre Saints couronnés* (Orsanmichele, Florence)

v. 1456 Paolo Uccello, *La Bataille de San Romano* (Uffizi, Florence)

1360	1380	1400	1420	1440	1460

PREMIÈRE RENAISSANCE

1360	1380	1400	1420	1440	1460

1423 Gentile da Fabriano, *Adoration des Mages* (Uffizi, Florence)

v. 1440 Fra Angelico, *Annonciation* (San Marco, Florence)

v. 1350 Francesco Traini, *Triomphe de la Mort* (Campo Santo, Pise)

v. 1463 Piero della Francesca, *La Résurrection* (Pinacoteca, Sansepolcro)

v. 1465 Fra Filippo Lippi, *Vierge florentine* (Uffizi, Florence)

v. 1465-1474 Andrea Mantegna, *Arrivée du cardinal Francesco Gonzaga* (Palazzo Ducale, Mantoue)

v. 1425-1428 Masaccio, *Le Paiement du tribut* (chapelle Brancacci, Florence)

v. 1470 Andrea del Verrocchio, *David* (Bargello, Florence)

LA TECHNIQUE DE LA FRESQUE

Les peintures *al fresco* étaient réalisées sur un enduit de chaux encore humide. En séchant, la chaux absorbait les pigments puis cristallisait, formant une couche dure aux couleurs vives. Cette technique offrit aux artistes de la Renaissance, tel Masaccio, l'espace nécessaire à de vastes compositions.

Le Paiement du tribut par Masaccio (chapelle Brancacci, Florence)

L'art de la Renaissance

À la fin du XVe siècle, la Renaissance voit s'affirmer le réalisme dans de nombreuses œuvres religieuses, tandis que des influences classiques communes n'empêchent pas l'affirmation d'écoles différentes. Clarté et fraîcheur marquent ainsi la peinture florentine, couleurs sensuelles et lumières chaudes donnant leur tonalité aux tableaux vénitiens. Des créateurs tels que Michel-Ange ou Raphaël acquièrent une extraordinaire maîtrise technique, la *bella maniera*. Au milieu du XVIe siècle, leurs disciples poussent cette virtuosité jusqu'à l'extrême dans le cadre du maniérisme.

v. 1480 Andrea Mantegna, *Christ mort* (Brera, Milan)

c.1503–1505 Leonardo da Vinci, *Mona Lisa* (Louvre, Paris)

1481-1482 Plusieurs artistes décorent les murs de la chapelle Sixtine.

v. 1481-1483 Le Pérugin, *Christ remettant les clés à saint Pierre*, fresque murale (chapelle Sixtine, Rome)

v. 1483-1488 Andrea del Verrocchio, *statue équestre du condottiere Colleoni* (campo dei Santi Giovanni e Paolo, Venise)

v. 1487 Giovanni Bellini, *Retable de Job* (Accademia, Venise)

v. 1495 Léonard de Vinci, *La Cène* (Santa Maria delle Grazie, Milan)

1505 Raphaël, *Vierge au chardonneret* (Uffizi, Florence)

1519-1526 Titien, *Madonna di Ca' Pesaro* (Santa Maria Gloriosa dei Frari, Venise)

1508-1512 Michel-Ange, *plafond de la chapelle Sixtine* (Vatican, Rome). Cette formidable évocation du pouvoir divin et de l'éveil spirituel de l'humanité exigea plus de 200 dessins préliminaires.

| 1480 | 1500 | 152• |

RENAISSANCE

| 1480 | 1500 | 152• |

1499-1504 Luca Signorelli, *Séparation des Élus et des Damnés* (Cappella Nuova, cathédrale d'Orvieto)

1483 Léonard de Vinci, *Vierge aux rochers* (Louvre, Paris)

1501-1504 Michel-Ange, *David* (Galleria dell'Accademia, Florence)

1517 Sodom• *Noces d'Alexandre Roxane* (Villa Farnesina, Ro•)

1505 Giovanni Bellini, *Vierge à l'Enfant avec quatre saints* (Accademia, Venise)

v. 1485 Sandro Botticelli, *La Naissance de Vénus* (Uffizi, Florence)

v. 1486 Léonard de Vinci, *Uomo Vitruviano* (Accademia, Venise)

v. 1508 Giorgione, *La Tempête* (Accademia, Venise)

1516 Michel-An• *Esclave mouran•* (Louvre, Paris)

1509 Raphaël, *L'École d'Athènes* (Chambre de la Signature, Vatican, Rome). Par sa somptuosité et son équilibre, cette fresque exprime l'aspiration à un idéal alliant foi chrétienne et philosophie néo-platonicienne de la Renaissance.

1512-1514 Raphaël, *Ange brisant les chaînes de saint Pierre*, détail de la *Délivrance de saint Pierre* (Chambre d'Héliodore, Vatican, Rome)

1523 Rosso Fiorentino, *Moïse défend les filles de Jethro* (Uffizi, Florence)

1530-1532 Giulio Romano, *fresques de la salle des Géants* (Palazzo del Tê, Mantoue)

v. 1532 Michel-Ange, *Captif* (Galleria dell'Accademia, Florence)

1534-1535 Paris Bordone, *La Remise de l'anneau* (Accademia, Venise)

v. 1540-1542 Titien, *David et Goliath* (Santa Maria della Salute, Venise)

v. 1562-1566 Le Tintoret, *Miracle de la découverte du corps de saint Marc* (Brera, Milan)

v. 1550 Moretto, *Christ et saint* (Pinacoteca Tosio Martinengo, Brescia)

| 1540 | 1560 |

MANIÉRISME

| 1540 | 1560 |

1534-1541 Michel-Ange, fresque du *Jugement dernier* (chapelle Sixtine, Rome)

v. 1534-1540 Le Parmesan, *Madone au long cou* (Uffizi, Florence). Le jeu sur les proportions anatomiques et les contrastes de couleurs en font un bel exemple du style maniériste.

1538 Titien, *La Vénus d'Urbino* (Uffizi, Florence)

v. 1534-1540 Titien, *Portrait du pape Paul III avec ses neveux* (Museo di Capodimonte, Naples)

v. 1540 Agnolo Bronzino, *Portrait de Lucrezia Panciatichi* (Uffizi, Florence). L'élongation de certains traits anatomiques, comme ici les doigts, est typique du maniérisme.

1556 Véronèse, *Triomphe de Mardochée* (San Sebastiano, Venise)

v. 1526-1530 Le Corrège, *Assomption* (coupole de la cathédrale de Parme). Maître de l'illusion et de la perspective comme le montre cette fresque très colorée, le Corrège n'appartient ni au maniérisme ni à la Renaissance.

L'architecture italienne

Chapiteau corinthien

Trois mille ans d'influences multiples ont donné à l'Italie une architecture d'une grande variété. Les Romains et les Étrusques firent de nombreux emprunts à la Grèce antique, tandis qu'au Moyen Âge, les styles normand, mauresque et byzantin apportèrent une note particulière au roman et au gothique italiens. Les valeurs classiques inspirèrent la Renaissance qui ouvrit la voie aux innovations exubérantes du baroque.

Le Duomo d'Orvieto, *comme beaucoup de cathédrales gothiques, présente une grande richesse de décoration, notamment sculptée. Sa construction s'étendit du XIIIᵉ au XVIIᵉ siècle.*

La Basilica di San Marco *(832-1094) de Venise associe styles classique, roman et gothique, mais est surtout d'inspiration byzantine (p. 110-111).*

La Basilica di San Marco

200	400	600	800	1000
CLASSIQUE		BYZANTIN		ROMAN
200	400	600	800	1000

Les arcs de triomphe, *tel l'arc de Constantin (313) à Rome, furent une invention latine. Les reliefs qui les décoraient représentaient en général des épisodes marquants des campagnes militaires victorieuses qu'ils célébraient (p. 380).*

L'arc arrondi du style roman apparut au Moyen Âge dans des édifices tels que le Duomo de Modène. Dérivant des basiliques romaines, les églises avaient un intérieur dépouillé.

La construction de coupoles au-dessus d'espaces carrés ou rectangulaires remonte à l'époque byzantine.

L'ARCHITECTURE ÉTRUSQUE

Les Étrusques ne nous ont pas laissé d'autres vestiges architecturaux importants que leurs nécropoles bâties vers le VIᵉ siècle av. J.-C. en Toscane, dans le Latium et en Ombrie. Le reste devait être construit en bois. Les liens culturels et commerciaux qu'ils entretenaient avec la Grèce autorisent cependant à penser que leurs édifices s'inspiraient de l'architecture hellène. Il est probable que les Romains s'inspirèrent à leur tour de leurs prédécesseurs et que leurs premiers bâtiments publics étaient de style étrusque.

Maquette de temple étrusque doté d'un portique classique grec

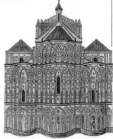

La cathédrale de Monreale *en Sicile, construite au XIIᵉ siècle, marie éléments normands et décors mauresques et byzantins (p. 530-531).*

Le Tempietto *entrepris à Rome entre 1502 et 1510 par Bramante à San Pietro in Montorio était un hommage de la Renaissance à l'architecture de l'Antiquité (p. 380).*

Les idéaux classiques de Rome et de la Grèce antique devinrent les bases de l'architecture italienne pendant la Renaissance.

Des façades baroques, *telle celle du Duomo de Syracuse (1728-1754), agrémentèrent souvent des églises plus anciennes.*

Le mécénat pontifical et la vigueur de la Contre-Réforme donnèrent son dynamisme au baroque, période d'innovation et d'exubérance architecturale.

Les progrès techniques *de l'ère industrielle permirent des réalisations en verre et métal, comme la Galleria Vittorio Emanuele II (1865) élevée à Milan par Mengoni (p. 194).*

La Mole Antoneliana (1863-1889) de Turin, que domine une flèche de granite, fut un temps le plus haut bâtiment du monde *(p. 224).*

La Torre Velasca de Milan fut dans les années 1950 une des premières bâties en béton armé.

00	1400	1600	1800	2000
	RENAISSANCE	BAROQUE XIXᵉ SIÈCLE	XXᵉ SIÈCLE	
00	1400	1600	1800	2000

Le Duomo de Sienne (1136-1382), de styles roman et gothique, reflète deux siècles d'évolution architecturale *(p. 342-343).*

Santa Maria Novella, à Florence, a une façade Renaissance (1456-1470) réalisée par Alberti et un intérieur gothique.

Enveloppe extérieure portée par 24 fermes

Le Bernin (1598-1680), architecte de la place Saint-Pierre, fut une figure marquante du baroque romain.

Andrea Palladio (1508-1580) bâtit des villas et des palais de style classique. Son style fut imité en Europe pendant plus de deux siècles *(p. 80).*

Lanterne

Voûte intérieure

La coupole *achevée en 1436 par Brunelleschi pour le Duomo de Florence est un chef-d'œuvre Renaissance d'ingéniosité technique (p. 253).*

Le Gesù de Rome, dessiné pour les jésuites en 1568 par Vignola, fut, avec sa façade puissante et sa somptueuse décoration, le prototype d'innombrables églises baroques *(p. 381).*

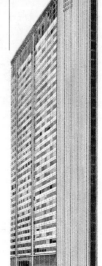

La tour Pirelli *dessinée à Milan par Ponti et Nervi à la fin des années 1950 est un bel exemple d'architecture italienne (p. 185).*

Saints et symboles dans l'art italien

Dans l'art religieux, symboles et détails caractéristiques permettaient aux fidèles de reconnaître les saints qui ont de tout temps joué un rôle de premier plan dans le catholicisme italien, notamment parce qu'ils conservaient les pouvoirs protecteurs d'anciennes divinités païennes. Chaque ville et chaque corporation avait ainsi son patron, et les fêtes et les cérémonies données en son honneur revêtaient d'autant plus d'importance que la prospérité de la communauté dépendait de sa bienveillance.

LES ÉVANGÉLISTES

Évocation de leur mission divine, une créature ailée suit chacun des quatre évangélistes : Matthieu, Marc, Luc et Jean.

Aigle (saint Jean)

Saint Jean porte lui aussi son Évangile.

Saint Thomas d'Aquin est souvent représenté avec une étoile – à peine visible sur cette peinture – sur son habit dominicain.

Saint Dominique porte en général la tenue de son ordre, mais possède aussi le lis comme attribut.

Saint Côme et saint Damien apparaissent toujours ensemble habillés en médecin.

Saint Marc tient souvent l'Évangile portant son nom.

Saint Laurent porte une palme ainsi que le gril sur lequel il connut le martyre.

Cette Vierge à l'Enfant avec des saints *(v. 1450) fut peinte sur enduit sec par le dominicain Fra Angelico. Elle est exposée au museo di San Marco de Florence* (p. 276).

La Vierge, vêtue habituellement de bleu, est la *Mater Amabilis* – la « Mère digne d'amour ».

Saint Pierre martyr, ici avec une palme, a parfois une blessure à la tête et une épée.

SYMBOLES

Sur les peintures et les sculptures chrétiennes, des attributs propres à chaque saint aident à les identifier. Il s'agit souvent de vêtements ou d'objets ayant joué un rôle dans leur vie, notamment pour les martyrs l'instrument de leur supplice. Voûte céleste, animaux, fleurs, couleurs et nombres ont également un sens symbolique.

L'agneau *symbolise le Christ, ou, dans l'art paléochrétien, le pécheur.*

Le crâne *rappelle au spectateur la brièveté de la vie et l'inéluctabilité de la mort.*

Homme ailé
(saint Matthieu)

Lion ailé
(saint Marc)

Bœuf ailé
(saint Luc)

Vierge à l'Enfant entourée de saints par Giovanni Bellini
(p. 119)

Saint Pierre l'apôtre, fondement de l'église chrétienne, détient les clés du ciel.

La Vierge avec l'Enfant Jésus symbolise l'humanité du Christ.

Sainte Catherine d'Alexandrie porte un morceau de la roue sur laquelle elle fut suppliciée.

Saint Jérôme, qui consacra sa vie à l'étude, a toujours les traits d'un vieil homme et souvent l'aspect d'un ermite.

La Vierge à l'Enfant avec quatre saints *peinte par Giovanni Bellini en 1505 pour un retable de San Zaccaria s'admire toujours dans cette église de Venise.*

L'ange, messager de Dieu, est représenté dans cette scène en musicien céleste.

Sainte Lucie, symbole de lumière et patronne des aveugles, porte ici ses yeux dans une coupe.

Le lis, *fleur de la Vierge, symbolise la pureté, la résurrection, la paix et la chasteté.*

Le coquillage *évoque le plus souvent le pèlerinage. C'est un attribut de saint Roch.*

La palme *représente dans l'art chrétien le triomphe sur la mort d'un martyr.*

Écrivains, poètes et dramaturges

De nombreux auteurs italiens ont acquis une gloire mondiale, en particulier parmi ceux de l'époque latine, et leurs récits nous donnent un aperçu intime et vivant de l'Italie à leur époque. Les œuvres de Virgile, Horace et Ovide font ainsi revivre les préoccupations de la Rome antique, tandis que la truculence et la spiritualité qui régnaient en Toscane au Moyen Âge marquent aussi bien la poésie de Dante et de Pétrarque que les récits grivois de Boccace. Ces trois grands écrivains inventèrent en moins d'un siècle un nouveau langage littéraire qui marqua l'Europe. Plus récemment, Umberto Eco a publié l'un des romans les plus lus de ce siècle : *Le Nom de la rose.*

Primo Levi *(1919-1987) a donné un récit fascinant de l'horreur concentrationnaire pendant la Deuxième Guerre mondiale dans* Si c'est un homme *et* La Trêve.

Trentin-Haut-Adig*

Lombardie

Val d'Aoste et Piémont

Ligurie

Émilie-Romagne

Toscane

Dario Fo *(né en 1926) reçut le Prix Nobel de littérature en 1997.*

Umberto Eco *(né en 1932), professeur à l'université de Bologne, exprima sa passion pour le Moyen Âge dans* Le Nom de la rose. *Le livre devint un film en 1986.*

Giovanni Boccace *(1313-1375) traça un portrait fascinant de la société de son époque dans* Le Décaméron, *recueil de cent nouvelles se déroulant pendant la peste de 1348 à Florence.*

Carlo Lorenzini *prit pour écrire* Pinocchio *en 1883 – l'un des récits pour enfants les plus connus du monde – le nom du lieu de naissance de sa mère en Toscane : Collodi.*

Dante *fit dans* La Divine Comédie *(v. 1321), récit d'un voyage à travers l'Enfer, le Purgatoire et le Paradis, une terrible description des tourments des damnés.*

Carlo Goldoni *(1707-1793), dramaturge vénitien, s'écarta de la caricature bouffonne de la* Commedia dell'Arte *pour écrire des pièces où il expose avec acuité les mœurs et les caractères de ses contemporains.*

Vénétie et Frioul

Marches

Ombrie

Latium

LA LITTÉRATURE LATINE

Les textes en latin des philosophes, poètes, dramaturges et politiciens de la Rome antique appartiennent aux fondements de la culture occidentale. Près de 2 000 ans après leur mort, les œuvres de Virgile *(L'Énéide)*, Ovide *(Les Métamorphoses)* et Pline *(Histoire naturelle)* restent des références, tandis que des récits historiques comme l'*Histoire de Rome* de Tite-Live, les *Commentaires de la guerre des Gaules* de Jules César, les *Annales* de Tacite ou les *Vies des douze Césars* de Suétone évoquent un passé qui forgea le destin de l'Europe. Les *Satires* de Juvénal, les comédies de Plaute ou les tragédies de Sénèque en dressent un portrait plus humain. Ces œuvres païennes durent leur survie aux moines du Moyen Âge, puis retrouvèrent toute leur influence grâce aux humanistes de la Renaissance.

Détail d'une copie médiévale de l'*Histoire Naturelle* de Pline

Pétrarque *(1304-1374), l'un des plus grands poètes lyriques de la Renaissance, fut aussi l'un des premiers humanistes.*

Saint François d'Assise *(1182-1226) fut le premier auteur à écrire en italien plutôt qu'en latin. Il rédigea des lettres et des sermons, mais aussi des poèmes et des chants comme le populaire* Cantique du soleil.

Abruzzes, Molise et Pouille

Campanie

Basilicate et Calabre

Alberto Moravia (1907-1990), écrivain romain habituellement considéré comme néo-réaliste, se concentre dans des œuvres comme *Les Indifférents* ou *Agostino* sur les problèmes de l'homme dans la société contemporaine.

Luigi Pirandello *(1867-1936), prix Nobel sicilien et auteur de* Six personnages en quête d'auteur, *était fasciné par les thèmes de l'illusion et de la réalité.*

Sicile

0   200 km

Musique et opéra en Italie

Avant l'unification italienne, en particulier pendant les XVIIᵉ et XVIIIᵉ siècles, chaque grande ville avait ses propres traditions musicales. C'est à Florence que le cercle d'artistes de la *Camerata Bardi* ouvrit la voie au lyrisme moderne en remettant en question le contrepoint à plusieurs voix hérité du Moyen Âge. Naples était réputée au XVIIIᵉ siècle pour l'opéra bouffe et Venise pour ses grands concerts de musique d'église. Au XIXᵉ siècle, Milan devint avec la Scala la capitale italienne de l'opéra, une forme d'expression à laquelle Rome, cité du pape, préférait l'oratorio.

Violon Stradivarius

LE MOYEN ÂGE ET LA RENAISSANCE

Par Boccace *(p. 34)*, entre autres, nous savons que le chant, la danse et la poésie étaient souvent associés dans l'Italie du Moyen Âge et de la Renaissance. La musique était une composante du spectacle plutôt qu'un art autonome.

Cela n'empêcha toutefois pas d'importantes contributions, notamment celle de Guido d'Arezzo (v. 995-1050), un moine qui perfectionna la notation musicale, et celle de Francesco Landini (1325-1397), organiste aveugle et maître de l'*Ars nova*, forme de musique polyphonique qui s'imposa en Europe au XIVᵉ siècle. Elle se développa en *Ars perfecta* pendant les 150 ans suivants, pour atteindre la fluidité mélodique des œuvres de Giovanni Palestrina (1525-1594), des compositions religieuses pour la plupart mais aussi des madrigaux (pièces vocales sur un texte poétique).

Le début du XVIIᵉ siècle vit des compositeurs italiens tels que Carlo Gesualdo (v. 1561-1613) et Claudio Monteverdi s'éloigner de la tradition du chœur polyphonique de leurs prédécesseurs pour introduire à la fois récitatifs et parties instrumentales.

L'ÉPOQUE BAROQUE

L'œuvre de Claudio Monteverdi offre un bon exemple de la transition entre la tradition de la Renaissance et la musique baroque qui domina le XVIIᵉ siècle. Les premiers madrigaux de Monteverdi prennent ainsi la forme de pièces classiques, *a cappella*, puis intègrent à partir de 1605 la basse continue. La voix perdant la fonction purement instrumentale qu'elle avait auparavant, la musique se doit de respecter le rythme du texte afin qu'il reste compréhensible.

La Pietà de Venise où joua Vivaldi

Cette évolution du chant favorise l'expression des sentiments et ouvre la voie à l'oratorio et à l'opéra. À la même époque se met en place l'orchestre de cordes.

À Venise, Monteverdi exploitera aussi dans ses *Vêpres* les possibilités stéréophoniques offertes par la cathédrale Saint-Marc selon les places occupées par les interprètes dans l'édifice.

LES GRANDS COMPOSITEURS ITALIENS

Claudio Monteverdi *(1567-1643),* joua un rôle de premier plan dans l'évolution de la musique aussi bien par ses œuvres religieuses comme les *Vêpres que* par ses madrigaux et ses opéras.

Antonio Vivaldi *(1678-1741)* écrivit plus de 600 concertos, la plupart pour violon. Ses Quatre Saisons *restent un grand succès musical dans le monde entier.*

Gioacchino Rossini *(1792-1868)* acquit la célébrité par ses opéras bouffes comme Le Barbier de Séville. *Malgré leur force expressive, ses œuvres plus sérieuses furent souvent méconnues.*

Représentation de Luciano Pavarotti

Vers 1680, Arcangelo Corelli (1653-1713) jette les bases du *concerto grosso* où un petit ensemble de musiciens, le *concertino*, s'oppose et répond au reste de l'orchestre. Cette forme musicale évoluera très vite vers le concerto de soliste. Antonio Vivaldi (1678-1741) lui donne dès l'origine sa forme traditionnelle : deux mouvements rapides encadrant un mouvement lent.

L'OPÉRA

Joué tout d'abord aux mariages de riches familles italiennes, l'opéra prend avec l'*Orfeo* de Monteverdi, créé à Mantoue en 1607, sa forme aboutie de drame musical. À

Giuseppe Verdi (*1813-1901),** *le compositeur d'opéras le plus important du XIXe siècle, donna ses premières créations à la Scala.* Rigoletto *et* Aïda *sont les œuvres les plus célèbres.*

la fin du XVIIe siècle à Naples, Alessandro Scarlatti (1660-1725) définit le modèle de l'*opera seria* (opéra sérieux) qui se caractérise par une ouverture instrumentale suivie d'une succession de récitatifs et de parties chantées, notamment d'arias *da capo,* airs avec reprise mettant en valeur la virtuosité du chanteur, le *bel canto.* Les thèmes de l'*opera seria* sont généralement issus de la mythologie. Dans l'*opera buffa,* qui naît lui aussi à Naples, ils doivent beaucoup à la Commedia dell'Arte. Gioacchino Rossini, auteur du *Barbier de Séville,* s'illustrera dans ce genre et saura tirer, avec Vincenzo Bellini (1801-1835) et Gaetano Donizetti (1797-1848), le meilleur du bel canto.

Création de la Tosca de Puccini en 1900

Les deux compositeurs qui dominent la seconde moitié du XIXe siècle sont Giuseppe Verdi qui s'inspire de Shakespeare, Victor Hugo ou Alexandre Dumas fils, et Giacomo Puccini (1858-1924) qui s'inscrit, avec des créations comme *La Bohème* ou *Madame Butterfly,* dans la démarche réaliste et anti-romantique des compositeurs véristes.

LE XXe SIÈCLE

Au début du XXe siècle, Puccini fait monter des cowboys sur scène avec *La Fille du Far-West,* se tourne vers l'Orient dans *Turandot* et confronte les spectateurs à la violence et à la torture dans *La Tosca.* Il est toutefois le dernier grand compositeur d'opéras italien et si certains de ses contemporains ont tenté de s'inspirer des maîtres français et allemands, peu d'entre eux, en dehors d'Ottorino Respighi (1879-1936), ont vu leurs œuvres régulièrement interprétées. Luciano Berio (1925-2003) s'affirme toutefois aujourd'hui comme un créateur de premier plan et ses techniques de collage ont suscité de nombreux imitateurs. Si son travail appartient souvent au genre du théâtre musical, il a écrit à la fin de sa vie *Un Re in Ascolto,* opéra dans la lignée de la tradition.

La personnalité moderne certainement la plus célèbre reste Luciano Pavarotti, dont les représentations avec José Carreras et Placido Domingo ont contribué à rendre à l'art lyrique une popularité mondiale.

Lustres et velours au Teatro dell'Opera de Rome

Le design italien

Pour les Italiens, le progrès est aussi, et peut-être avant tout, une recherche de la beauté. Celle-ci, comme l'élégance, doit appartenir à la vie quotidienne et des stylistes aussi talentueux qu'Ettore Sottsass, soutenus par des industriels audacieux comme Olivetti, ont su au XXe siècle créer des objets usuels à la fois élégants, novateurs et adaptés aux techniques de fabrication modernes. Certains sont devenus de véritables références.

Les pâtes *elles-mêmes ont inspiré les stylistes italiens. Le carrossier Giorgio Giugiaro créa cette Marille pour Voiello en 1983.*

Les couverts Alessi *dessinés en 1988 par Ettore Sottsass possèdent une ligne d'une grande élégance mais restent fonctionnels.*

La bouilloire Alessi *(1985) conçue par Michael Graves connut un tel succès qu'il s'en vendit plus de 100 000 la première année de fabrication.*

La cafetière Moka Express *de Bialetti n'a pas pris une ride ni rien perdu de sa popularité, bien que sa conception remonte à 1930.*

La chaise Christophe Pilet, *créée pour la collection de meubles contemporains de Giulio Cappellini, exprime bien l'idée du style de vie des années 1990.*

La table pliante Cumano *dessinée par Achille Castiglione pour Zanotta en 1979 est devenue un « objet-culte ».*

Le fauteuil Patty Difusa *à la silhouette inhabituelle est une œuvre de William Sawaya pour l'entreprise milanaise Sawaya & Moroni.*

Avec la Ferrari Testarossa *(1986) carrossée par Pininfarina, la voiture appartient autant au domaine de la sculpture que de la mécanique.*

La machine à écrire Valentine *d'Olivetti, légère et compacte, révolutionna l'équipement de bureau. Dessinée par Ettore Sottsass en 1969, elle permettait de travailler n'importe où.*

*B**abc***

La police de caractères Bodoni *est toujours populaire 200 ans après sa création par l'imprimeur Giambattista Bodoni (1740-1813).*

Giorgio Armani, *styliste milanais, renouvelle avec art de grands classiques comme la veste pour inventer une mode flatteuse, confortable et décontractée.*

Prada, *la maison de couture milanaise, dirigée par Miuccia Prada, offre une mode minimaliste, parfaitement coupée, qui utilise des matériaux innovants.*

Artemide *est réputé pour ses créations associant souvent métal et verre, en particulier ses lampes et luminaires.*

Florence *propose depuis des siècles un artisanat de grande qualité, notamment des accessoires de mode, tels que sacs à main, chaussures, ceintures, bijoux et bagages.*

Gucci *a su construire son image classique grâce à ses chaussures et à ses sacs, références de l'élégance.*

Le scooter Vespa de Piaggio *offrit en 1946 aux Italiens un moyen de transport fiable et bon marché à une époque où peu d'entre eux pouvaient acheter une voiture. La silhouette que lui donna Corradino d'Ascanio inspire toujours des imitateurs.*

La Fiat 500 *(1957), comme la Vespa, devint un symbole populaire de la modernisation rapide de l'Italie après la dernière guerre.*

Savants, inventeurs et explorateurs

Pendant la Renaissance, la redécouverte des textes des grands penseurs antiques conduisit des hommes comme Galilée à se pencher avec un regard neuf sur les règles régissant l'univers. À la même époque, des explorateurs de la trempe de Christophe Colomb se lançaient à l'aventure avec la même audace qu'avant eux Marco Polo. Les chercheurs italiens s'illustrèrent également au XXᵉ siècle avec l'invention de la radio et d'importantes découvertes en physique nucléaire.

Guglielmo Marconi *mit au point le premier système efficace de liaison par ondes hertziennes. En 1901, il réussit à capter en Angleterre un signal émis de Terre-Neuve.*

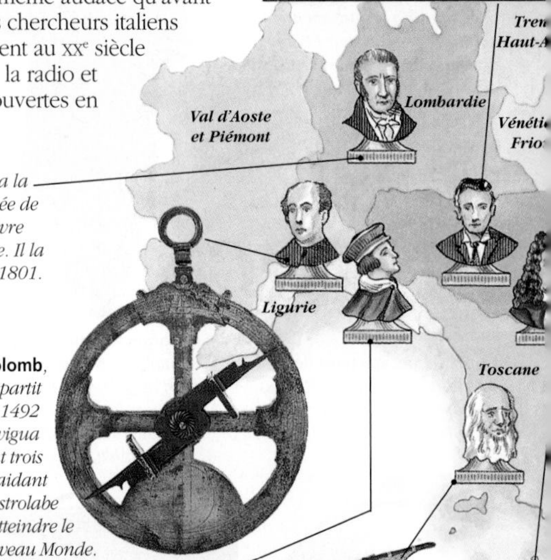

Tren
Haut-A

Lombardie

Val d'Aoste et Piémont

Vénéti
Frio

Alessandro Volta *inventa la « pile » électrique composée de disques de zinc et de cuivre trempant dans de l'acide. Il la présenta à Napoléon en 1801.*

Ligurie

Toscane

Christophe Colomb, *né à Gênes, partit d'Espagne en 1492 et navigua pendant trois mois en s'aidant d'un astrolabe avant d'atteindre le Nouveau Monde.*

L'explorateur Amerigo Vespucci *établit que le Nouveau Monde était un continent séparé. Un cartographe donna son nom aux Amériques en 1507.*

Léonard de Vinci *était l'exemple même de l'homme de la Renaissance, aussi accompli dans les sciences que dans les arts. Cette maquette est basée sur l'un de ses dessins d'une machine volante qu'il commença à imaginer vers 1488, 400 ans avant le décollage du premier aéroplane.*

0   200 km

Le télescope *permit de dresser des cartes précises de la lune. Dominique Cassini, professeur d'astronomie à l'université de Bologne avant de travailler à Paris, le perfectionna. En 1665, il traça la ligne du méridien dans l'église de San Petronio.*

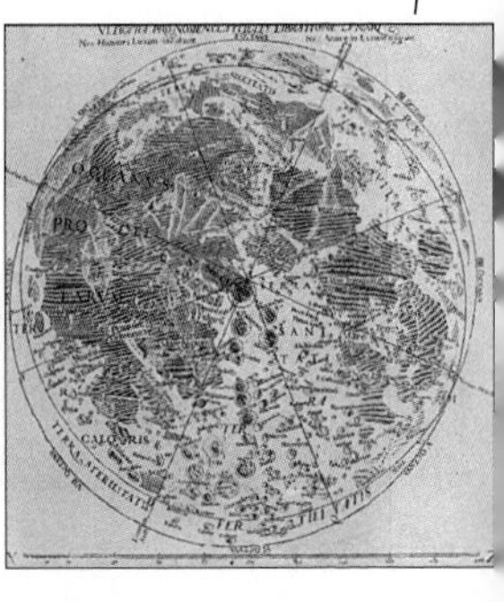

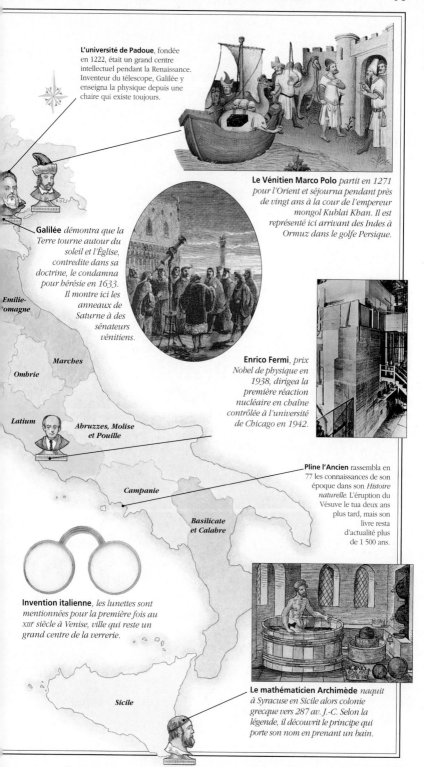

L'université de Padoue, fondée en 1222, était un grand centre intellectuel pendant la Renaissance. Inventeur du télescope, Galilée y enseigna la physique depuis une chaire qui existe toujours.

Le Vénitien Marco Polo *partit en 1271 pour l'Orient et séjourna pendant près de vingt ans à la cour de l'empereur mongol Kublai Khan. Il est représenté ici arrivant des Indes à Ormuz dans le golfe Persique.*

Galilée *démontra que la Terre tourne autour du soleil et l'Église, contredite dans sa doctrine, le condamna pour hérésie en 1633. Il montre ici les anneaux de Saturne à des sénateurs vénitiens.*

Emilie-'omagne

Marches

Ombrie

Latium

Abruzzes, Molise et Pouille

Enrico Fermi, *prix Nobel de physique en 1938, dirigea la première réaction nucléaire en chaîne contrôlée à l'université de Chicago en 1942.*

Campanie

Pline l'Ancien rassembla en 77 les connaissances de son époque dans son *Histoire naturelle*. L'éruption du Vésuve le tua deux ans plus tard, mais son livre resta d'actualité plus de 1 500 ans.

Basilicate et Calabre

Invention italienne, *les lunettes sont mentionnées pour la première fois au XIIIᵉ siècle à Venise, ville qui reste un grand centre de la verrerie.*

Sicile

Le mathématicien Archimède *naquit à Syracuse en Sicile alors colonie grecque vers 287 av. J.-C. Selon la légende, il découvrit le principe qui porte son nom en prenant un bain.*

TEMPLA·DOMVM·EXPOSITIS·VICOS·FORA·MOENIA·PONTES:
VIRGINEAM·TRIVII·QVOD·REPARARIS·AQVAM·
PRISCA·LICET·NAVTIS·STATVAS·DARE·COMMODA·PORTVS·
ET·VATICANVM·CINGERE·SIXTE·IVGVM·
PLVS·TAMEN·VRBS·DEBET·NAM·QVAE·SQVALORE·LATEBAT·
CERNITVR·IN·CELEBRI·BIBLIOTHECA·LOCO·

HISTOIRE DE L'ITALIE

En tant qu'entité géographique, l'Italie existe depuis les Étrusques, mais son histoire est marquée par une longue succession de discordes et de divisions. Avant le XIXᵉ siècle, la péninsule ne connut l'unité politique qu'une fois, sous les Romains, après qu'ils eurent soumis les autres tribus qui l'occupaient au IIᵉ siècle av. J.-C. Sept siècles plus tard, l'empire romain qui avait imposé ses lois et sa langue à la majorité de l'Europe succombe devant des envahisseurs d'origine germanique.

Jules César

Son ancienne capitale reste toutefois la Ville sainte de la chrétienté et le Saint-Siège profite de son ascendant spirituel pour demander au VIIᵉ siècle la protection des Francs face aux prétentions de Byzance et aux exactions des Lombards. Le sacre en l'an 800 de Charlemagne n'ouvre malheureusement pas l'ère de paix espérée. Pendant cinq siècles, papes et empereurs germaniques se disputeront le contrôle du pays. De nouveaux envahisseurs – Normands, Angevins et Aragonais – en profitent pour s'emparer du Sud et de la Sicile.

Au Nord, les villes tirent parti de la situation en se développant sous forme d'États indépendants. Le plus puissant est la République de Venise qui tire de fabuleuses richesses de son commerce avec l'Orient. D'autres cités telles que Gênes, Florence, Milan, Pise ou Sienne connaissent également leurs heures de gloire. Au XVᵉ siècle, le nord de l'Italie est la région d'Europe occidentale la plus prospère et la plus cultivée et c'est à Florence que s'épanouit la Renaissance.

Trop petits, ces États-cités ne peuvent cependant tenir tête longtemps aux grandes puissances, et l'Espagne prend le contrôle du territoire au XVIᵉ siècle. Napoléon le conquiert brièvement, puis c'est l'Autriche qui impose son hégémonie en 1815. Les patriotes italiens, les *carbonari*, refusent cette occupation. La guerre d'indépendance commence en 1848 à l'instigation du Piémont resté autonome. En 1870, la conquête de Rome achève l'unité italienne. Le pays devient un royaume. En 1922, Mussolini et les fascistes s'emparent du pouvoir. En 1946, la République est proclamée. En 1957, l'Italie participe à la création de la Communauté économique européenne en signant le traité de Rome.

Carte de l'Italie du XVIᵉ siècle telle qu'en utilisaient les marins génois et vénitiens

◁ **La cour de Sixte IV (1471-1484), puissant pape de la Renaissance, peinte par Melozzo da Forli**

L'Italie des Étrusques

Les Étrusques, qui donnèrent son nom à la Toscane, se répandirent en Italie centrale à partir du IXᵉ siècle av. J.-C. et ils régnaient sur Rome au VIᵉ siècle. Leurs principaux rivaux étaient alors les Grecs installés dans le Sud. L'Étrurie ne fut toutefois jamais un État unifié, juste une confédération de cités. L'origine exacte de ses habitants et la langue qu'ils parlaient restent un mystère, mais les fresques, poteries et bijoux retrouvés dans leurs sépultures témoignent d'une culture raffinée.

L'ITALIE EN 650 AV. J.-C.

- Royaumes étrusques
- Colonies grecques

La flûte double, instrument spécifiquement étrusque, servait aux fêtes comme aux funérailles.

Chevaux ailés
Ce superbe relief en terre cuite (IVᵉ siècle av. J.-C.) ornait à Tarquinia le fronton du temple Ara della Regina.

Foie de mouton en bronze
Les inscriptions servaient de guide à la divination d'après les entrailles d'animaux.

Urne funéraire
Le couvercle montre le défunt portant des tablettes d'écritures. Les Étrusques introduisirent l'alphabet en Italie.

LA TOMBE DES LÉOPARDS
Des scènes de réjouissance, telle cette fresque ornant un tombeau (v. 500 av. J.-C.) découvert à Tarquinia (p. 466), décorent souvent les sépultures étrusques.

CHRONOLOGIE

900 av. J.-C.	800 av. J.-C.	700 av. J.-C.
IXᵉ siècle av. J.-C. Des communautés pré-urbaines s'établissent dans les vallées fluviales de l'Étrurie	**753 av. J.-C.** Date légendaire de la fondation de Rome par Romulus	**v. 700 av. J.-C.** Développement des cités étrusques. Premières inscriptions
		616 av. J.-C. Les Étrusques règnent à Rome sous Tarquin L'Ancien
v. 900 av. J.-C. Premières traces de l'âge du fer en Italie ; époque villanovienne	**715-673 av. J.-C.** Règne du sage Numa Pompilius, deuxième roi de Rome	
v. 800 av. J.-C. Des Grecs s'implantent en Sicile et dans le sud de l'Italie		*Boucles d'oreille étrusques*

Pugilat
Des compétitions athlétiques avaient lieu aux funérailles. Ce vase, fabriqué en Étrurie vers 500 av. J.-C., imite la poterie à figures noires grecque.

Les musiciens
et le danseur sont représentés avec un réalisme qui témoigne de l'influence de l'art grec.

La lyre, faite d'une carapace de tortue, se jouait avec un plectre.

Apollon de Veii
Apollon a sur cette magnifique statue les traits stylisés caractéristiques de l'art étrusque.

Miroir de bronze
Les riches Étrusques jouissaient d'un grand luxe. Les femmes utilisaient des miroirs de bronze poli au dos gravé. On voit ici Hélène de Troie et Aphrodite.

OÙ VOIR L'ITALIE ÉTRUSQUE

Des tombes *creusées dans le tuf volcanique, comme ici à Sovana, abondent en Italie centrale.*

Dans le Latium, il existe d'immenses nécropoles à Cerveteri et Tarquinia *(p. 466)*. La Toscane et l'Ombrie sont également riches en vestiges étrusques, notamment en tombeaux. Parmi les musées les plus intéressants figurent celui de Tarquinia ; le Museo Gregoriano *(p. 422)* du Vatican et la villa Giulia *(p. 440)* de Rome, le Museo Archeologico *(p. 277)* de Florence, le Museo Civico *(p. 332)* de Chiusi et le museo Guarnacci *(p. 334)* de Volterra.

Temple de Neptune
Ce beau temple de Paestum (ve siècle av. J.-C.) remonte à la colonisation grecque du Sud.

Vase importé de Grèce

600 av. J.-C.	500 av. J.-C.	400 av. J.-C.

509 av. J.-C. Junius Brutus chasse le dernier roi étrusque de Rome, Tarquin le Superbe, et fonde la République

450 av. J.-C. Codification de la loi romaine en douze tables

390 av. J.-C. Des Gaulois pillent Rome. Des oies sauvent le Capitole en donnant l'alerte

499 av. J.-C. Bataille du lac Regillus, victoire romaine sur une coalition de Latins et d'Étrusques

396 av. J.-C. Les Romains prennent Veies, importante cité étrusque du Latium

474 av. J.-C. Une défaite face aux Grecs au large de Cumes affaiblit la puissance navale étrusque

v. 400 av. J.-C. Premières implantations gauloises dans la vallée du Pô

Les oies du Capitole, relief découvert sur le forum de Rome

De la République à l'Empire

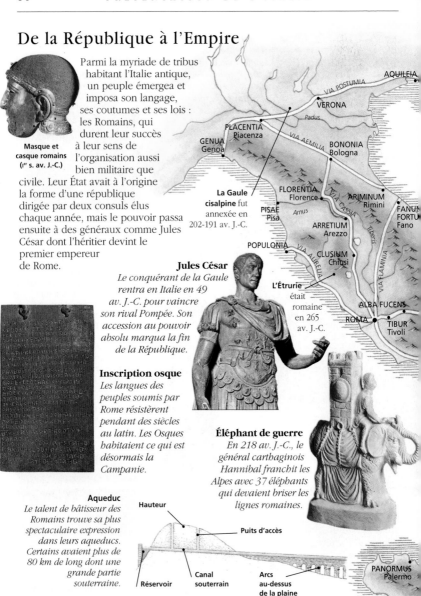

Masque et casque romains (Iᵉʳ s. av. J.-C.)

Parmi la myriade de tribus habitant l'Italie antique, un peuple émergea et imposa son langage, ses coutumes et ses lois : les Romains, qui durent leur succès à leur sens de l'organisation aussi bien militaire que civile. Leur État avait à l'origine la forme d'une république dirigée par deux consuls élus chaque année, mais le pouvoir passa ensuite à des généraux comme Jules César dont l'héritier devint le premier empereur de Rome.

La Gaule cisalpine fut annexée en 202-191 av. J.-C.

L'Étrurie était romaine en 265 av. J.-C.

Jules César
Le conquérant de la Gaule rentra en Italie en 49 av. J.-C. pour vaincre son rival Pompée. Son accession au pouvoir absolu marqua la fin de la République.

Inscription osque
Les langues des peuples soumis par Rome résistèrent pendant des siècles au latin. Les Osques habitaient ce qui est désormais la Campanie.

Éléphant de guerre
En 218 av. J.-C., le général carthaginois Hannibal franchit les Alpes avec 37 éléphants qui devaient briser les lignes romaines.

Aqueduc
Le talent de bâtisseur des Romains trouve sa plus spectaculaire expression dans leurs aqueducs. Certains avaient plus de 80 km de long dont une grande partie souterraine.

Hauteur
Puits d'accès
Canal souterrain
Réservoir
Arcs au-dessus de la plaine

CHRONOLOGIE

Via Appia

312 av. J.-C. Construction de la Via Appia et de l'aqueduc Acqua Appia

308 av. J.-C. Rome s'empare des Tarquin

287-212 av. J.-C. Vie d'Archimède, le grand mathématicien grec de Syracuse

265 av. J.-C. Les Romains prennent la dernière cité étrusque

275 av. J.-C. Les Romains battent le roi grec Pyrrhus à Beneventum

264-241 av. J.-C. Première guerre punique (avec Carthage)

237 av. J.-C. Les Romains occupent la Corse et la Sardaigne

Hannibal, général carthaginois pendant la deuxième guerre punique

218 av. J.-C. Deuxième guerre punique ; Hannibal franchit les Alpes

216 av. J.-C. Hannibal vainqueur à Cannes

191 av. J.-C. La Gaule cisalpine est conquise

300 av. J.-C.	250 av. J.-C.	200 av. J.-C.

Cicéron dénonce Catilina
Pour défendre la République,
Cicéron (106-43 av. J.-C.)
dénonça en 62 devant le sénat
la conspiration de Catilina.

Légionnaire romain
Ce bronze montre l'équipement
d'un légionnaire : casque,
cuirasse, sandales, jambières
et kilt de cuir garni de
plaques de fer.

FINIUM
...ERIA

La Via Appia
fut prolongée
de Capoue à
Brindisi en 190
av. J.-C.

CAPUA
VIA APPIA
BRUNDISIUM
Brindisi
TARENTUM
Taranto

La Sicile
devint la
première
province
romaine
en 241
av. J.-C.

RHEGIUM
Règgio di Calabria

OÙ VOIR L'ITALIE DE LA RÉPUBLIQUE ROMAINE

En dehors de deux exceptions notables, les temples du IIᵉ siècle av. J.-C. du forum Boarium *(p. 433)* de Rome, il ne subsiste quasiment pas d'édifices de l'époque républicaine, la plupart ayant été reconstruits sous l'Empire. En revanche, de très nombreuses villes et routes, telle la via Appia Antica *(p. 441)*, ont conservé leur tracé antique. Parmi les exemples frappants de cités à plan romain figurent Lucques *(p. 320-321)* et Côme *(p. 191)*.

Ces énormes blocs de basalte *à Tharros*
(p. 551) *pavaient une voie romaine.*

LES VOIES ROMAINES

Pour asseoir leur domination, les Romains construisirent des routes permettant aux légions d'intervenir rapidement. Ils bâtirent aussi des villes. Beaucoup, comme Ariminum (Rimini), étaient des « colonies », implantations en terre conquise de citoyens romains, souvent d'anciens légionnaires.

Vue aérienne
de Bologne
Le plan romain
marque toujours
certains centres-
villes. L'ancienne
Via Aemilia
traverse ainsi le
cœur de Bologne.

	104 av. J.-C. Révolte d'esclaves en Sicile	**89 av. J.-C.** Guerre sociale ; les alliés italiens de Rome obtiennent la citoyenneté	**31 av. J.-C.** Octave bat Marc-Antoine à Actium	**30 av. J.-C.** Suicide de Marc Antoine et de Cléopâtre en Égypte
146 av. J.-C. Fin de la troisième guerre punique ; Carthage détruite		**80 av. J.-C.** Le premier amphithéâtre romain est entrepris à Pompéi		

150 av. J.-C.	**100 av. J.-C.**	**50 av. J.-C.**

168 av. J.-C. Fin de la troisième guerre macédonienne ; la Grèce est conquise	**73-71 av. J.-C.** Révolte des esclaves conduits par Spartacus	**44 av. J.-C.** Assassinat de Jules César ; fin de la République
Borne de la Via Aemilia	**49 av. J.-C.** César franchit le Rubicon et chasse Pompée	**45 av. J.-C.** Introduction du calendrier julien de 12 mois

Borne de la Via Aemilia

C·AESAR·AVG...
PONTI·FEX·MAXIMVS...
...PROVINCIAM...POS...
...VIAM·AEMILIAM·AB...
...VM·EN TRE...
...VERDAM CVM...
LXXIX

L'âge d'or de Rome

Du règne d'Auguste à celui de Trajan, l'Empire romain ne cesse de s'étendre jusqu'à dominer un territoire allant de l'Écosse à la mer Rouge. Les taxes et le butin des campagnes militaires alimentent les caisses de l'État. Réduits à l'esclavage, les prisonniers de guerre fournissent une main-d'œuvre bon marché et le commerce avec les colonies enrichit les citoyens qui, pour se distraire, se rendent aux bains, au théâtre ou aux jeux. Enterrée sous les cendres du Vésuve en 79, Pompei nous offre un tableau fascinant de la vie quotidienne à cette époque.

L'EMPIRE ROMAIN EN 117

☐ Étendue maximum de l'Empire

Mosaïque de gladiateurs
Les gladiateurs qui luttaient à mort dans les jeux du cirque étaient pour la plupart des prisonniers de guerre.

Frises et médaillons

Colonne de Trajan
Ses reliefs retracent les campagnes victorieuses de Trajan en Dacie (actuelle Roumanie) au début du IIe siècle.

Le triclinium
(salle à manger)
présente une superbe frise de cupidons.

Boutiques romaines
Fermées la nuit par des volets de bois, de petites échoppes ouvertes sur la rue, telle cette pharmacie, bordaient les bâtiments en ville.

MAISON DES VETTII
Cette reconstruction montre l'une des plus belles maisons de Pompei *(p. 494-495)*. Les Vettii n'étaient pas des aristocrates mais des affranchis enrichis dans le commerce. Fresques et sculptures ornaient les pièces.

CHRONOLOGIE

9 av. J.-C. L'Ara Pacis *(p. 410)* de Rome célèbre la paix après les guerres de Gaule et d'Espagne

17 apr. J.-C. Tibère fixe la frontière de l'Empire le long du Rhin et du Danube

Marmites en bronze de Pompei

79 Une éruption d Vésuve dé Pompei et Herculanu

50 av. J.-C.	1 apr. J.-C.	50

27 av. J.-C.
Octave prend le titre d'*Augustus* et devient le 1er empereur de Rome

37-41 Règne de Caligula

43 Conquête de la Grande-Bretagne sous Claude Ier

67 Date légendaire du martyre de saint Pierre et de saint Paul à Rome

68 Déposition et suicide de Néron

80 Jeux inaugurau du Colisé

Auguste
Devenu le 1er empereur, le fils adoptif de Jules César réduisit le Sénat à l'impuissance et gouverna par décrets.

Dans l'atrium, un bassin recueillait les eaux de pluie.

Entrée principale

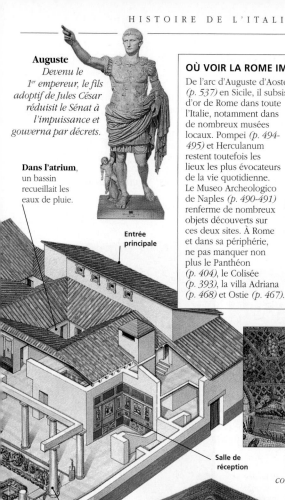

OÙ VOIR LA ROME IMPÉRIALE

De l'arc d'Auguste d'Aoste *(p. 215)* à la villa Casale *(p. 537)* en Sicile, il subsiste des vestiges de l'âge d'or de Rome dans toute l'Italie, notamment dans de nombreux musées locaux. Pompei *(p. 494-495)* et Herculanum restent toutefois les lieux les plus évocateurs de la vie quotidienne. Le Museo Archeologico de Naples *(p. 490-491)* renferme de nombreux objets découverts sur ces deux sites. À Rome et dans sa périphérie, ne pas manquer non plus le Panthéon *(p. 404)*, le Colisée *(p. 393)*, la villa Adriana *(p. 468)* et Ostie *(p. 467)*.

Le Forum (p. 380-381), *avec ses temples et tribunaux, était le centre de la vie sociale de la Rome antique.*

Salle de réception

Mosaïque d'un banquet
Les Romains mangeaient couchés. Le garum, une sauce salée à base de poisson séché, accompagnait de nombreux plats.

Péristyle ou colonnade

Le jardin intérieur fut emprunté aux Grecs par les Romains.

Autel domestique
Les rites religieux se pratiquaient aussi en privé. Cet autel de la maison des Vettii était dédié aux Lares, divinités du foyer.

---

97 L'Empire atteint sa plus grande étendue sous Trajan

161-180 Règne de Marc Aurèle

193-211 Règne de Septime Sévère

212 L'accès à la citoyenneté est ouvert à des habitants de toutes les régions de l'Empire

100　　　　　**150**　　　　　**200**

Fin du Ier siècle amphithéâtre de Vérone

134 Achèvement de la villa Adriana à Tivoli

L'empereur Septime Sévère

125 Hadrien reconstruit le Panthéon

216 Construction à Rome des thermes de Caracalla

Le partage de l'Empire

La conversion au christianisme de l'empereur Constantin en 312 marque un des grands tournants de l'Empire romain, et sa décision d'établir sa capitale à Constantinople (Byzance) un autre, car elle annonce la division de l'Empire en deux qui aura lieu au Vᵉ siècle. Sous la pression des tribus germaniques, l'Empire d'Occident s'effondre et les Goths puis les Lombards envahissent l'Italie.

Fiole en verre portant un symbole chrétien (IVᵉ s.)

L'Empire d'Orient conserve un pouvoir nominal sur certaines régions depuis sa forteresse de Ravenne qui devient la plus puissante cité de la péninsule après la mise à sac de Rome.

L'ITALIE EN 600

☐ Territoires byzantins

☐ Territoires lombards

La donation de Constantin
Selon une légende médiévale encouragée par l'Église, Constantin remit au pape Sylvestre Iᵉʳ le pouvoir temporel sur Rome.

Bélisaire
(500-565), le général de Justinien, reprit une grande partie de l'Italie aux Goths.

Théodelinde
Cette reine lombarde du VIᵉ siècle convertit son peuple au christianisme. On voit ici fondre de l'or pour l'église qu'elle bâtit à Monza (p. 184).

Justinien régna de 527 à 565. Il fut un grand législateur et l'un des plus puissants empereurs byzantins.

CHRONOLOGIE

303-305 Persécutions des chrétiens sous le règne de Dioclétien

404 Ravenne capitale de l'Empereur d'Occident

312 Constantin bat Maxence à la bataille du pont Milvius

Pièce d'or de Théodoric

488 L'Ostrogoth Théodoric envahit l'Italie

547 Ég San Vit de Ravenr

300	400	500

270 Mur d'Aurélien construit pour protéger Rome des Barbares

313 L'édit de Milan accorde la liberté de culte

324 Le christianisme religion d'État

v. 320 1ᵉʳ basilique Saint-Pierre de Rome

410 Sac de Rome par le Wisigoth Alaric

476 Fin de l'Empire d'Occident

535 Bélisaire débarque en Sicile ; reconquête de la majeure partie de l'Italie par Byzance

564 Les Lombards envahissent l'Italie et installent leur capitale à Pavie

Charlemagne

Après avoir écrasé les Lombards pour le pape, le roi des Francs fut sacré Saint Empereur romain en 800.

L'empereur tient une grande patène, plat portant le pain de messe, en or.

Maximien, archevêque de Ravenne

Sarrasins assiégeant Messine (843)
Au IXᵉ siècle, les Arabes conquièrent la Sicile. Certains atteignent même Rome où le pape Léon IV bâtit un nouveau mur pour protéger le Vatican.

Prêtres

OÙ VOIR L'ITALIE BYZANTINE ET PALÉOCHRÉTIENNE

Malgré les troubles et la dépopulation qui suivirent la chute de l'Empire romain, la survivance de l'Église catholique a permis la sauvegarde de nombreux monuments byzantins et du début du christianisme. Rome possède les catacombes *(p. 442)* et de grandes basiliques comme Santa Maria Maggiore *(p. 413)*. À Ravenne, siège de l'exarchat byzantin, se trouvent les églises San Vitale et Sant'Apollinare *(p. 268-269)* ornées de splendides mosaïques. La Sicile et le Sud conservent aussi de nombreux sanctuaires byzantins, mais le plus beau, de style tardif, est sans conteste la basilique Saint-Marc de Venise *(p. 110-111)*.

Stilo *en Calabre possède une superbe église byzantine du Xᵉ siècle, la Cattolica* (p. 520).

LA COUR DE JUSTINIEN

De superbes mosaïques décoraient les sanctuaires byzantins. Achevée en 547 dans l'abside de l'église San Vitale de Ravenne *(p. 268)*, celle-ci représente des membres de la cour impériale.

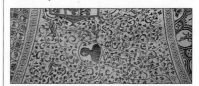

Santa Costanza (p. 441), *ancien mausolée des filles de Constantin bâti à Rome au IVᵉ siècle, présente aux voûtes des mosaïques antiques.*

---

595 Les Lombards dominent les [...] de l'Italie

752 Le roi lombard Aistolphe prend la forteresse byzantine de Ravenne

774 Charlemagne conquiert l'Italie et coiffe la couronne lombarde

800 Sacre de Charlemagne à Saint-Pierre de Rome

878 Les Sarrasins prennent à l'Empire byzantin la ville de Syracuse et le contrôle de la Sicile

600	700	800	900

Grégoire Iᵉʳ le Grand régna de 590 à 604

599 Le pape Grégoire Iᵉʳ négocie la paix entre Lombards et Byzance

754 Le pape demande l'aide des Francs ; Pépin le Bref défait les Lombards

Casque lombard en or du VIᵉ siècle au Bargello de Florence (p. 283)

L'essor de Venise

L'Italie vit au Moyen Âge des nuées d'envahisseurs se mêler aux conflits entre empereurs germaniques et papes, et de nombreuses cités du Nord profitèrent de la confusion pour affirmer leur indépendance. La plus puissante fut Venise, république gouvernée par un doge et un Grand Conseil. Malgré sa rivalité avec des villes comme Gênes ou Pise, elle bâtit un véritable empire en Méditerranée.

Enrico Dandolo, doge de Venise (v. 1120-1205)

LA MÉDITERRANÉE EN 1250

— Routes commerciales génoises

— Routes commerciales vénitiennes

Basilique Saint-Marc

Palais des Doges

Matilda de Toscane

Matilda, comtesse de Toscane (1046-1115), soutint le pape Grégoire VII contre l'empereur Henri IV. À sa mort, elle légua ses terres à l'Église.

Dais protégeant le demi-pont

Voiles d'appoint

Les rames étaient le principal mode de propulsion.

Galère vénitienne
Les galères utilisées par Venise pour le commerce comme pour la guerre ressemblaient à celles de la Grèce antique.

Les colonnes de San Marco et San Teodoro furent dressées au XIIᵉ siècle.

DÉPART DE MARCO POLO POUR LA CHINE
Venise importait du Moyen-Orient de la soie et des épices chinoises, mais aucun de ses habitants ne s'était rendu sur place avant le père de Marco Polo, Nicolò. Son fils partit avec lui en 1271, traversa toute l'Asie et passa 16 ans au service de Kublai Khan, empereur de la Chine mongole.

CHRONOLOGIE

1000 Le doge Pietro Orsolo II défait les pirates dalmates en Adriatique

XIᵉ siècle L'école de droit de Bologne devient la première université d'Europe.

Étudiants du Moyen Â...

1139 Naple... intégrée au royaume de Sicile

1000	1050	1100

1030 Le duc de Naples accorde le comté d'Aversa au chevalier normand Rainulf

1061 Les Normands Robert Guiscard et Roger de Hauteville prennent Messine aux Arabes

1084 Sac de Rome par les Normands

1076 Les Normands prennent Salerne, dernière cité lombarde

1130 Roger couron... roi de...

1063 Reconstruction de Saint-Marc à Venise

1073-1085 Grégoire VII réforme l'Église et la papauté

1115 Mort de la comtesse Matilda

Saint François d'Assise *(1181-1226) Dans le* Songe d'Innocent III *peint par Giotto vers 1290-1295, saint François soutient l'édifice chancelant de l'Église qu'un excès de richesse avait mise en crise. Le vœu franciscain de pauvreté apporta un réel renouveau au christianisme.*

OÙ VOIR L'ITALIE DU HAUT MOYEN ÂGE

L'époque vit s'élever de puissants châteaux forts tels le Castel del Monte *(p. 509)* dans la Pouille et le castello dell'Imperatore à Prato, ainsi que de superbes églises comme Saint-Marc à Venise *(p. 110)*, Sant'Antonio à Padoue *(p. 158)* et le Duomo de Pise *(p. 324)* et sa célèbre tour penchée *(p. 326)*.

Le castello dell'Imperatore *de Prato bâti vers 1240.*

Monastère Sant'Apollonia

Actuelle riva degli Schiavoni

Nicolò Polo, son frère Maffeo et son fils Marco se préparent à embarquer pour Saint-Jean-d'Acre, leur première étape.

IVᵉ croisade *Menée par le doge Enrico Dandolo, elle n'atteignit jamais la Terre Sainte mais pilla Constantinople en 1204.*

Frédéric II *(1194-1250) L'empereur entretenait érudits et poètes à sa cour en Sicile. Il obtint, par diplomatie, Jérusalem des Arabes, mais fut constamment en guerre avec le pape et les cités lombardes.*

1155 Frédéric Barberousse sacré Saint Empereur romain
1198 Frédéric II devient roi de Sicile
1204 Sac de Constantinople
1209 Création de l'ordre franciscain
1216 Création de l'ordre dominicain
1250 Mort de Frédéric II
1260 Urbain IV invite Charles d'Anjou à régner
1265 Naissance de

150 | 1200 | 1250

Frédéric Barberousse vêtu en croisé
1220 Frederick II crowned Holy Roman Emperor
1237 La Ligue lombarde défait Frédéric à Cortenuova
1228 Grégoire IX excommunie Frédéric II ; luttes entre les partisans du pape (les guelfes) et ceux de l'empereur (les gibelins)
1271 Marco Polo part pour la Chine

La fin du Moyen Âge

Le conflit entre papauté et Empire se poursuit pendant tout le XIVᵉ siècle, partageant les Italiens en deux factions : les guelfes, partisans du pape, et les gibelins qui soutiennent l'empereur. Les villes de Toscane et de Lombardie profitent de la situation pour accroître leur puissance et leur prospérité. De riches mécènes permettent l'émergence d'un nouvel âge de la peinture initié par des artistes comme Duccio et Giotto, tandis que Dante et Pétrarque jettent les fondements de la littérature italienne.

Crosse épiscopale siennoise

L'ITALIE EN 1350

☐ *États pontificaux*

☐ *Saint Empire romain*

☐ *Royaume angevin de Naples*

PLACE MÉDIÉVALE

Dans toute l'Italie centrale, c'était sur la grand-place que s'exprimaient la fierté et l'indépendance de la cité. Le centre de Pérouse *(p. 352-353)* a peu changé depuis le XIVᵉ siècle, époque où elle s'efforçait de surclasser ses rivales, notamment Sienne, par la taille et la somptuosité des bâtiments publics.

Clocher

Griffon, symbole de Pérouse

Condottieres

Les villes payaient des chefs de mercenaires, les condottieri, *pour livrer les guerres à leur place. Simone Martini a peint ici Guidoriccio da Fogliano (1330).*

La salle principale de l'hôtel de ville, la sala dei Notari, est ornée des armoiries des maires de Pérouse.

L'Enfer de Dante

Dans sa vision de l'enfer, le poète réserve l'un des pires châtiments, un bain dans une fournaise, aux papes corrompus comme Boniface VIII qui régna de 1294 à 1303.

La Fontana Maggiore, un symbole de la richesse de la ville, fut commencée en 1275 et décorée de panneaux par Nicola Pisano.

CHRONOLOGIE

1282 Vêpres siciliennes : 2 000 soldats français tués à Palerme lors d'un soulèvement populaire

1296 Le Duomo de Florence est entrepris

1298 Retour de Marco Polo à Venise

1309-1343 Règne de Robert le Sage à Naples

1310 Le palais des Doges est entrepris à Venise

1313 Naissance de Boccace

1275

1300

1325

1282 Pierre d'Aragon débarque à Trapani, conquiert la Sicile et se fait couronner à Palerme

1304 Naissance de Pétrarque

1309 Clément V installe la papauté à Avignon

1321 Dante achève *La Divine Comédie* et meurt

1337 Mort de Giotto

Pétrarque, poète et érudit

La peste
*Transmise par des marins génois arrivant de la mer Noire, la peste atteignit l'Italie en 1347. Elle tua plus d'un tiers de la population et frappa épisodiquement la péninsule jusqu'au XVI*e* siècle.*

OÙ VOIR L'ITALIE DE LA FIN DU MOYEN ÂGE

L'Italie centrale a conservé des édifices publics des XIII*e* et XIV*e* siècles. Parmi les plus impressionnants figurent le Palazzo Vecchio de Florence *(p. 291)* et le Palazzo Pubblico de Sienne *(p. 340)*. Le Duomo d'Orvieto *(p. 358-359)* est un bel exemple de cathédrale gothique de la fin du XIII*e* siècle. Volterra *(p. 334)* et Monteriggioni *(p. 334)* en Toscane, Gubbio *(p. 352)* et Todi *(p. 359)* en Ombrie et Viterbo *(p. 464-465)* dans le Latium ont gardé leur aspect médiéval.

La piazza dei Priori de Volterra (p. 324) *est l'une des plus belles places médiévales d'Italie.*

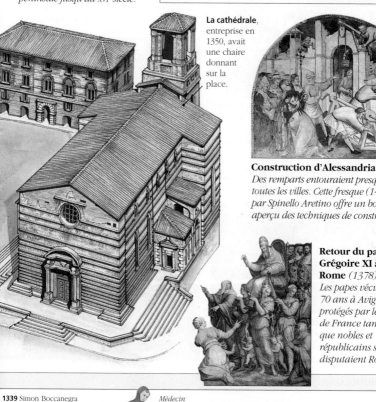

La cathédrale, entreprise en 1350, avait une chaire donnant sur la place.

Construction d'Alessandria
Des remparts entouraient presque toutes les villes. Cette fresque (1407) par Spinello Aretino offre un bon aperçu des techniques de construction.

Retour du pape Grégoire XI à Rome *(1378)*
Les papes vécurent 70 ans à Avignon protégés par le roi de France tandis que nobles et républicains se disputaient Rome.

1339 Simon Boccanegra premier doge de Gênes ; Jeanne Ire reine de Naples

Médecin médiéval

1378-1417 Le grand schisme oppose papes et antipapes installés à Rome et Avignon

1347-1349 Épidémie de peste

1380 La flotte génoise se rend aux Vénitiens à Chioggia

1350	1375	1400

1357 Cola di Rienzo est tué à Rome

1385 Gian Galeazzo Visconti prend le pouvoir à Milan

1406 Florence annexe Pise

1347 Cola di Rienzo tente de restaurer la république romaine

1378 Grégoire XI rentre d'Avignon à Rome

La Renaissance

Léonard de Vinci (1452-1519)

De riches mécènes, tels les Médicis de Florence, gouvernent les villes du nord et du centre de l'Italie. Ils soutiennent et financent aussi une véritable révolution artistique et intellectuelle : peintres, sculpteurs, architectes et érudits puisent dans l'Antiquité grecque et romaine pour faire « renaître » les valeurs classiques. L'étude de l'anatomie et de la perspective bouleverse la peinture tandis que les humanistes défendent le rôle de la connaissance et de la raison. Des génies comme Léonard de Vinci ou Michel-Ange incarnent l'idéal d'un homme ouvert à toutes les formes de savoirs.

L'ITALIE EN 1492

- ☐ République de Florence
- ☐ États pontificaux
- ☐ Possessions aragonaises

Le Christ remettant les clés à saint Pierre
Dans la fresque peinte par le Pérugin dans la chapelle Sixtine (p. 426), *le Christ confère une autorité temporelle au premier des papes en lui remettant aussi la clé du royaume terrestre.*

Galeazzo Maria Sforza était le fils du maître de Milan.

Pierre de Médicis, père de Laurent, était surnommé le Goutteux.

Autoportrait de l'artiste

Exécution de Savonarole *(1498)*
Après avoir gouverné Florence en 1494, ce moine fanatique fut pendu puis brûlé pour hérésie sur la piazza della Signoria.

CHRONOLOGIE

1420 Martin V rétablit la papauté à Rome

1435 Alberti publie *De Pictura* qui contient la première description d'un modèle de perspective

1436 Brunelleschi achève la coupole du Duomo de Florence

1458-1464 Les maisons d'Anjou et d'Aragon se disputent le royaume de Naples

1469 Laurent le Magnifique règne à Florence

1425

1450

1434 Cosme de Médicis accède au pouvoir à Florence

1442 Alphonse d'Aragon prend Naples

1452 Naissance de Léonard de Vinci

1444 Frederico da Montefeltro devient duc d'Urbino

1453 Chute de Constantinople

Cosme de Médicis

Filippo Brunelleschi

La Bataille de Pavie *(1525)*
*L'empereur Charles Quint, un Habsbourg, y
fit prisonnier François I*er *de France
et gagna le contrôle de l'Italie.*

LE CORTÈGE DES ROIS MAGES
La fresque de Benozzo Gozzoli (1459) au
palazzo Medici-Riccardi de Florence met en
scènes des notables de l'époque, notamment
des Médicis, et contient de nombreuses
références au grand concile de 1439.

OÙ VOIR L'ITALIE DE LA RENAISSANCE
L'art s'est épanoui dans bien des villes au
XVe siècle et si aucune n'égale en richesse
Florence (*p. 270-313*) avec ses palazzi et la
Galleria degli Uffizi *(p. 286-289)*, Venise
(p. 84-137), Urbino *(p. 370-371)* et
Mantoue *(p. 199)* conservent des trésors. À
Rome, ne pas manquer la chapelle Sixtine
et les Chambres de Raphaël *(p. 424-427)*.

Le Spedale degli Innocenti *de Brunelleschi
illustre à Florence* (p. 277) *la retenue et le sens
de la symétrie de l'architecture Renaissance.*

Humanisme
*Carpaccio aurait
donné à son saint
Augustin les traits du
cardinal Bessarion
(v. 1395-1472),
l'un des érudits
qui remirent en vogue
les philosophes
classiques,
notamment Platon.*

**Laurent le Magnifique
de Médicis** prête ses
traits à l'un des Rois
mages.

Jules II
*C'est en vieil homme d'État rusé
que Raphaël représente ce pape
ambitieux qui régna de 1503 à
1513 et fit des États pontificaux
une puissance européenne.*

1487 Naissance de Titien

1483 Sixte IV
consacre la
chapelle Sixtine

1494
Charles VIII
de France
envahit
l'Italie

1503 Giuliano della Rovere
devient le pape Jules II,
le plus puissant
des papes de la
Renaissance

Machiavel

1527 Sac de Rome par
les troupes impériales

1475

1500

1475 Naissance
de Michel-Ange

Raphaël

1483
Naissance de Raphaël

1512 Michel-Ange
achève le plafond de la
chapelle Sixtine

1525 François Ier de
France capturé à
Pavie

1498 Savonarole exécuté ; Machiavel
secrétaire de la République de Florence

1513 Jean de
Médicis devient le
pape Léon X

1532 Publication du *Prince* de
Machiavel 5 ans après sa mort

La Contre-Réforme

Le Bernin

Après le sac de Rome de 1527, l'Italie se retrouve à la merci de Charles Quint, roi d'Espagne, élu empereur germanique en 1519, que son ancien ennemi, le pape Clément VII, se voit contraint de sacrer à Bologne. En réaction au protestantisme, son successeur, Paul III, engage l'Église dans une série de réformes connue sous le nom de Contre-Réforme. Un nouvel ordre, les jésuites, s'emploie à reconquérir le terrain perdu, en Europe centrale notamment. L'esprit missionnaire de l'époque donne naissance à un style artistique théâtral et foisonnant : le baroque.

L'ITALIE EN 1550

☐ *Possessions espagnoles*
☐ *États alliés à l'Espagne*

L'empereur Charles Quint et le pape Clément VII
Les deux ennemis réglèrent leurs différends et l'avenir de l'Italie par le traité de Barcelone (1529).

La Vierge intervient au côté des chrétiens.

LES STUCS BAROQUES

Un foisonnement de stucs dorés caractérise les décorations baroques. Cette œuvre de Giacomo Serpotta (v. 1690) à l'oratoire de Santa Zita de Palerme témoigne de l'exubérance du baroque tardif. Elle a pour sujet la bataille de Lépante (1571), victoire navale des forces de la chrétienté sur la flotte turque.

Une scène peinte en perspective constitue le centre de l'œuvre.

Architecture baroque
Guarino Guarini achève en 1694 la décoration de la coupole de la chapelle du saint suaire de Turin (p. 221).

Le garçon pose la main sur un casque symbolisant les vainqueurs chrétiens.

CHRONOLOGIE

1530-1537 Alexandre de Médicis gouverne Florence

1542 Établissement à Rome de l'Inquisition

1545-1563 Le concile de Trente définit le contenu de la Contre-Réforme

Andrea Palladio

1580 Mort de l'architecte Palladio

1589 Palestrina fixe la forme du cantique latin

1600 Le philosophe Giordano Bruno brûlé pour hérésie à Rome

1550	1575

1540 Fondation de l'ordre jésuite

1541 Michel-Ange achève *Le Jugement dernier* dans la chapelle Sixtine

1571 Victoire navale sur les Turcs à Lépante

1564 Naissance de Galilée

1429 Sacre de Charles Quint à San Petronio, Bologne

1560 Saint Charles Borromée évêque de Milan

Giovanni Pierluigi da Palestrina

Procès de Galilée
*Convoqué à Rome par l'Inquisition en 1633,
le grand astronome qui avait observé que la
terre et les planètes tournaient autour du
soleil dut renier sa découverte.*

Les galères vénitiennes
jouèrent un grand rôle à
Lépante.

**L'angelot est un
des ornements
favoris du
baroque**

Ignace de Loyola
*Rome officialisa
en 1540
l'ordre des
jésuites fondé par
le saint espagnol.*

**Un turban
symbolise les
Turcs vaincus**

**Révolte de
Masaniello** *(1647)
Un projet d'impôt
sur les fruits provoqua
à Naples cette révolte vite
réprimée contre les Espagnols.*

OÙ VOIR L'ITALIE BAROQUE

**Le Ravissement de sainte
Thérèse** *du Bernin
(p. 412) possède une
théâtralité typique de
la sculpture baroque.*

Avec de vastes espaces publics
comme la piazza Navona
(p. 398-399), c'est à Rome, la
ville des papes où Borromini
et le Bernin élevèrent de
nombreuses églises, qu'a le
plus fleuri le baroque, mais il
a également marqué des villes
comme Turin *(p. 220-221)*,
Lecce *(p. 512-513)* en Pouille
et Palerme *(p. 526-529)*, Noto
(p. 543) et Syracuse *(p. 542-
543)* en Sicile.

1626 Consécration à Rome de la
nouvelle cathédrale Saint-Pierre

1631 Les États pontificaux
absorbent le duché d'Urbino

1669 Les Turcs
prennent la Crête
à Venise

1694 Andrea Pozzo achève la
fresque de la voûte de l'église
Sant'Ignazio de Rome

1678 Naissance
de Vivaldi

1625	1650	1675

1633 Galilée
condamné par
l'Inquisition

1642 Le *Couronnement de
Poppée* par Monteverdi

1647 Révolte contre
les Espagnols à Naples

1669 Importante
éruption de l'Etna

1693 Un tremblement
de terre dans l'est de la
Sicile tue 5 % de la
population de l'île

1674 Révolte contre
les Espagnols à Messine

Le voyage en Italie

Shelley, poète romantique, mourut en Italie

Le traité d'Aix-la-Chapelle signé en 1748 marque le début de cinquante ans de paix et l'Italie devient grâce à ses trésors artistiques et historiques, notamment les ruines de Pompei récemment déterrées, la destination préférée d'une espèce en voie d'apparition : les touristes. La visite de Rome, Florence et Venise devient une forme de pèlerinage pour les jeunes nobles anglais, tandis que poètes et artistes viennent chercher l'inspiration aux sources du classicisme. De 1800 à 1814, Napoléon réalise brièvement l'unité de l'Italie avant le retour des Autrichiens.

La flotte de Charles III à Naples *(1753)*
Avant de devenir roi d'Espagne en 1759, Charles III tenta de réelles réformes politiques à Naples.

Goethe dans la campagne romaine
Goethe visita l'Italie dans les années 1780. De grands poètes comme Keats, Shelley et Byron suivirent son exemple.

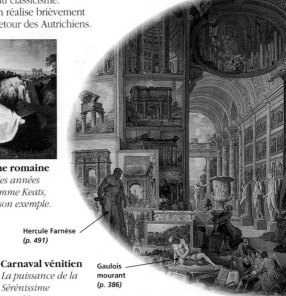

Hercule Farnèse
(p. 491)

Carnaval vénitien
La puissance de la Sérénissime République appartenait au passé quand Napoléon la céda à l'Autriche en 1797, mais son carnaval restait grandiose.

Gaulois mourant
(p. 386)

GALERIE DE VUES DE LA ROME ANTIQUE PAR PANNINI

Giovanni Pannini (1691-1765) peignait des vues de ruines pour les étrangers. Cette peinture est un *capriccio*, le rassemblement imaginaire de statues et décors classiques célèbres.

CHRONOLOGIE

1713 Le traité d'Utrecht donne la Sicile au Piémont, et Naples et la Sardaigne à l'Autriche

Armoiries des Médicis

1725 *Les Quatre saisons* de Vivaldi

1735 La paix de Vienne confirme Charles III à la tête des royaumes de Naples et de Sicile

1748 Premières fouilles à Pompei

1700	1720	1740

1707 Naissance du dramaturge Carlo Goldoni

1718 La maison de Savoie unit le Piémont et la Sardaigne ; la Sicile passe à l'Autriche

1737 Fin de la dynastie des Médicis à Florence ; le grand-duché de Toscane passe à la maison de Lorraine

Le grand compositeur vénitien Antonio Vivaldi

Vue du Forum romain par Piranèse
Le succès rencontré par la série d'eaux-fortes de Piranèse (1720-1778) intitulée Vedute di Roma *(Vues de Rome) renforça l'intérêt pour les ruines antiques.*

OÙ VOIR L'ITALIE DU XVIIIᵉ SIÈCLE

Le XVIIIᵉ siècle orna Rome de deux des monuments préférés des visiteurs : l'escalier de la piazza di Spagna *(p. 409)* et la fontaine de Trevi *(p. 410)*. Il vit aussi s'édifier les premiers véritables musées, tel le museo Pio-Clementino *(p. 421)* du Vatican, tandis que le triomphe du néo-classicisme suscitait la construction d'édifices aussi imposants que le Palazzo Reale de Caserta *(p. 496)* et donnait une immense popularité à la sculpture d'Antonio Canova (1757-1822) dont la tombe se trouve à Santa Maria Gloriosa dei Frari à Venise *(p. 98-99)*.

Pauline Borghese, *sœur de Napoléon, servit de modèle à la Vénus (1805) de Canova qui s'admire à Rome à la Villa Borghese* (p. 439).

Le Colisée était déjà un sujet de souvenir populaire au XVIIIᵉ siècle.

Le Laocoon
(p. 417)

Vue du Panthéon
(p. 404)

Napoléon
Napoléon prétendait propager les idées de la Révolution française quand il conquit l'Italie en 1800, mais il pilla ses trésors artistiques.

Le congrès de Vienne *(1815)*
En décidant de laisser la Lombardie et Venise à l'Autriche, il sema le germe du mouvement pour l'unification.

L'opéra de la Scala, Milan (p. 187)

1778 La Scala ouvre à Milan

1796-1797 Première campagne d'Italie de Napoléon

1800-1801 Napoléon conquiert l'Italie

1808 Murat devient roi de Naples

1809 Le pape Pie VII exilé de Rome

1760			1780	1800

1768 Gênes vend la Corse à la France

1773 Le pape dissout l'ordre jésuite

1780 Joseph II monte sur le trône autrichien ; réformes mineures en Lombardie

1806 Joseph Bonaparte devient roi de Naples

1765-1790 Règne de Léopold, grand-duc de Toscane réformateur

1797 Le traité de Campo Formio donne Venise à l'Autriche ; la France contrôle le reste de l'Italie du Nord

1815 Le congrès de Vienne rétablit l'ordre ancien en Italie mais laisse Venise à l'Autriche

Le Risorgimento

Le terme « Risorgimento » (Résurrection) décrit le demi-siècle de luttes qui permit aux Italiens de se libérer des tutelles étrangères et d'accomplir l'unification de leur pays en 1870. Les premières révoltes patriotes eurent lieu en 1848, contre les Autrichiens à Milan et à Venise, contre les Bourbons en Sicile et contre le pape à Rome, où fut créée une république. Trop dispersés, ces soulèvements échouèrent et il fallut attendre 1859 pour que commence la véritable reconquête menée par le royaume du Piémont dirigé par Victor-Emmanuel II.

Victor-Emmanuel

L'ITALIE EN 1861

▨ *Royaume d'Italie*

Les fusils étaient de vieilles armes à silex bricolées.

Giuseppe Mazzini
(1805-1872)
Comme Garibaldi, ce patriote qui passa la majeure partie de sa vie en exil rêvait d'une république italienne plutôt que d'un royaume.

La chemise rouge était l'uniforme des hommes de Garibaldi.

Le chemin de fer
Sans unité politique, l'Italie tarda à se doter d'un réseau de chemin de fer efficace. La courte ligne entre Naples et Portici ouvrit en 1839.

Révolte de Messine
Lors de cette révolte en 1848, Ferdinand II soumit la ville à un féroce bombardement qui lui valut le surnom de Re Bomba.

CHRONOLOGIE

1831 Insurrection contre le pape en Romagne et dans les Marches

1840 Première grande liaison ferroviaire

1849 Victor-Emmanuel II monte sur le trône du Piémont

1820	1830	1840	1850

1820 La société secrète des carbonari s'organise dans les États pontificaux

1831 Mazzini fonde l'association Giovine Italia (Jeune Italie)

Daniele Manin, héros de l'insurrection vénitienne de 1848

1847 Crise économique

1848 Révolutions dans toute l'Italie

1852 Cavour devient premi[er] ministre du Piémont

1849 Des troupes françaises écrase[nt] République de Rome

Bataille de Solferino *(1859)*
Avec l'aide d'une armée française menée par Napoléon III, les Piémontais prirent Milan et la Lombardie aux Autrichiens.

Deux vieux vapeurs à aubes transportèrent les 1 000 depuis Quarto près de Gênes.

OÙ VOIR L'ITALIE DU RISORGIMENTO

Presque toutes les villes italiennes rendent honneur aux héros de l'unification avec une via Garibaldi, une via Cavour, une piazza Vittorio, une via Mazzini et une via XX Settembre (date de la chute de Rome en 1870). Beaucoup possèdent aussi un musée du Risorgimento. Le meilleur est celui de Turin *(p. 223)*.

Le monument de Victor-Emmanuel II (p. 384)
à Rome n'est pas une grande réussite.

Comte Camillo di Cavour
(1810-1861)
Inventeur du terme « Risorgimento » et fin diplomate, le premier ministre du Piémont sut assurer à la famille de Savoie la couronne d'Italie.

Les chaloupes
de débarquement furent prêtées par d'autres navires du port.

Giuseppe Verdi
(1813-1901)
Auteurs d'œuvres patriotiques, des compositeurs comme Verdi, Donizetti et Rossini firent du XIXᵉ siècle la grande époque de l'opéra italien.

L'EXPÉDITION DES MILLE

Dirigés par le patriote Giuseppe Garibaldi (1807-1882), 1 000 volontaires débarquèrent à Marsala en 1860. Après la reddition de la garnison de Palerme, ils marchèrent sur Naples, conquérant ainsi pour Victor-Emmanuel la moitié de son royaume.

1859 Batailles de Magenta et de Solferino ; le Piémont obtient la Lombardie et les duchés de Parme, de Modène et de Toscane

1861 Proclamation d'un royaume d'Italie ; Turin est sa capitale

Pie IX se retrouva prisonnier de fait au Vatican quand Rome devint capitale de l'Italie.

1882 Décès de Garibaldi et du pape Pie IX

1893 Répression d'un soulèvement en Sicile

1860	1870	1880	1890

1866 L'Italie obtient Venise de l'Autriche

1878 Mort de Victor-Emmanuel, sacre d'Umberto Iᵉʳ

1870 Les royalistes prennent Rome et en font la capitale du jeune État ; Pie IX proclame le dogme de l'infaillibilité papale

1860 Garibaldi et les 1 000 s'emparent du royaume des Deux-Siciles

1890 Un décret royal fonde la colonie italienne d'Érythrée

L'Italie du XXᵉ siècle

Le parti fasciste de Mussolini promettait la grandeur aux Italiens, mais ne leur apporta qu'humiliation. Au sortir de la guerre, la monarchie, discréditée, est abolie et un parti de droite modéré, la démocratie chrétienne, porté au pouvoir. Il le conserve quasiment sans interruption jusqu'en 1994. Malgré de nombreuses crises gouvernementales et une corruption dont l'ampleur se révèle aujourd'hui, l'Italie s'affirme comme une grande puissance économique européenne.

1936 Fiat fabrique la première « Topolino »

1922 Les fascistes marchent sur Rome ; Mussolini obtient le pouvoir

1918 L'avance autrichienne est arrêtée sur la Piave, juste au nord de Venise

1940 L'Italie entre en guerre

1943 Les Alliés débarquent en Sicile ; le gouvernement de Badoglio signe un armistice

1900 Assassinat du roi Umberto Iᵉʳ

1915 L'Italie entre en guerre

1911-1912 L'Italie conquiert la Libye

| 1900 | 1910 | 1920 | 1930 | 1940 | 195 |

| 1900 | 1910 | 1920 | 1930 | 1940 | 195 |

1908 Un tremblement de terre en Calabre et en Sicile orientale détruit presque entièrement Messine et fait plus de 150 000 victimes

1936 L'Italie conquiert l'Abyssinie et signe le Pacte d'Acier avec l'Allemagne hitlérienne

Années 20 De nombreux émigrants partent pour les États-Unis comme ces passagers du *Giulio Cesare* arrivant à New York

1943 Emprisonné, Mussolini est libéré par les Allemands

1946 Un référendum établit la République ; la démocratie chrétienne forme le premier d'une longue série de gouvernements de coalition

1917 Défaite de Carporetto sur la frontière nord-est ; les troupes italiennes, tels ces *Alpini*, reculent

1909 Dans son article *Le Futurisme*, Filippo Marinetti prône un art du mouvement en rupture avec le passé, comme en témoigne l'œuvre d'Umberto Boccioni *Formes uniques de la continuité dans l'espace* (1913)

1978 Les Brigades rouges enlèvent et abattent le premier ministre Aldo Moro

1994 Chef d'un nouveau parti, Forza Italia, le magnat de l'audiovisuel Silvio Berlusconi devient premier ministre

1996 Un incendie détruit le théâtre de la Fenice à Venise

1996 Un tremblement de terre à Assise endommage la basilique et détruit les fresques de Giotto

1960 Sortie de *La Dolce Vita*, satire par Federico Fellini de la société romaine

1992 Le juge Giovanni Falcone est tué par la Mafia en Sicile

1992 La justice révèle l'ampleur de la corruption dans le système politique

2000 Rome célèbre l'Année sainte et le Jubilée

2002 Mise en circulation de l'euro

1966 L'Arno inonde Florence et endommage de nombreuses œuvres d'art

1990 L'Italie accueille la coupe du monde de football

2006 Jeux olympiques d'hiver à Turin

1960	1970	1980	1990	2000

1960	1970	1980	1990	2000

1960 Jeux olympiques de Rome

1978 Élection du pape Jean-Paul II

1983 Bettino Craxi est le premier socialiste à former un gouvernement en Italie

2005 Élection du Pape Benoît XVI

1969 Un attentat à la bombe sur la piazza Fontana de Milan tue 13 personnes

1982 L'Italie remporte la coupe du monde de football en Espagne

2001 Silvio Berlusconi revient au pouvoir

1997 Dario Fo reçoit le Prix Nobel de littérature

1999 Roberto Benigni remporte trois Oscars pour *La Vie est belle*, dont le meilleur acteur et le meilleur film étranger

1957 Traité de Rome ; l'Italie est l'un des six membres fondateurs de la CEE

LE CINEMA ITALIEN DEPUIS LA DEUXIEME GUERRE MONDIALE

Après la guerre, une génération de jeunes réalisateurs se penche sur la vie quotidienne de leurs concitoyens. Ils fondent le néo-réalisme qui produira de grandes œuvres comme *Rome, ville ouverte* (1945) de Roberto Rossellini, *Le Voleur de bicyclette* (1948) de Vittorio de Sica. À partir des années soixante, les cinéastes italiens développent chacun leur univers et leur style

Vittorio de Sica (1901-1974)

personnel comme Pier Paolo Pasolini, le raffinement de Luchino Visconti dans *Mort à Venise* (1971) contrastant avec la démesure de Federico Fellini dans *Roma* (1972). L'Italie a produit beaucoup de films à succès comme les westerns de Sergio Leone, *Cinema Paradiso*, de Giuseppe Tornatore ou *La Chambre du fils* de Nanni Moretti, palme d'or 2001 à Cannes.

L'ITALIE AU JOUR LE JOUR

Unifiée depuis à peine plus d'un siècle, l'Italie a conservé une étonnante diversité de couleurs et de particularismes locaux, spécialement dans le Sud. L'esprit de compétition entre localités ou quartiers voisins reste d'ailleurs si vivant qu'il porte un nom : le « campanilisme ». En ville comme à la campagne, en Sicile comme en Toscane, il prend toute sa dimension pour les fêtes locales, traditions souvent séculaires. Qu'il s'agisse d'un carnaval, d'une cérémonie religieuse ou d'une simple foire gastronomique, leur réussite et leur faste engagent toute la communauté.

PRINTEMPS

Le printemps commence tôt en Italie. Sauf à Rome, où les célébrations de Pâques attirent des milliers de catholiques, il n'y a généralement pas de foule à l'entrée des musées et des monuments. Dans le centre et le nord du pays, le temps peut toutefois se montrer imprévisible et humide. Sur les menus des restaurants apparaissent des spécialités de saison comme les asperges, les fèves fraîches ou les artichauts. De nombreuses fêtes marquent la sortie de l'hiver, notamment en Sicile.

Asperges toscanes

MARS

Mostra Vini Spumanti *(mi-mars)*, Madonna di Campiglio, Trentin-Haut-Adige. Fête du vin mousseux local.
Sa Sartiglia, Oristano,

Procession de la Vierge dans l'île de Procida

Sardaigne. Carnaval de trois jours qui finit le mardi gras.
Su e zo per i ponti *(2ᵉ dim.)*, Venise. Sorte de marathon « sur et sous les ponts ».

AVRIL

Procession de la Vierge *(ven. saint)*, Procida, Campanie. Un défilé haut en couleur à travers toute l'île.
Semaine sainte. Du dimanche des Rameaux au dimanche de Pâques, célébrations religieuses dans tout le pays.
Bénédiction papale *(dim. de Pâques)*, place Saint-Pierre de Rome.
Danse des démons et de la mort *(dim. de Pâques)*, Prizzi, Sicile. Les forces du mal tentent de triompher de l'esprit divin.
Scoppio del Carro *(dim. de Pâques)*, Florence. L'Explosion du char : un feu d'artifice devant le Duomo.
Festa della Madonna che Scappa in Piazza *(dim. de Pâques)*, Sulmona, Abruzzes. Mise en scène d'une rencontre entre la Vierge et le Christ.
Festa degli Aquiloni *(1ᵉʳ dim. après Pâques)*, San Miniato, Toscane. Fête des cerfs-volants.
Festa di San Marco *(25 avril)*, Venise. Une course de gondoles sur le bacino di San Marco en l'honneur de saint Marc.
Mostra Mercato Internazionale dell'Artigianato *(dernière semaine)*, Florence. Une foire artisanale attirant des exposants de toute l'Europe.

Scoppio del Carro (Explosion du char) à Florence

Sagra Musicale Lucchese *(avr.-juil.)*, Lucques, Toscane. Concerts de musique sacrée.

MAI

Festa di Sant'Efisio *(1ᵉʳ mai)*, Cagliari, Sardaigne. Parade en costumes traditionnels sardes.
Festa dei Ceri *(5 mai)*, Gubbio, Pérouse. Fête incluant une course entre quatre équipes portant de grands cierges.
Festa di San Domenico Abate *(6 mai)*, Cocullo, Abruzzes. Une statue de saint Dominique couverte de serpents vivants est portée en procession.

Un fruit de printemps

Festa della Mela *(fin mai)*, Ora (Auer), Trentin-Haut-Adige. La Fête de la pomme.
Festival de théâtre grec *(mai-juin)*, Syracuse, Sicile.
Maggio Musicale *(mai-juin)*, Florence. Musique, théâtre et danse, aussi bien classiques que modernes.

Rue tapissée de fleurs pour
l'Infiorata de Genzano

ÉTÉ

Les villes se
remplissent de
touristes et il faut
souvent faire la queue
à l'entrée des musées
ou des monuments,
tandis que de nombreux hôtels
affichent complet. En général
plus authentiques, les fêtes de
village, organisées notamment
pour la Saint-Jean (24 juin),
permettent de se mêler à la
population locale. Août voit
de nombreux magasins et
restaurants fermer.

JUIN

Festa della Fragola *(1er juin)*,
Borgo San Martino,
Alessandria. La Fête de la
fraise fournit le prétexte à des
danses folkloriques.
Biennale *(juin-sept.)*, Venise.
La plus grande manifestation
d'art contemporain du monde
n'a lieu que les années
impaires.
Infiorata *(début juin)*,
Genzano, Castelli Romani.
Procession dans des rues
tapissées de fleurs.
Festa di San Giovanni *(24
juin)*, Turin, Piémont. La fête
de la Saint-Jean depuis le
XIVe siècle.
Calcio Storico Fiorentino
(24 juin), Florence.
Procession en costumes du

XVIe siècle et feu d'artifice.
Festa di Sant'Andrea
(27 juin), Amalfi, Campanie.
Feu d'artifice et processions.
Festa dei Due Mondi *(fin
juin-déb. juil.)*, Spoleto,
Ombrie. Festival de théâtre,
de musique et de danse.
Gioco del Ponte *(der. dim.)*,
Pise. Le Jeu du pont en
armures Renaissance.
Estate Romana *(fin juin-
mi-sept.)*, Rome. Ballets,
concerts, spectacles et cinéma
en plein-air.

JUILLET

Corsa del Palio *(2 juil.)*,
Sienne. Course de chevaux
pour la manifestation la plus
célèbre de Toscane *(p. 331)*.
**Festa della Madonna della
Bruna** *(1er dim.)*, Matera,
Basilicate.
Religieux et
chevaliers en
costume.
**Festa dei
Noantri** *(2 der.
sem. de juil.)*,
Rome.
Animations
festives dans
les rues du
Trastevere.
**Festa della Santa
Maria del
Carmine** *(16
juil.)*, Naples.
Une fête
somptueuse
ponctuée
par

Musicien
du Calcio
de Florence

l'embrasement du campanile.
**Festival international
du film** *(juil.-août)*,

Le Palio de Sienne

Taormina, Sicile.
Le Festival d'opéra *(juil.-
août)* de Vérone, en Vénétie,
se déroule avec le **Festival
Shakespeare** dans le superbe
amphithéâtre de la ville
(p. 137).

AOÛT

Palio *(1er week-end d'août)*,
Feltre, Vénétie. Parades,
courses de chevaux et jeux
médiévaux.
Festa del Mare *(15 août)*,
Diano Marina, Ligurie. Fête
de la mer.
Corsa del Palio *(16 août)*,
Sienne, Toscane. Voir juillet.
Festa dei Candelieri
(16 août), Sassari, Sardaigne.
Une procession en souvenir
de la fin de la peste.
Festival du film de Venise *(fin
août-début sept.)*. Des stars
sur le Lido.
Festival Rossini *(août-sept.)*,
Pesaro, Marches. Sa ville
natale célèbre le
compositeur.
Settimane Musicali di Stresa
(fin août-fin sept.), Stresa,
Lombardie. Quatre semaines
de concerts.

Mer, sable et soleil sur une plage de Toscane

AUTOMNE

La fin de l'été ne signifie en rien la fin des fêtes et des réjouissances. Les Italiens se pressent aussi bien aux célébrations religieuses de cette période qu'aux foires gastronomiques organisées en l'honneur de produits locaux, tels que fromages, champignons, châtaignes ou charcuterie. La *vendemmia* (vendange) fournit à de nombreux villages le prétexte de faire couler le vin à flots.

Le climat *(p. 72-73)* de la fin de l'automne se révèle souvent froid et humide dans le Nord. Dans le Sud cependant, il fait souvent beau jusqu'en octobre.

Affiche publicitaire pour le Palio de septembre à Asti

SEPTEMBRE

Sagra dell'Uva *(déb. sept.),* Rome. Vente de raisin et manifestations folkloriques.
Concours de chansons napolitaines *(7 sept.),* piazza di Piedigrotta, Naples. En général, les concurrents se présentent en couples.
Festa di San Sebastiano et Santa Lucia *(1-3 sept.),* Sassari, Sardaigne. Une fête qui comprend un concours d'improvisation poétique.
Procession de la Macchina di Santa Rosa *(3 sept.),* Viterbe, Latium. Procession commémorant la translation du corps de sainte Rose en 1258.
Giostra del Saracino *(1ᵉʳ dim.),* Arezzo, Ombrie. La

L'olivier pousse dans toute l'Italie

Joute du Sarrasin existe depuis le XIIIᵉ siècle.
Regata Storica *(1ᵉʳ dim.),* Venise. Un cortège de bateaux anciens précède une régate de gondoles.
Jeu d'échecs humain *(2ᵉ sem.),* Marostica, près de Vicence. Les années paires.
Rassegna del Chianti Classico *(2ᵉ sem.),* Chianti, Toscane. La plus grande fête du vin de la région.
Miracle de saint Janvier *(19 sept.),* Naples. Messe très fréquentée au Duomo et représentation de la liquéfaction du sang du saint.
Palio *(3ᵉ dim.),* Asti, Piémont. Procession en costumes médiévaux et course de chevaux.

OCTOBRE

Amici della Musica *(oct.-avr.),* Florence, Toscane. Saison de concerts des « Amis de la musique ».
Fiera del Tartufo *(1ᵉʳ dim.),* Alba, Piémont. Production locale, la truffe blanche donne lieu à des manifestations variées.

Festa di San Francesco *(4 oct.),* Assise, Ombrie. Fête en l'honneur de saint François d'Assise.
Fête du vin *(1ʳᵉ sem.),* Castelli Romani, Latium.
Sagra del Tordo *(der. dim.),* Montalcino, Toscane. La Fête de la grive donne lieu à des concours d'archerie.
Festa dell'Uva *(date variable),* Bolzano, Trentin-Haut-Adige. Chars allégoriques, procession en costumes et musique pour la Fête du raisin.

Marchand de marrons grillés

NOVEMBRE

Festa dei Popoli *(nov.-déc.),* Florence, Toscane. Festival de cinéma international.
Festa della Salute *(21 nov.),* Venise. Les Vénitiens empruntent un pont en bois pour rendre grâce à la Vierge de la fin de la peste de 1630 *(p. 101).*

Jeu d'échecs humain sur la grand-place de Marostica

HIVER

Noël donne partout lieu à une longue préparation et à l'organisation de marchés de jouets et de santons, tandis que des crèches ajoutent à la magie de nombreuses églises, en particulier à Naples. Après un nouvel an fêté avec bruit commence la saison des carnavals, tous différents selon la personnalité de la ville où ils se tiennent.

DÉCEMBRE

Un spectacle rare, Rome sous la neige

Festa di Sant'Ambrogio
(déb. déc.), Milan. L'ouverture officielle de la saison d'opéra à la Scala *(p. 193)*.
Festa della Madonna di Loreto *(10 déc.)*, Lorette, Marches. Anniversaire de la translation de la maison de la Vierge.
La Befana *(mi-déc.-6 janv.)*, Rome. Pour préparer Noël, le marché des enfants sur la piazza Navona.
Miracle de saint Janvier *(19 déc.)*, Naples. Voir septembre.
Foire de Noël *(mi-déc.)*, Naples. Marché de santons et de décorations.
Fiaccole di Natale *(24 déc.)*, Abbadia di San Salvatore, Toscane. Processions en souvenir des bergers de la crèche.
Messe de minuit *(24 déc.)*, dans la plupart des églises.
Noël *(25 déc.)*, place Saint-Pierre, Rome. Bénédiction papale.

La Befana, piazza Navona, Rome

JANVIER

Capodanno *(1ᵉʳ janv.)*. Partout, feux d'artifice et explosions de pétards

chassent à grand bruit les fantômes de l'année écoulée.
La Befana *(6 janv.)*. Jour où les enfants reçoivent aussi douceurs et cadeaux.
Pitti Immagine Uomo, Pitti Immagine Donna, Pitti Immagine Bimbo, Fortezza da Basso, Florence. Mois des défilés de mode pour hommes, femmes et enfants.

Festa di San Sebastiano *(20 janv.)*, Dolceacqua, Ligurie. Un laurier couvert d'hosties multicolores est porté à travers la ville.

Carnaval de Viareggio

Festa d'o' Cippo di Sant'Antonio *(17 janv.)*, Naples. Procession en l'honneur de saint Antoine, protecteur des animaux.
Carnevale *(22 janv.-7 fév.)*, Viareggio, Toscane. L'un des carnavals les plus appréciés pour l'humour de ses chars.
Foire de la Saint-Orsa *(30-31 janv.)*, Aoste, Val d'Aoste. Exposition d'art et d'artisanat traditionnels.

FÉVRIER

Carnevale *(dix jours précédant le mardi des Cendres)*, Venise. Beauté des costumes et magie du décor font de ce carnaval un événement très couru. De nombreuses

JOURS FÉRIÉS

Nouvel an *(1ᵉʳ janv.)*
Épiphanie *(6 janv.)*
Lundi de Pâques
Anniversaire de la Libération *(25 avr.)*
Fête du Travail *(1ᵉʳ mai)*
Fête de la République *(2 juin)*
Ferragosto *(15 août)*
Toussaint *(1ᵉʳ nov.)*
Immaculée Conception *(8 déc.)*
Noël *(25 déc.)*
Saint-Étienne *(26 déc.)*

festivités sont organisées, mais il suffit d'acheter un masque et de se mêler à la foule.
Sagra delle Mandorle in Fiore *(1ʳᵉ ou 2ᵉ sem.)*, Agrigente, Sicile. La Fête des amandiers en fleurs.
Bacanal del Gnoco *(11 fév.)*, Vérone. Personnages masqués et chars allégoriques défilent pour cette bacchanale traditionnelle. Des bals masqués se tiennent sur les places de la ville.
Carnevale *(date variable)*, Mamoiada, Sardaigne. Les *mamuthones* portent de sinistres masques noirs.

Magie des masques au carnaval de Venise

Une année de sport

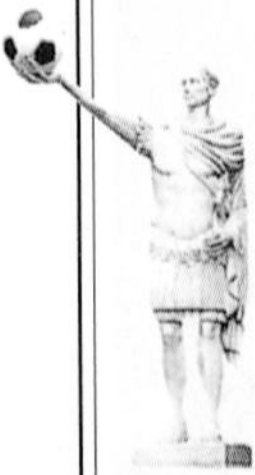

Le football est de loin le sport le plus populaire de la péninsule et l'Italie oublie toutes ses dissensions lorsqu'il s'agit de soutenir les *Azzurri*, l'équipe nationale. Beaucoup d'autres manifestations sportives, très variées, attirent également un public nombreux tout au long de l'année. Pour la plupart, les billets peuvent s'acheter sur place juste avant le début de la rencontre ou se réserver auprès d'agences de location. Ceux proposés par des vendeurs à la sauvette ne sont pas toujours valables.

World Cup mania

Le calcio fiorentino *est d'après les Toscans l'ancêtre médiéval du football moderne.*

La saison de water-polo *professionnel dure de mars à juillet. L'équipe des Canottieri Napoli s'illustre pendant tout le championnat.*

Finale de la Coppa Italia de football

Memorial d'Aloia, course d'aviron en Ombrie

Internationaux de tennis de Rome

Le Giro d'Italia *est une des courses cyclistes les plus prestigieuses du monde. Marco Pantani, à gauche, remporta cette course.*

Janvier	Février	Mars	Avril	Mai	Juin

Championnats d'athlétisme indoor

International Showjumping, Rome

Marathon de Rome

Le rugby *devient de plus en plus populaire depuis que l'Italie participe au Tournoi des 6 Nations qui se déroule en fév.-mars.*

Courses de moto *sur le Circuito Mondiale de Mugello. Luca Cadalora fut champion en 1991.*

Le Grand Prix de Saint-Marin *n'a officiellement pas lieu en Italie, mais Imola est bien près du siège de Ferrari (p. 260).*

Les championnats de natation en extérieur
ont lieu en juillet. Ci-dessus, Giorgio Lamberti,
actuel recordman du 200 m nage libre, fête une
victoire à une course de relais.

**L'Italie possède de superbes stations
de ski**, *et accueillit en 2006, à Turin,
les Jeux olympiques d'Hiver. Ci-dessus,
Alberto Tomba, vainqueur de la coupe
du monde de ski alpin en 1995.*

Le grand Prix de Formule 1
*de Monza permet aux
tifosi d'acclamer les
pilotes de Ferrari. À
droite, Giancarlo
Fisichella est un pilote
très prometteur.*

Trofeo dei Templi,
course d'aviron
en Sicile

Au rallye de San Remo,
*organisé en octobre, Micky
Biason s'illustra dans une Lancia
Delta Integrale.*

t	Août	Septembre	Octobre	Novembre	Décembre

Roberto Baggio (à droite),
pendant la coupe du monde
de 1994

alio de
enne
p. 341) le
juillet et le
5 août

La saison de football
*dure de septembre à juin et la
finale de la Coppa Italia en
marque l'apogée. Tous les quatre
ans, la fièvre s'empare de l'Italie
pour la coupe du monde.*

LÉGENDE DES SAISONS

	Football
	Water polo
	Rugby
	Basket-ball
	Volley-ball
	Ski

**Le championnat d'athlétisme en
extérieur** *a récemment acquis
une grande popularité.
Francesco Panetta s'est imposé
au steeple-chase.*

Les climats de l'Italie

Trois climats prédominent en Italie. Au nord, l'influence des Alpes donne sur les reliefs des hivers froids et des étés chauds et pluvieux, tandis que dans la vallée du Pô des étés arides contrastent avec des hivers rigoureux et humides. Le temps est plus clément dans le reste du pays où de longs étés chauds succèdent à des hivers doux. Les Appenins se couvrent cependant parfois de neige.

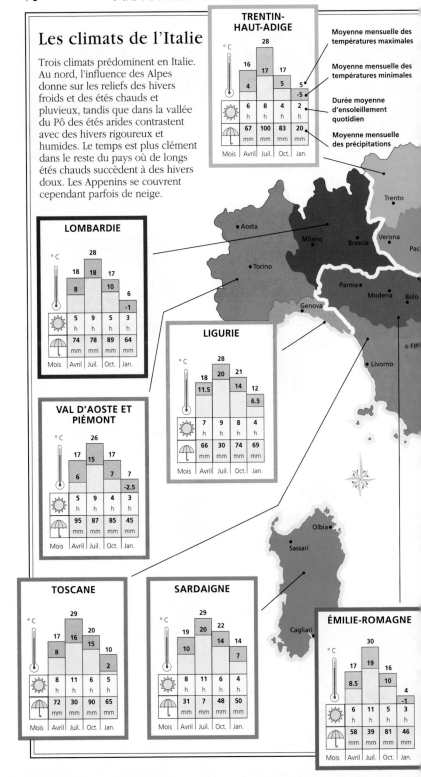

TRENTIN-HAUT-ADIGE

°C			
16	28	17	
4	17	5	5
			-5

	Avril	Juil.	Oct.	Jan.
☀	6 h	8 h	4 h	2 h
☂	67 mm	100 mm	83 mm	20 mm
Mois	Avril	Juil.	Oct.	Jan.

Moyenne mensuelle des températures maximales

Moyenne mensuelle des températures minimales

Durée moyenne d'ensoleillement quotidien

Moyenne mensuelle des précipitations

LOMBARDIE

°C			
18	28	17	
8	18	10	6
			-1

	Avril	Juil.	Oct.	Jan.
☀	5 h	9 h	5 h	3 h
☂	74 mm	78 mm	89 mm	64 mm
Mois	Avril	Juil.	Oct.	Jan.

VAL D'AOSTE ET PIÉMONT

°C			
17	26	17	
6	15	7	7
			-2.5

	Avril	Juil.	Oct.	Jan.
☀	5 h	9 h	4 h	3 h
☂	95 mm	87 mm	85 mm	45 mm
Mois	Avril	Juil.	Oct.	Jan.

LIGURIE

°C			
18	28	21	
11.5	20	14	12
			6.5

	Avril	Juil.	Oct.	Jan.
☀	7 h	9 h	8 h	4 h
☂	66 mm	30 mm	74 mm	69 mm
Mois	Avril	Juil.	Oct.	Jan.

TOSCANE

°C			
17	29	20	
8	16	15	10
			2

	Avril	Juil.	Oct.	Jan.
☀	8 h	11 h	6 h	5 h
☂	72 mm	30 mm	90 mm	65 mm
Mois	Avril	Juil.	Oct.	Jan.

SARDAIGNE

°C			
19	29	22	
10	20	14	14
			7

	Avril	Juil.	Oct.	Jan.
☀	8 h	11 h	6 h	4 h
☂	31 mm	7 mm	48 mm	50 mm
Mois	Avril	Juil.	Oct.	Jan.

ÉMILIE-ROMAGNE

°C			
17	30	19	16
8.5		10	4
			-1

	Avril	Juil.	Oct.	Jan.
☀	6 h	11 h	5 h	3 h
☂	58 mm	39 mm	81 mm	46 mm
Mois	Avril	Juil.	Oct.	Jan.

Trento
Aosta
Milano
Brescia
Verona
Pad
Torino
Parma
Modena
Bolo
Genova
FIR
Livorno
Olbia
Sassari
Cagliari

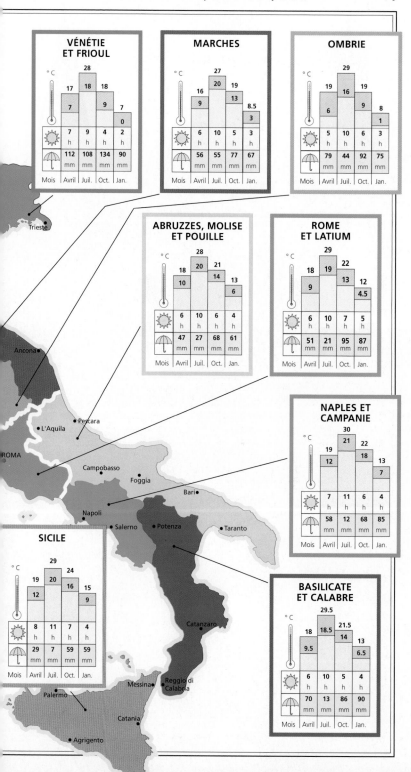

VÉNÉTIE ET FRIOUL

°C

	17	28		
		18	18	
	7		9	7
				0

Mois	Avril	Juil.	Oct.	Jan.
☀	7 h	9 h	4 h	2 h
☂	112 mm	108 mm	134 mm	90 mm

MARCHES

°C

	16	27	19	
		20	13	8.5
	9			3
	6	10	5	

Mois	Avril	Juil.	Oct.	Jan.
☀	6 h	10 h	5 h	3 h
☂	56 mm	55 mm	77 mm	67 mm

OMBRIE

°C

	19	29	19	
		16	9	8
	6			1

Mois	Avril	Juil.	Oct.	Jan.
☀	5 h	10 h	6 h	3 h
☂	79 mm	44 mm	92 mm	75 mm

ABRUZZES, MOLISE ET POUILLE

°C

	18	28	21	
		20	14	13
	10			6

Mois	Avril	Juil.	Oct.	Jan.
☀	6 h	10 h	6 h	4 h
☂	47 mm	27 mm	68 mm	61 mm

ROME ET LATIUM

°C

	18	29	22	
		19	13	12
	9			4.5

Mois	Avril	Juil.	Oct.	Jan.
☀	6 h	10 h	7 h	5 h
☂	51 mm	21 mm	95 mm	87 mm

NAPLES ET CAMPANIE

°C

	19	30	22	
		21	18	13
	12			7

Mois	Avril	Juil.	Oct.	Jan.
☀	7 h	11 h	6 h	4 h
☂	58 mm	12 mm	68 mm	85 mm

SICILE

°C

	19	29	24	
		20	16	15
	12			9

Mois	Avril	Juil.	Oct.	Jan.
☀	8 h	11 h	7 h	4 h
☂	29 mm	7 mm	59 mm	59 mm

BASILICATE ET CALABRE

°C

	18	29.5	21.5	
		18.5	14	13
	9.5			6.5

Mois	Avril	Juil.	Oct.	Jan.
☀	6 h	10 h	5 h	4 h
☂	70 mm	13 mm	86 mm	90 mm

Trieste

Ancona

L'Aquila • Pescara

ROMA

Campobasso

Foggia

Bari

Napoli • Salerno • Potenza • Taranto

Catanzaro

Messina • Reggio di Calabria

Palermo

Catania

Agrigento

L'ITALIE
DU NORD-EST

L'Italie du Nord-Est d'un coup d'œil

Cette partie de l'Italie présente une variété qui rend sa visite fascinante. Au nord, châteaux médiévaux et stations de ski jalonnent le majestueux massif montagneux des Dolomites qui s'étend en Trentin-Haut-Adige et en Vénétie. À son pied, Vérone, Vicence et Padoue possèdent une architecture et des musées remarquables, tandis que de superbes villas parsèment la campagne. Dans la lagune, Venise offre un décor d'une magie sans équivalent dans le monde. Région la plus orientale, le Frioul conserve d'importants vestiges romains. Cette carte indique quelques sites parmi les plus marquants.

**Castel Tirolo,
Merano**

TRENTIN-HAUT-ADIGE
(p. 166-175)

**Palazzo Pretorio,
Trento**

Veneto

Le Haut-Adige *est une spectaculaire région de montagnes parsemée d'austères châteaux et d'églises coiffées de dômes en bulbe de style tyrolien* (p. 170-171).

Les Dolomites
(p. 82-83) *se dressent à l'arrière-plan de nombreuses villes du Nord-Est, notamment Trente, la capitale régionale* (p. 174-175).

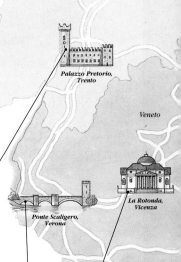

**La Rotonda,
Vicenza**

**Ponte Scaligero,
Verona**

0   40 km

Vérone *est avec son Castelvecchio une des plus jolies cités de Vénétie. Son arène romaine accueille désormais des opéras* (p. 142-147).

Vicence, *modèle de cité Renaissance, est riche en édifices de Palladio tels que le palazzo della Ragione et la Rotonda* (p. 150-153).

◁ **Vérone au crépuscule**

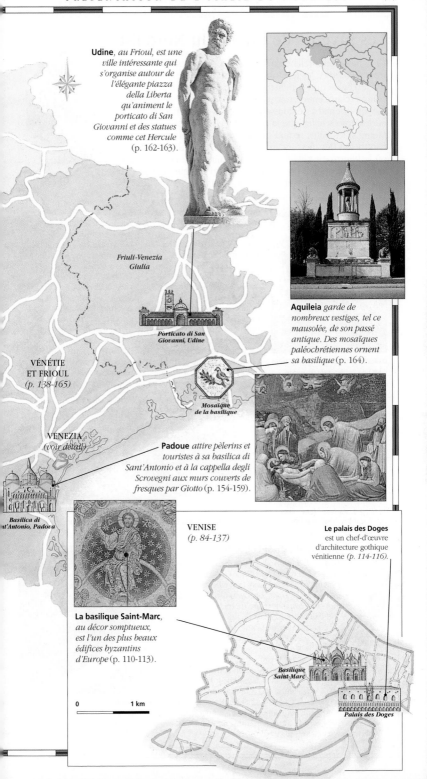

Udine, *au Frioul, est une ville intéressante qui s'organise autour de l'élégante piazza della Liberta qu'animent le porticato di San Giovanni et des statues comme cet Hercule* (p. 162-163).

Friuli-Venezia Giulia

Porticato di San Giovanni, Udine

Aquileia *garde de nombreux vestiges, tel ce mausolée, de son passé antique. Des mosaïques paléochrétiennes ornent sa basilique* (p. 164).

VÉNÉTIE ET FRIOUL
(p. 138-165)

Mosaïque de la basilique

VENEZIA
(voir détail)

Padoue *attire pèlerins et touristes à sa basilica di Sant'Antonio et à la cappella degli Scrovegni aux murs couverts de fresques par Giotto* (p. 154-159).

Basilica di Sant'Antonio, Padova

VENISE
(p. 84-137)

Le palais des Doges est un chef-d'œuvre d'architecture gothique vénitienne *(p. 114-116).*

La basilique Saint-Marc, *au décor somptueux, est l'un des plus beaux édifices byzantins d'Europe* (p. 110-113).

0   1 km

Basilique Saint-Marc

Palais des Doges

Les saveurs de l'Italie du Nord-Est

La richesse culturelle et la variété des paysages de cette région, frontalière avec les territoires balkanique et austro-hongrois, n'ont d'égale que la richesse de sa cuisine. Les échanges commerciaux entretenus par Venise ont donné un parfum moyen-oriental à certains plats, avec la sauce aigre-douce *saor* et des épices telles que la muscade, le safran et la cannelle. Même si les pâtes restent très présentes, la polenta et le risotto sont des mets incontournables. L'Italie du Nord-Est, où le beurre est plus fréquemment utilisé que l'huile d'olive, sait tout aussi bien proposer une nourriture qui tient au corps que les plus délicats et raffinés des plats.

Safran

Délicates pâtisseries sucrées et frites dans une boulangerie de Trieste

LA VÉNÉTIE ET VENISE

La Vénétie est l'une des principales régions productrices de riz d'Italie. Les risottos crémeux se dégustent sous différentes formes, dont *di mare* (avec des fruits de mer et de l'encre de seiche). Les pâtes préférées des Vénétiens sont les *bigoli*, d'épais spaghettis. Les légumes sont nombreux avec, entre autres, les courgettes (*zucchini*), l'asperge, la chicorée rouge et amère (*radicchio*) de Trévise et les *radicchio* bigarrés de Castelfranco.

Les *cichetti* et les *antipasti* – amuse-gueule et hors-d'œuvre, tels que sardines marinées, artichauts frits (*articiochi* en dialecte vénitien), portions de moules (*peoci*) – comptent parmi les spécialités vénitiennes. Le crabe vénitien (*granceola*) est très prisé, et la soupe de poisson locale (*sopa de pesse*) est délicieuse. La viande crue finement tranchée (*carpaccio*) est née dans la région, puisqu'elle fut inventée par Giuseppe Cipriani au Harry's Bar de Venise.

Le traditionnel *tiramisù* vient également, dit-on, de Venise, où l'on peut aussi savourer des sorbets.

Ce sont les Vénétiens qui introduisirent le sucre de canne en Europe et ils l'utilisent toujours avec bonheur pour fabriquer les nombreux fruits confits hérités des Turcs et des Byzantins.

Câpres   Anchois blancs marinés   Olives entourées d'anchois   Cocktail de fruits de mer

Sélection d'*antipasti* vénétiens, hors-d'œuvre par excellence

PLATS RÉGIONAUX ET SPÉCIALITÉS

L'*Antipasto di frutti di mare* (hors d'œuvre à base de fruits de mer variés pêchés dans l'Adriatique) est très apprécié à Venise. L'*anguilla del pescatore* (anguille cuite à l'étouffée), les *lavarelli al vino bianco* (poissons d'eau douce au vin blanc) et le *carpione* (sorte de truite d'eau douce) sont tous de délicieux plats de poisson, issus du charmant lac de Garde. La *baccalà alla veneziana*, à base de morue salée et séchée, est une autre spécialité de la région. Le porc et les salamis sont à l'honneur, mais, dans le Frioul, l'oie sert souvent d'alternative au porc, avec notamment le *salame d'oca* (salami d'oie). On trouve aussi au menu du gibier, ainsi que de la choucroute et du goulache, tandis que les desserts arborent souvent un parfum autrichien avec, par exemple, l'*Apfelstrudel*. La région revendique aussi le *tiramisù*, voluptueux et classique dessert italien.

Asperges

Sarde in Saor *Spécialité vénitienne de sardines frites dans une marinade aigre-douce aux oignons, accompagnées de pignon*

Livraison de légumes frais sur les canaux de Venise

FRIOUL-VÉNÉTIE JULIENNE

Cette région, autrefois la plus pauvre du nord-est de l'Italie, est le point de rencontre des traditions slaves, germaniques et latines : goulaches hongrois

Piles de radicchio et poivrons frais sur un marché de Trévise

et strudels autrichiens figurent ainsi souvent sur les menus. La région produit un jambon sucré et raffiné, ainsi que du *prosciutto* (dont le légendaire et succulent San Daniele). L'oie est un plat de base, tout comme l'agneau d'Istrie, élevé en plein air. Trieste est célèbre pour ses pâtisseries viennoises et ses *gnocchi* sucrés, boulettes de pâte au pruneau saupoudrées de sucre et de cannelle. La spécialité laitière du Frioul est le *Montasio*, un fromage de vache à pâte dure.

TRENTIN ET HAUT-ADIGE

Les fortes influences autrichiennes du Haut-Adige se mêlent à la nourriture copieuse de la région du Trentin, auxquelles il faut ajouter des saveurs italiennes

plus méridionales. Parmi les plats de base, on peut citer des viandes salées telles que le *speck* (jambon fumé) et les salamis, ainsi que des soupes, dont le célèbre minestrone. Les boulettes de pain – *canederli* en italien, *knödel* dans le Haut-Adige – sont plus répandues que les pâtes. Les risottos du Trentin les plus prisés sont ceux agrémentés de champignons *finferli*, proches des *porcini* toscans (cèpes). La truite alpine est savoureuse et les plats de gibier, souvent accompagnés de polenta, sont appréciés en saison. La pomme du Trentin est délicieusement croquante.

AU MENU

Carpaccio (Venise et la Vénétie) Fines lamelles de bœuf cru marinées dans l'huile d'olive, accompagnées de feuilles de roquette et de copeaux de parmesan.

Fegato alla Veneziana Foie de veau servi sur un lit d'oignons.

Jota (Frioul-Vénétie Julienne) Soupe d'orge et de choucroute. Ce plat bon marché et consistant est agrémenté de brovada – navets macérés dans un tonneau en bois rempli de raisins pressés.

Strangolapreti (Trentin Haut-Adige) Boulettes (gnocchi) à base de pain, d'épinards ou de pommes de terre, roulées dans le beurre et le fromage.

Risi e bisi *Risotto doux et moelleux mêlant riz et pois frais, parfois agrémenté de jambon et de parmesan.*

Polenta *Bouillie de farine de maïs servie nature en accompagnement d'un plat ou con pancetta (avec du lard).*

Tiramisù *Dessert riche à base de mascarpone, boudoirs, café et marsala. Son nom signifie littéralement « remonte-moi ».*

L'architecture de Venise et de la Vénétie

Ses contacts commerciaux avec l'Orient amenèrent au Moyen Âge Venise à associer aux ogives et aux roses du gothique des coupoles byzantines et des minarets maures, créant ainsi un style original : le gothique vénitien. Au XVIe siècle, Palladio imposa en Vénétie son interprétation de l'architecture classique dans une série d'églises, d'édifices publics et de villas. Son influence tempéra au XVIIe siècle dans la Sérénissime République l'exubérance du baroque.

**Andrea Palladio
(1508-1580)**

L'ARCHITECTURE VÉNITIENNE : DU BYZANTIN AU BAROQUE

Dômes en bulbe coiffant les coupoles

Copie des Chevaux de bronze de Saint-Marc

Statues ajoutées au XVe siècle

Mosaïques de style byzantin

Portail central évoquant un arc de triomphe romain

La basilique Saint-Marc, *qui abrite les reliques du saint dont elle porte le nom, est la plus belle église byzantine d'Europe occidentale. Achevée au XIe siècle, elle proclamait par sa somptuosité la puissance et les ambitions de Venise* (p. 110-113).

LE GÉNIE DE PALLADIO

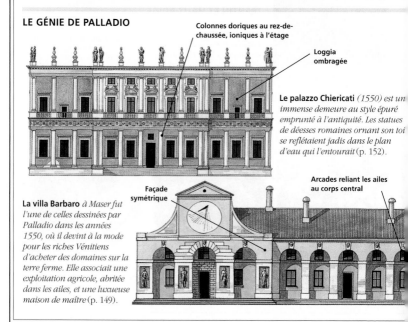

Colonnes doriques au rez-de-chaussée, ioniques à l'étage

Loggia ombragée

Le palazzo Chiericati *(1550) est un immense demeure au style épuré emprunté à l'antiquité. Les statues de déesses romaines ornant son toi se reflétaient jadis dans le plan d'eau qui l'entourait* (p. 152).

Arcades reliant les ailes au corps central

Façade symétrique

La villa Barbaro *à Maser fut l'une de celles dessinées par Palladio dans les années 1550, où il devint à la mode pour les riches Vénitiens d'acheter des domaines sur la terre ferme. Elle associait une exploitation agricole, abritée dans les ailes, et une luxueuse maison de maître* (p. 149).

OÙ VOIR L'ARCHITECTURE VÉNITIENNE

À Venise, une croisière en vaporetto sur le Grand Canal *(p. 88-91)* offre un excellent moyen de découvrir un large aperçu de l'architecture de la ville. S'impose également une visite de la basilica San Marco, du palais des Doges et des Ca' Rezzonico, Ca'

Fenêtre typique du gothique vénitien

d'Oro et Ca' Pesaro, trois palais abritant chacun un musée. Palladio travailla dans toute la Vénétie et plusieurs des villas qu'il dessina bordent le canal de la Brenta *(p. 160)*. Il édifia à Vicence la célèbre villa Rotonda et de nombreux palais *(p. 150-153)*. La villa Barbaro, près d'Asolo *(p. 149)*, est un de ses plus grands chefs-d'œuvre.

Arcades inspirées du palais des Doges

Entrelacs incrustés d'outremer

Épis de faîte jadis dorés

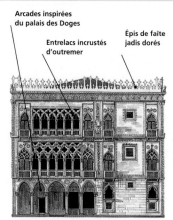

La Ca' d'Oro, « Maison d'Or » du XVe siècle, révèle des influences maures dans ses épis de faîte et ses arcades *(p. 94)*.

Têtes sculptées aux clefs de voûte

Profonds retraits créant des jeux d'ombre et de lumière

Guirlandes de fruits, de rubans et de fleurs

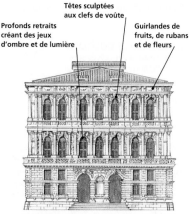

La Ca' Pesaro *(XVIIe siècle)* offre un exemple typique du baroque vénitien à la riche et subtile ornementation *(p. 89)*.

Colonnes colossales

Marbre d'Istrie choisi pour réfléchir la lumière changeante de la lagune

Statues de saints

San Giorgio Maggiore, *bâtie de 1559 à 1580, occupe une superbe situation à l'entrée du port intérieur de Venise. Sa simplicité et l'harmonie de ses proportions classiques la font davantage ressembler à un temple antique qu'à une église chrétienne et tranchent sur le style gothique qui prévalait à l'époque de sa construction* (p. 120).

Armoiries au fronton

Cadran solaire

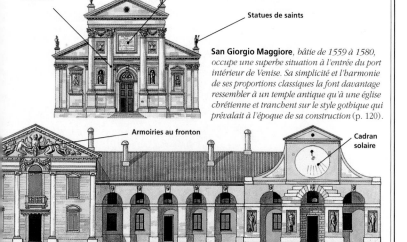

Les Dolomites

Le plus beau massif montagneux d'Italie porte le nom de
Deodat Dolomieu qui découvrit en 1789 qu'il était formé de corail
minéralisé au début de l'ère secondaire. Îles et fond marin soulevés
il y a 60 millions d'années quand les plaques continentales
européenne et africaine entrèrent en collision, il n'a pas subi la
même érosion glaciaire que la majeure partie du reste des Alpes, et
le gel et les ruissellements d'eau ont sculpté dans ses roches claires
des aiguilles et des failles spectaculaires. Les Dolomites
occidentales et orientales ont quelques caractéristiques différentes ;
à l'est s'élèvent les montagnes les plus imposantes, notamment
le massif du Catinaccio (ou Rosengarten), particulièrement beau
quand il se teinte de rose au coucher du soleil.

**Dôme en bulbe
typique de la région**

STRADA DELLE DOLOMITI
Pics majestueux et belvédères
jalonnent la route reliant Bolzano
(*p. 172*) à Cortina d'Ampezzo
(*p. 161*) au cœur des Dolomites,
l'un des itinéraires à travers les
Alpes offrant les plus beaux
paysages.

S49   Dobbiaco

Rienza   S51

*TRE CIME DI
LAVAREDO*

Lago di Misurina

Cortina
d'Ampezzo

*SASSO
LUNGO*   S48

*TORRI DEL
VAIOLET*   Canazei   *CINQUE
TORRI*   S51   Pieve di
Cadore

Bolzano

MARMODADA

Adige   S241   S12   S51

0   10 km

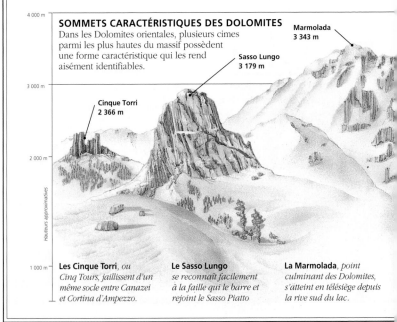

SOMMETS CARACTÉRISTIQUES DES DOLOMITES
Dans les Dolomites orientales, plusieurs cimes
parmi les plus hautes du massif possèdent
une forme caractéristique qui les rend
aisément identifiables.

**Marmolada
3 343 m**

**Sasso Lungo
3 179 m**

**Cinque Torri
2 366 m**

Hauteurs approximatives

4 000 m

3 000 m

2 000 m

1 000 m

Les Cinque Torri, *ou
Cinq Tours, jaillissent d'un
même socle entre Canazei
et Cortina d'Ampezzo.*

Le Sasso Lungo
*se reconnaît facilement
à la faille qui le barre et
rejoint le Sasso Piatto*

La Marmolada, *point
culminant des Dolomites,
s'atteint en télésiège depuis
la rive sud du lac.*

Le lago di Misurina *est un vaste et superbe lac de montagne aux eaux cristallines où se mirent les sommets imposants, tel le caractéristique Sorapiss, qui domine la petite station touristique de Misurina.*

Les activités de plein air *proposées par la région comprennent le ski en hiver et la randonnée en été. De nombreux sentiers et aires de pique-nique ont été aménagés dans des décors spectaculaires, tandis que des télésièges permettent d'atteindre aisément les sommets et les panoramas qu'ils offrent.*

Torri del Vaiolet
2 243 m

Tre Cime di Lavaredo
2 999 m

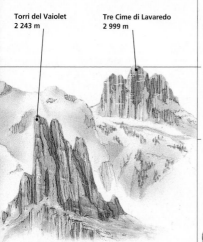

Les Torri del Vaiolet *appartiennent au Catinaccio, massif réputé pour sa couleur.*

Les Tre Cime di Lavaredo *dominent les vallées situées au nord du lago di Misurina.*

LA NATURE DANS LES DOLOMITES

Les forêts et les prés abritent une faune et une flore d'une grande richesse. Souvent rases pour résister à la violence du vent en altitude, les plantes alpines fleurissent de juin à septembre.

La flore

Les graines de gentiane *parfument une liqueur locale.*

Le lis orange *fleurit sur les versants ensoleillés.*

Les saxifrages *poussent dans les fissures de rochers.*

La rainponce sauvage *aux fleurs à tête rose.*

La Faune

Le lagopède des rochers *se nourrit de baies et de jeunes pousses. Le plumage brun tacheté assurant son camouflage en été devient blanc en hiver.*

Le chamois, *trophée trop convoité, ne peut être chassé dans les parcs nationaux.*

Les chevreuils *se sont multipliés depuis la disparition du loup et du lynx. Ils raffolent des jeunes arbres, au grand dam des gardes forestiers.*

VENISE

*P*rotégée par sa lagune sur la côte nord de l'Adriatique, Venise, porte de l'Orient, devint une province byzantine indépendante au Xᵉ siècle. Elle conquit au Moyen Âge un vaste empire qui assura sa richesse et sa puissance, mais attisa la convoitise des grandes puissances européennes et de l'Empire ottoman. Aujourd'hui, la cité entretient surtout des liens avec la Vénétie qui s'étend du Pô aux Dolomites.

Aucune ville au monde ne mérite peut-être autant que Venise le qualificatif d'unique. Fondée au cœur d'un marécage par des réfugiés fuyant les envahisseurs Goths, elle devint une république marchande qui, sous la direction de ses doges, étendit son pouvoir dans toute la Méditerranée. Pendant des siècles, les richesses produites par son commerce et son empire, auxquelles s'ajoutèrent celles pillées à Constantinople en 1204, financèrent la création de splendides édifices et œuvres d'art, monuments à la grandeur de la cité et de ses habitants. La somptuosité de Saint-Marc suffit seule à témoigner de la prospérité de l'État vénitien entre les XIIᵉ et XIVᵉ siècles. La concurrence de puissances maritimes comme l'Espagne et les revers subis face à l'empire turc entraînèrent cependant sa décadence et Napoléon n'eut pas à combattre pour conquérir Venise, intacte, en 1797. En un millénaire d'existence, cette capitale n'avait connu aucune destruction liée à la guerre.

Elle a peu changé depuis son entrée dans le royaume d'Italie en 1866 et les seuls engins à moteur à la parcourir sont les barges qui l'approvisionnent et les embarcations transportant des passagers sur les canaux sinuant entre ses palais aujourd'hui transformés en musées, boutiques et hôtels, et ses couvents devenus centres de restauration d'art. Sa magie et la gloire d'un passé présent à chaque coin de rue ou de placette attirent chaque année plus de quatorze millions de visiteurs.

Une rue de l'île de Burano typique avec ses maisons de couleurs vives

◁ Les proues, ou *ferri*, caractéristiques des gondoles, en face de Santa Maria della Salute

À la découverte de Venise

Venise est divisée en six arrondissements administratifs ou
sestieri : Cannaregio, Castello, San Marco, Dorsoduro,
San Polo et Santa Croce. Par sa faible étendue, la ville se
prête à la marche à pied, et des *vaporetti* desservent toutes
les îles. La Venice Card permet d'accéder à tous les
transports en commun et donne droit à des réductions
dans la plupart des musées.

VENISE D'UN COUP D'ŒIL

Églises

Basilique Saint-Marc
p.110-111 ⑱
Madonna dell'Orto ①
San Giacomo dell'Orio ⑥
San Giorgio Maggiore ㉛
San Giovanni
Grisostomo ③
San Giovanni in Bragora ㉙
Santi Giovanni e Paolo ㉔
Santa Maria Formosa ㉖
Santa Maria Gloriosa
dei Frari p.98-99 ⑧
Santa Maria dei Miracoli ④
Santa Maria della Salute ⑰
San Nicolò dei
Mendicoli ⑬
San Pantalon ⑪
San Polo ⑦
San Rocco ⑩
San Sebastiano ⑭
Santo Stefano ㉓
San Zaccaria ㉗

Édifices et
monuments
Arsenale ㉚
Campanile ㉑
Palais des Doges
p.114-116 ⑲
Rialto ⑤
Scuola di San Giorgio degli
Schiavoni ㉘
Statue de Colleoni ㉕
Torre dell'Orologio ⑳

Musées et Galeries
Accademia p.106-107 ⑮
Ca' d'Oro ②
Ca' Rezzonico ⑫
Fondation Guggenheim ⑯
Museo Correr ㉒
Scuola Grande di
San Rocco p.100-101 ⑨

Lagune
Burano ㉝
Murano ㉜
Torcello p.122-123 ㉞

0 |————————| 500 m

LÉGENDE

San Polo pas à pas
p. 96-97

Dorsoduro pas à pas
p. 102-103

Place Saint-Marc pas à pas
p. 108-109

✈ Aéroport international

FS Gare

⛴ Embarcadère de ferries

🚏 Embarcadère de *vaporetti*

🛶 Traversée en *traghetto* (p. 682)

🛶 Arrêt de gondole

ℹ Information touristique

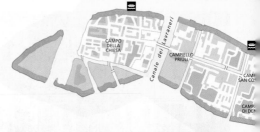

Santa Maria della Salute à l'embouchure du Grand Canal

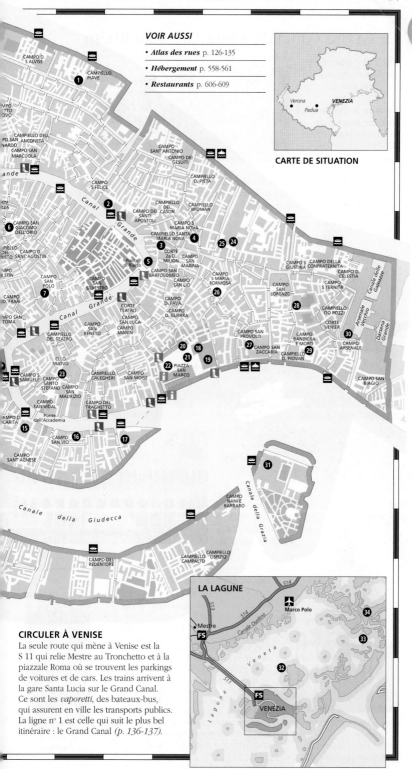

VOIR AUSSI
• *Atlas des rues* p. 126-135
• *Hébergement* p. 558-561
• *Restaurants* p. 606-609

CARTE DE SITUATION

LA LAGUNE

CIRCULER À VENISE

La seule route qui mène à Venise est la
S 11 qui relie Mestre au Tronchetto et à la
piazzale Roma où se trouvent les parkings
de voitures et de cars. Les trains arrivent à
la gare Santa Lucia sur le Grand Canal.
Ce sont les *vaporetti*, des bateaux-bus,
qui assurent en ville les transports publics.
La ligne n° 1 est celle qui suit le plus bel
itinéraire : le Grand Canal *(p. 136-137)*.

Le Grand Canal de Santa Lucia au Rialto

Plusieurs lignes de *vaporetti* empruntent le Grand Canal (*p. 682*) et ces bateaux-bus offrent le meilleur moyen de découvrir la superbe voie navigable qui sinue à travers la ville. Les palais qui la bordent portent presque tous le nom d'une famille jadis puissante et résument par leur architecture cinq siècles d'histoire vénitienne.

San Marcuola
Reconstruite au XVIII siècle, l'église ne reçut jamais sa nouvelle façade sur le canal.*

San Geremia abrite les reliques de sainte Lucie jadis gardées dans l'église de Santa Lucia dont la gare a pris la place.

Palazzo Labia
Entre 1745 et 1750, Tiepolo orna sa salle de bal de scènes de la vie de Cléopâtre.

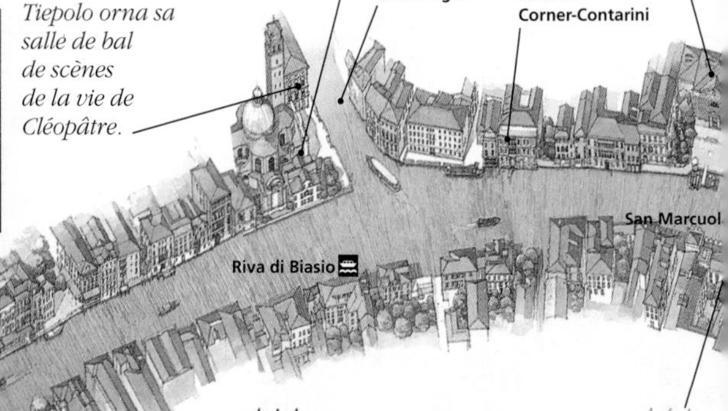

Canale di Cannaregio

Palazzo Corner-Contarini

San Marcuol

Riva di Biasio 🚏

Ferrovia 🚏
FS

Ponte degli Scalzi

Fondaco dei Turchi
Entrepôt de marchands turcs au XVII siècle, ce palais abrite le muséum d'Histoire naturelle.*

San Simeone Piccolo
Cette église du XVIII siècle s'inspire du Panthéon de Rome.*

LES GONDOLES DE VENISE

Embarcations parfaitement adaptées à la circulation sur des canaux étroits et peu profonds avec leur ligne élancée et leur fond plat, les gondoles font partie du paysage de Venise depuis le XI* siècle. Et depuis les édits somptuaires de 1562, elles présentent toute la même couleur noire. Une seule rame les meut, ce que compense une légère asymétrie de leur coque. Les six dents du *ferro* qui orne leur proue symbolisent les six *sestieri*. La gondole n'est toutefois plus un moyen de transport usuel. Hormis sur les traghetti qui permettent de traverser le Grand Canal, les tarifs demandés par les gondoliers réservent en général leur usage aux touristes (*p. 683*).

Gondoles au mouillage

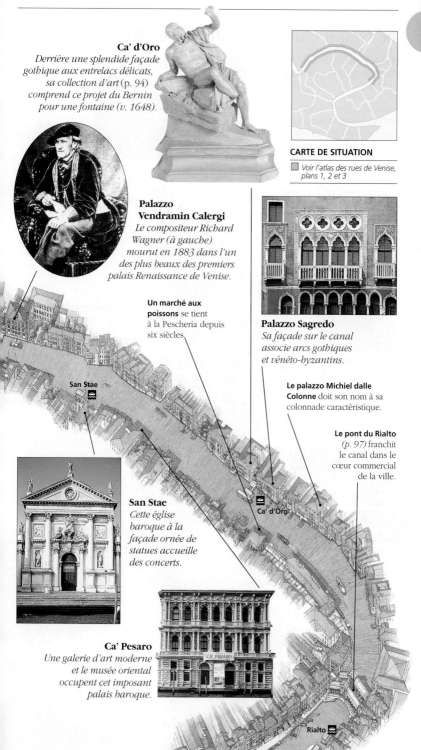

Ca' d'Oro
*Derrière une splendide façade
gothique aux entrelacs délicats,
sa collection d'art (p. 94)
comprend ce projet du Bernin
pour une fontaine (v. 1648).*

CARTE DE SITUATION

Voir l'atlas des rues de Venise,
plans 1, 2 et 3

**Palazzo
Vendramin Calergi**
*Le compositeur Richard
Wagner (à gauche)
mourut en 1883 dans l'un
des plus beaux des premiers
palais Renaissance de Venise.*

**Un marché aux
poissons** se tient
à la Pescheria depuis
six siècles.

Palazzo Sagredo
*Sa façade sur le canal
associe arcs gothiques
et vénéto-byzantins.*

**Le palazzo Michiel dalle
Colonne** doit son nom à sa
colonnade caractéristique.

Le pont du Rialto
(p. 97) franchit
le canal dans le
cœur commercial
de la ville.

San Stae

San Stae
*Cette église
baroque à la
façade ornée de
statues accueille
des concerts.*

Ca' d'Oro

Ca' Pesaro
*Une galerie d'art moderne
et le musée oriental
occupent cet imposant
palais baroque.*

Rialto

Le Grand Canal du Rialto à San Marco

Après le Rialto, le canal forme la boucle connue sous le nom de Volta. Il s'élargit alors et plus on approche de la place Saint-Marc, plus il offre un décor spectaculaire. Le temps a eu beau délaver les façades des palais et les marées affaiblir leurs fondations, le Grand Canal reste probablement comme le pensait Commines en 1495 « la plus belle rue en tout le monde ».

Palazzo Mocenigo
Ce palais du XVIIIe sièc[le] abrite un centre d'étude du costume.

Sant'
Angelo

San Tomà

Le palazzo Garzoni, palais gothique rénové, appartient désormais à l'université.

Ca' Rezzonico
La dernière résidence du poète Robert Browning, posant ici avec son fils, abrite meubles et œuvres d'art du XVIIIe siècle (p. 103).

San Samuele

Ca' Rezzonico

Palazzo Grassi
Bâti dans les années 1730 et acheté par Fiat en 1984, cet élégant palais accueille des expositions d'art.

Ponte dell'Accademia

Accademia

Palazzo Capello Malipiero
Ce palais reconstruit en 1622 se dresse près du campanile (XIIe siècle) de San Manuele.

Accademia
Derrière une façade baroque de Giorgio Massari, l'ancienne Scuola della Carità (p. 106-107) abrite la plus riche collection de peintures vénitiennes du monde.

Palazzo Barbaro
Henry James y écrivit Les Papiers d'Aspern *en 1888.*

CARTE DE SITUATION

Voir l'atlas des rues de Venise, plans 6 et 7

La riva del Vin, ancien quai de déchargement du vin, est un des rares endroits où l'on peut s'asseoir au bord du Grand Canal.

Le palazzo Barzizza, reconstruit au XVIIe siècle, conserve une façade du XIIIe siècle.

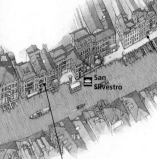

Fondation Peggy Guggenheim
La femme de Max Ernst rassembla une superbe collection d'art moderne (p. 104-105).

Santa Maria della Salute
Plus d'un million de pilotis supportent le poids de cette majestueuse église baroque (p. 105).

Palazzo Gritti-Pisani
L'ancien domicile de la famille Gritti est devenu un palace (p. 560).

Le Harry's Bar, fondé en 1931 par Giuseppe Cipriani, est réputé pour ses cocktails.

Palazzo Dario
Des marbres polychromes animent la façade de ce palais de 1487 sur lequel pèserait une malédiction.

La Dogana di Mare (douane de mer) bâtie au XVIIe siècle est couronnée de deux Atlas portant un globe doré surmonté d'une girouette.

Le Grand Canal au rythme paisible d'une promenade en gondole ▷

Les statues de saint Christophe et des Apôtres (xvᵉ s.) ornent la façade de la Madonna dell'Orto

Madonna dell'Orto ❶

Campo Madonna dell'Orto.
Plan 2 F2. **Tél** 041 275 04 62.
Madonna dell'Orto.
lun.-sam. 10 h-17 h 1ᵉʳ janv., 25 déc.

À sa fondation au milieu du xivᵉ siècle, cette charmante église gothique fut consacrée à saint Christophe, patron des voyageurs, pour attirer sa protection sur les bateliers assurant le transport de passagers entre les îles du nord de la lagune. Récemment restaurée par le Fonds de sauvetage de Venise en péril, une statue du saint (xvᵉ siècle) coiffe le portail principal. Au début du xvᵉ siècle, le sanctuaire connut une reconstruction, et une nouvelle consécration, après la découverte dans un potager (orto) voisin d'une statue réputée miraculeuse. Attribuée à Giovanni de' Santi, cette Vierge à l'Enfant inachevée du xivᵉ siècle orne la chapelle San Mauro au fond de la nef latérale droite.

Presque entièrement paré de briques, l'intérieur est vaste, lumineux et dépouillé. À droite de l'entrée se trouve une superbe peinture de Cima da Conegliano : Saint Jean-Baptiste et autres saints (v. 1493). L'espace vide dans la chapelle en face correspond à l'emplacement d'une Vierge à l'Enfant (v. 1478) par Giovanni Bellini dérobée pour la

troisième fois en 1993.

Le Tintoret habitait la paroisse, et la chapelle à droite du chœur abrite sa tombe – marquée d'une plaque – et celle de ses enfants. Il a donné à la Madonna dell'Orto ses plus belles œuvres d'art, notamment les deux grands tableaux (1546) du chœur : un Jugement dernier à droite et L'Adoration du veau d'or sur celui à gauche. Sur ce dernier, l'artiste aurait suivi une tradition de la Renaissance en se représentant dans l'un des personnages, celui qui porte le veau.

Ca' d'Oro ❷

Calle Ca' d'Oro. **Plan** 3 A4.
Tél 041 523 87 90. Ca' d'Oro.
t.l.j. 8 h 15-19 h 15 (lun. 14 h).

En 1420, le patricien Marino Contarini commanda la construction d'un palais (p. 81) qu'il voulait le plus beau de Venise. Une équipe d'artisans vénitiens et lombards réalisa les sculptures délicates de sa décoration, tandis que vermillon, outremer et même feuilles d'or (d'où son nom de « Maison d'Or ») servaient à l'ornement de sa façade. La demeure connut au fil des ans de nombreux remaniements et tomba en

Deux jeunes gens par Tullio Lombardo

décrépitude à la fin du xviiiᵉ siècle. Le prince russe Troubetzkoy l'acheta en 1846 pour la célèbre ballerine Maria Taglioni qui entreprit des aménagements catastrophiques, détruisant l'escalier et dispersant une partie du décor sculpté. C'est le baron Giorgio Franchetti, un riche mécène, qui sauva finalement l'édifice. Il le légua, ainsi que sa collection d'art, à l'État en 1915 pour en faire un musée.

Le premier étage de celui-ci réserve une place de choix, dans une alcôve, au Saint Sébastien (1506) d'Andrea Mantegna. Le reste de l'exposition s'organise autour du portego (patio intérieur). Parmi les plus belles pièces figurent le portrait de Deux jeunes gens (v. 1493) par Tullio Lombardo, une Vierge à l'Enfant, lunette peinte vers 1530 par Sansovino, et des reliefs en bronze du Padouan Andrea Briosco, « Il Riccio » (1470-1532).

Les salles en retrait à droite du portego renferment de nombreux bronzes et une intéressante collection de médailles. Les peintures exposées comprennent la célèbre Madone aux beaux yeux attribuée à Giovanni Bellini et une Vierge à l'Enfant attribuée à Alvise Vivarini, toutes deux de la fin du xvᵉ siècle, ainsi que L'Annonciation et La Dormition (v. 1504) de Carpaccio. La salle à gauche du portego abrite des tableaux n'appartenant pas à l'école vénitienne, entre autres une Flagellation (v. 1480) par Luca Signorelli.

C'est un ravissant escalier gothique qui conduit au deuxième étage. Il débouche dans une salle où voisinent tapisseries flamandes du xviᵉ siècle, bronzes d'Alessandro Vittoria, portraits par le Tintoret et peintures

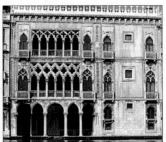

La somptueuse façade gothique de la Ca' d'Oro ou « Maison d'Or »

de Titien et de Van Dyck. Dans le *portego* s'admirent des fresques (v. 1532) par Pordenone provenant du cloître de Santo Stefano et des fragments de celles peintes en 1508 par Titien au Fondaco dei Tedeschi.

Retable (1513) de San Giovanni Grisostomo par Giovanni Bellini

San Giovanni Grisostomo ❸

Campo San Giovanni Grisostomo. **Plan** 3 B5. **Tél** 041 522 71 55. Rialto. t.l.j. 8 h-12 h, 15 h-18 h.

Dernière œuvre de Mauro Coducci bâtie entre 1479 et 1504, cette jolie petite église ocre au plan en croix grecque se dresse dans un quartier animé proche du Rialto.

La pénombre règne à l'intérieur, mais un éclairage payant permet d'admirer le superbe *Saint Christophe, saint Jérôme et saint Augustin* (1513) qui surmonte le premier autel à droite. Giovanni Bellini avait plus de 80 ans lorsqu'il l'exécuta et ce fut très probablement sa dernière peinture. *Saint Jean Chrysostome avec d'autres saints* (1509-1511) par Sebastiano del Piombo décore le maître-autel.

Santa Maria dei Miracoli ❹

Campo dei Miracoli. **Plan** 3 B5. **Tél** 041 275 04 62. Rialto, Fondamente Nuove. lun.-sam. 10 h -17 h 1er janv., 25 déc.

Merveille de la première Renaissance qui se cache dans un dédale de ruelles et de canaux dans la partie orientale de Cannaregio, Notre-Dame-des-Miracles est l'église préférée de nombreux Vénitiens et celle où ils aiment se marier. C'est pour servir d'écrin à une *Vierge à l'Enfant* (1408) réputée posséder des pouvoirs miraculeux que Pietro Lombardo et ses fils édifièrent de 1481 à 1489 ce petit édifice marqueté de marbres polychromes et souvent comparé à un coffret à bijoux. Cette peinture par Nicolò di Pietro s'admire au-dessus de l'autel de l'abside.

Sous une voûte en berceau présentant dans des caissons de bois dorés cinquante portraits de saints et de prophètes peints par Pennachi en 1528, des plaques de

Colonne intérieure de Santa Maria dei Miracoli

marbre rose, gris et blanc parent l'intérieur. Tullio Lombardo sculpta les statues de saint François, de l'archange Gabriel, de la Vierge et de sainte Claire qui ornent la balustrade entre la nef et le chœur. Il est également l'auteur de l'écran entourant le maître-autel et des quatre médaillons figurant les Évangélistes sur les pendentifs de la coupole. La galerie surplombant le porche principal permettait jadis aux nonnes du couvent voisin de venir assister aux offices sans se risquer dans la rue.

Santa Maria dei Miracoli a connu une importante restauration financée par la fondation Sauver Venise.

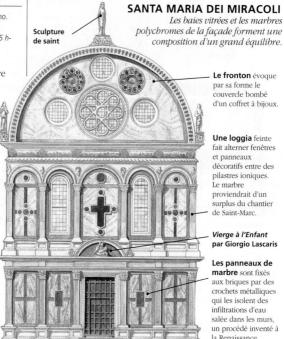

SANTA MARIA DEI MIRACOLI
Les baies vitrées et les marbres polychromes de la façade forment une composition d'un grand équilibre.

Sculpture de saint

Le fronton évoque par sa forme le couvercle bombé d'un coffret à bijoux.

Une loggia feinte fait alterner fenêtres et panneaux décoratifs entre des pilastres ioniques. Le marbre proviendrait d'un surplus du chantier de Saint-Marc.

Vierge à l'Enfant par Giorgio Lascaris

Les panneaux de marbre sont fixés aux briques par des crochets métalliques qui les isolent des infiltrations d'eau salée dans les murs, un procédé inventé à la Renaissance.

San Polo pas à pas

Le pont et les marchés du Rialto attirent
à San Polo de nombreux visiteurs.
Ce quartier était jadis celui où banquiers,
courtiers et négociants concluaient leurs
affaires, mais des étals et des boutiques
de produits alimentaires ont aujourd'hui
remplacé les éventaires d'épices et de
soieries. En s'éloignant du pont, les rues
se vident et conduisent à de
minuscules placettes et
de paisibles églises.

Les marchés du Rialto, réputés pour
leurs produits, existent depuis des
siècles. À la Pescheria se vendent
poissons et fruits de mer.

San Cassiano
(XVIIe siècle) abrite
un autel sculpté en
1696 et une
Crucifixion du
Tintoret
(1568).

Sant'Aponal, fondée au XIe siècle mais
aujourd'hui désaffectée, présente en
façade des reliefs gothiques.

Vers les
Frari

San
Silvestro

San Giovanni Elemosinario
est une église discrète
reconstruite au début du
XVIe siècle mais dont le
campanile date de la fin du
XIVe siècle. Elle abrite
d'intéressantes fresques du
Pordenone.

LÉGENDE

— — — Itinéraire conseillé

0   75 m

À NE PAS MANQUER

★ Le pont du Rialto

Hébergements et restaurants de la région, voir p. 558-561 et 606-609

CARTE DE SITUATION
Voir l'atlas des rues de Venise, plans 2, 3, 6 et 7

L'horloge de San Giacomo di Rialto orne depuis 1410 l'une des plus vieilles églises de Venise.

Entrée du marché

Étalage de fruits et légumes à Erberia

Le Rialto ❺

Ponte di Rialto. **Plan** 7 A1. 🚤 *Rialto*.

D'une hauteur relativement élevée pour la lagune, le *rivo alto* fut l'un des premiers quartiers habités de Venise et joua longtemps le rôle de centre financier et marchand. Il reste très animé, et autochtones et touristes se mêlent devant les éventaires de fruits et légumes de l'Erberia et les étals des poissonniers de la Pescheria.

Les Vénitiens bâtirent leurs premiers ponts de pierre au XIIᵉ siècle, mais jusqu'aux travaux entrepris en 1588 le Rialto n'eut que des structures en bois, telle celle représentée vers 1496 par Carpaccio dans *La Guérison d'un possédé (p. 103)*. La construction du nouveau pont s'acheva en 1591 et il resta le seul à franchir le Grand Canal jusqu'en 1854. Peu de visiteurs quittent Venise sans l'avoir emprunté car il offre un merveilleux point de vue d'où contempler l'activité qui règne sur le canal.

San Giacomo dell'Orio ❻

Campo San Giacomo dell'Orio. **Plan** 2 E5. **Tél** 041 275 04 62. 🚤 *Riva di Biasio or San Stae.* 🕐 lun.-sam. 10 h -17 h. ⬤ 1ᵉʳ janv., 25 déc. 🈺 🚫

Située dans le paisible quartier Santa Croce, cette église tire peut-être son nom d'un laurier qui poussait jadis près d'elle. Fondée au IXᵉ siècle, reconstruite en 1225 et souvent remaniée depuis, elle présente une originale juxtaposition de styles. Du sanctuaire du XIIIᵉ siècle subsistent le plan basilical, le campanile et des colonnes byzantines, tandis que les absides sont Renaissance et que la voûte en carène de la nef date du XVIᵉ siècle.

Il faut s'adresser au gardien pour admirer les peintures de la sagrestia Nuova (nouvelle sacristie), notamment le plafond décoré par Véronèse.

San Polo ❼

Campo San Polo. **Plan** 6 F1. **Tél** 041 275 04 62. 🚤 *San Silvestro.* 🕐 lun.-sam. 10 h-17 h. ⬤ 1ᵉʳ janv., 25 déc. 🈺 🚫

Fondée au IXᵉ siècle, reconstruite au XVᵉ et remaniée dans le style néo-classique au début du XIXᵉ siècle, cette église possède un délicieux portail gothique. Deux lions de style roman ornent le pied de son campanile.

À l'intérieur, des panneaux vous guideront vers la *Via Crucis del Tiepolo*, quatorze stations du chemin de croix peintes par Giandomenico Tiepolo en 1749. Certaines comprennent des portraits colorés de la vie vénitienne. Le sanctuaire abrite des peintures de Véronèse, Palma le Jeune, et une *Cène* très expressive du Tintoret.

Lion roman ornant le pied du campanile (XIVᵉ siècle) de San Polo

★ Le pont du Rialto
Au centre géographique de la ville, ce célèbre ouvrage d'art offre une vue privilégiée sur le Grand Canal. ❺

Santa Maria Gloriosa dei Frari ❽

Cette majestueuse église gothique qui domine de sa masse imposante la partie orientale de San Polo est plus connue sous le diminutif de Frari. Ces « Frères » sont les franciscains qui l'élevèrent de 1250 à 1338, puis la reconstruisirent aussitôt, n'achevant les travaux qu'au milieu du XVᵉ siècle. L'intérieur frappe par ses dimensions. Des chefs-d'œuvre, notamment par Titien, Giovanni Bellini et Donatello, le décorent.

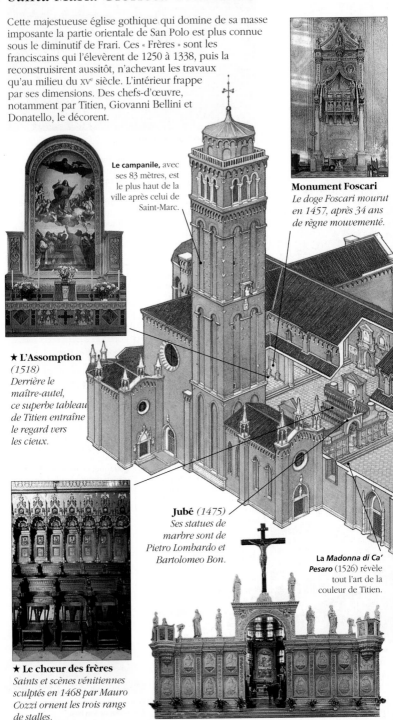

Le campanile, avec ses 83 mètres, est le plus haut de la ville après celui de Saint-Marc.

Monument Foscari
Le doge Foscari mourut en 1457, après 34 ans de règne mouvementé.

★ **L'Assomption**
*(1518)
Derrière le
maître-autel,
ce superbe tableau
de Titien entraîne
le regard vers
les cieux.*

Jubé *(1475)
Ses statues de
marbre sont de
Pietro Lombardo et
Bartolomeo Bon.*

La **Madonna di Ca'**
Pesaro *(1526) révèle
tout l'art de la
couleur de Titien.*

★ **Le chœur des frères**
*Saints et scènes vénitiennes
sculptés en 1468 par Mauro
Cozzi ornent les trois rangs
de stalles.*

Hébergements et restaurants de la région, voir p. 558-561 et 606-609

PLAN

Ces 12 points de repère indiquent les endroits à ne pas manquer dans une église longue de 90 mètres.

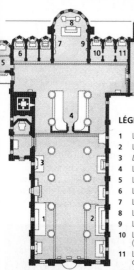

LÉGENDE

1 Le tombeau de Canova
2 Le tombeau de Titien
3 *La Madonna di ca' Pesaro* par Titien
4 Les stalles du chœur
5 La chapelle Corner
6 Le tombeau de Monteverdi
7 Le tombeau du doge Nicolò Tron
8 Le maître-autel et l'*Assomption* par Titien
9 Le tombeau du doge Francesco Foscari
10 Le *Saint Jean-Baptiste* de Donatello (vers 1450)
11 Le retable de Vivarini (1474), chapelle Bernardo
12 *La Vierge en majesté* (1488) de Giovanni Bellini

MODE D'EMPLOI

Campo dei Frari. **Plan** 6 D1. *Tél* 041 275 04 62. San Tomà. lun.-sam. 9 h-18 h, dim. et fêtes religieuses 13 h-18 h. 1er janv., 25 déc. sauf pendant les offices. fréquentes.

★ **Vierge en majesté** *(1488)*
La richesse de la lumière et des couleurs fait de ce triptyque par Giovanni Bellini, ornant la sacristie, une des plus belles peintures Renaissance de Venise.

L'ancien monastère,
aujourd'hui occupé par les archives, possède deux cloîtres, l'un dans le style de Sansovino, l'autre dessiné par Palladio.

Entrée

Tombeau de Canova
Canova avait dessiné une pyramide néo-classique comme celle-ci pour un monument à Titien jamais réalisé. Ses élèves s'inspirèrent du projet pour le tombeau de leur maître.

À NE PAS MANQUER

★ *L'Assomption* par Titien

★ *La Vierge en majesté* par Bellini

★ Le chœur des frères

Scuola Grande di San Rocco ❾

Entrée principale, restaurée, de la Scuola di San Rocco

La confrérie charitable, ou *scuola*, placée sous l'égide de San Rocco (saint Roch) fit édifier son siège à partir de 1515 par Bartolomeo Bon. Scarpagnino poursuivit le chantier jusqu'à sa mort en 1549. Les généreuses donations effectuées par de riches Vénitiens soucieux de se concilier les faveurs du saint, invoqué pour se protéger des maladies infectieuses – elles augmentèrent encore avec l'épidémie de choléra de 1575 –, permirent en 1564 de commander au Tintoret la décoration des murs et des plafonds. Plus de cinquante œuvres de l'artiste en résultèrent. Les premières emplissent la petite sala dell' Albergo au niveau supérieur. Les dernières occupent la salle inférieure à l'entrée.

Le Tintoret peignit en 1565 la *Crucifixion* de la sala dell' Albergo de la Scuola di San Rocco

SALLE INFÉRIEURE

D'une *Annonciation* à une *Assomption* venant d'être restaurées, le cycle du rez-de-chaussée, exécuté de 1583 à 1587 alors que le Tintoret avait la soixantaine, comprend huit peintures illustrant les vies de la Vierge et du Christ. L'artiste a su donner à ses œuvres une luminosité qui joue de l'éclairage diffus de la salle pour renforcer l'ambiance surnaturelle de scènes d'une remarquable sérénité, comme

Détail de *La Fuite en Égypte* **(1582-1587) par le Tintoret**

La Fuite en Égypte, Marie-Madeleine et surtout *Sainte Marie l'Égyptienne*, trois œuvres où le paysage, rendu à larges coups de brosse, joue un rôle essentiel dans la composition.

SALLE SUPÉRIEURE ET SALA DELL' ALBERGO

L'escalier monumental de Scarpagnino (1544-1546), que dominent deux grands tableaux évoquant la peste de 1630, conduit à la salle supérieure. Le Tintoret peignit les sujets bibliques qui la décorent de 1575 à 1581.

Le plafond présente des *Scènes de l'Ancien Testament*. Au centre, trois vastes peintures à la composition d'un grand dynamisme malgré une multitude de personnages représentent des événements du livre de l'Exode : *Le Frappement du rocher, Le Miracle du serpent d'airain* et

La Pluie de la manne. Ils font référence aux buts charitables de la *scuola* : assouvir la soif, soulager de la maladie et calmer la faim.

Pour les murs, l'artiste a choisi des *Scènes du Nouveau Testament* en rapport avec les épisodes du plafond. Parmi les plus marquantes figure *La Tentation du Christ* qui montre un jeune et séduisant Satan offrir deux pains au fils de Dieu. Comme elle, *L'Adoration des bergers* possède une composition en deux registres. Elle sépare la Sainte Famille et les spectateurs, en haut, des bergers, du bœuf et d'une figure féminine, en bas.

Francesco Pianta ajouta au XVIIe siècle les superbes sculptures sous les peintures. Leurs sujets sont allégoriques et l'artiste s'est amusé à caricaturer le Tintoret, avec sa palette et ses pinceaux (près de l'autel), pour incarner la Peinture. Un autoportrait du peintre (1573) permet d'effectuer une comparaison.

Détail de *La Tentation du Christ* (1578-1581) par le Tintoret

Il se trouve près de l'entrée de la sala dell' Albergo qui contient le plus saisissant chef-d'œuvre de la Scuola di San Rocco : *La Crucifixion* (1565). Henry James pensait de cette œuvre « qu'aucune peinture n'est plus riche d'existence humaine, tout y est, même la plus exquise beauté ».

MODE D'EMPLOI

Campo San Rocco. **Plan** 6 D1.
Tél *041 523 48 64.*
San Tomà. *t.l.j. : avr.-oct. 9 h-17 h 30 ; nov-mars 10 h -16 h.* *1er jan., Pâques, 25 déc.*
www.scuolagrandesanrocco.it

Le Tintoret commença en 1564 le cycle de tableaux ornant cette petite salle, après avoir remporté le concours ouvert pour sa décoration, en offrant à la Scuola le portrait de *Saint Roch en gloire* (au plafond). Un *Couronnement d'épines* et *Le Christ devant Pilate* font face à la Crucifixion, tandis que le *Portement de Croix* posé sur un chevalet, jadis attribué à Giorgione, l'est désormais à Titien.

San Rocco ❿

Campo San Rocco. **Plan** 6 D1.
Tél *041 523 48 64.* *San Tomà.*
t.l.j. : avr. -oct. 8 h-12 h 30, 15 h-17 h ; nov-mars : lun.-ven. 8 h-12 h 30, sam., dim. et jours fériés 14 h-16 h.

À côté de la célèbre Scuola Grande di San Rocco se dresse l'église du même nom dessinée par Bartolomeo Bon en 1489, rénovée en 1725. Inspirée de celle de la Scuola, la façade date de 1765-1771.

De nombreuses œuvres d'art décorent l'intérieur de l'église, comme les peintures du Tintoret illustrant la vie de saint Roch.

San Pantalon ⓫

Campo San Pantalon. **Plan** 6 D2.
San Tomà, Piazzale Roma.
lun.-sam. 8 h-10 h, 16 h-18 h.

Le plafond de San Pantalon peint par Fumiani de 1680 à 1740

Derrière une façade de briques, cette église du XVIIe siècle recèle l'une des plus vastes peintures sur toile du monde. Œuvre de Gian Antonio Fumiani, elle représente au plafond, en quarante scènes en trompe-l'œil, *Le Martyre et la Gloire de saint Pantaléon*, médecin chrétien persécuté au IVe siècle. Selon la légende, son auteur, à qui elle demanda 24 ans de travail de 1680 à 1704, trouva la mort à son achèvement en tombant de l'échafaudage.

LÉGENDE DES PEINTURES

☐ **SALLE INFÉRIEURE**
1 L'Annonciation ; **2** L'Adoration des Mages ; **3** La Fuite en Égypte ; **4** Le Massacre des innocents ; **5** Marie-Madeleine ; **6** Sainte Marie l'Égyptienne ; **7** La Présentation au temple ; **8** L'Assomption.

☐ **MURS DE LA SALLE SUPÉRIEURE**
9 Saint Roch ; **10** Saint Sébastien ; **11** L'Adoration des bergers ; **12** Le Baptême du Christ ; **13** La Résurrection ; **14** Le Christ au jardin des oliviers ; **15** La Cène ; **16** La Vision de saint Roch ; **17** La Multiplication des pains ; **18** La Résurrection de Lazare ; **19** L'Ascension ; **20** La Guérison du paralytique ; **21** La Tentation du Christ.

☐ **PLAFOND DE LA SALLE SUPÉRIEURE 22** Moïse sauvé des eaux ; **23** La Colonne de feu ; **24** Samuel et Saül ; **25** L'Échelle de Jacob ; **26** Élisée sur un chariot de feu ; **27** Élisée nourri par les anges ; **28** Daniel sauvé par les anges ; **29** La Pâque ; **30** La Pluie de la manne ; **31** Le Sacrifice d'Isaac ; **32** Le Miracle du serpent d'airain ; **33** Jonas sortant de la baleine ; **34** Le Frappement du rocher ; **35** Le Péché originel ; **36** Trois enfants dans la fournaise ; **37** Dieu apparaît à Moïse ; **38** Samson et la source miraculeuse ; **39** La Vision du prophète Ézéchiel ; **40** La Vision de Jérémie ; **41** Élisée distribue du pain ; **42** Abraham et Melchisédech.

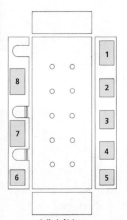

Salle inférieure

Salle supérieure

Dorsoduro pas à pas

Le sestiere du Dorsoduro doit son nom de « dos dur » au sol, particulièrement stable pour Venise, sur lequel il s'étend. Il a pour cœur le campo Santa Margherita, place animée le matin par un marché et le soir par les étudiants de la Ca' Foscari, demeure patricienne devenue une annexe de l'université. Les rues qui l'entourent renferment quelques merveilles architecturales comme la Ca' Rezzonico et la Scuola Grande dei Carmini ornée de peintures par Tiepolo. Le quartier possède également de beaux canaux. Près du marchand flottant de primeurs, désormais une attraction, le ponte dei Pugni offre une jolie vue sur le délicieux rio San Barnaba, tandis que quelques cafés et une fascinante boutique de masques de carnaval bordent le rio Terrà. Les amateurs d'art ne sauraient manquer l'Accademia et la Fondation Guggenheim.

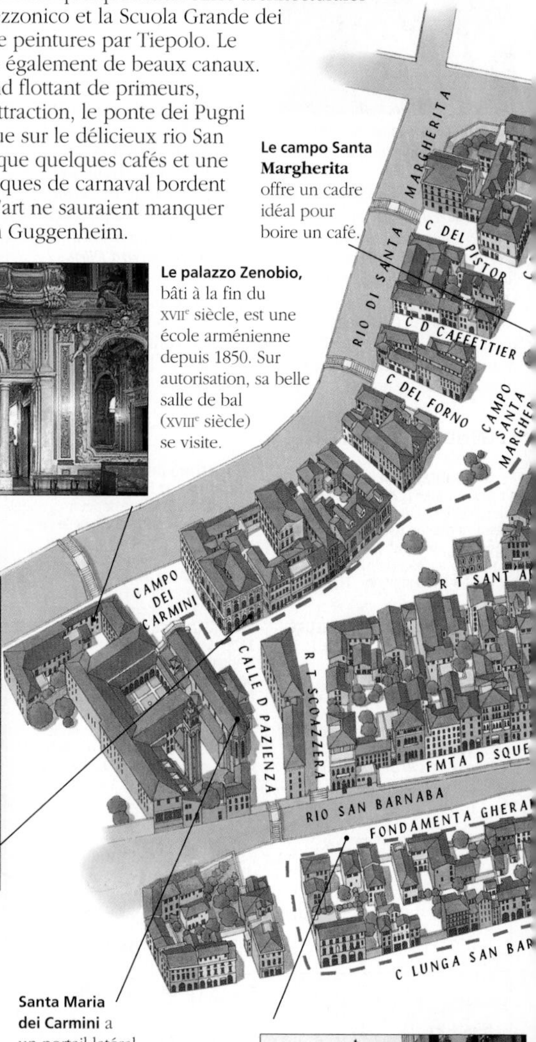

Santa Margherita

Le campo Santa Margherita offre un cadre idéal pour boire un café.

Le palazzo Zenobio, bâti à la fin du XVIIᵉ siècle, est une école arménienne depuis 1850. Sur autorisation, sa belle salle de bal (XVIIIᵉ siècle) se visite.

La Scuola Grande dei Carmini possède au premier étage un salon au plafond peint par Tiepolo pour les carmes.

Santa Maria dei Carmini a un portail latéral gothique sculpté de reliefs byzantins.

LÉGENDE

  Itinéraire conseillé

0 ————— 50 m

Le Fondamenta Gherardini longe le Rio San Barnaba, l'un des plus jolis canaux du sestiere.

CARTE DE SITUATION
Voir l'atlas des rues de Venise, plans 5 et 6

Détail du *Monde nouveau*, fresque de Tiepolo à la Ca' Rezzonico

★ La Ca' Rezzonico
La salle de bal occupe toute la largeur de ce palais ⑫

Le palazzo Giustinian (XVᵉ siècle) logea Wagner en 1858.

La Ca' Foscari fut achevée en 1437 pour le doge Foscari.

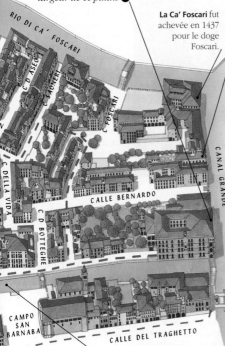

RIO DI CA' FOSCARI

C D ASEO

C FOSCARI

C D SAONERI

CEN

C DELLA VIDA

CALLE BERNARDO

C D BOTTEGHE

CANAL GRANDE

CAMPO SAN BARNABA

CALLE DEL TRAGHETTO

Au ponte dei Pugni s'affrontaient aux poings des factions rivales. Trop violents, ces combats furent interdits en 1705.

San Barnaba reste un quartier vivant où autochtones et touristes se pressent au coude à coude pour acheter les fruits et légumes proposés par cette barge pittoresque.

À NE PAS MANQUER

★ La Ca' Rezzonico

Ca' Rezzonico ⑫

Fondamenta Rezzonico 3136. **Plan** 6 E3. *Tél 041 241 01 00.* 🚤 *Ca' Rezzonico.* ☐ *mer.-lun. 10 h-18 h (17 h nov.-mars ; dern. entrée : 1 heure avant ferm.).* ● *1ᵉʳ jan., 1ᵉʳ mai, 25 déc.* 🎫 🏠 🎒 👓 ⚠ 🖼

Ce palais baroque abrite un musée consacré à la Venise du XVIIIᵉ siècle où fresques, peintures, tapisseries et meubles provenant de plusieurs édifices composent un décor somptueux.
Sa construction commença en 1667 sous la direction de Longhena, l'architecte de la Salute *(p. 101)*, mais ses commanditaires, la famille Bon, manquèrent de fonds avant même l'achèvement du premier étage.

Originaire de Gênes, la famille Rezzonico l'acheta en 1712 et engagea Giorgio Massari pour terminer les travaux. Ce dernier dota le palais d'une salle de bal qui en occupe toute la largeur et où l'exubérance baroque s'exprime librement dans les fresques en trompe-l'œil, le mobilier sculpté d'Andrea Brustolon et l'abondance de stucs et de dorures. Plusieurs pièces voisines présentent des fresques par Giambattista Tiepolo et son fils Giandomenico. La plus belle de ces compositions a donné son nom à la salle de l'allégorie nuptiale (1758). L'exposition comprend également des tableaux, notamment de Canaletto, et la reconstitution, au dernier étage, d'une boutique d'apothicaire et la pinacothèque Martini.

La nef de San Nicolò dei Mendicoli

San Nicolò dei Mendicoli ⑬

Campo San Nicolò. **Plan** 5 A3. **Tél** 041 275 03 82. 🚉 San Basilio. ⬜ lun.-sam. 10 h-12 h, 16 h-18 h.

Située dans un quartier isolé et quelque peu délabré, cette église compte parmi les plus charmantes et merveilleuses de Venise. Fondée au VIIᵉ siècle, elle a connu plusieurs remaniements importants et le petit porche ouvrant au nord date du XVᵉ siècle. Les mendiants, ou *mendicanti*, qui s'y installaient à l'époque ont donné son nom au sanctuaire.

Le dallage se trouvait jadis à 30 cm au-dessous du niveau de l'eau des canaux et les crues posaient un tel problème que le prêtre possédait un petit canot en osier pour rejoindre son église en cas de besoin. Le sol a toutefois été légèrement rehaussé après la terrible inondation de 1966, époque où San Nicolò a connu une remarquable rénovation. Les travaux ont également compris la reconstruction des toitures et du bas des murs, et la restauration des sculptures et des peintures.

L'intérieur présente une belle décoration, notamment des statues de bois doré du XVIᵉ siècle et des scènes de la vie du Christ peintes vers 1553 par des élèves de Véronèse dont Alvise dal Friso.

Modeste rappel de la colonne de Saint-Marc de la Piazzetta, une colonne portant un lion de pierre se dresse à l'extérieur.

San Sebastiano ⑭

Campo San Sebastiano. **Plan** 5 C3. **Tél** 041 275 04 62. 🚉 San Basilio. ⬜ lun.-sam. 10 h-17 h. 🚫 1ᵉʳ janv., 25 déc. 📷 🚫

C'est l'une des décorations intérieures les plus homogènes de Venise. De 1555 à 1560, puis dans les années 1570, Véronèse y a peint le plafond de la sacristie, celui de la nef, la frise, le chœur, le maître-autel et les vantaux de l'orgue.

Par la richesse des coloris et la somptuosité des costumes et des décors, toutes ces œuvres témoignent de l'extraordinaire sens de la narration de l'artiste maniériste. Celles du plafond de la sacristie représentent le *Couronnement de la Vierge* et les *Quatre Évangélistes*. À remarquer également les trois panneaux consacrés à Esther, jeune juive qui épousa le roi perse Assuérus et sauva son peuple du massacre.

La tombe de Véronèse se trouve en face de la chapelle au superbe pavage située à gauche du chœur.

Accademia ⑮

Voir p. 106-107.

Fondation Peggy Guggenheim ⑯

Palazzo Venier dei Leoni. **Plan** 6 F4. **Tél** 041 240 54 11. 🚉 Accademia. ⬜ mer.-lun. 10 h-18 h. 🚫 1ᵉʳ janv., 24-25 déc. 📷 🚫

Entrepris au XVIIIᵉ siècle, le palazzo Venier dei Leoni devait posséder trois étages, mais seul le rez-de-chaussée sortit de terre et l'édifice prit le surnom de « palazzo

Le « palazzo Nonfinito » abrite la fondation Peggy Guggenheim

Nonfinito ». Son étrangeté séduisit la millionnaire américaine Peggy Guggenheim (1898-1979) qui l'acheta en 1949 pour en faire sa demeure. Collectionneuse, mécène et marchand d'art, cette femme perspicace et excentrique entretint des relations d'amitié avec de nombreux artistes abstraits et surréalistes dont elle favorisa la carrière. L'un d'eux, Max Ernst, devint son deuxième mari.

La collection comprend environ 200 peintures et sculptures représentatives de la plupart des grands courants de l'art du XXᵉ siècle. Avec des toiles comme *Le Poète* (1911) de Picasso ou *Le Jeune homme triste dans le train* (1911) de Fernand Léger, la section consacrée au cubisme montre les voies explorées en France au début du siècle pour trouver de nouvelles formes de représentation. Un souci partagé à la même époque par les futuristes italiens que préoccupait avant tout l'évocation du mouvement, comme en témoigne la *Construction dynamique* (1913) d'Umberto Boccioni. À l'instar du surréalisme, dont des artistes comme Magritte, Mirò, Dali, Tanguy, Picabia, Man Ray et bien entendu Max Ernst illustrent de multiples facettes, l'expressionnisme abstrait est particulièrement bien représenté. Peggy Guggenheim tirait une grande fierté d'avoir découvert Jackson Pollock.

Maiastra de Constantin Brancusi

Réparties entre le jardin et la maison, les sculptures forment un ensemble remarquable avec des pièces comme *Maiastra* (1912) de Constantin Brancusi et des œuvres de Calder, Giacometti, Arp, César et Henry Moore. La plus provocatrice reste encore aujourd'hui l'*Angelo della Città* (1948) de Marino Marini, cavalier au pénis dressé installé sur la terrasse dominant le Grand Canal.

Les cendres de Peggy Guggenheim sont conservées dans le jardin à côté de la tombe de ses chiens. La qualité des œuvres exposées et le cadre lumineux que leur offre le palazzo rendent la visite du musée agréable. Des expositions temporaires y sont organisées. Les renseignements s'obtiennent par téléphone.

L'église baroque de la Salute à l'embouchure du Grand Canal

Santa Maria della Salute ⓱

Campo della Salute. **Plan** 7 A4.
Tél 041 274 39 28. 🚤 *Salute.*
⬜ *t.l.j. 9 h-12 h, 15 h-17 h 30 (18 h 30 juin-sept.).* 🔲 *pour la sacristie.* 📷

L'imposante église baroque Santa Maria della Salute dresse à l'embouchure du Grand Canal une des silhouettes les plus célèbres de Venise. Alors qu'une terrible épidémie de peste sévissait depuis l'année précédente dans la ville, les Vénitiens entreprirent sa construction en 1631 afin d'implorer l'intervention en leur faveur de la Vierge, d'où son nom de « Salute », qui signifie à la fois santé et salut. L'épidémie finit par cesser et pour en rendre grâce, chaque année en novembre *(p. 64)*, une procession aux flambeaux rejoint le sanctuaire en traversant le Grand Canal sur un pont de bateaux.

L'architecte de la Salute, Baldassare Longhena, consacra sa vie à son édification. Les travaux ne finirent toutefois qu'en 1687, cinq ans après sa mort.

L'intérieur, sobrement décoré, s'organise autour d'un vaste espace octogonal que surmonte la coupole. Des jeux de perspective la font paraître encore plus grande que ses soixante mètres de hauteur. Six chapelles latérales rayonnent depuis le déambulatoire. Juste le Court sculpta la *Vierge à l'Enfant protégeant Venise de la peste* qui orne le maître-autel.

À gauche de celui-ci s'ouvre la sacristie qui abrite les plus belles peintures du sanctuaire. Titien est l'auteur du *Saint Marc entouré des saints Côme, Damien, Roch et Sébastien* (1511-1512) et, au plafond, de *Caïn et Abel, Abraham et Isaac* et *David et Goliath* (1540-1549). En face de l'entrée se trouve une œuvre majeure du maniérisme : *Les Noces de Cana* par le Tintoret.

Le cœur octogonal de Santa Maria della Salute

L'Accademia ⓯

Constituées à partir des œuvres réunies par l'académie des Beaux-Arts fondée en 1750 par le peintre Giovanni Battista Piazzetta et installées en 1807 par Napoléon dans trois bâtiments conventuels désaffectés, les collections des Gallerie dell' Accademia, riches en peintures religieuses, offrent un panorama unique de cinq siècles d'art vénitien, du Moyen Âge byzantin au baroque, en passant par la période particulièrement riche de la Renaissance.

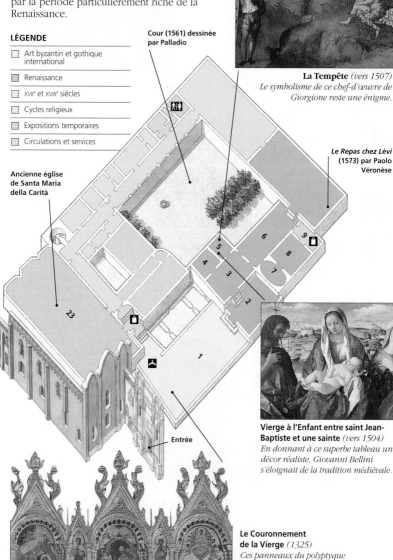

La Tempête *(vers 1507)*
Le symbolisme de ce chef-d'œuvre de Giorgione reste une énigme.

LÉGENDE

☐ Art byzantin et gothique international

☐ Renaissance

☐ XVIIᵉ et XVIIIᵉ siècles

☐ Cycles religieux

☐ Expositions temporaires

☐ Circulations et services

Cour (1561) dessinée par Palladio

Ancienne église de Santa Maria della Carità

Le Repas chez Lévi **(1573) par Paolo Véronèse**

Entrée

Vierge à l'Enfant entre saint Jean-Baptiste et une sainte *(vers 1504)*
En donnant à ce superbe tableau un décor réaliste, Giovanni Bellini s'éloignait de la tradition médiévale.

Le Couronnement de la Vierge *(1325)*
Ces panneaux du polyptyque de Paolo Veneziano représentent des scènes de la vie de saint François.

Hébergements et restaurants de la région, voir p. 558-561 et 606-609

La Guérison d'un possédé (vers 1496) par Vittore Carpaccio

XVIIIᵉ siècle, notamment une
Découverte de la Vraie Croix
(1745).

Avec des compositions
pastorales de Francesco
Zuccarelli, des tableaux de
Marco Ricci et des scènes de
la vie quotidienne de Pietro
Longhi, paysages et peinture
de genre sont à l'honneur
dans le long couloir (12) et les
salles qu'il dessert. Une vue
de Venise (1763) par Canaletto
témoigne de son sens et de sa
maîtrise de la perspective.
C'était son œuvre de
réception à l'Accademia.

ART BYZANTIN ET GOTHIQUE INTERNATIONAL

Cette salle met en relief
l'évolution des primitifs
vénitiens. Dans le
Couronnement de la Vierge
(1325) de Paolo Veneziano,
l'utilisation de l'or et le panneau
central restent byzantins tandis
que la fluidité des lignes est
déjà gothique, une progression
vers le naturalisme qui s'affirme
dans le *Couronnement de la
Vierge* peint en 1448 par
Michele Giambono.

LA RENAISSANCE

La Renaissance se développa
plus tard à Venise qu'à
Florence ou à Rome, et dans la
première moitié du XVᵉ siècle,
la *Sacra
Conversazione*
réunissant dans une
même composition
la Vierge et des
saints reste un des
thèmes favoris de la
peinture vénitienne.
Le retable peint par
Bellini vers 1487
pour San Giobbe en
offre un bon
exemple en salle 2.

Un siècle plus tard,
le chemin parcouru
est immense comme
en témoigne le grand

tableau du *Repas chez Lévi*
(1573) de Paolo Véronèse. Il
représentait à l'origine la *Cène*,
mais son réalisme valut à son
auteur de comparaître devant
l'Inquisition. En salle 10
également, *Saint Marc libérant
un esclave* (1548) du Tintoret
marque le passage au
maniérisme.

XVIIᵉ ET XVIIIᵉ SIÈCLES

L'école vénitienne du
XVIIIᵉ siècle doit beaucoup à
des artistes venus de
l'extérieur comme le Génois
Bernardo Strozzi (1581-1644)
dont *Le Repas chez Simon*
(1629) révèle en salle 11
l'admiration pour l'œuvre de
Véronèse. Dans cette salle se
trouvent également des toiles
de Giambattista Tiepolo, le
meilleur peintre vénitien du

CYCLES RELIGIEUX

Deux grands cycles de
peintures ramènent en fin de
visite à la Renaissance. Ils
offrent un aperçu fascinant de
l'aspect de Venise et de la vie
quotidienne de ses habitants à
la fin du XVᵉ siècle.

En salle 20 s'admirent
notamment *La Procession sur
la place Saint-Marc* (1496) de
Gentile Bellini et *La Guérison
d'un possédé* (1494) par
Vittore Carpaccio. Celui-ci
réalisa également les huit
grands tableaux exposés en
salle 21 replaçant les
épisodes de la légende de
sainte Ursule dans l'Italie de
son époque.

Le Repas chez Lévi (1573) par Paolo Véronèse

La place Saint-Marc pas à pas

Au cours des siècles, d'innombrables cortèges, processions et carnavals ont témoigné par leur faste sur la piazza San Marco de la puissance et de la richesse de la Sérénissime République. Ce sont les touristes qui s'y pressent aujourd'hui par milliers pour visiter la basilique Saint-Marc, le palais des Doges ou le musée Correr. Des orchestres s'y produisent en plein air en été et les galeries des Procuratie abritent des cafés élégants, notamment le Quadri et le Florian, et des boutiques de luxe.

Lion de Saint-Marc

Torre dell'Orologio
La tour de l'horloge date de la Renaissance ⑳

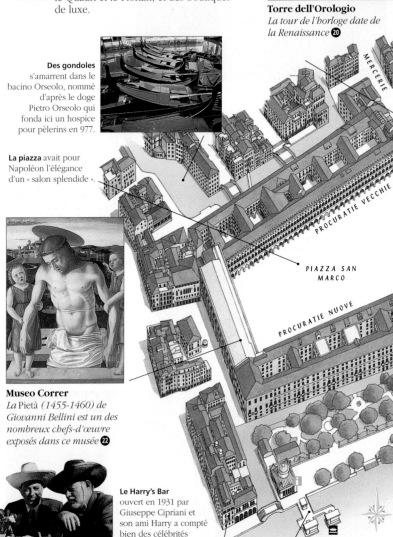

Des gondoles
s'amarrent dans le bacino Orseolo, nommé d'après le doge Pietro Orseolo qui fonda ici un hospice pour pèlerins en 977.

La piazza avait pour Napoléon l'élégance d'un « salon splendide ».

MERCERIE

PROCURATIE VECCHIE

PIAZZA SAN MARCO

PROCURATIE NUOVE

Museo Correr
La Pietà *(1455-1460) de Giovanni Bellini est un des nombreux chefs-d'œuvre exposés dans ce musée* ㉒

Le Harry's Bar
ouvert en 1931 par Giuseppe Cipriani et son ami Harry a compté bien des célébrités comme clients. Ici, Ernest Hemingway.

San Marco Vallaresso

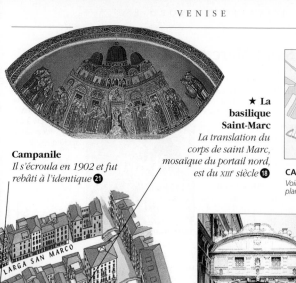

★ La basilique Saint-Marc
La translation du corps de saint Marc, mosaïque du portail nord, est du XIIIe siècle 18

CARTE DE SITUATION
Voir l'atlas des rues de Venise, plan 7

Campanile
Il s'écroula en 1902 et fut rebâti à l'identique 21

Le pont des Soupirs (1600) reliait le palais des Doges à la prison. Son nom viendrait des gémissements des détenus qui l'empruntaient.

LARGA SAN MARCO

RIO DEL

PALAZZO

Ponte della Paglia

PIAZZETTA

★ Le palais des Doges
Ancien siège du pouvoir politique de la République, le Palazzo Ducale possède tout le raffinement du gothique vénitien 19

MOLO SAN MARCO

La Libreria Sansoviniana (1588), à l'escalier somptueusement décoré, abrite la bibliothèque de Saint-Marc.

0   75 m

San Marco Giardinetti

La Zecca, entreprise en 1537 sur des dessins de Sansovino, fut la Monnaie de Venise jusqu'en 1870 et donna son nom au *zecchino*, le sequin.

À NE PAS MANQUER

★ La Basilique Saint- Marc

★ Le palais des Doges

La basilique Saint-Marc ⑱

La cathédrale de Venise, la basilica di San Marco, l'un des plus beaux édifices religieux d'Europe, jouit d'une célébrité méritée dans le monde entier. Splendide métissage de traditions occidentales et orientales, elle offre un étonnant reflet de l'histoire de la cité, notamment de ses conquêtes dont le butin l'embellirent d'œuvres d'art, tels que les chevaux de bronze rapportés de Constantinople en 1204. Des mosaïques de différentes époques décorent sa façade, dont le portail principal présente des sculptures romanes (1240-1265) parmi les plus belles d'Italie.

La coupole de la Pentecôte, probablement la première à être décorée de mosaïques, montre la descente du Saint-Esprit sous forme de colombe.

Saint Marc et les anges
Les statues couronnant l'arche centrale datent du début du XVᵉ siècle.

Des arcs élancés
rappellent ceux du rez-de-chaussée.

★ Les chevaux de Saint-Marc
Il s'agit de copies des bronzes dorés originaux désormais conservés dans le musée de la basilique.

À NE PAS MANQUER

★ Les mosaïques de la façade

★ Chevaux de Saint-Marc

Les reliefs romans
du portail principal datent du XIIIᵉ siècle.

Entrée

★ Les mosaïques de la façade
Cette mosaïque du XVIIᵉ siècle représente des marchands sortant d'Alexandrie le corps de saint Marc caché sous des morceaux de lard.

Hébergements et restaurants de la région, voir p. 558-561 et 606-609

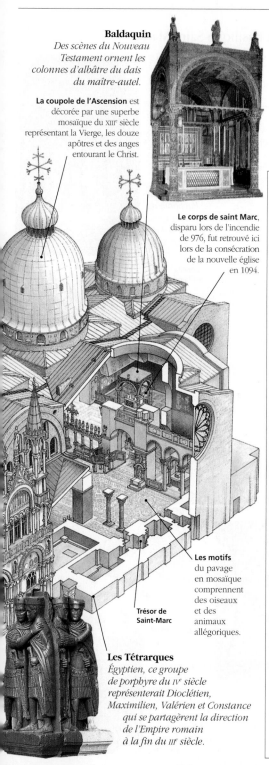

Baldaquin
Des scènes du Nouveau Testament ornent les colonnes d'albâtre du dais du maître-autel.

La coupole de l'Ascension est décorée par une superbe mosaïque du XIIIᵉ siècle représentant la Vierge, les douze apôtres et des anges entourant le Christ.

Le corps de saint Marc, disparu lors de l'incendie de 976, fut retrouvé ici lors de la consécration de la nouvelle église en 1094.

Les motifs du pavage en mosaïque comprennent des oiseaux et des animaux allégoriques.

Trésor de Saint-Marc

Les Tétrarques
Égyptien, ce groupe de porphyre du IVᵉ siècle représenterait Dioclétien, Maximilien, Valérien et Constance qui se partagèrent la direction de l'Empire romain à la fin du IIIᵉ siècle.

MODE D'EMPLOI

Piazza San Marco. **Plan** 7 B2. **Tél** *041 522 52 05.* San Marco.
Basilica lun.-sam. 9 h 45-17 h 30, dim. et j. f. 14 h-16 h (oct.-avr. : lun.-sam. jusqu'à 16 h 30). visites limitées pendant les offices. **Musée, Trésor et Pala d'Oro** mêmes horaires pour le Trésor.

LA CONSTRUCTION DE SAINT-MARC

Construite sur un plan en croix grecque et coiffée de cinq coupoles, la basilique actuelle est la troisième église à se dresser sur ce site. En 976, un incendie détruisit la première, bâtie en 829 pour recevoir le corps de saint Marc. La deuxième s'avéra vite trop modeste et les travaux d'un sanctuaire témoignant mieux de la nouvelle puissance de Venise commencèrent en 1063. L'édifice reçut constamment des ajouts au fil des siècles et, à partir de 1075, tous les navires revenant de l'étranger devaient rapporter un ornement précieux pour la « Maison de saint Marc ». Les mosaïques intérieures couvrent 4 240 m² et remontent pour la plupart aux XIIᵉ et XIIIᵉ siècles, bien que certaines soient d'artistes tels que Titien et le Tintoret. Chapelle des doges, Saint-Marc ne remplaça qu'en 1797 San Pietro di Castello comme cathédrale de Venise.

Vendangeur (XIIᵉ siècle) sculpté au portail principal

À la découverte de la basilique Saint-Marc

L'or est partout à l'intérieur de San Marco et la douceur de la lumière le rend peut-être encore plus présent en créant une atmosphère empreinte de mystère. Les trésors accumulés en six siècles et la richesse du décor, du pavement de marbre et de verre jusqu'aux mosaïques ornant les murs et les coupoles, justifient plus d'une visite. Du narthex, un escalier conduit au Museo Marciano où s'admirent les célèbres chevaux de bronze doré. Parmi les œuvres d'art les plus précieuses de la cathédrale figurent également l'icône de la Vierge Nicopeia, les pièces d'orfèvrerie du Trésor et la Pala d'Oro, derrière le maître-autel.

Vierge Nicopeia
Rapportée de Constantinople en 1204, cette icône est l'objet d'un culte fervent.

La porta dei Fiori, ou porte des Fleurs, est ornée de reliefs du XIIIᵉ siècle.

Cappella dei Mascoli

Aile nord

★ **La coupole de la Pentecôte**
Des langues de feu y symbolisent la descente du Saint-Esprit sur les Apôtres.

Narthex

Escalier vers le Museo Marciano

Cappella Zen

Baptistère

★ **Le Trésor**
Parmi les nombreux objets précieux italiens et byzantins qu'il renferme figure ce reliquaire en argent doré du XIᵉ siècle.

★ **La coupole de l'Ascension**
Chef-d'œuvre d'artistes vénitiens du XIIIᵉ siècle, sa mosaïque du Christ en gloire reste très influencée par l'art byzantin.

★ La Pala d'Oro
250 panneaux comme celui-ci forment le « retable d'Or » façonné au Xe siècle.

Sur les panneaux de bronze de la porte de la sacristie (souvent fermée), Sansovino s'est représenté à côté de Titien et de l'Arétin.

L'autel du Saint-Sacrement est décoré de mosaïques illustrant des paraboles et des miracles du Christ (fin du XIIe-début du XIIIe siècle).

Les colonnes de la façade intérieure proviendraient de la première basilique.

Aile sud

À NE PAS MANQUER

★ Le Pala d'Oro

★ Le Trésor

★ Les coupoles de l'Ascension et de la Pentecôte

LES MOSAÏQUES

Plus de 4 000 m² de mosaïques à fond d'or couvrent les murs et les coupoles de la cathédrale. Des artistes levantins exécutèrent les premières au XIe siècle, mais les Vénitiens assimilèrent leur technique et prirent graduellement en main la décoration de leur basilique, métissant la tradition byzantine de modes de représentation occidentaux. Au XVIe siècle, ce sont les dessins d'artistes tels que Titien, Véronèse et le Tintoret qui servirent de modèles.

Des milliers de petits cubes de marbre, de porphyre et de verre composent les motifs du pavement. Certains ont une signification allégorique. Deux coqs emportant un renard symbolisent ainsi dans le transept gauche la victoire de la vigilance sur la ruse.

LA PALA D'ORO

Il faut dépasser la cappella di San Clemente pour atteindre derrière le maître-autel l'accès au plus précieux trésor de Saint-Marc : la Pala d'Oro. Enchâssées dans un cadre gothique en argent doré, 250 plaques d'or et d'émaillées composent ce retable commandé en 976 à des orfèvres byzantins puis enrichi au fil des siècles, notamment de joyaux tels que rubis, perles, saphirs et améthystes. En 1797, Napoléon s'empara de pierres précieuses mais n'osa pas les dérober toutes.

LE MUSEO MARCIANO

Des panneaux marqués « Loggia dei Cavalli » guident jusqu'à l'escalier qui monte du narthex au musée de la basilique. Installés dans une salle du fond, les chevaux de bronze ornaient jadis l'hippodrome de Constantinople et firent partie du butin lors du pillage de la ville en 1204. Leur origine première, romaine ou hellénistique, reste cependant inconnue. Le musée expose également des manuscrits médiévaux, des mosaïques et des étoffes et des tapisseries anciennes.

LE BAPTISTÈRE ET LES CHAPELLES

Le doge Andrea Dandolo (1343-1354) fit bâtir le baptistère et il y repose avec Sansovino qui dessina les fonts. À côté, la cappella Zen devint en 1504 la chapelle funéraire du cardinal Giambattista Zen après qu'il eut légué ses biens à la République.

Dans le transept gauche, des scènes de la vie de la Vierge ornent la cappella dei Mascoli, tandis que la troisième chapelle renferme la Vierge de Nicopeia, icône portée jadis en tête de l'armée byzantine partant en guerre.

L'Arche de Noé, mosaïque du XIIIe siècle ornant le narthex

Le palais des Doges ⓳

Mars par Sansovino

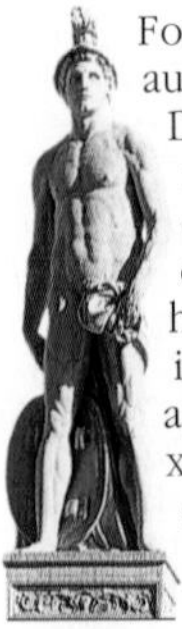

Forteresse à sa fondation au IXᵉ siècle, le Palazzo Ducale, ancienne résidence des maîtres de Venise, a subi au cours de sa longue histoire de nombreux incendies et a pris son apparence actuelle aux XIVᵉ et XVᵉ siècles. Ce chef-d'œuvre gothique tire son élégance d'une habile inversion des masses architecturales : les volumes pleins (en marbre rose) ne se trouvent pas au rez-de-chaussée mais à l'étage et c'est une arcade très aérée en pierre blanche d'Istrie qui les supporte.

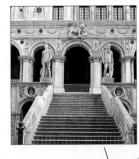

★ L'escalier des Géants
Symboles de la puissance de Venise, Mars et Neptune par Sansovino dominent cet escalier du XVᵉ siècle.

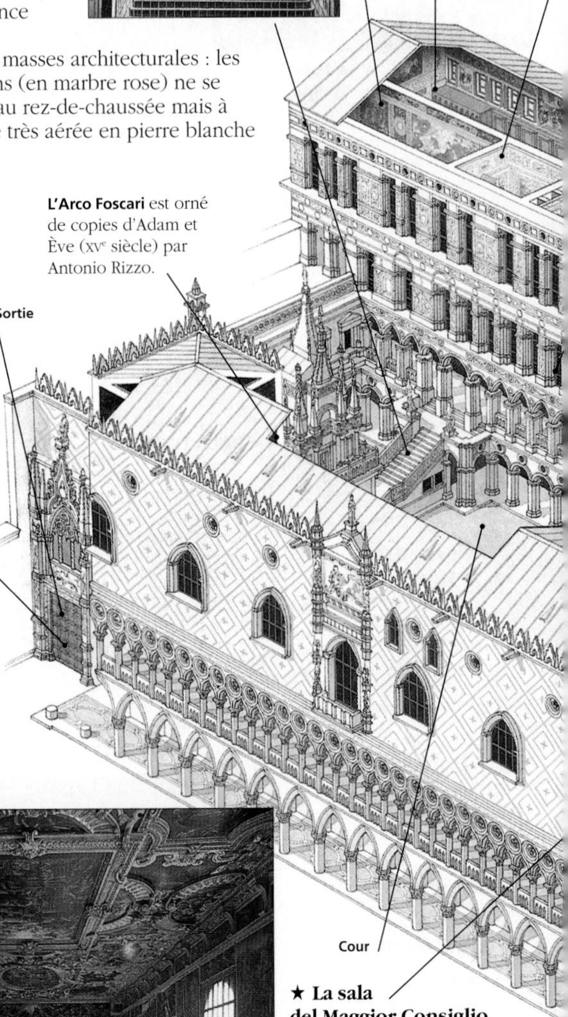

Sala del Senato
Sala del Collegio
Anticollegio
Sortie
Cour

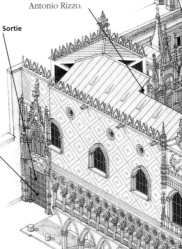

L'Arco Foscari est orné de copies d'Adam et Ève (XVᵉ siècle) par Antonio Rizzo.

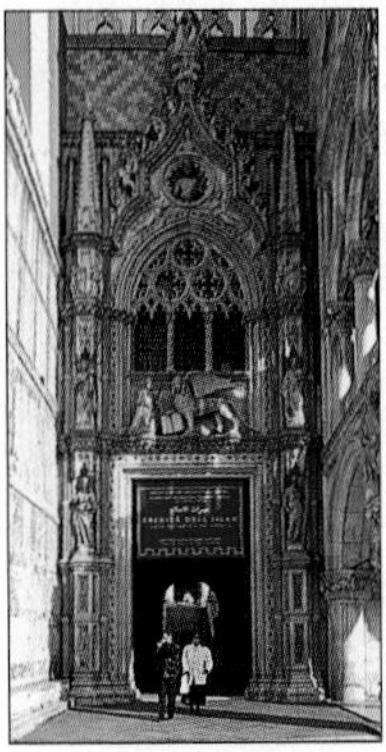

★ La Porta della Carta
Entrée principale du palais, cette porte gothique du XVᵉ siècle ouvre sur un passage voûté qui conduit à l'Arco Foscari et à la cour intérieure.

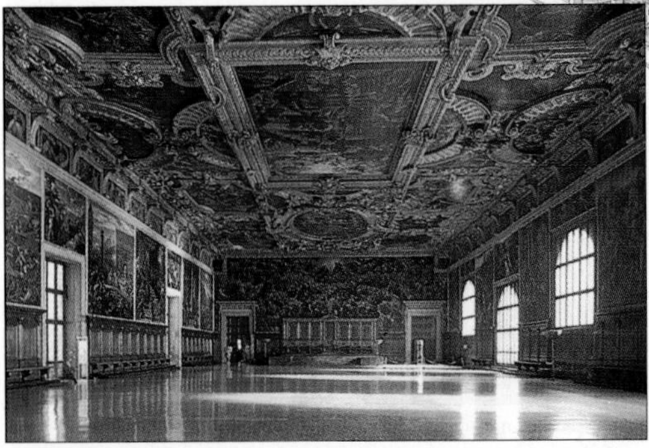

★ La sala del Maggior Consiglio
L'immense Paradis *(1590) du Tintoret occupe tout un mur de cette vaste salle où se réunissait le Grand Conseil de la République.*

Hébergements et restaurants de la région, voir p. 558-561 et 606-609

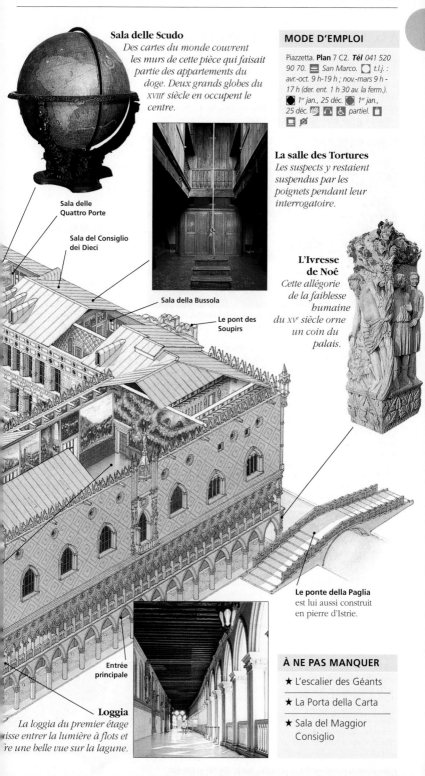

Sala delle Scudo
Des cartes du monde couvrent les murs de cette pièce qui faisait partie des appartements du doge. Deux grands globes du XVIIIᵉ siècle en occupent le centre.

Sala delle Quattro Porte

Sala del Consiglio dei Dieci

Sala della Bussola

Le pont des Soupirs

MODE D'EMPLOI

Piazzetta. **Plan** 7 C2. *Tél* 041 520 90 70. San Marco. t.l.j. : avr.-oct. 9 h-19 h ; nov.-mars 9 h - 17 h (der. ent. 1 h 30 av. la ferm.). 1ᵉʳ jan., 25 déc. 1ᵉʳ jan., 25 déc. partiel.

La salle des Tortures
Les suspects y restaient suspendus par les poignets pendant leur interrogatoire.

L'Ivresse de Noé
Cette allégorie de la faiblesse humaine du XVᵉ siècle orne un coin du palais.

Le ponte della Paglia est lui aussi construit en pierre d'Istrie.

Entrée principale

Loggia
La loggia du premier étage ...isse entrer la lumière à flots et ...re une belle vue sur la lagune.

À NE PAS MANQUER

★ L'escalier des Géants

★ La Porta della Carta

★ Sala del Maggior Consiglio

À la découverte du palais des Doges

À moins que vous puissiez accéder aux appartements du doge, ouverts uniquement pour des expositions temporaires, la visite commence au dernier étage et vous entraîne sur trois niveaux à travers salles richement décorées et salons d'apparat. Elle emprunte le pont des Soupirs pour rejoindre les prisons.

L'une des plus grandes toiles du monde : le *Paradis* du Tintoret et de son fils Domenico dans la sala del Maggior Consiglio

SCALA D'ORO ET COUR INTÉRIEURE

Depuis la Porta del Frumento, un passage voûté conduit à la cour du palais. La billetterie et l'entrée du palais se trouvent à gauche. En face, l'escalier des Géants (XVᵉ siècle) d'Antonio Rizzo s'élève jusqu'au palier où le nouveau doge coiffait la *zogia*, bonnet du pouvoir. La Scala d'Oro, dessinée par Jacopo Sansovino, doit son nom d'« escalier d'or » à son décor en stuc par Alessandro Vittoria (1554-1558). Elle mène aux étages supérieurs.

DE LA SALA DELLE QUATTRO PORTE À LA SALA DEL SENATO

Dessinée par Palladio, la seconde salle, la sala delle Quattro Porte, présente un plafond décoré de fresques par le Tintoret. Celui ci peignit aussi plusieurs des scènes mythologiques de la pièce suivante où s'admire, en face de la fenêtre, le superbe *Enlèvement d'Europe* (1580) de Véronèse. La visite conduit ensuite dans la sala del Collegio où travaillaient les 26 « sages »

du gouvernement de la République. Onze tableaux (1577) par Véronèse ornent son plafond à caissons. Dans le cadre somptueux composé par des peintures du Tintoret et de Palma le Jeune, la sala del Senato voisine accueillait les réunions des membres du Sénat (120 au XVIIᵉ siècle) chargé de décider de la politique étrangère.

DE LA SALA DEL CONSIGLIO DEI DIECI À L'ARMERIA

La sala del Consiglio dei Dieci était le lieu où travaillait le redouté Conseil des Dix fondé en 1310 et doté d'un pouvoir absolu en matière de sécurité de l'État. Deux belles œuvres de Véronèse ornent le plafond : *Vieil Oriental avec une jeune*

La Dialectique (vers 1577) par Véronèse dans la sala del Collegio

femme et *Junon offrant à Venise la coiffure de doge.* Dans la sala della Bussola, nommée d'après sa contre-porte à tambour, un coffre recevait les dénonciations jetées dans une *bocca di leone* (gueule de lion). Une porte en bois mène à la salle des Inquisiteurs et, de là, à la salle des Tortures et aux prisons. Les collections d'armes et d'armures de l'Armeria occupent les salles suivantes. Elles font partie des plus belles d'Europe.

SALA DEL MAGGIOR CONSIGLIO

La scala dei Censori descend au premier étage où se trouve, après la sala del Guarantio et les statues d'Adam et Ève (1470) par Antonio Rizzo, la sala del Maggior Consiglio, salle aux proportions monumentales où se réunissait le Grand Conseil de la Sérénissime République. Celui-ci comprenait au milieu du XVIᵉ siècle environ 2 000 membres. Tout Vénitien mâle de plus de 25 ans appartenant à une famille patricienne y siégeait de droit à moins d'avoir épousé une roturière. Long de

Bocca di leone ouverte aux dénonciations

près de 25 mètres, l'immense *Paradis* (1587-1590) que le Tintoret peignit aidé de son fils occupe le mur oriental. La visite prend ensuite un tour plus sombre, empruntant le pont des Soupirs pour rejoindre les geôles des Prigioni Nuove.

Hébergements et restaurants de la région, voir p. 558-561 et 606-609

Torre dell'Orologio ⑳

Piazza San Marco. **Plan** 7 B2. ▦ *San Marco*. ◉ *en restauration*.

Attribuée à Mauro Coducci, cette élégante tour Renaissance de la fin du XVᵉ siècle domine le nord de la piazza. Son cadran d'émail bleu et blanc indique les phases de la lune et les constellations du zodiaque. Selon la légende, les deux horlogers qui

Le cadran de la Torre dell'Orologio

mirent au point son mécanisme complexe eurent ensuite les yeux crevés pour les empêcher d'en créer une réplique.

Au sommet de la tour, deux géants de bronze sonnent les heures. Ils doivent à leur patine le surnom de *Mori* (Maures). Le jour de l'Ascension, leur sonnerie fait apparaître les Rois mages qui viennent se prosterner devant les statues de la Vierge et du Christ.

Campanile ㉑

Piazza San Marco. **Plan** 7 B2. *Tél 041 522 40 64*. ▦ *San Marco*. ◉ *nov.-mars : t.l.j. 9 h 30-16 h 15 ; avr.-oct. : t.l.j. 9 h-19 h (juil.-août : jusqu'à 21 h)*. ◉ *3 sem. en janv*. 🖼 🛗

Du haut du campanile, 80 m au-dessus de la piazza, les visiteurs découvrent un panorama sublime de la ville, de la lagune et, par temps très clair, des sommets des Alpes. C'est de là que Galilée fit essayer son télescope au doge Leonardo Donà en 1609. Il avait dû pour cela emprunter l'escalier. Il existe aujourd'hui un ascenseur.

La première tour élevée sur le site en 1173 servait de phare et guidait les marins vers la lagune. Elle joua un rôle moins charitable pendant le Moyen Âge quand les condamnés restaient exposés, parfois jusqu'à la mort, dans une cage suspendue près de son sommet.

L'édifice connut au XVIᵉ siècle une restauration par Bartolomeo Bon après un tremblement de terre, mais subsista sans autre dommage jusqu'en juillet 1902 où il s'effondra subitement sur la Logetta et le chat du gardien, la seule victime. Les dons affluèrent et la première pierre d'un nouveau campanile *dov'era e com'era* (« où il était et comme il était ») fut posée dès l'année suivante. L'inauguration eut lieu le 25 avril (jour de la Saint-Marc) 1912.

Museo Correr ㉒

Procuratie Nuove. Entrée dans Ala Napoleonica. **Plan** 7 B2. *Tél 041 240 52 11*. ▦ *San Marco*. ◯ *avr.-oct. : 9 h-19 h ; nov.-mars : 9 h-17 h. (dern. ent. 1 h av. la ferm.)*. ◉ *1ᵉʳ janv., 25 déc.* 🖼 *(inclut l'entrée à la Libreria Sansoviniana et au Museo Archeologico)* 🏛 📷 🚫

La vaste collection d'œuvres d'art léguée à la ville en 1830 par Teodoro Correr est à l'origine du musée qui porte son nom.

Les salles du premier étage offrent un cadre néo-classique approprié aux statues d'Andrea Canova (1757-1822). Consacrée à l'histoire de la République de Venise, l'exposition propose en outre cartes, monnaies, armes, médailles, souvenirs et documents divers.

Portrait d'homme au bonnet rouge par Carpaccio au Museo Correr

Le deuxième étage abrite une collection de peintures d'une richesse dépassée à Venise seulement par l'Accademia. Accrochés dans l'ordre chronologique, les tableaux permettent de suivre l'évolution de l'école vénitienne et de discerner les influences qu'eurent sur elle des artistes de Ferrare, de Padoue et des Flandres.

Parmi les chefs-d'œuvre les plus célèbres figurent le *Portrait d'homme au bonnet rouge* (vers 1490) et *Les Courtisanes* (vers 1507) de Vittore Carpaccio.

Au même niveau, le museo del Risorgimento aborde au travers de documents variés les aspects de l'histoire de la ville liés à l'unification italienne en 1866.

Le plafond en triple carène de Santo Stefano

Santo Stefano ㉓

Campo Santo Stefano. **Plan** 6 F2. *Tél 041 275 04 62*. ▦ *Accademia or Sant'Angelo*. ◯ *lun.-sam. 10 h -17 h.* ◉ *1ᵉʳ janv., 25 déc.* 🖼 🏛 🚫

Désaffectée six fois à cause des violences qui s'y déroulèrent, la charmante, et aujourd'hui sereine, église gothique Santo Stefano, entreprise en 1294 et remaniée au XVᵉ siècle, possède un portail sculpté par Bartolomeo Bon, un campanile à l'inclinaison typiquement vénitienne et une superbe voûte en triple carène. La sacristie abrite trois peintures du Tintoret et un *Baptême du Christ* par Paris Bordone.

Santi Giovanni e Paolo ㉔

Élevée par les dominicains de 1240 à 1430, Santi Giovanni e Paolo, plus connue sous le diminutif de San Zanipolo, rivalise avec les Frari *(p. 98-99)* pour le titre de plus grande église gothique de Venise. Véritable Panthéon de la Sérénissime République, elle abrite dans un cadre austère les tombeaux de 25 doges. Certains sont de remarquables œuvres d'art exécutées par des sculpteurs de premier plan, notamment des membres de la famille Lombardo.

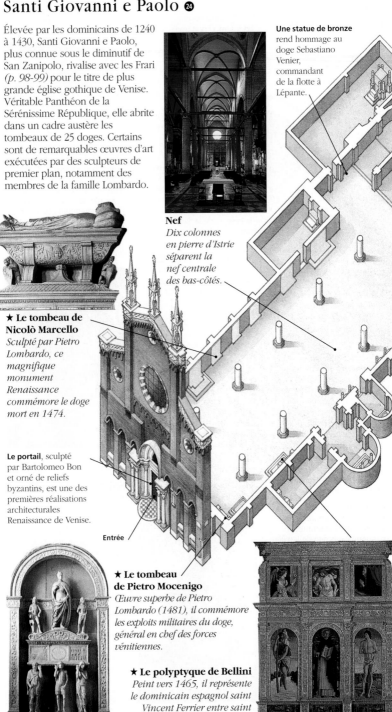

Une statue de bronze rend hommage au doge Sebastiano Venier, commandant de la flotte à Lépante.

Nef
Dix colonnes en pierre d'Istrie séparent la nef centrale des bas-côtés.

★ **Le tombeau de Nicolò Marcello**
Sculpté par Pietro Lombardo, ce magnifique monument Renaissance commémore le doge mort en 1474.

Le portail, sculpté par Bartolomeo Bon et orné de reliefs byzantins, est une des premières réalisations architecturales Renaissance de Venise.

Entrée

★ **Le tombeau de Pietro Mocenigo**
Œuvre superbe de Pietro Lombardo (1481), il commémore les exploits militaires du doge, général en chef des forces vénitiennes.

★ **Le polyptyque de Bellini**
Peint vers 1465, il représente le dominicain espagnol saint Vincent Ferrier entre saint Sébastien et saint Christophe.

MODE D'EMPLOI

Campo Santi Giovanni e Paolo
(also signposted San Zanipolo).
Plan 3 C5. **Tél** 041 523 75 10.
Fondamente Nuove ou Ospedale
Civile. ☐ lun.-sam. 9 h 15-18 h,
dim. 13 h-18 h. ● dim. mat.
durant l'office.

Le maître-autel baroque, entrepris en 1619, est attribué à Baldassare Longhena.

Statues du xvie **siècle par Vittoria**

Fresques du xvie **siècle attribuées à Palma le Jeune**

★ **Le tombeau d'Andrea Vendramin**
Ce chef-d'œuvre des Lombardo prend la forme d'un arc de triomphe.

MODE D'EMPLOI

★ Les tombeaux des Doges

★ Le polyptyque de Bellini

La statue de Colleoni ㉕

Campo Santi Giovanni e Paolo.
Plan 3 C5. Ospedale Civile.

Célèbre condottiere qui mena souvent campagne pour Venise à la tête de ses mercenaires, Bartolomeo Colleoni légua en 1475 son immense fortune à la République à condition que sa statue se dresse « devant Saint-Marc ». L'État vénitien ne pouvait à l'époque refuser une telle manne, mais même l'effigie de l'évangéliste dont elle porte le nom ne se dresse pas sur la piazza San Marco. Pour sauver les apparences, on installa donc Colleoni devant la scuola di San Marco. Sculptée par le Florentin Andrea Verrocchio et fondue après sa mort par Alessandro Leopardi, sa statue équestre (1481-1488) n'en est pas moins un chef-d'œuvre de la Renaissance.

Santa Maria Formosa ㉖

Campo Santa Maria Formosa.
Plan 7 C1. **Tél** 041 275 04 62.
Rialto. ☐ lun. -sam. 10 h-17 h.
● 1er janv., 25 déc.

Dessinée par Mauro Coducci en 1492, cette église a deux façades principales, l'une sur la place, l'autre sur le canal. Le campanile date de 1688. À l'intérieur, deux tableaux ressortent de l'ensemble : le triptyque de la *Vierge* (1473) de Bartolomeo Vivarini et le polyptyque peint par Palma le Vieux vers 1510 en l'honneur de sainte Barbe, patronne des artilleurs.

San Zaccaria ㉗

Campo San Zaccaria. **Plan** 8 D2.
Tél 041 522 12 57. San Zaccaria.
☐ lun.-sam. 10 h-12 h, 16 h-18 h ;
dim. et jours fériés 16 h-18 h.
chapelles et crypte.

Dominant une place tranquille à un jet de pierre de la riva degli Schiavoni, cette église fondée au IXe siècle allie avec bonheur le style gothique et le classicisme de

Sainte Barbe (v. 1510) par Palma le Vieux à Santa Maria Formosa

la Renaissance, notamment sur la façade commencée au XVe siècle par Antonio Gambello et achevée après sa mort en 1481 par Mauro Coducci.

De grandes peintures décorent l'intérieur, dont une *Vierge à l'Enfant entourée de saints* (1505) de Giovanni Bellini. Ce tableau serein et richement coloré est une de ses plus belles œuvres. Dans le bas-côté droit, une porte donne sur la cappella di San Anastasio qu'il faut traverser pour atteindre la cappella di San Tarasio. Le Florentin Andrea del Castagno peignit en 1442 les fresques de sa voûte. Trois magnifiques polyptyques (1443-1444) d'Antonio Vivarini et Giovanni d'Alemagna ornent le chœur.

Panneau Renaissance par Coducci sur la façade de San Zaccaria

Scuola di San Giorgio degli Schiavoni ㉘

Calle Furlani. **Plan** 8 E1. **Tél** *041 522 88 28.* 🚊 *San Zaccaria.* ◯ *mar.-sam. et dim. mat. : avr.-oct. 9 h 30 - 12 h 30, 15 h 30-18 h 30 ; nov.-mars : 10 h-12 h 30, 15 h-18 h.* ● *1er janv., 1er mai, 25 déc., fêtes religieuses.* 🈸 🚫

Venise a très tôt accueilli une communauté de Dalmates, ou *Schiavoni* (Esclavons), originaires de la côte orientale de l'Adriatique. Celle-ci fit édifier en 1451 cette *scuola* pour y établir sa confrérie d'entraide. Il est surtout célèbre par les tableaux de Vittore Carpaccio qu'il abrite. Exécutés entre 1502 et 1508, ils offrent, au travers d'épisodes des vies de saint Georges, saint Tryphon et saint Jérôme, un portrait minutieux et superbe de la vie à Venise à la Renaissance. Parmi les plus beaux figurent *Saint Georges terrassant le dragon*, *Saint Jérôme et le Lion* et *La Vision de saint Jérôme*.

San Giovanni in Bragora ㉙

Campo Bandiera e Moro. **Plan** 8 E2. **Tél** *041 296 06 30.* 🚊 *Arsenale.* ◯ *lun.-sam. 9 h-11 h, 15 h 30 -17 h 30.* 🚫

Entreprise en 1475, cette église essentiellement gothique offre un cadre intime à de belles peintures illustrant le passage de l'art du Moyen Âge à celui de la Renaissance. Retable incontestablement gothique,

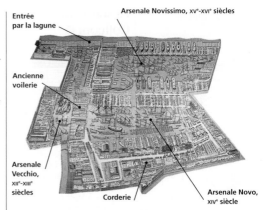

une *Vierge à l'Enfant entourée de saints* (1478) de Bartolomeo Vivarini contraste ainsi avec le grand *Baptême de Jésus* (1492-1495) de Cima da Conegliano qui orne le maître-autel.

L'Arsenal ㉚

Plan 8 F1. 🚊 *Arsenale.* **Museo Storico Navale** Campo San Biagio. **Plan** 8 F3. **Tél** *041 520 02 76.* ◯ *lun.-ven. 8 h 45-13 h 30 (13 h sam.).* ● *jours fériés.* 🈸

Fondé au XIIe siècle, l'Arsenal était devenu au XVIe siècle le plus grand chantier naval du monde, capable, disait-on, de fabriquer une galère par jour. Cerné de remparts de briques crénelés, dont Antonio Gambello exécuta en 1460 le portail principal gardé depuis 1687 par des lions de pierre rapportés du Pirée, il formait une véritable ville à l'intérieur de la cité et reste un endroit secret bien qu'en grande partie

déserté. Prendre un *vaporetto* de la ligne 52 permet cependant de découvrir les bâtiments et les quais de l'Arsenale Vecchio.

Sur le campo San Biagio, le **Museo Storico Navale** retrace l'histoire de la marine vénitienne au travers de nombreux documents, armes et maquettes. Ne pas manquer les vestiges du *Bucentaure*, l'ancien navire de cérémonie des doges.

San Giorgio Maggiore ㉛

Plan 8 D4. **Tél** *041 522 78 27.* 🚊 *San Giorgio.* **Church & Campanile** ◯ *t.l.j. 9 h 30-12 h 30, 14 h 30-17 h (plus tard en été).* 🈸 *Campanile.* 🚫 **Fondazione Cini Tél** *041 524 01 19.* ◯ *lun.-ven. sur r.-v., sam.-dim. 10 h-16 h.* 🈸

L'image offerte par la petite île de San Giorgio Maggiore en face de la Piazzetta

L'Arsenal (diagramme)

Arsenale Novissimo, XVe-XVIe siècles

Entrée par la lagune

Ancienne voilerie

Arsenale Vecchio, XIIe-XIIIe siècles

Corderie

Arsenale Novo, XIVe siècle

L'Arsenal d'après une gravure du XVIIIe siècle

Saint Georges terrassant le dragon **(1502-1508) par Carpaccio à la Scuola di San Giorgio degli Schiavoni**

Hébergements et restaurants de la région, voir p. 558-561 et 606-609

ressemble à un décor de théâtre. Reconstruite en 1565 par Andrea Palladio, l'église est une de ses plus belles œuvres, Scamozzi ayant su respecter son style en exécutant la façade. L'équilibre des proportions intérieures du sanctuaire se retrouve dans l'église d'Il Redentore que Palladio éleva à partir de 1577 sur l'île de la Giudecca voisine.

Le chevet à colonnades de la basilica dei Santi Maria e Donato de Murano

Deux peintures (1594) du Tintoret ornent le chœur de San Giorgio Maggiore : la *Cène* et la *Manne dans le Désert*. Son dernier tableau, une *Déposition* achevée par son fils Domenico, orne la cappella dei Morti.

Le sommet du campanile offre une vue splendide de la ville et de la lagune. En baissant les yeux, vous découvrirez les cloîtres qui appartiennent désormais à la **Fondazione Cini**, centre culturel qui organise des expositions internationales d'art.

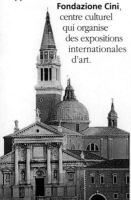

San Giorgio Maggiore par Palladio

Murano ❷

🚤 LN, 41 et 42 de Fondamente Nuove, DM de Ferrovia et Piazzale Roma.

Comme Venise, Murano s'étale sur une myriade d'îlots reliés par des ponts. le bourg est devenu un grand centre de la verrerie en 1291 quand il fut décidé que cette industrie créait trop de risques d'incendie à l'intérieur de la cité des Doges. Les meilleures manufactures y proposent toujours des pièces d'une grande qualité.

🏛 Museo Vetrario
Palazzo Giustinian, Fondamenta Giustinian. **Tél** 041 73 95 86. ⬜ jeu.-mar. 10 h-17 h (16 h nov.-mars). ⬛ 1er janv., 1er mai, 25 déc. 🈳 📷

Murano devint la capitale européenne de la verrerie aux XVe et XVIe siècles et cet artisanat continue d'y attirer de nombreux touristes. Installé dans le palazzo Giustinian, le Museo Vetrario présente une belle collection de pièces anciennes dont la coupe de mariage soufflée par Angelo Barovier au XVe siècle constitue le joyau.

🔒 Basilica dei Santi Maria e Donato
Fondamenta Giustinian. **Tél** 041 73 90 56. ⬜ t.l.j. 8 h-12 h, 16 h-18 h. ⬛ dim. mat. 🈲
Restaurée au XIXe siècle, la basilica dei Santi Maria e Donato, bâtie au XIIe siècle dans le style véneto-byzantin, a gardé toute sa grâce, notamment au chevet formé d'une abside à colonnades. À l'intérieur, un pavement en mosaïque exécuté en 1140 présente un superbe décor associant poissons, oiseaux, créatures fantastiques et motifs géométriques.

Burano ❸

🚤 LN de Fondamente Nuove ou de San Zaccaria via Lido et Punta Sabbioni.

Dans une partie isolée du nord de la lagune, Burano se reconnaît de loin au clocher penché de son église. Très peuplée, contrairement à Torcello, et célèbre par les maisons peintes de couleurs vives qui se mirent dans ses canaux, c'est la plus animée des îles proches de Venise.

L'artère principale, la via Baldassare Galuppi, porte le nom du compositeur né à Burano en 1705. Échoppes de dentelles et trattorie servant du poisson frais la bordent.

🏛 Scuola dei Merletti
Piazza Baldassare Galuppi. **Tél** 041 73 00 34. ⬜ mer.-lun. : avr-oct. 10 h-17 h (16 h nov.-mars). ⬛ 1er janv., 1er mai, 25 déc. 🈳
Traditionnellement, les habitants de Burano vivent de la pêche et de la dentelle, mais si l'on voit toujours sur l'île des pêcheurs réparant leur bateau ou leurs filets, les dentellières y sont devenues rares, sauf dans l'école des dentellières, la scuola dei Merletti, où l'on peut les regarder travailler. Fondée en 1872 pour relancer une production de qualité et sauver le délicat et réputé *punto di aria* (littéralement : le point fait d'air) dont le secret allait se perdre, cette institution comprend un musée.
La dentelle de Burano demande un tel travail qu'elle est devenue un luxe dispendieux.

Verrerie vénitienne

Une rue haute en couleurs à Burano

Torcello 🜂

Habitée dès le vᵉ siècle, l'île de Torcello possède le plus vieil édifice de la lagune : la cathédrale Santa Maria dell'Assunta fondée en 639 et ornée de superbes mosaïques anciennes. De pur style byzantin, l'église attenante de Santa Fosca témoigne elle aussi de l'importance passée d'une île qui eut jusqu'à 20 000 habitants avant que Venise ne l'éclipse. Elle n'en compte plus aujourd'hui qu'une soixantaine.

★ La mosaïque de l'abside
Vierge à l'Enfant (XIIIᵉ siècle) sur fond d'or, c'est l'une des plus émouvantes de la lagune.

★ La mosaïque du Jugement dernier
Du XIIᵉ siècle, elle couvre le mur ouest de la cathédrale.

Chaire
La cathédrale date de 1008 mais contient des éléments plus anciens. La chaire incorpore des fragments du VIIᵉ siècle.

Le sarcophage romain sous l'autel contiendrait les reliques de saint Héliodore.

★ L'iconostase
Paons, lions et fleurs ornent les délicats panneaux de marbre byzantins du jubé.

Colonne de la nef
Dix-huit colonnes aux chapiteaux sculptés datant du XIᵉ siècle séparent les trois nefs.

MODE D'EMPLOI

LN de Fondamente Nuove puis T de Burano **Santa Maria et Campanile** *Tél* 041 296 06 30. *t.l.j. ; mars-oct. : 10 h 30-18 h ; nov.-fév. : 10 h-17 h.* cathédrale seul. campanile seul. **Santa Fosca** pendant les offices. **Museo dell'Estuario** *Tél* 041 73 07 61. mar.-dim. : mars-oct. 10 h 30- 17 h 30 ; nov.-fév. 10 h-17 h. jours fériés.

Les derniers canaux de Torcello
L'envasement de ses voies navigables et la malaria ont hâté le déclin de l'île. L'un de ses derniers canaux relie l'arrêt du vaporetto à la basilique.

L'autel, reconstruit en 1939, est dominé par un relief du XVe siècle représentant sainte Fosca endormie.

La calotte centrale repose sur des colonnes de marbre grec aux chapiteaux corinthiens.

Santa Fosca
Bâtie aux XIe et XIIe siècles sur un plan en croix grecque, elle a conservé à l'intérieur son austérité byzantine.

Le portique qui entoure Santa Fosca sur cinq côtés date probablement du XIIe siècle.

Vers l'arrêt du vaporetto

Le museo dell'Estuario présente de nombreux vestiges de l'ancienne église.

À NE PAS MANQUER

★ La mosaïque de l'abside

★ La mosaïque du Jugement dernier

★ L'iconostase

Trône d'Attila
Ce siège de marbre aurait servi au Ve siècle au roi des Huns.

Shopping à Venise

Les vitrines de magasin qui bordent les rues étroites de Venise attirent irrésistiblement les passants. Une myriade de marques à la mode est disponible dans de grands magasins ultramodernes et flambant neuf, mais la cité témoigne par ailleurs d'une forte tradition artisanale. De minuscules ateliers ouverts au public créent de ravissants objets en verre, bois, cuir et papier mâché. Des mains habiles transforment des tiges de verre coloré en animaux miniatures et fleurs délicates, tandis que des moules en plâtre produisent des formes qui deviendront des masques d'ornement. Les magasins de décoration intérieure sont nombreux, proposant également ustensiles de cuisine rutilants et étoffes.

OÙ FAIRE LES BOUTIQUES ?

L'éclatante rue des Mercerie est l'artère commerçante principale de Venise depuis le Moyen Âge, près de l'avenue à la mode Calle Larga XXII Marzo. La Frezzeria est parsemée de boutiques surprenantes, alors que sur l'autre rive du Grand Canal, les rues étroites qui partent du Rialto et se prolongent jusqu'à Campo San Polo, sont bordées de magasins plus abordables. La Lista di Spagna, proche de la gare, et la Strada Nova, qui s'étire jusqu'au Rialto, pourvoient aux besoins quotidiens des habitants. Sur les îles de Murano et Burano, vous pourrez acheter du verre traditionnel et de la dentelle.

ALIMENTATION ET MARCHÉS

Les étals de fruits et légumes s'étendent à l'ouest du pont du Rialto et le long du Grand Canal. La Pescheria, ou marché aux poissons, occupe l'extrémité la plus lointaine. Les rues voisines regorgent d'épiceries fines. Le vin, l'huile d'olive, le vinaigre et la grappa dans des bouteilles décoratives, ainsi que les pâtes séchées constituent de bonnes idées de cadeaux. Le fromager **Aliani** offre de nombreux aliments pour pique-nique qui mettent l'eau à la bouche, alors que la **Drogheria Mascari** propose une sélection raffinée de fruits séchés, cafés et alcools. **Rizzo**, de l'autre côté du pont, est un maître fabricant de pâtes.

VERRE

L'île de Murano est l'endroit idéal pour observer le soufflage expert du verre. Si vous vous intéressez aux créations en verre contemporaines, sur la place Saint-Marc, la salle d'exposition de **Venini** propose d'étonnants plats et d'immenses vases, et **L'Isola**, des verres de Carlo Moretti aux couleurs variées. L'art des perles est florissant grâce aux colliers des sœurs Marina e **Susanna Sent**. Chez **Parle e Dintorni**, les clients peuvent faire leur choix parmi une collection impressionnante de perles et créer leurs propres colliers.

HABILLEMENT ET ACCESSOIRES

Promod, près de San Marco, propose des vêtements à la mode à des prix raisonnables. Tout près, on trouve le grand magasin de **Benetton**, tandis qu'en face **Max Mara** propose des vêtements pour femme sans pareil. D'autres grands noms de la mode – **Emporio Armani**, **Laura Biagiotti**, **Missoni** et **Gucci** – possèdent aussi des boutiques autour de la Piazza San Marco. En quittant San Lio, on peut reconnaître **Giovanna Zanella** à ses chaussures et sandales étranges, fabriquées sur son banc de cordonnier.

MASQUES ET COSTUMES

Avec ses dessins saisissants, le **Laboratorio Artigiano Maschere** a relancé la fabrication traditionnelle de masques. Près de Campo San Polo, **Tragicomica** vend des masques et des costumes, ainsi que des personnages de la Commedia dell'Arte. Vous pourrez également vous en procurer chez **Leon d'Oro**, qui fabrique par ailleurs des marionnettes. À l'extrémité de Calle Larga XXII Marzo se trouve **La Ricerca**, une vitrine pour les remarquables masques en cuir des frères De Marchi. Dorsoduro possède également plusieurs ateliers exceptionnels : **Mondonovo**, juste à la sortie de Campo Santa Margherita, détient une merveilleuse collection de masques.

BIJOUX

Nardi, situé dans les arcades de la Piazza San Marco, est, entre autres, le créateur d'une splendide broche ornée d'une tête de Maure. Non loin de là, on peut découvrir les locaux étincelants de **Bulgari** ; **Cartier**, avec sa superbe collection de montres, s'est installé près de la Mercerie. Les boutiques situées sur le pont du Rialto vendent des objets moins coûteux : bracelets et chaînes, dont le prix est fonction de leur poids en or. De l'autre côté du pont, sous les arcades de l'ancien quartier des orfèvres, s'est installé **Attombri**, jeune créateur qui fabrique de curieux colliers.

ÉTOFFES ET DÉCORATION INTÉRIEURE

Venise est réputée pour ses soies et velours, ainsi que ses somptueux brocarts, dont beaucoup sont encore vendus à **Trois**, près du Gritti Palace Hotel. Sur le Grand Canal, à Sant'Angelo, **Rubelli** est le paradis des étoffes. Chez **TSL**, qui possède plusieurs magasins dans la ville, on trouve du linge de maison plus classique, mais de bonne qualité, ainsi que des accessoires de salle de bains aux couleurs vives. Pour trouver des articles de cuisine originaux, **Epicentro** est incontournable. Pour les lampes et appareils d'éclairage modernes, rendez-vous chez **Crovato**, dissimulé dans une rue arrière de Castello.

LIVRES ET CADEAUX

Au Giardinetti Reali, sur le front de mer de San Marco, le **Venice Pavilion Bookshop**, annexe de l'office du tourisme, possède une importante collection de livres sur la ville. La toute proche **Libreria Mondadori**, flambant neuf,

propose des livres en anglais, tandis que le **Rivoaltus**, sur le pont du Rialto, présente des ouvrages reliés à la main. **Alberto Valese-Ebru** utilise une technique de marbrage unique pour travailler aussi bien les tissus que le papier. À proximité, **Paolo Olbi** offre un large choix de papiers et de

livres d'art. Sur l'autre rive du Grand Canal, à San Tomà, **Daniela Porto** possède des cartes et cadres imprimés à l'ancienne, qui constituent des cadeaux parfaits ; **Signor Blum**, à Campo San Barnaba, propose de charmants objets et jouets en bois sculptés peints à la main.

ADRESSES

ALIMENTATION ET MARCHÉS

Aliani (Casa del Parmigiano)
Erberia Rialto, San Polo 214/5. **Plan** 3 A5.
Tél 041 520 6525.

Drogheria Mascari
Ruga Rialto, Calle dei Spezeri, San Polo 381.
Plan 3 A5.
Tél 041 522 9762.

Rizzo
Salizzada S. Giovanni Grisostomo, Cannaregio 5778.
Plan 3 B5.
Tél 041 522 2824.

VERRE

L'Isola – Carlo Moretti
Campo San Moisè, San Marco 1468.
Plan 7 A3.
Tél 041 523 1973.

Marina e Susanna Sent
Campo S. Vio Dorsoduro 669. **Plan** 6 F4.
Tél 041 520 8136.

Perle e Dintorni
Calle della Mandola, San Marco 3740.
Plan 6 F2.
Tél 041 520 5068.

Venini
Piazzetta dei Leoncini, San Marco 314.
Plan 7 B2.
Tél 041 522 4045.

HABILLEMENT ET ACCESSOIRES

Benetton
Via II Aprile, San Marco 5051. **Plan** 7 B2.
Tél 041 296 0493.

Emporio Armani
Calle dei Fabbri, San Marco 989.
Plan 7 B2.
Tél 041 523 7808.

Giovanna Zanella
Calle Carminati, Castello 5641. **Plan** 7 B1.
Tél 041 523 5500.

Gucci
Calle Larga XXII Marzo, San Marco 2102.
Plan 7 A3.
Tél 041 241 3968.

Laura Biagiotti
Calle Larga XXII Marzo, San Marco 2400-2401.
Plan 7 A3.
Tél 041 520 3401.

Max Mara
Campo San Salvador, San Marco 5033. **Plan** 7 A1.
Tél 041 522 6688.

Missoni
Calle Vallaresso, San Marco 1312. **Plan** 7 B3.
Tél 041 520 5733.

Promod
Campo S. Bartolomeo, San Marco 5377. **Plan** 7 B1.
Tél 041 241 0668.

MASQUES ET COSTUMES

Laboratorio Artigiano Maschere
Barbaria delle Tole, Castello 6657. **Plan** 4 D5.
Tél 041 522 3110.

Leon d'Oro
Frezzeria, San Marco 1770.
Plan 7 A2.
Tél 041 520 3375.

Mondonovo
Rio Terrà Canal, Dorsoduro 3063. **Plan** 6 D3.
Tél 041 528 7344.

La Ricerca
Ponte delle Ostreghe, San Marco 2431.
Plan 7 A3.
Tél 041 522 8250.

Tragicomica
Calle dei Nomboli, San Polo 2800.
Plan 6 F1.
Tél 041 721 102.

BIJOUX

Attombri
Sottoportego degli Orefici, San Polo 74.
Plan 3 A5.
Tél 041 521 2524.

Bulgari
Calle Larga XXII Marzo, San Marco 2282.
Plan 7 A3.
Tél 041 241 0553.

Cartier
Mercerie San Zulian, San Marco 606.
Plan 7 B2.
Tél 041 522 2071.

Nardi
Procuratie Nuove, Piazza San Marco, San Marco 69/71. **Plan** 7 B2.
Tél 041 522 5733.

ÉTOFFES ET DÉCORATION INTÉRIEURE

Crovato
Ruga Giuffa, Castello 4920. **Plan** 7 C1.
Tél 041 522 5131.

Epicentro
Calle dei Fabbri, San Marco 932. **Plan** 7 B2.
Tél 041 522 6864.

Rubelli
Campiello del Teatro, San Marco 3877.
Plan 6 F2.
Tél 041 523 6110.

Trois
Campo San Maurizio, San Marco 2666.
Plan 6 F3.
Tél 041 522 2905.

TSL Tessile San Leonardo
Rio Terrà San Leonardo, Cannaregio 1318.
Plan 2 D3.
Tél 041 718 524.

LIVRES ET CADEAUX

Alberto Valese-Ebru
Campiello Santo Stefano, San Marco 3471.
Plan 6 F3.
Tél 041 523 8830.

Daniela Porto
Rio Terrà dei Nomboli, San Polo 2753. **Plan** 6 E1.
Tél 041 523 1368.

Libreria Mondadori
Salizzada San Moisè, San Marco 1345. **Plan** 7 A3.
Tél 041 522 2193.

Paolo Olbi
Calle della Mandola, San Marco 3653. **Plan** 6 F2.
Tél 041 528 5025.

Rivoaltus
Ponte di Rialto, San Polo 11. **Plan** 7 A1.
Tél 041 524 6195.

Signor Blum
Campo San Barnaba, Dorsoduro 2840.
Plan 6 D3.
Tél 041 522 6367.

Venice Pavilion Bookshop
Palazzetto Selva, Giardinetti Reali, San Marco 2. **Plan** 7 B3.
Tél 041 522 5150.

ATLAS DES RUES

Les articles de ce guide décrivant monuments, restaurants et hôtels de Venise comportent des références cartographiques qui renvoient aux plans de cet atlas. Le premier chiffre de chaque référence indique le numéro du plan, la lettre et le deuxième chiffre situent le lieu sur le quadrillage du plan. Nous avons utilisé dans ce guide l'orthographe italienne courante, mais vous vous apercevrez que de nombreux panneaux portent en ville des noms en dialecte vénitien. La différence peut être grande, comme dans le cas de l'église Santi Giovanni e Paolo *(plan 3)* souvent désignée sous le nom de San Zanipolo, mais reste le plus souvent minime comme par exemple entre *Sotoportico* et *Sotoportego (voir ci-dessous)*. En pages 130-131, une carte indique les lignes de *vaporetti*.

DÉCHIFFRER LES PANNEAUX

Vous vous familiariserez facilement avec les panneaux signalant une rue *(calle)*, un canal *(rio)* et une place *(campo)*, mais les Vénitiens emploient un vocabulaire très précis pour désigner toutes les formes d'artères et de voies qui composent leur cité.

FONDAMENTA S.SEVERO

La fondamenta est une rue qui longe un canal et en porte souvent le nom.

RIO TERRA GESUATI

Le rio terrà est un canal comblé. Ancien bassin, la *piscina* forme souvent une place.

SOTOPORTEGO E PONTE S.CRISTOFORO

Sotoportico ou sotoportego désigne un passage couvert.

SALIZADA PIO X

La salizada est une rue principale (jadis une rue pavée).

RIVA DEI PARTIGIANI

La riva est une large *fondamenta*, souvent face à la lagune.

RUGAGIUFFA

La ruga est une rue commerçante.

CORTE DEI DO POZZI

Corte signifie cour.

RIO MENUO O DE LA VERONA

Rues et canaux portant plusieurs noms ne sont pas rares : o signifie « ou ».

Cannare

Grande

Canal

Santa Croce

Dorsoduro

Giudecca

1

5

C

0   500 m

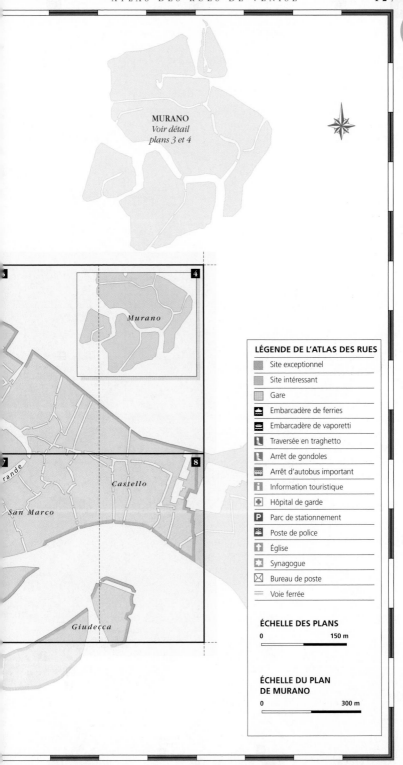

MURANO
*Voir détail
plans 3 et 4*

Murano

rande

San Marco

Castello

Giudecca

LÉGENDE DE L'ATLAS DES RUES

	Site exceptionnel
	Site intéressant
	Gare
	Embarcadère de ferries
	Embarcadère de vaporetti
	Traversée en traghetto
	Arrêt de gondoles
	Arrêt d'autobus important
	Information touristique
	Hôpital de garde
P	Parc de stationnement
	Poste de police
	Église
	Synagogue
⊠	Bureau de poste
=	Voie ferrée

ÉCHELLE DES PLANS

0   150 m

ÉCHELLE DU PLAN
DE MURANO

0   300 m

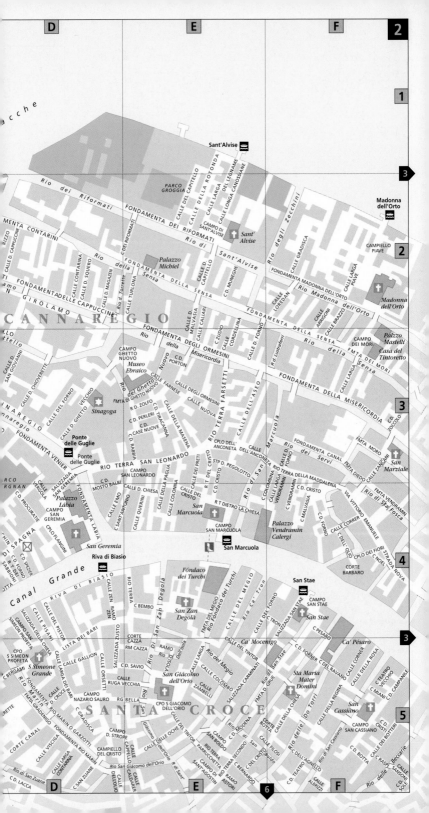

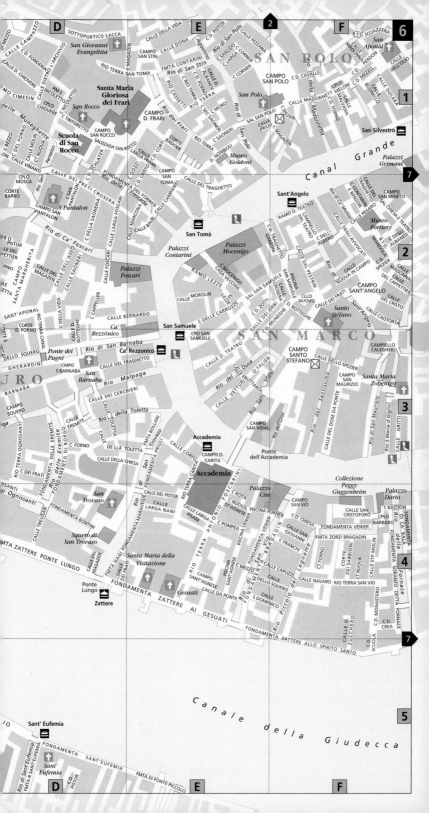

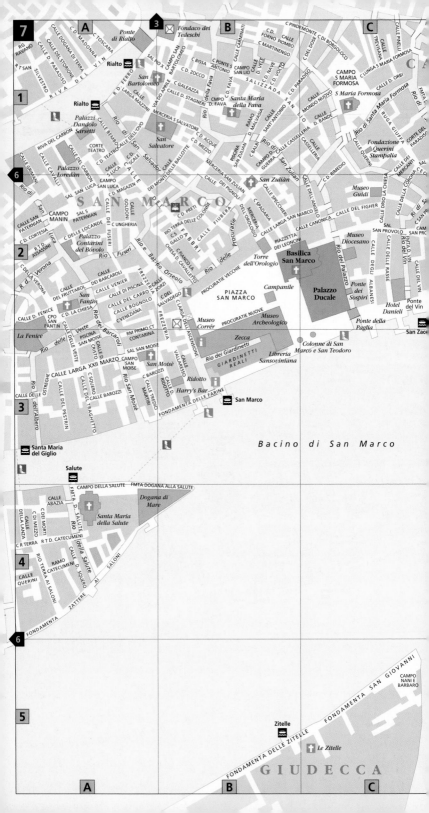

Venise en vaporetto

LIAISONS ENTRE LES ÎLES DE LA LAGUNE

Torcello

Mazzorbo

Burano

Treporti

Sant' Erasmo

Vignole

Punta Sabbioni

Voir carte principale

Laguna Veneta

Santa Maria Elisabetta (Lido)

Casino

MARE ADRIATICO

Les lignes de vaporetti

*Le réseau ACTV assure un service régu
autour de la ville et vers la plupart des
îles. Certaines lignes forment une bou
d'autres sont rallongées entre juin et
septembre. Pour plus de détails, consu
les pages 682-683.*

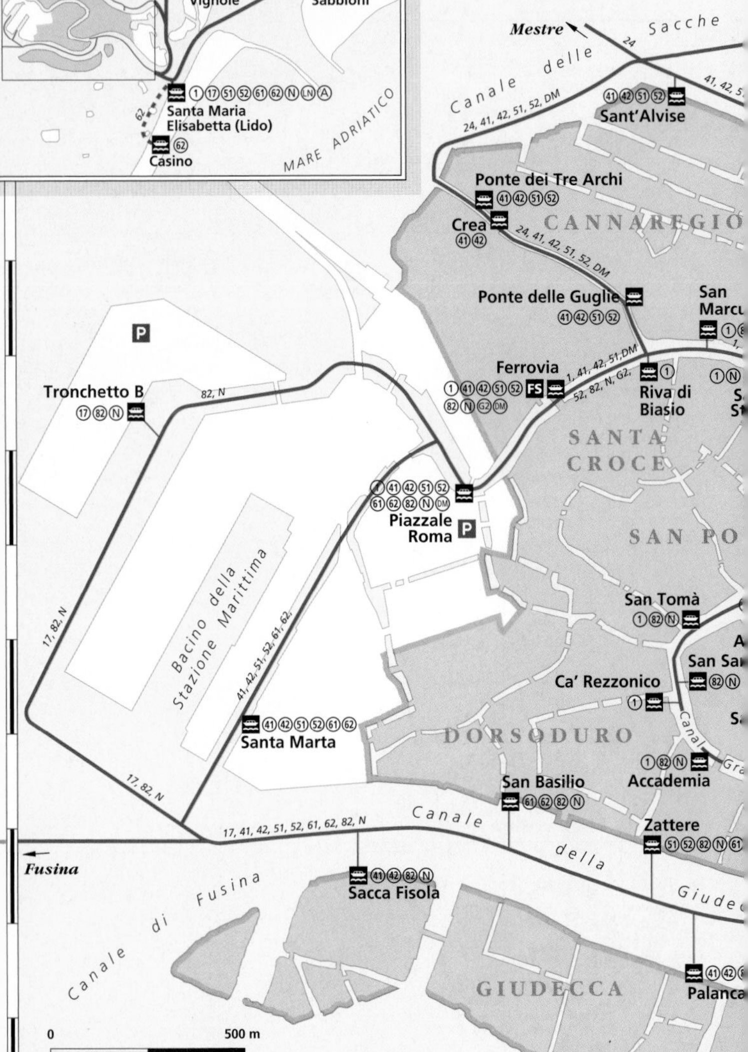

Mestre

Sacche

Canale delle

Sant'Alvise

Ponte dei Tre Archi

Crea

CANNAREGIO

San Marcu

Ponte delle Guglie

Ferrovia

FS

Riva di Biasio

S. St

SANTA CROCE

Tronchetto B

SAN PO

Piazzale Roma

San Tomà

A

San Sa

Ca' Rezzonico

S.

Bacino della Stazione Marittima

DORSODURO

Accademia

Santa Marta

San Basilio

Zattere

Fusina

Canale della

Canale di Fusina

Sacca Fisola

Giude

GIUDECCA

Palanca

0   500 m

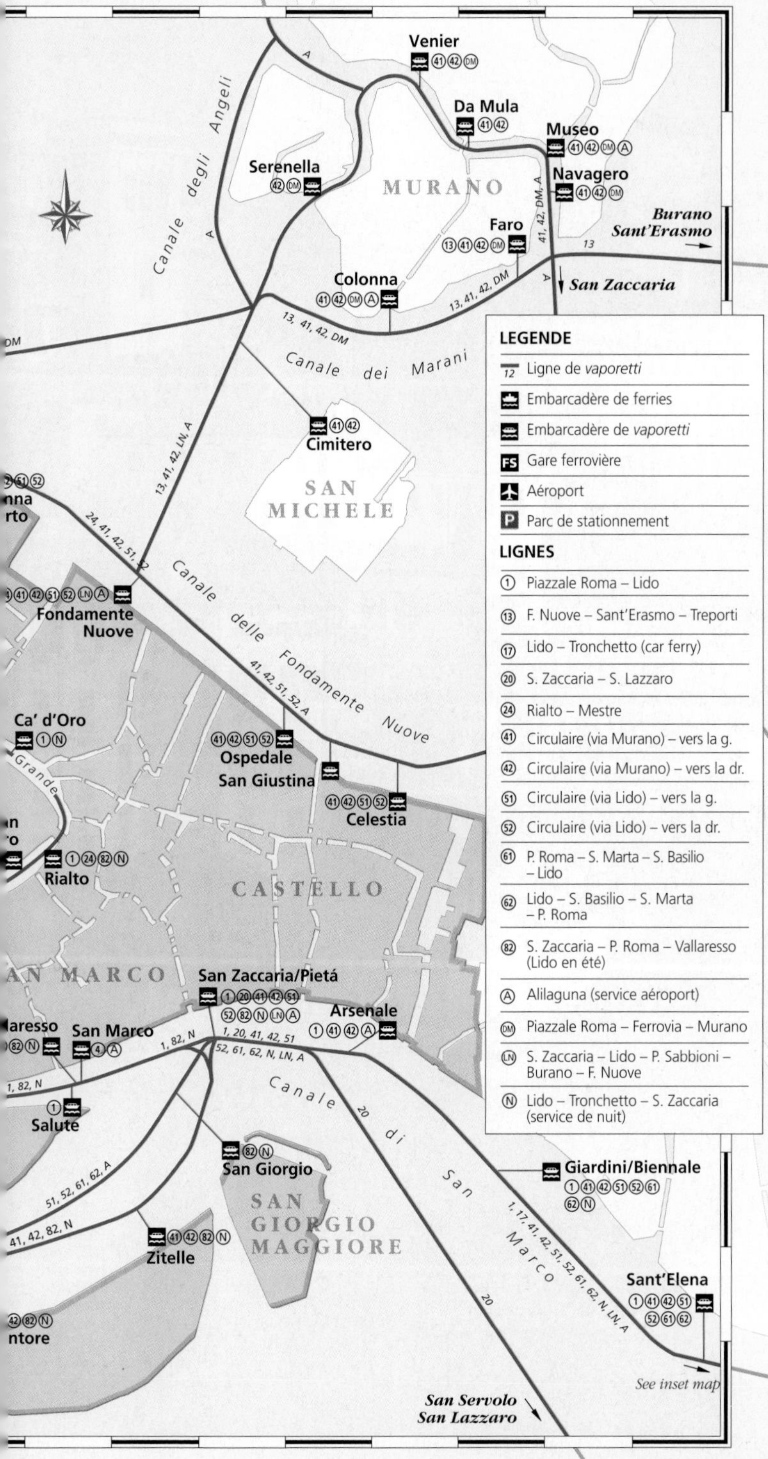
Venier
Da Mula
Museo
Navagero
Serenella
MURANO
Faro
Colonna
Burano
Sant'Erasmo
San Zaccaria
Canale degli Angeli
Canale dei Marani
Cimitero
SAN MICHELE
Fondamente Nuove
Canale delle Fondamente Nuove
Ca' d'Oro
Ospedale San Giustina
Celestia
Rialto
CASTELLO
SAN MARCO
San Zaccaria/Pietá
Arsenale
San Marco
Salute
San Giorgio
SAN GIORGIO MAGGIORE
Zitelle
Canale di San Marco
Giardini/Biennale
Sant'Elena
See inset map
San Servolo
San Lazzaro
LEGENDE
Ligne de vaporetti
Embarcadère de ferries
Embarcadère de vaporetti
Gare ferrovière
Aéroport
Parc de stationnement
LIGNES
① Piazzale Roma – Lido
⑬ F. Nuove – Sant'Erasmo – Treporti
⑰ Lido – Tronchetto (car ferry)
⑳ S. Zaccaria – S. Lazzaro
㉔ Rialto – Mestre
㊶ Circulaire (via Murano) – vers la g.
㊷ Circulaire (via Murano) – vers la dr.
(51) Circulaire (via Lido) – vers la g.
(52) Circulaire (via Lido) – vers la dr.
(61) P. Roma – S. Marta – S. Basilio – Lido
(62) Lido – S. Basilio – S. Marta – P. Roma
(82) S. Zaccaria – P. Roma – Vallaresso (Lido en été)
Ⓐ Alilaguna (service aéroport)
DM Piazzale Roma – Ferrovia – Murano
LN S. Zaccaria – Lido – P. Sabbioni – Burano – F. Nuove
Ⓝ Lido – Tronchetto – S. Zaccaria (service de nuit)

VÉNÉTIE ET FRIOUL

*L*a Vénétie est une terre de contrastes où le superbe massif montagneux des Dolomites domine le plus grand lac d'Italie et une plaine où des villes comme Vérone ou Padoue abondent en merveilles architecturales. La région voisine, le Frioul-Vénétie Julienne, s'étend jusqu'à la frontière avec la Slovénie. Le port de Trieste en constitue le pôle économique. À Aquileia, vestiges romains et paléochrétiens évoquent les premiers pas de notre civilisation.

Pour défendre la fertile plaine de la Vénétie, les Romains construisirent des postes frontière qui sont devenus les cités de Vicence, Padoue, Vérone et Trévise. Profitant de leurs positions stratégiques sur de grandes voies d'échanges, elles s'enrichirent sous l'Empire, mais offrirent après sa chute des proies de choix aux envahisseurs barbares du Ve siècle.

La République vénitienne leur rendit leur prospérité et elles commandèrent au Moyen Âge des routes commerciales aussi importantes que la Serenissima reliant Venise à Gênes ou le col du Brenner permettant le franchissement des Alpes vers l'Europe du Nord. Les produits du négoce financèrent à la Renaissance la construction de résidences particulières et d'édifices publics somptueux. Beaucoup furent l'œuvre d'Andrea Palladio, le grand architecte né à Padoue. Ses palazzi et ses villas témoignent de l'opulence de l'aristocratie vénitienne au XVIe siècle.

Aujourd'hui, cette partie de l'Italie reste très agricole, mais l'industrie s'y développe, la Vénétie tirant parti d'activités traditionnelles telles que le textile ou la lunetterie, tandis que le Frioul se tourne vers les technologies de pointe. La part du tourisme dans l'économie locale ne cesse elle aussi de croître, la variété des plaisirs que proposent ces deux régions y attirant de plus en plus de visiteurs.

La *passegiata*, traditionnelle promenade du soir, dans une rue de Vérone

◁ Le pont Renaissance bâti par Palladio à Bassano del Grappa en Vénétie

À la découverte de la Vénétie et du Frioul

Élevant vers la frontière autrichienne leurs reliefs spectaculaires au-dessus de la plaine de la Vénétie et de ses villes riches en trésors architecturaux et artistiques, les Dolomites se prolongent à l'est dans le Frioul par les Alpes Carniques dont les flancs boisés s'étendent jusqu'en Slovénie. Les deux régions bordent l'Adriatique où ports de pêches et stations balnéaires jalonnent leur côte sablonneuse ponctuée de lagunes. Les amateurs de sports nautiques apprécieront également le lac de Garde.

Vérone vue du Teatro Romano

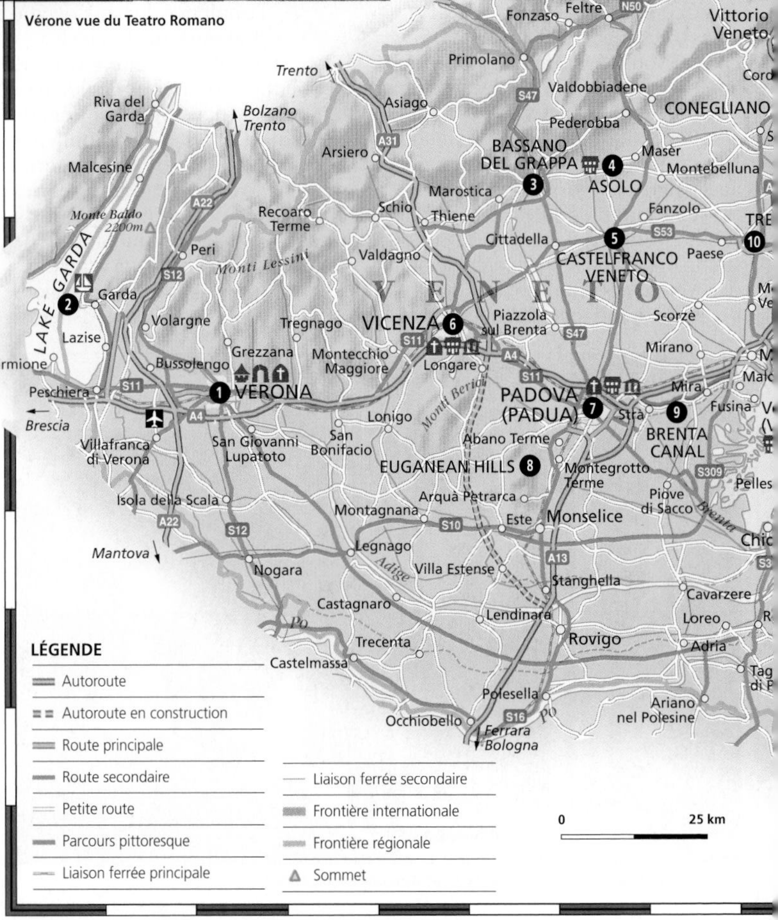

CORTINA D'AMPEZZO ⑬

Bolzano

Alleghe
Monte Pelmo
3168m

Monte Civetta
3220m

Forno
di Zol

Agordo   Longarone

Monte Schiara
2565m

BELLUNO ⑫

Sedico

Monte Pavione
2334m

Mel

Feltre   Vittorio
Veneto

Fonzaso

Primolano   Cord

Trento   Valdobbiadene   CONEGLIANO

Riva del
Garda   Asiago

Bolzano
Trento   Pederobba

Malcesine   Arsiero   BASSANO
DEL GRAPPA ⌂ ④   Masèr
Montebelluna

Marostica   ③ ASOLO

Monte Baldo
2200m   Recoaro
Terme   Schio   Thiene   Fanzolo   TRE

Peri   Valdagno   Cittadella   ⑤   Paese   ⑩

Monti Lessini   CASTELFRANCO
VENETO   Scorzè

Garda   VENETO

Volargne   Tregnago   VICENZA ⑥   Piazzola
sul Brenta   Scorzè

Lazise   Grezzana   Montecchio   Longare   Mirano

Sirmione   Bussolengo   Maggiore   ⑥

Peschiera   ① VERONA   Lonigo   PADOVA   Mira   Fusina

Brescia   San Giovanni   San   (PADUA)   Stra   ⑨

Villafranca   Lupatoto   Bonifacio   Abano Terme   ⑦   BRENTA
di Verona   EUGANEAN HILLS ⑧   Montegrotto   CANAL

Isola della Scala   Terme   Pelles

Montagnana   Arquà Petrarca   Piove
di Sacco

Mantova   Este   Monselice   Chic

Legnago

Nogara   Villa Estense   Stanghella

Castagnaro   Lendinara   Cavarzere

Trecenta   Loreo   R

Castelmassa   Rovigo   Adria

Polesella   Tag
di P

Occhiobello   Ariano
nel Polesine

Ferrara
Bologna

LÉGENDE

— Autoroute

= = Autoroute en construction

— Route principale

— Route secondaire

— Petite route

— Parcours pittoresque

— Liaison ferrée principale

— Liaison ferrée secondaire

▦ Frontière internationale

— Frontière régionale

△ Sommet

0   25 km

Légendes des autres symboles, *voir rabat de couverture*

VOIR AUSSI

- **Hébergement** p. 561-564
- **Restaurants** p. 609-613

CIRCULER

L'Orient-Express s'arrête à Venise au bord du Grand Canal et un bon réseau ferroviaire et de nombreuses liaisons par autocar rendent la région aisée à découvrir en transports publics, bien que le train ne desserve pas le lac de Garde. En voiture, des autoroutes relient toutes les grandes villes hormis Cortina d'Ampezzo.

Monte Coglians 2780m — Kitzbühel — Lienz — Santo Stefano di Cadore — Monte Terza Grande 2585m — Paluzza — Timau — Monte Oisternig 2052m — Klagenfurt — Sauris — Carnia — Ampezzo — Tagliamento — Monte Sernio 2190m — Tarvisio — **14** TOLMEZZO — Chiusaforte — Monte Canin 2587m — Venzone — FRIULI — Campone — VENEZIA — Gemona del Friuli — GIULIA — Maniago — Maiano — Pulfero — Stregna — Spilimbergo — Fagagna — **17** CIVIDALE DEL FRIULI — Friuli — **16** UDINE — PORDENONE — Codroipo — Montegliano — **S56** — GORIZIA — **15** — San Vito al Tagliamento — Villa Manin — Palmanova — **18** — Ljubljana — Cordovado — Cervignano del Friuli — Monfalcone — derzo — Marano Lagunare — **19** AQUILEIA — Sistiana — Portogruaro — San Giorgio di Livenza — Lignano Pineta — Grignano — Villa Opicina — San Donà di Piave — Bibione — Grado — TRIESTE **20** — Basovizza — Eraclea — Golfo di Trieste — Múggia — Rijeka — Eraclea Mare — Cavallino — Grotta del Gigante

Golfo i Venézia

Le pont de Cividale del Friuli

Chalet à Cortina d'Ampezzo

LA RÉGION
D'UN COUP D'ŒIL

Vérone ❶

Statue équestre de Cangrande Iᵉʳ

Établie dans un méandre de l'Adige, la cité de Roméo et Juliette est la plus importante de la Vénétie après Venise et l'une des plus prospères de l'Italie du Nord. L'Antiquité et le Moyen Âge l'ont parée de nombreux monuments, notamment, pour ne citer que les plus célèbres, des arènes romaines parmi les plus vastes d'Italie et un chef-d'œuvre de l'art roman : l'église San Zeno Maggiore *(p. 146-147)* aux superbes portes de bronze. Tout autour, des palazzi médiévaux construits en *rosso di Verona*, calcaire teinté de rose typique de la région, bordent les rues de la vieille ville dont le marché organisé sur la piazza delle Erbe rythme la vie.

Vérone vue depuis le Museo Archeologico

Les maîtres de Vérone

Les Scaligeri usèrent des pires moyens pour établir leur pouvoir sur Vérone en 1267, mais, une fois en place, ils apportèrent la paix et la prospérité à une cité que déchiraient les luttes intestines. Leur cour attira artistes et poètes, dont Dante qui y résida de 1301 à 1304 et dédia *Le Paradis*, conclusion de *La Divine Comédie*, à Cangrande Iᵉʳ. La fin de la dynastie marque cependant une période de déclin pour la ville dont le Milanais Jean-Galéas Visconti s'empare en 1387. Avant que la Vénétie intègre le Royaume d'Italie en 1866, Venise, de 1405 à 1797, puis la France et l'Autriche imposeront à leur tour leur domination sur Vérone.

⚜ Castelvecchio

Corso Castelvecchio 2. *Tél* 045 806 26 11. ⬚ *t.l.j.* (lun. : ap.-m. seul. ; j. f. : toute la journée ● *1ᵉʳ janv., 25-26 déc.* 🖾 🏠 🗓

Construite pour Cangrande II de 1355 à 1375, cette forteresse abrite l'une des plus belles collections d'art de la Vénétie.

Au rez-de-chaussée sont exposées les pièces les plus anciennes : bijoux, orfèvrerie et vitraux paléochrétiens, sarcophage des saints Serge et Bacchus (1179) et sculptures médiévales. Riche en chefs-d'œuvre de la fin du gothique,

Les arènes de Vérone dominent la piazza Brà

Le ponte Scaligero, ancien élément des défenses du Castelvecchio

comme la *Madone à la caille* de Pisanello et une *Vierge dans la roseraie* par Stefano da Verona, le premier étage illustre l'évolution de la peinture italienne à l'approche de la Renaissance.

L'exposition du deuxième étage doit à cette période ses plus belles toiles, en particulier *La Sainte Famille* d'Andrea Mantegna, deux *Vierge à l'Enfant* par Giovanni Bellini

et *Le Supplice d'Attilio Regolo* par Vittore Carpaccio. Avec le Tintoret et Véronèse s'affirme le maniérisme.

Le chemin de ronde permet de découvrir la totalité de l'Adige, le vieux ponte Scaligero et la statue équestre de Cangrande Iᵉʳ (XIVᵉ siècle), monument qui ornait jadis son tombeau.

Ponte Scaligero
Ce pont médiéval fut édifié par Cangrande II entre 1354 et 1376. L'affection que les Véronais lui portent est telle qu'il fut reconstruit après sa destruction par les Allemands en 1945, une opération qui nécessita un dragage du fleuve pour récupérer les matériaux d'origine. Le pont mène du Castelvecchio à l'Arsenal sur la rive nord, bâtiment construit par les Autrichiens entre 1840 et 1861

Les arènes
Piazza Brà. **Tél** 045 800 32 04. t.l.j. (lun. : ap.-m. seul. ; j. f. : toute la journée). 1ᵉʳ janv., 25-26 déc. ; juil.-août : ap. -m. les jours de représentation. (partiel)
Achevé en 30 après J.-C., l'amphithéâtre de Vérone est le troisième du monde par la taille après le Colisée de Rome et les arènes de Santa Maria Capua Vetere *(p. 480)* près de Naples. L'intérieur,

MODE D'EMPLOI
261 000. Villafranca 14 km au S.-O. Porta Nuova. Via degli Alpini 9 (045 806 86 80). t.l.j. billet combiné pour les églises. avr. : foire aux vins Vinltaly ; juin-août : Estate Teatrale Veronese ; nov. : foire internationale du cheval. www.tourism.verona.it

pratiquement intact, pouvait presque contenir la totalité de la population de la ville antique. Ce ne sont plus des combats de gladiateurs qui emplissent les gradins aujourd'hui mais de prestigieuses représentations d'opéra.

San Fermo Maggiore
Stradone San Fermo. **Tél** 045 59 28 13. t.l.j. (nov.-fév. : mar.-dim.)
Comme le révèle clairement l'extérieur de l'abside, où des ogives gothiques s'élèvent au-dessus de robustes bases romanes, San Fermo Maggiore superpose deux sanctuaires. Des bénédictins entreprirent en 1065 la construction de l'église inférieure dont les arcades austères présentent une décoration à fresque.

L'église supérieure date de 1313 et possède une nef à voûte en carène. Des fresques la décorent également, en particulier, au premier autel, des *Anges* par Stefano da Zevio. La plus belle est sans doute l'*Annonciation* peinte par Pisanello en 1426 qui se trouve au-dessus du monument de Nicolò Brenzoni (1439) par Giovanni di Bartolo.

L'abside du XIᵉ siècle de l'église inférieure de San Fermo Maggiore

Légende des autres symboles, voir rabat de couverture

À la découverte de Vérone

S'étendant sur le site de l'ancien forum romain, la piazza delle Erbe est depuis l'Antiquité le centre de la vie sociale de Vérone. Dans le cadre élégant que créent monuments et palais du Moyen Âge et de la Renaissance, le marché qui s'y tient reste très animé.

La fontaine érigée au XIVᵉ siècle sur la piazza delle Erbe

🏛 Piazza delle Erbe

Contrairement à ce qu'indique son nom la « place des Légumes », le marché qui s'y tient à l'abri de parasols ne propose pas que des primeurs mais aussi de savoureux en-cas comme les sandwichs à la *porchetta*, délicieux cochon de lait rôti.

À l'extrémité nord de la place se dresse le **palazzo Maffei** (1668), édifice baroque surmonté de statues. Devant lui, la **colonne de Saint-Marc** commémore, avec son lion ailé, l'intégration en 1405 de la ville à l'État vénitien. Sur le côté ouest, la **casa dei Mercanti**, aujourd'hui siège d'une banque, date de 1301 mais a connu une importante reconstruction au XVIIᵉ siècle. En face, des fresques restent visibles au-dessus des cafés.

Au centre de la piazza, la statue romaine de la **fontaine** rappelle que l'antique Vérone était animée et prospère.

🏛 Piazza dei Signori

Torre dei Lamberti *Tél* 045 803 27 26. ⬜ *t.l.j. (lun. : ap.-m. seul. ; j. f. : toute la journée).* 📷

Au centre de la place des Seigneurs, une **statue de Dante** érigée au XIXᵉ siècle semble fixer du regard l'actuel tribunal, l'imposant **palazzo del Capitano**, bâti au

XIVᵉ siècle comme son voisin, le **palazzo della Ragione**. Ce dernier possède une cour intérieure à colonnade romane d'où s'élève un bel escalier gothique ajouté en 1446-1450. La **torre dei Lamberti** la domine de ses 84 mètres de hauteur. Un ascenseur conduit à son sommet d'où la vue porte jusqu'aux Alpes.

Derrière la statue de Dante se trouve la **loggia del Consiglio**, siège du conseil municipal achevé en 1493. Les statues de la corniche représentent des célébrités romaines nées à Vérone, entre autres Pline l'Ancien, auteur d'une *Histoire naturelle* en 37 tomes, et Vitruve qui écrivit un traité d'architecture. L'arco della Costa, vers la piazza delle Erbe, doit son nom à une côte de baleine qui y resta un temps suspendue.

Façade Renaissance de la loggia dei Consiglio sur la piazza dei Signori

🔒 Les tombeaux des Scaligeri

Via Arche Scaligeri.

La petite église romane **Santa Maria Antica** servait jadis de chapelle à la famille Scaligeri et les tombeaux des anciens maîtres de Vérone l'entourent. Celui de Cangrande Iᵉʳ, mort en 1329, s'aperçoit dès l'abord. Lui-même surmonté de la copie de la statue équestre conservée au Castelvecchio *(p. 143)*, il domine le porche. Les autres occupent un enclos entouré de statues et fermé par une magnifique grille en fer forgé du XIVᵉ siècle ornée de l'emblème de la dynastie : une échelle. Décorés de gables, de statues et de baldaquins gothiques, les monuments de Mastino II (mort en 1351) et Cansignorio (mort en 1375) dépassent le sommet de la grille.

Les autres membres de la famille, notamment Mastino Iᵉʳ, assassiné en 1277, reposent dans des sépultures plus discrètes.

Tombeau d'un Scaligeri (XIVᵉ siècl

🔒 Sant'Anastasia

Piazza Sant'Anastasia. *Tél* 045 59 28 13. ⬜ *t.l.j.* 🔆 *lun. : nov.-fév.* 📷 ♿ 🚫

La construction de cette immense église gothique commença en 1290 et s'étendit jusqu'au XVᵉ siècle. Au portail, des bas-reliefs en terre cuite illustrent la *Vie de saint Pierre Martyr* au pilier droit.

À l'entrée, se trouvent les statues des *gobbis*, bossus fétiches des Véronais. La sacristie renferme le chef-d'œuvre gothique peint par Pisanello entre 1433 et 1438 : *Saint Georges délivrant la princesse de Trébizonde du dragon.*

ROMÉO ET JULIETTE

Natif de Vicence, Luigi da Porto écrivit vers 1520 la poignante histoire de Roméo et Juliette. Elle inspira une tragédie à Shakespeare et depuis maints poèmes, films, pièces et ballets. La **casa di Giulietta**, 27 via Cappello, est en fait une ancienne auberge du XIIIᵉ siècle, mais il est aisé d'imaginer le fougueux Roméo au bas du balcon de sa bien-aimée. L'infortuné amant a aussi une maison, via Arche Scaligeri, à quelques rues de là. Dans une crypte sous le cloître de l'église San Francesco al Corso, où les deux amoureux se seraient mariés, se trouve un sarcophage qui fait une très romantique **tomba di Giulietta**. La maison et la tombe sont fermées le lundi.

La casa di Giulietta

🏠 Duomo

Piazza Duomo. **Tél** 045 59 28 13. ☐ t.l.j. ⬤ lun. : nov.-fév. 📷 ♿ ∅

Entreprise en 1139, la cathédrale de Vérone possède un superbe portail roman sculpté par maître Nicolò qui travailla également à la façade de San Zeno *(p. 146-147)*. Au milieu d'évangélistes et de saints, deux personnages portant l'épée représentent Olivier et Roland, les chevaliers de Charlemagne. Sculpté d'un relief de Jonas et la baleine et de cariatides cocasses, un autre portail roman perce le mur sud.

Au nord, après le cortile Santa Elena, le cloître (XIIᵉ siècle) renferme les vestiges de sanctuaires plus anciens. Le baptistère San Giovanni in Fonte remonte au VIIIᵉ siècle. Huit panneaux de marbre sculptés vers 1200 entourent la cuve.

À l'intérieur du Duomo, la première chapelle à gauche abrite une *Assomption* (1535-1540) par Titien.

🏛 Teatro Romano
🏛 Museo Archeologico

Rigaste Redentore 2. **Tél** 045 800 03 60. ☐ mar.-dim. 8 h 30-19 h 30, lun. 13 h 30-19 h 30 (j. f. : toute la journée). ⬤ 1ᵉʳ janv., 25-26 déc. 📷 ♿

Si le mur de scène de ce théâtre bâti au Iᵉʳ siècle av. J.-C. a disparu, le demi-cercle de gradins adossé à la colline en face de l'Adige reste bien conservé. Magnifique, la vue sur la ville inclut le Ponte Pietra, pont romain qui dut être reconstruit, à l'identique, après la dernière guerre.

Un ascenseur conduit du Teatro Romano au monastère qui le domine et abrite le musée archéologique. Il contient des mosaïques, des céramiques et des bronzes grecs, étrusques et romains. Parmi les bustes figure celui d'Auguste (63 av. J.-C.- 14 apr. J.-C.), fils adoptif de Jules César qui devint le premier empereur romain en 27 av. J.-C. après sa victoire sur son rival Marc Antoine.

Parterres géométriques et statues au Giardino Giusti

🌿 Giardino Giusti

Via Giardino Giusti 2. **Tél** 045 803 40 29. ☐ t.l.j. ⬤ 25 déc. 📷 ♿

Créé en 1580, ce jardin Renaissance fait contraster la fantaisie désordonnée de la nature et les espaces façonnés par la main de l'homme. Un bois apparemment laissé à l'état sauvage domine ainsi les parterres soigneusement taillés qui bordent sur la terrasse inférieure des allées gravillonnées ornées de statues.

🏠 San Giorgio in Braida

Lungadige San Giorgio. **Tél** 045 834 02 32. ☐ t.l.j. ⬤ pendant les offices.

Œuvre du début du XVIᵉ siècle de Michele Sanmicheli, cette belle église à coupole Renaissance renferme le célèbre *Martyre de saint Georges* (1566) par Véronèse et, au-dessus du portail ouest, un *Baptême du Christ* du Tintoret (1518-1594).

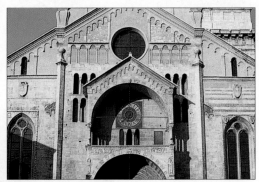

L'imposante façade du Duomo de Vérone, Santa Maria Matricolare

Vérone : San Zeno Maggiore

Détail de la façade

Bâtie entre 1120 et 1138 pour abriter les reliques du saint patron de Vérone, cette église romane particulièrement élégante possède une façade ornée de superbes reliefs en marbre que dépassent encore en beauté les panneaux de bronze qui décorent les portes. Le cloître renferme les tombeaux de plusieurs Scaligeri. La tour trapue au nord de San Zeno se dresserait sur la sépulture de Pépin (777-810), fils de Charlemagne et roi d'Italie.

Plafond de la nef
Datant, comme l'abside, de 1386, le plafond de la nef offre un superbe exemple de voûte à triple carène.

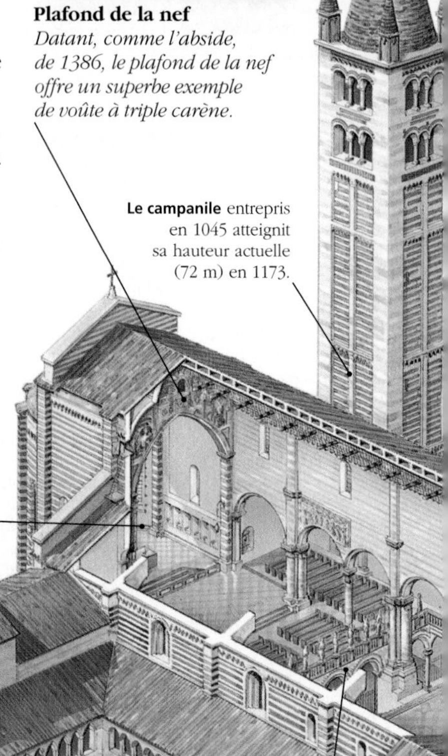

Le campanile entrepris en 1045 atteignit sa hauteur actuelle (72 m) en 1173.

Vierge et huit saints par Mantegna *(1457-1459)*
Sur ce célèbre triptyque d'Andrea Mantegna, le halo de la Vierge évoque le dessin de la rosace de l'église.

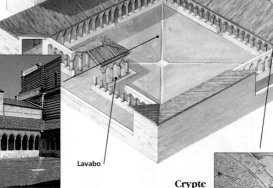

Lavabo

★ **Le cloître (1123)**
Les arcs sont de style roman d'un côté, en ogive gothique de l'autre.

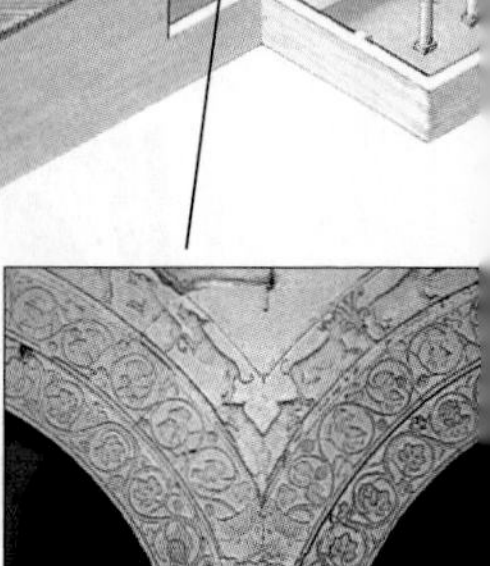

Crypte
Saint Zénon, nommé premier évêque de Vérone en 362 et décédé en 380, repose dans l'abside centrale.

Hébergements et restaurants de la région, voir p. 561-564 et 609-613

Nef et maître-autel
Le plan de San Zeno s'inspire de celui d'une basilique romaine, édifice qui abritait un tribunal pendant l'Antiquité. Le maître-autel se trouve à l'endroit où aurait siégé le juge.

MODE D'EMPLOI

P. San Zeno. **Tél** 045 59 28 13.
☐ lun.-sam. 8h30-18h, dim. 13h-18h (nov.-fév. : mar.-sam. 10h-13h, 13h30-16h, dim. 13h-17h). ⬤ pendant les offices.
🖼 🚹 divers horaires. 📷

LES PANNEAUX DE BRONZE

Exécutés par trois artistes différents, les 48 panneaux de bronze des portes ouest illustrent des épisodes de la Bible et de la vie de saint Zénon avec une force d'évocation qu'accentue peut-être encore leur style primitif. Ceux de gauche datent de 1030 et proviennent d'une église qui se dressait jadis sur le site. Ceux de droite furent réalisés un siècle plus tard. Décors et costumes rappellent fortement Byzance. Si des scènes comme la danse de Salomé, Adam et Ève ou la descente aux limbes ne posent pas de problèmes d'interprétation, d'autres, telle une femme allaitant deux crocodiles, gardent un sens mystérieux.

Descente aux limbes   **Christ en gloire**   **Tête d'homme**

Les couches de briques roses alternent avec du calcaire ivoire sont typiques des édifices romans de Vérone.

La rosace (XIIᵉ siècle) symbolise la roue de la Fortune. Le décor du pourtour décrit les hauts et les bas de la destinée humaine.

Le portail sculpté en 1138 de bas-reliefs des éléments est une des plus belles œuvres romanes d'Italie du Nord.

Les panneaux latéraux en marbre, sculptés vers 1140, représentent des épisodes de la vie du Christ (à gauche des portes) et des scènes de la Genèse (à droite).

À NE PAS MANQUER

★ Les portes ouest

★ Le cloître

★ Les portes ouest
Vingt-quatre reliefs de bronze revêtent chacun des vantaux. Le bas-relief polychrome qui les surmonte représente saint Zénon, assisté du peuple de Vérone, triomphant du diable.

Le lac de Garde ②

Trois provinces bordent le plus grand lac d'Italie :
le Trentin au nord, la Lombardie à l'ouest et au sud
et la Vénétie à l'est et au sud. Basses au sud, les rives
de ce plan d'eau situé à 65 m d'altitude deviennent de
plus en plus spectaculaires lorsqu'il s'enfonce au nord
dans les montagnes. La douceur du climat, réputée
depuis l'Antiquité, la beauté du décor et les nombreuses
possibilités offertes par les installations balnéaires
et nautiques en font un lieu de villégiature estivale
très apprécié.

MODE D'EMPLOI

Brescia, Verona & Trento. ℹ️
*Viale Marconi 2, Sirmione (030 91
61 14).* 🚉 *Peschiera del Garda,
Desenzano del Garda.* 🚌 🚢
pour toutes les villes. **Il Vittoriale**
Gardone. *Tél 0365 29 65 23.*
⭕ *mar.-dim. (jardins : t.l.j.).*
Rocca Scaligera Sirmione. *Tél
030 91 64 68.* ⭕ *mar.-dim.* 🎫 🎫

Pointe de la péninsule de Sirmione
*Après la ville, un sentier littoral
longe des sources d'eau chaude
et sulfureuse.*

Riva, où une forteresse
du XIIᵉ siècle domine
la côte, est une
des stations favorites
des véliplanchistes
pour le vent qui
souffle au large.

Gardone jouit d'un climat qui lui permet
de posséder un parc exotique.
De style Art déco, la villa Il Vittoriale,
où mourut le poète Gabriele d'Annunzio,
regorge de curiosités.

Salò, jolie ville aux maisons
pastel, servit de siège à la
République fondée par
Mussolini en 1943.
Un retable de Veneziano
du XIVᵉ siècle orne
sa cathédrale.

Malcesine
serre ses
rues au pied
d'un imposant
château médiéval.
Un téléphérique
conduit au panorama
offert par le sommet
du Monte Baldo
(2 218 m).

0   5 km

Garda, bien que très ancienne,
ne conserve que quelques
édifices historiques.

Bardolino a donné son nom
à un vin rouge réputé.

Peschiera doit aux Autrichiens sa
forteresse et les remparts de son
port bâtis dans les années 1860.

Hydroglisseurs
*et catamarans
permettent
d'apercevoir depuis
le lac villas et
jardins, autrement
cachés aux regards.*

Riva del Garda · Torbole · Limone sul Garda · Tremosine · Campione del Garda · Assenza · Malcesine · Tignale · Brenzone · Gargnano · Castelletto · Bogliaco · Maderno · Gardone Riviera · Torri del Benaco · Salò · Portese · Garda · San Felice del Benaco · Bardolino · Manerba · Moniga · Padenghe sul Garda · Sirmione · Lazise · Desenzano · Peschiera

LÉGENDE

⋯ Liaison par bateaux

⋯ Liaison par car-ferries

🎫 Club de voile

ℹ️ Information touristique

🌿 Point de vue

Sirmione
*Un remarquable château
médiéval, la rocca Scaligeri,
domine la ville. À la pointe
de la péninsule subsistent
des ruines romaines*

Hébergements et restaurants de la région, voir p. 561-564 et 609-613

Le pont de bois dessiné par Palladio à Bassano del Grappa

Bassano del Grappa ❸

Vicenza. 🏛 *39 000.* 🚉 🚌
🛈 *Largo Corona d'Italia 35 (0424 52 43 51).* 🔷 *jeu. et sam. matin.*

Au pied du monte Grappa (1 775 m), cette cité paisible s'étend au bord de la Brenta, et Palladio dessina en 1569 le ponte degli Alpini qui franchit la rivière. Ce pont couvert en bois offre par sa souplesse l'avantage de bien résister aux à-coups du courant de printemps, saison de la fonte des neiges. Bien que l'étymologie du nom de la ville n'ait pas de rapport avec l'alcool le plus populaire d'Italie, la *grappa*, l'exposition du **museo degli Alpini** décrit la fabrication du digestif. Dans un registre moins anecdotique, le **palazzo Sturm** présente des majoliques, faïences à motifs Renaissance.

🏛 **Palazzo Sturm**
Via Ferracina. **Tél** *0424 52 49 33.*
🔷 *mar.-dim.* 🈂

🏛 **Museo degli Alpini**
Via Anagarano 2. **Tél** *0424 50 36 62.*
🔷 *mar.-dim.*

Asolo ❹

Treviso. 🏛 *2 000.* 🚌 🛈 *Piazza Garibaldi 73 (0423 52 90 46).* 🔷 *sam.*

Dans un site magnifique au pied des pentes ponctuées de cyprès des Dolomites, cette petite ville fortifiée devint la retraite de Caterina Cornaro (1454-1510), Vénitienne devenue reine de Chypre après la mort de son mari, mais qui dut céder son royaume à la Sérénissime République. Le cardinal Pietro Bembo, un poète, inventa le verbe *asolare* pour décrire la vie d'oisiveté teintée d'amertume de l'exilée. Un autre poète, Robert Browning, tombé amoureux des belles demeures d'Asolo, nomma quant à lui un de ses livres *Asolanda* (1889).

Aux environs : C'est à Maser, à 10 km à l'est d'Asolo, que se trouve la splendide **villa Barbaro** (*p. 80-81*) dessinée par Palladio vers 1555. À la beauté de ses proportions maîtrisées s'ajoute celle des fresques somptueuses peintes par Véronèse dans de grandes pièces lumineuses. Des statues et un temple par Palladio ornent le parc.

🏛 **Villa Barbaro**
Masèr. **Tél** *0423 92 30 04.* 🔷 *mars-oct. : mar., sam., dim. et j. f. ; nov.-fév. : sam., dim. et j. f.* 🔴 *24 déc.-6 janv., dim. de Pâques.* 🈂

Castelfranco Veneto ❺

Treviso. 🏛 *30 000.* 🚉 🚌
🛈 *Via Francesco M Preti 66 (0423 49 14 16).* 🔷 *mar. et ven. matin.*

Fortifié en 1199 par Trévise pour se protéger des Padouans, le centre historique de la ville a conservé de beaux remparts. Giorgione (1478-1511) serait né à la **casa di Giorgione**, aujourd'hui occupée par un musée consacré à sa vie. L'auteur de la mystérieuse *Tempête* (*p. 106*) eut une influence primordiale sur la peinture vénitienne par le rôle qu'il donna aux paysages, mais il n'a laissé que peu d'œuvres à la paternité indubitable. L'une d'elles orne une chapelle du **Duomo** : *La Vierge avec saint François et saint Libéral* (1504).

Aux environs : À un peu moins de 8 km au nord-est de la ville, dans le village de Fanzolo, la **villa Emo** dessinée par Palladio vers 1555 se compose d'un corps principal d'habitation aux pièces décorées de fresques par Zelotti encadré de deux ailes destinées jadis à l'exploitation agricole du domaine.

🏛 **Casa di Giorgione**
Piazzetta del Duomo. **Tél** *0423 72 50 22.* 🔷 *mar.-dim.* 🔴 *j. f.* 🈂

🏛 **Villa Emo**
Fanzolo di Vedelago. **Tél** *0423 47 63 34.* 🔷 *avr.-oct. : lun.-sam. ap.-m., dim. et jours fériés ; nov.-mars : t.l.j. ap.-m.* 🔴 *25 déc.-26 déc., 31 déc., 1er janv.* 🈂 🈲

Fresque (vers 1561) par Véronèse à la villa Barbaro près d'Asolo

Vicence pas à pas ❻

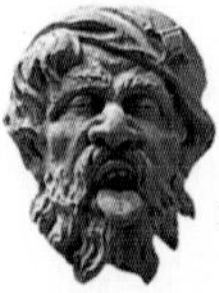

Détail du n° 21, Contrà Porti

Vicence a pour titre de gloire d'avoir donné naissance à Andrea Palladio (1508-1580) qui y travailla comme simple maçon avant de devenir l'architecte le plus influent de son époque.

Une promenade dans la ville permet d'étudier l'évolution de son style si particulier. Entourée des palais qu'il édifia pour les riches Vicençois, sa Basilica domine le centre, non loin du Teatro Olimpico, sa dernière œuvre.

Loggia del Capitaniato
Palladio dessina ces arcades couvertes en 1571.

Contrà Porti
est bordée de certains des plus beaux palazzi de Vicence.

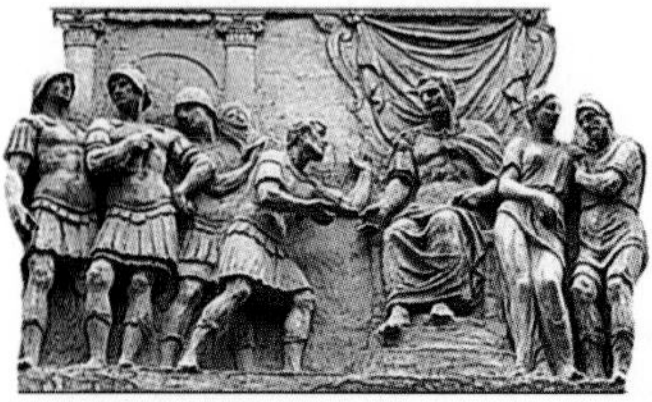

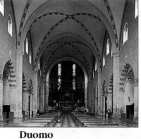

Palazzo Valmarana Braga
Pilastres monumentaux et décors sculptés ornent ce palais entrepris par Palladio en 1566 mais qui ne fut achevé qu'en 1680, un siècle après sa mort.

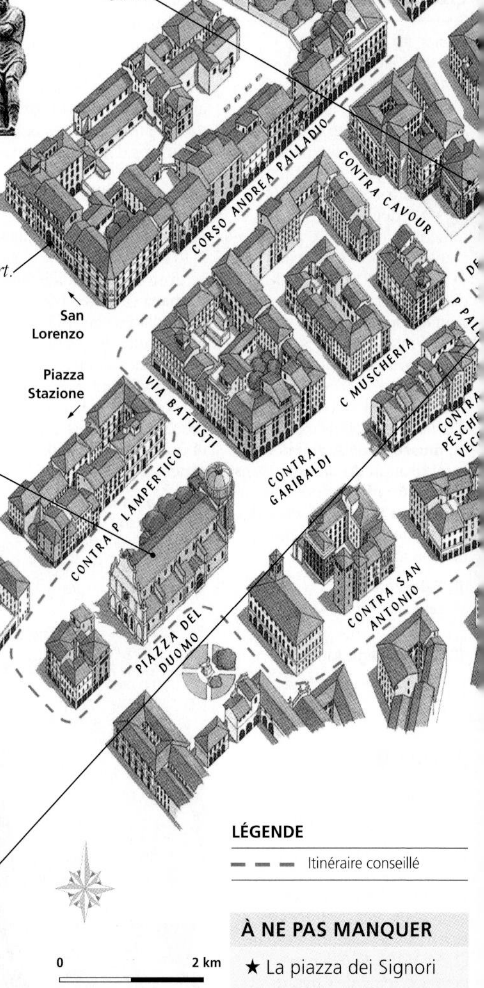

San Lorenzo

Piazza Stazione

CORSO ANDREA PALLADIO

CONTRA CAVOUR

VIA BATTISTI

CONTRA P LAMPERTICO

C MUSCHERIA

CONTRA GARIBALDI

CONTRA PESCHE VECC

PIAZZA DEL DUOMO

CONTRA SAN ANTONIO

Duomo
Il a été en partie reconstruit, la dernière guerre n'ayant laissé intacts que la façade et le chœur.

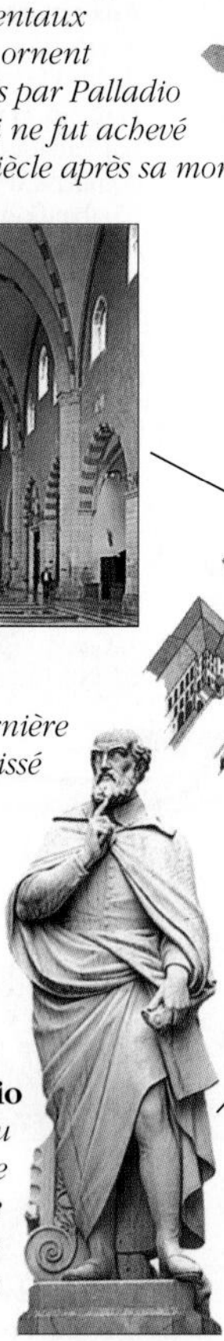

Andrea Palladio
Ce mémorial au plus célèbre enfant de Vicence domine les étals du marché.

LÉGENDE

- - - Itinéraire conseillé

À NE PAS MANQUER

★ La piazza dei Signori

0   2 km

Du palazzo della Ragione
(XVᵉ siècle) subsiste une
grande salle gothique.

Santa Corona

Teatro Olimpico Museo Civico

La torre di Piazza bâtie
au XIIᵉ siècle
s'élève à 82 m
de hauteur.

MODE D'EMPLOI

🚶 116 000. 🚆 🚌 *Piazza
Stazione.* ℹ️ *Piazza dei Signori 8
(0444 54 41 22).* 🛒 *mar. et jeu.*
🎭 *mai-juin : saison musicale ; sept.-
oct. : saison théâtrale ; fin juil. : son
et lumière.* **www.vicenzae.org**

Le lion de Saint-Marc contemplant
la piazza dei Signori

🏛 Piazza dei Signori

Basilica Tél *0444 32 36 81.*
🔴 *pendant les expos seul.*
Souvent appelé la **Basilica**, le
palazzo della Ragione domine
les places du centre de Vicence
de son toit en cuivre et en
forme de carène renversée.
Une balustrade ornée de
statues de déités grecques et
romaines coiffe les colonnades
ajoutées par Palladio en 1549
pour le soutenir, sa première
commande publique et son
premier succès. Malgré sa
masse et un décor dépouillé,
l'édifice est d'une élégance
caractéristique du style de son
auteur. À côté s'élève
la *torre di Piazza* du XIIᵉ siècle.
C'est aussi Palladio qui bâtit
au nord-ouest de la place
la **loggia del Capitaniato** où
se réunit le conseil municipal.

🏛 Contrà Porti

Le mot « *contrà* » (abréviation
de *contrada* ou quartier)
désigne une rue dans le
dialecte de Vicence. Plusieurs
édifices gothiques aux fenêtres
peintes et aux balcons
ouvragés bordent un côté
de celle-ci. Leur style rappelle
que Vicence appartint
longtemps à l'empire vénitien.
Au n° 12, le palazzo Thiene
bâti en 1489 dans le style
Renaissance présente une
façade intéressante par
l'utilisation de briques imitant
la pierre. Sa façade arrière
est de Palladio, à l'instar
du palazzo Porto Barbarano
(n° 11) et du palazzo Iseppo
da Porto (n° 21). Ces trois
édifices montrent le talent
de l'architecte à rester fidèle
aux canons classiques tout
en créant des bâtiments
à chaque fois uniques.

★ **Piazza dei Signori**
*L'élégante colonnade élevée
par Palladio autour du
palazzo della Ragione pour
créer sa Basilica flanque
cette place très animée
pendant le marché.*

Le quartiere delle Barche
renferme de nombreux palais
élevés au XVᵉ siècle dans
le style gothique vénitien.

Ponte San Michele
*Cet élégant pont de
pierre bâti en 1620
commande une belle vue
sur les alentours.*

**La Rotonda
Monte Berico
Villa Valmarana
ai Nani**

La piazza delle Erbe
est dominée par la torre
del Tormento (XIIIᵉ siècle),
une ancienne prison.

Casa Pigafetta
*Dans cette belle
maison du XVᵉ siècle
naquit Antonio
Pigafetta qui partit en
1519 faire le tour du
monde avec Magellan.*

À la découverte de Vicence

Célébrée dans le monde entier par son architecture, la ville de Palladio est aussi une des plus riches cités de Vénétie. Outre ses monuments, le visiteur appréciera ses boutiques élégantes et ses cafés.

Fresque de Carpione au plafond de l'entrée du Museo Civico

🏛 Museo Civico

Piazza Matteotti. *Tél 0444 32 13 48.* ⬜ *Tue–Sun.* ⬤ *1er janv., 25 déc.* 📷 ♿

Le musée municipal de Vicence occupe le **palazzo Chiericati** *(p. 80)* entrepris en 1550 par Palladio. Des fresques décorent ses plafonds, notamment dans l'entrée une de Giulio Carpione symbolisant la course du soleil. Clou de l'exposition, la pinacothèque se trouve à l'étage. Célèbre par sa *Crucifixion* (1468-1470) de Hans Memling, panneau central (les autres sont à New York) d'un triptyque gothique, elle possède également des œuvres de Bartolomeo Montagna (v. 1450-1523), de Carpaccio et de Véronèse.

🔒 Santa Corona

Contrà Santa Corona. *Tél 0444 32 19 24.* ⬜ *t.l.j.* ⬤ *lun. matin.*

Élevée en 1261 pour abriter la Sainte Épine censée provenir de la couronne du Christ, relique offerte par Saint Louis, cette grande église gothique est ornée de belles œuvres d'art, en particulier un *Baptême du Christ* (v. 1500) par Giovanni Bellini et une *Adoration des Mages* (1573) de Véronèse. Dans la cappella Porto repose l'auteur de *Giulietta e Romeo*, le récit dont s'inspira Shakespeare *(p. 139).*

🎭 Teatro Olimpico

P. Matteotti. *Tél 0444 22 28 00.* ⬜ *mar.-dim. 9 h-17 h (plus tard en été ; dern. ent. 16 h 30).* ⬤ *1er janv., 25 déc., pendant les spectacles.* 📷 ♿ 🔊 ⬤ *1er janv., 25 déc., pendant les spectacles.* 📷 ♿

Le plus ancien théâtre couvert d'Europe est essentiellement construit en bois et en stuc patinés pour imiter la pierre et le marbre ou peints en trompe-l'œil pour agrandir l'espace. Palladio en dessina les plans en 1579, mais mourut l'année suivante. Son élève, Vincenzo Scamozzi, acheva l'édifice à temps pour la représentation d'inauguration le 3 mars 1585 : *Œdipe roi* de Sophocle.

Fresques de l'Odéon
Les dieux du mont Olympe dont le théâtre prit le nom ornent l'Odéon, salle réservée aux récitals de musique.

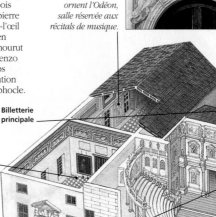

L'Antiodéon contient des fresques montrant la représentation d'ouverture et des lampes à huile provenant de la scène d'origine.

Billetterie principale

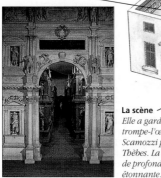

La scène
Elle a gardé le décor en trompe-l'œil peint par Scamozzi pour évoquer Thèbes. La sensation de profondeur est étonnante.

La salle conçue par Palladio ressemblait, avec ses gradins en « pierre » et un ciel peint au plafond, à un théâtre antique tel que celui de Vérone *(p. 143).*

🏛 San Lorenzo

Piazza San Lorenzo. ◯ *t.l.j.*
Richement décoré, notamment
d'une *Vierge à l'Enfant avec
saint François et saint
Laurent*, le portail de cette
église offre un superbe
exemple de sculpture
gothique. De beaux tombeaux
et des fresques endommagées
ornent l'intérieur. Au nord, des
fleurs emplissent le cloître.

🏛 Monte Berico

Basilica di Monte Berico
Tél *0444 32 09 99.* ◯ *t.l.j.*
Jadis lieu de villégiature d'été
des riches citadins, cette
colline plantée de cyprès
domine le sud de la ville.
Depuis le centre, une large
avenue bordée d'arcades
et de chapelles conduit à la
basilique qui se dresse à son
sommet, endroit où la Vierge
fit deux apparitions en 1426
et 1428 pour annoncer que
la peste épargnerait Vicence.

Les statues de la façade
représentent des membres
de l'Académie qui finança
la construction du théâtre.

Le jardin précédant
le théâtre renferme
des vestiges de l'ancien
château des Carrare
et des statues offertes
par des membres de
l'Académie Olympique.

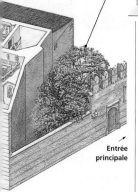

Entrée
principale

La Rotonda (1550-1552), l'œuvre la plus célèbre de Palladio

De style baroque, le
sanctuaire date du début
du XVIIIᵉ siècle mais incorpore
des éléments d'une chapelle
plus ancienne. À l'intérieur,
une splendide *Pietà* (1500)
par Bartolomeo Montagna
orne l'auTél de droite.
Le cloître abrite une collection
de fossiles et donne accès
u réfectoire où s'admire
la *Cène de saint Grégoire
le Grand* (1572) par Véronèse.

La basilique baroque du monte
Berico

🏛 Villa Valmarana ai Nani

Via dei Nani 12. **Tél** *0444 54 39 76.*
◯ *mi-mars-5 nov. : mar.-dim. (mar. et
ven. : ap.-m. seul.); 6 nov.-mi-mars :
sam.-dim.* 🖼
Depuis la basilica di Monte
Berico, une agréable
promenade de dix minutes
permet de rejoindre cette
magnifique demeure construite
à partir de 1669 par Antonio
Muttoni et achevée par son fils
Francesco. Descendez la via
Massimo d'Azeglio jusqu'au
couvent marquant à droite la

fin de la route, puis prenez la
via San Bastiano. Les nains
qui décorent le sommet d'un
des murs du jardin ont donné
son surnom à la villa.
À l'intérieur, les dieux de
l'Olympe contemplent depuis
leurs nuages les efforts des
héros d'Homère et de Virgile.
Giambattista Tiepolo est
l'auteur de ces fresques, tandis
que son fils, Giandomenico
Tiepolo, a peint les scènes
pastorales qui ornent la
Foresteria, la maison des hôtes.

🏛 La Rotonda

Via Rotonda 25. **Tél** *0444 32 17 93.*
Villa ◯ *mer. : 15 mars-4 nov.* 🖼
jardin ◯ *mar.-dim.* 🖼
Le sentier qui longe la villa
Valmarana conduit à la
plus célèbre des œuvres
de Palladio *(p. 80-81)* : La
Rotonda, également
connue sous le nom de
villa Capra Valmarana.
La perfection
géométrique de cette
demeure, cube coiffé
d'une coupole qui
s'ouvre par un
portique vers chacun
des points cardinaux, lui a valu
d'être imitée aussi bien à
Londres qu'à Saint-Pétersbourg
ou encore Delhi. Commencée
en 1550, elle témoigne par sa
rigueur et l'art avec lequel elle
s'intègre au paysage de la
quête des artistes de la
Renaissance d'une forme de
création en harmonie avec
l'ordre divin de la nature.
Les cinéphiles s'amuseront à
rechercher les lieux qui
servirent de décor à Joseph
Losey en 1979 quand il y
reconstitua le faste vénitien
pour *Don Giovanni*.

Padoue pas à pas ❼

Ancienne capitale de la Vénétie surnommée
« la Docte » au Moyen Âge à cause de son
université fondée en 1222, Padoue (Padova)
est riche en art et en architecture, mais deux
monuments y attirent plus particulièrement les
visiteurs. Au sud de la cité, la basilica
di Sant'Antonio est un des pèlerinages
les plus populaires d'Italie. Au nord,
les amateurs d'art se pressent dans la
cappella degli Scrovegni *(p. 156-157)*
pour admirer ses fresques par Giotto.
Proche de la gare, elle fait partie
du complexe comprenant l'église
des Eremitani et le musée municipal.

Palazzo del Capitanio
*Reconstruit de 1599 à
1605 pour le gouverneur
vénitien, il a conservé
une horloge astronomique
datant
de 1344.*

**La piazza dei
Signori** est
entourée
d'arcades abritant
boutiques
spécialisées
et anciens cafés
et bars à vins.

Le corte Capitaniato, faculté
d'art du XIVᵉ siècle accueillant
des concerts, abrite des
fresques qui comprennent un
des rares portraits de Pétrarque.

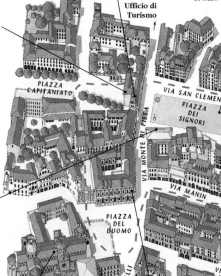

**Ufficio di
Turismo**

PIAZZA
CAPITANIATO

VIA SAN CLEMENTE
PIAZZA
DEI
SIGNORI

VIA MONTE DI PIETA

VIA MANIN

V GRITTI

PIAZZA
DEL
DUOMO

VIA VANDELLI

VIA SONCIN

Loggia della Gran Guardia
*Le Conseil des Nobles
siégeait jadis dans
ce bel édifice Renaissance
de 1523 devenu
un centre de conférences*

★ **Le Duomo et le baptistère**
*Le cycle de fresques médiévales
peint vers 1378 par Giusto de'
Menabuoi dans le baptistère
(xiie siècle) de la cathédrale
est un des plus complets d'Italie.*

**Le Palazzo del Monte
di Pietà** est un édifice
médiéval embelli
d'arcades et de statues
du XVIᵉ siècle.

LÉGENDE

- - - Itinéraire conseillé

0   75 m

À NE PAS MANQUER

★ Le Duomo
et le baptistère

Caffè Pedrocchi

Depuis son ouverture en 1831, étudiants et intellectuels se retrouvent dans ce café bâti sur le modèle d'un temple classique.

Une statue en bronze (1973) d'une femme par Emilio Greco orne le centre de cette place en grande partie piétonnière.

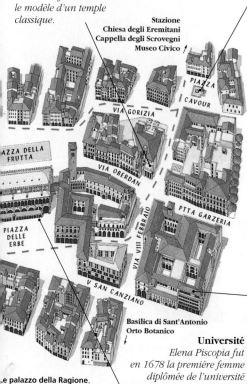

Stazione
Chiesa degli Eremitani
Cappella degli Scrovegni
Museo Civico

PIAZZA CAVOUR

VIA GORIZIA

AZZA DELLA FRUTTA

VIA OBERDAN

PTTA GARZERIA

PIAZZA DELLE ERBE

VIA VIII FEBBRAIO

V SAN CANZIANO

Basilica di Sant'Antonio
Orto Botanico

Université
Elena Piscopia fut en 1678 la première femme diplômée de l'université la plus ancienne d'Italie après celle de Bologne.

Le palazzo della Ragione, ancienne cour de justice, enferme de superbes fresques.

Piazza delle Erbe
Bâtie au XVᵉ siècle, la loggia del palazzo della Ragione (XIIIᵉ siècle) offre une belle vue sur cette place de marché.

MODE D'EMPLOI

🔼 220000. 🚉 🅸 Piazzale della Stazione (049 875 20 77). 🚌 P. Boschetti. 🛒 lun.-sam. P. delle Erbe. 🎭 juin-sept. : festival culturel. **www**.turismopadova.it

🔔 Duomo et baptistère

Piazza Duomo. **Baptistry Tél** 049 65 69 14. 🕐 t.l.j. 10 h-18 h
🔴 Pâques, 25 déc. 🖾 📷
Michel-Ange aurait en partie dessiné les plans de la cathédrale de Padoue bâtie en 1552 sur un site où se dressait déjà un sanctuaire au IVᵉ siècle. Giusto de' Menabuoi peignit vers 1378 les fresques qui ornent son baptistère roman du XIIᵉ siècle. Elles représentent des scènes de la vie de saint Jean-Baptiste (au mur sud), de celle de la Vierge (à l'est) et de celle du Christ (au nord et à l'ouest).

🏛 Palazzo della Ragione

Piazza delle Erbe (entrée par l'hôtel de ville). **Tél** 049 820 50 06.
🕐 mar.-dim. 9 h-19 h (18 h nov.-fév.). 🔴 1ᵉʳ janv., 1ᵉʳ mai, 25 déc.-26 déc. 🖾 ♿
La commune libre de Padoue fit construire en 1218 son « palais de la Raison » pour y installer son tribunal et y tenir les réunions du conseil municipal. L'édifice comprend une seule salle, il Salone, d'une longueur de 80 mètres et d'une hauteur et d'une largeur de 27 mètres. Giotto avait décoré sa voûte de fresques qui disparurent dans un incendie en 1420. Nicola Miretto exécuta de 1420 à 1425 la décoration actuelle : 333 panneaux muraux représentant les mois, les signes du zodiaque et les activités saisonnières. Près de l'escalier se dresse une copie datant de 1466 du cheval du Gattamelata *(p. 158)* sculpté par Donatello. En bois, elle rappelle que c'est un Troyen, Anténor, qui aurait fondé Padoue.

🏛 Caffè Pedrocchi

Via VIII Febbraio 15. **Tél** 049 878 12 31.
🕐 t.l.j. 🔴 août.
Ouvert en 1831, ce café de style néo-classique devint un centre politique pendant le Risorgimento et les Padouans continuent à s'y rendre autant pour discuter ou jouer aux cartes que pour boire ou manger. Les salles de l'étage, qui possèdent des décors exotiques, accueillent des concerts et des conférences.

Cappella degli Scrovegni

Enrico Scrovegni fit élever cette chapelle en 1303 dans l'espoir, dit-on, d'épargner la damnation éternelle à son père, usurier si notoire que Dante l'évoque dans son *Inferno*. Entre 1303 et 1305, Giotto en décora les parois d'un ensemble de fresques d'une telle force narrative et d'une telle intensité religieuse qu'elles eurent une influence majeure sur le développement de la peinture européenne.

La Nativité
L'attitude naturaliste de la Vierge et le ciel bleu, et non plus doré, s'écartent de la stylisation byzantine.

L'Expulsion des marchands du Temple
La représentation des émotions, colère et crainte, sont typiques du style de Giotto.

Les Coretti
Pour s'exercer à la perspective, Giotto peignit les deux petits panneaux appelés les Coretti qui représentent un arc ouvrant sur une pièce.

Vue de l'autel

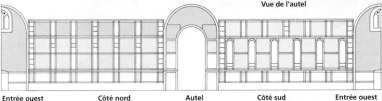

Entrée ouest   **Côté nord**   **Autel**   **Côté sud**   **Entrée ouest**

SUIVEZ LE GUIDE !

Comme la chapelle n'est pas grande, le nombre de personnes admises est toujours limité. Avant d'y pénétrer, les visiteurs restent 15 mn dans une salle de décontamination où leur sont données des informations en plusieurs langues expliquant les scènes. La visite de la chapelle dure 15 mn. Il est préférable de réserver soit par téléphone (049 201 00 20) soit par internet (www.capelladegliscrovegni.it), et de payer par carte bancaire.

LEGENDE

☐ Scènes de la vie de Joachim et Anne

☐ Scènes de la vie de Marie

☐ Scènes de la Passion

☐ Les Vertus et les Vices

☐ Le Jugement dernier

Le Jugement dernier

D'une composition qui reste marquée par la tradition byzantine, cette scène partiellement réalisée par des élèves de Giotto occupe tout le mur ouest. On y voit Scrovegni offrir une maquette de la chapelle à la Vierge.

La Présentation de la Vierge au Temple

Giotto aimait intégrer ses personnages à un décor architectural qui lui permettait de donner de la profondeur aux scènes.

L'Injustice

Les vices et les vertus sont peints en grisaille. Guerre, meurtre et vol accompagnent l'Injustice.

Vue de l'entrée

La Déposition

Les personnages partagent la même affliction mais présentent une large gamme d'expressions.

GIOTTO

Rompant avec la tradition byzantine des dix siècles précédents, ce grand artiste florentin (1267-1327) a laissé une œuvre qui, par son naturalisme et par son sens de la narration dramatique et de la représentation de l'espace, en fait le père de l'art occidental. Son génie fut reconnu de son vivant ; il est le premier peintre italien dont le nom passa à la postérité. L'absence de documents les concernant interdit toutefois de lui attribuer avec certitude maints de ses tableaux. Un doute qui n'existe pas pour les fresques de la chapelle des Scrovegni.

À la découverte de Padoue

Les collections du Museo Civico de Padoue témoignent de la riche histoire de la ville. Datant du xive siècle, les bâtiments qu'il occupe appartenaient au monastère attaché à l'église des Eremitani, et le prix du billet d'entrée inclut la visite de la cappella degli Scrovegni *(p. 156-157)*. L'autre grand monument de Padoue se trouve au sud de la cité médiévale. Mariant plusieurs styles architecturaux et décorée de nombreuses œuvres d'art, la basilica di Sant'Antonio est depuis le xiiie siècle un haut lieu de pèlerinage.

Anges en armes (xve siècle) par Guariento au Museo Civico

🏛 Chiesa degli Eremitani et Museo Civico Eremitani

Piazza Eremitani. **Tél** *049 820 45 51.*
Museum ☐ *mar.-dim.* 🈯

Bâtie de 1276 à 1306, l'église des Ermites de saint Augustin possède une superbe voûte en carène et abrite de beaux tombeaux, notamment le monument Renaissance sculpté par l'architecte florentin Bartolomeo Ammannati (1511-1592) pour Marco Bonavides (1489-1582), professeur de droit à l'université. Les bombardements de 1944 ont abîmé gravement les fresques dont Andrea Mantegna décora en 1454-1457 la cappella Ovetari (au fond du sanctuaire à droite). Trois scènes subsistent néanmoins : *Le Martyre de saint Jacques*, *L'Assomption* et *Le Martyre de saint Christophe*.

Tombe du ie siècle dans la collection archéologique

Installé dans l'ancien couvent attaché à l'église, le musée municipal présente un bel ensemble de vestiges archéologiques comprenant d'intéressantes mosaïques et des tombeaux romains. Riche collection numismatique, la donation Bottacin inclut un jeu presque complet des monnaies vénitiennes. C'est la galerie d'art qui constitue toutefois le clou de la visite. On y admire notamment le crucifix par Giotto provenant de la cappella degli Scrovegni et de nombreuses peintures vénitiennes et flamandes du xve au xviiie siècle. Parmi les bronzes Renaissance figure un amusant *Satyre buvant* d'Il Riccio (1470-1532).

🅰 Basilica di Sant'Antonio

Piazza del Santo.

Originaire de Lisbonne, saint Antoine de Padoue (la ville où il mourut à 36 ans) méprisait les richesses à l'instar de son modèle, saint François d'Assise. Cela n'empêcha pas les Padouans d'élever à partir de 1232 l'un des plus somptueux sanctuaires de la chrétienté pour abriter ses reliques.

Surnommée « Il Santo », l'église juxtapose hardiment tous les styles en vigueur à l'époque de sa construction : byzantin pour les coupoles, roman pour la façade et gothique pour les clochers.

À l'intérieur, le nombre des ex-voto témoigne de la popularité du saint invoqué pour sauver les malades et les blessés et retrouver objets, personnes et amours perdus. Sa tombe, dans le transept nord, est entourée de reliefs en marbre évoquant sa vie sculptés de 1505 à 1577 par plusieurs artistes, dont Jacopo Sansovino. De superbes bronzes (1444-1445) de Donatello décorent le maître-autel. Altichiero da Zevio peignit vers 1380 la *Crucifixion* du transept sud.

⚜ Statue du Gattamelata

Fils de boulanger né vers 1370, Erasmo da Narni devint un célèbre condottiere sous le nom de Gattamelata. Il rendit de grands services à la République de Venise qui décida, à sa mort en 1443, d'élever un monument à sa mémoire. Plus grande statue équestre réalisée depuis l'antiquité romaine, le bronze de Donatello est une œuvre marquante de la Renaissance.

La basilica di Sant'Antonio et la statue du Gattamelata par Donatello

⛪ Oratorio di San Giorgio et Scuola del Santo

Piazza del Santo. **Tél** 049 875 52 35.
🔲 t.l.j. ⚫ 1er janv., 25 déc. 🖼
Chapelle votive bâtie au
XIVe siècle, l'oratoire est
décoré de fresques peintes
de 1378 à 1384 par Altichiero
da Zevio et ses élèves. Elles
représentent des scènes de la
vie du Christ et de plusieurs
saints. Dans la scuola voisine,
des épisodes de la vie de saint
Antoine ornent la salle du
premier étage. Titien peint
Le Miracle du pied coupé,
Le Miracle du nouveau-né
et *Le Miracle du mari jaloux*
en 1511.

🌿 Orto Botanico

Via Orto Botanico 15. **Tél** 049 827
21 19. 🔲 t.l.j. (nov.-mars : lun.-sam.
mat.). 🖼 ♿
Fondé en 1545, ce jardin de
plantes exotiques est l'un des
plus anciens d'Europe. C'est
là que poussèrent les premiers
lilas (1568), tournesols (1568)
et pommes de terre (1590)
d'Italie.

⛪ Palazzo del Bo

Via VIII Febbraio 2. **Tél** 049 827 30
47. 🔲 groupes seul. 🖼
mar., jeu., sam. mat., lun., mer., ven.
ap.-m., appeler pour vérifier. 🖼
En 1493, l'université de
Padoue, fondée en 1222,
s'installa dans une ancienne
auberge : *Il Bo* (le Bœuf).
Réputée dans toute l'Europe,
sa faculté de médecine eut
notamment comme professeur
Gabriele Fallopio (1523-1562).
La cour bordée d'un
portique du XVIe siècle mène à
la chaire d'où Galilée enseigna
de 1592 à 1610 et à la plus
ancienne salle d'anatomie du
monde, le Teatro Anatomico
(1594) de F. d'Acquapendente.

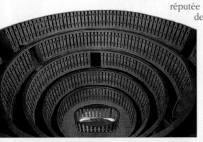

Le théâtre anatomique (XVIe siècle) de la vieille faculté
de médecine de l'université de Padoue au palazzo del Bo

Les collines Euganéennes d'origine volcanique

Les collines Euganéennes ⑧

🚆 🚌 *jusqu'à Terme Euganee,*
Montegrotto Terme. 🛈 *Viale Stazione*
60, Montegrotto Terme (049 79 33 84).
D'origine volcanique, elles
dressent leurs formes coniques
au-dessus de la plaine et
culminent à 602 m à la Venda.
De nombreuses sources d'eau
chaude y ont suscité la
création de plusieurs stations
thermales telles qu'Abano
Terme ou Montegrotto Terme
déjà fréquentée à l'époque
romaine comme en
témoignent les vestiges d'un
théâtre et de thermes antiques.

🔒 Abbazia di Praglia

Via Abbazia di Praglia, Bresseo
di Teolo. **Tél** 049 999 93 00. 🔲
mar.-sam. ap.-m. et dim. ⚫ janv.,
Pâques, 25 déc. 🔘 **Dons** bienvenus.
Le monastère bénédictin de
Praglia, à 6 km à l'ouest
d'Abano Terme, constitue un
havre de paix où les moines
cultivent des plantes
aromatiques et restaurent des
manuscrits. Ils proposent des
visites guidées de l'abbatiale
Renaissance (1490-1548)
réputée pour la beauté
de ses cloîtres.
À voir dans
l'église et le
réfectoire :
des peintures
et des
fresques
par Zelotti,
artiste
véronais
du XVIe siècle,
et des stalles
richement
sculptées.

🏛 Casa di Petrarca

Via Valleselle 4, Arquà Petrarca.
Tél 0429 71 82 94. 🔲 mar.-dim.
(lun. si j. f.). ⚫ jours fériés. 🖼 🎦
Le bourg pittoresque d'Arquà
Petrarca a pris le nom du
poète et humaniste Pétrarque
(1307-1374) qui y passa la fin
de sa vie. Décorée de fresques
inspirées de ses œuvres, sa
maison renferme des souvenirs
et domine un paysage
où s'étagent oliveraies et
vignobles. Simple sarcophage
de marbre rouge, le tombeau
où il repose se trouve sur
la place devant l'église.

La maison de Pétrarque à Arquà
Petrarca

⛪ Villa Barbarigo

Valsanzibio. **Tél** 049 805 92 24.
🔲 t.l.j. mars-nov. : 10 h-13 h, 14 h-
coucher du soleil. 🖼 ♿ 🎦
À Valsanzibio au nord d'Arquà,
la villa construite en 1669 par
Antonio Barbarigo, procurateur
de la Sérénissime République,
possède un magnifique jardin
baroque. Longues allées,
statues, cyprès, pièces d'eau
et fontaines en font un superbe
lieu de promenade.

La villa Foscari (XVIᵉ siècle), ou Malcontenta, au bord du canal de la Brenta

Le canal de la Brenta ❾

Padua and Venezia. **FS** *Venezia Mestre, Dolo, Mira.* 🚌 *jusqu'à Mira, Dolo et Strà.* **Croisières sur le canal à bord d'Il Burchiello :** Padova. *Tél 049 820 69 10.* **www**.ilburchiello.it

Pour éviter l'envasement de la lagune, les autorités vénitiennes s'efforcèrent de détourner les fleuves qui s'y jetaient. La Brenta fut ainsi partagée en deux bras. Le plus ancien, canalisé depuis le XVIᵉ siècle, s'étend sur 36 km entre Fusina, juste à l'ouest de Venise, et Padoue. Profitant de la voie de circulation qu'il offrait, de riches patriciens élevèrent leurs villas sur ses rives. Beaucoup existent encore aujourd'hui et s'admirent depuis la N 11 qui longe la majeure partie de la voie navigable. Trois ouvrent leurs portes au public. La plus vaste et la plus luxueuse, à Strà, la **villa Nazionale** (XVIIIᵉ siècle), renferme une salle de bal au plafond exubérant peint par Tiepolo. Dans le joli village de Mira, la **villa Barchessa Valmanara** possède de belles décorations du XVIIIᵉ siècle. Aussi appelée la Malcontenta, la **villa Foscari**, bâtie de 1560 à 1572, est une œuvre de Palladio *(p. 76-77)* au décor par Zelotti. Ces villas peuvent aussi se visiter dans le cadre d'une croisière sur le Burchiello qui circule un jour de Padoue à Venise et le lendemain dans l'autre sens. S'il offre le moyen le plus agréable de découvrir paysages et édifices, le prix du billet se révèle élevé.

🏛 Barchessa Valmarana
Via Valmarana 11, Mira. *Tél 041 426 63 87.* ⬭ *avr.-oct. : t.l.j. 10h-18h.*

🏛 Villa Nazionale
Via Pisani, Strà. *Tél 049 50 20 74.* ⬭ *mar.-dim.* ⬤ *1ᵉʳ jan., 1ᵉʳ mai, 25 déc..* ⬤ *ven. et dim. en italien.*

🏛 Villa Foscari
Via dei Turisti, Malcontenta. *Tél 041 547 00 12.* ⬭ *mar. et sam. matin.* ⬤ *nov.-mars.*

Trévise ❿

🏠 *81 700.* 🚆 **FS** ℹ *Piazzetta Monte di Pietà 8 (0422 54 76 32).* 🗓 *mar. et sam. matin.* **www**.turismo.provincia.treviso.it

Souvent comparée à Venise, sa puissante voisine, Trévise, ville fortifiée aux rues historiques bordées de façades peintes, n'en possède pas moins sa propre personnalité.

Au cœur de la cité, la rue de la **Calmaggiore** relie au **Duomo** le palazzo dei Trecento bâti au début du XIIIᵉ siècle et complété d'une loggia en 1552. Fondée au XIIᵉ siècle mais plusieurs fois remaniée, la cathédrale renferme dans une chapelle à droite de l'autel une *Annonciation* (1520) de Titien. Une fresque maniériste du Pordenone lui fait face : *L'Adoration des Mages* (1520). D'autres peintures Renaissance s'admirent au **Museo Civico**.

Dans le quartier de la Peschiera, un marché aux poissons très animé se tient depuis le Moyen Âge sur une petite île. De l'autre côté de la ville, l'église gothique **San Nicolò** ornée de fresques du XIVᵉ siècle abrite le tombeau d'Agostino Onigo (vers 1500), œuvre d'Antonio Rizzo décorée par Lorenzo Lotto. Quarante portraits peints vers 1350 décorent la salle du Chapitre du séminaire voisin. Sur l'un d'eux figurent les premières lunettes jamais représentées en art.

🏛 Museo Civico
Chiesa di Santa Caterina, Via Santa Caterina. *Tél 0422 54 48 64.* ⬭ *mar.-dim.* ⬤ *jours fériés.*

Canal de la vieille ville de Trévise

Façade Renaissance du palazzo dei Rettori à Belluno

Conegliano ⓫

Trévise. 🏛 35 000. 🚆 🚌 ℹ️ *Via XX Settembre 61 (0438 212 30).* 🚐 *ven.*

Située au cœur des vignobles du Prosecco, cette petite ville possède une école d'œnologie qui forme des viticulteurs de toute l'Italie. De beaux palais datant du XVe au XVIIIe siècle dominent sa rue principale bordée d'arcades, la via XX Settembre. Beaucoup sont de style gothique vénitien ou décorés de fresques estompées. Le **Duomo** abrite la plus grande œuvre d'art de la cité : le retable de la *Vierge en majesté avec saints* peint en 1493 par Cima da Conegliano (1460-1518).

Sphinx au théâtre de Conegliano

La maison natale de l'artiste, la **casa di Cima**, présente des reproductions de la plupart de ses tableaux les plus célèbres. Les paysages des arrière-plans s'inspiraient des collines entourant la ville telles qu'on peut les découvrir depuis les jardins où se dresse le Castelvecchio (vieux château).

🏠 Casa di Cima
Via Cima. **Tél** *0438 216 60 sur r.-v.*
🌐

Belluno ⓬

🏛 36 000. 🚆 🚌 ℹ️ *Piazza Duomo 2 (0437 94 00 83).* 🚐 *sam.*

Chef-lieu pittoresque de la province du même nom, Belluno se trouve à la charnière de deux parties très différentes de la Vénétie : les plaines du sud et le massif des Dolomites. Ce contraste ajoute à la beauté du panorama offert par la **porta Ruga** (XIIe siècle), à l'extrémité sud de la via Mezzaterra, la rue principale. La vue offerte par le campanile baroque (1743) du **Duomo** bâti au XVIe siècle se révèle encore plus spectaculaire. Le baptistère voisin possède des fonts sculptés d'un *Saint Jean-Baptiste* par Brustolon (1662-1732) dont les œuvres décorent également les églises San Pietro (autel et anges) et Santo Stefano (chandelier et crucifix).

C'est au nord de la piazza del Duomo que se dresse l'édifice le plus élégant de la ville : le **palazzo dei Rettori** (1491), ancienne résidence des gouverneurs vénitiens. À côté s'élève la **torre Civica** (XIIe siècle), dernier vestige d'un château médiéval.

À quelques pas, le **Museo Civico** possède une section archéologique et quelques beaux tableaux, notamment par Bartolomeo Montagna (1450-1523) et Sebastiano Ricci (1659-1734). Au nord du musée s'étend la **piazza del Mercato**, la plus belle place avec ses palais Renaissance et sa fontaine de 1410.

Au sud de la ville se trouvent les stations de ski des Alpe del Nevegal. En été, un télésiège rejoint depuis Faverghera un point de vue à 1 600 m d'altitude.

🏛 Museo Civico
Piazza Duomo 16. **Tél** *0437 94 48 36.* ◯ *mai-sept. : mar.-dim. ; oct.-avr : t.l.j.* 🌐

Cortina d'Ampezzo ⓭

Belluno. 🏛 6 800. 🚌 ℹ️ *Piazzetta San Francesco 8 (0436 32 31).* 🚐 *mar. et ven. matin.*

Le cadre extrêmement spectaculaire que créent au-dessus de pentes boisées les aiguilles et les pics escarpés des Dolomites *(p. 82-83)* dominant Cortina d'Ampezzo explique en partie qu'elle soit devenue une des stations de montagne les plus prisées de la haute société milanaise et turinoise.

Après avoir accueilli les Jeux olympiques en 1956, elle dispose de surcroît d'un équipement hors du commun. Outre le ski alpin et le ski de fond, les audacieux pourront ainsi pratiquer aussi le saut et le bobsleigh. La station offre également une patinoire olympique, plusieurs piscines, des courts de tennis et la possibilité de pratiquer l'équitation.

Cortina se transforme en été en centre de randonnée et l'office du tourisme et le Club Alpino Italiano *(p. 625)* peuvent vous renseigner sur les itinéraires d'excursion.

Flânerie sur le corso d'Italia à Cortina d'Ampezzo

Marmites anciennes en cuivre au museo Carnico de Tolmezzo

Tolmezzo ⑭

🏛 10 000. 🚌 ℹ️ Piazza XX Settembre 9 (0433 448 98). 🚪 lun. a.-m.

Dominé par les sommets des Alpes Carniques, notamment, à l'est, la pyramide formée par le monte Amariana (1 906 m), Tolmezzo est le chef-lieu de la province de la Carnia, nommée d'après la tribu celte qui habitait ce territoire vers le IVe siècle av. J.-C., et dont le **museo delle Arti Popolari** offre un bon point de départ à la visite avec son exposition sur les costumes, les techniques agricoles et les artisanats traditionnels de la région.

Au sud de la ville, un parcours pittoresque de 14 km conduit à la station de ski de **Sella Chianzutan**, centre de randonnée apprécié en été. D'autres stations jalonnent la N 52 qui mène à l'ouest de Tolmezzo jusqu'à **Ampezzo** d'où une route secondaire rejoint au nord, par les gorges du Lumiei, le **lago di Sauris**, excellente introduction aux Alpes Carniques. Au delà, la route est souvent impraticable en hiver mais traverse en été des prés fleuris jusqu'à Sella di Riazo puis, par la **vallée de la Pesarina**, Comeglians et Ravascletto. En revenant vers Tolmezzo, la N 52 bis passe par **Zuglio,** en face d'Arta Terme. Ancienne cité romaine commandant l'accès du col, Zuglio a conservé les vestiges d'un forum, d'une basilique et de thermes antiques.

🏛 **Museo delle Arti Popolari**
Via della Vittoria 2. **Tél** 0433 432 33. ◻ mar.-dim. ◻ 1er janv., 25 déc. 🖼 🚻 🚫

Pordenone ⑮

🏛 49 000. 🚆 🚌
ℹ️ Via Damiani 2c (0434 52 03 81). 🚪 mer. et sam.

Le vieux Pordenone se réduit essentiellement à une longue rue, le **corso Vittorio Emanuele** bordé de belles maisons à arcades dont les façades portent encore pour certaines des traces de fresques. Édifice gothique du XIIIe siècle doté d'une tour d'horloge du XVIe siècle, le **Palazzo Comunale** en marque le terme. En face, le palazzo Ricchieri date du XVIIe siècle mais incorpore des éléments plus anciens. Il abrite le **Museo d'Arte** qui présente notamment des peintures de l'enfant le plus célèbre de la ville : le Pordenone (1484-1539), auteur également, au **Duomo**, de la *Vierge de la Miséricorde* (1515) de l'autel et des fresques des piliers. Un élégant campanile roman à décorations en terre cuite flanque la cathédrale.

🏛 **Museo d'Arte**
Corso Vittorio Emanuele 51. **Tél** 0434 39 23 11. ◻ mar.-dim. ◻ jours fériés. 🖼 🚻 🚫

Udine ⑯

🏛 99 000. 🚆 🚌 ℹ️ Piazza I Maggio 7 (0432 29 59 72). 🚪 sam.

Ville à l'architecture d'une grande variété, Udine s'organise autour de la **piazza della Libertà**, où le palazzo del Comune (1448-1456) construit en briques dans le style gothique vénitien se dresse à côté du Caffè Contarena (1915) Art déco. En face, la torre dell'Orologio (1527) brise la symétrie de l'arcade Renaissance du porticato di San Giovanni. À son sommet, deux Maures de bronze sonnent les heures. À noter aussi la fontaine datant de 1542 et la colonne portant le lion de Saint-Marc.

Derrière la place s'élève une colline haute de 26 mètres offrant un large panorama de la cité. Il faut franchir l'**arco Bollani** dessiné par Palladio en 1556 pour grimper l'escalier menant au Castello. Ce château du XVIe siècle abrite désormais les collections d'art et de pièces archéologiques des **Musei Civici e Galleria di Storia e Arte Antica.**

Au sud de la piazza della Libertà se trouve l'**oratorio della Purità** et le **Duomo** qui renferment, comme le **palazzo Arcivescovile**, des peintures et des fresques par Giambattista Tiepolo (1696-1770). Le marché se tient devant l'église baroque San Giacomo sur la piazza Matteotti entourée d'arcades.
Aux Environs :
À Codroipo, à 24 km à l'ouest d'Udine, la vieille route de Palmanova conduit à Passiarano et à l'imposante

Lago di Sauris, lac artificiel près de Tolmezzo dans les Alpes Carniques

Hébergements et restaurants de la région, voir p. 558-561 et 606-609

Le portico di San Giovanni sur la piazza della Libertà d'Udine

villa **Manin**, villégiature du dernier doge de Venise, Ludovico Manin (1725-1802), et à ses magnifiques jardins. Même hors des heures de visite, elle reste visible depuis la route qui traverse le parc.

🏛 Musei Civici e Galleria di Storia e Arte Antica
Castello di Udine. *Tél* 0432 27 15 91. ◯ mar.-sam. (dim. matin). ● 1ᵉʳ janv., Pâques, 1er mai, 25 déc. 🏵 ♿ ⬛

🏚 Palazzo Arcivescovile
Piazza Patriarcato 1. *Tél* 0432 250 03. ◯ mer.-dim. ● 1ᵉʳ janv., Pâques, 25 déc. 🏵 ♿ ⬛

🏚 Villa Manin
Passariano. *Tél* 0432 90 66 57. ◯ mar.-dim. ● 1ᵉʳ janv., 25 déc. 🏵 pour les expositions. ♿

Cividale del Friuli ⑰

🏘 11 000. ▓ ▭ ℹ Piazza Paolo Diacono 10 (0432 71 04 60). ▤ sam.

Une porte dans les remparts médiévaux de Cividale donne sur la grand-rue qui conduit droit au spectaculaire ravin où coule le Natisone. Il coupe la ville en deux et l'arche d'un pont datant du Moyen Âge, le **ponte del Diavolo**, le franchit. Au-dessus de la rive nord, le **Tempietto Longobardo** (« Chapelle lombarde »), oratoire du VIIIᵉ siècle décoré de reliefs en stuc, mêle styles byzantin et roman.

Sur la place principale, le remarquable **Museo** **Archeologico Nazionale** retrace l'histoire de la ville et présente entre autres des vestiges d'édifices romains et une collection d'objets lombards comprenant des bijoux et des armes.

À côté, le **Duomo**, reconstruit en 1453 après un incendie, abrite un superbe retable en argent du XIIIᵉ siècle. Le **Museo Cristiano** ouvre sur la nef sud. Il expose des sculptures de l'église originale, en particulier l'autel offert par Ratchis, duc lombard du Frioul qui devint roi d'Italie (737-744). Des scènes de la vie du Christ, dont une charmante Nativité, ornent ses panneaux de marbre. À voir aussi : la cuve baptismale du patriarche Callisto (737-756) de forme octogonale.

🔒 Tempietto Longobardo
Piazzetta San Biagio. ◯ t.l.j. 🏵 ⬛

L'intérieur du Tempietto Longobardo de Cividale del Friuli

🏛 Museo Archeologico Nazionale
Palazzo dei Provveditori Veneti, Piazza del Duomo 1. *Tél* 0432 70 07 00. ◯ t.l.j. ● 1ᵉʳ jan., 25 déc. 🏵 ♿

🏛 Museo Cristiano
Piazza del Duomo. *Tél* 0432 73 11 44. ◯ t.l.j. ● dim. mat. et jours fériés. ♿

Gorizia ⑱

🏘 37 000. ▓ ▭ ℹ Corso Italia 9 (0481 53 57 64). ▤ jeu. et ven.

En 1947, le traité de Paris céda la partie orientale de Gorizia à la Yougoslavie et la ville est donc aujourd'hui traversée par la frontière avec la Slovénie. L'épisode le plus sanglant eut toutefois lieu pendant la Première Guerre mondiale, et si elle ne porte plus trace des batailles, elle en entretient le souvenir. Le rez-de-chaussée du **Museo Provinciale** abrite ainsi le Museo Provinciale della Grande Guerra qui évoque les épreuves subies par les soldats au moyen de photos, documents audiovisuels et reconstitutions grandeur nature de tranchées, de postes d'artillerie et de casemates. Les salles de l'étage présentent des peintures d'artistes locaux et servent à l'organisation d'expositions temporaires.

Le lion de Saint-Marc à l'entrée du château de Gorizia

En face du Duomo du XIVᵉ siècle, le viale D'Annunzio gravit le Borgo Castello, colline fortifiée par la République de Venise au XVIᵉ siècle. Au sommet, le château offre un superbe panorama sur le plateau du Carso et la ville.

Aux environs : Au sud-ouest de Gorizia, de jolies routes serpentent jusqu'à Trieste sur les contreforts du plateau calcaire du **Carso** creusé de grottes et de rivières souterraines. Des murs en pierres sèches y séparent toujours champs et prés.

🏛 Museo Provinciale
Borgo Castello 13. *Tél* 0481 53 39 26. ◯ mar.-dim. ● 25 déc. 🏵 ⬛

Le port de Grado au sud d'Aquileia

Aquileia ⑲

🏛 3 300. 🚌 ℹ *Via Capitolo (0431 91 087).* 🗓 *mar.*

Ruines de villas, de thermes, de temples et de magasins rappellent à Aquileia, bourgade aujourd'hui à peine plus importante qu'un village, la splendeur perdue de la cité romaine fondée en 181 av. J.-C. et qui devint la capitale de la province de Vénétie-Istrie.

Ce fut là qu'Auguste reçut Hérode Ier le Grand, roi de Judée, en 10 av. J.-C., et là aussi que saint Jérôme et saint Ambroise participèrent en 381 à un grand concile. La ville ne résista toutefois pas aux invasions barbares du Ve siècle. Heureusement, les destructions laissèrent intact le superbe pavement de mosaïque de la basilique paléochrétienne.

⛪ Basilica
Piazza Capitolo. **Tél** *0431 910 67.* ⬤ *t.l.j.* ⬤ *pendant les offices.* **Crypte** 🎫 ♿

Il ne reste de la première basilique d'Aquileia, fondée vers l'an 313, que les magnifiques pavements de mosaïque paléochrétiens de la nef et de la **cripta degli Scavi** au-dessous. Leur décor mêle motifs géométriques, épisodes bibliques et scènes de la vie quotidienne au IVe siècle.

L'église, élevée dans le style roman au début de ce millénaire, a connu un important remaniement gothique au XIVe siècle. L'aménagement intérieur date de la Renaissance.

🏛 Museo Archeologico Nazionale
Via Roma 1. **Tél** *0431 910 16.* ⬤ *t.l.j. 8h30-19h30 (lun. : jusqu'à 14h).* ⬤ *jours fériés.* 🎫 ♿ 📷

Les mosaïques de la basilique entretenaient une tradition artisanale déjà florissante à Aquileia au IIe siècle comme le montre l'exposition de ce musée qui comprend des sculptures de l'époque classique (du Ier au IIIe siècle) ainsi que de la verrerie, des pièces d'ambre et une collection de mouches en or, ancienne parure du voile d'une élégante Romaine.

🏛 Museo Paleocristiano
Località Monastero. **Tél** *0431 911 31.* ⬤ *mar.-dim. (lun. si j. f.).* ⬤ *1er janv., 1er mai, 25 déc.* 🎫 ♿ 📷

Installé près de l'ancien port au bord de la Natissa jadis navigable, il expose les vestiges sauvés des premiers édifices chrétiens (IVe-VIe siècle), mosaïques et bas-reliefs.

Aux environs :
Fondée au IIe siècle pour servir de port maritime à Aquileia, **Grado**, qui s'étend comme Venise sur des îlots d'une lagune de la côte adriatique, se développa au Ve siècle quand elle servit d'asile aux populations fuyant les invasions barbares. Reliée à la terre ferme par une belle chaussée de 5 km de long, c'est aujourd'hui une des stations balnéaires les plus populaires de la région grâce à sa longue plage de sable et son port de plaisance.

Au centre de la vieille ville se dresse le **Duomo** qui a conservé des piliers de marbre à chapiteaux byzantins et un pavement de mosaïque du VIe siècle. À proximité, le baptistère et la petite basilique **Santa Maria delle Grazie** sont eux aussi ornés de mosaïques du VIe siècle.

LE SYMBOLISME DANS L'ART PALÉOCHRÉTIEN

Victimes des persécutions romaines, les premiers disciples du Christ utilisaient entre eux des signes de reconnaissance, souvent des motifs traditionnels de l'art classique interprétés en fonction de leur foi. Nombre des symboles qui figurent sur les mosaïques et les sarcophages d'Aquileia ont au fil des siècles évolué dans leur signification.

Détail du pavement en mosaïque (IVe siècle) de la basilique d'Aquileia

L'allégorie de la Victoire antique, *jeune femme ailée tenant une branche de laurier, en vint à représenter la résurrection du Christ, puis, plus généralement, le triomphe sur la mort.*

Trieste ⑳

🏙 *218 000.* 🚆 FS 🚌
ℹ️ *Piazza Unità d'Italia 4/b (040 347 83 12).* 🚢 *mar.-sam.*

Port de l'Adriatique proche de la frontière slovène, cette ville animée, riche d'un passé qui remonte à l'Antiquité, possède une atmosphère qui lui est propre.

🏛 Acquario Marino

Molo Pescheria 2. **Tél** *040 30 62 01.*
🕐 *juin-sept. : t.l.j. ; oct.-mai : mar. -dim. (nov.-mars mat. seul.).* 🎫 ♿
Installé sur le port près du marché aux poissons, l'aquarium de Trieste offre un remarquable aperçu de la faune de l'Adriatique.

♣ Castello di San Giusto

Piazza Cattedrale 3. **Tél** *040 30 93 62.* 🚫 **Fermé pour rénovation.** 🎫
Entrepris par les Vénitiens en 1368, ce château fort domine le port depuis une colline devant un large panorama du golfe de Trieste. Il abrite deux musées où sont exposées des mosaïques romaine, ainsi qu'une belle collection d'armes et d'armures anciennes.

🔒 Basilica Paleocristiana

Via Madonna del Mare 11. **Tél** *040 436 31.* 🕐 *mer. 10 h-12 h*
À côté du château s'étendent les ruines d'une basilique romaine datant du tournant du Iᵉʳ siècle. Remarquez les sièges de pierre des magistrats.

🔒 Duomo

Piazza Cattedrale. **Tél** *040 30 96 66.* 🕐 *t.l.j.* ♿
La cathédrale **San Giusto** présente en façade une grande rosace gothique, ornement de la nef centrale bâtie au XIVᵉ siècle entre deux basiliques romanes du XIᵉ siècle, aux absides décorées de belles mosaïques du XIIIᵉ siècle. Celle de gauche, une *Vierge en majesté*, offre un superbe exemple du style vénitien. L'abside de droite abrite en outre des fresques évoquant la vie de saint Just.

🏛 Museo di Storia ed Arte ed Orto Lapidario

Via della Cattedrale 15. **Tél** *040 31 05 00.* 🕐 *mar.-dim.* ⚫ *jours fériés.* 🎫
L'importance de sa collection archéologique vient des relations commerciales entre Trieste et la Grèce pendant l'Antiquité.

Vierge en majesté au-dessus des 12 Apôtres (XIIIᵉ siècle), Duomo de Trieste

Aux environs : À 9 km au nord de Trieste, **Villa Opicina** offre depuis son belvédère un splendide panorama du port, de sa baie et de la côte jusqu'en Slovénie. Un peu plus loin, Borgo Grotta Gigante doit son nom à la **grotta del Gigante**, immense salle souterraine aux spectaculaires concrétions calcaires.

À Grignano, à 8 km au nord-ouest de Trieste, le **castello del Miramare** dresse sur un promontoire sa silhouette blanche mise en valeur par la luxuriance de son jardin. Bâti de 1856 à 1860 pour l'archiduc Maximilien d'Autriche qui mourut fusillé au Mexique en 1867, il a conservé son mobilier et sa décoration d'époque.

🎫 Grotta del Gigante

Borgo Grotta Gigante. **Tél** *040 32 73 12.* 🕐 *mar.-dim. (juil.-août t.l.j.).* 🎫 🖼

♣ Castello di Miramare

Miramare, Grignano. **Tél** *040 22 41 43.* 🕐 *t.l.j.* ♿ 🎫 *(château seul.).*

Le castello del Miramare sur la baie de Trieste

La tortue, *comme l'ignorance, s'enferme dans sa carapace. Le coq, en chantant à l'aube, annonce l'arrivée de la lumière apportée par la foi.*

ICHTHUS (poisson) *était un acronyme du grec Iesous CHristos THeou Uios Soter (« Jésus Christ, Fils de Dieu, Sauveur »).*

Les paons *symbolisaient l'âme immortelle dont toute la beauté se révèle à son arrivée au paradis.*

TRENTIN-HAUT-ADIGE

Nommée d'après sa capitale, Trente, la province italophone du Trentin diffère grandement par sa culture de la haute vallée de l'Adige souvent appelée Sud-Tyrol et dont la population, au débouché du principal col vers l'Autriche, le Brenner, parle allemand. Toutes deux ont cependant en commun les montagnes majestueuses qui dominent chaque ville ou village. Couverts de neige pendant six mois, leurs flancs se tapissent les six suivants de fleurs alpines.

Les glaciers ont creusé dans les montagnes du Trentin-Haut-Adige de profondes et larges vallées. Pour la plupart exposées au sud, elles jouissent d'un climat exceptionnellement doux à cette altitude. Voie d'accès au col du Brenner, principal point de passage dans les Alpes entre le sud et le nord de l'Europe, la région a de tout temps été parcourue par des voyageurs comme l'a confirmé en 1991 la découverte d'un corps prisonnier de la glace depuis 5 000 ans. Chaussé de bottes en cuir garnies de paille, l'homme s'aidait dans sa progression d'un pic en cuivre.

Les sentiers empruntés au néolithique devinrent des routes à l'époque romaine où les premières villes se développèrent. La haute vallée de l'Adige acquit sa culture germanophone au Moyen Âge sous le gouvernement des comtes de Tyrol dont le territoire, qui passa ensuite sous le contrôle des Habsbourg, s'étendait des deux côtés de la frontière actuelle. Pour protéger cols et vallées, la noblesse tyrolienne construisit les châteaux qui jalonnent toujours la province.

La tradition d'accueillir les visiteurs chez l'habitant est un autre héritage tyrolien. Les chambres louées par des particuliers se trouvent souvent dans des maisons typiques avec leurs balcons en bois. Feux dans la cheminée en hiver et solide cuisine de montagne en font des bases idéales d'où découvrir les pentes enneigées ou les sentiers de randonnée.

Skieurs dans le massif du monte Spinale, près de Madonna di Campiglio dans le Trentin

◁ Paysage typique des Dolomites entre Bressanone et Ortisei dans le Haut-Adige

À la découverte du Trentin-Haut-Adige

Province entièrement montagneuse offrant à la fois
équipements sportifs et nature préservée, le Trentin-Haut-
Adige s'étend des Dolomites, au sud, jusqu'aux Alpes
Atésines et la frontière autrichienne qui les traversent. L'Adige
court dans la vallée la plus large et arrose les deux villes
principales : Bolzano-Bozen et
Trente. Le long de ses affluents,
vignobles, champs fleuris, alpages
et pentes boisées abritent une
faune d'une grande richesse.

La via Ponte Aquila à Bressanone

LA RÉGION D'UN COUP D'ŒIL

LÉGENDE

═══ Autoroute	┄┄ Liaison ferrée principale
═══ Route principale	─── Liaison ferrée secondaire
─── Route secondaire	▬▬▬ Frontière internationale
═══ Petite route	▬▬▬ Frontière régionale
━━━ Parcours pittoresque	△ Sommet

Landeck
Passo di Resia
Resia
Melago
Moso in Pa
Lago di Resia
Curon Venosta
S40
Abbazia di Monte Maria
l'Altissima 3480m
Venoste
Alpi
Senales
MALLES VENOSTA ①
Monte Alto 3260m
Ti
Glorenza
Castel Coira
MERAN
Silandro
Adige
L
Prato allo Stelvio
Laces
Guardia Alta 2608m
S38
Passo dello Stelvio
Trafoi
Solda
T R E
Bormio
Ortles 3899m
Santa Gertrude
Senale
Monte de 2656m
Monte Cevedale 3757m
Marcena
Malc
Bagni di Rabbi
Revò
Pejo
A L T
Dimaro
Cles
Tuenno
D
S42
Vermiglio
Noce
S43
Sondrio
MADONNA DI CAMPIGLIO ⑫
Mezzolombardo
Sarca
Pinzolo
Cima Brenta 3150m
Andalo
Cascate di Nardis
Cima Tosa 3159m
Lago di Molveno
Paganella 2125m
Adamello
Stenico
Vezzano
TREN
Re di Castello 2885m
Tione di Trento
Sarche
Vas
Giudicarie
S45b
Lardaro
Dro
Calliano
Monte Cadria 2254m
Valli
Tiarno
Tenno
Arco
ROVERETO ⑭
Riva del Garda
Torbole
Rui Dan
Storo
S12
Brentonico
Rac
CASTELLO DI AVIO ⑭
Ala
A22
Verona

0   25 k

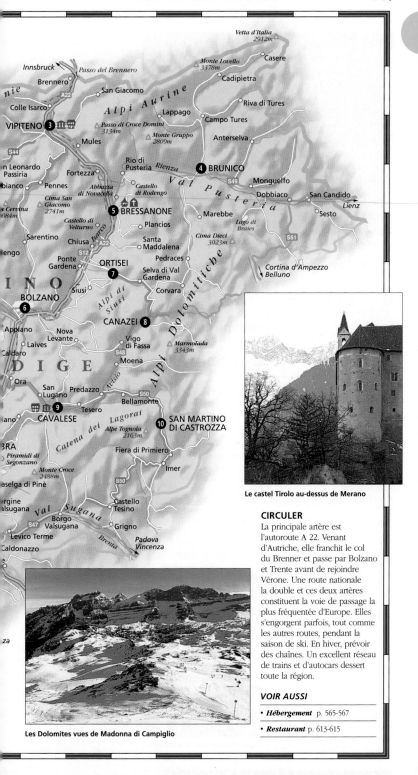

Innsbruck

Passo del Brennero

Brennero

Colle Isarco

VIPITENO ❸

Mules

n Leonardo
Passiria

bianco

Pennes

Cima San
Giacomo
2741m

Cervina
084m

Sarentino

Chiusa

lengo

Ponte
Gardena

ORTISEI ❼

Siusi

BOLZANO

❻

Appiano

Nova
Levante

Laives

Caldaro

Ora

San
Lugano

Predazzo

CANAZEI ❽

Vigo
di Fassa

Moena

Bellamonte

iano

CAVALESE ❾

Tesero

3RA

Piramidi di
Segonzano

Monte Croce
2488m

aselga di Pinè

ergine
alsugana

Borgo
Valsugana

Levico Terme

Caldonazzo

Vetta d'Italia
2912m

Monte Lovello
3378m

Casere

Cadipietra

Riva di Tures

San Giacomo

Alpi Aurine

Lappago

Campo Tures

Anterselva

Passo di Croce Domini
3134m

Monte Gruppo
2809m

Rio di
Pusteria

Rienza

BRUNICO ❹

Monguelfo

Fortezza

Abbazia
di Novacella

Castello
di Rodengo

Val Pusteria

Dobbiaco

San Candido

Sesto

Lienz

BRESSANONE ❺

Castello di
Velturno

Plancios

Santa
Maddalena

Marebbe

Lago di
Braies

S51

Cortina d'Ampezzo
Belluno

Pedraces

Cima Dieci
3023m

Selva di Val
Gardena

Corvara

Alpi di
Siusi

Dolomitiche

Marmolada
3343m

Alpi

Catena dei Lagorai

Alpe Tognola
2163m

**SAN MARTINO
DI CASTROZZA** ❿

Fiera di Primiero

Imer

Castello
Tesino

Val Sugana

Grigno

Padova
Vincenza

Brenta

za

Castello
di Rodengo

Le castel Tirolo au-dessus de Merano

CIRCULER

La principale artère est
l'autoroute A 22. Venant
d'Autriche, elle franchit le col
du Brenner et passe par Bolzano
et Trente avant de rejoindre
Vérone. Une route nationale
la double et ces deux artères
constituent la voie de passage la
plus fréquentée d'Europe. Elles
s'engorgent parfois, tout comme
les autres routes, pendant la
saison de ski. En hiver, prévoir
des chaînes. Un excellent réseau
de trains et d'autocars dessert
toute la région.

VOIR AUSSI

• **Hébergement** p. 565-567

• **Restaurant** p. 613-615

Les Dolomites vues de Madonna di Campiglio

L'abbazia di Monte Maria fondée au XIIᵉ siècle près de Malles Venosta

Malles Venosta ❶

MALS IM VINSCHGAU

🏠 4600. 🚉 🚌 👔 Via San Benedetto 1 (0473 83 11 90). 🚌 mer.

À plus de 1 000 m d'altitude près de la source de l'Adige, Malles Venosta ne se trouve qu'à quelques kilomètres des frontières suisse et autrichienne. Poste douanier au Moyen Âge, elle a conservé de cette époque plusieurs églises gothiques, dont les flèches se dressent au-dessus des toitures. **San Benedetto** date du IXᵉ siècle. Des fresques byzantines et carolingiennes ornent ses murs.

Aux environs :
Construit au XIIIᵉ siècle pour garder la route du Val Venosta, autre nom de la haute vallée de l'Adige, le **castel Coira** (Churburg) domine Sluderno (Schluderns) à 4 km au sud-est de Malles Venosta.
  À cinq kilomètres au nord de Malles Venosta, c'est une abbaye bénédictine, l'**abbazia di Monte Maria** (Marienberg), qui s'accroche au rocher au-dessus de Burgusio (Burgeis). Agrandie au XVIIIᵉ et au XIXᵉ siècles, elle garde de l'époque de sa fondation, le XIIᵉ siècle, une remarquable série de fresques décorant la crypte de l'église.

♙ Castel Coira
Churburg, Sluderno. **Tél** 0473 61 52 41. ◯ 20 mars-oct. : mar.-dim. (et lun. fériés). 📷 obligatoire. 📷

🔒 Abbazia di Monte Maria
Tél 0473 83 13 06. ◯ avr.-oct. : lun.-sam. mat. ; nov.-mars : groupes seul. 🔴 jours fériés. 📷 📷

Merano ❷

MERAN

🏠 35000. 🚉 🚌 👔 Corso della Libertà 45 (0473 27 20 00). 🚌 mar. et ven.

Jolie station thermale, Merano attire de nombreux curistes. Sur le corso Libertà bordé d'hôtels et de boutiques chic se dresse la **Kurhaus**, ancien centre de cure bâti en 1914 et aujourd'hui transformé en salle de concert. Datant du XVᵉ siècle, le **Castello Principesco**, résidence de l'archiduc Sigismond de Habsbourg, a conservé son mobilier d'époque.
  De beaux jardins s'étendent le long du Passirio qui sinue à travers la ville. Sur sa rive

Façade Art nouveau de la Kurhaus de Merano

nord, la passeggiata d'Inverno (Promenade d'hiver) aboutit au ponte Romano. Sur la rive sud, la passeggiatta d'Estate (Promenade d'été) se termine au ponte Passirio élevé au Moyen Âge.

Aux environs : À 4 km au nord de Merano se dresse le **Castel Tirolo** construit au XIIᵉ siècle. Il abrite un musée d'histoire locale. Le parc du **Castel Trauttmansdorff** a un superbe jardin botanique.

♙ Castello Principesco
Via Galilei. **Tél** 0473 25 03 29. ◯ mar.-dim., jours fériés. 🔴 janv., fév. 📷 📷

♙ Castel Tirolo
Via Castello 24, Tirolo. **Tél** 0473 22 02 21. ◯ mi mars-nov. : mar.-dim. 🔴 déc.-mi mars. 📷 ♿ 📷 📷

♙ Castel Trauttmansdorff
Via S. Valentino 51a. **Tél** 0473 23 57 30. ◯ t.l.j. : 15 mars-15 nov. 📷 📷 📷 🍴

Vipiteno ❸

STERZING

🏠 5600. 🚉 🚌 👔 Piazza Città 3 (0472 76 53 25). 🚌 t.l.j.

À quelques kilomètres du col du Brenner, une atmosphère très tyrolienne règne à Vipiteno. De belles maisons, la torre dei Dodici, symbole de la ville, et le **Palazzo Comunale**, de style gothique, mais abritant des œuvres d'art Renaissance, dominent la via Città Nuova. Le

Enseigne à Vipiteno

museo Multscher présente des sculptures sur bois d'Hans Multscher, l'artiste bavarois qui réalisa en 1456-1458 l'auTél de l'**église** paroissiale qui se dresse au sud de la ville.
  À l'ouest, des chutes d'eau et un pont naturel ajoutent au charme du **val di Racines**.

🏛 Palazzo Comunale
Via Città Nuova 21. **Tél** 0472 72 37 00. ◯ lun.-ven. 🔴 ven. ap.-m., jours fériés.

🏛 Museo Multscher
Via della Commenda. **Tél** 0472 76 64 64. ◯ mar.-sam. : avr.-oct.. 🔴 jours fériés 📷

Le château médiéval dominant Brunico

Brunico ❹

BRUNECK

🏛 *13 000.* FS 🚌 🛈 *Piazza Municipio 7 (0474 55 57 22).* 🛥 *mer.*

Jolie base d'excursions d'où découvrir la valle della Pusteria, Brunico étend sous la silhouette massive de son château médiéval (remanié au XVᵉ et XVIᵉ siècles) un réseau de ruelles qui ne s'explorent qu'à pied. Elle a conservé des remparts du XIVᵉ siècle et au nord-ouest de la porte Santa Ursula, l'**église** du même nom présente à l'autel un splendide relief de la Nativité (XVᵉ siècle). Le **museo Etnografico di Teodone** propose une exposition sur la vie rurale traditionnelle et les costumes folkloriques locaux et permet de visiter des bâtiments agricoles du XVIᵉ siècle.

Cadran solaire d'une porte de Brunico

🏛 **Museo Etnografico di Teodone**
Via Duca Diet 24, Teodone.
Tél *0474 55 20 87.* ⬭ *Pâques-oct. : mar.-sam., dim. et jours fériés ap.-m. (lun. aussi en août).* 🈳 ♿ 🔢

Bressanone ❺

BRIXEN

🏛 *18,000.* FS 🚌
🛈 *Viale Stazione 9 (0472 83 64 01).* 🛥 *lun.*

Les ruelles médiévales de Bressanone se serrent autour de la cathédrale et du palais des princes-évêques qui dirigèrent la ville pendant une longue partie de son histoire.

Reconstruit au XVIIIᵉ siècle, le **Duomo** possède une décoration intérieure baroque, mais a conservé son cloître du XIIᵉ siècle qu'ornent des fresques du XVᵉ siècle. De style Renaissance, le palazzo Viscovile abrite l'extraordinaire collection de figurines de crèches du **museo dei Presepi** et le **Museo Diocesano** qui présente notamment de belles sculptures sur bois.

Aux environs :
À 8 km au sud-ouest de la ville, Velturno (Feldthurns) renferme le **castello di Velturno**, résidence d'été Renaissance aux pièces ornées de peintures murales. À un peu plus de 3 km au nord de Bressanone se dressent les bâtiments fortifiés de l'**abbazia di Novacella**. De belles fresques décorent son cloître gothique. Un peu plus au nord dans la vallée, les vestiges d'un mur du XVIᵉ siècle appartenant jadis au poste de douane de la frontière séparant le Tyrol du canton de Görz se remarquent à l'est de **Rio di Pusteria** (Mühlbach). loin au-dessus du village, au sud-est, se découpe la silhouette massive du **castello di Rodengo** (Rodeneck). Il abrite de magnifiques fresques du XIIIᵉ siècle représentant des scènes de bataille, le Jugement dernier et des épisodes d'*Iwein*, ballade du poète médiéval Hartmann von Aue.

🏛 **Museo Diocesano et**
🏛 **Museo dei Presepi**
Palazzo Vescovile, Piazza Palazzo Vescovile 2. **Tél** *0472 83 05 05.* ⬭ *mi-mars-oct. : mar.-dim. ; déc.-jan. : t.l.j. (Museo dei Presepi seul.).* ⬤ *24, 25 déc.* 🈳

⛪ **Castello di Velturno**
Velturno. **Tél** *0472 85 55 25.* ⬭ *mars-nov. : mar.-dim.* 🈳 🈳

🔒 **Abbazia di Novacella**
Varna. **Tél** *0472 83 61 89.* ⬭ *lun.-sam.* ⬤ *jours fériés. ; jan.-mars : lun.* 🈳 🈳

⛪ **Castello di Rodengo**
Rodengo. **Tél** *0472 45 40 56.* ⬭ *mi mai-mi-oct. : mar.-dim.* 🈳 🈳

Le cloître du Duomo de Bressanone orné de fresques du XVᵉ siècle

L'intérieur baroque de l'église Sankt Ulrich d'Ortisei

Bolzano 🌢

BOZEN

🏛 98 000. ⛝ 🚌 🛈 Piazza Walther 8 (0471 30 70 00). 🚌 sam.

Chef-lieu du territoire autonome du Haut-Adige, Bolzano appartint aux comtes de Tyrol à partir du XIIIᵉ siècle, puis à l'Autriche jusqu'en 1919. La langue la plus parlée par la population y est l'allemand et une nette influence tyrolienne marque l'architecture.

Le **Duomo** gothique (XVᵉ siècle) domine de son toit de tuiles polychromes la **piazza Walther**, cœur du centre historique. À l'intérieur du sanctuaire, le porticina del Vino (petit portail du Vin) témoigne par son décor sculpté de l'importance pour l'économie locale des vignobles. Au milieu de la place se dresse la statue du troubadour du XIIIᵉ siècle dont elle porte le nom : Walther von der Vogelweide.

Flèche du Duomo de Bolzano

Au nord de la piazza Walther, le marché commence piazza Grano et s'étend jusqu'à la piazza delle Erbe d'où part la via dei Portici, la plus belle rue de Bolzano, bordée de maisons à arcades datant pour les plus anciennes du XVᵉ siècle. Elle conduit au **Museo Civico** qui présente une exposition de costumes et d'objets artisanaux illustrant la vie du Tyrol du Sud. Le Museo archeologico abrite le fameux homme des glaces vieux de 5 000 ans. Des fresques des XIVᵉ et XVᵉ siècles ornent la **chiesa dei Domenicani** (église des Dominicains) et son cloître.

🏛 **Museo Civico**
Via Cassa di Risparmio 14. **Tel** 0471 97 46 25. ● pour restauration. 🖼

🏛 **Museo Archeologico**
Via Museo 43. **Tel** 0471 32 01 00. ● mar.-dim. ● 1ᵉʳ jan., 1ᵉʳ mai, 25 déc. 🖼 🎥 📷

Ortisei 🌢

SANKT ULRICH

🏛 4 500. 🚌 🛈 Via Rezia 1 (0471 79 63 28). 🚌 ven.

Chef-lieu de la belle vallée du Val Gardena, Ortisei s'étend au cœur des Dolomites au pied de hautes montagnes. Importante station de sports d'hiver et de villégiature d'été, elle entretient une très ancienne tradition de sculpture sur bois qui, après avoir paré de retables et de statues typiques les églises de la région, telles que **Sankt Ulrich**, alimente aujourd'hui en souvenirs ses boutiques d'artisanat. Le **museo della Val Gardena** présente également de nombreuses pièces. Il possède en outre une section archéologique.

Au sud d'Ortisei s'élève le superbe massif de l'**Alpe di Siusi** (Seiser Alm). Un téléphérique mène au sommet du Monte Seceda (2 518 m).

🏛 **Museo della Val Gardena**
Via Rezia 83. **Tél** 0471 79 75 54. ● fév.-mars : mar., jeu., ven. ; juin, sept.-mi oct. : mar.-ven. ; juil.-août : dim.-ven. 🖼

Canazei 🌢

🏛 1 800. 🚌 🛈 Piazza Marconi (0462 60 96 00). 🚌 sam. (juil.-sept.)

Riche en hôtels et située au pied de trois groupes rocheux parmi les plus hauts et les plus imposants des Dolomites, Canazei permet d'explorer la région, d'autant que plusieurs remontées mécaniques fonctionnent en été et donnent accès à de superbes point de vue. L'un des plus populaires, le Belvedere I, s'atteint grâce au téléphérique de la via Pareda. Il offre un panorama spectaculaire des falaises de la Sella au nord, du Sasso Lungo à l'ouest

Skieurs jouissant du panorama au-dessus de Canazei

et, au sud, de la Marmolada culminant à 3 342 m.

Aux environs :
À **Vigo di Fassa**, à 13 km au sud-ouest, le **Museo Ladino** est dédié aux traditions, pour certaines, comme la musique, encore vivantes, des habitants du val de Fassa dont le dialecte d'origine latine, le ladin, est en voie de disparition.

🏛 Museo Ladino
San Giovanni, Vigo di Fassa.
Tél 0462 76 01 82. ☐ mar.-sam. ap.-m. ; t.l.j. fin juin-mi sept. et 20 déc.- 6 janv. . 🈳 ☑ ☒ ☐

Cavalese ❾

🏠 3 600. 🚍 **ℹ** Via Fratelli Bronzetti 60 (0462 24 11 11). 🚗 dernier mardi du mois (sauf juil.)

Façade peinte du palazzo della Magnifica Comunità

Station de montagne bien équipée et plus gros bourg du Val di Fiemme, jolie vallée que ponctuent prés fleuris et pentes boisées, Cavalese s'étend autour du **palazzo della Magnifica Comunità**. Construit au XIIIᵉ siècle et remanié au XVIᵉ, ce palais abrita au Moyen Âge le siège de la « Magnifique Communauté », association de onze communes jouissant d'une semi-autonomie. Il renferme aujourd'hui une collection de peintures et de pièces archéologiques.

Au sud de la ville s'élève l'**Alpe Cermis**. Un téléphérique conduit à son sommet à 2 229 mètres d'altitude.

Aux environs :
Tesero, le premier village à l'est, possède une église gothique datant de 1450

Vignobles en terrasses sur les coteaux du Val di Cembra

ornée d'une fresque anonyme du XVᵉ siècle et d'une Crucifixion moderne utilisant une vue du village comme arrière-plan.

À environ 13 km à l'est, l'exposition du **Museo Geologico e Mineralogico** de **Predazzo** permet de mieux comprendre l'histoire géologique de la région.

🏛 Palazzo della Magnifica Comunità
Piazza Cesare Battisti 2.
Tél 0462 34 03 65. ⬤ pour restauration.

🏛 Museo Geologico e Mineralogico
Piazza Santi Filippo e Giacomo 1.
Tél 0462 50 03 66. ⬤ horaires variables (téléphoner).

San Martino di Castrozza ❿

🏠 470. 🚍 **ℹ** Via Passo Rolle 165 (0439 76 88 67).

Station de montagne attirant skieurs en hiver et randonneurs et grimpeurs en été, San Martino occupe un cadre splendide dans une des vallées les plus spectaculaires et les plus accessibles des Dolomites méridionales. Des œufs grimpent jusqu'aux sommets de l'**Alpe Tognola** (2 163 m), au sud-ouest, et de la **Cima della Rosetta** (2 609 m), à l'est. Tous deux offrent une vue superbe sur les Pale di San Martino, aiguilles vertigineuses

jaillissant d'une mer de prés et de forêts. Ces dernières, qui entourent entièrement San Martino, fournissaient jadis en bois d'œuvre la flotte de la République vénitienne mais sont aujourd'hui protégées. Elles permettent de découvrir papillons, oiseaux et flore alpine.

Cembra ⓫

🏠 2 500. 🚍 **ℹ** Piazza Toniolli 2 (0461 68 31 10). 🚗 mer. a.-m.

Ce paisible bourg viticole se niche sur les coteaux du Val di Cembra, charmante vallée jalonnée de villages fleuris. À environ six kilomètres à l'est se dressent les **Piramidi di Segonzano**, bel ensemble de cheminées de fées, colonnes argileuses coiffées du rocher qui les a protégées de l'érosion. Certaines ont plus de 30 mètres de hauteur.

Le long du sentier qui y conduit, des panneaux expliquent la formation de ces curiosités géologiques.

La montée jusqu'au site est raide mais permet d'atteindre des bois emplis d'oiseaux. Une autre récompense attend au sommet les courageux : la vue offerte sur le Val di Cembra. Elle porte à l'ouest jusqu'au massif de Brenta dans les Dolomites.

Piramidi di Segonzano près de Cembra

📷 Piramidi di Segonzano
Strada Statale 612 jusqu'à Cavalese.
☐ t.l.j.

La cascate di Nardis près de Madonna di Campiglio

Madonna di Campiglio ⑫

🏠 1 300. 🚌 🛈 *Via Pradalago 4 (0465 44 75 01).* 🛒 *juil.-août : mar.-jeu.*

Principale station climatique du Val Meledrio entre les massifs de Brenta et d'Adamello, Madonna di Campiglio, équipée de remontées mécaniques permettant d'atteindre de nombreux sommets et un immense domaine skiable, constitue une base idéale d'où découvrir les paysages des Dolomites.

Aux environs :
À environ 14 km au sud, une fresque bien conservée datant de 1539 orne l'église de **Pinzolo**. Elle représente une *Danse macabre* commentée par un texte en dialecte local. Remonter vers le nord depuis Pinzolo permet de prendre à Carisolo la route qui pénètre à gauche dans le **Val Genova** et conduit dans un décor grandiose et préservé jusqu'à la **cascate di Nardis** plongeant d'une hauteur de 90 m. Les deux rochers au pied de la chute d'eau seraient des démons pétrifiés

Trento ⑬

🏠 105 000. 🚉 🚌 🛈 *Via Manci 2 (0461 98 38 80).* 🛒 *jeu. a.-m.*

Cité offrant à la fois les plaisirs de la ville et ceux des sports de montagne, la capitale de la région autonome du Trentin-Haut-Adige s'étend sur un site occupé dès la préhistoire. C'est à l'époque romaine qu'elle se développe sous le nom de Tridentum. Duché lombard au VIᵉ siècle, elle est dirigée de 1027 à 1803 par des princes-évêques.

Le concile qui s'y déroula à partir de 1545 la fit entrer dans l'histoire. En réaction au protestantisme, l'Église catholique y jeta en effet les bases de la Contre-Réforme qui lui donna son visage actuel. Une grande partie des séances se déroulèrent dans l'église Santa Maria Maggiore bâtie en 1520. Derrière son chevet, la via Colico rejoint la **via Belenzani**.

Cour intérieure du Magno Palazzo

Bordée de palais Renaissance de style vénitien, certains peints de fresques, celle-ci s'ouvre à droite sur la place principale, la **piazza Duomo** dominée par la **cathédrale** entreprise dans le style roman au début du XIIIᵉ siècle mais achevée seulement en 1515.

Sous le chœur se trouvent les vestiges d'une basilique paléochrétienne du VIᵉ siècle. Au centre de la place se dresse la fontaine de Neptune (XVIIIᵉ siècle) dont le trident rappelle l'origine du nom de la ville.

🏛 Museo Diocesano Tridentino

Piazza Duomo 18. **Tél.** *0461 23 44 19.* ◯ *mer.-lun.* ⬤ *1ᵉʳ janv, 25 déc.* 📷 ♿

Imposant bâtiment médiéval dominant la piazza Duomo, le **palazzo Pretorio** abrite ce musée diocésain qui présente notamment des tapisseries flamandes, des reliquaires émaillés du XIIIᵉ siècle et des souvenirs du concile de Trente

♣ Castello del Buonconsiglio

Via Bernardo Clesio 5. **Tél.** *0461 23 37 70.* ◯ *du mar. au dim* ⬤ *1ᵉʳ jan., 1ᵉʳ nov., 25 déc.* 📷 🏛

Intégré dans les défenses de la ville, ce vaste corps de bâtiments réunit des constructions datant d'époques différentes. Au nord, le Castelvecchio surmonté du cylindre massif de la torre Grande remonte au XIIIᵉ siècle mais connut en 1475 un remaniement dans le style gothique vénitien. Au centre, le **Magno Palazzo** (1530) Renaissance servait de résidence aux princes-évêques. Il a conservé ses plafonds à caissons et une décoration somptueuse, notamment des fresques peintes en 1531-1532 par Gerolamo Romanino. Remarquez les nymphes et les satyres.

Le « château du Bon Conseil » abrite désormais le **Museo Provinciale** dont la section archéologique présente de belles pièces préhistoriques, étrusques et romaines. Les collections d'art comprennent des céramiques, des monnaies, des sculptures sur bois du XVᵉ siècle et des tableaux du XVIᵉ au XVIIIᵉ siècle.

Le palazzo Pretorio et le Duomo sur la place principale de Trente

Le mémorial de la campana dei Caduti à Rovereto

🏛 **Museo Storico della Guerra**
Via Castelbarco 7. **Tél** *0464 43 81 00.* ⬜ *mar.-dim.* ⬤ *24, 25, 31 déc.,1er jan.* 📷

🏛 **Museo Civico**
Borgo Santa Caterina 41. **Tél** *0464 43 90 55.* ⬜ *mar.-dim.* ⬤ *1er jan., Pâques, 5 août, 25 déc.* 📷♿

🏛 **MART**
Corso Bettini 43. **Tél** *800 39 77 60.* ⬜ *mar.-dim.* 📷 ◻ ♿ ☐ ☐ 🍴

♟ **Castel Beseno**
Besenello. **Tél** *0464 83 46 00.* ⬜ *mars-nov. : mar.-dim.(lun. des jours fériés).* 📷

À droite du Magno Palazzo, la **torre dell'Aquila** de section carrée contient des fresques gothiques pleines de grâce représentant les *Travaux des mois* (vers 1400).

Aux environs : À l'ouest de Trente, une route pittoresque et sinueuse gravit le flanc nord du **Monte Bondone**, dont elle permet au retour, par **Vezzano**, de découvrir le côté occidental. De splendides points de vue, en particulier à Vaneze et Vason, jalonnent le trajet.

À l'est de Trente, Pergine marque l'entrée du **Val Sugana**, large vallée ponctuée de lacs. Dans les collines au nord du lac de Levico, **Levico Terme** est une belle station thermale aux bâtiments néo-classiques.

Rovereto ⑭

🏔 *33 000.* FS ⬜ ℹ️ *Corso Rosmini 6 (0464 43 03 63).* ☐ *mar.*

De féroces batailles se déroulèrent près de Rovereto pendant la Première Guerre mondiale et la ville décida de transformer en **Museo Storico della Guerra** sa forteresse médiévale construite en 1416 et la tour dont la dota Venise en 1492. L'exposition aborde l'histoire de la guerre sous l'angle de l'espionnage, de la propagande et de l'humour, à travers entre autres les photos.

Près de l'entrée du musée, des escaliers montent au toit d'où la vue porte jusqu'à la **campana dei Caduti** (« Cloche des morts »). Faite de métal de canons fondus après la Deuxième Guerre mondiale,

cette cloche de 22 tonnes sonne tous les soirs au coucher du soleil.

Sous le musée de la Guerre, le **Museo Civico** présente des collections d'art, d'archéologie, de folklore et d'histoire naturelle.

Le **Museo di Arte Contemporanea di Trento e Rovereto (MART)** conçu par Mario Botta expose des œuvres d'art moderne italien.

Aux environs :
À un peu plus de 8 km au nord de Rovereto, l'impressionnant **castel Beseno** coiffe une colline à l'est. Cette immense forteresse, de loin la plus importante de la région, occupe une position stratégique à la jonction de trois vallées et elle connut plusieurs reconstructions du XIIe au XVIIIe siècle. Elle est en restauration.

À 5 km au sud de Rovereto, la route de Vérone longe un grand éboulis surnommé Lavini di Marco ou **Ruina Dantesca** car Dante l'évoqua dans son *Enfer* (XII, 4-9). Des empreintes de dinosaures ont été découvertes récemment ici.

Le castello di Avio

Castello di Avio ⑮

Via Castello, Sabbionara d'Avio. **Tél** *0464 68 44 53.* ⬜ FS *jusqu'à Vo, puis 3 km de marche.* ⬜ *mars-5 juin : mar.-dim. 9 h 30-17 h ; 6 juin-oct. : mar.-dim. 10 h-18 h.* 📷 ☐ ☐ 🍴

C'est le château le plus accessible de la vallée jusqu'au col.

Fondé au XIe siècle, mais très agrandi au XIIIe, la vue y est superbe. Parmi les fresques à sujets séculiers qui le décorent, une série particulièrement intéressante montre dans la casa delle Guardie (salle des gardes) des scènes de bataille au XIIIe siècle.

La forteresse du castel Beseno au nord de Rovereto

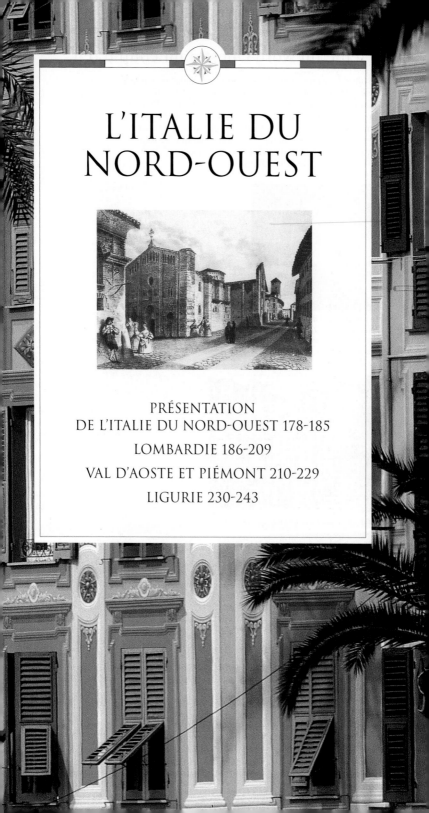

L'ITALIE DU
NORD-OUEST

L'Italie du Nord-Ouest d'un coup d'œil

Le littoral escarpé que crée la montagne ligure au contact de la Méditerranée, la plaine fertile du Pô et les Alpes marquant la frontière avec la Suisse et la France donnent au nord-ouest de l'Italie des paysages variés restés pour certains inviolés. Sa riche histoire a en outre doté la région de nombreux monuments. Cette carte indique les sites les plus intéressants du Val d'Aoste, du Piémont, de la Ligurie et de la Lombardie.

Val d'Aoste

Le parc national du Grand-Paradis *protège, dans un cadre superbe, une faune et une flore rares* (p. 216-217).

Parco Nazionale del Gran Paradiso

Basilica di Sant'Andrea, Vercelli

Mole Antonelliana, Turin

VAL D'AOSTE
ET PIÉMONT
(p. 210-229)

Piémont

Turin, *la capitale du Piémont, est une ville animée riche en édifices baroques. Devenu son emblème, la Mole Antonelliana en offre une vue magnifique* (p. 224).

LIGURIE
(P. 230-243)

À San Remo *ne manquent ni les palmiers ni le casino d'une station balnéaire typique de la Riviera. L'église russe ajoute une note d'exotisme supplémentaire* (p. 234).

The casino, San Remo

La basilica di Sant'Andrea *de Vercelli fut un des premiers grands édifices romans à incorporer des éléments gothiques* (p. 228).

◁ Façade à persiennes typique de la Ligurie, Santa Margherita Ligure

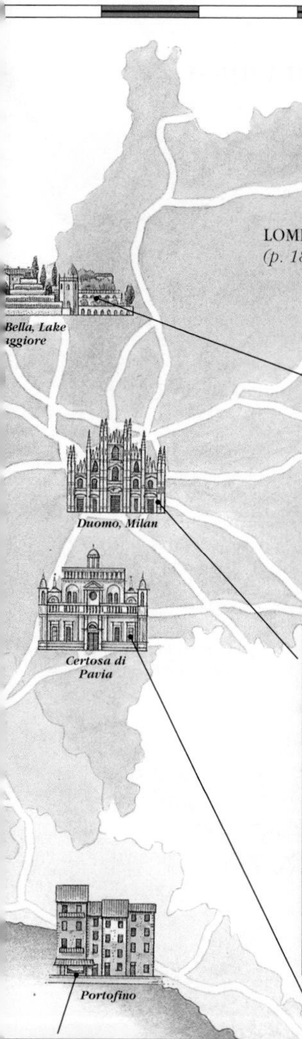

Bella, Lake
aggiore

LOMBARDIE
(p. 186-209)

Duomo, Milan

Certosa di
Pavia

Portofino

L'isola Bella *est une île
enchanteresse sur le
romantique lac Majeur
proche du lac de Côme
(p. 190-191).*

Le Duomo de Milan, *hérissé de
flèches caractéristiques, est
l'un des nombreux joyaux
architecturaux de la ville
(p. 193).*

Portofino,
*ancien village de
pêcheurs au fond
d'une baie,
accueille
désormais surtout
des yachts dans
son port
(p. 240).*

La Certosa di Pavia, *chartreuse d'une beauté
rare, comprend une église gothique richement
décorée et dotée d'une magnifique façade
Renaissance* (p. 204-205).

0   50 km

Les saveurs de l'Italie du Nord-Ouest

De la Ligurie méditerranéenne aux Alpes, à la plaine de Lombardie et au Piémont, cette région se caractérise par une cuisine nourrissante et copieuse. La Lombardie et le Piémont sont, avec la Vénétie, les principales régions productrices de riz d'Italie et le risotto est présent partout. Les truffes blanches d'Alba constituent «l'or blanc» du Piémont, tandis que les pâturages luxuriants produisent l'une des meilleures viandes et nombre des fromages les plus raffinés du pays. Le doux climat ligurien est favorable aux olives et aux herbes. Poissons et fruits de mer abondent en mer Méditerranée.

Basilic frais

Les précieuses truffes aromatiques du Piémont

LOMBARDIE

Cette région est celle des plats préparés *alla Milanese*, riches en beurre, de l'*osso buco* (jarret de veau), des soupes de légumes et des viandes bouillies *(bollito misto)*. Du veau au bœuf et du porc à la volaille, la Lombardie produit les meilleures viandes du pays, mais elle symbolise parallèlement la *cucina povera* (cuisine du pauvre) dominée par la polenta (bouillie de maïs), qui constituait jadis l'aliment de base des gens pauvres de la campagne. L'autre aliment de base, le riz à grains courts qui sert à la préparation du risotto, pousse en quantité dans la vallée du Ticino. La Lombardie est aussi l'une des plus grandes régions productrices de fromages d'Italie.

PIÉMONT ET VAL D'AOSTE

Le mouvement «Slow Food» a vu le jour en 1986 dans le Piémont. Dans son manifeste, il déclare: «Laissez-nous redécouvrir les parfums et saveurs de la cuisine régionale et remédier aux effets dégradants du fast-food». Ce mouvement compte aujourd'hui plus de 80 000 membres répartis sur

Grana Padano   **Gorgonzola**   **Fontina**   **Bel Paese**

Mascarpone   **Taleggio**

Succulent plateau de fromages du Nord-Ouest de l'Italie

PLATS RÉGIONAUX ET SPÉCIALITÉS

Le veau est particulièrement populaire en Lombardie et dans le Piémont, l'*osso bucco* faisant partie des plats favoris avec le veau *alla milanese*. Parmi les autres plats piémontais classiques, on peut évoquer le *vitello tonnato*, étonnant mélange de rôti de veau et de thon froids servi avec des cornichons et des câpres. La *buridda alla Genovese* – soupe de poisson (ou ragoût) garnie de moules, crevettes, poulpe, calmars et palourdes – est, tout comme le pesto, un plat traditionnel

Gianduiotti

de Gênes. Les copeaux de truffe donnent au risotto et au *fagiano tartufato* (faisan farci à la truffe blanche et à la graisse de porc) une saveur toute particulière. Et pour les gourmands, le *panettone*, autre spécialité milanaise, est une délicieuse brioche aux fruits confits.

Bagna Cauda *Mélange chaud d'huile d'olive, d'anchois et d'ail, dans lequel sont trempés des légumes crus.*

Des cageots de poisson frais déchargés sur un quai ligurien

LIGURIA

L'huile d'olive de Ligurie, d'une qualité exceptionnelle, est utilisée dans la préparation de nombreux plats. Pour accompagner les pâtes, la sauce pesto, faite de basilic, de pignons, d'huile d'olive et de pecorino ou parmesan, est incontournable. Inventée par les Génois pour protéger les marins du scorbut, elle est bonne pour la santé, tout comme l'ensemble de la cuisine ligurienne.

Dans cette région où la majorité des habitants vit sur la côte, les poisson et les fruits de mer sont plus cuisinés que la viande et les produits laitiers.

cinq continents. Les saveurs piémontaises sont robustes, riches, proches du terroir et teintées d'un parfum français.

Vercelli peut prétendre au titre de capitale européenne du riz, et le risotto aux truffes blanches très prisées d'Alba est un plat digne d'un roi.

Les montagnes sont célèbres pour leur fromage de lait de vache, plus particulièrement la fontina, fromage assez mou issu du Val d'Aoste, ses viandes salées, ses salamis, ses terrines et son gibier. Le Piémont produit également les meilleurs vins rouges du pays et les remarquables barolo et barbaresco servent souvent de marinade pour des plats de bœuf.

Les Turinois perpétuent la tradition de la fabrication du chocolat qui remonte au XVIIe siècle. Les plus célèbres

sont les sublimes *gianduiotti*, fourrés de noisettes, en forme de lingot. Les *grissini*, bâtons de pain croustillants, ont également vu le jour à Turin. La tradition des *aperitivi* est aussi originaire de la ville –ils donnent lieu à de vastes banquets qui se substituent souvent aux repas.

Une délicieuse focaccia, pain à l'huile d'olive de Ligurie

AU MENU

Agnolotti Spécialité de pâtes piémontaise ; raviolis en forme de croissant farcis de viande ou de légumes. Servis avec du *ragù* ou une sauce crémeuse.

Brasata al Barolo Viande braisée cuite à feu doux avec des légumes dans du barolo.

Lumache Escargots piémontais, les meilleurs provenant de Cherasco, servis soit dans un mélange d'ail et de beurre, soit dans une sauce à base d'huile d'olive, de tomates et d'ail.

Oca alla Piemontese Oie conservée dans sa graisse.

Risotto alla Milanese Plat de riz au safran, agrémenté de vin blanc, d'oignon et de parmesan.

Trenette con pesto *Plat ligurien de nouilles plates, arrosées d'une sauce au basilic, à l'ail et aux pignons.*

Osso Bucco *Jarret de veau milanese, braisé dans le vin blanc. L'os à moelle est un mets délicat.*

Zabaione *Dessert léger composé de jaunes d'œuf, de sucre et de marsala. Parfois servi en guise de boisson.*

Les vins de l'Italie du Nord-Ouest

Des falaises de Ligurie jusqu'aux pentes alpines du Val d'Aoste, la vigne pousse partout dans le nord-ouest de l'Italie. Les meilleurs vins proviennent cependant du Piémont, en particulier des collines des Langhe au sud de Turin, origine de deux des meilleurs rouges de la péninsule : le barolo et le barbaresco. Crus de garde riches et charpentés, ils témoignent de l'intérêt porté ces dernières années à la vinification et des progrès permis

Le foulage du raisin, estampe médiévale

par une saine utilisation des techniques modernes. Parmi les vins de table plus légers adaptés à la cuisine locale figurent le bolcetto et le populaire barbera. Célèbre mousseux, l'*asti spumante* est aussi une spécialité du Piémont.

Castiglione Falletto au cœur du Piémont

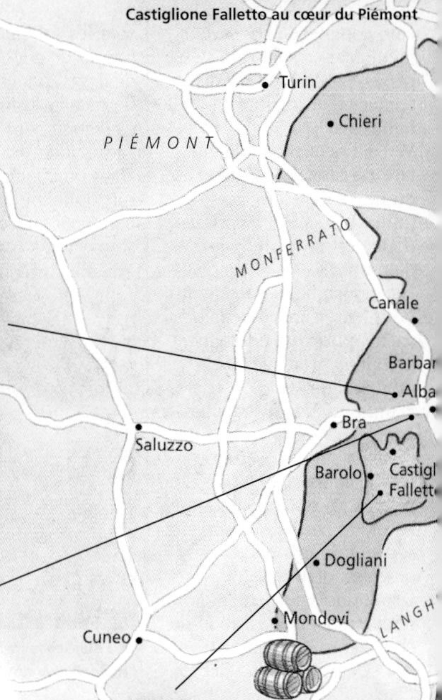

Le barbera d'Alba *est produit avec le cépage barbera si adaptable qu'il peut pousser sur des terrains extrêmement variés et donner aussi bien des vins légers et fruités que des crus riches et corpulents. Parmi les bons producteurs figurent Aldo Conterno, Voerzio, Pio Cesare, Altare, Gaja, Vaira et Vietti.*

Turin
Chieri
PIÉMONT
MONFERRATO
Canale
Barbar
Alba
Bra
Saluzzo
Barolo • Castigl
Fallett
Dogliani
Mondovi
LANGH
Cuneo

Le dolcetto *peut provenir de sept régions différentes. Celui d'Alba associe un bouquet délicat et une belle robe rouge. À boire dans les deux premières années, il est généralement frais et fruité, mais les meilleurs crus, tels ceux de Giuseppe Mascarello, offrent richesse et profondeur.*

LÉGENDE

☐	Barolo
☐	Barbaresco
☐	Autres régions vinicoles

0   25 km

Le barolo, *réputé dans le monde entier pour la complexité de son bouquet et l'équilibre de ses tanins, est issu du cépage nebbiolo et exige parfois 20 ans de vieillissement. Produit seulement les meilleures années, le Vigna Colonello provient d'Aldo Conterno.*

La truffe blanche d'Alba ramassée dans les collines des Langhe se marie à merveille avec un bon barolo.

Le moscato d'Asti *issu d'un cépage fruité, le moscato, est excellent en apéritif ou comme vin de dessert. Doux et peu chargé en alcool, parfois légèrement pétillant, il offre le moyen idéal de se rafraîchir le palais après un robuste repas piémontais. Nous vous recommandons celui d'Aradilca servi bien frais.*

Le barolo, *avant sa mise en bouteille, mûrit en fût au moins pendant deux ans soit dans une grande botte traditionnelle, soit dans une barrique plus petite où il prend un goût de bois plus marqué.*

LES CÉPAGES DU NORD-OUEST

De culture délicate, le cépage nebbiolo, qui donne deux des meilleurs rouges d'Italie, le barolo et le barbaresco, et quelques crus régionaux dans la Valtellina et au nord de Turin, exige une longue saison de maturation pour adoucir sa forte acidité. Les bonnes années, il offre cependant dans les collines des Langhe des vins au bouquet complexe, amples en bouche et aux tanins structurés. Moins exigeants, le dolcetto et le barbera sont tous deux originaires de la région de Monferrato. Sauf pour les meilleurs, très proches des crus issus du nebbiolo, ils donnent en général des rouges plus légers et fruités. L'asti spumante se fabrique à partir du moscato, un cépage blanc dont les meilleures grappes sont réservées à la production du moscato d'Asti.

Grappe de nebbiolo

LIRE L'ÉTIQUETTE

Le nom du cru apparaît au centre : bricco est un terme local pour un bon vignoble de coteaux.

Nom du producteur

Emblème du producteur

Millésime

ROCCHE DEI MANZONI
BRICCO
MANZONI
1985
IMBOTTIGLIATO DA
PODERE ROCCHE DEI MANZONI
IN VALENTINO
MONFORTE D'ALBA (ITALIA)
VINO DA TAVOLA DELLE LANGHE
13,5% vol.   75 cl ℮

degré

Contenance

Dénomination officielle ; ici un vin de table de la région des Langhe.

Nom et adresse de l'embouteilleur

Bons millésimes
Pour le barolo et le barbaresco : 1998, 1997, 1993, 1990, 1989.

Comprendre l'architecture de l'Italie du Nord-Ouest

Depuis la fin de l'époque romane où le style lombard connut une large diffusion, il n'existe plus dans le Nord-Ouest de ligne architecturale aussi significative que celles qui s'épanouirent à Venise, Florence ou même Rome. La région est au contraire parsemée d'édifices de styles variés, souvent des emprunts extérieurs : délicieux châteaux médiévaux, extraordinaires églises gothiques et Renaissance, surprenantes constructions baroques. Depuis son développement industriel, elle compte également de nombreux bâtiments tirant parti des possibilités offertes par les matériaux modernes. Certains, dans leur inspiration, jettent un pont entre passé et futur.

Castello Sforzesco,
1451-1466 (p. 192)

CARACTÉRISTIQUES DE L'ARCHITECTURE DE L'ITALIE DU NORD-OUEST

Double rang de remparts · Balcon en bois · Fenêtres étroites · Tour carrée massive · Tourelle · Créneaux

Le castello di Fénis, *forteresse du XIVe siècle à l'asymétrie marquée, est l'un des plus beaux châteaux du Val d'Aoste. De superbes fresques décorent l'intérieur* (p. 215).

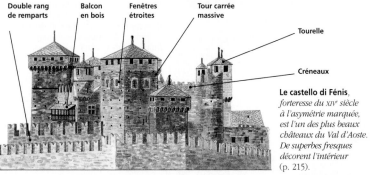

Bandes de couleurs différentes · Rosace · Des lions portent les colonnes et le porche · Sculptures élaborées

La cappella Colleoni, *(1476) de Bergame présente une exubérante décoration Renaissance* (p. 201).

Rosace · Tambour octogonal inspiré du Duomo de Florence · Façade très décorée · Motifs en marbres polychromes

Le Duomo de Monza *(XIVe siècle) offre, avec ses bandes polychromes, un exemple typique du style roman lombard* (p. 201).

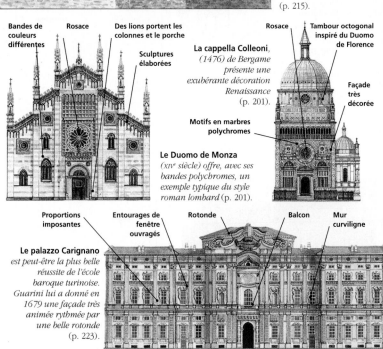

Proportions imposantes · Entourages de fenêtre ouvragés · Rotonde · Balcon · Mur curviligne

Le palazzo Carignano *est peut-être la plus belle réussite de l'école baroque turinoise. Guarini lui a donné en 1679 une façade très animée rythmée par une belle rotonde* (p. 223).

OÙ VOIR L'ARCHITECTURE DU NORD-OUEST

De nombreux châteaux médiévaux *(p. 214)* jalonnent la route d'Aoste, tandis que la Lombardie renferme de superbes églises romanes et gothiques, notamment à Monza *(p. 201)*, Pavie *(p. 203)*, Milan *(p. 192-201)* et Côme *(p. 190-191)*. Une visite de la chartreuse de Pavie *(p. 204-205)* et de la charmante ville de Mantoue *(p. 207)* s'impose. L'originalité de l'école baroque de Turin *(p. 220-224)* est réputée, tout comme l'exubérance de Bergame. L'architecture des deux derniers siècles a surtout marqué Milan et Turin, mais Gênes a entrepris d'intéressants projets de modernisation portuaire.

Grue (1992) par Renzo Piano dans le port rénové de Gênes

L'ARCHITECTURE DU XIXᵉ ET DU XXᵉ SIÈCLES

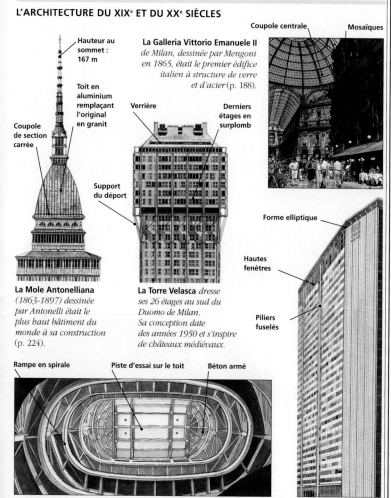

Hauteur au sommet : 167 m

Toit en aluminium remplaçant l'original en granit

Coupole de section carrée

La Mole Antonelliana *(1863-1897) dessinée par Antonelli était le plus haut bâtiment du monde à sa construction (p. 224).*

La Galleria Vittorio Emanuele II *de Milan, dessinée par Mengoni en 1865, était le premier édifice italien à structure de verre et d'acier (p. 188).*

Verrière

Support du déport

Derniers étages en surplomb

Coupole centrale

Mosaïques

La Torre Velasca *dresse ses 26 étages au sud du Duomo de Milan. Sa conception date des années 1950 et s'inspire de châteaux médiévaux.*

Forme elliptique

Hautes fenêtres

Piliers fuselés

Rampe en spirale

Piste d'essai sur le toit

Béton armé

Le Lingotto de Turin, *construit de 1915 à 1918 pour abriter une usine Fiat fut le premier bâtiment moderne d'importance en Italie. La structure de la rampe qui conduit au toit imite celle de la coupole baroque de l'église San Lorenzo par Guarini.*

L'immeuble Pirelli, *élégant gratte-ciel de Milan par Ponti et Nervi, date de 1959.*

LOMBARDIE

Occupant au nord plus du tiers de la Lombardie, les Alpes, creusées par les superbes plans d'eau du lac de Côme et du lac Majeur, dévalent de la frontière suisse jusqu'à la plaine du Pô. C'est là, au carrefour des voies de circulation entre l'Orient et l'Occident et entre l'Europe du Sud et celle du Nord, que s'est développé autour de Milan le centre économique de l'Italie. Dans les villes, le luxe des palazzi et de la décoration des églises témoigne de la richesse de la région.

D'origine germanique, les Lombards (ou Logombards) qui ont donné son nom à la région envahissent l'Italie au VIe siècle et établissent leur capitale à Pavie. Charlemagne les bat au VIIIe siècle et intègre leur territoire à son empire. Au Moyen Âge, les habitants de l'actuelle Lombardie profitent de la prospérité que leur donne une position privilégiée entre la Vénétie et la France, et sur la route menant vers l'Europe du Nord par le col du Gothard, pour accroître leur autonomie.

Au XIIe siècle, malgré leurs rivalités, les principales cités fondent la Ligue lombarde qui bat l'empereur germanique Frédéric Barberousse en 1176. De puissantes familles patriciennes s'emparent alors du pouvoir. À Milan, ce sont les Visconti puis les Forza, deux dynasties qui parviennent à étendre leur autorité sur les villes voisines entre les XIVe et XVIe siècle. Mécènes éclairés, ils financent œuvres d'art, palais et églises. Beaucoup nous sont parvenus et parent toujours des villes comme Bergame, Mantoue et Crémone… Pour ne rien dire de Milan où s'admire notamment la fresque de la *Cène* par Léonard de Vinci *(p. 192)*.

Mais la Lombardie n'offre pas seulement au visiteur le plaisir de découvrir ces trésors artistiques et historiques. Les stations de villégiature du lac de Côme et du lac Majeur attirent depuis des siècles poètes, aristocrates et joueurs, tandis que les montagnes recèlent des paysages magnifiques encore sauvages.

La Galleria Vittorio Emanuele II à Milan

◁ Au bord du lac de Côme au sud-ouest de Bellagio

À la découverte de la Lombardie

La Lombardie est une région de contrastes. Au nord, les Alpes s'élèvent jusqu'à plus de 3 000 mètres et offrent aux skieurs et aux randonneurs de vastes espaces sauvages et pour certains protégés comme dans le Parco Nazionale dello Selvio autour de Bormio, de Sondrio et de Val Camonica. Au pied des montagnes, le lac de Côme et le lac Majeur jouissent à la fois d'un cadre magnifique et d'un climat privilégié. La plaine du Pô a vu se développer le poumon industriel de l'Italie autour de Milan. Elle devient toutefois plus agricole en descendant vers le sud, là où des villes comme Pavie, Crémone et Mantoue proposent leurs merveilles architecturales et artistiques.

L'isola Bella sur le lac Majeur

LA RÉGION D'UN COUP D'ŒIL

Bergame **5**
Brescia **9**
*Certosa di Pavia
p. 196-197* **12**
Crémone **13**
Lago d'Iseo **8**
Lac de Côme **1**
Lac Majeur **2**
Lodi **10**
Mantoue **15**
Milan p. 186-193 **3**
Monza **4**
Parco Nazionale dello
Stelvio **6**
Pavie **11**
Sabbioneta **14**
Val Camonica **7**

Certosa di Pavia p. 196-197 **12**

Milan p. 186-193 **3**

Légende des autres symboles,
voir rabat de couverture

La façade colorée
de la capella Colleoni
à Bergame

Coira
Montespluga
S36 Madesimo
Chiavenna
Pizzo Bac
330
Bagni del Masinc
Gravedona
Adda
Monte Legnon
2609m
Bellinzona
LAKE COMO **1**
Cannobio Maccagno Porlezza
Bellano Preman
S394 Tremezzo Bellagio
Pizzo de.
LAKE Signo
MAGGIORE Luino 255
2 Lago di Argegno Magreglio
Stresa Lugano Laglio Mod
Gavirate Lago di Lecco
Varese Como Erba S36 Calolzioc
Arona Varese
Sesto Giussano
Calende Tradate Merate BERGAI
Gallarate Saronno Seregno Dalmine
Busto Arsizio Legnano MONZA Vimercate
Nerviano **4** S525
Turbigo Sesto
Rho San Giovanni
Novara A4 LO
S11 MILAN **3**
Magenta Paullo S415
Abbiategrasso Melegnano
Vigevano S494 Binasco Siziano **10** LO
Palestro Sant'Ange
Mortara **12** CERTOSA Lodigiano
Candia DI PAVIA
Lomellina Garlasco PAVIA **11** Belgioioso
Mede Lomello Po
Stradella
Casei Gerola A21 Broni S10
Genova Casteggio
Voghera
Godiasco
Zavattarello
S461 Varzi

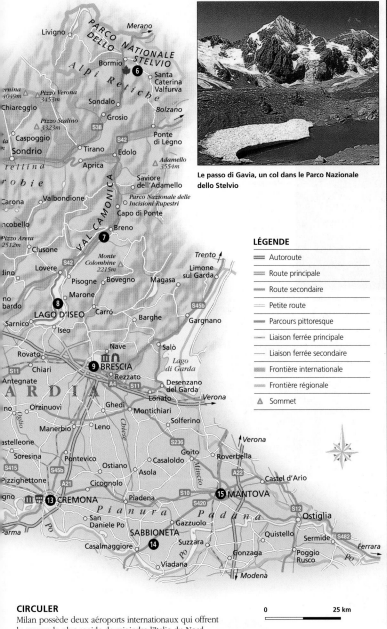

Le passo di Gavia, un col dans le Parco Nazionale dello Stelvio

LÉGENDE

▭▭	Autoroute
▭▭	Route principale
▭▭	Route secondaire
▭▭	Petite route
▬▬	Parcours pittoresque
▬▬	Liaison ferrée principale
──	Liaison ferrée secondaire
▓▓	Frontière internationale
▭▭	Frontière régionale
△	Sommet

CIRCULER

Milan possède deux aéroports internationaux qui offrent le moyen le plus rapide de rejoindre l'Italie du Nord. Dans la plaine, autoroutes et liaisons ferroviaires rendent les transports aisés. Le train ne rejoint toutefois que deux des villes au bord des lacs et, malgré les dessertes par autocars ou par bateaux, la voiture se révèle le moyen le plus pratique pour circuler sur leurs rives. C'est encore plus vrai pour se déplacer en montagne où les visiteurs trouvent néanmoins un bon équipement touristique..

0   25 km

VOIR AUSSI

• *Hébergement* p. 567-571

• *Restaurants* p. 615-618

Le lac de Côme ❶

Les hauts sommets qui dominent ce plan d'eau long de 50 km et profond par endroits de 400 m ne lui donnent pas qu'un cadre spectaculaire. En arrêtant les vents, ils créent en outre un climat particulièrement doux où citronniers et plantes exotiques parent les jardins des belles villas bâties au bord de l'eau. Aux pointes sud des bras formés par le lac, Côme et Lecco sont deux villes prospères.

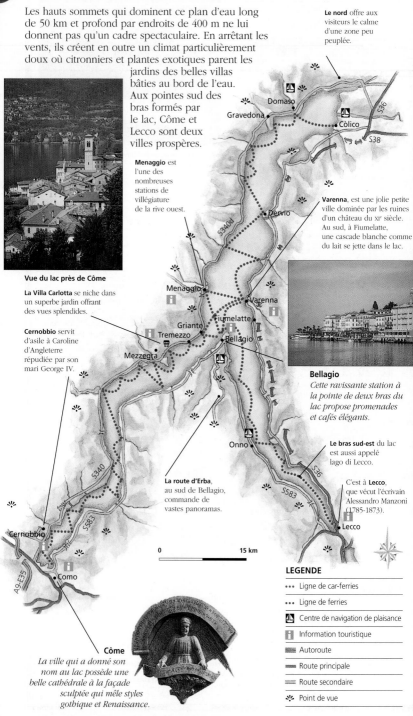

Le nord offre aux visiteurs le calme d'une zone peu peuplée.

Menaggio est l'une des nombreuses stations de villégiature de la rive ouest.

Varenna, est une jolie petite ville dominée par les ruines d'un château du XIᵉ siècle. Au sud, à Fiumelatte, une cascade blanche comme du lait se jette dans le lac.

Vue du lac près de Côme

La Villa Carlotta se niche dans un superbe jardin offrant des vues splendides.

Cernobbio servit d'asile à Caroline d'Angleterre répudiée par son mari George IV.

Bellagio
Cette ravissante station à la pointe de deux bras du lac propose promenades et cafés élégants.

Le bras sud-est du lac est aussi appelé lago di Lecco.

C'est à **Lecco**, que vécut l'écrivain Alessandro Manzoni (1785-1873).

La route d'Erba, au sud de Bellagio, commande de vastes panoramas.

Côme
La ville qui a donné son nom au lac possède une belle cathédrale à la façade sculptée qui mêle styles gothique et Renaissance.

LÉGENDE

••• Ligne de car-ferries
••• Ligne de ferries
⚐ Centre de navigation de plaisance
ℹ Information touristique
▬ Autoroute
▬ Route principale
▬ Route secondaire
❀ Point de vue

Hébergements et restaurants de la région, voir p. 567-571 et 615-618

MODE D'EMPLOI

FS *Como, Lecco.* 🚌 🚢 *toutes villes.*
ℹ️ *P. Cavour 17, Como (031 26 97
12) ; Via Sauro 6, Lecco (0341 36
23 60).* **www**.lakecomo.org

**Copie (1834) par Tadoline de l'*Éros
et Psyché* de Canova à la villa Carlotta**

À la découverte du lac de Côme

Au cœur de **Côme**, l'élégante
piazza Cavour s'étend au bord
du lac. Par la via Plinio, on
rejoint le **Duomo** entrepris au
XIVᵉ siècle et orné de peintures
et de reliefs des XVᵉ et
XVIᵉ siècles. Élevée au
XVIIIᵉ siècle, sa coupole
octogonale est de Juvarra, le
célèbre architecte baroque de
Turin. À côté de la cathédrale,
le Broletto (hôtel de ville) et la
torre del Comuna, commencés
tous deux en 1215, associent
styles roman et gothique.

Près de Tremezzo, la **villa
Carlotta**, élégante résidence
du XVIIIᵉ siècle à l'intérieur
décoré de sculptures, accueille
des ballets et des concerts. Un
somptueux jardin fleuri de
rhododendrons et d'azalées
l'entoure.

Petite cité industrielle au
débouché de l'Adda, à la
pointe sud-est du lac, **Lecco**
est surtout connue par Alessandro
Manzoni (1785-1873). L'écrivain
passa son enfance dans la **Casa
Natale di Manzoni**, aujourd'hui
transformée en musée, et il
situa dans la ville une partie de
son roman *Les Fiancés*.

🏛 **Villa Carlotta**
Via Regina 2B, Tremezzo, Como. **Tél**
0344 404 05. 🕐 *t.l.j. mars. et oct.*
9 h-11 h, 14 h-16 h 30 ; avr.-sept. :
9 h-18 h t.l.j. 🖱 **www**.villacarlotta.it

🏛 **Casa Natale di Manzoni**
Via Guanella 1, Lecco. **Tél** 0341 48 12
47. 🕐 *mar.-dim. 9 h-17 h 30* 🈲
*1ᵉʳ janv., Pâques, 1ᵉʳ mai, 15 août,
25 déc.* 🖌

Lac Majeur ❷

Verbania. FS 🚌 🚢 *Stresa,
Verbania, Baveno et les îles.*
ℹ️ *Piazza Marconi 16, Stresa (0323
301 50).* **www**.distrettolaghi.it

À la frontière entre la
Lombardie et le Piémont, le
lago Maggiore s'étend sur
65 km et s'enfonce dans les
Alpes jusqu'en Suisse. Ses
stations climatiques possèdent
une ambiance détendue et
offrent aux visiteurs des
paysages romantiques. Une
promenade en bateau
représente le moyen
le plus agréable de les
découvrir. Sur les rives
abonde la verveine qui
valut au lac le nom de
lacus Verbanus à
l'époque romaine, ainsi
que les plantes
exotiques, dont la
douceur de son climat
a permis
l'implantation.

La puissante famille
Borromeo a longtemps
régné sur la région.
Elle a aussi donné un
saint à l'église
catholique, le cardinal
San Charles Borromée
dont une statue
colossale en cuivre se
dresse au-dessus de la
ville d'**Arona** où il
naquit en 1538. Un escalier
intérieur permet de grimper
jusqu'à la vue offerte par les
trous des yeux et des oreilles.
En ville, l'église Santa Maria
mérite une visite.

Longeant la côte occidentale,
la N 33 conduit au nord jusqu'à
Stresa, charmante station de
villégiature aux belles villas et
aux jardins luxuriants. Un

**Statue de Charles
Borromée à Arona**

funiculaire permet d'atteindre
le sommet du mont Mottarone
d'où la vue porte jusqu'au
mont Rose et Milan.

Sur les **îles Borromées**,
en face de Stresa, jardins et
édifices ajoutent à la beauté
naturelle de sites déjà
exceptionnels. Sur l'**isola Bella**
s'étend le **palazzo Borromeo**
(XVIIᵉ siècle), somptueuse
résidence baroque qu'entoure
un parc en terrasses orné de
statues, de fontaines et de
grottes artificielles. Un jardin
botanique occupe la majeure
partie de l'isola
Madre, tandis que
l'isola dei Pescatori a
conservé son aspect
traditionnel. Sur San
Giovanni se dresse
une villa qui
appartint à Arturo
Toscanini (1867-
1957).

D'élégantes
demeures se
dressent au bord de
l'eau vers la frontière
suisse, notamment
la **villa Taranto**,
à la périphérie
de Verbania, dont
le jardin abrite
une collection de
plantes exotiques.
À 3 km à l'ouest de
Cannobio, la gorge
et la cascade de
l'orrido di Santa Anna peuvent
aussi s'atteindre en bateau.

🏛 **Palazzo Borromeo**
Isola Bella. 🚢 *depuis Stresa.* **Tél**
0323 305 56. 🕐 *avril-oct. : t.l.j. 9 h-
17 h.* 🖱 **www**.borromeoturismo.it

🏛 **Villa Taranto**
Via Vittorio Veneto III, Verbania,
Pallanza. **Tél** 0323 55 66 67.
🕐 *t.l.j. : mars-oct.* 🖌 ♿

Le palazzo Borromeo (XVIIᵉ siècle) et son jardin sur l'isola Bella du lac Majeur

Milan ❸

Détail du Duomo

Centre italien de la mode, de la finance, de l'industrie et, récemment, des scandales politiques, Milan, où règne une atmosphère constamment affairée, est une ville plus élégante que réellement belle. Elle doit son nom, *Mediolanum* (Pays du milieu), aux Celtes qui la fondèrent au vᵉ siècle av. J.-C. Conquise par les Romains en 222 av. J.-C., elle n'a cessé depuis de jouer un rôle commercial de premier plan. Aujourd'hui, c'est le meilleur endroit en Italie où la vie cosmopolite reflète l'Union européenne.

Portrait de jeune femme par Pollaiuolo, museo Poldi-Pezzoli

⚜ Castello Sforzesco

Piazza Castello. **Tél** 02 88 46 37 00.
Castello ⬜ *t.l.j.* **Civiche Raccolte**
⬜ *mar.-dim. 9 h-17 h 30* ⬛ *jours fériés.* ♿ www.milanocastello.it
Ce sont les Visconti qui bâtirent le premier château sur ce site, mais à la fin de leur règne, au xvᵉ siècle, le nouveau maître de Milan, Francesco Sforza, le fit démolir pour construire le palais Renaissance actuel à l'intérieur raffiné. L'édifice s'organise autour de plusieurs cours dont la plus gracieuse, la Rochetta, est une œuvre de Bramante et de Filarete. Il abrite aujourd'hui des musées consacrés aux arts décoratifs, à l'archéologie et à la numismatique, ainsi que les **Civiche Raccolte d'Arte Antica**. Ces riches collections d'art municipales comprennent de superbes meubles anciens, un bel

La *Pietà Rondanini* (v. 1564) de Michel-Ange au castello Sforzesco

ensemble de tableaux peints de la Renaissance au xvIIIᵉ siècle et la *Pietà Rondanini*, dernière sculpture, inachevée, de Michel-Ange.

🏛 Museo Poldi-Pezzoli

Via Alessandro Manzoni 12.
Tél 02 79 48 89. ⬜ *mar.-dim 10h-18h.*
🖥 www.museopoldipezzoli.it
A sa mort en 1879, le riche amateur d'art Giacomo Poldi-Pezzoli légua à l'État sa magnifique collection ainsi que l'hôtel particulier néo-gothique où elle s'admire aujourd'hui. Si le *Portrait de jeune femme* (xvᵉ siècle) d'Antonio Pollaiuolo est le plus célèbre des tableaux présentés, le visiteur découvrira aussi des œuvres de Piero della Francesca, Botticelli et Mantegna. Porcelaines, verrerie, argenterie, émaux et bijoux constituent un bel ensemble dédié aux arts décoratifs.

MILAN D'UN COUP D'ŒIL

Castello Sforzesco ①
Civico Museo Archeologico ⑫
Duomo ⑥
Galleria Vittorio Emanuele II ⑤
Museo Poldi-Pezzoli ③
Palazzo Reale (Civico Museo d'Arte Contemporanea, Museo del Duomo) ⑦
Parco Sempione ⑬
Pinacoteca Ambrosiana ⑨
Pinacoteca di Brera p. 198–199 ②
San Lorenzo Maggiore ⑪
Sant'Ambrogio ⑩
San Satiro ⑧
Teatro alla Scala ④

Stazione Po
Garibal
1.5 km (1 m

Milan Malpensa
50 km (31 miles)

Cadorna
FS M
PIAZZALE
CADORNA

Cairoli
M
ARC
CAIR

Santa Maria
delle Grazie
NOVARA

Palazzo
Litta

Castello
Sforzesco ①

FORO BUONAPARTE

PIAZZA
CASTELLO

PIAZZA
LANZA

CORSO MAGENTA

Civico Museo ⑫
Archeologico

Sant'Ambrogio
M

PIAZZA
SANT'AMBROGIO

Sant' ⑩
Ambrogio

PIAZZA
RESISTENZA
PARTIGIANA

Stazione Porta
Genova
800 m (880 yds)
FS

PAVIA ↓

San Lore ⑪
Maggi

0 — 500 m

Légende,
voir rabat de couverture

♩ Teatro alla Scala

Piazza della Scala. **Tél** *02 85 45 62 16.* **Location** *Tél 02 72 00 37 44.* ♿ *Temporairement déplacé au* **Museo Teatrale** *Largo Ghiringhelli 1 (Piazza Scala)* **Tél** *02 88 79 24 73.* ○ *t.l.j. 9h-12h, 13h30-17h* ▢ ▢ ▢ ▢ www.teatroallascala.org

Inaugurée en 1778, la Scala, le plus prestigieux opéra du monde, occupe un édifice néo-classique de Giuseppe Piermarini. L'élite internationale de l'art lyrique s'y produit et il faut réserver sa place des

Façade néo-classique du Teatro alla Scala

♟ Duomo

Piazza del Duomo. **Tél** *02 86 46 34 56.* ○ *t.l.j.* **Fouilles du Baptistère** ○ *9h-17h.* **Trésor** ○ *9h-12h, 14h-18h.* **Terrasse** ○ *9h-17h45 (nov.-fév. : jusqu'à 16h15).* ♿ ▨ ▢ *pour le toit.* www.duomomilano.it

Sa gigantesque cathédrale, l'une des plus vastes églises gothiques du monde. Entamée en 1386 par Gian Galeazzo Visconti, elle ne fut achevée que cinq siècles plus tard sur ordre de Napoléon. Sur son toit s'élèvent 135 flèches et plus de 2 000 statues. La terrasse en offre une belle vue. La galerie de la grande flèche ménage par temps clair un panorama s'étendant jusqu'aux Alpes.

Commencée en 1616 et terminée, pour l'essentiel, en 1809, la façade (en restauration jusqu'à mi-2007) présente un mélange de styles gothique et baroque. Les panneaux de bronze des portes datent du XXe siècle.

L'intérieur, séparé en cinq nefs par d'énormes piliers, baigne dans la lumière diffusée par des vitraux exécutés, pour les plus anciens (nefs latérales), aux XVe et XVIe siècles. Dans les entrelacs des fenêtres de l'abside apparaît l'emblème des Visconti : un serpent avalant un homme. Dans le transept, près du tombeau de Jean-Jacques de Médicis, se dresse une statue du XVIe siècle représentant saint Barthélemy écorché. Le trésor, sous le maître-autel, comprend de superbes pièces d'orfèvrerie religieuse.

Le Duomo gothique hérissé de flèches

semaines à l'avance. L'accès au **Museo Teatrale** voisin est plus facile et vous pourrez y admirer une exposition de décors, de costumes, d'accessoires de théâtre et de portraits et souvenirs de chefs d'orchestre. La visite permet de découvrir la salle, ses dorures et son lustre.

À la découverte de Milan

La ville a grandi en cercles concentriques autour du Duomo, et l'ancien centre médiéval regroupe la plupart des musées et des édifices intéressants. C'est également là que les grands couturiers tiennent boutiques et que se concentrent les galeries d'art, notamment près de la pinacoteca di Brera, un quartier réputé pour sa vie nocturne.

Coupole de la verrière de la galleria Vittorio Emanuele II

🏛 Galleria Vittorio Emanuele II

Entrées principales sur la piazza del Duomo et la piazza della Scala.

Giuseppe Mengoni dessina en 1865 cette vaste galerie marchande au plan en forme de croix latine aujourd'hui surnommée *Il Salotto di Milano* (le salon de Milan). Malgré un début tragique – son architecte se tua en tombant d'un échafaudage peu avant son inauguration en 1877 –, le passage couvert est devenu le centre de la vie sociale de la ville et une foule animée fréquente été comme hiver ses boutiques, ses cafés et ses restaurants chic, notamment Savini, un des restaurants historiques de Milan.

Vaste place octogonale, le centre de la Galleria est orné de mosaïques représentant l'Art, l'Agriculture, la Science, l'Industrie, ainsi que les quatre continents. Haute de 47 mètres, sa verrière fut la première structure d'Italie où le fer et le verre n'avaient pas une fonction strictement ornementale.

Les signes du zodiaque décorent le sol. Les Milanais ne manquent jamais de poser le pied sur le sexe du Taureau dessiné sur la place centrale dans l'espoir de voir un vœu exaucé.

🏛 Museo del Duomo

Palazzo Reale, Piazza del Duomo 14. **Tél** 02 86 03 58 02. ⬤ *t.l.j. 10 h-13 h 15, 15 h-18 h.* ⬤ *jours fériés.*

Au sud de la cathédrale, le Palazzo Reale (Palais royal), élevé au XVIIIᵉ siècle sur le site d'un palais bâti par les Visconti, abrite au rez-de-chaussée le musée du Dôme qui retrace l'histoire longue et mouvementée de la construction du Duomo depuis son entreprise au XIVᵉ siècle jusqu'à la pose de la dernière porte en 1965. À ne pas manquer : des maquettes

en bois des XVIᵉ et XVIIᵉ siècles.

Le musée présente des œuvres d'art qui décoraient jadis le sanctuaire, notamment des vitraux, des tapisseries, des peintures et deux stalles aux reliefs remarquablement élaborés. Parmi les sculptures figureraient les portraits de Gian Galeazzo Visconti et Galeazzo Maria Sforza.

🏛 Civico Museo d'Arte Contemporanea

Palazzo Reale, Piazza del Duomo 12. **Tél** 02 860 16 52. ⬤ *pour restauration.* ♿ **Galerie d'Art du XIXᵉ siècle** Villa Belgiojoso Bonaparte. **Tél** 02 76 00 28 19. ⬤ *mar.-dim. 9 h 30-13 h, 14 h-17 h 30.* **www**.villabelgiojosobonaparte.it

Le musée d'Art contemporain installé dans le Palazzo Riali devrait rester fermé quelques années pour rénovation. Dans l'intervalle, de nombreuses œuvres italiennes du XIXᵉ siècle sont visibles dans la villa Belgiojoso Bonaparte, en particulier la collection Grossi, qui inclut des œuvres de Carlo Carrà (1881-1966), Filippo De Pisis, Giorgio Morandi (1890-1964), Tancredi, et celles de peintres plus connus tels que Vincent Van Gogh, Cézanne, Gauguin, Modigliani, de Chirico, Picasso, Matisse, Paul Klee, Mondrian et Kandinsky.

🏛 Pinacoteca Ambrosiana

Piazza Pio XI 2. **Tél** 02 80 69 21. ⬤ *mar.-dim. : 10 h-17 h* **www**.ambrosiana.it

Construit en 1609 pour le cardinal Frédéric Borromée et

Nature morte (1920) par Giorgio Morandi au Museo d'Arte Contemporanea

Corbeille de fruits (v. 1596) par le Caravage à la Pinacoteca Ambrosiana

récemment rénové, le palazzo dell'Ambrosiana abrite sa superbe bibliothèque et les 30 000 manuscrits qu'elle comptait à sa mort en 1618. Elle possède aujourd'hui 700 000 ouvrages, notamment une *Iliade* illustrée du Vᵉ siècle, une édition de 1353 de la *Divine Comédie* de Dante et le *Codex Atlanticus* (XVᵉ siècle) de Léonard de Vinci.

La pinacothèque comprend un bel ensemble de peintures de la Renaissance avec, entre autres, un *Portrait de musicien* par Léonard de Vinci (1452-1519), un délicat *Portrait de jeune femme* attribué à son élève Ambrogio da Predis, la *Vierge au baldaquin* de Botticelli (1445-1510), la *Corbeille de fruits*, seule nature morte du Caravage (v. 1573-1610), et de nombreuses peintures de l'école vénitienne par Tiepolo, Titien, Giorgione et Bassano. Autres joyaux de la collection : le carton de Raphaël pour sa fresque de l'*École d'Athènes* (1508-1510) au Vatican et des panneaux muraux de la fin du XVᵉ siècle par le Lombard Bergognone.

San Satiro
Via Speronari 3. 02 87 46 83. t.l.j. 7h30-11h30, 15h30-17h30.
De son vrai nom Santa Maria presso San Satiro, cette église discrète, l'un des plus beaux édifices Renaissance de Milan, se dresse à l'emplacement d'un sanctuaire du IXᵉ siècle dont ne subsistent que le campanile et une partie de la cappella della Pietà (au fond du transept droit), notamment des fragments de fresques.

Dessiné par Bramante à la fin du XVᵉ siècle, le reste de l'édifice paraît avoir un plan en croix grec. Il ne s'agit toutefois que d'une illusion : l'exiguïté du terrain disponible obligea l'architecte à jouer de la perspective et des stucs pour créer un chœur en trompe-l'œil. Une frise en terre cuite orne le baptistère orthogonal. La façade ne fut achevée qu'au XIXᵉ siècle.

Civico Museo Archeologico
Corso Magenta 15. **Tél** 02 88 46 57 20. 1, 2 Cadorna. 18, 19, 24, 27. 50, 54, 58. 9 h-17 h 30 mar.-dim. (téléphoner à l'avance).
À l'entrée de ce musée, trônent une énorme pierre du Val Camonica ornée de gravures de l'âge du bronze et une maquette du Milan romain. L'exposition commence dans un hall situé sur la droite, contenant des objets en argile et des sculptures romaines. Cette salle abrite également deux des principales œuvres du musée : le Parabiago Patera et la Diatreta Cup. La Patera est une assiette en argent ornée de dorures et d'un relief de la déesse Cybèle, (IVe siècle). La Diatreta Cup, qui date de la même période, est une pièce unique de verre coloré, ornée d'une décoration complexe finement travaillée.

Dans la cour, le Torre di Ansperto est une tour romaine issue des anciennes fortifications maximiniennes. Le sous-sol abrite une collection de vases attiques à figures rouges et noires, ainsi que des reliques étrusques.

Parco Sempione
Piazza Castello–Piazza Sempione
1 Cadorna, Cairoli, 2 Lanza, Cadorna. Ferrovie Nord, Cadorna. 1, 3, 4, 12, 14, 27, 29, 30. 43, 57, 61, 70, 94. mars-avril : 6 h 30-21 h ; mai : 6 h 30-22 h ; juin-sept. : 6 h 30-23 h 30 ; oct. : 6 h 30-21 h ; nov.-fév. : 6 h 30-20 h.
Malgré ses 47 ha, ce parc ne couvre qu'une partie de l'ancien jardin ducal Visconti, agrandi par les Sforza au XVᵉ siècle pour former une réserve de chasse de 300 ha.

Le plan actuel du jardin fut conçu dans le style d'un jardin anglais par Emilio Alemagna entre 1890 et 1893.

On peut y admirer les monuments de Francesco Barzaghi dédiés à Napoléon III, la construction métaphysique de De Chirico *Bains mystérieux*, la fontaine à eau sulfureuse et le Torre del Parco, tour réalisée avec des tubes d'acier par Gio Ponti en 1932.

Vue du Parco Sempione avec l'Arco della Pace en arrière-plan

Shopping à Milan

À Milan, l'une des villes les plus riches d'Italie, le shopping est synonyme de haute couture. Ici, les enseignes à la mode rivalisent d'élégance et de sophistication, surtout dans le centre-ville, et l'on se délecte autant à regarder les vitrines qu'à acheter. Milan possède par ailleurs de nombreuses boutiques indépendantes proposant les styles les plus variés. Les boutiques de designers regorgent de trésor originaux, qui sont autant d'idées de cadeaux. Milan possède également d'excellentes *pasticcerie* (pâtisseries), où l'on peut acheter de délicieuses pâtisseries traditionnelles, typiques de la région.

OÙ FAIRE LES BOUTIQUES

Tous les créateurs de mode possèdent un magasin dans le célèbre «quadrilatère de la mode», entre la Via Montenapoleone, la Via della Spiga, la Via Manzoni et la Via Sant'Andrea.
Les amoureux de décoration intérieure arpenteront les magasins spécialisés disséminés dans toute la ville, tandis que les amateurs d'antiquités trouveront leur bonheur dans les quartiers de Brera et Navigli.
De façon générale, à Milan, mieux vaut téléphoner au préalable afin de vérifier les horaires d'ouverture des magasins. Les boutiques non alimentaires sont généralement fermées le lundi matin et les magasins d'alimentation le lundi après-midi. Les grands magasins restent ouverts toute la journée, avec parfois une pause déjeuner. Les magasins sont tous fermés le dimanche, excepté durant la période précédant Noël et pendant les principaux défilés de mode.

CRÉATEURS DE MODE

Milan est connue pour être une des capitales de la mode. Outre les couturiers les plus connus, comme **Dolce & Gabbana, Giorgio Armani, Gucci, Prada** et **Hugo Boss**, on découvre aussi de plus petits magasins de créateur. Pour avoir un aperçu des nouveautés, rendez-vous dans des boutiques multimarques, telles que **Fay**, **Zap!** vend de nombreuses marques, ainsi que des vêtements classiques

et d'enfant, des livres et des cadeaux. Pour les vêtements dernier cri, **Amedeo D** est incontournable, ainsi que le quartier du Corso di Porta Ticinese.
Les créateurs qui montent se rassemblent autour du Corso Garibaldi et du Corso Como. Outre des vêtements et accessoires originaux, **10 Corso Como** héberge une librairie, un magasin de disques, une galerie d'art, un café et un restaurant, et même un excellent Bed & Breakfast. Un spa est même intégré à la boutique de **Gianfranco Ferrè**. La plupart des créateurs proposent des vêtements d'homme et de femme. Parmi les boutiques pour homme, on peut citer **Pal Zileri, Ermenegildo Zegna** et **Corneliani**.

PRÊT-À-PORTER

Les magasins d'usine des grands couturiers vendent des articles de second choix et de la précédente saison à des prix dégriffés, par exemple chez **Salvagente** et **DMagazine**. De nombreux créateurs ont aussi leur propre boutique de fabricant : les amateurs de Max Mara peuvent ainsi se rendre chez **Diffusione Tessile**. Pour les vêtements de sport de bonne qualité, **Oviesse** est une très bonne adresse. Les principaux grands magasins milanais, **La Rinascente** et **Coin**, proposent des marques à la mode un peu moins connues. De nombreux clients parcourent aussi les stands du marché de Viale Papiniano, à l'extrémité de la Piazza Sant'Agostino, qui a lieu le samedi.

ACCESSOIRES

Les sacs à main, chaussures, chapeaux et bijoux, vrais ou fantaisie, sont nombreux à Milan. Des chaînes de magasins, telles que **Furla** et **Coccinelle**, offrent un large choix de sacs, tandis que **René Caovilla** propose d'élégantes chaussures à talon et **Tod's** et **Hogan** des chaussures plus confortables. **Garlando** possède de nombreux modèles classiques ; **Ghigodonna** est spécialisé dans les chaussures chics et les grandes tailles. **Borsalino** est synonyme de chapeaux et perruques raffinés.
Le «quadrilatère de la mode» héberge aussi de grands bijoutiers, comme **Frederico Buccellati, Bulgari** et **Pianegonda**.

ALIMENTATION ET VINS

Peck rassemble sur trois étages les meilleurs vins et mets d'Italie. **Enoteca Solci** est un autre spécialiste des vins. **Giovanni Galli Marroni e Canditi** propose des friandises enrobées de chocolat uniques en leur genre.
   High Tech est une véritable mine d'or pour les ustensiles de cuisine, les assiettes ou encore les articles de coutellerie.

DÉCORATION, LIVRES ET CADEAUX

Milan est le berceau des meubles de créateur. Plusieurs magasins de qualité sont réunis autour de la Piazza San Babila, entre autres, **Cassina** et **B&B**. Pour l'éclairage, rendez-vous chez **Flos** et **Artemide**. Les amateurs de décoration du XXe siècle peuvent jeter un œil chez **Franco Sabatelli**, spécialiste des années 1930, ou **Area Design** pour les années 1950 à 1970.
   La librairie du **Triennale** et celle de l'éditeur d'art **Skira** proposent ce qu'il y a de mieux en terme de livres de design et d'architecture. **Fabriano** possède un magasin où l'on peut dénicher de beaux papiers à lettres, enveloppes et cadeaux.

ADRESSES

CRÉATEURS DE MODE

10 Corso Como
Corso Como 10.
Tél 02 2900 0727.
Tél 02 626 163 (B&B).
Tél 02 2901 3581
(gallery).
Tél 02 653 531
(bar & restaurant).
www.diecicorsocomo.com

Amedeo D
Corso Vercelli 23.
Tél 02 4800 4048.
www.amedeod.it

Corneliani
Via Montenapoleone 12.
Tél 02 777 361.
www.corneliani.com

Dolce & Gabbana
Via della Spiga 26
(femmes).
Tél 02 7600 1155.
Corso Venezia 15
(hommes).
Tél 02 7602 8485/
7601 1154.
Via della Spiga 2
(accessoires pour femmes).
Tél 02 795 747.
Corso Venezia 7.
Tél 02 7600 4091.
www.dolcegabbana.it

Ermenegildo Zegna
Via Verri 3.
Tél 02 7600 6437.
www.zegna.com

Fay
Via della Spiga 16.
Tél 02 7601 7597.

Gianfranco Ferrè
Via Sant'Andrea 15.
Tél 02 780 406.
Tél 02 7601 7526
(établissement de cure
et salon de beauté).
www.gianfrancoferre.com

Giorgio Armani
Via Sant'Andrea 9.
Tél 02 7600 3234.
Via Manzoni 31.
Tél 02 7231 8600.
Via Montenapoleone 2.
Tél 02 7639 0068.
Via Montenapoleone 10
(Armani Junior).
Tél 02 783 196.
www.giorgioarmani.com

Gucci
Via Montenapoleone 5–7.
Tél 02 771 271.
Galleria Vittorio Emanuele
(accessories).
Tél 02 859 7991.
www.gucci.com

Hugo Boss
Via Matteotti 11.
Tél 02 7639 4667.
www.hugoboss.com

Pal Zileri
Via Manzoni 20.
Tél 02 7639 4680.
www.palzileri.com

Prada
Galleria Vittorio Emanuele
63–65.
Tél 02 876 979.
Via Montenapoleone 8
(femmes).
Tél 02 777 1771.
Via Montenapoleone 6
(hommes).
Tél 02 7602 0273.
Via della Spiga 18
(accessoires).
Tél 02 7639 4336.
Via della Spiga 5
(lingerie).
Tél 02 7601 4448.
www.prada.com

Zap!
Galleria Passarella 2.
Tél 02 7606 7501.

PRÊT-À-PORTER

Coin
Piazza Cinque Giornate.
Tél 02 5519 2083.
Piazza Cantore.
Tél 02 5810 4385.

Diffusione Tessile
Galleria San Carlo 6.
Tél 02 7600 0829.

DMagazine
Via Montenapoleone 26.
Tél 02 7600 6027.

Oviesse
Corso Garibaldi 72.
Tél 02 655 1649.
Corso Buenos Aires 35.
Tél 2040 4801.

La Rinascente
Piazza del Duomo.
Tél 02 88 521.
Viale Certosa 29.
Tél 02 326 7051.
www.rinascente.it

Salvagente
Via Fratelli Bronzetti 16.
Tél 02 7611 0328.
www.salvagentemilano.it

ACCESSOIRES

Borsalino
Galleria Vittorio Emanuele.
Tél 02 804 337.
www.borsalino.com

Bulgari
Via della Spiga 6.
Tél 02 777 001.
www.bulgari.com

Coccinelle
Via Manzoni 26.
Tél 02 7602 8161.
Corso Buenos Aires 16.
Tél 02 2040 4755.

Federico Buccellati
Via della Spiga 2.
Tél 02 7600 3867.
www.federicobuccellati.it

Furla
Corso Vittorio Emanuele
(angle de la Via San Paolo).
Tél 02 782 449.
www.furla.com

Garlando
Via Madonnina 2.
Tél 02 874 665.
www.alfonsogarlando.it

Ghigodonna
Viale Tunisia 2.
Tél 02 2940 8414.

Hogan
Via Montenapoleone 23.
Tél 02 7601 1174.
www.hogan.com

Pianegonda
Via Montenapoleone 6.
Tél 02 7600 3038.
www.pianegonda.com

René Caovilla
Via Bagutta 28.
Tél 02 7631 9049.
www.renecaovilla.com

Tod's
Via della Spiga 22.
Tél 02 7600 2423.
Galleria Vittorio Emanuele.
Tél 02 877 997.
www.todsgroup.com

ALIMENTATION ET VIN

Enoteca Solci
Via Morosini 19.
Tél 02 5519 5725.

Giovanni Galli Marroni e Canditi
Via Victor Hugo 2.
Tél 02 8646 4833.

High Tech
Piazza XXV Aprile 12.
Tél 02 624 1101.

Peck
Via Spadari 9.
Tél 02 802 3161.
www.peck.it

DÉCORATION, LIVRES ET CADEAUX

Area Design
Via Borromeo 11.
Tél 02 984 584.
www.areadesignshop.it

Artemide
Corso Monforte 19.
Tél 02 7600 6930.
www.artemide.com

B&B
Via Durini 14.
Tél 02 764 441.
www.bebitalia.it

Cassina
Via Durini 16.
Tél 02 7602 0745.
www.cassina.it

Fabriano
Via Verri 3.
Tél 02 7631 8754.

Flos
Corso Monforte 7.
Tél 02 7600 3639.
www.flos.net

Franco Sabatelli
Via Fiori Chiari 5.
Tél 02 805 2688.
www.sabatelli.com

Skira
Palazzo Casati
Stampa,
Via Torino 61.
Tél 02 7208 0008.
www.skira.it

Triennale
Viale Alemagna 6.
Tél 02 891 3403.
www.triennale.it

Milan : Pinacoteca di Brera

La plus belle collection d'art de Milan appartenait à
l'origine à l'Académie des Beaux-Arts qui s'installa au
XVIIIᵉ siècle dans l'imposant palazzo di Brera (XVIIᵉ siècle).
L'exposition permet d'admirer certaines des plus belles
œuvres de la Renaissance et du baroque peintes par des
artistes tels que Piero della Francesca, Mantegna,
Canaletto, Bellini, Raphaël, le Tintoret, Véronèse ou le
Caravage. Quelques tableaux modernes offrent l'occasion
de découvrir certains peintres italiens du XXᵉ siècle parmi
les plus marquants.

★ Le Christ mort par Mantegna
*La subtilité de la lumière et l'intensité
créée par la perspective font
de ce tableau un des chefs-d'œuvre
de Mantegna (1430-1506).*

SUIVEZ LE GUIDE !
*Regroupant des œuvres
provenant d'églises
désaffectées, de legs
et d'acquisitions, la
collection occupe 38
salles, mais n'est pas
toute exposée en
permanence.*

Un double escalier conduit
à l'entrée de la
pinacothèque au 1ᵉʳ étage.

La statue de bronze
(1809) par Canova
représente Napoléon
en demi-dieu
embrassant la Victoire.

Le Baiser *(1859)*
*Ce tableau de Francesco
Hayez fut peut-être l'œuvre
italienne du XIXᵉ siècle la plus
reproduite. Patriotique et
sentimentale, elle devint un
symbole de l'optimisme lié à
l'unification de l'Italie.*

LEGENDE DU PLAN

☐ Peinture italienne des XVᵉ
et XVIᵉ siècles

☐ Peinture hollandaise et flamande
des XVIᵉ et XVIIᵉ siècles

☐ Peinture italienne du XVIIᵉ siècle

☐ Peinture italienne des XVIIIᵉ
et XIXᵉ siècles

☐ Peinture et sculpture italiennes
du XXᵉ siècle

☐ Circulations et services

**Des artistes
étrangers**
comme Rubens
et Van Dyck
sont aussi
représentés.

Hébergements et restaurants de la région, voir p. 567-571 et 615-618

Mère et fils
(1917)
Carlo Carrà
cherchait à
exprimer dans
sa peinture
une réalité
métaphysique des
formes et des
objets.

MODE D'EMPLOI

Via Brera 28. **Tel** 02 72 26 31; 02
89 42 11 46. Ⓜ Lanza, Montenapoleone & Duomo. 🚌 60, 61.
⭕ mar.-dim. 8 h 30- 19 h30
(der. ent. 1 h av. la ferm.).
⭕ 1ᵉʳ janv., 1ᵉʳ mai, 25 déc. 📷
🚻 www.brera.beniculturali.it

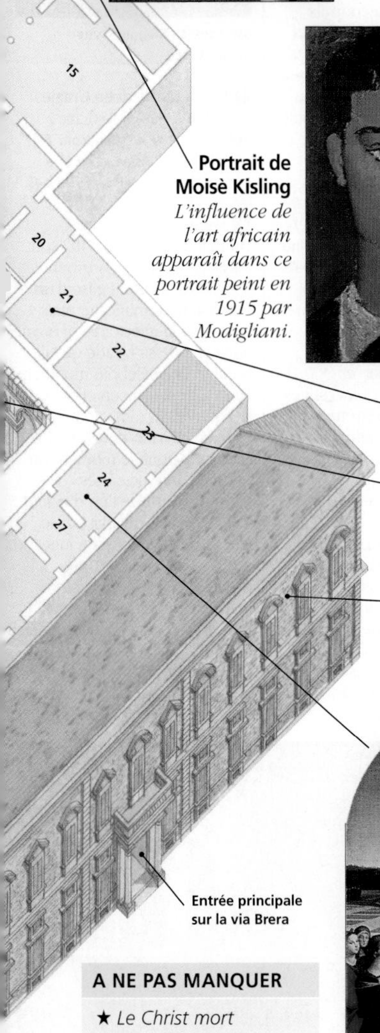

**Portrait de
Moisè Kisling**
*L'influence de
l'art africain
apparaît dans ce
portrait peint en
1915 par
Modigliani.*

**Des colonnes
jumelées** portent
les arcs de la cour.

La **façade en pierre**
obéit à un dessin
régulier et austère.

**Madonna della
Candeletta** *(v. 1490)
Cette Vierge
caractéristique du style
de Carlo Crivelli par sa
riche décoration
formait jadis le
panneau
central d'un
polyptyque.*

Entrée principale
sur la via Brera

A NE PAS MANQUER

★ *Le Christ mort
par Mantegna*

────────────

★ *Le Mariage de la
Vierge par Raphaël*

★ **Le Mariage
de la Vierge
par Raphaël**
*Sur ce tableau
exécuté en
1504, l'artiste
signa de son
nom le temple
circulaire.*

Milan : au sud-ouest du centre-ville

À proximité de la ceinture de boulevards marquant l'emplacement des anciens remparts médiévaux se dressent trois édifices religieux qui méritent une visite pour leur beauté architecturale ou les vestiges, remontant pour certains à l'époque romaine, qu'ils incorporent. L'un d'eux abrite l'une des peintures les plus célèbres du monde : *La Cène* par Léonard de Vinci.

San Lorenzo Maggiore vue
du nord-est

Deux campaniles encadrent la
façade de Sant'Ambrogio

🔒 Sant'Ambrogio

Piazza Sant'Ambrogio 15. *Tél* 02 86 45 08 95. **Basilique Sant'Ambrogio** ☐ *t.l.j. 7 h-12 h, 15 h-19 h.* **Musée** ☐ *mar.-dim. 10 h-12 h, 15 h-17 h.* ♿ www.santambrogio-basilica.it
Évêque de Milan au IVe siècle, devenu le protecteur de la ville, saint Ambroise était d'une telle éloquence que, selon la légende, le miel de ses paroles attirait les abeilles. Il entreprit en 379 la basilique qui porte son nom et il y baptisa saint Augustin en 387. Elle connut une importante reconstruction à l'époque romane.

Un atrium du XIIe siècle précède la façade dont les portes de bronze datent du IXe siècle. À l'intérieur, le maître-autel (835) est décoré

d'or et d'argent et incrusté de pierres précieuses et d'émaux. De belles mosaïques du IVe siècle ornent la coupole d'une des chapelles de la nef droite. La crypte renferme les tombeaux des saints Ambroise, Gervais et Protais. Œuvre de Bramante, le portique conduit au musée de la basilique.

🔒 San Lorenzo Maggiore

Corso di Porta Ticinese 39. *Tél* 02 89 40 41 29. ☐ *t.l.j. 8 h 30-12 h 30, 14h 30-18 h 30.* **Chapelle Sant'Aquilino** ☐ *t.l.j. 9h-18h30.* 🎟 *pour la chapelle.* www.sanlorenzomaggiore.com
Élevée au IVe siècle sur le site d'un amphithéâtre romain, cette église octogonale reconstruite aux XIIe et XVIe siècles abrite des vestiges antiques et paléochrétiens.

Seize colonnes romaines formant un portique et une statue de l'empereur Constantin la précèdent. À droite du chœur, la cappella di Sant'Aquilino, de style roman, a conservé des mosaïques du IVe siècle et abrite deux sarcophages paléochrétiens. Elle permet d'accéder à une salle souterraine où subsistent les fondations d'un bâtiment du IIe siècle.

🔒 Santa Maria delle Grazie

Piazza Santa Maria delle Grazie 2. *Tél* 02 48 01 42 48. **Cenacolo** *Tél* 02 89 42 11 46 *Réservation 60 j. à l'avance.* ☐ *mar.-dim. 8 h 15-18 h 45.* ⬤ *jours fériés.* 🎟
♿ www.cenacolovinciano.it
Bramante donna en 1492 son élégante coupole, sa tribune et son cloître à cette église d'un monastère dominicain, mais c'est pour le réfectoire qui ouvre à gauche de sa façade qu'elle connaît une célébrité mondiale. La salle renferme en effet la fresque de *La Cène* peinte par Léonard de Vinci de 1495 à 1497. L'artiste peignit le moment où le Christ annonce à ses compagnons que l'un d'eux le trahira, mais n'acheva pas le visage du Sauveur, s'en jugeant indigne. En préférant une détrempe sur mur sec à la technique traditionnelle qu'il jugeait trop lente, il a commis une grave erreur. Tous les efforts entrepris depuis le XVIIe siècle pour la sauver n'ont pu empêcher sa détérioration.

La Cène (1495-1497) de Léonard de Vinci orne le mur du réfectoire de Santa Maria delle Grazie

Hébergements et restaurants de la région, voir p. 567-571 et 615-618

L'ÉDIT DE MILAN

Devenue romaine en 222 av. J.-C., l'ancienne ville celte de Mediolanum profita de sa situation privilégiée au carrefour d'importantes voies commerciales pour se développer jusqu'à devenir, après la séparation de l'Empire en deux entités en 284, la capitale de sa partie occidentale, celle où Constantin rédigea l'édit qui accorda en 313 la liberté de culte aux chrétiens. La légende affirme qu'une vision l'avait conduit à se convertir en 312, mais la religion chrétienne lui offrait aussi un puissant levier pour redonner une unité à un territoire aux multiples peuples et croyances.

L'empereur Constantin

Monza ❹

Milano. 🏙 125 000. FS 🚌 ℹ️ *Palazzo Comunale, Piazza Carducci (039 32 32 22).* 🗓 *jeu. et sam.*

Monza n'est plus aujourd'hui qu'un satellite de Milan dont le nom n'évoque guère que celui d'un circuit automobile, mais la ville joua un rôle historique important à l'époque des Lombards et c'est la reine Théodelinde qui fonda au VIᵉ siècle l'église dont le **Duomo** actuel occupe l'emplacement. La cathédrale possède une façade en marbre blanc et vert datant du XIVᵉ siècle et abrite le tombeau de Théodelinde dans une chapelle ornée de fresques évoquant sa vie.

À côté, le **Museo Serpero** présente le trésor du sanctuaire, riche en objets précieux tels qu'une poule en vermeil symbolisant ses sept poussins la Lombardie et ses sept provinces. Sa visite permet aussi d'admirer la couronne de

fer dont le fermoir aurait été fait avec un des clous de la croix du Christ.

Au nord du centre-ville s'étend le parc de la Villa Reale, ancienne demeure néo-classique d'Eugène de Beauharnais. Il renferme un golf, des courts de tennis et l'**Autodromo** où se disputent les grands prix de Formule 1.

🏁 Autodromo
Parco di Monza. *Tél 039 248 21.*
🗓 *t.l.j.* 🔲 *jours fériés.* 📷 ♿

🏛 Duomo
Piazza Duomo. *Tél 039 32 34 04.*
Museo Serpero 🗓 *mar.-sam. 9 h -11 h 30, 15 h-17 h 30 ; dim. 10 h 30-12 h, 15 h-17 h 30.* 📷

Leonello d'Este (c. 1440) by Pisanello in the Accademia Carrara, Bergamo

Bergamo ❺

🏙 150 000. FS 🚌 ℹ️ *Via Gombito 13 (035 24 22 26).* 🗓 *lun.* www.commune.bergamo.it

À la frontière entre montagne et plaine, Bergame doit beaucoup de sa beauté à la prospérité et à la paix qu'elle connut sous le gouvernement de la République de Venise de 1428 à 1797. Ce fut à cette époque qu'y naquit un art qui marqua Molière et continue d'influencer le théâtre moderne : la commedia dell'Arte.

La cité se divise en deux parties : Bergamo Alta avec ses bâtiments médiévaux et Renaissance et Bergamo Bassa aux quartiers modernes et aérés. La **piazza Vecchia** forme le cœur de la vieille ville. Parmi les édifices historiques qui la dominent figurent la torre del Comune (XIIᵉ siècle) qui sonne toujours le couvre-feu à 22 h, la Biblioteca Civica de la fin du XVIᵉ siècle et le palazzo della Ragione fondé en 1199 et plusieurs fois reconstruit.

Ses arcades conduisent à la piazza del Duomo, moins intéressante par sa cathédrale néo-classique (en restauration) que par l'exubérante **cappella Colleoni**

Détail de la cappella Colleoni

(*p. 184*) bâtie en 1476 pour abriter les tombeaux du condottiere Bartolomeo Colleoni (*p. 119*) et de sa fille Medea. Un baptistère octogonal du XIVᵉ siècle et le porche menant à la basilique romane Santa Maria Maggiore l'encadrent. Derrière la façade austère, la basilique, où repose le compositeur d'opéras Gaetano Donizetti (1797-1848), recèle un décor baroque dont l'opulence surprend.

Bergamo Bassa possède pour joyau la **galleria dell'Academia Carrara** et sa superbe collection de peintures. Parmi les plus grands artistes italiens représentés figurent, pour le XVᵉ siècle, Pisanello, Crivelli, Mantegna, Giovanni Bellini et Botticelli ; pour le XVIᵉ siècle, Titien, Raphaël et le Pérugin ; pour le XVIIIᵉ siècle, Tiepolo, Guardi et Canaletto. L'exposition comprend aussi des œuvres de peintres étrangers tels que Dürer, Bruegel ou Vélasquez.

🏛 Galleria dell'Accademia Carrara
Via S Tomaso 82a. *Tél 035 39 96 43.*
🗓 *mar.-dim. : avr.-sept. 10 h-13 h, 15 h-18 h 45 ; oct.-mars 9 h 30-13 h, 14 h-17 h 30.* 🔲 *jours fériés.* 📷
(*gratuit le dimanche*)

Piste forestière dans le Parco Nazionale delle Stelvio

Parco Nazionale dello Stelvio ➏

Trento, Bolzano, Sondrio & Brescia. ▦ *de Bormio à Santa Caterina et Madonna dei Monti.* 🛈 *Via Roma 131b (0342 90 33 00 ou 0342 90 16 54).* **www**.valtellina.it

Le plus grand parc naturel d'Italie s'étend sur près de 140 000 ha entre la Lombardie, les Dolomites, et le Trentin-Haut-Adige dans une région de montagnes dominée par les massifs du Gran Zebrù, du Cevedale et de l'Ortles, son point culminant à 3 905 mètres d'altitude.

    Bormio, une jolie station thermale, constitue le seul véritable centre habité, mais dispose d'un équipement permettant pratiquement tous les sports de montagne, d'été comme d'hiver. Base confortable d'où découvrir la région, elle possède un intéressant **Giardino Botanico**. Les randonneurs pourront s'y initier aux particularités de la flore locale avant de se lancer sur les sentiers offrant un choix quasiment illimité

d'itinéraires au milieu d'une nature prospèrent chamois, marmottes et bouquetins.

🌿 **Giardino Botanico Alpino Rezia**
Via Sertorelli, Località Rovinaccia, Bormio. **Tél** *0342 92 73 70.* ◯ *t.l.j. mai-sept..* 📧 **www**.stelviopark.it

Val Camonica ➐

Brescia. ⓕⓢ ▦ *Capo di Ponte.* 🛈 *Via Briscioli, Capo di Ponte (0364 420 80).* **www**.proloco.capo-di-ponte.bs.it

Cette belle et large vallée d'origine glaciaire arrosée par l'Oglio a été déclarée zone culturelle protégée par

l'UNESCO. Elle recèle plus de 180 000 gravures rupestres datant de l'époque néolithique jusqu'au début de la colonisation romaine. Les plus belles s'admirent dans le **Parco Nazionale delle Incisioni Rupestri** qui s'étend autour de Capo di Ponte. Le rocher de Naquane orné de près de 1 000 figures qui représentent aussi bien des prêtres et des guerriers que des scènes de la vie quotidienne.

    À Capo di Monte, le **Centro Camuno in Studi Preistorici** expose le résultat des fouilles effectuées sur d'anciens sites romains de la vallée.

🏛 **Centro Camuno in Studi Preistorici**
Via Marconi 7, Capo di Ponte. **Tél** *0364 420 91.* ◯ *lun.-ven.* ♿

🏛 **Parco Nazionale delle Incisioni Rupestri**
Capo di Ponte. **Tél** *0364 421 40.* ◯ *mar.-dim. 8 h 30-19 h 30 (nov.-fév. : jusqu'à 17 h)* ◐ *1ᵉʳ janv., 1ᵉʳ mai, 25 déc.*

Lago d'Iseo ➑

Bergamo & Brescia. ⓕⓢ ▦ 🚢 *Iseo.* 🛈 *Lungolago Marconi 26, Iseo (030 98 02 09).* **www**.lagoiseo.org

Le Val Camonica débouche au sud dans le lac d'Iseo, joli plan d'eau long de 25 km entouré de montagnes et de cascades. Une grande île perce sa surface, la Monte Isola. À son sommet, à 600 mètres d'altitude, la Madonna della Ceriola offre un superbe panorama. Petits ports et stations de villégiature jalonnent les berges du lac, notamment Iseo qui lui a donné son nom. Sur la rive orientale, une route conduit depuis Marone au village de **Cislano** où s'admire l'une des

Gravure préhistorique du Val Camonica

Le ponte Coperto à couverture Renaissance de Pavie

plus étranges merveilles naturelles de Lombardie : le groupe de pierres des fées surnommées « Fées de la forêt ».

Brescia ❾

🏛 190 000. **FS** 🚌 **ℹ** *Via Musei 32 (030 374 9916)*. 🛒 *sam.* **www**.provincia.brescia.it

Deuxième ville de Lombardie par l'importance de sa population, Brescia connut une époque faste pendant l'Empire romain comme en témoignent les vestiges du théâtre et du **Tempio Capitolino**, devenu le Museo di Santa Giulia, qui bordent l'ancien forum, l'actuelle piazza del Foro. Au centre de la ville, la piazza Vittoriale est d'origine bien plus récente puisqu'elle présente une architecture typique de l'époque mussolinienne. La poste la sépare de la **piazza della Loggia**, place du marché nommée d'après l'hôtel de ville Renaissance construit de 1492 à 1574 qui la domine. Bâti au XVIIe siècle, le **Duomo** s'élève quant à lui sur la piazza Paolo VI. Sur le corso Matteotti, l'église San Nazaro e San Celso recèle un superbe polyptyque de Titien. Les amateurs d'art se doivent de visiter également la **Pinacoteca Civica Tosio Martinengo** qui présente, entre autres, un bel ensemble d'œuvres de l'école de Brescia.

♙ Tempio Capitolino
Via Musei 57a. **Tél** *030 460 31*. ▨ *en partie pour restauration.* 🖼

🏛 Museo di Santa Giulia
Via Musei 81b. **Tél** *030 297 78 34.* ▢ *t.l.j.*

🏛 Pinacoteca Civica Tosio Martinengo
Piazza Moretto 4. **Tél** *030 377 49 99.* ▢ *mar.-dim. 9 h-19 h.* ▢ *1er mai, 1er nov., 25 déc., 13 h-14 h 30 (hiver)* 🖼 ♿

Lodi ❿

Milano. 🏛 40 000. **FS** 🚌 **ℹ** *Piazza Broletto 4 (0371 42 13 91).* 🛒 *mar., jeu., sam. et dim.* **www**.provincia.lodi.it

Voici une bourgade médiévale aux maisons pastel dotées de jolies cours intérieures. Datant du XIIe siècle, le Duomo se dresse sur la piazza della Vittoria bordée d'arcades. À quelques pas de là, l'église de l'**Incoronata** est un chef-d'œuvre de la Renaissance. Peintures murales et dorures décorent son intérieur octogonal coiffé d'une coupole, tandis qu'une des chapelles abrite quatre petits retables de Bergognone.

Pavia ⓫

🏛 81 000. **FS** 🚌 **ℹ** *Via Fabio Filzi 2 (0382 597 001).* 🛒 *mer. et sam.* **www**.turismo.provincia.pv.it

Capitale des rois lombards du VIe siècle jusqu'à leur défaite devant les Carolingiens, Pavie s'efforce au Moyen Âge de défendre son indépendance face à l'Empire

Le Tempio Capitolino romain de Brescia

germanique et à Milan, mais les luttes intestines qui la déchirent à partir du XIIIe siècle permettent aux Visconti de s'en emparer en 1359. Ses nouveaux maîtres continuent toutefois à embellir la ville, élevant notamment à partir de 1396 l'éblouissante chartreuse *(p. 204-205)* où repose Gian Galeazzo Visconti.

Au centre de la cité médiévale, la construction du **Duomo** commença en 1488. Bramante et Léonard de Vinci intervinrent sur les plans de cet important monument Renaissance qui ne reçut sa coupole et sa façade que dans les années 1880.

Derrière la cathédrale, le **Broletto** (hôtel de ville) médiéval dresse sur la piazza della Vittoria une façade à loggia datant du XVIe siècle. Parallèle à la place (à l'ouest), la strada Nuova conduit au sud jusqu'au Tessin et au **ponte Coperto** qui le franchit. Ce pont bâti à l'origine en 1353 et couvert en 1583 dut être reconstruit après la Deuxième Guerre mondiale. Sa pile centrale porte une chapelle.

En remontant depuis la rivière vers le nord et les bâtiments néo-classiques de l'université, la strada Nuova dépasse à droite du corso Garibaldi que domine la **basilica di San Michele**. Ce superbe sanctuaire roman fondé en 661 mais presque entièrement rebâti au XIIe siècle présente une façade ornée de frises d'animaux monstrueux. À l'intérieur, de délicats reliefs parent les colonnes et une chapelle à droite du maître-autel abrite un crucifix en argent du XIIe siècle.

Au terme de la strada Nuova, le castello Visconteo entrepris en 1365 abrite aujourd'hui le **Museo Civico** riche en vestiges archéologiques et en œuvres d'art. Non loin, la belle église romane **San Pietro in Ciel d'Oro** renferme le tombeau de saint Augustin.

🏛 Museo Civico
Castello Visconteo, Viale 11 Febbraio. **Tél** *0382 338 53.* ▢ *mar.-dim. 10 h-17 h 50.* ⬤ *jours fériés.* 🖼

Certosa di Pavia ⑫

C'est le Milanais Gian Galeazzo Visconti qui fonda en 1396 la chartreuse de Pavie à 8 km au nord de la ville. S'il y repose depuis le 1ᵉʳ mars 1474, il fallut plus de 200 ans et le talent de maints artistes pour achever ce chef-d'œuvre de l'architecture lombarde. Le grand sculpteur Giovanni Antonio Amadeo travailla 25 ans à la partie inférieure de sa façade Renaissance dont Cristoforo Lombardo dessina la partie supérieure qui ne reçut jamais son fronton. De nombreuses œuvres d'art et monuments décorent l'élégant intérieur gothique.

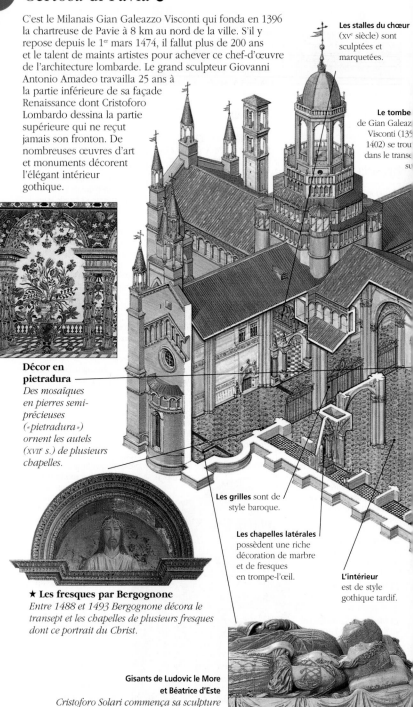

Les stalles du chœur (xvᵉ siècle) sont sculptées et marquetées.

Le tombe de Gian Galeaz Visconti (135 1402) se trou dans le transe su

Décor en pietradura
Des mosaïques en pierres semi-précieuses («pietradura») ornent les autels (xviiᵉ s.) de plusieurs chapelles.

Les grilles sont de style baroque.

Les chapelles latérales possèdent une riche décoration de marbre et de fresques en trompe-l'œil.

L'intérieur est de style gothique tardif.

★ **Les fresques par Bergognone**
Entre 1488 et 1493 Bergognone décora le transept et les chapelles de plusieurs fresques dont ce portrait du Christ.

Gisants de Ludovic le More et Béatrice d'Este
Cristoforo Solari commença sa sculpture quelque 11 ans avant la mort de Ludovic.

Grand cloître
Il faut traverser le petit cloître pour l'atteindre. Sur trois côtés l'entourent les cellules des moines qui disposaient toutes d'un petit jardin. Un guichet permettait aux chartreux de recevoir leur nourriture sans rompre leur vœu de solitude.

Cellule

La nouvelle sacristie possède un plafond peint.

Le petit cloître, décoré de belles terres cuites, entoure un petit jardin classique.

MODE D'EMPLOI

Viale del Monumento, Pavia.
Tél 0382 92 56 13. 🚌 from Pavia. 🚆 Certosa. Puis 1 km à pied ⬜ mar.-dim. et j. f. 9 h-11 h 30, 14 h 30-16 h 30 (mars et oct. : jusqu'à 17 h; avr. et sept. : 17 h 30, mai-août : 18 h ; der. ent. 30 mn av. la ferm.). **Offrande.** 📷 ⛪ ♿ ✉ www.apt.pavia.it

★ La façade Renaissance
De nombreux médaillons, reliefs et statues, tel ce saint Pierre, ornent sa partie inférieure exécutée au xve siècle. Les travaux de la partie supérieure, plus sobre, s'achevèrent en 1560.

Entrée principale

★ Le polyptyque du Pérugin
Des 6 panneaux peints en 1496 par l'artiste maniériste, seul celui du Père éternel n'a pas été remplacé par une copie. Deux peintures par Bergognone l'encadrent.

À NE PAS MANQUER

★ La façade Renaissance

★ Le polyptyque du Pérugin

★ Les fresques par Bergognone

Le Duomo et la piazza del Comune de Crémone

Crémone ⑬

76 000. FS ☷ ℹ *Piazza del Comune 5 (0372 232 33).* 🛒 *mer. et sam.* **www**.aptcremona.it

La richesse de la campagne qui l'entoure fait de Crémone un important marché agricole, mais c'est à la musique qu'elle doit son renom en tant que ville où naquit le compositeur Claudio Monteverdi (1567-1643) et, surtout, où travailla le célèbre luthier Stradivarius (1644-1737).

Le centre historique a gardé son tracé médiéval et s'organise autour de la piazza del Comune. Entrepris au début du XIIe siècle, le **Duomo** a connu plusieurs ajouts et associe styles roman et gothique. Sous sa rosace du XIIIe siècle, un porche élégant précède un portail orné de sculptures des prophètes. De superbes fresques du début du XVIe siècle et des tapisseries flamandes ornent l'intérieur.

Une loggia Renaissance relie la cathédrale à son campanile (1267), surnommé le **Torrazzo**. Cette tour médiévale, l'une des plus hautes d'Italie (111 m), offre un vaste panorama. Notez la chaire qu'utilisaient à l'extérieur du Duomo des prêcheurs itinérants tels que saint Bernardin de Sienne.

À côté du sanctuaire s'élèvent un baptistère octogonal et, en face, les arcades de la **loggia dei Militi** (1292) qui abrite aujourd'hui un mémorial militaire. Un autre monument historique borde encore la place : le **palazzo del Comune**, édifice du XIIe siècle plusieurs fois remanié qui abrite la collection de violon de la famille Stradivarius. Dans le palazzo Affaitati (XVIe siècle), se trouve le **Museo Stradivariano** dédié au célèbre luthier, et le **Museo Civico**. Le premier musée renferme la reconstitution de l'atelier de Stradivarius, comprenant 700 violons. Le second présente le trésor de la cathédrale, des vestiges archéologiques comprenant des mosaïques du Ier au IIIe siècle et une riche collection de peintures qui permet de découvrir les œuvres d'artistes de l'école crémonaise tels que Gatti, Boccaccino et les membres de la famille Campi.

Ces peintres travaillèrent aussi à la décoration de l'église Renaissance **San Sigismondo** (fermée à l'heure du déjeuner), à la périphérie orientale de la ville, reconstruite en 1463 après le mariage en 1441 de Francesco Sforza et Bianca Visconti.

⊞ Torrazzo
Piazza del Comune. ⏰ *mar.-dim. 10 h-13 h, 14 h 30-18 h.* ♿

⊞ Palazzo del Comune
Piazza del Comune. **Tél** *0372 40 72 50.* ⏰ *mar.-sam. 9 h-18 h, dim. 10 h-18 h.* ● *jours fériés.* ♿ ⚴

🏛 Museo Stradivariano & 🏛 Museo Civico
Via Ugolani Dati 4. **Tél** *0372 200 73.* ⏰ *comme le Palazzo del Comune.* ● *jours fériés.* ♿ ⚴

Sabbioneta ⑭

Mantova. 🏚 *4 600.* ☷ *de Mantoue.* ℹ *Piazza d'Armi 1 (0375 22 10 44).* 🛒 *mer. matin.* ♿ *demander à l'office du tourisme.* **www**.sabbioneta.org

Pour y installer sa cour, Vespasien Gonzaga Colonna (1531-1591) fit aménager Sabbioneta selon les idéaux de la Renaissance, et la ville présenta un plan régulier à l'intérieur de ses remparts hexagonaux. Ses plus beaux édifices se découvrent dans le cadre d'une visite guidée : le Teatro all'Antica de Scamozzi, le Palazzo Ducale aux plafonds sculptés et le palazzo del Giardino décoré de fresques.

ANTONIO STRADIVARI ET SES VIOLONS

Adapté à la fois de la viole et du rebec médiévaux, mais offrant une richesse harmonique beaucoup plus étendue, le violon s'imposa dans les cours européennes au début du XVIe siècle et les instruments fabriqués à Crémone acquièrent très tôt une grande réputation grâce à Andrea Amati (v. 1520-v. 1578). C'est son petit-fils Niccolò qui forma celui qui allait donner au

Antonio Stradivari selon une estampe du XIXe siècle

violon une perfection de proportions jamais dépassée depuis : Antonio Stradivari, plus connu sous le nom de Stradivarius (1644-1737). Ce luthier qui choisissait lui-même dans les Dolomites le bois de ses instruments produisit plus de 1 100 violons dont plus de cinq cents nous sont parvenus. Beaucoup portent le nom d'un virtuose qui les utilisa. Parmi les élèves qu'il forma figure Garnerius del Gesù dont certaines créations rivalisent en qualité avec celles de son maître. Stradivarius a sa tombe piazza Roma

---

Le plafond de la Camera degli Sposi par Mantegna au palazzo Ducale

Mantova ⑮

🏛 55 000. 🚊 🚌 ℹ *Piazza Andrea Mantegna 6 (0376 432 432).* 🗓 jeu. www.turismo.mantova.it

D'aspect austère avec ses places et ses rues bordées de palais aristocratiques, Mantoue, qu'entourent trois lacs formés par le Mincio, ne doit pas son renom à une quelconque puissance économique ou militaire mais à la richesse de son passé culturel. C'est là que naquit Virgile, l'auteur de l'*Énéide*, en 70 av. J.-C., c'est là que régna pendant trois siècles la famille des Gonzague qui attira certains des plus grands architectes, peintres, poètes et philosophes de la Renaissance. Là, enfin, que Giuseppe Verdi situa son opéra *Rigoletto*. Ce passé marque le nom des rues et les monuments d'une ville dont le père de Mozart admirait le **Teatro Accademico Bibiena** (XVIIIᵉ siècle) qui borde la via Accademia.

Trois belles places en enfilade forment le cœur de la cité. Dessinée au XVᵉ siècle par Alberti mais couronnée d'une coupole baroque (1765), la **basilica Sant'Andrea** tourne vers la piazza dell'Erbe un flanc bordé d'une arcade de boutiques. En face s'élèvent la gracieuse Rotonda di San Lorenzo (XIᵉ siècle) ainsi que le palazzo della Ragione entrepris au XIIIᵉ siècle, mais dont la tour de l'Horloge date du XVᵉ siècle. La piazza Broletto doit son nom à l'hôtel de ville bâti au XIIIᵉ siècle, et plusieurs fois remanié, qui la domine. Une statue de Virgile

(1225) orne sa façade. Sur la piazza Sordello, le **Duomo** recèle derrière une façade baroque (1755) un intérieur stuqué dû à Giulio Romano (v. 1492-1546). La torre della Gabia où les condamnés étaient exposés dans une cage en fer domine l'imposant palazzo Bonacolsi (XIIIᵉ siècle).

🏛 Palazzo Ducale

Piazza Sordello. **Tél** *0376 22 48 32.* 🕐 *mar.-dim. 8 h 45-19 h 15 (dern.ent. 18 h).* 🔴 *1ᵉʳ janv., 1ᵉʳ mai, 25 déc.* 🎫 *0376 32 82 53 (sur demande).* 🎫 **Camera degli Sposi** *Tél 0412 41 18 97 (rés.).* www.mantovaducale.it
Immense corps de bâtiments dont la construction s'étendit sur quatre siècles, l'ancienne résidence des Gonzague réunit autour de 7 jardins et 8 cours intérieures une forteresse du XIVᵉ siècle, une basilique et le palais lui-même.

Détail de la tour de l'Horloge de la piazza dell'Erbe

Sa somptueuse décoration comprend des chefs-d'œuvre, notamment un cycle de fresques s'inspirant des légendes arthuriennes peintes par Pisanello en 1466, un grand portrait par Rubens (1577-1640) de la famille ducale exposé dans le salone degli Arcieri (salon des Archers) et, surtout, la **camera degli Sposi** (chambre des Époux) dont Mantegna couvrit les parois de fresques (1465-1474) décrivant des épisodes importants de la vie de Ludovic Gonzague et de sa femme. Elles offrent un superbe aperçu du faste de la cour de Mantoue *(p. 208-209)* au XVᵉ siècle.

🏛 Palazzo Tè

Viale Tè. **Tél** *0376 32 32 66.* 🕐 *lun. ap.-m., mar.-dim.* 🔴 *1ᵉʳ janv., 1ᵉʳ mai, 25 déc.* 🎫 ⚹ www.centropalazzote.it
À l'autre bout de la ville se dresse un deuxième palais extraordinaire des Gonzague, le palazzo Tè bâti au début du XVIᵉ siècle par Giulio Romano. Trompe-l'œil et architecture, tout ici conspire pour créer l'illusion comme dans la **sala dei Giganti** que semblent en train de détruire les Titans peints sur ses murs. Presque aussi remarquable, la camera di Psiche et Amour présente un décor champêtre agrémenté de scènes inspirées de l'*Âne d'or* d'Apulée. De nombreux motifs ésotériques ou zodiacaux rappellent dans tout l'édifice l'intérêt des Gonzague pour l'astrologie et toutes les formes de connaissances.

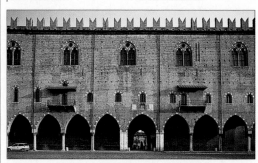

La façade (XIIIᵉ siècle) du Palazzo Ducale sur la piazza Sordello

Fresque (XVᵉ siècle) par Mantegna de la Camera degli Sposi du Palazzo Ducale ▷

VAL D'AOSTE ET PIÉMONT

En dehors de l'agglomération turinoise riche en merveilles archi-tecturales et artistiques, les régions du Piémont et du Val d'Aoste sont avant tout rurales. Les Alpes, au nord et à l'ouest, recèlent la réserve naturelle du parc national du Grand-Paradis et des stations de ski comme Courmayeur. À leur pied, une bordure de collines mou-tonne jusqu'aux champs de riz et de céréales de la plaine.

Souvenir de l'époque où le duché de Savoie s'étendait des deux côtés des Alpes, on parle encore français ou provençal dans certaines vallées du Val d'Aoste, région de montagne où le tourisme est devenu l'acti-vité principale, le ski s'y prati-quant en été comme en hiver. C'est au XVIe siècle, sous le règne d'Emmanuel-Philibert, que le duché de Savoie entra pleinement dans la sphère d'influence italienne et le Piémont y acquit la pré-éminence avant de devenir, au XIXe siècle, le foyer d'où se développa le Risorgimento *(p. 62-63)*, mouve-ment qui conduisit le pays à son unité et la maison de Savoie sur le trône d'Italie. Les châteaux médiévaux jalonnant le Val d'Aoste et ces extra-ordinaires grappes de chapelles connues sous le nom de *sacri monti* qui parsèment les contreforts des Alpes témoignent de la richesse de ce passé. Bien que Vercelli vît s'épa-nouir aux XVe et XVIe siècles une école de peinture dont les œuvres à la lumière très pure se découvrent dans les petites églises et les col-lections d'art de la région, c'est incontestablement Turin qui offre le plus d'intérêt cultu-rel. Souvent injustement considérée comme une simple ville industrielle, notamment à cause de la présence de Fiat, Olivetti ou Ferrero, cette élégante cité baroque possède en particulier l'un des plus riches musées égyptiens du monde. Les coteaux qui se trouvent au sud-est produisent certains des meilleurs vins de la péninsule, accompagnement idéal des savou-reuses spécialités culinaires issues des terroirs de la région.

Pavement traditionnel d'un café du centre de Turin

◁ Le château de Châtelard (XIIIe siècle) dans le Val d'Aoste

À la découverte du Val d'Aoste et du Piémont

Près de la moitié de la population de la région vit dans l'agglomération de Turin, grand centre de l'industrie automobile italienne. Si la ville s'étend dans la plaine du Pô, où les rizières composent autour de Vercelli et de Novara des paysages caractéristiques, les Alpes s'élèvent tout de suite derrière pour atteindre dans le Val d'Aoste des altitudes de plus de 4 000 mètres au Cervin et au mont Blanc. Dans les collines piémontaises, l'agriculture, notamment la viticulture, continue de rythmer la vie de villages et de bourgs qui possèdent ouvent de belles églises.

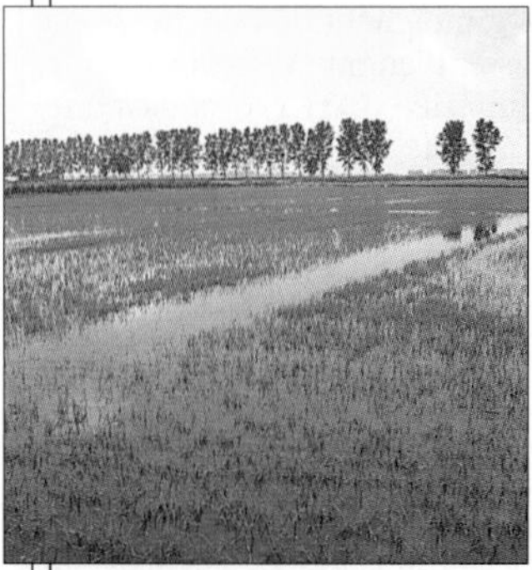

Rizières près de Vercelli

MONTE CERVINO 3
MONTE ROSA 4
COLLE DEL GRAN SAN BERNARDO 2
Breuil-Cervinia
Valtournenche
Chamonix
MONTE BIANCO 1
Entreves
Saint-Rhémy
Champoluc
Courmayeur
Monte Fallère 3061m
Lignan
Nus
Chatillon
La Thuile
A5
AOSTA 5
Fénis
Villeneuve
VALLE D'AOSTA
Verres
Valgrisenche
Issogne
Valsavarenche
Cogne
Lillaz
PARCO NAZIONALE DEL GRAN PARADISO 6
Valnontey
Settimo Vittone
Gran Paradiso 4061m
Pont
Monte Colombo 2848m
LAC DE CERESOLE REALE 7
Noasca
Orco
S460
Cuorogne
Forno
Chialamberto
Aglié
Balme
Ceres
Canavese
Foglizzo
Monte Servin 3108m
Ciriè
Viú
Margone
Volpiano
S25
Fiano
SUSA 9
S25
Venaria
A32
SACRA DI SAN MICHELE 10
AVIGLIANA 11
Bardonecchia
VIA LATTEA 8
Rivoli
TURIN 13
15
Alpe
Orbassano
Sauze d'Oulx
Pragelato
Cumiana
14 STUPINIGI
S24
S23
Claviere
Sestriere
Villar Perosa
S23
Carignano
Briancon
Ghigo
PINEROLO 12
Alpi Cozie
S589
Bobbio Pellice
Cavour
S20
Racconigi
A6
Barge
Crissolo
Paesana
Po
Monte Viso 3841m
Savigliano
Saluzzo
S231
Verzuolo
Sampeyre
Maira
Varaita
Pelvo d'Elva 3064m
Venasca
Fossano
Busca
Chiappera
S589
Centallo
Stura
Monte Oronaye 3100m
Dronero
S28
Canosio
Caraglio
Morozzo
Argentera
23 CUNEO
Borgo San Dalmazzo
Demonte
S21
Boves
Mont Tenibre 3031m
S20
Entracque
BOSSEA CAVES 24
Parco Naturale dell'Argentera
Cima dell'Argentera 3297m
Limone
Upega
Monaco Nice

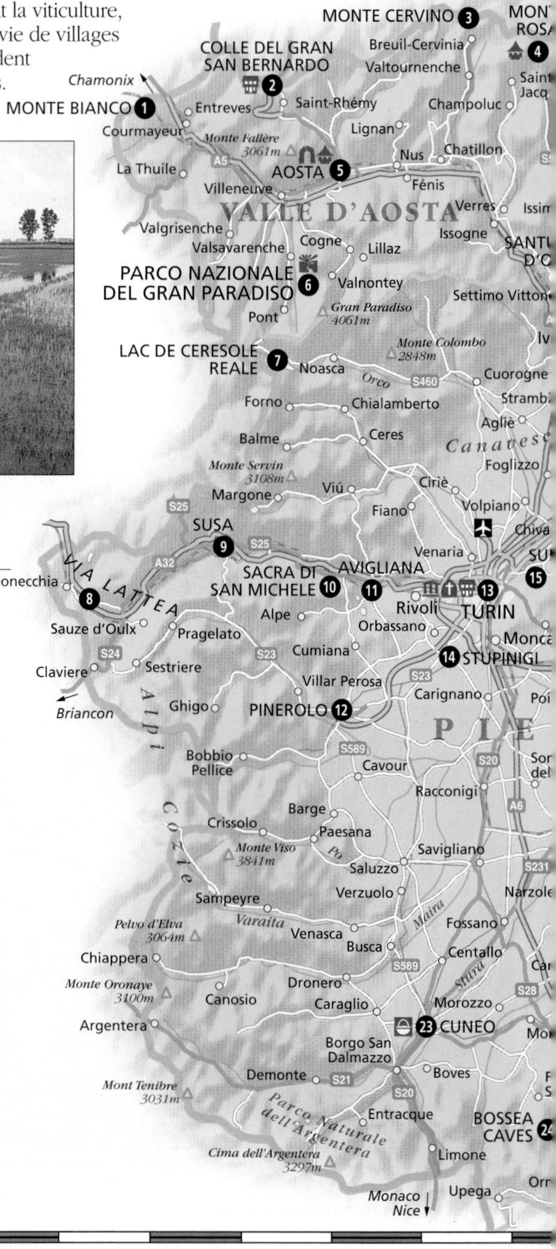

LA RÉGION D'UN COUP D'ŒIL

Aoste 5
Asti 22
Avigliana 11
Basilica di Superga 15
Bossea 24
Col du Grand-Saint-Bernard 2
Cuneo 23
Domodossola 17
Garessio 25
Lac de Ceresole Reale 7
Lac d'Orta 19
Mont Blanc 1
Mont Cervin 3
Monte Rosa 4
Novara 20
Parc national du Grand-Paradis p. 216-217 6
Pinerolo 12
Sacra di San Michele 10
Santuario d'Oropa 16
Stupinigi 14
Susa 9
Turin p. 220-225 13
Varallo 18
Vercelli 21
Via Lattea 8

Légende des autres symboles, *voir rabat de couverture*

Turin, capitale du Piémont dans la vallée du Pô

CIRCULER

Le tunnel du mont Blanc et le col de Fréjus relient la France au nord-ouest de l'Italie, tandis que le col Sempione la relie à la Suisse. Plusieurs autoroutes et le train desservent Turin et Aoste depuis le reste de la péninsule. En montagne, la voiture reste le moyen de transport le plus pratique, bien que des autocars circulent jusque dans les stations importantes.

VOIR AUSSI

• *Hébergement* p. 571-572

• *Restaurants* p. 618-622

Château Saint-Pierre dans le Val d'Aoste

LÉGENDE

▭ Autoroute	— Liaison ferrée principale
▭ Route principale	— Liaison ferrée secondaire
— Route secondaire	▭ Frontière internationale
▭ Petite route	▭ Frontière régionale
— Parcours pittoresque	△ Sommet

Le mont Blanc ❶

Aosta. **FS** *Pré-St-Didier.* **▭** *Courmayeur.* **▐** *Piazzale Monte Bianco 13, Courmayeur (0165 84 20 60).* **www**.aiat-monte-bianco.com

Le plus haut sommet des Alpes (4 810 m) domine la partie occidentale du Val d'Aoste et la station de **Courmayeur** où le ski se pratique aussi en été. Depuis Entrèves, 5 km plus au nord, un téléphérique grimpe jusqu'à l'aiguille du Midi (3 842 m) et ses extraordinaires panoramas. Depuis Pré-Saint-Didier, au sud, la N 26 conduit jusqu'au **col du Petit-Saint-Bernard** (2 188 m) où glaciers et forêts offrent de belles promenades

Le col du Grand-Saint-Bernard ❷

Aosta. **FS** **▭** *Aosta.* **▐** *Strada Nazionale Gran San Bernardo 13, Etroubles (0165 785 59).* **○** *t.l.j.* **www**.gransanbernardo.net

Passage difficile à 2 473 m d'altitude, ce col marque la frontière entre l'Italie et la Suisse et porte le nom de saint Bernard de Menthon qui y fonda un **hospice** vers 1050. Celui-ci existe toujours, en territoire helvétique (pensez aux papiers d'identité), et il accueille toujours les voyageurs. En neuf siècles, les moines sauvèrent plus d'une vie grâce à leurs chiens spéciaement entraînés à cet effet, les célèbres saint-bernard. La jolie vallée qui conduit au col renferme les villages d'Etroubles et de Saint-Rhémy-en-Brosse.

Saint-Bernard

⛪ Hospice du Grand-Saint-Bernard
Colle San Bernardo, Suisse. **Tél** 00 41 277 87 12 36. **○** t.l.j.

Le mont Cervin ❸

Aosta. **FS** **▭** *Breuil-Cervinia.* **▐** *Via Guido Rey 17, Breuil-Cervinia (0166 94 91 36).* **www**.montecervino.it

Caractéristique, la masse triangulaire du Cervin (ou Matterhorn) s'élève à 4 478 m d'altitude au-dessus de la vallée du Valtournenche, jalonnée d'agréables villages de montagne dont Valtournenche est le plus important. Depuis la station de **Breuil-Cervinia**, un téléphérique permet d'atteindre la Cime Bianche qui offre un vaste panorama des Alpes. Toute la région, où se pratique le ski d'été, est un paradis pour les randonneurs et les alpinistes.

Monte Rosa ❹

Aosta. **FS** *Verrès.* **▭** *St-Jacques.* **▐** *Route Varasc, Champoluc (0125 30 71 13).* **www**.aiatmonterosa.com

L'imposant massif du Monte Rosa domine deux belles vallées : le val de Challand-Ayas et la vallée du Lys. Les ruines romanes du **castello di Graines** (XIe siècle) commandent la partie inférieure de la première, tandis que, quelques kilomètres plus loin, il est possible d'accéder en téléphérique de Champoluc à la vue offerte par la **Testa Grigia** (3 315 m). Dans la vallée du Lys, un pont romain franchit le torrent à Pont-Saint-Martin et des fresques du Jugement dernier ornent la façade de l'église d'**Issime**.

♣ Castello di Graines
Graines, Strada Statale 506.

LES CHÂTEAUX MÉDIÉVAUX DU VAL D'AOSTE

Malgré leur majesté, les montagnes n'apportaient pas une sécurité suffisante aux nombreux seigneurs féodaux qui se partageaient le Val d'Aoste au Moyen Âge et ceux-ci édifièrent des demeures fortifiées pour se protéger. Soixante-dix d'entre elles, dans des états très divers, nous sont parvenues. Vous en découvrirez plusieurs si vous pénétrez en Italie par le tunnel du Mont-Blanc puis poursuivez après Aosta jusqu'à Pont-Saint-Martin.

La tour de **Montmayer** perchée sur un haut rocher du Valgrisenche et celle d'**Ussel** qui se dresse non loin reflètent bien la fonction défensive de ces édifices. Malgré les injures des ans, elles gardent un aspect menaçant. Les châteaux de **Fénis** (p. 184) et Verrès témoignent d'une importante évolution qui se produisit au XIVe siècle. Ces deux constructions conservent leurs fortifications mais offrent à l'intérieur le confort d'une résidence seigneuriale. Ce luxe s'accroît encore à **Issogne** où fresques, loggias et fontaine en fer forgé composent un décor raffiné. Celui du château de **Sarre** élevé au XIVe siècle, remanié en 1710 et acquis en 1869 par le roi d'Italie Victor-Emmanuel II, séduira surtout les chasseurs avec son salon empli de trophées. Le château de **Châtelard** se dresse près de Morgex dans un des vignobles les plus hauts d'Europe.

Le château de Verrès (XIVe siècle)

40 colonnes de marbre portent les arcs du cloître (XIIᵉ siècle) de Sant'Orso

Aoste ❺

🏛 37 000. **FS** 🚌 **i** *Piazza Chanoux 2 (0165 23 66 27).* 📅 *mar.* **www.regione.vda.it**

Dans le cadre majestueux formé par les montagnes qui l'entourent, l'ancienne *Augusta Praetoria* fondée en 25 av. J.-C. a gardé le tracé régulier du camp militaire qu'elle fut à l'origine. Les vestiges antiques témoignent de l'importance qu'elle prit ensuite sur une grande voie de circulation. Fortifiée au Moyen Âge par la famille Challant puis les ducs d'Aoste, qui dotèrent de tours les remparts romains, elle est aujourd'hui la capitale animée d'une région autonome.

Avec le développement du tourisme de montagne et celui de l'industrie, sa population a fortement augmenté depuis le début du siècle, entraînant la construction de quartiers périphériques modernes. Aéré par de grandes places, le centre a toutefois gardé son charme. S'y promener permet de découvrir les monuments qui valurent à Aoste le surnom de « Rome des Alpes ».

🎭 Les ruines romaines

Théâtre romain, Via Baillage. 📅 *t.l.j. 9 h-20 h (18 h 30 oct.-fév.).* **Amphithéâtre**, Convento di San Giuseppe, Via dell'Anfiteatro. **Tél** *0165 26 20 89.* 📅 *t.l.j. téléphoner avant.* 📷 ⚙ **Forum romain**, Piazza Giovanni XXIII. ⚙ *pour restauration.* À l'époque romaine, l'entrée dans Aoste se faisait par le **pont** à l'est de la ville (au-delà du pont moderne) puis par l'**arc d'Auguste** élevé pour célébrer la défaite du peuple des Salasses qui habitait auparavant la vallée.

Son toit est un ajout datant du XVIIIᵉ siècle. Double rangée d'arcades au bout de la via San Anselmo, la **Porta Pretoria** appartenait jadis à l'enceinte fortifiée et elle est flanquée d'une tour médiévale. Bien conservé lui aussi, le **théâtre romain** possède un mur de scène haut de 22 m. Les ruines de l'**amphithéâtre** s'atteignent par le couvent de San Giuseppe. Dans la vieille ville, près de la cathédrale, se trouve le **forum romain** sous lequel s'étendait un vaste cryptoportique dont la fonction reste un sujet de spéculation.

Détail d'un pavement de mosaïque de la cathédrale d'Aoste

🏛 Cattedrale

Piazza Giovanni XXIII. 📅 *t.l.j. 6 h30-20h (sept.-Pâques : 6 h30-12h, 15 h-18h).* **Museo del Tesoro Tél** *0165 404 13.* 📅 *comme la cathédrale.* ⚫ *pendant les offices religieux.* 📷 Fondée au XIIᵉ siècle, la cathédrale d'Aoste a gardé deux clochers du bâtiment original roman mais possède un intérieur gothique et une façade néo-classique. Elle renferme des pavements en mosaïque médiévaux et des stalles sculptées au XVᵉ siècle. Le **museo del Tesoro** attenant présente une riche collection de statuettes et de reliquaires.

🏛 Sant'Orso

Via Sant'Orso. **Tél** *349 804 12 39.* 📅 *t.l.j.* ♿ C'est à l'extérieur des murs, à l'est, que se trouve la collégiale fondée par saint Ours, saint patron d'Aoste, au VIᵉ siècle. Reconstruite au XIᵉ siècle, elle présente une façade inhabituelle caractérisée par un très haut portail et renferme des fresques du XIᵉ siècle et de belles stalles sculptées. Des sculptures délicates ornent les chapiteaux historiés de son petit **cloître** roman.

Aux environs :

Le château de **Fénis** *(p. 214)*, à 12 km à l'est d'Aoste, est l'une des rares forteresses de la vallée à l'intérieur bien conservé. On y admire un bel ensemble de fresques du XIVᵉ siècle. À 38 km au sud-ouest, le château d'**Issogne**, remanié vers 1490, présente de remarquables peintures murales. Un grenadier en fer forgé orne la fontaine au centre de la cour.

🏰 Castello di Fénis

Fénis. **Tél** *0165 76 42 63.* 📅 *t.l.j.* ⚫ *1ᵉʳ jan., 25 déc., mar. (hiver).* 📷

🏰 Castello di Issogne

Issogne. **Tél** *0125 92 93 73.* 📅 *t.l.j.* ⚫ *1ᵉʳ jan., 25 déc. mer. (hiver).* 📷

Vestiges du forum romain d'Aoste

Le parc national du Grand-Paradis ❻

Fondé en 1922 à partir de la réserve de chasse de la maison de Savoie, le plus beau parc d'Italie s'étend sur un territoire montagneux de 450 km² où les plus hauts sommets dépassent 4 000 m d'altitude. Bien qu'on puisse y pratiquer le ski de fond, c'est en été qu'il présente le plus d'attrait par la variété et la beauté de ses paysages et la richesse de sa faune et de sa flore. Outre les derniers bouquetins d'Europe, les visiteurs y croisent chamois, marmottes, papillons rares, hermines et aigles. Le sommet du Gran Paradiso (4 061 m) peut s'atteindre en randonnée, mais les alpinistes disposent aussi de belles parois dans le massif.

Castello di Aymavilles
Des tours médiévales encadrent son corps d'habitation du XVIIIᵉ siècle.

Bouquetin
Des groupes de bouquetins s'aperçoivent souvent vers Pont en juin et autour du col Lauson au lever et au coucher du soleil..

La cascade de Goletta
se trouve près du lac du même nom.

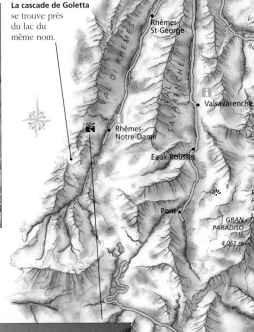

ARVIER
VILLENEUVE
Aym
Pondel
Rhêmes-St-George
Valsavarenche
Rhêmes-Notre-Dame
Eaux-Rousses
Pont
GRAN PARADISO
4 061 m
Ceresole Reale

Val de Rhêmes
Cascades et torrents dévalent des glaciers qui dominent cette paisible et large vallée.

Cascata di Lillaz
C'est à la fonte des neiges que cette chute d'eau à l'est du village de Lillaz offre le plus beau spectacle.

MODE D'EMPLOI

Piémont et Val d'Aoste. [i] *Segreteria Turistica, Via Umberto I 1, Noasca (0124 90 10 70). Autres bureaux d'information à Ceresole Reale et Cogne.* [ ] *t.l.j.* [FS] *Aosta et Pont Canavese.* [ ] *d'Aoste et de Pont Canavese aux différentes vallées.* [ ] **Paradisia Alpine Garden**, *Valnontey, Cogne.* **Tel** *0165 741 47.* [ ] *t.l.j. : mi-juin-mi sept.* [ ] [ ] www.gran paradiso.net www.parks.it

Cogne, principale station du parc, constitue une bonne base d'où partir à sa découverte. Des cartes des sentiers y sont disponibles.

Lillaz est plus calme que Cogne et Valnontey, deux stations animées.

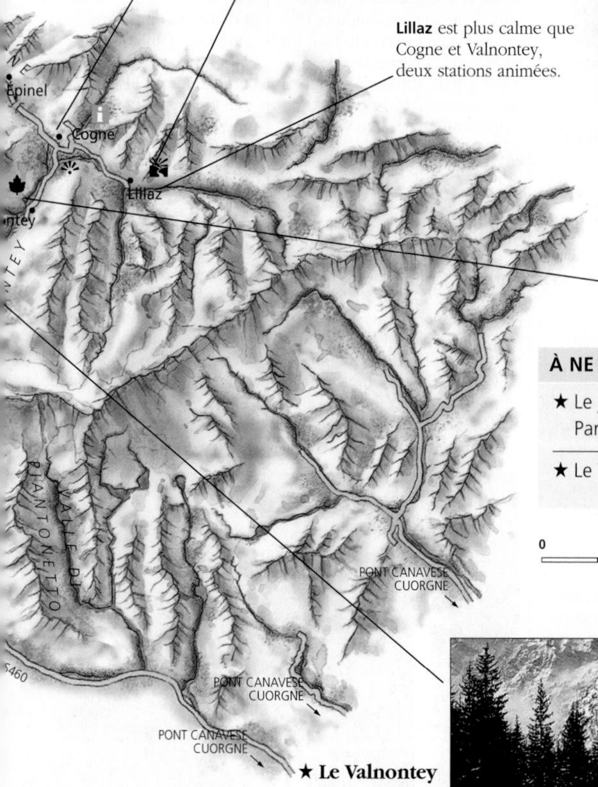

★ **Le jardin alpestre Paradisia**
Ce jardin botanique présente une superbe collection de délicates fleurs alpines.

À NE PAS MANQUER

★ Le jardin alpestre Paradisia

★ Le Valnontey

0   5 km

PONT CANAVESE CUORGNE

★ **Le Valnontey**
Cette magnifique vallée qui a donné son nom à une station offre l'accès à de nombreux sentiers.

LÉGENDE

[i] Information touristique
= Route principale
☆ Point de vue

La petite station de Ceresole Reale
sous la neige

Le lac de Ceresole Reale **❼**

Torino. 🚌 *to Ceresole Reale.* 🛈
*Corso Vercelli 1, Ivrea (0125 61 81
31); Comune di Ceresole (0124 95 32
00).* **www**.canavese-vallilanzo.it

Située dans le Piémont au sud
du parc national du Grand-
Paradis, la petite station
d'altitude (1 600 m) de
Ceresole Reale s'atteint depuis
Cuorgne, au nord de Turin,
par la S 460 qui traverse les
paysages vallonnés du
Canavese avant de s'enfoncer
dans les gorges de l'Orco. À
Noasca, une spectaculaire
cascade dévale une paroi très
au-dessus des maisons.

Entourée de prairies et de
forêts de mélèzes, Ceresole
Reale s'étend sur un plateau
au bord d'un lac artificiel qui
fournit Turin en électricité. De
hautes montagnes l'encadrent
– le Gran Paradiso au nord et
le massif de la Levanna au
sud-ouest –, et la station
permet de pratiquer le ski en
hiver et constitue en été un
agréable point de départ pour
des randonnées ou des
courses en montagne. Offrant
de beaux panoramas, la route
continue ensuite jusqu'au col
du Nivolet (2 612 m).

Via Lattea **❽**

Torino. 🚆 *Oulx.* 🚌 *de Sauze d'Oulx.*
🛈 *Via Louset, Sestriere (0122 75 54
44).* **www**.montagnedoc.it

Plus proche centre de sports
d'hiver de Turin, et à ce titre
très fréquenté le week-end, ce
chapelet de stations
climatiques a pris le surnom de
« Voie lactée ». À côté d'un
complexe moderne comme
Sestriere entièrement construit
et aménagé en fonction des
besoins des skieurs et, en été,
des randonneurs, des villages
comme **Bardonecchia** et **Sauze
d'Oulx** ont conservé leurs vieux
bâtiments en bois et en pierre
caractéristiques de
l'architecture de la région.
Bardonecchia possède en
outre une église du XVᵉ siècle
aux belles stalles sculptées et
un télésiège qui conduit sur les
pentes de la **Punta Colomion**
s'élevant au sud de la station.
Le sommet (2 054 m)
commande une large vue et
offre de nombreuses
possibilités de promenade.

Susa **❾**

Torino. 🚏 🏠 *7 000.* 🚆 🚌 🛈 *Corso
Inghilterra 39 (0122 62 24 70).* 🏠
mar. **www**.montagnedoc.it

Cette jolie ville de montagne se
développa à l'époque romaine
et l'**arc d'Auguste** élevé en l'an
8 av. J.-C. continue d'y célébrer
l'alliance entre un chef gaulois

La porta Savoia d'origine romaine
à Susa

local et le célèbre empereur.
D'autres vestiges antiques
subsistent à Susa : les ruines
d'un amphithéâtre, de thermes
et d'une enceinte fortifiée,
deux arcs d'un aqueduc et la
porta Savoia bâtie au IVᵉ siècle
et remaniée au Moyen Âge.

Le **Duomo** date du XIᵉ siècle,
mais a connu bien des
modifications depuis.
Il renferme un triptyque
(vers 1500) attribué à
Bergognone, un précieux
triptyque flamand du XIVᵉ siècle
représentant la *Vierge et des
saints* et une statue de la
comtesse Adelaïde de Suse
en prière. Le château qu'elle
habitait, construit lui aussi au
XIᵉ siècle, abrite un petit musée
municipal. Au sud de la ville,
l'église gothique **San Francesco**
se dresse au cœur d'un
quartier médiéval.

Une rue de Bardonecchia sur la Via Lattea

Chapiteaux de la porta delle Zodiaco de la Sacra di San Michele

Sacra di San Michele ❿

Strada Sacra San Michele. *Tél 011 93 91 30.* 🚌 *juil.-août : de Avigliana et Turin.* ⬜ *mar.-dim. 9 h 30-12 h 30, 15 h-18 h (17 h nov.-mars). Téléphoner pour les visites en groupes.* www.sacradisanmichele.com

Au sortir d'Avigliana à l'ouest de Turin, une route panoramique grimpe jusqu'à cette abbaye édifiée à 962 mètres d'altitude sur le Monte Pirchiriano, site où s'éleva dès le Vᵉ siècle un lieu de culte consacré à saint Michel. Fondé vers l'an 1000, ce monastère bénédictin aux allures de forteresse devint un refuge pour les pèlerins en route vers Rome et accumula au Moyen Âge richesses et puissance. Au faîte de sa gloire, il contrôlait plus de cent autres communautés religieuses en Italie, en France et en Espagne. Cette prospérité lui valut de subir des attaques et, malgré ses défenses, plusieurs pillages. Tombé en déclin, il fut fermé en 1662.

Derrière le portail d'entrée, 154 marches taillées dans le roc forment le scalone dei Morti (escalier des Morts) qui grimpe jusqu'à la porta del Zodiaco richement sculptée de reliefs romans (XIIᵉ siècle).

Quelques degrés supplémentaires conduisent dans l'église bâtie aux XIIᵉ et XIIIᵉ siècles où reposent plusieurs membres de la maison de Savoie. Des fresques et des peintures des XVᵉ et XVIᵉ siècles décorent les trois nefs gothiques et leurs absides romanes, notamment, au maître-autel, un triptyque du Piémontais Defendente Ferrari. La crypte

remonte pour sa partie la plus ancienne au Vᵉ siècle.

Un belvédère offre un superbe panorama des montagnes, de la vallée de la Doire, de la plaine du Pô et de Turin.

Avigliana ⓫

Torino. 🏘 *11 200.* ⓕⓢ 🚌 🛈 *Corso Torino 6 (011 936 60 37).* 🗓 *jeu.* www.montagnedoc.it

Les jours de soleil, cette petite localité perchée entre deux lacs et entourée de hautes montagnes est d'une beauté à couper le souffle. Les comtes de Savoie en firent d'ailleurs jusqu'au début du XVᵉ siècle une de leurs résidences préférées et les ruines du château qu'ils y édifièrent au Xᵉ siècle dominent la ville.

Les deux places principales, la piazza Santa Maria et la piazza Conte Rosso, ont gardé un aspect proche de celui qu'elles avaient au Moyen Âge, tandis que sur la via Omonima se dresse la casa della Porta Ferrata de style gothique. Sur la via XX Settembre, la casa dei

Savoia date du XVᵉ siècle. Plusieurs polyptyques de Defendente Ferrari ornent l'église San Giovanni (XIIIᵉ-XIVᵉ siècles).

Pinerolo ⓬

Torino. 🏘 *36 000.* ⓕⓢ 🚌 🛈 *Viale Giolitti 7–9 (0121 79 55 89).* 🗓 *mer. et sam.* www.montagnedoc.it

Petite ville animée et commerçante s'étendant au pied des collines dominant le confluent du Chisone et de la Lemina, Pinerolo fut la capitale d'une branche de la maison de Savoie : les princes d'Achaïe réputés pour le mécénat qu'ils pratiquèrent aux XIVᵉ et XVᵉ siècles. Elle ne connut toutefois pas la même stabilité que Turin et passa cinq fois sous contrôle français entre le XVᵉ et le XVIIIᵉ siècle, notamment de 1630 à 1706, période pendant laquelle sa forteresse servit de prison. Des détenus célèbres y séjournèrent : le « Masque de fer » y aurait passé près de 20 ans et Nicolas Fouquet, surintendant des Finances de Louis XIV tombé en disgrâce, y mourut en 1681.

Au cœur de la vieille ville, le **Duomo** gothique, bâti au XIVᵉ siècle et remanié aux XVᵉ et XVIᵉ siècles, possède un élégant portail et un clocher majestueux. La via Principi d'Acaia grimpe jusqu'au palais des princes d'Achaïe (XIVᵉ siècle) et l'église **San Maurizio** (XVᵉ siècle) qui abrite les tombeaux de huit d'entre eux. À côté se dresse un campanile construit en 1336.

Arcades médiévales de la piazza Conte Rosso d'Avigliana

Turin ⑬

Pour la plupart des gens, Turin n'évoque qu'une ville industrielle, siège des usines Fiat. Certains penseront également au saint suaire ou à la Juventus, célèbre équipe de football. Mais la capitale du Piémont, qui s'étend au pied des contreforts des Alpes dans un cadre spectaculaire, est une cité pleine de charme, riche d'une superbe architecture baroque et d'excellents musées. Elle a accueilli les jeux olympiques d'hiver en 2006.

Statue de l'empereur Auguste devant la porta Palatina

À la découverte de Turin

Bien que fondée par les Romains, comme en témoigne la **porta Palatina** (Iᵉʳ siècle), puis siège d'une université dès le Moyen Âge, Turin n'acquiert de réelle importance qu'en 1563 quand Emmanuel-Philibert de Savoie y installe sa capitale. Trois siècles de prospérité en découlent et c'est de Turin que Victor-Emmanuel II et son ministre Cavour entreprennent l'unification de l'Italie dont la ville devient la première

Logo de Fiat

capitale de 1861 à 1865. C'est ensuite par son dynamisme économique qu'elle s'impose et Giovanni Agnelli y fonde la **Fiat** (Fabbrica Italiana Automobili Torino) en 1899. La deuxième moitié du xxᵉ siècle voit émigrer vers ses usines des milliers de paysans du Mezzogiorno, ce qui pose de nombreux problèmes d'intégration. Ils sont toutefois oubliés, tout comme les conflits sociaux, lorsqu'il s'agit de soutenir la Juventus, financée par Fiat.

⛪ Duomo

Piazza San Giovanni. **Tél** 011 436 15 40. ⬜ t.l.j. ♿
Achevée en 1498 et dédiée à saint Jean-Baptiste, la cathédrale est le seul exemple

LE CENTRE DE TURIN

Armeria Reale ⑤
Duomo ②
Mole Antonelliana ⑨
Museo Egizio et Galleria Sabauda ⑦
Palazzo Carignano ⑧
Palazzo Madama ⑥
Palazzo Reale ④
Porta Palatina ①
San Lorenzo ③

Le Duomo (xvᵉ siècle) et, derrière, la cappella della Sacra Sindone

d'architecture Renaissance de Turin. Entrepris vers 1470 dans le style roman, son campanile reçut en 1720 n couronnement par Filippo Juvara.

De nombreuses peintures et statues décorent ses trois nefs séparées par des piliers massifs. Derrière le maître-autel se trouve la **capella della Sacra Sindone** (chapelle du saint suaire, fermée pour restauration) qui fait en réalité partie du Palazzo Reale *(p. 224).* C'est par le transept droit que l'on accède à cette œuvre de Guarino Guarini (1624-1683) aux parois de marbre noir et à la coupole majestueuse plus haute encore que celle du Duomo.

🏛 Palazzo Madama
Piazza Castello. **Tél** 011 4429 9214. ◯ mar.-dim. **www**.palazzo madamatorino.it

Sur la place principale de Turin s'élevait jadis un château médiéval qui incorporait des éléments de l'enceinte romaine. Il n'en subsiste que deux tours polygonales car l'édifice connut maints remaniements jusqu'à ce que la veuve de Charles-Emmanuel II (Madame Royale) engageât Filippo Juvara en 1718. L'architecte baroque lui donna sa façade occidentale et son grand escalier.

Le palais, où siégea le Sénat italien de 1860 à 1864, se dresse désormais au milieu de la place et abrite le **Museo Civico d'Arte Antica**, récemment restauré, dont les collections s'étendent de l'époque gréco-romaine au xixᵉ siècle. Elles comprennent de la verrerie, du mobilier, des tissus, des bijoux et, parmi les peintures, des œuvres de l'école piémontaise et le célèbre *Portrait d'un inconnu* (1475) par Antonello da Messina et des enluminures des *Très Riches Heures du duc de Berry* (1385-1404).

La façade occidentale du palazzo Madama élevée par Filippo Juvara de 1718 à 1721

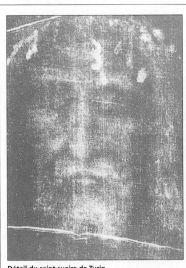
Détail du saint suaire de Turin

LE SAINT SUAIRE DE TURIN

Cette pièce de lin de 4,10 m sur 1,40 m qui aurait servi à envelopper le Christ après sa descente de croix entra en possession de la maison de Savoie en 1450. Même la légende reste floue sur son origine, évoquant tout au plus un passage par Chypre puis la France. C'est en 1578 qu'Emmanuel-Philibert l'apporta à Turin où la chapelle élevée à son intention par Guarini l'abrite depuis 1694. Enfermé dans un coffret en argent lui-même protégé par une cassette en fer placée à l'intérieur de l'urne posée sur l'autel, le suaire n'est présenté aux fidèles qu'en de très rares occasions. Une réplique en est toutefois exposée, ainsi que des documents sur les recherches entreprises à son sujet, notamment les résultats des analyses au carbone 14 qui révélèrent en 1988 qu'il ne pouvait pas dater d'avant le xiiᵉ siècle. La relique n'en continue pas moins d'attirer des pèlerins du monde entier. Mais il est vrai que les taches qu'elle porte évoquent avec une grande force d'expression le supplice du Sauveur.

À la découverte de Turin

Relativement peu étendu, le centre-ville offre un agréable cadre de promenade avec ses larges artères souvent bordées de cafés historiques et de boutiques. De splendides palais et de beaux édifices publics abritent plusieurs musées de grand intérêt, mais la capitale du Piémont est aussi réputée pour sa cuisine et possède certains des meilleurs restaurants d'Italie.

Statue de Ramsès II (XIIIᵉ siècle av. J.-C.) au Museo Egizio

🏛 Museo Egizio

Via Accademia delle Scienze 6. **Tél** 011 561 77 76. ⬜ mar.-dim. 8 h 30-19 h 30 ⬤ 1ᵉʳ janv., 25 déc. 🏷 ♿ www.museoegizio.org

Le musée égyptien de Turin, l'un des plus importants du monde, s'est constitué à partir du butin rapporté par Bernardo Drovetti, Piémontais qui devint consul général de France en Égypte sous Napoléon.

Le rez-de-chaussée présente dans la salle de la Nubie une reconstruction d'un **temple rupestre** construit à Ellessiya par Thoutmosis III au XVᵉ siècle av. J.-C. Les autres salles sont consacrées à la sculpture et contiennent de nombreuses statues de membres des familles royales, notamment, pour l'Ancien Empire (2815-2400 av. J.-C., de la IIIᵉ à la VIᵉ dynastie), un portrait de la princesse Redi en diorite, et, pour le Nouvel Empire (1590-1050 av. J.-C., de la XVIIIᵉ à la XXᵉ dynastie), une sculpture en granit noir de Ramsès II.

Le premier étage offre un aperçu plus vaste de la culture de l'Égypte ancienne, en particulier de la vie quotidienne avec des objets ayant servi à la pêche, à la chasse ou à des activités artisanales. Elle comprend également une étonnante collection de sarcophages permettant de suivre leur évolution sur quatre millénaires et de nombreux papyrus, notamment le *Papyro dei Re* qui recense tous les pharaons jusqu'à la XVIIᵉ dynastie. La tombe de Kha et Merit (XIVᵉ siècle av. J.-C.) a conservé son mobilier funéraire, complet jusqu'à la vaisselle et les mets supposés nourrir ses occupants dans l'au-delà.

Saint Pierre (XVIᵉ siècle) par Gaudenzio Ferrari, Galleria Sabauda

🏛 Galleria Sabauda

Via Accademia delle Scienze 6. **Tél** 011 54 74 40. ⬜ mar., ven.-dim. 8 h 30-14 h, mer. 14 h-19 h 30, jeu. 10h-19 h 30. 🏷 ♿ www.museitorino.it

Dessiné par Guarini, le palazzo dell'Accademia delle Scienze qui abrite le musée égyptien renferme en outre, aux 2ᵉ et 3ᵉ étages, les collections d'art rassemblées par la maison de Savoie du milieu à la fin du XVᵉ siècle. Elles sont présentées par écoles régionales. On remarquera notamment quatre chefs-d'œuvres de Gaudenzio Ferrari (v. 1480-1546) et deux œuvres du début du XVIᵉ siècle par Defendente Ferrari.

À noter parmi les tableaux des autres écoles italiennes : *Tobie et l'ange* peint au XVᵉ siècle, par les Florentins Antonio et Piero Pollaiuolo, et, pour Venise, *Le Repas chez Simon* de Véronèse et une *Madone entourée de saints* par Mantegna. Fra Angelico, Bellini, Botticelli, le Bronzino ou le Tintoret sont également représentés. Eugène de Savoie

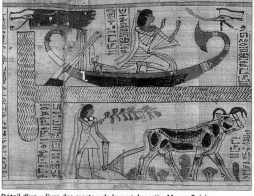

Détail d'un « livre des morts » de la XVIIIᵉ dynastie, Museo Egizio

Hébergements et restaurants de la région, voir p. 571-572 et 618-622

(1663-1736) réunit de surcroît un bel ensemble de toiles hollandaises et flamandes comprenant un *Saint François recevant les stigmates* (XVᵉ siècle) par Jan Van Eyck, un *Vieillard endormi*

Arcades de la via Roma

par Rembrandt et plusieurs portraits de cour d'Antoon Van Dyck, en particulier celui des *Fils de Charles Iᵉʳ d'Angleterre*.

L'exposition inclut aussi quelques œuvres de l'école française, entre autres des paysages peints au XVIIᵉ siècle par Lorrain et Poussin.

🏛 Palazzo Carignano

Via Accademia delle Scienze 5. **Tél** 011 562 11 47. ☐ *mar.-dim.* 9 h-19 h. ● 1ᵉʳ *jan.*, 25 *déc.* 🖾 &

www.regionepiemonte.it

Façade du palazzo Carignano par Guarini

Ce palais baroque est non seulement le chef-d'œuvre de Guarino Guarini, mais probablement, aussi, le plus bel édifice de Turin avec sa façade curviligne surmontée d'une rotonde. Construit en 1679 pour les princes de Carignan affiliés à la maison de Savoie, il voit naître en 1820 Victor-Emmanuel II, qui deviendra le premier roi d'Italie, puis abrite les séances du Parlement après l'unification en 1861.

Il renferme aujourd'hui le **museo nazionale del Risorgimento** dont les collections de peintures, de documents et de souvenirs, intallées dans les salles où l'histoire se fit, évoquent les événements et les hommes, tel le comte de Cavour dont a été reconstitué le cabinet de travail, qui conduisirent à la création de l'Italie actuelle *(p. 62-63)*.

🚋 Via Roma

Sillonnée de lignes de tramways et bordée d'arcades abritant des boutiques de luxe, la rue principale du cœur historique de Turin relie l'élégante piazza Castello au centre de laquelle se dresse le palazzo Madama *(p. 213)* à la piazza Carlo Felice et ses agréables jardins verdoyants tracés au XIXᵉ siècle. Cafés et magasins entourent cette place que domine la façade caractéristique de la stazione Porta Nuova, gare construite en 1868. Celle-ci ferme la perspective dessinée par la via Roma et la piazza San Carlo baroque qu'elle traverse à proximité du Museo Egizio.

🚋 Piazza San Carlo

Les bâtiments, qui bordent la place, forment un ensemble baroque cohérent et si sophistiqué qu'ils lui ont valu le surnom de « salon de Turin ». Au sud s'élèvent les églises jumelles de **Santa Cristina** et San Carlo. La première reçut au début du XVIIIᵉ siècle une façade couronnée de statues par Juvarra. Elles furent édifiées vers 1630 sur des plans de Costaguta.

Au centre de la place se dresse une statue équestre exécutée en 1838 par Carlo Marocchetti. Représentant Emmanuel-Philibert (1528-1580), elle est devenue un des emblèmes de la ville. Au coin nord-ouest se trouve la **galleria San Federico**, une élégante galerie marchande.

C'est dans l'un des cafés bordant la piazza San Carlo qu'Antonio Benedetto Carpano inventa le vermouth en 1786.

🏛 Pinacoteca Giovanni e Marella Agnelli

Lingotto, Via Nizza 230. **Tél** 011 006 20 08. ☐ *mar.-dim.* ; 10h-19 h. (dern. entrée: 18h 15). 🖾 & 🏠 🖵 🖺

www.pinacotecaagnelli.it

Aménagé dans une ancienne usine Fiat, ce musée contient notamment des œuvres de Modigliani, Matisse et Picasso, et deux statues de Canova.

🌿 Parco del Valentino

Corso Massimo D'Azeglio. ☐ *t.l.j.* **Borgo Medioevale** Viale Virgilio 107. **Tél** 011 443 17 01. ☐ *mar.-dim.* 9 h-19 h (20 h avr.-oct.). **Orto Botanico Tél** 011 661 24 47. ☐ *avr.-sept.* : *sam.-dim.* 🖾 &

www.borgomedievaletorino.it

Ce vaste parc aménagé au début du XIXᵉ siècle au bord du fleuve renferme le **Borgo Medioevale**. Datant de l'Exposition Nationale de 1884, c'est une reconstitution d'un village médiéval et de sa forteresse. Les ateliers et magasins d'artisanat qui les occupent ajoutent à l'intérêt de la visite. À côté s'étend le riche **Orto Botanico**.

La piazza San Carlo, le « salon de Turin », vue de son extrémité nord

Turin : symboles de la cité

Le passé de Turin se reflète dans l'ensemble de son architecture, mais quelques édifices résument plus particulièrement l'histoire de la ville. Le faste de l'ancien palais royal rappelle ainsi l'importance politique qu'eut la capitale de la maison de Savoie, tandis que la Mole Antonelliana témoigne de son enthousiasme si se jeter dans l'aventure industrielle. La Fiat a marqué le développement de Turin au xxᵉ siècle, en faisant un des plus grands centres de fabrication automobile du monde où naquirent de prestigieuses voitures visibles au musée de l'Automobile.

La Mole Antonelliana (xixᵉ siècle) domine Turin

Mole Antonelliana

Via Montebello 20. **Ascenseur panoramique** ☐ *mar.-dim. 10h-20h (sam. : 23h).* **Tél** *011 81 25 16.*
Museo del Cinema Tél *011 812 56 58.* ☐ *mar.-dim. 9 h-20 h (23 h sam.).* 🖼 *www.museonazionaledelcinema.it*

Cet édifice excentrique est à Turin ce que la tour Eiffel est à Paris : une construction sans fonction qui s'est imposée comme symbole de la ville. Ses détracteurs n'y voient qu'un paratonnerre magnifié depuis qu'un orage a mis à mal les 47 derniers mètres de sa flèche en 1954.

Entrepris en 1863, la Mole (grand bâtiment) dessinée par Alessandro Antonelli (1798-1888) pour accueillir une synagogue abrita en fait un musée du Risorgimento après son achèvement en 1897. Elle renferme aujourd'hui le musée du Cinéma dessiné grâce à l'aide des conseils de Peter Greenaway.

Palazzo Reale

Piazzetta Reale. **Tél** *011 436 14 55.* ☐ *mar.-dim. 8 h 30-18 h 30 (plus de salles ouvertes sam. et dim.)* ● *25 déc.* 🖼 🎫 🖼 *www.palazzoreale.it*

Demeure de la maison de Savoie de 1660 jusqu'à l'unification de l'Italie, le palais recèle derrière la façade austère due à Amedeo di Castellamonte des appartements somptueux dont Morello, Miel et Seyter peignirent les plafonds au xvIIᵉ s. L'architecte baroque Filippo Juvarra réalisa vers 1720 la scala dei Forbici (« escalier des Ciseaux ») et le Cabinet chinois orné de panneaux de laque. Palagi exécuta la fastueuse décoration de la salle du Trône et de la salle de Bal. Derrière le palais s'étend un vaste jardin.

À gauche de l'entrée principale du Palazzo Reale s'élève l'ancienne chapelle royale, l'église **San Lorenzo** entreprise en 1634 mais profondément remaniée par Guarino Guarini (1624-1683) qui lui donna son audacieuse coupole. Sculptures, marbres polychromes et stucs dorés composent à l'intérieur un riche décor baroque.

Sous la coupole de San Lorenzo

Armeria Reale

Piazza Castello 191. **Tél** *011 54 38 89.* ☐ *mar.-dim. 10h-19h.* ● *1ᵉʳ janv., 15 août, 25 déc.* 🖼 *www.artito.arti.beniculturali.it*

Une aile du Palazzo Reale donnant sur la piazza Castello, cœur historique de la ville, offre un écrin splendide à l'une des plus riches collections d'armes et d'armures anciennes d'Europe. Ouverte au public depuis 1837, l'Armurerie royale de la maison de Savoie présente dans des salles aussi élégantes que la galleria Beaumont, dessinée par Juvarra en 1733, des pièces allant des époques étrusque et romaine jusqu'au xixᵉ siècle, notamment 57 armures complètes réalisées pour certaines par les plus grands artisans du Moyen Âge et de la Renaissance. Une section est en outre largement consacrée aux équipements de combat orientaux.

Installée dans le même corps de bâtiment, la bibliothèque Royale abrite une collection de dessins et d'estampes, dont un autoportrait de Léonard de Vinci.

Aux environs : À quelque 3 km du centre, le **museo dell'Automobile Carlo Biscaretti di Ruffia**, du nom de l'amateur qui le fonda en 1933, occupe un immense édifice achevé en 1960. La collection comprend plus de 150 voitures classées par époques, les plus anciennes se partageant entre « ancêtres », « vétérans » (de 1905 à 1918) et

Résidence royale jusqu'à l'unification, le Palazzo Reale (xvIIᵉ s.) possède une somptueuse décoration

Hébergements et restaurants de la région, voir p. 571-572 et 618-622

« vintages » (jusqu'à 1930). À côté de la première automobile à essence d'Italie (1896) et de la première Fiat (1899), les amateurs admireront le coupé Isotta Fraschini de 1929 qui transportait Gloria Swanson dans le film *Sunset Boulevard*, ainsi que de superbes Bugatti, Maserati, Ferrari ou Lancia. Des doyennes comme une Panhard et Levassor de 1899 ou des voitures aussi prestigieuses que la Rolls Royce Silver Ghost représentent la

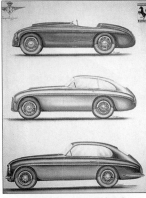

Projets pour la Ferrari 166 MM (1949)

production étrangère. Un centre de documentation est ouvert au public.

🏛 **Museo dell'Automobile**

Corso Unità d'Italia 40. *Tél 011 67 76 66.* ⬜ mar.-dim. 10h-18h30 ⬤ 1er janv., 25 déc. 🅿 ♿ www.museoauto.it

Stupinigi ⓮

Piazza Principe Amedeo 7, Stupinigi. *Tél 011 358 12 20.* 🚌 63 jusqu'à Piazza Caio Mario puis 41. ⬜ mar.- dim. 10 h-18 h (nov.-mars : 9 h 30-16 h). Restauration possible (tél .pour vérifier) 🅿 (visite) ♿ www.mauriziano.it

Le décor de la palazzina di Caccia di Stupinigi date du XVIIIe siècle

Dans un site magnifique à 9 km au sud-ouest de Turin, Filippo Juvarra (1676-1736) éleva en 1729 pour Victor-Amédée II un palais évoquant par son luxe celui de Versailles : la palazzina Mauriziana, appelée palazzina di Caccia di Stupinigi, l'une des

plus belles créations de l'architecte baroque qui lui donna un plan complexe où courbes et droites entrent en contraste pour former un ensemble d'un grand dynamisme.

Cylindre couronné d'une balustrade supportant urnes et statues, le corps central est coiffé d'une coupole au sommet de laquelle se dresse un cerf. L'animal rappelle que la demeure était à l'origine un pavillon de chasse. Une fonction qui influença le thème de nombre des fresques en trompe-l'œil ornant l'intérieur comme, par exemple, le *Triomphe de Diane* peint au XVIIIe siècle dans la salle principale. Carle Van Loo exécuta la plupart des peintures des plafonds.

La palazzina compte près de 40 pièces au décor tout aussi somptueux. Elles renferment aujourd'hui les collections de meubles et d'objets d'art des XVIIe et XVIIIe siècles de l'intéressant **museo d'Arte e di Ammobiliamento**. Les pièces exposées proviennent pour la plupart d'anciennes résidences royales de la maison de Savoie.

Un vaste parc autour du palais associe avec élégance larges allées et parterres géométriques multicolores.

Basilica di Superga ⓯

Strada Basilica di Superga 73, Comune di Torino. *Tél 011 898 00 83.* 🚉 Sassi. 🚡 79 fr Sassi. ⬜ t.l.j. 9h-12h, 15h-17h (mai-sept. : jusqu'à 18h). ⬤ 8 sept. **Tombeaux** *Tél 011 899 74 56* ⬤ ven., jours fériés. **Offrande.**

La superbe basilique baroque de Superga construite par Juvarra entre 1717 et 1731 se dresse sur une colline à l'est de Turin. Le duc Victor-Amédée II la commanda en accomplissement d'un vœu à la Vierge fait en 1706 alors que les troupes françaises l'assiégeaient dans Turin avec son armée. Un majestueux portique évoquant un temple antique, la coupole élancée qui le surmonte et deux clochers jumeaux hauts de 65 m composent un ensemble d'un équilibre remarquable.

De nombreuses peintures et sculptures décorent l'intérieur où dominent le bleu pâle et le jaune. Sous le sanctuaire s'étend le vaste mausolée abritant les tombeaux des rois, princes et princesses des XVIIIe et XIXe siècles.

Derrière la basilique, une plaque commémore les 31 victimes, dont les joueurs de l'équipe de football de Turin, d'un accident aérien qui eut lieu à proximité. L'esplanade offre une superbe vue sur la ville et ses alentours.

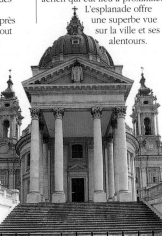

L'imposante façade baroque de la basilica di Superga dessinée par Filippo Juvarra

La basilica dell'Assunta (xviiᵉ s.) au sommet du Sacro Monte de Varallo

Santuario d'Oropa ⓰

Via Santuario d'Oropa 480, Comune di Biella. **Tél** 015 255 12 00. **FS** Biella. 🚌 de Biella. 🕐 t.l.j. 8 h-12 h. ♿ **Chiesa Vecchia** 🕐 14 h-19 h. **Chiesa Nuova** 🕐 14 h-18 h. **www**.santuariodoropa.it

Perchés sur une pente boisée au-dessus de Biella, petite ville qui entretient une vieille tradition lainière, les églises et les pâles édifices aux toits en lauzes d'un hospice entourent trois places en enfilade. Les bâtiments datent pour l'essentiel des xviiᵉ et xviiiᵉ siècles, mais la tradition attribue la fondation de ce complexe religieux à saint Eusèbe, évêque de Vercelli au ivᵉ siècle, qui aurait décidé d'y créer un lieu d'accueil pour les pauvres et un sanctuaire en l'honneur de la « Vierge noire » qu'il avait rapportée de Terre Sainte. Attribuée à saint Luc en personne, la statue est l'objet d'un grand pèlerinage du Piémont.

C'est la **Chiesa Vecchia** (Vieille église) à la façade dessinée par Filippo Juvarra qui l'abrite. Derrière s'élève la masse imposante de la **Chiesa Nuova** néo-classique dont la construction dura de 1885 à 1960. Derrière cette église, un sentier conduit au téléphérique du monte Mucrone d'où l'on peut faire une agréable promenade à pied.

Sur une colline au sud-ouest du sanctuaire d'Oropa se dressent 16 chapelles dont une douzaine bâties entre 1620 et 1720. Elles sont ornées de fresques relatant des épisodes de la vie de la Vierge.

Domodossola ⓱

Verbania. 🏠 20 000. **FS** 🚌 ℹ️ Stazione entrance, Piazza Matteotti 24 (0324 24 82 65). 🖂 sam. **www**.prodomodossola.it

D'origine romaine, cette jolie ville de montagne s'étend autour de sa **piazza Mercato** qu'entourent de gracieuses maisons à arcades des xvᵉ et xviᵉ s.

Elle est la principale agglomération du val d'Ossola où pâturages et forêts composent de beaux paysages alpins sillonnés de rivières et de torrents qu'assagissent des barrages. Parmi les villages les plus intéressants au nord de Domodossola figurent **Crodo**, station de cure d'eau minérale, et **Baceno** dont l'église (xivᵉ-xviᵉ siècles), la plus importante de la région, abrite d'intéressantes fresques et sculptures sur bois.

Encore plus au nord, les vallées d'Antigorio et Formazza sont plantées de figuiers et de vigne. Juste avant La Frua, une spectaculaire cascade (en période de lâcher d'eau) de la rivière Toce dévale d'une hauteur de 145 m. À l'est de Domodossola, le Valle Vigezzo est également magnifique.

Varallo ⓲

Vercelli. 🏠 7 900. **FS** 🚌 ℹ️ Corso Roma 38 (0163 56 44 04). 🖂 mar.

Station touristique de la jolie Valsesia, la petite ville de Varallo possède une église remarquable : **Santa Maria delle Grazie**, édifice de la fin du xvᵉ siècle décoré par Gaudenzio Ferrari (1484-1546) d'éléments architecturaux en trompe-l'œil et de 21 scènes de la vie du Christ.

Derrière, un long escalier grimpe jusqu'à un sanctuaire encore plus extraordinaire : le **Sacro Monte**. Fondée en 1486 et financée par l'archevêque de Milan, saint Charles Borromée, cette « Nouvelle Jérusalem » perchée à 610 m d'altitude s'atteint également en téléphérique.

Dans une cour paisible plantée de palmiers, sa basilica dell'Assunzione recèle, derrière une façade du xixᵉ siècle, un exubérant intérieur baroque. Tout autour, plus de 40 chapelles abritent 900 statues et 400 figures peintes grandeur nature disposées devant des décors exécutés au début du xviᵉ siècle entre autres par Gaudenzio Ferrari et Tanzio da Varallo. Elles mettent en scène le péché originel et des épisodes de la vie du Christ.

Condamnation du Christ (xviᵉ s.) d'une chapelle du Sacro Monte de Varallo

Hébergements et restaurants de la région, voir p. 571-572 et 618-622

Intérieur de l'église San Giulio sur l'île du lac d'Orta

Lac d'Orta ⑲

Novara. FS 🚌 ⛴ Orta. ℹ️ Via Panoramica, Orta San Giulio (0322 90 56 14). **www**.distrettolaghi.it

Long d'à peine 13 km, le lago d'Orta est l'un des lacs d'Italie les moins fréquentés – injustement car il occupe un site charmant au pied des Alpes.

Sa principale station de villégiature, **Orta San Giulio**, a conservé un centre historique où palais élégants et maisons parées de balcons en fer forgé bordent des rues étroites. Sur la **Piazza Principale**, au bord de l'eau, se dresse le palazzo della Communità (1582), édifice à arcades orné de fresques. Bâtie au XVᵉ siècle sur une éminence, l'église **Santa Maria Assunta** possède un portail roman et un intérieur riche en fresques et peintures datant de sa reconstruction au XVIIᵉ siècle.

À environ 1,5 km, le **Sacro Monte** domine la ville. Ce pèlerinage dédié à saint François d'Assise se compose de 21 chapelles pour la plupart baroques où des statues en terre cuite disposées devant des fresques représentent des épisodes de la vie du saint. Le sentier qu'elles jalonnent ménage de superbes panoramas du lac.

L'**isola San Giulio** émerge au centre du plan d'eau. Selon la légende, saint Jules l'aurait libérée de monstres et de serpents. Fondée au IVᵉ siècles, la basilique remaniée dans le style roman abrite une belle chaire en marbre noir sculptée du XIIᵉ siècle et, dans la nef droite, une *Vierge en majesté* attribuée à Gaudenzio Ferrari.

Novara ⑳

🏛 105 000. FS 🚌 ℹ️ Baluardo Quintino Sella 40 (0321 39 40 59). 📅 lun., jeu., sam. **www**.turismonovara.it

Important marché agricole d'une plaine de rizières, Novare portait à l'époque

Détail d'une fresque par Morazzone dans l'église San Gaudenzio de Novare

romaine le nom de Nubliaria qui signifie « entourée de brume ». C'est une atmosphère d'aisance paisible qui imprègne aujourd'hui les rues et les places bordées d'arcades de son centre historique. La plupart des édifices les plus remarquables dominent la piazza della Repubblica, notamment le **Broletto** formé de plusieurs palais entourant une belle cour Renaissance. Les bâtiments abritent une pinacothèque, une galerie d'art moderne et un petit **Museo Civico** qui comprend un département d'archéologie.

De l'autre côté de la place s'élève le **Duomo** reconstruit vers 1865 dans le style néo-classique par Alessandro Antonelli. Derrière un haut portique, l'intérieur renferme des peintures Renaissance de l'école de Vercelli et des tapisseries flamandes. Du sanctuaire qui le précédait sur le site subsistent la chapelle San Siro ornée de fresques des XIIᵉ et XIIIᵉ siècles et un cloître du XVᵉ siècle.

Accessible par le portique, le **baptistère** remonte pour ses parties les plus anciennes au Vᵉ siècle. Il est décoré de scènes médiévales de l'Apocalypse.

À quelques rues de là se dresse l'église **San Gaudenzio** entreprise à la fin du XVIᵉ siècle et couronnée par Antonelli d'une coupole et d'une flèche qui ne sont pas sans évoquer la Mole Antonelliana *(p. 224)* que l'architecte édifia à Turin. Au sommet, haut de 121 m, une statue de saint Gaudens, patron de la ville, domine Novare. À remarquer à l'intérieur du sanctuaire : une scène de bataille peinte par Tanzio da Varallo en 1627, un polyptyque de Gaudenzio Ferrari et des fresques et un *Jugement dernier* par Pier Francesco Morazzone (v. 1572-1626).

🏛 **Museo Civico**
Via Fratelli Rosselli 20. **Tél** 0321 62 30 21. ⏰ mar.-dim. 10 h-13 h, 16 h-19 h. 🔴 jours fériés. 🈺 ♿ **www**.comune.novara.it

🛐 **Baptistère**
Piazza della Repubblica. **Tél** 0321 66 16 71. ⏰ s'adresser à la Curia Arcivescovile.

Le lac d'Orta et l'isola San Giulio

Vercelli ㉑

🏛 50 000. 🚊 FS 🚌 ℹ️ *Viale Garibaldi 90 (0161 58 002).* 🚃 *mar. et ven.* **www**.atlvalsesiavercelli.it

Capitale européenne de la production de riz, Vercelli s'étend dans une plaine miroitante qui fournit chaque année la matière première de millions de risottos. Indépendante au Moyen Âge avant d'appartenir à la maison de Savoie à partir du XVe siècle, la ville donna naissance au XVIe siècle à une école de peinture originale dont les deux plus célèbres représentants furent le Sodoma et Gaudenzio Ferrari.

Son plus beau monument, la **basilica di Sant'Andrea**, s'élève en face de la gare. Abbatiale construite de 1219 à 1227 pour le légat du pape Guala Bicheri, elle présente un extérieur roman, mais fut le premier édifice religieux d'Italie à subir l'influence du gothique cistercien. Remarquez notamment les arcs-boutants. Deux tours jumelles en pierres et en briques reliées par une double colonnade encadrent la façade. Antelami exécuta au XIIe siècle les sculptures du tympan du portail central.

La rosace baigne d'une lumière douce l'intérieur où de hauts piliers soutiennent une voûte dépouillée. Un gracieux cloître du XIIIe siècle jouxte le bas-côté nord.

Les autres monuments historiques de la ville ne se trouvent qu'à faible distance. Ils comprennent l'**Ospedale Maggiore** (XIIIe siècle), l'imposant **Duomo** reconstruit au XVIe siècle, mais qui a conservé un campanile roman,

et l'église **San Cristoforo** au transept orné de fresques par Gaudenzio Ferrari vers 1529, période à laquelle il peignit aussi la *Vierge à la grenade* du maître-autel. Le meilleur endroit où découvrir l'école de Vercelli reste néanmoins le **Museo Civico Borgogna** installé dans une rue parallèle au corso Libertà, principale artère commerçante de la cité bordée de quelques belles maisons du XVe siècle possédant de jolies cours intérieures.

🏛 Museo Civico Borgogna
Via Antonio Borgogna 4. **Tél** 016125 27 76. ⬜ *mar.-ven. ap.-m., sam. - dim. matin.* ⬛ *1er janv., 15 août, 1er nov., 25 déc.* 🏷️ 📷 **www**.museoborgogna.it

Cloître (XIIIe siècle) de la basilica di Sant'Andrea à Vercelli

Asti ㉒

🏛 74 000. 🚊 FS 🚌 ℹ️ *Piazza Alfieri 29 (0141 53 03 57).* 🚃 *mer. et sam.* **www**.astiturismo.it

Le nom d'Asti évoque le *spumante* (mousseux) produit par les vignobles couvrant les collines qui l'entourent. Ceux-ci donnent également

Sculptures gothiques du XVe **siècle ornant le portail du Duomo d'Asti**

des muscats réputés *(p. 182-183).* D'origine romaine, la ville a conservé ses ruelles anciennes bordées d'églises élégantes et de tours et de maisons médiévales.

Juste au nord de la gare principale s'étend la piazza del Campo del Palio, la plus vaste place d'Asti et la Piazza Alfieri où se déroule chaque année à la fin septembre une course de chevaux qui n'a rien à envier à celle de Sienne *(p. 341).* Précédée d'un spectaculaire défilé en costumes des XIVe et XVe siècles, elle coïncide avec la fête du vin.

Une autre place s'étend à côté, la **piazza Vittorio Alfieri** qu'orne un monument en l'honneur de l'écrivain (1749-1803) natif d'Asti ont les tragédies annoncèrent le romantisme. La rue principale porte aussi son nom. Le corso Alfieri, qui traverse tout le centre historique, conduit à l'est à l'église **San Pietro in Consavia** bâtie au XVe siècle et ornée de terres cuites de la fin du gothique et de fresques du XVIIe siècle. Le **baptistère** voisin est un remarquable édifice roman qui faisait jadis partie d'une église appartenant aux chevaliers de Saint-Jean-de-Jérusalem.

À l'ouest de la piazza Alfieri, la **collegiata di San Secondo** (XIIIe-XVe siècles) est dédiée au saint patron de la ville dont les reliques occupent une châsse dans la crypte. Le sanctuaire abrite un splendide polyptyque Renaissance par Gandolfino d'Asti et des fresques du XVe siècle. Le quartier traversé par la partie ouest du corso Alfieri renferme quelques-unes

Rizières autour de Vercelli

des tours médiévales si typiques de la ville, notamment la torre Ropa qui s'élèverait sur les ruines d'une prison où san Secondo, un soldat romain, aurait été détenu. Non loin, le **Duomo** entrepris au XIVᵉ siècle est un bel édifice gothique. Il abrite deux tableaux par Gandolfino d'Asti, dont une *Vierge à l'Enfant.*

Cuneo ㉓

🏠 56 000. FS 🚌 **ℹ** *Via Roma 28 (0171 69 32 58).* 🔷 *mar.* **www**.comune.cuneo.it

Sa situation à la pointe formée par le confluent du Gesso et de la Stura di Demonte a valu à Cuneo son nom qui signifie « coin ». Début novembre, elle accueille une foire régionale du fromage qui permet de découvrir les spécialités locales. Toute l'année, un grand marché se tient le mardi sur une immense place entourée d'arcades, la **piazza Galimberti**.

Comme la majeure partie du reste de la ville, celle-ci date de l'importante reconstruction qui suivit le siège par l'armée du Piémont en 1744. L'impressionnant viaduc de la voie ferrée remonte aux années 1930. Désaffectée, l'église **San Francesco** bâtie en 1227 possède un beau portail du XVᵉ siècle. **Santa Croce**, élevée au XVIIIᵉ siècle, présente une façade concave

Le castello di Casotto dans les collines au-dessus de Garessio

originale par Francesco Gallo.

Cuneo constitue une bonne base d'où explorer les jolies vallées alpines des alentours telles que le val Stura réputé pour ses fleurs rares.

Bossea ㉔

Località Bossea, Comune Frabosa Soprana. **Tél** *0174 34 92 40.* FS *Mondovì.* 🚌 *de Mondovì.* ⭕ *t.l.j. visites guidées seul.* 📷 **www**.grottadibossea.com

La grotte de Bossea, l'une des plus belles d'Italie, se trouve à quelque 25 km au sud de Mondovì, presque au bout de la route pittoresque qui s'enfonce dans les Alpes maritimes par la vallée du Torrente Corsaglia.

La visite guidée longe cours d'eau et lacs souterrains à travers plusieurs chambres, dont certaines sont vastes, riches en concrétions calcaires aux formes étranges et en superbes stalactites et stalagmites. Elle présente également le squelette d'un ours préhistorique, l'*Ursus spelaus*, découvert dans la grotte.

Prenez un pull-over ou un vêtement chaud, la température s'élevant rarement au-dessus de 9°.

Garessio ㉕

Cuneo. 🏠 *4 000.* FS 🚌 **ℹ** *Piazza Carrara 137 (0174 80 56 70).* 🔷 *ven.* **www**.garessio.net

Jolie station de villégiature des Alpes maritimes, Garessio n'est guère plus qu'un semis de maisons dans des collines boisées de châtaigniers.

Selon la tradition, les eaux y ont des pouvoirs miraculeux : vers l'an 980, les minéraux qu'elles contiennent auraient ainsi apporté une guérison immédiate à un noble octogénaire du nom d'Aleramo qui souffrait de douloureux problèmes circulatoires et rénaux. Depuis, Garessio est un lieu de cure recommandé, principalement pour les troubles urinaires et digestifs.

Aux environs : À quelque 10 km à l'ouest de Garessio se dresse dans un site spectaculaire le **castello di Casotto**, ancienne résidence d'été de la maison de Savoie. La famille royale venait y profiter des vertus thérapeutiques des eaux de la région, de l'exceptionnelle pureté de l'air dans ces collines et de la beauté des paysages.

La ville d'**Ormea**, à 12 km au sud-ouest, possède de belles maisons anciennes, une église ornée de fresques gothiques de la fin du XIVᵉ siècle et les ruines d'un château du XIᵉ siècle.

♠ **Castello di Casotto** Garessio. **Tél** *0174 35 11 31.* ⭕ *t.l.j. 9 h-12 h, 14 h 30-18 h.* 📷

Mardi est le jour du marché sur l'immense piazza Galimberti au centre de Cuneo

LIGURIE

Longue et étroite bande côtière, la Ligurie s'étend au pied de montagnes de la France à la Toscane. Entourées de jardins rendus luxuriants par la douceur du climat, des maisons colorées y exposent leurs façades pastel au soleil méditerranéen. Malgré la popularité que connaissent en été des stations balnéaires comme Portofino ou San Remo, Gênes est la seule agglomération importante.

Gênes commerçait déjà pendant l'Antiquité avec les Grecs et les Phéniciens. Au début du Moyen Âge, elle assied son pouvoir sur les petits États féodaux qui jalonnent la côte, puis parvient à protéger son territoire des incursions des pirates sarrasins. Sa puissance maritime ne cesse alors de croître. Les croisades lui offrent l'occasion de créer des comptoirs au Moyen-Orient.

Au XIIIe siècle, la grande rivale voisine, Pise, est obligée de s'incliner. Les marchands génois s'installent en mer Noire, en Grèce, en Espagne. Ils s'y retrouvent en concurrence avec Venise. Les deux Républiques finissent par entrer en guerre, un long conflit qui s'achève par la défaite de Gênes en 1380. La Ligurie entre alors en déclin et passe sous domination française. Le grand amiral Andrea Doria lui rend son autonomie au début du XVIe siècle, mais ce nouvel âge d'or dure peu : les Français conquièrent à nouveau la région en 1668, puis ce sont les Autrichiens en 1734. Intégrée au royaume de Sardaigne en 1815, la Ligurie joue un rôle actif dans l'unification de l'Italie, grâce à des patriotes comme Giuseppe Mazzini ou Garibaldi, mais ne retrouve pas sa splendeur passée.

Le tourisme qui s'y est développé à partir de la fin du XIXe siècle est devenu la principale ressource de la région, et de Portovenere à San Remo, de nombreuses stations balnéaires jalonnent le littoral. Gênes reste un grand port industriel.

À Portofino, le vert des volets met en relief l'ocre des façades

◁ Falaises de la Riviera di Levante à l'est de Gênes

À la découverte de la Ligurie

La Ligurie se divise nettement en deux parties. De Gênes à la frontière française, sur le littoral occidental connu sous le nom de Riviera di Ponente, d'étroites plaines côtières offrent en été leurs plages aux vacanciers. À l'est, la Riviera di Levante jalonnée de petits ports devenus d'élégantes stations balnéaires se révèle plus pittoresque avec ses falaises tombant dans les eaux bleues de la Méditerranée. Entre les deux, Gênes s'étage en un immense amphithéâtre au-dessus du port le plus important d'Italie où règnent une animation et une atmosphère populaires.

Emblème de la ville de Cervo au-dessus des portes de la cathédrale

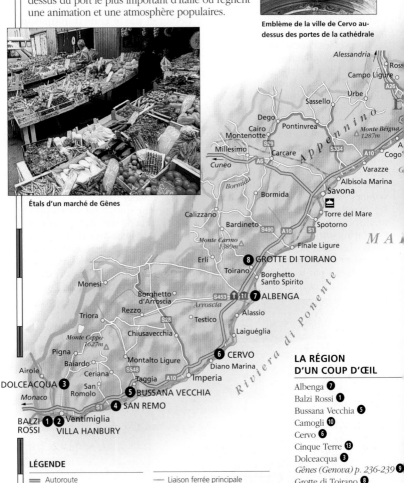

Étals d'un marché de Gênes

GROTTE DI TOIRANO ⓼

ALBENGA ⓻

CERVO ⓺

DOLCEACQUA ⓷

BUSSANA VECCHIA ⓹

SAN REMO ⓸

BALZI ROSSI ⓵ ⓶
VILLA HANBURY

LA RÉGION D'UN COUP D'ŒIL

LÉGENDE

▬ Autoroute	▬ Liaison ferrée principale
▬ Route principale	▬ Liaison ferrée secondaire
▬ Route secondaire	▬ Frontière internationale
▬ Petite route	▬ Frontière régionale
▬ Parcours pittoresque	△ Point de vue

Légende des autres symboles, *voir rabat de couverture*

Plage de San Remo, sur la Riviera di Ponente à l'ouest de Gênes

VOIR AUSSI

• *Hébergement* p. 572-574

• *Restaurants* p. 622-624

Maisons accrochées à la falaise à Riomaggiore, Cinque Terre

CIRCULER

Longer la côte ne présente pas de difficulté. Partant de France, l'autoroute A 10 devient la A 12 à Gênes pour rejoindre Florence et Livourne. La principale voie de chemin de fer suit aussi le littoral, desservant notamment Vintimille, San Remo, Savona, Gênes et La Spezia. Il existe également de bonnes liaisons routières et ferroviaires entre Gênes et Turin et Milan. Les montagnes rendent l'accès à l'intérieur des terres plus difficile, mais des bus permettent de rejoindre depuis les villes côtières la plupart des villages dignes d'intérêt. En voiture, n'hésitez pas à découvrir la campagne sur des routes comme la S 28 d'Imperia vers Garessio, la S 334 depuis Albisola ou la S 456 de Voltri vers Milan.

Le splendide jardin de la villa Hanbury près de Vintimille

Balzi Rossi **❶**

Imperia. **FS** *Ventimiglia et Menton.* **🚌** *de Ventimiglia à Ponte San Luigi puis 10 mn à pied.* **www**.archeoge.arti.beniculturali.it

Un promontoire sans intérêt apparent recèle des grottes parmi les plus importantes d'Italie du Nord pour les vestiges paléontologiques qui y furent mis au jour, notamment un lieu de sépulture où les morts portaient des parures de coquillages. Une visite guidée permet de les découvrir. Le **museo nazionale dei Balzi Rossi** renferme une partie des objets trouvés sur place : outils, armes et figures féminines et animales vieilles de 100 000 ans.

🏛 Museo Nazionale dei Balzi Rossi
Via Balzi Rossi 9. **Tél** *0184 381 13.* **○** *mar.-dim. 8 h 30-19 h 30* **●** *1er janv., 1er mai, 25 déc.* 🦽

Villa Hanbury **❷**

Corso Monte Carlo 43, Località La Mortola. **Tél** *0184 22 95 07.* **FS** *Ventimiglia.* **🚌** *de Ventimiglia.* **○** *t.l.j. 9 h 30-16 h (17 h mars-mi-juin, 18 h mi-juin-sept.)* 🦽 **www**.cooperativa-omnia.com

En 1867, le botaniste anglais Sir Thomas Hanbury acheta avec son frère cette villa sur le promontoire de Mortola et décida de profiter du climat exceptionnellement clément de la Ligurie pour créer dans le parc de la résidence un jardin d'acclimatation à partir des spécimens de plantes exotiques qu'il avait lui-même rassemblés au cours de voyages en Asie et en Afrique.

Plus de 3 000 variétés de végétaux tropicaux, notamment caoutchoucs, palmiers et cactus, en font aujourd'hui l'un des plus riches jardins botaniques d'Europe. Désormais géré par l'État, il offre même en hiver un spectacle varié et coloré.

Dolceacqua **❸**

Imperia. **🏘** *1 800.* **FS** **🚌** **🛈** *Via Barberis Colomba 3 (0184 20 66 66).* **●** *jeu.* **www**.dolceaqua.it

Ce joli village à 8 km au nord de Vintimille s'étend des deux côtés de la Nervia et un pont médiéval en pierre jette une arche de 33 m au-dessus de la rivière pour relier les deux moitiés de la localité. Deux tours carrées dominent les maisons. Elles précèdent un imposant **château** (XIIe-XVe siècles, en rénovation) en ruine qui appartint un

temps à la puissante famille génoise des Doria.

Les vignes cultivées sur les coteaux en terrasses qui entourent le village produisent du raisin de table et un vin rouge robuste mais réputé connu sous le nom de rossese di Dolceacqua.

San Remo **❹**

Imperia. **🏘** *60 000.* **FS** **🚌** **🛈** *Largo Nuvoloni 1 (0184 590 59).* **●** *mar., sam.* **www**.rivieradeifiori.org

Le Casinò Municipale (achevé en 1906) de San Remo

L'élégance estompée de cette agréable station balnéaire évoque la fin du XIXe siècle, époque où l'aristocratie européenne découvrit le charme de la Riviera italienne. Entre autres célébrités, le compositeur Tchaïkovsky et Alfred Nobel, l'inventeur de la dynamite, séjournèrent dans les élégantes demeures stuquées de la promenade du bord de mer, le corso Imperatrice qui domine l'église orthodoxe russe.

Le Casinò Municipale est toujours le centre de la vie sociale de la station. Le corso Garibaldi accueille un charmant marché aux fleurs tôt le matin, cependant que les ruelles de la vieille ville escaladent la colline appelée La Pigna. Un funiculaire grimpe jusqu'au monte Bignone qui commande une large vue sur le littoral.

Bussana Vecchia **❺**

Imperia. Près de la route San Remo-Arma di Taggia.

En février 1887, un tremblement de terre détruisit l'église baroque et les maisons de Bussana, lieu de naissance

Le pont médiéval et le château du village de Dolceacqua

de Giovanni Torre del Merlo qui inventa la crème glacée.

Le village fut reconstruit à 2 km de là, près de la mer, sous le nom de Bussana Nuova et des artistes s'installèrent dans les ruines. Malgré les restaurations et la création d'un lieu de spectacle et d'expositions, celles-ci conservent une atmosphère de ville fantôme.

Cervo ❻

Imperia. 🏠 1 200. FS 🚌
🏠 Piazza Santa Caterina 2 (0183 40 81 97). 🗓 jeu. **www**.cervo.it

Avec ses ruelles escaladant la colline au-dessus d'une plage de galets, Cervo est le plus joli des nombreux villages jalonnant le littoral à l'est d'Imperia. Au sommet, la façade concave de l'église baroque **San Giovanni Battista** se dresse au-dessus des maisons multicolores. Son parvis sert de cadre en été à des concerts de musique de chambre. Le surnom du sanctuaire, « *dei corallini* », rappelle que c'était la pêche du corail qui faisait vivre le village avant qu'il ne se transforme en station balnéaire au front de mer bordé d'hôtels.

Dans les grottes de Toirano

Albenga ❼

Savona. 🏠 21 000. FS 🚌 🏠
Piazza Coridoni 11 (0182 55 84 44).
🗓 mer. **www**.inforiviera.it

Jusqu'au Moyen Âge, l'Albium Ingaunum des Ligures puis des Romains fut un port maritime actif et prospère. Mais la mer se retira et la plaine du Centa, le fleuve qui arrose la ville, entoure aujourd'hui Albenga. Important marché de primeurs, la petite localité a gardé beaucoup de cachet avec ses maisons anciennes et ses remparts médiévaux. Ses édifices romans en briques sont particulièrement remarquables, notamment les trois tours du XIIIe siècle qui se serrent autour de la cathédrale **San Michele** au décor baroque.

Baptistère (ve s.) d'Albenga

Au sud du sanctuaire, un curieux **baptistère** du ve siècle à l'extérieur décagonal mais à l'intérieur octogonal a conservé les mosaïques paléochrétiennes dont ses fondateurs l'ornèrent à sa construction.

Au nord de la cathédrale, de belles demeures moyenâgeuses entourent la petite piazza dei Leoni. Sur la piazza San Michele, le **Museo Navale Romano** contient des vestiges repêchés dans l'épave d'un bateau coulé au Ier siècle av. J.-C.

🏠 Baptistère
Piazza San Michele. **Tél** 0182 512 15. 🕐 mar.-dim. ● 1er janv., Pâques, 25 déc. 🎟

🏛 Museo Navale Romano
Piazza San Michele 12. **Tél** 0182 512 15. 🕐 mar.-dim. ● 1er janv., Pâques, 25 déc. 🎟

Les grottes de Toirano ❽

Piazzale delle Grotte, Toirano. **Tél** 0182 980 62. 🚌 d'Albenga à Borghetto Santo Spirito. FS jusqu'à Borghetto Santo Spirito ou Loano puis bus.
🕐 t.l.j. 9 h 30-12 h, 14 h-17 h
● mi-nov.-25 déc. 🎟 jeu 21 h (réserver) **www**.toiranogrotte.it

Sous le délicieux petit village médiéval de Toirano s'étend une série de salles souterraines contenant des traces de vie datant du paléolithique (100 000 av. J.-C.).

Une visite guidée de la **grotta della Basura** (grotte de la Sorcière) permet ainsi de découvrir des empreintes de pas animales et humaines, ainsi que des ossements et des dents d'ours de l'époque préhistorique. Une reconstitution d'un de ces plantigrades se trouve d'ailleurs dans le **museo preistorico della Val Varatella** installé à l'entrée de la grotte.

Elle aussi guidée, la visite de la **grotta di Santa Lucia** révèle toute la beauté des concrétions calcaires qui se sont formées dans ces cavernes.

🏛 Museo Preistorico della Val Varatella
Piazzale delle Grotte. **Tél** 0182 980 62. ● pour restauration.

L'église San Giovanni Battista de Cervo

Gênes pas à pas ❾

Comparée à l'ambiance légèrement irréelle des stations balnéaires du reste du littoral ligure, l'atmosphère du plus grand port d'Italie possède une rugosité rafraîchissante. À moins d'arriver en bateau et de découvrir directement le vaste amphithéâtre qu'elle occupe, Gênes demande toutefois un effort. La traversée des faubourgs industriels qui l'entourent n'incite en effet pas à s'arrêter. De nombreux monuments témoignent pourtant de sa richesse au Moyen Âge, époque dont elle a gardé une vieille ville pittoresque et populaire.

Piazza San Matteo
La famille Doria bâtit au Moyen Âge les maisons et l'église San Matteo. Ce relief de saint Georges terrassant le dragon orne le portail du palazzo Quartara.

Palazzo Bianco

PIAZZA CAMPETTO

PIAZZA SAN MATTEO

SALITA SAN M

VIA DI SCURRERIA

VIA ARCHIVESCOVATO

← Le port et le Palazzo Reale

San Lorenzo
La façade gothique du Duomo date du début du XIIIᵉ siècle.

VIA SAN LORENZO

PIAZZA MATTEOTTI

Palazzo Ducale
Palais élégant aux belles cours intérieures du XVIᵉ siècle bordées d'arcades, l'ancien siège du gouvernement de la République abrite un centre culturel.

SALITA POLLAIUOLI

PI ERB

San Donato possède un superbe clocher octogonal du XIIᵉ siècle.

VICO TRE RE MAGI

Sant'Agostino
Restaurés après la dernière guerre, ce couvent et son église du XIIIᵉ siècle abritent des sculptures, notamment les fragments d'un tombeau par Pisano (v. 1312).

LÉGENDE

- - - Itinéraire conseillé

0   100 m

Church of Gesù
Cette église baroque (1589-1606) est aussi appelée Santi Ambrogio e Andrea.

MODE D'EMPLOI

640 000. Cristoforo Colombo 6 km à l'O. Stazione Principe, Piazza Acquaverde. Stazione Marittima, Ponte dei Mille. Aeroporto Cristoforo Colombo (010 601 52 47); Stazione Principe (010 246 26 33). lun., mer., jeu. 24 juin : San Giovanni Battista ; juil. : festival de danse ; oct. : Fiera Nautica. **www**.apt.genova.it

Lion du XIXe siècle gardant les marches montant au Duomo

San Lorenzo (Duomo)
Piazza San Lorenzo. **Tél** 010 25 41 250. daily. **Museo del Tesoro Tél** 010 247 18 31. lun.-sam. 9 h-12 h, 15 h-18 h.
Entreprise vers 1120, la cathédrale de Gênes mêle, du superbe portail roman San Giovanni (au nord) à la décoration baroque de certaines chapelles latérales, à peu près tous les styles architecturaux qu'a connus la ville depuis le XIIe siècle. Ce sont des sculpteurs français qui exécutèrent au XIIIe siècle les portails de la façade.

À l'intérieur, la plus somptueuse des chapelles est celle dédiée à saint Jean-Baptiste, patron de Gênes. Elle renferme une *Vierge* et un *Saint Jean* sculptés par Andrea Sansovino.

Dans la sacristie, un escalier conduit au **museo del Tesoro di San Lorenzo**. Parmi maints objets précieux, il présente un verre romain supposé avoir servi à la Cène et le plat d'agate sur lequel Salomé aurait posé la tête de saint Jean-Baptiste.

La piazza De Ferrari est bordée par le Teatro Carlo Felice et deux édifices néo-classiques : l'Accademia et la Banco di Roma.

La fontaine de bronze de la piazza De Ferrari date de 1936.

Porta Soprana
La porte orientale de la ville se dresse près de l'emplacement de la maison de Christophe Colomb.

Le Port
L'Aquarium Ponte Spinola. **Tél** 010 234 56 78. lun.-mer., ven. 9 h 30-19 h 30 (10 h 30 jeu., 8 h 30 sam.-dim., 9 h-11 h juil.-août t.l.j.). Dernière entrée 90 mn avant fermeture. **www**.acquariodigenova.it
Cœur de Gênes et origine de sa puissance au Moyen Âge, le port est dédié au trafic de conteneurs, bien qu'il possède un bassin de plaisance. Voies rapides et bâtiments commerciaux des années 1960 le bordent. Le seul héritage architectural est la **Lanterna**, phare reconstruit en 1543, près de la Stazione Marittima.

L'architecte Renzo Piano, a édifié le centre de conférence (p. 185) et l'**Aquarium**, l'un des plus grands d'Europe. Des promenades guidées partent du ponte Spinola.

Sant'Andrea
Ce cloître du XIIe siècle est tout ce qui reste d'un couvent.

À la découverte de Gênes

Des palais de la via Balbi et de la via Garibaldi aux œuvres d'art que recèlent dans toute la ville églises et musées, Gênes sait récompenser les visiteurs prêts à se lancer à la découverte des trésors d'une cité dont l'aspect industriel peut cacher la richesse. Aux alentours, littoral et collines offrent de surcroît de belles et reposantes promenades.

La cour du palazzo dell'Università, via Balbi

🔒 Sant'Agostino

Piazza Sarzano 35. **Tél** 010 251 12 63. ◯ sur demande seulement. .
Museo di Architettura e Scultura Ligure ◯ mar.-ven. 9 h-19 h, sam.-dim. 10 h-19 h. ● public hols. 🎫 ⛐
Entreprise en 1260 et aujourd'hui désaffectée, l'église gothique Sant'Agostino subit pendant la Deuxième Guerre mondiale un terrible bombardement qui ne laissa debout que son beau clocher décoré de carreaux polychromes. Le couvent dont elle était le lieu de culte fut lui aussi détruit et il n'en subsista que deux cloîtres en ruine, l'un d'eux formant le seul édifice triangulaire de Gênes.

Aujourd'hui reconstruits et occupés par le **museo di Architettura et Scultura Ligure**, ces cloîtres abritent une collection de fresques, d'éléments architecturaux et de fragments de sculptures provenant d'anciennes églises de la ville. La plus belle pièce en est le tombeau de Marguerite de Brabant, l'épouse, morte en 1311, de l'empereur Henri VII qui envahit l'Italie en 1310. Exécutées par Giovanni Pisano vers 1313, les sculptures de ce mausolée ont été restaurées et remises en place en 1987 *(p. 228)*. Les personnages semblent aider Marguerite à s'allonger pour dormir.

🏛 Palazzo Reale

Via Balbi 10. **Tél** 010 271 02 36.
◯ mar.-mer. 9 h-13 h 30, jeu.-dim. 9 h-19 h. ● 1er janv., 25 avr., 1er mai, 25 déc. 🎫 ⛐
Cet édifice austère construit en 1650 et agrandi en 1705 devint une des résidences de la maison de Savoie à partir de 1824. Il a conservé un exubérant décor rococo, notamment dans sa salle de bal et dans la galerie des Glaces. Parmi les peintures qu'il renferme figurent des œuvres de Parodi, Carlone, le Tintoret et une *Crucifixion* par Van Dyck. Un superbe jardin descend vers le vieux port.

En face du palais s'élève le **palazzo dell'Università** achevé en 1653 par Bartolomeo Bianco, l'architecte qui réalisa la majeure partie de la via Balbi. Parodi lui donna son escalier majestueux au début du XVIIIe siècle.

🏛 Palazzo Bianco

Via Garibaldi 11. **Tél** 010 557 21 93.
◯ mar.-ven. 9 h-19 h, (10 h sam.-dim.).
Palazzo Rosso Tél 010 247 63 51.
◯ mar.-ven. 9 h-19 h, (10 h sam.-dim.). 🎫
Situé dans la plus belle rue de Gênes, la **via Garibaldi** bordée de nombreux palais du XVIe siècle, le palazzo Bianco renferme la plus riche collection de peintures de la ville. L'école génoise est représentée par Luca Cambiaso, Bernardo Strozzi ou Domenico Piola. On y voit aussi des œuvres de primitifs flamands et hollandais et des tableaux de maîtres tels que Filippino Lippi

Portrait de Colomb
à la villa Doria de Pegli

CHRISTOPHE COLOMB À GÊNES

Difficile d'échapper à Gênes au souvenir du découvreur du Nouveau Monde : sa statue vous accueille dès que vous sortez de la gare sur la piazza Acquaverde, divers édifices publics portent son nom et l'aéroport lui-même s'appelle aeroporto Cristoforo Colombo. Dans le palazzo Belimbau construit au XVIIe siècle sur les anciennes fortifications, une série de fresques par Tavarone évoque la vie de l'explorateur. Dans le Palazzo Municipale (XVIe siècle), via Garibaldi, la sala del Sindicato renferme trois de ses lettres. En fait, personne ne sait exactement si Christophe Colomb (v. 1451-1506) naquit à Gênes, à Savona, ville située à 15 km à l'ouest, ou même hors d'Italie. Les registres municipaux mentionnent toutefois son père, un tisserand, et plusieurs domiciles familiaux. Il reste donc possible que ce fut dans la petite maison couverte de lierre près de la porta Soprana que grandit son amour de la mer.

Maison où
Colomb aurait vécu

Jardin de la villa Durazzo-Pallavicini à Pegli

(ravissante *Vierge avec saints*), Véronèse, Van Dyck et Rubens. De l'autre côté de la rue, le **palazzo Rosso** présente d'autres peintures, notamment par Dürer et le Caravage, ainsi que du mobilier et des objets d'art. Son deuxième étage possède un décor remarquable.

🏛 Cimitéro di Staglieno
Piazzale Resasco, Staglieno. *Tél 010 87 01 84.* ◯ *t.l.j.* ● *jours fériés.* 🚻
Fondé en 1844 sur les collines au nord-est de la ville, ce cimetière grandiose s'étend le long du Bisagno sur une telle

Quelques tombes de l'immense Cimitèro di Staglieno

superficie (160 ha) qu'il possède entre ses différentes parties son propre service de bus. La beauté de la végétation et la démesure de nombreux mausolées en ont fait un haut lieu de visite. Giuseppe Mazzini (1805-1872), l'un des héros de l'unification, y repose.

Aux environs :
Avant la Deuxième Guerre mondiale, Pegli offrait à 6 km à l'ouest du centre un havre de paix pour les riches Génois. Bien que l'agglomération ait fini par l'englober, le quartier conserve un charme paisible grâce à ses espaces verts, notamment le jardin de la **villa Durazzo-Pallavicini** où grottes artificielles, pavillons et fontaines composent un décor romantique. Construite en 1837, la demeure abrite désormais un musée archéologique dont l'exposition évoque la Préhistoire et l'Antiquité en Ligurie. Non loin, un musée naval occupe la **villa Doria** bâtie au XVIe siècle. Ses collections rassemblent globes, compas, astrolabes, cartes, maquettes et un portrait de Christophe Colomb attribué à Ghirlandaio et datant probablement de 1525.
À 8 km à l'est de Gênes se trouve **Nervi**, célèbre par sa promenade en bord de mer, la **passeggiata Anita Garibaldi**, qui offre une vue panoramique sur le littoral. Formé à partir des jardins des villas Serra et Gropallo, le luxuriant **Parco Municipale** renferme quelques essences rares. Sur la via Capolungo, la villa Serra abrite désormais la **galleria d'Arte Moderna** qui présente des œuvres italiennes des XIXe et XXe siècles. La **villa Luxoro**, dans la via Aurelia, expose des collections d'horloges, de meubles, de tissus, de dentelles et de peintures.
À environ 3 km en revenant vers Gênes, un monument marque à Quarto dei Mille l'endroit où Garibaldi et ses mille patriotes volontaires embarquèrent en mai 1860 pour la folle expédition qui libéra la Sicile et Naples, ouvrant la voie à l'unification complète de l'Italie en 1870 (*p. 62-63*).
La **villa Grimaldi** propose une collection permanente de sculptures et de peintures du XVIIIe et XIXe siècles (Fattori, Boldi, Messina).

🏛 Galleria d'Arte Moderna
Villa Serra, Via Capolungo 3, Nervi. *Tél 010 372 60 25.* ◯ *mar.-dim.* 🚻
🏛 Villa Doria
Piazza Bonavino 7, Pegli. *Tél 010 696 98 85.* ◯ *mar.-sam.(mat.seul.).* ● *jours fériés.* 🚻🚻
🏛 Villa Durazzo-Pallavicini
Via Pallavicini 11, Pegli. *Tél 010 66 68 64.* ◯ *mar.-ven. 9 h-13 h, sam.-dim. 10 h-19 h.* ● *jours fériés.* 🚻🚻
🏛 Villa Grimaldi
Via Capolungo 9, Nervi. *Tél 010 32 23 96.* ◯ *mar.-dim.*
🏛 Villa Luxoro
Via Mafalda di Savoia 3, Nervi. *Tél 010 32 26 73.* ◯ *mar.-sam. mat.* ● *jours fériés.* 🚻

Pini (v. 1920) par Rubaldo Merello à la galleria d'Arte Moderna de Nervi

Plage de galets et maisons colorées à Camogli

Camogli ⑩

Genova. 🏛 6 500. **FS** 🚌 ⛴
ℹ *Via XX Settembre 33 (0185 77 10 66).* ⛴ *mer.* **www.camogli.it**

Sur un flanc de colline boisé de pins, Camogli a conservé son atmosphère de port de pêche avec ses maisons colorées ornées de coquillages et ses petits restaurants d'où s'échappe une odeur de poisson grillé. Près de sa plage de galets et son port de pêche se dresse le **castello della Dragonara** d'époque médiévale.

Le deuxième dimanche de mai, le village célèbre la fête du poisson. À cette occasion, les sardines frites dans une gigantesque poêle de 4 m de diamètre sont distribuées gratuitement à tous les participants et spectateurs.

Péninsule de Portofino ⑪

Genova. 🚌 ⛴ *Portofino.*
ℹ *Via Roma 35 (0185 26 90 24).*
www.apttigullio-liguria.it

Au creux d'une anse bordée de pinèdes, le joli port de pêche de Portofino est devenu l'une des stations balnéaires les plus huppées d'Italie. Dominé par une forteresse et l'église **San Giorgio** supposée abriter des reliques du célèbre pourfendeur de dragon, le village s'atteint par bus ou par

bateau depuis Santa Margherita Ligure. En voiture, l'unique parking, obligatoire, ne contient que 400 places.

Il faut marcher deux heures ou passer par la mer pour rejoindre de l'autre côté de la péninsule l'**abbazia di San Fruttuoso**. Elle doit son nom à un saint du IIIe siècle dont les disciples furent jetés ici après un naufrage et qui, selon le folklore local, étaient protégés par trois lions. Son abbaye, entourée de pins et d'oliviers, date du XIe siècle et son château du XIIIe siècle. Elle domine une petite crique, rendez-vous des pêcheurs sous-marins.

Ceux-ci ont leur protecteur, le **Cristo degli Abissi**. Cette

statue de bronze immergée près de San Fruttuoso s'aperçoit par beau temps de la vedette assurant les liaisons avec Portofino.

🛈 Abbazia di San Fruttuoso
San Fruttuoso. **Tél** *0185 77 27 03.*
⏰ *mai-sept. : t.l.j. 10 h-18 h ; oct., mars-avr. : mar.-dim. 10 h-16 h ; déc.-fév. : sam.-dim. 10 h-16 h.*
⏺ *nov.* 📷

Rapallo ⑫

Genova. 🏛 30,000. **FS** 🚌 ⛴ **ℹ**
Lungomare Vittorio Veneto 7 (0185 23 03 46). ⛴ *jeu.* **Funiculaire Tél** *0185 27 34 44.* **www.apttigullio.liguria.it**

Pour les historiens, Rapallo est la ville où l'Allemagne et la Russie communiste signèrent en 1922 un traité rétablissant les relations entre les deux pays. Les cinéphiles reconnaîtront peut-être le décor de la *Comtesse aux pieds nus* qu'y tourna Joseph Mankiewicz en 1954. Planté de palmiers sur le front de mer, l'élégant lungomare Vittorio Veneto conduit jusqu'à un petit **château** du XVIe siècle qui accueille désormais des expositions d'art.

Au-dessus du village, le **santuario di Montallegro** (1557) accessible en funiculaire renferme une icône byzantine miraculeuse.

🛈 Santuario di Montallegro
Montallegro. **Tél** *0185 23 90 00.*
⏰ *t.l.j.*

De nombreux yachts mouillent à Portofino

Près de Corniglia dans les Cinque Terre

Cinque Terre ⑬

La Spezia. **FS** *tous les villages.* 🚢
Monterosso, Vernazza. **ℹ️** *Via Fegina
40, Monterosso (0187 81 70 59) (été
seulement) ; Piazza Rio Finale 26,
Riomaggiore (0187 92 06 33).*
www.parconazionale5terre.it

Cette partie rocheuse du littoral
à l'ouest de La Spezia doit aux
difficultés d'accès qu'elle
présente d'offrir encore
aujourd'hui un décor plus
marqué par des activités
traditionnelles comme la pêche
ou la viticulture que par le
tourisme. Son nom fait
référence aux cinq villages qui
s'accrochent à ses
falaises et qu'aucune
route ne relie
complètement.
Deux d'entre
eux, Vernazza
et Corniglia, ne
sont accessibles
qu'en bateau,
en train ou à
pied, en attendant
que les rejoigne la voie en
corniche qui dessert depuis
peu Manarola.

Entre Monterosso al Mare et
Riomaggiore, culs-de-sac
routiers aux deux extrémités
des Cinque Terre, le sentiero
Azzurro longe la mer. Il permet
de découvrir les cinq localités
et offre des panoramas sur
les terrasses plantées de
vignoble qui produisent des
blancs secs réputés.

Monterosso al Mare domine
au nord-ouest une belle plage
de sable. Plus bas sur la côte,
Vernazza dessine un aspect
très pittoresque avec ses
façades colorées et ses ruelles
reliées par de raides escaliers,
les *arpaie*. Perché au sommet
de terrasses rocheuses,
Corniglia semble préservé du
passage du temps, à l'instar de
Manarola situé, par la via
dell'Amore, à 15 mn à pied de
Riomaggiore dont les maisons
se serrent sur les bords d'un
torrent à quelques kilomètres
de La Spezia.

Portovenere ⑭

La Spezia. **🏠** *4 600.* 🚌 🚢
ℹ️ *Piazza Bastreri (0187 79 06 91).*
🗓️ *lun.* **www**.portovenere.it

Le « port de Vénus » est l'un
des villages les plus
romantiques de la côte ligure
avec ses rues étroites
bordées de maisons
peintes de
couleurs pastel.
Dans la ville
haute, un relief
représentant le
martyre de
saint Laurent,
brûlé vif sur un
gril, surmonte
l'entrée de l'église **San Lorenzo**
(XIIe siècle). Sur un
promontoire dominant la mer,

**Tympan de l'église San
Lorenzo de Portovenere**

l'église **San Pietro**, sanctuaire
gothique bâti en pierres noires
et blanches au XIIIe siècle,
conserve un pavement en
marbre polychrome du
VIe siècle. À l'instar du château
élevé au XVIe siècle sur une
falaise au nord-ouest du bourg,
elle offre une vue magnifique
des Cinque Terre et de la
petite île de Palmaria située à
quelque 400 mètres au large.

Lerici ⑮

La Spezia. **🏠** *13 000.* 🚌 🚢
ℹ️ *Via Biagini 2, Località Venere
Azzurra (0187 96 73 46).* 🗓️ *sam.*
www.aptcinqueterre.sp.it

Si la rive orientale du golfe de
La Spezia attira des auteurs
anglo-saxons célèbres comme
W. B. Yeats et D. H. Lawrence,
c'est surtout le souvenir de
Percy Bysshe Shelley qui y reste
vivant. Le poète romantique
dont la femme publia
Frankenstein en 1818 passa en
effet les quatre dernières années
de sa vie près du village de San
Terenzo dans la Casa Magni.
C'est de là qu'il partit en bateau
pour Livourne en 1822 et se
noya au large de Viareggio.

Au creux d'une petite baie,
la station balnéaire de Lerici
élève ses façades peintes au
bord d'une plage agréable et
dissémine ses villas au pied de
sa forteresse. Bâti par les
Pisans au XIIe siècle puis
conquis par les Génois, le
formidable **château** semble
taillé dans le rocher.

⚜ Castello di Lerici
Piazza San Giorgio. **Tél** *0187 96 90
42.* ⬜ *mar.-dim.* ⬛ *9-26 déc.* 📷

Le port de Vernazza dans les Cinque Terre

Manarola vue depuis le Sentiero Azzurro qui traverse les Cinque Terre ▷

L'ITALIE CENTRALE

L'Italie centrale d'un coup d'œil

Les quatre provinces qui forment le centre
de l'Italie accueillent chaque année des
millions de visiteurs attirés par la beauté
de leurs paysages et les trésors artistiques
et architecturaux de leurs cités. En Émilie-
Romagne, le delta du Pô offre un asile à
de nombreux oiseaux, tandis que
partout en Toscane, et particulièrement
à Florence, brille le génie de la
Renaissance. En Ombrie et dans les
Marches, villes et villages
perchés jalonnent les
collines. Voici les plus
beaux sites de cette région.

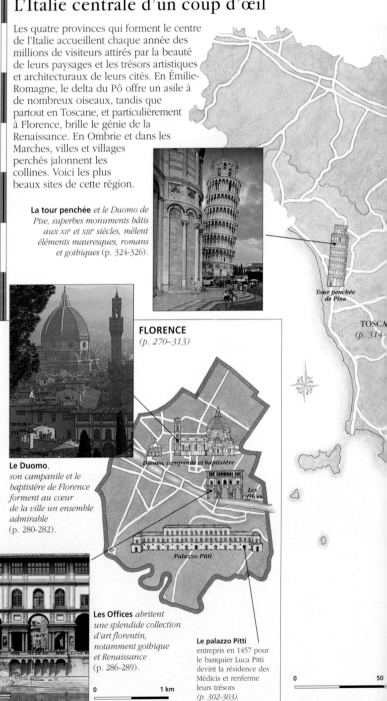

La tour penchée *et le Duomo de
Pise, superbes monuments bâtis
aux XIIe et XIIIe siècles, mêlent
éléments mauresques, romans
et gothiques* (p. 324-326).

*Tour penchée
de Pise*

TOSCA
(p. 314-

FLORENCE
(p. 270–313)

Duomo, campanile et baptistère

*Les
Offices*

Palazzo Pitti

Le Duomo,
*son campanile et le
baptistère de Florence
forment au cœur
de la ville un ensemble
admirable*
(p. 280-282).

Les Offices *abritent
une splendide collection
d'art florentin,
notamment gothique
et Renaissance*
(p. 286-289).

Le palazzo Pitti
entrepris en 1457 pour
le banquier Luca Pitti
devint la résidence des
Médicis et renferme
leurs trésors
(p. 302-303).

0   1 km

0   50

◁ **Couleurs automnales en Toscane dans les collines du Val d'Orcia au sud de Sienne**

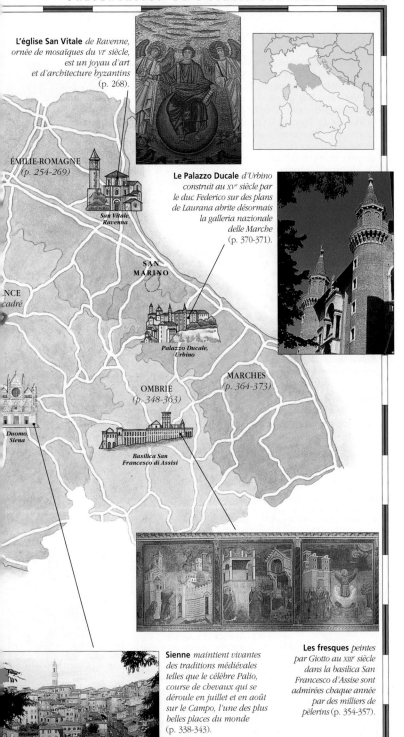

L'église San Vitale *de Ravenne,
ornée de mosaïques du VIᵉ siècle,
est un joyau d'art
et d'architecture byzantins*
(p. 268).

ÉMILIE-ROMAGNE
(p. 254-269)

**San Vitale,
Ravenna**

Le Palazzo Ducale *d'Urbino
construit au XVᵉ siècle par
le duc Federico sur des plans
de Laurana abrite désormais
la galleria nazionale
delle Marche*
(p. 370-371).

**SAN
MARINO**

NCE
cadré

**Palazzo Ducale,
Urbino**

MARCHES
(p. 364-373)

OMBRIE
(p. 348-363)

**Duomo,
Siena**

**Basilica San
Francesco di Assisi**

Sienne *maintient vivantes
des traditions médiévales
telles que le célèbre Palio,
course de chevaux qui se
déroule en juillet et en août
sur le Campo, l'une des plus
belles places du monde*
(p. 338-343).

Les fresques *peintes
par Giotto au XIIIᵉ siècle
dans la basilica San
Francesco d'Assise sont
admirées chaque année
par des milliers de
pèlerins* (p. 354-357).

Les saveurs de l'Italie centrale

L'Émilie-Romagne est la capitale gastronomique de l'Italie et la patrie du parmesan, du jambon de Parme et du vinaigre balsamique. Bologne doit son surnom de La Grassa (« la grasse ») à ses plats nourrissants, agrémentés de beurre, de fromage et de sauces veloutées. La Toscane, l'Ombrie et les Marches offrent des saveurs plus simples et une cuisine plus rustique. Parmi les délices de l'Italie centrale, citons la viande de porc du cochon Cinta Senese, le bœuf Chianina de Toscane, les fungi et les truffes ombriennes, le gibier et les soupes de poisson de la côte des Marches.

Tomates italiennes

Plateau de tortellini frais

des pâtes ». On raconte que la tagliatelle fut inventée en l'honneur des cheveux blonds de Lucrezia Borgia, tandis que les *tortellini* auraient pour modèle le nombril de Vénus. Les bouchers de porc de la région sont les plus célèbres d'Italie, fabriquant d'excellentes saucisses, des *salumi*, des *mortadalla* et des farcis *(zamponi)*. L'Émilie et la Romagne, autrefois deux provinces à part entière, continuent aujourd'hui à se distinguer d'un point de vue culinaire. Alors que la gastronomie d'Émilie tourne autour du beurre, du fromage et des champignons, la cuisine de Romagne utilise plutôt l'huile d'olive, l'ail et les oignons – et le poisson bien sûr. Dans cette région, l'Adriatique fourmille de vie et l'on pêche, entre autres, le turbot *(rombo)*.

ÉMILIE-ROMAGNE

Cette région fertile qui produit nombre des ingrédients de la cuisine italienne a aussi donné son nom à la célèbre sauce *bolognese* (ragù). L'authentique sauce contient 20 ingrédients et nappe généralement des tagliatelle – et non des spaghetti. Il existe ici un véritable « art

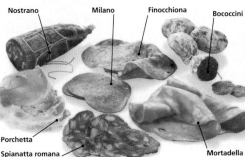

Nostrano   Milano   Finocchiona   Bococcini

Porchetta

Spianatta romana

Mortadella

Sélection de charcuterie italienne et autres viandes cuites des plus raffinées

PLATS RÉGIONAUX ET SPÉCIALITÉS

L'huile d'olive toscane est d'excellente qualité. On l'utilise beaucoup et elle fait partie intégrante des *crostini*, tranches de pain grillées nappées d'ingrédients variés, comme le foie de poulet haché dans les *crostini alla Toscana*. Les producteurs de *salumi* sont très représentés dans la région et le *prosciutto di cinghiale* (jambon de sanglier) est un mets nourrissant et délicieux. Outre les *tagliatelle al ragù* de Bologne, la région propose d'autres plats de pâtes très appréciés, parmi lesquels les *tortellini* et *tortelloni* (plus larges que les premiers), souvent farcis de fromage, beurre et herbes. Le *panforte* – gâteau composé de fruits, noix, miel, sucre et épices – est la spécialité italienne de Noël. Goûtez aussi les *ricciarelli*, biscuits aux amandes en forme de diamant, et la *torta di riso* – gâteau consistant à base de riz.

Crostini alla Toscana

Cacciucco *Soupe de poisson et fruits de mer de Livourne, garnie d'herbes et de tomates, servie sur des toasts de pain à l'ail.*

Morceau d'une gigantesque roue de parmigiano-reggiano, ou parmesan

TOSCANE

La Toscane est le verger et le potager de l'Italie. Elle est aussi réputée pour sa viande rouge, surtout celle de la race bovine prisée de la Valdichiana, au sud d'Arezzo. Le porc est excellent et la passion des Toscans pour la chasse permet de déguster lièvre, faisan et sanglier sauvage. L'ingrédient toscan de base est une huile d'olive fruitée, abondamment utilisée pour cuisiner et tout assaisonner, du pain aux salades, légumes, ragoûts et soupes. Les bouillons et les soupes, souvent concoctés avec des haricots, surtout les canellini (haricots blancs), sont très appréciés. Les Toscans méritent bien leur réputation de *toscani mangiafagioli* (mangeurs de haricots toscans).

OMBRIE ET MARCHES

L'Ombrie est la seule région, en dehors du Piémont, à être aussi pourvue en truffes. Norcia est la capitale de la truffe noire, et toutes les boutiques alentour vendent

Étal de légumes frais sur un marché toscan

de la pâte et des huiles de truffe. Norcia est aussi célèbre pour ses porcs, et la *porchetta* – porcelet rôti aux herbes – fait partie des plats favoris. Les champignons sauvages abondent en saison. Le gibier est aussi représenté, sous la forme d'oiseaux comme le faisan, la pintade, le pigeon. On trouve également de la *porchetta* dans l'intérieur rural des Marches, ainsi que de l'agneau et du lapin. Le littoral regorge de poissons, souvent utilisés pour concocter des bouillons et une spécialité d'Ancône, la *zuppa di pesce*, soupe de poisson parfumée au safran.

AU MENU

Baci Ce sont des noisettes enrobées de chocolat, leur nom signifiant littéralement « baisers » en italien.

Bistecca alla Fiorentina Steak mariné dans un mélange d'herbes, d'ail et d'huile d'olive, grillé au feu de bois. La meilleure viande est le bœuf Chianina.

Lepre in dolce e forte Civet de lièvre toscan avec vin rouge, citron, écorce d'orange et de citron vert, ail, romarin, légumes et cacao.

Vincisgrassi Spécialité des Marches à base de jambon, pâtes et béchamel, cuite au four, souvent parsemée de copeaux de truffe.

Tagliatelle al ragù *Pâtes plates nappées de la sauce italienne à la viande de Bologne.*

Arista alla Fiorentina *Filet de porc rôti au four avec ail et romarin, spécialité de Florence.*

Zuccotto *Spécialité toscane, biscuit de Savoie fourré de noisettes, d'amandes, de chocolat et de crème.*

Les vins de l'Italie centrale

Détail d'une mosaïque romaine

Qu'elle s'accroche au pied de cyprès sur les coteaux de Toscane ou s'étende dans les plaines produisant le lambrusco en Émilie-Romagne, la vigne est partout en Italie centrale. L'association de techniques modernes et traditionnelles contribue à améliorer les vins de toute la région, mais c'est le sud de la Toscane qui continue de donner les meilleurs rouges : le chianti classico, le brunello di Montalcino et le vino nobile di Montepulciano.

Le chianti classico *provient du centre de la région du Chianti dont les vins sont de bouquets et de qualités très variables. Le Rocca delle Macie offre un bon rapport qualité-prix.*

Le vernaccia di San Gimignano *est un blanc de Toscane traditionnellement doré. Il se boit aussi clair, c'est à dire jeune. Terruzzi e Puthod est un producteur fiable.*

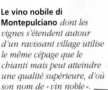

Parma
Moderna
• Bologna

EMILIA-ROMAGNA

• Pistoia
• Lucca
Florence •
Pisa •
Greve
San Gimignano •
Siena
TOSCANE
Montepu
Montalcino

Le vino nobile di Montepulciano *dont les vignes s'étendent autour d'un ravissant village utilise le même cépage que le chianti mais peut atteindre une qualité supérieure, d'où son nom de « vin noble ».*

Le brunello di Montalcino, *issu du cépage sangiovese, peut nécessiter jusqu'à dix ans de vieillissement avant que ses riches arômes prennent toute leur ampleur. Le rosso di Montalcino se boit plus jeune.*

VINO DA TAVOLA

L'implantation de cépages français dans les années 1970 a permis la création de crus originaux qui n'ont droit dans le cadre du règlement actuel qu'à l'appellation « vins de table ». Depuis le tignanello d'Antinori issu d'un mélange de sangiovese et de cabernet sauvignon, cette démarche a toutefois donné un nouveau souffle aux vins toscans.

Le sassicaia est un rouge issu du cabernet sauvignon

0   50 km

Domaine viticole à Badia a Passignano dans le Chianti

LÉGENDE

☐	Chianti
☐	Chianti Classico
☐	Vernaccia di San Gimignano
☐	Brunello di Montalcino
■	Vino Nobile di Montepulciano
☐	Orvieto Classico
☐	Orvieto
☐	Verdicchio dei Castelli di Jesi
☐	Lambrusco

Rimini

SAN MARINO

Pèsaro

Urbino

Ancona

LE MARCHE

Jesi

Gubbio

OMBRIE

Perugia

Assisi

Le verdicchio *est un blanc sec des Marches au goût tranché, légèrement salé. Des vins issus de cépage unique tel le CaSal di Serra produit par Umani Ronchi ont su s'imposer ces dernières années.p*

L'orvieto classico *est un blanc de l'Ombrie très populaire. Ce cru sec du domaine Antinori offre un bon exemple de sa déclinaison moderne, l'orvieto, existant aussi sous une forme plus douce : l'abbocato.*

LES CÉPAGES DE L'ITALIE CENTRALE

Le changeant sangiovese est le cépage le plus répandu en Italie centrale où il donne le chianti, le vino nobile di Montepulciano et le brunello di Montalcino et **Grappe de** entre dans la **Sangiovese** composition de nombreux « vins de table ». Les blancs les mieux établis sont en général produits à partir de trebbiano et de malvasia. Utilisés généralement en association avec des variétés locales, des cépages français comme le chardonnay (blanc) ou le cabernet sauvignon (rouge) gagnent du terrain.

LIRE L'ÉTIQUETTE

L'appellation DOCG est réservée à des vins de qualité.

Nom du producteur

Millésime

Le nom et l'adresse de l'embouteilleur garantissent l'origine du vin.

Degré alcoolique

QUELQUES BONS PRODUCTEURS

Chianti : Antinori, Badia a Coltibuono, Brolio, Castello di Ama, Castello di Rampolla, Fattoria Selvapiana, Felsina Berardenga, Il Palazzino, Isole e Olena, Monte Vertine, Riecine, Rocca delle Macie, Ruffino, Tenuta Fontodi. **Brunello di Montalcino** : Argiano, Altesino, Caparzo, Castelgiocondo, Costanti, Il Poggione, Villa Banfi. **Vino Nobile di Montepulciano** : Avignonesi, Le Casalte, Poliziano. En **Ombrie** : Adanti, Lungarotti.

Bons millésimes de Chianti
2000, 1999, 1997, 1995,
1993, 1990, 1988, 1985,
1983, 1975, 1971, 1970.

Comprendre l'architecture de l'Italie centrale

C'est depuis la Toscane, et surtout depuis Florence et ses environs, que s'est répandue l'application des idées de la Renaissance à l'architecture. Une révolution qui, tournant le dos au gothique, s'inspirait des canons antiques pour créer des édifices mariant simplicité, élégance et proportions harmonieuses. Financés par l'Église catholique ou de riches familles comme les Médicis, les bâtiments les plus importants s'élevèrent à la fin du xve siècle et pendant le siècle suivant.

Le palazzo Ducale d'Urbino entrepris en 1465

ÉDIFICES RELIGIEUX

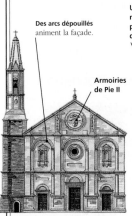

Des arcs dépouillés animent la façade.

Armoiries de Pie II

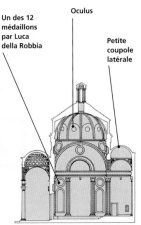

Un des 12 médaillons par Luca della Robbia

Oculus

Petite coupole latérale

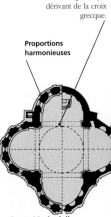

Plan symétrique dérivant de la croix grecque.

Proportions harmonieuses

Le Duomo de Pienza *fut élevé en 1459 par Bernardo Rossellino dans le cadre de la cité idéale qu'il bâtissait pour le pape Pie II (p. 333).*

La chapelle des Pazzi *(1433) de Santa Croce à Florence, œuvre célèbre de Brunelleschi, est décorée de médaillons en terre cuite par Luca della Robbia (p. 284-285).*

Santa Maria della Consolazione, *église bâtie à Todi en 1508, doit beaucoup aux idées de Bramante (p. 359).*

PALAIS ET VILLAS

La corniche jette une ombre sur la façade en été.

Des fenêtres carrées ne se trouvent qu'au rez-de-chaussée.

Reliefs en coins

Horizontale marquée

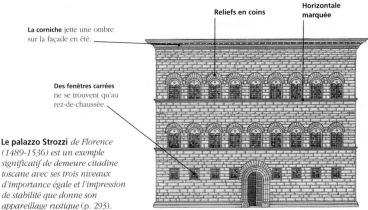

Le palazzo Strozzi *de Florence (1489-1536) est un exemple significatif de demeure citadine toscane avec ses trois niveaux d'importance égale et l'impression de stabilité que donne son appareillage rustique (p. 293).*

OÙ VOIR L'ARCHITECTURE DE LA RENAISSANCE

Capitale des Médicis où abondaient les mécènes éclairés, Florence fut le grand centre artistique de l'Italie centrale pendant la Renaissance, et de nombreux sanctuaires et palais y témoignent de la richesse culturelle de la ville à cette époque. À Rimini *(p. 266)*, Alberti sut également s'inspirer

Dans les jardins de Boboli, Florence

de l'antique pour faire œuvre personnelle avec son Tempio Malatestiano, tandis que le Palazzo Ducale *(p. 370-371)* d'Urbino pousse à l'extrême le raffinement atteint par les demeures patriciennes de l'époque. Sur une moindre échelle, les centres de Ferrare *(p. 261)*, Pienza *(p. 333)* et Urbania *(p. 369)* restent marqués par les idéaux des architectes qui les planifièrent

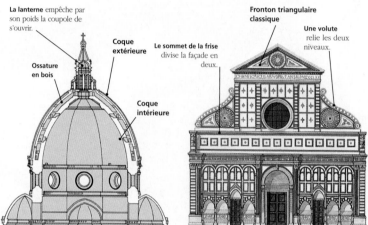

La lanterne empêche par son poids la coupole de s'ouvrir.

Ossature en bois

Coque extérieure

Coque intérieure

Le sommet de la frise divise la façade en deux.

Fronton triangulaire classique

Une volute relie les deux niveaux.

Le Duomo *de Florence est surmonté de la coupole révolutionnaire par sa taille que lui donna Brunelleschi en 1436. Il utilisa un échafaudage mobile et une structure en deux coques pour l'édifier (p. 280-281).*

La façade de Santa Maria Novella *de Florence (1458-1470) dessinée par Leon Battista Alberti incorpore des éléments gothiques dans une composition générale typique de la Renaissance (p. 296-297).*

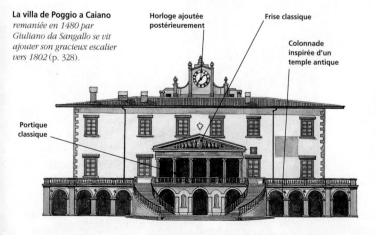

La villa de Poggio a Caiano *remaniée en 1480 par Giuliano da Sangallo se vit ajouter son gracieux escalier vers 1802 (p. 328).*

Horloge ajoutée postérieurement

Frise classique

Colonnade inspirée d'un temple antique

Portique classique

ÉMILIE-ROMAGNE

S'étendant des Apennins jusqu'au delta du Pô et aux plages de l'Adriatique, l'Émilie-Romagne marque le passage entre les Alpes et la Méditerranée. Des terres fertiles, une industrie dynamique et les visiteurs attirés par ses villes historiques en font une des régions les plus prospères de la péninsule.

Construite en 187 av. J.-C., la via Emilia (aujourd'hui doublée d'une autoroute) traverse toute l'Émilie-Romagne de Rimini, sur la côte adriatique, à Plaisance, ancienne garnison romaine sur le Pô. Presque toutes les grandes agglomérations de la région la bordent, notamment Bologne qui occupe l'emplacement de la puissante Felsina étrusque. Ravenne échappe à cette règle, mais sa situation ne l'empêcha pas de jouer un rôle de capitale entre la chute de l'Empire romain et l'invasion lombarde du VIIIe siècle.

Au Moyen Âge, la via Emilia reste une importante voie de passage, notamment pour les pèlerins se rendant à Rome. Elle participe à la prospérité d'un territoire où le pouvoir politique échoit à de puissantes familles patriciennes : les Malatesta à Rimini, les Bentivoglio à Bologne, les Este à Ferrare et Modène, les Farnese à Parme et Plaisance. Leurs cours brillantes attirent des poètes, comme Dante ou l'Arioste, et des peintres, sculpteurs et architectes dont les œuvres ornent toujours les centres historiques des villes.

Constituée en 1860 lors de son entrée dans l'Italie unifiée, la région moderne a reçu ses frontières en 1947. Sa moitié occidentale, l'Émilie, a plus subi l'influence du Nord que la Romagne qui, dominée par Ravenne, s'est toujours tournée vers le Sud pour trouver ses sources d'inspiration culturelles et politiques. Une même passion les unit toutefois : la gastronomie. Un art dont le développement a profité des richesses agricoles de la vallée du Pô et d'un élevage de qualité, dont certaines productions comme le parmesan ou le jambon de Parme ont conquis les gourmets du monde entier.

Un souvenir du Moyen Âge à Ferrare : le palazzo del Comune

◁ La fontana del Nettuno à Bologne

À la découverte de l'Émilie-Romagne

Dominée au sud par la chaîne des Apennins, la plaine du
Pô occupe la moitié de la superficie de l'Émilie-Romagne
et étend le long de l'Adriatique un rivage sablonneux.
Cœur de la province, Bologne constitue une base idéale
pour l'explorer, mais les autres grandes villes, Modène à
la superbe cathédrale romane, Parme au charme
provincial et Ferrare l'hédoniste, conservent des
personnalités fascinantes. De jolis villages, tel
Castell'Arquato, jalonnent les collines au sud du Pô.

La piazza Cavalli au centre de
Plaisance

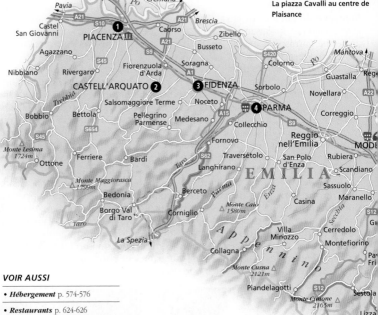

VOIR AUSSI

- *Hébergement* p. 574-576

- *Restaurants* p. 624-626

Paysage lagunaire dans le delta du Pô

LA RÉGION D'UN COUP D'ŒIL

CIRCULER

L'autoroute A 1 suit le tracé de la via Emilia qui reste la grande voie de circulation d'une région qu'elle traverse entièrement du nord-ouest au sud-est. Depuis Bologne, une des branches de la A 1 - E 35 franchit au sud les Appenins en direction de Florence, tandis que la A 13 rejoint Venise au nord. Depuis Parme, la A 15 - E 31 permet d'atteindre le littoral ligure. Toutes les villes jouissent de bonnes dessertes ferroviaires.

Plage de Cesenatico au nord de Rimini sur la côte adriatique

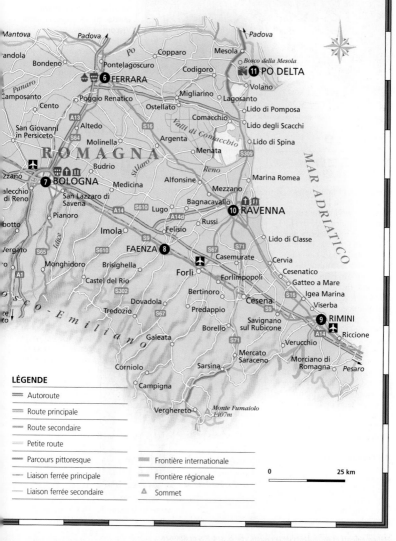

LÉGENDE

▬	Autoroute
▬	Route principale
▬	Route secondaire
▬	Petite route
▬	Parcours pittoresque
▬	Liaison ferrée principale
▬	Liaison ferrée secondaire

▬	Frontière internationale
▬	Frontière régionale
▲	Sommet

0   25 km

Le palazzo Pretorio (XIIIᵉ siècle) de Castell'Arquato

Castell'Arquato ❷

Piacenza. 🚶 *4 500.* 🚌 ❱ 🛈 *Via Dante 27 (0523 80 30 91).* 🛒 *lun.*

S'accrochant à flanc de coteau entre Fidenza et Plaisance, Castell'Arquato est l'un des plus jolis villages qui jalonnent les collines formant le pied des Apennins au sud de la plaine du Pô. Le week-end, les Italiens fuyant l'agitation des villes d'Émilie emplissent les bars et les restaurants qui entourent, avec le **palazzo Pretorio** (1293) et une intéressante basilique romane du début du XIIᵉ siècle, la belle **piazza Matteotti**. Derrière, la **rocca Viscontea**, forteresse communale remaniée par Luchino Visconti au XIVᵉ siècle, se dresse sur la piazza del Municipio qui offre un large panorama de la vallée de l'Arda.

Piacenza ❶

🚶 *105 000.* 🚊 🚌 🛈 *Piazza Cavalli 7 (0523 32 93 24).* 🛒 *mer., sam.*

Commandant un passage stratégique sur le Pô, Plaisance devint une colonie romaine au IIIᵉ siècle av. J.-C. et joua un rôle déterminant dans la défense de Rome face à Hannibal et aux Gaulois. Son centre historique a conservé son plan antique et renferme de beaux édifices du Moyen Âge et de la Renaissance.

Il s'organise autour de la piazza dei Cavalli où se dressent les **statues** équestres d'Alexandre Farnèse et de son fils Ranuccio, ducs de Parme qui gouvernèrent la ville aux XVIᵉ et XVIIᵉ siècles. Exécutées par Francesco Mochi, un élève de Jean de Bologne, elles sont considérées comme une grande réussite de la sculpture baroque. Derrière les statues s'élève le **palazzo del Comune**, aussi appelé « il Gothico », édifice caractéristique du gothique lombard entrepris à la fin du XIIIᵉ siècle.

Au bout de la via XX Settembre, le **Duomo**

(1122-1233) est roman. Son campanile date du XIVᵉ siècle. Des fresques médiévales ornent les murs intérieurs, mais la décoration de la coupole, à laquelle participa le Guerchin, date du XVIIᵉ siècle.

Commencé en 1558 et resté inachevé, le palazzo Farnese de style Renaissance abrite le **Museo Civico** qui présente un assortiment éclectique de sculptures et de peintures dont le joyau est une *Vierge à l'Enfant* par Botticelli (1444-1510). Le musée possède également des collections d'armes et de carrosses et une section archéologique célèbre par son *Fegato di Piacenza*, foie de mouton en bronze utilisé par les Étrusques pour la divination.

🏛 **Museo Civico**
Palazzo Farnese, Piazza Cittadella. **Tél** 0523 32 82 70. ◻ *mar.-dim. (mar.-jeu. mat. seul.)* ◻ *jours fériés* ♿

Fidenza ❸

Parma. 🚶 *23 000.* 🚊 🚌 🛈 *Piazza Duomo 16 (0524 833 77).* 🛒 *mer., sam.*

C'est grâce à la via Emilia que Fidenza acquit une certaine importance sous l'Empire romain puis s'enrichit au Moyen Âge en subvenant aux besoins des pèlerins qui s'arrêtaient sur la route de Rome afin de se recueillir devant le tombeau de san Donnino martyrisé en 291. Les reliques du saint se trouvent toujours dans la crypte du **Duomo**, superbe église des XIIᵉ et XIIIᵉ siècles mariant éléments romans et gothiques. Les trois portails de sa façade présentent une riche décoration sculptée attribuée à Benedetto Antelami et aux artisans qui travaillèrent avec lui à la cathédrale de Parme. L'intérieur a conservé, à l'abside, des fresques du XIIIᵉ siècle

Statue de la façade du Duomo de Fidenza

À l'intérieur du baptistère de Parme

Parma ➍

175 000. FS 🚆 ℹ️ *Via Melloni 1a (0521 21 88 89).* 🏛️ *mer. et sam. ; jeu. (puces).*
www.turismo.comune.parma.it/turismo/

Si Parme doit avant tout son renom à son jambon, elle offre plus au visiteur que de bons restaurants. Son opéra est notamment l'un des meilleurs de la péninsule. Beaux édifices anciens, riches collections de peintures et sculptures remarquables y entretiennent en outre le souvenir de la magnificence des princes qui la gouvernèrent de 1355 à 1801.

Exemple grandiose du style roman lombard, le **Duomo** entrepris au XIᵉ siècle présente à la coupole une *Assomption* lumineuse peinte en 1534 par le Corrège, artiste né en Émilie. Des œuvres de ses élèves ornent la nef. C'est Benedetto Antelami qui sculpta au

XIIᵉ siècle le trône épiscopal et la frise du transept sud. Il réalisa également la majeure partie du ravissant **baptistère** (1196) octogonal dont les reliefs et les statues, en particulier celles des *Mois*, forment un des ensembles sculptés romans les plus importants d'Italie.

À l'est de la cathédrale, une *Vision de saint Jean* (v. 1520) par le Corrège s'admire à la coupole de l'église **San Giovanni Evangelista** (rebâtie de 1498 à 1510) qui abrite également, comme la **Madonna della Steccata** (XVIᵉ siècle) de la via Dante, des fresques du Parmesan.

🏛️ Palazzo Pilotta
Piazzale della Pilotta 15. **Galleria** *Tél 0521 23 33 09.* ⬜ *mar.-dim. matin.* . 🚫 ♿ **Museo** *Tél 0521 23 37 18* ⬜ *mar.-dim. matin.* 🚫 ♿
Cet immense bâtiment élevé à partir de 1602 pour abriter la cour des Farnèse dût être en partie reconstruit après la Deuxième Guerre mondiale. Le **teatro Farnese** (1628) inspiré du ravissant théâtre en bois édifié par Palladio à Vicence *(p. 146)* exigea en particulier une complète restauration.

Le palais abrite également la

Galleria Nazionale réputée pour sa collection de tableaux du Corrège et du Parmesan, mais qui présente aussi des œuvres de Fra Angelico, du Bronzino et du Greco et deux immenses peintures de Ludovic Carrache.

Au premier étage, le **Museo Archeologico Nazionale** expose des objets trouvés dans la nécropole étrusque de Velleia et sur des sites préhistoriques de la région.

🏛️ Camera di Correggio
Via Melloni. *Tél 0521 23 33 09.* ⬜ *mar.-dim., a.-m. seul.* 🚫 ♿
Le Corrège décora en 1518 de fresques d'inspiration mythologique cette ancienne salle à manger d'un monastère bénédictin.

Campanile et baptistère de Parme

LA FABRICATION DU PARMESAN ET DU JAMBON DE PARME

Fromage mis à de nombreuses sauces dans la cuisine italienne mais qui se mange aussi seul (ou avec des poires, une délicieuse spécialité), le parmesan *(parmigiano)* continue d'être fabriqué selon des techniques qui ont peu changé au cours des derniers siècles. Allongé de petit lait pour activer la fermentation, du lait partiellement écrémé caille grâce à un apport de présures, puis, égoutté, mis en forme et salé, vieillit jusqu'à donner le parmigiano-reggiano apprécié des gourmets ou le grana de moindre qualité.

Boutique proposant les spécialités culinaires de Parme

C'est le rebut de sa fabrication qui sert traditionnellement à engraisser les porcs dont les cuissots deviennent le célèbre *prosciutto crudo* de Parme. La saveur de cette charcuterie tient à la qualité de la viande, qui n'exige guère plus pour se conserver que du poivre et du sel, mais aussi à la pureté de l'air dans les collines du Langhirino où les jambons mûrissent avant de se voir apposer la couronne à cinq pointes de l'ancien duché de Parme garantissant leur origine..

Flora par Carlo Cignani (1628-1719) à la Galleria Estense de Modène

Modena ❺

🏛 *175 000*. 🚈 ⛴ 🛈 *Piazza Grande (059 203 26 60).* 🎪 *lun.*
www.comune.modena.it/infoturismo

Pour beaucoup d'Italiens, le nom de Modène évoque surtout des voitures de rêve, car Ferrari et Maserati fabriquent leurs bolides dans sa banlieue. Des trésors plus anciens y séduiront cependant les amateurs d'art et d'architecture. Prospère colonie romaine sur la via Emilia, la cité se développa au Moyen Âge grâce à un arrière-pays fertile. La famille d'Este en fit sa capitale en 1598 et y entretint une cour brillante jusqu'au XVIIIe siècle.

🛈 Duomo

Corso Duomo. **Tél** *059 21 60 78.*
🕐 *t.l.j.* **Torre Ghirlandina**
🕐 *avr.-oct. : lun.-sam. 9 h 30-12 h 30, 15 h-19 h* 🎪 *août*
Fondée en 1099 par la comtesse Matilda de Toscane qui gouvernait la ville au XIe siècle, la **cathédrale** dessinée par Lanfranco est un des chefs-d'œuvre romans de l'Italie du Nord. Haut de 88 m, son campanile, la **torre Ghirlandina**, accroche

immédiatement le regard. Malgré son inclinaison, on peut monter jusqu'à sa flèche gothique. La tour renfermait jadis la *Secchia*, seau en bois évoqué par Alessandro Tassoni (1565-1635) dans son poème héroï-comique : *La Secchia Rapita*. Arraché par les soldats de Modène à leurs ennemis de Bologne lors d'une bataille en 1325, il serait resté l'enjeu d'un long conflit entre les deux villes.

C'est le Lombard Wiligelmo qui sculpta au début du XIIe siècle les superbes reliefs de la *Genèse* ornant la façade principale. À l'intérieur, les *Scènes de la Passion* du jubé (1170-1220) sont d'Anselmo da Campione. Un autre maître de Campione, Arrigo, exécuta la chaire en 1322. Sous le chœur, d'élégantes colonnettes soutiennent les trois nefs de la crypte qui abrite une *Sainte famille* (1480) en terre cuite peinte et le tombeau de san Geminiano, patron de Modène.

🏛 Palazzo dei Musei

Largo di Porta Sant'Agostino 337.
Galleria Estense Tél *059 439 57 11.*
🕐 *mar.-dim. 8 h 30-19 h 30.* 🎪 *1er janv., 1er mai, 25 déc.* 🎫 ♿
Biblioteca Estense Tél *059 22 22 48.* 🕐 *lun.-sam. (ven.-sam. : a.-m. seul.).* ♿ *jours fériés.*
Un dédale de jolies ruelles conduit au nord-ouest de la cathédrale jusqu'à cet ancien arsenal bâti au XVIIIe siècle qu'occupent aujourd'hui les plus beaux musées de Modène.

Le plus prestigieux, la **Galleria Estense**, présente les collections d'art que la famille d'Este déménagea de Ferrare quand son ancienne capitale entra dans les États

pontificaux. Elles comprennent surtout des peintures d'artistes émiliens comme Reni ou les Carrache et de Vénitiens tels que le Tintoret et Véronèse, mais permettent également d'admirer des œuvres d'écoles étrangères, espagnole, flamande, allemande et française.

Parmi les ouvrages visibles dans la **Biblioteca Estense** figurent une édition de 1481 de *La Divine Comédie* de Dante et une des premières cartes (1501) à montrer l'itinéraire suivi par Christophe Colomb en 1492. Le joyau de son exposition permanente reste toutefois la Bible de Borso d'Este décorée de plus de 1 200 enluminures par des artistes de l'école de Ferrare du XVe siècle, notamment Taddeo Crivelli et Franco Russi.

La Torre Ghirlandina de Modène

Aux environs :
C'est à 20 km au sud de Modène qu'Enzo Ferrari installa son usine en 1945. Aujourd'hui sous contrôle de la Fiat, elle produit environ 2 500 voitures chaque année. La galleria Ferrari propose une petite exposition comprenant des souvenirs et de nombreux véhicules de la marque.

🏛 Galleria Ferrari

Via Dino Ferrari 43, Maranello.
Tél *0536 94 32 04.* 🕐 *t.l.j. 9 h 30-18 h.* 🕐 *1er janv., 25 déc.* 🎫 ♿

Ferrari 250 SWB fabriquée entre 1959 et 1962

Hébergements et restaurants de la région, voir p. 574-576 et 624-626

Ferrara ❻

🏛 140 000. FS 🚌 ℹ️ Castello Estense, Largo Castello (0532 20 93 70). 🗓 lun. et ven.

Depuis Obizzo II qui s'empara du pouvoir en 1264 jusqu'à Cesare qui dut céder sa capitale au pape en 1598 et s'installer à Modène, les tyrans et mécènes de la maison d'Este ont laissé une marque indélébile sur une ville qu'entoure l'une des plus belles enceintes fortifiées de la région.

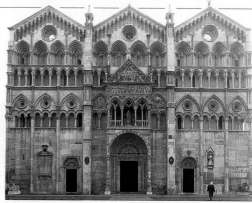

Façade du Duomo de Ferrare

⚜ Castello Estense

Largo Castello. **Tél** 0532 29 92 33.
⬜ mar.-dim. ⬛ jours fériés. 📷
Entreprise en 1385, l'étonnante forteresse à la belle cour Renaissance d'où régnèrent les Este domine de

La forteresse moyenâgeuse du Castello Estense à Ferrare

ses tours le centre-ville. Bien des drames se déroulèrent entre ses murs. Niccolò III y fit notamment exécuter son épouse parce qu'elle le trompait avec un de ses fils, Ugo, et Ercole Ier décapita un neveu qu'il avait spolié..

🏛 Palazzo del Comune

Piazza Municipale.
Ce palais commencé en 1243 est orné de copies de statues en bronze du XVe siècle par Leon Battista Alberti représentant Niccolò III et son fils Borso, l'un des 27 enfants qui lui sont attribués.

🏛 Museo della Cattedrale

Via San Romano. **Tél** 0532 76 12 99.
⬜ mar.-dim. ⬛ 6 janv., Pâques, 25-26 déc.
Associant styles roman et gothique, le **Duomo** de Ferrare présente des influences

françaises dans les sculptures de sa façade. Son **musée** possède un bel ensemble de 12 reliefs en marbre des *Travaux des mois* datant de la fin du XIIe siècle, la superbe *Vierge à la grenade* (1408) de Jacopo della Quercia et deux volets d'orgue (1469) peints par Cosmè Tura d'un *Saint Georges* et d'une *Annonciation*.

🏛 Palazzo Schifanoia

Via Scandiana 23. **Tél** 0532 641 78.
⬜ t.l.j. ⬛ jours fériés. 📷
Cette résidence d'été entreprise pour Alberto V d'Este en 1385 est célèbre par son salon des Mois aux murs peints par des artistes de l'école ferraraise dirigés par Cosmè Tura. Ces superbes fresques ésotériques mettent en scène Borso d'Este et des membres de sa cour.

🏛 Museo Archeologico Nazionale

Palazzo di Ludovico il Moro, Via XX Settembre 122. **Tél** 0532 662 99. ⬜ mar.-dim. ⬛ 1er mai, 25 déc. 📷 ♿
Ses pièces les plus intéressantes proviennent de la nécropole gréco-étrusque de Spina découverte près de Comacchio dans le delta du Pô.

🏛 Palazzo dei Diamanti

Corso Ercole d'Este 21. **Tél** 0532 20 58 44. ⬜ mar.-dim. matin, jeu.ap.-m. ⬛ 1er janv., 1er mai, 25 déc. 📷 ♿
Nommé d'après les motifs ornant sa façade, ce palais Renaissance abrite une galerie d'art moderne, un musée consacré au Risorgimento et la Pinacoteca Nazionale dont les collections comprennent des œuvres majeures des écoles ferraraise et bolonaise.

LA FAMILLE D'ESTE

D'origine lombarde, la dynastie d'Este entretient une des cours les plus brillantes d'Europe et protégea certains des plus grands esprits et artistes de la Renaissance, qu'il s'agisse d'auteurs comme Pétrarque, le Tasse et l'Arioste, ou de peintres tels que Mantegna, Titien et Bellini. Cela n'empêcha en rien certains de ses membres de se montrer sanguinaires, à l'exemple de Niccolò III (1383-1441) qui ordonna la mort de sa femme Parisina (et de son amant) parce qu'elle avait une aventure avec un des nombreux bâtards de son mari. Ercole Ier (1431-1505) fit quant à lui décapiter un neveu. Son fils Alfonso Ier (1476-1534) épousa la célèbre Lucrèce Borgia.

Portrait d'Alfonso Ier d'Este par Titien (v. 1485-1576)

Bologne pas à pas ❼

Détail de la façade de San Petronio

Arcades, portiques et murs de briques donnent son cachet au centre historique de Bologne qui s'organise autour de deux places bordées de palais médiévaux : la piazza Maggiore et la piazza del Nettuno. Tout de suite au sud se dressent les églises de San Petronio et de San Domenico, ainsi que l'Archiginnasio qu'occupa aux XVIIᵉ et XVIIIᵉ siècles la plus vieille université d'Europe. À l'est, les torri degli Asinelli e Garisenda et le campanile de Santo Stefano marquent l'horizon de leurs silhouettes.

Fontana di Nettuno
Les magnifiques statues de bronze fondues par Jean de Bologne ornent la célèbre fontaine de Neptune (1566) dessinée par Tomaso Laureti.

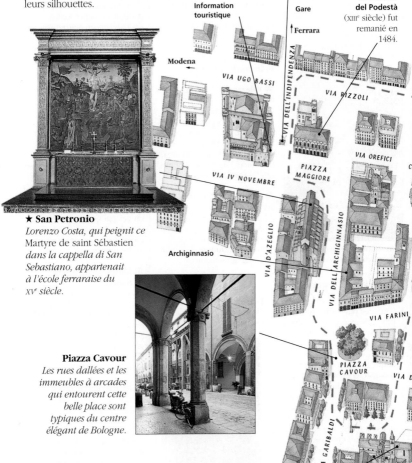

Information touristique

Gare
↑Ferrara

Le Palazzo del Podestà (XIIIᵉ siècle) fut remanié en 1484.

Modena ←

VIA UGO BASSI

VIA DELL'INDIPENDENZA

VIA RIZZOLI

VIA OREFICI

PIAZZA MAGGIORE

VIA IV NOVEMBRE

★ San Petronio
Lorenzo Costa, qui peignit ce Martyre de saint Sébastien *dans la cappella di San Sebastiano, appartenait à l'école ferraraise du XVᵉ siècle.*

Archiginnasio

VIA D'AZEGLIO

VIA DELL'ARCHIGINNASIO

VIA FARINI

Piazza Cavour
Les rues dallées et les immeubles à arcades qui entourent cette belle place sont typiques du centre élégant de Bologne.

PIAZZA CAVOUR

VIA D

VIA GARIBALDI

À NE PAS MANQUER

★ San Petronio

San Domenico
(1251) abrite le superbe tombeau de saint Dominique.

San Giacomo Maggiore

Ce Triomphe de la Mort
*(1483-1486) par Costa décore
la cappella Bentivoglio.*

🔒 San Giacomo Maggiore

Piazza Rossini. **Tél** 051 22 59 70.
◐ t.l.j.

Ce sanctuaire romano-gothique
entrepris en 1267 et plusieurs
fois remanié au fil des siècles
attire surtout les visiteurs pour
sa cappella Bentivoglio
commandée par Annibale
Bentivoglio en 1445 et
consacrée en 1486. C'est bien
entendu un portrait de la
famille qui occupe la place
d'honneur. Ce tableau subtil
est de Lorenzo Costa (1460-
1535) qui peignit aussi
l'*Apocalypse*, la *Vierge en
majesté* et le *Triomphe de la
Mort* qui décorent les parois.

Francesco Francia
exécuta le retable
représentant une
*Vierge avec saints et
deux anges
musiciens* (1488).

Sculpté en 1435, le
tombeau d'Antonio
Galeazzo Bentivoglio
installé en face de la
chapelle est une des
dernières œuvres du
Siennois Jacopo della
Quercia. Accessible
par la sacristie,
l'oratoire Santa
Cecilia est décoré de
fresques, notamment
par Lorenzo Costa et
Francesco Francia
(1504-1506),
évoquant les vies de sainte
Cécile et de saint Valérien.

Torri degli Asinelli e Garisenda

*Depuis leur
construction au
XIIᵉ siècle par de
puissantes
familles, ces tours
se sont mises à
pencher.*

**Tombeau d'A. G. Bentivoglio (1435)
par Jacopo della Quercia**

Abbazia di Santo Stefano

*La fontana di Pilato porte
une inscription lombarde du
VIIIᵉ siècle. Selon la légende,
Ponce Pilate se serait lavé les
mains dans son bassin.*

LÉGENDE

— — — Itinéraire conseillé

```
Pinacoteca
Nazionale

Museo di
Anatomia
Umana
Normale

VIA ZAMBONI
VIA BENEDETTO XIV

Ravenna

VIA SAN VITALE

STRADA MAGGIORE

ZZA DI
ORTA
GNANA

VIA SANTO STEFANO

Firenze
```

```
0          150 m
```

À la découverte de Bologne

De la basilique San Petronio, cœur du centre médiéval, à la Pinacoteca Nazionale dans le quartier de l'université, monuments et musées témoignent partout en ville du riche passé culturel de Bologne.

⊞ Torri degli Asinelli e Garisenda

Piazza di Porta Ravegnana.
Torre degli Asinelli ☐ t.l.j. 🖼
Deux cents tours érigées par des familles nobles se dressaient dans le ciel de Bologne au Moyen Âge. Quelques-unes seulement ont subsisté, dont les célèbres Torri Pendenti (tours Penchées) élevées au début du XIIe siècle et évoquées par Dante dans son *Enfer*. La construction de la torre Garisenda cessa avant son achèvement, alors qu'elle ne mesurait que 48 m de hauteur.

Elle présente déjà néanmoins une inclinaison d'environ 3 m. Malgré ses 97 m de hauteur, la torre Asinelli ne penche que de 1,2 m. 500 marches conduisent à son sommet qui offre une vue exceptionnelle.

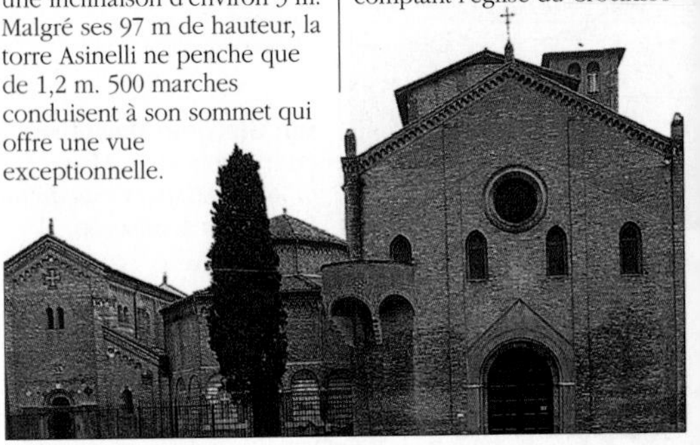

L'abbazia di Santo Stefano

🔒 Abbazia di Santo Stefano

Via Santo Stefano 24. **Tél** *051 22 32 56.* ☐ t.l.j. *9 h-12 h, 15 h 30-18 h 30.* www.abbaziasantostefano.it
Sept églises juxtaposées sous un même toit formaient jadis ce curieux sanctuaire. Il en reste quatre aujourd'hui en comptant l'église du Crocifisso.

🔒 SAN PETRONIO

Piazza Maggiore. **Tél** *051 22 21 12.* ☐ t.l.j. ♿
Dédiée à saint Pétrone, premier évêque et saint patron de Bologne mort en 450, cette église compte parmi les plus vastes édifices médiévaux en briques d'Italie. Fondée en 1390, elle devait dépasser en taille Saint-Pierre de Rome, mais les autorités religieuses utilisèrent une partie des fonds à la construction du palazzo Archiginnasio voisin. Un rang de colonnes, sur son flanc oriental, attend ainsi toujours la voûte qu'il devait supporter, tandis que le haut de la façade ne reçut jamais son plaquage de marbre. Derrière un portail central sculpté à partir de 1425 par Jacopo della Quercia, l'intérieur renferme de nombreuses œuvres d'art.

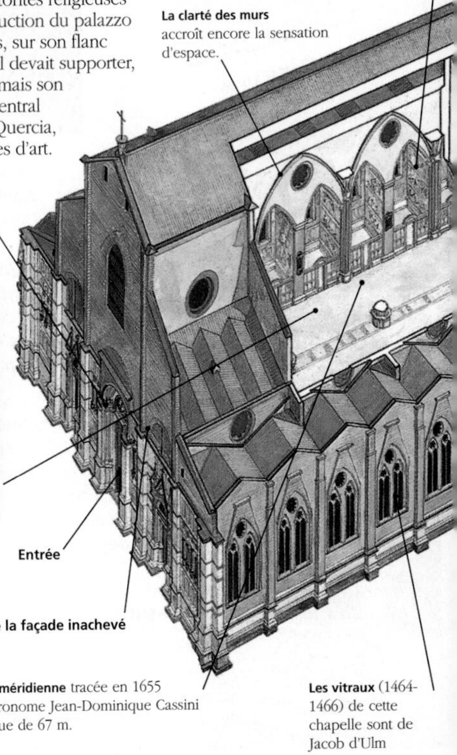

Le retable du *Martyre de saint Sébastien* est de l'école ferraraise.

La clarté des murs accroît encore la sensation d'espace.

Des scènes de l'Ancien Testament (1425-1438) sculptées par Jacopo della Quercia ornent le portail principal.

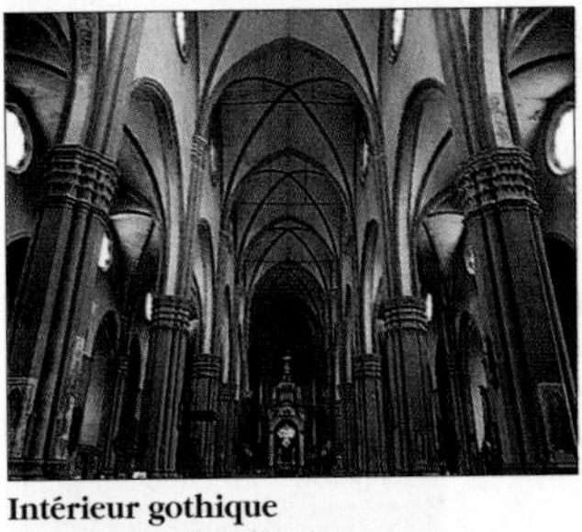

Intérieur gothique
La nef centrale s'élève à plus de 40 m de hauteur et 22 chapelles richement décorées ouvrent sur les bas-côtés. En 1547, le concile de Trente (p. 174) siégea un temps à San Petronio pour échapper à la peste.

Entrée

Haut de la façade inachevé

La ligne méridienne tracée en 1655 par l'astronome Jean-Dominique Cassini est longue de 67 m.

Les vitraux (1464-1466) de cette chapelle sont de Jacob d'Ulm

(XIᵉ siècle) qui ne constitue guère plus qu'un couloir d'accès à San Sepolcro, la plus intéressante des quatre. Élevé également au XIᵉ siècle, cet édifice de plan polygonal renferme le tombeau de saint Pétrone au dessin inspiré du saint sépulcre. Dans la cour, la fontana di Pilato serait celle où Ponce Pilate se lava les mains après la condamnation de Jésus. Édifiée au Vᵉ siècle mais reconstruite aux VIIIᵉ et XIᵉ siècles, Santi Vitale e Agricola abrite les sarcophages des martyrs romains dont elle porte le nom. Un petit musée occupe Santa Trinità et son cloître roman. Outre des peintures de l'école bolonaise, il présente une intéressante *Adoration des Mages*, groupe sculpté et peint par Simone dei Crocifissi vers 1370.

Clocher

Stalles
Raffaello da Brescia exécuta en 1521 les superbes stalles marquetées de la chapelle du Saint-Sacrement.

🏛 Pinacoteca Nazionale

Via delle Belle Arti 56. **Tél** 051 421 19 84. ☐ mar.-dim. ● 1ᵉʳ jan., 1ᵉʳ mai, 15 août, 25 déc. 🔲 ♿ www.pinacotecabologna.it

La principale galerie d'art de Bologne, l'une des plus importantes collections de peintures d'Italie du Nord, se trouve à la périphérie du quartier de l'université où abondent bars, librairies et restaurants bon marché. L'exposition met l'accent sur les peintres bolonais, notamment Vitale da Bologna, Guido Reni, le Guerchin et la famille Carrache, et comprend de belles œuvres de l'école ferraraise, en particulier par Francesco del Cossa et Ercole di Roberti. Mais ses joyaux restent une *Vierge en majesté* (v. 1491) du Pérugin et l'*Extase de sainte Cécile* peinte vers 1515 par Raphaël.

L'Extase de sainte Cécile (v. 1515) par Raphaël à la Pinacoteca Nazionale

🏛 Museo di Anatomia Umana Normale

Palazzo Poggi, Via Zamboni 33. **Tél** 051 209 93 98. ☐ mar.-ven. 9 h-17 h 30, sam.-dim. 10 h-18 h 30 ● 25 déc., 1ᵉʳ janv., Pâques, 1ᵉʳ mai, jours fériés, ap.-m. en été. 🔲

Cet ancien théâtre d'anatomie fondé en 1742 devint en 1907 un petit musée, qui fait partie des plus pittoresques de Bologne. Représentant viscères, membres ou corps écorchés, les modèles en cire exposés servirent jusqu'au XIXᵉ siècle aux cours de la faculté de médecine. Sculptés et non moulés, ils possèdent une réelle dimension artistique en plus de leur intérêt scientifique. Certains déplairont toutefois peut-être aux âmes sensibles.

🔒 San Domenico

Piazza di San Domenico 13. **Tél** 051 640 04 11. ☐ t.l.j. ♿

Moine espagnol fondateur de l'ordre des dominicains, saint Dominique mourut à Bologne en 1221, et la construction de l'église qui lui est consacrée commença l'année suivant sa canonisation en 1234. Le sanctuaire connut un important remaniement au XVIIIᵉ siècle.

Il abrite le superbe tombeau du saint, l'*arca di San Domenico*, dont Nicola Pisano et ses élèves sculptèrent le corps principal à partir de 1267. C'est Niccolò di Bari qui en exécuta le couronnement de 1468 à 1473. Michel-Ange réalisa en 1494 les statues de saint Pétrone, de saint Proculus et de l'ange de droite. Derrière le mausolée, un reliquaire (1383) par Jacopo Roseto contient la tête du saint.

Arca di San Domenico à la basilica di San Domenico

Sigismond Malatesta devant saint Sigismond (1451), fresque de Piero della Francesca au Tempio Malatestiano de Rimini

Faenza ❽

Ravenna. 🏠 54 000. **FS** 🚌
ℹ️ *Piazza del Popolo 1 (0546 252 31).*
🗓️ *mar., jeu. et sam.*

Caractéristiques, les céramiques aux émaux bleus et ocre fabriquées dans cette petite cité d'origine romaine jouissent d'un tel renom en Europe depuis plus de 500 ans que Faenza a donné son nom à la faïence.

De nombreux ateliers et petites usines entretiennent aujourd'hui une tradition qui trouve dans le **museo internazionale delle Ceramiche** une vitrine digne d'elle. Celui-ci ne présente toutefois pas que la production locale et sa collection de poteries, l'une des plus riches d'Europe, comprend aussi bien des pièces antiques que des œuvres de Picasso et de Matisse.

🏛️ Museo Internazionale delle Ceramiche

Viale Baccarini 19. **Tél** *0546 69 73 11.* ⬜ *avr.-oct. : mar.-dim. ; nov.-mars : mar.-dim. (mar. et ven. mat.).* ⬤ *1ᵉʳ jan., 1ᵉʳ mai, 15 août, 25 déc.* ♿

Rimini ❾

🏠 130,000. **FS** 🚌 ℹ️ *Piazzale Fellini 3 (0541 569 02).* 🗓️ *Wed & Sat.* **www.**riminiturismo.it

Federico Fellini (1920-1995) a grandi à Rimini et il a évoqué le charme de cette cité dans certains de ces films, en particulier *Amarcord*. Depuis l'époque de son enfance, Rimini est devenue la plus grande station balnéaire d'Europe et bars et restaurants bordent presque sans interruption son front de mer sur 15 km. Bien entretenues mais souvent d'accès payant, les plages y sont propres malgré la foule.

Heureusement, le développement touristique du littoral n'a pas enlevé son cachet au centre historique dont les rues pavées s'organisent autour de la **piazza Cavour** dominée par le **palazzo del Podestà** gothique. C'est sur la via IV Novembre que se trouve le plus bel édifice : le **Tempio Malatestiano**. L'architecte florentin Leon Battista Alberti transforma en 1450 cette ancienne église franciscaine en un des chefs-d'œuvre de la première Renaissance et un

monument en l'honneur de son commanditaire, Sigismond Iᵉʳ Malatesta (1417-1468) dont la famille gouvernait la ville depuis le XIIIᵉ siècle. Agostino di Duccio exécuta une grande partie des sculptures.

Personnage contrasté, Sigismond acquit une réputation de mécène, mais répudia ou fit périr ses trois premières épouses pour convoler avec sa maîtresse, Isotta degli Atti, dont les initiales, mêlées aux siennes, forment avec l'éléphant, emblème de la dynastie, un motif récurrent de la décoration du Tempio. Il y repose malgré une excommunication pour « meurtre, viol, adultère, inceste, sacrilège et parjure ». Un peu plus loin, la chapelle des Reliques abrite la fresque de *Sigismond Malatesta devant saint Sigismond* peinte par Piero della Francesca en 1451. Isotta repose dans la 2ᵉ chapelle

🏛️ Tempio Malatestiano
Via IV Novembre. **Tél** *0541 511 30.* ⬜ *t.l.j. 8 h 30-12 h 30, 15 h 30-19 h (dim. 9 h-13 h).* ♿

Ravenne ❿

🏠 90 000. **FS** 🚌 ℹ️ *Via Salara 8–12 (0544 354 04).* 🗓️ *mer. et sam. ; brocante : 3ᵉ w.-e. du mois..* **www.**turismo.ravenna.it

Ce sont les splendides mosaïques de ses édifices paléochrétiens *(p. 268-269)* qui attirent à Ravenne de nombreux visiteurs, mais ils y découvrent aussi vieilles rues, jolies boutiques et places

Façade Renaissance du Tempio Malatestiano de Rimini

La piazza del Popolo, grand-place de Ravenne

tranquilles. Le **Museo Nazionale** présente d'intéressantes collections de vestiges préhistoriques, de peintures et d'icônes, tandis que la piazza del Popolo offre un beau cadre médiéval.

🏛 **Museo Nazionale**
Via Fiandrini. **Tél** 0544 344 24.
⊙ mar.-dim. 1er janv., 1er mai, 25 déc. 🏷 ♿

Le delta du Pô ⓫

Ferrara. 🚉 Ferrara Ostellata. 🚌 jusqu'à Goro ou Gorino. 🚢 from Porto Garibaldi, Goro & Gorino. ⓘ Piazza Folegatti 28, Comacchio (0533 31 01 61). **Parco Delta del Po Tél** 0533 31 40 03. www.parcodeltapo.it

L e plus long cours d'eau d'Italie sine dans une vallée qui couvre 15 % de la superficie de l'Italie et où habite environ un tiers de sa population. Bien qu'ayant beaucoup souffert de la pollution industrielle et de l'urbanisme moderne, elle offre dans ses parties préservées des paysages d'une beauté subtile où des rangées de peupliers rythment de vastes étendues de champs brumeux.

Surnommé la « Camargue italienne », le delta du Pô mêle dunes et marais sur le littoral de l'Adriatique. Le **Parco Delta del Po** est un immense parc national de 600 km² s'étendant jusqu'au Vénéto. Certaines zones marécageuses comme les **valli di Commachio** ont des réserves où peuvent se reproduire en paix de nombreux oiseaux tels que goélands, foulques, oies des moissons ou sternes noires. Les ornithologues qui s'y rassemblent observent également des espèces plus rares comme l'aigrette garzette, le busard Saint-Martin et le cormoran pygmée. À **Commachio**, le village le plus proche, la pêche traditionnelle reste celle à l'anguille dont les techniques remontent pour certaines à l'époque romaine.

Plus au nord, une autre réserve naturelle protège le **Bosco della Mesola**, un bois planté par les Étrusques et entretenu par des générations de moines. En vous y promenant à pied ou à vélo, peut-être apercevrez-vous les cerfs qui l'habitent.

Suivant le tracé de l'ancienne via Romea, la N 309 traverse sur 100 km du nord au sud le territoire du parc. Les endroits les plus secrets se découvrent en bateau, depuis les villages de Ca'Tiepolo, Ca'Vernier et Taglio di Pô.

Il est aussi possible de louer des vélos et de suivre la rive droite du fleuve.

Busard Saint-Martin, un oiseau du delta

Au bord de l'eau dans le delta du Pô

Une visite de Ravenne

Détail d'une mosaïque de San Vitale

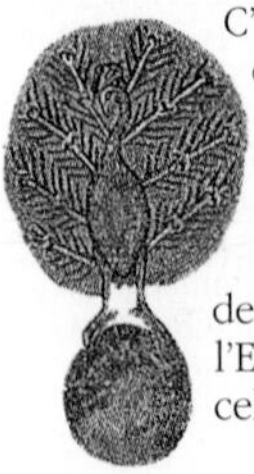

C'est sous Auguste au Ier siècle av. J.-C. que Ravenne se développe près de la base navale de Classis dont la flotte surveille l'Adriatique. Chrétienne dès le IIe siècle, siège d'un évêché au IVe, elle devient en 402 la capitale de l'Empire romain d'Occident, puis celle des rois goths Odoacre et Théodoric. Exarchat byzantin de 568 à 752, elle exerce son influence sur toute l'Italie du Nord. Ravenne tombe ensuite dans un oubli qui lui a permis de conserver un ensemble unique en Europe d'édifices paléochrétiens ornés de splendides mosaïques où se marient influences antiques et orientales.

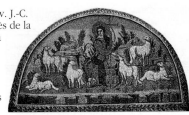

Le Bon Pasteur ②
Cette mosaïque orne le petit Mausoleo di Galla Placidia entrepris en 430 et qui n'abrita probablement jamais la dépouille de la régente qui succéda à l'empereur Honorius.

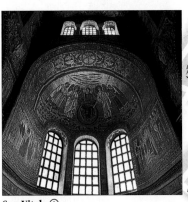

San Vitale ①
Sur les mosaïques de l'abside (526-547), le Christ tendant une couronne de martyr à saint Vital domine les panneaux où figurent les cours de Theodora et de Justinien (p. 46-47).

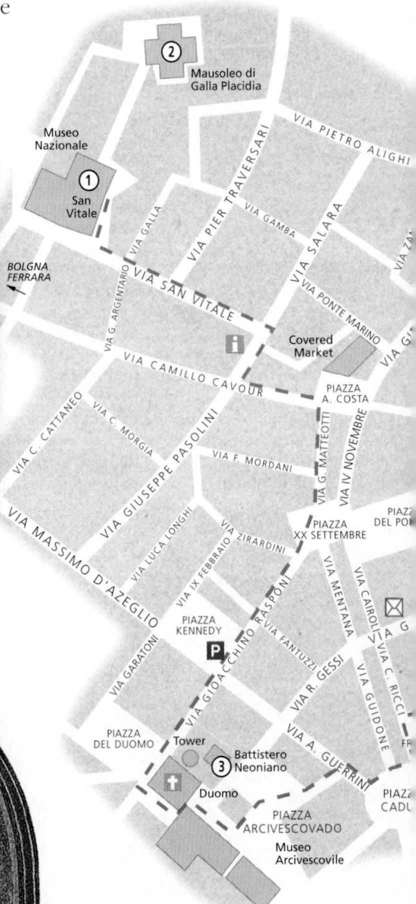

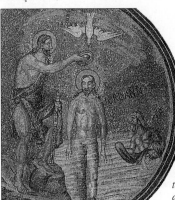

Baptême du Christ ③
Nommé d'après l'évêque Néon qui commanda peut-être sa décoration, dont cette magnifique mosaïque, le Battistero Neoniano bâti au Ve siècle près des vestiges de thermes romains est le monument le plus ancien de Ravenne.

Hébergements et restaurants de la région, voir p. 574-576 et 624-626

Battistero degli Ariani ⑤
À la coupole de ce baptistère de la fin du Vᵉ siècle, les apôtres entourent une représentation du baptême du Christ.

MODE D'EMPLOI

San Vitale & Mausoleo di Galla Placidia, Via Fiandrini. *Tél* 0544 54 16 88. ☐ *t.l.j. : avr.-sept. 9 h-19 h 30 ; nov.-fév. 9 h 30-17 h ; mars et oct. 9 h-17 h 30. (der. en 15 mn av. la ferm.).* ● *1ᵉʳ janv., 25 déc.* 🔌 **Battistero Neoniano**, Via Battistero. *Tél* 0544 54 16 88. ☐ *et* ● *comme ci-dessus (sauf nov.-fév. : 10 h-17 h).* 🔌 🔌 **Sant'Apollinare Nuovo**, Via di Roma. *Tél* 0544 54 16 88. ☐ *et* ● *comme San Vitale.* 🔌 🔌 **Tomba di Dante**, Via Dante Alighieri. *Tél* 0544 302 52. ☐ *t.l.j. : avr.-sept. 9 h -19 h ; oct.-mars 9 h -12 h, 14 h-17 h (der. en 15 mn av. la ferm.).* ● *1ᵉʳ janv., 1ᵉʳ mai.* 🔌 **Battistero degli Ariani**, Via degli Ariani. *Tél* 0544 344 24. ☐ *t.l.j. 8 h 30-19 h 30 (der. ent. 15 mn av. la ferm.).* ● *1ᵉʳ janv., 1ᵉʳ mai.* 🔌 *Possibilité de prendre un billet groupé.*
Réservation : *Tél* 800 303 999, 0544 54 16 88.
www.turismo.ravenna.it

Sant'Apollinare Nuovo ⑥
Des processions de martyrs et de vierges apportant des présents au Christ et à sa mère décorent les murs de cette églises du VIᵉ siècle dédiée au premier évêque de Ravenne.

Stazione 130m (150 yards)

Tomba di Dante ④
Les errances de Dante en Italie le conduisirent jusqu'à Ravenne où il mourut en 1321. C'est sa ville natale de Florence qui fournit l'huile alimentant la lampe qui brûle dans son tombeau.

LÉGENDE

— — — Itinéraire conseillé

0 _____ 200 m

Légende des autres symboles, voir rabat de couverture

FLORENCE

lorence est un magnifique et vaste monument à la Renaissance, ce mouvement artistique et culturel qui ouvrit la voie à notre époque moderne au XVe siècle. Si des auteurs comme Dante, Pétrarque et Machiavel contribuèrent au renom de la ville, ce sont surtout les peintures et les sculptures de génies tels que Botticelli, Michel-Ange et Donatello qui en font une des capitales mondiales des arts.

Bien que les Étrusques aient occupé plusieurs siècles avant eux les collines entourant Fiesole, ce sont les Romains qui fondèrent Florence en 59 av. J.-C. Conquise par les Lombards au VIe siècle, la cité profita des troubles qui secouèrent le Moyen Âge pour acquérir son indépendance. Au XIIIe siècle, l'industrie textile et le commerce, soutenus par un solide secteur bancaire, en font une des grandes puissances italiennes. Détenu par les corporations professionnelles, le pouvoir politique s'organise en république, puis passe entre les mains des familles patriciennes. La plus influente est celle des Médicis, une dynastie de banquiers immensément riches. Ils prennent le contrôle de Florence, puis de toute la Toscane, et le gardent pendant près de trois siècles pendant lesquels leur capitale devient un des principaux centres artistiques de l'Europe où peintres, sculpteurs et architectes, financés par des mécènes fortunés, créent dans les rues, dans les églises et dans les palais certains des plus grands chefs-d'œuvre de la Renaissance. La dynastie s'éteint en 1737 et Florence est autrichienne (et brièvement française sous Napoléon) jusqu'au début de l'unification italienne en 1860. Éphémère capitale du jeune royaume d'Italie de 1865 à 1871, elle subit en novembre 1966 une inondation aux conséquences dramatiques pour son patrimoine inestimable.

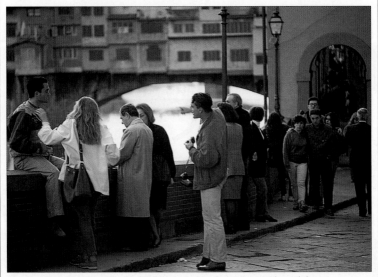

En promenade devant le Ponte Vecchio (1345) où s'accrochent des boutiques au-dessus de l'Arno

◁ Brunelleschi acheva en 1436 la coupole du Dôme de Florence

À la découverte de Florence

Le cœur historique de Florence se révèle étonnamment compact et la plupart des monuments décrits dans les pages suivantes s'atteignent aisément à pied. Un des premiers buts de visite est souvent l'ensemble formé au centre de la vieille ville par le Dôme, le campanile et le baptistère. Les collections du museo dell'Opera del Duomo illustrent leur construction. Au sud s'étend la piazza della Signoria bordée par le Palazzo Vecchio, ancien palais des Médicis, et la Galerie des Offices (Uffizi), l'un des plus beaux musées d'art du monde. À l'est se dresse l'église Santa Croce ornée de fresques par Giotto. À l'ouest, l'autre grand sanctuaire de la ville, Santa Maria Novella, abrite également de nombreuses œuvres d'art. Sur la rive opposée de l'Arno, le quartier de l'Oltrarno renferme une autre demeure des Médicis, le palazzo Pitti, où s'admirent des tableaux d'artistes tels que Raphaël ou Titien.

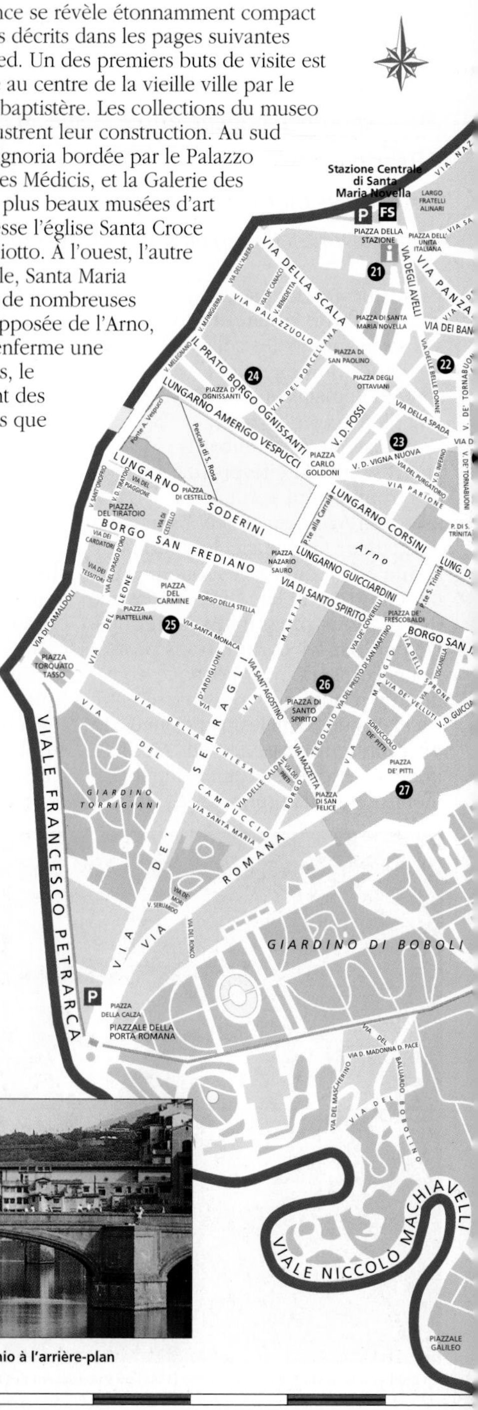

Clocher du Palazzo Vecchio

CIRCULER

Florence possède un excellent service d'autobus, et une ligne de tramway est en construction. Compact et restreint à la circulation, le centre historique se visite agréablement à pied.

LÉGENDE

Pas à pas autour de San Marco *p. 274-275*

Pas à pas autour du Dôme *p. 278-279*

Pas à pas autour de la piazza della Repubblica *p. 292-293*

L'Oltrarno pas à pas *p. 300-301*

FS Gare

P Parc de stationnement

i Information touristique

— Mur d'enceinte

Le ponte Santa Trinita avec le Ponte Vecchio à l'arrière-plan

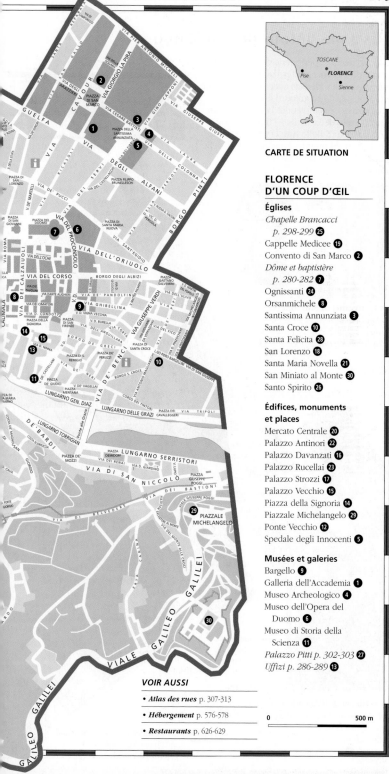

CARTE DE SITUATION

FLORENCE D'UN COUP D'ŒIL

Églises

Chapelle Brancacci p. 298-299 ㉕

Cappelle Medicee ⑲

Convento di San Marco ②

Dôme et baptistère p. 280-282 ⑦

Ognissanti ㉔

Orsanmichele ⑧

Santissima Annunziata ③

Santa Croce ⑩

Santa Felìcita ㉘

San Lorenzo ⑱

Santa Maria Novella ㉑

San Miniato al Monte ㉚

Santo Spirito ㉖

Édifices, monuments et places

Mercato Centrale ⑳

Palazzo Antinori ㉒

Palazzo Davanzati ⑯

Palazzo Rucellai ㉓

Palazzo Strozzi ⑰

Palazzo Vecchio ⑮

Piazza della Signoria ⑭

Piazzale Michelangelo ㉙

Ponte Vecchio ⑫

Spedale degli Innocenti ⑤

Musées et galeries

Bargello ⑨

Galleria dell'Accademia ①

Museo Archeologico ④

Museo dell'Opera del Duomo ⑥

Museo di Storia della Scienza ⑪

Palazzo Pitti p. 302-303 ㉗

Uffizi p. 286-289 ⑬

VOIR AUSSI

- *Atlas des rues* p. 307-313

- *Hébergement* p. 576-578

- *Restaurants* p. 626-629

0   500 m

Pas à pas autour de San Marco

Alors située à la périphérie de la ville, cette
partie de Florence renfermait jadis la
ménagerie des Médicis avec ses lions, girafes
et éléphants. C'est aujourd'hui un quartier
d'étudiants qui emplissent la piazza di San
Marco entre deux cours à l'université ou à
l'Accademia di Belle Arti, la plus ancienne
école d'art du monde. Fondée en 1563, elle
eut Michel-Ange pour premier
directeur.

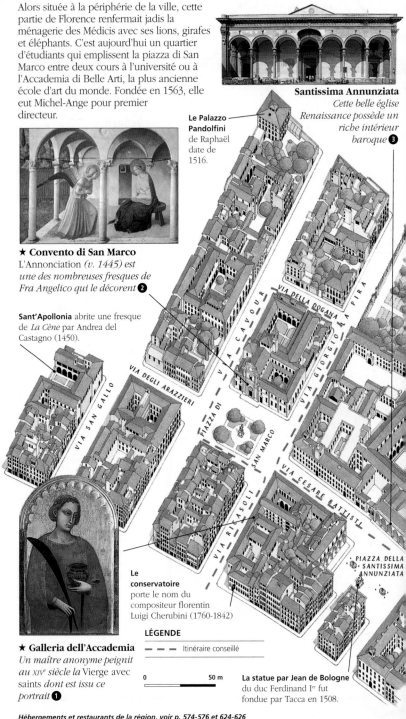

Santissima Annunziata
*Cette belle église
Renaissance possède un
riche intérieur
baroque* ❸

**Le Palazzo
Pandolfini**
de Raphaël
date de
1516.

★ **Convento di San Marco**
*L'Annonciation (v. 1445) est
une des nombreuses fresques de
Fra Angelico qui le décorent* ❷

Sant'Apollonia abrite une fresque
de *La Cène* par Andrea del
Castagno (1450).

VIA DELLA DOGANA

VIA DELLA PIRA

VIA CAVOUR

VIA GIORGIO

VIA DEGLI ARAZZIERI

VIA SAN GALLO

PIAZZA DI

SAN MARCO

VIA CESARE BATTISTI

VIA RICASOLI

PIAZZA DELLA
SANTISSIMA
ANNUNZIATA

**Le
conservatoire**
porte le nom du
compositeur florentin
Luigi Cherubini (1760-1842)

LÉGENDE

– – – Itinéraire conseillé

★ **Galleria dell'Accademia**
*Un maître anonyme peignit
au XIVᵉ siècle la Vierge avec
saints dont est issu ce
portrait* ❶

0   50 m

La statue par Jean de Bologne
du duc Ferdinand Iᵉʳ fut
fondue par Tacca en 1508.

CARTE DE SITUATION

Voir l'atlas des rues de Florence, plan 2

Spedale degli Innocenti
Andrea della Robbia réalisa les médaillons qui ornent l'orphelinat achevé par Brunelleschi en 1445 ❺

Le Giardino dei Semplici ouvrit en 1543.

Museo Archeologico
Beaucoup de ses pièces étrusques proviennent des collections des Médicis ❹

À NE PAS MANQUER

★ Le Convento di San Marco

★ La Galleria dell'Accademia

Décor par Lo Scheggia du Cassone *Adimari* (xvᵉ siècle) à l'Accademia

Galleria dell'Accademia ❶

Via Ricasoli 60. **Plan** 2 D4. **Tél** 055 238 86 09 (information); 055 29 48 83 (réservations). ☐ mar.-dim. 8 h 15-18 h 50 (certains jours d'été : horaires plus tardifs). ● jours fériés
📷 ⌀ ♿

Fondée en 1563 à l'initiative de la corporation des artistes, l'académie des beaux-arts de Florence fut la première école d'Europe d'enseignement de la peinture, de la sculpture et de l'architecture. Constituée à partir de 1784 dans le but de donner aux élèves des sujets d'étude, sa collection d'art comprend plusieurs œuvres parmi les plus importantes de Michel-Ange, notamment son célèbre *David* (1504). Commandé par la ville de Florence et, une fois achevé, il prit place devant le Palazzo Vecchio. L'artiste devint grâce à lui, à 29 ans, le sculpteur le plus admiré de son temps. On déplaça en 1873 la statue à l'Accademia pour la protéger des intempéries et de la pollution et c'est une copie qui décore aujourd'hui la piazza della Signoria (p. 290-291). Une deuxième se dresse au centre du piazzale Michelangelo.

Avec le *David*, une pietà bouleversante et une statue de saint Matthieu destinée à la façade du Dôme, toutes deux inachevées, sont également présentées dans la galerie dite

David par Michel-Ange

des Captifs car elle contient quatre ébauches des *Captifs* (ou *Esclaves*) sculptés à partir de 1521 pour le tombeau du pape Jules II. Ces corps musculeux luttant pour s'arracher à leur gangue de pierre font partie des œuvres les plus troublantes de l'histoire de la sculpture. Installées en 1585 dans la grotte de Buontalenti des jardins de Boboli, elles ont été remplacées par des moulages.

La Galleria dell'Accademia possède également une importante collection de tableaux peints par des contemporains de Michel-Ange tels Fra Bartolomeo, Filippino Lippi, Bronzino et Ridolfo del Ghirlandaio. Parmi les plus belles pièces figurent la *Vierge de la mer* attribuée à Botticelli (1445-1510), *Vénus et Cupidon* exécutée par le Pontormo (1494-1556) d'après un dessin de Michel-Ange et le *Cassone Adimari* (1440-1445), un coffre de mariage que décore la représentation de la noce Adimari-Ricasoli sur la piazza San Giovanni.

Le Salone della Toscana abrite des sculptures et des toiles des membres de l'académie au xixᵉ siècle, dont une série de plâtres du sculpteur Lorenzo Bartolini (1777-1850).

L'ancienne bibliothèque, lumineuse et aérée, dessinée par Michelozzo

Convento di San Marco ❷

Piazza di San Marco. **Plan** 2 D4. **Tél** *055 28 76 28 (information).* ⬜ *7 h-12 h, 16 h-20 h..* 🏛 **Museo di San Marco** *Tel 055 238 86 08; 055 29 48 83 (reservations).* ⬜ *t.l.j. 8 h 15-13 50. (sam., dim. plus tard).* 🔴 *1ᵉʳ jan., 1ᵉʳ mai, 25 déc., 2ᵉ et 4ᵉ lun. et 1ᵉʳ, 3ᵉ et 5ᵉ dim. du mois.* 📷 ♿ 🚫

Fondé au XIIIᵉ siècle, le couvent de Saint-Marc connut un important agrandissement quand Cosme l'Ancien

invita en 1437 les dominicains de Fiesole. Son architecte préféré, Michelozzo, dessina les cloîtres et les cellules dépouillées qui offrent depuis plus de cinq siècles leur cadre harmonieux aux fresques empreintes de spiritualité peintes par le moine florentin passé à la postérité sous le nom de Fra Angelico (1387-1455). De nombreuses œuvres provenant de diverses églises et galeries de Florence les complètent pour former le remarquable **museo di San Marco**.

Derrière la billetterie s'étend l'élégant **chiostro di Sant'Antonino** décoré de fresques par Bernardino Pocetti évoquant la vie de saint Antonin (1389-1459), premier prieur du couvent et archevêque de Florence. Sous l'arcade droite, un panneau peint par Fra Angelico représente le Christ en tenue de pèlerin accueilli par des moines. Il surmonte l'entrée de l'**Ospizio dei Pellegrini**, l'ancienne salle d'hôtes du couvent.

Parmi les peintures qui y ont été rassemblées figurent deux célèbres chefs-d'œuvre de Fra Angelico : la *Déposition de Croix* (v. 1435-1440), triptyque destiné à l'origine à l'église de la Santa Trinità, et la *Vierge des Linajuoli* commandée en 1433 par la corporation des liniers.

À droite de l'ancienne cloche du monastère, la **Sala Capitolare** voûtée abrite sa grande *Crucifixion allégorique* (1440) malheureusement très restaurée. La *Cène* (v. 1480) ornant le petit **Refettorio** est de Domenico Ghirlandaio.

Détail de la *Déposition de Croix* (v. 1440)

Au haut de l'escalier menant au premier étage, le visiteur découvre l'une des plus belles œuvres Renaissance de la ville : l'*Annonciation* (v. 1440), introduction par Fra Angelico aux scènes de la *Vie du Christ* (1439-1455) dont il a orné avec ses disciples les 44 minuscules **cellules** qui bordent le cloître sur trois côtés. Un couloir blanc les dessert, décoré, à droite, d'une *Vierge à l'Enfant avec des saints* (p. 32) qui est de la main du maître à l'instar des fresques des cellules 1 à 11.

Les cellules 12 à 14 contiennent des souvenirs de Jérôme Savonarole, nommé prieur de San Marco en 1491. Ce moine fanatique se rendit responsable de la destruction de nombreuses œuvres d'art après avoir instauré une éphémère république théocratique. Il finit pendu puis brûlé sur la piazza della Signoria en 1498.

À l'extrémité du couloir, les cellules 38 et 39 sont celles où Cosme l'Ancien aimait se retirer. Elles renferment chacune deux fresques (au lieu d'une comme les autres cellules). Non loin s'ouvre la **bibliothèque**, arcade lumineuse et aérée élevée par Michelozzo de 1441 à 1444. Fra Angelico n'avait que quelques pas à faire pour s'y rendre car il occupait la cellule 32 dont il a exécuté personnellement le décor comme dans les cellules 34 et 35. Saint Antonin dormait et priait dans la cellule 31.

Dans cette fresque allégorique, *Le Christ bafoué* (v. 1442), Fra Angelico représente par des symboles les outrages subis par le Christ

La Naissance de la Vierge (1514) par del Sarto à Santissima Annunziata

Santissima Annunziata ❸

Piazza della Santissima Annunziata.
Plan 2 E4. **Tél** 055 26 61 81.
☐ t.l.j.7 h 30-12 h 30,16 h-18 h 30..

Michelozzo construisit entre 1444 et 1481 l'église de la Très-Sainte-Annonciation à l'emplacement d'un oratoire fondé par les servites en 1250. Plusieurs artistes maniéristes travaillèrent aux fresques de son atrium, notamment Rosso Fiorentino, le Pontormo et Andrea del Sarto qui peignit *L'Adoration des Mages* (1511) et *La Naissance de la Vierge* (1514).

Étonnamment baroque et chargée pour Florence, la décoration intérieure comprend un plafond peint par Pietro Giambelli en 1669. À gauche de l'entrée se dresse un petit temple en marbre abritant une Annonciation réputée miraculeuse. Les jeunes couples qui viennent y offrir un bouquet à la Vierge auront un mariage heureux.

Neuf chapelles rayonnent autour du chœur. Jean de Bologne repose dans celle du centre qu'il orna d'un crucifix et de reliefs en bronze. Depuis le transept nord, on accède au cloître Saint-Luc, ou *cloître des Morts* car il servit longtemps de lieu de sépulture. L'émouvante *Vierge au sac* (1525) peinte au-dessus de la porte est d'Andrea del Sarto. L'église domine le côté nord de la **piazza della Santissima Annunziata**. Bordée à l'est par la colonnade de l'hôpital des Innocents de Brunelleschi, c'est l'une des plus jolies places Renaissance de Florence. Œuvre de Jean de Bologne, la statue équestre de Ferdinand Ier qui se dresse au centre fut achevée en 1608 par son assistant, Pietro Tacca. Celui-ci réalisa également les deux fontaines.

Museo Archeologico ❹

Via della Colonna 36. **Plan** 2 E4.
Tél 055 235 75. ☐ mar.-dim. 8 h 30-14 h (mar. et jeu. 19 h) ; lun. 14 h-19 h
⬤ 1er janv., 1er mai, 25 déc. ♿ ▣

Le Musée archéologique occupe depuis 1870 un palais construit en 1620 par Giulio Parigi pour la princesse Marie-Madeleine de Médicis. Il propose au visiteur une captivante exposition de vestiges des civilisations égyptienne, grecque, étrusque et romaine. Endommagée par l'inondation de 1966, une partie de la collection reste en restauration. Le premier étage abrite un magnifique ensemble de bronzes étrusques, en particulier la célèbre *Chimère d'Arezzo* (IVe siècle av. J.-C.), et l'*Orateur*, statue funéraire d'un aristocrate du Ier siècle av. J.-C. où se marient styles étrusque et romain.
Une grande partie

Guerrier étrusque, Museo Archeologico

du deuxième étage est consacrée aux céramiques. Datant de 570 av. J.-C., le vase François, mis au jour dans une tombe étrusque près de Chiusi, constitue indéniablement le clou de la collection de poteries grecques.

Spedale degli Innocenti ❺

Piazza della Santissima Annunziata
12. **Plan** 2 E4. **Tél** 055 249 17 08.
☐ jeu.-mar. 8 h 30-14 h.
⬤ 1er janv., Pâques, 25 déc ▣

Arcade de la loggia de Brunelleschi, Spedale degli Innocenti

Œuvre de Brunelleschi, le premier orphelinat d'Europe ouvrit en 1444 et une partie du bâtiment remplit toujours cette fonction d'accueil. Andrea della Robbia ajouta vers 1490 les médaillons en terre cuite représentant des bébés emmaillotés qui ornent chaque arcade de l'élégante loggia. La *rota*, petite porte à tambour à l'extrémité gauche du portique, servit jusqu'en 1875 à déposer les enfants. Elle pivotait sans que l'anonymat du « donateur » en souffrît.

Brunelleschi dessina également les deux cloîtres à l'intérieur de l'édifice. Des *sgraffiti*, dessins réalisés en grattant un enduit mince, ornent le plus grand, le **chiostro degli Uomini** bâti entre 1422 et 1445. Un petit musée ouvre sur le second. On peut y admirer notamment des terres cuites par les della Robbia et des peintures par Botticelli, Piero di Cosimo et Domenico Ghirlandaio.

Pas à pas autour du Dôme

Vitrail du Dôme

Au cœur d'une cité presque entièrement reconstruite à la Renaissance, cette partie de Florence conserve un aspect distinctement médiéval et Dante (1265-1321) reconnaîtrait sans aucun doute son dédale de ruelles où se cache probablement son lieu de naissance. Il reconnaîtrait aussi la Badia Fiorentina où il aperçut pour la première fois sa bien aimée Béatrice, la silhouette massive du Bargello qui se dresse en face et, bien entendu, le baptistère, l'un des plus anciens édifices de la ville. Il ne connut toutefois pas le campanile ni le Dôme entrepris à la fin de sa vie.

★ Le Dôme et le baptistère
Leurs murs extérieurs possèdent une riche décoration en marbre dont ce relief de la façade du Dôme offre un exemple ❼

La Loggia del Bigallo
(1358) était l'endroit où l'on exposait les enfants perdus ou abandonnés avant de les placer, si nécessaire, dans des familles d'accueil.

PIAZZA DI SAN GIOVANNI

PIAZZA DEL DUOMO

VIA DELL' OCHE

VIA DE' MEDICI

VIA ROMA

VIA D. SPEZIALI

VIA DE' CALZAIUOLI

VIA S. ELISABETTA

VIA

VIA DE' CERCHI

V.D.TAVOLINI

V.D. CIMATORI

V. DE' LAMBERTI

CALIMALA

VIA PORTA ROSSA

VIA DE'

Orsanmichele
Cette copie du Saint Georges de Donatello représente un des patrons des corporations ❽

LÉGENDE

--- --- Itinéraire conseillé

0 _____ 100 m

La Via dei Calzaiuoli, est une rue animée bordée de boutiques élégantes.

Piazza della Signoria ↘

Museo dell'Opera del Duomo

Il présente des œuvres d'art provenant du Dôme, du campanile et du baptistère **6**

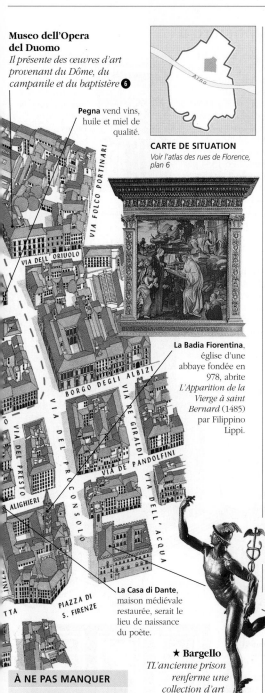

Pegna vend vins, huile et miel de qualité.

CARTE DE SITUATION
Voir l'atlas des rues de Florence, plan 6

Relief de la tribune des chantres de della Robbia au Museo dell'Opera

Museo dell'Opera del Duomo **6**

Piazza del Duomo 9. **Plan** 2 D5 (6 E2). **Tél** 055 230 28 85. ⬜ *t.l.j. 9 h-19 h 30 (13 h 40 dim. et jours fériés) (der. ent. 40 mn av. la ferm.)* ⬤ *25 déc., 1ᵉʳ jan., Pâques.* 🖼 ♿

Le musée de l'Œuvre du Dôme présente une splendide collection de sculptures ôtées de la cathédrale, du campanile et du baptistère.

Les premières salles du rez-de-chaussée sont consacrées à Brunelleschi et renferment des outils utilisés par les maçons du XVᵉ siècle et des maquettes du Dôme. On peut également y admirer une reconstitution de la façade originale d'Arnolfo di Cambio et sa *Vierge aux yeux de verre* (1296), statue gothique sculptée, à l'instar du *Saint Jean* (1408-1415) de Donatello, pour orner une de ses niches.

La *Pietà* de Michel-Ange occupe une place de choix dans l'escalier. À l'étage, la première salle renferme les deux *cantorie* (tribunes des chantres) aux reliefs par Luca della Robbia et Donatello. De ce dernier, ne manquez pas non plus la *Madeleine* (1455) pathétique d'humanité et son *Habacuc* (1423-1425), destiné à l'origine au campanile et que les Florentins baptisèrent affectueusement « lo zuccone » (la tête de courge). Dans la salle voisine sont exposés quatre des panneaux originaux des portes du baptistère *(p. 274)* par Ghiberti.

La Badia Fiorentina, église d'une abbaye fondée en 978, abrite *L'Apparition de la Vierge à saint Bernard* (1485) par Filippino Lippi.

La Casa di Dante, maison médiévale restaurée, serait le lieu de naissance du poète.

★ Bargello
TL'ancienne prison renferme une collection d'art éclectique comprenant ce Mercure *(1564) par Jean de Bologne* **9**

À NE PAS MANQUER

★ Le Dôme et le baptistère

★ Le Bargello

Le Dôme et le baptistère ❼

La cathédrale Santa Maria del Fiore, le Dôme, domine de son immense coupole les toits en tuiles romanes du cœur de la ville. Consacrée en 1436 et quatrième église d'Europe par la taille, elle témoigne par ses dimensions de l'ambition de Florence de se montrer première en tout. Commencé en 1334 par

Sir John Hawkwood par Paolo Uccello dans le Dôme

Giotto, le campanile, l'un des plus élégants d'Italie, connut trois architectes et ne fut achevé qu'en 1359, 22 ans après sa mort. Le baptistère, aux portes célèbres dans le monde entier, remonterait au IVe siècle.

Campanile
Paré de marbre blanc, vert et rose, il mesure 85 m de hauteur, soit 6 de moins que la coupole.

Fenêtres gothiques

La façade néo-gothique, bien que du style du campanile, ne date que de 1871-1887.

★ **Le baptistère**
Des mosaïques du XIIIe siècle illustrant le Jugement dernier *surmontent les fonts octogonaux où bien des Florentins célèbres, dont Dante, reçurent le baptême. Les portes sont d'Andrea Pisano (sud) et Lorenzo Ghiberti (nord et est).*

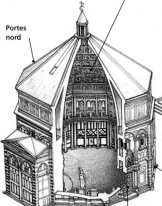

Portes nord

Portes est *(voir p. 282)*

Entrée principale

Portes sud

Reliefs du campanile
Au premier, des copies des sculptures d'Andrea Pisano et Luca della Robbia représentent la Vie *et les* Travaux humains, *ici la chasse, le tissage et l'exercice de la justice.*

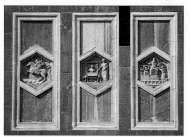

**Le sommet
de la coupole**
offre une
vue
spectaculaire
sur la cité.

★ La coupole de Brunelleschi
*C'est grâce à un échafaudage
mobile que Brunelleschi put
achever en 1463 la plus vaste
coupole de son temps. Un
escalier de 463 marches
permet d'atteindre
le sommet.*

MODE D'EMPLOI

Piazza del Duomo. **Plan** 2 D5 (6
E2). **Tél** 055 230 28 85. 🚌 1, 6,
14, 17, 23. **Cathédrale** ◯ lun.-
sam. 10 h-17 h (15 h 30 jeu., 16 h
45 dim.) ; dim. 13 h 30-16 h 45.
🔾 ♿ **Crypte** ◯ 13 h 30-16 h
45 lun.-sam. 🎫 **Dôme** ◯ lun.-
sam. 8 h 30-19 h (17 h 40 sam.).
🎫 🔾 **Campanile** ◯ t.l.j.
8 h 30-19 h 30. 🎫 **Baptistère** ◯
lun.-sam. 12 h-19 h, dim. 8 h 30-
14 h. 🎫 **Tous les monuments**
◯ 1er janv., Pâques, 8 juin, 15 août,
25 déc. **www**.operaduomo.firenze.it

Les fresques
Jugement dernier
(1572-1574) par
Vasari furent
achevées par
Zuccari.

Des briques disposées en chevrons
entre des arêtes de marbre forment
une voûte autoportante – une technique
copiée sur le Panthéon de Rome.

Chapelles
*Chacune des trois absides
renferme cinq chapelles.
Lorenzo Ghiberti dessina
le vitrail au XVe siècle.*

**Entrée de
l'escalier de
la coupole**

Le maître-autel et sa
balustrade octogonale
(1555) sont de Baccio
Bandinelli.

Pavement de marbre
*Baccio d'Agnolo et Francesco da
Sangallo dessinèrent une partie
des motifs en dédale du pavement
du XVIe siècle.*

**Dante
expliquant la Divine
Comédie** *(1465)
Cette peinture de
Michelino montre le
poète devant Florence
et entre l'Enfer, le
Purgatoire et le
Paradis.*

À NE PAS MANQUER

★ La coupole de
Brunelleschi

★ Le baptistère

Les portes est du baptistère

En concurrence avec sept artistes de l'envergure de Donatello, Jacopo della Quercia et Brunelleschi, le jeune Lorenzo Ghiberti remporta le concours organisé en 1401 pour la commande des portes nord du baptistère de Florence. Son panneau

Le panneau de Ghiberti

d'essai et celui de Brunelleschi sont si différents du gothique toscan de l'époque, notamment dans la maîtrise de la perspective et le traitement des personnages, qu'on les considère souvent comme les premières œuvres de la Renaissance.

LES « PORTES DU PARADIS »

Ayant consacré 21 ans aux portes nord, Ghiberti travailla sur celles de l'est de 1424 à 1452. Enthousiasmé, Michel-Ange les baptisa « Portes du Paradis ». Illustrant des scènes de la Bible, les dix panneaux en relief du baptistère ne sont que des copies, les originaux se trouvant au Museo dell'Opera del Duomo *(p. 279)*.

Abraham et le sacrifice d'Isaac
Les rochers déchiquetés, symbole de la douleur d'Abraham, mettent en relief l'acte sacrificiel.

Joseph vendu aux marchands et reconnu par ses frères
Le relief moins marqué des éléments architecturaux en perspective ajoute à l'illusion de profondeur.

CLÉ DES PORTES EST

1	2
3	4
5	6
7	8
9	10

1 Adam et Ève chassés du Paradis
2 Caïn tue son frère Abel
3 L'ivresse de Noé
4 Abraham et le sacrifice d'Isaac
5 Ésaü et Jacob
6 Joseph vendu aux marchands
7 Moïse reçoit les Tables de la Loi
8 La chute de Jéricho
9 Le combat contre les Philistins
10 Salomon reçoit la reine de Saba

Détail d'un relief par Donatello à Orsanmichele

Orsanmichele ❽

Via dell'Arte della Lana. **Plan** 3 C1 (6 D3). **Tél** 055 28 49 44. ⬜ t.l.j. 9 h-12 h, (13 h sam.-dim.), 16 h-18 h ⬛ 1er et dern. lun. du mois, 1er janv., 1er mai, 25 déc.

Contraction de *Orto di San Michele*, le nom de cette curieuse église rappelle qu'elle se dresse à l'emplacement du jardin d'un couvent depuis longtemps disparu. Construit en 1337 pour abriter un marché aux grains, l'édifice était à l'origine une loggia surmontée d'étages d'entrepôts. On mura ses arcades après sa conversion en lieu de culte en 1347.

Quatorze niches extérieures, contiennent des statues (ou leurs copies) des saints patrons des Arts majeurs (corporations) de Florence, par Lorenzo Ghiberti, Donatello ou Verrocchio. L'intérieur abrite Une *Vierge à l'Enfant avec sainte Anne* sculptée en 1522 par Francesco da Sangallo et un superbe autel gothique (1349-1359) par Andrea Orcagna. Le tableau enchâssé, une *Vierge à l'Enfant* (1348), est de Bernardo Daddi.

Bargello ❾

Via del Proconsolo 4. **Plan** 4 D1 (6 E3). **Tél** 055 238 86 06. 🚌 14, A. ⬜ t.l.j. 8 h 15-13 h 50 ⬛ 2e et 4e lun., 1er, 3e et 5e dim. du mois, 1er janv., 1er mai, 25 déc. 🎟 📷 ♿

Le musée le plus important de Florence après les Offices propose une magnifique exposition d'objets d'art et la plus belle collection de sculptures Renaissance d'Italie. Entrepris en 1255, l'édifice qu'il occupe était à l'origine l'hôtel de ville, puis devint au XVIe siècle une prison et le palais du capitaine des sbires *(bargello)*. Des exécutions publiques eurent lieu dans sa cour jusqu'en 1786 et l'abolition de la peine de mort par le grand-duc Pierre-Léopold. Profondément remanié, il est depuis 1865 l'un des plus anciens musées nationaux italiens.

Superbement restaurée après l'inondation de 1966, la salle du rez-de-chaussée dédiée à Michel-Ange abrite trois œuvres qui offrent par leurs différences un aperçu de l'étendue de son talent. Sa première sculpture importante, *Bacchus* (1497), s'éloigne de la vision idéalisée de l'Antiquité pour montrer le dieu du vin en pleine ivresse. Non loin se trouve le seul buste qui lui soit attribué, celui de *Brutus* (1539-1540), aussi puissant que le médaillon de la *Vierge à l'Enfant* est délicat. Parmi les autres pièces exposées dans la salle figurent un *Mercure* du grand maniériste Jean de Bologne et plusieurs bronzes du sculpteur, aventurier et orfèvre Benvenuto Cellini (1500-1571).

La cour contient un riche ensemble de fragments et arbore sur ses murs les armoiries des anciens occupants du Bargello.

Deux autres salles renferment des sculptures provenant de divers lieux de la ville.

Un escalier extérieur conduit au premier étage où la loggia abrite une ménagerie de bronze délicieusement excentrique par

David (v. 1430) par Donatello au Bargello

Le Sacrifice d'Isaac (1402) de Brunelleschi au Bargello

Jean de Bologne. À droite s'ouvre la Salone del Consiglio Generale, ancien tribunal où sont exposées les plus belles pièces du début de la Renaissance possédées par le musée, notamment le *Saint Georges* (1416) commandé à Donatello par la corporation des armuriers et qu'une copie a remplacé sur la façade d'Orsanmichele.

À sa pose guerrière s'oppose la sensualité androgyne du *David* exécuté en bronze par le même artiste vers 1430, le premier nu sculpté en Occident depuis l'Antiquité. À ne pas manquer : les deux panneaux représentant *Le Sacrifice d'Isaac*, contributions de Brunelleschi et Lorenzo Ghiberti au concours organisé en 1401 pour choisir le créateur des portes du baptistère.

Après la salle du Conseil général, l'exposition met l'accent sur les arts décoratifs, et tapis, céramiques, argenterie et objets d'art emplissent pièce après pièce. La plus intéressante est le Salone del Camino qui recèle au deuxième étage la plus riche collection de petits bronzes d'Italie. Certains sont des reproductions d'œuvres antiques, d'autres de statues d'artistes de la Renaissance tels que Jean de Bologne, Benvenuto Cellini ou Antonio del Pollaiuolo.

La salle d'armes, de l'autre côté de la cour, abrite la collection d'armes et d'armures des Médicis.

Bacchus (1497) par Michel-Ange

Santa Croce ⑩

La magnifique église gothique Santa Croce
(1294) abrite les tombeaux de maints Florentins
célèbres tels que Michel-Ange, Galilée et
Machiavel. Giotto et son disciple Taddeo Gaddi
peignirent au début du XIVᵉ siècle les fresques
radieuses qui décorent
plusieurs de ses chapelles, et
Brunelleschi créa, avec la
cappella de'Pazzi, un des
joyaux de l'architecture
Renaissance.

**Tombeau de
Leonardo Bruni**
*(1447)
L'effigie par Rossellino
du grand humaniste
apporta à l'art
funéraire un réalisme
alors inhabituel.*

**Guichet
et entrée**

Annonciation
(XVᵉ siècle) par Donatello

**Tombeau de
Machiavel**

Tombeau de Michel-Ange
*(1570) Les statues de Vasari
représentent la Peinture, la
Sculpture et l'Architecture.*

**La façade
néo-
gothique**
de Niccolò
Matas date
de 1863.

**Tombeau
de
Galilée**

Sortie

L'Arbre de vie
de Taddeo
Gaddi

Réfectoire

Crucifix de Cimabue
*Très endommagée par
l'inondation de 1966,
cette peinture du XIIIᵉ siècle
fait partie, avec La Cène
(v. 1355-1360) de Taddeo
Gaddi, des chefs-d'œuvre
présentés au musée.*

★ **Cappella de'Pazzi**
*Brunelleschi dessina en
1430 cette chapelle aux
proportions classiques.
Les médaillons en terre
cuite (v. 1442-1452)
sont de Luca della
Robbia.*

MODE D'EMPLOI

Piazza di Santa Croce. **Plan** 4 E1
(6 F4). **Tél** 055 246 61 05. C,
23. **Basilique** t.l.j. 9 h 30-17 h
30 (13 h dim.) La billetterie ferme à
17 h.. pendant les offices
inclue le musée
**Musée, cloître, cappella de'
Pazzi** comme ci-dessus.
1er janv., 25 déc
(Visite de la Basilique incluse.)

Le campanile néo-gothique
date de 1842. L'original fut
détruit en 1512.

La cappella Baroncelli
peinte par Taddeo Gaddi
entre 1332 et 1338 recèle
la première véritable scène
nocturne de l'art
occidental.

Sacristie

★ Les fresques
de la cappella Bardi
*Giotto décora les chapelles
Bardi et Peruzzi, à droite de
l'autel, entre 1315 et 1330.
Cette scène émouvante
représente la* Mort de saint
François *(1317).*

À NE PAS MANQUER

★ Les fresques de la
   cappella Bardi

★ La cappella de' Pazzi

Museo di Storia
della Scienza ⓫

Piazza de' Giudici 1. **Plan** 4 D1
(6 E4). **Tel** 055 26 53 11. hiver :
lun.-mer. et sam. 9 h 30-17 h (13 h
mar.) ; été : lun.-sam. 9 h 30-17 h (13
h mar., sam.). jours fériés.

Ce petit musée installé
dans le palais Castellani
reflète la passion pour les
sciences qui régnait à
Florence au début du
XVIIe siècle sous le règne
du grand-duc Ferdinand II,
le protecteur de Galilée
(1564-1642). Une
salle est d'ailleurs
consacrée au
premier et
une autre
au grand
astronome
né à Pise. On
peut y voir la
lunette qui lui
permit de
découvrir les
satellites de Jupiter
et des reconstitutions
à grande échelle
de ses expériences
sur la vitesse et la
chute des corps.
C'est à sa mémoire que
Ferdinand dédia en 1657 la
première académie
scientifique du monde :
l'Accademia del Cimento
(académie de
l'Expérimentation) dont les
membres perfectionnèrent ou
inventèrent de nombreux
instruments de mesure ou
d'observation exposés au
musée, tels que
thermomètres, baromètres,
microscopes ou astrolabes.
Les sphères armillaires,
splendides représentations du
mouvement des astres, sont
particulièrement

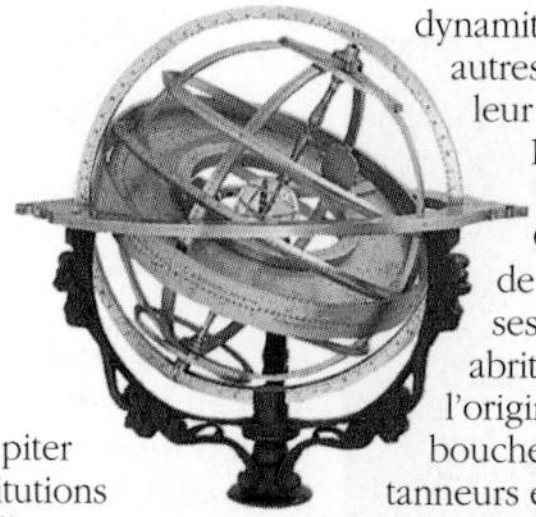

*Sphère armillaire,
museo di Storia
della Scienza*

spectaculaires.
Une carte du monde
dressée en 1554 par le
Portugais Lopo Homem offre
un aperçu des connaissances
géographiques de l'époque.

Ponte Vecchio ⓬

Plan 4 D1 (6 E4).

Bâti en 1345 à un
emplacement où gués et ponts
se sont succédé depuis les
Romains, le « Pont Vieux » de
Florence mérite sans conteste
son nom car les nazis
dynamitèrent tous les
autres pour protéger
leur retraite.
Dessinées par
Taddeo
Gaddi, l'élève
de Giotto,
ses échoppes
abritaient à
l'origine des
bouchers, des
tanneurs et des
forgerons qui jetaient
leurs déchets dans le
fleuve. Indisposé par
leur vacarme
et leur pestilence, Ferdinand Ier
les expulsa en 1593 pour les
remplacer par des joailliers et
des orfèvres.
La tradition s'est maintenue
et les visiteurs se pressent
sur le Ponte Vecchio autant
pour flâner devant les
devantures d'antiquités
et de bijoux que pour
admirer la vue.
C'est en 1565, pour
permettre aux Médicis de
circuler entre leurs palais sans
se mêler à la foule et risquer
un attentat, que Giorgio Vasari
construisit le corridor qui
surmonte les boutiques.

Le Ponte Vecchio vu du ponte Santa Trìnita

Galeria degli Uffizi ⑬

Vasari édifia de 1560 à 1580 pour Cosme Ier ce bâtiment pour accueillir ses services administratifs (les Offices ou *Uffizi*). L'architecte ayant utilisé des renforts en acier, son successeur, Buontalenti, dota le dernier étage d'une verrière presque ininterrompue. Dès François Ier (1541-1587), les Médicis y exposèrent leurs œuvres d'art. Si une partie de leur collection se trouve désormais au musée archéologique et au Bargello, les Offices restent un des plus riches musées de peintures du monde dont la surface devrait doubler d'ici 2007.

Hall d'entrée

Escalier principal

Entrée

Bacchus adolescent *(v. 1589)*
Le Caravage a donné au dieu du vin l'aspect d'un jeune débauché dont la déchéance trouve un écho dans le fruit pourrissant.

Le plafond du corridor est peint de « grotesques » inspirées de fresques romaines.

Annonciation *(1333)*
L'art gothique français a influencé le Siennois Simone Martini dont ce tableau est un des chefs-d'œuvre. Les deux saints sont de son élève, Lippo Memmi.

Escalier de Buontalenti

SUIVEZ LE GUIDE !

Les sculptures antiques se trouvent dans le large corridor qui longe le bord intérieur de ce bâtiment en forme de fer à cheval. Le couloir principal dessert les salles des peintures qui suivent l'évolution chronologique de l'art florentin du gothique à la Renaissance et au-delà. Les plus célèbres toiles sont exposées dans les salles 7 à 18. Cinq nouvelles salles ont ouvert en 2004. Pour éviter les files d'attente, prenez votre billet à l'avance, et informez-vous à la galerie des éventuelles modifications de l'agencement.

Vierge à l'Enfant avec anges et saints *(v. 1310)*
Ce tableau où Giotto creuse l'espace annonce la Renaissance.

LÉGENDE DU PLAN

☐	Corridor est
☐	Corridor ouest
☐	Corridor sud
☐	Salles d'exposition 1-45
☐	Circulations et services

MODE D'EMPLOI

Loggiata degli Uffizi 6. **Plan** 4 D1
(6 D4). **Tél** 055 238 86 51 (info);
055 29 48 83 (réservations). 🚌 B,
23. 🕐 mar.-dim.8 h 15-18 h 50,
plus tard l'été (der. ent. 45 mn av.
la ferm.). 🔴 1er jan., 1er mai, 25 déc.
📷 ♿ 🛗 🖥 www.uffizi.firenze.it

Le duc et la duchesse d'Urbino (v. 1465-1470)
Piero della Francesca peignit les portraits de Federico da
Montefeltro et de sa femme Battista Sforza morte à l'âge de
26 ans. Il s'inspira probablement de son masque mortuaire.

9

10-14

16

15

17

18

19

20

21

22

23

24

26   25

La Tribune,
abrite les
œuvres
auxquelles
les Médicis
attachaient le
plus de prix.

La Naissance de Vénus (v. 1485)
Ce tableau où des zéphyrs poussent la déesse
de l'amour vers la terre avait probablement
pour Botticelli une signification symbolique :
la beauté naît de la fertilisation de la
matière par le souffle divin.

La Sainte Famille
(1508)
Le traitement des
couleurs et des
attitudes dans ce
tableau de Michel-
Ange, le premier à
ne pas représenter
Jésus sur les genoux
de la Vierge, inspira
les maniéristes.

Façade classique de
Vasari sur l'Arno (1560)

Le corridor de Vasari
traverse l'Arno
jusqu'au palais Pitti.

La Vénus d'Urbino
(1538)
Titien aurait pris pour
modèle de ce nu sensuel
inspiré de la Vénus
couchée de Giorgione une
courtisane à la beauté
digne d'une déesse.

À la découverte des Offices

Créée en 1581 par le grand-duc François Ier à partir de ses collections personnelles, la galerie des Offices offre l'occasion d'admirer le plus bel ensemble de peintures de la Renaissance italienne du monde. Au cours des siècles, les plus grands maîtres de toute l'Europe ont travaillé pour les Médicis et ceux-ci n'ont cessé d'enrichir la collection jusqu'en 1737 où Anne Marie-Louise, dernière de la dynastie, la légua au peuple de Florence.

Vierge florentine (1455-1466) par Fra Filippo Lippi

L'ART GOTHIQUE

Passé la salle 1 des antiquités, trois *Maestà*, ou Vierge en majesté, permettent immédiatement de comparer le travail de trois des plus grands peintres du XIIIe siècle : Giotto, Duccio di Buoninsegna et Cimabue. Chaque œuvre marque une étape de l'évolution qui conduisit du symbolisme hiératique des conventions byzantines vers le naturalisme rayonnant de la Renaissance. C'est dans celle de Giotto, une *Vierge à l'Enfant avec anges et saints*, que se manifeste le mieux cette transition, notamment dans la mise en perspective du trône et le réalisme des personnages aux expressions variées.

Ce peintre eut une influence qui apparaît clairement dans la salle 4 consacrée à l'école florentine du XIVe siècle dont les représentants, tels

Bernardo Daddi ou Giottino, suivirent son enseignement. Leurs tableaux offrent un intéressant contrepoint à l'exposition de la salle 3 dédiée aux peintres siennois comme Pietro et Ambrogio Lorenzetti, ou Simone Martini qui peignit sa superbe *Annonciation* en 1333.

La salle 6 regroupe les productions du gothique tardif, style très décoratif dont l'exquise *Adoration des Mages* (1423) de Gentile da Fabriano offre un exemple caractéristique.

LA PREMIÈRE RENAISSANCE

Une meilleure compréhension de la géométrie permit aux artistes de la Renaissance de donner l'illusion de la troisième dimension dans leurs tableaux. Paolo Uccello (1397-1475), en particulier, se passionnait pour la perspective. Son étonnante

Bataille de San Romano (1456) domine la salle 7 où s'admirent également deux panneaux peints par Piero della Francesca en 1460 : les portraits du duc et de la duchesse d'Urbino d'un côté et la représentation de leurs vertus de l'autre.

Si l'exactitude de ces visages de profil conserve une certaine froideur expérimentale, la *Vierge florentine* (1455-1466) de Filippo Lippi, en salle 8, est rayonnante de chaleur et d'humanité. Au travers d'un sujet religieux, le peintre célèbre des prodiges plus terrestres, tels que la beauté d'une femme ou celle du paysage toscan.

En salles 10 à 14, les

Le Printemps (1480) par Botticelli

Hébergements et restaurants de la région, voir p. 576-578 et 626-629

tableaux de son élève, Sandro Botticelli, justifient à eux seuls la visite des Offices. Ses chefs-d'œuvre, *La Naissance de Vénus* (v. 1485) et *Le Printemps* (1480), témoignent des efforts entrepris par les humanistes pour unir mysticismes antique et chrétien. Fasciné par la mythologie païenne, Botticelli craignait le péché. Sa Vénus a la pureté de la Vierge et sa déesse du printemps la douceur de Marie. À travers la Beauté, c'est à l'Absolu qu'aspire l'artiste. Celui-ci s'est représenté, en manteau jaune, dans l'*Adoration des Mages* (v. 1475).

Détail de l'*Annonciation* **(1472-1475) par Léonard de Vinci**

HAUTE RENAISSANCE ET MANIÉRISME

La salle 15 abrite des œuvres de jeunesse de Léonard de Vinci et l'on voit, de l'*Annonciation* (1472-1475) à l'*Adoration des Mages* (1481) restée inachevée, l'influence de ses maîtres s'effacer devant son propre style.

La salle 18 est plus connue sous le nom de « la Tribune ». Bernardo Buontalenti dessina en 1584 cette sorte de petit temple octogonal au plafond incrusté de nacre pour servir d'écrin aux œuvres préférées des Médicis, notamment la *Vénus des Médicis* (Iᵉʳ siècle av. J.-C.), copie romaine de la statue grecque réputée la plus érotique de l'Antiquité. Cette sensualité conduisit Cosme III à faire retirer la reproduction de la Villa Médicis de Rome pour éviter qu'elle ne corrompe les étudiants en art de la Ville Sainte. Parmi les tableaux, remarquez les

portraits de Cosme Iᵉʳ et d'Éléonore de Tolède peints par Bronzino vers 1545, et celui de Cosme l'Ancien par le Pontormo.

Les salles 19 à 23 proposent des œuvres d'autres écoles que celle de Florence et montrent avec quelle rapidité les idéaux et les techniques de la Renaissance se propagèrent en Europe. Les peintures allemande, flamande et ombrienne, avec notamment le Pérugin (1446-1523), sont bien représentées, mais les tableaux offrant le plus d'intérêt sont sans doute ceux d'artistes d'Italie du Nord, notamment de Venise, comme Mantegna, Carpaccio, le Corrège et Bellini.

L'art toscan reprend la place d'honneur à partir de la salle 25 qui renferme *La Sainte Famille* par Michel-Ange. Marquée par son regard de sculpteur, cette toile eut une énorme influence sur toute une génération de peintres, notamment Bronzino (1503-1572), le Pontormo (1494-1556) et le Parmesan (1503-1540), dont la *Madone au long cou* (v. 1534) exposée en salle 29 offre un exemple remarquable, avec ses couleurs éclatantes et sa posture exagérée, du style qui prendra le nom de maniérisme.

Salle 26, parmi les maîtres de la haute Renaissance, Raphaël est à l'honneur avec la *Vierge au chardonneret* (1506) qui porte des traces des dommages causés par le tremblement de terre de

Vierge au chardonneret (1506) par Raphaël

Madone au long cou (v. 1534) par le Parmesan

1547. En salle 28, le chef-d'œuvre de Titien, la *Vénus d'Urbino* (1538), considéré comme l'un des plus beaux nus jamais peints, éveilla la fureur de l'écrivain américain Mark Twain qui y voyait « le tableau le plus obscène du monde ».

PEINTURES PLUS TARDIVES

Après avoir contemplé tant de chefs-d'œuvre, les visiteurs succombent souvent à la tentation de ne jeter qu'un regard distrait sur les dernières pièces des Offices. Si les salles 30 à 35 renferment surtout des peintures émiliennes et vénitiennes offrant assez peu d'intérêt, les salles 41 à 45 présentent des œuvres importantes. Salle 41 sont exposées des œuvres de Rubens et Van Dyck. Dédiée aux écoles de l'Europe du Nord, la salle 44 abrite *Le Vieux Rabbin* de Rembrandt (1665) et deux autoportraits exécutés en 1634 et 1664. Les nouvelles salles du rez-de-chaussée présentent les tableaux du Caravage, notamment la **Méduse** (1596-1598) commandée par un cardinal romain, **Bacchus adolescent** (v. 1589) l'une de ses premières œuvres et le **Sacrifice d'Isaac** (v. 1590) dont la douceur du paysage de fond contraste avec la violence du sujet. On trouve également dans ces salles des toiles de Guido Reni.

Piazza della Signoria ⑭

Savonarole
(1452-1498)

Cœur de la vie sociale et politique florentine depuis le XIVᵉ siècle, la place de la Seigneurie où se tenaient le *parlamento* (réunion du peuple) à l'appel de la cloche du Palazzo Vecchio, mais aussi les exécutions capitales, est aujourd'hui une véritable galerie de sculptures. Les statues (ou leurs copies) qui la décorent commémorent de grands événements de l'histoire de Florence. L'un de ses personnages les plus célèbres n'est toutefois évoqué que par une simple plaque : elle rappelle que Jérôme Savonarole fut pendu puis brûlé sur cette place.

David *(1501)*
Cette statue de Michel-Ange dont l'original se trouve à l'Académie (p. 275) célébrait le triomphe de la République sur la tyrannie.

Frise d'écus
Les clés croisées rappellent que quatre Médicis furent papes.

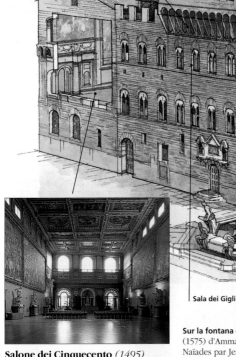

Salone dei Cinquecento *(1495)*
Le Génie victorieux de Michel-Ange et des fresques de Vasari évoquant les succès florentins face à Sienne et à Pise ornent cette vaste salle.

Sala dei Gigli

Sur la fontana di Nettuno (1575) d'Ammanati, des Naïades par Jean de Bologne commémorent les victoires navales de Florence.

Le Marzocco est une copie du lion héraldique de Florence sculpté par Donatello en 1420. L'original est au Bargello *(p. 283)*.

★ **Palazzo Vecchio** *(achevé en 1332)*
*Au-dessus de l'entrée, l'inscription « Christ est roi »
rappelle qu'aucun souverain mortel ne possède le
pouvoir absolu.*

★ **L'Enlèvement
des Sabines** *(1583)*
*Jean de Bologne tailla ce
groupe fluide dans un bloc
de marbre défectueux.*

Uffizi

La Loggia dei Lanzi
(1382), d'Orcagna, porte le nom
des lansquenets qui formaient
la garde de Cosme Ier.

Des statues de la Rome
antique décorent la loggia

★ **Persée** *(1554)*
*Ce bronze de
Cellini montrant
Méduse décapitée
devait avertir les
ennemis de
Cosme Ier du sort
qui les attendait.*

À NE PAS MANQUER

★ Palazzo Vecchio

★ *Persée* par Cellini

★ *L'Enlèvement des
Sabines* par Jean
de Bologne

Palazzo Vecchio ⑮

Piazza della Signoria (entrance on
via della Ninna). **Plan** 4 D1 (6 D3).
Tél *055 276 82 24.* 🚌 *A, B.*
◯ *t.l.j. 9 h-19 h (14 h jeu.), (der.
entrée 1 h av. la ferm.).*
⬤ *1er jan., Pâques, 1er mai, 15 août,
25 déc.* 📷 ♿ **Itinéraires secrets et
Musée des enfants** *sur réservation*
Tél *055 276 82 24.*

L'installation, au sommet de
son imposant campanile, de la
cloche destinée à prévenir les
citoyens de la tenue d'une
réunion ou de l'approche
d'une menace marqua en 1322
l'achèvement du « Palais Vieux »
ou palais de la Seigneurie. Si
l'édifice a conservé son aspect
médiéval, Cosme Ier en
remodela entièrement
l'intérieur en 1540. Après
avoir pressenti Léonard de
Vinci et Michel-Ange, ce fut
finalement Vasari qu'il
chargea de sa décoration.
Depuis la cour, où la copie
d'un bronze de Verrocchio
orne la fontaine, un escalier
monumental conduit au
premier étage à la salle des
Cinq Cents où se dresse *Le
Génie victorieux* de Michel-
Ange. Trente grands peintres
maniéristes décorèrent entre
1569 et 1573 le Studiolo.
Au deuxième étage, les
fresques (1540-1545)
peintes par Bronzino dans
la cappella Eleonora et la
sala dei Gigli (salle des
Lys) ornée du *Judith et
Holopherne* (v. 1455) de
Donatello et de fresques de
héros romains (1485) par
Ghirlandaio.

**Une copie de la fontaine de
Verrocchio dans la cour de Vasari**

Pas à pas autour de la piazza della Repubblica

Le plan régulier de la Florentia fondée sur les rives de l'Arno par des vétérans romains en 59 av. J.-C. transparaît encore sous celui de la cité actuelle, en particulier autour de la piazza della Repubblica qui occupe l'emplacement où s'étendit le forum antique puis le marché d'alimentation de la ville médiévale. Élevé au milieu du XIXe siècle, un arc de triomphe célèbre le fait que Florence fut capitale de 1865 à 1870.

À Santa Trìnita des fresques par Ghirlandaio de la *Vie de saint François* (1486) évoquent des événements survenus dans le quartier. Ici, un enfant sauvé par le saint après une chute depuis le palazzo Spini-Ferroni.

Palazzo Spini-Ferroni

Le Ponte Santa Trinita bâti en bois en 1290 fut reconstruit par Ammannati en 1567 pour célébrer la défaite de Sienne.

Palazzo Strozzi
Ce palais monumental domine la place ⑰

Santi Apostoli aurait été fondée par Charlemagne.

Palazzo Davanzati
Des oiseaux exotiques décorent la sala dei Papagalli, l'ancienne salle à manger de ce palais du XIVe siècle ⑯

LEGENDE

– – – Itinéraire conseillé

0   200 m

CARTE DE SITUATION
Voir l'atlas des rues de Florence, plans 5 et 6

La Piazza della Repubblica, ouverte au XIXᵉ siècle, est bordée par certains des cafés les plus connus de Florence.

Le Mercato Nuovo, (1547) abrite surtout des marchands de souvenirs.

Le Palazzo di Parte Guelfa servit de siège au parti guelfe qui domina la vie politique florentine au Moyen Âge.

Ponte Vecchio (p. 285)

Détail d'une fresque du palazzo Davanzati

Palazzo Davanzati ⑯

Via Porta Rossa 13. **Plan** 3 C1 (5 C3). *Tél* 055 238 86 10. ☐ *t.l.j. matin.*

Typique des demeures patriciennes de la fin du Moyen Âge, ce palais construit au début du XIVᵉ siècle pour une riche famille de lainiers abrite aujourd'hui le museo della Casa Fiorentina Antica (musée de la Maison florentine d'autrefois) dont les pièces, et notamment la cuisine, donnent un aperçu de la vie domestique en Toscane du XIVᵉ au XVIIᵉ siècle.

Une exposition de dentelles et de broderies anciennes occupe une partie du premier étage, le *piano nobile* où l'on recevait. Les perroquets qui la décorent ont valu à la salle à manger son nom de sala dei Papagalli. Les fresques de la grande chambre illustrent des épisodes d'un roman médiéval français : *La Châtelaine de Vergi.*

Palazzo Strozzi ⑰

Piazza degli Strozzi. **Plan** 3 C1 (5 C3). *Tél* 055 26 45 155 ♿ ▨.

Le palazzo Strozzi impressionne par ses seules dimensions : il fallut démolir quinze immeubles pour dégager l'espace où il s'élève et, s'il ne possède que trois niveaux, son rez-de-chaussée paraît presque aussi haut qu'un palais normal. Mais Filippo Strozzi, le riche banquier qui l'avait entrepris, devait rétablir le rang de sa famille exilée par les Médicis. Il mourut toutefois en 1491, deux ans après la pose de la première pierre.

Trois architectes se succédèrent jusqu'en 1536 pour achever la construction : Giuliano da Sangallo, Benedetto da Maiano et Simone de Pollaiuolo (dit il Cronaca). L'extérieur à bossage rustique est resté intact et on peut admirer ses ferronneries, notamment les supports de torches et d'étendards, commandées au maître artisan Nicolò Grosso.

Depuis la cour intérieure, on accède à un petit musée, la Strozzina, où maquettes et dessins retracent l'histoire du bâtiment. Celui-ci sert désormais principalement de lieu d'exposition.

Extérieur à bossage rustique du palazzo Strozzi

San Lorenzo ⑱

À partir de 1424, Brunelleschi reconstruisit dans le style de la première Renaissance l'église paroissiale de la famille des Médicis. Les plus grands artistes participèrent à sa décoration ainsi qu'à celle des Cappelle Medicee, ensemble comprenant la chapelle des Princes et sa chapelle funéraire, la Nouvelle Sacristie dessinée par Michel-Ange. Celui-ci travailla aussi à la Bibliothèque laurentienne, écrin de la collection de manuscrits des Médicis.

Cappella dei Principi
Matteo Nigetti commença en 1604 la riche décoration en marbre de la chapelle des Princes, mausolée des Médicis.

La coupole de Buontalenti rappelle celle du Dôme (p. 280-282).

L'Ancienne Sacristie, dessinée par Brunelleschi (1420-1429), fut décorée par Donatello.

Campanile

Escalier de la bibliothèque
En dessinant cet escalier exécuté par Ammanati en 1559, Michel-Ange cherchait à donner plus d'ampleur à l'espace.

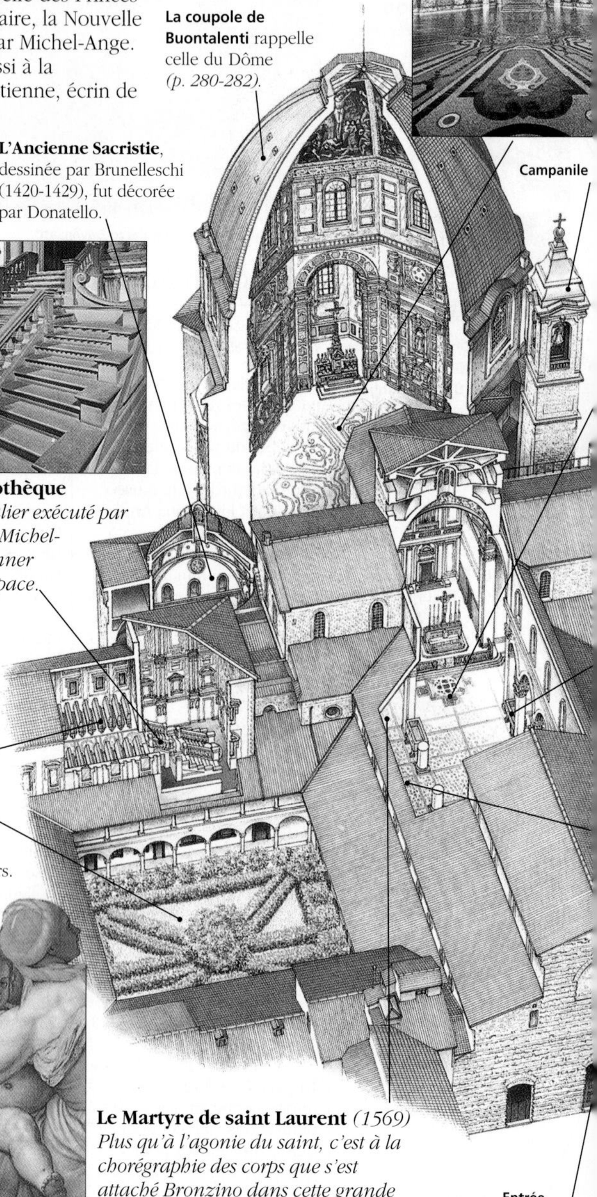

Michel-Ange conçut le plafond et les lutrins de cette bibliothèque où sont souvent exposés des manuscrits des Médicis.

Le jardin du cloître est planté de haies décoratives, de grenadiers et d'orangers.

Le Martyre de saint Laurent *(1569)*
Plus qu'à l'agonie du saint, c'est à la chorégraphie des corps que s'est attaché Bronzino dans cette grande fresque typique du maniérisme.

Entrée de l'église

MODE D'EMPLOI

P. San Lorenzo. **Plan** 1 C5 (6 D1).
🚌 7, 10, 11, 25, 31, 32. **Basilique**
Tél 055 21 66 34. 🕐 lun.-sam.
10 h-17 h. 📷 🔷 **Biblioteca** Tél
055 21 44 43. 🕐 mar.-sam.
9 h 30-13 h 30. 🌑 jours fériés. 🔷

Une simple dalle marque
l'emplacement du tombeau
de Cosme l'Ancien (1389-
1464), fondateur de la
dynastie des Médicis.

Les Cappelle Medicee
comprennent la cappella dei
Principi et sa crypte, la
Nouvelle Sacristie (p. 295).

Chaires de Donatello
Le sculpteur avait 74 ans
quand il commença en
1460 les bas-reliefs de la
Passion et de la
Résurrection qui les
décorent. Ses élèves durent
les terminer.

**Joseph et le Christ
à l'atelier** est une
œuvre de Pietro
Annigoni (1910-1988),
l'un des rares artistes
modernes dont le
travail est visible à
Florence.

Michel-Ange soumit
plusieurs projets pour la
façade de San Lorenzo,
mais elle resta inachevée.

Tombeau du duc de Nemours
par Michel-Ange dans la Nouvelle
Sacristie des Cappelle Medicee

Cappelle Medicee ⑲

Piazza di Madonna degli Aldobrandini. **Plan** 1 C5 (6 D1). **Tél** 055 238
86 02; 055 29 48 83 (réservations).
🚌 nombreuses lignes. 🕐 t.l.j. 8 h
45-16 h 50 (13 h 50 jours fériés, der.
ent. : 30 mn av. la ferm.). 🌑 1er, 3e
et 5e lun. du mois, 1er jan., 2e et 4e
dim. du mois, 1er mai, 25 déc 📷 🔷

la crypte qui sert d'accès
aux chapelles des Médicis
offre avec sa voûte basse un
cadre approprié aux
tombeaux des nombreux
membres de la famille qui y
reposent. Un escalier en
monte jusqu'à la **cappella dei
Principi** (chapelle des
Princes). Entrepris en 1604
par Cosme Ier, ce vaste
mausolée octogonal abrite les
sépultures de six grands-ducs.
Sous la coupole peinte par
Pietro Benvenuti en 1828, des
incrustations de pierres semi-
précieuses et des mosaïques
de marbre composent un
décor d'une opulence rare à

Florence. Un couloir conduit
ensuite à la **Nouvelle Sacristie**,
contrepoint par Michel-Ange
de l'Ancienne Sacristie de
Brunelleschi et Donatello.
Contre le mur de gauche se
dresse le *Tombeau du duc
d'Urbino* (petit-fils de Laurent
le Magnifique) que le
sculpteur a représenté plongé
dans ses pensées. Le
Tombeau du duc de Nemours
(troisième fils de Laurent) lui
fait face. Les allégories du Jour
et de la Nuit y symbolisent
l'écoulement inexorable du
temps. Michel-Ange ne put
achever la superbe *Vierge à
l'Enfant* (1521) qui domine à
côté le sarcophage dépouillé
où Laurent le Magnifique
repose avec son frère Julien
assassiné en 1418.

Mercato Centrale ⑳

Piazza del Mercato Centrale.
Plan 1 C4 (5 C1). 🕐 lun.-sam.
7 h-14 h.

Édifice de pierre, d'acier et de
verre construit en 1874 par
Giuseppe Mengoni et agrandi
en 1980 d'une mezzanine et
d'un parking souterrain, le
Mercato Centrale constitue avec
ses marchands de produits
alimentaires le cœur du marché
le plus fréquenté de Florence,
celui de San Lorenzo. Les
éventaires du rez-de-chaussée
proposent viandes, volailles,
poissons, fromages et des
spécialités toscanes telles que la
porchetta (cochon de lait rôti),
le *lampredotto* (tripes de porc)
ou le *panino con la trippa*.
Ceux du premier étage vendent
légumes, fruits, fleurs et, en
saison, champignons.

Éventaire coloré au Mercato Centrale

Santa Maria Novella ㉑

Construite par les dominicains de 1279 à 1357, cette église gothique est par sa simplicité et l'usage de marbres polychromes une adaptation toute florentine du style cistercien importé de Bourgogne. Leon Battista Alberti acheva sa façade de 1456 à 1470, mariant avec bonheur élan gothique et élégance Renaissance. De superbes fresques ornent l'intérieur, notamment la puissante *Trinité* de Masaccio. Le cloître vert décoré par Paolo Uccello forme désormais, avec la chapelle des Espagnols, un musée.

Les arcs blancs et gris animent le volume intérieur.

Bâtiments monastiques

Intérieur
L'écart entre les piliers de la nef diminue près de l'autel pour créer l'illusion d'une église exceptionnellement grande.

La chapelle des Espagnols où priait la suite d'Éléonore de Tolède est décorée de fresques opposant le salut par l'Église à la damnation.

Le cloître vert doit son nom à la dominante verte de ses fresques (malheureusement endommagées en 1966) par Uccello et ses élèves.

Entrée

Entrée du musée

Entrée (par la cour)

La Trinité de Masaccio
Masaccio fut le premier, par cette œuvre, à appliquer vers 1428 les règles de la perspective. À genoux figurent ses commanditaires : le juge Lorenzo Lenzi et sa femme.

Cappella Strozzi
La Divine Comédie de Dante inspira les fresques peintes au xiv siècle par Nardo di Cione et son frère Andrea Orcagna.*

MODE D'EMPLOI

Piazza di Santa Maria Novella.
Plan 1 B5 (5 B1).
🚍 A, 11, 12, 36, 37.
Église *Tél* 055 215 98.
⬜ lun.-jeu. 9 h 30-17 h, ven.-
dim. 13 h-17 h. 📷 ✝
Musée *Tél* 055 28 21 87.
⬜ sam.-jeu. 9 h-17 h
(jusqu'à 14 h dim.) (der. ent. 30 mn
av. la ferm.)
⬛ 1ᵉʳ jan., Pâques, 1ᵉʳ mai 📷

Le tombeau de Strozzi est
de Benedetto da Maiano
(1493).

Vierge de Miséricorde (1472) par Ghirlandaio à Ognissanti

**La Cappella di
Filippo Strozzi**
est ornée de fresques
par Filippino Lippi évoquant les
vies de saint Philippe et de saint
Jean l'Évangéliste.

Cappella Tornabuoni
*Ghirlandaio situa ses
célèbres* Scènes de la vie de
saint Jean Baptiste *dans des
décors florentins et y fit
figurer ses contemporains.*

Palazzo Antinori 22

Via de' Tornabuoni. **Plan** 1 C5 (5 C2).
⬛ au public. **Cantinetta Antinori**
Tél 055 29 22 34. ⬜ lun.-ven.
12 h 30-14 h 30, 19 h-22 h 30.

Édifié de 1461 à 1466
pour Giovanni Boni,
l'un des plus beaux petits
palais florentins de la
première Renaissance
appartient depuis 1506 à la
famille Antinori. Un petit
restaurant, la Cantinetta
Antinori, permet de savourer
des plats toscans et de goûter
leurs productions : vins,
huiles d'olive et liqueurs.

Palazzo Rucellai 23

Via della Vigna Nuova 16. **Plan** 1 C5
(5 B2). ⬛ au public. **Archivio
Alinari** ⬜ prévue au printemps 2006.
Tél. pour rens. www.allinari.it

Les Rucellai acquirent leur
immense fortune en
important une teinture
rouge extraite d'un lichen
qu'on ne trouvait que sur
l'île de Majorque. Cette
teinture, appelée *oricello*,
donna son nom à la
famille.
    Leon Battista Alberti
(1404-1472) bâtit ce palais
de 1446 à 1457 pour
Giovanni Rucellai en
s'efforçant d'appliquer des
principes d'harmonie dérivés
des canons classiques. Il
dessina aussi la loggia
construite en face pour le
mariage de Bernardo Rucelli
avec Lucrèce de Médicis, sœur
de Laurent le Magnifique.

Le palazzo Rucellai abritait
le musée dédié aux frères
Alinari (Archivio Alinari),
récemment transféré (Largo
Alinari 15). Les frères Alinari
commencèrent à
photographier Florence au
milieu du XIXᵉ siècle très peu
de temps après l'invention de
la photographie. Des
expositions tournantes de
clichés d'archives apportent
un témoignage unique sur la
vie de la cité ces
150 dernières années et sur
son attrait touristique dès le
XIXᵉ siècle.

Ognissanti 24

Borgo Ognissanti 42. **Plan** 1 B5
(5 A2). *Tél* 055 239 87 00. ⬜ lun.-
jeu. 8 h 30-12 h 30 ; lun.-ven. 16 h-
180 h ; sam. 9 h 30-10 h 30, 15 h-
17 h, dim. 9 h 30-10 h 30, 16 h-17 h 30.
⬛ 1ᵉʳ et dern. lun. du mois. ♿

L'église de Tous-les-Saints
fut construite de 1252
à 1255, mais il ne reste du
bâtiment d'origine que
son campanile. La deuxième
chapelle à droite renferme le
tombeau des Vespucci. Sur sa
fresque de la *Vierge de
Miséricorde* (1472),
Ghirlandaio représenta, entre
la Vierge et un vieillard vêtu
de rouge, le membre
le plus célèbre de la famille :
le navigateur Amerigo
Vespucci qui donna son nom
au continent américain.
    Sandro Botticelli repose
à Ognissanti et son *Saint
Augustin* (1480) décore
le mur sud.
    Une *Cène* de Ghirlandaio
orne le réfectoire du cloître
qui flanque l'église.

La chapelle Brancacci ㉕

Les fresques de la *Vie de saint Pierre* commandées vers 1424 par le marchand florentin Felice Brancacci ont rendu célèbre l'église Santa Maria del Carmine. Commencées par Masolino en 1425, poursuivies par son élève Masaccio en 1426 et 1427, elles furent achevées par Filippino Lippi en 1485. L'usage que fit Masaccio de la perspective dans le *Paiement du tribut* et le réalisme tragique qu'il donna à *Adam et Ève chassés du Paradis* placent cet artiste à l'avant-garde de la peinture de la Renaissance. Michel-Ange notamment, trouva dans ses fresques une source d'inspiration.

Saint Pierre guérissant les malades
Masaccio représenta les miséreux avec un réalisme révolutionnaire pour son époque.

Saint Pierre se reconnaît dans chaque scène à son manteau orange

Les groupes de personnages stylisés reflètent l'intérêt de Masaccio pour la sculpture de son contemporain Donatello.

La simplicité du style de Masaccio concentre l'attention sur les personnages principaux.

Adam et Ève chassés du Paradis
L'intensité d'expression de ces deux êtres accablés de honte et de douleur révèle tout le talent de Masaccio à donner à ses personnages une densité psychologique.

CLÉ DES FRESQUES : ARTISTES ET SUJETS

☐ Masolino

☐ Masaccio

☐ Lippi

MODE D'EMPLOI

Piazza del Carmine. **Plan** 3 A1
(5 A4). **Tél** 055 276 82 24
(réservations obligatoires). D.
lun., mer.-sam.10 h-17 h, dim.
13 h-17 h (der. ent. 30 mn av. la
ferm.). jours fériés.

1 Adam et Ève chassés du Paradis
2 Le Paiement du tribut
3 La Prédication de saint Pierre
4 Saint Pierre en prison reçoit la visite de saint Paul
5 Saint Pierre ressuscite le neveu de l'empereur ; saint Pierre en chaire
6 Saint Pierre guérissant les malades
7 Saint Pierre baptisant les convertis
8 Saint Pierre guérissant un estropié ; ressuscitant Tobie
9 La Tentation d'Adam
10 Saint Pierre et saint Jean faisant l'aumône
11 Le Crucifiement de saint Pierre ; saint Pierre devant le proconsul
12 L'Ange délivrant saint Pierre

La Tentation d'Adam par **Masolino** paraît bien conventionnelle comparée au couple de Masaccio sur le mur opposé.

Femme au turban
Caché derrière l'autel pendant 500 ans, ce médaillon permit de découvrir la fraîcheur des couleurs originales de Masaccio.

Le décor des scènes est florentin.

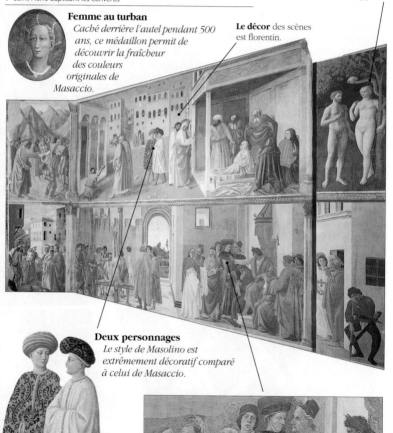

Deux personnages
Le style de Masolino est extrêmement décoratif comparé à celui de Masaccio.

Saint Pierre devant le proconsul
Cette scène est de Filippino Lippi qui termina à partir de 1480 ce cycle de fresques que la mort de Masaccio à 28 ans empêcha d'achever.

L'Oltrarno pas à pas

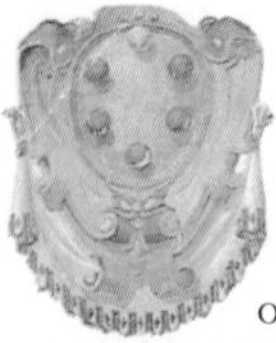

Armoiries des Médicis

Un dédale de voies étroites bordées de petites maisons, d'ateliers d'artisans, de magasins d'alimentation, de quincailleries et de boutiques d'antiquités occupe la majeure partie de ce quartier où les restaurants, restés authentiques, pratiquent des tarifs raisonnables. La via Maggio à la circulation incessante rompt ce maillage de ruelles, mais il suffit de s'en écarter pour apprécier le calme de la Florence traditionnelle. Parmi les visites à ne pas manquer figurent celle de Santo Spirito, élégante église Renaissance, et celle du palazzo Pitti et de ses musées.

Santo Spirito
La dernière église dessinée par Brunelleschi, et achevée après sa mort en 1446, est un modèle de simplicité 26

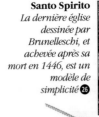

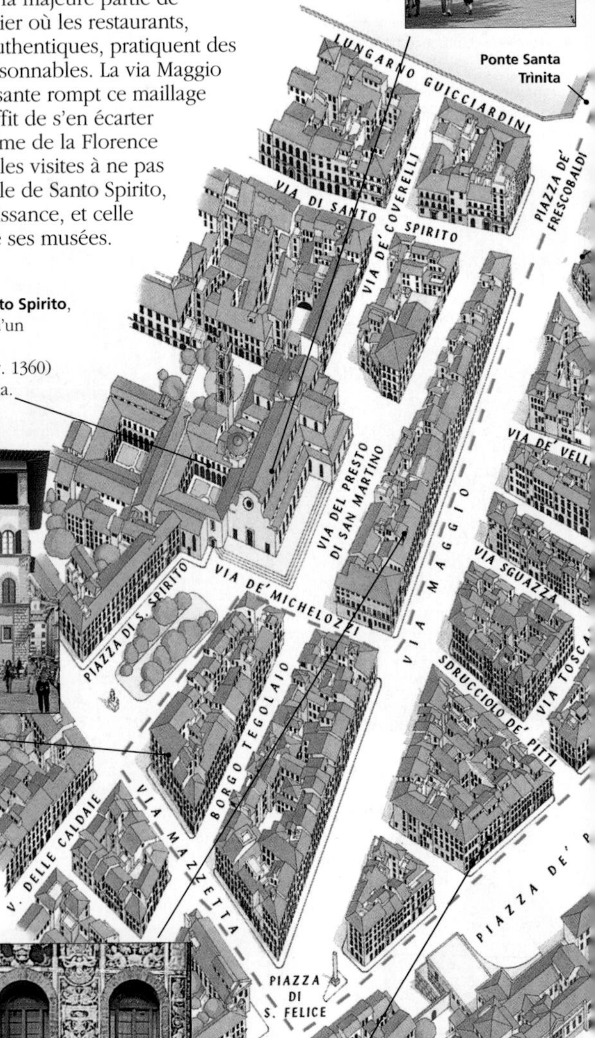

Ponte Santa Trìnita

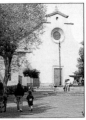

Le Cenacolo di Santo Spirito, ancien réfectoire d'un monastère, abrite une *Crucifixion* (v. 1360) attribuée à Orcagna.

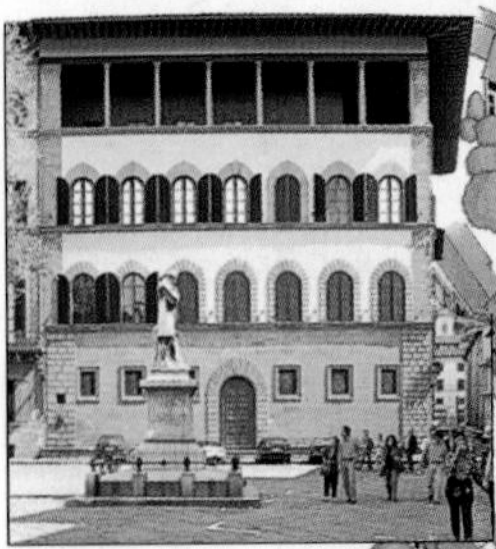

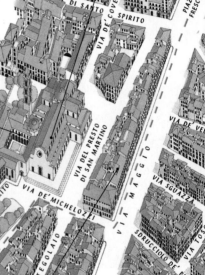

Le Palazzo Guadagni (1500) fut le premier à avoir une loggia au dernier étage. Il sera beaucoup copié.

Le Palazzo di Bianca Cappello (1579), décoré de sgraffiti, porte le nom de la maîtresse du grand-duc François Ier qui l'habitait.

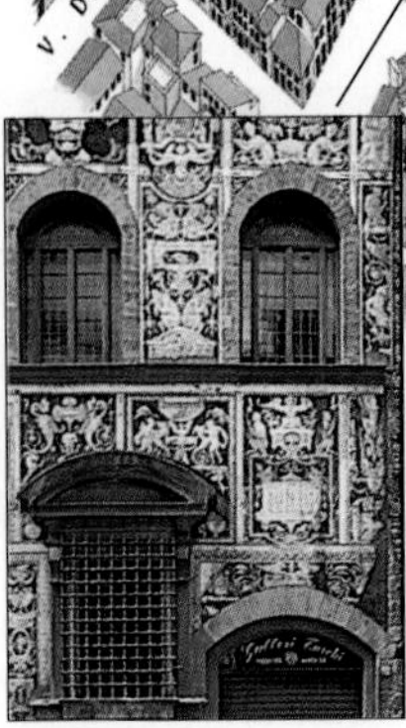

La boutique Frise de Papier Mâché vend des masques artisanaux.

Hébergements et restaurants de la région, voir p. 576-578 et 626-629

La fontaine (XVIe siècle) de la piazza
de'Fresobaldi et la façade (1593-1594)
de Santa Trinità, sur l'autre rive de l'Arno,
sont l'œuvre de Buontalenti.

CARTE DE SITUATION
*Voir l'atlas des rues de
Florence, plans 3 et 5*

Santo Spirito 26

Piazza di Santo Spirito. **Plan** 3 B2 (5
B4). ⊞ D. **Tél** 055 21 00 30. ○
t.l.j. 10 h-12 h, 16 h-17 h 30 (a.-m.
seul. sam.-dim.). ● mer. ap.-m.

L'ordre des augustins fonda
une église sur ce site dès 1250
et commanda en 1435 à
Brunelleschi le sanctuaire qui
domine aujourd'hui la jolie
piazza di Santo Spirito. Les
travaux se poursuivirent
toutefois bien après la mort de
l'architecte en 1446 puisque
Baccio d'Agnolo n'acheva le
campanile qu'en 1517 et que
la façade date du XVIIIe siècle.
   Malgré le monumental
baldaquin baroque du maître-
autel ajouté par Giovanni
Caccini en 1607, l'intérieur
offre une harmonie de
proportions qui fait de Santo
Spirito un des plus beaux
exemples d'architecture
religieuse de la première
Renaissance. Des peintures et
des sculptures des XVe et
XVIe siècles ornent ses
40 chapelles latérales, entre
autres des œuvres de Cosimo
Rosselli, Domenico
Ghuirlandaio et Filippino
Lippi. Celui-ci peignit
notamment la magnifique
Vierge à l'Enfant de la cappella
Nerli dans le transept sud.
   Dans la nef nord, une porte
sous l'orgue mène au
vestibule dont Simone del
Pollaiuolo, plus connu sous le
nom de Cronaca, peignit le
plafond à caissons en 1491.
Giuliano da Sangallo dessina
en 1489 la sacristie.

Ponte Vecchio
(p. 277)

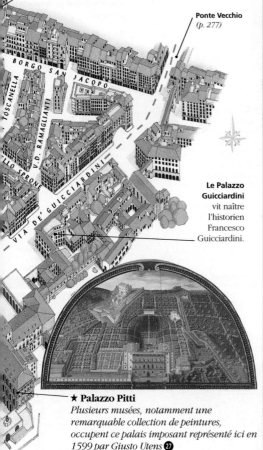

**Le Palazzo
Guicciardini**
vit naître
l'historien
Francesco
Guicciardini.

★ **Palazzo Pitti**
*Plusieurs musées, notamment une
remarquable collection de peintures,
occupent ce palais imposant représenté ici en
1599 par Giusto Utens* 27

LÉGENDE

– – – Itinéraire conseillé

0   100 m

À NE PAS MANQUER

★ Le Palazzo Pitti

**À l'intérieur de Santo Spirito
dans une nef latérale**

Palazzo Pitti ㉗

La construction de cet impressionnant palais attribué à Brunelleschi commença en 1457 pour le compte de Luca Pitti, banquier décidé à dépasser en faste ses rivaux commerciaux : les Médicis. Ironie du sort, ceux-ci rachetèrent en 1540 l'édifice inachevé à ses héritiers ruinés. À partir de 1560, il devint la résidence principale des grands-ducs de Toscane, puis celle de tous les maîtres de Florence. Ses salles au décor somptueux accueillent aujourd'hui les visiteurs venus admirer les trésors des collections des Médicis.

Judith (1620-1630) par Artemisia Gentileschi

Les Trois âges de l'Homme (v. 1510) attribué à Giorgione

GALLERIA PALATINA

Le musée le plus important du palais Pitti présente près de 1 000 tableaux d'artistes tels que Botticelli, Titien, le Pérugin, Andrea del Sarto, le Tintoret, Véronèse, Giorgione et Gentileschi. Ils sont restés accrochés tels qu'ils plaisaient aux Médicis, c'est-à-dire sans soucis de sujets ou de chronologie. La galerie compte onze salles principales. Entre 1641 et 1665, Pierre de Cortone et son élève Ciro Ferri ornèrent les cinq premières de fresques baroques décrivant sous forme allégorique l'éducation d'un jeune prince.

La salle 1, ou salle de Vénus, renferme la *Vénus italique* (1810) commandée par Napoléon à Antonio Canova pour remplacer la *Vénus des Médicis* (p. 281) qu'il voulait rapporter à Paris. Le *Portrait d'un gentilhomme* (1540) par Titien est sans doute la plus belle peinture de la salle suivante (salle d'Apollon), mais les salles 4 et 5 abritent également des chefs-d'œuvre, notamment par le Pérugin, Andrea del Sarto et, surtout, Raphaël, dont on peut admirer, entre

autres, la *Vierge à la chaise* (v. 1514-1515) et la *Femme au voile* (v. 1516), deux portraits de sa maîtresse, la « Fornarina ».

À ne pas manquer non plus dans les salles suivantes : une délicieuse *Vierge à l'Enfant* peinte par Fra Filippo Lippi au milieu du XVe siècle et un *Amour dormant* (1608) du Caravage.

Vierge à la chaise (v. 1515) par Raphaël

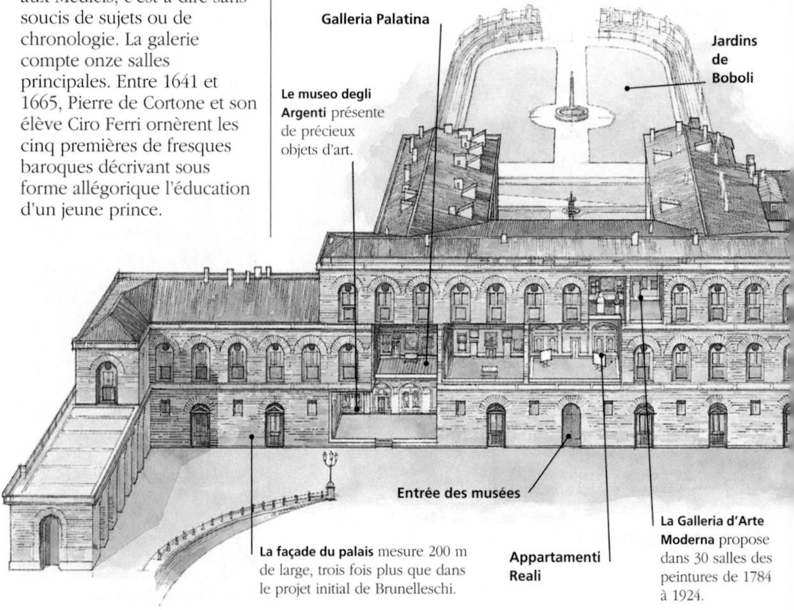

Galleria Palatina

Jardins de Boboli

Le museo degli Argenti présente de précieux objets d'art.

Entrée des musées

La façade du palais mesure 200 m de large, trois fois plus que dans le projet initial de Brunelleschi.

Appartamenti Reali

La Galleria d'Arte Moderna propose dans 30 salles des peintures de 1784 à 1924.

Rotonda dei Palmieri par Giovanni Fattori (1825-1908)

APPARTAMENTI REALI

Les salles d'apparat, ou Appartements royaux, situées au premier étage de l'aile sud du palais furent construites au XVIIe siècle. Les ducs de Lorraine qui succédèrent aux Médicis comme souverains de Florence les réaménagèrent dans le style néo-classique à la fin du XVIIIe et au début du XIXe siècle. En 1865, lorsque Florence devint la capitale de l'Italie, le roi Humbert Ier et la reine

Salle du Trône des Appartamenti Monumentali

Galleria del Costume

La piazza della Signoria en pierres précieuses

Marguerite s'y installèrent.

L'or utilisé à profusion dans l'ornementation et les riches soieries couvrant les murs, comme dans la salle Ovale ou celle des Perroquets, rappellent que ces appartements servaient aux réceptions et cérémonies officielles. Les fresques d'artistes florentins les décorent, ainsi que de nombreuses tapisseries et des portraits des Médicis par le peintre flamand Justus Sustermans qui travailla à la cour de Toscane de 1619 à 1681.

AUTRES COLLECTIONS

Inaugurée en 1983, la Galleria del Costume retrace l'évolution de la mode depuis la fin du XVIIIe siècle jusqu'aux années 1920 et propose des expositions à thème. Le billet d'entrée donne également accès au museo degli Argenti installé dans les pièces qui servaient de palais d'été aux Médicis. Il présente leur collection d'objets précieux, fascinant aperçu de leur immense fortune. Bijoux, ambre, ivoire, œuvres des plus grands orfèvres florentins et allemands, pièces antiques ou byzantines emplissent neuf salles. La sala Buia abrite le clou de l'exposition : l'ensemble formé par 16 vases en pierres semi-précieuses qui appartenaient à Laurent le Magnifique.

Les tableaux les plus intéressants de la Galleria d'Arte Moderna sont ceux des membres du mouvement des Macchiaioli qui suivirent au XIXe siècle un style proche des impressionnistes.

MODE D'EMPLOI

Piazza de' Pitti. **Plan** 3 C2 (5 B5). 🚌 D, 11, 36, 37. **Galleria Palatina**; Royal Apartments **Tél** 055 238 86 14; 055 29 48 83. ⬜ mar.-dim. 8 h 15-18 h 50. ⬤ 25 déc. 🎫 📷 ⬤ **Les jardins de Boboli** ⬜ t.l.j. 8 h 15-18 h 30 (ferm.variables). ⬤ 1er et 4e lun. du mois. 🎫 ⬤ **Autres collections** ⬜ mar.-dim. 8 h 15-13 h 50. ⬤ 1er, 3e et 5e lun. du mois, 2e et 4e dim., 1er janv., 1er mai, 25 déc. 🎫 ⬤

LES JARDINS DE BOBOLI

Copie de l'*Océan* (1576) par Jean de Bologne

Les Médicis commencèrent en 1549 l'aménagement autour du palazzo Pitti de cet immense jardin à l'italienne, l'un des plus beaux du monde, et il ne s'acheva qu'au XVIIe siècle. À l'origine privé, le parc ouvrit au public en 1776. Agrémentés de fontaines, parterres et haies géométriques s'y mêlent à des bosquets imitant la fantaisie de la nature. On y découvre également une île, une grotte, de superbes panoramas de Florence, l'amphithéâtre qui accueillait les spectacles des fêtes des Médicis et des centaines de statues, en particulier le long du Viottolone, allée de cyprès plantés en 1637. Bernardo Buontalenti dessina en 1590 le Forte di Belvedere qui domine les jardins et protégeait le palais.

La Vierge de l'Annonciation **(1528)**
du Pontormo

Santa Felìcita ㉘

Piazza di Santa Felìcita.**Plan** 3 C2
(5 C5). 🚌 *D.* **Tél** *055 21 30 18.*
⬭ *t.l.j. 9 h-12 h, 15 h-18 h (dim. :*
a.-m. seul.). ♿

Ancien sanctuaire chrétien
du IVᵉ siècle, reconstruit au
XIVᵉ siècle puis doté en 1564 du
porche au-dessus duquel passe
le Corridor de Vasari, il fut
remanié en 1736 par
Ferdinando Ruggieri.
   Ses peintures les plus
réputées se trouvent à droite
de l'entrée dans la chapelle
Capponi. Il s'agit de
l'*Annonciation* et de la
Déposition de Croix par le
Pontormo (1494-1556). Elles
offrent avec leurs couleurs
claires et intenses un bel
exemple du style maniériste.
Agnolo Bronzino aida le maître
à peindre les évangélistes des
médaillons de la voûte.

Piazzale
Michelangelo ㉙

Piazzale Michelangelo. **Plan** 4 E3.
🚌 *12, 13.*

De tous les points de vue sur
Florence, tels les sommets du
Dôme et du campanile, aucun
n'offre un aussi beau panorama
que la place aménagée dans les

années 1860 par Giuseppe
Poggi et décorée de copies de
statues de Michel-Ange. Son
esplanade attire d'ailleurs
d'innombrables cars de touristes
qu'attendent en rangs serrés des
marchands de souvenirs. Le
spectacle d'un coucher du soleil
sur l'Arno et les collines
environnantes fait toutefois
oublier l'animation du lieu.

San Miniato
al Monte ㉚

Via del Monte alle Croci. **Plan** 4 E3.
Tél *055 234 27 31.* 🚌 *12, 13.*
⬭ *t.l.j. : avr.-sept. 8 h-19 h ; oct.-*
mars 8 h-12 h (dim. : a.-m. seul).
⬤ *jours fériés.* ♿

Selon la légende, cette église
romane bâtie en 1018, l'une
des mieux préservées de
Toscane, se dresse à
l'emplacement de la tombe de
saint Minias, riche marchand
arménien décapité au IIIᵉ siècle
et premier martyr florentin.
Décorée au XIIᵉ siècle d'un
parement de marbre blanc et
de serpentine, sa façade porte
à son sommet la statue d'un
aigle serrant un ballot de
laine, emblème de la
corporation des lainiers qui
finança le sanctuaire à partir
de 1288. La mosaïque qu'il
surmonte date du XIIIᵉ siècle
mais a été restaurée. À l'instar
de celle qui décore l'abside

**Façade de l'église romane San
Miniato al Monte**

depuis 1297, elle représente le
Christ entre la Vierge et saint
Minias.
   Des incrustations de marbre,
dont un panneau figurant les
signes du zodiaque (1207),
ornent le dallage de la nef que
ferme la cappella del
Crocifisso (1448) dessinée par
Michelozzo. Les colonnes de
la crypte proviennent
d'édifices antiques.
   Des médaillons par Luca
della Robbia parent la voûte
de la chapelle du Cardinal, au
nord. Antonio Rossellino
sculpta en 1466 le monument
qui l'occupe, tombeau de
Iacopo di Lusitania, cardinal
du Portugal mort à Florence
en 1439 à l'âge de 25 ans.
Spinello Aretino peignit en
1387 les *Scènes de la vie de
saint Benoît* de la sacristie

Le Ponte Vecchio et l'Arno vus du piazzale Michelangelo

Shopping à Florence

Peu de villes de la taille de Florence peuvent se targuer d'une telle profusion de magasins de grande qualité. Si vous parcourez ses rues médiévales, vous découvrirez tous les grands noms de la mode et de la bijouterie italiennes, des ateliers d'artisans et des commerces familiaux, ainsi que de riches magasins d'antiquités et de beaux-arts. Les tanneries toscanes méritent également leur renommée et Florence est le meilleur endroit pour acheter des chaussures, sacs et autres articles de maroquinerie. Ceux qui cherchent des cadeaux et souvenirs originaux – des papiers à lettre faits main aux délicieuses denrées alimentaires – trouveront également leur bonheur à Florence.

OÙ FAIRE LES BOUTIQUES

Le centre de Florence abrite toutes sortes de magasins, des enseignes de créateurs de mode aux librairies de second choix. Les minuscules bijoutiers qui bordent le Ponte Vecchio vendent des antiquités et des pièces d'or de grande qualité. Les antiquaires se concentrent autour des Via dei Fossi, Via dei Serragli et Via Maggio. Les soldes de janvier et juillet regorgent de bonnes affaires.

CHAUSSURES ET ARTICLES DE MAROQUINERIE

Si l'on aime les chaussures italiennes, on trouve son bonheur chez **Ferragamo**, **Gucci** et **Prada**. Pour des styles plus classiques, rendez-vous chez **Francesco**.
La moyenne gamme est bien représentée par **Peppe Peluso**, le magasin de chaîne **Bata** et **Romano**, qui vend des chaussures en cuir de bonne qualité.
Les rues qui entourent la Piazza di Santa Croce abondent en maroquineries. À l'intérieur du cloître de l'église, la **Scuola del Cuoio** permet d'observer les artisans du cuir au travail.
Des sacs en cuir classiques sont vendus chez **Il Bisonte** et **Beltrami** ; pour des styles plus contemporains, rendez-vous chez **Coccinelle** et **Furla**.

VÊTEMENTS

La plupart des grands couturiers italiens – **Gucci**, **Armani**, **Versace** et **Prada**, pour n'en citer que quelques-uns – se situent dans la Via de Tornabuoni, qui abrite également **Yves Saint-Laurent**. Face au Palazzo Strozzi, on trouve **Louis Vuitton**. **Dolce & Gabbana** est à proximité de **Valentino**, qui occupe la Via della Vigna Nuova. **La Perla**, spécialisée dans la lingerie chic, y est présent, mais des modèles plus abordables sont en vente chez **Intimissimi**.
Parmi les grands magasins, **Coin** est une bonne adresse pour la mode moyenne gamme. **La Rinascente**, plus haut de gamme, propose des vêtements de couturiers et de la lingerie.
Dans le domaine du prêt-à-porter de luxe à des prix dégriffés, **The Mall** est un centre de magasins d'usine situé à 30 minutes de Florence.
Chez **Casa dei Tessuti**, on déniche des soies délicates et des articles tissés main, tandis que Taf est plutôt spécialisé dans le linge brodé.

BIJOUX

Florence s'est toujours distinguée par ses joailliers et ses orfèvres. Parmi les incontournables, **Torrini**, installé depuis six siècles, et l'étonnante boutique de **Pomellato** avec ses grosses bagues en or blanc surmontées d'énormes pierres semi-précieuses.
Bulgari occupe la même rue, tout comme **Parenti**, qui vend des bijoux anciens uniques.
Aprosio & Co propose des bijoux fabriqués avec des métaux précieux et de minuscules pierres de verre.

ART ET ANTIQUITÉS

Romanelli possède des statues en bronze incrustées de pierres semi-précieuses et **Ducci** propose un choix de boîtes, de gravures et de sculptures en marbre et bois. Pour les amateurs d'Art Nouveau et d'Art Déco, un tour chez **Galleria Tornabuoni** s'impose, alors qu'**Ugo Poggi** offre une sélection de porcelaine. **Ugolini** et **Mosaico di Pitti** réalisent des tables et des encadrements en marqueterie de marbre.

LIVRES ET CADEAUX

Feltrinelli International vend des publications en plusieurs langues, tandis qu'**Edison** propose des livres, magazines et cartes en anglais. Pour la reliure et le papier marbré fait main, deux arts typiques de Florence, les meilleures adresses sont **Il Torchio** et **Il Papiro**. Pour la terre cuite et la céramique, **Sbigoli Terracotte** ; pour les chandeliers et les objets en verre décoratifs, **Bottega dei Cristalli**.
Signum vend des cartes postales, des posters et des estampes, tandis que **Mandragora** possède un large choix de cadeaux.

ALIMENTATION ET MARCHÉS

Le principal marché alimentaire de Florence est le marché couvert **Mercato Centrale** *(p. 295)*, mais on peut aussi trouver des étals de fruits et légumes sur le **Mercato di Sant'Ambrogio**. Le mardi matin, un vaste marché se tient à **Parco delle Cascine**. **Pegna** est un mini-supermarché qui vend des produits frais et offre une vaste sélection de plats gastronomiques. La **Bottega dell'Olio** propose de l'huile d'olive toscane extra, des huiles parfumées aux épices, ainsi que des cadeaux. Chez **Dolceforte**, on trouve des souvenirs en chocolat en forme de Duomo et de statue de David. **Alessi** se distingue par son choix considérable de biscuits et chocolats, de vins, spiritueux et liqueurs raffinés. Chez **Procacci**, on peut déguster un verre de vin italien tout en choisissant des mets délicats.

ADRESSES

VÊTEMENTS

Armani
Via de' Tornabuoni 48-50r.
Plan 1 C5 & 5 C2.
Tél 055 21 90 41.

Casa dei Tessuti
Via dei Pecori 20-24r.
Plan 1 C5 & 6 D2.
Tél 055 21 59 61.

Coin
Via dei Calzaiuoli 56r.
Plan 6 D3.
Tél 055 28 05 31.

Dolce & Gabbana
Via dei Strozzi 12-18r.
Plan 1 C5 & 5 C3.
Tél 055 28 10 03.

Gucci
Via de' Tornabuoni 73r.
Plan 1 C5 & 5 C2.
Tél 055 26 40 11.

Intimissimi
Via dei Calzaiuoli 99r.
Plan 3 C1 & 6 D3.
Tél 055 230 26 09.

Louis Vuitton
Piazza degli Strozzi 1.
Plan 3 C1.
Tél 055 26 69 81.

The Mall
Via Europa 8,
Leccio Reggello.
Tél 055 865 77 75.

La Perla
Via della Vigna
Nuova 17-19.
Plan 3 B1 & 5 B3.
Tél 055 21 70 70.

Prada
Via de' Tornabuoni 67r.
Plan 1 C5 & 5 C2.
Tél 055 28 34 39.

La Rinascente
Piazza della
Repubblica 1.
Plan 1 C5 & 6 D3.
Tél 055 21 91 13.

Taf
Via Por Santa
Maria 17r.
Plan 3 C1 & 6 D4.
Tél 055 239 60 37.

Valentino
Via della Vigna
Nuova 47r.
Plan 3 B1 & 5 B3.
Tél 055 29 31 42.

Versace
Via de' Tornabuoni
13-15r.
Plan 1 C5 & 5 C2.
Tél 055 28 26 38.

Yves Saint-Laurent
Via de' Tornabuoni 29r.
Plan 1 C5 & 5 C2.
Tél 055 28 40 40.

CHAUSS. ET ART. DE MAROQUINERIE

Bata
Via dei Calzaiuoli 110r.
Plan 3 C1 & 6 D2.
Tél 055 21 16 24.

Beltrami
Via de' Tornabuoni 48r.
Plan 1 C5 & 5 C2.
Tél 055 28 77 79.

Il Bisonte
Via del Parione 31r.
Plan 1 C5 & 5 C3.
Tél 055 21 57 22.

Coccinelle
Via Por Santa Maria 49r.
Plan 3 C1 & 6 D4.
Tél 055 239 87 82.

Ferragamo
Via de' Tornabuoni 14r.
Plan 1 C5 & 5 C2.
Tél 055 29 21 23.

Francesco
Via di Santo Spirito 62r.
Plan 3 B1 & 5 A4.
Tél 055 21 24 28.

Furla
Via de' Calzaiuoli 47r.
Plan 3 C1 & 6 D3.
Tél 055 238 28 83.

Peppe Peluso
Via del Corso 5-6r.
Plan 3 C1 & 6 D3.
Tél 055 26 82 83.

Romano
Via Porta Rossa 14r.
Plan 1 C5 & 5 C3.
Tél 055 28 96 88.

Scuola del Cuoio
Piazza di Santa Croce 16.
Plan 3 C1 & 6 F4.
Tél 055 24 45 33.

BIJOUX

Aprosio & Co
Via di Santo Spirito 11.
Plan 3 B1 & 5 B4.
Tél 055 29 05 34

Bulgari
Via de' Tornabuoni 61r.
Plan 1 C5 & 5 C3.
Tél 055 23 96 786.

Parenti
Via de' Tornabuoni 93r.
Plan 1 C5 & 5 C2.
Tél 055 21 44 38.

Pomellato
Via de' Tornabuoni
89-91r.
Plan 1 C5 & 5 C2.
Tél 055 28 85 30.

Torrini
Piazza del
Duomo 10r.
Plan 2 D5 & 6 D2.
Tél 055 230 24 01.

ART ET ANTIQUITÉS

Ducci
Lungarno Corsini 24r.
Plan 3 B1 & 5 B3.
Tél 055 21 91 37.

Galleria Tornabuoni
Via dei Tornabuoni 74r.
Plan 1 C5 & 5 C3.
Tél 055 28 47 20.

Mosaico di Pitti
Piazza de' Pitti 16-18r.
Plan 3 B2 & 5 B5.
Tél 055 28 21 27.

Romanelli
Lungarno degli
Acciaiuoli 74r.
Plan 3 C1 & 5 C4.
Tél 055 239 66 62.

Ugo Poggi
Via degli Strozzi 26r.
Plan 1 C5 & 5 C3.
Tél 055 21 67 41.

Ugolini
Lungarno degli
Acciaiuoli 66-70r.
Plan 3 C1 & 5 C4.
Tél 055 28 49 69.

LIVRES ET CADEAUX

La Bottega dei Cristalli
Via dei Benci 51r.
Plan 3 C1 & 6 F4.
Tél 055 234 48 91.

Edison
Piazza della
Repubblica 27r.
Plan 1 C5 & 6 D3.
Tél 055 21 31 10.

Feltrinelli Int.
Via Cavour 12-20r.
Plan 2 D4.
Tél 055 21 95 24.

Mandragora
Piazza del Duomo 9r.
Plan 2 D5 & 6 D2.
Tél 055 29 25 59.

Il Papiro
Piazza del Duomo 24r.
Plan 2 D5 & 6 D2.
Tél 055 28 16 28.

Sbigoli Terracotte
Via Sant'Egidio 4r.
Plan 6 F2.
Tél 055 247 97 13.

Signum
Borgo dei Greci 40r.
Plan 3 C1 & 6 E4.
Tél 055 28 06 21.

Il Torchio
Via de' Bardi 17.
Plan 3 C2 & 6 D5.
Tél 055 234 28 62.

ALIMENTATION ET MARCHÉS

Alessi
Via delle Oche 27r.
Plan 3 C1 & 6 D2.
Tél 055 21 49 66.

Bottega dell'Olio
Piazza del Limbo 2r.
Plan 3 C1 & 6 D4.
Tél 055 267 04 68.

Dolceforte
Via della Scala 21.
Plan 1 C5 & 5 B2.
Tél 055 21 91 16.

Mercato Centrale
Via dell'Ariento 10-14.
Plan 1 C4 & 5 C1.

Mercato di Sant'Ambrogio
Piazza Sant'Ambrogio.
◖ lun.-sam. 7 h-14 h.
Plan 4 F1.

Parco delle Cascine
Piazza Vittorio Veneto.
◖ mar. matin

Pegna
Via dello Studio 26r.
Plan 6 E2.
Tél 055 28 27 01.

Procacci
Via de' Tornabuoni 64r.
Plan 1 C5 & 5 C2.
Tél 055 21 16 56.

ATLAS DES RUES DE FLORENCE

L es références cartographiques données dans les
articles décrivant les
monuments de Florence renvoient aux plans de cet atlas.
S'il y a deux références, la
seconde (entre parenthèses)
renvoie aux plans agrandis 5 et
6. La carte ci-dessous précise
la zone couverte par chacun
des six plans de l'atlas. Ils vous
permettront aussi de situer hôtels

(p. 576-578), restaurants
(p. 626-629) et adresses utiles
grâce aux références données
dans les *Bonnes adresses* et
les *Renseignements pratiques* à la fin de ce guide. Il
existe à Florence une double
numérotation des rues. Les chif-
fres en rouge correspondent à
des adresses professionnelles,
ceux en noir ou en bleu à des
résidences privées.

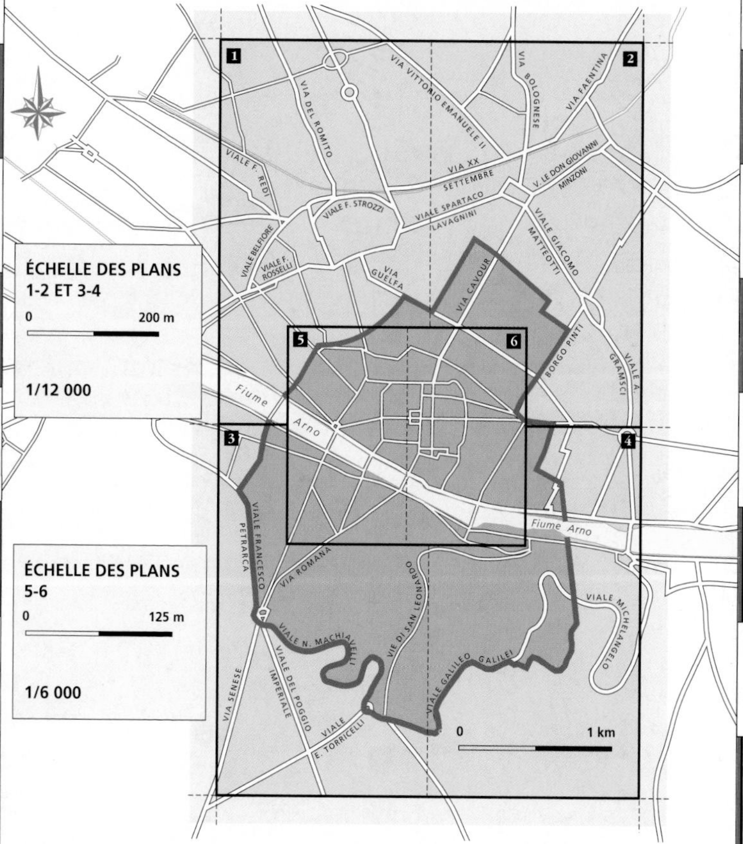

**ÉCHELLE DES PLANS
1-2 ET 3-4**

0   200 m

1/12 000

**ÉCHELLE DES PLANS
5-6**

0   125 m

1/6 000

0   1 km

LÉGENDE DE L'ATLAS DES RUES

Site exceptionnel	Information touristique	Bureau de poste
Site intéressant	Hôpital de garde	Voie ferrée
Gare	Poste de police	Murs d'enceinte
Terminus d'autobus	Église	Rue piétonne
Parc de stationnement	Synagogue	

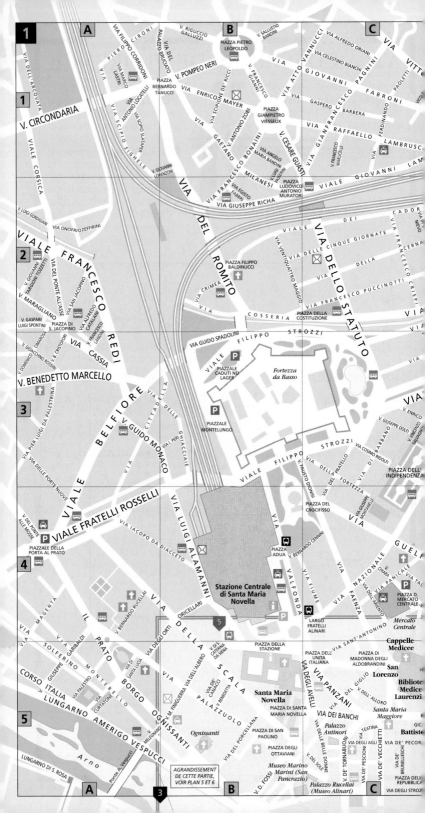

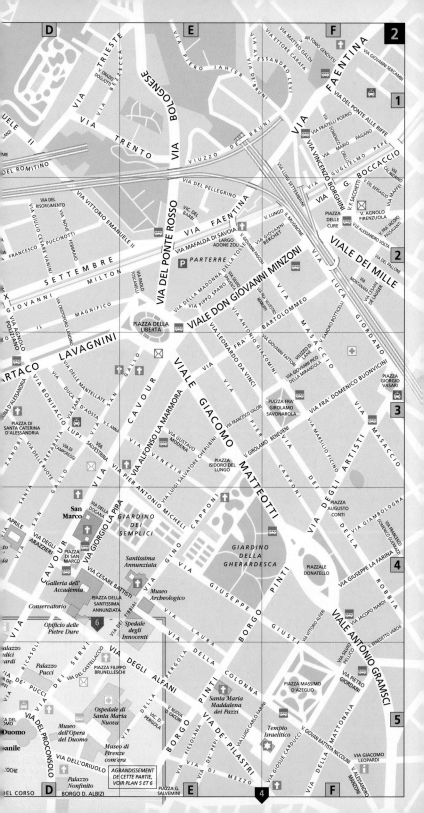

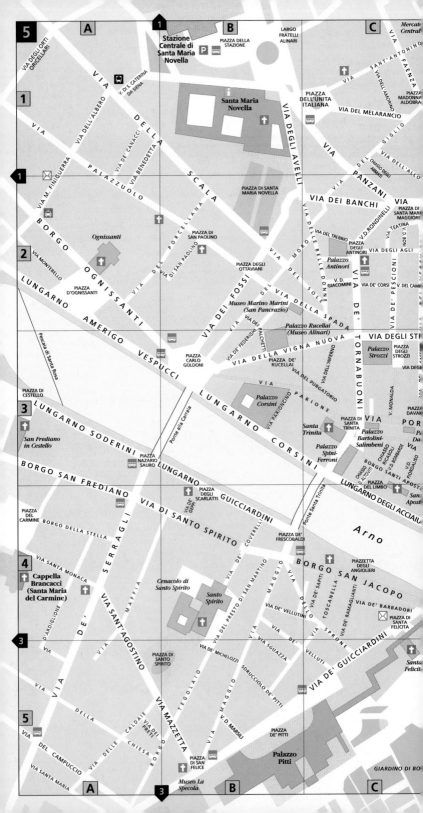

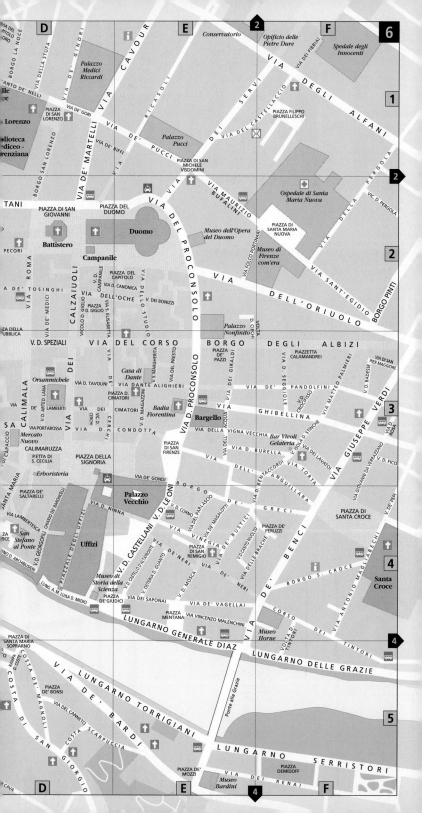

TOSCANE

Peu d'endroits au monde offrent au visiteur autant d'harmonie dans les paysages ruraux et de richesses artistiques et historiques que la Toscane. Le présent y respecte le passé au point que de nombreux villages perchés ont conservé des vestiges de leurs enceintes étrusques. En ville, de majestueux édifices publics rappellent le temps où chaque cité était un État indépendant.

Hameaux et fermes isolées parsèment les vignobles et les oliveraies des collines toscanes, où châteaux et villas fortifiées portent le témoignage des guerres entre communes voisines qui déchirèrent l'Italie pendant le Moyen Âge. Les villes ont hérité de cette époque des personnalités marquées et un farouche esprit de concurrence qui se reflètent dans leurs traditions et les monuments ambitieux érigés sur leur grand-place.

Au nord et à l'ouest, l'industrie domine la région densément peuplée qui s'étend entre Florence et Lucques. Fertiles, les plaines se prêtent à la culture intensive au pied de montagnes s'élevant jusqu'à 2 000 m d'altitude, tandis que sur le littoral jalonné de stations balnéaires, les environs de Livourne et de Pise sont devenus le moteur économique de la Toscane. Marqué d'influences maures, le magnifique ensemble d'édifices du Campo dei Miracoli rappelle que Pise domina la Méditerranée occidentale du XIe au XIIIe siècle.

Cœur de la Toscane centrale, Sienne a gardé quasiment intact l'aspect qu'elle avait lorsqu'elle passa sous la domination de sa vieille ennemie, Florence, en 1455. À quelques kilomètres, San Gimignano reste dominée par 13 tours médiévales. Elle en possédait 73 au XIIIe siècle.

Ses beautés naturelles ont de tout temps attiré ermites et saints dans l'est de la Toscane, où naquit et travailla le peintre Piero della Francesca (v. 1416-1492), auteur d'une œuvre à la piété lumineuse.

Le temps paraît s'être arrêté à Casole d'Elsa près de San Gimignano en Toscane centrale

◁ La tour penchée (entreprise en 1173) s'élève derrière le Duomo de Pise (entrepris en 1063)

À la découverte de la Toscane

Les villes toscanes : Florence, Sienne et Pise, mais aussi Lucques, Cortone et Arezzo, abritent certains des plus grands trésors artistiques d'Italie, tandis qu'au cœur de paysages ruraux particulièrement harmonieux se nichent des villages médiévaux comme San Gimignano et ses célèbres tours, ou un joyau Renaissance tel que Pienza. Des plages du littoral aux sommets des Alpes Apuanes, la nature présente elle aussi une grande diversité.

LA TOSCANE D'UN COUP D'ŒIL

Cortone dans l'est de la Toscane

VOIR AUSSI

- **Hébergement** p. 578-582
- **Restaurants** p. 629-632

Cyprès caractéristiques des paysages toscans

0   25 m

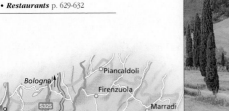

Piancaldoli
Firenzuola
Marradi
Bologna
ello
S325
Vernio
S632
Barberino
di Mugello
Scarperia
Borgo San Lorenzo
San Godenzo
PISTOIA
S65
Dicomano
S67
10 PRATO
S310
Monte Falterona
△ 1654m
ta
Campi
Bisenzio
Rufina
Eremo di Camaldoli
13 FIESOLE
11 ARTIMINO
Florence
Pontassieve
Badia
Prataglia
Empoli
Bagno a Ripoli
Poppi
Bibbiena
Sestino
Impruneta
N MINIATO
San Casciano in
Val di Pesa
Figline
Valdarno
Loro Ciuffenna
Pieve Santo Stefano
Castelfiorentino
S69
Subbiano
S3b
S429
Certaldo
Greve
Montevarchi
Anghiari
15 SANSEPOLCRO
T O S C A N A
Monterchi
SAN
ANO **24**
Poggibonsi
Radda
in Chianti
14 AREZZO
S73
Colle di Val d'Elsa
Capannole
LTERRA
d'Elsa
23 MONTERIGGIONI
Monte San
Savino
S71
Castiglion Fiorentino
cina
narance
22 SIENA
21 CRETE SENESI
16 CORTONA
rderello
Rosia
Monteroni
d'Arbia
Asciano
S326
Foiano della
Chiana
Terontola
ano
te
m
26 SAN GALGANO
Sinalunga
Torrita
di Siena
Perugia
ntieri
Buonconvento
PIENZA
S73
S223
19
18 MONTEPULCIANO
MASSA
MARITTIMA
20 MONTALCINO
Chianciano
Terme
17 CHIUSI
ana
Roccastrada
Roma
Civitella Marittima
Piazze
Gavorrano
Paganico
Cinigiano
Radicofani
Montepescali
Monte Amiata
△ 1738m
Vetulonia
Santa Fiora
Castell'Azzara
Roccalbegna
M
A
R
E
Grosseto
Monte Civitella
1107m
di
to
SOVANA
Sorano
Alberese
Scansano
Saturnia
29
S74
arina di
lberese
Magliano in
Toscana
30 PITIGLIANO
31
Manciano
Talamone
Albegna
S74
Albinia
e di
to
S1
Capalbio
Santo Stefano
Roma
32
Orbetello
Porto Ercole
MONTE
ARGENTÁRIO

CIRCULER

Les routes de campagne se révèlent souvent sinueuses, mais des autoroutes ou des routes à double voie relient Florence, pôle des réseaux routiers et ferroviaires toscans, à Sienne, Pise, Lucques et le Sud. Sur le littoral, l'autoroute A 12 - E 80 prolonge la via Aurélia. Le train dessert les agglomérations les plus importantes.

LÉGENDE

▬▬	Autoroute
▬▬	Route principale
▬▬	Route secondaire
═══	Petite route
▬▬	Parcours pittoresque
──	Liaison ferroviaire principale
──	Liaison ferroviaire secondaire
▬▬	Frontière régionale
△	Point de vue

Carrara ➊

Massa Carrara. 🏠 70 000. 🚈 🚌
ℹ️ *Piazza Cesare Battisti N1 (0585 64
14 22).* 🔲 *lun.*

Près de trois cents carrières
autour de Carrare produisent
le marbre blanc qui a rendu la
cité célèbre dans le monde
entier. Parmi les nombreux
artistes à l'avoir utilisé au fil
des siècles, Michel-Ange y
sculpta son *David* et Henry
Moore (1898-1986) ses
silhouettes à la frontière entre
l'abstrait et la figuration.
Exploité depuis l'antiquité,
c'est le plus ancien site
industriel dont l'activité ne
connut aucune interruption.
Plusieurs ateliers et scieries
accueillent en ville les
visiteurs, offrant l'occasion de
découvrir les méthodes de
façonnage de la pierre. Pour
en apprendre plus sur les
techniques utilisées, vous
pourrez également vous rendre
au **museo civico del Marmo**.

Le **Duomo** de Carrare dresse
sa façade romano-gothique en
marbre local décorée d'une
rosace délicate sur la même
place que la maison où résidait
Michel-Ange quand il venait

Carrière de marbre près de Carrare

acheter les blocs où tailler ses
statues. Un relief représentant
les outils du sculpteur permet
de la reconnaître.

Des services réguliers
d'autobus conduisent aux
marbrières de **Colonnata** et de
Fantiscritti (pour les rejoindre
en voiture, il suffit de suivre
les panneaux indiquant « Cave
di Marmo »). La carrière de
Frantiscritti possède un petit
musée consacré à l'art du
carrier.

🏛️ **Museo Civico del Marmo**
Viale XX Settembre. *Tél 0585 84
57 46.* 🔲 *lun.-sam.*

Garfagnana ➋

Lucca. 🚈 🚌 *Castelnuovo di
Garfagnana.* ℹ️ *Piazza delle Erbe 1,
Castelnuovo di Garfagnana (0583
651 69 or 0583 64 42 42).*

Trois gros bourgs constituent
de bonnes bases d'exploration
de cette région montagneuse
traversée par la jolie et paisible
vallée du Serchio : **Barga,
Seravezza** et **Castelnuovo di
Garfagnana**. Avec son Duomo
roman et ses rues pittoresques,
Barga est la plus jolie de ces
localités, mais les alentours de
Castelnuovo offrent plus de
possibilités d'excursions en
voiture ou de randonnées à
pied. **San Pellegrino in Alpe**
possède un intéressant musée
consacré au folklore, le **Museo
Etnografico**, dont la visite
complète celle de la collection
d'essences alpines de l'**Orto
Botanico Pania di Corfino** au
siège du **parco
dell'Orecchiella**.

À l'ouest, une autre réserve
naturelle, le Parco Naturale
delle Alpi Apuane, protège la
faune et la flore des Alpes
Apuanes autour du monte
Pisanino, point culminant de la
région à 1 945 m d'altitude.

🏛️ **Museo Etnografico**
Via del Voltone 15, San Pellegrino in
Alpe. *Tél 0583 64 90 72.* 🔲 *mar.-
dim. ; t.l.j. : juil.-août.* 🖼️

🌿 **Parco dell'Orecchiella**
Centro Visitatori, Orecchiella.
Tél 0583 61 90 02. 🔲 *Pâques-mai,
15-30 sept. : sam.-dim. ; juin-sept. :
t.l.j. ; oct. : dim.* ♿

🌿 **Orto Botanico Pania
di Corfino** Parco dell'Orecchiella.
Tél 0583 64 49 11. 🔲 *dim. : mai-
sept. ; t.l.j. : juil.-août.*

Le Parco Naturale delle Alpi Apuane à la limite de la Garfagnana

Café en bord de mer à Viareggio

Bagni di Lucca ❸

Lucca. 🏘 *7 400*. 🚌 **ℹ** *Via Umberto I 3 (0583 88 88 81).* 🛒 *mer. et sam.*

Il existe partout en Toscane des sources d'eaux chaudes qu'exploitèrent les Romains pour offrir des thermes où se détendre aux vétérans installés dans les colonies comme celles qui devinrent Florence et Sienne. C'est au début du XIXᵉ siècle que Bagni di Lucca connut son heure de gloire quand aristocrates et grandes fortunes de l'Europe entière venaient profiter des vertus thérapeutiques de ses eaux sulfureuses. Son **casino**, construit en 1837, date de cette époque, tout comme son **église** néo-gothique (1839) sur la via Crawford et le **Cimitero Anglicano** (cimetière protestant) de la via Letizia.

À défaut d'y venir pour une cure, vous pouvez, depuis Bagni di Lucca, découvrir les forêts de châtaigniers des collines environnantes. Un bel itinéraire de promenade conduit ainsi à Montefegatesi, hameau cerné par les sommets des Apennins, puis au défilé spectaculaire de l'Orrido di Botri.

Aux environs :
Située au sud-est de Bagni di Lucca, **Montecatini Terme** fait partie des stations thermales les plus intéressantes de la région, notamment grâce aux édifices pittoresques bâtis au début du XXᵉ siècle qui lui donnent un charme désuet

Viareggio ❹

Lucca. 🏘 *55 000*. **FS** 🚌 **ℹ** *Viale Carducci 10 (0584 96 22 33).* 🛒 *jeu.*

Sa plage de sable fin, ses pinèdes magnifiques et la douceur de son climat font de Viareggio la station balnéaire la plus appréciée, aussi bien en hiver qu'en été, du littoral de la Versilia. Un incendie détruisit en 1917 la promenade et les pavillons en bois qui bordaient son front de mer. On les remplaça par d'élégants édifices Art nouveau, tel le **Gran Caffè Margherita** dessiné par le prolifique Galileo Chini. Ils servent de décor à de nombreuses manifestations, dont un célèbre carnaval.

Torre del Lago Puccini ❺

Lucca. 🏘 *11 000*. **FS** 🚌
ℹ *Viale Kennedy 2 (0584 35 98 93).* 🛒 *ven. et dim.*

Une avenue plantée de tilleuls, la via dei Tigli, relie Viareggio à Torre del Lago Puccini où le compositeur de *La Bohème*, Giacomo Puccini (1858-1924), vécut près du **lago Massaciuccoli** afin de s'adonner à sa passion, la chasse au gibier d'eau. Sa maison abrite le **museo Villa Puccini**. Il y repose avec sa femme dans un mausolée entre la salle de musique où il composait et la pièce où il gardait son fusil. Il ne pourrait plus utiliser son arme aujourd'hui, le lac, où nidifient oiseaux migrateurs et espèces rares, étant classé réserve zoologique. Ses opéras sont donnés en été dans un théâtre de verdure au bord de l'eau.

🏛 Museo Villa Puccini
Piazzale Belvedere Puccini 226.
Tél *0584 34 14 45.* ⬜ *t.l.j.* ⚫ *nov.*
♿ ♿

Près de la villa de Puccini à Torre del Lago Puccini

Lucques pas à pas ❻

Colonie romaine fondée en 180 av. J.-C., Lucques reste
marquée par ses origines antiques : ses rues
forment toujours un quadrillage régulier et
sa place principale s'étend à l'emplacement
du forum. L'église San Michele in Foro qui
la domine n'est que l'un des nombreux
sanctuaires chrétiens construits à
Lucques aux XIIᵉ et XIIIᵉ siècles dans le
riche style romano-pisan. Les solides
remparts qui entourent la ville la protègent
désormais de la circulation.

Casa di Puccini
*Giacomo Puccini
(1858-1924), le
compositeur de
La Bohème,
naquit dans
cette maison.*

Piazza Napoleone
*Sœur de Napoléon, Elisa
Baciocchi fit percer cette
place lorsqu'elle dirigea
Lucques de 1805 à 1815.*

Information
touristique

San Frediano
Palazzo Pfanner

Gare

★ **San Michele
in Foro**
*Trois rangs
d'arcades aux
colonnes toutes
différentes animent
l'extraordinaire
façade de cette
église romano-
pisane (XIIᵉ -
XIVᵉ siècles).*

San
Giovanni

**Le museo
dell'Opera del
Duomo** présente
des œuvres d'art
retirées de la
cathédrale San
Martino.

À NE PAS MANQUER

★ San Martino

★ San Michele
in Foro

LÉGENDE

– – – – Itinéraire conseillé

0   300 m

MODE D'EMPLOI

🏙 *100 000.* 🚆 *Piazza Ricasoli.*
🚌 *Piazzale Verdi.* ℹ️ *Piazza
Santa Maria 35 (0583 91 99 31).*
🍴 *mer., sam., 3ᵉ dim. du mois :
marché aux antiquités.* 🎭 *12 juil. :
Palio della Balestra ; juil.-sept. :
Estate Musicale ; 13 sept. : Luminara
di S. Croce ; sept. : Settembre
Lucchese* **www**.luccaturismo.it

Anfiteatro Romano

Dans via Fillungo,
une rue
commerçante,
plusieurs
boutiques
portent
des décorations Art
nouveau.

Torre dei Guinigi

Villa Bottoni

Pinacoteca Nazionale

Giardino Botanico

San Martino
*a façade asymétrique du
uomo (xiᵉ s.) de Lucques offre
n exemple caractéristique de
xubérant style romano-pisan.*

Apôtres de la mosaïque ornant la façade de San Frediano à Lucques

🔒 San Frediano

Piazza San Frediano. ⬜ *t.l.j.*
Une fresque colorée de
l'*Ascension* exécutée par
l'atelier de Berlinghieri au
XIIIᵉ siècle orne la façade de ce
sanctuaire construit entre 1112
et 1147. Le bas-côté droit
abrite une imposante fontaine
lustrale romane dont les
décorations sculptées
représentent des scènes des
vies du Christ et de Moïse.
Notez celle où le prophète et
ses compagnons franchissent
la mer Rouge en tenues de
chevaliers médiévaux. Les
fresques d'Amico Aspertini
(1508-1509), dans la deuxième
chapelle du bas-côté gauche,
relatent la légende du Volto
Santo, relique gardée au
Duomo. Jacopo della Quercia
et son atelier sculptèrent le
superbe retable en marbre qui
orne la quatrième chapelle.

🔒 San Michele in Foro

Piazza San Michele. ⬜ *t.l.j.*
Bâtie du XIIᵉ au XIVᵉ siècle à
l'emplacement de l'ancien
forum romain, San Michele
possède une des plus
exubérantes façades de style
romano-pisan de Toscane.
Une immense statue de saint
Michel, entouré de deux
anges, surmonte ses arcades
et galeries au décor très
païen : mosaïques de marbre
représentant des scènes de
chasse et chapiteaux sculptés
de figures animales et
végétales. L'intérieur présente

peu d'intérêt en dehors d'une
splendide peinture de
Filippino Lippi (1457-1504) :
*Sainte Hélène, saint Jérôme,
saint Sébastien et saint Roch.*

🏛 Casa di Puccini

Via di Poggio. **Tel** *0583 58 40 28.*
⬜ *t.l.j. (oct.-mai : mar.-dim.).* 🎟
La belle maison du XVᵉ siècle
où naquit Giacomo Puccini
est consacrée à sa mémoire
et contient des portraits, des
maquettes de costumes pour
ses opéras et le piano sur
lequel il composait sa
dernière œuvre, *Turandot,*
quand la mort le surprit.

🏛 Via Fillungo

La principale rue
commerçante de Lucques, qui
s'enfonce au cœur de la vieille
ville depuis le portone dei
Borghi, longe l'Anfiteatro
Romano et conduit jusqu'à
San Cristoforo, église romano-
gothique du XIIIᵉ siècle.
Plusieurs des boutiques qui
la bordent sont décorées
de ferronneries Art nouveau.

L'un des nombreux bars et
magasins de la via Fillungo

À la découverte de Lucques

Protégée derrière ses remparts Renaissance de l'agitation du monde moderne, Lucques offre un réseau de ruelles et de placettes où les édifices et le site d'un amphithéâtre romain évoquent son long passé.

Des maisons marquent l'emplacement de l'amphithéâtre de Lucques

∩ Anfiteatro Romano
Piazza del Mercato.
Il ne reste quasiment rien des pierres de l'amphithéâtre romain édifié ici au IIᵉ siècle av. J.-C., car elles ont servi à construire palais et églises, mais son souvenir se maintient dans la forme elliptique de la piazza del Mercato dont la bordure de maisons, élevées au Moyen Âge contre les murs du monument, a laissé libre l'emplacement de l'arène. Cet ovale n'apparut toutefois clairement qu'en 1830 quand Marie-Louise de Bourbon, alors souveraine de la ville, fit nettoyer les taudis qui s'y serraient. Situés aux quatre points cardinaux, les accès à la piazza continuent d'occuper l'emplacement des portes qu'empruntaient les gladiateurs.

🏛 Museo dell'Opera del Duomo
Piazza Antelminelli 5. **Tél** 0583 49 05 30.
⬤ t.l.j. (lun.-ven. : matin seul.)
Installé dans l'ancien palais de l'archevêché (XIVᵉ siècle), ce musée présente une collection d'œuvres provenant de la cathédrale San Martino, notamment une tête de roi

🔒 SAN MARTINO
Piazza San Martino. **Tél** 0583 95 70 68. ⬤ t.l.j.
Sacristie
Consacrée en 1070, l'extraordinaire cathédrale de Lucques, au campanile incrusté dans la façade, est ornée aux portails principaux de splendides reliefs du XIIIᵉ siècle par Nicola Pisano et Giudetto da Como. À l'intérieur, le Tempietto abrite une toile du Tintoret et le Volto Santo, un crucifix en bois du XIIIᵉ siècle qu'on croyait jadis sculpté du temps du Christ.

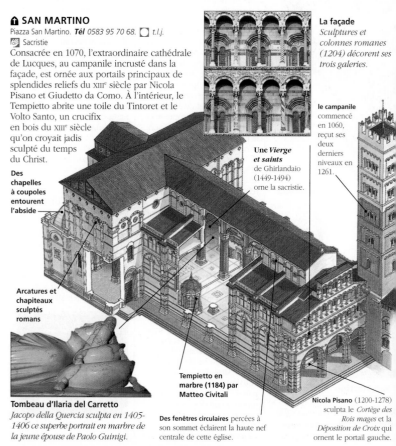

La façade
Sculptures et colonnes romanes (1204) décorent ses trois galeries.

le campanile commencé en 1060, reçut ses deux derniers niveaux en 1261.

Une *Vierge et saints* de Ghirlandaio (1449-1494) orne la sacristie.

Des chapelles à coupoles entourent l'abside

Arcatures et chapiteaux sculptés romans

Tombeau d'Ilaria del Carretto
Jacopo della Quercia sculpta en 1405-1406 ce superbe portrait en marbre de la jeune épouse de Paolo Guinigi.

Tempietto en marbre (1184) par **Matteo Civitali**

Des fenêtres circulaires percées à son sommet éclairent la haute nef centrale de cette église.

Nicola Pisano (1200-1278) sculpta le *Cortège des Rois mages* et la *Déposition de Croix* qui ornent le portail gauche.

Dieux et déesses baroques dans le jardin du palazzo Pfanner

sculptée au XIᵉ siècle qui ornait la façade originale, une cassette en porcelaine de Limoges du XIIᵉ siècle sans doute destinée à une relique de saint Thomas et un chef-d'œuvre d'orfèvrerie : la Croce di Pisani exécutée par Vincenzo di Michele en 1411. Le Christ rédempteur y est entouré d'anges, de la Vierge et de saints.

🏛 Palazzo Pfanner

Gardens *Tél* *340 923 30 85.*
⊙ *t.l.j. mai-oct. ; nov.-fév. sur r.v.*
Le palazzo Pfanner est un édifice imposant construit en 1667. Il possède l'un des plus beaux jardins à la française de Toscane, visible aussi depuis les remparts. Des statues baroques de déesses et de dieux romains, séparées par des citronniers plantés dans d'énormes pots en terre cuite, bordent son allée centrale.

La maison renferme une riche collection de costumes de cour des XVIIIᵉ et XIXᵉ siècles. Beaucoup sont en soie, matière dont la production et le commerce assurèrent la prospérité de Lucques.

🏛 Remparts

Une double rangée d'arbres ombrage l'enceinte fortifiée de Lucques dont le sommet constitue un très agréable circuit de promenade offrant de superbes vues de la ville. La construction de ces remparts commença vers 1500 quand l'évolution de l'art militaire rendit les vieilles défenses médiévales inefficaces. À l'achèvement des travaux en 1645, les fortifications faisaient partie des plus sophistiquées de leur époque. Elles dominaient un espace dégagé afin d'interdire à un éventuel ennemi d'approcher à couvert et celui-ci existe toujours aujourd'hui. L'enceinte n'a toutefois jamais subi d'attaque et Marie-Louise de Bourbon l'aménagea en jardin public au début du XIXᵉ siècle.

D'imposants remparts entourent Lucques depuis le XVIIᵉ siècle

⛪ Santa Maria Forisportam

Piazza di Santa Maria Forisportam.
⊙ *t.l.j.*
Bâtie au XIIᵉ siècle hors de l'enceinte romaine, cette église dont le nom signifie « au-delà de la porte » possède une façade inachevée de style romano-pisan. Un relief du *Couronnement de la Vierge* (XVIIᵉ siècle) orne son portail principal. Un remaniement au début du XVIᵉ siècle éleva la hauteur des nefs. Le Guerchin (1591-1666) peignit le portrait de *Sainte Lucie* et l'*Assomption* qui ornent respectivement la quatrième chapelle du bas-côté sud et le transept nord. C'est un sarcophage paléochrétien qui sert de fonts baptismaux.

🏛 Museo Nazionale di Villa Guinigi

Via della Quarquonia. *Tél 0583 49 60 33.* ⊙ *mar-dim. (dim. mat. seul.)*
⊙ *1er janv. 1er mai, 25 déc.*
La puissante famille des Guinigi régna sur Lucques aux XIVᵉ et XVᵉ siècles et assura son indépendance face aux Médicis. Plusieurs édifices évoquent son souvenir, dont la torre dei Guinigi de 41 m de hauteur. Un petit jardin où poussent des chênes rouvres occupe son sommet qui offre une vue superbe de la ville et des Alpes Apuanes.

Lion roman au museo nazionale Guinigi

C'est en 1418 que Paolo Guinigi fit construire l'imposante villa Renaissance où s'est installé le musée national. Les vestiges d'une mosaïque romaine ainsi que des lions romans retirés des remparts ornent le jardin. Le rez-de-chaussée abrite les pièces archéologiques et les sculptures, dont un remarquable *Ecce homo* par le Lucquois Matteo Civitali (1435-1501) et des reliefs romans provenant de plusieurs églises. La collection de meubles et de peintures du premier étage comprend deux tableaux d'autel de Fra Bartolomeo et des stalles de la cathédrale de Lucques ornées de vues de la ville (1529) en marqueterie.

Pise ➐

Incrustation de marbre, façade du Duomo

Au Moyen Âge, la puissance de sa flotte assura à Pise la domination de la Méditerranée occidentale. Commerçant avec l'Espagne et l'Afrique du Nord, ses marchands introduisent en Italie les découvertes et les réalisations du monde musulman. Elles permettent l'édification du Duomo, du campanile (la tour penchée) et du baptistère. En 1284, la défaite de Pise face à Gênes marque le début de son déclin. L'envasement de l'estuaire de l'Arno l'accélère et Florence s'empare de la ville en 1405. En 1944, ce sont des bombardements alliés qui entraînent des destructions.

Détail de la chaire du Duomo

Gracieux contrepoint à la cathédrale, le baptistère circulaire fut entrepris en 1152 dans le style roman. Après une longue interruption due à un manque d'argent, sa construction reprit en 1260 dans le style gothique sous la direction de Nicola et Giovanni Pisano. Le premier sculpta la magnifique chaire en marbre (1260) ornée, au-dessus de statues allégoriques des Vertus, de reliefs de la *Nativité*, de l'*Adoration des Mages*, de la *Présentation au Temple*, de la *Crucifixion* et du *Jugement dernier*. Les fonts baptismaux (1246) sont de Guido da Como.

⛪ Camposanto

Piazza dei Miracoli. *Tél* 050 56 05 47. ⏱ t.l.j. ⬤ 1er jan., 25 déc.
Le « Champ Saint », ou cimetière, est le quatrième élément de l'ensemble formé par les bâtiments du Campo dei Miracoli. Entreprises en 1278 par Giovanni di Simone, les vastes arcades de ce long édifice rectangulaire renferment des sarcophages antiques et paléochrétiens. Les bombardements de 1944 ont gravement endommagé les fresques qui les ornaient, en particulier celles du *Triomphe de la Mort* (1360-1380).

Le baptistère, le Duomo et la tour penchée du Campo dei Miracoli de Pise

⛪ Tour penchée

Voir p. 316. **www**.opapisa.it (réservation) ☞ der. visite 30 mn av. la ferm. Enfant admis à partir de 8 ans. ✍

🔒 Duomo et baptistère

Piazza Duomo. *Tél* 050 56 05 47.
⏱ t.l.j. (Duomo ap.-m. seul. le dim.).
www.opapisa.it
La célèbre tour penchée de Pise posée sur le Campo dei Miracoli (Champ des Miracles) était à l'origine le campanile du Duomo commencé un siècle avant elle en 1063 par l'architecte Buscheto qui repose dans un sarcophage sous l'arcade la plus à gauche de la

façade du sanctuaire. Décorée de marqueteries polychromes, celle-ci possède trois portails aux vantaux de bronze exécutés par l'atelier de Jean de Bologne. Ceux du portale di San Ranieri qui ouvre sur le transept sud sont l'œuvre (1180) de Bonanno Pisano, premier architecte de la tour penchée. Parmi les plus admirables éléments du décor intérieur figurent la chaire sculptée par Giovanni Pisano entre 1302 et 1311, le tombeau de l'empereur Henri VII (1315) par Tino da Camaino et la mosaïque de l'abside, achevée par Cimabue en 1302.

Fresque du *Triomphe de la Mort* au Camposanto

Santa Maria della Spina au bord de l'Arno

MODE D'EMPLOI

 100 000. ✈ *Galileo Galilei 5 km au sud.* ⬛ *Pisa Centrale, Pza della Stazione.* 🚌 *Pza Sant' Antonio.* ℹ *Pza Duomo (050 56 04 64); Pza Vittorio Emanuele 16 (050 422 91).* 🛒 *mer., sam.* 🎉 *17 juin : Regata di San Ranieri ; der. dim. de juin : Gioco del Ponte. .* **www**.pisa.turismo.toscana.it

🔒 Santa Maria della Spina

Lungarno Gambacorti. **Tél** *055 321 54 46.* ⬜ *mar.-dim. (nov.-fév. : a.-m. seul.).* Près du ponte Solferino, les flèches, pinacles et statues qui hérissent la toiture de cette charmante chapelle romano-gothique en font un reliquaire des plus appropriés pour l'épine de la couronne du Christ *(spina)* qu'elle renferme depuis le XIVᵉ siècle. Bâtie à l'origine à l'embouchure de l'Arno, Santa Maria fut démontée et reconstruite sur ce site à l'abri des crues du fleuve en 1871.

🏛 Museo dell'Opera del Duomo

Piazza del Duomo 6.
Tél *050 56 05 47.* **Tél** *t.l.j.*
Installé dans l'ancien chapitre (XIIIᵉ siècle) de la cathédrale, cet excellent musée moderne rassemble des œuvres d'art provenant du Duomo, du baptistère et du Camposanto. On peut y voir un imposant griffon en bronze coulé au Xᵉ siècle par des artisans maures et volé par des aventuriers pisans. De beaux chapiteaux corinthiens et des panneaux décorés d'arabesques en mosaïque de marbre témoignent de la double influence romaine et islamique, aux XIIᵉ et XIIIᵉ siècles. Le musée renferme également une section archéologique (objets étrusques, romains et égyptiens) et des sculptures par Nicola et Giovanni Pisano, notamment, de ce dernier, une *Vierge à l'Enfant* (1300) en ivoire réalisée pour le maître-autel du Dôme.

Griffon en bronze du Xᵉ siècle

aperçu général des arts pisans et florentins du XIIᵉ au XVIIIᵉ siècle. Consacrée à la sculpture et aux peintres primitifs toscans, l'exposition des premières salles permet d'admirer un polyptyque du XIVᵉ siècle du Pisan Francesco Traini représentant des *Scènes de la vie de saint Dominique*, ainsi qu'une *Vierge et saints* (1321) du Siennois Simone Martini. La *Madonna del Latte*, statue de la Vierge allaitant l'Enfant, est attribuée à Andrea Pisano.

La salle 6 abrite certaines des plus belles œuvres du musée comme le *Saint Paul* (1426) de Masaccio, le buste reliquaire de *Saint Lussorio* (1424-1427) par Donatello et une lumineuse *Vierge à l'Enfant* par Gentile da Fabriano (v. 1370-1427). Les dernières salles présentent des peintures par Guido Reni, Benozzo Gozzoli, Rosso Fiorentino et un *Christ* attribué à Fra Angelico (v. 1395-1455).

🏛 Museo Nazionale di San Matteo

Lungarno Mediceo, Piazza San Matteo 1.
Tél *050 54 18 65.* ⬜ *mar.-dim. 9 h-19 h (dim. : matin seul.).*
Au bord de l'Arno, ce musée occupe l'ancien couvent de San Matteo à l'élégante façade gothique. Souvent mal étiquetées et installées dans des salles dont plusieurs ne portent pas de numéro, ses collections offrent néanmoins une occasion rare d'avoir un

🏛 Piazza dei Cavalieri

La prestigieuse Scuola Normale Superiore de l'université de Pise occupe le grand bâtiment qui dresse sa façade ornée d'exubérants *sgraffiti* noirs et blancs au nord de la place des Chevaliers. C'était au Moyen Âge l'hôtel de ville, ou palazzo degli Anziani, mais Cosme Iᵉʳ commanda en 1562 à Vasari sa transformation en quartier général de l'ordre des Chevaliers de Saint-Étienne qu'il venait de fonder. Pietro Francavilla sculpta en 1596 la statue équestre de Cosme qui se dresse devant l'église Santo Stefano dei Cavalieri (1565-1569), œuvre de Vasari au superbe plafond.

Vierge et saints (1321) par Simone Martini au Museo Nazionale

La tour penchée de Pise

Leurs fondations peu profondes et la composition du sol, sensible aux variations d'humidité, ont fait pencher tous les édifices du Campo dei Miracoli. Mais aucun ne penche comme la *Torre pendente*. Commencé en 1173, ce campanile pencha avant même l'achèvement de son troisième étage. On interrompit sa construction pendant 90 ans. Celle-ci ne fut achevée qu'au milieu du XIVe siècle par l'ajout du clocheton d'où Galilée put effectuer ses expériences sur la chute des corps. Après de récentes interventions pour réduire son inclinaison (38 cm), la tour est à nouveau ouverte au public.

Galilée
(1564-1642)

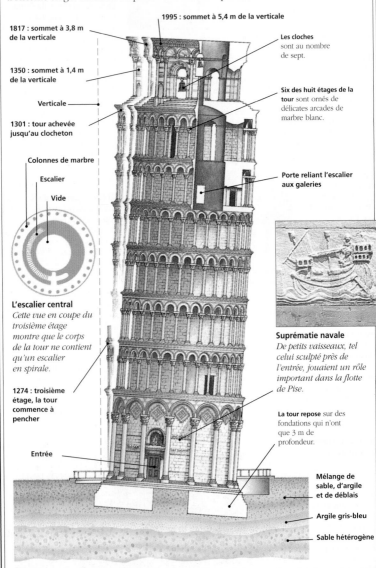

1995 : sommet à 5,4 m de la verticale

1817 : sommet à 3,8 m de la verticale

1350 : sommet à 1,4 m de la verticale

Verticale

1301 : tour achevée jusqu'au clocheton

Colonnes de marbre

Escalier

Vide

Les cloches sont au nombre de sept.

Six des huit étages de la tour sont ornés de délicates arcades de marbre blanc.

Porte reliant l'escalier aux galeries

L'escalier central
Cette vue en coupe du troisième étage montre que le corps de la tour ne contient qu'un escalier en spirale.

1274 : troisième étage, la tour commence à pencher

Entrée

Suprématie navale
De petits vaisseaux, tel celui sculpté près de l'entrée, jouaient un rôle important dans la flotte de Pise.

La tour repose sur des fondations qui n'ont que 3 m de profondeur.

Mélange de sable, d'argile et de déblais

Argile gris-bleu

Sable hétérogène

Vinci 8

Dans le village natal de Léonard de Vinci (1452-1519), un château du XIIIᵉ siècle restauré en 1952 abrite le **Museo Leonardiano**, musée souvent bondé le dimanche. Réalisées à partir de croquis présentés à côté, de nombreuses maquettes des inventions du maître de la Renaissance, notamment une bicyclette, un véhicule blindé et des skis pour marcher sur l'eau, rendent hommage à son génie.

🏛 Museo Leonardiano
Castello dei Conti Guidi.
Tél 0571 560 55. t.l.j.

Bicyclette d'après des dessins de Léonard, Museo Leonardiano

Pistoia 9

93 000. FS **i** Palazzo dei Vescovi, Piazza del Duomo (0573 216 22). mer. et sam.

Les habitants de Pistoia gardent une réputation de fourberie dont les origines remontent aux luttes entre *Bianchi* et *Neri* (blancs et noirs) qui déchirèrent la ville au XIIIᵉ siècle. Beaucoup périrent d'un coup de pistola, petite dague dont les artisans de la cité s'étaient fait une spécialité. C'est aujourd'hui l'industrie mécanique qui est le moteur de la vie économique de Pistoia, mais la cité a conservé un beau centre historique.

🛡 Duomo
Piazza del Duomo. t.l.j.
Face au baptistère octogonal achevé en 1359, l'imposant campanile (XIIIᵉ siècle) et la façade en marbre de la cathédrale romano-pisane de Pistoia dominent la piazza del Duomo. Des terres cuites

Détail d'une frise (1514-1525) par Giovanni della Robbia, ospedale del Ceppo

d'Andrea della Robbia décorent son portique (1311) et le tympan du portail central.
Le sanctuaire renferme plusieurs monuments funéraires. Dans le bas-côté droit, celui du poète Cino da Pistoia est orné d'un relief (1337) le montrant en train de donner une lecture. Non loin, une grille ferme la chapelle Saint-Jacques dont l'autel en argent comprend 628 personnages représentés sous forme de bas-reliefs ou de figurines. Commencé en 1287, ce chef-d'œuvre ne fut achevé qu'en 1456. Brunelleschi, qui débuta comme orfèvre avant de se consacrer à l'architecture, y travailla.

🛡 Ospedale del Ceppo
Piazza Giovanni XXIII.
Hospice et orphelinat fondé en 1277, cet établissement porte le nom du tronc d'arbre creux qui servait au Moyen Âge à recueillir les offrandes faites aux œuvres de bienfaisance. Michelozzo dessina le portique décoré de panneaux en terre cuite par Giovanni della Robbia représentant *Sept œuvres de miséricorde* (1514-1525).

Façade romano-pisane du Duomo (San Zeno) de Pistoia

🛡 Cappella del Tau
Corso Silvano Fedi 70.
Tél 0573 322 04. lun. -sam. matin.
Le nom de cette chapelle vient du T (tau en grec) symbolisant une béquille que portaient sur leur soutane les moines appartenant à un ordre de bienfaisance qui commandèrent sa construction. Elle renferme des fresques de la *Création* et de la *Vie de saint Antoine* (1370) par Niccolò di Tommaso. Deux portes plus bas, le **palazzo Tau** abrite un centre de documentation sur l'artiste Marino Marini (1901-1980).

La Chute (1372) par Niccolò di Tommaso, cappella del Tau

🛡 San Giovanni Fuorcivitas
Via Cavour. t.l.j.
Cette église romano-pisane commencée au XIIᵉ siècle et achevée au XIVᵉ se trouvait jadis, comme son nom l'indique, hors des murs de la ville. Gruamonte sculpta en 1162 le relief roman représentant *La Cène* au linteau du portail.
De nombreuses œuvres d'art décorent l'intérieur. Giovanni Pisano (1245-1320) exécuta les Vertus cardinales ornant la vasque du bénitier, et Fra Guglielmo da Pisa les scènes du Nouveau Testament (1270) de la chaire. Le polyptyque (1355) à gauche du maître-autel est de Taddeo Gaddi.

Prato **10**

🏛 170 000. 🚌 **ℹ** *Piazza delle Carceri 15 (0574 241 12).* 🛍 *lun.*

Malgré les ateliers et usines de textiles qui le cernent, le centre de Prato a conservé de beaux bâtiments anciens. Le **Duomo** (1211) est flanqué de la chaire de la Sainte-Ceinture (1434-1438) dessinée par Donatello et Michelozzo. Tous les ans, on y présente la relique que la Vierge aurait remise à saint Thomas. À l'intérieur se trouvent un cycle de fresques (1392-1395) par Agnolo Gaddi et la *Vie de Saint-Jean-Baptiste* de Fra Filippo Lippi.

Parmi les autres monuments à visiter figurent le **Museo Civico**, l'église **Santa Maria delle Carceri** dessinée par Giuliano da Sangallo, le **castello dell'Imperatore** bâti par Frédéric II en 1237, le **museo del Tessuto** (musée du Tissu) et le **Centro per l'Arte Contemporanea Pecci**.

🏛 Museo Civico
Palazzo Pretorio, Piazza del Comune. **Tél** *0574 61 63 02.* 🔴 *pour restauration.*

♣ Castello dell'Imperatore
Piazza delle Carceri. 🔲 *mer.-lun.*

🏛 Centro per l'Arte Contemporanea Pecci
Viale della Repubblica 277. **Tél** *0574 53 17.* 🔲 *mer.-dim.* 🈺 www.centropecci.it

🏛 Museo del Tessuto
Via Santa Chiara 24. **Tél** *0574 61 15 03.* 🔲 *lun., mer.-sam. a.-m., dim. matin.*

Madonna del Ceppo de Fra Filippo Lippi au Museo Civico de Prato

La Villa di Artimino, ou « villa des 100 cheminées », de Buontalenti

Artimino **11**

Prato. 🏛 *400.* 🚌

Exemple typique de hameau fortifié, ou *borgo*, Artimino offre de beaux panoramas et possède une église romane, **San Leonardo**, remarquablement préservée. Hors des murs, Buontalenti édifia en 1594 pour Ferdinand Ier la **villa di Artimino**. Aussi appelée « villa des cent cheminées », elle abrite le **Museo Archeologico Etrusco**.

Aux environs : Les admirateurs de l'œuvre du Pontormo (1494-1557) se doivent de visiter l'église **San Michele** de Carmignano, à 5 km au nord d'Artimino, pour y contempler sa *Visitation* (1530). Plus à l'est, à **Poggio a Caiano**, se trouve la villa construite en 1480 par Giuliano da Sangallo pour Laurent le Magnifique *(p. 253).* C'était la première villa italienne de style Renaissance. Ses appartements ornés de fresques se visitent.

🏨 Villa di Artimino
Viale Papa Giovanni 23. **Villa Tél** *055 875 14 27.* 🔲 *by appt.* **Musée Tél** *055 87 18 24.* 🔲 *t.l.j. 9 h 30-12 h 30* 🈺

🏨 Poggio a Caiano
Piazza Medici. **Tel** *055 87 70 12.* 🔲 *mar.-dim.* 🈺 ♿

San Miniato **12**

Pisa. 🏛 *3 900.* 🚌 **ℹ** *Piazza del Popolo 3 (0571 427 45).* 🛍 *mar..*

Malgré la proximité de la conurbation industrielle de la vallée de l'Arno, cette petite ville a réussi à préserver son caractère. Les ruines de la forteresse *(rocca)* élevée par l'empereur Frédéric II (1194-1250) la dominent. Non loin, le **Museo Diocesano** présente la *Vierge à la Sainte-Ceinture* par Andrea del Castagno (v. 1417-1457), un buste du Christ en terre cuite attribué à Verrocchio (1435-1488) et une belle *Crucifixion* (v. 1430) par Filippo Lippi. Le **Duomo** possède une façade romane en briques du XIIe siècle. Des incrustations de majolique y rappellent les rapports commerciaux qui existaient au Moyen Âge entre la Toscane et l'Espagne et l'Afrique du Nord. Elles pourraient représenter les constellations servant de points de repère aux navigateurs.

🏛 Museo Diocesano
Piazza Duomo. **Tél** *0571 41 82 71.* 🔲 *mar.-dim. 10 h-13 h, 15 h-19 h (18 h nov.-mars).* 🈺

Façade du Duomo de San Miniato

Fiesole **13**

Florence. 🏛 *15 000.* 🚌 **ℹ** *Via Portigiani 3/5 (055 59 87 20).* 🛍 *sam.*

Niché dans des collines plantées d'oliviers, le village de Fiesole, réputé pour la salubrité de son air, domine la vallée de l'Arno à 8 km au nord de Florence. Fondée au VIIe siècle av. J.-C., la colonie étrusque originale commença à décliner après la création de Florence au Ier siècle av. J.-C.

L''imposant campanile du **Duomo**, la cathédrale San Remolo, se dresse sur la place

Fiesole vu depuis la via di San Francesco

centrale, la piazza Mino da Fiesole. Entrepris en 1028, le sanctuaire de style roman possède un intérieur dépouillé aux colonnes coiffées de chapiteaux antiques. Derrière l'église s'étend un jardin archéologique qui renferme les vestiges d'un **théâtre romain** du Iᵉʳ siècle av. J.-C., des traces de **fortifications étrusques** du IVᵉ siècle av. J.-C. et le **museo Faesulanum** dont les collections comprennent des sculptures, des céramiques et des bijoux remontant pour les plus anciens à l'âge du bronze.

Montée abrupte, la via di San Francesco offre de beaux points de vue et conduit au monastère franciscain de **San Francesco** et à la basilique **Sant'Alessandro** qui recèle derrière une façade néo-classique un intérieur roman du IXᵉ siècle.

La via Vecchia Fiesolana rejoint le hameau de **San Domenico**. Son église du XVᵉ siècle renferme une *Vierge avec saints* par Fra Angelico. Celui-ci peignit également vers 1430 la *Crucifixion* du réfectoire du couvent. La via della Badia dei Roccettini descend ensuite à la **Badia Fiesolana** dont la façade Renaissance inachevée incorpore celle, plus petite et incrustée de marbre, de l'ancienne église romane.

🏛 **Museo Faesulanum**
Via Portigiani 1. **Tél** 055 594 77.
🕐 t.l.j. (oct.-mars : du mer.-lun.).

Arezzo ⓮

🏠 92 000. 🚌 ℹ️ *Piazza della Repubblica 82 (0575 377 678).* 🛒 *sam.*

L'orfèvrerie qu'elle exporte dans toute l'Europe fait d'Arezzo l'une des plus riches cités de Toscane. Malgré d'importants dommages subis pendant la dernière guerre, elle conserve quelques monuments extraordinaires, en particulier l'église **San Francesco** qu'ornent les célèbres fresques peintes par Piero della Francesca *(p. 330-331)*. Non loin, la **Pieve di Santa Maria** dresse sur le corso Italia, principale rue commerçante de la ville, une façade romane qui fait partie des plus ouvragées de Toscane. Derrière, la **Piazza Grande** marque une pente raide. Une élégante arcade dessinée par Vasari en 1573 la borde au nord, tandis qu'à l'ouest le **palazzo della Fraternità dei Laici** (1377-1552)

porte un relief de la *Vierge* sculpté en 1434 par Bernardo Rossellino.

L'immense **Duomo** mérite une visite pour ses vitraux du XVIᵉ siècle et la fresque de *Marie-Madeleine* par Piero della Francesca (1416-1492) qui se trouve près du tombeau de l'évêque Guido Tarlati mort en 1327. Le **museo del Duomo** présente trois crucifix en bois datant des XIIᵉ et XIIIᵉ siècles, un bas-relief en terre cuite de l'*Annonciation* (1434) par Bernardo Rossellino et des fresques par Vasari (1512-1574). D'autres œuvres de ce dernier s'admirent à la **casa di Vasari** qu'il édifia en 1540 ainsi qu'au **museo d'Arte Medioevale e Moderna**, réputé pour sa remarquable collection de majoliques.

La **Fortezza Medicea**, ruine d'une forteresse édifiée par Antonio da Sangallo le Jeune au XVIᵉ siècle, offre un beau panorama.

🏛 **Museo del Duomo**
Piazzetta del Duomo 13. **Tél** 0575 239 91. 🕐 jeu.-sam. mat. sur r.-v. 📷

🏠 **Casa di Vasari**
Via XX Settembre 55. **Tél** 0575 40 90 40. 🕐 mer.-lun. 📷

🏛 **Museo d'Arte Medioevale e Moderna**
Via di San Lorentino 8. **Tél** 0575 40 90 50. 🕐 mar.-dim. 📷

♟ **Fortezza Medicea**
Parco il Prato. **Tél** 0575 37 76 78. 🕐 t.l.j.

Marché aux antiquités sur la Piazza Grande d'Arezzo (tous les mois)

Arezzo : San Francesco

Piero della Francesca peignit de 1452 à 1466 dans l'abside de cette église du XIIIᵉ siècle son chef-d'œuvre : *La Légende de la Sainte Croix*. Ce cycle de fresques, l'un des plus beaux d'Italie, raconte comment la Croix, taillée dans l'arbre de la connaissance dont un fruit tenta Adam, fut découverte près de Jérusalem par l'impératrice Hélène, puis servit d'emblème à son fils Constantin lors de la bataille où se joua en 312 le sort de l'Empire romain et de la chrétienté.

Groupe de spectateurs
Ces personnages s'agenouillent devant Héraclius, vainqueur du Perse Chosroês.

Déterrement de la Croix
La représentation de Jérusalem donne une bonne image d'Arezzo au XVᵉ siècle.

La croix revient à Jérusalem

CLÉ DES FRESQUES

1 La Mort d'Adam ; un rameau de l'arbre de la connaissance est planté sur sa tombe ; **2** La Rencontre de Salomon et de la reine de Saba ; la reine prédit qu'un pont fait de l'arbre de la connaissance servira à crucifier le plus grand roi du monde ; **3** Salomon, se croyant le plus grand roi du monde, fait enterrer le pont ; **4** L'Annonciation ; la composition en croix de la fresque évoque la mort du Christ ; **5** Constantin rêve de la Croix et entend une voix prononcer : « Par ce signe tu conquerras » ; **6** Constantin défait son rival Maxence ; **7** Le Supplice du Juif Judas ; il révèle l'emplacement de la Croix ; **8** Trois croix sont déterrées ; Hélène, mère de Constantin, reconnaît la vraie ; **9** La Défaite de Chosroês, roi perse qui avait dérobé la Croix ; **10** La Croix revient à Jérusalem.

La défaite de Chosroês rend aux chrétiens la Croix dérobée par les Perses.

Judas révèle l'emplacement de la Croix.

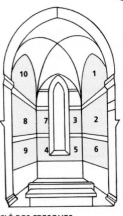

Crucifix peint
Le crucifix peint du XIIIᵉ siècle forme le point focal des fresques. Saint François, à qui l'église est dédiée, prie au pied de la Croix.

La Mort d'Adam

Ce portrait expressif d'Adam et Ève âgés témoigne de la maîtrise de l'anatomie par l'un des premiers artistes à peindre des personnages nus.

MODE D'EMPLOI

P. San Francesco. **Tél** 0575 35 27 27
rés. oblig. ☐ lun.-sam. 9 h -18 h
(17 h 30 sam.), 13 h-17 h 30
dim. ☐ 1er janv., 25 déc. 🚻 📷 ♿

Les prophètes ne semblent pas jouer de rôle dans le cycle narratif mais juste remplir une fonction décorative.

Les édifices, dans la fresque, reflètent les goûts architecturaux de la Renaissance

Le bois de la Croix est enterré.

Constantin
rêve de la Croix la veille de la bataille contre Maxence.

Constantin conduit sa cavalerie à la bataille.

La reine de Saba reconnaît le bois de la Croix.

Rencontre de Salomon et de la reine de Saba

Elle symbolise l'espoir nourri au XVe siècle d'une union des Églises catholiques d'Orient et d'Occident.

La Résurrection (1463) de Piero della Francesca
à Sansepolcro

Sansepolcro ⓯

Arezzo. 🚶 16 000. 🚌 **ℹ** *Via
Matteotti 8 (0575 74 05 36).*
🗓 *mar., sam.*

Sansepolcro est la ville natale
de Piero della Francesca
(v. 1416-1492) et son **Museo
Civico** expose le *Polyptyque de
la Miséricorde*, première œuvre
importante de l'artiste, et la
célèbre *Résurrection* (1463). Ne
pas manquer non plus une
Crucifixion (XVᵉ siècle) par
Luca Signorelli et, à l'église **San
Lorenzo**, la *Déposition de
Croix* du maniériste Rosso
Fiorentino (1494-1541).
   À 13 km au sud-ouest de
Sansepolcro, le musée de
Monterchi abrite la *Madonna
del Parto* (1460) de Piero della
Francesca.

🏛 **Museo Civico**
Via Aggiunti 65. *Tél 0575 73 22 18.*
◯ *t.l.j.* ● *jours fériés.* 📷 🎫

Cortone ⓰

Arezzo. 🚶 23 000. 🚉 🚌 **ℹ** *Via
Nazionale 42 (0575 63 03 52).* 🗓 *sam.*

Ville perchée fondée par les
Étrusques, Cortone a gardé à
l'intérieur de ses remparts un
dédale de ruelles
moyenâgeuses que dominent
des bâtiments anciens tels que
le **Palazzo Comunale** (XIIIᵉ-
XVᵉ siècles) sur la piazza
Signorelli. Le **museo
dell'Accademia Etrusca** borde
également cette place. Il possède
de belles pièces étrusques et une

collection d'objets
égyptiens et
romains. Installé
dans l'église du
Gesù (XVIᵉ siècle),
le petit **Museo
Diocesano**
présente
notamment une
Crucifixion par
Piero Lorenzetti
(v. 1280-1348),
une sublime
Annonciation
(v. 1434) par Fra
Angelico et une
*Déposition de
Croix* (1502) par
Luca Signorelli. Né
à Cortone, ce
dernier repose
dans l'église **San
Francesco** bâtie
en 1245 et décorée d'une
Annonciation baroque, la
dernière œuvre de Pierre de
Cortone (1596-1669).
   À un quart d'heure à
pied du centre, l'église de
la **Madonna del
Calcinaio** est un
joyau de la
Renaissance
construit en 1485
par Francesco di
Giorgio Martini
pour abriter une
peinture
miraculeuse. Les
vitraux (XVIᵉ siècle)
sont de Guillaume
Marcillat.

🏛 **Museo dell'Accademia
Etrusca**
Palazzo Casali, Piazza Signorelli 9.
Tél 0575 63 04 15. ◯ *t.l.j. (sauf
lun. en hiver).* 📷

🏛 **Museo Diocesano**
Piazza del Duomo 1. *Tel 0575 628
30.* ◯ *mar.-dim.* 📷

*Le Palazzo Comunale
(XIIIᵉ siècle) de Cortone*

Chiusi ⓱

Siena. 🚶 10 000. 🚉 🚌 **ℹ** *Piazza
Duomo 1 (0578 22 76 67).* 🗓 *mar.*

Ville essentiellement moderne
aujourd'hui, Chiusi fut une
importante cité étrusque qui
atteignit le faîte de sa
puissance aux VIIᵉ et VIᵉ siècles
av. J.-C. *(p. 41).* Les
nombreuses tombes qui
parsèment la campagne
environnante rappellent cette
époque glorieuse. Les
sarcophages et les urnes
funéraires de toutes formes
(maisons, silhouettes
humaines, etc.) exposés au
Museo Nazionale Etrusco en
proviennent. On peut s'y
inscrire pour une visite guidée
de la nécropole.
   Cathédrale romane
incorporant des colonnes et
des chapiteaux antiques, le
Duomo est décoré de
peintures murales (1887) par
Arturo Viligiardi. Sous le
maître-autel se trouve une
mosaïque romaine.
   Le cloître du
sanctuaire abrite le
**museo della
Cattedrale** qui
présente une
collection de
sculptures
romaines,
lombardes et
médiévales. Il
organise également
des visites des galeries
creusées sous la ville par les
Étrusques et transformées aux
IIIᵉ et Vᵉ siècles en catacombes
chrétiennes.

🏛 **Museo Nazionale Etrusco**
Via Porsenna 17. *Tél 0578 201 77.*
◯ *t.l.j. 9 h-20 h.* 📷 🎫

Frise étrusque au Museo Nazionale Etrusco de Chiusi

La piazza Pio II de Pienza dessinée par Bernardo Rossellino (1459)

🏛 **Museo della Cattedrale**
P. del Duomo. *Tél 0578 22 64 90.* 🔲
jeu. et sam. matin, dim. ; a.-m. l'été. 📷

Montepulciano ⑱

Siena. 🏠 *14 000.* 🚌 ℹ️ *Piazza don Minzoni 1 (0578 75 73 41).* 🚋 *jeu.*
www.prolocomontepulciano.it

Riche en palais Renaissance, voici l'une des villes fortifiées les plus hautes de Toscane ; elle offre de ses remparts de belles vues sur l'Ombrie et les vignobles d'où est issu le Vino Nobile qui a établi sa réputation. La rue principale, le corso, grimpe en sinuant jusqu'à la grand-place où s'élève le **Duomo** (1592-1630) qui abrite l'un des chefs-d'œuvre de l'école siennoise : l'*Assomption de la Vierge* (1401) de Taddeo di Bartoli. Belle église Renaissance, le **tempio di San Biagio** (1518-1534) borde la route de Pienza.

Pienza ⑲

Siena. 🏠 *2 300.* ℹ️ *Corso il Rossellino 59 (0578 74 90 71).* 🚋 *ven.*

Né en 1405 dans un village qui s'appelait encore Corsignano, Enea Silvio Piccolomini devint l'un des humanistes les plus renommés de son temps, puis fut élu pape sous le nom de Pie II en 1458. L'année suivante, il engageait Bernardo Rossellino pour transformer son lieu de naissance en une ville conforme aux idéaux de la Renaissance et digne de porter son nom. Entre 1459 et 1462, l'architecte et sculpteur

florentin éleva l'hôtel de ville, la cathédrale et le palais pontifical, ou **palazzo Piccolomini**, qui se dressent autour de la piazza Pio II. L'ambitieux projet s'arrêta là, mais ce centre urbain créé pour lui enchanta tant son commanditaire qu'il pardonna même à Rossellino les détournements de fonds dont il s'était rendu coupable.

Les descendants de la famille Piccolomini habitèrent jusqu'en 1968 le palais, aujourd'hui ouvert au public, et la chambre et la bibliothèque de Pie II contiennent toujours ses objets personnels. Une élégante cour intérieure donne accès à un jardin suspendu et à sa loggia qui offre un superbe panorama.

Le **Duomo** voisin *(p. 252)* souffre d'un affaissement à son extrémité orientale qui provoque des fissures dans le sol et les murs. Il renferme six *Vierge à l'Enfant* commandées aux plus

grands peintres siennois de l'époque. Les remparts forment un très agréable lieu de promenade.

🏛 **Palazzo Piccolomini**
Piazza Pio II. *Tel 0578 74 85 03.* 🔲 *mar.-dim. : mi déc.-mi nov.* ⚫ *mi-fév.-début mars.* 📷 🔲 *toutes les 30 mn.*

Montalcino ⑳

Siena. 🏠 *5 100.* 🚌 ℹ️ *Costa del Municipio 1 (0577 84 93 31).* 🚋 *ven.*

Les rues étroites de ce village perché au-dessus des vallées de l'Ombrone et de l'Asso grimpent jusqu'à la **fortezza** et ses remparts du XIVe siècle qui le dominent et où une enoteca propose les vins de la région, dont le Brunello, l'un des vins rouges les plus réputés d'Italie. Le temps paraît s'être arrêté à Montalcino qui offre un cadre charmant où se promener pour découvrir notamment le monastère de Sant'Agostino et son église du XIVe siècle, et juste le long le Palazzo Vescovile. Sur la piazza del Popolo, la tour du Palazzo Communale domine la ville.

🏰 **Fortezza**
Piazzale della Fortezza. *Tél 0577 84 92 11.* 📷 *pour les remparts.* **Enoteca** 🔲 *avril-oct. : t.l.j. 9 h-20 h ; nov-mars : mar.-dim. 9 h-18 h (sam.-dim. : jusqu'à 19 h 30).*

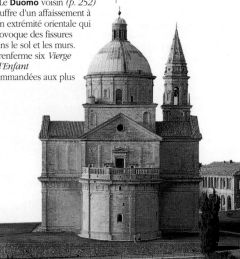

Le tempio di San Biagio à la périphérie de Montepulciano

Paysage du Crete Senesi

Crete Senesi ㉑

Asciano. **FS** 🚍 **ℹ** *Corso Matteotti 18 (0577 71 95 10).*

Au sud de Sienne s'étend la région connue sous le nom de Crete Senesi et surnommée le « désert toscan », car sans les haies de cyprès et de pins plantées pour protéger du vent quelques rares fermes isolées, ces collines argileuses ravinées par les pluies présenteraient des paysages souvent très désolés. Les troupeaux de brebis qui y paissent produisent le lait nécessaire à la fabrication du *pecorino*, fromage apprécié dans tout le pays.

Siena ㉒

Voir p. 338-343.

Monteriggioni ㉓

Siena. 🏠 *7 000.* 🚍 **ℹ** *Pro Loco (0577 30 48 10).* ☐ *juin-août.*

Ce bourg fondé en 1203 est un splendide exemple de village médiéval fortifié. Entouré de murailles dominées par quatorze puissantes tours, il gardait le territoire contrôlé par Sienne d'une éventuelle offensive florentine.

Le spectacle présenté par cette citadelle au Moyen Âge impressionna suffisamment Dante pour qu'il l'évoque dans son *Enfer* où il compare Monteriggioni à des géants debout dans un fossé. Il reste aujourd'hui tout aussi saisissant, en particulier lorsqu'on le découvre depuis la route de Colle di Val d'Elsa.

À l'intérieur de son enceinte, le village assoupi ne propose toutefois guère au visiteur qu'une vaste place, une jolie église romane, une ou deux boutiques d'artisanat, quelques restaurants et des magasins vendant les « Castello di Monteriggioni », vins locaux.

Aux environs :
À 3 km à l'ouest de Monteriggioni, **Abbadia dell'Isola**, ancienne église cistercienne (XIIᵉ siècle), connut une importante reconstruction au XVIIIᵉ siècle après l'effondrement de sa coupole. Elle abrite des fresques par Taddeo di Bartolo et Vincenzo Tamagni et un retable Renaissance.

San Gimignano ㉔

Voir p. 344-345.

Volterra ㉕

Pisa. 🏠 *13 000.* 🚍 **ℹ** *Via Giusto Turazza 2 (0588 861 50).* ☐ *sam.* **www.**volterra-toscana.net

Perché sur une éminence isolée à l'emplacement d'une ancienne ville étrusque, ce bourg médiéval offre une vue saisissante sur les collines qui l'entourent. Il doit sa réputation au travail de l'albâtre et à son musée archéologique, le **museo Guarnacci**, qui possède la plus riche collection étrusque d'Italie. Un ensemble unique de plus de 600 urnes funéraires en albâtre et en terre cuite en forme de cœur.

Sur la piazza dei Priori se dresse le **palazzo dei Priori**, siège du gouvernement au Moyen Âge. Entrepris en 1208, c'est le plus ancien palais toscan de ce modèle. Il est décoré de fresques du XIVᵉ siècle. Sur la piazza San Giovanni voisine, le **Duomo** romano-pisan renferme une chaire aux panneaux sculptés au XIIIᵉ siècle.

Détail de la chaire du Duomo de Volterra

Attribué à Antonio da Sangallo l'Ancien, le palazzo Minucci-Solaini (XVᵉ siècle) abrite la **Pinacoteca e Museo Civico** dont la collection comprend des œuvres d'artistes florentins comme le *Rédempteur et des saints* peint par Ghirlandaio en 1492 pour le monastère San Giusto, couvent qui dut être abandonné après un glissement de terrain. Luca Signorelli, dans sa *Vierge à l'Enfant avec des saints* (1451), rappelle par une frise à la base du trône sa dette à l'art romain. La composition de son *Annonciation* (1451) est d'un grand équilibre, alors que celle de la *Déposition* maniériste peinte par Rosso Fiorentino en 1521 est centrée sur le corps pâle et inanimé du Christ..

Monteriggioni, ville fortifiée magnifiquement préservée

Une épaisse forêt entoure les ruines de l'abbaye de San Galgano

🏛 **Museo Guarnacci**
Via Don Minzoni 15. **Tél** 0588 863
47. ⬭ t.l.j. ⬤ 1er jan., 25 déc. 📷

🏛 **Pinacoteca e Museo Civico**
Via dei Sarti 1. **Tél** 0588 875 80.
⬭ t.l.j. ⬤ 1er jan., 25 déc. 📷

San Galgano ㉖

Siena. 🚌 de Sienne. **Abbaye et
oratoire** ⬭ t.l.j.

Des moines cisterciens
édifièrent de 1224 à 1288 ce
sanctuaire gothique en briques
et travertin et, bien qu'il ait
perdu sa toiture au XVIIe siècle,
il garde, dans son cadre
sauvage et magnifique, une
aérienne majesté. Abandonné
en 1652, le site resta de
longues années désert, mais
une congrégation de
religieuses olivétaines restaure
actuellement le cloître et les
bâtiments monastiques
attenants à l'église en ruine.

Sur la colline dominant
l'abbaye, la **chapelle
Montesiepi** occupe depuis
1185 l'emplacement de
l'ermitage de saint Galgano.
Juste derrière la porte de
l'**oratoire** circulaire, une
poignée d'épée dépassant du
rocher rappelle la légende de
ce chevalier né en 1148 qui,
frappé par la futilité de son
existence paillarde, décida de
se tourner vers Dieu. Il voulut
briser son épée, mais, au lieu
de se rompre, elle s'enfonça
dans le rocher, signe, pour lui,

que le Seigneur approuvait sa
vocation. Il construisit une
hutte à l'emplacement du
miracle et y mourut en ermite
en 1181. Le pape Urbain III
canonisa Galgano en 1185, le
donnant en exemple à tous les
chevaliers de la chrétienté.

Des fresques estompées
d'Ambrogio Lorenzetti (1344)
décorent les murs de la petite
chapelle contre laquelle
s'appuie une échoppe
proposant, à côté de livres sur
l'histoire de la région, huile
d'olive, aromates, vins et
produits de toilette locaux.

Massa Marittima ㉗

Grosseto. 🏘 9 500. 🚌 ℹ Amatur,
Via Todini 3–5 (0566 90 27 56). 🛒 mer.

Située dans les collines
Métallifères d'où furent
longtemps extraits plomb,
cuivre et argent,
cette agréable
cité médiévale
n'offre pas le
triste visage
d'une ville
industrielle
malgré son
histoire liée à
l'activité minière.
République
indépendante de
1225 à 1335, elle
s'embellit
pendant cette
période d'édifices
romans tels que
le **Duomo**, sur la

piazza Garibaldi, dédié à saint
Cerbone dont un relief au
tympan du portail principal
raconte la légende. La
cathédrale abrite une *Maestà*
(v. 1316) attribuée à Duccio.

En partie installé dans une
ancienne galerie de mine, le
museo della Miniera présente
l'histoire de l'exploitation
minière, de ses techniques et
de son outillage.

Le **Museo Archeologico e
Museo d'Arte Sacra** rassemble
des objets datant du
paléolithique à l'époque
romaine. On peut voir aussi la
Fortezza Senese et la Torre
della Candeliera.

🏛 **Museo della Miniera**
Via Corridoni. **Tél** 0566 90 22 89. ⬭
pour 👥 mar.-dim. (t.l.j. : juil.-août). 📷

🏛 **Museo Archeologico
e Museo d'Arte Sacra**
Palazzo del Podestà, Piazza Garibaldi.
Tél 0566 90 22 89. ⬭ mar.-dim. 📷

Le Duomo et les toits de Massa Marittima

Colline dénudée dans le Crete Senesi au sud-est de Sienne ▷

Sienne pas à pas ㉒

**Emblème
d'une *contrada***

Comme Rome, Sienne est bâtie sur sept collines et cette caractéristique ajoute au plaisir de son exploration : à tout moment, on peut déboucher d'un labyrinthe de maisons médiévales pour découvrir la ville s'offrant tout entière au regard. Ses rues convergent vers la piazza del Campo, l'une des plus vastes places médiévales d'Europe, cœur de la cité et de ses 17 *contrade*, paroisses dont l'intense rivalité s'exprime deux fois par an à l'occasion de la course du Palio *(p. 341)*. Leurs emblèmes ornent partout enseignes et drapeaux.

Le Duomo de Sienne se détache sur l'horizon

Gare routière

Gare

La Via della Galluzza conduit à la maison de sainte Catherine.

Le baptistère abrite de belles fresques et des fonts sculptés par Donatello, Jacopo della Quercia et Ghiberti.

★ Duomo
Surmontées des bustes de 171 papes, des colonnes de marbre supportent la voûte peinte en bleu et parsemée d'étoiles dorées pour évoquer le ciel nocturne.

Chaque étage du campanile possède une fenêtre de plus que celui du dessous.

Museo dell'Opera del Duomo
La Maestà *de Duccio, l'une des plus belles peintures siennoises, fut portée en procession triomphale à son achèvement en 1311 et influença les artistes de la ville pendant des décennies.*

LÉGENDE

- - - Itinéraire conseillé

0   300 m

Loggia della Mercanzia

Marchands et changeurs de monnaie se retrouvaient pour leurs affaires sous cette arcade bâtie en 1417.

MODE D'EMPLOI

🏛 60 000. 🚇 *Piazzale Rosselli.* 🚌 *Piazza S. Domenico.* ℹ️ *Piazza del Campo 56 (0577 28 05 51).* 🛒 *mer.* 🎭 *2 juil., 16 août : Palio ; juil. : Settimana Musicale Chigiana (concerts de musique classique).* **www.** *terresiena.it*

La loggia del Papa fut construite en 1462 en l'honneur de Pie II.

VIA BANCHI DI SOTTO
VIA DI PANTANETO
VIA RINALDINA
VIA DEL PORRIONE
VIA DI SALICOTTO
PIAZZA DEL MERCATO
VIA DUPRE
PIAZZA DEL CAMPO

Information touristique

Fonte Gaia
Ces reliefs sont des copies (XIXᵉ siècle) des originaux par Jacopo della Quercia.

★ Palazzo Pubblico

La tour médiévale de ce gracieux hôtel de ville gothique achevé en 1342, la torre del Mangia, est la deuxième en hauteur d'Italie (102 m).

À NE PAS MANQUER

★ Duomo

★ Palazzo Pubblico

🏛 Piazza del Campo

La plus gracieuse piazza d'Italie occupe l'emplacement du forum antique et commença à prendre son aspect actuel en 1293 quand le conseil des Neuf qui veillait alors aux destinées de la ville décida de lui donner une vaste grand-place et acquit dans ce but un terrain en forme de coquillage. Pour entretenir le souvenir de ce gouvernement instauré au temps où la grandeur de Sienne assurait son indépendance, huit bandes claires partagent en neuf quartiers le pavage de briques rouges entrepris en 1327 et achevé en 1349. Elles symbolisent en outre les plis protecteurs du manteau de la Vierge.

Cafés, restaurants et palazzi élégants bordent la place que dominent le **Palazzo Pubblico** (1297-1342) et sa **torre del Mangia** élevée en 1348 *(p. 340)*. Par ses dimensions, cet ensemble imposant tend à éclipser la petite **fonte Gaia** qui leur fait face. Son bassin en marbre est orné de statues et d'une réplique des reliefs sculptés par Jacopo della Quercia entre 1409 et 1419. Ils représentent *La Création d'Adam*, une *Vierge à l'Enfant*, *Les Vertus* et *Adam et Ève chassés du Paradis*. Les originaux se trouvent depuis le XIXᵉ siècle sur la loggia à l'arrière du Palazzo Pubblico. L'eau de la fontaine provenant de collines situées à 25 km est transportée par un aqueduc depuis le XIVᵉ siècle.

Tambour du Palio de Sienne

La piazza del Campo et la fonte Gaia vus depuis la torre del Mangia

À la découverte de Sienne

Préservée, l'architecture de Sienne entretient le souvenir de l'âge d'or que connut la cité de 1260 à 1348, époque où elle rivalisait avec Florence. La piazza del Campo et le dédale de ruelles médiévales qui l'entoure constitue le meilleur point de départ pour la découvrir.

Les Effets du Bon Gouvernement **(1338)** *de Lorenzetti au Palazzo Pubblico*

▣ Palazzo Pubblico

Piazza del Campo 1. **Tél** *0577 29 22 63.* **Museo Civico & Torre del Mangia** ◯ *t.l.j.* 📷

Ce palais sert toujours de siège à la municipalité, mais le **Museo Civico** qui en occupe les étages supérieurs permet de visiter les salles où se réunissaient les gouvernements du Moyen Âge. La plus importante porte le nom de sala del Mappamondo car elle contient la carte du monde dessinée par Ambrogio Lorenzetti au début du XIVᵉ siècle. Une *Maestà* (Vierge en majesté) peinte en 1315 par Simone Martini, maître de l'école siennoise, en décore le mur gauche. En face, l'artiste a représenté en 1328 *Guidoriccio da Fogliano*. Ce portrait de condottiere en grand appareil est l'une des premières peintures profanes italiennes. Taddeo di Bartolo exécuta en 1470 les fresques de la *Vie de la Vierge* de la chapelle voisine dont les stalles (1428) possèdent des dossiers en marqueterie.

C'est dans la sala della Pace que l'on peut admirer les allégories d'Ambrogio Lorenzetti. Achevées en 1338, ces œuvres forment le plus important cycle de fresques à sujet séculier du Moyen Âge. La cité florissante des *Effets du Bon Gouvernement* s'oppose à la ruine causée par le *Mauvais Gouvernement*.

La décoration de la sala del Risorgimento date de la fin du XIXᵉ siècle et retrace les événements qui conduisirent à l'unification de l'Italie.

Dans la cour du palais s'ouvre l'entrée de la **torre del Mangia** érigée par les frères Muccio et Francesco di Rinaldo de 1338 à 1348. Haut de 102 m, ce beffroi doit son nom à son premier sonneur de cloche surnommé *Mangiaguadagni* (mangeur de bénéfice) à cause de sa paresse.

505 marches mènent au sommet et au splendide panorama qu'il offre.

▣ Santuario e Casa di Santa Caterina

Costa di Sant'Antonio. **Tél** *0577 24 73 93.* ◯ *t.l.j.*

Patronne de Sienne mais également de l'Italie depuis 1939, Catherine Benincasa (1347-1380) était la fille d'un teinturier. Elle eut sa première vision du Christ avant huit ans et reçut les stigmates de la Passion en 1374. Comme son homonyme, sainte Catherine d'Alexandrie, elle se serait fiancée à Jésus lors d'une apparition, image qui inspira de nombreux artistes. En 1376, elle réussit par son éloquence à persuader le pape Grégoire XI, alors en Avignon, de mettre fin au Grand Schisme en rentrant à Rome. Canonisée en 1461, sainte Catherine eut une grande influence par les textes qu'elle dicta, ne sachant pas écrire.

Des peintures évoquant sa vie, entre autres de ses contemporains Francesco Vanni et Pietro Sorri, décorent sa maison devenue un haut lieu de pèlerinage. Sanctuaires et cloîtres l'entourent, notamment l'église de la Crucifixion bâtie en 1623 dans le verger pour abriter un crucifix du XIIᵉ siècle devant lequel elle reçut les stigmates.

▣ Palazzo Piccolomini

Via Banchi di Sotto 52. **Tél** *0577 24 71 45.* ◯ *lun.-sam. matin.* ⬛ *1-15 août.*

Construit dans les années 1460 sur des plans de

Cloître de la Casa di Santa Caterina, maison natale de la sainte patronne de Sienne

l'architecte et sculpteur florentin Bernardo Rossellino *(p. 333)*, le plus imposant des palais privés de Sienne abrite désormais un musée des archives. Les documents présentés remontent pour certains au XIIIe siècle et comprennent un testament attribué à Boccace, le contrat passé par la ville avec Jacopo della Quercia pour la fonte Gaia *(p. 339)* et des bulles papales. Les plus intéressants demeurent toutefois les registres de comptabilité des responsables de la collecte des impôts. Ceux-ci commandèrent en effet pour les embellir, parfois à de grands artistes, des plaquettes de bois peintes aujourd'hui rassemblées dans la sala di Congresso.

🏛 **Pinacoteca Nazionale**
Via San Pietro 29. *Tél 0577 28 11 61.*
⬤ *t.l.j.* ⬤ *dim., lun. ap.-m.* 🎦 ♿

Détail du *Bienheureux Agostino Novello* (v. 1330) de Martini

Le palazzo Buonsignori (XIVe siècle) abrite une collection sans équivalent au monde de peintures de l'école de Sienne. Disposées par ordre chronologique du XIIIe siècle à la période maniériste (1520-1600), elles comprennent des œuvres majeures telles que la *Vierge des Franciscains* (1285) de Duccio, le panneau du *Bienheureux Agostino Novello* (v. 1330) de Simone Martini et les deux seuls paysages peints en Europe avant le XVe siècle : *Ville sur la mer* et *Château au bord d'un lac* d'Ambrogio Lorenzetti. Un tableau comme l'*Adoration des bergers* (1510) par Pietro da Domenico montre comment l'art resta influencé à Sienne par ses

L'extérieur austère de l'église San Domenico entreprise en 1226

racines byzantines bien après que le naturalisme de la Renaissance florentine se fut répandu en Europe.

🔒 **San Domenico**
Piazza San Domenico. ⬤ *t.l.j.*
Commencée en 1226, la construction de cette église gothique se poursuivit par étapes jusqu'en 1465. Le clocher date de 1340.

À l'intérieur, la ravissante chapelle Sainte-Catherine est décorée de fresques par le Sodoma (1526) représentant l'*Extase* et l'*Évanouissement* de la patronne de Sienne. Le reliquaire en marbre, sur l'autel, renferme la tête de la sainte. Son ami Andrea Vanni peignit vers 1380 le seul portrait fidèle de Catherine. Il orne la cappella delle Volte où elle reçut les stigmates.

LE PALIO DE SIENNE

La plus célèbre manifestation de Toscane doit son nom à la bannière de soie *(palio)* remportée par le vainqueur. Opposant 10 des 17 *contrade* (paroisses) de la ville tirées au sort chaque année, cette course de chevaux montés à cru se déroule le 2 juillet et le 16 août sur la piazza del Campo. Attestée dès 1283, elle pourrait être bien plus ancienne et tirer ses origines de l'entraînement des soldats romains. Un défilé en costume la précède où les porte-étendards rivalisent d'adresse. Si les courses elles-mêmes, qui attirent des milliers de spectateurs et donnent lieu à d'importants paris, ne durent que quatre-vingt-dix secondes, elles offrent le prétexte à des réjouissances pouvant durer des semaines.

Emblème d'une contrada

Lancers de drapeaux avant le Palio

Le Duomo de Sienne

Symbole du Christ ressuscité sur la façade

Nombreux furent les Siennois qui participèrent entre 1136 et 1382 à la construction de leur cathédrale, l'une des plus spectaculaires d'Italie, en aidant au transport de ses pierres noires et blanches extraites de carrières situées à la périphérie de la ville. La décision de lui donner trois nouvelles nefs, prise en 1339, devait faire de ce Dôme la plus grande église de la chrétienté, mais l'épidémie de peste qui ravagea la cité en 1348 mit un terme à ce projet. Des chefs-d'œuvre décorent le sanctuaire, notamment des fresques du Pinturicchio et des sculptures par Nicola Pisano, Donatello et Michel-Ange.

Fonts baptismaux
Œuvre Renaissance de Donatello, Ghiberti et Jacopo della Quercia, ils s'admirent dans le baptistère.

Panneaux de la chaire
Sculptés de 1265 à 1268 par Nicola Pisano, son fils Giovanni et Arnolfo di Cambio, ils représentent des Épisodes de la vie du Christ.

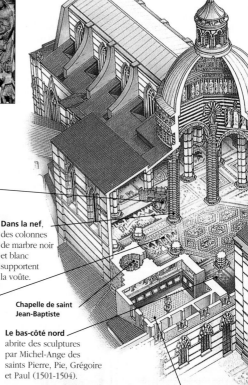

Dans la nef, des colonnes de marbre noir et blanc supportent la voûte.

Chapelle de saint Jean-Baptiste

Le bas-côté nord abrite des sculptures par Michel-Ange des saints Pierre, Pie, Grégoire et Paul (1501-1504).

Pavement
Exécutées de 1359 à 1547 en mosaïque de marbre, des scènes très variées, dont Le Massacre des Innocents, *couvrent le sol. Le marbre est découvert en septembre.*

Bibliothèque Piccolomini
Les fresques du Pinturicchio (1509) décrivent la vie de Pie II (Enea Silvio Piccolomini). Il préside ici aux fiançailles de Frédéric III et d'Éléonore de Portugal.

Le museo dell'Opera del Duomo occupe dans l'extension inachevée un bas-côté toituré pour l'abriter.

Le Campanile date de 1313.

Arcade conduisant au baptistère

MODE D'EMPLOI

P. del Duomo. **Tél** 0577 28 30 48. 🚌 Pollicino. 🕐 lun.-sam. 10 h 30-19 h 30 (juin-août : jusqu'à 20 h ; sept.-oct. : 21 h 30 ; nov.-fév. 18 h 30), dim. 13 h 30-17 h 30 (juin-août : jusqu'à 18 h 30, sept.-oct. 19 h 30. 🖼

Sa façade révèle la taille prévue pour la nef

La nef inachevée devait mesurer 50 m de long sur 30 m de large.

Entrée du Duomo

Les portails datent de 1284-1297. Le reste de la façade est plus récent d'un siècle.

Statues de la façade
Remplacées par des copies, la plupart s'admirent désormais au museo dell'Opera del Duomo.

🏛 Museo dell'Opera del Duomo

Piazza del Duomo 8. **Tel** 0577 28 30 48. 🕐 t.l.j. (nov.-mi mars le matin) 🔴 31 janv. 🖼

Ce musée présente des œuvres qui proviennent de la cathédrale, notamment des sculptures par Donatello et Jacopo della Quercia et les originaux, très érodés, des statues sculptées par Giovanni Pisano (1250-1314) pour sa façade. Au premier étage, une salle entière est réservée à la *Maestà* peinte de 1308 à 1311 par Duccio di Buoninsegna pour remplacer au maître-autel la *Vierge aux gros yeux* (1220-1230) d'un anonyme. Chef-d'œuvre de l'école siennoise, la Maestà comportait au revers 26 *Épisodes de la Passion*, empreints de la même poésie, aujourd'hui exposés en vis-à-vis.

Statues du Duomo exposées au museo dell'Opera

🏰 Fortezza Medicea

Viale Maccari. **Fortezza** 🕐 t.l.j. **Enoteca Tél** 0577 28 84 97. 🕐 lun.-sam.12 h-1 h (20 h lun.) 🖼

Baldassarre Lanci édifia cette énorme forteresse de briques rouges pour Cosme Ier en 1560. Florence venait de vaincre sa vieille rivale au terme d'un siège de 18 mois où avaient péri plus de 8 000 Siennois. Impitoyables, les Médicis interdirent à la ville décimée les activités bancaires et lainières qui assuraient sa prospérité. Toute construction s'arrêta.

La citadelle abrite aujourd'hui l'Enoteca Italica où l'on peut déguster et acheter des vins de qualité en provenance de toute l'Italie.

San Gimignano pas à pas ❷❹

Ce sont les pèlerins venant du nord de l'Europe
et se rendant à Rome qui créèrent la prospérité
de San Gimignano, et sa population comptait au
Moyen Âge deux fois plus d'habitants
qu'aujourd'hui. La peste de 1348 puis la création
de nouveaux itinéraires de pèlerinage
entraînèrent le déclin de la ville qui se figea dans
son aspect médiéval. Elle l'a conservé, mais son
architecture n'est pas son seul intérêt. Elle recèle
en effet de nombreuses œuvres d'art, de bons
restaurants et de belles boutiques.

**Les célèbres tours de San Gimignano se
découpent sur le ciel depuis le Moyen Âge**

Sant'Agostino

Information
touristique

Collegiata
La Création d'Ève
*(1367) par Bartolo
di Fredi est une
des fresques sur
les murs de cette
église du
XIIe siècle.*

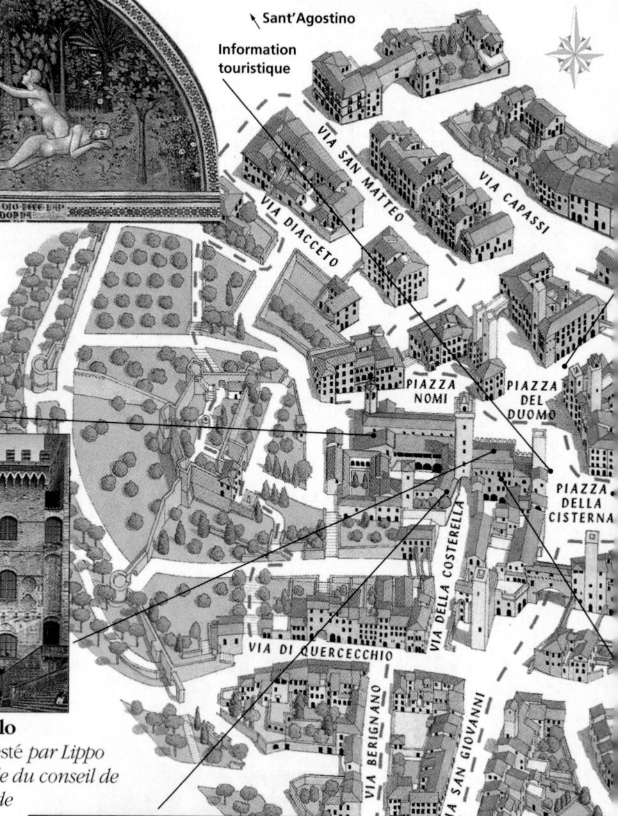

Palazzo del Popolo
Une Vierge en majesté *par Lippo
Memmi orne la salle du conseil de
cet imposant hôtel de
ville (1288-1323).*

**L'Annonciation
par Ghirlandaio**
*Cette fresque
achevée en 1482
s'admire sous une
arcade bordant le
flanc gauche de la
Collegiata.*

Gare
routière

La Via San Giovanni est
bordée de magasins vendant
des produits locaux.

Hébergements et restaurants de la région, voir p. 578-582 et 629-632

MODE D'EMPLOI

Siena. 🏛 *7 000.* 🚌 *Porta San
Giovanni.* 🛈 *Piazza del Duomo
1 (0577 94 00 08).* 🛒 *jeu.*
🎉 *Fêtes patronales : 31 jan. :
San Gimignano et 12 mars :
Santa Fina ; différents jours en fév. :
Carnaval ; 1ᵉʳ dim. d'août :
Fiera di Santa Fina ; 29 août :
Fiera di Sant'Agostino ; 8 sept. :
Festa della Madonna di Panacole.*
www.sangimignano.com

Sur la piazza del Duomo,
le Palazzo Vecchio del
Podestà (1239)
possède la tour
probablement la plus
vieille de la ville

**Piazza della
Cisterna**
*Cœur de la
vieille ville,
elle doit son
nom au
puits qui
s'y trouve.*

**Le Museo
Civico** donne accès
à la plus haute des 13 tours
encore debout.

LÉGENDE

— — — Itinéraire conseillé

0 _____ 250 m

🏛 Museo Civico

Palazzo del Popolo, Piazza del Duomo.
Tél *0577 99 03 12.* **Musée et tour** ⬭
t.l.j. (mar.-dim. hiver). ⬤ *31 janv.* 📷 ▣
Une *Vierge à l'Enfant*
(XIVᵉ siècle) par Taddeo di
Bartolo et les armoiries des
magistrats de la cité décorent
la cour de ce musée installé
dans l'hôtel de ville parfois
appelé Palazzo Nuovo del
Podestà. Un escalier extérieur
mène à la sala di Dante, ornée
d'une *Vierge en majesté* (1317)
par Lippo Memmi, où une
inscription rappelle que le
poète y plaida le 8 mai 1300
la cause de l'alliance guelfe.
La collection de peintures du
deuxième étage
comprend
de belles œuvres du
Pinturicchio, de Bartolo
di Fredi, de Benozzo
Gozzoli et de Filippino
Lippi, ainsi que les
célèbres *Scènes nuptiales*
par Memmo di Filippucci,
regard indiscret sur
l'intimité d'un couple du
début du XIVᵉ siècle.

🔒 Collegiata

Piazza del
Duomo. ⬭ *t.l.j.*
Cette église romane
consacrée en 1148
abrite dans sa nef
nord 26 épisodes
de l'Ancien
Testament peints
par Bartolo di
Fredi et achevés
en 1367. Le mur qui leur fait
face est orné de scènes de la
Vie du Christ (1333-1341) par
Lippo Memmi, tandis que le
revers de la façade présente

**Le plafond de la Collegiata parsemé
d'étoiles dorées**

un *Jugement dernier* (1393-
1396) par Taddeo di Bartolo.
Des fresques de Ghirlandaio
(1475) décorent la chapelle
Sainte-Fine et l'arcade de la
piazza Pecori.

🔒 Sant'Agostino

Piazza Sant'Agostino. ⬭ *t.l.j.*
Église romano-gothique
consacrée en 1298,
Sant'Agostino présente une
façade dont la simplicité
contraste avec l'exubérance de
sa décoration intérieure
rococo (v. 1740).
Le *Couronnement
de la Vierge* (1483),
au dessus du maître-
autel, est de Piero
del Pollaiulo.
Benozzo Gozzoli
et son atelier
peignirent en 1465
les fresques qui
illustrent la *Vie de
saint Augustin* sur les parois
du chœur. À droite de l'entrée,
la chapelle San Bartolo
renferme un autel sculpté par
Benedetto da Maiano en 1495.

***Christ* par Bartolo di
Fredi, Sant'Agostino**

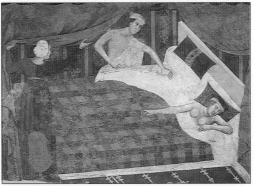

**Une des *Scènes nuptiales* peintes au début du XIVᵉ siècle par Memmo di
Filippucci, Museo Civico**

Elbe ㉘

Livorno. 🏛 30 000. 🚢 Portoferraio
🚌 ℹ Calata Italia 26 (0565 91 46
71). 🏛 Portoferraio : ven.

Le plus célèbre résident de
l'île d'Elbe, Napoléon
Bonaparte, n'y était pas qu'un
simple prisonnier. Il en reçut
la souveraineté à sa première
abdication en 1814 et y régna
neuf mois avant de partir à la
reconquête de son empire
perdu. Réputée pour ses
mines de fer depuis les
Étrusques, l'île est aujourd'hui
surtout fréquentée par des
vacanciers qui empruntent les
navettes desservant
Portoferraio au départ de
Piombino, un trajet de 20 km.
Ils y trouvent des paysages
variés offrant un large éventail
d'activités sportives et de
détente : plages de sable à
l'ouest, oliveraies et vignobles
sur les coteaux de l'intérieur,
hautes falaises et plages de
galets sur le rivage oriental.
    L'un des meilleurs moyens
de découvrir l'arrière-pays
consiste à prendre la route
reliant Marciana Marina au
village médiéval de Marciana
Alta. Une voie secondaire en
part qui mène à la télécabine
grimpant au sommet du
monte Cappane (1 018 m), un
superbe point de vue.

Marciana Marina sur l'île d'Elbe

Sovana ㉙

Grosseto. 🏛 100. ℹ Amatur,
Sorano (0564 61 70 08).

Sovana est l'un des plus jolis
villages du sud de la Toscane.
Son unique rue aboutit à la
piazza del Pretorio où se

Pitigliano, village perché sur une falaise percée de grottes

dresse l'église Santa Maria
dont l'intérieur orné de
fresques de l'école siennoise
abrite un baldaquin d'autel du
IXᵉ siècle. Derrière, une allée
conduit entre les oliviers
jusqu'au Duomo roman.
    Les Étrusques creusèrent
de nombreuses tombes
dans les environs. Beaucoup,
clairement signalées, sont
faciles à visiter depuis le village.

Pitigliano ㉚

Grosseto. 🏛 4 400. 🚌 ℹ Piazza
Garibaldi 51 (0564 61 71 11). 🏛 mer.

Pitigliano offre un spectacle
impressionnant, perché au-
dessus de gorges creusées par
la Lente. La ville servit au
XVIIᵉ siècle de refuge à des
Juifs fuyant les persécutions
catholiques et elle conserve

La Maremme ㉛

Grosseto. ℹ Maremma Centro Visite,
Alberese (0564 40 70 98). Zones
périphériques 🚌 jusqu'aux entrées
depuis Alberese. 🕐 t.l.j. 🎫 ♿
Intérieur du parc
🚌 Depuis Alberese jusqu'aux points
de départ des excursions. 🕐 mer.,
sam., dim., jours fériés, 8 h 30-1 h
av. la nuit. 🎫 juin-sept. seul. :
promenades guidées à 7 h et
16 h. ♿
www.parcomaremma.it

Cultivés dès l'Antiquité par
les Étrusques et les Romains,
les marais et collines basses de
la Maremme devinrent après la
chute de l'Empire romain une
région qu'inondations et
malaria rendirent quasiment
déserte jusqu'au XVIIIᵉ siècle. La
réfection des canaux de
drainage a permis depuis de
transformer les anciens
marécages en riche terre
agricole, un développement
qui en menaçait la flore et la
faune et a conduit à la création
en 1975 du Parco Naturale
dell'Uccellina. Il protège l'une
des dernières côtes sauvages
d'Italie et l'accès à la majeure
partie du territoire qu'il couvre
ne peut se faire qu'à pied ou en
car depuis Albarese. Des zones
périphériques comme la belle
plage de Marina di Albarese ou
les alentours cultivés de
Talamone restent cependant
plus faciles à découvrir.

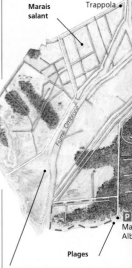

Marais
salant

Trappola

Fiume Ombrone

P
Ma
Alb

Plages

Dans l'estuaire de l'Ombrone, marais,
dunes et pinèdes abritent des
oiseaux tels que pyrargues, flamants
et guêpiers.

LÉGENDE

══ Route

▭ Sentier

▭ Canal et rivière

━ ━ Itinéraire d'excursion

0   2 km

les vestiges d'un ghetto, labyrinthe de ruelles médiévales. Un aqueduc construit en 1545 alimente toujours en eau le **palazzo Orsini** qui abrite sur la grand-place le **museo Zuccarelli**, petite collection d'œuvres de Francesco Zuccarelli (1702-1788). Cet artiste vécut à Pitigliano et exécuta deux des peintures d'autel du **Duomo**. Le **Museo Etrusco** présente les résultats de fouilles effectuées dans la région.

🏛 **Museo Zuccarelli**
Palazzo Orsini, Piazza della Fortezza Orsini 4. **Tél** 0564 61 60 74.
⬜ mar.-dim. : mars-juil. ; t.l.j. : août ; sam.-dim. : sept.-déc. 📷

🏛 **Museo Etrusco**
Piazza della Fortezza Orsini.
Tél 0564 61 40 67. ⬜ mar.-dim.

Monte Argentario ㉜

Grosseto. 🏠 13 000. 🚉 ℹ️
Piazzale Sant'Andrea, Porto Santo Stefano (0564 81 42 08). 🛥 mar.

Ce promontoire était une île jusqu'au début du XVIIIᵉ siècle, puis l'accumulation d'alluvions forma les deux langues de sable, appelées *tomboli*, qui enclosent la lagune d'**Ortebello**, petite ville reliée par une digue à la terre ferme depuis 1842.

La strada Panoramica fait le tour de la presqu'île et offre de beaux points de vue sur anses et falaises. Elle passe par **Porto Ercole** et **Porto Santo Stefano**, deux élégantes stations balnéaires réputées pour leurs restaurants de poisson. Des bateaux au

Porto Ercole près du Monte Argentario

départ de Porto Santo Stefano desservent l'isola del Giglio, appréciée des Italiens pour ses plages de sable et sa nature préservée.

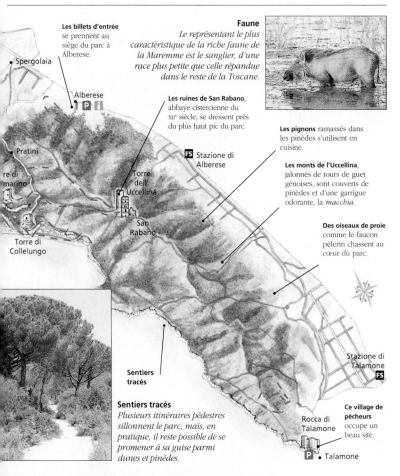

Les billets d'entrée se prennent au siège du parc à Alberese.

• Spergolaia

Alberese
🛈 🅿 ℹ️

• Pratini

re di marino

Torre di Collelungo

Torre dell' Uccellina

San Rabano

Faune
Le représentant le plus caractéristique de la riche faune de la Maremme est le sanglier, d'une race plus petite que celle répandue dans le reste de la Toscane.

Les ruines de San Rabano, abbaye cistercienne du XIIᵉ siècle, se dressent près du plus haut pic du parc.

🆎 **Stazione di Alberese**

Les pignons ramassés dans les pinèdes s'utilisent en cuisine.

Les monts de l'Uccellina, jalonnés de tours de guet génoises, sont couverts de pinèdes et d'une garrigue odorante, la *macchia*.

Des oiseaux de proie comme le faucon pèlerin chassent au cœur du parc.

Sentiers tracés

Sentiers tracés
Plusieurs itinéraires pédestres sillonnent le parc, mais, en pratique, il reste possible de se promener à sa guise parmi dunes et pinèdes.

Stazione di Talamone
🆎

Rocca di Talamone

Ce village de pêcheurs occupe un beau site.

🅿 • Talamone

OMBRIE

Région de montagnes et de collines creusée de vallées et de bassins fertiles, l'Ombrie a longtemps subi l'influence de la Toscane et de Rome, ses puissantes voisines. Malgré son surnom, « Cœur vert de l'Italie », elle n'offre pas seulement aux visiteurs la beauté de ses paysages pastoraux, mais possède aussi de nombreuses villes anciennes à l'architecture médiévale remarquablement préservée.

Habité au VIIIe siècle av. J.-C. par les Ombriens, peuple d'agriculteurs pacifiques, le territoire de l'actuelle Ombrie passa sous contrôle étrusque puis romain. Au haut Moyen Âge, les Lombards fondèrent un duché dont la capitale était Spolète, mais au XIIIe siècle le pouvoir politique fut éparpillé entre de nombreuses communes indépendantes qu'absorbèrent une à une les États pontificaux. Après un soulèvement à Pérouse, la région intégra le jeune royaume d'Italie en 1860.

Riches en sanctuaires romans, palais gothiques et superbes cycles de fresques, ses villes anciennes telles que Pérouse, la capitale régionale, ou des localités plus modestes comme Gubbio, Montefalco et Todi constituent aujourd'hui le principal intérêt de l'Ombrie.

Spolète organise chaque été un festival international réputé dans le cadre créé par ses grandioses monuments médiévaux, ses vestiges romains et certaines des plus vieilles églises d'Italie. Les villages de son arrière-pays ont gardé leur aspect traditionnel.

Assise vit naître saint François, dont la vie a inspiré à Giotto ses fresques de la basilique San Francesco, tandis qu'Orvieto, perché sur un spectaculaire rocher volcanique, possède l'une des plus belles cathédrales de la péninsule.

Forêts de chênes, ruisseaux limpides et sols fertiles offrent à la gastronomie ombrienne des ingrédients tels que truffes, truites, lentilles de Castelluccio, charcuterie de Norcia et fromages de montagne. Les vignobles de Torgiano et Montefalco produisent des crus dignes de les accompagner.

Magasins vendant à Norcia une sélection des meilleurs jambons, saucisses et salamis d'Italie

◁ **Dans la vieille ville de Todi**

À la découverte de l'Ombrie

Assise et Spolète, les plus jolies cités d'Ombrie, offrent un cadre particulièrement agréable d'où découvrir la région. Ces deux joyaux médiévaux méritent à tout le moins une visite, à l'instar du centre historique de Pérouse, le chef-lieu, ou des villes perchées de Gubbio, Spello, Montefalco et Todi. Depuis les étendues désolées du Piano Grande et les cimes du parc national des Monti Sibillini (qui s'atteint depuis Norcia) jusqu'aux paysages moins austères de la Valnerina et des rives du lac Trasimène, la nature rivalise de beauté avec les villes.

L'OMBRIE D'UN COUP D'ŒIL

Assise p. 354-355 ❷
Gubbio ❶
Lac Trasimeno ❹
Montefalco ❽
Monti Sibillini ❿
Norcia ⓫
Orvieto ❺
Pérouse *(Perugia)* ❸
Spello ❾
Spoleto ❼
Todi ❻
Valnerina ⓬

VOIR AUSSI

• *Hébergement* p. 582-585

• *Restaurants* p. 632-635

Cueillette des olives près d'Orvieto

CIRCULER
Venant de Florence, l'autoroute A 1 passe par Orvieto, d'où la S 448 rejoint Todi. La S 75 relie Pérouse, Assise et Spello, puis la S 3 continue jusqu'à Trevi, Spolète et Terni. En train, les liaisons Rome-Florence desservent Orvieto et les liaisons Rome-Ancône Spolète. Des lignes secondaires rejoignent Pérouse, Spello et Assise. Autobus et autocars desservent toute la région.

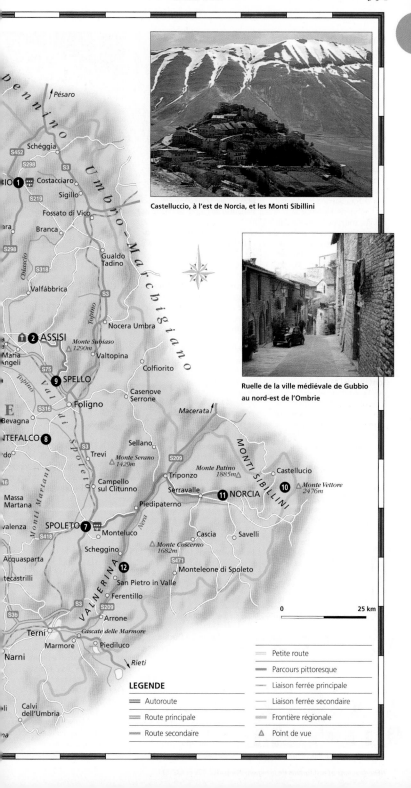

Castelluccio, à l'est de Norcia, et les Monti Sibillini

Ruelle de la ville médiévale de Gubbio au nord-est de l'Ombrie

A *pennino*

Schéggia

S452

S298

S3

IO ① ▥ Costacciaro

Sigillo

S219

Fossato di Vico

ara

Branca

S298

Chiascio

S318

Gualdo Tadino

S3

Valfábbrica

Umbro-Marchigiano

Nocera Umbra

Topino

② ASSISI

Monte Subiaso
△ 1290m

Maria
ngeli

Valtopina

Topino

⑨ SPELLO

Colfiorito

E

S316

Casenove
Serrone

Bevagna

Foligno

Macerata ↗

TEFALCO ⑧

-do

Sellano

Monte Serano
△ 1429m

S209

Val di Spoleto

Trevi

MONTI SIBILLINI

Monte Patino
1885m △

Castellucio

16

Massa
Martana

Campello
sul Clitunno

Triponzo

⑩

Monte Vettore
△ 2476m

Monti Martani

Serravalle

Piedipaterno

⑪ NORCIA

valenza

SPOLETO ⑦ ▥

Nera

Monteluco

Cascia

Savelli

Acquasparta

Scheggino

△ Monte Coscerno
1682m

⑫

S471

tecastrilli

San Pietro in Valle

Monteleone di Spoleto

VALNERINA

Ferentillo

S3

S209

0   25 km

S3b

Arrone

Terni

Cascate delle Marmore

Marmore

Piediluco

Narni

Rieti ↗

LEGENDE

═══ Autoroute

═══ Route principale

═══ Route secondaire

═══ Petite route

─── Parcours pittoresque

─── Liaison ferrée principale

─── Liaison ferrée secondaire

─── Frontière régionale

△ Point de vue

Calvi
dell'Umbria

na

Gubbio ❶

Perugia. 👥 33 000. FS *Fossato di Vico-Gubbio*. 🚌 ℹ️ *Via della Repubblica 6 (075 922 06 93).* 🛒 *mar.*

Gubbio est avec Assise la ville d'Ombrie qui a le moins changé depuis le Moyen Âge et le cadre que lui offrent les pentes des Appenins ajoute à la beauté de ses ruelles sinuant entre des maisons plusieurs fois centenaires. Ses origines remontent au IIIe siècle av. J.-C. et à la Tota Ikuvina fondée par les Ombriens. Devenue la colonie romaine Eugubium, la cité se développa sur le flanc du monte Ugino jusqu'à pouvoir s'ériger en commune libre au XIe siècle. De 1387 à 1508, elle appartint au duché d'Urbino.

Bâti au XIIIe siècle, le **Duomo** gothique possède une nef élégante dont les arcs s'incurvent avec grâce pour symboliser des mains en prière. La via dei Consoli conduit au **palazzo del Bargello** (XIIIe siècle), édifice austère à la façade en pierres. Il domine la **fontana dei Matti** (fontaine des Fous) dont, selon la légende, il ne faut jamais faire trois fois le tour sous peine de perdre la raison. Comme partout à Gubbio, nombre des demeures médiévales qui bordent la rue présentent à côté de l'entrée principale une petite porte murée appelée **porte della Morte**. Selon la tradition, elle ne servait qu'au passage des cercueils. On suppose aujourd'hui qu'elle avait plutôt une fonction défensive ou permettait d'atteindre les étages quand un entrepôt occupait le rez-de-chaussée.

Plus bas dans la ville

L'intérieur de l'église San Pietro de Pérouse reconstruite au XVe siècle

s'élève l'église **San Francesco** (1259-1282) à l'abside décorée de 17 scènes de la *Vie de la Vierge* (1408-1413) par Ottaviano Nelli. En face se trouve l'arcade du **Tiratoio** (loggia des Lainiers) où était mise à sécher la laine. À l'ouest subsistent les ruines d'un théâtre romain.

🏛 Palazzo dei Consoli

Piazza Grande. **Tel** 075 927 42 98.
⏰ *t.l.j. 10 h-13 h, 15 h-18 h (nov.-mars 10 h-13 h, 14 h-17 h).* ●
1er janv., 13, 14 et 15 mai, 25 déc. 🎟

Par sa magnificence, le palais des Consuls témoigne de la fierté de la commune libre de Gubbio qui en confia la construction à Gattapone en 1332. Son salone

Table Eugubine à Gubbio

dell'Arengo abrite le Museo Civico et ses célèbres tables Eugubines (250-150 av. J.-C.). Découvertes en 1444, ces sept tablettes de bronze portent les transcriptions en latin et en langue ombrienne de rituels religieux.

À l'étage sont exposés les artistes locaux.

🏛 Palazzo Ducale

Via Federico da Montefeltro.
Tel 075 927 58 72.
⏰ *mar.-dim. 8 h 30-19 h.* ●
1er janv., 25 déc. 📷 ♿
Attribuée à Francesco di Giorgio Martini, cette copie du palais d'Urbino *(p. 370-371)* bâtie pour les Montefeltro possède une superbe cour Renaissance.

Façade du palazzo dei Consoli à Gubbio

Assise ❷

Voir p. 344-345.

Perugia ❸

👥 160 000. FS 🚌 ℹ️ *Piazza Matteotti 18 (075 572 33 27).* 🛒 *mar.-sam.* **www**.perugia.umbria2000.it

Le centre historique de Perugia s'étend de part et d'autre du corso Vanucci nommé d'après le peintre le plus célèbre de la ville : Pietro Vanucci dit le Pérugin (v. 1448-1523). Il mène au nord à la piazza IV Novembre où la **Fontana Maggiore** sculptée au XIIIe siècle par Nicola et Giovanni Pisano se dresse devant le **Duomo** gothique bâti de 1345 à 1490.

Une statue du pape Jules III (1555) et une chaire (1425) où prêcha saint Bernardin de Sienne flanquent l'entrée. Dans le bas-côté sud s'ouvre la cappella del Santo Anello. Elle abrite, dans un reliquaire, le bijou en agate qui, selon la légende, fut l'anneau nuptial de la Vierge. Dans la nef centrale, un pilier porte la *Vierge des Grâces* attribuée à Gian Nicola di Paolo devant laquelle les jeunes mamans viennent s'agenouiller avec leurs enfants récemment baptisés. Des ex-voto témoignent de ses pouvoirs miraculeux. Les papes Urbain IV et Martin V reposent dans le transept.

Il faut s'éloigner du corso Vanucci pour rejoindre l'**oratorio di San Bernardino**

(1457-1461) qui présente sur la piazza San Francesco une superbe façade par Agostino di Duccio. Hors des murs, l'église **San Pietro** s'élève sur le borgo XX Giugno. Fondée au xᵉ siècle et reconstruite en 1463, elle abrite, au sein d'une décoration foisonnante, de belles stalles sculptées (1526).

Sur la piazza Giordano Bruno, le plus grand sanctuaire d'Ombrie, **San Domenico** (1305-1632), renferme le tombeau gothique de Benoît XI (v. 1304).

🏛 Museo Archeologico Nazionale dell'Umbria

San Domenico, Piazza Giordano Bruno. **Tél** 075 572 71 41. ⬤ t.l.j. (lun. ap.-m. seul.). ⬤ 1ᵉʳ janv., 1ᵉʳ mai, 25 déc. 🈂 ♿

Installé dans le cloître de San Domenico, il présente des objets préhistoriques, étrusques et romains.

🏛 Palazzo dei Priori

Corso Vannucci 19. **Tél** 075 572 85 99. ⬤ t.l.j. (dim. : ap.-m. seul.) ⬤ 1ᵉʳ janv., 1ᵉʳ mai, 25 déc. et 1ᵉʳ lun. du mois. ♿ **Collegio del Cambio** ⬤ t.l.j. 🈂

Malgré l'aspect redoutable de ses hauts murs et de ses créneaux, ce palais (p. 54-55) est le plus bel édifice public de

Portail du palazzo dei Priori, Pérouse

Pérouse. Symboles de la ville, un lion guelfe et un griffon en bronze (1274) gardent le portail qui domine la piazza IV Novembre. L'élégante entrée principale date du xvᵉ siècle.

Au premier étage, un disciple de Pietro Cavallini, en 1297, orna la vaste sala dei Notari de

Façade de l'oratorio di San Bernardino de Pérouse

Dans le vieux Pérouse

scènes de l'Ancien Testament. Construite vers 1390, la sala di Udienza del Collegio della Mercanzia reçut au début du xvᵉ siècle une décoration de style gothique tardif comprenant de superbes boiseries sculptées.

Le **Collegio del Cambio** fait aussi partie du palais. Entrepris en 1452, l'ancien siège de la corporation des changeurs de monnaie est décoré de fresques magnifiques peintes entre 1498 et 1500 par le Pérugin. Elles associent thèmes classiques et chrétiens. L'artiste s'est représenté sur le pilastre au centre du mur gauche. Son élève Raphaël participa probablement à l'exécution du mur de droite.

🏛 Galleria Nazionale dell'Umbria

Palazzo dei Priori, Corso Vannucci 19. **Tél** 075 572 10 09. ⬤ mar.-dim. ⬤ 1ᵉʳ janv., 1ᵉʳ mai, 25 déc. 🈂 ♿

Cette riche collection de peintures réunit surtout des œuvres d'artistes ombriens du xıııᵉ au xvıııᵉ siècle, mais possède parmi ses plus belles pièces de superbes retables par Piero della Francesca et Fra Angelico.

Le lac Trasimène ❹

Perugia. **FS** 🚌 Castiglione del Lago. ℹ Piazza Mazzini 10, Castiglione del Lago (075 965 24 84). **www**.umbria2000.it

Entouré de collines basses et de terres cultivées, le quatrième lac d'Italie par la superficie possède, avec ses rives plantées de roseaux, un charme mélancolique. Les Romains commencèrent à le drainer (sa profondeur maximale est de 700 mètres) et il continue aujourd'hui de s'assécher. Une atmosphère détendue règne à **Castiglione del Lago**, sa ville principale bâtie sur un promontoire fortifié. Son **château** du xvıᵉ siècle accueille des concerts en été et l'église **Santa Maria Maddalena** entreprise en 1836 abrite une belle *Vierge à l'Enfant* (v. 1500) par Eusebio di San Giorgio. Comme depuis **Passignano sul Trasimeno**, des vedettes desservent l'**Isola Maggiore** dont le charmant village est réputé pour ses dentelles.

LA BATAILLE DU LAC TRASIMÈNE

C'est en 217 av. J.-C. que les Romains subirent l'une des pires défaites militaires de leur histoire. Le général carthaginois Hannibal attira en effet les troupes dirigées par le consul Flaminius dans un piège dressé au bord du lac Trasimène près des actuels Ossaia (Lieu des Os) et Sanguineto (Lieu du Sang). Quelque 16 000 légionnaires périrent sur cette rive marécageuse alors qu'Hannibal ne perdit que 1 500 hommes. On a découvert sur le champ de bataille (qui se visite) plus de cent fosses communes près de Tuoro sul Trasimeno.

Estampe d'Hannibal (xixᵉ siècle)

Assise : basilica di San Francesco

Le sanctuaire où repose saint François domine Assise et attire tout au long de l'année de très nombreux pèlerins. Sa construction commença en 1228, deux ans après la mort du saint. Au cours du siècle suivant, les plus grands artistes de l'époque, notamment Cimabue, Simone Martini et Pietro Lorenzetti, décorèrent les deux églises superposées qui composent la basilique. Les 28 fresques de la *Vie de saint François* peintes par Giotto entre 1290 et 1295 forment un des plus beaux ensembles de l'art italien.

Saint François
Ce portrait (v. 1280) par Cimabue exprime bien l'humilité d'un saint qui prêcha la pauvreté, la chasteté et l'obéissance à Dieu.

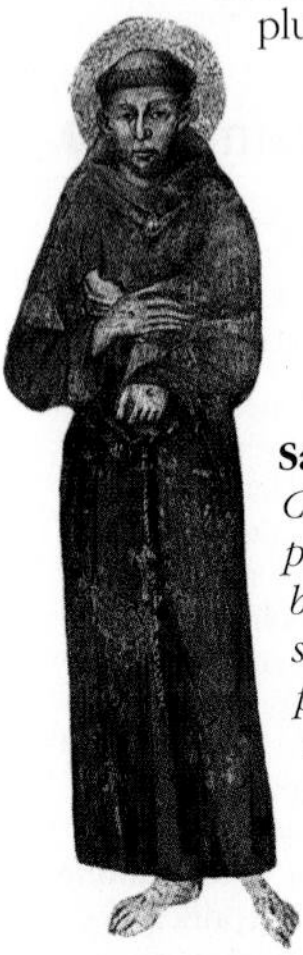

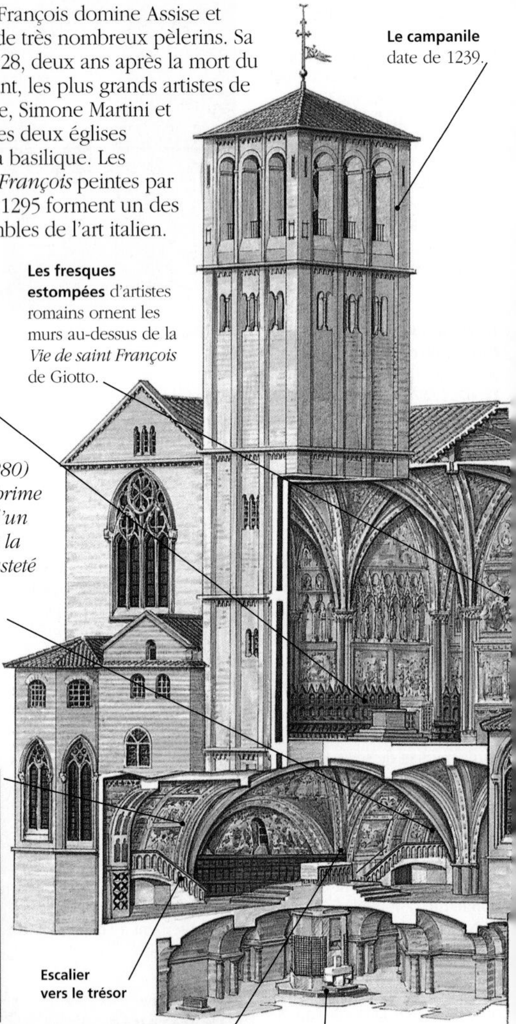

Le campanile date de 1239.

Les fresques estompées d'artistes romains ornent les murs au-dessus de la *Vie de saint François* de Giotto.

Le chœur (1501) abrite un trône pontifical du XIIIe siècle.

Escalier vers le trésor

La crypte renferme la tombe de saint François.

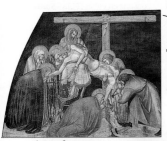

★ Les fresques par Lorenzetti
Par sa composition audacieuse, cette Déposition de Croix *tronquée peinte par Pietro Lorenzetti concentre l'attention sur le corps sans vie du Christ.*

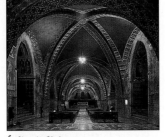

Église inférieure
Le nombre grandissant de pèlerins imposa la construction de chapelles latérales au XIIIe siècle.

À NE PAS MANQUER

- ★ Les fresques par Giotto
- ★ Les fresques par Lorenzetti
- ★ La Cappella di San Martin

Hébergements et restaurants de la région, voir p. 582-585 et 632-635

MODE D'EMPLOI

Piazza San Francesco.
Tél 075 819 00 84. [fax] [FS] *Assisi.*
[ ] 6:30am–7pm daily. [ ] [ ]

Église supérieure
Cette église gothique bâtie de 1230 à 1253 évoque par ses lignes élancées l'envol vers le ciel et Dieu. Elle influença les églises franciscaines ultérieures.

La façade
et sa rosace offrent un exemple du premier gothique italien.

Entrée de l'église supérieure

Entrée de l'église inférieure

★ **Les fresques par Giotto**
28 panneaux peints de 1290 à 1295, dont L'Extase de saint François, *composent le cycle de la* Vie de saint François.

★ **Cappella di San Martino**
Le Siennois Simone Martini, qui peignit en 1315 les fresques de la Vie de saint Martin *(ici la* Mort du saint*) ornant la chapelle, dessina également ses vitraux.*

Assisi ❷

Perugia. 🏠 25 000. [FS] [bus] [i]
Piazza del Comune 22 (075 81 25 34).
🗓 *sam.* **www**.assisi.umbria2000.it

Saint François d'Assise (v. 1181-1226), qui repose dans la **basilica di San Francesco**, a rendu célèbre dans toute la chrétienté cette magnifique ville médiévale. Malheureusement, un tremblement de terre a sérieusement endommagé la ville le 26 septembre 1997. Une partie assez importante des restaurations a été engagée. L'office du tourisme pourra vous renseigner sur les sites ouverts et ceux détruits.

La façade d'un temple romain superbement conservé, le **tempio di Minerva**, domine la grand-place : la piazza del Comune. En face, le Palazzo Comunale abrite la **Pinacoteca Comunale** et sa collection de peintures ombriennes. Le corso Mazzini conduit à la **basilica di Santa Chiara**, église gothique où repose sainte Claire qui fonda l'ordre des Clarisses (ou Pauvres Dames). Une des chapelles renferme le crucifix dont le Christ aurait donné un ordre à saint François : « Restaure ma maison. » Il provient de l'église de **San Damiano**, paisible monastère niché dans les oliviers au sud de la porta Nuova.

Derrière une belle façade romane, dont on peut admirer la finesse des sculptures, le **Duomo (San Rufino)** élevé aux XIIe et XIIIe siècles recèle un petit musée d'art religieux. La crypte abrite des vestiges archéologiques. Depuis la cathédrale, il faut prendre la via Maria delle Rose pour rejoindre la **Rocca Maggiore**, forteresse reconstruite en 1367, qui offre une superbe vue sur la ville. L'église **San Pietro**, sur la place du même nom, est un édifice roman du XIIIe siècle soigneusement restauré. L'**oratorio dei Pellegrini** (XVe siècle) voisin est orné de fresques par Matteo da Gualdo.

L'Apparition de saint François au chapitre d'Arles (v. 1295) à la basilica di San Francesco d'Assise ▷

Orvieto ❺

Terni. 🏛 *22 000*. 🚆 ▦
ℹ️ *Piazza Duomo 24 (0763 34
17 72).* 🛒 *jeu., sam.*

Perchée sur un socle
volcanique au-dessus d'une
plaine dont les vignobles
produisent un vin réputé,
Orvieto est superbe de tous
points de vue avec ses ruelles
médiévales que domine son
Duomo romano-gothique,
l'une des plus belles
cathédrales italiennes.
　Au bout de la via Scalza, la
petite église **San Lorenzo in
Arari** (XIIIᵉ siècle) est décorée
de peintures murales décrivant
le martyre sur un gril de saint
Laurent. Son maître-autel
incorpore une pierre
sacrificielle étrusque. La via
Malabranca conduit à **San
Giovenale** qui offre un vaste
panorama depuis la pointe
ouest de la ville. Des fresques
des XVᵉ et XVIᵉ siècles couvrent
presque entièrement ses parois.
Sur la piazza della Repubblica,

Sant'Andrea se
distingue par un
curieux campanile
roman à douze pans
du XIIᵉ siècle.

🏛 Museo dell'
Opera del Duomo
Piazza Duomo. **Tél** *0763
34 24 77.* 📷 *mar., jeu.
a.-m., sam.-dim.*
🚫 *partiellement
pour restauration.*
Le palazzo Soliano
(1296-1304) abrite
ce petit musée qui présente
notamment des peintures par
Lorenzo Maitani (mort en
1330) et des sculptures par
Andrea Pisano
(v. 1270-1348).

🏛 Museo Archeologico Faina
et Museo Civico
Piazza Duomo 29. **Tél** *0763 34 15 11.*
⬜ *t.l.j.* ⬛ *1ᵉʳ janv., 24-26 déc., nov.-
mars : lun.* 💰 🔲 ⚙️
Les collections du premier de
ces deux musées comprennent
de nombreux vases grecs et
des urnes funéraires retrouvés

Le Pozzo di San Patrizio à Orvieto

dans des sépultures étrusques
de la région. Celles du Museo
Civico se distinguent par leurs
pièces grecques et les copies
étrusques d'œuvres
hellénistiques.

🏛 Museo d'Arte Moderna
« Emilio Greco »
Palazzo Soliano, Piazza Duomo. **Tél**
0763 34 46 05. ⬜ *t.l.j. ap.-m.* 💰
accès aussi au Pozzo di San Patrizio ⚙️
Il est consacré au sculpteur
sicilien qui exécuta, entre
1964 et 1970, les portes de
bronze du Duomo d'Orvieto.

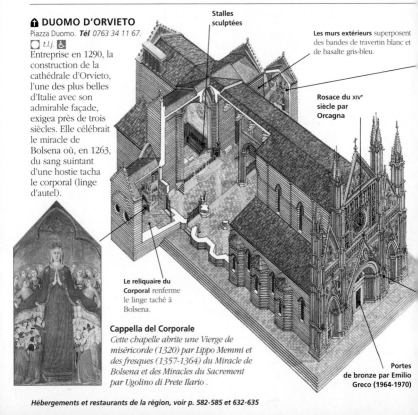

🅰 DUOMO D'ORVIETO
Piazza Duomo. **Tél** *0763 34 11 67.*
⬜ *t.l.j.* ⚙️
Entreprise en 1290, la
construction de la
cathédrale d'Orvieto,
l'une des plus belles
d'Italie avec son
admirable façade,
exigea près de trois
siècles. Elle célébrait
le miracle de
Bolsena où, en 1263,
du sang suintant
d'une hostie tacha
le corporal (linge
d'autel).

Stalles
sculptées

Les murs extérieurs superposent
des bandes de travertin blanc et
de basalte gris-bleu.

**Rosace du XIVᵉ
siècle par
Orcagna**

**Le reliquaire du
Corporal** renferme
le linge taché à
Bolsena.

Cappella del Corporale
*Cette chapelle abrite une Vierge de
miséricorde (1320) par Lippo Memmi et
des fresques (1357-1364) du Miracle de
Bolsena et des Miracles du Sacrement
par Ugolino di Prete Ilario .*

**Portes
de bronze par Emilio
Greco (1964-1970)**

Hébergements et restaurants de la région, voir p. 582-585 et 632-635

⊞ Pozzo di San Patrizio

Viale San Gallo. **Tél** 0763 34 37 68.
⭘ t.l.j. ⬚ accès aussi au Museo
d'Arte Moderna.

C'est le pape Clément VII qui
commanda en 1572 à l'architecte
florentin Antonio da Sangallo ce
puits destiné à assurer
l'alimentation en eau de la ville
en cas de siège. Deux escaliers
de 248 marches s'enfoncent à
62 m de profondeur, formant
deux hélices qui ne se croisent
jamais. L'achèvement de cet
impressionnant ouvrage d'art
demanda dix ans.

⋔ Necropoli Etrusca – Crocefisso del Tufo

Strada Statale 71 to Orvieto Scalo,
km 1,600. **Tél** 0763 34 36 11. ⭘ t.l.j.
8 h 30-19 h (17 h 30 oct.-mars). ⬚
1ᵉʳ janv., 1ᵉʳ mai, 2 déc. ⬚ ⬚

Construits en tuf, les tombeaux
et chambres funéraires de cette
nécropole étrusque du VIᵉ siècle
av. J.-C. portent des inscriptions
qui seraient les
noms des défunts.

Cappella Nuova
*Fra Angelico et Benozzo Gozzoli
commencèrent en 1447 son
cycle de fresques décrivant
l'Apocalypse, mais Luca
Signorelli en peignit la majeure
partie entre 1499 et 1504.*

Façade
*Les reliefs d'inspiration biblique
(v. 1320-1330) sculptés par
Lorenzo Maitani à la base des
quatre principaux piliers
comprennent la description de
l'enfer et de la damnation.*

La ville de Todi perchée au-dessus
de la vallée du Tibre

Todi ❻

Perugia. ⬚ 17 000. ⬚ ⬚
ⓘ Piazza del Popolo 38 (075 894
54 16). ⬚ sam.

Ville perchée typique de
l'Ombrie, Todi occupe un
superbe site au-dessus de la
vallée du Tibre et la terrasse de
sa piazza Garibaldi offre un
large panorama. Colonie
étrusque, puis romaine, la cité a
conservé, avec ses ruelles et ses
placettes, son atmosphère
médiévale. La grand-place, la
piazza del Popolo, s'ouvre à
côté de la piazza Garibaldi. Le
Duomo y dresse sa façade
romano-gothique de marbre
clair. Bâti au XIIᵉ siècle sur le site
d'un temple d'Apollon, il recèle
d'intéressants chapiteaux
gothiques et de superbes
stalles marquetées (1521-
1530). Copie peu réussie
du *Jugement dernier* de Michel-
Ange, une immense fresque
(1596) de Ferraù da Faenza
décore l'intérieur de la façade.
Un disciple du Pérugin,
Giannicola di Paola, peignit le
retable qui se trouve au
fond du bas-côté droit.
Plusieurs édifices
civils reliés entre eux
bordent aussi la place :
le **palazzo dei Priori**
(1293-1337),
surmonté d'une
tour et percé de
fenêtres
Renaissance, le
**palazzo del
Capitano** (1290) aux
fenêtres gothiques et
le **palazzo del
Popolo** (1213). Le
palazzo del
Capitano abrite la

collection de vestiges
archéologiques du **Museo
Etrusco-Romano** et les œuvres
d'art de la **Pinacoteca
Comunale**.

À quelques pas de la piazza
s'élève l'église **San Fortunato**
(1292-1462) dédiée au premier
évêque de Todi. Le décor de
son portail gothique (1415-
1458) est d'une richesse rare.
Trois nefs d'égale hauteur
donnent au sanctuaire un
intérieur aérien et lumineux.
Il renferme de belles stalles et,
surtout, dans la quatrième
chapelle à droite, la *Vierge à
l'Enfant et deux anges* peinte
en 1432 par Masolino di
Panicale. Dans la crypte repose
Jacopone da Todi (v. 1228-
1306), moine poète dont
l'œuvre jeta les bases du
théâtre sacré italien.

À droite de San Fortunato
s'étend un jardin ombragé d'où
part un sentier (après le petit
château) qui descend à travers
les arbres jusqu'à l'église **Santa
Maria della Consolazione**
(1508-1607) près de la N 79.
Bramante aurait dessiné cet
harmonieux sanctuaire de la
Renaissance au plan en croix
grecque et aux absides
polygonales. Austère mais
lumineux, l'intérieur présente
une coupole peinte, des
fresques au maître-autel et les
statues des douze apôtres
sculptées par Scalza au
XVIᵉ siècle.

🏛 Museo Etrusco-Romano and Pinacoteca Comunale

Palazzi Comunali. **Tél** 075 895 61.
⭘ mar.-dim. ⬚ ⬚

Santa Maria della Consolazione à Todi

Spolète ❼

Perugia. 🏛 *38 000.* FS 🚌 ℹ
*Piazza della Libertà 7 (0743 23 89 20
ou 743 23 89 21).* 🎪 *mar. et ven.*
www.spoleto.umbria2000.it

Fondée par les Ombriens,
Spolète devint l'une des
colonies romaines les plus
importantes de l'Italie centrale
et un élément essentiel de la
défense de la République face
à Hannibal. Les Lombards en
firent au VIIᵉ siècle la capitale
d'un de leurs trois duchés
italiens. La ville réussit à
préserver son indépendance
en tant que commune libre
jusqu'en 1354 où elle intégra
les États pontificaux. Tous les
étés depuis 1958, le décor
offert par ses rues médiévales
et ses superbes monuments
ajoute à l'intérêt du Festival dei
Due Mondi, manifestation
internationale de théâtre, de

musique et de danse.

À l'extrémité sud de la piazza
del Mercato, l'**Arco di Druso**,
arc de triomphe érigé au
Iᵉʳ siècle, jouxte l'église
Sant'Ansano reconstruite au
XVIIIᵉ siècle mais dont la crypte
abrite des fresques
d'inspiration byzantines qui
pourraient remonter au
VIᵉ siècle. De l'autre côté de la
place, la via Aurelio Saffi
conduit à **Sant'Eufemia**,
sanctuaire roman du Xᵉ siècle
qui a conservé les tribunes
d'où les femmes assistaient à
l'office. Un peu plus loin, la
piazza del Duomo s'ouvre en
éventail devant la **cathédrale**
(XIIᵉ siècle) dont la façade est
une des plus élégantes d'Italie.
Le remaniement baroque que
reçut au XVIIᵉ siècle sa
décoration intérieure a respecté
les magnifiques fresques de la
Vie de la Vierge peintes à
l'abside par Fra Lippo Lippi
entre 1467 et
1469 et, dans
la cappella
Erioli, une
*Vierge à
l'Enfant* (1497)
inachevée du
Pinturicchio.

La plus belle
des églises de
la ville basse,
San Salvatore,
se dresse dans
le cimetière.
Fondée au
IVᵉ siècle, elle
incorpore des
matériaux
antiques.

Façade de San Pietro à Spolète

À quelque distance s'élève **San
Ponziano** dont la façade
romane à trois niveaux est
typique de l'Ombrie. Des
fresques byzantines ornent sa
crypte du Xᵉ siècle. Des vestiges
d'édifices romains servirent en
1069 à la construction de **San
Gregorio** et de son campanile
qui dominent la piazza
Garibaldi. Des fragments de
fresques ornent les murs de
l'église. Sous le chœur s'étend
une jolie crypte à cinq nefs.
Selon la légende, quelque
10 000 martyrs chrétiens
reposent à proximité. Ils
auraient péri dans
l'**amphithéâtre** romain dont
subsistent les arcs dans la cour
d'une caserne bordant la via
del Anfiteatro.

🌉 **Ponte delle Torri**
Bâti au XIVᵉ siècle par Matteo
Gattapone, originaire de
Gubbio, ce superbe
aqueduc aux arches
gothiques offre du haut
de ses 80 m une belle

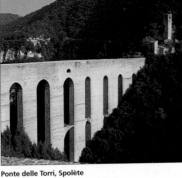

Ponte delle Torri, Spolète

**Campanile du
XIIᵉ siècle**

**Portique
Renaissance**

Le Duomo *(1198) de Spolète
dont les 8 roses surmontent un
portique Renaissance (1491) a
un campanile bâti à partir de
vestiges antiques.*

LES ÉGLISES ROMANES D'OMBRIE

L'architecture religieuse ombrienne s'est
développée à partir des basiliques antiques
et des chapelles paléochrétiennes élevées
à la mémoire des nombreux saints et martyrs
de la région. Les façades romanes
présentent en général trois niveaux et
sont souvent percées de trois rosaces
surmontant trois portails qui ouvrent
sur une nef centrale et deux bas-côtés. Dans de nombreux
sanctuaires, une crypte abritant
les reliques d'un saint ou d'un
martyr s'étend sous un chœur
surélevé. Remaniées au fil des
siècles, beaucoup d'églises
romanes incorporent
aujourd'hui des éléments
gothiques, Renaissance ou
baroques.

San Lorenzo di Arari
*(XIVᵉ siècle) à Orvieto doit son
nom à un autel étrusque
(arari). Elle possède une façade
très dépouillée (p. 358).*

vue sur les bastions de la **rocca Albernoz**, immense forteresse que le même architecte construisit pour la papauté entre 1359 et 1364. Au bout du « pont des Tours », un sentier conduit à la strada di Monteluco et à l'église **San Pietro** dont la façade présente de magnifiques reliefs du xiie siècle.

🏛 **Rocca Albornoz**
Piazza San Simone. **Tél** 0743 46 434. ⬜ t.l.j. 🎫 obligatoire 📷

🏛 **Pinacoteca Comunale**
Palazzo Comunale, Piazza del Municipio. **Tél** 0743 459 40. ⬜ t.l.j. 14 h 30-17 h. ⬤ 1er janv., 25 déc. 📷
La galerie d'art de Spolète comprend quatre salles présentant notamment une *Adoration des Mages* du Pérugin et deux grandes fresques de son protégé Spagna (v. 1450-1528).

Montefalco ❽

Perugia. 🏛 4 900. 🚌 🏛 lun.

Dédale de ruelles médiévales cerné de remparts du xive siècle, voici le plus intéressant des charmants villages du val de Spolète. Son nom, « Mont du Faucon », comme son surnom, « balcon d'Ombrie », évoquent bien le vaste panorama que commande son boulevard de ceinture, la *Circonvallazione*. Les vignobles qui s'étendent au-dessous dans le bassin du Clitumne produisent un

Fresque de Gozzoli (1452) au Museo Civico de Montefalco

excellent vin, le Sagrantino di Montefalco, que vous pourrez acheter sur la grand-place, la piazza del Comune.

À quelques pas, le **Museo Civico** borde la via Ringhiera Umbra. Il occupe l'ancienne église San Francesco (xive siècle) dont l'abside abrite les lumineuses fresques de la *Vie de saint François* exécutées par Benozzo Gozzoli en 1452. Parmi les grands peintres ombriens représentés figurent aussi le Pérugin, Tiberio d'Assisi et Niccolò Alunno.

D'autres fresques datant du xive au xvie siècle ornent sur le corso Mamelli la petite église **Sant'Agostino** entreprise dans le style gothique en 1279.

Hors des murs, celles qui décorent **Sant'Illuminata** sont l'œuvre d'artistes du xvie siècle,

notamment Francesco Melanzio. Gozzoli et Tiberio d'Assisi peignirent celles de **San Fortunato** (2 km plus loin sur la route de Spolète).

Aux environs : Trevi est le village du val de Spolète occupant le site le plus spectaculaire. Les églises de **San Martino** (xvie siècle), sur la passeggiata di San Martino, et de la **Madonna delle Lacrime** (1487-1522), sur la route arrivant du sud, renferment des peintures du Pérugin et de Tiberio d'Assisi.

🏛 **Museo Civico di San Francesco**
Via Ringhiera Umbra 9. **Tél** 0742 37 95 98. ⬜ t.l.j. : mars-oct. ; mar.-dim. : nov.-fév. ⬤ 1er janv., 25 déc. 📷 ♿

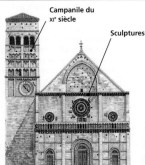
Le Duomo (1253) d'Assise offre un bel exemple de façade à trois niveaux. Une galerie de colonnettes, trois rosaces et des sculptures l'animent (p. 355).

Campanile du xie siècle
Sculptures

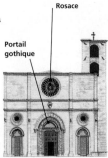
Le Duomo de Todi date du xiie siècle, mais ses portails et ses rosaces furent remaniés jusqu'au xviie siècle (p. 359).

Rosace
Portail gothique

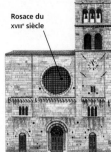
San Michele (v. 1195) à Bevagna possède un superbe portail roman incorporant des éléments antiques (p. 362).

Rosace du xviiie siècle

Spello

Perugia. 🏘 8 000. **FS** 🚌
ℹ️ *Piazza Matteotti 3 (0742 30 10 09).* 🗓️ *mer.*

Ce petit bourg du val de Spolète doit son renom au cycle de fresques inspirées du Nouveau Testament peintes vers 1500 par Pinturicchio dans la cappella Baglioni de l'église **Santa Maria Maggiore** (XIIe-XIIIe siècles) qui borde la via Consolare. En direction du centre du village, le sanctuaire gothique de **Sant'Andrea** (XIIIe siècle) s'élève sur la via Cavour, rue qui devient la via Garibaldi avant de rejoindre **San Lorenzo**, bijou baroque aménagé dans un édifice roman du XIIe siècle. Quelques vestiges de l'époque d'Auguste témoignent des origines romaines de Spello, notamment la **porta Consolare** ouvrant la via Consolare et la **porta Venere** que dominent deux tours jumelles. La route d'Assise offre de belles vues depuis le **monte Subasio**.

Aux environs : À l'instar de Spello, **Bevagna** se développa dans le val de Spolète en tant que ville-étape sur la via Flaminia. Elle a conservé du Moyen Âge une partie de ses remparts et de nombreux bâtiments, notamment autour de sa place centrale, la piazza Silvestri, oùse dressent deux églises romanes bâties par Maestro Binello : **San**

Les majestueux Monti Sibillini en Ombrie orientale

Silvestro (1195), pleine d'atmosphère avec sa crypte sous un chœur surélevé, et **San Michele** (fin du XIIe siècle) au portail encadré de mosaïques et de petites gargouilles.

Monti Sibillini ⑩

Macerata. **FS** *Spoleto.* 🚌 *Visso.*
ℹ️ *Largo Gaola Antinori, Visso (0737 97 27 11).* **www.**sibillini.net

Ce massif montagneux long de quarante kilomètres fait partie de la chaîne des Apennins qui soulève la péninsule italienne de Gênes jusqu'en Sicile. Devenu depuis peu un parc national, il offre à l'est de l'Ombrie les paysages les plus sauvages et les plus spectaculaires de la région. Son point culminant, le **monte Vettore**, s'élève à

1 476 mètres de hauteur près de la grotte où la sibylle, selon la légende, rendait ses oracles.

Des sentiers tracés et indiqués sur d'excellentes cartes font du parc un paradis pour les randonneurs. En voiture, des routes en lacet grimpent jusqu'à des points de vue parmi les plus magiques d'Italie. Les paysages à découvrir comprennent en premier lieu le **Piano Grande**, plateau dénudé qui s'étend dans un vaste amphithéâtre et se couvre de fleurs sauvages au printemps. Seul lieu d'habitation, **Castelluccio**, village de montagne longtemps négligé mais en cours de restauration, s'atteint par la route depuis Norcia et Arquata del Tronto.

Produits locaux à la devanture d'un magasin de Norcia

Norcia ⑪

Perugia. 🏘 4 700. 🚌 ℹ️ *Via Solferino 22 (0743 82 81 73).* 🗓️ *jeu.*

La réputation des truffes et des charcuteries de cette petite ville de montagne a dépassé les frontières de l'Ombrie et elle compte parmi les capitales gastronomiques italiennes. Cet atout contribue à en faire une excellente base d'où découvrir la Valnerina et les Monti Sibillini.

Ses principaux monuments bordent la **piazza San Benedetto**, notamment l'église **San Benedetto** dont la crypte renferme les vestiges d'un édifice du Ve siècle. Selon la légende, il s'agit de la maison natale de saint Benoît et de sa sœur sainte Scholastique dont les statues ornent le portail du XIVe siècle.

Annonciation (v. 1500) du Pinturicchio à Santa Maria Maggiore, Spello

Hébergements et restaurants de la région, voir p. 582-585 et 632-635

La Valnerina offre un cadre superbe à l'abbaye de San Pietro in Valle (VIIIe siècle)

À gauche du sanctuaire se dresse le **Palazzo Comunale** récemment restauré, monument à la gloire de l'indépendance que connut Norcia aux XIIIe et XIVe siècles, époque dont le bâtiment conserve un portique. De l'autre côté de la place, la forteresse de la **Castellina** domine la ville depuis 1554. Jules III la commanda à Vignole afin d'imposer l'autorité papale à une région de montagne turbulente. À gauche de la Castellina, le **Duomo** (1560) a souffert au fil des siècles des nombreux tremblements de terre qui expliquent la faible hauteur des maisons de Norcia et l'importance de leurs murs de renfort.

Plusieurs magasins d'alimentation ouvrent aussi sur la piazza et leurs devantures mettent l'eau à la bouche. Sur la via Anicia, l'église gothique **Sant'Agostino** recèle de belles fresques du XVIe siècle. Un peu plus loin sur la piazza Palatina, l'**oratorio di sant'Agostinaccio** possède un superbe plafond du XVIIe siècle. Bordant la via Umberto, l'**Edicola** est un petit édifice élevé en 1354 et sculpté, pense-t-on, à l'occasion d'une procession de la semaine sainte.

Valnerina ⑫

Perugia. **FS** *Spoleto, puis bus.*
ℹ *Piazza Garibaldi 1, Cascia (0743 711 47).*

La « Petite vallée de la Nera » forme un large arc de cercle à l'est de l'Ombrie et la rivière, après avoir drainé les Monti Sibillini et les montagnes proches de Norcia, se jette dans le Tibre en aval de Terni. Hameaux fortifiés et villages perchés s'accrochent à ses rives abruptes et boisées.

San Pietro in Valle, abbaye bâtie sur le flanc du monte Solenne au-dessus du village de Colleponte, en constitue le site le plus intéressant. Fondé au VIIIe siècle, ce monastère a conservé de ses origines lombardes les absides, le transept et l'autel de l'église dont la nef est ornée de fresques romanes datant d'un remaniement au XIIe siècle. Malgré le témoignage qu'elle apporte sur une période du Moyen Âge qui a laissé peu de vestiges, l'abbaye connaît moins de succès que la **Cascate delle Marmore** près de Terni, l'une des plus hautes cascades d'Europe (165 m). Les Romains la créèrent artificiellement lors de travaux de drainage de la plaine de Rieti. À cause des barrages de centrales hydro-électriques, elle ne coule toutefois désormais que certains jours et à certaines heures.

⌂ San Pietro in Valle
Località Ferentillo, Terni. **Tél** *0744 78 03 16.* ⬜ *t.l.j.*

🜨 Cascate delle Marmore
À 7 km sur la S209 Valnerina, Terni. ⬜ *Sporadiquement. Demander à l'office du tourisme.*

L'église San Benedetto sur la piazza du même nom à Norcia

MARCHES

*S*uccession de vallées creusées d'ouest en est par les cours d'eau
dévalant des Apennins vers l'Adriatique, les Marches offrent à la
fois paysages sauvages, villes anciennes et plages de sable. Port
actif, Ancône en est devenue le chef-lieu, mais ce furent des cités de
l'intérieur comme Urbino qui eurent le plus d'éclat au Moyen Âge.

Au IVe siècle av. J.-C., des exilés de Syracuse firent d'Ancône le comptoir grec le plus septentrional d'Italie et colonisèrent une grande partie du littoral proche. La région prit son nom au début du Moyen Âge quand elle formait la frontière (ou « marche ») entre l'Empire germanique et les États pontificaux.

C'est au XVe siècle qu'elle connut son âge d'or quand Urbino devint grâce au duc Federico de Montefeltro un des grands centres intellectuels de la Renaissance. Le splendide Palazzo Ducale et la collection de peintures qui l'occupe offrent un brillant témoignage de cette grandeur. Ancienne capitale des Picéniens, peuple qui résista aux Romains jusqu'au Ier siècle av. J.-C., Ascoli Piceno possède presque autant de charme qu'Urbino avec sa splendide piazza del Popolo bordée de monuments médiévaux. Des localités moins importantes comme San Leo, Urbania et San Marino renferment également de beaux édifices historiques.

La majorité des visiteurs qui séjournent dans les Marches en été y viennent toutefois pour les plages. Les amoureux de la nature leur préféreront sans doute les montagnes de l'intérieur, notamment les majestueux Monti Sibillini.

Les spécialités culinaires accommodent truffes et charcuterie et fromages de montagne. Un vin blanc sec comme le Verdicchio, le plus connu, ou le Bianchello del Metaure, accompagnera le *brodetto*, soupe de poissons servie sur toute la côte. Les olives se dégustent farcies de viande et d'aromates *(olive ascolane)*.

Coquelicots et oliviers au cœur des Marches

◁ La république de San Marin a gardé ses fortifications médiévales

À la découverte des Marches

Urbino et Ascoli Piceno sont les villes dont les monuments présentent le plus d'intérêt, mais des bourgs et villages pleins de charme, à l'image de San Leo dominé par sa forteresse, jalonnent les collines de l'intérieur des terres. Les Apennins culminent à 2 476 m dans le parc national des Monti Sibillini *(p. 352)*. Ancône et Pèsaro sont les deux pôles les plus actifs du littoral que bordent de belles plages de sable et des stations balnéaires.

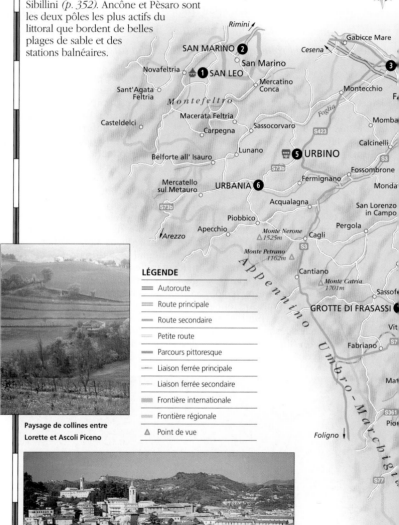

Rimini

SAN MARINO ❷
San Marino
Novafeltria ❶ **SAN LEO**
Sant'Agata Feltria
Mercatino Conca
Montefeltro
Casteldelci
Macerata Feltria
Carpegna
Sassocorvaro
S423
Belforte all' Isauro
Lunano
🏛 ❺ **URBINO**
S73b
Mercatello sul Metauro
URBANIA ❻
Fermignano
Acqualagna
S73b
Piobbico
Arezzo
Apecchio
Monte Nerone △ 1525m
Cagli
Monte Petrano 1162m △
S3
A p e n n i n o
Cantiano
Monte Catria 1701m
U m b r o - M a r c h i g i
GROTTE DI FRASASSI
Fabriano
S7
Foligno ↓

Gabicce Mare
Cesena
❸
Montecchio
F...
Momba...
Calcinelli
S3
Fossombrone
Monda...
San Lorenzo in Campo
Pergola
Sassof...
Vit...
Ma...
S361
Pio...

Paysage de collines entre Lorette et Ascoli Piceno

LÉGENDE

═══	Autoroute
═══	Route principale
───	Route secondaire
═══	Petite route
▬▬▬	Parcours pittoresque
┅┅┅	Liaison ferrée principale
───	Liaison ferrée secondaire
▬▬▬	Frontière internationale
┄┄┄	Frontière régionale
△	Point de vue

Ascoli Piceno, l'une des plus jolies villes des Marches

Près de Portonovo sur la péninsule du Conero

CIRCULER

Les reliefs rendent difficile la circulation du nord au sud à l'intérieur des terres et c'est sur le littoral qu'il est le plus facile de circuler, notamment en voiture car la seule autoroute à traverser les Marches, l'A 14-E 55, longe la côte. Des routes à double voie en partent vers Urbino, Jesi et Ascoli Piceno. Les liaisons en car ou en train partent aussi des villes du littoral.

Carte de la région des Marches montrant les villes : Marotta, Cesano, Senigallia, Marzocca, Falconara Marittima, Ostra, Chiaravalle, Agugliano, ANCONA, Portonovo, CONERO PENINSULA, Sirolo, Numana, JESI, Santa Maria Nuova, Osimo, Cupramontana, Staffolo, Filottrano, LORETO, Porto Recanati, Cingoli, Recanati, Potenza Picena, Porto Potenza Picena, Treia, Macerata, Civitanova Marche, Sforzacosta, Corridonia, Montegranaro, Tolentino, Mogliano, Loro Piceno, Caldarola, Montegiorgio, Fermo, San Ginesio, Servigliano, Monterubbiano, Pedaso, Lago di Fiastra, Fiastra, Sarnano, Santa Vittoria in Matenano, Ripatransone, Cupra Marittima, San Benedetto del Tronto, Bolognola, Amandola, Comunanza, Montemonaco, Monte dell'Ascensione 1103m, Offida, Porto d'Ascoli, Monte Sibilla 2175m, Montegallo, ASCOLI PICENO, Monte Vettore 2478m, Colle S. Marco, Acquasanta Terme, Rieti, MAR ADRIATICO

Au marché de Fano

VOIR AUSSI

• *Hébergement* p. 585-587

• *Restaurants* p. 635-636

Le clocher du Duomo au-dessus du village de San Leo

San Leo ❶

Pèsaro. 🛈 *Piazza Dante 14 (0541 91 63 06).* 🚌 *de Rimini, changer à Villanova.*

Peu de châteaux se révèlent aussi impressionnants que la **forteresse** qui domine le village perché de San Leo depuis l'ancien Mons Feretrius où les Romains avaient bâti un temple à Jupiter. Dante s'en inspira pour l'un des paysages de son *Purgatoire* et Machiavel la considérait comme l'une des grandes réussites de l'architecture militaire italienne.

Sa prison eut pour détenu le plus célèbre le comte de Cagliostro (1743-1795). Cet alchimiste et occultiste réputé pour ses cures miraculeuses et ses dons de spirite mena une vie fastueuse et eut de nombreux disciples dans toute l'Europe. Il commit toutefois l'erreur de revenir en Italie. L'Inquisition le jeta dans un cachot dont la fenêtre donne sur les deux sanctuaires du village, spectacle qui devait l'inciter au repentir. Il y resta jusqu'à sa mort, et la cellule fait désormais partie d'un petit musée comprenant une

pinacothèque. Les majestueux remparts Renaissance construits par Francesco di Giorgio Martini pour les ducs de Montefeltro commandent un vaste panorama.

L'église paroissiale, ou **Pieve**, de San Leo date du IXᵉ siècle et incorpore, comme le **Duomo** roman (XIIᵉ siècle) qui s'élève derrière elle, des éléments antiques. Dans la cathédrale, des reliefs païens se découvrent derrière l'autel. La crypte abrite le couvercle du sarcophage de saint Léon.

♟ Forteresse
Via Leopardi. **Tél** 0541 91 63 06. ◻ *t.l.j.* ⛔

San Marino ❷

🏠 *26 000.* 🚌 *San Marino Città (fr Rimini).* 🛈 *Contrada Omagnano 20, San Marino (0549 88 29 98).* **www.**visitsanmarino.com

Selon la légende, c'est un tailleur dalmate, saint Marin, qui fonda au IVᵉ siècle la plus ancienne république d'Europe. Fuyant les persécutions organisées sous Dioclétien, il se réfugia avec son ami Léon, dont San Leo porte le nom, sur le monte Titano. Le petit État (12 km de large) possède ses propres pièces de monnaie, ses timbres, son équipe de football et une armée (1 000 hommes). C'est aussi le lieu d'une course de formule 1.

Garibaldi, qui y trouva refuge en 1849, y est honoré d'un monument sur la place qui porte son nom. Depuis **Borgomaggiore**, la ville la plus peuplée, la capitale, **San Marino**, interdite aux voitures, peut s'atteindre en funiculaire. Du haut du monte Titano, elle offre, à l'instar des trois forteresses qui la dominent, de superbes vues portant jusqu'à la plaine du Pô. Elle est cependant très touristique.

Pèsaro ❸

🏠 *85 000.* 🚊 FS 🚌 🛈 *Piazza della Libertà (0721 693 41).* 🛒 *mar. et 1ᵉʳ jeu. du mois.*

Détail du *Couronnement de la Vierge* (v. 1470) de Bellini aux Musei Civici

Devenue l'une des plus importantes stations balnéaires de l'Adriatique, Pèsaro a conservé, derrière le mur d'hôtels de sa promenade, un agréable quartier médiéval où la galerie d'art municipale, les **Musei Civici**, présente une superbe collection de céramiques et, parmi les peintures, un chef-d'œuvre de Giovanni Bellini : le polyptyque du *Couronnement de la Vierge* (v. 1470).

Au **Museo Archeologico Oliveriano**, du mobilier funéraire retrouvé dans la nécropole de Novilara et des vestiges allant de l'âge du fer aux Romains évoquent le lointain passé de la région.

La plus belle des églises de Pèsaro, **Sant'Agostino**, borde le corso XI Settembre. Elle recèle de remarquables stalles marquetées, notamment de vues de la cité.

Gioachino Rossini est né à

Magasins de produits détaxés à San Marino

Pèsaro et la ville rend hommage à sa mémoire à la **casa Rossini** qui renferme des souvenirs et au **conservatorio Rossini** où se trouvent son piano et quelques manuscrits. En août, ses opéras sont donnés au **teatro Rossini** sur la piazza Lazzarini.

🏛 **Musei Civici**
Piazza Mosca 29. **Tél** *0721 312 13.*
⬜ *mar., mer. matin ; jeu.-dim.* 📷

🏛 **Museo Archeologico Oliveriano**
Via Mazza 97. **Tél** *0721 333 44.*
⬜ *lun.-sam. matin.* ♿

🏚 **Casa Rossini**
Via Rossini 34. **Tél** *0721 38 73 57.*
⬜ *mar. et mer. matin, jeu.-dim.* 📷

🏚 **Conservatorio Rossini**
Piazza Olivieri 5. **Tél** *0721 336 71.*
⬜ *lun.-sam., téléphoner d'abord.*
⬤ *jours fériés.*

Fano ❹

Pèsaro. 🏘 *54 000.* FS 🚌 ⛴
ℹ *Via Cesare Battisti 10 (0721 80 35 34).* 🎪 *mer., sam.*

Sa vieille ville et ses monuments historiques donnent à Fano un cachet que ne possèdent pas les autres stations balnéaires de la côte adriatique. Au débouché de la via Flaminia sur la mer, la ville prit sous les Romains le nom de *Fanum Fortunae* d'après le temple de la Fortune qui s'y dressait depuis 207 av. J.-C. Élevé en l'an 2, l'**arco d'Augusto** faillit ne pas résister au siège mené en 1463 par Federico da Montefeltro, alors *condottiere* pour le pape, qui détruisit sa partie supérieure.

Sur la piazza XX Settembre, derrière la **fontana della Fortuna** ornée d'une statue (1593) d'Ambrosi, se dresse le vaste **palazzo Malatesta.** Bâti en 1420 pour la famille qui régna sur Fano jusqu'en 1463, il fut agrandi en 1544. Il abrite le **Museo Civico** et la **Pinacoteca Malatestiana** qui présentent une intéressante collection de faïences et, à côté d'œuvres de peintres locaux, des tableaux d'artistes plus célèbres tels que le Guerchin, Guido Reni, Palma le Jeune et Michele Giambono.

🏛 **Museo Civico and Pinacoteca Malatestiana**
Piazza XX Settembre.
Tél *0721 82 83 62.* ⬜ *mar.-dim.*
⬤ *1er janv., 25 et 26 déc.* 📷

Entrée du Palazzo Ducale d'Urbania

Urbino ❺

Voir p. 370-371.

Urbania ❻

Pèsaro. 🏘 *7 200.* 🚌
ℹ *Corso Vittorio Emanuele 21 (0722 31 31 40).* 🎪 *jeu.*

Urbania doit son nom au pape Urbain VIII (1623-1644) qui nourrit un temps le projet de transformer le village médiéval alors appelé Castel Durante en une ville conforme aux idéaux de la Renaissance.

Le principal monument d'Urbania remonte toutefois à une époque antérieure. Les Montefeltro entreprirent en effet dès le début du XIIIe siècle la construction du **Palazzo Ducale**, l'une de leurs résidences hors d'Urbino, la capitale du duché. Reconstruit au XVe et au XVIe siècles, il abrite dans un site agréable au bord du Metauro un petit musée de peintures et d'objets d'art ainsi que l'ancienne bibliothèque du duc Federico riche de quelque 2 000 gravures.

🏛 **Palazzo Ducale**
Palazzo Ducale. **Tél** *0722 31 31 51.*
⬜ *mar.-sam.* ⬤ *jours fériés.* 📷

Fontana della Fortuna sur la piazza XX Settembre de Fano

Urbino : le Palazzo Ducale

Federico da Montefeltro, duc d'Urbino de 1444 à
1482 a construit le plus beau palais Renaissance
d'Italie. Il fut condottiere au service des papes,
mais c'est l'humaniste et le mécène des arts qui
resta dans l'histoire. Il invita de grands artistes
pour décorer son palais où se trouve aujourd'hui
la Galleria Nazionale delle Marche.

★ **La Flagellation
par Piero della Francesca**
*Le peintre joue ici de la perspective
pour renforcer l'effet dramatique.*

Tours attribuées à Laurana

**Le palais domine
Urbino**

**La façade
orientale** (avant
1460) est de Maso
di Bartolomeo.

Cortile d'Onore
*Le Dalmate Luciano Laurana
(1420-1479) dessina cette
cour de la première
Renaissance.*

En
princip

La biblio
était l'un
plus rich
l'époque

Vue de la cité idéale
*Attribuée à Luciano
Laurana, cette peinture
qui joue de la perspective
propose un décor urbain
très inspiré de l'Antiquité.*

MODE D'EMPLOI

Piazza Duca Federico 13.
Tél 0722 32 26 25.
Piazza del Mercatale.
8 h 30-14 h, mar.-dim.
8 h 30-19 h 15 (der. ent.
60 mn av. la ferm.).
1er janv., 25 déc.
www.turismo.marche.it

★ **Studiolo**
Botticelli dessina une partie du décor marqueté du cabinet de Federico da Montefeltro.

Portrait de Federico par Pedro Berruguete
Représenté ici avec son fils, le duc montre toujours son profil gauche sur les portraits pour cacher une cicatrice au visage.

Jardin suspendu

Les pièces de cette aile forment l'appartamento della Duchessa.

★ **La Muta par Raphaël**
Cette « muette » était peut-être une noble florentine : Maddalena Dori.

À NE PAS MANQUER

★ *La Flagellation* par Piero della Francesca

★ *La Muta* par Raphaël

★ Le Studiolo

Urbino ❺

Pèsaro. 16 000. Piazza Rinascimento 1 (0722 26 13). sam.
www.turismo.pesarourbino.it

Dans le dédale de rues bordées d'immeubles médiévaux et Renaissance s'élève sur la piazza Federico le **Duomo** néo-classique construit en 1789. Sa plus belle peinture est une *Cène* par Federico Barocci (v. 1535-1612). Le **Museo Diocesano** présente de la verrerie, des céramiques et des objets religieux.

L'intérêt de la visite de la **Casa Natale di Raffaello**, où grandit le peintre Raphaël (1483-1520), c'est surtout de découvrir une atmosphère.

Sur la via Barocci se dressent l'**oratorio di San Giuseppe**, construit au Moyen Âge et réputé pour sa crèche, et l'**oratorio di San Giovanni Battista** bâti au xive siècle et décoré en 1416 par Giacomo et Lorenzo Salimbeni de fresques représentant la *Crucifixion* et des scènes de la *Vie de saint Jean Baptiste*.

La **fortezza dell'Albornoz** (xve siècle), sur le viale Bruno Buozzi, offre une vue d'ensemble de la ville.

🏛 **Museo Diocesano**
Piazza Pascoli 2. **Tél** 0722 28 50.
lun.-sam. (oct.-mars : demander au gardien du Duomo).

🏠 **Casa Natale di Raffaello**
Via di Raffaello 57. **Tél** 0722 32 01 05. t.l.j. (dim. le mat. seul.).
1er jan., 25 déc.

Le centre d'Urbino a gardé son cachet ancien

Sur le port d'Ancône

Grotte di Frasassi ❼

Ancona. **Tél** 0732 972 11. **FS** Genga
San Vittore Terme. ◯ t.l.j. visites
guidées seulement (1 h 20).
● 1er janv., 10-30 janv., 4 et 25 déc.
🌐 ✆ **www**.frasassi.com

Les eaux du Sentino ont
creusé au sud-ouest de Jesi un
réseau de dix-huit kilomètres
de grottes dont mille mètres
environ sont ouverts au public
dans le cadre d'une visite
guidée. Elle permet de
découvrir la **grotta del Vento**
dont la voûte atteint une
hauteur de 240 m et qui est
assez vaste pour contenir la
cathédrale de Milan. Elle a
servi à diverses expériences,
notamment des études du
comportement humain lors de
longues périodes passées sous
terre, seul ou en groupe.

Jesi ❽

Ancona. 🏙 41 000. **FS** 🚍
🛈 Piazza della Repubblica 11 (0731
597 88). ⊖ mer., sam.

Cette petite ville animée
s'étend sur une longue arête
rocheuse en bordure de
l'Esino. Dans la vallée, des
vignobles l'entourent. Ils
produisent le Verdicchio, vin
blanc sec réputé depuis des
siècles. Il est fabriqué dans les
villages appelés Castelli di
Jesi. La forme traditionnelle
des bouteilles le contenant
découle de celle des
amphores qui servaient à son
exportation en Grèce pendant
l'Antiquité.
    Installés dans le palazzo
Pianetti édifié en 1730, les

Pinacoteca e Musei Civici
présentent, entre autres, de
belles peintures de Lorenzo
Lotto, mais la galerie centrale
du palais et son exubérante
décoration rococo justifient
presque à elles seules la
visite. Non loin, le **palazzo
della Signoria** Renaissance
abrite une intéressante
collection de vestiges
archéologiques. Hors de
l'enceinte fortifiée du
XIVe siècle s'élève l'église
gothique **San Marco** ornée de
fresques du XIVe siècle
inspirées de Giotto.

🏛 **Pinacoteca e Musei Civici**
Via XV Settembre. **Tél** 0731 53 83
42. ◯ mar.-dim. 🌐

🏛 **Palazzo della Signoria**
Piazza Colocci. **Tél** 0731 53 83 45.
◯ lun.-ven. 13 h-15 h.

Ancône ❾

🏙 98 000. 🛬 **FS** 🚍 ⛴ 🛈 Via
Thaon de Revel 4 (071 35 89 91). ⊖
mar., ven. **www**.turismo.marche.it

La fondation d'Ancône,
chef-lieu des Marches,
remonte au moins au
IVe siècle av. J.-C. quand s'y
installèrent des exilés de
Syracuse.
Son nom dérive d'ailleurs du
mot grec *ankon* qui signifie
« coude », une référence au
promontoire rocheux qui
donne à la ville son port
naturel.
    Des bombardements
pendant la dernière guerre
ont détruit beaucoup de sa
partie historique, et la **loggia
dei Mercanti** (XIVe siècle),
sur la via della Loggia, est
l'un des rares monuments
du Moyen Âge à avoir
survécu, avec l'église romane
Santa Maria della Piazza
qui dresse un peu plus loin
une jolie façade.
    La **Pinacoteca Comunale
F Podesti e Galleria d'Arte
Moderna** présente des
peintures de Titien, Lorenzo
Lotto et Carlo Crivelli, entre
autres, mais le musée offrant
le plus d'intérêt est le **museo
archeologico nazionale delle
Marche** aux riches collections
préhistorique, grecque et
romaine. Près du port, l'**Arco
di Traiano** date de l'an 115.

Une des salles souterraines des grotte di Frasassi

Plage de Sirolo sur la péninsule du Conero

🏛 Pinacoteca Comunale F Podesti e Galleria d'Arte Moderna

Via Pizzecolli 17. *Tél* 071 222 50 41. ◯ t.l.j. mar.-sam. (dim. ap.-m., lun. matin). ● jours fériés. 🖼 🛇

🏛 Museo Archeologico Nazionale delle Marche

Via Ferretti 1. *Tél* 071 20 26 02. ◯ t.l.j. (oct-mai : t.l.j. le matin). ● 1er janv., 1er mai, 15 août, 25 déc. 🖼 🛇

La péninsule du Conero ⑩

Ancona. 🚉 🚢 Ancona. 🚌 d'Ancône à Sirolo ou Numana. 🛈 Via Thaon de Revel 4, Ancona (071 35 89 91).

Peu habitée, la superbe péninsule rocheuse du Conero, seule formation naturelle à briser la ligne presque ininterrompue de plages de sable qui forme le littoral des Marches, est plantée de vignes produisant des vins réputés (notamment le Rosso del Cornero). Criques isolées et petites stations balnéaires jalonnent sa côte.

Portonovo est la plus agréable de ces stations. Bâtie au-dessus de la plage, **Santa Maria di Portonovo**, une église romane évoquée par Dante dans le chant XXI du *Paradis*, date du XIe siècle. **Sirolo** et **Numana** se révèlent plus touristiques, mais il reste possible d'échapper à la foule en gravissant les pentes du monte Conero (572 m), ou en prenant un bateau jusqu'à des plages inaccessibles en voiture.

Lorette ⑪

Ancona. 🏘 11 000. 🚉 🚌 🛈 Via Solari 3 (071 97 02 76). 🛒 ven.

Selon la légende, des anges soulevèrent la maison où naquit la Vierge **(Santa Casa)** en Terre Sainte pour la transporter en 1294 dans un bois de lauriers au sud d'Ancône. Chaque année, trois millions de pèlerins viennent la contempler dans la **basilique** entreprise en 1468 dans le style gothique mais en grande partie construite et décorée pendant la Renaissance par des artistes et architectes tels que Bramante, Sansovino, Giuliano da Sangallo et Luca Signorelli. Le **Museo-Pinacoteca** possède des tableaux de Lorenzo Lotto.

La Santa Casa de Lorette

⛪ Basilica and Santa Casa

Piazza Santuario. *Tél* 071 97 01 04. ◯ t.l.j.

🏛 Museo-Pinacoteca

Palazzo Apostolico. *Tél* 071 97 47 198. ◯ mar.-dim. 9 h-13 h. ● 1er janv., Pâques, 1er mai, 15 août, 25 déc. 🖼

Ascoli Piceno ⑫

🏘 54 000. 🚌 🛈 Piazza del Popolo 17 (0736 25 30 45). 🛒 mer. et sam.

Peuple originaire de l'Illyrie, les Picéniens résistèrent aux Romains jusqu'en 89 av. J.-C. Leur capitale devint alors l'Asculum Picenum dont le plan régulier reste visible dans l'organisation du centre-ville actuel où un riche héritage architectural témoigne du dynamisme de la commune au Moyen Âge.

Sur la **piazza del Popolo** voisinent le **palazzo dei Capitani del Popolo** bâti au XIIIe siècle mais dont Cola dell'Amatrice remania la façade en 1548 et l'église gothique **San Francesco** élevée de 1262 à 1549. Depuis la place, la via del Trivio conduit au nord jusqu'au quartier ancien s'étendant sur la rive du Tronto. Sur la via Cairoli se dresse **San Pietro Martire** datant du XIIIe siècle. En face, **Santi Vincenzo e Anastasio** (XIe siècle) possède une crypte ornée de fresques.

Édifié au XIIe siècle, le **Duomo** présente sur la piazza dell'Arringo une façade par Cola dell'Amatrice. Sa cappella del Sacramento abrite un polyptyque par Carlo Crivelli (v. 1430-v. 1495), peintre également représenté à la **Pinacoteca Civica**. Le **Museo Archeologico** expose des objets picéniens, romains et lombards.

🏛 Pinacoteca Civica

Palazzo Comunale, Piazza Arringo. *Tél* 0736 29 82 13. ◯ t.l.j. 🖼 🛇

🏛 Museo Archeologico

Palazzo Panighi, Piazza Arringo. *Tél* 0736 25 35 62. ◯ mar.-dim. ● 1er janv., 1er mai, 25 déc. 🖼 🛇

Ascoli Piceno a gardé son charme médiéval

ROME ET LE LATIUM

Rome et le Latium d'un coup d'œil

L'histoire connue de la région remonte aux premières colonies fondées dans le nord du Latium par les Étrusques dont la culture s'effaça devant la puissante civilisation créée par les Romains. Celle-ci ne résista pas aux invasions barbares, mais la capitale de l'Empire resta celle de la chrétienté et, après une éclipse au Moyen Âge, les plus grands artistes et architectes vinrent y travailler, notamment pendant les périodes Renaissance et baroque. De somptueux monuments, à Rome comme aux environs, témoignent de ce passé prestigieux.

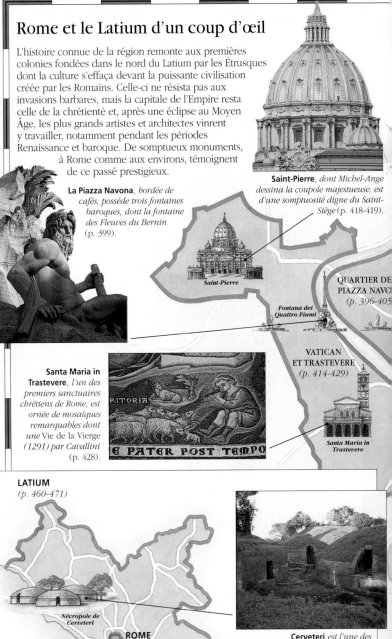

Saint-Pierre, *dont Michel-Ange dessina la coupole majestueuse, est d'une somptuosité digne du Saint-Siège* (p. 418-419).

La Piazza Navona, *bordée de cafés, possède trois fontaines baroques, dont la fontaine des Fleuves du Bernin* (p. 399).

Saint-Pierre

Fontana dei Quattro Fiumi

QUARTIER DE PIAZZA NAVO (p. 396-405)

VATICAN ET TRASTEVERE (p. 414-429)

Santa Maria in Trastevere, *l'un des premiers sanctuaires chrétiens de Rome, est ornée de mosaïques remarquables dont une* Vie de la Vierge *(1291) par Cavallini* (p. 428).

Santa Maria in Trastevere

LATIUM (p. 460-471)

Nécropole de Cerveteri

ROME *(Voir plan principal)*

0   15 km

Cerveteri *est l'une des nombreuses nécropoles laissées par les Étrusques dans le nord du Latium. Sous les tumulus, les tombes abritaient souvent des fresques ou des objets usuels* (p. 466).

◁ Les allégories de quatre grands fleuves ornent la fontana dei Quattro Fiumi du Bernin sur la piazza Navona

Le Panthéon, *construit entre 118 et 125, recèle derrière son portique classique une merveille architecturale : son immense coupole* (p. 404).

VOIR AUSSI

- **Hébergement** p. 587-593
- **Restaurants** p. 636-643

DE LA PIAZZA DI SPAGNA
À L'ESQUILIN
(p. 406-413)

Santa Maria Maggiore
possède une décoration mariant plusieurs styles. Ce baldaquin date du XVIIIᵉ siècle (p. 413).

Santa Maria Maggiore

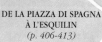

Panthéon

CENTRE
ANTIQUE
(p. 382-395)

Musées du Capitole

Colisée

San Giovanni in Laterano

San Giovanni in Laterano, *la cathédrale de Rome, abrite l'élégante chapelle Corsini créée en 1732* (p. 436).

AVENTIN
ET LATRAN
(p. 430-437)

Les musées du Capitole *présentent depuis la Renaissance des trésors classiques comme cette tête colossale de Constantin datant du IVᵉ siècle* (p. 386-387).

0   750 m

Le Colisée *bâti en 80 par l'empereur Vespasien pouvait accueillir 55 000 spectateurs pour des combats de gladiateurs ou des simulacres de chasse d'animaux sauvages* (p. 393).

Les saveurs de Rome et du Latium

Dans la campagne du Latium se côtoient des collines légèrement ondulées, des montagnes et un littoral chatoyant. Les oliveraies et les vignobles couvrent cette région fertile, où vous dégusterez toutes sortes de gibiers. Mais la véritable cuisine romaine transforme en plats savoureux les « pauvres » abats, par une cuisson lente et inventive. Si les pâtes demeurent l'ingrédient essentiel de tout repas, nombre des grands restaurants de la capitale sont spécialisés dans le poisson et les fruits de mer. Patrie de la *dolce vita*, Rome propose aussi son lot de délicieux gâteaux, pâtisseries et glaces.

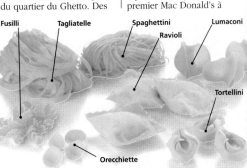
Artichauts

d'herbes et d'épices, devenaient un véritable régal. Ces plats robustes, comme la *coda alla vaccinara* (« queue de bœuf à la mode du boucher de l'abattoir »), sont toujours servis dans les restaurants.

CUCINA ROMANA

L'authentique *cucina romana* puise aussi ses racines dans la cuisine juive du quartier du Ghetto. Des

artichauts de la région sont frits entiers dans l'huile d'olive (*carciofi alla giudea*) ou servis *alla romana*, avec de l'huile, de l'ail et de la menthe. Les beignets de morue *(filetti di baccalà)* sont tout aussi populaires. Les restaurants de poisson et fruits de mer figurent parmi les meilleurs de Rome. Le mouvement *Slow Food* est né dans le Piémont en réponse à l'implantation du premier Mac Donald's à

Un étal de légumes du Latium, fraîchement transportés du potager au marché

La cuisine romaine traditionnelle est née dans le quartier du Testaccio, près de l'ancien abattoir, dont les bouchers *(vaccinari)* étaient en partie payés en abats. Le « cinquième quart » *(quinto quarto)* incluait la tête, les pieds, la queue, les intestins, la cervelle et d'autres morceaux de l'animal, qui, cuits doucement et parfumés

Fusilli Tagliatelle Spaghettini Lumaconi Ravioli Tortellini Orecchiette

Quelques-unes des centaines de variétés de pâtes disponibles en Italie

PLATS RÉGIONAUX ET SPÉCIALITÉS

Les légumes frits, notamment les artichauts et les fleurs de courgette (*zucchini*), sont des hors d'œuvre (*antipasto*) classiques. Les pâtes sont généralement servies en plat principal (*primo*), comme les *bucatini all'amatriciana* – nappées d'une sauce tomate épicée à la saucisse ou au lard, saupoudrées de pecorino râpé. Le veau est très apprécié (*rigatoni alla pajata* : pâtes agrémentées d'intestins de veau de lait). L'agneau est également très prisé (*abbachio al forno* : agneau de lait rôti, ou *alla cacciatore* : « à la mode du chasseur », avec une sauce aux anchois). Le mot générique pour les abats est animelle, et on déguste, entre autres mets, la *cervelle* (cervelle de veau), l'*ossobuco* (jarret de bœuf à la moelle), les *pajata* (intestins de veau) et les *trippa* (tripes).

Bruschetta

Gnocchi alla romana *Boulettes de pâte à base de farine de semoule, avec une sauce (ragù) à la tomate ou à la viande.*

Pizzas romaines brûlantes, tout droit sorties du four à bois

Rome en 1986 (p. 174), mais la nourriture de style *fast-food*, plus typiquement romaine, est, entre autres, représentée par la *bruschetta* (« pain légèrement grillé »), frottée d'ail, de sel de mer et d'huile d'olive et parfumée. L'authentique *pizza romana*, fine et croustillante, est cuite au feu de bois et servie *al taglio* – à la coupe.

PASTA, PASTA

Les pâtes demeurent le pilier du repas romain, surtout les *spaghetti*. Les *Spaghetti alla carbonara*, agrémentés de *pancetta* (lard fumé) ou de *guanciale* (joue de porc), de jaunes d'œuf et de fromage, font partie des plats classiques, tout comme les *spaghetti alle vongole* (ail et palourdes). Il existe au bas mot un type de pâte pour chaque jour de l'année et nombre d'entre elles possèdent un nom joliment descriptif, comme les *capelli d'angelo* (cheveux d'ange) ou les *ziti* (mariées).

Gelati dans un salon de thé romain

LA DOLCE VITA

Les noix, les fruits et la ricotta se mêlent souvent en de succulentes douceurs. La glace est un véritable art à Rome, où certains salons de thé offrent plus de 100 parfums de *gelati* maison. On peut y déguster aussi bien les classiques *crema* et *frutta* que la *grattachecca* (glace à l'eau), ou encore le *semifreddo* (entremets mi-froid à base de gâteaux de Savoie) ou la *granità* (copeaux de glace parfumés au sirop de fruit). Quant au *gelato*, on peut le savourer à toute heure.

AU MENU

Abbacchio alla cacciatore
Petit agneau cuit dans les anchois, l'ail, le vin Castelli Romani, le romarin et l'huile d'olive.

Coda alla vaccinara Queue de bœuf braisée aux herbes, tomate et céleri.

Fave al Guanciale Jeunes fèves de printemps (fava) mijotées dans l'huile d'olive avec joue de porc et oignon.

Filetti di baccalà Beignets de morue – ancienne spécialité juive devenue un classique de la cuisine romaine.

Spigola alla romana Bar aux champignons *porcini* (cèpes), à la mode romaine.

Spaghetti alle vongole *Les classiques pâtes italiennes sont ici agrémentées de petites palourdes et de tomates.*

Saltimbocca alla romana *Tranches de veau garnies de prosciutto et sauge. Saltimbocca signifie « saute-en-bouche ».*

Torta di ricotta *Tarte à la ricotta, garnie de sucre, de citron, de cognac et de cannelle.*

L'architecture de Rome et du Latium

Héritiers des traditions grecques et étrusques, les Romains développent sous l'Empire une architecture originale, notamment par l'utilisation de l'arc, de la voûte et de la coupole. Édifice civil rectangulaire à plusieurs nefs, la basilique inspire les premières églises paléochrétiennes, qui évoluent peu à peu vers le dépouillement du style roman. Le gothique lui succède mais marque peu Rome, qui adopte en revanche les proportions classiques de l'architecture Renaissance née à Florence. Avec le baroque, exubérante réaction à l'austérité protestante, la Ville éternelle retrouve au XVIIᵉ siècle son originalité créatrice.

La foisonnante fontana di Trevi baroque à Rome

DES ÉTRUSQUES À LA ROME CLASSIQUE

Le Podium mettait le temple en valeur.

L'arc devint caractéristique de l'architecture romaine.

Des colonnes soutiennent le portique.

Les Reliefs proviennent de monuments plus anciens.

L'intérieur était divisé en trois nefs.

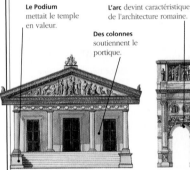

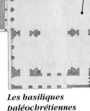

Des temples étrusques, *copiés de modèles grecs avec leur portique, inspirèrent les premiers édifices romains.*

L'arc de Constantin *(315), haut de vingt-cinq mètres, est typique de l'architecture triomphale de l'Empire romain (p. 389).*

Les basiliques paléochrétiennes *(IVᵉ siècle) avaient un plan rectangulaire.*

DE LA RENAISSANCE AU BAROQUE

Des colonnes doriques ressuscitent le classicisme.

Bramante adopta la forme circulaire des temples antiques.

Un appareillage rustique aux joints profonds anime la façade.

Des pilastres ioniques ajoutent à l'élégance des étages supérieurs.

L'escalier elliptique est un trait typique des demeures maniéristes.

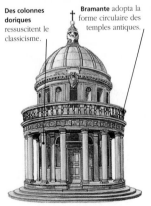

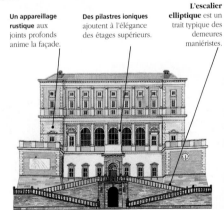

Le Tempietto *(1502) de San Pietro in Montorio à Rome, modèle de simplicité et d'harmonie, est de la première Renaissance (p. 429).*

Le palazzo Farnese de Caprarola, *édifice pentagonal achevé en 1575, associe des effets décoratifs maniéristes aux formes dépouillées et géométriques caractéristiques du début de la Renaissance (p. 465).*

OÙ VOIR L'ARCHITECTURE ROMAINE

Une simple promenade dans les rues du centre entraîne la découverte de chefs-d'œuvre architecturaux d'à peu près toutes les époques, y compris celle des pharaons représentée par sept obélisques rapportés d'Égypte. L'éléphant du Bernin *(p. 404)* porte l'un d'eux. De la Rome antique subsistent notamment des arcs de triomphe et le Panthéon *(p. 404)*. L'église San Clemente *(p. 435)* conserve des éléments romains, tandis que la Renaissance a donné sa coupole à la basilique Saint-Pierre *(p. 418-419)*. Parmi les merveilles baroques parsemant la ville figurent nombre des fontaines qui animent ses places. Hors du centre, les villas Renaissance telle celle de Caprarola *(p. 465)* sont à ne pas manquer.

Détail du socle d'un obélisque égyptien sculpté par le Bernin

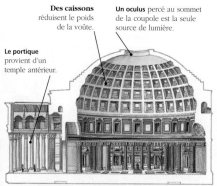

Des caissons réduisent le poids de la voûte.

Un oculus percé au sommet de la coupole est la seule source de lumière.

Le portique provient d'un temple antérieur.

Le Panthéon *est une des réalisations majeures de l'architecture romaine. Achevé en 125, il s'éloigne de la structure du temple grec pour offrir un volume intérieur aux proportions parfaites* (p. 404).

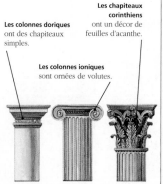

Les chapiteaux corinthiens ont un décor de feuilles d'acanthe.

Les colonnes doriques ont des chapiteaux simples.

Les colonnes ioniques sont ornées de volutes.

Les ordres *de l'architecture classique, empruntés aux Grecs, se définissent par la décoration des colonnes et des chapiteaux.*

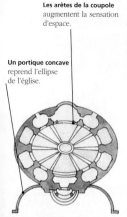

Les arêtes de la coupole augmentent la sensation d'espace.

Un portique concave reprend l'ellipse de l'église.

Le plan ovale baroque *de Sant'Andrea al Quirinale tire un parti ingénieux d'un site exigu* (p. 411).

Des piliers engagés remplacent les pilastres de la Renaissance.

Des renfoncements profonds créent des effets d'ombre et de lumière.

La façade du Gesù *(1584) marquait le début du style affirmé de la Contre-Réforme et fut imitée dans tout le monde catholique* (p. 403).

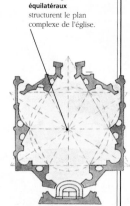

Deux triangles équilatéraux structurent le plan complexe de l'église.

Sant'Ivo alla Sapienza *(1642) privilégie la majesté sur les proportions classiques* (p. 400).

LE CENTRE ANTIQUE

Centre symbolique de la Rome antique, la colline du Capitole portait les trois temples les plus importants : celui de Minerve, déesse de la sagesse et de la guerre, et ceux de Jupiter Optimus Maximus et de Juno Moneta, divinités qui représentaient la cité et la protégeaient. Elle domine le Forum, jadis cœur de la vie politique, sociale, com-

La Louve du Capitole allaitant Romulus et Remus

merciale et juridique de la ville, les forums impériaux construits pour l'agrandir quand la population augmenta et le Colisée où avaient lieu les jeux du cirque. Au sud du Forum s'élève le mont Palatin, lieu mythique de la fondation de Rome par Romulus au VIIIᵉ siècle av. J.-C. Les empereurs y demeurèrent pendant plus de 400 ans.

LE QUARTIER D'UN COUP D'ŒIL

Églises
Santa Maria in Aracoeli ❸

Musées et galeries
Musées du Capitole p. 386-387 ❶

Places historiques
Piazza del Campidoglio ❷

Sites et monuments antiques
Arc de Constantin ❿

Colisée *p. 393* ❾
Forum d'Auguste ❺
Forum de César ❼
Prison Mamertine ❻
Palatin *p. 394-395* ⓫
Forum romain p. 390-391 ❽
Forum et marché de Trajan ❹

COMMENT Y ALLER

Le Capitole se rejoint à pied depuis la piazza Venezia où convergent de nombreuses lignes de bus. La ligne B du métro dessert le Forum, le Colisée et le Palatin à la station Colosseo. Les bus 81, 87 et 186 relient la piazza Venezia et le Colisée au corso Rinascimento du centro storico

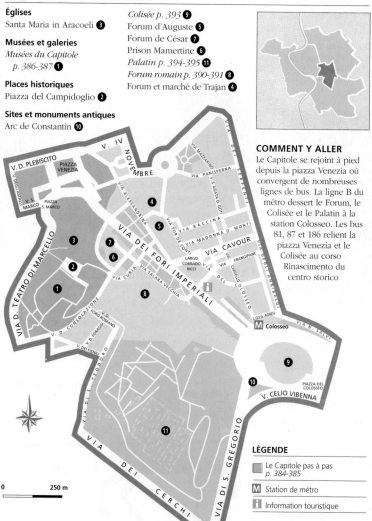

LÉGENDE

Le Capitole pas à pas *p. 384-385*

M Station de métro

i Information touristique

◁ Santa Francesca Romana et le Colisée dominent le Forum

Le Capitole pas à pas

C'est Michel-Ange qui réaménagea
au XVIᵉ siècle l'ancien centre religieux
de la Rome antique, créant la piazza di
Campodiglio et le large escalier qui y
conduit : la Cordonata. Il dessina
également les façades du Palazzo
Nuovo et du palazzo dei Conservatori
qui abritent les musées du Capitole et
leurs riches collections de sculptures
et de peintures. Une agréable
promenade conduit à la roche
Tarpéienne d'où étaient précipités les
traîtres pendant
l'Antiquité.
Elle offre une belle
vue sur le Forum.

Le monument à Victor-Emmanuel II,
premier roi d'Italie, fut entrepris en 1885
et inauguré en 1911.

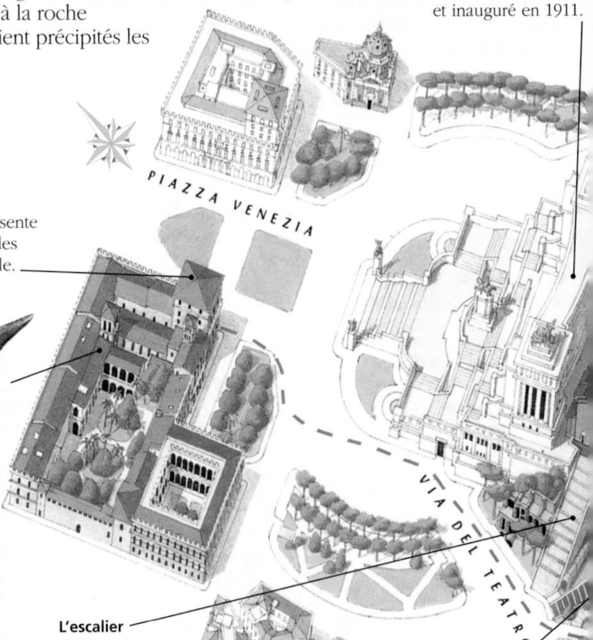

PIAZZA VENEZIA

San Marco, dédiée au
patron de Venise, présente
à l'abside de splendides
mosaïques du IXᵉ siècle.

Le Palazzo Venezia,
qu'habita Mussolini
abrite une riche
collection d'art dont les
plus belles pièces, tel
cet ange émaillé, datent
de la fin du Moyen Âge.

**L'escalier
d'Aracoeli**
célébrait à son
achèvement,
en 1348, la fin
de la peste.

VIA DEL TEATRO DI MARCELLO

La Cordonata
est dominée par les
statues colossales de
Castor et Pollux.

★ Les musées du Capitole
*Leurs collections d'objets d'art
antiques incluent cette statue
de l'empereur
Marc-Aurèle qui
se dressait jadis
au centre de la
place* ❶

À NE PAS MANQUER

★ Musées du Capitole

LÉGENDE

- - - Itinéraire conseillé

0 _____ 75 m

Santa Maria in Aracoeli
L'église abrite entre autres trésors cette fresque du XVᵉ siècle du Pinturicchio : **Les Funérailles de saint Bernardin** ❸

DE LA PIAZZA DI SPAGNA À L'ESQUILIN

LE CENTRE ANTIQUE

Tevere

L'AVENTIN ET LE LATRAN

CARTE DE SITUATION
Voir l'atlas des rues de Rome, plan 3

Les musées du Capitole ❶

Voir p. 386-387.

Piazza del Campidoglio ❷

Plan 3 A5. 🚌 40, 64, 70, 75.

À l'occasion de la visite de Charles Quint en 1536, le pape Paul III demanda à Michel-Ange de restaurer le Capitole. L'artiste dessina la place au sommet de la colline, les façades de ses palais et l'escalier de la Cordonata, dominé par les statues de Castor et Pollux, qui y conduit. Les travaux ne finirent qu'un siècle après sa mort en 1564.

Santa Maria in Aracoeli ❸

Piazza d'Aracoeli. **Plan** 3 A5.
***Tél** 06 679 81 55.* 🚌 *64, 70, 75.*
⏱ *t.l.j. 9 h-12 h 30, 15 h-18 h 30 (14 h 30-17 h 30 en hiver).*

Cette église dont la première construction remonte au VIᵉ siècle se dresse à l'emplacement du temple de Junon, en haut du Capitole. Son intérieur date du XVIᵉ siècle et présente un riche plafond doré peint en 1575. Des fresques du Pinturicchio (1454-1513) évoquent la vie de saint Bernardin de Sienne. Le *Santo Bambino*, petit Jésus en bois réputé miraculeux, volé en 1994, a été remplacé par une copie.

Le **Palazzo Nuovo** devint un musée public en 1734.

Le Palazzo Senatorio
Renaissance, siège de la municipalité, s'élève sur les ruines du Tabularium antique.

Piazza del Campidoglio
Michel-Ange dessina son pavement géométrique et les façades de ses palais ❷

SAN PIETRO IN CARCERE

Palazzo dei Conservatori

Le Temple de Jupiter, représenté sur cette pièce était dédié au dieu qui, avec Junon, symbolisait la cité et possédait donc le pouvoir de la protéger ou de la détruire.

VIA DEL TEMPIO DI GIOVE

La roche Tarpéienne domine la falaise d'où étaient précipités les traîtres à la Rome antique. ancient Rome.

Escalier vers le Capitole

L'austère Santa Maria in Aracoeli domine un escalier en marbre

Les musées du Capitole : ❶
Palazzo Nuovo

C'est le pape Sixte IV qui commença en 1471 la collection de sculptures des musées du Capitole. En 1734, Clément XII inaugura au Palais Neuf, dessiné par Michel-Ange et achevé en 1654, le premier musée public du monde. Benoît IV créa en 1749 la pinacothèque du palais des Conservateurs.

Palazzo Nuovo

Piazza del Campidoglio

Palazzo dei Conservatori

CARTE DE SITUATION

Alexandre Sévère en chasseur
Dans ce groupe en marbre du III siècle, l'empereur imite la pose de Persée brandissant la tête de Méduse après l'avoir tuée dans son sommeil.*

Discobole
Un sculpteur français effectua au XVIII siècle les ajouts qui transformèrent un torse de discobole grec en guerrier blessé.*

Mosaïque des Colombes
*Cette charmante mosaïque du I*r* siècle décorait le sol de la villa Adriana à Tivoli (p. 452).*

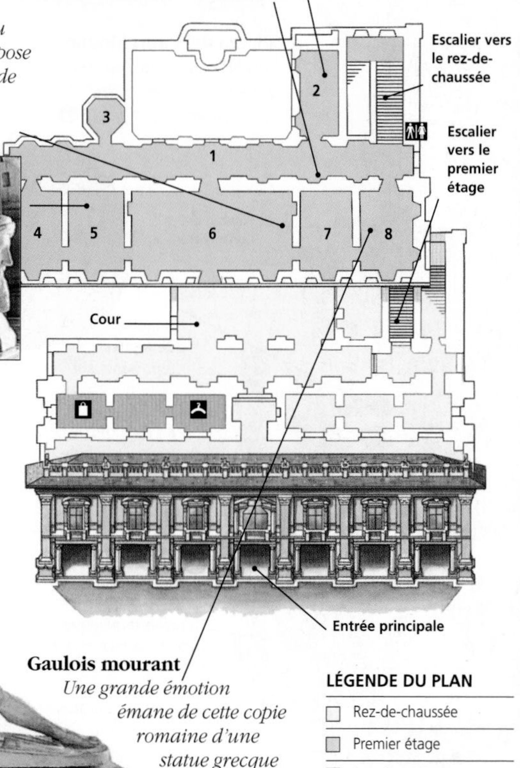

Salle des Philosophes
Elle contient les répliques romaines de bustes de philosophes et poètes grecs qui ornaient les demeures de riches particuliers.

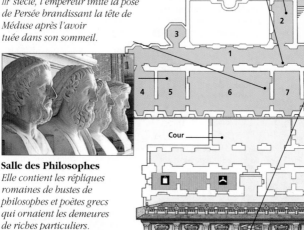

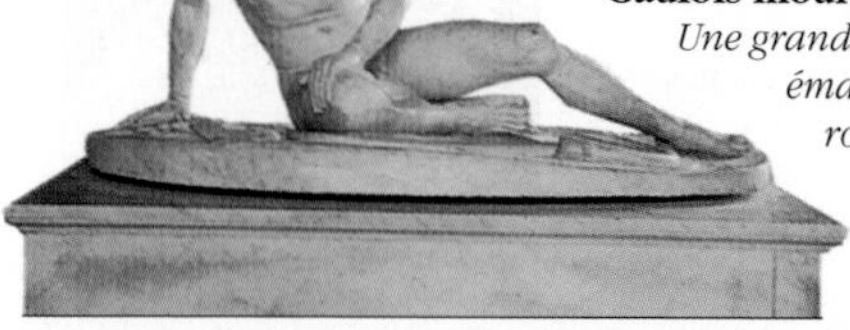

Escalier vers le rez-de-chaussée

Escalier vers le premier étage

Cour

Entrée principale

Gaulois mourant
Une grande émotion émane de cette copie romaine d'une statue grecque du III siècle av. J.-C.*

LÉGENDE DU PLAN

☐ Rez-de-chaussée
☐ Premier étage
☐ Deuxième étage
☐ Circulations et services

Palazzo dei Conservatori

À la fin du Moyen Âge, les délibérations des conseillers municipaux se tenaient au palais des Conservateurs et il abrite toujours au rez-de-chaussée le bureau de l'état-civil. Son musée présente une riche collection de sculptures antiques, notamment les fragments d'une statue colossale de Constantin. Au deuxième étage, la pinacothèque comprend des tableaux de Véronèse, du Tintoret, du Caravage, de Van Dyck et de Titien.

MODE D'EMPLOI

Musei Capitolini, Piazza del Campidoglio. **Plan** 3 A5.
Tél 06 39 96 78 00.
40, 63, 64, 70, 73, 81 et 87 et nombreuses lignes vers la piazza Venezia.
mar.-dim. 9 h-20 h.
1ᵉʳ janv., 1ᵉʳ mai, 25 déc.
billet valable pour les 2 musées.
www.museicapitolini.org

Saint Jean Baptiste
Peint en 1595-1596 par le Caravage, ce portrait sensuel du jeune saint en présente une image bien peu orthodoxe.

La Méduse
Ce buste exécuté par Le Bernin représentant la mythique Méduse est en salle 5.

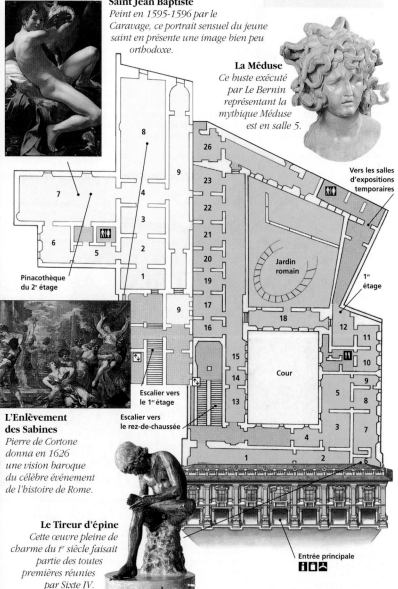

Vers les salles d'expositions temporaires

Pinacothèque du 2ᵉ étage

Jardin romain

1ᵉʳ étage

Escalier vers le 1ᵉʳ étage

Escalier vers le rez-de-chaussée

Cour

L'Enlèvement des Sabines
Pierre de Cortone donna en 1626 une vision baroque du célèbre événement de l'histoire de Rome.

Le Tireur d'épine
Cette œuvre pleine de charme du 1ᵉʳ siècle faisait partie des toutes premières réunies par Sixte IV.

Entrée principale

Le forum et le marché de Trajan ❹

Plan 3 B4. **Forum de Trajan**, Via dei Fori Imperiali. ○ *au public*. **Marché de Trajan**, Via IV Novembre. **Tél** 06 679 00 48. ○ *mar.-dim. 9 h-18 h 30 (16 h 30 en hiver)*. ○ *jours fériés.* 🎫 🅿 ♿

L'empereur Trajan commença en 107 la construction du plus ambitieux des forums de Rome, vaste esplanade dont sa statue équestre occupait le centre, entourée de deux portiques, d'une immense basilique et de deux grandes bibliothèques. Il n'en reste aujourd'hui que des ruines et la **colonne Trajane** haute de 40 mètres. Elle célèbre les campagnes victorieuses menées en Dacie (l'actuelle Roumanie) en 101-102 et 105-106, et plus de 2 500 personnages sculptés en haut-relief sur son fût présentent par le détail le déroulement des opérations militaires, du départ de Rome jusqu'à la retraite des ennemis, composant un décor en spirale qui va en s'agrandissant de la base au sommet pour compenser l'effet de perspective. Des plates-formes permettaient jadis d'en admirer le détail depuis les deux bibliothèques qui encadraient la colonne. Un jeu complet de moulages permet aujourd'hui de l'étudier au museo della Civiltà Romana (*p. 442*).

Situé derrière le forum et

Colonne Trajane

La via Biberatica, rue principale du marché de Trajan

construit comme lui par Apollodore de Damas, le marché, mieux conservé, formait un ensemble visionnaire de 150 boutiques, entrepôts, bureaux et salles de négoce où se vendait de tout, de la soie aux poissons conservés en viviers. C'était aussi là qu'était distribué l'*annone*, ration de blé accordée gratuitement aux citoyens, une pratique instituée sous la République

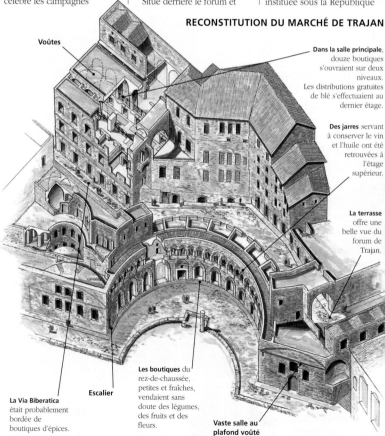

RECONSTITUTION DU MARCHÉ DE TRAJAN

Voûtes

Dans la salle principale, douze boutiques s'ouvraient sur deux niveaux. Les distributions gratuites de blé s'effectuaient au dernier étage.

Des jarres servant à conserver le vin et l'huile ont été retrouvées à l'étage supérieur.

La terrasse offre une belle vue du forum de Trajan.

La Via Biberatica était probablement bordée de boutiques d'épices.

Escalier

Les boutiques du rez-de-chaussée, petites et fraîches, vendaient sans doute des légumes, des fruits et des fleurs.

Vaste salle au plafond voûté

pour assurer les familles patriciennes de la docilité du peuple.

Forum d'Auguste ❺

Piazza del Grillo 1. **Plan** 3 B5. **Tél** 066 79 77 02. 🚌 *87, 186.* ⬜ *sur r.-v.* 🖼️ *inclue l'entrée du Marché de Trajan.*

En grande partie recouvert par la via dei Fori Imperiali ouverte par Mussolini, ce forum fut construit par Auguste pour célébrer sa victoire en 42 av. J.-C. contre Cassius et Brutus, les assassins de Jules César, avec au centre un temple dédié à Mars Vengeur. Il en subsiste des marches et trois colonnes. La statue du dieu ressemblait fort à Auguste et pour qu'aucun doute ne subsiste, une statue colossale de l'empereur se dressait contre le mur protégeant le forum des incendies du quartier de Suburre.

Gardes visitant des prisonniers à la Mamertine (gravure du XIXᵉ s.)

La prison Mamertine ❻

Clivo Argentario 1. **Plan** 3 B5. **Tél** 06 69 94 10 20. 🚌 *84, 85, 87, 175, 186.* ⬜ *t.l.j. 9 h-19 h (jusqu'à 17 h hiver).* **Offrande**

Sous l'escalier d'une église du XVIᵉ siècle, San Giuseppe dei Falegnami (Saint-Joseph des Charpentiers), s'ouvre l'entrée de la prison Mamertine aménagée pendant l'Antiquité dans une ancienne citerne. Selon la légende, saint Pierre et

Podium du temple de Mars Vengeur, forum d'Auguste

saint Paul y furent incarcérés et firent jaillir une source afin de baptiser leurs codétenus et leurs deux gardiens. La cellule supérieure, ou *carcer Mamertinus*, servait aussi de lieu d'exécution. Un sombre cachot s'étendait dessous. Vercingétorix y attendit six ans d'être étranglé.

Le forum de César ❼

Via del Carcere Tulliano. **Plan** 3 B5. **Tél** 06 679 77 02. 🚌 *84, 85, 87, 175, 186, 810, 850.* ⬜ *sur r.-v. seulement.*

L'augmentation de la population au Iᵉʳ siècle av. J.-C. imposa la création du premier des forums impériaux. Afin d'accomplir un vœu fait sur le champ de bataille de Pharsale où il vainquit Pompée en 48 av. J.-C., César dépensa presque tout le butin rapporté de Gaule pour acheter les maisons qui existaient sur le site, les démolir et élever un temple à Vénus Genetrix, mère mythique d'Énée dont il prétendait descendre. Outre une statue de la déesse, ce sanctuaire, dont ne subsistent à présent que le podium et trois colonnes, abritait les effigies de César et de Cléopâtre. Il dominait une place rectangulaire cernée d'une double colonnade protégeant des boutiques. Domitien puis Trajan durent restaurer l'ensemble après un incendie

en 80. Trajan construisit en outre la basilique Argentaria, qui devint un important centre financier doté de toilettes publiques chauffées.

Le Forum Roman ❽

Voir p. 390-391.

Le Colisée ❾

Voir p. 393.

L'arc de Constantin ❿

Entre Via di San Gregorio et Piazza del Colosseo. **Plan** 7 A1. 🚌 *75, 85, 87, 110, 175, 673, 810.* 🚋 *3.* Ⓜ *Colosseo.*

Le « Sénat et le peuple de Rome » érigèrent cet arc de triomphe en 315, quelques années avant que la capitale de l'Empire se déplace à Byzance, pour commémorer la victoire de Constantin sur Maxence à la bataille du pont Milvius. Constantin affirma devoir ce succès à un rêve où une voix lui avait ordonné d'inscrire sur les boucliers de ses hommes les deux premières lettres grecques du nom du Christ : *chi* et *rho*. Selon une légende souvent illustrée en peinture, il eut en outre une vision de la Croix pendant le combat. L'arc n'a toutefois rien de chrétien, une grande partie de ses décorations provenant de monuments plus anciens.

Le Palatin ⓫

Voir p. 394-395.

Face nord de l'arc de Constantin

Le Forum romain ⓮

Au début de son existence, étals de marchands et maisons closes voisinaient sur le Forum avec les temples et le Sénat. Il fut décidé au IIᵉ siècle que Rome avait besoin d'un centre plus respectable et des basiliques les remplacèrent. Les empereurs ne cessèrent ensuite jamais de rénover les bâtiments anciens et d'en construire des neufs, l'esplanade restant le théâtre des grandes cérémonies romaines.

Arc de Septime Sévère
Érigé en 203, il célébrait le dixième anniversaire de l'arrivée au pouvoir de l'empereur.

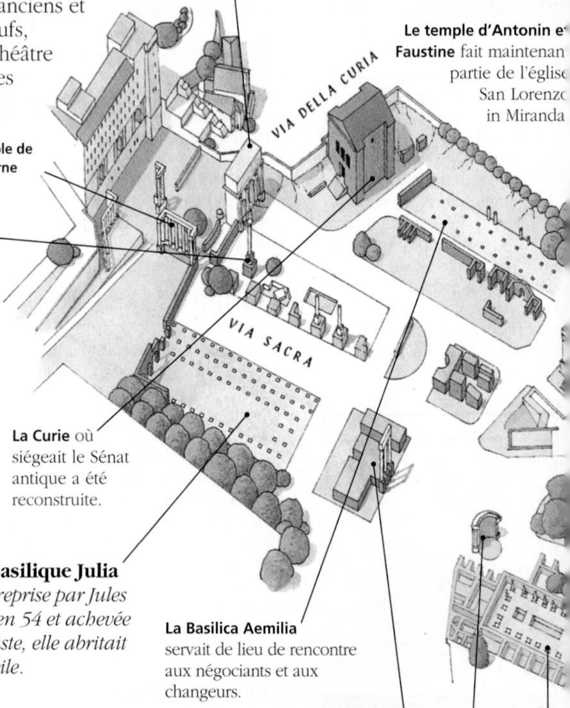

Le temple d'Antonin e Faustine fait maintenan partie de l'églis San Lorenz in Miranda

VIA DELLA CURIA

Temple de Saturne

Les Rostres servaient de tribune aux orateurs.

VIA SACRA

La Curie où siégeait le Sénat antique a été reconstruite.

Basilique Julia
Entreprise par Jules César en 54 et achevée par Auguste, elle abritait la cour civile.

La Basilica Aemilia servait de lieu de rencontre aux négociants et aux changeurs.

Temple de Vesta

Temple de Castor et Pollux
Les Romains élevèrent un temple aux fils jumeaux de Jupiter dès le vᵉ siècle av. J.-C., mais les vestiges actuels datent d'une reconstruction en l'an 6.

À NE PAS MANQUER

★ Maison des Vestales

★ Basilique de Maxence et de Constantin

★ La maison des Vestales
Les vierges qui veillaient sur le feu sacré du temple de Vesta habitaient cette vaste maison construite autour d'un jardin.

0   75 m

★ La basilique de Maxence et de Constantin
Il ne reste que trois hautes voûtes du plus vaste édifice du Forum qui abritait un tribunal et servait de lieu de rendez-vous d'affaires.

Le Temple de Romulus, bien qu'incorporé à l'église *Santi Cosma e Damiano*, a conservé ses portes de bronze du IVe siècle.

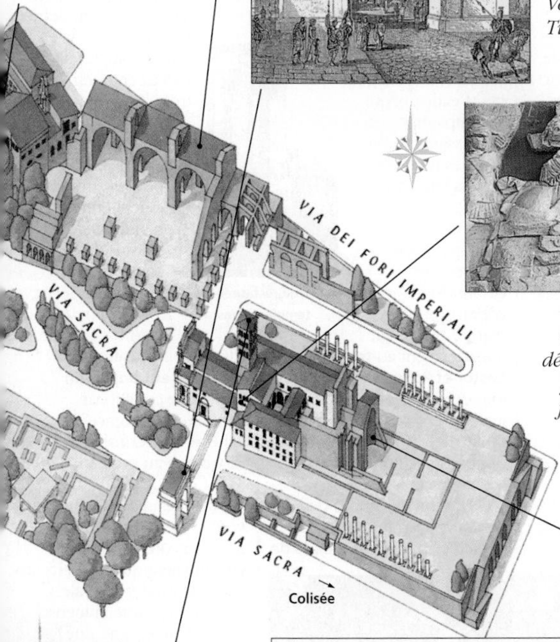

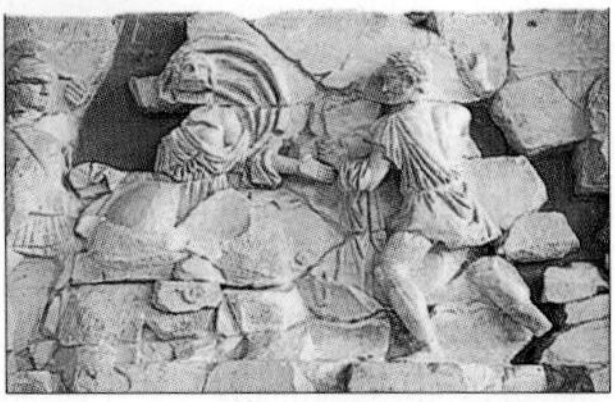

Arc de Titus
L'empereur Domitien le fit bâtir en 81 pour célébrer le sac de Jérusalem, 13 ans plus tôt, par son père Vespasien et son frère Titus.

VIA DEI FORI IMPERIALI

VIA SACRA

Antiquarium Forense
Ce petit musée expose des découvertes archéologiques faites au Forum, d'urnes funéraires de l'âge du fer à cette frise d'Énée de la basilique Aemilia.

VIA SACRA

Colisée

Le temple de Vénus et de Rome, en grande partie dessiné par Hadrien, fut bâti en 135.

 Palatin

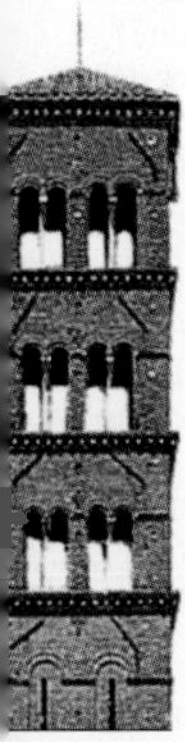

Santa Francesca Romana
Cette église à la façade baroque dresse un campanile roman au-dessus des ruines antiques du Forum.

LES VESTALES
Le culte de Vesta, déesse du feu et de la pureté, remonte au moins au VIIIe siècle av. J.-C., Romulus et Remus étant, selon la légende, les fils de Mars et de la vestale Rhea. Six vierges entretenaient jour et nuit la flamme sacrée, symbole de l'État, dans le temple circulaire. Celle qui la laissait mourir recevait le fouet, celle qui manquait à son vœu de chasteté était enterrée vivante. Ces prêtresses étaient choisies enfant dans les familles patriciennes et restaient attachées au culte 30 ans pendant lesquels elles jouissaient de nombreux privilèges. Elles pouvaient ensuite se marier, mais peu le firent.

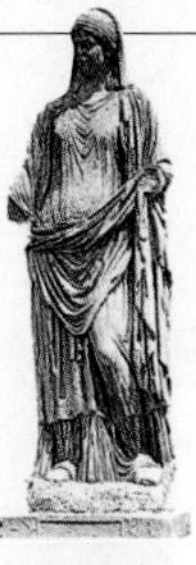

Statue de vestale

À la découverte du Forum

Avant de se lancer à la découverte du dédale de ruines formé par les vestiges du Forum romain, mieux vaut en prendre une vue d'ensemble depuis la terrasse du Capitole. De cet observatoire, on distingue notamment le tracé de la Via Sacra, la voie qu'empruntaient les processions religieuses et triomphales en direction du temple de Jupiter *(p. 385)*. Au pied de la colline, l'arc de Septime Sévère et les colonnes du temple de Saturne restèrent à demi ensevelis jusqu'au XVIIIe siècle.

Colonnes corinthiennes du temple de Castor et Pollux

Les principaux sites

Les premiers vestiges à droite de l'entrée sont ceux de la **basilique Aemilia**, vaste halle rectangulaire bâtie en 179 av. J.-C. où se retrouvaient les usuriers, les politiciens et les collecteurs d'impôts. Il n'en subsiste guère plus que des moignons de colonnes cernant un pavement de marbre incrusté de taches de bronze peut-être laissées par des pièces qui fondirent lors de l'incendie de la basilique par les Wisigoths au Ve siècle.

L'austère bâtiment de briques voisin, la Curie, où se réunissait le Sénat romain, abrite les **bas-reliefs de Trajan** qui décoraient jadis les Rostres, tribune d'où les orateurs s'adressaient aux assemblées populaires. Sur l'un d'eux figurent des piles de registres de taxes que Trajan détruisit pour libérer des citoyens de leurs dettes. L'**arc de Septime Sévère**, le monument le mieux conservé du Forum, est orné de reliefs, très érodés, dépeignant les victoires de l'empereur sur les Parthes (aujourd'hui Iraniens et Irakiens) et en Arabie.

Le **temple de Saturne** était chaque année en décembre le centre d'une semaine de célébrations, les saturnales, marquées par un renversement de l'ordre social. Les écoles fermaient, aucune guerre ne pouvait être déclarée et les esclaves ne servaient plus leurs maîtres à table et avaient le droit de boire du vin jusqu'à l'ivresse. L'échange de petits cadeaux qui accompagnait ces réjouissances reste une des traditions de nos fêtes de Noël.

Dominant la basilique Julia s'élèvent trois colonnes corinthiennes en marbre blanc. Elles appartenaient au **temple de Castor et Pollux** dédié aux fils jumeaux de Jupiter qui intervinrent pendant la bataille du lac Regille (499 av. J.-C.) opposant les Romains aux Latins et aux Étrusques.

Évocation des huttes des premiers habitants du Latium, le plan circulaire du **temple de**

Partie restaurée du temple de Vesta

Vesta, en partie reconstruit en 1930, témoigne de l'ancienneté d'un culte associant la déesse de la Terre à une flamme symbolisant la pérennité de l'État. Les prêtresses, ou vestales, qui entretenaient le feu habitaient la **maison des Vestales** dont les vestiges s'étendent derrière le temple. Ce vaste palais comprenait 50 pièces entourant sur trois étages un atrium.

Sous le regard des statues de Grandes Vestales, des poissons rouges jouent entre les nénuphars des deux bassins de cette ancienne cour intérieure.

De l'autre côté du Forum s'élèvent les ruines de la **basilique de Maxence et Constantin** entreprise en 308 par l'empereur Maxence et achevée par Constantin après sa victoire au pont Milvius en 312. Ce fut le plus grand bâtiment du Forum et les trois voûtes à caissons, hautes de 24 m, encore debout n'en constituaient que les berceaux latéraux. La nef centrale, couverte par une immense voûte d'arête, avait une hauteur de 35 m. Des débris d'un escalier en spirale jonchent encore le sol. Il conduisait au toit que des plaques de bronze doré protégèrent jusqu'au VIIe siècle où Honorius Ier les fit enlever pour en couvrir la première basilique Saint-Pierre. Visible de tout le bâtiment, une statue colossale de Constantin, en bronze et en marbre, se dressait dans l'abside occidentale. Le palazzo dei Conservatori *(p. 377)* en présente des fragments.

Atrium de la maison des Vestales

Hébergements et restaurants de la région, voir p. 587-593 et 636-643

Le Colisée **❾**

Bouclier de gladiateur

Vespasien commença en 72 la construction du plus vaste amphithéâtre de Rome et son fils Titus l'inaugura en 80 par des jeux qui durèrent trois mois et coûtèrent la vie à 2 000 gladiateurs et à plus de 9 000 animaux sauvages. Œuvre d'art, le Colisée était aussi une remarquable réussite technique pouvant accueillir 55 000 spectateurs placés selon leur rang sous un vélum les protégeant du soleil.

Le velarium, immense toile abritant les spectateurs du soleil, était tendu sur des mâts dressés au sommet du bâtiment.

MODE D'EMPLOI

Piazza del Colosseo. **Plan** 7 A1.
Tél 06 39 96 77 00. 🚌 75, 81, 85, 87, 117, 175, 673, 810.
Ⓜ Colosseo. 🚃 3 jusqu'à la Piazza del Colosseo. ⬜ t.l.j. 9 h à 1 h av. la nuit. ⬤ 1ᵉʳ janv., 25 déc. 🎫 (inclut l'entrée au Palatin) 📷 📹 ♿ limité.

Couloirs intérieurs
Ils permettaient à un spectateur d'atteindre sa place en moins de 10 mn.

Colosse de Néron
Le Colisée tient peut-être son nom de cette immense statue qui ornait le palais de Néron voisin.

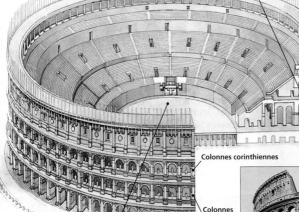

Des voies d'accès et des escaliers conduisaient aux rangs de gradins. L'empereur et le consul avaient leur propre entrée.

Colonnes corinthiennes

Colonnes ioniques

L'arène recouvrait un dédale souterrain où l'on gardait les animaux.

Colonnes doriques

Entrées

Les trois étages d'arcades
Les colonnes de chaque étage sont d'un ordre différent (p. 371), ce qui inspira les architectes de la Renaissance.

Combat de gladiateurs
Ces luttes à mort tiraient leur origine de l'entraînement des soldats mais mettaient généralement aux prises des esclaves ou des prisonniers.

Vespasien
Il ordonna la construction du Colisée à l'emplacement du lac ornant le parc du palais de Néron pour marquer sa distance avec le tyran.

Le Palatin ⓫

Statue de la déesse Cybèle

Ancien lieu de résidence des empereurs et des aristocrates, le Palatin est le plus agréable des sites archéologiques de Rome. De la simplicité de la maison d'Auguste et de sa femme Livie à l'orgueilleux palais de Domitien, ses ruines offrent un aperçu du mode de vie des maîtres de l'Empire romain.

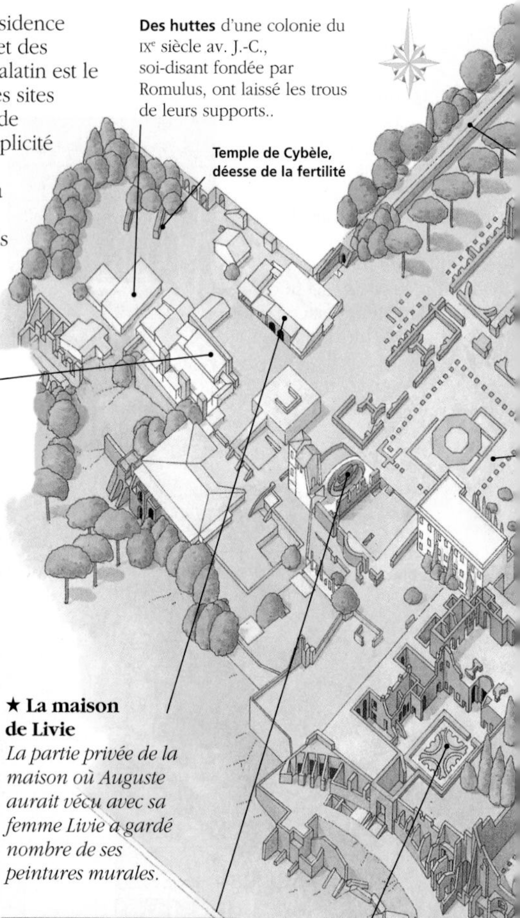

Des huttes d'une colonie du IXᵉ siècle av. J.-C., soi-disant fondée par Romulus, ont laissé les trous de leurs supports..

Temple de Cybèle, déesse de la fertilité

La maison d'Auguste aurait été la partie publique de la modeste demeure de l'empereur.

★ La maison de Livie
La partie privée de la maison où Auguste aurait vécu avec sa femme Livie a gardé nombre de ses peintures murales.

★ Le palais Flavien
Une mosaïque de marbre ornait le sol du palais Flavien, partie publique du palais de Domitien dont les poètes vantèrent la beauté.

La Domus Augustana était la partie où vivaient les empereurs.

À NE PAS MANQUER

★ Le palais de Flavien

★ La maison de Livie

0 _____ 75 m

Septime Sévère
Empereur de 193 à 211, il agrandit la Domus Augustana et la dota de thermes impressionnants.

Hébergements et restaurants de la région, voir p. 587-593 et 636-643

Cryptoportique
Des répliques remplacent les stucs de cette longue galerie voûtée construite par Néron.

MODE D'EMPLOI

Via di San Gregorio 30 ou près de l'Arc de Titus via Sacra. **Plan** 6 F1. **Tél** *06 39 96 77 00.* 🚌 *75, 85, 87, 117, 175, 186, 810, 850.* Ⓜ *Colosseo.* 🚋 *3.* ⚪ *t.l.j. 9 h à 1 h av. la nuit* ⚫ *1er jan., 1er mai, 25 déc.* 📷 *comprend l'accès au Colisée et au musée du Palatin.* 📷 📷

Dans la cour du palais Flavien, du marbre poli comme un miroir permettait à Domitien de se garder d'éventuels assassins.

La loggia du Stade fut ajoutée par Hadrien au iie siècle.

✒ Vers le Forum

Stade
Intégré au palais de Domitien, il servait de jardin d'agrément et de promenade.

Palais de Septime Sévère
Cette extension de la Domus Augustana reposait sur des arcades colossales.

HISTOIRE DE LA COLLINE DU PALATIN

Romains de la décadence par **Thomas Couture (1815-1879)**

Fondation de Rome
Selon la tradition, une louve nourrit Romulus et Remus sur le Palatin et c'est là, selon l'historien Varron, que Romulus, ayant tué son jumeau, fonda en 753 av. J.-C. le village qui allait devenir Rome. La découverte sur la colline de traces de huttes remontant à cette époque a prouvé que la légende reposait au moins sur un fond de vérité.

La République
Au Ier siècle av. J.-C., le Palatin était le lieu de résidence le plus recherché de Rome, et des aristocrates et des hommes aussi célèbres que le poète Catulle et l'orateur Cicéron y aménagèrent des villas où dalles de bronze, portes incrustées d'ivoire et murs décorés de fresques créaient un décor luxueux.

L'Empire
Octave naquit sur le Palatin en 63 av. J.-C. et il y vécut après être devenu le premier empereur sous le nom (et titre) d'Auguste. Ses successeurs l'imitèrent et l'orgueilleux palais de Domitien, entrepris en 83, resta la résidence officielle des maîtres de l'Empire pendant plus de 300 ans. Les appartements privés, la Domus Augustana, y étaient séparés de la partie publique, le palais Flavien.

LE QUARTIER DE LA PIAZZA NAVONA

Vierge du XVIIIᵉ siècle, Campo dei Fiori

Connu sous le nom de *centro storico*, le quartier qui s'étend autour de la place Navone est habité depuis plus de 2 000 ans. La place elle-même a conservé la forme de l'arène du stade antique qu'elle a remplacé. Non loin, le Panthéon date de l'an 27 et, dans le ghetto, des appartements occupent le théâtre de Marcellus entrepris par Jules César. Le Moyen Âge fut une période noire, mais le quartier connut un âge d'or après le retour des papes d'Avignon. Tout au long de la Renaissance et de l'époque baroque, princes et dignitaires de l'Église y élevèrent palais, églises et fontaines.

LE QUARTIER D'UN COUP D'ŒIL

Églises et temples
Chiesa Nuova ❻
Gesù ⓭
La Maddalena ⓴
Sant'Ignazio di Loyola ⓱
Sant'Ivo alla Sapienza ❷
San Luigi dei Francesi ❸
Santa Maria sopra Minerva ⓯
Santa Maria della Pace ❺

Musées et galeries
Palazzo Doria Pamphilj ⓮
Palazzo Spada ❿

Sites et monuments antiques
Area Sacra di Largo Argentina ⓬
Panthéon ⓰

Bâtiments historiques
Palazzo Altemps ❹
Palazzo della Cancelleria ❼
Palazzo Farnese ❾

Rues et places historiques
Campo de' Fiori ❽
Ghetto and Tiber Island ⓫
Piazza Colonna ⓲
Piazza di Montecitorio ⓳
Piazza Navona ❶

COMMENT Y ALLER
De nombreux bus empruntent le corso Vittorio Emanuele II, le largo Argentina et le corso Rinascimento, mais seul le minibus 119 pénètre dans les ruelles du *centro storico*.

LÉGENDE
▢ Autour de la piazza Navona pas à pas p. 398-399
▢ Autour du Panthéon pas à pas p. 402-403
ℹ Information touristique

0 ———— 250 m

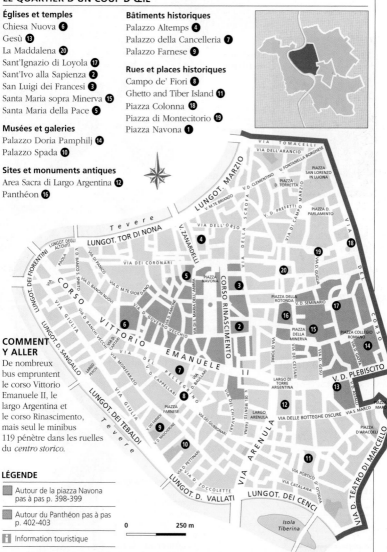

◁ **La fontana del Moro (1653) et l'église Sant'Agnese in Agone (XVIIᵉ siècle) sur la place Navone**

Pas à pas autour de la piazza Navona

Cœur piétonnier d'un quartier où il se passe toujours quelque chose, de nuit comme de jour, la place Navone offre à l'expansive vie sociale romaine un véritable décor de théâtre avec sa forme de stade antique, ses cafés luxueux et ses fontaines et églises baroques. Pour découvrir un aspect de la ville plus ancien, empruntez la via del Governo Vecchio bordée de façades Renaissance, de boutiques d'antiquités et de trattorie.

La Torre dell'Orologio par Borromini (1648) fait partie de l'oratorio dei Filippini.

Chiesa Nuova
Elle fut reconstruite en 1575 pour l'ordre fondé par saint Philippe Neri 6

Le Vatican
VIA DEL CORALLO
VIA DEL GOVERNO VECCHIO
VIA DI PARIONE
CORSO VITTORIO EMANUELE II
PIAZZA DI PASQUINO
VIA DI SANTA

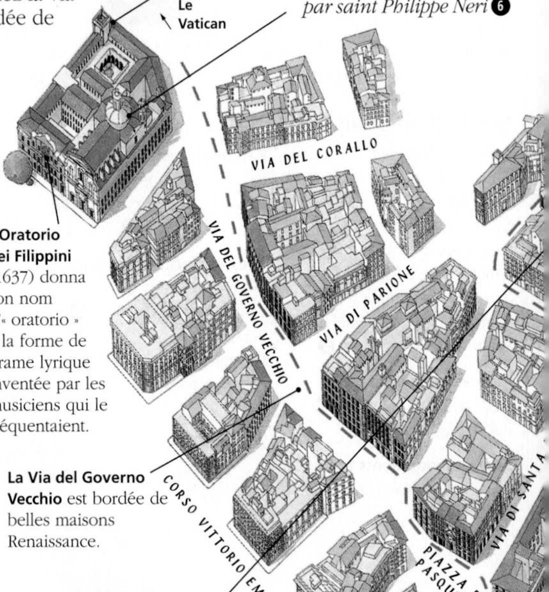

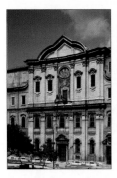

L'Oratorio dei Filippini (1637) donna son nom d'« oratorio » à la forme de drame lyrique inventée par les musiciens qui le fréquentaient.

La Via del Governo Vecchio est bordée de belles maisons Renaissance.

Santa Maria della Pace
Quatre Sibylles par Raphaël ornent cette église Renaissance à la cour dessinée par Bramante et au portique baroque de Pierre de Cortone 5

SIXTVS IIII PONT MAX

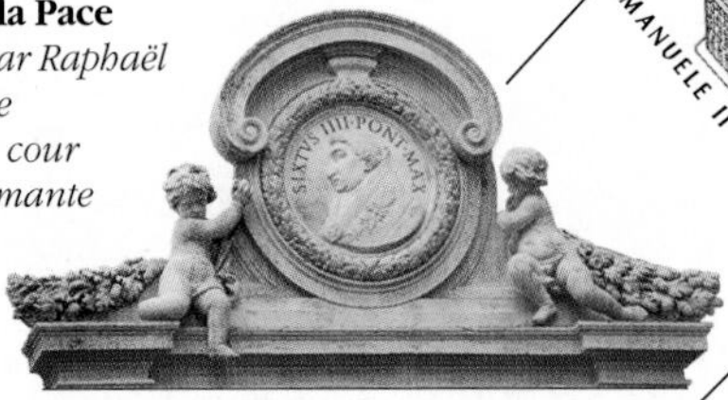

À NE PAS MANQUER

★ La Piazza Navona

Le Pasquin est un fragment érodé d'un groupe sculpté hellénistique du IIIe siècle av. J.-C. auquel les Romains accrochaient des vers satiriques.

Le Palazzo Braschi bâti à la fin du XVIIIe siècle par Cosimo Morelli possède un superbe balcon surplombant la place.

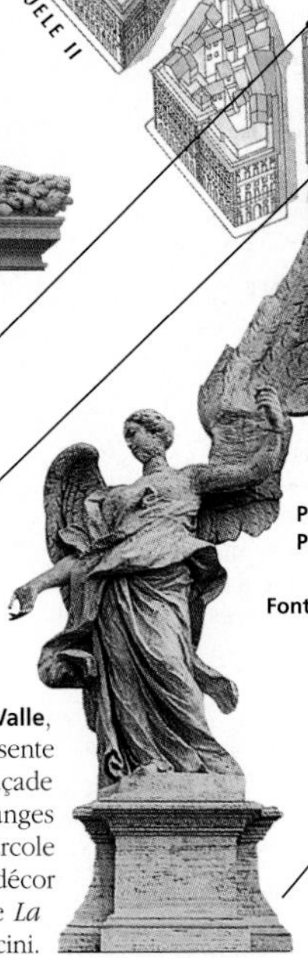

Palazzo Pamphilj

Fontana del Moro

Campo de' Fiori

Sant'Andrea della Valle, treprise en 1591, présente une remarquable façade baroque encadrée d'anges sculptés par Ercole Ferrata. Elle sert de décor au premier acte de *La Tosca* de Puccini.

LÉGENDE

— — — Itinéraire conseillé

0 75 m

Hébergements et restaurants de la région, voir p. 587-593 et 636-643

Sant'Agnese in Agone
(1657), œuvre de
Borromini,
s'élèverait à
l'endroit où
sainte Agnès
fut exposée
nue en 304
avant son
martyre.

CARTE DE SITUATION
*Voir l'atlas des rues de Rome,
plan 2*

Le Quartier
de la Piazza
Navona

Tevere

LE VATICAN ET
LE TRASTEVERE

**Fontana dei
Quattro Fiumi**

Saint-Louis-des-Français
*Des œuvres du Caravage
ornent cette église
française* ❸

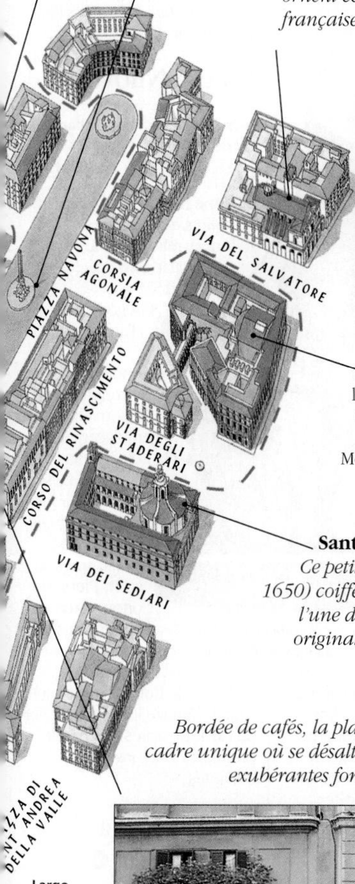

Palazzo Madama,
le Sénat italien occupe
une demeure bâtie au
XVIᵉ siècle pour les
Médicis sur le site d'une
de leurs banques.

Sant'Ivo alla Sapienza
*Ce petit sanctuaire (1642-
1650) coiffé d'une lanterne est
l'une des créations les plus
originales de Borromini* ❷

★ **Piazza Navona**
*Bordée de cafés, la place Navone offre un
cadre unique où se désaltérer autour de trois
exubérantes fontaines baroques* ❶

VIA DEL SALVATORE

PIAZZA NAVONA

CORSIA
AGONALE

CORSO DEL RINASCIMENTO

VIA DEGLI
STADERARI

VIA DEI SEDIARI

PIAZZA DI
SANT'ANDREA
DELLA VALLE

Largo
di Torre
Argentina

Piazza Navona ❶

Plan 2 E4. 🚌 *40, 46, 62, 64, 81,
87, 116, 492, 628.*

La plus belle piazza baroque
de Rome, et probablement du
monde, doit non seulement sa
forme au stade de Domitien
dont elle occupe l'emplacement
mais aussi son nom puisqu'il
dérive des *agonis* (luttes dans
les jeux publics) qui s'y
déroulaient. Amas informe de
ruines pendant des siècles, puis
marché de la ville, elle prit son
aspect actuel au XVIIᵉ siècle
grâce au pape Innocent X dont
le palais familial se dressait en
bordure. Il commanda le
remaniement de l'église
Sant'Agnese in Agone, dont
Borromini dessina la
façade, et la construction de
la fontana dei Fiumi
(fontaine des Fleuves),
chef-d'œuvre du Bernin.
Dominées par un
obélisque, des statues
allégoriques y représentent
le Nil, le Rio de la Plata, le
Gange et le Danube.
    Jusqu'au milieu du
XIXᵉ siècle, on inondait la
place Navone les samedis
et dimanches d'août. Les
puissants venaient s'y
promener en carrosse,
s'amusant à projeter des gerbes
d'éclaboussures dans lesquelles
jouaient les gamins. La piazza
demeure un lieu magique car,
du 8 décembre au 6 janvier, elle
accueille la *Befana*, foire aux
jouets et décorations de Noël.

Le Nil de la fontaine des Fleuves
du Bernin

Sant'Ivo alla Sapienza ❷

Corso del Rinascimento 40. **Plan** 2 F4.
Tél 06 686 49 87. 🚌 40, 46, 64,
70, 81, 87, 116, 186, 492, 628.
⭕ dim. 9 h-12 h ♿

Entre 1642 et 1660, Borromini
créa avec cette chapelle un
chef-d'œuvre du baroque
romain dans la cour du palais
de la Sapienza, siège de
l'université de Rome du
xve siècle à 1935.

Coiffée d'une spirale
tranchant sur les toits
qui l'environnent,
une lanterne inonde
de lumière la subtile
combinaison de parois
concaves et convexes
de l'intérieur. Les emblèmes
de trois papes apparaissent
dans le décor : Urbain VIII,
Innocent X et Alexandre VII.

Saint-Louis-des-Français ❸

Via Santa Giovanna d'Arco.
Plan 2 F4 & 12 D2. **Tél** 06 688 27 1.
🚌 70, 81, 87, 116, 186, 492, 628.
⭕ t.l.j. 8 h-12 h 30, 15 h 30-19 h. 🚻
jeu. ap.-m. 📷

Église nationale de France
à Rome, San Luigi dei Francesi
(1518-1589) abrite dans la
cinquième chapelle
à gauche trois œuvres peintes
par le Caravage entre 1597 et
1602 : la *Vocation de saint
Matthieu*, le *Martyre de
saint Matthieu* où l'artiste
s'est représenté parmi les
personnages, et *Saint
Matthieu et l'Ange*. Le
Caravage dut refaire cette
dernière car le saint avait les
pieds sales.

**Détail de la *Vocation de saint Matthieu* (1599)
du Caravage, Saint-Louis-des-Français**

**Bas-relief du trône de Ludovisi
au Palazzo Altemps**

Palazzo Altemps ❹

Via di Sant'Apollinare 46. **Plan** 2 E3.
Tél 06 39 96 77 00. 🚌 70, 81, 87,
115, 280, 628. ⭕ mar.-dim. 9 h-19 h
45. 📷 📷 📷 ♿

Une extraordinaire collection de
sculpture classique est abritée
dans cette succursale du Museo
Nazionale Romano (p. 412).
Transformé en musée en 1990,
le palais fut construit par
Girolamo Riario, neveu
du pape Sixte IV en
1480. À la mort
de ce dernier
en 1484, le
peuple romain se
rebella contre le
pouvoir et les
instances
et mit à sac
le palais.
Girolamo dut fuir
la ville.
En 1568,
le cardinal Marco
Sittico Altemps
racheta le palais
rénové en 1570
par Martino
Longhi qui
rajouta un
obélisque en
marbre.
De tout
temps, la famille
Altemps entretint
des liens avec les
artistes et reprit la collection de
sculptures des Ludovisi. Vous
pourrez admirer
notamment au
salone del Camino
*Le Suicide de
Galatée*, copie
en marbre dont
l'original est
en bronze.
Le premier
étage comporte
des sculptures
grecques du
ve siècle ap. J.-C.
dont l'une
représente
Aphrodite.

**Le Suicide de Galatée
au Palazzo Altemps**

Santa Maria della Pace ❺

Vicolo del Arco della Pace 5.
Plan 2 E3. **Tél** 06 686 11 56.
🚌 46, 62, 64, 70, 81, 87, 116,
492, 628. ⭕ mar.-ven.
10 h-12 h 45. ♿

Dessinée en 1656 par Pierre de
Cortone, la façade baroque
porte le nom de la fin de la
guerre entre Turcs et Vénitiens.
Elevée à la fin
du xve siècle, la voûte de la
première chapelle, à droite, a
les quatre *Sibylles* commandées
à Raphaël par le banquier
Agostion Chigi. Bramante bâtit
le cloître en 1504.

Chiesa Nuova ❻

Piazza della Chiesa Nuova. **Plan** 2 E4.
Tél 06 687 52 89. 🚌 46, 64.
⭕ t.l.j. 8 h-12 h, 16 h 30-19 h. ♿

Philippe Neri, le plus populaire
des saints de la Contre-
Réforme, refusa toujours le
cardinalat mais accepta en
1575 que
Grégoire XIII
l'aide
à construire
pour
sa congrégation
une nouvelle église
à l'emplacement de
la petite Santa Maria
in Vallicella. Le saint
souhaitait voir les
murs du sanctuaire
rester blancs,
mais, après sa
mort, Pierre de
Cortone orna de
splendides fresques
baroques la nef et
l'abside. Trois
tableaux de Rubens entourent
l'autel. L'artiste les repeignit sur
de l'ardoise après le refus de
premières versions trop
brillantes.

Palazzo della Cancelleria ❼

Piazza della Cancelleria. **Plan** 2 E4.
Tél 06 69 89 34 91. 🚌 46, 62, 64,
70, 81, 87, 116, 492. ⭕ sur rendez-
vous seulement.

Le cardinal Raffaele Riario,
neveu du pape Sixte IV, finança
en partie la construction de ce

chef-d'œuvre de la première Renaissance. Construit de 1485 à 1517 par Andrea Bregno, le portail principal ouvre sur une cour intérieure attribuée à Bramante. La Chancellerie pontificale l'occupe depuis 1870. Le bâtiment est rarement ouvert, mais des concerts ont lieu dans sa cour ornée de colonnes doriques.

L'île tibérine et le pont Cestio qui la relie au Trastevere

Campo de' Fiori ❽

Plan 2 E4. 🚌 116 et ceux vers le Corso Vittorio Emanuele II.

Cette place occupe l'espace dégagé qui s'étendait jadis devant le théâtre de Pompée. Au Moyen Âge et à la Renaissance, cardinaux et aristocrates s'y mêlaient aux marchands de poissons et aux pèlerins, en faisant un centre très animé. De nombreuses auberges l'entouraient, dont celles qui appartenaient au XVe siècle à Vannozza Catanei, maîtresse du pape Alexandre VI et mère de ses deux enfants : César et Lucrèce Borgia. À l'angle de la place et de la via dell'Pellegrino, on peut encore voir son blason où se côtoient ses armoiries, celles de son mari et celles de son amant.

Tous les matins sauf le dimanche, un marché emplit le Campo dei Fiori. Ses étals colorés entourent la statue de Giordano Bruno que le Vatican n'a jamais pu faire enlever malgré tous ses efforts. Elle rappelle qu'en 1600, ce moine dominicain épris d'humanisme y fut brûlé vif pour hérésie sur ordre du Saint-Office.

Palazzo Farnese ❾

Piazza Farnese. **Plan** 2 E5. 🚌 23, 116, 280 et ceux vers le Corso Vittorio Emanuele II. 🔵 au public.

Antonio da Sangallo le Jeune entreprit ce palais en 1514 pour le cardinal Alexandre Farnèse, qui devint le pape Paul III en 1534. L'architecte mourut en 1546 et Michel-Ange poursuivit les travaux, donnant à l'édifice sa loggia centrale, son second étage et sa grande corniche.

Siège de l'ambassade de France, le bâtiment est fermé au public, mais le soir, quand s'allument les lustres, vous réussirez peut-être à apercevoir le décor du plafond de la Galleria (1597-1603) inspiré à Annibal Carrache par les *Métamorphoses* d'Ovide.

Palazzo Spada ❿

Piazza Capo di Ferro 13. **Map** 2 E5. **Tél** 06 686 11 58. 🚌 23, 116, 280 et ceux vers le Largo di Torre Argentina. 🔵 mar.-dim 8 h 30-19 h 30. 🔵 1er janv., 1er mai, 25 déc. 🎦 🛒 🔵 🔵 www.galleriaborghese.it

Le cardinal Bernardino Spada acheta en 1632 ce palais construit en 1540 par l'architecte Giulio Merisi.

Derrière une vitre de son aile gauche, on aperçoit la colonnade en trompe-l'œil créée par Borromini. L'accès à la galerie Spada se trouve dans la seconde cour. Ce musée présente la collection d'art du cardinal qui comprend des œuvres de Dürer, du Guerchin, d'Andrea del Sarto et d'Artemisia Gentileschi.

Le ghetto et l'île tibérine ⓫

Map 2 F5 & 6 D1. 🚌 23, 63, 280, 780 et ceux vers le Largo di Torre Argentina.

Les premiers juifs qui arrivèrent à Rome étaient des esclaves ramenés par Pompée après la prise de Jérusalem en 63 av. J.-C. Leur communauté subit toutefois moins de persécutions sous l'Empire qu'à partir de 1556 quand le pape Paul IV la força de s'installer dans le quartier actuel, alors insalubre, qu'enfermait un rempart. Vidé par la grande rafle nazie de 1943, il a retrouvé son cachet, notamment sur la via du Portico d'Ottavia qui conduit à la synagogue. Le ponte Fabricio construit en 62 av. J.-C. relie le ghetto à l'île tibérine occupée dans sa majeure partie par un hôpital.

Étalage de fruits au Campo dei Fiori

Pas à pas autour du Panthéon

Riche en monuments, cafés et restaurants, un
dédale de ruelles s'étend autour du Panthéon dont
la majestueuse coupole domine la ville depuis
près de 2 000 ans. Centre politique et financier
de la capitale italienne, ce quartier renferme aussi
le Parlement, des ministères et la Bourse.

Sant'Ignazio di Loyola
*Une étonnante fresque en
trompe-l'œil peinte en 1685
par Andrea Pozzo orne le
plafond de cette église* ⑰

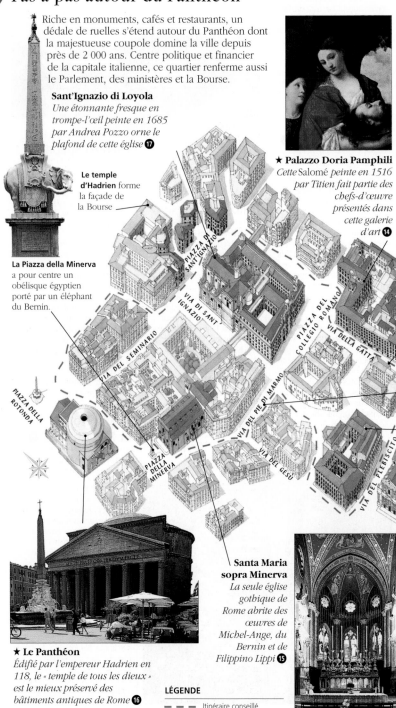

★ Palazzo Doria Pamphili
Cette Salomé *peinte en 1516
par Titien fait partie des
chefs-d'œuvre
présentés dans
cette galerie
d'art* ⑭

**Le temple
d'Hadrien** forme
la façade de
la Bourse

La Piazza della Minerva
a pour centre un
obélisque égyptien
porté par un éléphant
du Bernin.

PIAZZA DI SANT'IGNAZIO

VIA DI SANT'IGNAZIO

PIAZZA DEL COLLEGIO ROMANO

VIA DELLA GATTA

VIA DEL SEMINARIO

PIAZZA DELLA ROTONDA

VIA DEL PIÈ DI MARMO

PIAZZA DELLA MINERVA

VIA DEL GESÙ

VIA DEL PLEBISCITO

**Santa Maria
sopra Minerva**
*La seule église
gothique de
Rome abrite des
œuvres de
Michel-Ange, du
Bernin et de
Filippino Lippi* ⑮

★ Le Panthéon
*Édifié par l'empereur Hadrien en
118, le « temple de tous les dieux »
est le mieux préservé des
bâtiments antiques de Rome* ⑯

LÉGENDE

– – – Itinéraire conseillé

CARTE DE SITUATION
*Voir l'atlas des rues de Rome,
plan 3*

La Via della Gatta doit son nom
à cette statue de chat *(gatta)*.

Le Pie' di Marmo,
est le vestige d'une
statue colossale en
marbre qui ornait
sans doute le
temple d'Isis.

Le Palazzo Altieri incorpore la
masure qu'une vieille femme
refusa de voir détruite au
XVIIᵉ siècle pour laisser place
au palais.

Gesù
*Bâtie à la fin du
XVIᵉ siècle, cette église
jésuite sert de modèle
aux sanctuaires de
l'ordre dans le monde
entier* ⑬

À NE PAS MANQUER

★ Le Panthéon

★ Le palazzo Doria
Pamphili

0 ——————— 75 m

Area Sacra di Largo Argentina ⑫

Largo di Torre Argentina. **Plan** 2 F4.
🚌 40, 46, 62, 64, 70, 81, 87, 186,
492. 🔲 sur autorisation seulement
(p. 614).

Les ruines de quatre temples
mises au jour lors de fouilles
archéologiques effectuées
entre 1926 et 1929 forment
l'aire sacrée située sur le largo
Argentina, carrefour à la
circulation intense et
important terminus d'autobus.
Ces sanctuaires, identifiés par
les lettres A, B, C et D,
comptent parmi les plus
anciens retrouvés à Rome,
notamment le temple C qui
remonte au début du
IIIᵉ siècle av. J.-C. Avec son
haut podium précédé d'un
autel, il se démarque déjà
des modèles grecs. Le
podium du temple A édifié au
IIIᵉ siècle av. J.-C. servit au
Moyen Âge de fondation à la
petite église de San Nicola di
Cesarini, dont il reste deux
absides et l'autel devant les
vestiges d'une des deux
toilettes publiques
construites à l'époque
impériale dans
l'Hécatostylum, portique
aux 100 colonnes dont
ne subsistent que
quelques socles.
Le temple circulaire B
(Iᵉʳ siècle av. J.-C.), sur la
gauche, était dédié à la
Fortune du Jour présent. La
vaste plate-forme de blocs de
tuf qui s'étend derrière faisait
partie de la curie de Pompée
où se réunissait le Sénat et où
Jules César tomba sous les
coups de poignards de ses
assassins le 15 mars 44 av. J.-C.

**L'Area Sacra et les ruines circulaires
du temple B**

La Foi écrasant l'idolâtrie
par Pierre Legros au Gesù

Gesù ⑬

Piazza del Gesù. **Plan** 3 A4.
Tél 06 69 70 01. 🚌 46, 62, 64, 70,
81, 87, 186, 492, 628 et autres. 🔲
t.l.j. 7 h-12 h 30, 16 h-19 h 15..

Soldat espagnol blessé à la
guerre en 1521, Ignace de
Loyola (1491-1556) se mit au
service du pape en 1534
après une retraite mystique et
fonda en 1540 la Compagnie
de Jésus qui servit de fer de
lance à la réaction catholique
face au protestantisme : la
Contre-Réforme. L'ordre ne
se limita pas à une œuvre
de reconquête et envoya
des missionnaires dans le
monde entier.
Construite de 1568 à 1584,
la première église jésuite, le
Gesù, marque le début d'un
nouveau style et sa large nef
ouverte aux foules affirme
clairement la fonction
principale du sanctuaire :
le prêche. À la nef et à la
coupole, le *Triomphe du nom
de Jésus* peint en trompe-l'œil
par il Baciccia au XVIIᵉ siècle
illustre le message des
prédicateurs jésuites : les
catholiques vont au paradis
et les protestants et autres
hérétiques en enfer.
Le même thème inspire
les statues baroques qui
encadrent dans la cappella di
Sant'Ignazio l'autel
somptueusement décoré par
Andrea Pozzo : le *Triomphe de
la Religion sur les Infidèles* de
Théodon, à gauche, et *La Foi
écrasant l'idolâtrie* de Legros,
à droite. Sous l'autel, une urne
en bronze doré renferme les
reliques de saint Ignace.

Palazzo Doria Pamphilj ⓮

Piazza del Collegio Romano 2. **Plan**
3 A4. **Tél** 06 679 73 23. 🚌 64, 81,
85, 117, 119, 492. ◻ ven.-mer.
10 h-17 h. ◉ 25 déc., 1ᵉʳ janv.,
Pâques, 1ᵉʳ mai, 15 août. 📷 ♿ 🎧
🎫 sur r.-v. pour les appartements.

Les parties les plus anciennes
de cette immense bâtisse au
cœur de Rome datent de 1435.
À partir de 1647, les Pamphili
construisirent l'aile de la via
della Gatta, une splendide
chapelle et un théâtre.

Le palais présente les
collections d'art de la famille
qui comprennent le portrait
d'Innocent X Pamphili par
Vélasquez et plus de
400 tableaux datant du XVᵉ au
XVIIIᵉ siècle, notamment par le
Caravage, Titien, le Guerchin et
Claude Lorrain.

Somptueux, les appartements
ont conservé une grande partie
de leur ameublement.

Portrait d'Innocent X (1650)
par Vélasquez

Santa Maria sopra Minerva ⓯

Piazza della Minerva 42. **Plan** 2 F4.
Tél 06 679 39 26. 🚌 116 et autres
lignes. ◻ t.l.j. 7 h-13 h, 16 h-19 h.

Construite au XIIIᵉ siècle, la
seule église gothique de Rome
s'élève, comme son nom
l'indique, à l'emplacement d'un
temple de Minerve. L'ordre
dominicain y installa son siège
en 1370 et l'Inquisition occupa
longtemps le cloître attenant au
sanctuaire. C'est là qu'elle
condamna à mort le
philosophe Giordano Bruno en
1600 et que Galilée comparut
en 1633 parce qu'il affirmait
que la Terre tournait.

L'intérieur du Panthéon, mausolée des monarques italiens

Très remaniée au XVIIᵉ et au
XIXᵉ siècles, Santa Maria sopra
Minerva abrite de nombreuses
œuvres d'art. On peut en
particulier y admirer une
Annonciation (1460)
d'Antoniazzo Romano, dans la
cinquième chapelle à droite.

Dans la chapelle Carafa, les
fresques par Filippino Lippi
récemment restaurées évoquent
des épisodes de la vie de saint
Thomas d'Aquin, tandis que la
chapelle Aldobrandini abrite
les tombeaux des papes de la
famille des Médicis : Léon X et
Clément VII. Près de l'escalier
du chœur, le *Christ portant sa
croix* commencé par Michel-
Ange a été achevé par ses
disciples.

Sur la place devant l'église se
dresse l'obélisque égyptien du
VIᵉ siècle av. J.-C. que le Bernin
percha sur un éléphant.

**La nef de Santa Maria sopra
Minerva**

Le Panthéon ⓰

Piazza della Rotonda. **Plan** 2 F4. **Tél** 06
68 30 02 30. 🚌 116 et autres lignes.
◻ t.l.j. 8 h 30-19 h 30 (9 h-18 h dim.).
◉ 1ᵉʳ janv., 1ᵉʳ mai, 25 déc. ♿

Élevé par Agrippa entre 27 et
25 av. J.-C., le premier
sanctuaire à occuper ce site
possédait un plan rectangulaire
traditionnel et c'est Hadrien
qui fit construire, et peut-être
dessina, l'édifice actuel, le plus
extraordinaire et le mieux
conservé des monuments
antiques de Rome.

Il faut franchir un
impressionnant portique de
33 m de largeur et 15,5 m de
profondeur soutenu par
16 colonnes monolithiques
avant de découvrir toute la
splendeur de l'ancienne cella
du « temple de tous les
dieux ». Le diamètre (43,3 m)
de sa coupole, dont cinq
rangées de caissons
composent la voûte, est
exactement égal à la hauteur
de l'édifice. Seule source
d'éclairage, la lumière
tombant de l'oculus au faîte
du dôme donne une
atmosphère très particulière et
propice au recueillement.

Au VIIᵉ siècle, des fidèles se
plaignant de possession
démoniaque au voisinage du
temple, on le transforma en
église. Elle abrite le modeste
tombeau de Raphaël et les
imposants sarcophages des
rois d'Italie.

Sant'Ignazio di Loyola ⓱

Piazza di Sant'Ignazio. **Plan** 2 F4. **Tél** 06 679 44 06. 117, 119, 492. t.l.j. 7 h 30-12 h 15, 15 h-19 h 15.

Construite par le cardinal Ludovisi en 1626 en l'honneur de saint Ignace de Loyola, fondateur de la Compagnie de Jésus, l'église domine l'une des grandes réussites du baroque romain : la piazza di Sant'Ignazio dessinée en 1727 par Filippo Raguzzini. Façades curvilignes et balcons et fenêtres pleins de fantaisie y composent un véritable décor de théâtre.

Avec sa foisonnante décoration de marbre, de dorures et de stucs, le sanctuaire possède un intérieur moins froid que le Gesù *(p. 403)*, l'autre grande église jésuite. Les religieuses d'un couvent voisin s'opposèrent à la construction de sa coupole qui aurait obscurci leur jardin suspendu. Œuvre du père Andrea Pozzo, un dôme en trompe-l'œil l'a remplacée.

Ce théoricien de la perspective exécuta également en 1685 l'impressionnante composition picturale de la voûte, allégorie des succès jésuites sur les quatre continents. Un cercle de marbre beige, au centre de la nef, indique l'endroit où l'effet d'illusion de ces deux fresques est le plus complet.

Reliefs de la colonne de Marc Aurèle, piazza Colonna

Piazza Colonna ⓲

Plan 3 A3. 95, 116, 492.

Cette place bordée par le palazzo Chigi, résidence officielle du premier ministre italien, doit son nom à la colonne de Marc Aurèle qui s'élève en son centre.

Imitation de la colonne Trajane *(p. 388)* érigée en 180, ce monument commémore les campagnes de l'empereur contre deux tribus barbares du Danube. Un grand changement artistique et culturel s'est toutefois produit pendant les 80 années qui séparent les deux créations. Des personnages simplifiés, au relief plus marqué, illustrent les guerres et les victoires de Marc Aurèle. La clarté narrative a pris le pas sur le respect de l'esthétique et des proportions classiques.

Piazza di Montecitorio ⓳

Plan 2 F3. **Palazzo di Montecitorio Tél** 06 676 01. 116. 1er dim. du mois 10 h-18 h.

Rapporté d'Héliopolis, l'obélisque servait d'aiguille au gigantesque cadran solaire aménagé par Auguste sur le Champ de Mars (près de l'actuelle piazza San Lorenzo). Oublié vers le IXe siècle, le monolithe fut retrouvé au XVIe sous des maisons médiévales.

Entrepris par le Bernin en 1650 et achevé en 1687, sept ans après sa mort, par Carlo Fontana, l'austère palazzo di Montecitorio abrite la Chambre des députés depuis 1871.

Façade de la Maddalena

La Maddalena ⓴

Piazza della Maddalena. **Plan** 2 F3. **Tél** 06 899 281. 116 et autres lignes. t.l.j. 8 h-12 h, 17 h-19 h 30.

Dominant une petite place proche du Panthéon, la façade de style rocaille (1735) de cette petite église témoigne de l'amour porté à la lumière et au mouvement par le baroque finissant.

Malgré sa taille réduite, l'intérieur de la Maddalena n'a pas découragé l'ardeur de ses décorateurs des XVIIe et XVIIIe siècles et, bien que les statues des niches de la nef représentent la Simplicité et l'Humilité, ils l'ont recouvert d'ornements du sol jusqu'au faîte de l'élégante coupole.

Plafond baroque par Andrea Pozzo à Sant'Ignazio di Loyola

LE NORD-EST DE ROME

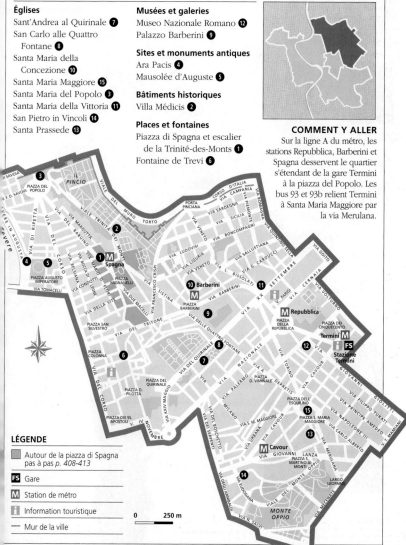

Créé au XVIᵉ siècle autour de rues percées pour faciliter la circulation des pèlerins vers le Vatican, le quartier de la piazza di Spagna et de la piazza del Popolo renferme de nombreux hôtels et certaines des plus belles boutiques de la ville. Il s'étend jusqu'au Quirinal, l'une des sept collines des origines de Rome, où les papes établirent leur résidence d'été et aménagèrent des voies aérées ornées d'élégants monuments. Un temps habité par les employés des souverains pontifes, le mont voisin, l'Esquilin, est un des quartiers les plus pauvres de la Ville éternelle mais il recèle de nombreuses églises d'origine paléochrétienne.

Fontaine sur la piazza del Popolo

LE QUARTIER D'UN COUP D'ŒIL

Églises
Sant'Andrea al Quirinale ❼
San Carlo alle Quattro Fontane ❽
Santa Maria della Concezione ❿
Santa Maria Maggiore ⓯
Santa Maria del Popolo ❸
Santa Maria della Vittoria ⓫
San Pietro in Vincoli ⓮
Santa Prassede ⓭

Musées et galeries
Museo Nazionale Romano ⓬
Palazzo Barberini ❾

Sites et monuments antiques
Ara Pacis ❹
Mausolée d'Auguste ❺

Bâtiments historiques
Villa Médicis ❷

Places et fontaines
Piazza di Spagna et escalier de la Trinité-des-Monts ❶
Fontaine de Trevi ❻

COMMENT Y ALLER
Sur la ligne A du métro, les stations Repubblica, Barberini et Spagna desservent le quartier s'étendant de la gare Termini à la piazza del Popolo. Les bus 93 et 93b relient Termini à Santa Maria Maggiore par la via Merulana.

LÉGENDE
Autour de la piazza di Spagna pas à pas *p. 408-413*
FS Gare
M Station de métro
i Information touristique
— Mur de la ville

0   250 m

◁ **Azalées sur l'escalier de la Trinité-des-Monts, piazza di Spagna**

Autour de la piazza di Spagna pas à pas

Le réseau de rues étroites et piétonnières qui s'étend
entre la piazza di Spagna et la via del Corso est l'un des
quartiers les plus animés de la Ville éternelle et Romains
et touristes se pressent aux devantures des magasins de
luxe à l'origine de sa réputation. Boutiques d'antiquités et
galeries d'art jalonnent quant à elles la via del Babuino
qui mène à la piazza del Popolo. Bordée de cafés et
dominée par l'escalier de la Trinité-des-Monts, la place
d'Espagne offre un cadre idéal où voir et se faire voir.

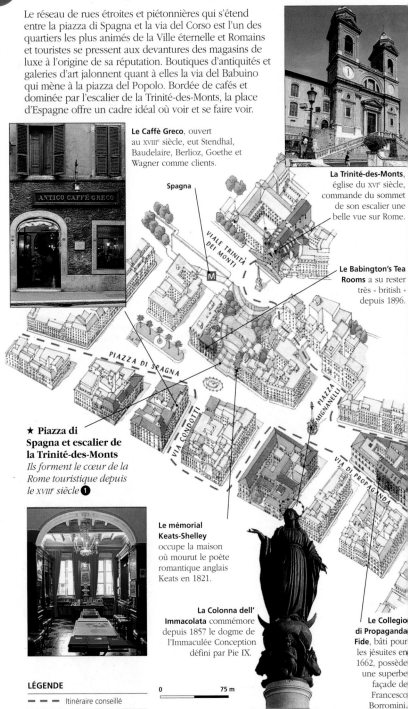

Le Caffè Greco, ouvert
au XVIIIᵉ siècle, eut Stendhal,
Baudelaire, Berlioz, Goethe et
Wagner comme clients.

Spagna

La Trinité-des-Monts,
église du XVIᵉ siècle,
commande du sommet
de son escalier une
belle vue sur Rome.

VIALE TRINITÀ
DEI MONTI

M

**Le Babington's Tea
Rooms** a su rester
très « british »
depuis 1896.

PIAZZA DI SPAGNA

PIAZZA
MIGNANELLI

★ **Piazza di
Spagna et escalier de
la Trinité-des-Monts**
*Ils forment le cœur de la
Rome touristique depuis
le XVIIIᵉ siècle* ❶

VIA CONDOTTI

VIA DI PROPAGANDA

**Le mémorial
Keats-Shelley**
occupe la maison
où mourut le poète
romantique anglais
Keats en 1821.

**La Colonna dell'
Immacolata** commémore
depuis 1857 le dogme de
l'Immaculée Conception
défini par Pie IX.

**Le Collegio
di Propaganda
Fide**, bâti pour
les jésuites en
1662, possède
une superbe
façade de
Francesco
Borromini.

LÉGENDE

0   75 m

- - - Itinéraire conseillé

Hébergements et restaurants de la région, voir p. 587-593 et 636-643

CARTE DE SITUATION
Voir l'atlas des rues de Rome, plan 3

Sant'Andrea delle Fratte
abrite deux anges du Bernin sculptés en 1669 pour le ponte Sant'Angelo mais que Clément X trouva trop charmants pour subir les intempéries.

La fontaine de la Barcaccia sur la piazza di Spagna

La piazza di Spagna et l'escalier de la Trinité-des-Monts ❶

Plan 3 A2. 🚌 116, 117. Ⓜ *Spagna*.

Il y a foule toute la journée et une bonne partie de la nuit (l'été) sur cette place entourée d'immeubles aux façades peintes d'ocre et de roux. Elle doit son nom au palais donnant sur la piazza Mignanelli édifié au XVIIᵉ siècle pour l'ambassadeur d'Espagne auprès du Saint-Siège. De nombreux Français possédaient à l'époque des propriétés dans les environs et les incidents avec les Espagnols, qui se comportaient en terrain conquis, furent nombreux. On parle même d'étrangers enrôlés de force dans les armées ibériques.

Ces rivalités n'existaient plus au XVIIIᵉ siècle et la construction, de 1723 à 1726, du majestueux escalier de travertin qui monte à l'église française de la Trinité-des-Monts donna à la piazza l'une des perspectives les plus théâtrales de Rome. Les Français désiraient ériger au sommet une statue équestre de Louis XIV, mais l'idée de voir se dresser l'effigie d'un souverain étranger sur la capitale des États pontificaux déplut à Alexandre VII. Le projet proposé par Francesco de Santis offrit un terrain d'entente.

Au pied de l'escalier se trouve la fontana della Barcaccia (1627-1629), œuvre de Pietro Bernini, le père du Bernin, installée au-dessous du niveau de la rue à cause d'un manque de pression d'eau.

Villa Medici ❷

Accademia di Francia a Roma, Viale Trinità dei Monti 1. **Plan** 3 A2. **Tél** 06 679 83 81. 🚌 117. Ⓜ *Spagna*. ⭘ *jardins : 10 h 30 et 11 h 30 sam.-dim.* 🚫 🎟 *seulement*.

Construite en 1540 sur la colline du Pincio, cette somptueuse demeure a conservé le nom qu'elle prit quand le cardinal Ferdinand de Médicis l'acheta en 1576. Ses magnifiques jardins qui contrastent avec la sobriété de la façade, occupent l'emplacement de ceux que Lucullus avait dessinés pour son agrément en 60 av. J.-C. La vue depuis la terrasse porte jusqu'au Castel Sant'Angelo (*p. 407*) à l'autre bout de la ville.

Berlioz et Debussy, parmi bien d'autres « Grands Prix de Rome », eurent l'occasion de la contempler, la villa Médicis abritant l'Académie de France depuis 1803.

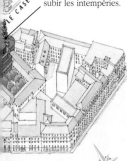

À NE PAS MANQUER

★ La piazza di Spagna et l'escalier de la Trinité-des-Monts

La façade sur cour de la villa Médicis (gravure du XIXᵉ siècle)

La Sibylle de Delphes (1509) par le Pinturicchio à Santa Maria del Popolo

Santa Maria del Popolo ❸

Piazza del Popolo 12. **plpan** 2 F1. **Tél** 06 361 08 36. 95, 117, 119, 490, 495, 926. Flaminio. *lun.-sam. 7 h-12 h, 16 h-19 h, dim. 7 h 30-13 h 30, 16 h 30-19 h 30.*

C'est Sixte IV qui commanda en 1472 l'édification de l'une des premières églises Renaissance de Rome, à l'emplacement d'un petit sanctuaire du XIIIᵉ siècle dont le « peuple » avait financé la construction. Ses successeurs sur le trône pontifical et de riches mécènes la transformèrent en un des hauts lieux artistiques de la Ville éternelle.

Peu après la mort de Sixte en 1484, le Pinturicchio et ses élèves décorèrent pour sa famille, les della Rovere, la 1ʳᵉ et la 3ᵉ chapelles à droite. Dans la première, le maître peignit les fresques des lunettes et la belle *Adoration de l'Enfant* en 1490 de l'autel où une colonne classique domine l'étable. Il exécuta également les sibylles et les apôtres de l'abside élevée par Bramante pour Jules II, le neveu de Sixte.

En 1513, le riche banquier Agostino Chigi engagea Raphaël pour dessiner sa chapelle personnelle (2ᵉ à gauche) et l'artiste composa une œuvre audacieuse où se marient sacré et profane. Au plafond de la coupole, la mosaïque représente Dieu le Père entouré des symboles des sept planètes. Le Bernin ajouta au XVIIᵉ siècle les statues de Daniel et d'Habacuc.

À gauche du maître-autel, deux tableaux peints par le Caravage en 1601, la *Conversion de saint Paul* et le *Crucifiement de saint Pierre*, ornent la chapelle Cerasi. Tous deux sont d'un naturalisme et d'une audace de composition étonnants.

Détail d'une frise de l'Ara Pacis

Ara Pacis Augustae ❹

Via di Ripetta. **Plan** 2 F2. **Tél** 06 67 10 38 19. 70, 81, 117, 119, 186, 628. *tél. pour les horaires.*

Retrouvé par morceaux de 1565 à 1937, l'Autel de la Paix d'Auguste, érigé sur ordre du Sénat de 13 à 9 av. J.-C., commémore la campagne en Gaule et en Espagne qui permit à l'empereur d'imposer la paix sur tout le pourtour méditerranéen. L'enceinte de marbre est ornée de reliefs appartenant à l'art impérial de la meilleure époque. Ceux des faces extérieures des murs sud et nord représentent la procession de consécration du monument, le 4 juillet 13 av. J.-C. La famille impériale y figure derrière Marius Agrippa, gendre et héritier désigné d'Auguste, selon l'ordre de leur succession. L'ensemble fait désormais parti d'un bâtiment construit par l'architecte Richard Meier.

Le mausolée d'Auguste ❺

Piazza Augusto Imperatore. **Plan** 2 F2. **Tél** 06 67 10 38 19. 81, 117, 492, 628, 926. *sur r.-v. seul.* (voir p. 614).

Construit par Auguste en 26 av. J.-C., la sépulture la plus prestigieuse de Rome n'est plus aujourd'hui qu'une butte herbeuse cernée de cyprès, mais deux obélisques de granit (érigés piazza del Quirinale et piazza dell'Esquilino) encadraient à l'origine l'entrée de ce monument circulaire de 87 m de diamètre inspiré du tombeau d'Alexandre le Grand.

Quatre murs concentriques entouraient la chambre mortuaire où le premier empereur romain reposa à partir de l'an 14 après y avoir inhumé son neveu Marcellus, son gendre Agrippa et sa sœur Octavie.

La fontaine de Trevi ❻

Piazza di Trevi. **Plan** 3 B3. 116 et autres lignes.

La fontaine de Trevi fait tellement partie de l'imagerie romaine qu'elle donne l'impression d'avoir toujours existé. Achevée en 1762, l'œuvre baroque de Nicola Salvi n'est toutefois qu'une

La célèbre fontaine de Trevi, la plus grande et la plus célèbre de Rome

création récente à l'échelle du temps de la Ville éternelle. Au centre, deux chevaux marins tirent le char de Neptune. L'un paisible et l'autre rétif, ils symbolisent les humeurs de l'océan.

Au-dessus des statues, des bas-reliefs illustrent la légende selon laquelle une jeune fille indiqua à des soldats la source de l'Aqua Virgo, l'aqueduc construit en 19 av. J.-C. par Agrippa, héritier désigné d'Auguste, pour alimenter les thermes de Rome. Devenu l'Acqua Virgine, il alimente toujours la fontaine.

La coupole de San Carlo alle Quattro Fontane de Borromini

San Carlo alle Quattro Fontane **8**

Via del Quirinale 23. **Plan** 3 B3. **Tél** 06 488 32 61. ⊟ 116 et autres lignes vers Piazza Barberini. Ⓜ Barberini. ◯ lun.-sam. 10 h-13 h, 15 h-18 h t.l.j. (matin seul. sam., ap.-m. seul. dim.).

L'ordre des Trinitaires confia en 1638 à Francesco Borromini la construction de cette église de taille si réduite qu'elle a, dit-on, les dimensions d'un des piliers de la coupole de la basilique Saint-Pierre.

À l'intérieur, le jeu entre travées planes et incurvées donne vie à l'espace exigu que surmonte une coupole conçue pour paraître plus haute qu'en réalité. Borromini n'acheva la façade qu'en 1665 et ses courbes tourmentées traduisent l'angoisse de l'architecte avant son suicide en 1667

Palazzo Barberini **9**

Via delle Quattro Fontane 13. **Plan** 3 B3. **Tél** 06 328 10. ⊟ 52, 53, 61, 62, 63, 80, 95, 116, 175, 492, 590. Ⓜ Barberini. ◯ mar.-dim. 8 h 30-19 h 30. ◯ jours fériés. 🖾 🖉 🖪 🗓 🗻 🕹 **www.galleriaborghese.it**

Quand il devint le pape Urbain VIII en 1623, Maffei Barberini commanda à Carlo Maderno la construction d'une demeure de prestige sur un terrain alors à la périphérie de la ville, ce qui surprendra l'automobiliste pris dans la circulation. Maderno mourut peu après l'achèvement des fondations et la majeure partie de l'édifice est due à Borromini et au Bernin, auteur aussi de la fontaine du Triton sur la place.

Le plafond du grand salon peint en trompe-l'œil par Pierre de Cortone entre 1633 et 1639 constitue le joyau de la décoration intérieure qui offre un somptueux écrin baroque aux œuvres présentées par la galerie nationale d'Art ancien. La collection comprend des toiles par Filippo Lippi, Titien, Artemisia Gentileschi et le Caravage, mais son tableau le plus célèbre reste *La Fornarina* qui serait un portrait par Raphaël de sa maîtresse.

Intérieur de Sant'Andrea al Quirinale

Sant'Andrea al Quirinale **7**

Via del Quirinale 29. **Plan** 3 B3. **Tél** 06 474 48 72. ⊟ 116, 117. ◯ t.l.j. 8 h 30-12 h, 16 h-18 h. ◯ août l'après-midi. 🖉

Le Bernin, qui édifia cette église de 1558 à 1571 pour les novices de la compagnie de Jésus, la considérait comme l'une de ses grandes réussites. Le sanctuaire paraît en effet dépasser les possibilités permises par un site exigu. Bien qu'organisé en fonction du petit axe d'une ellipse, il offre une impression d'ampleur due à des chapelles latérales rectangulaires. La décoration s'organise autour du *Martyre de saint André*, peinture de Jacques Courtois, que des anges soutiennent de manière à élever le regard vers une effigie du saint en stuc puis la lanterne.

Détail d'une fresque du palazzo Barberini (1633)

Santa Maria della Concezione **10**

Via Veneto 27. **Plan** 3 B2. **Tél** 06 487 11 85. ⊟ 52, 53, 61, 62, 63, 80, 95, 116, 175. Ⓜ Barberini. Crypte ◯ ven.-mer 9 h-12 h, 15 h-18 h. 🖉

Sous cette église s'étend une crypte tapissée des ossements de 4 000 capucins. Disposés pour certains de manière à former des motifs chrétiens comme la couronne d'épines ou le Sacré-Cœur, les reliques, en particulier l'émouvant squelette d'une enfant Barberini, rappellent le caractère transitoire de la vie.

Santa Maria della Vittoria ⓫

Via XX Settembre 17. **Plan** 3 C2.
Tél *06 42 74 05 71.* 🚌 *61, 62, 84, 175, 910.* Ⓜ *Repubblica.*
⭘ *t.l.j. 8 h 30-12 h (10 h dim.), 15 h 30-18 h.*

Église intime à la somptueuse décoration baroque, elle recèle dans la chapelle Cornaro la plus ambitieuse des sculptures du Bernin : *Le Ravissement de sainte Thérèse* (1646) inspiré de la description que laissa la sainte de ses extases. Éclairés par une source de lumière cachée, des rayons de bronze symbolisent en fond la gloire divine et renforcent l'aspect surnaturel d'une apparition à laquelle les cardinaux de la famille Cornaro assistent depuis des niches évoquant les baignoires d'un théâtre.

Le Ravissement de sainte Thérèse du Bernin, Santa Maria della Vittoria

Museo Nazionale Romano ⓬

Palazzo Massimo, Largo di Villa Peretti 1 (1 of 5 sites). **Plan** 4 D3. **Tél** *06 481 55 76. lignes vers Termini.* Ⓜ *Repubblica.* ⭘ *9am–7:45pm mar.-dim. 9 h-19 h 45.* 🎫 *ticket valable pour tous les sites.* 🔒 ♿ 📷 ✍

Composé d'anciennes collections privées et de la plupart des antiquités découvertes dans la capitale italienne depuis 1870, ce musée fondé en 1889 resta longtemps l'un des plus riche

au monde en art classique. Depuis 1990, le musée est installé dans cinq succursales : le Palazzo Altemps *(p. 400),* les thermes de Dioclétien, le Aula Ottagona, la crypte Balbi et le palazzo Massimo. Les œuvres de ce dernier datent du IIᵉ siècle av. J.-C. au IVᵉ siècle ap. J.-C. et sont réparties sur trois niveaux. Parmi ces chefs-d'œuvres, vous admirerez les *Quattro Aurighe,* mosaïques provenant d'une villa au nord de Rome, une série de fresques sublimes venant de la villa d'été de Livia et la fameuse statue de son époux l'empereur Auguste.

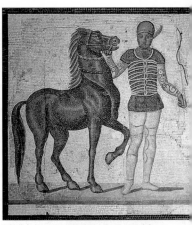

Détail de l'une des mosaïques Quattro Aurighe, **Museo Nazionale Romano**

Santa Prassede ⓭

Via Santa Prassede 9a. **Plan** 4 D4. **Tél** *06 488 24 56.* 🚌 *16, 70, 71, 75, 714.* Ⓜ *Vittorio Emanuele.* ⭘ *t.l.j. 7 h 30-12 h, 16 h-18 h 30.* ♿

Pascal Iᵉʳ construisit cette église en 822 et il apparaît à gauche du Christ, avec sainte Praxède et saint Paul, sur les superbes mosaïques du chœur. Son nimbe carré, et non rond, révèle qu'il fut représenté de son vivant.

Le pape édifia également la chapelle Saint-Zénon, à l'intérieur entièrement recouvert de mosaïques, comme mausolée pour sa mère

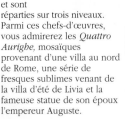

Mosaïque (IXᵉ siècle) Santa Prassede

Theodora. Elle renferme dans une niche la colonne de jaspe à laquelle on aurait attaché Jésus pour le flageller.

San Pietro in Vincoli ⓮

Piazza di San Pietro in Vincoli. **Plan** 3 C5. **Tél** *06 488 28 65.* 🚌 *75, 84, 117.* Ⓜ *Colosseo.* ⭘ *t.l.j. 7 h-12 h 30, 15 h 30-19 h (18 h oct.-mars).* ♿

Saint Pierre aurait porté les chaînes *(vincoli)* exposées sous le maître-autel dans un tabernacle en bronze décoré de beaux reliefs attribués à Caradosso. L'une l'attachait à Jérusalem et l'autre à Rome, dans la prison Mamertine *(p. 389),* mais, une fois réunies, elles se soudèrent miraculeusement et l'impératrice Eudoxie, femme de Valentinien III, fonda l'église en 442 pour accueillir ces précieuses reliques.

Des colonnes antiques séparent les trois nefs du sanctuaire. Celle de droite abrite le tombeau de Jules II avec son *Moïse,* mausolée qui ne représente qu'une faible partie de l'œuvre que comptait réaliser Michel-Ange. Les tergiversations du pape puis, après sa mort, la commande du *Jugement dernier* pour la chapelle Sixtine ne permirent à l'artiste que de sculpter les *Esclaves* se trouvant aujourd'hui à Florence et à Paris.

Santa Maria Maggiore ⓯

La basilique Sainte-Marie-Majeure présente un mariage particulièrement réussi entre architectures d'époques différentes. Alors que son pavement de marbre cosmatesque et son campanile roman remontent au Moyen Âge, elle garde du sanctuaire paléochrétien initial (vᵉ siècle) sa triple nef ornée de colonnes ioniques et de superbes mosaïques. Le plafond à caissons date de la Renaissance, les coupoles et les façades sont baroques.

MODE D'EMPLOI

Piazza di Santa Maria Maggiore.
Plan 4 D4. **Tél** 06 48 31 95.
🚌 16, 70, 71, 714.
🚋 14.
Ⓜ Cavour.
⭕ t.l.j. 7 h-19 h. ✝

Couronnement de la Vierge
La mosaïque de l'abside par Jacopo Torriti (1295) incorpore des éléments du vᵉ siècle.

Campanile

Mosaïques du vᵉ siècle

Tombeau du cardinal Rodriguez
Ce superbe mausolée gothique (1299) est de Giovanni di Cosma.

Façade du XVIIIᵉ siècle par Ferdinando Fuga

Mosaïques du XIIIᵉ siècle

Cappella Paolina
Flaminio Ponzo, architecte de la villa Borghese, créa cette superbe chapelle funéraire en 1611 pour Paul V.

Colonne de la piazza di Santa Maria Maggiore
Provenant de la basilique de Maxence et Constantin, elle porte une Vierge à l'Enfant *(1611) de Berthelot.*

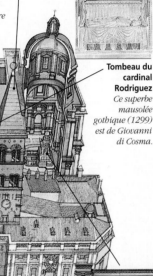

Cappella Sistina
Construite par Domenico Fontana qui remploya des marbres antiques, elle abrite le tombeau de Sixte Quint (pape de 1584 à 1587).

LE VATICAN ET LE TRASTEVERE

Sur le site du supplice et du tombeau de saint Pierre, la cité du Vatican est à la fois la capitale mondiale du catholicisme et le plus petit État de la planète. Cerné de hauts murs, il s'étend sur 43 hectares dont la basilique Saint-Pierre et le palais papal et ses jardins occupent la majeure partie. Le palais abrite les musées du Vatican qui forment,

Armoiries d'Urbain VIII
à Saint-Pierre

avec la chapelle Sixtine et les Chambres de Raphaël, un extraordinaire ensemble artistique. Une atmosphère bien différente règne dans le Trastevere voisin, quartier populaire dont les habitants se considèrent comme les seuls vrais Romains, mais où, malheureusement pour eux, se multiplient restaurants, boutiques et boîtes de nuit à la mode.

LE QUARTIER D'UN COUP D'ŒIL

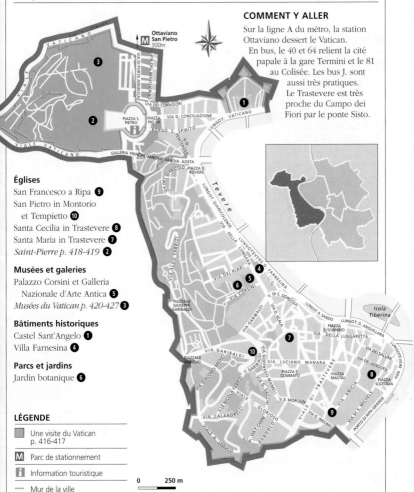

COMMENT Y ALLER

Sur la ligne A du métro, la station Ottaviano dessert le Vatican.
En bus, le 40 et 64 relient la cité papale à la gare Termini et le 81 au Colisée. Les bus J. sont aussi très pratiques. Le Trastevere est très proche du Campo dei Fiori par le pont Sisto.

Églises

San Francesco a Ripa ⑨
San Pietro in Montorio
  et Tempietto ⑩
Santa Cecilia in Trastevere ⑧
Santa Maria in Trastevere ⑦
Saint-Pierre p. 418-419 ②

Musées et galeries

Palazzo Corsini et Galleria
  Nazionale d'Arte Antica ⑤
Musées du Vatican p. 420-427 ③

Bâtiments historiques

Castel Sant'Angelo ①
Villa Farnesina ④

Parcs et jardins

Jardin botanique ⑥

LÉGENDE

Une visite du Vatican
p. 416-417

M Parc de stationnement

i Information touristique

— Mur de la ville

0   250 m

◁ Saint-Pierre de Rome et le pont Sant'Angelo

Une visite du Vatican

Crucifix au Vatican

État souverain depuis les accords de Latran signés avec Mussolini en 1929, le Vatican est gouverné par le pape, seul monarque absolu d'Europe. 500 personnes environ habitent la cité qui possède ses propres systèmes postaux, bancaires, monétaires et judiciaires, ainsi qu'une station de radio et un journal : l'*Osservatore Romano*.

★ Saint-Pierre de Rome
Presque tous les grands architectes de la Renaissance et du baroque ont participé à la création de la plus célèbre basilique de la chrétienté (p. 418-419).

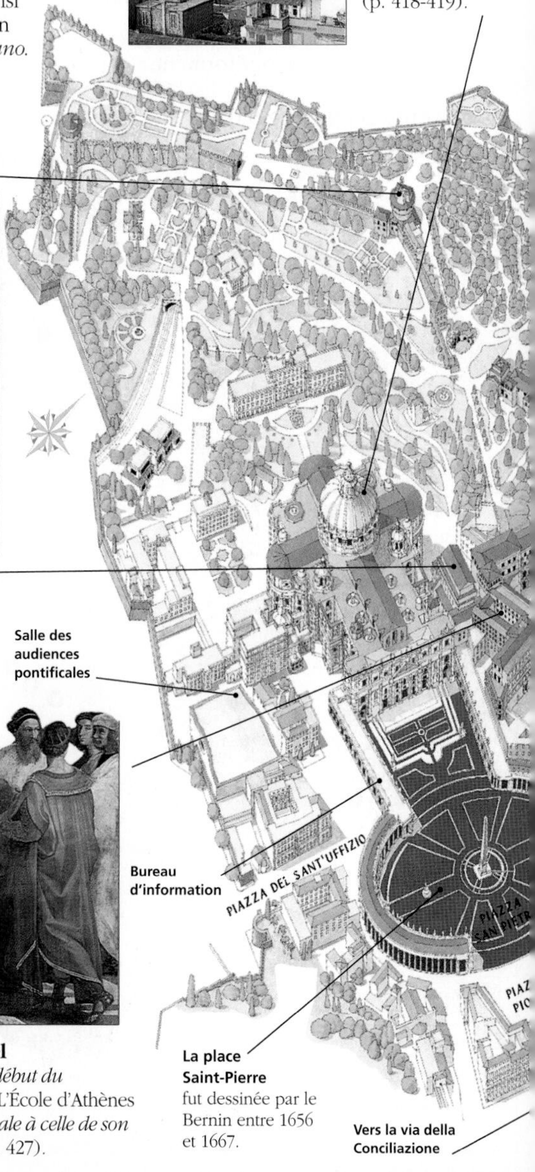

La radio du Vatican émet en 20 langues depuis cette tour qui fait partie des remparts léonins du IXᵉ siècle.

★ La chapelle Sixtine
Des fresques de Michel-Ange, au plafond la Genèse *(1508 -1512), sur le mur du fond le* Jugement dernier *(1534 -1541), ornent cette chapelle utilisée par les cardinaux lors des conclaves (p. 424).*

Salle des audiences pontificales

★ Les Chambres de Raphaël
Raphaël décora ces pièces au début du XVIᵉ siècle. Des œuvres comme L'École d'Athènes *lui valurent une réputation égale à celle de son contemporain Michel-Ange (p. 427).*

Bureau d'information

PIAZZA DEL SANT'UFFIZIO

PIAZZA SAN PIETRO

PIAZ
PIO

La place Saint-Pierre fut dessinée par le Bernin entre 1656 et 1667.

Vers la via della Conciliazione

Cet escalier des musées dessiné par Giuseppe Momo en 1932 a la forme d'une double hélice, l'une pour la montée, l'autre pour la descente.

LE QUARTIER
DE LA PIAZZA
NAVONA

LE VATICAN
ET LE
TRASTEVERE

CARTE DE SITUATION
Voir l'atlas des rues de Rome, plan 1

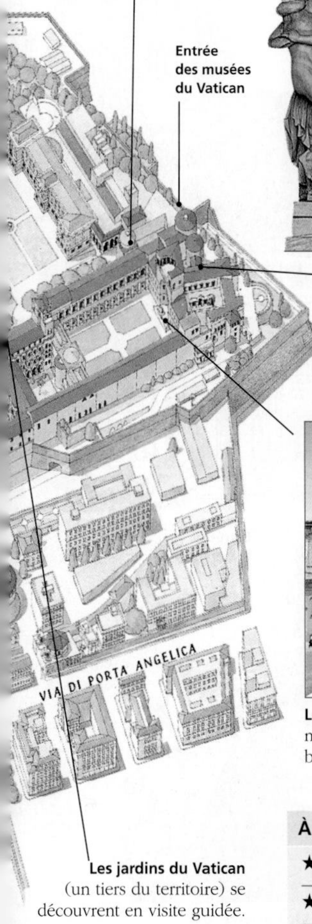

**Entrée
des musées
du Vatican**

★ **Les musées
du Vatican**
Leurs collections d'art comprennent le groupe du Laocoon *sculpté en l'an 1 (p. 410).*

Le Cortile della Pigna doit son nom à une pomme de pin en bronze antique.

Les jardins du Vatican
(un tiers du territoire) se découvrent en visite guidée.

0   75 m

VIA DI PORTA ANGELICA

À NE PAS MANQUER

★ Saint-Pierre de Rome

★ Les musées du Vatican

★ La chapelle Sixtine

★ Les Chambres de Raphaël

Castel ...

Lungotevere Castello.
Tél 06 39 96 76 00.
☐ mar.-dim. 9 h-20 h (der. ent.
● 1er janv., 25 déc.
☐ & www.galleriaborghese.it

La forteresse massive du château Saint-Ange doit son nom à l'archange saint Michel qui, lors d'une procession au VIe siècle, apparut au pape Grégoire Ier le Grand pour annoncer la fin de la peste.

L'édifice était à l'origine le mausolée entrepris en 135 par l'empereur Hadrien pour y reposer. Transformé en forteresse et prison, il devint au Moyen Âge un refuge pour les papes en période de troubles.

La visite du musée permet de découvrir aussi bien ses sombres cachots que les appartements raffinés des souverains pontifes de la Renaissance, la cour d'Honneur, le Trésor ou la salle Pauline ornée de fresques en trompe-l'œil (1546-1548) par Pellegrino Tibaldi et Perin del Vaga.

Saint-Pierre de Rome ❷

Voir p. 418-419.

Les musées du Vatican ❸

Voir p. 420-427.

Le Castel Sant'Angelo vu depuis le ponte Sant'Angelo

Coupole
Michel-Ange mourut avant l'achèvement de sa coupole de 136,5 m de hauteur.

prov...
original bâti p... ...in en 324 à l'emplacement ... tombeau de saint Pierre, mais c'est le génie baroque du Bernin qui détermine la tonalité de la décoration intérieure. Il est en particulier l'auteur du baldaquin dominé par l'immense coupole dessinée par Michel-Ange et du monument de l'abside contenant un trône épiscopal attribué au premier des papes.

Un escalier de 537 marches conduit au sommet de la coupole.

Baldaquin
Commandé par Urbain VIII en 1624, l'étonnant baldaquin baroque du Bernin domine l'autel et le tombeau de saint Pierre.

L'église est longue de 186 mètres.

PLAN HISTORIQUE DE LA BASILIQUE SAINT-PIERRE

Saint Pierre fut inhumé en 64 dans une nécropole proche du cirque de Néron, lieu de son crucifiement. Sur son tombeau, Constantin édifia en 324 une église, qui menaçait ruine au XVᵉ siècle. Entrepris en 1506, le nouveau sanctuaire fut consacré en 1626, mais sa construction, par plusieurs architectes, s'étendit jusqu'à la fin du XVIIᵉ siècle.

Entrée de la sacristie et du trésor

L'autel papal se trouve au-dessus de la crypte où reposerait saint-Pierre.

LÉGENDE
- ☐ Cirque de Nero
- ☐ Constantin
- ☐ Renaissance
- ☐ Baroque

Monument d'Alexandre VII
Achevée en 1678, la dernière œuvre du Bernin montre le pape entouré de la Vérité, de la Justice, de la Charité et de la Prudence.

Hébergements et restaurants de la région, voir p. 587-593 et 636-643

...TEVERE

...t'Angelo ❶
...lan 2 D3.
...34, 280
...19 h).

4 1 7

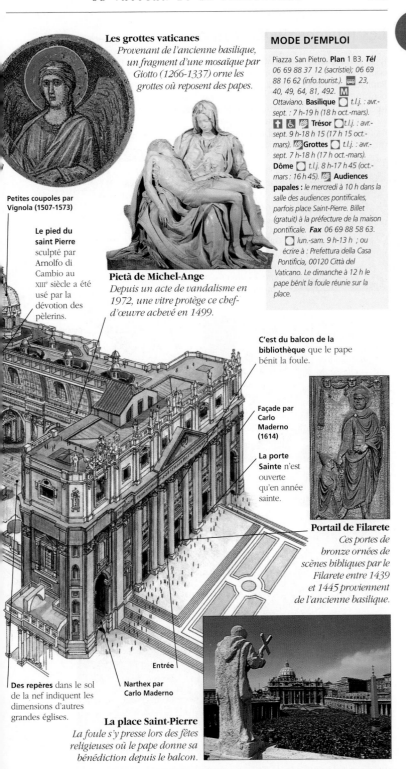

Les grottes vaticanes
Provenant de l'ancienne basilique, un fragment d'une mosaïque par Giotto (1266-1337) orne les grottes où reposent des papes.

Petites coupoles par Vignola (1507-1573)

Le pied du saint Pierre sculpté par Arnolfo di Cambio au XIIIᵉ siècle a été usé par la dévotion des pèlerins.

Pietà de Michel-Ange
Depuis un acte de vandalisme en 1972, une vitre protège ce chef-d'œuvre achevé en 1499.

C'est du balcon de la bibliothèque que le pape bénit la foule.

Façade par Carlo Maderno (1614)

La porte Sainte n'est ouverte qu'en année sainte.

Portail de Filarete
Ces portes de bronze ornées de scènes bibliques par le Filarete entre 1439 et 1445 proviennent de l'ancienne basilique.

Des repères dans le sol de la nef indiquent les dimensions d'autres grandes églises.

Entrée

Narthex par Carlo Maderno

La place Saint-Pierre
La foule s'y presse lors des fêtes religieuses où le pape donne sa bénédiction depuis le balcon.

Les musées du Vatican ❸

Riches d'un patrimoine artistique inestimable
comprenant la chapelle Sixtine et les Chambres de
Raphaël, les musées du Vatican occupent les palais
construits pour des papes de la Renaissance tels que
Jules II, Innocent VIII et Sixte IV. Ils furent agrandis
au XVIIIe siècle quand les souverains pontifes
rendirent accessibles au public les collections
qu'ils avaient accumulées pendant des siècles.

Musée étrusque

*La collection étrusque comprend cette
grande fibule en or découverte à
Cerveteri (p. 450), au nord de Rome,
dans une tombe du VIIe siècle av. J.-C.*

Galerie des Cartes

*Le Siège de Malte est l'un des
40 tableaux des territoires de l'Église
dont le cartographe Ignazio Danti
décora ses parois au XVIe siècle.*

Galerie des
Candélabres

Chambres de Raphaël

*Voici un détail
d'*Héliodore
chassé du
temple, *l'une des
nombreuses
fresques peintes
par Raphaël et
ses élèves dans les
appartements de
Jules II (p. 427).*

Galerie des
Tapisseries

Descente

Deuxième
étage

Chapelle Sixtine
(p. 414)

Sala dei Chiaroscuri

Loggia de
Raphaël

Appartements Borgia

*Il Pinturicchio et ses assistants
décorèrent ces pièces pour
Alexandre VI en 1492-1495.*

La collection d'Art religieux moderne

comprend des
œuvres d'artistes
tels que Bacon
ou Max Ernst.

SUIVEZ LE GUIDE !

*Accordez-vous du
temps, 20 à 30 mn à pied séparant
la chapelle Sixtine de l'entrée ! Un
strict fléchage à sens unique régit
la visite et mieux vaut se montrer
sélectif dans ses choix ou opter
pour l'un des quatre itinéraires
conseillés. Leur durée varie, selon
la couleur, de 90 mn à 5 heures.*

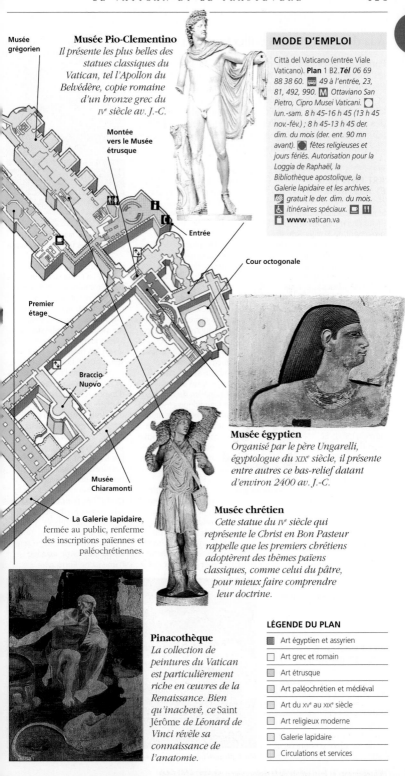

Musée Pio-Clementino
Il présente les plus belles des statues classiques du Vatican, tel l'Apollon du Belvédère, copie romaine d'un bronze grec du IVᵉ siècle av. J.-C.

Musée grégorien

Montée vers le Musée étrusque

Entrée

Cour octogonale

Premier étage

Braccio Nuovo

Musée Chiaramonti

La Galerie lapidaire, fermée au public, renferme des inscriptions païennes et paléochrétiennes.

Musée égyptien
Organisé par le père Ungarelli, égyptologue du XIXᵉ siècle, il présente entre autres ce bas-relief datant d'environ 2400 av. J.-C.

Musée chrétien
Cette statue du IVᵉ siècle qui représente le Christ en Bon Pasteur rappelle que les premiers chrétiens adoptèrent des thèmes païens classiques, comme celui du pâtre, pour mieux faire comprendre leur doctrine.

Pinacothèque
La collection de peintures du Vatican est particulièrement riche en œuvres de la Renaissance. Bien qu'inachevé, ce Saint Jérôme *de Léonard de Vinci révèle sa connaissance de l'anatomie.*

MODE D'EMPLOI

Città del Vaticano (entrée Viale Vaticano). **Plan** 1 B2. **Tél** 06 69 88 38 60. 🚌 49 à l'entrée, 23, 81, 492, 990. Ⓜ *Ottaviano San Pietro, Cipro Musei Vaticani.* 🕐 *lun.-sam. 8 h 45-16 h 45 (13 h 45 nov.-fév.) ; 8 h 45-13 h 45 der. dim. du mois (der. ent. 90 mn avant).* ⚫ *fêtes religieuses et jours fériés. Autorisation pour la Loggia de Raphaël, la Bibliothèque apostolique, la Galerie lapidaire et les archives.* 🎫 *gratuit le der. dim. du mois.* ♿ *itinéraires spéciaux.* 📷 🍴 📷 **www**.vatican.va

LÉGENDE DU PLAN

■	Art égyptien et assyrien
□	Art grec et romain
□	Art étrusque
□	Art paléochrétien et médiéval
□	Art du XVᵉ au XIXᵉ siècle
□	Art religieux moderne
□	Galerie lapidaire
□	Circulations et services

À la découverte des collections du Vatican

Parmi les trésors les plus précieux du Vatican figurent les antiquités gréco-romaines et de splendides objets découverts au XIXe siècle dans les tombes égyptiennes et étrusques. La pinacothèque présente près de 500 tableaux du XIe au XVIIIe siècle, notamment des œuvres des grands artistes de la Renaissance qui, tels Raphaël, travaillèrent à la décoration des anciens appartements des papes ou à celle de la chapelle Sixtine.

**Tête d'athlète, mosaïque (217)
provenant des thermes de Caracalla**

ART ÉGYPTIEN ET ASSYRIEN

Si la collection d'art égyptien inclut des répliques antiques provenant de la villa Adriana (p. 468) et de temples dédiés à Rome à des divinités comme Isis et Sérapis, elle se compose en majeure partie de statues rapportées d'Égypte à l'époque de l'Empire et des résultats de fouilles effectuées aux XIXe et XXe siècles.

Les œuvres et objets authentiquement égyptiens sont présentés à l'étage inférieur près du musée Pio-Clementino. Parmi les plus belles pièces figurent la tête de Mentouhotep IV (XXIe siècle av. J.-C.) ; le sarcophage de la reine Hetepheretes ; le tombeau d'Iri, gardien de la pyramide de Chéops (XXIe siècle av. J.-C.) ; et la statue de la reine Touya, mère de Ramsès II (XIIIe siècle av. J.-C.), découverte en 1714 sur le site des Horti Sallustiani près de la via Veneto.

Une salle du musée est consacrée à des reliefs assyriens qui ornaient les palais d'Assurbanipal et de Sennacherib.

ART ÉTRUSQUE, GREC ET ROMAIN

Le Musée étrusque présente une superbe collection d'objets façonnés par les cultures préromaines d'Étrurie et du Latium ou provenant des colonies grecques du sud de l'Italie. La place d'honneur, en salle 2, revient aux bijoux en or

découverts dans la tombe Regolini-Galassi (650 av. J.-C.) de la nécropole de Cerveteri (p. 466). Cette sépulture contenait également les vestiges d'un char funéraire et du mobilier.

Source d'inspiration des artistes de la Renaissance, les plus belles des œuvres gréco-romaines du Vatican forment le noyau de la collection du musée Pio-Clementino. Elles comprennent des répliques romaines (v. 320 av. J.-C.) de statues grecques telles que l'*Apoxyomène* (athlète s'essuyant le corps après une course) et l'*Apollon du Belvédère*. Le magnifique groupe de *Laocoon et ses fils*, sculpté à Rhodes au Ier siècle apr. J.-C., fut retrouvé en 1506 dans les ruines de la Domus Aurea de Néron.

Plus petit, le musée Chiaramonti est riche en bustes antiques et a conservé pour l'essentiel l'organisation que lui donna Canova au début du XIXe siècle. Dans son extension, le Braccio Nuovo, une statue d'Auguste du Ier siècle av. J.-C.

**Copie romaine du
Doryphore grec**

provenant de la villa de sa femme Livie fait face à une copie romaine en marbre du *Doryphore* (porteur de lance) du Grec Polyclète (Ve siècle av. J.-C.). Remarquez la similitude des postures. Installé dans une aile moderne, le Musée grégorien profane permet de suivre l'évolution de l'art romain depuis l'imitation de modèles grecs représentés par d'importants fragments du Parthénon jusqu'à l'émergence d'un style propre. On y admirera notamment deux reliefs, les *Rilievi della Cancelleria*, commandés en 81 par Domitien, et de beaux pavements en mosaïque qui ornaient, pour deux d'entre eux, les thermes de Caracalla (p. 437) et, pour celui de la salle ronde, les thermes d'Otricoli en Ombrie.

Dans la Bibliothèque, une fresque du Ier siècle représente les préparatifs de mariage d'une jeune Romaine.

Mosaïque provenant des thermes d'Otricoli (Ombrie), salle ronde

ART PALÉOCHRÉTIEN ET MÉDIÉVAL

Abritant la majeure partie de la collection d'art paléochrétien du Vatican, le Musée chrétien présente des sarcophages, des mosaïques, des épigraphes et des sculptures provenant des catacombes et des basiliques fondées par les premiers disciples du Christ. Une statue, comme le *Bon Pasteur* témoigne de leurs efforts pour adapter des thèmes classiques à leur doctrine religieuse.

Peint près d'un millénaire plus tard et exposé à la pinacothèque, dont les deux premières salles sont consacrées au gothique, le *Polyptyque Stefaneschi* (v. 1300) de Giotto ornait le maître-autel de l'ancienne basilique Saint-Pierre. Il révèle l'évolution des rapports entretenus par l'Église avec l'héritage antique à la fin du XIIIᵉ siècle.

La Bibliothèque possède de nombreux trésors médiévaux, entre autres des reliquaires, des manuscrits, des émaux et des icônes.

Mise au tombeau (v. 1471-1474) de Giovanni Bellini à la pinacothèque

Détail du *Polyptyque Stefaneschi* (v. 1300) de Giotto

ART DU XVᵉ AU XIXᵉ SIÈCLE

Les souverains pontifes de la Renaissance se comportaient en mécènes éclairés et les galeries entourant la cour du Belvédère furent décorées par de grands artistes entre le XVIᵉ et le XIXᵉ siècle et abritent toutes des œuvres de qualité : la galerie des Tapisseries, des tapisseries de Bruxelles exécutées d'après les cartons d'élèves de Raphaël ; les appartements de Pie V, de splendides tapisseries flamandes du XVᵉ siècle ; la galerie des Cartes, des fresques du XVIᵉ siècle.

Près des Chambres de Raphaël *(p. 427)* se trouvent la salle dite des Clairs-obscurs et la petite chapelle de Nicolas V décorée par Fra Angelico entre 1447 et 1451. Ornés de fresques vers 1490 par il Pinturicchio et ses élèves, les appartements Borgia méritent également une visite. Il faut une autorisation spéciale pour découvrir les superbes peintures de la Loggia de Raphaël.

La pinacothèque présente de nombreux tableaux de la

Adoration *des Mages* (1490) du Pinturicchio, appartements Borgia

Renaissance, notamment, pour le XVᵉ siècle, une belle *Mise au tombeau* par Giovanni Bellini, qui faisait partie de son polyptyque du *Couronnement de la Vierge* de Pèsaro *(p. 368)*, et le *Saint Jérôme* inachevé de Léonard de Vinci retrouvé par hasard en deux parties. L'une servait de couvercle de coffre chez un brocanteur, l'autre de siège de tabouret à un cordonnier. Parmi les chefs-d'œuvre du XVIᵉ siècle figurent une *Descente de Croix* du Caravage, la *Vierge des Frari* de Titien et, dans une salle consacrée à Raphaël, les tapisseries dont il dessina les cartons ainsi que sa *Madone de Foligno* et sa *Transfiguration*. Peinte par Véronèse, *Sainte Hélène* porte une somptueuse tenue d'aristocrate.

La chapelle Sixtine : la voûte

Pour peindre ces fresques commandées par Jules II, Michel-Ange travailla seul, perché sur un échafaudage spécial, de 1508 à 1512. Les panneaux principaux illustrent la Genèse. Parmi les sujets qui les entourent, seules les cinq sibylles qui, selon la légende, prophétisèrent la naissance du Christ, ne sont pas inspirées de l'Ancien Testament. Une restauration entreprise dans les années 1980 a révélé les éclatantes couleurs originales.

La Sibylle libyenne
Comme pour de nombreuses femmes que peignit Michel-Ange, ce fut probablement un homme qui servit de modèle.

Architecture en trompe-l'œil

La Création des astres
Michel-Ange donne un grand dynamisme mais un aspect terrifiant au Créateur qui commande au soleil d'éclairer la Terre.

LÉGENDE

LA GENÈSE : 1 Dieu séparant la lumière des ténèbres ; **2** Création des astres ; **3** Dieu séparant la terre de l'eau ; **4** Création d'Adam ; **5** Création d'Ève ; **6** Le Péché originel ; **7** Le Sacrifice de Noé ; **8** Le Déluge ; **9** L'Ivresse de Noé.

LES ANCÊTRES DU CHRIST : 10 Salomon et sa mère ; **11** Les Parents de Jessé ; **12** Jéroboam et sa mère ; **13** Asa et ses parents ; **14** Josué et ses parents ; **15** Ézéchias et ses parents ; **16** Jézabel et ses parents ; **17** Josias et ses parents.

LES PROPHÈTES : 18 Jonas ; **19** Jérémie ; **20** Daniel ; **21** Ézéchiel ; **22** Isaïe ; **23** Joël ; **24** Zacharie.

LES SIBYLLES : 25 Sibylle libyenne ; **26** S. de Perse ; **27** S. de Cumes ; **28** S. érythréenne ; **29** S. de Delphes.

SCÈNES DE L'ANCIEN TESTAMENT : 30 Le Supplice d'Aman ; **31** Le Serpent d'airain ; **32** David et Goliath ; **33** Judith et Holopherne.

Hébergements et restaurants de la région, voir p. 587-593 et 636-643

Le Péché originel
Dans cette scène où Adam et Ève goûtent au fruit de l'arbre de la connaissance, Michel-Ange a donné au serpent un corps de femme.

les Ignudi, athlètes adolescents, symbolisent la force de l'Homme.

Dans les lunettes figurent des ancêtres du Christ tels qu'Ézéchias.

LA RESTAURATION DE LA VOÛTE

De l'informatique à la spectrographie, les derniers restaurateurs à intervenir dans la chapelle Sixtine ont tiré parti des techniques les plus modernes pour étudier les fresques avant d'entreprendre leur nettoyage. Ils ont découvert que certains de leurs prédécesseurs avaient utilisé des produits aussi curieux que le pain ou le vin résiné pour tenter le même travail. Éclatantes,

Nettoyage de la Sibylle libyenne

les couleurs qu'a révélées cette dernière restauration offraient tant de différences avec les teintes grisées connues jusqu'à présent qu'un critique affirma qu'une couche de vernis passée par l'artiste pour les assombrir avait été ôtée. Après examen, la majorité des experts estime néanmoins que ces couleurs lumineuses sont bien celles peintes par Michel-Ange.

La chapelle Sixtine : les murs

Certains des plus grands artistes des XVe et XVIe siècles, tels le Pérugin, Botticelli, Ghirlandaio et Signorelli, peignirent à fresque les parois latérales de la principale chapelle du Vatican entreprise par Sixte IV en 1473. Au registre inférieur, douze panneaux établissent un parallèle entre les vies de Moïse et du Christ. Au mur du maître-autel, Michel-Ange a exprimé avec génie dans *Le Jugement dernier* (1534-1541) toute son angoisse face à la foi et au péché.

LÉGENDE DES FRESQUES

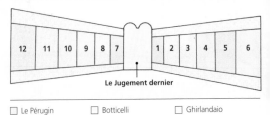

Le Jugement dernier

☐ Le Pérugin   ☐ Botticelli   ☐ Ghirlandaio
☐ Rosselli   ☐ Signorelli   ☐ Michel-Ange

1 Le Baptême du Christ
2 Les Tentations du Christ
3 La Vocation des apôtres Pierre et André
4 Le Sermon sur la montagne
5 Le Christ remettant les clés à saint Pierre
6 La Cène
7 Le Voyage de Moïse vers l'Égypte
8 La Vocation de Moïse
9 Le Passage de la mer Rouge
10 L'Adoration du Veau d'Or
11 La Punition de Core, Dathan et Abiron
12 Les Derniers Jours de Moïse

LE JUGEMENT DERNIER DE MICHEL-ANGE

Redevenue visible en 1993 après un an de restauration, cette peinture murale de vingt mètres de haut sur dix de large, chef-d'œuvre de Michel-Ange commandé par le pape Paul III, nécessita la destruction de fresques antérieures, masquées par un enduit pour éviter le dépôt de poussière, et la condamnation de deux fenêtres au-dessus de l'autel.

Selon la tradition, ce thème – les âmes des morts s'élevant jusqu'à Dieu pour affronter son jugement – figure à l'entrée des églises et non à l'autel, mais Paul III voulait rappeler aux catholiques les dangers qu'ils couraient à renoncer à leur foi pour se tourner vers la religion réformée. Il offrait en outre ainsi à Michel-Ange un support idéal pour exprimer ses tourments face au péché.

Centre de la composition et du mouvement tourbillonnant qui l'anime, son Christ manifeste d'ailleurs bien peu de compassion pour les saints qui l'entourent en portant l'instrument de leur martyre, notamment saint Barthélemy, mort écorché vif et dont la peau qu'il tient porte le visage de Michel-Ange. Si le ciel s'ouvre aux Élus arrachés à leur tombe, les Damnés, malgré leurs suppliques, n'ont pas de pitié à espérer. Précipités dans la barque de Charon, ils devront affronter Minos, juge des Enfers. Ces deux figures mythologiques sont inspirées de *La Divine Comédie* de Dante. Michel-Ange donna à Minos, doté d'oreilles d'âne, les traits de Biagio da Cesena, maître de cérémonie de la cour pontificale qu'il détestait. Celui-ci s'offusqua de la nudité des personnages de la fresque. Plusieurs se verront recouvrir de voiles.

Les Damnés affrontent la colère du Christ dans *Le Jugement dernier* de Michel-Ange

Les Chambres de Raphaël

Le pape Jules II fit aménager ses appartements au-dessus de ceux de son prédécesseur haï, Alexandre VI Borgia, mort en 1503. Impressionné par le travail d'un jeune peintre alors peu connu, il lui commanda la décoration des quatre chambres *(stanze)*. Raphaël et son atelier commencèrent en 1508, recouvrant les œuvres d'artistes plus célèbres, notamment du maître de Raphaël : le Pérugin. L'exécution du projet demanda toutefois plus de 16 ans et son concepteur mourut avant son achèvement.

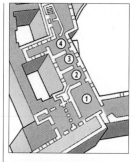

Détail de *La Messe de Bolsena* **(1512)**

SALLE DE CONSTANTIN

Jules Romain, Giovanni Francesco Penni et Rafaellino del Colle, élèves de Raphaël, exécutèrent la majeure partie de ces fresques achevées en 1525, cinq ans après la mort de leur maître. Elles ont pour thème le triomphe du christianisme sur le paganisme et les quatre principales peintures illustrent des épisodes de la vie de Constantin, premier empereur romain converti, tels que la *Vision de la Croix* et la *Bataille du pont Milvius* réalisée d'après des dessins préparatoires de Raphaël.

CHAMBRE D'HÉLIODORE

Raphaël la décora entre 1512 et 1514 de scènes évoquant l'actualité de son époque. À droite de l'entrée, *Héliodore chassé du temple* fait référence aux victoires de Jules II face à des armées étrangères, tandis que, sur le mur de gauche, la *Messe de* *Bolsena* décrit un miracle survenu en 1263 *(p. 348)* et prouvant l'existence de la transsubstantiation mise en doute par les protestants. Au-dessus de la fenêtre, *La Délivrance de saint Pierre*, superbe composition en trois parties, s'inspire d'un épisode de la vie de Léon X qui, capturé par les Français à Ravenne en 1512, réussit à s'enfuir.

CHAMBRE DE LA SIGNATURE

Peintes entre 1508 et 1511, ses fresques forment l'ensemble le plus harmonieux de la série. Imposés par Jules II, leurs sujets illustrent l'aspiration humaniste à atteindre la vérité par l'union de la culture classique et du christianisme. L'œuvre la plus célèbre, *L'École d'Athènes*, montre les philosophes grecs Platon et Aristote entourés d'une foule où figurent maints contemporains de Raphaël, en particulier Léonard de Vinci, Bramante et Michel-Ange. En face, sur *La Dispute du Saint-Sacrement*, Dante apparaît portant une couronne de laurier.

CHAMBRE DE L'INCENDIE DU BORGO

Cette salle à manger devint un salon de musique à l'achèvement de sa décoration sous Léon X, pape dont les fresques font l'éloge au travers de ses prédécesseurs du IXᵉ siècle : Léon III et Léon IV. Dessinées par Raphaël, elles furent achevées par ses élèves de 1514 à 1517. Celle qui a donné son nom à la pièce, *L'Incendie du Borgo*, relate le miracle survenu en 847 quand Léon IV éteignit d'un signe de croix le sinistre ravageant le quartier *(borgo)* entourant la basilique Saint-Pierre. En représentant un vieillard mis à l'abri par un jeune homme, Raphaël trace un parallèle entre cet événement et l'incendie de Troie qu'Énée dut fuir en portant son père Anchise.

L'École d'Athènes (1511) réunit philosophes grecs et maîtres de la Renaissance

Villa Farnesina ❹

Via della Lungara 230. **Plan** 2 E5.
Tél 06 68 02 72 68. 🚌 23, 280.
⬜ lun.-sam. 9 h-13 h. 📷 📵

Le richissime banquier
siennois Agostino Chigi
commanda en 1508 à son
compatriote Baldassare
Peruzzi la construction
d'une villa « de campagne » sur
la rive droite du Tibre.
L'architecte créa un bâtiment
aux lignes simples prolongé
de deux courtes ailes :
l'une des premières véritables
villas Renaissance. Elle offrit
un cadre raffiné aux fêtes
somptueuses organisées
par Chigi et auxquelles
assistaient artistes, diplomates,
princes, cardinaux et même
le pape. Le banquier venait
aussi y séjourner avec sa
maîtresse, la courtisane
Imperia qui aurait servi de
modèle à l'une des trois
Grâces de la *Légende de
Psyché* peinte par Raphaël et
ses élèves au plafond de la
loggia. Le peintre exécuta
également la fresque
représentant *Galatée entourée
de génies marins* dans le salon
voisin où les constellations de
la voûte représentent le ciel
de naissance de Chigi. Des
scènes mythologiques les
illustrent, œuvres de Peruzzi à
l'instar de la décoration de la
sala della Prospettiva où des
colonnades en trompe-l'œil
ouvrent sur des vues de Rome
au XVIᵉ siècle.

Achetée par la famille
Farnèse en 1577, la villa abrite
aujourd'hui le Cabinet
national des Estampes.

Les Trois Grâces de Raphaël à la
villa Farnesina

**Chambre de la reine Christine de
Suède au palazzo Corsini**

Palazzo Corsini et Galleria Nazionale d'Arte Antica ❺

Via della Lungara 10. **Plan** 2 D5.
Tél 06 68 80 23 23. 🚌 23, 280.
⬜ mar.-dim. 8 h 30-13 h 30
(dern. ent. 30 mn av. la ferm.).
⬤ 1ᵉʳ mai, 15 août, 25 déc.,
1ᵉʳ janv. 📷 📷 ♿ 📵 🏠
www.galleriaborghese.it

Édifié entre 1510 et 1512
pour le cardinal Domenico
Riario, ce palais eut de
nombreux occupants célèbres
dont Bramante, le jeune
Michel-Ange, Érasme
et la mère de Napoléon. La
reine Christine de Suède
l'habita 30 ans et y mourut
en 1689. En 1736, Ferdinando
Fuga le reconstruisit pour le
cardinal Neri Corsini et il lui
donna une façade conçue
pour être regardée de côté
car l'étroite via della Lungara
n'autorisait pas assez de recul
pour bien la voir de face.

En cédant le palais à l'État
en 1893, la famille Corsini fit
aussi don de sa collection de
peintures exposée à la galerie
nationale d'Art ancien.
Elle comprend notamment
des œuvres de Van Dyck,
Rubens et Murillo. Parmi les
tableaux les plus intéressants
figurent un *Saint Jean
Baptiste* (v. 1604) du
Caravage et une *Salomé*
(1638) par Guido Reni. Le
plus curieux, par J. Van
Egmont, est un portrait où
la reine Christine fait une
Diane bien en chair.

Le jardin botanique ❻

Largo Cristina di Svezia 24. **plan** 2
D5. **Tél** 06 49 91 71 06. 🚌 23,
280. ⬜ lun.-sam. 9 h 30-18 h 30
(17 h 30 oct.-mars). ⬤ jours fériés.
📷 📷

Séquoias, palmiers, superbes
broméliacées, somptueuses
orchidées ou ginkgo vieux de
150 millions d'années, l'*Orto
botanico* de Rome présente
sur douze hectares plus de
7 000 espèces végétales du
monde entier, exotiques ou
indigènes, regroupées de
manière à montrer leurs
similitudes et leur capacité
d'adaptation à des climats et
écosystèmes différents.

**Palmiers du Jardin botanique dans
le Trastevere**

Santa Maria in Trastevere ❼

Piazza Santa Maria in Trastevere.
plan 5 C1. **Tél** 06 581 48 02.
🚌 H, 23, 280. ⬜ t.l.j. 7 h-12 h 30,
13 h 30-20 h. ♿ 🏠

Selon la tradition, c'est au
cœur d'un quartier populaire
proche du port où s'étaient
installés des marins et
marchands étrangers
pratiquant de multiples
religions que saint Callixte
fonda au IIIᵉ siècle le premier
sanctuaire officiel d'un culte
alors très minoritaire : le
christianisme. Entreprise par
Innocent II, l'église actuelle
date du XIIᵉ siècle et
22 colonnes en granit
provenant d'édifices antiques
séparent ses trois nefs. Malgré
quelques ajouts baroques,
elle a gardé ses mosaïques
romaines originales. Celle de la

Triomphe de la Vierge, **mosaïque de l'abside de Santa Maria in Trastevere**

façade représente une Vierge à l'Enfant entourée de dix saintes dont les lampes symbolisent la virginité, tandis qu'à l'abside, sous un *Triomphe de la Vierge* (1140) stylisé, Pietro Cavallini a exécuté au XIIIᵉ siècle six magnifiques panneaux inspirés de la *Vie de la Vierge*.

La plus ancienne représentation de la mère du Christ se trouve toutefois dans la cappella Altemps. La *Madone de Clémence*, une icône du VIIᵉ siècle, la figure en impératrice byzantine entourée d'une garde d'anges.

Santa Cecilia in Trastevere ❽

Piazza di Santa Cecilia.
Plan 6 D1. **Tél** 06 589 92 89. ▦ H, 23, 44, 280. ⬚ t.l.j. 9 h 30-12 h 30, 16 h-19 h. **Fresque de Cavallini** ⬚ t.l.j. 10 h 15 (11 h 15 sam.)-12 h 15. .

Seule la tradition possède des certitudes sur sainte Cécile, la patronne des musiciens : elle connut ici le martyre en 230, décapitée après avoir survécu miraculeusement au supplice de l'étouffement.

Un premier sanctuaire fut fondé au IVᵉ siècle à l'emplacement de sa maison, et on peut visiter celle-ci, ainsi que les vestiges d'une tannerie antique, sous l'église actuelle. Pascal Iᵉʳ reconstruisit entièrement ce lieu de culte au IXᵉ siècle après que le corps de la sainte eut été retrouvé dans les catacombes de San Callisto *(p. 442)*, et la

belle mosaïque de l'abside date de cette époque.

Sous l'autel, la statue par Stefano Maderno représente Cécile telle que l'artiste la vit, remarquablement préservée, lorsqu'on ouvrit son sarcophage en 1599.

Il faut passer par le couvent contigu pour admirer le baldaquin par Arnolfo di Cambio et la splendide fresque du *Jugement dernier* de Pietro Cavallini. Tous deux datent du XIIIᵉ siècle, l'une des rares périodes où Rome eut un style qui lui soit propre.

San Francesco a Ripa ❾

Piazza San Francesco d'Assisi 88. **Plan** 5 C2. **Tél** 06 581 90 20. ▦ H, 23, 44, 75, 280. ⬚ lun.-sam. 7 h-13 h, 16-19 h 30 ; dim. 7 h-12 h, 16 h-19 h. ♿

Lors de son séjour à Rome en 1219, saint François d'Assise dormit ici dans une cellule (préservée) de l'hospice San Biagio où il laissa un crucifix et son oreiller en pierre. Un de ses disciples, Rodolfo Anguillara, bâtit l'église, que le

cardinal Pallavicini fit reconstruire à la fin du XVIIᵉ siècle. Elle renferme de nombreuses sculptures. L'une d'elle justifie à elle seule la visite du sanctuaire : l'étonnante représentation par le Bernin de *La Bienheureuse Ludovica Albertoni* (1674), dans la chapelle Altieri (quatrième à gauche).

San Pietro in Montorio et le Tempietto ❿

Piazza San Pietro in Montorio 2. **plan** 5 B1. **Tél** 06 581 39 40. ▦ 44, 75, 100. ⬚ t.l.j. 8 h 30-12 h, 14 h-18 h. **Tempietto** ⬚ mar.-dim. 9 h 30-12 h 30, 14 h-16 h (16 h-18 h en été).

Le Tempietto de Bramante à San Pietro in Montorio

Chef-d'œuvre de la Renaissance avec ses colonnes doriques et sa balustrade délicate, le « petit Temple » achevé par Bramante en 1504 a la forme circulaire d'un *martyrium*, chapelle paléochrétienne élevée à l'emplacement du martyre d'un saint, car il se dresse dans la cour de l'église San Pietro in Montorio fondée au Moyen Âge à l'endroit où l'on croyait, à tort, que s'étendait le cirque de Néron, lieu du supplice de saint Pierre.

La Bienheureuse Ludovica Albertoni **du Bernin à San Francesco a Ripa**

L'AVENTIN ET LE LATRAN

Outre les alentours de la piazza San Giovanni in Laterano, voici une des parties les plus aérées de la ville. Dominant le Colisée, la colline du Cælius aujourd'hui jalonnée d'églises était un lieu de résidence recherché de la Rome impériale alors que fonctionnaient encore les thermes de Caracalla. Derrière leurs ruines s'élève une autre col-

Fragment de mosaïque, thermes de Caracalla

line, l'Aventin, qui offre un cadre verdoyant à la superbe basilique Santa Sabina et commande une vue superbe sur le Trastevere et Saint-Pierre. Ce sont désormais des voitures et des scooters qui tournent à l'emplacement de la piste du cirque Maxime. Au sud, un quartier populaire s'est développé autour du monte Testaccio, amas de débris antiques haut de 36 m.

LE QUARTIER D'UN COUP D'ŒIL

Églises
San Clemente **6**
San Giovanni in Laterano **7**
Santa Maria in Cosmedin **2**
Santa Maria in Domnica **3**
Santi Quattro Coronati **5**
Santa Sabina **11**
Santo Stefano Rotondo **4**

Sites et monuments antiques
Thermes de Caracalla **8**
Temples du forum Boarium **1**

Cimetières et tombeaux
Cimetière protestant **10**
Pyramide de Caius Cestius **9**

LÉGENDE

- La piazza della Bocca della Verità pas à pas p. 432-433
- **FS** Gare
- **M** Station de métro
- — Information touristique

COMMENT Y ALLER

Les stations de métro Colosseo et Circo Massimo desservent le Cælius. Depuis celle de Piramide, le bus 95 rejoint la piazza della Bocca della Verità. Le tram 3 et les bus 81, 160 et 715 permettent de visiter l'Aventin.

◁ Au sommet de l'Aventin, les pins et les orangers du parco Savelli encadrent la coupole de Saint-Pierre

La piazza della Bocca della Verità pas à pas

Ce quartier ancien s'étend de la berge du Tibre, où roule une intense circulation, jusqu'à la pointe sud du Capitole, lieu d'exécution capitale pendant l'Antiquité et le Moyen Âge. Nombreux sont les visiteurs qui viennent enfoncer leur main dans la « Bouche de la vérité », supposée se refermer sur celle des menteurs, sous le portique de Santa Maria in Cosmedin, ancienne église de la communauté byzantine qui fonda également San Giorgio in Velabro. En face, sur la place, se dressent deux temples républicains. Avec l'arc de Janus et les vestiges du pont Æmilius, ils évoquent l'époque où le port aménagé non loin sur le fleuve approvisionnait Rome.

La Casa dei Crescenzi, bâtie au XIIe siècle par la famille des Crescenzi pour contrôler l'accès au fleuve, incorpore des éléments antiques.

Sant'Omobono s'élève sur un site où l'on a découvert des vestiges datant du VIe siècle av. J.-C.

★ Les temples du forum Boarium
Ces deux édifices sont les temples républicains les mieux conservés de Rome ❶

Le Ponte Rotto (pont rompu) est tout ce qui reste, une arche, du pont Æmilius édifié en 179 av. J.-C. et emporté par une crue en 1598.

VIA DI SAN GIOVANNI DECOLLATO

LUNGOTEVERE DEI PIERLEONI

TEVERE

PONTE PALATINO

PIAZZA DELLA BOCCA DELLA VERITÀ

La Fontana dei Tritoni, créée par Carlo Bizzaccheri en 1715, témoigne de l'influence exercée par le Bernin.

★ Santa Maria in Cosmedin
Elle abrite sous son portique la Bocca della Verità, plaque d'égout antique ❷

VIA DELLA C...

San Giovanni Decollato appartenait à une confrérie qui encourageait les condamnés à mort à se repentir.

LÉGENDE

– – – Itinéraire conseillé

0   75 m

Santa Maria della Consolazione doit son nom à une image de la Vierge placée en 1385 sur le chemin des condamnés à mort

LE CENTRE ANTIQUE

NORD-EST DE ROME

L'AVENTIN ET LE LATRAN

CARTE DE SITUATION
Voir l'atlas des rues de Rome, plan 6

San Teodoro, église en rotonde au bord du Palatin, présente à l'abside des mosaïques du VIe siècle.

San Giorgio in Velabro, basilique du VIIe siècle, fut restaurée après une explosion en 1994.

Arco degli Argentari

L'arc de Janus bâti au IVe siècle au-dessus d'un carrefour offrait son ombre aux tractations entre acheteurs et vendeurs du marché du forum Boarium.

À NE PAS MANQUER

★ Santa Maria in Cosmedin

★ Les temples du forum Boarium

Les temples du forum Boarium ❶

Piazza della Bocca della Verità.
Plan 6 E1. 🚌 23, 44, 81, 95, 160, 170, 280, 628, 715, 716.

Situés au bord du Tibre sous des pins parasols, ces deux temples de l'ère républicaine miraculeusement bien conservés offrent un spectacle magique au clair de lune. Pendant la journée, ils paraissent moins romantiques, isolés au milieu de la circulation automobile.

Construit sur un podium et précédé d'un portique soutenu par quatre colonnes doriques, le sanctuaire rectangulaire (IIe-Ier siècle av. J.-C.) évita la destruction en devenant au haut Moyen Âge l'église Santa Maria Egiziaca consacrée à une prostituée du Ve siècle devenue ermite. Un temps appelé temple de Fortuna Virilis, il était dédié à Portunus, dieu protecteur des fleuves et des ports, et donc des bateliers naviguant entre Ostie et le port antique voisin.

Le temple rond, le plus ancien en marbre de Rome, est une reconstruction du temps d'Auguste d'un sanctuaire du IIe siècle av. J.-C. Vingt colonnes corinthiennes cannelées entourent une cella en marbre recouverte de travertin. Malgré sa similitude avec le temple de Vesta du Forum *(p. 380)*, il était dédié à Hercule Vainqueur.

La façade du temple de Portunus datant de la Rome républicaine

Mosaïque de l'abside représentant une Vierge à l'Enfant (IXᵉ siècle), Santa Maria in Domnica

Santa Maria in Cosmedin ❷

Piazza della Bocca della Verità. **Plan** 6 E1. **Tél** 06 678 14 19. 🚌 23, 44, 81, 95, 160, 170, 280, 628, 715, 716. ⬜ t.l.j. 9 h-18 h (jusqu'à 17 h en hiver). 🔲 ♿ 🔲

Fondée au VIᵉ siècle sur les ruines du marché antique, agrandie sous Adrien Iᵉʳ (772-795) puis au XIIᵉ siècle (construction du portique et du campanile), cette belle église a retrouvé après une restauration du XIXᵉ siècle sa simplicité initiale. Les Cosmas réalisèrent au Moyen Âge les superbes pavement et mobilier de marbre. La crypte d'Adrien, remarquable avec ses trois petites nefs séparées par des colonnettes, occupe l'emplacement d'un ancien temple païen.

Scellé dans le mur du portique, la Bocca della Verità,

Pavement des Cosmas dans la nef de Santa Maria in Cosmedin

disque de marbre vieux de plus de quinze siècles, était sans doute une plaque d'égout. Selon la légende, cette « Bouche de la vérité » se referme sur la main des menteurs.

Santa Maria in Domnica ❸

Piazza della Navicella 12. **plan** 7 A2. **Tél** 06 700 15 19. 🚌 81, 117, 673. Ⓜ Colosseo. ⬜ Colosseo. ⬜ t.l.j. : 9 h-12 h. ♿

Un élégant portique élevé en 1513 par Andrea Sansovino, fruit d'une restauration commandée par Léon X, précède cette église probablement fondée au VIIᵉ siècle et reconstruite au IXᵉ par Pascal Iᵉʳ, pape qui apparaît agenouillé au pied de la Vierge sur la superbe mosaïque de l'abside où se marient influences byzantines et hellénistiques. Le nimbe carré qui l'auréole indique qu'il fut représenté de son vivant.

Santo Stefano Rotondo ❹

Via di Santo Stefano Rotondo 7. **Plan** 7 B2. **Tél** 06 42 11 99. 🚌 81, 117, 673. ⬤ en restauration. 🚫

Le pape Simplicius (468-483) édifia cette église, l'une des plus anciennes d'Italie, sur le modèle du Saint-Sépulcre de Jérusalem. Elle comportait à l'origine trois nefs

concentriques éclairées par les 22 fenêtres, mais en 1450, Nicolas V, sur les conseils de Leon Battista Alberti, fit supprimer l'anneau extérieur et murer sa colonnade.

Au XVᵉ siècle, Niccolò Pomarancio et Antonio Tempesta recouvrirent les murs de fresques décrivant de terrifiantes scènes de martyres.

Cloître du Santi Quattro Coronati

Santi Quattro Coronati ❺

Via dei Santi Quattro Coronati 20. **Plan** 7 B1. **Tél** 06 47 54 27. 🚌 85, 117, 850. 🔲 3. ⬜ t.l.j. 6 h 30-12 h 30, 15 h 30-19 h 45. **Cloître et Chapelle St-Sylvestre** ap.-m.seul. ♿

Ce couvent fortifié érigé au IVᵉ siècle en mémoire de quatre martyrs qui avaient refusé de rendre honneur à une statue d'Esculape dut être reconstruit après un incendie allumé en 1084 par les Normands de Robert Guiscard.

Il recèle un superbe cloître roman et, dans la chapelle Saint-Sylvestre, de belles fresques du XIIᵉ siècle relatant la légende de la conversion de Constantin par le pape Sylvestre.

San Clemente ⑥

Sur trois niveaux, dont deux souterrains, San Clemente présente un fascinant raccourci de l'histoire de Rome. L'église actuelle, construite au XIIe siècle et restaurée au XVIIIe, se dresse au-dessus d'une basilique détruite par les Normands en 1084 qui occupait depuis le IVe siècle le premier étage du « titulus Clementis », sanctuaire privé où aurait résidé saint Clément, troisième successeur de saint Pierre. Une maison contiguë abritait un temple au dieu iranien Mithra.

Cappella di Santa Caterina
Restaurées, ces fresques peintes au XVe siècle par l'artiste florentin Masolino da Panicale illustrent la vie de sainte Catherine d'Alexandrie.

Mosaïque de l'abside
Chef-d'œuvre d'art roman, le Triomphe de la Croix date du XIIe siècle.

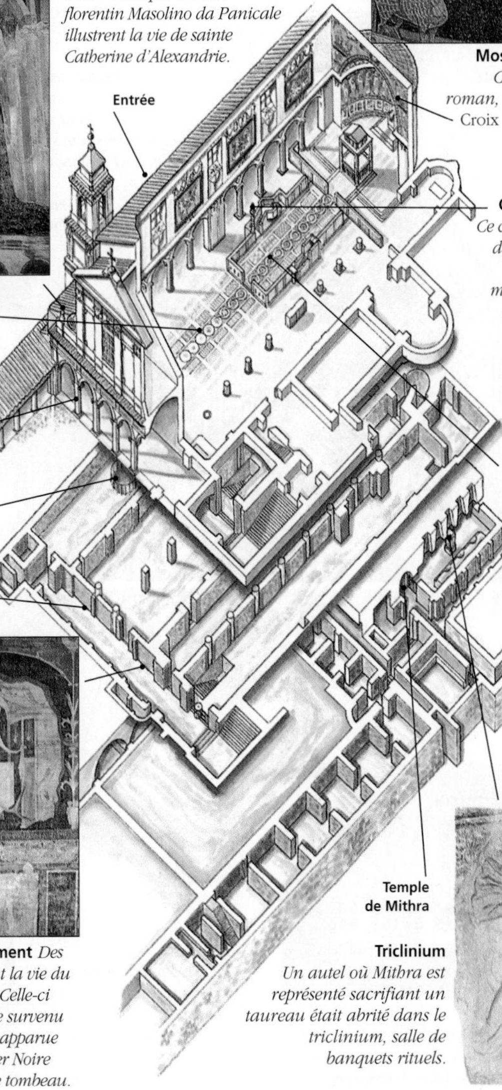

Entrée

Candélabre pascal
Ce candélabre torsadé du XIIe siècle orné de mosaïques est un magnifique exemple d'art cosmatesque.

Basilique du XIIe siècle

Façade du XVIIIe siècle

Piscine

Schola Cantorum

Basilique du IVe siècle

Temple de Mithra

Vie de saint Clément *Des fresques évoquent la vie du quatrième pape. Celle-ci relate un miracle survenu dans la chapelle apparue au fond de la mer Noire pour lui servir de tombeau.*

Triclinium
Un autel où Mithra est représenté sacrifiant un taureau était abrité dans le triclinium, salle de banquets rituels.

San Giovanni in Laterano ❼

MODE D'EMPLOI

Piazza di San Giovanni in
Laterano. **Plan** 8 D2. *Tél* 06 69
88 64 52 (église); 06 69 88 64 33.
🚌 16, 81, 85, 87, 650.
🚃 3. Ⓜ *San Giovanni.*
Cathédrale ☐ *t.l.j. 7 h-18 h 30.*
Cloîtres ☐ *t.l.j. 9 h-18 h.* **Musée**
☐ *lun.-sam. 9 h-13 h.* 🧽 🕇 ♿
Baptistère ☐ *t.l.j. 8 h-12 h 30,
16 h-19 h.*

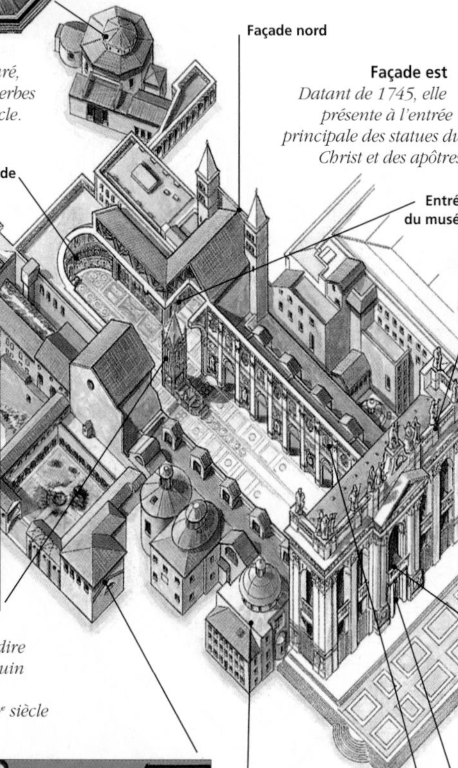

Fondée au début du IVe siècle par Constantin, Saint-Jean-de-
Latran, cathédrale de Rome, a connu plusieurs
reconstructions, notamment en 1646 quand Borromini
remania l'intérieur, mais a conservé son plan basilical.
Avant le départ de la papauté pour
Avignon en 1309, les souverains
pontifes avaient pour résidence
officielle le palais de Latran
attenant. L'édifice actuel date
de 1589 mais a gardé des
parties plus anciennes comme
la Scala Santa, escalier qu'aurait
gravi le Christ pour son jugement.

Baptistère
*Bien que très restauré,
il a conservé de superbes
mosaïques du Ve siècle.*

Façade nord

Façade est
*Datant de 1745, elle
présente à l'entrée
principale des statues du
Christ et des apôtres.*

Abside

**Entrée
du musée**

**Palais
de Latran**

Autel papal
*Seul le pape peut y dire
la messe. Le baldaquin
gothique décoré de
fresques date du XIVe siècle*

Le jeudi saint,
le pape, évêque
de Rome, donne sa
bénédiction depuis la
loggia de la cathédrale.

La chapelle Corsini
(1732) abrite le
tombeau du pape
Clément VII Corsini
dont l'urne funéraire
provient du Panthéon

**Entrée
principale**

Cloître
*Jacopo et Pietro Vassalletto réalisèrent de
1215 à 1232 ce splendide cloître cosmatesque
à colonnettes torsadées et frise de mosaïque.*

Fresque de Boniface VIII
*Attribuée à Giotto, elle montre
le pape proclamant l'année
sainte de 1300 qui attira
environ deux millions
de pèlerins.*

Dans l'un des gymnases des thermes de Caracalla

Les thermes de Caracalla ❽

Viale delle Terme di Caracalla 52. **Plan** 7 A3. **Tél** *06 39 96 77 00.* 🚌 *160, 628.* 🚃 *3.* ⏰ *mar.-dim. 9 h av. la nuit ; lun. 9 h-14 h.* ⏰ *1ᵉʳ janv., 25 déc.* ♿ 📷 📱

Au pied de l'Aventin s'élèvent les majestueux vestiges en briques rouges des thermes entrepris par l'empereur Septime Sévère en 206 et achevés par son fils Caracalla en 217. Pouvant accueillir 1 600 personnes, ils restèrent en fonction jusqu'au vıᵉ siècle et la destruction par les Goths des aqueducs alimentant la ville en eau.

Le bain avait une grande importance dans la vie des Romains, riches comme pauvres, et des établissements comme ces thermes renfermaient également des gymnases, des jardins, des bibliothèques, des salles de conférence et des marchands de nourriture et de boissons.

Le parcours type du baigneur commençait par des échauffements et exercices gymniques suivis d'un bain de vapeur au *laconicum*. On passait ensuite dans le *calidarium*, vaste salle chauffée où des bassins humidifiaient l'atmosphère, puis dans l'ambiance tiède du *tepidarium*, avant de rejoindre la grande halle centrale appelée *frigidarium*. Il existait en outre une piscine en plein air, la *natatio*. Une fois propres, les plus fortunés s'offraient une friction avec un linge imbibé de parfum.

Les thermes présentaient une riche décoration en marbre que

les Farnèse pillèrent au xvıᵉ siècle pour orner leur palais *(p. 401)*. Le Museo Nazionale Archeologico de Naples *(p. 490-491)* et le Musée grégorien profane du Vatican *(p. 422)* possèdent toutefois des mosaïques et des statues en provenant.

En août, les ruines servent de décor à des représentations d'opéra.

La pyramide de Caïus Cestius ❾

Piazzale Ostiense. **Plan** 6 E4. 🚌 *23, 95, 280.* 🚃 *3.* Ⓜ *Piramide.*

Caïus Cestius, riche préteur et tribun romain, mourut en l'an 12 av. J.-C. Imposante pyramide plaquée de marbre blanc inscrite dans le mur d'Aurélien près de la porta San Paolo, son tombeau, lui vaut d'être resté dans l'histoire. Haut de 27 m, le monument, dont la construction prit 330 jours selon une inscription, témoigne du goût pour l'architecture égyptienne des contemporains d'Auguste.

La pyramide de Caïus Cestius sur le piazzale Ostiense

Le cimetière protestant ❿

Cimitero Acattolico, Via di Caio Cestio. **Plan** 6 D4. **Tél** *06 574 19 00.* 🚌 *23, 280.* 🚃 *3.* ⏰ *lun.-sam. 9 h-17 h ; der. ent. : 30 mn av. la ferm.* **Offrande**.

Ce cimetière où reposent les non-catholiques inhumés à Rome depuis 1738 est un lieu romantique. Sa partie la plus ancienne renferme les sépultures des poètes Percy Bysshe Shelley, mort en 1822, et John Keats, décédé piazza di Spagna *(p. 408)* en 1821. La tombe de ce dernier porte sa célèbre et très belle épitaphe : « Ci-gît quelqu'un dont le nom était écrit sur l'eau. »

L'intérieur de Santa Sabina

Santa Sabina ⓫

Piazza Pietro d'Illiria 1. **Plan** 6 D2. **Tél** *06 57 94 06 00.* 🚌 *23, 44, 95, 170, 781.* ⏰ *t.l.j. 6 h 30-12 h 45, 15 h 30-19 h.* ♿

Pierre d'Illyrie fonda en 425 sur l'Aventin cette basilique, restaurée au ıxᵉ et au xıııᵉ siècles.

Au travers de hautes fenêtres aux claustras ajourés, la lumière inonde une large nef bordée de colonnes corinthiennes soutenant une arcade ornée d'une frise de marbre polychrome du vᵉ siècle. Sous le portique latéral (passez par le vestibule), une porte, elle aussi du vᵉ siècle, est sculptée de 18 scènes de la Bible. La Crucifixion, en haut à gauche, est l'une des plus anciennes connues.

En dehors du centre

Le visiteur curieux prêt à sortir du centre de Rome se verra récompensé de ses efforts en découvrant la richesse du musée étrusque de la Villa Giulia ou la beauté du parc de la Villa Borghèse dont le musée présente d'extraordinaires sculptures du Bernin. Catacombes et sanctuaires paléochrétiens témoignent de la ferveur du début du christianisme. Le quartier de l'E.U.R. offre un exemple d'urbanisme fasciste.

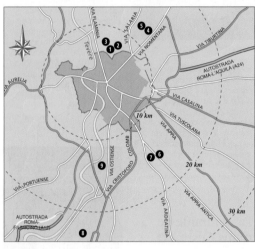

LÉGENDE

▢	Centre de Rome
▢	Périphérie
═	Autoroute
▬	Route principale
═	Route secondaire
—	Mur de la ville

Villa Borghese ❶

Plan 3 B1. 🚌 52, 53, 88, 95, 116, 490. 🚊 3, 19. 🕐 t.l.j. mars-oct. : 9 h 30-18 h, nov.-fév. : 9 h 30-17 h. 🔴 1er mai, 25 déc.

C'est le cardinal Scipion Borghese, neveu du pape Paul V, qui fit aménager au début du XVIIe siècle le pavillon, ou *casino*, où il réunit l'une des plus riches collections d'art et d'antiquités d'Europe. Il fit planter 400 arbres pour créer son **parc**, le premier jardin à la française de Rome. De nombreuses sculptures, notamment par Pietro Bernini, le père du Bernin, ornaient ses parterres géométriques et ses larges allées. Fontaines, îlots fleuris enclos de bosquets et animaux et oiseaux exotiques ajoutaient au plaisir de s'y promener. Il y avait même un automate doué de la parole, un fauteuil qui gardait prisonnier ceux, ou celles, qui s'y asseyaient et une grotte où tombait une pluie artificielle.

Les jardins étaient au début ouverts au public, mais la collection de peintures érotiques de Scipion scandalisa un jour un visiteur et Paul V estima plus prudent d'en faire une propriété strictement privée.

À partir de 1773, le parc connut un important remaniement dans le style romantique, popularisé par les tableaux de paysagistes

Temple de Aesculapius datant du XVIIIe siècle à la Villa Borghese

comme Claude Lorrain et Nicolas Poussin, mariant imitation de la nature et temples et fontaines néo-classiques. Acheté par l'État en 1902, il servit de cadre à l'Exposition universelle de 1911. Edwin Lutyens dessina le plus impressionnant des pavillons construits par les pays participants : la **British School at Rome**. Un zoo ouvrit la même année, mais ses cages exiguës dispersées sur 17 hectares en rendent la visite déprimante.

Le domaine de la Villa Borghèse, celui de la Villa Giulia et les jardins du Pincio communiquent désormais pour former un vaste parc public. Au centre, le **giardino del Lago** en constitue la partie la plus agréable. Une copie du XVIIIe siècle de l'arc de Septime Sévère en marque l'entrée principale et un faux temple grec dédié à Esculape, le dieu de la Médecine, se dresse sur l'île du lac artificiel qui lui a valu son nom. Parmi les aménagements pittoresques du reste du parc figure un temple de Diane circulaire érigé entre la porta Pinciana, au sommet de la via Veneto, et la piazza di Siena, amphithéâtre gazonné où se tient en mai un concours hippique. En été, ce sont les opéras en plein air qui ont lieu.

Au nord-ouest du parc, la galleria nazionale d'Arte Moderna présente un ensemble de tableaux des XIX⁺ et XX⁺ siècles qui manque quelque peu d'inspiration.

Une partie des collections réunies par le cardinal Scipion Borghese et ses descendants s'admire au museo Borghese.

Amour sacré et profane du Titien (1514), Galleria Borghese

Museo e Galleria Borghese ❷

Villa Borghese, Piazzale Scipione Borghese 5. **Tél** 06 328 10. 🚐 52, 53, 116, 910. 🚃 3, 19. 🕐 mar.-dim. 9 h-19 h (réserver sam. et dim.). ⬤ jours fériés. 📷 💋 🏛 🖼 🔲 ♿ www.galleriaborghese.it

C'est l'architecte du pape Paul V, Flaminio Ponzio qui éleva à partir de 1605 la villa, ou *casino*, où le cardinal Borghese recevait ses invités et abritait son exceptionnelle collection de peintures et de sculptures. Il lui donna deux ailes saillant dans le jardin, plan traditionnel des maisons de campagne romaines. Entre 1801 et 1809, Camillo Borghese, époux de Pauline Bonaparte, sœur de Napoléon Iᵉʳ, se vit obligé de vendre à ce dernier nombre

des plus beaux tableaux. Pendant ces mêmes années, il décorait une propriété dans le Piémont avec 200 des statues classiques de Scipion. Bien que la France ait rendu une partie des pièces acquises, dont l'autre partie est restée au Louvre, la collection n'a pas retrouvé tout son éclat.

Elle compte cependant de nombreux chefs-d'œuvre, notamment les sculptures que le cardinal, en mécène éclairé, commanda au jeune Bernin. Elles sont présentées au rez-de-chaussée dans huit pièces qui s'organisent autour d'un salon central dont le pavement incorpore des fragments d'une mosaïque antique du IVᵉ siècle représentant un combat entre gladiateurs et animaux. La première salle, à droite, renferme la statue par Canova de Pauline Borghese en *Vénus victorieuse* (1805), portrait dénudé que l'époux de Pauline mit sous clé, en interdisant même l'accès à son auteur. C'est dans la salle 2 que s'admire le *David* sculpté par le Bernin en 1623 à l'âge de 25 ans. L'artiste a représenté le jeune héros biblique au moment où il va laisser filer sa pierre. Selon la légende, le pape Urbain VIII tint le miroir qui permit à l'artiste de donner ses traits au visage grimaçant de concentration de son personnage. Une autre de ses œuvres parmi les plus célèbres, *Apollon et Daphné* (1624), a donné son nom à la salle suivante. Inspirée des *Métamorphoses* d'Ovide, elle aussi saisit avec virtuosité la tension dramatique d'un instant, ici celui où la nymphe Daphné se transforme en laurier pour échapper aux attentions trop pressantes du dieu du Soleil. En salle 4,

Détail de *l'Enlèvement de Proserpine* (1622) du Bernin, museo Borghese

l'*Enlèvement de Prosperpine* illustre également une scène mythologique.
Si le mouvement s'y exprime avec moins de maîtrise, la massivité de Pluton, seigneur des Enfers, exacerbe la fragilité et la féminité de la jeune déesse qu'il entraîne dans son royaume souterrain pour en faire sa compagne.

En salle 5, l'*Hermaphrodite endormi* est une réplique romaine d'une statue du grec Polyclète datant d'environ 150 av. J.-C. Andrea Bergondi rajouta la tête et la couche au XVIIᵉ siècle. Enfin, la salle suivante abrite une copie romaine représentant le dieu *Bacchus* par le sculpteur grec Praxitèle, ainsi qu'une série de mosaïques du IIIᵉ siècle montrant des gladiateurs se battant avec des animaux sauvages.

La galleria Borghese, au premier étage, est pour le moment en restauration, mais une grande partie de sa collection de peintures s'admire au Complesso San Michele dans le Trastevere, notamment la *Déposition* par Raphaël, la *Danaé* du Corrège et des œuvres du Caravage, de Titien, Rubens, il Pinturicchio et Barocci.

Apollon et Daphné (1624) du Bernin

Villa Giulia ❸

Michel-Ange et Vasari apportèrent leur contribution à la construction de la résidence d'été du pape Jules III entreprise en 1550 sur des dessins de Vignola et Ammanati. 36 000 arbres furent plantés dans les jardins parsemés de pavillons et de fontaines et tant de statues décoraient la demeure et son parc qu'il fallut effectuer 160 voyages en bateau pour rapporter sculptures et ornements au Vatican après la mort du souverain pontife en 1555.

Depuis 1889, la villa abrite le Museo Nazionale Etrusco, remarquable ensemble de collections publiques et privées d'art étrusque.

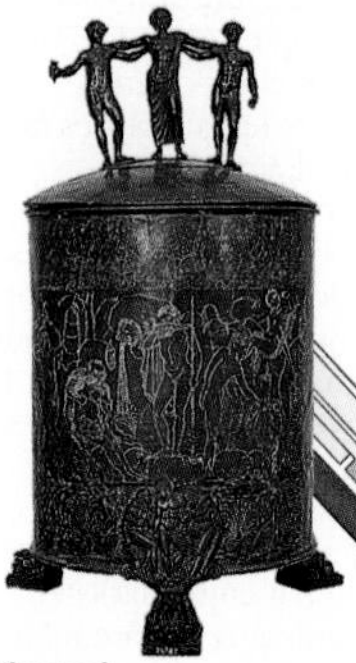

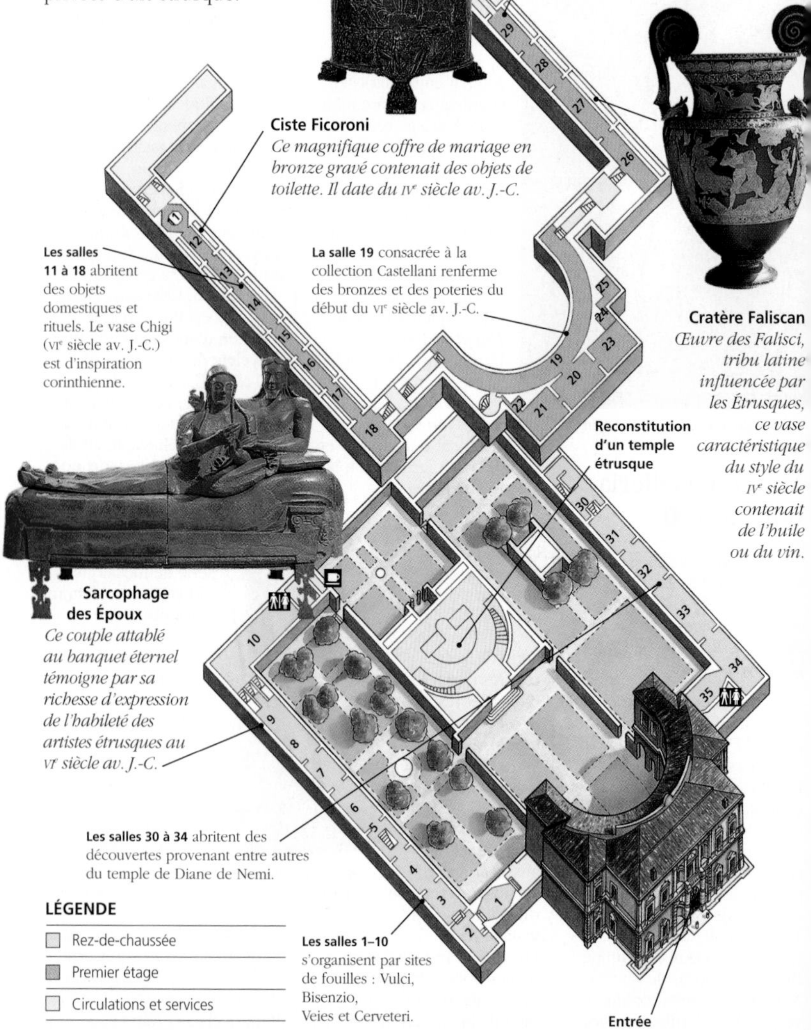

Les salles 24 à 29 présentent des découvertes provenant de l'Ager Faliscus situé entre le Tibre et le lac Bracciano, notamment des temples de Falerii Vetere, la ville principale.

Ciste Ficoroni
Ce magnifique coffre de mariage en bronze gravé contenait des objets de toilette. Il date du IVᵉ siècle av. J.-C.

Les salles 11 à 18 abritent des objets domestiques et rituels. Le vase Chigi (VIᵉ siècle av. J.-C.) est d'inspiration corinthienne.

La salle 19 consacrée à la collection Castellani renferme des bronzes et des poteries du début du VIᵉ siècle av. J.-C.

Cratère Faliscan
Œuvre des Falisci, tribu latine influencée par les Étrusques, ce vase caractéristique du style du IVᵉ siècle contenait de l'huile ou du vin.

Reconstitution d'un temple étrusque

Sarcophage des Époux
Ce couple attablé au banquet éternel témoigne par sa richesse d'expression de l'habileté des artistes étrusques au VIᵉ siècle av. J.-C.

Les salles 30 à 34 abritent des découvertes provenant entre autres du temple de Diane de Nemi.

LÉGENDE

☐ Rez-de-chaussée
☐ Premier étage
☐ Circulations et services

Les salles 1–10 s'organisent par sites de fouilles : Vulci, Bisenzio, Veies et Cerveteri.

Entrée

Sainte Agnès entre deux papes à l'abside de Sant'Agnese

Sant'Agnese fuori le Mura ❹

Via Nomentana 349.
Tél 06 861 08 40. 36, 60, 84, 90.
mar.-sam. 9 h-12 h, 16 h-18 h.
to catacombs.

Fondée en 342, selon la légende, par Constance, fille de Constantin, l'église Sainte-Agnès-hors-les-Murs s'élève au-dessus des catacombes où fut inhumée sainte Agnès. Malgré de nombreuses altérations, elle conserve de ses origines paléochrétiennes son plan basilical.

À l'abside, une mosaïque du VIIe siècle représente la jeune martyre en impératrice byzantine vêtue d'une étole dorée et d'une robe violette. D'après la tradition, elle apparut ainsi huit jours après sa mort. Elle tenait un agneau et tous les 21 janvier, deux de ces animaux reçoivent la bénédiction à l'église. Leur laine sert à la confection du *pallium*, vêtement donné à un nouvel archevêque.

Santa Costanza ❺

Via Nomentana 349. ***Tél*** 06 861 08 40. 36, 60, 84, 90. mar.-sam. 9 h-12 h, 16 h-18 h.

Magnifique édifice circulaire bâti au IVe siècle, le mausolée des filles de Constantin, Constance et Hélène, devint une église au XIIIe siècle. Douze paires de colonnes de granit soutiennent son tambour et sa coupole élancés. La voûte de la galerie qu'elles délimitent présente en décoration les plus anciennes mosaïques paléochrétiennes à nous être parvenues. Datant du IVe siècle, elles reproduisent des thèmes séculiers classiques : scènes de vendanges, animaux et oiseaux, fleurs. Une niche au fond du sanctuaire abrite une réplique du sarcophage en porphyre sculpté de Constance. L'original se trouve aux musées du Vatican depuis 1790.

La sainteté de la fille de Constantin reste sujette à caution. L'historien Marcellinus la décrit en véritable harpie poussant sans cesse à la violence son déplaisant mari

L'intérieur de l'église circulaire Santa Costanza (IVe siècle)

Hannibalianus. Une confusion avec une pieuse religieuse du même nom pourrait être à l'origine de sa canonisation.

Via Appia Antica ❻

118, 218, 760.

Percée en 312 av. J.-C. jusqu'à Capoue par le censeur Appius Claudius, prolongée en 190 av. J.-C. jusqu'aux ports de Tarente et de Brindisi, la via

La via Appia antica

Appia devint sous l'Empire la grande voie de communication entre la capitale et les provinces orientales. Les processions funéraires du dictateur Sylla (78 av. J.-C.) et de l'empereur Auguste (14 apr. J.-C.) l'empruntèrent et saint Paul la suivit, prisonnier, pour arriver à Rome en 56.

Sortant de la ville par la porte San Sebastiano et bordée de tombeaux antiques en ruine, notamment de sépultures collectives appelées columbariums, elle passe devant la petite église Domine Quo Vadis où, selon la légende, saint Pierre aurait rencontré le Christ. Sous les champs qu'elle traverse ensuite s'étendent des catacombes, en particulier celles de San Callisto et San Sebastiano.

Les catacombes ⑦

Via Appia Antica 126. 📮 118, 218, 660. **San Callisto Tél** 06 51 30 15 80. ◯ jeu.-mar. 9 h-12 h, 14 h-17 h 30 (17 h en hiver) ◯ 1ᵉʳ janv., fév., Pâques, 25 déc. 🖼🔒🕯📷🚫

Les premiers chrétiens n'enterraient pas leurs morts dans des nécropoles souterraines situées hors des murs de la ville à cause des persécutions mais pour se conformer aux lois de l'époque. De nombreux martyrs y furent toutefois inhumés, et les catacombes devinrent plus tard des lieux de pèlerinage.

Plusieurs catacombes sont aujourd'hui ouvertes au public, notamment celles de San Callisto creusées dans le tuf sur quatre étages. Leur visite permet de découvrir les *loculi*, niches qui contenaient deux ou trois dépouilles, et les tombeaux de plusieurs papes. Les catacombes de San Sebastiano voisines auraient abrité un temps les reliques de saint Pierre et de saint Paul.

Cérémonie chrétienne aux catacombes de San Callisto

Le quartier E.U.R. ⑧

📮 170, 671, 714. Ⓜ EUR Fermi, EUR Palasport. **Museo della Civiltà Romana** Piazza G Agnelli 10. **Tél** 06 592 60 41. ◯ mar.-dim. 9 h-13 h 30 (tél. pour vérifier) ◯ 1ᵉʳ janv., 1ᵉʳ mai, 25 déc. 🖼

Malgré son annulation à cause de la guerre, l'*Esposizione Universale di Roma* a laissé son nom à ce quartier entrepris en 1937 au

Le palazzo della Civiltà del Lavoro

sud de la ville afin de servir de vitrine au parti fasciste. En arrivant de l'aéroport Fiumicino, impossible de ne pas voir son édifice le plus célèbre, le palazzo della Civiltà del Lavoro (palais de la Civilisation du travail), parfois appelé Colisée carré ou Colisée de Mussolini, exemple caractéristique de l'architecture monumentale de l'époque mussolinienne. C'est toutefois le museo della Civiltà Romana (musée de la Civilisation romaine) qui offre la visite la plus intéressante. Son exposition comprend une grande maquette de Rome montrant tous les bâtiments qui se dressaient au IVᵉ siècle à l'intérieur du mur d'Aurélien, ainsi que les moulages des reliefs de la colonne Trajane (p. 378) et de celle de Marc Aurèle (p. 395).

Interrompu en 1942, l'aménagement du quartier reprit dans les années 1950 et des bureaux occupent les immeubles modernes bordant ses larges avenues et ses places démesurées. Au sud s'étendent un parc et un petit lac que domine la masse imposante du palazzo dello Sport édifié pour les Jeux olympiques de 1960.

San Paolo fuori le Mura ⑨

Via Ostiense 186. 📮 23, 128, 170, 670, 761, 766, 769. Ⓜ San Paolo. **Tél** 06 541 03 41. ◯ t.l.j. 7 h-19 h (18 h 30 en hiver). **Cloître** ◯ 13 h-15 h 🔼🚻🖼

L'église actuelle de Saint-Paul-hors-les Murs est une réplique fidèle, mais qui manque un peu d'âme, de la grande basilique du IVᵉ siècle ravagée par un incendie le 15 juillet 1823. Par chance, le sinistre épargna son cloître du début du XIIIᵉ siècle, l'un des plus gracieux de Rome avec ses élégantes colonnettes géminées.

À l'intérieur, des mosaïques du Vᵉ siècle très restaurées ornent une face d'un grand arc de triomphe. Celles du revers, par Pietro Cavallini (v. 1250-1330), décoraient à l'origine la façade. Des Vénitiens exécutèrent en 1220 celles de l'abside, qui représentent le Christ entre saint Pierre et saint André à côté de saint Luc et saint Paul.

Un superbe baldaquin en marbre, sculpté en 1285 par Arnolfo di Cambio et, peut-être, Pietro Cavallini, domine le maître-autel. À droite, à l'entrée du transept, se dresse un remarquable candélabre pascal du XIIᵉ siècle, œuvre de Nicolò di Angelo et Pietro Vassalletto.

Mosaïque du XIXᵉ siècle ornant la façade de San Paolo fuori le Mura

Faire du shopping à Rome

Rome attirait jadis les meilleurs artisans et des objets et produits de toutes sortes étaient importés des quatre coins de l'Empire pour satisfaire les besoins de la riche population locale.

La cité porte encore aujourd'hui cette tradition de diversité. Les créateurs italiens ont une réputation méritée pour leur style extrêmement élégant en matière de mode, tricots et articles de maroquinerie (surtout chaussures et sacs à main), ainsi que dans la décoration intérieure, les tissus, la céramique et le verre. La tradition artisanale est forte et même les plus petits articles témoignent de cet amour du « beau ». Rome n'est, certes, pas la cité des bonnes affaires (bien que globalement meilleur marché que Florence ou Milan), mais elle ravira sans aucun doute les amateurs de lèche-vitrines.

MODE

L'Italie est l'un des pays phares de la mode de luxe, ou *alta moda*. Si de nombreux créateurs sont établis à Milan, Rome abrite une multitude de maisons de couture internationalement reconnues. Les plus remarquables sont probablement **Fendi**, **Biagiotti**, **Prada** et **Valentino**, qui domine la Piazza Mignanelli. Mais même si vous n'avez pas l'habitude d'acheter des vêtements de haute couture, les vitrines spectaculaires situées aux alentours de la Piazza di Spagna valent le détour.

Rome n'est pas le bon endroit pour acheter des vêtements de tous les jours car la capitale manque cruellement de magasins de moyenne gamme, entre la mode très haut de gamme et excessivement coûteuse des créateurs (*alta moda*) et les habits des marchés qui ne coûtent quasiment rien. **Discount delle Firme** et **Discount dell'Alta Moda** proposent toutefois des modèles fin de saison de créateurs à 50 % du prix pratiqué dans les boutiques.

LIVRES ET CADEAUX

Rome regorge de boutiques de cadeaux, allant des magasins pour touristes du centre historique aux plus petites boutiques situées dans des quartiers moins fréquentés permettant de découvrir des artisans originaux qui travaillent la céramique, comme chez **Le Tre Ghinee**. Dans le domaine de l'art contemporain, le **Palazzo delle Esposizioni** offre un vaste choix d'objets réalisés par de célèbres créateurs.

La librairie **Feltrinelli International** possède d'excellents ouvrages de fiction en langue étrangère, ainsi que des objets variés illustrant, entre autres, l'art et l'architecture, la cuisine, les voyages et l'histoire de l'Italie. Cette boutique recèle également de superbes posters photo, ainsi que des affiches d'art et de cinéma. Pour faire des affaires, les étals de second choix de Via della Terme di Diocleziano et de Largo della Fontanella di Borghese sont parfaits.

Près du Panthéon, le Fiorentin **Il Papiro** propose un grand choix d'articles de papeterie, dont des journaux intimes, des agendas, des enveloppes et de beaux sceaux de cire… Autant d'idées de cadeaux. Les librairies situées près des principales basiliques, telles que la **Libreria Belardetti**, près de la basilique St Pierre, regorgent d'objets religieux. D'autres magasins se sont spécialisés dans les objets religieux destinés aux ecclésiastiques et aux laïcs. Face aux grilles du Vatican, la Via di Porta Angelica est bordée de plusieurs boutiques, dont **Al Pellegrino Cattolico**, qui vend des souvenirs aux pèlerins.

ALIMENTATION ET BOISSONS

Pour remporter chez soi de délicieuses spécialités italiennes, comme du pecorino (fromage romain), du jambon de Parme, de l'huile d'olive vierge extra, des champignons (porcini) séchés, des tomates séchées au soleil, des olives et de la grappa, ainsi que de succulents vins du Latium et d'ailleurs, les traditionnels magasins d'alimentation, *alimentari*, sont l'endroit indiqué. Le magasin bien achalandé de **Fratelli Fabbi**, près de la Piazza di Spagna, propose un grand choix de viandes froides et de fromages, ainsi que des vins et champagnes de qualité. Dans la même rue, **Focacci** regorge de spécialités du pays. Quant au très historique, mais coûteux **Volpetti**, à Testaccio, il est synonyme de qualité absolue. Outre des fromages originaux, des huiles d'olive, des vinaigres et une impressionnante sélection de paniers garnis, on y trouve un large choix de lard italien et du caviar.

À Pinciano, **Casabianca** et **Casa dei Latticini Miocci** proposent des fromages de toutes les régions d'Italie, y compris les plus lointaines, tandis qu'à Trastevere, le commerce familial **Antica Caciara Trasteverina** possède un vaste assortiment de produits laitiers locaux et régionaux, dont de la ricotta de brebis et de la *toma del fen* piémontaise. **Chocolat**, dans le centre historique, vend des chocolats de marque et faits maison, et organise de temps à autre des dégustations et des dîners réservés aux connaisseurs, alors que **L'Albero del Cacao**, près de la Piazza di Spagna, est spécialisé dans les chocolats noir, au lait, aux noix et aux céréales. **La Deliziosa**, près de la Piazza Navona, propose de nombreux desserts et gâteaux italiens ; ceux à la ricotta méritent une mention toute particulière.

Attention cependant : les restrictions douanières peuvent également s'appliquer à certains aliments.

MARCHÉS

Les marchés à ciel ouvert de Rome symbolisent parfaitement l'exubérance et la truculence qui font la renommée des Romains. Les marchands italiens y exposent leurs légumes, formant de véritables œuvres d'art.

La capitale regorge de petits marchés alimentaires locaux tout à fait fascinants. Citons, entre autres, **Campo de'Fiori** pour les aliments, le **Mercato delle Stampe** pour les vieux estampes, livres et magazines, et le **Nuovo Mercato Esquilino** pour les aliments de tous pays.

Le célèbre marché aux puces du Trastevere, **Porta Portese**, a vu le jour peu après la fin de la Seconde Guerre mondiale et s'est largement développé depuis. On y trouve tout et n'importe quoi, entassé sur des étals dans un désordre soigneusement organisé – vêtements, chaussures, sacs, linge, bagages, matériel de camping, serviettes, pots, poêles, ustensiles de cuisine, plantes, animaux domestiques, cassettes et CD, vieux 33 tours et 78 tours.

Au cœur de la vieille ville, le marché alimentaire le plus pittoresque est également le plus ancien. Son nom, Campo de' Fiori *(p. 401)*, dont la traduction littérale est « champ de fleurs », induit souvent en erreur les visiteurs. Le nom de ce marché vient en réalité de *Campus Florae* (place de Flora) – Flora étant la bien-aimée du grand général romain Pompée. Un marché se tient sur cette magnifique place centrale depuis plusieurs siècles. Tous les matins, excepté le dimanche, la place est transformée par une multitude d'étals de fruits et légumes, viandes, volailles et poissons. Un ou deux stands se spécialisent dans les légumineuses, le riz, les fruits secs et les noix.

Tout au long de l'année, Rome héberge aussi des foires de rue. On y découvrire de nombreux produits locaux, œuvres artisanales et vêtements. Des foires saisonnières ont également lieu, surtout aux alentours de Noël, dont la **Natale Oggi**, dans la Fiera di Roma, riche en spécialités italiennes.

Veillez à bien surveiller vos portefeuilles lorsque vous flânez sur les marchés, car les pickpockets sont très rapides au milieu de la foule.

ADRESSES

MODE

Discount delle Firme
Via dei Serviti 27.
Plan 3 B3.
Tél 06 482 7790.

Discount dell'Alta Moda
Via di Gesù
e Maria
14 & 16A. **Plan** 2 F2.
Tél 06 361 3796.

Fendi
Via Borgognona
36-39.
Plan 10 E1.
Tél 06 696 661.

Laura Biagiotti
Via Borgognona
43-44.
Plan 10 E1.
Tél 06 679 1205.

Prada
Via Condotti
92-95.
Plan 3 A2.
Tél 06 679 0897.

Valentino
Via Bocca di Leone 16.
Plan 3 A2.
Tél 06 673 9430.

LIVRES ET CADEAUX

Al Pellegrino Cattolico
Via di Porta
Angelica 83.
Plan 1 C2.
Tél 06 6880 2351.

Feltrinelli International
Via VE Orlando 84-86.
Plan 3 C3.
Tél 06 482 7878.

Le Tre Ghinee
Via del Pellegrino 53.
Plan 2 E4.
Tél 06 687 2739.

Libreria Belardetti
Via della Conciliazione 4A.
Plan 1 C3.
Tél 06 686 5502.

Palazzo delle Esposizioni
Via Milano 9.
Plan 3 B4.
Tél 06 482 8540.

Il Papiro
Via del Pantheon 50
(leading to Via d'Orfani).
Plan 10 D2.
Tél 06 679 5597.

ALIMENTATION ET BOISSONS

Antica Caciara Trasteverina
Via San Francesco
a Ripa 140A/B.
Plan 5 C1.
Tél 06 581 2815.

Casabianca
Via Piemonte 123.
Plan 3 C1.

Casa dei Latticini Micocci
Via Collina 14.
Plan 4 D2.
Tél 06 474 1784.

Chocolat
Via della Dogana
Vecchia 12. **Plan** 10 D3.
Tél 06 6813 5545.

La Deliziosa
Vicolo Savelli 50.
Plan 9 B3.
Tél 06 6880 3155.

Focacci
Via della Croce 43.
Plan 2 F2.
Tél 06 679 1228.

Fratélli Fabbi
Via della Croce 27.
Plan 2 F2.
Tél 06 679 0612.

L'Albero del Cacao
Via di Capo le Case 21.
Plan 10 F1.
Tél 06 679 5771.

Volpetti
Via Marmorata 47.
Plan 6 D2.
Tél 06 574 2352.

MARCHÉS

Campo de' Fiori
Piazza Campo de' Fiori.
Plan 2 E4 & 9 C4.
◯ lun.-sam. :
7h-13h30

Mercato delle Stampe
Largo della Fontanella
di Borghese.
Plan 2 F3 & 10 D1.
◯ lun.-sam. :
7h-13h30

Natale Oggi
Fiera di Roma, EUR.

Nuovo Mercato Esquilino
Via Principe Amedeo.
Plan 4 E4.
◯ lun.-sam. : 7h-14h

Porta Portese
Via Portuense & Via
Ippolito Nievo.
Plan 5 C3.
◯ dim. : 6h30-14h

Se divertir à Rome

Les divertissements à Rome sont synonymes d'une certaine exaltation. Que l'on soit ou non amateur, le football et l'opéra méritent, par exemple, d'être découverts pour leur seule ambiance. Le jazz est également bien représenté dans la capitale, par des artistes italiens et internationaux. Contre toute attente, étant donné que de nombreux magasins et restaurants fermés, l'été est la période la plus vivante à Rome en termes de divertissements et d'événements culturels. Les places Renaissance de la capitale, ses vastes parcs, ses jardins et ses ruines classiques accueillent plusieurs festivals d'art. Les concerts et les films prennent une autre dimension lorsqu'ils sont joués sous les étoiles. Rome recèle, par ailleurs, beaucoup de discothèques.

INFORMATIONS PRATIQUES

Pour connaître les manifestations du moment, consultez donc *Trovaroma*, supplément hebdomadaire du jeudi du journal *La Repubblica*. Procurez-vous aussi *L'Evento*, disponible auprès de l'APT *(p. 665)*, qui fournit des renseignements en anglais sur l'actualité culturelle de la capitale et de ses environs.

RÉSERVATION DE BILLETS

Orbis et **Box Office** sont deux des agences qui peuvent réserver des places de spectacle (contre une somme modique). De nombreux théâtres n'acceptent pas les réservations par téléphone. Ils font payer un supplément *prevendita* (environ 10 % du prix normal) pour tous les billets vendus à l'avance. Le guichet de location du **Teatro dell'Opera** gère les ventes pour les saisons d'été et d'hiver. Les billets pour les principaux concerts de rock et de jazz sont en vente chez Orbis et dans les grands magasins de disques, tels que **Ricordi Media Store**. Des billets *due per uno* sont disponibles dans les bars.

DIVERTISSEMENTS DE PLEIN AIR

Des concerts d'opéra, de musique classique et de jazz, ainsi que des séances de cinéma en plein air jalonnent le calendrier romain de fin juin à début septembre. Le festival **Cineporto**, en bordure du Tibre, au Ponte Milvio, et le **Festival di Massenzio**, au Forum, proposent des films, de la musique, de l'alimentation et de petites expositions en juillet et août. Durant les mois d'été, on peut également assister à d'excellents festivals de rock, jazz et musique du monde en plein air, tandis que le principal festival d'art de Rome, **RomaEuropa**, a lieu en automne et accueille parfois des spectacles dans la Villa Medici. Le festival du Trastevere, la **Festa de Noiantri** *(p. 67)*, est plus traditionnel, proposant musique, défilés et feu d'artifice. Ce festival religieux commence le samedi suivant le 16 juillet, mais les célébrations se poursuivent en août.

MUSIQUE CLASSIQUE ET DANSE

Il est parfois difficile de trouver des billets pour des premières d'opéra, mais les concerts donnés en plein air, dans des églises ou des villas par des solistes, des groupes ou des orchestres sont plus accessibles. Tout au long de l'année, des solistes et orchestres de renommée mondiale se produisent dans des lieux tels que le **Parco della Musica**, conçu par Renzo Piano, et l'**Accademia Filarmonica Romana**. Parmi les plus célèbres on peut, entre autres, citer Luciano Pavarotti et Placido Domingo, le Philharmonique de Berlin et la prima ballerina Sylvie Guillem.

L'un des programmes les plus innovants de musique classique et contemporaine est à l'affiche de la **Aula Magna dell'Università La Sapienza**. La saison d'opéra débute tard au **Teatro dell'Opera**, entre novembre et janvier. Les grands classiques du ballet sont également mis en scène dans ce lieu. Pour les spectacles de danse contemporaine, rendez-vous au **Teatro del Vascello**.

ROCK, JAZZ ET MUSIQUE DU MONDE

Les spectacles de musique « non classique » ne sont pas programmés longtemps à l'avance. On peut toutefois évoquer la très grande variété de musiques proposée dans les clubs et stades, comme le **Palalottomatica** et le **Stadio Olimpico**. Les meilleurs musiciens de jazz se produisent à **La Palma** et à l'**Alexanderplatz**. La **Big Mama** du Trastevere compte parmi les adresses légendaires de la capitale pour les grands noms du jazz, tandis que la musique du monde est représentée au **Villaggio Globale**.

Pour accéder à des lieux plus intimes, il faut disposer d'une carte de membre mensuelle ou annuelle (de 2 à 11), qui permet d'assister à des concerts de petits groupes moins connus.

CINÉMA ET THÉÂTRE

Le cinéma fait partie des passe-temps à Rome, avec 40 films à l'affiche en moyenne un jour de semaine. La plupart des cinémas romains sont *prima visione* (première diffusion) et diffusent les derniers films internationaux en version doublée. Les meilleurs cinémas sont la **Fiamma** (deux écrans) et le **Barberini** (trois écrans). Les films en version originale sont joués au **Metropolitan** (tous les jours) et au **Nuovo Olimpia** (le lundi). Les cinémas d'art et d'essai, tels que l'**Azzurro Scipioni**, diffusent plutôt des versions sous-titrées de films étrangers.

Les productions théâtrales sont jouées en Italien. Les principaux théâtres – **Teatro Argentina**, **Teatro Quirino** et **Teatro Valle** – offrent un choix de pièces de grands dramaturges italiens. On peut assister à des représentations de théâtre d'avant-garde, ainsi que des spectacles de danse et de cabaret traditionnel au **Teatro India**. Les billets de théâtre coûtent entre 8 et 50 et doivent être réservés à l'avance au guichet de location du théâtre ou *via* des agences telles que Box Office.

VIE NOCTURNE

Au cours des dernières années, les bars et les clubs se sont multipliés afin de satisfaire la demande d'une clientèle de plus en plus exigeante. Autrefois, il fallait choisir entre quelques bars bien établis du centre et les clubs extrêmement populaires de Testaccio, comme le très commercial **Akab** ou le plus animé **Metaverso**, qui accueille de nombreux DJ's, représentants de la musique funk au reggae. Aujourd'hui, la capitale offre de quoi satisfaire tous les goûts et tous les budgets.

Commencez par un bar-club de style, puis visitez l'un des clubs chic du centre, comme **Supperclub**, endroit réservé aux Romains nantis. Le décor étonnant, la cuisine internationale, l'art de la performance, le service de massage gratuit se mêlent pour vous offrir une soirée unique. Vous pouvez aussi simplement vous reposer dans un des bars à vin des quartiers du centre historique.

Si vous recherchez un endroit gay, **Coming Out**, près du Colisée, attire à la fois les buveurs homo et hétéro, et **Goa**, juste à la sortie de Via Ostiense, organise régulièrement des nuits gay. Pour échapper à l'agitation « classique » de la vie nocturne, essayez donc les centri sociali, bâtiments illégalement occupés et transformés en centres d'arts et de loisirs. Au **Brancaleone**, des DJ's italiens et internationaux proposent ce qu'il y a de meilleur en matière de musique house et électronique.

Les prix sont montés en flèche à Rome depuis l'introduction de l'euro – un cocktail coûte jusqu'à 10 . Pour une soirée moins coûteuse, mieux vaut opter pour l'un des nombreux bars situés autour de San Lorenzo.

ADRESSES

RÉSERVATION DE BILLETS

Box Office
Largo Argentina 5A
(dans la librairie Feltrinelli).
Plan 3 A4 & 10 D4.
Tél 06 6830 8596.

Orbis
Piazza dell'Esquilino 37.
Plan 4 D4.
Tél 06 474 4776.

Ticketeria
www.ticketeria.it

MUSIQUE CLASSIQUE ET DANSE

Accademia Filarmonica Romana
Via Flaminia 118.
Tél 06 326 5991.
www.filarmonica
romana.org

Aula Magna dell'Università La Sapienza
Piazzale Aldo Moro 5.
Plan 4 F3. *Tél* 06 361 0051.
www.concertiiuc.it

Parco della Musica
Viale de Coubertin 30.
Tél 06 8024 1281
(renseignements) ; 19 910 9783 (ventes par carte de

crédit).
www.auditoriumroma.com

Teatro dell'Opera
Piazza Beniamino Gigli 1.
Plan 3 C3.
Tél 06 4816 0255.

Teatro del Vascello
Via G Carini 72.
Plan 5 A2.
Tél 06 588 1021.
www.teatrovascello.it

ROCK, JAZZ ET MUSIQUE DU MONDE

Alexanderplatz
Via Ostia 9. **Plan** 1 B1.
Tél 06 3975 1877.

Big Mama
Vicolo San Francesco a Ripa 18. **Plan** 5 C2.
Tél 06 581 2551.

Palalottomatica
Piazzale dello Sport.
Tél 06 3976 0420.

La Palma
Via dei Mirri 35 (sud est de Stazione Tiburtina)
Tél 06 4359 9029.

Stadio Olimpico
iale dei Gladiatori
(nord ouest du centre-ville, sur l'autre rive du Tibre, près de Monte Mario).

Villaggio Globale
Ex-Mattatoio, Lungotevere Testaccio 2. **Plan** 6 D4.
Tél 06 575 7233.

CINÉMA ET THÉÂTRE

Azzurro Scipioni
Via degli Scipioni 82.
Plan 1 C2.
Tél 06 3973 7161.

Barberini
Piazza Barberini 52.
Plan 3 B3. *Tél* 06 482 7707.

Fiamma
Via Bissolati 47. **Plan** 3 C2.
Tél 06 482 7100.

Metropolitan
Via del Corso 7. **Plan** 2 F1.
Tél 06 320 0933.

Nuovo Olimpia
Via in Lucina 16.
Plan 10 E1.
Tél 06 686 1068.

Teatro Argentina
Largo Argentina 56.
Plan 2 F4.
Tél 06 6880 4601.
www.teatrodiroma.it

Teatro India
Via L Pierantoni 6.
Plan 5 C5.
Tél 06 5530 0894.

Teatro Quirino
Via delle Vergini 7.
Plan 3 B3 et 10 F2.
Tél 06 679 4585.
www.teatroquirino.it

Teatro Valle
Via del Teatro Valle 21.
Plan 3 A4 et 10 D3.
Tél 06 6880 3794.
www.teatrovalle.it

VIE NOCTURNE

Akab
Via di Monte Testaccio 69.
Plan 6 D4.
Tél 06 578 0585.

Brancaleone
Via Levanna 11 (à Montesacro).
Tél 06 8200 0959.

Coming Out
Via Sangiovanni
in Laterano 8.
Plan 5 C1.
Tél 06 700 9871.

Goa
Via Libetta 13.
Tél 06 574 8277.

Metaverso
Via di Monte Testaccio 38A. **Plan** 6 D4.
Tél 06 574 4712.

Supperclub
Via de' Nari 14.
Plan 10 D3.
Tél 06 6880 7207.

ATLAS DES RUES DE ROME

La carte ci-dessous précise la zone couverte par chacun des huit plans de l'atlas des rues de Rome. Toutes les références cartographiques données dans les articles décrivant les sites et monuments de la capitale italienne renvoient à ces plans qui vous permettront également de situer hôtels *(p. 587-592)*, restaurants *(p. 636-641)* et adresses utiles grâce aux références indiquées dans les *Bonnes adresses* et les *Renseignements pratiques* de la fin de ce guide. Le premier chiffre de la référence correspond au numéro du plan à consulter, la lettre et le chiffre qui suivent repèrent le site sur un quadrillage. Pour plus de facilité, les principaux monuments sont représentés. Des symboles, explicités ci-dessous, situent d'autres édifices importants.

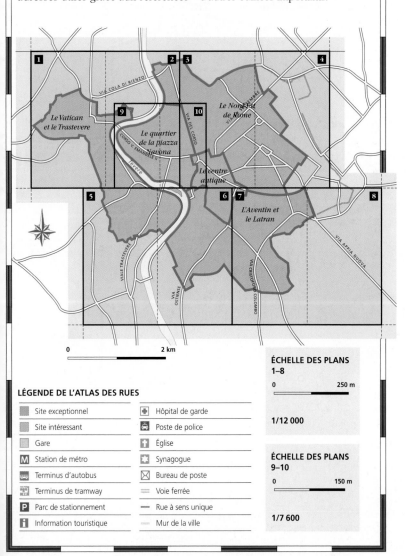

0   2 km

ÉCHELLE DES PLANS 1–8

0   250 m

1/12 000

ÉCHELLE DES PLANS 9–10

0   150 m

1/7 600

LÉGENDE DE L'ATLAS DES RUES

	Site exceptionnel		Hôpital de garde
	Site intéressant		Poste de police
	Gare		Église
M	Station de métro		Synagogue
	Terminus d'autobus		Bureau de poste
	Terminus de tramway	=	Voie ferrée
P	Parc de stationnement	—	Rue à sens unique
i	Information touristique		Mur de la ville

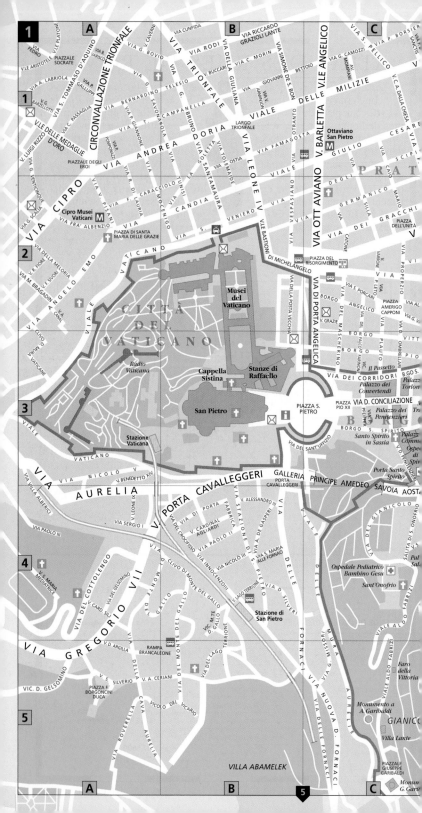

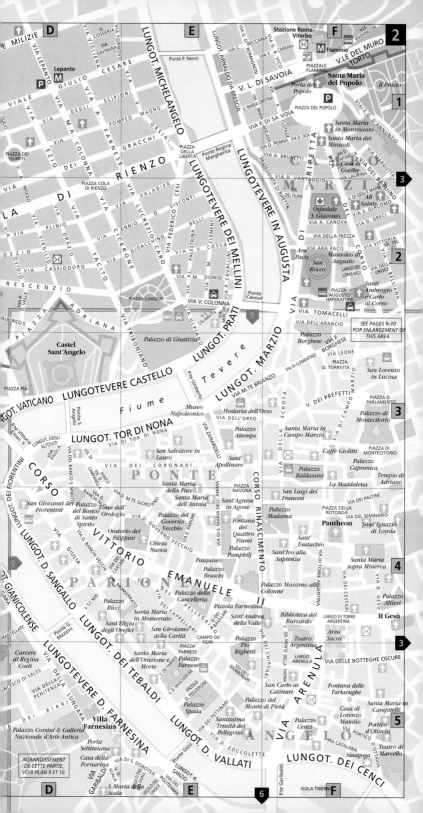

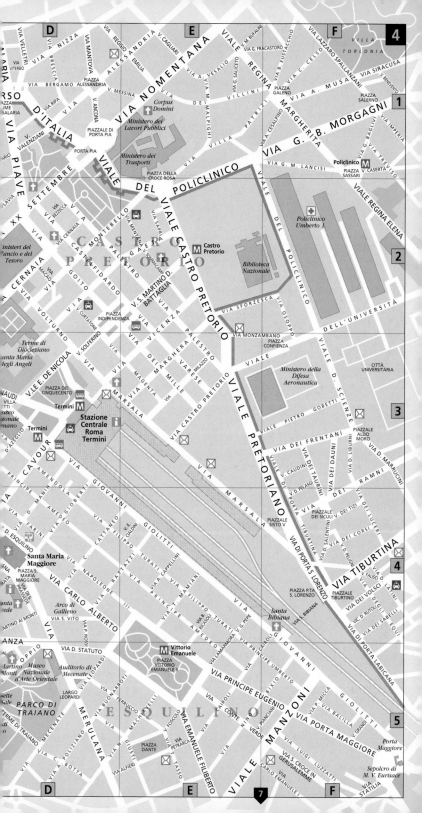

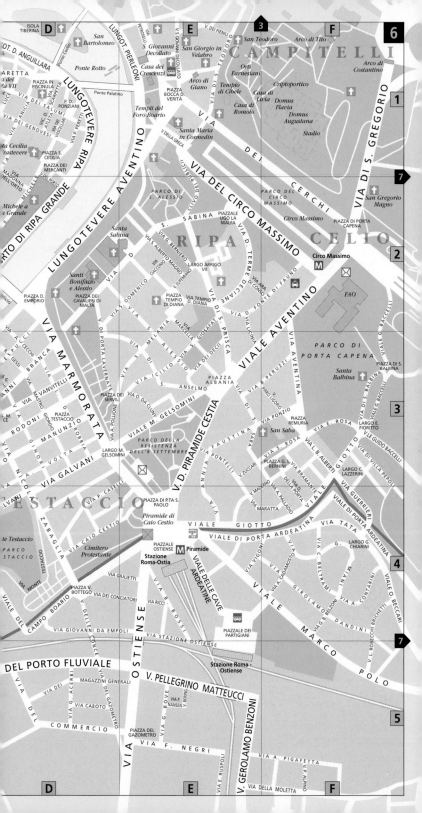

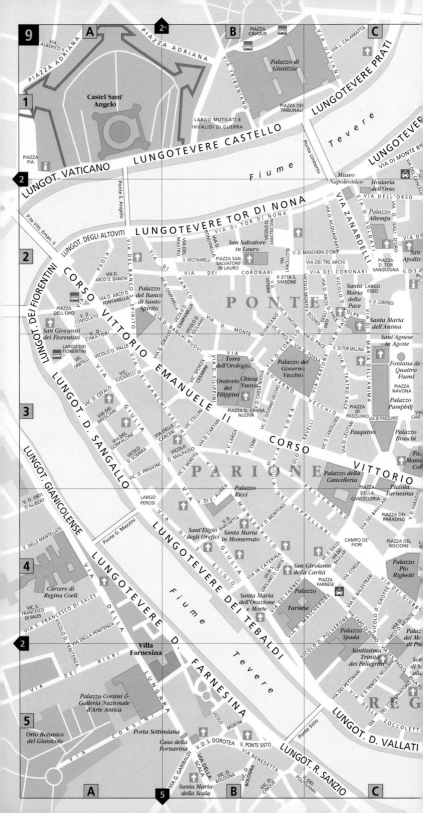

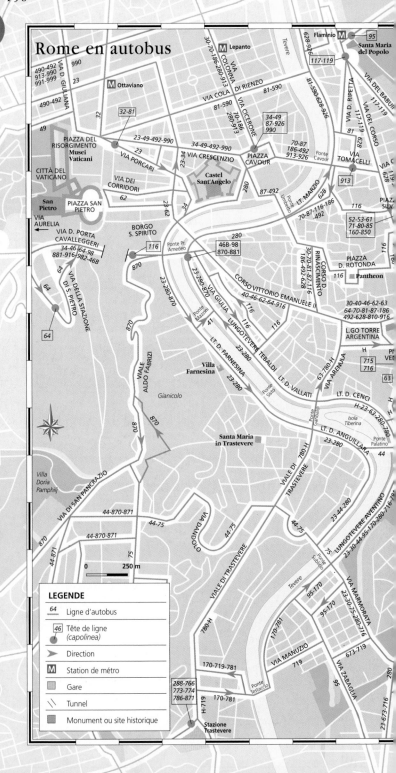

Rome en autobus

458

LEGENDE

64 — Ligne d'autobus

46 — Tête de ligne (capolinea)

> — Direction

M — Station de métro

□ — Gare

\\ — Tunnel

■ — Monument ou site historique

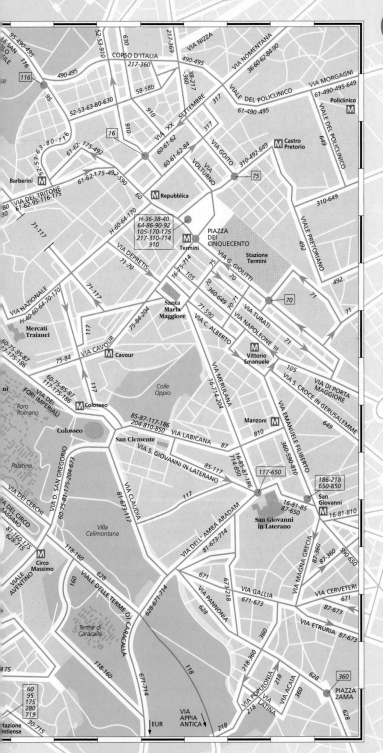

LATIUM

Des Apennins aux plages de la côte tyrrhénienne, le Latium présente des paysages très variés : montagnes creusées de ravins, cratères volcaniques occupés par des lacs, coteaux plantés de vignes et d'oliviers dominant des plaines maraîchères. Outre les trésors laissés par une histoire plus ancienne encore que celle de Rome, la région propose de nombreuses activités sportives et balnéaires.

Des hommes habitent le Latium depuis au moins 60 000 ans, mais les premiers signes d'une culture structurée remontent au Xᵉ siècle avant notre ère. Au VIIᵉ siècle av. J.-C., la civilisation basée sur le commerce et l'agriculture des Étrusques et des Sabins s'épanouissait dans le nord, tandis qu'au sud s'implantaient les Latins, les Volsques et les Herniques. Le mythe se mêle à l'histoire quand Virgile affirme qu'Énée, fils de la déesse Aphrodite, épousa la fille du roi des Latins après avoir fui Troie en flammes. Mais la légende permet ainsi d'en faire l'ancêtre de Romulus et Remus et de donner une origine divine aux fondateurs de Rome, la ville éternelle.

La montée en puissance de cette dernière se fait au détriment de la région qui l'entoure. Conquis puis absorbés, les peuples du Latium perdent leur originalité. Routes et aqueducs drainent richesses et populations vers la ville. De riches patriciens se font toutefois bâtir de somptueuses villas. Le VIᵉ siècle voit saint Benoît fonder à Subiaco et Montecassino les premiers monastères de l'ordre dont il rédige la règle. Elle marquera tout le Moyen Âge.

Si les papes et leurs familles commandent pendant la Renaissance et l'époque baroque de superbes résidences de campagne aux meilleurs architectes, ils se préoccupent peu du développement de la région et la malaria sévit dans les marais Pontins jusqu'à ce que Mussolini les fasse drainer et qu'il ouvre de nouvelles routes dans les années 1920.

Caprarola à l'heure de la *passeggiata*

◁ L'élégant jardin Renaissance dessiné par Vignola à la villa Lante de Viterbe

À la découverte du Latium

Entre Apennins et Méditerranée, quatre anciens volcans rythment les paysages du Latium. Des lacs occupent désormais leurs cratères et vignes, oliveraies, vergers et forêts de châtaigniers prospèrent sur leurs pentes fertiles. De leur activité passée subsistent des sources d'eau chaude, notamment autour de Tivoli, de Viterbo et de Fiuggi. C'est au nord de Rome, cité qui n'a permis le développement d'aucune autre ville importante, au milieu de collines boisées, que se trouvent les plus beaux lacs. Au sud, les plages les plus agréables s'étendent entre Sabaudia et Gaeta dans le parco nazionale del Circeo.

LE LATIUM D'UN COUP D'ŒIL

Anagni **15**
Bomarzo **4**
Caprarola **5**
Cerveteri **7**
Frascati
  et les Castelli Romani **10**
Gaeta **19**
Lac de Bracciano **8**
Montecassino **14**
Montefiascone **3**
Ostia Antica **9**
Palestrina **12**
ROME p. 382-459
Sermoneta et Ninfa **16**
Sperlonga **18**
Subiaco **13**
Tarquinia **6**
Terracina **17**
Tivoli **11**
Tuscania **1**
Viterbo **2**

VOIR AUSSI

• *Hébergement* p. 592-593

• *Restaurants* p. 641-643

LÉGENDE

	Autoroute
	Route principale
	Route secondaire
	Petite route
	Parcours pittoresque
	Liaison ferrée principale
	Liaison ferrée secondaire
	Frontière régionale
	Sommet
△	Point de vue

Les monts Tolfa au sud-est du lac de Bracciano

Légende des autres symboles, *voir rabat de couverture*

Siena
Firenze
Acquapendente
Monti Volsini
Bolsena
Lago di Bolsena
Bagnoregio
Valentano
Farnese
Cellere
3 MONTEFIASCONE
Grosseto
BOMARZO 4
Orte
TUSCANIA **1** VITERBO **2** *Villa Lante*
Montalto di Castro
Montalto Marina
Riva dei Tarquini
Il Vetralla
Lago di Vico
5 CAPRAROLA
Marta
Capranica
Sutri
Civita Castella
TARQUINIA **6**
Lido di Tarquinia
Vejano
Monti Sabatini
Allumiere
Monti della Tolfa
LAKE BRACCIANO **8**
Bracciano
Anguillara
Civitavecchia
Santa Marinella
Isola Farnese
CERVETERI **7**
Ladispoli
Vatican City
Maccarese
Roma (Rome)
Focene
OSTIA ANTICA **9** Castel Ga
Lido di Ostia
Pomézia
Tor Vaianica
Lavinio Lido di E

M A R   T I R R E N O

La vieille ville domine la plage à Sperlonga

CIRCULER

Les deux aéroports internationaux du Latium, Fiumicino et Ciampino, sont ceux de Rome, ville d'où rayonnent les grands axes routiers de la région depuis un boulevard périphérique, le *Grande Raccordo Annulare*. Les deux autoroutes principales ne longent pas le littoral. L'A 1-E 45 relie Rome à Florence et Naples et l'A 24-E 80 franchit les Apennins jusqu'à Pescara sur l'Adriatique. Les bus de la COTRAL desservent les plus grandes villes et assurent des correspondances vers les petites localités depuis Rome, Latina, Frosinone, Viterbe et Rieti. En train, les liaisons intérieures sont lentes et peu fréquentes.

Palestrina s'accroche à flanc de colline

Ascoli Piceno

Accumoli

Cittareale
Amatrice

Leonessa **S4**

Monti Reatini
Posta

Monte Terminillo
△ *2216m*

Rieti
Antrodoco

S17
L'Aquila

Monte Nuria
△ *1888m*

Concerviano

Lago del Salto
Fiamignano

Lago di Turano
Borgorose

elibretti
cone Orvinio

Licenza
Avezzano

A24 **S5**
Cervara di Roma

TIVOLI
Monti Simbruini

Adriana
⓭ SUBIACO
Avezzano

Arcinazzo Romano

⓬ PALESTRINA

ATI
Monti Ernici

A1
Guarcino

ANAGNI ⓯
Crociaria **S155**
Alatri

Segni
Ferentino **S214**
Sora

lletri
Monti Lepini
Sacco
Monte Petroso
2247m

Frosinone
Arpino
Picinisco

Ninfa
S6
Pofi
Arce
Atina
Cardito

⓰ SERMONETA
Ceprano
Monte Cairo
1669m

Prossedi
⓮ MONTECASSINO

ina
Priverno
Pontecorvo

Pontino
S156
Pico
Liri
S6

Pontinia
Sonnino
Esperia
A1

Lago iano
Monti Ausoni
Fondi
S630
Napoli

S148 **S7**
Sisto
Monti Aurunci

Sabaudia
⓱ TERRACINA
Itri
Formia
Minturno

Lago di Sabaudia
⓲
S213

Capo Circeo
SPERLONGA
⓳ GAETA

Pozzuoli

Golfo di Gaeta

0 ——— 15 km

sola narola
Isola Zannone

Isole Ponziane

La loggia du Palazzo Papale à Viterbe

Viterbe ❷

60 000. FS ⬜ ℹ️ Ex Porta Romana Station (0761 30 47 95). ⬜ sam.

Importante colonie étrusque conquise par les Romains au IVᵉ siècle av. J.-C., Viterbe connut son âge d'or quand les papes s'y installèrent brièvement entre 1257 et 1281 avant de partir en Avignon. Les dommages subis pendant la Deuxième Guerre mondiale ont été réparés et la vieille ville ceinte de remparts présente toujours son aspect du Moyen Âge.

Dans le quartier le plus ancien et le mieux préservé, **San Pellegrino**, les maisons bordant ruelles sinueuses et placettes ornées de fontaines ont conservé fenêtres géminées, tours et escaliers extérieurs. Sur la piazza San Lorenzo se dresse le **Duomo** bâti au XIIᵉ siècle. Il associe un élégant campanile noir et blanc du XIVᵉ siècle, une solennelle façade du XVIᵉ siècle et un austère intérieur roman. À côté, le **Palazzo Papale**, doté d'une belle loggia, date du XIIIᵉ siècle. La via San Lorenzo mène à la piazza del Plebiscito dominée par les édifices civils de Viterbe. Des fresques par Baldassare Croce évoquant l'histoire, réelle et légendaire, de la cité ornent l'intérieur du **palazzo dei Priori** (XVᵉ siècle).

Hors des murs sur le viale Capocci, **Santa Maria della Verità** abrite de superbes fresques peintes au XVᵉ siècle par Lorenzo da Viterbo.

Tuscania ❶

Viterbe. 🏠 7 500. ⬜ ℹ️ Viale Trieste. ⬜ ven.

Les murailles et les tours de ce bourg fortifié s'aperçoivent de loin dans la plaine qui s'étend entre Viterbe et Tarquinia. Durement touchés par un tremblement de terre en 1971, ses édifices du Moyen Âge et de la Renaissance ont depuis été soigneusement restaurés.

Les deux plus intéressants se dressent hors des murs sur la colline rocheuse où s'implanta la colonie étrusque, conquise par les Romains en 300 av. J.-C., à l'origine de la ville.

Au pied de l'éminence, **Santa Maria Maggiore** présente une façade asymétrique typique du style roman lombard avec ses arcatures aveugles et sa belle rosace. Encadrée de motifs abstraits et de scènes bibliques, une Vierge à l'Enfant en marbre domine le portail principal. Le sanctuaire abrite dans une nef latérale une piscine de baptême du XIIᵉ siècle.

Également de style roman lombard, **San Pietro** s'élève au sommet de la colline à côté de deux tours médiévales et d'un palais épiscopal. Des mosaïques de marbres polychromes ornent son portail sous une rosace entourée des symboles des évangélistes. Bien que remanié au XIᵉ siècle, l'intérieur est resté fidèle à son plan du VIIIᵉ siècle avec ses colonnes trapues, ses chapiteaux sculptés de motifs végétaux et son pavement cosmatesque. La crypte mérite une visite

Façade de San Pietro, Tuscania

Petit mais superbe, le jardin Renaissance de la villa Lante est un des chefs-d'œuvre de Vignola

Hébergements et restaurants de la région, voir p. 592-593 et 641-643

Aux environs :

Au nord-est de Viterbe, la **villa Lante**, entreprise en 1477 pour le cardinal Gambera et achevée en 1578 sur des plans de Vignola, possède de superbes jardins Renaissance. Le ruissellement des fontaines imite le parcours d'un fleuve, torrent près de sa source qui s'apaise dans la plaine.

🏛 **Palazzo dei Priori**
Piazza Plebiscito. **Tél** 0761 34 82 41.
◯ mar.-dim. ◉ jours fériés. 🚻 ⚪

🏛 **Villa Lante**
Bagnaia. **Tél** 0761 28 80 08.
◯ mar. -dim. ◉ 1ᵉʳ jan., 1ᵉʳ mai, Pâques, 25 déc.🖼 🚻 aux jardins.

Montefiascone ❸

Viterbo. 🏠 13 000. FS 🚌 ℹ Largo Plebiscito 1 (0761 83 20 60). ⬛ mer.

Chapiteau du XIᵉ siècle à San Flaviano, Montefiascone

Cette jolie ville se perche sur le bord d'un ancien cratère volcanique entre la via Cassia et le lac de Bolsena dont elle offre une belle vue depuis l'esplanade proche des ruines de sa forteresse. Le Duomo, **Santa Margherita**, domine le cœur de la cité. Carlo Fontana lui donna vers 1670 sa coupole, la plus grande d'Italie après celle de Saint-Pierre de Rome.

Au pied de la ville en direction d'Orvieto, **San Flaviano** superpose deux églises : un sanctuaire du XIᵉ siècle tourné vers l'ouest et un autre du XIIᵉ siècle faisant face à l'est. Des fresques du XIVᵉ siècle et de beaux chapiteaux inspirés, pense-t-on, de la tradition étrusque, décorent l'intérieur.

La façade principale du palazzo Farnese de Caprarola

Aux environs :

À 15 km au nord, la station balnéaire de **Bolsena** a donné son nom au lac qu'elle borde. Des bateaux en partent pour les îles Bisentina et Martana.

Bomarzo ❹

Parco dei Mostri, Bomarzo.
Tél 0761 92 40 29. FS jusqu'à Viterbe. 🚌 de Viterbe (pas le dim. et les jours fériés). ◯ 8 h 30-1 h avant le coucher du soleil. 🖼 🚻

Le « sacro bosco » (bois sacré) proche du village de Bomarzo est un étrange jardin créé entre 1522 et 1580 par le duc Vicino Orsini en mémoire de sa défunte épouse. Des rochers sculptés en forme d'animaux gigantesques ou de monstres allégoriques y prennent au milieu de la végétation une vie fantastique (et, pour certains, chargée d'érotisme), qui séduisit les surréalistes.

L'un des étonnants monstres de pierre du « sacro bosco » de Bomarzo

Caprarola ❺

Viterbo. 🏠 4 900. 🚌 ℹ Via Filippo Nicolai 2 (0761 64 61 57). ⬛ mar.

Le **palazzo Farnese** (p. 380), sans doute la plus vaste des résidences de campagne édifiées au XVIIᵉ siècle par les riches familles romaines, domine la place principale de ce bourg médiéval. Dessiné par Vignola et bâti de 1559 à 1575, il doit sa forme pentagonale aux fondations d'une forteresse élevée un demi-siècle plus tôt sur des plans d'Antonio da Sangallo le Jeune. Un escalier en spirale orné de fresques par Tempesti conduit à l'étage de réception dont les frères Zuccari exécutèrent en 1560 la plupart des peintures murales, notamment celles évoquant des actes héroïques accomplis par Hercule et des membres de la famille Farnese.

Aux environs :

À 4 km à l'ouest de Caprarola, le **lac de Vico**, créé, selon la légende, par une massue qu'Hercule posa au sol, occupe en réalité un ancien cratère volcanique. Une réserve naturelle protège une grande partie des forêts des monts Cimini qui l'entourent et une route panoramique suit sa berge. Le meilleur endroit où se baigner se trouve au sud-ouest.

🏛 **Palazzo Farnese**
Caprarola. **Tél** 0761 64 60 52. ◯ mar.-dim. ◉ 1ᵉʳ jan., 1ᵉʳ mai, 25 déc. 🖼

Tumulus étrusques de la nécropole de Cerveteri

Tarquinia ❻

Viterbo. 🏛 15 000. FS 🚌 ℹ Piazza Cavour 1 (0766 84 92 82). 🛒 mer.

La ville d'origine, l'une des plus puissantes citadelles étrusques, occupait une position stratégique au nord-est de la Tarquinia actuelle sur une crête dominant la plaine côtière. Conquise par Rome au IVᵉ siècle av. J.-C., elle fut abandonnée par ses habitants après son invasion par les Sarrasins au VIᵉ siècle.

La cité elle-même ne manque pas de charme avec ses églises médiévales et sa grande place centrale, mais c'est son **Museo Archeologico** qui en constitue le principal intérêt. Sa collection d'objets d'art étrusques est en effet une des plus riches d'Italie. Elle comprend notamment de remarquables reconstitutions de tombes et un magnifique groupe sculpté en terre cuite du IVᵉ siècle av. J.-C. représentant des chevaux ailés *(p. 40)*.

Sur une colline située à 2 km se trouve la **nécropole** dont les

sépultures creusées dans le tuf ont révélé des peintures murales offrant un large et rare aperçu de la culture étrusque.

🏛 **Museo Archeologico e Necropoli**
Piazza Cavour. **Tél** 0766 85 60 36 ; 0766 55 63 08 (nécropole). 🕐 mar.-dim. ⬤ 1ᵉʳ janv., 1ᵉʳ mai, 25 déc. 🈲 🚫

Cerveteri ❼

Roma. 🏛 30 000. FS 🚌 ℹ Piazza Aldo Moro 1 (06 99 55 26 37). 🛒 ven.

Au VIᵉ siècle av. J.-C., l'antique Caere, riche et puissante cité étrusque, commerçait avec la Grèce et contrôlait un vaste territoire le long de la côte. Seule l'importance de sa **nécropole**, à 2 km du bourg actuel, témoigne encore de cette grandeur passée. Datant du VIIᵉ au Iᵉʳ siècle av. J.-C., les sépultures y forment une véritable ville parcourue de rues. Coiffées de tumulus, les plus importantes reproduisent l'intérieur d'une habitation avec ses différentes pièces. La tomba dei Rilievi (tombe des Reliefs) doit son nom aux stucs représentant outils, animaux et figures mythologiques qui la décorent. En ville, le petit **Museo Nazionale Cerite** présente quelques-uns des objets

découverts, mais les plus beaux se trouvent désormais dans de grands musées comme ceux du Vatican.

Aux environs :
À **Norchia** se visite une autre nécropole, creusée dans une falaise, tandis que l'amphithéâtre de **Sutri** est un des rares vestiges étrusques autres que funéraires à avoir subsisté.

🏛 **Necropolis**
Via delle Necropoli. **Tel** 06 994 00 01. 🕐 Tue–Sun. ⬤ public hols. 🈲

🏛 **Museo Nazionale Cerite**
Piazza Santa Maria. **Tel** 06 994 13 54. 🕐 Tue–Sun. ⬤ public hols. 🈲

Le lac de Bracciano ❽

Roma. FS 🚌 Bracciano. ℹ P. IV Novembre 6, Bracciano (06 99 84 00 34).

Une ruelle d'Anguillara sur le lac de Bracciano

Bracciano is a large lake famous for its fish, and popular for water sports and lakeside lunches.

Medieval **Anguillara**, to the south, is the prettiest of the lakeside towns with romantic views over the water. The main town, **Bracciano**, on the east shore, is dominated by the Orsini-Odescalchi fortress, a pentagonal 15th-century structure with frescoes by Antoniazzo Romano and other Tuscan and Umbrian artists.

♣ **Castello Orsini-Odescalchi**
Piazza Mazzini 14. **Tél** 06 99 80 23 79. 🕐 mar.-dim. ⬤ 1ᵉʳ jan., 25 déc. 🈲 🚫

Fresque provenant d'une tombe du IVᵉ siècle av. J.-C. exposée au Museo Archeologico de Tarquinia

Ostia Antica ➒

Viale dei Romagnoli 717, Ostia. **Tél**
06 56 35 80 99. M *Piramide, puis*
FS *de Porta San Paolo à Ostia Antica.*
Musée et fouilles ◻ *mar.-dim.*
8 h 30-1 h av. la nuit.. ● *1ᵉʳ janv.,*
1ᵉʳ mai, 25 déc. 🎫

Pendant plus de 600 ans, Ostia
fut le principal port de
Rome et un centre
commercial très actif. Son
déclin commença avec le
développement au
ivᵉ siècle du Portus
Romae établi sur l'autre
rive du Tibre. Les
limons du fleuve
recouvrirent une partie
des édifices antiques et
ils se trouvent désormais
à 5 km à l'intérieur des
terres.

Dégagées, les ruines offrent
une image très parlante de la
vie à cette époque. L'artère
principale, le **Decumanus
Maximus**, traverse le forum
où se dressait le plus grand
temple de la ville, le **Capitole**,
puis dépasse
le **théâtre**, restauré, qui
accueille en été des concerts
en plein air. Thermes,
boutiques, ateliers et
immeubles de rapport, ou
insulae, bordent la rue.

Les briques des
murs restaient
apparentes ou
étaient couvertes
de décorations

La cour intérieure
est restée une
caractéristique
des habitations
italiennes.

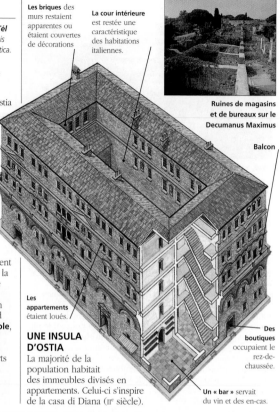

**Ruines de magasins
et de bureaux sur le
Decumanus Maximus**

Balcon

**Les
appartements**
étaient loués.

UNE INSULA
D'OSTIA
La majorité de la
population habitait
des immeubles divisés en
appartements. Celui-ci s'inspire
de la casa di Diana (iiᵉ siècle).

**Des
boutiques**
occupaient le
rez-de-
chaussée.

Un « bar » servait
du vin et des en-cas.

Frascati et les
Castelli Romani ➓

Roma. FS 🚌 *Frascati.* ℹ *Piazza
Marconi 1, Frascati (06 942 03 31).*
Villa Aldobrandini ◻ *lun.-ven. sur
autorisation de l'office du tourisme.*

Les monts Albains servent
depuis des siècles de lieu de
villégiature aux Romains. Des
villas les parsemaient pendant
l'Antiquité, puis le Moyen Âge
vit s'élever des châteaux pour
protéger les 13 villages qui les
jalonnent, d'où leur nom de
Castelli Romani. Aux xviᵉ et
xviiᵉ siècles, les familles
patriciennes y bâtirent de
luxueuses demeures de
campagne cernées de jardins
raffinés. Malheureusement,
les nazis établirent leurs
défenses dans les collines et
les bombardements alliés ont
causé de graves dommages.
Les vignobles des Castelli

Romani produisent un vin
blanc réputé.

Sur la place centrale de
Frascati se dresse la villa
Aldobrandini, majestueux
édifice entouré d'un parc
agrémenté de fontaines et de
statues. À trois km au sud,
l'abbazia di San Nilo fondée
en 1004 à **Grottaferrata**
abrite dans sa chapelle de
superbes fresques peintes en

1610 par le Dominiquin. À
6 km au sud, **Castel Gandolfo**
domine le lac d'Albano. Le
pape y a sa résidence d'été. Il
s'adresse à la foule depuis le
balcon du palais pontifical
dessiné par Carlo Maderno. À
10 km au sud-est s'étend le lac
de **Nemi** où se mirent le
village, renommé pour ses
fraises, et son château du
ixᵉ siècle.

Des pentes boisées entourent le petit lac de Nemi

Tivoli, en été havre de fraîcheur en comparaison de Rome

Tivoli ⓫

Roma. 🕌 57 000. 🚉 🚌 🛈 *Largo Garibaldi (0774 33 45 22).* 🏛 *mer.*

Ville en terrasses accrochée sur les pentes des collines Tiburini, Tivoli devint pendant l'Antiquité un lieu de villégiature apprécié de personnages restés aussi célèbres que Mécène ou Catulle. Les temples où ils rendaient hommage aux divinités demeurent visibles par endroits. La plupart ne subsistent que sous forme de vestiges, parfois incorporés à des édifices médiévaux, mais le temple de la Sibylle (ou de Vesta), dans le jardin du

Copies romaines de cariatides grecques à la villa Adriana

restaurant Sibilla bordant la rue du même nom, a conservé son élégance.

C'est la **villa d'Este** qui attire de nombreux visiteurs à Tivoli. Pirro Ligorio aménagea au XVIᵉ siècle pour le cardinal Hippolyte d'Este cette somptueuse résidence à partir d'un couvent bénédictin. Des fresques maniéristes ornent l'intérieur des bâtiments, mais ce sont les jardins, qui offrent le plus d'intérêt. Rocailles et jeux d'eau y composent en effet un décor visuel et sonore inoubliable, notamment sur le viale delle Cento Fontane. La fontaine de l'Orgue, restée impressionnante, jouait jadis de la musique grâce à un mécanisme hydraulique.

De l'autre côté de la ville, une puissante cascade jaillit dans le parc de **la villa Gregoriana** devenue aujourd'hui un hôtel.

Aux environs :
À 5 km à l'ouest de Tivoli, les ruines de la **villa Adriana**, résidence d'été bâtie par Hadrien de 125 à 135, offrent un cadre romantique où se promener ou pique-niquer. Ses souvenirs de voyage inspirèrent l'empereur quand il décida de son aménagement et il fit reproduire certaines des merveilles architecturales qu'il avait admirées dans le monde, notamment la Stoa Poikile, portique aux colonnes peintes où débattaient les philosophes stoïques d'Athènes. La propriété renfermait également deux thermes, des bibliothèques, un théâtre

grec, un pavillon installé sur un îlot et une reproduction du temple de Sérapis d'Alexandrie. Soucieux du détail, Hadrien éleva cette dernière au-dessus d'un canal artificiel, le Canope, imitant la voie navigable conduisant au sanctuaire égyptien.

🏛 **Villa d'Este**
Piazza Trento 1. **Tél** *0774 31 20 70.* ⬜
mar.-dim. ⬤ *1ᵉʳ janv., 1ᵉʳ mai, 25 déc.* ▨

🏛 **Villa Gregoriana**
Largo Sant'Angelo. **Tél** *06 39 96 77 01.* ⬜ *mar.-dim.* ⬤ *déc.-fév.*

♙ **Villa Adriana**
Tél *0774 53 02 03.* ⬤ *j. f.* ▨

Palestrina ⓬

Roma. 🕌 18 000. 🚌 🛈 *Piazza Santa Maria degli Angeli 2 (06 957 31 76).*

Fragment d'une mosaïque d'une crue du Nil, musée de Palestrina

Fondée au VIIIᵉ siècle av. J.-C., détruite par Sylla en 92 av. J.-C., la Praeneste antique devait son rayonnement à un immense complexe religieux dédié à la déesse Fortuna Primigenia où se rendaient certains des oracles les plus écoutés du monde romain. Reconstruit au Iᵉʳ siècle av. J.-C., il s'étageait à flanc de colline et la Palestrina médiévale s'est élevée sur ses ruines. Des vestiges de colonnes et de portiques jalonnent ainsi la montée vers le **palazzo Barberini** bâti à l'emplacement d'un temple circulaire. Il abrite le **Museo Nazionale Archeologico**.

🏛 **Museo Nazionale Archeologico**
Via Barberini. **Tél** *06 953 81 00.* ⬜
t.l.j. ⬤ *1ᵉʳ janv., 1ᵉʳ mai, 25 déc.* ▨

Subiaco ⑬

Roma. 🏠 9 000. 🚉 ℹ️ *Via Cadorna 59 (0774 82 20 13).* 🛒 *sam.*

Au Ve siècle, saint Benoît de Nursie et sa sœur Scholastique se retirèrent ici dans une grotte. Rejoints par des disciples, ils fondèrent douze couvents. Il n'en subsiste que deux. **Santa Scolastica** s'organise autour de trois cloîtres. Le premier date de la Renaissance, le deuxième est gothique et le troisième fut exécuté aux XIIe et XIIIe siècles par les Cosmas.

Plus haut, **San Benedetto** s'accroche à flanc de rocher au-dessus d'une gorge. Son église comprend deux niveaux. Gothique, l'église supérieure abrite des fresques siennoises du XIVe siècle. L'église inférieure, ornée de fresques du XIIIe siècle, donne accès au **Sacro Speco**, la grotte où saint Benoît resta trois ans et imagina la règle des bénédictins.

🏛 **Santa Scolastica**
3 km à l'E. de Subiaco. .
Tél *0774 824 21.* ⬜ *t.l.j.* 🚫 ♿

🏛 **San Benedetto**
3 km à l'E. de Subiaco. .
Tél *0774 850 39.* ⬜ *t.l.j.* 🚫 ♿

Montecassino ⑭

Cassino. **Tél** *0776 31 15 29.* 🚉 *Cassino puis bus.* ⬜ *t.l.j. 9 h-12 h 30, 15 h 30-18 h 30 (17 h nov.-mars).*

Fondée en 529 par saint Benoît, la première abbaye bénédictine devint un des grands centres intellectuels européens et ses moines pratiquaient la miniature, la fresque et la mosaïque. Il connut son apogée au XIe siècle.

Les Allemands s'y retranchèrent en octobre 1943 pour barrer la route de Rome aux Alliés qui venaient de prendre Naples et, malgré d'intenses bombardements, ils résistèrent pendant trois mois. Polonais, Américains, Français et Anglais périrent par milliers lors de la bataille de Cassino. 30 000 reposent dans le cimetière commémorant leur sacrifice

Rosace à Fossanova

LES MONASTÈRES DU LATIUM

Saint Benoît fonda vers 529 l'abbaye de Montecassino où il rédigea la règle bénédictine qui définit une pratique de la chasteté, de la pauvreté et de l'obéissance basée sur la prière, l'étude et le travail manuel. Richesse et puissance politique conduisirent de nombreux monastères à en oublier les principes et, au XIe siècle, les cisterciens éprouvèrent le besoin de revenir à sa source. Ils fondèrent leur première abbaye à Fossanova, puis s'établirent, entre autres, à Valvisciolo (au nord-est de Sermoneta) et à San Martino in Cimino (près du lac de Vico). Le dépouillement de leurs églises gothiques reflète leur aspiration à retrouver l'austérité et le recueillement prônés par saint Benoît.

L'abbaye de Montecassino, *qui datait du XVIIe siècle, fut reconstruite à l'identique après sa destruction en 1944.*

L'abbaye de San Benedetto *s'élève à Subiaco au-dessus de la grotte de saint Benoît. Un escalier taillé dans le roc descend jusqu'à la caverne où il prêchait les bergers.*

L'abbaye de Casamari, *fondée en 1035 à 14 km à l'est de Frosinone, fut reconstruite en 1203 par des cisterciens.*

Le village abandonné de Ninfa est devenu un superbe jardin

Anagni

Frosinone. 🏛 20 000. 🚉 🚌
ℹ️ *Piazza Innocenzo III (0775 72 78 52).* 🏪 *mer.*

Selon la légende, Saturne créa cinq villes, Anagni, Alatri, Arpino, Arche et Atina, dans le sud-est du Latium, une région appelée la Ciociaria car on y portait encore il y a trente ans les *ciocie*, des sandales en écorce.

Plusieurs tribus s'étaient implantées sur ce territoire avant sa conquête par les Romains : les Volsques, les Sannites et les Herniques. Elles ont laissé peu de traces en dehors des remparts extraordinaires dont elles entouraient leurs colonies, des fortifications si imposantes qu'elles ont pris le nom de « murs cyclopéens ».

Capitale des Herniques jusqu'à sa destruction en 309 av. J.-C. par les Romains, **Anagni** vit naître plusieurs papes au Moyen Âge, dont Boniface VIII qui fit construire à la fin du XIIIᵉ siècle un palais qui se dresse toujours dans la vieille ville superbement préservée. À l'emplacement de l'ancienne acropole, la cathédrale romane **Santa Maria** abrite un beau pavement cosmatesque exécuté en 1227 et des peintures murales de l'école siennoise du XIVᵉ siècle. Vassalletto sculpta en

1263 le baldaquin et le chandelier pascal. Un superbe ensemble de fresques des XIIᵉ et XIIIᵉ siècles orne les parois de la crypte.

Aux environs :
Perchée sur un flanc de colline planté d'oliviers à 28 km à l'est d'Anagni, **Alatri** fut une des plus importantes cités des Herniques et elle a conservé de son acropole du VIIᵉ siècle av. J.-C. une enceinte cyclopéenne longue de 2 km et haute de 3 m. Dans la ville médiévale, au-dessous des murailles, l'église romane Santa Maria Maggiore, très restaurée au XIIIᵉ siècle, possède une belle rosace.

À 40 km à l'est, **Arpino**, ville natale de Cicéron (106-43 av. J.-C.) dont le centre est resté

Porte ogivale de l'enceinte cyclopéenne d'Arpino

moyenâgeux, s'étend à 3 km des ruines de Civitavecchia où de remarquables murailles cyclopéennes comprennent une porte à la forme ogivale particulièrement rare.

Sermoneta et Ninfa

Latina. 🚉 *Latina Scalo.* 🚌 *de Latina.*
ℹ️ *Via Duca del Mare 19, Latina (0773 69 54 04).* **Ninfa Tél** *0773 63 39 35, 06 68 73 056 (réservation pour les groupes).*
⬜ *avr.-oct. : 1ᵉʳ sam. du mois (téléphoner pour d'autres dates).* 🕸️

Perché au-dessus de la plaine Pontine, Sermoneta est un bourg charmant dont les ruelles pavées sinuent entre des maisons, des églises et des palais médiévaux. Dans la nef droite de la collégiale, un panneau par Benozzo Gozzoli représente la Vierge portant la ville dans ses mains, ce qui permet d'en découvrir l'aspect au XVᵉ siècle. Imposante forteresse, le castello Caetani (XIIIᵉ et XVᵉ siècles) abrite des fresques mythologiques d'un élève du Pinturicchio.

La vallée qui s'étend au-dessous de Sermoneta renferme les ruines du village médiéval de **Ninfa** abandonné au XVIIᵉ siècle. En 1921, la famille Caetani les aménagea en un beau jardin botanique.

Hébergements et restaurants de la région, voir p. 592-593 et 641-643

Terracina ⑰

Latina. 🏘 40 000. 🚈 🚌 ℹ️ *Via Leopardi (0773 72 77 59).* 🚢 *jeu.*

Devenue aujourd'hui une station balnéaire, Terracina était pendant l'Empire romain un important centre commercial sur la via Appia. Abandonnée au Moyen Âge à cause de la malaria, elle reprit vie après les travaux de drainage entrepris au XVIIIᵉ siècle par Pie VI. La ville moderne, qui abonde en hôtels, restaurant et bars, s'étend sur le littoral au pied du quartier ancien, étonnant puzzle de vestiges antiques et de constructions médiévales.

Les bombardements de la Deuxième Guerre mondiale ont déterré une partie des structures de la ville romaine, notamment le dallage du forum, sur la piazza del Municipio où le **Duomo** conserve des éléments d'un temple romain, en particulier son escalier. Au sommet, une mosaïque du XIIᵉ siècle orne un portique. Le beau pavement de la cathédrale date du XIIIᵉ siècle. L'hôtel de ville voisin abrite les collections grecque et romaine du **Museo Archeologico**.

À trois kilomètres au-dessus de la ville, le podium et les fondations du temple de Jupiter Anxur coiffent le monte

Le Duomo de Terracina et son escalier antique

Sant'Angelo. Illuminée la nuit, cette vaste plate-forme élevée au Iᵉʳ siècle offre un panorama vertigineux de la plaine Pontine et de la baie de Terracina.

🏛 **Museo Archeologico**
Piazza Municipio. **Tél** 0773 70 73 13. 🕐 mar.-lun. matin. 🚫 jours fériés. 🖼

Sperlonga ⑱

Latina. 🏘 4 000. 🚌 ℹ️ *Corso San Leone 22 (0771 55 70 00).* 🚢 *sam.*

Ses plages de sable ont fait de Sperlonga une importante station balnéaire et bars, restaurants et boutiques ont envahi le village de pêcheurs original dont les maisons blanchies bordent ruelles et placettes sur un promontoire rocheux dominant la partie moderne de la ville qui s'est développée en bord de mer.

La région était déjà un lieu de villégiature pendant l'Antiquité et Tibère y avait, selon Suétone et Tacite, sa résidence d'été. En fouillant le site de sa villa, à 1 km au sud de Sperlonga sur la route de Gaeta, des archéologues ont découvert en 1957 une grotte ouverte sur la mer qui contenait de superbes groupes sculptés. Œuvres attribuées à Agesandros, Athanadoros et Polydoros, les artistes de Rhodes qui exécutèrent au Iᵉʳ siècle av. J.-C. le *Laocoon*

Campanile du XIIIᵉ siècle à Gaeta

(*p. 417*), ils représentent des épisodes de l'*Odyssée* d'Homère : *L'Aveuglement de Polyphème, L'Assaut de Scylla au navire d'Ulysse, Ménélas et Patrocle* et *L'Enlèvement du Palladium de Troie*. Ils s'admirent au **Museo Archeologico Nazionale** installé dans la zone archéologique.

🏛 **Zona Archeologica**
Via Flacca. **Tél** 0771 54 80 28. 🕐 t.l.j. 🚫 1ᵉʳ jan., 25 déc. 🖼

Gaeta ⑲

Latina. 🏘 22 000. 🚌 ℹ️ *Via Emanuele Filiberto 5 (0771 46 11 65).* 🚢 *mer.*

Le monte Orlando partage en deux cette cité dont le nom découlerait, selon Virgile, de celui de Caieta, la nourrice d'Énée qui y mourut. D'un côté, le quartier moderne et balnéaire s'étend le long des plages de sable de la baie de Serapo dans le golfe de Gaète. De l'autre, une puissante forteresse aragonnaise domine les maisons de la vieille ville.

Le plus beau monument de Gaeta est le campanile de son **Duomo**. De style roman mais marqué d'influences maures, il présente en décor des disques de faïence. À l'intérieur de la cathédrale, des épisodes des vies du Christ et de saint Érasme ornent le candélabre pascal du XIIIᵉ siècle. En bord de mer, la minuscule église de **San Giovanni a Mare** date du Xᵉ siècle et possède un sol en pente pour évacuer l'eau en cas de tempête.

Le littoral entre Gaeta et Terracina

L'ITALIE
DU SUD

L'Italie du Sud d'un coup d'œil

L'empreinte d'une histoire longue et mouvementée reste visible en Italie du Sud. La culture nouragique a laissé près de 7 000 édifices mégalithiques en Sardaigne, des ruines grecques jalonnent la côte méridionale de la péninsule et le littoral sicilien, Pompéi demeure telle qu'au moment de sa destruction en 79. Le Moyen Âge et le baroque ont paré de chefs-d'œuvre architecturaux Naples, la Pouille et la Sicile. Chaque terroir possède ses spécialités culinaires, à découvrir, ainsi que de superbes paysages, lors d'un vagabondage dans les régions les plus sauvages.

Abruzzo

Parco Nazionale d'Abruzzo

Su Nuraxi

SARDAIGNE
(p. 544-551)

Dans le Parco Nazionale d'Abruzzo, *une vaste réserve naturelle, vivent loups, ours et 300 espèces d'oiseaux* (p. 506-507).

Su Nuraxi, à Barumini, *fondé vers 1500 av. J.-C., est le plus connu des sites nouragiques de Sardaigne* (p. 549).

Le cloître
de la cathédrale de Monreale présente une décoration où styles arabe et roman se marient pour composer un chef-d'œuvre de l'architecture normande (p. 530-531).

Cathédrale de Monreale

La vallée des temples d'Agrigente, *en Sicile, renferme certaines des plus belles ruines grecques hors de Grèce. Doriques pour la plupart, elles datent des vi^e et ve siècles av. J.-C.* (p. 536).

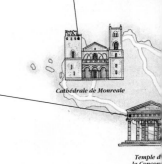

Temple de la Concorde

0   100 km

◁ **Vignes et citronniers sur la côte amalfitaine**

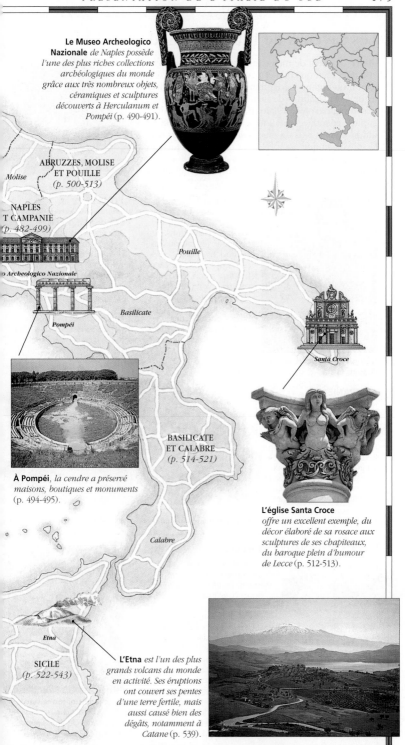

Le Museo Archeologico Nazionale *de Naples possède l'une des plus riches collections archéologiques du monde grâce aux très nombreux objets, céramiques et sculptures découverts à Herculanum et Pompéi (p. 490-491).*

ABRUZZES, MOLISE ET POUILLE
(p. 500-513)

Molise

NAPLES ET CAMPANIE
(p. 482-499)

o Archeologico Nazionale

Pompéi

Pouille

Basilicate

Santa Croce

BASILICATE ET CALABRE
(p. 514-521)

Calabre

À Pompéi, *la cendre a préservé maisons, boutiques et monuments (p. 494-495).*

L'église Santa Croce *offre un excellent exemple, du décor élaboré de sa rosace aux sculptures de ses chapiteaux, du baroque plein d'humour de Lecce (p. 512-513).*

Etna

SICILE
(p. 522-543)

L'Etna *est l'un des plus grands volcans du monde en activité. Ses éruptions ont couvert ses pentes d'une terre fertile, mais aussi causé bien des dégâts, notamment à Catane (p. 539).*

Les saveurs de l'Italie du Sud

« Terre du soleil de midi », le Mezzogiorno est majestueux et fertile, bien qu'aride et pauvre par endroits. C'est la région du régime méditerranéen, avec ses superbes légumes et ses fruits de mer, ses herbes aromatiques et son huile d'olive fruitée. L'agneau est la viande la plus répandue. La Pouille est la région d'Italie qui produit le plus de raisins et d'olives, tandis que le sol volcanique est idéal pour cultiver des légumes, des fruits et des vignes. Naples est le lieu de naissance de la pizza et la région produit l'une des meilleures mozzarellas.

Herbes variées

à des rubans). La cuisine locale utilise largement l'huile d'olive, l'ail, les piments et les citrons. Le poulpe et les calmars, les anchois, les moules et les palourdes sont d'excellents fruits de mer. L'agneau, le chevreau, le buffle et le cheval font partie des viandes les plus appréciées. Enfin, les pâtisseries et les glaces sont des spécialités traditionnelles de la région.

POUILLE

Près de 80 % des pâtes italiennes et la plupart du poisson du pays proviennent de cette région, qui possède 400 km de côtes. Le porc, la volaille et le bœuf y sont des viandes rares, alors que celles d'agneau, de cheval et de chevreau sont plus communes. La pâte la plus populaire est l'*orecchiette*, en forme d'oreille. Les légumes et

Fromager sicilien portant un seau de ricotta fraîche

CAMPANIE

Naples est célèbre pour la pizza, pour la sauce à base de tomate servie avec les pâtes et pour l'association tomate-mozzarella. Les longues tomates effilées de San Marzano, à Salerno, sont particulièrement appréciées. Les pâtes ont ici une forme de tube (alors que dans le nord elles ressemblent plutôt

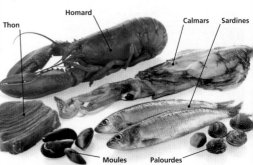

Homard

Thon

Calmars   **Sardines**

Moules   **Palourdes**

Plateau de fruits de mer du littoral méridional

PLATS RÉGIONAUX ET SPÉCIALITÉS

Les Napolitains se surnomment eux-mêmes *mangia macaroni*, ou mangeurs de macaroni. Certaines sauces classiques sont originaires de Naples, telles que la *puttanesca*, sauce forte aux tomates, anchois, piments, câpres et olives. La *zuppa di cozze* (moules dans une sauce chaude au

Figues

poivre) est une spécialité de la côte campanienne. Le poulpe a une saveur particulière, servi dans des plats tels que le *polpo all luciana*, mijoté dans les tomates et l'huile d'olive, avec du persil et de l'ail. Les *orecchiette con cime di rapa* (« petites oreilles aux pousses de navets ») sont un plat des Pouilles, tout comme l'*agnello allo squero* – agneau rôti à la broche avec du thym et des herbes. Quant à la *cassata Siciliana*, c'est un mélange de biscuits de Savoie et de ricotta, de liqueur, de fruits confits et de pistaches.

Maccheroncini con le sarde
Macaroni siciliens agrémentés de sardines, fenouil, pignons, raisins, chapelure et safran.

Tresses de tomates de vigne suspendues au-dessus d'un étal de marché du sud

les fruits, dont les figues, les coings et les noix, poussent généralement à l'état sauvage. Parmi les fromages, on peut citer, outre la mozzarella, la ricotta, les fromages de brebis et les fromages fumés.

SICILE

La cuisine sicilienne est, à l'image de son histoire, influencée par les cultures étrangères. L'île a, en effet, subi plusieurs invasions. Au VIIIe siècle, les colons grecs furent stupéfaits de la fertilité du sol volcanique. Le riz fut introduit sur l'île par les Arabes. L'influence de la cuisine nord africaine se remarque dans le *cuscusu* (couscous) ainsi que dans des plats sucrés et épicés parfumés aux citron, amandes et raisins. L'agneau et le porc sont élevés dans les pâturages de montagne. Le poisson est excellent, surtout les sardines, le thon, les anchois et l'espadon. Les légumes sont délicieusement charnus. La ricotta de lait de brebis fait partie des ingrédients de nombreux pâtisseries et entremets, tels que la *cassata* sicilienne.

Olives fraîchement récoltées, prêtes à être pressées

AUTRES RÉGIONS

Les Abruzzes et le Molise montagneux sont propices à l'élevage des moutons. L'agneau est ainsi une spécialité de la région, tout comme les pâtes « à la guitare » (*Maccheroni alla chitarra*). En Basilicate et en Calabre, les plats sont très épicés. Le pain non levé, mince comme du papier à cigarette – *carta da musica* (papier à musique) – est une spécialité sardaignaise. Évoquons aussi le miel, le jambon de sanglier sauvage et les grives, ainsi que le *torrone*, délicieux nougat aux amandes.

AU MENU

Arancini Boulettes de riz de Campanie généralement farcies de viande, fromage ou légume.

Caciocavallo Fromage de lait de vache, spécialité d'Avelino en Campanie.

Insalata caprese Salade de Campanie avec mozzarella, tomate, basilic, olives et origan.

Maccheroni di fuoco Spécialité de pâtes de Basilicate, agrémentées d'ail et de piment.

Porcheddu Petit cochon de lait sardaignais rôti à la broche.

Sebadas Beignets de Sardaigne, frits et enrobés de miel.

Pizza Napoletana *Pizza à la croûte fine garnie de tomate, d'ail, d'origan, de basilic et d'anchois.*

Pesce spada *En Campanie, Pouille et Sicile, le steak d'espadon est frit ou grillé avec citron et origan.*

Sfogliatella *Couches de pâte très fines garnies de beurre, sucre, cannelle, zeste d'orange et ricotta.*

L'architecture de l'Italie du Sud

L'architecture romane doit beaucoup en Italie méridionale aux Normands venus de France qui s'imposèrent aux XIe et XIIe siècles. S'ils reprirent la Sicile aux Sarrasins, ils gardèrent à leur cour de Palerme des artistes musulmans dont l'influence, souvent mêlée à des apports byzantins, marque de nombreux édifices de cette époque. Au XVIIe siècle, ce sont le baroque romain et les traditions hispaniques qui se métissent dans une région alors sous

Décor baroque à la villa Palagonia de Bagheria

contrôle espagnol. Ce mariage donne lieu à des déclinaisons différentes : décor foisonnant à Lecce, en Pouille, majesté des volumes à Naples.

L'ARCHITECTURE ROMANE

Tours latérales

Marbres cosmatèques

Arcs entrecroisés

Mosaïques exécutées en 1143

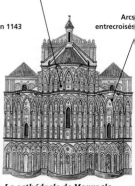

Riche ornementation

Arcs entrecroisés

La cathédrale de Cefalù, *entreprise par Roger II en 1131, est, avec ses tours massives caractéristiques, l'une des grandes églises normandes de Sicile (p. 535).*

Une mosaïque byzantine *du Christ Pantocrator orne la Cappella Palatina (p. 526).*

La cathédrale de Monreale, *bâtie par le Normand Guillaume II à partir de 1172, possède un chevet polychrome au décor arabisant (p. 530-531).*

L'ARCHITECTURE BAROQUE

Escalier monumental

Perspective sur le couloir

Statue de lion

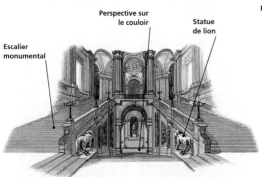

Putti

Draperie rythmant la composition

Le Palazzo Reale *de Caserte, entrepris en 1752 par Luigi Vanvitelli pour Charles III, devait rivaliser par son ampleur avec Versailles. Des effets de perspective renforcent l'impression d'espace offerte par le vestibule d'où un escalier d'apparat conduit aux appartements royaux (p. 496).*

Les stucs *de l'oratorio di Santa Zita témoignent à Palerme du caractère enjoué de l'art du maître baroque Giacomo Serpotta (p. 529).*

OÙ VOIR L'ARCHITECTURE DE L'ITALIE DU SUD

Avec le nord de la Sicile aux villes ornées de superbes cathédrales normandes, la Pouille est la région la plus riche en églises romanes. Parmi les plus belles figurent celles de Trani *(p. 509)*, de Canosa, de Molfetta et de Bitonto près de Bari ; celle de Ruvo di Puglia *(p. 510)* ; celle de San Leonardo di Siponto sur le promontoire du Gargano ; et celle de Martina Franca près

Portail du Duomo de Ruvo di Puglia

d'Alberobello. Le baroque fleurit à Naples et en Pouille, notamment à Lecce *(p. 512-513)*. En Sicile, s'il s'admire avant tout à Palerme *(p. 526-527)*, Bagheria *(p. 532)*, Noto, Modica, Raguse et Syracuse *(p. 542-543)*, les églises de Piazza Armerina *(p. 537)*, Trapani *(p. 532)*, Palazzolo Acreide (près de Syracuse) et Acireale (près de Catane) méritent également une visite.

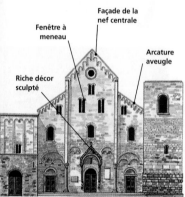

Fenêtre à meneau — Façade de la nef centrale — Arcature aveugle — Riche décor sculpté

La basilica di San Nicola *de Bari, consacrée en 1197 et modèle de nombreuses églises de la Pouille, est typique de l'architecture normande avec ses deux tours et sa façade divisée à l'image de l'intérieur (p. 510).*

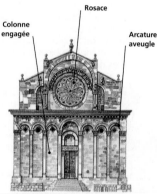

Colonne engagée — Rosace — Arcature aveugle

La cathédrale de Troia *(1093-1125), à la façade d'inspiration pisane, présente des éléments de décor byzantins et arabes (p. 508-509).*

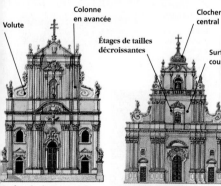

Volute — Colonne en avancée

La façade du Duomo *de Syracuse (1728-1754) par Andrea Palma joue sur le contraste entre courbes et droites (p. 542-543).*

Étages de tailles décroissantes — Clocher central — Surface courbe

San Giorgio *(1738-1775), à Raguse, possède une façade par Gagliardi dont le décor entraîne le regard vers le clocher (p. 547).*

Décoration sculptée

La chiesa del Rosario *de Lecce, bâtie par Lo Zingarello à partir de 1691, présente une foisonnante décoration sculptée (p. 612-613).*

Les Grecs en Italie du Sud

Les premiers Grecs s'installèrent en Italie dès le XIᵉ siècle av. J.-C. près de Naples. Cinq siècles plus tard, les colonies formant la Grande-Grèce étaient devenues une importante puissance commerciale en Méditerranée. Leurs cités, où vécurent Pythagore, Archimède et Eschyle, se parèrent de temples et de monuments et leurs vestiges comprennent certaines des plus belles ruines hellènes. Elles s'admirent notamment à Syracuse et Gela en Sicile, et à Crotone, Locri et Paestum dans la péninsule. Les excellents musées archéologiques de Syracuse, Naples et Tarente présentent les objets découverts dans les sites de fouilles.

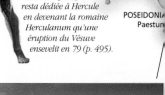

KYME
Cuma
NEAPOLIS
Napoli
HERAK
Ercolar
POSEIDONIA
Paestun

L'Héraklia grecque *resta dédiée à Hercule en devenant la romaine Herculanum qu'une éruption du Vésuve ensevelit en 79 (p. 495).*

De Poséidonia (*actuelle Paestum*), *cité dédiée au dieu de la Mer, subsistent des ruines du vrᵉ siècle av. J.-C., notamment deux des plus beaux temples doriques d'Europe* (p. 498-499).

L'Etna *abritait, pensait-on, la demeure d'Héphaïstos (Vulcain) et les forges des Cyclopes* (p. 539)

Tyndaris fut une des dernières cités grecques fondées en Sicile.

LIPAR
Lipa
TYNDA
Tin

PANORMOS
Palermo

Eryx, qui fonda la ville, était le fils d'Aphrodite et de Poséidon.

ERYX
Erice
EGESTA
Segesta
SOLUS
Solunto
HIMERA
Himera

HENNA
Enna
KA
C

SELINUS
Selinunte

Dédale, le père d'Icare, est, selon la légende, le fondateur d'Agrigente.

Vallée des temples

AKRAGAS
Agrigento

MEGARA HYE
M

GELA
Gela

Arche
Reç
Pac

Gela connut une grande prospérité sous Hippocrate au vᵉ siècle av. J.-C.

Egesta *était une colonie des Élymes, peuple dont les origines remontent peut-être à Troie. L'influence de ses voisins grecs marque cependant les ruines du théâtre et du temple qui nous sont parvenues* (p. 534).

0   100 m

Eschyle *mourut à Gela en 456 av. J.-C. Père de la tragédie grecque, il écrivit notamment* Prométhée enchaîné, Les Suppliantes *et* Sept contre Thèbes.

Metaponto accueillit Pythagore chassé de Crotone. Les ruines comprennent celles d'un théâtre et les Tavole Palatine, vestiges d'un temple dorique (p. 519).

À Taras vécurent le philosophe et savant Archytas et Aristoxène, l'auteur du premier traité de musique.

Museo Archeologico Nazionale

Museo Nazionale di Metaponto

Basento

METAPONTION • Metaponto

SIRIS • Nova Siri

SYBARIS • Sibari •

THURII Thuri

KROTON Crotone •

• TARAS Taranto

LA GRÈCE ET SES COLONIES

☐ vıⁱ-vᵉ siècles av. J.-C.

Sybaris acquit une telle richesse grâce au commerce que la vie de plaisirs menée par ses habitants, les Sybarites, reste une référence.

Taras fut fondée par des Spartiates au vıııᵉ siècle av. J.-C..

Crotone devint vers 540 av. J.-C. le centre d'où le grand penseur et mathématicien Pythagore diffusa sa philosophie. Le renversement du gouvernement fondé par ses disciples l'obligea à l'exil après 30 ans de séjour.

Locri Epizephiri fut la première cité grecque dotée de lois écrites

NKLE-SSENE ssina

• LOKROI Locri Epizefiri

RHEGION Reggio di Calabria

i Naxos

Dans le détroit de Messine (p. 538), *Ulysse dut affronter Charybde, le tourbillon créé par la rencontre de deux mers. Un autre danger guettait les marins antiques : les sirènes. On voit ici le héros de L'Odyssée d'Homère attaché au mât de son navire pour résister à leur chant ensorcelant.*

Le philosophe Platon séjourna à Syracuse et conseilla son souverain, Denys le Jeune.

OUSAI

Archimède , *mathématicien et ingénieur, naquit à Syracuse vers 287 av. J.-C. Parmi ses découvertes figurent le théorème et la vis qui portent toujours son nom (p. 542-543).*

DÉMÉTER ET PERSÉPHONE

À Enna *(p. 521)* se trouvait pendant l'Antiquité le centre religieux le plus important de Sicile, le temple de Déméter, déesse de la Terre, érigé en 480 av. J.-C. Selon la légende, c'était en effet dans un champ voisin qu'Hadès, seigneur des Enfers, avait entraîné de force Perséphone, fille de Déméter et de Zeus, dans son royaume souterrain. Le chagrin de Déméter rendit la terre stérile et plongea les hommes dans la famine. Le maître des dieux accepta d'intervenir et d'imposer la libération de sa fille à une condition : qu'elle n'ait rien mangé chez Hadès. Or, elle s'était laissé tenter par une graine de grenade. Depuis, Perséphone doit donc chaque année retourner plusieurs mois dans le royaume des Enfers, ces mois d'hiver où la végétation ne pousse pas. Pendant son séjour terrestre, du printemps à l'automne, la nature retrouve sa fertilité.

Statue de Perséphone

NAPLES ET CAMPANIE

Capitale de la Campanie, Naples est une des rares cités d'Europe à n'avoir jamais cessé de jouer un rôle de premier plan depuis l'Antiquité. Prospère colonie grecque puis romaine, elle réussit à défendre son autonomie après la chute de l'Empire, puis se donne en 1140 au Normand Roger II. Charles d'Anjou en fait en 1282 la capitale d'un royaume qui prendra diverses formes en sept siècles.

Vacarme, décrépitude et pauvreté règnent au centre historique de Naples comme dans les banlieues qui la cernent le long de la superbe baie où s'est développée son agglomération de plus de 2,5 millions d'habitants. Mais il règne aussi dans ces ruelles bordées d'une multitude de palais et d'églises baroques une vie d'une exubérance qui transcende la misère. À l'ouest de la ville s'élève le Vésuve et dans son ombre s'étendent les ruines de Pompéi et d'Herculanum, cités recouvertes par une éruption en 79. Les objets qui y furent mis au jour ont fait du musée archéologique de Naples l'un des plus beaux du monde.

Au large se trouvent les jolies îles de Capri, d'Ischia et de Procida. L'Antiquité a laissé de nombreux vestiges en Campanie, superbes temples grecs comme à Paestum ou ruines romaines telles celles de Bénévent ou Santa Maria Capua Vetere et Pozzuoli. Au sud de Naples, d'agréables stations balnéaires jalonnent la côte amalfitaine aux paysages d'une rare beauté. À l'intérieur des terres, de riches plaines et plateaux agricoles fournissent les légumes et les fromages qui constituent, avec les produits de la mer, la base d'une cuisine simple et saine. Le haut pays, peu visité, offre un visage plus austère.

Dans le Quartieri Spagnoli de Naples

◁ Maisons de pêcheurs sur l'île de Procida dans la baie de Naples

À la découverte de Naples et de la Campanie

Métropole anarchique, Naples offre la base la plus centrale d'où explorer la Campanie. Au nord, des plaines verdoyantes s'étendent jusqu'à Santa Maria Capua Vetere. À l'est se trouve la province montagneuse de Bénévent. Au-delà du Vésuve, Avellino reste marquée par les tremblements de terre dans une cuvette cernée de montagnes. Le littoral, au nord de Naples, présente moins d'intérêt que les ruines romaines qui le bordent, en particulier celles de Cumes. Au sud, cependant, la côte Amalfitaine est spectaculaire. Après la presqu'île de Sorrente, la côte offre, à l'instar des îles de Capri, Ischia et Procida, de belles plages où se baigner.

LA CAMPANIE D'UN COUP D'ŒIL

Bénévent **5**
Capri **9**
Caserte **4**
Côte Amalfitaine **6**
Ischia et Procida **10**
Naples (Napoli) p. 486-493 **1**
Paestum **8**
Pompéi p. 494-495 **2**
Salerne **7**
Santa Maria Capua Vetere **3**

LÉGENDE

▬▬	Autoroute
▬▬	Route principale
▬▬	Route secondaire
▬▬	Petite route
▬▬	Parcours pittoresque
—	Liaison ferrée principale
—	Liaison ferrée secondaire
▬▬	Frontière régionale
△	Point de vue

0   25 m

Une rue de Naples vue depuis Santa Maria Maggiore

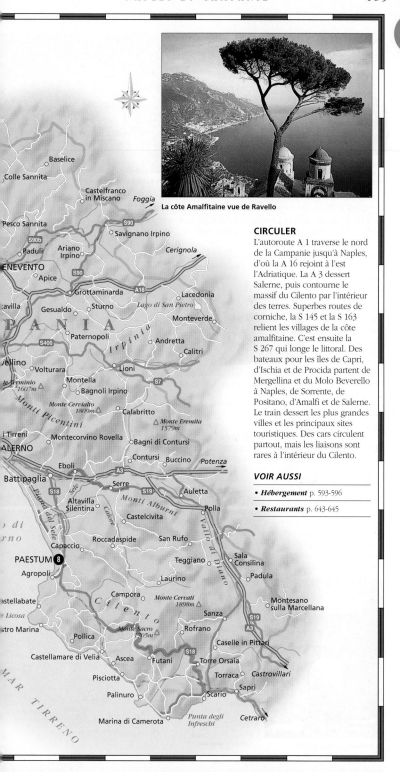

Baselice

Colle Sannita

Castelfranco
in Miscano *Foggia*

Pesco Sannita

S90

Paduli
Ariano
Irpino

Savignano Irpino

BENEVENTO

Apice
Cerignola

S90

Grottaminarda A16

Lacedonia

cavilla

Gesualdo Sturno
Lago di San Pietro

Monteverde

PANIA

Paternopoli

Irpinia

Andretta

S400

Calitri

ellino
Volturara
Lioni

te *Terminio*
1607m

Montella

Bagnoli Irpino

S7

Monte Cervialto
1809m

Calabritto

Monte Eremita
1579m

Monti Picentini

i Tirreni

Montecorvino Rovella

Bagni di Contursi

ALERNO

Contursi Buccino *Potenza*

Eboli

A3

Battipaglia

Serre

S18

S19

Sele

Auletta

Altavilla
Silentina

Monti Alburni

Polla

Castelcivita

Calore

o di
rno

Roccadaspide

San Rufo

Valli di Diano

Capaccio

Piana del Sele

PAESTUM **8**

Teggiano

Sala
Consilina

Agropoli

Laurino

Padula

astellabate

Campora
Cilento

Monte Cervati
1898m

Licosa

Sanza

Montesano
sulla Marcellana

stro Marina

Monte Sacro
1705m

Rofrano

S19

A3

Pollica

Caselle in Pittari

Castellamare di Velia
Ascea

Futani

S18

Torre Orsaia

Castrovillari

Pisciotta

Torraca

Palinuro

Scario

Sapri

MAR

TIRRENO

Marina di Camerota

Punta degli
Infreschi

Cetraro

La côte Amalfitaine vue de Ravello

CIRCULER

L'autoroute A 1 traverse le nord de la Campanie jusqu'à Naples, d'où la A 16 rejoint à l'est l'Adriatique. La A 3 dessert Salerne, puis contourne le massif du Cilento par l'intérieur des terres. Superbes routes de corniches, la S 145 et la S 163 relient les villages de la côte amalfitaine. C'est ensuite la S 267 qui longe le littoral. Des bateaux pour les îles de Capri, d'Ischia et de Procida partent de Mergellina et du Molo Beverello à Naples, de Sorrente, de Positano, d'Amalfi et de Salerne. Le train dessert les plus grandes villes et les principaux sites touristiques. Des cars circulent partout, mais les liaisons sont rares à l'intérieur du Cilento.

VOIR AUSSI

- *Hébergement* p. 593-596

- *Restaurants* p. 643-645

Naples ❶

Compact et riche en églises et palais, le centre de Naples s'organise autour de la piazza del Plebiscito et de quelques rues principales, notamment la via Toledo qui rejoint au nord la piazza Dante. À l'est de cette artère commerçante, les étroites via del Tribunale et via San Biaggio dei Librai traversent le cœur historique et bruyant de la cité. Au sud de la piazza del Plebiscito s'étend le quartier Santa Lucia, à l'ouest se trouvent le port de Mergellina et la colline résidentielle du Vomero.

Saint Janvier, protecteur de Naples

La baie de Naples et le Vésuve

À la découverte du quartier de la cathédrale

Le nord-est de Naples renferme nombre des trésors artistiques et architecturaux de la ville, notamment le Museo Archeologico Nazionale et ses collections romaines provenant de Pompéi et Herculanum. Du Duomo gothique à la Porta Capuana Renaissance, les édifices y présentent une grande variété de styles.

Tombeau de Ladislas, San Giovanni a Carbonara

restauration de monuments. Bien que ce roi de Naples mourût excommunié, derrière le maître-autel se dresse le tombeau de Ladislas (1386-1414), chef-d'œuvre de Marco et Andrea da Firenze. La chapelle qui s'ouvre derrière présente un beau pavement de majoliques et des fresques du XVe siècle.

🏛 San Giovanni a Carbonara
Via Carbonara 5. **Tél** 081 29 58 73.
⭘ t.l.j. 9 h-13 h.
Le travail effectué dans cette église édifiée en 1345 pour effacer les outrages causés par les bombardements de la dernière guerre et des années de manque d'entretien est une des rares réussites à inscrire dans les annales napolitaines de la

🚪 Porta Capuana et Castel Capuano
Piazza Enrico de Nicola.
Encadrée de deux grosses tours qui faisaient partie des fortifications érigées par les Espagnols, la Porta Capuana, œuvre de Giuliano da Maiano achevée en 1490 par Luca Fancelli, avec ses sculptures délicates, la plus belle porte Renaissance d'Italie. Devant s'étend un marché très animé. Non loin, le Castel Capuano, entrepris par le roi normand Guillaume Ier et achevé par Frédéric II de Souabe, servit de résidence royale jusqu'en 1540. Il abrite le palais de Justice.

La Porta Capuana, superbe monument Renaissance

0 —————— 250 m

Museo di Capodimonte
Catacombe di San Gennaro

① Museo Archeologico Nazionale
🅼 **Museo**

PIAZZA CAVOUR
VIA FORIA
P.TA CAPUANA
P.TA GAGLIARDI
LARGO MADONNA D. GRAZIE
VIA E. PESSINA
VIA BROGGIA
VIA SAPIENZA V. DEL GIUDICE
VIA BELLINI

Santa Maria Maggiore della Pietrasanta
PIAZZA MIRAGLIA
PIAZZA BELLINI
V. PORTALBA
PIAZZA DANTE
🅼 **Dante**

⑪ S. Domenico Maggiore
PIAZZA S. D. MAGGIORE

Gesù Nuovo ⑬
Santa Chiara ⑫ ⓘ
PIAZZA DEL GESÙ NUOVO
VIA S. CROCE

VIA TOLEDO

PIAZZA CARITA'
⑭ Sant'Anna e San Bartolomeo dei Lombardi
VIA MONTEOLIVETO
PIAZZA MATTEOTTI
VIA A. DIAZ
VIA G. SANFELICE

Quartieri Spagnoli ⑯
VICO GIARDINETTO
VIA S. GIACOMO
VICO DELLA TOFA
VIA P. E. IMBRIANI
PIAZZA MUNICIPIO

Stazione Toledo 🚇
VIA S. BRIGIDA
Museo Nazionale di San Martino
Villa Floridiana
Castel Sant'Elmo

⑰ Galleria Umberto I
ⓘ Teatro San Carlo ⑰
PIAZZA TRIESTE E TRENTO

Castel Nuovo ⑮
Mo Bever

VIA NARDONES
VIA CHIAIA
Museo Principe di Aragona Pignatelli Cortes

ⓘ ⑱ Palazzo Reale
PIAZZA PLEBISCITO
Giardini Pubblici
Molo San Vincenzo

POZZUOLI
VIA CESARIO CONSOLE
VIA F. ACTON

Castel dell'Ovo
Santa Lucia
MERGELLINA

Hébergements et restaurants de la région, voir p. 593-596 et 643-645

NAPLES D'UN COUP D'ŒIL

À l'intérieur du Duomo

🅰 Duomo

Via Duomo 147. **Tél** 081 44 90 97. ⬜ t.l.j. (dim. mat. seul.)

Élevée de 1294 à 1323, la cathédrale San Gennaro possède une façade du XIXᵉ siècle percée de trois élégants portails sculptés en 1407. À l'intérieur, des colonnes antiques renforcent les piliers séparant les trois nefs. D'une richesse d'ornementation toute baroque, la cappella San Gennaro (3ᵉ chapelle à droite), décorée de peintures par Lanfranco et le Dominiquin, abrite les ampoules contenant son sang coagulé. Celui se liquéfie miraculeusement deux fois par an, assurant les Napolitains que leur protecteur martyrisé en 305 veille toujours sur eux. Le reste de ses reliques se trouve dans la capella Carafa, joyau Renaissance bâti entre 1497 et 1506.

Le bas-côté gauche donne accès à la basilica di Santa Restituta fondée au IVᵉ siècle sur le site d'un temple d'Apollon et remaniée au XIVᵉ siècle. Dans sa nef droite, le baptistère du Vᵉ siècle a conservé de belles mosaïques. À proximité, un musée (081 29 49 80) abrite une belle collection d'argenterie.

MODE D'EMPLOI

🔲 1 300 000. ✈ Capodichino, 4 km au N-O. 🚉 Centrale, P. Garibaldi. 🚌 P. Garibaldi. 🚢 Stazione Marittima, Molo Beverello & Mergellina. 🚹 P. del Gesù Nuovo (081 551 27 01), Stazione Centrale (081 268 779). 🗓 t.l.j. 📅 19 sept. : San Gennaro. **www**.inaples.it

🅰 Pio Monte di Misericordia

Via Tribunali 253. **Tél** 081 44 69 44. ⬜ lun.-sam. 9 h-13 h 30. **Galerie** ⬜ mar., jeu., sam matin. 📷 sur réserv.

Bâtie au XVIIᵉ siècle, l'église octogonale appartenant à cette association charitable recèle les *Sept œuvres de Miséricorde* (1607) du Caravage. La collection de peintures de la galerie d'art comprend des toiles par Luca Giordano et Mattia Preti.

🅰 Cappella Sansevero

Via Francesco de Santis 19. **Tél** 081 551 84 70. ⬜ mer.-lun. 10 h-17 h 40 (dim. : jusqu'à 13 h 10) 📷 📷 ♿ (église).

Chapelle funéraire de la famille Sangro di Sansevero, ce petit sanctuaire du XVIᵉ siècle doit sa riche décoration baroque, où se mêlent symboles maçonniques et chrétiens, au prince Don Raimondo, personnage excentrique féru d'expériences étranges. Il réussit en particulier à ne conserver d'un homme et d'une femme enceinte que le squelette et le réseau formé par les vaisseaux sanguins. Ces « écorchés » sont exposés dans la crypte.

Des statues du XVIIIᵉ siècle d'une étonnante virtuosité ornent la chapelle. Sculptée par Antonio Corradini, la *Pudeur* prend ainsi l'apparence d'une femme aux formes voluptueuses évoquées par un voile. En face, de l'autre côté du chœur, le *Désespoir* se débat contre le filet qui l'emprisonne. Moulé par un suaire, le *Christ mort* de Giuseppe Sammartino prend une présence saisissante.

Le Christ mort (1753) par Sammartino dans la cappella Sansevero

À la découverte du centre de Naples

La partie de Santa Lucia délimitée par la via Duomo à l'est, la via del Tribunale au nord, la via Toledo à l'ouest et la mer au sud forme le centre le plus ancien de Naples. De nombreuses églises des XIVe et XVe siècles ajoutent au plaisir de découvrir l'animation de ses rues.

Somptuosité baroque à San Giorgio Armeno

🔒 San Lorenzo Maggiore

Via Tribunali 316. **Tél** 081 29 05 80.
Église 🔲 t.l.j. 9 h-13 h, 15 h-18 h.
🔲 **Fouilles** 🔲 lun.-sam. 10 h-17 h, dim. 10 h-13 h 30. 🖼️

Cette église franciscaine bâtie aux XIIIe et XIVe siècles pendant le règne de Robert le Sage d'Anjou connut un important remaniement baroque, puis une restauration qui lui rendit son austérité gothique mais lui laissa sa façade du XVIIIe siècle. C'est là que Boccace (1313-

Le déambulatoire de San Lorenzo Maggiore atteste une influence française

1375) aurait rencontré en 1334 Maria d'Aquino, fille naturelle de Robert qui lui inspira l'*Elegia di Madonna Fiammetta*.

Le sanctuaire abrite de beaux tombeaux, dont celui sculpté en 1323 pour Catherine d'Autriche par un élève du maître gothique Giovanni Pisano. La nef droite donne accès au cloître d'un ancien couvent où séjourna le poète et humaniste Pétrarque (1304-1374). Des fouilles y ont mis au jour les vestiges d'une basilique romaine et d'édifices grecs et médiévaux.

🔒 San Gregorio Armeno

Via San G Armeno 1.
Tél 081 552 01 86.
🔲 t.l.j. matin. 🖼️ (cloître).

Toujours occupé par des bénédictines, le couvent attaché à cette église accueillait des filles de la noblesse et elles y vivaient dans le luxe, ce qui explique la somptuosité de la décoration baroque du sanctuaire. Il comprend des fresques par Luca

Giordano. Dans la rue, de nombreux artisans vendent des figurines pour les célèbres crèches napolitaines (*presepi*).

🏛️ Museo Filangieri

Palazzo Cuomo, Via Duomo 288.
Tél 081 20 31 75.
⬤ pour restauration. 🖼️

De style Renaissance, le palazzo Cuomo (XVe siècle) abrite ce musée fondé en 1881 à partir des collections réunies par le prince Gaetano Filangieri et dont un incendie détruisit une partie en 1943. Outre les peintures d'artistes tels que Luca Giordano, Ribera et Mattia Preti, l'exposition propose aujourd'hui des porcelaines, des broderies, des manuscrits, des objets provenant de chantiers archéologiques locaux et des armes anciennes italiennes et espagnoles.

🔒 Sant'Angelo a Nilo

Piazzetta Nilo. **Tél** 081 551 62 27.
🔲 t.l.j. matin.

Tombeau du cardinal Brancaccio, Sant'Angelo a Nilo

Sur une placette proche de l'université au cœur de la vieille ville, cette église du XIVe siècle recèle un beau monument Renaissance : le tombeau du cardinal Rinaldo Brancaccio. Dessiné par le Florentin Michelozzo et sculpté à Pise, il fut achevé en 1428. Donatello aurait exécuté l'ange tenant le rideau de droite, le relief de l'*Assomption* et la tête du cardinal.

🔒 San Domenico Maggiore

Piazza San Domenico Maggiore.
Tél 081 45 91 88. ◯ *t.l.j.* ♿
Cette grande église d'origine gothique élevée entre 1283 et 1324 renferme d'intéressantes sculptures Renaissance ainsi que de belles œuvres par Tino da Camaino : la dalle tombale de Jean de Durazzo (mort en 1335), dans le transept sud, et les personnages soutenant le chandelier pascal (1585) du chœur. Jacopo della Pila exécuta en 1492 le mausolée Brancaccio de la Chiesa Antica. La cappellone del Crocifisso abrite un *Crucifix* du XIIIᵉ siècle, peinture sur bois objet d'un culte fervent car elle aurait parlé à saint Thomas d'Aquin. Des fresques (XVIIIᵉ siècle) par Solimena ornent le plafond de la sacristie.

Détail de la façade de Gesù Nuovo

🔒 Santa Chiara

Via Benedetto Croce. ◯ *t.l.j. (dim. : matin seul.)* ● *dim. ap.-m.* **Église** *Tél 081 552 62 09.* 📷 ♿ **Cloître** *Tél 081 552 15 97.*
Bombardée en 1943, cette église bâtie au XIVᵉ siècle dans le style gothique provençal retrouva lors de sa restauration sa simplicité originale. Elle abrite les tombeaux de plusieurs membres de la dynastie angevine. Tino da Camaino et son atelier sculptèrent ceux de Charles de Calabre

(mort en 1328) et de sa femme Marie de Valois (morte en 1331). Le tombeau de Robert le Sage (mort en 1343), est de Giovanni et Pacio Bertini. De superbes majoliques décorent le cloître attenant. Il y a également un musée d'art médiéval et des bains romains.

🔒 Gesù Nuovo

Piazza del Gesù Nuovo 2.
Tél 081 551 86 13. ◯ *t.l.j.*
Valeriano, puis Fanzago et Fuga construisirent de 1584 à 1601 pour les jésuites cette église qui doit au palais des Sanseverino (XVᵉ siècle), dont elle occupe la place, sa façade ornée de reliefs en pointe de diamant. Typique du baroque napolitain, enclin à inciter à la ferveur collective, son décor baigné de lumière par cinq coupoles date des XVIIᵉ et XVIIIᵉ siècles et associe marbres polychromes et grandes fresques, par Ribera notamment. Solimena peignit au-dessus du portail *Héliodore chassé du temple*.

🔒 Sant'Anna e San Bartolomeo dei Lombardi

Via Monteoliveto. *Tél 081 551 33 33.* ◯ *lun.-ven. 9 h-13 h (seul. la Sacristie et la Pietà).*
Bâtie en 1411 et restaurée après les bombardements de 1943,

Pietà **de Guido Mazzoni à Sant'Anna e Bartolomeo dei Lombardi**

cette église révèle, une fois dépassé le tombeau (1627) de Domenico Fontana, l'architecte qui acheva la construction de la coupole de Saint-Pierre de Rome après la mort de Michel-Ange, toute la richesse de son intérieur décoré de nombreuses œuvres d'art Renaissance.

La cappella Mastroguidice abrite une *Annonciation* (1489) du sculpteur florentin Benedetto da Maiano, qui acheva également le monument à Marie d'Aragon (v. 1475) de la cappella Piccolomini, commencé par Antonio Rossellino. Une *Pietà* (1492) très réaliste par Guido Mazzoni occupe la cappella del Santo Sepolcro.

Ornées de fresques en 1544 par Vasari, l'ancienne sacristie renferme des stalles marquetées exécutées en 1510 par Giovanni di Verona.

Scène campagnarde en majolique dans le cloître de Santa Chiara

Naples : le Museo Archeologico Nazionale

L'un des plus grands musées archéologiques du monde, le Museo Archeologico Nazionale occupe d'anciennes écuries royales du XVIe siècle. Au début du XVIIe siècle, le bâtiment est reconstruit pour accueillir l'université de Naples. En 1777, il est remanié pour abriter le Real Museo Borbonico ainsi qu'une bibliothèque, tandis que Ferdinand IV fait transférer l'université dans l'ancien monastère de Gesù Vecchio. Devenu propriété publique en 1860, le musée a été très endommagé par le tremblement de terre de 1980, et le programme de restauration et de réorganisation des collections est toujours en cours.

Jeune fille
Cette fresque de Stabies représente une jeune fille cueillant des fleurs. Ce chef-d'œuvre de grâce et d'élégance a gardé toute sa fraîcheur.

Villa des Papyrus

Pseudo-Sénèque
Découverte dans la villa des Papyrus d'Herculanum, cette statue en bronze du Ier siècle av. J.-C. a longtemps été prise pour un buste du philosophe Sénèque (v. 60 av. J.-C.- v. 39 apr. J.-C.), mais cette identification n'est pas certaine.

★ La *Bataille d'Alexandre*
Cette mosaïque de la maison du Faune de Pompéi (p. 494) décrit la victoire d'Alexandre le Grand sur le roi perse Darius III à la bataille d'Issos (333 av. J.-C.).

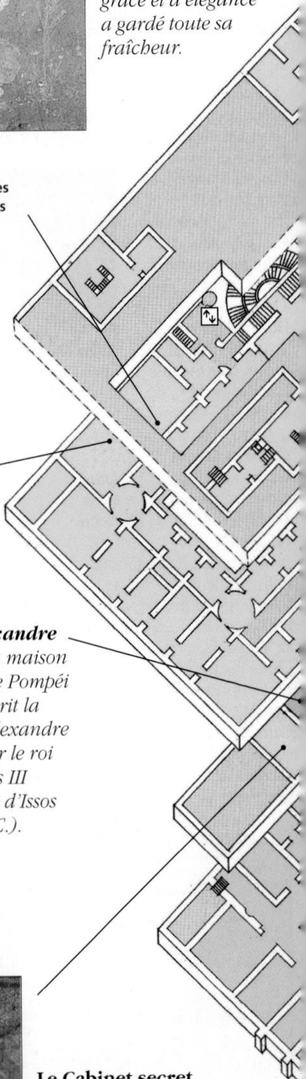

LÉGENDE DU PLAN

- Collection épigraphique
- Collection égyptienne
- Cabinet des Gemmes
- Sculptures
- Mosaïques
- Numismatique
- Didactique
- Herculanum et Pompéï
- Hall du Cadran Solaire
- Collections préhistorique, grecque et étrusque
- Circulations et services

Le Cabinet secret
Les œuvres érotiques de Pompéi et Herculanum, jugées trop osées au temps des Bourbons, sont exposées au public aujourd'hui.

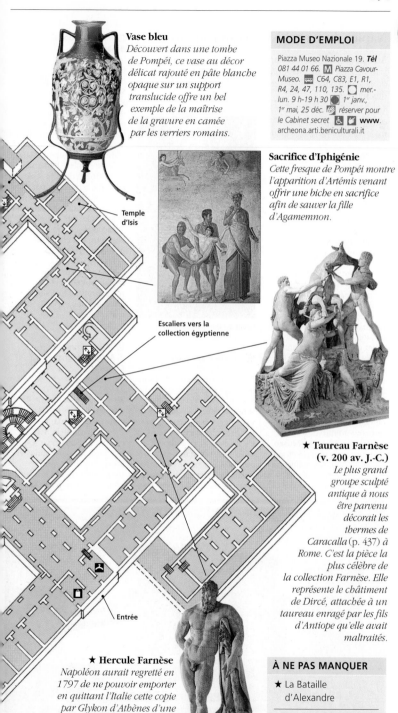

Vase bleu

Découvert dans une tombe de Pompéi, ce vase au décor délicat rajouté en pâte blanche opaque sur un support translucide offre un bel exemple de la maîtrise de la gravure en camée par les verriers romains.

MODE D'EMPLOI

Piazza Museo Nazionale 19. *Tél* 081 44 01 66. M *Piazza Cavour-Museo.* ▦ *C64, C83, E1, R1, R4, 24, 47, 110, 135.* ◯ *mer.-lun. 9 h-19 h 30* ◯ *1ᵉʳ janv., 1ᵉʳ mai, 25 déc.* ✍ *réserver pour le Cabinet secret* ♿ ✆ *www. archeona.arti.beniculturali.it*

Temple d'Isis

Sacrifice d'Iphigénie

Cette fresque de Pompéi montre l'apparition d'Artémis venant offrir une biche en sacrifice afin de sauver la fille d'Agamemnon.

Escaliers vers la collection égyptienne

★ Taureau Farnèse (v. 200 av. J.-C.)

Le plus grand groupe sculpté antique à nous être parvenu décorait les thermes de Caracalla (p. 437) à Rome. C'est la pièce la plus célèbre de la collection Farnèse. Elle représente le châtiment de Dircé, attachée à un taureau enragé par les fils d'Antiope qu'elle avait maltraités.

Entrée

★ Hercule Farnèse

Napoléon aurait regretté en 1797 de ne pouvoir emporter en quittant l'Italie cette copie par Glykon d'Athènes d'une statue d'Héraclès sculptée par le Grec Lysippe.

À NE PAS MANQUER

★ La Bataille d'Alexandre

★ Hercule Farnèse

★ Taureau Farnèse

Naples du Castel Nuovo au Vomero

Au sud de Naples, le Quartier espagnol s'étend non loin des anciennes résidences royales. À la périphérie de la vieille ville, plusieurs édifices historiques abritent des musées.

♠ Castel Nuovo

Piazza Municipio. **Tél** 081 420 12 41. ○ lun.-sam. 9 h-19 h. Dern. ent. 18 h. ● certains jours fériés. ♿ **Museo Civico** ○ lun.-sam. 📷

Portant aussi le nom de Maschio Angioino, cette forteresse construite pour Charles Ier d'Anjou de 1279 à 1282 connut d'importants remaniements et ne conserve de ses origines que ses tours trapues et la Cappella Palatina au portail orné d'une *Vierge* (1474) par Francesco Laurana. Ce dernier dessina probablement aussi l'arc de triomphe dominant l'entrée du château. Érigé entre 1445 et 1468, il est orné d'un bas-relief commémorant l'entrée dans la ville d'Alphonse Ier d'Aragon en 1443. Les édifices antiques représentés à l'arrière-plan existaient encore à l'époque. La porte de bronze (1468) par Guillaume le Moine qui le fermait s'admire désormais au Palazzo Reale. Le **Museo Civico** occupe une partie du Castel Nuovo. Ses collections offrent un résumé de l'évolution de la peinture

Ruelle du Quartieri Spagnoli tracé au XVIIe siècle

⊞ Quartieri Spagnoli

Via Toledo (Roma) vers Via Chiaia.
Le Quartier espagnol doit son nom aux soldats qui tracèrent au XVIIe siècle son quadrillage serré de ruelles à l'ouest de la via Toledo. Encore marqué par le tremblement de terre, c'est sans doute l'endroit où la vie populaire napolitaine s'exprime avec le plus d'exubérance. Il devient toutefois moins souriant la nuit.

🏛 Museo Nazionale di San Martino

Largo di San Martino 5. **Tél** 081 558 59 42. **Musée** ○ jeu.-mar. 8 h 30-19 h 30. 📷 📷 ♿ **Castel Sant'Elmo** ○ jeu.-ven. 9 h-18 h 30.

Perchée sur le Vomero au-dessus de Santa Lucia, la certosa di San Martino a été fondée au XIVe siècle. Elle est accessible par funiculaire et offre une vue superbe sur la baie de Naples. Remaniée (1580-1629) dans le style baroque napolitain par Dosio et Fanzago, son église est décorée de peintures du XVIIe siècle. Par son cloître on accède à un musée qui abrite un bel ensemble d'œuvres d'art et de crèches (*presepi*).

Près de la chartreuse, le **castel Sant'Elmo** (1329-1343) reconstruit au XVIe siècle, accueille des expositions temporaires.

🏛 Museo Principe di Aragona Pignatelli Cortes

Riviera di Chiaia 200. **Tél** 081 761 23 56. ○ mer.-lun. 8 h 30-13 h 30. ● 1er janv., 1er mai, 15 août. 📷

Au pied du Vomero dans le quartier de Chiaia, la villa Pignatelli, de style néo-classique, a conservé les meubles, les porcelaines et les œuvres d'art qui formaient le décor luxueux d'une demeure patricienne.

L'entrée Renaissance du Castel Nuovo tranche sur les tours médiévales qui l'enserrent

🏛 Galleria Umberto I

Via Toledo. ⬤ *t.l.j.* **Teatro
San Carlo Tél** *081 797 23 31*
⬤ *août, répétitions et concerts.*
🎫 *t.l.j. 9 h-18 h (rés. : 081 66 45 45)*
www.teatrosancarlo.it

Inspirée de la galleria Vittorio
Emanuele II de Milan *(p. 188)*,
cette vaste galerie vitrée élevée
en 1887 fut reconstruite après
la Deuxième Guerre mondiale.
Elle fait face au **teatro San Carlo**,
le plus grand opéra d'Italie. Bâti
par Charles de Bourbon en 1737
puis remanié, il possède une salle
décorée d'or et d'argent enviée
jadis des cours européennes.

**La grande verrière de la galleria
Umberto I**

🏛 Palazzo Reale

Piazza Plebiscito. **Museo Tél** *081 40
05 47.* ⬤ *jeu.-mar. 9 h-19 h (dern.
entrée 1 h avant ferm.).* ⬤ *1ᵉʳ janv.,
1ᵉʳ mai, 25 déc.* 📷 **Biblioteca Tél**
081 781 02 31 pour rés.

La Biblioteca Nazionale occupe
une grande partie de l'élégant
palais royal entrepris en 1600
pour les vice-rois espagnols
par Domenico Fontana, puis
embelli et agrandi par ses
occupants successifs. Outre les
peintures du musée, sa visite
permet de découvrir les
anciens appartements royaux,
et le teatrino di Corte construit

Portrait de *Lavinia Vecellio* (v. 1540) par Titien au museo di Capodimonte

par Ferdinando Fuga en 1768.
Commandées par le roi
d'Italie Humbert Iᵉʳ (1844-
1900), les statues des neuf
principaux souverains de
Naples ornent la façade. Sur la
même place, **San Francesco di
Paola** (1817-1846) s'inspire du
Panthéon de Rome.

🏛 Villa Floridiana

Via Cimarosa 77. **Tél** *081 229 21 10.*
⬤ *mer.-lun. 8 h 30-13 h 30.* 📷 ♿
Parc ⬤ *t.l.j.* ⬤ *1ᵉʳ janv., 1ᵉʳ mai, 15
août, 25 déc.* 📷

Dominant la baie, cette villa
néo-classique abrite le **museo
nazionale della Ceramica
Duca di Martina** réputé pour
ses collections de porcelaines,
d'émaux et de majoliques.

🏛 Museo di Capodimonte

Parco di Capodimonte. **Tél** *081 749
91 11.* ⬤ *jeu.-mar. 8 h 30-19 h 30.*
📷

Construit à partir de 1738
pour Charles III de Bourbon,
le **palazzo reale di
Capodimonte** abrite la
remarquable collection de
peintures réunie en grande
partie par les Farnèse. Elle
comprend des œuvres

magnifiques par des artistes
tels que Simone Martini,
Masaccio, Sandro Botticelli,
Raphaël, Titien, le Pérugin,
Sebastiano del Piombo, le
Caravage, El Greco et Pieter
Bruegel.

⛪ Catacombes
de San Gennaro

Via di Capodimonte 16. **Tél** *081 741
10 71.* ⬤ *t.l.j.* 📷 *obligatoire.* 📷

Premier lieu de sépulture de
saint Janvier (v. 250-305), ces
catacombes s'ouvrent près de
la petite basilique San Gennaro
in Moenia fondée au vᵉ siècle
et restaurée dans son aspect
original. Creusées en grande
partie dans le tuf, elles forment
une nécropole souterraine où
mosaïques et fresques
témoignent des débuts du
christianisme. Un peu plus
loin, les catacombes de San
Gaudioso s'étendent sous une
église du xviiᵉ siècle : Santa
Maria della Sanità.

🏰 Castel dell'Ovo

Borgo Marinari. **Tél** *081 41 50 02.*
⬤ *t.l.j. 8 h-19 h 30 (dim. : jusqu'à
14 h)* 📷 *(expositions).*

Commencé en 1154, le
château prit son aspect actuel
à la fin du xviiᵉ siècle.
Résidence royale du temps des
Normands et des
Hohenstaufen, il appartient
aujourd'hui à l'armée mais
accueille expositions et
spectacles.
Ses remparts dominent les
restaurants de poissons
installés sur les quais et la via
Partenope, large et jolie
promenade en bord de mer
qui conduit à l'ouest à
Mergellina.

Façade du Palazzo Reale

Pompéi ❷

Le 24 août 79, le Vésuve recouvrit de pierres
et de cendres cette ville romaine de
25 000 habitants. Cette gangue protégea les
édifices, souvent riches en peintures, mosaïques
et sculptures, jusqu'au début des fouilles en 1748.
Dans les rues pavées où les murs portent
encore des graffiti, les fantômes d'un passé
vieux de près
de 2 000 ans
semblent
presque
tangibles.

★ La maison des Vettii
*Des fresques ornent la villa partiellement
reconstruite des riches marchands Aulus
Vettius Conviva et Aulus Vettius
Restitutus* (p. 48-49).

Villa des
Mystères

Thermes
du forum

★ La maison du Faune
*L'ancienne demeure des patriciens
Casii doit son nom à cette statuette
de bronze. La mosaïque de la Bataille
d'Alexandre exposée au Musée
archéologique de Naples en provient.*

0   100 m

Forum

La
boulangerie
de Modestus
renfermait des
pains carbonisés.

Sanctuaire des dieux Lares
*En face du forum
et près du temple de
Vespasien,
il abritait les
divinités
protectrices de
la ville.*

À NE PAS MANQUER

★ La maison des Vettii

★ La maison du Faune

Macellum
*Le marché
couvert atteste
l'importance
du commerce
pour les
Pompéiens.*

PLAN DE POMPÉI

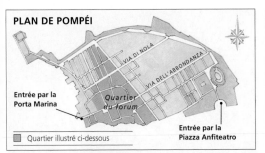

VIA DI NOLA

VIA DELL'ABBONDANZA

Entrée par la Porta Marina

Quartier du forum

Entrée par la Piazza Anfiteatro

☐ Quartier illustré ci-dessous

MODE D'EMPLOI

Piazza Esedra 5. **Tél** 081 861 07 44. **FS** FS Naples-Salerno : Pompei Scavi ; Circumvesuviana Naples-Sorrento : Pompei Villa dei Misteri. ☐ t.l.j. : avr.-oct. 8 h 30-19 h 30 (dern. ent. 18 h) ; nov.-mars 8 h 30-17 h (dern. ent. 15 h 30). ☐ 1er janv., lun. de Pâques, 1er mai, 15 août, 25 déc. ☐ www.pompeiisites.org

LE QUARTIER DU FORUM

La partie occidentale de la ville renferme des ruines pour certaines remarquablement préservées. Les habitants les plus aisés résidant en dehors du centre-ville, on trouve plusieurs villas patriciennes dans la partie est, mais les fouilles sont loin d'être terminées.

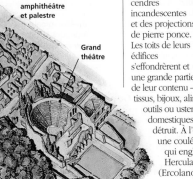

amphithéâtre et palestre

Grand théâtre

Via dell'Abbondanza
Ateliers, magasins et tavernes bordaient cette grande artère qui reste très évocatrice de la vie dans la cité antique.

LE VÉSUVE ET LES VILLES DE CAMPANIE

Près de 2 000 ans après l'éruption qui les détruisit, les cités romaines fondées au pied du Vésuve continuent de livrer leurs trésors. Au sud-est de Naples et du volcan, Pompéi et Stabies (Castellammare di Stabia) disparurent sous des cendres incandescentes et des projections de pierre ponce. Les toits de leurs édifices s'effondrèrent et une grande partie de leur contenu – tissus, bijoux, aliments, outils ou ustensiles domestiques – fut détruit. À l'ouest, c'est une coulée de boue qui engloutit Herculanum (Ercolano), préservant les couvertures des bâtiments et de nombreux objets. Presque tous les habitants de cette petite ville aristocratique purent s'échapper, alors qu'environ 2 000 Pompéiens périrent.

Soldat, écrivain et naturaliste, Pline l'Ancien (23-79) commandait au moment de l'éruption la flotte basée à Misène, à l'ouest de Naples. Il mourut asphyxié en se rendant à Stabies observer le phénomène de plus près et aider un ami qui possédait une villa menacée. Resté à Misène, de l'autre côté du golfe, son neveu Pline le Jeune a donné, dans une

Vase de Pompéi au Museo Archeologico Nazionale

lettre adressée à Tacite, un compte-rendu détaillé, et utile aux scientifiques, des premières heures du drame.

Nous devons aux découvertes faites à Pompéi et Herculanum une grande partie de ce que nous savons de la vie quotidienne des Romains. La plupart des objets s'admirent au Museo Archeologico Nazionale de Naples (p. 490-491) et contribuent à faire de sa collection l'une des plus riches du monde. Sa visite est le complément de celle de Pompéi, site qui nécessite une journée entière.

Le Vésuve n'est pas entré en éruption depuis 1944. Très surveillé, le volcan peut s'atteindre sans risque en train ou en voiture. Deux sites utiles à la promenade : www.guidevesuvio.it et www.laportadelvesuvio.it.

Moulage d'une mère et de son enfant au musée de Naples

Santa Maria Capua Vetere ❸

Caserta. 🏛 34 000. FS 🚌 ℹ️
Piazza Reale, Caserta (0823 32 22 33).
🛆 *jeu. et dim.*

Ce bourg agricole occupe
l'emplacement de l'antique
Capoue, cité étrusque puis
romaine. Son **amphithéâtre**,
jadis le second en taille après le
Colisée, donne le plus d'intérêt à
sa visite même s'il n'en subsiste
plus que les couloirs qui
s'étendaient sous l'arène et les
gradins. Spartacus les emprunta.
Sur le site, le **musée des
Gladiateurs** retrace l'histoire
des gladiateurs.
Non loin se trouve un sanctuaire
de **Mithra** des IIᵉ et IIIᵉ siècles
orné d'une fresque. À Capoue,
le **Museo Archeologico
dell'Antica Capua** présente les
objets découverts lors de
fouilles.

🏛 Amphithéâtre

Piazza 1 Ottobre. **Tél** *0823 79 88 64.*
🕐 *mar.-dim. 9 h à 1 h av. la nuit.*
🎫 *valable aussi pour le Mithraeum*
🕐 *mar.-dim.*

🏛 Museo Archeologico dell' Antica Capua

Via Roberto d'Angio 48, Capua. **Tél**
0823 84 42 06. 🕐 *lun.-sam. 9 h-
13 h 30, 14 h 30-17 h.* 🔴 *jours fériés.*

Tunnel de l'amphithéâtre de Santa
Maria Capua Vetere

Caserta ❹

🏛 66 000. FS 🚌 ℹ️ *Piazza Reale
(0823 32 22 33).* 🛆 *mer. et sam.*
www.casertaturismo.com
La masse colossale du
Palazzo Reale *(p. 462)*
domine la ville. Lorsqu'il en
confia la construction,
commencée en 1752, à
l'architecte baroque Luigi
Vanvitelli, Charles III de
Bourbon voulait que ce

Une des fontaines des jardins du Palazzo Reale de Caserte

palais rivalise en somptuosité
avec celui de Versailles, et
l'édifice compte plusieurs
appartements royaux
luxueusement décorés. Orné
de jeux d'eau et de statues, son
vaste parc est spectaculaire.

Aux environs : À 10 km au
nord-est, la petite cité
médiévale de **Caserta Vecchia**
recèle un beau Duomo
(entrepris en 1113) à la
décoration métissée
d'influences arabes.
Ferdinand IV fonda à 3 km au
nord-ouest la ville de **San
Leucio** qu'il voulait idéale. On
continue à y travailler la soie,
activité initiée par ce souverain.

🏛 Palazzo Reale

Piazza Carlo III. **Tél** *0823 44 80 84.*
🕐 *mer.-lun. 8 h 30-19 h 30.*
🔴 *1ᵉʳ janv., 25 déc.* 🎫 🔵 **Parc**
🕐 *t.l.j. 8 h 30 - 1 h av. la nuit.*

Bénévent ❺

🏛 62 000. FS 🚌 ℹ️ *Piazza Roma
11 (0824 31 99 11/38).* 🛆 *ven. et sam.*
www.eptbenevento.it

C'est à Bénévent,
chef-lieu d'une
province
montagneuse et
peu peuplée, que
se trouve l'**arc de
Trajan**,
remarquable
monument
romain édifié de
114 à 166 pour
célébrer la
construction de la
via Appia Traiana
qui fonda la

prospérité de la ville en lui
assurant une position
stratégique sur la route du
commerce avec l'Orient. Ses
reliefs d'une grande finesse
illustrent des épisodes de
l'histoire de la cité et des actes
de bienfaisance de l'empereur.
   Les amateurs d'antiquités
visiteront également les ruines
du **théâtre romain** édifié au
IIᵉ siècle sous Hadrien et le
museo del Sannio qui
comprend une intéressante
section archéologique. Sa
collection d'œuvres d'art s'étend
jusqu'à l'époque moderne.
   Située sur le trajet de
l'offensive alliée pendant la
Deuxième Guerre mondiale,
Bénévent subit d'intenses
bombardements et sa
cathédrale du XIIIᵉ siècle dut
être reconstruite. Elle possède
une belle façade sculptée de
style pisan. Des fragments de
sa porte de bronze
d'inspiration byzantine
s'admirent dans la crypte.
   Production locale, la Strega
(Sorcière) est une marque de
liqueur qui finance un prix
littéraire décerné en été à Rome.

Des reliefs superbement conservés ornent l'arc
de Trajan (IIᵉ siècle) de Bénévent

Théâtre romain

Piazza Caio Ponzio Telesino. **Tél** 0824
47 213. t.l.j. 9 h-1 h av. la nuit.
jours fériés.

Museo del Sannio

Piazza Matteotti. **Tél** 0824 218 18.
mar.-dim. 8 h-19 h. 1er janv.,
25 déc.

La côte
Amalfitaine ⑥

Salerno. Amalfi. Via
Roma 19/21, Amalfi (089 87 11 07).
www. amalfitouristoffice.it ;
www.ravellotime.it ;
www.aziendaturismopositano.it

L'église d'Atrani domine la mer sur la côte Amalfitaine

La plus belle des routes de
Campanie sinue le long de la
côte amalfitaine, littoral
méridional de la péninsule de
Sorrente. De nombreux plaisirs
s'offrent à ceux qui
l'empruntent : baignade,
sublimes panoramas,
dégustation de poissons grillés
fraîchement pêchés ou d'un
verre de Lacrima Cristi, vin blanc
doux issu des vignes poussant
sur les flancs du Vésuve.

Depuis **Sorrento**,
prestigieuse station balnéaire
où séjournèrent de
nombreuses célébrités, la
route en corniche rejoint
Positano, village accroché à
une falaise dans un site
spectaculaire. Malgré les prix
pratiqués dans cette localité

vouée à un tourisme huppé,
c'est un bon endroit où se
baigner ou prendre le bateau
ou l'hydrofoil pour Capri. Un
peu plus loin, **Praiano** attire
une clientèle tout aussi chic.

Amalfi, la ville la plus
importante de la côte, fut une
puissante république maritime
avant d'être assujetie en 1131
par le roi Roger de Naples.
Entrepris au IXᵉ siècle, son
Duomo, bien que de style
roman lombard, témoigne
d'influences du monde
musulman. Sa façade est riche
et colorée. Attenant, le
chiostro del Paradiso construit
en 1268 servait de lieu de
sépulture à la noblesse.

Depuis sa position
dominante, **Ravello** offre les

plus belles vues sur la Costiera,
notamment depuis les jardins
de la villa Cimbrone et de la
villa Rufolo où Wagner trouva
l'inspiration de son *Parsifal*.
Son Duomo du XIᵉ siècle
possède une splendide porte
de bronze (1179) par Barisano
da Trani et une belle chaire du
XIIIᵉ siècle reposant sur six
colonnes en hélice. La cappella
San Pantaleone contient une
ampoule du sang de ce saint
du IVᵉ siècle, patron de la ville,
qui se liquéfie chaque année
en mai et en août.

Au-delà d'**Atrani**, à **Minori**,
les vestiges d'une villa
romaine révèlent que cette
côte était déjà un lieu de
villégiature pendant
l'Antiquité.

Le village de Positano sur la côte Amalfitaine

Salerne ❼

Salerno. FS 🚌 ⛴ *Salerno.*
ℹ️ *Piazza Ferrovia (089 23 14 32) ;
Via Roma 258 (089 22 47 44).*

Salerne est un grand port
moderne et animé situé au
fond du golfe où les Alliés
débarquèrent en 1943. Malgré
les dégâts causés par les
bombardements, la vieille
ville a gardé son cachet et son
Duomo entrepris par le
Normand Robert Guiscard
(1015-1085) est précédé d'un
atrium dont les colonnes
antiques proviennent de
Paestum. L'intérieur recèle des
fragments de mosaïques du XIe
au XIIIe siècle. Dans la crypte
se trouve le tombeau de saint
Matthieu. Parmi les ornements
de la cathédrale aujourd'hui
exposés au **Museo Diocesano**
figure un remarquable devant
d'autel en ivoire du XIIe siècle.
Le **Museo Provinciale** présente
une collection archéologique.

Aux environs : Au sud de
Salerne, le massif montagneux
du **Cilento** possède une côte
peu habitée. Parmi les
localités qui la jalonnent,
Agropoli est une petite station
balnéaire animée à 42 km de
Salerne. 28 km plus loin, près
de Castellammare di Velia, se
trouvent les ruines de la ville
grecque d'**Élée** fondée au
VIe siècle av. J.-C. Ses
philosophes, Zénon et
Parménide, acquirent une
haute réputation. Après sa
conquête par les Romains,
Cicéron y séjourna, ainsi
qu'Horace à qui son médecin
avait prescrit une cure de

Le temple d'Hera I (à gauche) et le temple de Neptune à Paestum

bains de mer. Des fouilles ont
révélé une superbe porte du
IVe siècle, la Porta Rosa, des
thermes, les fondations d'un
temple et des vestiges de
l'acropole antique.

🏛 **Museo Diocesano**
Largo Plebiscito. **Tél** *089 23 91 26.*
⏰ *t.l.j. 9 h-13 h (et dim. 15 h -19 h).*

🏛 **Museo Provinciale**
Via San Benedetto. **Tél** *089 23 11 35.*
⏰ *mar.-sam. 8 h-13 h 15, 14 h-15 h.*

Paestum ❽

Zona Archeologica. ℹ️ *Via Magna
Grecia 887.* **Tél** *0828 81 10 16.* 🚌
de Salerne. FS *Paestum.* ⏰ *t.l.j. 9 h-
1 h av. la nuit.* **Musée Tél** *0828 81 10
23.* ⏰ *t.l.j. 8 h-20 h (dim. et j. f. :
jusqu'à 14 h).* 🚫 *1er et 3e lun. du mois,
1er janv., 25 déc.* 🎫 ♿

Nulle part en Campanie n'ont
subsisté autant de vestiges
grecs qu'à Paestum, l'ancienne
Poséidonia fondée au VIe siècle

Capri ❾

Napoli. ⛴ *Capri.* ℹ️ *Piazza Umberto I,
Capri (081 837 06 86).* **Grotta Azzurra**
🚢 *de Marina Grande.* 🚌 *de Anacapri*
⏰ *par mer calme.* **Certosa** *Via Certosa,
Capri.* **Tél** *081 837 62 18.* ⏰ *mar.-dim.
9 h-14 h.* 🚶 **Villa Jovis** *Via Tiberio.* ⏰
t.l.j. 🎫 *www.capritourism.com*

Petit paradis terrestre de six
kilomètres sur trois posé sur les
eaux bleues de la Méditerranée
dans le prolongement de la
péninsule de Sorrente,
Capri mérite sa
réputation de
piège à

touristes. Le visiteur finit
cependant par y oublier
l'existence de la foule, présente
quasiment toute l'année, pour
tomber sous le charme d'une
beauté qui séduisit les
empereurs romains Auguste et
Tibère. Au début du XIXe siècle,
ce furent les romantiques,
anglais et allemands en
particulier, qui succombèrent à
leur tour.

La Grotta Azzurra,
se rejoint en bateau
depuis Marina
Grande. C'est en
milieu de journée que
la lumière bleutée qui
la baigne est la plus
enchanteresse.

Anacapri est la
deuxième ville de l'île.

0   1 km

Le port de Salerne

dans la plaine du Sélé qui coulait alors contre sa muraille, toujours debout. Conquise par les Romains en 273 av. J.-C., elle tomba en déclin quand la région devint marécageuse. Après avoir perdu ses derniers habitants au IXe siècle, elle fut redécouverte vers 1750.

Trois temples ont établi sa renommée : le **temple d'Héra I**, appelé aussi **Basilica**, datant du VIe siècle av. J.-C., le superbe **temple de Neptune** élevé au Ve siècle av. J.-C. et remarquablement conservé, et le **temple de Cérès** construit à une période intermédiaire.

Des fouilles ont en outre mis au jour les vestiges de nombreux monuments et révélé l'organisation de la ville antique. Un **musée** expose les fresques qui ornaient la tombe du Plongeur et un ensemble de reliefs du VIe siècle av. J.-C. parmi les plus importants à nous être parvenus.

Le golfe vu de Terra Murata, le point culminant de Procida

Ischia et Procida ⓾

Napoli. 🚢 *Ischia Porto & Procida Porto.*
ℹ️ *Via Sogliuzzo 72, Ischia (081 507 42 11). Via Roma, Procida (081 810 19 68).* **La Mortella Tél** *081 98 62 20.* ⬜ *avr.-oct. : mar., jeu., sam.-dim. 9 h-19 h.* 🔲 **www.infoischiaprocida.it**

Ischia est la plus grande des îles du golfe de Naples et elle attire sur ses plages presque autant de touristes que Capri car elle propose des hôtels aux tarifs plus accessibles. Les bateaux accostent à **Ischia Porto**, la partie moderne d'**Ischia**, la ville principale, que quelques minutes de marche séparent du quartier ancien : **Ischia Ponte**. Le nord et l'ouest de l'île en sont les parties les plus urbanisées, en raison notamment des stations thermales. Sur la côte sud, plus calme, un ancien volcan, le **monte Epomeo**, domine le village de **Sant'Angelo**. Son sommet (778 m) offre un splendide panorama du golfe de Naples. Les jardins de la Mortella à Forio méritent aussi un détour.

Petite (elle ne fait que 3,5 km de long), Procida, dont la ville principale s'appelle aussi **Procida**, reste plus authentique et reçoit moins de touristes qu'Ischia ou Capri. Elle n'en possède pas moins de belles plages, en particulier à **Chiaiolella**.

Du nord de l'île, la vue sur le golfe de Naples porte jusqu'au Vésuve.

Capri est la plus grande ville de l'île.

Marina Grande
Des façades multicolores dominent le principal port de Capri, celui où accostent les ferries venant de Naples et d'autres villes de la côte.

I Faraglioni

Marina Piccola s'atteint par la pittoresque via Krupp.

Villa Jovis
Au sein d'un immense domaine, c'était la villa d'où Tibère dirigea l'Empire romain à la fin de sa vie.

Certosa di San Giacomo
Fondée en 1371 sur le site d'une villa de Tibère, cette chartreuse fermée en 1808 fait partie d'une école. Derrière se dressent les îlots appelés I Faraglioni.

ABRUZZES, MOLISE ET POUILLE

*D*epuis le talon de la botte formée par la péninsule italienne jusqu'à l'embouchure du Tronto, Pouille, Abruzzes et Molise offrent le long de l'Adriatique des paysages contrastés. À la plaine de Foggia qui fait de la Pouille une des grandes régions agricoles d'Italie s'opposent les hauteurs des Apennins qui culminent à 2 914 m dans les Abruzzes.

Pour conquérir le territoire du Molise et des Abruzzes actuels, les Romains durent affronter jusqu'au Ier siècle av. J.-C. des tribus installées dans les Apennins à l'âge du bronze. Au Moyen Âge, les Normands redonnèrent une unité à la région au XIIe siècle, mais les dynasties qui leur succédèrent sur le trône de Naples laissèrent se développer une multitude de petits fiefs dont les conflits freinèrent le développement économique. Aujourd'hui, le littoral, où se multiplient les stations balnéaires, prend un visage résolument moderne, alors que l'intérieur des terres reste agricole et que dans les villages de montagne la vie suit toujours un rythme d'un autre siècle.

En majeure partie plate et fertile, la Pouille a connu une histoire plus brillante que ses voisines. Après une longue présence grecque, l'Apulea romaine jouit sous l'Empire d'une grande prospérité grâce aux richesses importées d'Orient qui transitent par des ports tels que Brindisi et Bari. Un nouvel âge d'or, sous le gouvernement des Normands et, surtout, de Frédéric II de Souabe (1220-1250), parera ses villes de cathédrales romanes et de châteaux gothiques. Ils ne constituent pas ses seules richesses architecturales. Les étranges *trulli* de la Pouille centrale, l'éblouissant baroque de Lecce ou l'ambiance levantine des villes marchandes raviront aussi le visiteur. Celui-ci pourra également apprécier les vins, variés et réputés, et l'huile d'olive, d'une province où l'agriculture emploie encore plus de 15 % de la population active.

Discussion entre amies à Scanno dans les Abruzzes

◁ C'est autour d'Alberobello et de Locorotondo, au centre de la Pouille, que se voient le plus de *trulli*

À la découverte des Abruzzes, du Molise et de la Pouille

Dominé par les sommets de la chaîne des Apennins, qui culmine à 2 914 m au Gran Sasso, l'arrière-pays des Abruzzes et du Molise est l'un des derniers grands espaces naturels de l'Italie, riche en vastes forêts et en collines et plateaux verdoyants. En Pouille, le promontoire du Gargano possède un magnifique littoral. Au sud s'étendent la plaine fertile du Tavoliere di Puglia puis le plateau calcaire des Murges. Celui-ci s'étage jusqu'à la péninsule salentine, plate et sèche, que bordent l'Adriatique et le golfe de Tarente.

Le village des *trulli* d'Alberob...
en Pouille cent...

San Benedetto del Tronto
Bellante
Giulianova
Teramo
Pineto
Crognaleto
Montereale
ATRI ❷
Corno Grande 2912m△
Penne
Montesilvano Marina
Pescara
Pizzoli
Gran Sasso d'Italia
Loreto Aprutino
Francavilla al Mare
L'AQUILA ❶
Ortona
Capestrano
Chieti
Monte Velino 2487m△
Popoli
LANCIANO ❻
Celano
Punta della Penna
Carsoli
Coccuio
Isola San Nico...
Roma
Avezzano
Càsoli
Vasto
SULMONA ❸
San Salvo
Termoli
Capistrello
Campomarino
SCANNO ❹
Palata
PARCO NAZIONALE ❺
D'ABRUZZO
Opi
Capracotta Trivento
Rotello
Apricena
Carovilli
MOLISE
San Severo
Isernia
Colletorto
Cassino
Campobasso
LUCERA ❾
Venafro
Bojano
Alberona
Fogg...
Sepino
TROIA ❿
Bovino
Candel...
Napoli

CIRCULER

Depuis Rome, l'A 24 et sa ramification, l'A 25-E 80, traversent le nord des Abruzzes. L'A 25 rejoint à Pescara l'A 14-E 55 qui longe la côte, puis dessert Foggia, Bari et Tarente. La S 17 lui est parallèle dans l'arrière-pays des Abruzzes et du Molise. Depuis Bari et Tarente, de bonnes routes conduisent à Brindisi, principal port pour la Grèce. Le train dessert les grandes villes, mais il faut prendre le car en zones rurales.

Plage de Vieste sur le promontoire du Gargano en Pouille

LÉGENDE

═══	Autoroute
═══	Route principale
──	Route secondaire
─ ─	Route en construction
──	Petite route
──	Parcours pittoresque
──	Liaison ferrée principale
──	Liaison ferrée secondaire
═══	Frontière régionale
△	Point de vue

Légende des autres symboles, *voir rabat de couverture*

LA RÉGION D'UN COUP D'ŒIL

Le Gran Sasso au nord de L'Aquila dans les Abruzzes

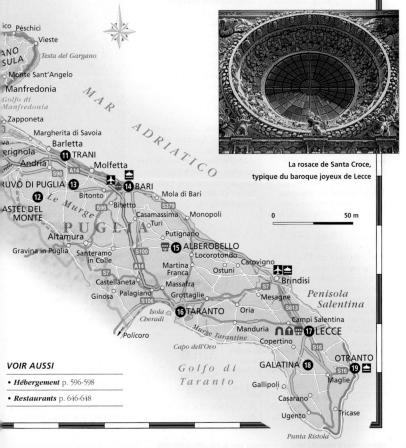

La rosace de Santa Croce, typique du baroque joyeux de Lecce

0 _____ 50 m

VOIR AUSSI

• *Hébergement* p. 596-598

• *Restaurants* p. 646-648

La splendide façade romane de Santa Maria di Collemaggio à L'Aquila

L'Aquila ❶

🏛 70 000. **FS** 🚌 ℹ *Via XX Settembre 10 (0862 223 06).* 🗓 daily. www.abruzzoturismo.it

Au pied du plus haut sommet de la péninsule italienne, le **Gran Sasso** (2912 m) se trouve la capitale des Abruzzes. Au bout de la *via* qui porte son nom, **Santa Giusta** (1257) possède une belle rosace et abrite un *Martyre de saint Étienne* (1615) par le Cavalier d'Arpin. Près de la via Paganica, **Santa Maria di Paganica** présente une façade du XIVᵉ siècle et un beau portail sculpté. De style néo-classique, la façade du **Duomo**, fondé en 1278, fut reconstruite au XVIIIᵉ siècle.

Sur la piazza dal Collemaggio, **Santa Maria di Collemaggio** est un superbe édifice à la façade parée de pierres ocre et roses. Pietro dal Morrone, le futur pape Célestin V, en commença la construction en 1287. Canonisé en 1313, il repose dans la chapelle à droite de l'abside dans un beau tombeau Renaissance. La sépulture de saint Bernardin de Sienne, sculptée au début du XVIᵉ siècle par Silvestro dell'Aquila, se trouve dans la **basilique San Bernardino**, sanctuaire bâti de 1454 à 1472 mais dont l'harmonieuse façade par Cola dell'Amatrice date de 1527. Le plafond baroque est de

Ferdinando Mosca. Une terre cuite par Andrea della Robbia décore la deuxième chapelle de la nef droite.

Au terme de la via San Iacopo, la **fontanelle delle Novantanove Cannelle,** d'origine médiévale, évoque les 99 villages qui, selon la tradition, s'unirent pour fonder L'Aquila en 1240. De l'autre côté de la vieille ville, le château du XVIᵉ siècle, abrite le **museo nazionale d'Abruzzo** qui comprend un département archéologique et de belles collections d'art.

Aux environs : Au nord de L'Aquila en direction de Teramo, il ne reste d'**Amiternum**, ville sabine puis romaine où naquit l'historien Salluste (86-35 av. J.-C.), que les ruines du **théâtre** et de l'**amphithéâtre**.

🏛 **Museo Nazionale d'Abruzzo**
Castello Cinquecentesco. **Tél** 0862 63 31. 🗓 mar.-dim. 9 h-19 h 30. 🔒 1ᵉʳ mai, 25 déc. 📷 ♿

Détail de la **fontanelle delle Novantanove Cannelle** à L'Aquila

Atri ❷

Teramo. 🏛 11 000. 🚌 ℹ 0861 24 42 22. 🗓 lun.

Jolie petite ville perchée des Abruzzes, Atri offre un dédale de ruelles, d'allées et de passages pentus bordés d'édifices anciens. Datant du XIIIᵉ siècle, le **Duomo** (fermé pour restauration) occupe l'emplacement de thermes romains. La crypte était une piscine et des fragments de sa mosaïque originale ornent l'abside qui abrite un cycle de fresques d'Andrea Delito du XVᵉ siècle. Du cloître, belle vue du campanile bâti en briques au XVᵉ siècle.

Aux environs :
Au sud d'Atri, les bâtiments en brique rouge bordant les rues de **Penne** lui donnent un aspect remarquablement homogène. À l'est d'Atri, **Loreto Aprutino** mérite une visite pour la fresque du *Jugement dernier* (XIVᵉ siècle) de l'église Santa Maria in Piano.

Détail d'une fresque du XVᵉ siècle par Andrea Delitio au Duomo d'Atri

Sulmona ❸

L'Aquila. 🏛 26 000. **FS** 🚌 ℹ *Corso Ovidio 208 (0864 532 76).* 🗓 mer., sam. www.comune.sulmona.aq.it

Cernée de montagnes, la ville natale du poète latin Ovide est aussi la patrie des *confetti*, dragées multicolores jetées en pluie sur les jeunes mariés en signe de prospérité et de bonheur. La cité a conservé de nombreux bâtiments anciens, notamment le long de la **via dell'Ospedale**. C'est toutefois sur le Corso Ovidio que se trouve le plus beau : le palais de l'**Annunziata**, entrepris en 1320, mêlant les styles gothique et Renaissance. Le **Museo Civico** qui l'occupe présente des antiquités de la région, des peintures et des objets d'orfèvrerie. Attenante, l'église de l'**Annunziata** doit sa façade baroque à une reconstruction au XVIIIᵉ siècle. Derrière elle se trouvent les ruines d'une maison romaine. Au terme du viale Matteotti, la cathédrale **San Panfilo** s'élève sur le site d'un temple romain. Sur la piazza del Carmine, **San Francesco della Scarpa** a conservé un portail gothique. Un aqueduc du XIIIᵉ siècle alimente la **fontana del Vecchio** (1474).

Aux environs :
À l'est de Sulmona, des chemins de randonnée sillonnent les vallées boisées dominées par les 61 sommets du Parc National de la Maiella. À l'ouest, à Cocullo, a lieu chaque année en mai la procession dei Serpari qui promène à travers la ville la statue recouverte de serpents du saint patron local, san Domenico Abate, car il aurait laissé au XIᵉ siècle une molaire protégeant des morsures de ces reptiles

🏛 **Museo Civico**
Tél 0864 21 29 62. 🔲 t.l.j. 9 h-13 h, 15 h 30-19 h 30 (tél. pour vérifier).

OVIDE, LE POÈTE LATIN

Sulmona entretient avec ferveur le souvenir de son fils le plus célèbre. Elle a donné son nom à sa rue principale, le **corso Ovidio**, a dressé une statue à son effigie sur la piazza XX Settembre et lui a même attribué une **villa** en ruine à la sortie de la ville. Né en 43 av. J.-C., Publius Ovidius Naso passa son enfance à Sulmona avant de partir étudier à Rome. Auteur de grands classiques en vers tels que *L'Art d'aimer* ou les *Métamorphoses*, il tomba en disgrâce auprès d'Auguste (*p. 48-49*) pour une histoire d'adultère et sous prétexte d'avoir fait preuve d'immoralité dans *l'Art d'aimer*. Il mourut en exil en 17 au bord de la mer Noire

---

Scanno ❹

L'Aquila. 🏠 *2 400.* 🚌 🚹 *P. Santa Maria della Valle 12 (0864 743 17).* 🏤 *mar.* **www**.scanno.org

Remarquablement préservée dans le cadre sauvage que lui offrent les Apennins, cette petite ville médiévale est une étape touristique appréciée sur la route du Parco Nazionale d'Abruzzo (*p. 506-507*), en particulier en été où les plaisirs permis par le vaste plan d'eau du **lago di Scanno** complètent ceux proposés en août par un festival de

Costume traditionnel porté à Scanno

musique classique. En toute saison, ruelles, escaliers pentus, placettes et maisons anciennes éveillent la nostalgie d'une époque dont les broderies et bijoux fabriqués depuis des siècles à Scanno maintiennent vivant l'héritage. En janvier, pendant la festa di Sant'Antonio Abate, un grand plat de lasagnes est préparé puis distribué gracieusement devant l'église **Santa Maria della Valle**, sanctuaire de style bourguignon fondé au XIIIᵉ siècle sur le site d'un temple païen.

Les maisons du village médiéval de Scanno se serrent dans les Abruzzes au pied des Apennins

Parco Nazionale d'Abruzzo, Lazio e Molise ❺

Créé en 1923 dans la haute vallée du Sangro et inauguré en 1992, ce vaste parc où sommets dénudés, gorges, lacs et forêts composent de splendides paysages est l'une des plus importantes réserves naturelles d'Europe, refuge de 66 espèces de mammifères, 52 espèces de reptiles, amphibiens et poissons, et 230 espèces d'oiseaux, dont l'aigle royal et le pic à dos blanc. Un réseau de sentiers permet de randonner à pied ou à cheval. Les visiteurs peuvent également pratiquer le canoë et le ski.

Iris

Des aigles royaux
s'aperçoivent près du Sangro.

Chamois des Abruzzes
Cette espèce rare se reconnaît aux taches de son cou. Cerfs et chevreuils vivent aussi dans le parc.

Des forêts
couvrent les deux tiers du parc.

Pescasseroli
Au creux d'une cuvette, cette petite station de ski et de villégiature renferme le centre de renseignements du parc et un petit jardin zoologique.

Loup des Apennins
Environ 30 représentants de cette espèce rare vivent dans le parc, mais vous avez peu de chances d'en apercevoir un.

Ours marsicain
Cet ours brun faillit disparaître, mais il y en aurait entre 80 et 100 dans le parc, surtout sur les hauts plateaux.

Promenade
*Certaines parties du parc
peuvent se découvrir
à dos de poney.*

La Camosciara
sauvage et
spectaculaire,
abrite une
faune
d'une
grande
richesse

Lac Barrea
*Autour de ce lac artificiel sur le
Sangro, forêts et vallées se prêtent
à de belles promenades à
pied et à dos de poney.*

Essences
*Charmes,
frênes,
aubépines,
merisiers,
pommiers et poiriers
sauvages parsèment
les forêts de hêtres
et d'érables.*

0   5 m

LÉGENDE

▬▬	Route principale
▬▬	Route secondaire
▬ ▬	Sentier de randonnée
🌿	Point de vue
ℹ️	Information touristique

Lanciano ❻

Chieti. 🏙️ *35 000.* **FS** 🚌
ℹ️ *Piazza Plebiscito 50 (0872 71
78 10).* 🛒 *mer., sam.*

De grandes parties du centre
historique de Lanciano ont
gardé leur aspect moyenâgeux,
en particulier le quartier
décrépit de Civitanova. Il
renferme plusieurs belles
églises : **Santa Maria Maggiore**
(1227) qui possède un superbe
portail gothique et une
croix en argent émaillé
(1422) ; le sanctuaire
désaffecté de **San Biagio**
entrepris vers 1059. Non
loin, la **porta San Biagio**
(XIᵉ siècle) s'ouvre toujours
dans les remparts. Le
Duomo incorpore des
vestiges d'un pont romain
de l'époque de Dioclétien.
Un souterrain relie le pont
au **Sanctuaire du Miracle de
l'Eucharistie**. La Ripa Sacca
(ghetto) était un quartier
commerçant animé au Moyen
Âge, époque où les Aragonais
élevèrent les imposantes **torri
Montanara**.

Isole Tremiti ❼

Foggia. 🏙️ *400.* ⛴️ *San Nicola.* ℹ️
*Via Perrone 17, Foggia (0881 72 31
41) ; Via Sant'Antonio Abate 21,
Monte Sant'Angelo (0884 56 89 11).*
http://tremiti.planetek.it

Au large du promontoire
du Gargano, les îles italiennes
les moins fréquentées par les
étrangers séduiront les
amoureux de la mer et de la
plongée sous-marine. La plus
importante (2,8 km de long,
1,7 km de large), **San Domino**,
couverte d'une belle pinède,
possède une plage de sable.
Certaines des grottes perçant
ses côtes rocheuses se visitent
en barque.
Centre administratif de
l'archipel, **San Nicola** a
conservé d'une abbaye
fortifiée bénédictine fondée
au VIIIᵉ siècle l'église **Santa
Maria a Mare** édifiée à partir
de 1045. À l'intérieur
s'admirent un pavement
roman en mosaïque et, au
maître-autel, un polyptyque
gothique du XVᵉ siècle.

Près de Peschici sur le promontoire du Gargano

Le promontoire de Gargano ❽

Foggia. **FS** 🚌 **ℹ️** *Piazza del Popolo 10, Manfredonia (0884 58 19 98) ; Via Sant'Antonio Abate 21, Monte Sant'Angelo (0884 56 89 11).* **www**.*parcogargano.it*

Péninsule rocheuse s'enfonçant dans l'Adriatique, le plateau calcaire du Gargano garde une lumineuse beauté malgré le développement touristique de son littoral où une route en corniche relie les stations balnéaires de **Rodi Garganico, Peschici, Vieste** et **Manfredonia**. À l'est s'étend la

Une ruelle de Vieste sur le promontoire du Gargano

Foresta Umbra, l'une des plus belles forêts d'Italie. Au nord, poissons et oiseaux aquatiques prospèrent dans les lagunes de **Lesina** et **Varano**.

Depuis **San Severo**, la N 272 suit le vieil itinéraire de pèlerinage de **Monte Sant'Angelo**. Elle passe par **San Marco in Lamis**, dominé par un monastère du XVIᵉ siècle, puis **San Giovanni Rotondo** où un célèbre thaumaturge récemment béatifié, le padre Pio (1887-1968), repose au couvent de Santa Maria delle Grazie. À **Monte Sant'Angelo**, un sanctuaire médiéval garde l'entrée de la grotte où l'archange saint Michel serait apparu à l'évêque de Siponto en 493.

Au sud de Manfredonia, près des ruines de l'antique Siponto, se dresse **Santa Maria di Siponto** (XIIᵉ siècle) marquée d'influences orientales.

Lucera ❾

Foggia. 👥 35 000. 🚌 **ℹ️** *Piazza Nocelli 6 (0881 52 27 62).* 🛒 *mer.*

Lucera a gardé de son passé romain les vestiges d'un **amphithéâtre** (fermé pour restauration) au nord-est de la ville. Frédéric II fit bâtir en 1233 son immense forteresse, que Charles Iᵉʳ d'Anjou (1226-1285) agrandit encore. 24 tours jalonnent ses 900 mètres de remparts, mais il ne reste que

des ruines à l'intérieur. Frédéric II peupla la cité de 20 000 musulmans originaires de Sicile et ceux-ci donnèrent un tel dynamisme à Lucera que sa population avait bientôt triplé. En 1300, Charles II en massacra la majorité et entreprit la construction du **Duomo**, qui a conservé ses hautes nefs gothiques ornées de fresques et de sculptures, à l'emplacement de la principale mosquée.

L'exposition du **museo civico Fiorelli** illustre l'histoire de Lucera.

🏛 **Museo Civico Fiorelli**
Via de Nicastri 44. **Tél** *0881 54 70 41.* 🕐 *jusqu'à fin 2007 (info. 800 76 76 06).*

Ruines au château de Lucera

Troia ❿

Foggia. 👥 33 000. 🚌 🍽 *1ᵉʳ et 3ᵉ sam. du mois.*

Forteresse fondée en 1017 par les Byzantins pour se défendre des Lombards, cette petite ville perchée sur une colline passa sous contrôle normand en 1066 et fut gouvernée jusqu'en 1229, et sa conquête par Frédéric II, par de puissants évêques qui donnèrent à la Pouille certains de ses édifices les plus remarquables, notamment le **Duomo** de Troia (*p. 478-479*).

Entreprise en 1093, cette cathédrale marie dans sa partie inférieure le style romano-pisan et des influences byzantines et musulmanes. Datant du XIIIᵉ siècle, une magnifique rosace délicatement ciselée domine ses arcatures aveugles. Oderisio da Beneventano exécuta en 1119 les élégantes portes de bronze d'inspiration byzantine du portail principal et du portail du flanc droit.

À l'intérieur, animaux monstrueux, ornements végétaux et masques ornent les chapiteaux des colonnes séparant les trois nefs. Sculptée en 1169, la chaire romane présente de beaux reliefs.

Trani ⓫

Bari. 🚋 55 000. 🚉 🚌
🛈 Piazza Sacra Regia Udienza II (0883 58 88 30). 📅 mar.
www.traniweb.it

Important centre viticole et station balnéaire, Trani a conservé un petit port animé dominé par des façades blanchies et un quartier ancien qui rappelle qu'au Moyen Âge marchands de Gênes, d'Amalfi, de Pise et de Ravello s'y pressaient. La ville rivalisait avec sa voisine Bari

Façade du Duomo de Trani

et, jalouse des reliques de saint Nicolas que celle-ci détenait *(p. 494)*, elle revendiqua son propre saint, Nicolas le Pèlerin, berger grec qui serait venu y mourir en 1094 porté par un dauphin. Magnifique édifice roman, la **cathédrale** lui est dédiée. Construite, pour l'essentiel, entre 1159 et 1186

à l'emplacement d'un sanctuaire du VIIᵉ siècle dont subsistent des vestiges dans la crypte, elle présente à l'extérieur un remarquable décor sculpté, notamment au portail principal et à la rosace. Œuvres de Barisano da Trani, ses superbes portes de bronze datent de 1175-1179.

Près du Duomo, le **château** bâti par Frédéric II entre 1233 et 1249 et remanié aux XIVᵉ et XVᵉ siècles domine la mer.

Dans la vieille ville, sur la piazza Trieste, le **palazzo Caccetta** est un exemple rare de demeure gothique du XVᵉ siècle. Non loin, l'église romane d'**Ognissanti**, bâtie au XIIᵉ siècle dans la cour de l'hôpital des Templiers, a conservé son portique. L'église de Santa Teresa et le monastère de La Colonna méritent aussi une visite. À l'est du port, le jardin public de la **Villa Comunale** offre une belle vue sur Trani.

Castel del Monte ⓬

Località Andria, Bari. 🛈 Beni Culturali (0883 56 99 97). 🕐 t.l.j. 9 h-18 h 30. 📅 1ᵉʳ janv., 25 déc. 🅿️
www.pugliaturismo.com

Frédéric II

Dominant la plaine depuis une hauteur des Murge proche de Ruvo di Puglia, cet édifice entrepris en 1240 témoigne de l'originalité d'un souverain exceptionnel : Frédéric II de Souabe, empereur germanique qui consacra son règne à valoriser son royaume de Sicile et de

Naples. Alors qu'il construisit en Italie près de 200 châteaux rectangulaires, sa motivation pour donner au Castel del Monte un plan entièrement régi par le chiffre 8 (8 côtés, 8 tours octogonales, 8 salles à chaque étage) demeure mystérieuse. Les vestiges de parement de marbre et de conduites d'eau révèlent qu'il y résidait.

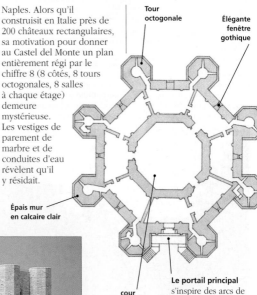

Tour octogonale

Élégante fenêtre gothique

Épais mur en calcaire clair

cour

Le portail principal s'inspire des arcs de triomphe romains.

PLAN DU CHÂTEAU
D'une rigueur géométrique absolue, le château, aux tours hautes de 24 m, possédait une fontaine (octogonale !), au centre de la cour, mais pas d'écuries, de cuisine ou de chapelle.

Le Castel del Monte

Ruvo di Puglia ⑬

Bari. 👥 24 000. 🚆 🚌 ℹ️ *Via Vittorio Veneto 48 (080 361 54 19).* 🗓️ *sam.* **www**.pugliaturismo.com

Ruvo di Puglia produisit jusqu'au IIᵉ siècle av. J.-C. une céramique réputée qui s'inspirait, comme permettent de le découvrir les quelque 2 000 vases de la collection du **museo archeologico nazionale Jatta**, de modèles corinthiens et attiques à figures rouges et noires.

Élevée au début du XIIIᵉ siècle, la **Cathédrale** est typique du roman apulien avec sa façade dépouillée et son portail mariant des motifs byzantins, maures et classiques.

🏛️ Museo Archeologico Nazionale Jatta

Piazza Bovio 35. **Tél** 080 361 28 48. ⭕ *dim.-mer. 8 h 30-13 h 30, jeu.-sam. 8 h 30-19 h 30.* ⚫ *1ᵉʳ janv., 1ᵉʳ mai, 25 déc.* ♿

Bari ⑭

👥 400 000. ✈️ 🚆 🚌 🚢 ℹ️ *Piazza Aldo Moro 33a (080 524 23 61).* 🗓️ *t.l.j.* **www**.pugliaturismo.com

L'ancien comptoir commercial romain de Barium devint en 875 le siège du *catapan*, le gouverneur byzantin du sud de l'Italie.

Détail du portail du Duomo de Ruvo di Puglia

Après sa conquête en 1071 par le Normand Robert Guiscard, la cité joue le rôle de port d'embarquement pour les croisades, ce qui la met en rivalité avec Venise. Une rivalité qui s'étend au domaine religieux. Depuis 828, les Vénitiens possédant les prestigieuses reliques de saint Marc, des marins de Bari s'emparent en 1027 de celles de saint Nicolas conservées à Myra.

La **basilica di San Nicola** *(p. 463)* entreprise en 1087 pour les abriter est l'une des premières grandes églises normandes de la Pouille et celle qui servit de modèle au roman apulien, style métissé d'influences musulmanes et byzantines. Le superbe portail principal, le baldaquin du maître-autel et le trône épiscopal qui se trouve derrière sont l'œuvre de sculpteurs du XIIᵉ siècle. Protecteur de la Russie, des enfants et des marins, saint Nicolas repose dans la crypte.

Sculpture du château de Bari

D'origine romane, la **Cathédrale** a perdu l'une de ses deux tours lors d'un tremblement de terre en 1613.

Une fenêtre au magnifique décor sculpté orne son chevet. Des portails baroques incorporant des éléments du XIIᵉ siècle s'ouvrent dans sa façade dépouillée sur un intérieur qui a retrouvé sa sobriété médiévale. Le baldaquin du maître-autel, la chaire et le trône épiscopal ont été reconstitués à partir de fragments des originaux du XIIᵉ siècle.

Remanié par Frédéric II entre 1233 et 1240, le **château** abrite une collection de moulages de sculptures et d'éléments architecturaux caractéristiques du roman apulien.

Le château de la Città Vecchia de Bari

Alberobello **⓯**

Bari. **FS** *jusqu'à Alberobello et Ostuni.*
ℹ *Piazza Ferdinando IV, 4 (080 432 51 71).* **🅿** *offertes par Trulli e Natura (080 432 38 29).*
www.alberobello.net

Entre Putignano et Ostuni, les étonnantes petites constructions en pierres blanchies à la chaux appelées *trulli* abondent parmi les vignes, les oliveraies et les vergers au point qu'elles ont donné leur nom à la région, le **Murge dei Trulli**. Leur origine reste incertaine (les plus anciennes sont du XIIᵉ siècle), mais leurs toits coniques en lauzes, un pour chaque pièce, évoquent une influence orientale. Certaines ont été converties en habitations modernes, en boutiques, ou bien en dépendances agricoles.

Alberobello est inscrit au patrimoine de l'humanité à l'UNESCO et est la capitale des *trulli*. Ces étranges maisons sont devenues des boutiques, des restaurants et même une église.

Dans le village des *trulli* d'Alberobello

Aux environs :
Le village perché de **Locorotondo** est un des plus jolis de la région, tandis qu'à **Martina Franca** d'élégants édifices baroques et rococo bordent des rues en dédale. Un festival de musique, le Festivale della Valle d'Itria, s'y tient en été.

Aphrodite au musée de Tarente

Taranto **⓰**

🏛 *220 000.* **FS** **🚌** **ℹ** *Corso Umberto I (099 453 23 92).* **🛒** *mer., ven., sam.* **www**.pugliaturismo.com

Tarente a beaucoup souffert pendant la Deuxième Guerre mondiale, puis a vu s'installer un important centre sidérurgique. Son quartier ancien, la **Città Vecchia** où se tient un marché au poisson haut en couleur, abrité dans un bâtiment Art Nouveau, occupe toujours l'île. Séparant la Mare (mer) grande de la Mare piccolo, celle-ci fut choisie vers 708 av. J.-C. par des Spartiates pour fonder une colonie qui devint l'une des plus prospères de la Grande-Grèce. S'il en reste peu de traces architecturales, le **Museo Archeologico Nazionale** présente une superbe collection d'objets découverts dans sa nécropole.

Commencé en 1071, le **Duomo** connut plusieurs remaniements et possède une façade baroque. Des colonnes antiques séparent ses trois nefs et la crypte renferme des sarcophages et des fresques du XIIᵉ siècle. Derrière la cathédrale, l'église **San Domenico Maggiore** a conservé sa façade du XIVᵉ siècle malgré l'ajout d'un escalier baroque. À l'est de l'île, l'immense **château** entrepris par Ferdinand d'Aragon en 1480 est désormais une zone militaire à l'accès strictement réservé.

🏛 Museo Archeologico Nazionale
Palazzo Pantaleo, Corso Vittorio Emanuele II. **Tél** 099 471 84 92.
🕐 *t.l.j. 8 h 30-19 h 15.* 🖼

LA TARENTELLE

Au son des mandolines, cette gracieuse danse populaire de l'Italie du Sud entraîne des couples dans un jeu de séduction taquin qu'ils rythment en agitant des tambourins. Une controverse règne sur l'origine de son nom. Pour certains il ne viendrait pas de « Tarente » mais de « tarentule ». En effet, les victimes de cette araignée venimeuse se soignaient jadis en se livrant à une danse effrénée dans l'espoir d'éliminer le venin avec leur transpiration, un rituel dont restent empreintes les célébrations organisées à Galatina (p. 513), petite ville de la péninsule salentine, les 28 et 29 juin pour la fête des saints Pierre et Paul.

Lecce pas à pas ⓱

Détail de la façade de Santa Croce

Principal marché agricole de la péninsule salentine, Lecce fut une riche cité romaine, puis la capitale de la Terre d'Otrante. Siège d'une université et jouissant d'une grande prospérité au XVIIe siècle, elle para ses monuments médiévaux d'un exubérant décor baroque auquel le calcaire local prêta sa couleur miel. Aisé à travailler, il permit à des artistes tels que Giuseppe Zimballo (lo Zingarello) d'exprimer toute leur fantaisie. Lecce est aussi fameuse pour son artisanat de papier-mâché.

★ Palazzo Vescovile et Duomo
Le palais épiscopal (reconstruit en 1632), le Duomo par lo Zingarello (1659-1670) et un séminaire (1709) entourent la piazza Duomo.

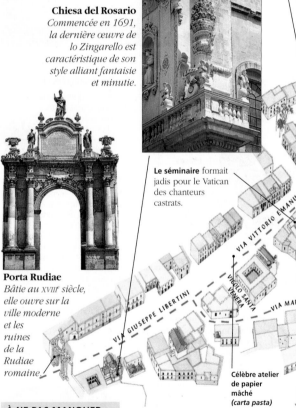

Chiesa del Rosario
Commencée en 1691, la dernière œuvre de lo Zingarello est caractéristique de son style alliant fantaisie et minutie.

Information touristique

Le séminaire formait jadis pour le Vatican des chanteurs castrats.

Porta Rudiae
Bâtie au XVIIIe siècle, elle ouvre sur la ville moderne et les ruines de la Rudiae romaine.

Célèbre atelier de papier mâché
(carta pasta)

À NE PAS MANQUER

★ Santa Croce

★ Le Palazzo Vescovile et le Duomo

LÉGENDE

– – –   Itinéraire conseillé

0   100 m

Chiesa del Carmine

VIA UMBE.
PIAZZA CASTROMEDIAN
VIA RUBICHI
PIAZZA SANT'ORON
VIA PERONELLI
VIA PA
VIA VITTORIO EMANUELE
PIAZZA DUOMO
VIA GIUSEPPE LIBERTINI
VICOLO SANTA VENERA
VIA MARCO BASSEO
VIA MORELLI
VIA G CINO
VIA R CARAC

★ **Santa Croce**
Gabrielle Riccardi
commença sa construction
en 1548 et lo Zingarello
l'acheva en 1679,
dessinant notamment
la rosace et le
fronton.

MODE D'EMPLOI

105 000. ⓕⓢ *Viale Oronzo*
Quarta. 🚌 *Via Boito & Via Adua.*
ⓘ *Via Vittorio Emanuele 23*
(0832 33 24 63). 🛒 *lun., ven.*
🎉 *24-26 août : Sant'Oronzo ; 13-*
24 déc. : Fiera dei Pupi e Pastori.

Le Castello, entre vieille
ville et quartiers modernes,
est formé d'une enceinte
bâtie (1539-1548) par
Charles Quint autour d'un
édifice du XIIe siècle. Seul
un étage est ouvert au
public.

VIALE XXV LUGLIO

VIA A GRANDI

VIA D'ARAGONA

A LECCE

Église San
Matteo

Colonna di Sant'Oronzo
Cette statue en bronze du
premier évêque de Lecce,
nommé par saint Paul en 54 et
martyrisé sous Néron,
date de 1739.

Détail d'une fresque (XVe siècle) de
Santa Caterina d'Alessandria

Galatina ⑱

Lecce. 🏠 28 000. ⓕⓢ 🚌 ⓘ *Sala*
dell'Orologio (0836 63 31 11). 🛒 *jeu.*
🎉 *29 juin : Fête de St Pierre et St*
Paul. **www**.comune.galatina.le.it

La colonie grecque qui y
prospéra au Moyen Âge a
laissé une atmosphère
particulière à cette petite
ville viticole réputée pour les
tarentelles qui s'y dansent les
28 et 29 juin *(p. 511)*.
   Son plus beau monument,
l'église **Santa Caterina**
d'Alessandria, dresse sa
façade de style gothique sur
la piazza Orsini. Entrepris en
1384, le sanctuaire abrite un
superbe cycle de fresques
peintes au début du
XVe siècle par plusieurs
artistes.

Otranto ⑲

Lecce. 🏠 5 500. ⓕⓢ 🚌 ⛴ ⓘ *Pia-*
zza Castello (0836 80 14 36). 🛒 *mer.*

Ce port, niché au fond d'une
anse de la péninsule salentine
et entouré de belles plages, a
perdu l'importance qu'il connut
sous les Romains, puis les
Byzantins et les Normands,
quand il était un des grands
centres du commerce avec la
Grèce. C'est sa conquête par
les Turcs en 1480 qui
brise son essor. Les
vainqueurs n'épargnent
que 800 hommes qui se
voient proposer la vie
sauve s'ils se
convertissent à l'islam.
Ils refusent et périssent.
   Sur la via Duomo, la
cathédrale fondée par
les Normands en 1080
abrite leurs reliques. Elle
possède un beau
pavement du XIIe siècle. Le
château (1485-1498) bâti par
les Aragonais au-dessus du port
offre une belle vue de la ville.

Le théâtre
romain a gardé
son orchestre
et une partie
de ses gradins.

Amphithéâtre romain
Déterré en 1938, il pouvait accueillir
25 000 spectateurs à son achèvement au
IIe siècle. Il est resté fermé pour restauration.

BASILICATE ET CALABRE

À la pointe de la botte italienne, les pentes arides de la chaîne apennine créent de majestueux paysages entre mers Tyrrhénienne et Ionienne, mais isolent ces deux provinces qui, si elles ont conservé leur authenticité et un littoral que le tourisme de masse découvre à peine, forment la partie la plus pauvre d'Italie.

Entités administratives aujourd'hui distinctes, la Basilicate et la Calabre partagent une histoire commune. Intégrées à la Grande-Grèce, elles connaissent jusqu'au IIᵉ siècle av. J.-C. une période brillante qu'évoquent les collections du musée de Crotone ainsi que les ruines de Metaponto en Basilicate et de Locri en Calabre.

Conquises par les Romains, elles passent à la chute de l'empire d'Occident sous le contrôle des Byzantins, constructeurs à Stilo de la superbe Cattolica, et servent de refuge à des moines basiliens chassés de leurs monastères grecs par la crise iconoclaste qui secoue le christianisme oriental à partir de 726. Ceux-ci s'installent notamment dans les *sassi* troglodytiques de Matera. Comme le montrent de nombreux monuments, le règne normand est ensuite propice à la

région, mais après l'installation de la capitale du royaume à Naples en 1282, elle sombre dans l'oubli et l'isolement qu'a magnifiquement décrits Carlo Levi dans *Le Christ s'est arrêté à Eboli* (1945). Pendant des siècles, l'émigration représente souvent le seul moyen d'échapper à la misère pour les habitants des villages accrochés aux montagnes.

L'assainissement du littoral, où régna longtemps la malaria, et le percement de voies de communication, notamment d'une autoroute jusqu'à Reggio di Calabria, offrent aujourd'hui un espoir à la Basilicate et à la Calabre. L'industrie s'y tourne vers les technologies modernes et le tourisme se développe, en particulier sur la côte. Il n'a toutefois pas encore défiguré la beauté âpre d'une région ancrée dans ses traditions.

Des terres arides entourent Stilo dans le sud de la Calabre

◁ Le quartier des Sassi, habitations en partie troglodytiques de Matera

À la découverte de la Basilicate et de la Calabre

Ruines grecques, abbayes médiévales, châteaux normands et villages perchés parsèment la Basilicate (ou Lucanie), région montagneuse aux paysages souvent lunaires, telles les vallées entourant Matera. Parfois décrite comme un rocher entre deux mers, la Calabre possède de superbes côtes. Ses ruines antiques, notamment celles de Sybaris et Locri Epizefiri, ajoutent à l'intérêt du littoral ionien. À l'intérieur des terres, des villes et villages perchés comme Gerace et Stilo ont conservé une atmosphère hors du temps.

Scène de rue à Pizzo, au nord-est de Tropea

LA RÉGION D'UN COUP D'ŒIL

Gerace ❿
Lagopesole ❸
Maratea ❻
Matera ❹
Melfi ❶
Metaponto ❺
Reggio di Calabria ⓫
Rossano ❼
Stilo ❾
Tropea ❽
Venosa ❷

VOIR AUSSI

- *Hébergement* p. 598-599
- *Restaurants* p. 648-649

Le pittoresque village de Rivello, au nord-est de Maratea en Basilicate

LÉGENDE

═══	Autoroute
═══	Route principale
───	Route secondaire
═══	Petite route
───	Parcours pittoresque
─•─	Liaison ferrée principale
───	Liaison ferrée secondaire
═══	Frontière régionale
△	Point de vue

Foggia
MELFI ❶
Rionero in Vulture
LAGOPESOLE ❸
Ruoti
Napoli
Potenza
Tito
Anzi
Marsico Nuovo
Corleto Pe
Grumento Nova
Monte Rapo
Lagonegro
Rivello
Lauria
MARATEA ❻
Praia a Mare
Scalea
Monte Ca
Diamante
Cittadella del Capo
Cetraro
Serra Panta
San L
Longobardi M
Am
Campora S. Gi
MAR TIRRENO
TROPEA ❽
Nicotera
Golfo di Gioia
Rosarn
Gioia Tauro
Palmi
Bagnara Calabra
Messina
Asprom
Monti Peloritani
⓫ REGGIO DI CALABRIA
Pellaro
Lazzaro

Le port de Maratea sur la côte tyrrhénienne de la Basilicate

CIRCULER

Depuis Naples, l'autoroute A 3-E 45,
dont une ramification rejoint Potenza en
Basilicate, traverse toute la région du nord
au sud jusqu'à Reggio di Calabria.
Pour se rendre sur le littoral ionien,
la S 280-E 848 permet d'éviter le massif
de l'Aspromonte dont les routes étroites
traversent des paysages souvent déserts.
Elle relie Catanzaro à Lamezia
où se trouve l'un des trois aéroports,
avec celui de Reggio di Calabria et celui
de Brindisi (en Pouille), desservant la
région. Le train relie les villes principales,
des cars assurent des liaisons
avec les petites localités.

Paysage rural près de Miglionico, au sud de Matera

L'impressionnant château de Melfi réunit des constructions de plusieurs époques

Melfi ❶

Potenza. 🏠 16 600. **FS** 🚌 **ℹ** *Via Gallitello 89, Potenza (0971 50 76 11).* 🛒 *mer., sam.* **www**.aptbasilicata.it

Cette petite ville médiévale est dominée par une imposante forteresse, le **château** où le pape Nicolas II accorda en 1059 l'investiture à Robert Guiscard. Celui-ci fit de Melfi la capitale du comté de la Pouille et c'est ici que Frédéric II promulga en 1231 les *Constitutiones Augustales* définissant les lois de son royaume. Le château abrite le **museo nazionale del Melfese** qui comprend des bijoux byzantins. Reconstruit au xvIIIᵉ siècle, le **Duomo** ne conserve que le campanile du sanctuaire original bâti en 1153.

🏛 Museo Archeologico Nazionale del Melfese
Castello di Melfi, Via Castello. **Tél** 0972 23 87 26. 🔲 *t.l.j.* ● *1ᵉʳ janv., 25 déc, lun. mat.* 📷 🚫 🛒 *sam., dim.*

Venosa ❷

Potenza. 🏠 12 200. **FS** 🚌 **ℹ** *Via Garibaldi 42 (horaires aléatoires).* 🛒 *1ᵉʳ sam. et 3ᵉ jeu. du mois.*

Venosa fut une importante colonie romaine, celle où naquit le poète Horace (65-8 av. J.-C.), et la zone archéologique bordant la via Vittorio Emanuele renferme les vestiges d'un **amphithéâtre** et de **thermes** à proximité de

l'abbaye de **La Trinità** bâtie sur le site d'un temple romain. le **Museo Archeologico Nazionale** renferme de nombreux trésors. Le monastère possède deux églises, la **Chiesa Vecchia**, une ancienne cathédrale paléochrétienne, et la **Chiesa Nuova** entreprise en 1135 mais qui resta inachevée. Robert Guiscard, ses demi-frères et sa première femme, Aubrée, y furent enterrés, mais, de leurs tombeaux d'origine, seul celui d'Aubrée subsiste.

Dominant également la via Vittorio Emanuele, le **Duomo** date du xVIᵉ siècle, comme l'imposant château de la piazza Umberto I.

🏛 Museo Archeologico Nazionale
Piazza Castello. **Tél** 0972 360 95. 🔲 *t.l.j. (mar. : a.-m. seul.).* 📷

Lagopesole ❸

Potenza. **Tél** 0971 860 83. **FS** *jusqu'à Lagopesole Scalo puis bus jusqu'à la ville.* 🔲 *t.l.j. 9 h 30-13 h, 16 h -19 h (15 h-17 h en hiver)* **www**.aptbasilicata.it

Occupant un site spectaculaire, le **château** de Lagopesole est le dernier que construisit Frédéric II, entre 1242 et 1250. Il lui servit de pavillon de chasse. L'édifice possède une décoration intéressante et deux portraits sculptés au-dessus du portail du donjon représentant Frédéric Barberousse (le grand-père de Frédéric II) et sa femme

Béatrice. Les appartements royaux et leur chapelle se visitent.

Matera ❹

🏠 56 900. **FS** 🚌 **ℹ** *Via de Viti de Marco 9 (0835 33 19 83).* 📷 *0835 33 67 26 ou 0835 31 94 58.* 🛒 *sam.*

Le quartier des Sassi à Matera

Perchée au bord d'un profond ravin, cette ville juxtapose avec violence deux univers et deux époques. Au sommet, le quartier neuf se révèle peu esthétique mais animé. Au-dessous, celui des **Sassi** a sombré dans le silence, alors qu'à la fin de la dernière guerre près de 20 000 personnes se serraient encore dans le fouillis de maisonnettes et d'habitats troglodytiques couvrant le rocher autour du Duomo.

La **strada panoramica dei Sassi** qui court au fond de la gorge offre le meilleur moyen de découvrir ces grottes

surnommées « cailloux » *(sassi)*
que la surpopulation rendait
tellement insalubres que Carlo
Levi les compara à l'Enfer de
Dante dans *Le Christ s'est arrêté
à Eboli*. Un programme de
relogement, achevé en 1977,
déplaça leurs habitants dans le
quartier neuf.

Du VIIIᵉ au XIIIᵉ siècle, ce
furent des moines basiliens
chassés d'Orient par les
iconoclastes qui occupèrent
ces abris creusés dans le
rocher, et le quartier des Sassi
et celui des Agri (à l'extérieur
de la ville) renferment à eux
deux quelques 120 *chiesi
rupestri* (**www.parcomurgia.it**).
Parmi celles-ci, **Santa Maria
di Idris**, sur le monte Errone,
et **Santa Lucia alle Malve**,
dans le quartier albanais,
abritent des fresques du
XIIIᵉ siècle. D'autres exemples
d'art sacré provenant de
sanctuaires souterrains
s'admirent au **muzeo
nazionale Ridola** dont
les collections illustrent
l'histoire d'une
région peuplée
dès l'époque
néolithique. À côté
se trouve le
Purgatorio (1770)
à la façade
macabre.

Dressé entre les
deux principaux
quartiers de *sassi*, le
Sasso Barisano et le Sasso
Caveoso plus pittoresque, le
Duomo possède une belle
façade de style roman apulien
et une décoration intérieure
baroque. Il abrite un tableau
d'inspiration byzantine du
XIIIᵉ siècle représentant la
Madonna della Bruna, sainte
patronne de Matera. **San
Francesco d'Assisi**, église du
XIIIᵉ siècle remaniée dans le
style baroque commémore la
venue de saint François
d'Assise en 1218. D'autres
églises à visiter sont : **San
Domenico**, sur la piazza
Vittorio Veneto, et **San
Giovanni Battista**, dans la via
San Biagio, toutes deux du
XIIIᵉ siècle. Dans la même rue,
le **Museo della Tortura** retrace
l'histoire de l'Inquisition.

🏛 **Museo Nazionale Ridola**
Via Ridola 24. **Tél** 0835 31 00 58. ⬜
t.l.j. 9 h-20 h (lun : à partir de 14 h). 📷

*L'église San Francesco
de Matera*

Tavole Palatine de Metaponto

Metaponto ❺

Metaponto Borgo. 🚌 **FS** *jusqu'à
Metaponto.* 🛈 *Via Apollo Licio
(0835 74 52 20)* ⬜ *t.l.j. 9 h à 1 h
av. la nuit.* ⬤ *1ᵉʳ jan., Pâques, 25 déc.*
📷 ♿ **www.aptbasilicata.it**

Fondée au VIIᵉ siècle av. J.-C., la
prospère colonie grecque de
Métaponte accueillit
Pythagore (v. 570-v. 480
av. J.-C.) lorsqu'il dut
quitter Crotone, et il
y resta jusqu'à sa
mort. Parmi les
ruines qui en
subsistent figurent
les **Tavole
Palatine**, au pont
du Bradano à
5 km de la ville,
et les vestiges d'un
temple dorique
du VIᵉ siècle av. J.-C. Le **museo
nazionale di Metaponto**
présente les objets trouvés sur
ce site et sur celui de la **zone
archéologique** où se
découvrent les traces d'autres
temples, d'édifices civils et
d'ateliers de céramique de la cité
antique. Plus au sud, **Policoro**
occupe la place de l'ancienne
Héracleia (fondée entre les VIIᵉ
et Vᵉ siècles av. J.-C.) qu'évoque
l'exposition du **museo
nazionale della Siritide**.

🏛 **Museo Nazionale
di Metaponto**
Via Aristea 21. **Tél** 0835 74 53 27. ⬜
t.l.j. 9 h-20 h. ⬤ lun. mat. et jours
fériés. 📷 comprend l'accès à la
zone archéologique. ♿

🏛 **Museo Nazionale
della Siritide**
Via Colombo 8, Policoro. **Tél** 0835 97
21 54. ⬜ t.l.j. 9 h-20 h. ⬤ 1ᵉʳ jan.,
1ᵉʳ mai, 25 déc., mar. mat. 📷 ♿

Maratea ❻

Potenza. 🏘 5 000. **FS** 🚌
🛈 Piazza del Gesù 32 (0973 87 69
08). 🗓 1ᵉʳ et 3ᵉ sam. du mois.

La Basilicate possède un
étroit débouché sur la mer
Tyrrhénienne dans le golfe de
Policastro, et sur ce littoral
magnifique le vieux quartier
de Maratea s'accroche à flanc
de colline. À moins de 5 km
par la route, une immense
statue du **Christ Rédempteur**
se dresse au sommet du monte
Biagio (624 m) qui offre un
panorama exceptionnel.

Aux environs :
Dans un cadre spectaculaire à
23 km au nord de Maratea, à
Rivello, des influences
byzantines marquent le décor
des églises **San Nicola dei
Greci** et **Santa Barbara**.

Le petit port de Maratea Inferiore

Une page du précieux *Codex Purpureus Rossanensis*

Rossano ❼

Cosenza. 🏙 *32 000*. FS 🚌
🗓 *2ᵉ et 4ᵉ ven. du mois.*

Cette petite ville perchée au milieu des oliviers fut aux IXᵉ, Xᵉ et XIᵉ siècles le siège du pouvoir byzantin quand les Sarrasins occupaient Reggio di Calabria, et son **Museo Diocesano** présente le *Codex Purpureus Rossanensis*, évangéliaire grec du VIᵉ siècle écrit sur du parchemin teinté de pourpre et illustré de splendides miniatures.

Fondée au XIᵉ siècle, la **cathédrale** abrite la *Madonna Acheropita*. Cette fresque ornant le troisième pilier de gauche aurait, selon la tradition, une origine angélique.

Aux environs :
Dans la via Archivescado se trouve la **Panaglia**, église byzantine du XIᵉ siècle. Les cinq coupoles d'un autre sanctuaire grec, **San Marco** (Xᵉ siècle), se dressent sur une colline au sud-est de la ville.

Sur une hauteur à 18 km à l'ouest de Rossano, la gracieuse église **Santa Maria del Partirion**, seul vestige d'un important monastère basilien, n'a pratiquement pas changé depuis sa construction vers 1095. Elle offre un large panorama de la plaine de Sibari où se développa la colonie grecque de Sybaris détruite en 510 av. J.-C.

🏛 **Museo Diocesano**
Palazzo Arcivescovile, Via Arcivescovado 5.
Tél *0983 52 02 82.* ☐ *mar.-dim. (juil.-sept. lun. aussi).* ⬤ *jours fériés.* 📷

Tropea ❽

Vibo Valentia. 🏙 *7 000*. FS 🚌
ℹ *Piazza Ercole (0963 614 75).*
🗓 *sam.* **www**.tropea.biz

Bâtie au sommet d'une falaise du littoral tyrrhénien, cette petite ville ancienne domine d'agréables plages de sable et prend en été l'animation d'une station balnéaire à la mode. Depuis la piazza del Cannone se découvre une vue splendide sur la mer et l'ancien sanctuaire bénédictin de **Santa Maria dell'Isola** qui couronne un îlot rocheux. La via Roma conduit à la **cathédrale** qui a conservé trois jolies absides de ses origines normandes. Elle abrite la *Madonna di Romania* (XIIᵉ siècle), peinture d'inspiration byzantine qui fait l'objet d'un culte fervent.

De belles maisons bordent les rues de Tropea, notamment la **casa Trampo** (XIVᵉ siècle) et le **palazzo Cesareo** (début du XXᵉ siècle) dont le balcon orné de sculptures domine le vicolo Manco.

Deux autres villes de la côte, **Pizzo** au nord et **Palmi** au sud, méritent une visite.

Stilo ❾

Reggio di Calabria. 🏙 *3 000*. FS 🚌
ℹ *Mairie (0964 77 60 06).* 🗓 *mar.*

À quelques kilomètres de la côte ionienne, ce village marqué par les tremblements de terre accroche ses maisons au flanc aride du monte Consolino. Sur une terrasse dominant les oliviers se dresse la **Cattolica** dont la pureté de formes et l'harmonie de proportions font l'admiration des amateurs d'architecture byzantine. Bâti en briques au Xᵉ siècle par des moines basiliens, ce petit édifice carré au plan en croix grecque est couronné de cinq hauts tambours coiffés de toits en coupole et percés de fenêtres qui éclairent les fresques ornant l'intérieur, œuvres peintes au XIᵉ siècle et restaurées en 1927. Quatre colonnes antiques soutiennent la voûte. Leur position inversée, chapiteau vers le bas, symbolise la victoire du christianisme sur le paganisme.

Dans la via Tommaso Campanella se trouvent le **Duomo** médiéval et les ruines du **couvent San Domenico** où vécut le philosophe dominicain Tommaso Campanella (1568-1639). Construite vers 1400, l'église **San Francesco** abrite un bel autel en bois sculpté et la *Madonna del Borgo*, gracieuse peinture anonyme du XVIᵉ siècle.

À Bivigondi, au nord-ouest de Stilo, l'église **San Giovanni** date du XIᵉ siècle ; elle reste généralement fermée sauf pendant la semaine de Pâques.

🏴 **Cattolica**
2 km au-dessus de Stilo dans la Via Cattolica. ☐ *t.l.j.* ♿

Tropea, joyau de la superbe côte tyrrhénienne

Hébergements et restaurants de la région, voir p. 598-599 et 648-649

La Cattolica au-dessus de Stilo

Gerace ⑩

Reggio di Calabria. 🏘 *3 000.* 🚌
🛈 *Pro Loco, Via Regina Margherita
77, Locri (0964 23 27 60).*

C'est pour pouvoir se protéger
des incursions sarrasines que
des habitants de **Locri
Epizephiri** fondèrent au
IXᵉ siècle ce village occupant
un site imprenable sur le flanc
nord-est de l'Aspromonte. Le
château qui le défendait n'est
plus que ruines, d'où s'admire
une superbe vue, mais
l'enceinte médiévale enserre
toujours les maisons. Gerace se
dépeuple aujourd'hui au profit
du littoral, mais elle possède la
plus grande **cathédrale** de
Calabre. Entreprise à l'époque
normande en 1045 et remaniée
au XIIIᵉ siècle sous Frédéric II,
elle obéit à un plan basilical et
d'élégantes colonnes antiques
provenant de Locri Epizefiri
séparent ses trois nefs. La
crypte mérite une visite.
Au terme de la via Cavour se
dresse l'église **San Giovanello**
(XIIᵉ siècle) qui marie style
normand et influence byzantine.
Non loin, **San Francesco**

d'Assisi, sanctuaire gothique
fondé en 1252, abrite un maître-
autel baroque en marbre et le
tombeau de style pisan de
Nicolò Ruffo (mort en 1372).

Aux environs : À 3 kilomètres
de Locri, les ruines de **Locri
Epizephiri** bordent la route de
Reggio di Calabria. Cette
colonie grecque, la première à
se doter de lois écrites (660 av.
J.-C.), possédait un grand
temple dédié à Perséphone où
ont été trouvées des tablettes
votives. Le **musée** en
présente quelques-unes,
ainsi que des monnaies,
des inscriptions et des
fragments de sculptures.
Explorer la zone
archéologique permet de
découvrir les vestiges
d'autres **temples, d'un
théâtre**, d'habitations, de
boutiques et de tombes.

🏛 **Locri Epizephiri**
Sud-ouest de Locri sur la S106,
Contrada Marasà. ⬜ *t.l.j. 9 h-19 h..*
Museo Nazionale, Contrada
Marasà, SS 106. **Tél** *0964 39 00 23.*
⬜ *mar.-dim.* ⬤ *1ᵉʳ mai, 25 déc.*

Reggio di Calabria ⑪

🏘 *183 000.* ✈ FS 🚌 ⛴ 🛈 *Via
Roma 3 (0965 211 71).* 🅿 *ven.*

Dévastée par plusieurs
tremblements de terre, Reggio
n'est pas une belle ville, mais
les collections du **Museo
Nazionale della Magna Grecia**
justifient de s'y rendre. Illustrant
l'histoire de la région pendant la
préhistoire et l'époque de la
Grande-Grèce, elles regroupent
des pièces découvertes sur les
sites archéologiques de Calabre
et dessinent une image d'une
civilisation disparue depuis des
siècles.
Les bronzes de Riace attirent
plus particulièrement les
visiteurs au musée. Retrouvés
en 1972 au fond de la mer
Ionienne au large de Riace,
ces statues représentent deux
guerriers légèrement plus
grands que nature. Superbes
exemples de l'art classique grec
du vᵉ siècle av. J.-C., ils datent
probablement, pour le
personnage le plus jeune
(statue A), de 460 av. J.-C., et
pour l'autre, de 430 av. J.-C.
(statue B). Ils ont été exécuté
par Phidias et Polyclète.

🏛 **Museo Nazionale
della Magna Grecia**
Piazza de Nava 26. **Tél** *0965 81
22 55.* ⬜ *mar.-dim. 9 h-19 h 30
(en été, sam.-dim. : souvent jusqu'à
23 h).* ⬤ *1ᵉʳ et 3ᵉ lun. du mois.*

Bronzes de Riace (vᵉ siècle av. J.-C.)
au Museo Nazionale de Reggio

SICILE

*P*roche à la fois de l'Afrique et de l'Europe, ouverte sur l'Orient et ceinturée de plaines fertiles, la Sicile a de tout temps attisé les convoitises. La plupart des grandes civilisations européennes s'y sont implantées et ces envahisseurs successifs ont donné à l'île une architecture d'une grande variété et marqué de leurs influences ses coutumes, sa cuisine et ses traditions artistiques. Après des siècles de repli sur elle-même, la Sicile s'ouvre aujourd'hui au tourisme.

Les ruines qu'elles ont laissées révèlent qu'il ne devait guère y avoir de différence entre Athènes et les grandes cités grecques qui disputaient le contrôle de la Sicile aux Phéniciens de Carthage. Cette guerre profita finalement aux Romains qui imposèrent leur domination au IIIᵉ siècle av. J.-C. À la chute de l'empire d'Occident, le monde hellène prend sa revanche en 535 et l'île reste byzantine jusqu'à sa conquête par les Sarrasins au IXᵉ siècle. La Sicile connaît alors une grande prospérité, mais il ne subsiste que peu de traces de cette période faste malgré l'atmosphère exotique du marché Vucciria de Palerme. Un autre âge d'or suivra à partir de 1061 sous l'autorité des Normands. À leur cour, toutes les cultures se côtoient, donnant le jour à un art original dont les cathédrales de Monreale et Cefalù offrent de superbes exemples.

Après la mort de Frédéric II en 1250, ses souverains étrangers négligent la Sicile et elle sombre, avec le reste de l'Italie du Sud, dans une longue léthargie. Le baroque l'en tire aux XVIIᵉ et XVIIIᵉ siècles et les artistes siciliens donnent alors un nouveau visage, exubérant, à Palerme, Noto, Ragusa, Modica, Syracuse ou Catane.

Malgré la réputation que lui vaut sa mafia, qui se révèle toutefois moins gênante pour le visiteur que la petite délinquance née d'un fort taux de chômage, son patrimoine architectural et la beauté de son littoral attirent de plus en plus de touristes en Sicile. Beaucoup y font aussi la découverte de la richesse humaine de ses habitants, de la qualité de leur cuisine et de la ferveur de leurs fêtes traditionnelles.

Détail d'une mosaïque du XIIᵉ siècle au palazzo dei Normanni de Palerme

◁   Le temple de la Concorde (v. 430 av. J.-C.) a superbement résisté au temps dans la vallée des temples d'Agrigente

À la découverte de la Sicile

De très belles plages jalonnent le littoral sicilien, notamment près de Taormine et dans le golfe de Castellammare bordé à l'ouest par la réserve naturelle du cap San Vito. Fleuris et verdoyants au printemps, arides en été, déserts hors des gros bourgs où se regroupe l'habitat, les vallées et massifs montagneux de l'intérieur des terres offrent des paysages plus rudes. Volcan en activité, l'Etna constitue le but d'excursion le plus spectaculaire. Vergers, orangeraies et vignes couvrent le pied de ses pentes fertiles.

Pêcheurs de Syracuse

LA RÉGION D'UN COUP D'ŒIL

CIRCULER

Palerme et Catane possèdent des aéroports internationaux. Des ferry-boats desservent Messine et Catane depuis Reggio di Calabria, et Palerme depuis Gênes et Naples. Depuis Catane, l'autoroute A 19-E 932 traverse l'intérieur de l'île vers Palerme et la A 18-E 45 longe la côte ionienne jusqu'à Messine.
Le train assure un service efficace entre les grandes villes. Pour atteindre les petites localités, mieux vaut prendre le car.

Le temple dorique de Ségeste

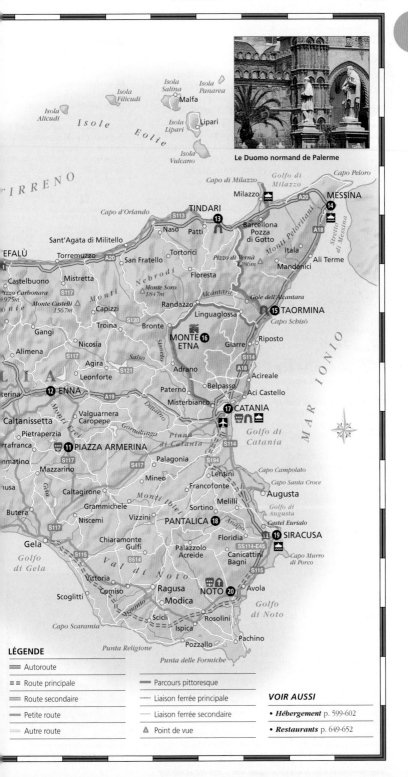

Le Duomo normand de Palerme

LÉGENDE

Autoroute	
Route principale	
Route secondaire	
Petite route	
Autre route	
Parcours pittoresque	
Liaison ferrée principale	
Liaison ferrée secondaire	
△ Point de vue	

VOIR AUSSI

• *Hébergement* p. 599-602

• *Restaurants* p. 649-652

Palerme ●

Détail d'une mosaïque de la Cappella Palatina

Protégée à l'est par le monte Alfano, Palerme s'étage sur le flanc du monte Pellegrino au creux d'une baie dont la fertilité justifie le nom de Conca d'Oro. Capitale de la Sicile, elle résume les contradictions de l'île. Malgré le spectacle de la rue, des quartiers délabrés ou envahis de constructions modernes offrent un triste écrin aux joyaux laissés par les Normands et les architectes baroques et Art nouveau. Avec son atmosphère exotique, la cité reste envoûtante.

Un havre de paix : le jardin du cloître de San Giovanni degli Eremiti

⛪ San Giovanni degli Eremiti

Via dei Benedettini. **Tél** 091 651 50 19. ◯ t.l.j. (dim. : mat. seul.) ; der. entrée : 30 min. avant la ferm.). 🖼

Les coupoles et les arcades de l'église normande Saint-Jean-des-Ermites bâtie sur l'emplacement d'une mosquée entre 1132 et 1148 témoignent de l'influence des architectes arabes à Palerme. Les ruines du cloître (XIIIᵉ siècle) abritent un joli jardin.

⛪ Palazzo Reale

Piazza Indipendenza. **Tél** 091 705 11 11. **Palazzo Reale** ◯ lun., ven., sam. 8 h 30-12 h, 14 h-17 h ; dim. 8 h 30-14 h. ◉ pendant les sessions parlementaires. 🖼 **Cappella Palatina** ◯ idem. ◉ Pâques, 25 avril, 1ᵉʳ mai, 25 déc. 🖼 🆔 dim.

Souvent appelé palazzo dei Normanni car il conserve de la forteresse élevée par Roger II au XIIᵉ siècle une tour pisane et le corps de bâtiment central, ce vaste édifice à la façade austère accueille les réunions de l'Assemblée régionale de Sicile.

On y visite les appartements royaux et un chef-d'œuvre de l'art médiéval : la Cappella Palatina. Construite de 1132 à 1140, elle marie avec génie une structure romane, des marbres polychromes cosmatesques, un plafond à pendentifs arabe et des mosaïques byzantines.

À côté du palais se dresse la Porta Nuova (1583) au décor excentrique.

🛐 Gesù

Piazza Casa Professa. **Tél** 091 607 62 23. ◯ t.l.j. 7 h-11 h 30 (dim. : jusqu'à 12 h 30), 17 h-18 h 30 (août : matin seul.). ◉ pendant les offices.

La plus ancienne église jésuite de Sicile (1564-1633) se dresse près du marché animé de la piazza Ballarò. Appelée Casa Professa, elle offre un exemple typique du baroque palermitain, notamment dans la somptuosité des ses sculptures et marqueteries de marbre

Un Christ Pantocrator orne la coupole de la Cappella Palatina

Juxtaposition de styles au Duomo

PALERME D'UN COUP D'ŒIL

Duomo ④
Gesù ③
La Magione ⑭
La Martorana ⑥
Museo Archeologico
   Regionale ⑩
Oratorio del Rosario di
   San Domenico ⑧
Oratorio di San Lorenzo ⑫

Oratorio di Santa Zita ⑪
Palazzo Abatellis et Galleria
   Regionale di Sicilia ⑬
Palazzo Reale ②
San Domenico ⑨
San Giovanni degli Eremiti ①
Santa Caterina ⑤
Villa Giulia ⑮
Vucciria ⑦

🔾 Santa Caterina

P. Bellini. 🔾 *office du dim., 29 avr. et Pâques.*

Si la construction de l'église Sainte-Catherine commença en 1566, sa décoration intérieure date pour l'essentiel des XVIIᵉ et XVIIIᵉ siècles. Le baroque sicilien s'y exprime dans un paroxysme de couleurs, de textures et de marqueteries de marbre. Filippo Randazzo peignit la fresque en trompe-l'œil de la nef et Vito d'Anna celle de la coupole. Sur la piazza Pretoria bordant le sanctuaire se dresse une fontaine monumentale maniériste (1544).

Légende des autres symboles, *voir rabat de couverture*

🔾 Duomo

Via Vittorio Emanuele. **Tél** *091 33 43 73.* 🔾 *t.l.j. 9 h 30-17 h 30.* 🔾 *pendant les offices.* ♿ **Trésor** 🔾 *t.l.j. 9 h 30-17 h 30.* 📷
www.cathedrale.palermo.it

Fondée en 1184 par l'archevêque de Palerme, la cathédrale est le résultat de bien des métissages hélas pas tous heureux. Elle conserve de ses origines normandes de belles absides au décor arabisant, possède une façade principalement gothique et présente sur son flanc sud un beau portique aragonais (1453) protégeant une mosaïque du XIIIᵉ siècle et une porte sculptée en 1432. La coupole et la décoration intérieure sans grâce datent de la fin du XVIIIᵉ siècle. Près du portail sud, les tombeaux des souverains de Sicile : l'empereur Frédéric II, sa femme Constance d'Aragon, sa mère, fille de Roger II qui s'appelait aussi Constance, son père Henri VI et son beau-père Roger II. Le trésor expose la couronne de Constance d'Aragon.

La Fontana Pretorio devant l'église Santa Caterina

À la découverte de Palerme

La via Maqueda et le corso Vittorio Emanuele se
croisent aux Quattro Canti, carrefour central de la ville. À
l'est, palais et sanctuaires se découvrent au hasard des rues.
Puis le visiteur s'enfonce dans le labyrinthe des vieux
quartiers, souvent délabrés, qui s'étendent jusqu'au port.

🔒 La Martorana

Piazza Bellini. *Tél* 091 616 16 92. ☐
*lun.-sam. 8 h-13 h, 15 h 30-17 h 30 ;
dim. 8 h 30-13 h (été : jusqu'à 19 h).*
Ce sanctuaire porte aussi le
nom de Santa Maria
dell'Ammiraglio, car c'est
l'amiral de Roger II, Georges
d'Antioche, qui commanda sa
construction en 1140. Il
apparaît, aux pieds de la
Vierge, sur une mosaïque
ornant l'aile gauche. À droite,
le Christ présente la couronne
au roi Roger. D'autres
mosaïques du XIIe siècle,
superbes, décorent la voûte de
la nef et la coupole au-dessus
de fresques datant d'un
remaniement baroque. C'est
dans le couvent voisin, créé en
1193 par Eloisa Martorana, que
le parlement sicilien décida en
1295 de confier la couronne à
Frédéric d'Aragon.

**Mosaïque du Christ Pantocrator à la
coupole de La Martorana**

🔲 Vucciria

Via Roma. ☐ *t.l.j.*
Nulle part, ce que Palerme a
d'oriental n'est plus manifeste
que dans ce grand marché, le
plus important de la ville.
Depuis la piazza San
Domenico, sur la via Roma, il
s'étend jusqu'au port dans un
quartier médiéval aujourd'hui
décrépit mais dont les noms
de rues entretiennent le
souvenir des artisans qui y
travaillaient jadis. Étals variés,
vendeurs à la sauvette, odeurs
épicées et brouhaha
composent un spectacle haut
en couleur. Attention ! de
nombreux pickpockets et
voleurs à l'arraché y rôdent.

**Stucs par Serpotta à l'oratorio del
Rosario di San Domenico**

🔒 Oratorio del Rosario di San Domenico

Via Bambinai 2. *Tél* 091 609 03 08.
☐ *t.l.j. 9 h-14 h (rés.).*
Génial stucateur baroque,
Giacomo Serpotta a donné
vers 1720 à ce petit sanctuaire
du XVIe siècle une décoration
intérieure où s'expriment toute
sa virtuosité et sa fantaisie. Ses
angelots, ses draperies et ses
allégories des Vertus encadrent
des tableaux peints
notamment par Luca Giordano
et Pietro Novelli. La *Vierge du
Rosaire* (1624-1628) du maître-
autel est d'Anton Van Dyck.

🔒 San Domenico

Piazza San Domenico. *Tél* 091 32 95
88. ☐ *mar.-dim. 8 h-11 h 30 (et sam.
17 h-19 h).* **Museo del Risorgimento**
Tél 091 58 27 74. ☐ *lun., mer., ven.
9 h-13 h.* 🔲 *août.* **Cloître** ☐ *sur r.v.*
www.storiapatria.it
La construction du sanctuaire
actuel commença en 1640 sur
un site occupé par une église
bénédictine. Tommaso Maria
Napoli, un des maîtres du
baroque sicilien, lui donna en
1726 son exubérante façade
après avoir aménagé en 1724
la place qu'elle domine.
　　L'élément le plus intéressant
de la décoration intérieure est
le bas-relief de *Sainte
Catherine* (1528) par
Antonello Gagini dans la
troisième chapelle à gauche.
Celle-ci ouvre sur le cloître du
XIVe siècle qui donne accès au
Museo del Risorgimento.

🏛 Museo Archeologico Regionale

Piazza Olivella 24. *Tél* 091 611
68 05. ☐ *mar.-sam. 8 h 30-18 h 30,
dim.-lun. 9 h-13 h 30.* 🔲
Installé dans l'ancien
monastère des Filippini, le
plus grand musée de Sicile
présente des objets découverts
sur les sites archéologiques
phéniciens, grecs et romains
de l'île. Les collections
comprennent des sculptures,
des céramiques, de la verrerie,
des bijoux et des armes.
Les pièces les plus célèbres
ornaient jadis les temples de
Sélinonte *(p. 518).* Il s'agit de
métopes, éléments sculptés
d'une frise dorique. Parmi
les scènes mythologiques
représentées figurent
l'*Enlèvement d'Europe* et
Persée tuant la Méduse.

Le marché Vucciria à l'est de la via Roma

Oratorio del Rosario di Santa Cita

Via Valverde 3. **Tél** 091 33 27 79. lun.-sam. 9 h-14 h ou sur rés. (091 609 03 08).

Ce petit oratoire est dédié à la Vierge du Rosaire dont l'intervention aurait décidé du sort de la bataille navale de Lépante *(p. 54-55)*. Giacomo Serpotta réalisa les stucs de sa décoration intérieure entre 1688 et 1718 et l'illustration de la bataille et de diverses scènes du Nouveau Testament lui a servi de prétexte à la création d'un essaim de charmants angelots. L'église Santa Zita voisine abrite de nombreuses œuvres sculptées par AntonelloGagini entre 1517 et 1527.

L'oratorio di Santa Zita

Oratorio di San Lorenzo

Via Immacolatella 5. t.l.j. 9 h-12 h 45.

Les scènes des vies de saint François et de saint Laurent dont le stucateur baroque Giacomo Serpotta a décoré entre 1699 et 1706 les murs de ce sanctuaire témoignent une fois encore de son étonnante virtuosité et de sa passion pour les angelots malgré le sérieux du sujet. Un espace nu au-dessus de l'autel a remplacé la *Nativité* (1609) du Caravage dérobée en 1969.

L'église San Francesco d'Assisi (XIIIᵉ siècle) domine l'oratoire. Derrière un élégant portail gothique, elle abrite de très nombreuses sculptures. La plus belle est l'arc triomphal (1468) de la *cappella* Mastrantonio par Francesco Laurana et Pietro da Bonitate.

La palazzina Cinese (1799) et le parco della Favorita

Palazzo Abatellis et Galleria Regionale di Sicilia

Via Alloro 4. **Tél** 091 623 00 11. t.l.j. 9 h-13 h (mar.-jeu. 14 h 30-19 h aussi).

Ce palais (XVᵉ siècle) par Matteo Carnevilari associe des éléments de la fin du gothique et du début de la Renaissance. Il abrite la galerie régionale de Sicile dont les collections comprennent notamment l'*Annonciation* (1473) par Antonello da Messina, le buste d'Éléonore d'Aragon (XVᵉ siècle) de Francesco Laurana et, dans la chapelle, la fresque anonyme du *Triomphe de la Mort* (XVᵉ siècle).

Des sculptures par Serpotta ornent l'église de La Gancia voisine.

Annonciation (1473) par da Messina à la Galleria Regionale

La Magione

Via Magione 44. **Tél** 091 617 05 96 or 339 377 41 37 (mobile). lun.-sam. 9 h 30-16 h 30.

Restaurée après la Deuxième Guerre mondiale, cette église fondée en 1150 par Matteo d'Aiello, chancelier de Roger II, a retrouvé sa sobre élégance originale. Sa haute nef abrite les pierres tombales des chevaliers teutoniques.

Villa Giulia

Via Abramo Lincoln. t.l.j. **Orto Botanico Tél** 091 623 82 41. t.l.j. (sam.-dim. mat.seul.). jours fériés.

Aménagé au XVIIIᵉ siècle, ce jardin paré de fontaines et de statues offrait jadis une évocation exotique du monde antique qui émerveilla Goethe. Aujourd'hui, l'atmosphère de grandeur déchue qui en émane en fait un très agréable lieu de promenade. L'Orto Botanico voisin possède une des plus riches collections de fleurs et d'espèces végétales d'Europe. Certaines peuvent s'admirer dans le Gymnasium néo-classique dessiné par Léon Dufourny en 1789.

Parco della Favorita

Entrées Piazza Leoni et Piazza Generale Cascino. t.l.j. **Museo Etnografico Siciliano Pitré**, Via Duca degli Abruzzi 1. **Tél** 091 740 48 90. lun.-ven. 8 h 30-13 h 30. j. f.

En bordure de cette ancienne réserve de chasse créée en 1799 par Ferdinand IV se dresse la palazzina Cinese (en restauration) de la même année. Le Museo Etnografico Siciliano occupe les anciennes écuries de ce pavillon pittoresque. Il présente la reconstitution d'un théâtre de marionnettes et ses collections dressent un portrait remarquable des arts, superstitions et traditions populaires de l'île.

Monreale ❷

Chapiteau d'une colonne du cloître

Bâtie sur un flanc de colline dominant la Conca d'Oro, le Duomo de Monreale est un des grands chefs-d'œuvre de l'architecture normande. Fondée en 1172 par Guillaume II, dernier roi de la dynastie qui y repose à côté de son père, elle abrite un cycle de mosaïques exceptionnelles par leur beauté et leur facture, une indulgence très italienne venant adoucir la rigueur du style byzantin. Édifié pour des bénédictins, le cloître est tout aussi remarquable par la finesse de sa colonnade.

★ **Le Christ Pantocrator**
Depuis l'abside centrale, cette mosaïque des XIIe et XIIIe siècles domine l'église au plan en croix latine.

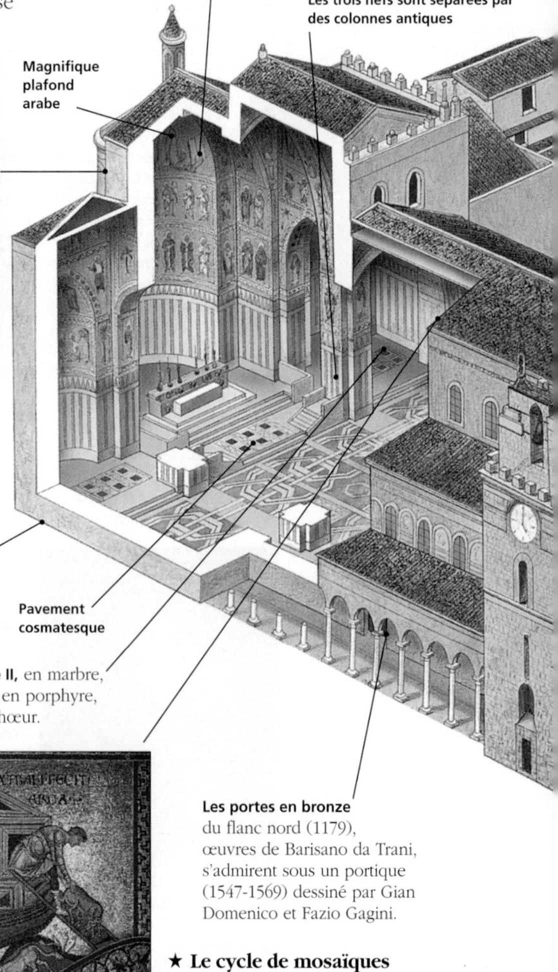

Les trois nefs sont séparées par des colonnes antiques

Magnifique plafond arabe

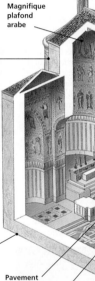

Extérieur de l'abside
Construites à l'apogée de l'art normand, les trois absides ont une décoration polychrome très orientale.

Entrée de la cappella del Crocifisso et du trésor

Pavement cosmatesque

Le tombeau de Guillaume II, en marbre, et celui de Guillaume Ier, en porphyre, se trouvent à droite du chœur.

Les portes en bronze du flanc nord (1179), œuvres de Barisano da Trani, s'admirent sous un portique (1547-1569) dessiné par Gian Domenico et Fazio Gagini.

★ **Le cycle de mosaïques**
Achevées en 1182, de superbes mosaïques, telle cette Arche de Noé, illustrent la Genèse dans la nef centrale, les enseignements du Christ dans le chœur et ses miracles dans les nefs latérales.

Hébergements et restaurants de la région, voir p. 599-602 et 649-652

★ **Le cloître**
Supportant des arcades de style arabe, ses 228 colonnettes aux chapiteaux sculptés et aux fûts ornés de motifs en mosaïque ou en relief présentent des décors tous différents.

MODE D'EMPLOI

Piazza Duomo. 🚌 809, 8/9 et autres lignes vers l'ouest. .
Église *Tél* 091 640 44 13.
⬜ mai-sept. : t.l.j. 8 h-18 h ; oct.-avr. : t.l.j. 8 h-12 h 30, 15 h 30-18 h. 🚻 🅿 **Cloître** *Tél* 091 640 44 03. ⬜ lun.-sam. 9 h-18 h (13 h 30 dim., jours fériés).
🅿 **Trésor** ⬜ t.l.j. 8 h-12 h 30, 15 h 30-18 h.🅿

Le mur sud et le cloître appartenaient au monastère original.

Fontaine *(p. 458)*

Adam et Ève
Des artistes de toute l'Italie du Sud ont sculpté de reliefs d'une grande finesse les fûts de certaines colonnettes.

Porche
du XVIIIᵉ siècle

Panneau des portes en bronze
Signées par Bonanno da Pisa en 1185, les portes sont ornées de 42 scènes de la Bible. Le lion et le griffon étaient les emblèmes des rois normands.

À NE PAS MANQUER

★ Le cloître

★ Le cycle de mosaïques

★ Le Christ Pantocrator

Bagheria ❸

Palermo. 🏠 40 000. FS 🚍
🛈 *Pro Loco, Corso Umberto I
(091 90 90 20).* 🖼 mer.

Cette petite cité est désormais quasiment devenue une banlieue de Palerme, mais au XVIIe siècle la beauté de ses paysages ruraux incita Giuseppe Branciforte, prince de Butera, à y faire construire une résidence d'été, initiative qu'imitèrent bientôt de nombreux aristocrates palermitains. Leurs villas baroques et néo-classiques agrémentent toujours le centre-ville.

Tommaso Maria Napoli édifia en 1705 la plus étonnante, la **villa Palagonia**, pour Ferdinando Gravina, prince de Palagonia. À la sophistication baroque de l'escalier extérieur et de la façade concave répondait celle des trompe-l'œil d'une décoration intérieure que son délabrement rend aujourd'hui encore plus insolite. Le prince était d'une jalousie confinant à la démence et il enferma sa jeune épouse dans la propriété qu'il cerna d'un mur couronné de statues de monstres et de personnages difformes.

La **villa Valguarnera** (entreprise par Napoli en 1713) et la **villa Trabia** (milieu du XVIIIe siècle) bordent également la place. Une galerie d'art moderne occupe la **Villa Cattolica** (1736).

Stone figure on Villa Palagonia

🏛 **Villa Palagonia**
Piazza Garibaldi 3. **Tél** 091 93 20 88. ⏺ *t.l.j. Téléphoner.* 🖼
🏛 **Villa Cattolica**
Via Consolare. **Tél** 091 94 39 02. ⏺ mar.-dim. 9 h 30-18 h. 🖼

Bateaux de pêche et de plaisance voisinent dans le port de Trapani

Trapani ❹

🏠 120 000. FS 🚍 🚢 🛈 *Piazza Saturno (0923 290 00).* 🖼 *t.l.j.*
www.apt.trapani.it

Quartier animé, le vieux Trapani s'étend sur une étroite péninsule et renferme de belles églises, notamment la **cathédrale San Lorenzo** (1635) et la **chiesa del Collegio dei Gesuiti** (v. 1614-1640). Le **Palazzo d'Ali** (XVIIe siècle) présente de somptueuses façades caractéristiques du baroque exubérant de la Sicile occidentale.

Dans la via San Francesco d'Assisi, le **Purgatorio** (XVIIe siècle) abrite les *Misteri*, statues en bois du XVIIIe siècle illustrant des scènes de la Passion qui sont portées en procession le Vendredi saint. La *Madone des anges* (1435-1525) par Andrea della Robbia et un baldaquin (1521) par Antonello Gagini justifient une visite à **Santa Maria del Gesù** dans la via Maria Sant' Agostino. Dans le quartier juif, à l'ouest de la via XXX Gennaio, le **palazzo della Giudecca** (XVIe siècle) possède une tour à bossage en pointes de diamant.

Le **museo Pepoli** expose des collections d'art comprenant un bel ensemble de figurines de crèche. À côté, le **Santuario di Maria Santissima Annunziata** sert d'écrin à la *Madonna di Trapani* révérée par les pêcheurs et les marins pour ses pouvoirs miraculeux.

🏛 **Museo Pepoli**
Via Conte Agostino Pepoli. **Tél** 0923 55 32 69. ⏺ mar.-sam. 9 h-13 h 30, dim. et j. f. 9 h-12 h 30. 🖼

L'escalier et la façade baroque de la villa Palagonia de Bagheria

Erice ❺

Trapani. 🏘 29 000. 🚌 🛈 Via Guarrasi 1 (0923 86 93 88). 🌐 lun.

Dominant la mer et Trapani depuis le mont Eryx, cette ville médiévale qu'enserre toujours son enceinte fortifiée occupe un site où Phéniciens, Grecs et Romains vénérèrent la déesse de l'Amour et de la Fertilité. Une tradition dont ne s'écartèrent pas les chrétiens qui dédièrent le **Duomo** à la Vierge. Bâti en 1314 et flanqué d'un élégant campanile, le sanctuaire possède un beau portail gothique et un porche du XVᵉ siècle. Il recèle une *Vierge à l'Enfant* (v. 1469) attribuée à Francesco Laurana ou Domenico Gagini. Au terme du corso Vittorio Emanuele, le **museo Cordici** présente une collection d'art et une ancienne bibliothèque.

Désormais hôtel, **San Giovanni Battista** (XIIIᵉ siècle) abrite dans le viale Nunzio Nasi des sculptures par les Gagini. Leur atelier sculpta vers 1474 le bénitier de l'église **San Cataldo**, dans la rue du même nom.

Construit par les Normands aux XIIᵉ et XIIIᵉ siècles, le **castello di Venere** occupe l'emplacement du temple de Vénus derrière les jardins de la **villa Balio** d'où s'admire un panorama exceptionnel sur toute la ville et ses environs.

🏛 **Museo Cordici**
Piazza Umberto I. **Tél** 0923 86 91 72. ◻ lun.-ven. 8 h-14 h ; lun. et jeu. 14 h 30-17 h 30.

Une rue typique de la ville médiévale d'Erice

LES ÎLES SICILIENNES

Plusieurs groupes d'îles entourent la Sicile. Au nord, accessibles depuis Milazzo, des volcans éteints, ou assoupis, forment l'archipel des îles Éoliennes, aussi appelées Lipari, auquel appartiennent Panaria, Lipari, Vulcano et Stromboli. Les îles Égades, notamment Favignana, Levanzo (où s'admirent des gravures et des peintures paléolithiques et néolithiques) et Marettimmo, la mieux préservée, possèdent au large de Trapani une atmosphère très orientale. Au nord de Palerme, la beauté de ses fonds marins fait d'Ustica un paradis pour les plongeurs sous-marins, tandis qu'au sud d'Agrigente, les îles Pélagie évoquent déjà l'Afrique du Nord dont elles sont plus proches, comme Pantelleria, que de la Sicile.

L'île Éolienne *la plus vaste et la plus fréquentée est Lipari où les visiteurs trouvent hôtels, bars et restaurants près d'un joli petit port. Sa voisine, Vulcano, offre bains de boue et plages de sable noir.*

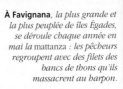

À Favignana, *la plus grande et la plus peuplée des îles Égades, se déroule chaque année en mai la mattanza : les pêcheurs regroupent avec des filets des bancs de thons qu'ils massacrent au harpon.*

Dans les îles Pélagie, *Lampedusa, aux eaux limpides et aux plages blanches, appartint un temps à la famille de Giuseppe Tomasi di Lampedusa, auteur du célèbre roman* Le Guêpard.

USTICA

ISOLE EOLIE (LIPARI)

ISOLE EGADI

Palermo

SICILE

PANTELLERIA

ISOLE PELAGIE

0   100 m

Marsala ❻

Trapani. 🏛 85 000. 🚉 🚌 🛥 ℹ
Via XI Maggio 100 (0923 71 40 97).
🚢 *mar.* **www**.prolocomarsala.it

Ce sont des Anglais qui commencèrent au XVIIIᵉ siècle la production du marsala, vin liquoreux affiné dans des établissements, les *bagli*, qui, pour la plupart, se visitent. Les entrepôts désaffectés de l'un d'eux abritent sur le cap Lilibeo, où les Carthaginois fondèrent en 397 av. J.-C. la puissante cité fortifiée de Lilybée, le **museo archeologico di Baglio Anselmi**. Il présente des pièces archéologiques découvertes dans la région, en particulier la reconstitution d'un navire phénicien coulé au large du cap San Teodoro, probablement pendant la première guerre punique (264-241 av. J.-C.).

Dominée par la façade baroque du **Duomo**, la piazza della Repubblica marque le centre de la ville. Entreprise au XVIIᵉ siècle sur le site d'un sanctuaire normand, la cathédrale recèle de nombreuses sculptures exécutées par les membres de la famille Gagini : Antonio, Domenico, Antonino et Antonello. Derrière, dans la via Garazza, le petit **museo degli Arazzi** expose huit magnifiques tapisseries flamandes du XVIᵉ siècle.

Les Phéniciens qui fondèrent

Lilybée venaient de l'île de Mozia, située au nord de la ville actuelle, où ils étaient implantés depuis le VIIIᵉ siècle av. J.-C. La majorité de ce que nous savons de leur culture provient de la Bible et des fouilles entreprises sur cette île où subsistent les vestiges de fortifications, d'une nécropole et du tophet où les prêtres de Baal sacrifiaient par le feu les premiers-nés. Dans la villa Whitaker, le **museo di Mozia** présente le *Jeune homme à la tunique*, superbe statue retrouvée en 1979 où se marient style grec et éléments puniques.

🏛 **Museo Archeologico di Baglio Anselmi**
Via Lungomare. **Tél** *0923 95 25 35.* 🕐 *mar.-dim. 9 h-18 h (dim. : jusqu'à 13 h).* ♿

🏛 **Museo degli Arazzi**
Via Garaffa 57. **Tél** *0923 952 54.* 🕐 *mar.-dim.* 📷

🏛 **Museo di Mozia**
Isola di Mozia. **Tél** *0923 71 25 98.* 🕐 *t.l.j.* 📷 ♿

Jeune homme à la tunique au museo di Mozia

Segesta ❼

Trapani. 🚌 *from Trapani & Palermo.*
Tél *0924 95 23 56.* 🕐 *9 h à 1 h av. la nuit..*

Selon la légende, des compatriotes d'Énée ayant fui Troie en flammes sont à l'origine du peuple des Élymes qui fonda l'antique cité de Ségeste dont les vestiges restent encore en grande partie à exhumer.

Dans un site isolé, un monument continue cependant de témoigner de la grandeur passée de la ville : un **temple** dorique entrepris entre 426 et 416 av. J.-C. et dont la construction s'arrêta après la prise de Sélinonte par les Carthaginois en 409. À 2 km, près du sommet du monte Barbaro, un théâtre (IIIᵉ siècle av. J.-C.) se visite et accueille des concerts en été.

Selinunte ❽

Trapani. **Tél** *0924 462 77.*
🚉 *Castelvetrano puis bus.* 🕐 *9 h à 2 h av. la nuit.* 📷 🌙 *dim. ap.-m.*

Les habitants de Megara Hyblaea qui fondèrent en 651 av. J.-C. une nouvelle colonie au bord de l'actuel Modione lui donnèrent pour nom celui du céleri sauvage (*selinon*) qui poussait en abondance. Sélinonte devint une des cités les plus prospères de la Grande-Grèce et l'histoire en a fait un des sites archéologiques majeurs de la Sicile. Les fortifications qu'élevèrent ses habitants restent en partie visibles, mais ces remparts ne suffirent pas à éviter en 409 av. J.-C. le massacre par les Carthaginois d'Hannibal.

Les ruines des temples de Sélinonte offrent un spectacle toujours impressionnant. Sur le plateau de Marinella, le **temple E** (490-480 av. J.-C.) a été en partie reconstruit ; le **temple F** (v. 560-540 av. J.-C.), plus petit, n'est que ruines et l'amas formé par les blocs de pierre effondrés du **temple G** (fin du VIᵉ siècle av. J.-C.) rappelle qu'il fut l'un des plus vastes du monde grec.

Plus haut, sur l'acropole, se trouvent les vestiges des **temples A, B, C, D** et **O** érigés aux VIᵉ et Vᵉ siècles av. J.-C. Au nord, au-delà de l'ancienne porte principale, s'étendait la nécropole.

Le petit **musée** de la zone archéologique et celui de Castelvetrano, à 14 km à l'intérieur des terres, présentent des pièces retrouvées ici, mais les plus belles s'admirent au Museo Archeologico Regionale de Palerme *(p. 512).*

Le temple inachevé de Ségeste se dresse dans un site spectaculaire

Cefalù ⑨

Palermo. 🏠 14,000. 🚉 🚌 🛈 *Corso Ruggero 77 (0921 42 10 50)*. 🚣 *sam*. www.cefalu.it

Une majestueuse falaise où se dressait jadis un temple de Diane domine cette charmante station balnéaire dont la vieille ville préservée s'étend au pied d'une des plus belles cathédrales normandes de Sicile. Commencée par Roger II en 1131 en accomplissement d'un vœu, la construction du **Duomo** de Cefalù se poursuivit jusqu'au XIIIe siècle. Exécutées en 1148, les splendides mosaïques byzantines de l'abside principale représentent un énorme Christ Pantocrator, la Vierge entourée de quatre archanges et les douze apôtres.

Le **museo Mandralisca** présente d'intéressantes collections d'objets d'art comprenant le *Portrait d'homme* peint vers 1465 par Antonello da Messina.

🏛 **Museo Mandralisca**
Via Mandralisca. **Tél** *0921 42 15 47*. ⏲ *t.l.j. 9 h-19 h (plus tard en été)*. 🖥 www.museomandralisca.it

Abside du Duomo de Cefalù

Agrigento ⑩

🏠 57 000. 🚉 🚌 ⛴ 🛈 *Via Empedocle 73 (0922 203 91); Piazzale Aldo Moro (0922 204 54)*. 🚣 *ven*.

La ville actuelle s'est développée sur le site de l'antique Akragas, fondée selon la légende par Dédale et dont l'historien Diodore vanta la richesse à l'époque qui précéda sa mise à sac par les Carthaginois en 406 av. J.-C.

Façade du Duomo normand de Cefalù

Sillonné de ruelles médiévales, son quartier historique s'organise autour de la via Aetenea d'où la via Foderà mène à l'abbatiale **Santo Spirito** (XIIIe siècle) qui a gardé de ses origines gothiques un beau portail ouvrant sur un intérieur décoré de stucs baroques par Giacomo Serpotta. Depuis la via Duomo, des escaliers conduisent à **Santa Maria dei Greci** bâtie sur les vestiges d'un temple du Ve siècle av. J.-C. Fondé au XIe siècle, le **Duomo** a connu de nombreux remaniements et marie apports normands, arabes et catalans.

Aux environs : La zone archéologique connue sous le nom de vallée des temples *(p. 536)* constitue l'attrait le plus important d'Agrigente. La visite du **Museo Regionale Archeologico** complète sa découverte. Particulièrement riches en céramiques, ses collections comprennent aussi de belles sculptures.

🏛 **Museo Regionale Archeologico**
Contrada San Nicola, Viale Panoramica. **Tél** *0922 40 15 65*. ⏲ *t.l.j. 9 h-19 h (dim., lun. jusqu'à 13 h 30)*. 🖥

LA MAFIA

Selon certains historiens, cette organisation criminelle dont les ramifications s'étendent aujourd'hui dans le monde entier serait née à l'époque normande des bandits d'honneur qui défendaient les paysans que les Arabes avaient traités avec justice mais que spoliaient les seigneurs féodaux. Malgré les revers subis ces dernières années, son pouvoir reste très important dans l'île. Ses actes de violence ne visent toutefois pas les touristes, les Siciliens se montrant au contraire généralement d'une chaude hospitalité.

Règlement de compte entre mafiosi dans *Le Parrain III* (1990) de Francis Ford Coppola

La vallée des temples

Au sud de l'acropole d'Akragas, qu'a recouverte Agrigente, une terrasse aujourd'hui appelée Valle dei Templi était jadis réservée aux dieux. Dix temples doriques s'y dressaient, bâtis aux VIᵉ et Vᵉ siècles av. J.-C., et leurs vestiges forment un des plus beaux ensembles architecturaux hellènes hors de Grèce. Les Carthaginois les détruisirent en partie en prenant la ville en 406 av. J.-C., puis tremblements de terre et excès de zèle chrétiens achevèrent de les mettre à bas. Le matin et le soir sont les meilleurs moments pour les découvrir.

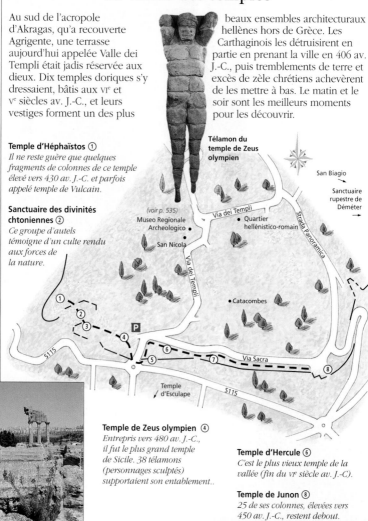

Télamon du temple de Zeus olympien

Temple d'Héphaïstos ①
Il ne reste guère que quelques fragments de colonnes de ce temple élevé vers 430 av. J.-C. et parfois appelé temple de Vulcain.

Sanctuaire des divinités chtoniennes ②
Ce groupe d'autels témoigne d'un culte rendu aux forces de la nature.

(voir p. 535)
Museo Regionale Archeologico •
San Nicola
Via dei Templi
• Quartier hellénistico-romain
San Biagio
Sanctuaire rupestre de Déméter →
Strada panoramica

• Catacombes

P

S115

Via Sacra

Temple d'Esculape

S115

Temple de Zeus olympien ④
Entrepris vers 480 av. J.-C., il fut le plus grand temple de Sicile. 38 télamons (personnages sculptés) supportaient son entablement..

Temple d'Hercule ⑥
C'est le plus vieux temple de la vallée (fin du VIᵉ siècle av. J.-C.)

Temple de Junon ⑧
25 de ses colonnes, élevées vers 450 av. J.-C., restent debout.

Tombe de Théron ⑤
Cette sépulture romaine date du Iᵉʳ siècle.

Temple de Castor et Pollux ③
Cet assemblage controversé d'éléments édifices se détache devant Agrigente depuis le XIXᵉ siècle (p. 535).

LÉGENDE

– – Itinéraire conseillé

P Parc de stationnement

— Mur antique

0   500 m

Temple de la Concorde ⑦
Bâti vers 430 av. J.-C., il fut transformé en église chrétienne au IVᵉ siècle, ce qui lui évita la destruction.

Piazza Armerina ⓫

Enna. 🏛 22 000. 🚌 ℹ️ *Via Generale Muscara (0935 68 02 01)*. 🚹 *jeu*.

Cette vivante petite cité a conservé son tracé médiéval au pied d'un somptueux **Duomo** baroque. Construit à partir de 1604, il possède une intéressante décoration intérieure. Les 13 et 14 août, le *Palio dei Normanni* et ses parades en costumes des XIIᵉ et XIIIᵉ siècles attirent chaque année une foule animée. C'est toutefois la **villa romana del Casale** située à 5 km au sud-ouest de la ville qui motive la venue à Piazza Armerina de la majorité des visiteurs.

La construction de cette immense résidence de campagne commença à la fin du IIIᵉ siècle, sans doute pour Maximien, un des Tétrarques *(p. 107)*, et se poursuivit au cours du IVᵉ siècle. Il ne reste quasiment rien des parties supérieures des édifices, mais les mosaïques des sols forment un ensemble unique de quelque 4 000 m². L'œuvre la plus grande couvre un couloir long de 60 m et illustre dans le détail la capture d'animaux sauvages en Afrique.

🏛 **Villa Romana del Casale**
Contrada Casale. *Tél 0935 68 00 36*. ⬜ *t.l.j.* 🖼

Détail de la mosaïque dite des *dix sportives*, Villa Romana del Casale

Enna ⓬

🏛 28 000. 🚇 🚌 ℹ️ *Piazza Colaianni 6 (0935 50 08 75)*. 🚹 *mar*. **www.apt-enna.com**

La ville la plus haute de Sicile occupe au cœur des terres un site où les hommes rendirent pendant des siècles un culte à la déesse de la Fertilité. Celle-ci porta de nombreux noms à l'époque préhistorique avant de devenir la Déméter grecque puis la Cérès latine. Dominé par une statue colossale, son temple se dressait sur la **Rocca Cerere**, non loin de l'immense **castello di Lombardia** édifié au XIIIᵉ siècle par Frédéric II.

La via Roma, qui traverse la vieille ville et son réseau de ruelles médiévales, longe l'église **San Francesco** dont le clocher date du XVIᵉ siècle. Sur la piazza Crispi, d'où s'offre un vaste panorama, se dresse une copie de l'*Enlèvement de Proserpine* du Bernin *(p. 429)*. Elle rappelle que c'est près d'Enna que le maître des Enfers s'empara de la fille de Déméter-Cérès *(p. 465)*. Fondé au XIVᵉ siècle, le **Duomo** incorpore des éléments du temple antique. Attenant, le **museo Alessi** présente le trésor de la cathédrale et une riche collection de monnaies. Au **museo Varisano** sont exposées des pièces archéologiques.

Hors du centre s'élève la **torre di Federico II** (XIIIᵉ siècle), ancienne tour de guet octogonale.

Aux environs : Au nord-est d'Enna, la ville perchée de **Nicosia** a souffert du tremblement de terre de 1967 mais conserve de belles églises, notamment la cathédrale San Nicolo (XIVᵉ siècle), au magnifique portail sculpté, et Santa Maria Maggiore qui abrite un polyptyque en marbre du XVIᵉ siècle par Antonello Gagini. À une trentaine de kilomètres plus à l'est, **Troina** fut prise en 1062 par les Normands qui édifièrent la Chiesa Matrice. Au sud-est d'Enna, **Vizzini** offre de belles vues sur la campagne.

🏛 **Museo Alessi**
Via Roma 475. *Tél 0935 50 31 65*. ⬜ *t.l.j.* 8 h-20 h. 🖼

🏛 **Museo Varisano**
Piazza Mazzini. *Tél 0935 50 04 18*. ⬜ *t.l.j.* 9 h-1 heure avant la nuit. 🖼

La jolie petite ville de Vizzini au sud-est d'Enna

Les Grecs édifièrent le théâtre de Taormine, dont les gradins font face à l'Etna

Tindari ⑬

Messina. **Tél** *0941 36 90 23.* 🚉
Patti ou Oliveri puis bus. ⬜ *9 h à 1 h*
av. la nuit. ♿ 🅿️

Sur une falaise dominant le
golfo di Patti, les remparts de
Tyndaris, cité grecque fondée
en 396 av. J.-C., se dressent en
protecteurs de ruines
principalement romaines,
notamment celles d'une vaste
basilique, d'un **théâtre** et
d'habitations. Un **antiquarium**
présente des objets découverts
sur le site. Le même billet
permet l'accès à la **Villa
Romana** à Patti Marina.

Piazzale Belvedere s'élève le
sanctuaire abritant la **Vierge
noire**, icône byzantine objet
d'un pèlerinage.

Messina ⑭

🏛 *275 000.* 🚉 🚌 🚢 ℹ️ *Piazza
Cairoli 45 (090 293 52 92).* ⬜ *t.l.j.*
www.*azienturismomessina.it*

Aucune ville sicilienne n'a
souffert autant que Messine
des bombardements et des
tremblements de terre, et le
Museo Regionale présente de
nombreux trésors provenant
d'édifices aujourd'hui disparus,
en particulier des chefs-d'œuvre
du Caravage. Fondé en 1160,
le **Duomo** a connu tant de

reconstructions que l'église
**Santissima Annunziata dei
Catalani** présentera plus d'intérêt
pour les amateurs
d'architecture normande.

L'une des plus jolies fontaines
de Sicile, la **fontana d'Orione**
(1547), orne la piazza del
Duomo. Son auteur, G. A.
Montorsoli, créa également la
fontana di Nettuno (1557) de la
piazza dell'Unità Italia.

🏛 Museo Regionale
Via della Libertà 465. **Tél** *090 36 12
92.* ⬜ *jeu.-mar. 9 h-13 h 30 (mar.,
jeu., sam.ap.-m.aussi).* 🅿️

Vierge à l'Enfant (1473) d'Antonello
da Messina au Museo Regionale

Taormina ⑮

Messina. 🏛 *10 000.* 🚉 🚌
ℹ️ *Palazzo Corvaia, Piazza Santa
Caterina (0942 232 43).* 🅿️ *mer.*
www.*gate2taormina.com*

Dans un site exceptionnel,
Taormine est devenu une
station balnéaire chic mais
garde assez de charme pour
rester très agréable à visiter.

Son monument le plus
célèbre, le **théâtre**, est un
édifice entrepris par les Grecs
au IIIe siècle av. J.-C., puis
remanié par les Romains. Il
accueille en été les spectacles
d'un festival prestigieux. Les
vestiges de l'**odéon** jadis
consacré à la musique se voient
derrière l'église Santa Caterina
dont la façade domine la piazza
Vittorio Emanuele à côté du
palazzo Corvaia bâti au
XIVe siècle avec les pierres
d'un temple antique. Fondé
au XIIIe siècle, le **Duomo**
a été restauré en 1636.

Aux environs :
On peut rejoindre de la ville la
superbe plage de Taormine,
Mazzaró, à l'eau transparente
et au sable fin. Au sud de
Taormine, le **capo Schisó**
porte les ruines de l'antique
Naxos. À l'ouest, les chutes
d'eau et la rivière de **Gole
dell'Alcantara**.

Etna ⑯

Catania. **FS** *jusqu'à Linguaglossa ou Randazzo ; ligne Circumetnea de Catane à Riposto.* **🚌** *jusqu'à Nicolosi.* **ℹ** *Via G. Garibaldi 63, Nicolosi (095 91 15 05). Pour prendre un guide : 095 791 47 55.* **www**.apt.catania.it/etna/index.html

Les trains de la *Ferrovia Circumetnea* qui en font le tour permettent de découvrir le plus grand volcan d'Europe où, selon les anciens, Vulcain avait ses forges. Il est aujourd'hui sous étroite surveillance afin d'éviter des catastrophes comme celles qui frappèrent Catane au XVIIᵉ siècle. Pour aller au sommet, il faut prendre un guide.

Catania ⑰

🏛 *365 000.* **🛬** **FS** **🚌** **ℹ** *Via Cimarosa 10 (095 73 06 211).* **🛒** *lun. - sam., dim. (antiquités et brocante).* **www**.apt.catania.it

Catane connut une importante reconstruction après un tremblement de terre en 1693 et

Façade du Duomo de Catane

elle recèle certains des édifices les plus créatifs du baroque sicilien.

L'emblème de la ville, un éléphant sculpté dans la lave, porte un obélisque au centre de la **piazza del Duomo** qui offre une perspective spectaculaire sur l'Etna. Dans les ruelles qui la séparent du port se tient le matin un marché aux poissons haut en couleur. C'est l'architecte Vaccarini qui donna à la **cathédrale** d'origine normande sa façade théâtrale et

dessina le **Municipio** achevé en 1741. Dans la via Vittorio Emanuele II, son style marque également **Sant'Agata** (1748) et le **collegio Cutelli**. Entre les deux, **San Placido** (v. 1768) est de Stefano Ittar, tandis qu'Antonio Amato réalisa au début du XVIIIᵉ siècle le **palazzo Biscari** situé à quelques pas en direction du port ainsi que l'église **San Niccolò** (1730), dont la façade inachevée domine la piazza Dante, et le **couvent bénédictin** (1704) attenant.

Dans la via Vittorio Emanuele se trouvent également le **Museo Belliniano** installé dans la maison natale du compositeur Vincenzo Bellini (1801-1835) et le **Teatro Romano** (21 av. J.-C.), piazza Stesicono, construit de lave. La maison du romancier Giovanni Verga (1840-1922) donne sur la via Anna. La via Crociferi longe les églises baroques **San Francesco Borgia, San Benedetto** et **San Giuliano**, sanctuaire dont la décoration intérieur (1760) est le chef-d'œuvre de Vaccarini.

LA CUISINE SICILIENNE ET SES INFLUENCES

Le premier livre de cuisine a été écrit en Sicile, mais l'*Art de la cuisine* rédigé au vᵉ siècle av. J.-C. par le Syracusain Mithaèque ne nous est pas parvenu. Les vins produits sur l'île avaient déjà une haute réputation à l'époque romaine, mais ce sont les Arabes qui introduisirent l'aubergine et les agrumes. Leur passion orientale pour les friandises se retrouve aujourd'hui dans l'immense variété des confiseries et des pâtisseries siciliennes. Pâte d'amandes et fruits confits y jouent un grand rôle comme, par exemple, dans les glaces *cassata* et *granita*. Certaines de ces douceurs ne se dégustent qu'à l'occasion

Un étal appétissant sur le marché de Palerme

de la fête d'un saint.

La frugalité de ses paysans s'est alliée en Sicile au goût de l'apparat de sa noblesse pour créer des spécialités souvent très simples mais à la présentation élaborée. Les produits de la mer, notamment le thon et l'espadon, entrent dans la préparation de nombre d'entre elles, en particulier

risottos et plats de pâtes, l'île ayant donné à l'Italie, et au monde, les macaronis. À Trapani, le poisson accompagne même le couscous. Aubergines, poivrons, artichauts et épinards sont très utilisés.

Au dessert, offrez-vous un luxe d'empereur : un verre de mamertino, vin qui n'a pas changé depuis la Rome antique.

Fruits en pâte d'amandes

La plage de Mazzarò près de Taormine ▷

Le Porto Piccolo de Syracuse, ville au prestigieux passé antique

Pantalica ⓲

Siracusa. 🚌 *de Syracuse à Sortino puis 5 km à pied jusqu'à l'entrée ou bus de Syracuse à Ferla puis 10 km à pied.* **Nécropole** 🛈 *Pro Loco, Ferla.* **Tél** *0931 87 01 36.*

Dans un lieu sauvage des monts Iblei, au-dessus de l'Anapo, la **nécropole** de Pantalica compte quelque 5 000 tombes creusées dans le rocher entre le XIIIᵉ et le VIIIᵉ siècle av. J.-C. par des Sicules, l'un des peuples, avec les Sicanes et les Élymes, qui occupaient la Sicile avant l'arrivée des Grecs. Leur cité, qui reste à exhumer, aurait été fondée par des habitants de la ville côtière de **Thapsos** lassés des incursions de tribus belliqueuses de la péninsule.

Le site de Pantalica connut une nouvelle occupation à l'époque byzantine comme en témoignent des habitations troglodytiques et des chapelles aménagées dans d'anciennes sépultures.

La nécropole de Pantalica et ses tombes taillées dans le rocher

Le Museo Archeologico Regionale de Syracuse présente les objets découverts dans la nécropole.

Syracuse ⓳

🏛 *118 000.* 🚊 🚌 ⛴ 🛈 *Via Maestranza (0931 46 42 55).* 🐟 *mer.*

Dans le Duomo de Syracuse

Syracuse fut l'une des plus puissantes cités du monde grec entre les IIIᵉ et Vᵉ siècles, et celle que Cicéron estimait la plus belle. Sur l'île d'**Ortygie**, où s'implantèrent vers 730 av. J.-C. les premiers colons, s'étend toujours la vieille ville, séparée par la Darsena des quartiers modernes qui ont recouvert les antiques **Achradine, Tyché** et **Neapoli**. Elle n'a toutefois conservé que peu de vestiges des majestueux édifices érigés par les puissants tyrans, tels Gélon ou Denys l'Ancien, qui gouvernèrent Syracuse (en dehors d'une période

républicaine au Vᵉ siècle av. J.-C.) de 485 av. J.-C. jusqu'à sa conquête par les Romains, au terme d'un siège de trois ans, en 212 av. J.-C. C'est au cours de la mise à sac qui suivit sa chute qu'un soldat tua le célèbre mathématicien Archimède.

En venant de la terre ferme, le Ponte Nuovo débouche à Ortygie sur les ruines du **temple d'Apollon**, le plus vieux sanctuaire dorique de Sicile. Au cœur de la Città Vecchia sur la piazza Duomo s'élève la **cathédrale** aménagée au Moyen Âge dans le **temple d'Athéna** (Vᵉ siècle). Elle possède une belle façade baroque (1754) par Andrea Palma à laquelle répondent celles du **palazzo Beneventano del Bosco** (1778-1788) et de l'église **Santa Lucia alla Badia** (1695-1703) bordant également la place. Le Municipio abrite la Galleria Numismatica et un petit musée consacré aux temples ioniques.

La via Picherale conduit à la fontaine d'Aréthuse qui marque l'endroit où, selon les poètes, cette gracieuse nymphe qui fuyait l'amour du fleuve Alphée réapparut sous forme de source après avoir plongé dans la mer. La via Capodieci mène ensuite à la **Gallerie Regionale di Palazzo Bellomo** dont les collections de peintures et de sculptures comprennent *L'Enterrement de sainte Lucie* (1608) du Caravage et une *Annonciation* (1474) par Antonello da

Messina. À la pointe de l'île, Frédéric II édifia le castello Maniace en 1239.

Dans Achradine, et malgré les bombardements qui rasèrent en 1943 ce quartier au centre de la Syracuse moderne, **Santa Lucia**, bâtie à l'emplacement où sainte Lucie, la patronne de Syracuse, aurait subi le martyre en 304, a conservé son campanile et son portail normands.

Au nord, dans Tyché, le **Museo Archeologico Regionale Paolo Orsi** présente une importante collection d'objets illustrant l'histoire de la région depuis la préhistoire jusqu'à l'époque byzantine.

À Neapoli se visite le **Parco Archeologico** qui renferme l'autel d'Hiéron II, un amphithéâtre romain et un spectaculaire théâtre grec taillé dans le rocher. Dans la **latomia del Paradiso**, ancienne carrière aujourd'hui aménagée en jardin, périrent les 7 000 Athéniens faits prisonniers lors d'une terrible bataille pour le contrôle de Syracuse en 413 av. J.-C.

Aux environs :
À 8 km de Syracuse, à Epipolae, l'ancienne forteresse grecque du **château d'Euryale** (IVe siècle av. J.-C.) se révèle particulièrement intéressante par son réseau de galeries et le panorama qu'elle offre.

🏛 **Gallerie Regionale di Palazzo Bellomo**
Palazzo Bellomo, Via Capodieci 14. **Tél** 0931 695 11. ⬤ pour restauration jusqu'en 2008.

🏛 **Museo Archeologico Regionale Paolo Orsi**
Viale Teocrito 66. **Tél** 0931 46 40 22. 🕘 9 h-19 h mar.-dim. (dim. : jusqu'à 14 h) ; dern. entrée 1 h avant ferm.

Noto ⑳

Siracusa. 🏠 24 000. 🚉 ▦ ℹ Piazza XVI Maggio (0931 83 67 44). 🗓 lun. et les 1er et 3e mar. du mois. **www**.comune.noto.sr.it

Le tremblement de terre de 1693 rasa Noto Antica et c'est en pleine période baroque que la ville fut entièrement reconstruite dans un tuf auquel le soleil a donné cette couleur

La façade du Duomo baroque de Noto est de Gagliardi

de miel qui fait de Noto une des plus gracieuses cités de Sicile, inscrite au patrimoine de l'humanité à l'UNESCO.

Sur le corso Vittorio Emanuele s'élèvent plusieurs ouvrages attribués à Rosario Gagliardi, notamment, sur la piazza XVI Maggio, l'église **San Domenico** à la belle façade convexe, sur la piazza Municipio, le **Duomo** achevé en 1770 et la façade du séminaire **San Salvatore**, et la **chiesa di Santa Chiara** (1730) au plan elliptique. En face de la cathédrale, le

Municipio, ou palazzo Ducezio, possède un rez-de-chaussée conçu en 1746 par Sinatra, un autre grand architecte baroque. Derrière le Duomo, le **palazzo Trigona** et le **palazzo Astuto** se font face dans la via Cavour. À quelques pas vers l'ouest, le **monastère de Montevergine** dresse une façade animée au terme de la via Nicolaci qui domine le riche décor sculpté des balcons du **palazzo Villadorata**, siège de la bibliothèque. Au sommet de la ville, l'église du **Crocifisso** (1728), œuvre de Gagliardi, abrite la *Madonna delle Neve* sculptée en 1471 par Francesco Laurana.

Aux environs :
Le tremblement de terre de 1693 dévasta également la ville de **Modica**, à une trentaine de kilomètres à l'ouest, et sa voisine **Raguse**. Parmi les beaux édifices baroques élevés lors de leurs reconstructions figurent des créations de Gagliardi : les églises **San Giorgio** et **San Giuseppe** de Raguse et l'église **San Giorgio** de Modica, l'un de ses chefs-d'œuvre.

Balcon du palazzo Villadorata, via Nicolaci, Noto

SARDAIGNE

L'auteur anglais D. H. Lawrence (1885-1930) a écrit de la Sardaigne qu'elle avait été laissée « hors du temps et de l'histoire ». Si cela reste vrai à l'intérieur des terres où les Sardes ont toujours défendu leur identité face aux envahisseurs venus de la mer, tourisme et industrie se sont particulièrement développés sur le littoral.

À 12 km au sud de la Corse, la plus grande île de la Méditerranée après la Sicile présente comme elle un relief varié, et plusieurs massifs montagneux y rendent la circulation malaisée. Ils culminent à 1 834 m au mont Gennargentu. Seule vaste plaine, le Campidano s'étend au sud entre Oristano et Cagliari.

Les peuples de la préhistoire ont laissé d'importants vestiges en Sardaigne, et notamment la civilisation originale qui s'y développa à partir du IIIᵉ millénaire av. J.-C. Quelque 7 000 constructions en pierres sèches appelées nuraghi attestent son dynamisme. Elles parsèment toute l'île, mais les concentrations les plus intéressantes se trouvent dans la valle dei Nuraghe, au sud de Sassari, et autour de Barumini, au nord de Cagliari, la capitale de la Sardaigne dont le musée archéologique possède plus de 300 statuettes nouragiques.

Phéniciens, Romains, Génois, Espagnols, de nombreux envahisseurs se sont succédé dans l'île comme en témoignent, par exemple, les ruines de Tharros, près d'Oristano, ou les églises romano-pisanes de la région de Sassari. Il en subsiste un autre souvenir : la grande diversité des très nombreuses fêtes célébrées par les Sardes. Aucun de ces envahisseurs n'a toutefois complètement réussi à asseoir son contrôle sur la région du Gennargentu et elle garde, comme la sauvage costa del Sud, un visage bien éloigné de celui qu'offre près d'Olbia la Costa Smeralda, paradis naturel devenu l'une des zones touristiques les plus huppées du monde.

Conversations dans la petite ville de Carloforte sur l'isola di San Pietro proche de Sant'Antioco

◁ La baie de Simius à l'est de Cagliari

À la découverte de la Sardaigne

Longtemps isolés, par la mer et les reliefs mouvementés de leur île, les Sardes ont gardé leur propre langue encore proche du latin. L'élevage demeure une activité importante et ce sont souvent des pacages qui disputent au maquis les terres arides des hauteurs. Vignes, rizières et champs de blé s'étendent dans les anciens marécages entourant Oristano et dans la vallée du Campidano qui les prolongent jusqu'à Cagliari. Sur le littoral alternent côtes rocheuses creusées de criques, telle la prestigieuse Costa Smeralda, et belles plages de sable comme à Castelsardo dans le golfo dell'Asinara. Le golfo di Orosei est resté magnifiquement préservé.

LA RÉGION
D'UN COUP D'ŒIL

Alghero ③
Bosa ④
Cagliari ⑨
Cala Gonone ⑥
Costa Smeralda ①
Nuoro ⑤
Oristano ⑦
Sant'Antioco ⑧
Sassari ②

Vestiges préhistoriques à
Su Nuraxi près de Barumini

Aspect typique d'une rue à Alghero

VOIR AUSSI

- *Hébergement* p. 602-603
- *Restaurants* p. 652-653

0   50 km

Isola Maddalena
resa Gallura
Capo Testa
Isola Caprera
Palau
La Maddalena
Porto Cervo
Cannigione
COSTA SMERALDA
lientu
Luogosanto
San Pantaleo
S125
Gallura
Luras
Sant'Antonio
Olbia
Golfo Aranci
Golfo di Olbia
Punta Timone
empio usania
Monte Limbara 1362m
Porto S. Paolo
Berchidda
Monti
Loiri
Capo Coda Cavallo
Padru
el ts
Oschiri
Monte di Alà
Piras
San Teodoro
Budoni
S125
Punta la Batteria
Pattada
Monte Lerno 1094m
Posada
Mamone
Siniscola
Osidda
Bitti
Monte Albo
Capo Comino
Bono
Goceano
Orune
Monti Remule
S125
Cala Liberotto
S131d
Irgoli
Orosei
rotelli
NUORO
Dorgali
TIRRENO
S131d
S128
Oliena
CALA GONONE
Punta Corrasi 1463m
Golfo di Orosei
Gavoi
Orgosolo
Grotto del Bue Marino
nodeo
Fonni
Urzulei
EGNA
Talana
Baunei
jono
Monti del Gennargentu
S389
Santa Maria Navarrese
eo
Punta La Marmora 1834m
Arbatax
Seulo
Lanusei
MAR
Laconi
Seui
Bari Sardo
ao
Ussassai
Monte S. Vittoria 1212m
S128
Nurri
Perdasdefogu
Mandas
Melisenda
amar
S125
San Basilio
San Nicolò Gerrei
enti
S128
Sant'Andrea Frius
Villaputzu
an Sperate
Sarrabus
Muravera
S131
Burcei
San Priamo
Sinnai
S125
Capo Ferrato
Quartu Sant'Elena
CAGLIARI
Geremeas
Maddalena piaggia
Golfo di Cagliari
Villasimius
arroch
la
Capo di Pula

La côte rocheuse de l'isola San Pietro au nord-ouest de Sant'Antioco

LÉGENDE

═══	Route principale
═ ═	Route en construction
───	Route secondaire
═══	Petite route
───	Parcours pittoresque
───	Liaison ferrée principale
───	Liaison ferrée secondaire
△	Point de vue

Dans le sud du massif du Gennargentu

CIRCULER

Des ferries au départ de Toulon et Marseille desservent Porto Torres où accostent également, comme à Cagliari et Olbia, des bateaux italiens. Cagliari, Olbia et Alghero possèdent un aéroport. Principale voie de communication intérieure, la S 131 traverse l'île de Porto Torres à Cagliari en évitant le Gennargentu que ne sillonnent que des routes étroites et sinueuses. Elle se divise au nord d'Oristano pour rejoindre Olbia. Des trains express circulent entre les villes principales. Tortillards et autocars permettent d'atteindre les villages.

Un coin de paradis, la Costa Smeralda

Costa Smeralda ❶

Sassari. **FS** 🚢 Olbia. 🚌 Porto Cervo.
ℹ️ AAST Olbia, Via Catello Piro 1
(0789 214 53); AAST Cannigione,
Via Lungomare (0789 881 49).
www.quicostasmeralda.it

Du golfo di Cugnana au golfo
di Arzachena, criques et
plages aux eaux cristallines
rendent cette côte granitique
particulièrement splendide, et
un consortium a entrepris son
aménagement dans les années
1960 pour en faire une des
régions touristiques les plus
luxueuses du monde.
Création d'un architecte
français, **Porto Cervo**, la
principale localité, s'étage
autour de son port fréquenté
par des milliardaires, des têtes
couronnées et des vedettes.

Aux environs : Au nord, **Baia
Sardinia** et **Cannigione** ont
gardé une atmosphère plus
rurale. Les îles de **La
Maddalena** et de **Caprera**, où
se trouve le **Museo Nazionale
Garibaldino**, s'atteignent
depuis **Palau**.

🏛 **Museo Nazionale
Garibaldino**
Frazione Caprera, Maddalena.
Tél 0789 72 71 62. 🕐 mar.-dim.
9 h-13 h 30. 🔴 1ᵉʳ janv., 1ᵉʳ mai,
25 déc. 🖼 &

Sassari ❷

🏠 130 000. 🚉 **FS** 🚌 ℹ️ Viale
Caprera 36 (079 29 95 44; 079 29
94 15). 🕐 lun.
Fondée par des marchands
génois et pisans, Sassari attire
chaque année à l'Ascension

de nombreux visiteurs pour sa
Cavalcata Sarda. Autour du
Duomo fondé au XIᵉ siècle et
plusieurs fois remanié
se serre un dense
quartier médiéval.
Au nord se trouve
la **fonte Rosello**,
fontaine de la
Renaissance tardive
devenue l'emblème
de la ville.
Le **museo
archeologico
nazionale
« GA Sanna »**
constitue un bon
point de départ
à la découverte
des cultures
préhistoriques
de la Sardaigne.

Façade de Santissima
Trinità di Saccargia

Aux environs :
À 16 km au sud-est se dresse
au bord de la S 131 l'église
romano-pisane **Santissima
Trinità di Saccargia** (1116)
décorée à l'abside de
fresques du XIIIᵉ siècle.
plus loin sur
la route
s'élève **San
Michele di
Salvenero**
bâtie au
XIIᵉ siècle.
À **Ardara**,
la couleur
de sa pierre
a valu le
surnom de
« cathédrale
noire » à
**Santa Maria
del Regno**,
un autre
sanctuaire
roman.

🏛 **Museo Archeologico
Nazionale "GA Sanna"**
Via Roma 64.
Tél 079 27 22 03. 🕐 mar.-dim.
9 h-19 h 30. 🖼 🖼 &

Alghero ❸

Sassari. 🏠 4 000. 🚉 **FS** 🚌 🚢
ℹ️ Piazza Porta Terra 9 (079 97 90
54). 🚢 mer. **www**.enit.it

Après avoir pris aux Génois
en 1354 ce petit port fondé
sur une péninsule au début
du XIIᵉ siècle, les Aragonais
le vidèrent de ses habitants
de souche et le repeuplèrent
d'émigrants de Barcelone et
de Valence. La ville en garde
un aspect très hispanique
et entretient avec fierté
ses traditions catalanes.
Elle a conservé plusieurs
tours fortifiées. Faisant face au
jardin public, la massive **torre
di Porta Terra** porte aussi
le surnom de « Tour juive »
en mémoire de ceux qui
l'érigèrent au XVIᵉ siècle.
Sur le lungomare
Colombo se trouvent
la **torre dell'Espero
Reial** et la **torre San
Giacomo**, tandis que
la **torre della
Maddalena** domine
la piazza Porta
Terra. Les remparts
forment en bord
de mer une très
agréable
promenade.
Au terme de la via Umberto,
le **Duomo**, malgré des
remaniements postérieurs,
conserve de sa reconstruction
au XVIᵉ siècle un élégant

Une maison typique d'Alghero

Sur le port de Bosa

campanile de style gothique catalan et des chapelles aux voûtes ogivales. Son portail est aragonais. Église du XIVᵉ siècle doté d'un joli cloître et d'un clocher octogonal, **San Francesco** s'atteint par la via Carlo Alberto que borde la façade baroque de **San Michele**. La **casa Doria** présente dans la via Principe Umberto des fenêtres gothiques et un élégant portail Renaissance.

Aux environs :
La **Grotta Verde** et, surtout, la spectaculaire **grotta di Nettuno** du capo Caccia s'atteignent en voiture et, mieux encore, en bateau.

Bosa ❹

Nuoro. 🏠 8 500. **FS** 🚌 **i** Pro Loco, Vía Azuni 5 (0785 37 61 07). 🖻 mar.

Pittoresque petite ville balnéaire, Bosa s'est développée à l'embouchure du seul cours d'eau navigable de Sardaigne, le Temo. Le quartier historique, **Sa Costa**, s'étage sur une colline basse couronnée par le **castello di Serravalle** bâti par les Malaspina en 1112. Ses ruelles ont peu changé depuis le Moyen Âge. D'anciennes tanneries, **Sas Conzas**, bordent la rivière.

Plus cosmopolite, le quartier **Sa Piatta** renferme le **Duomo** (XVᵉ siècle), de style gothique aragonais, et **San Pietro**, église romane qui reçut une façade cistercienne au XIIIᵉ siècle.

LES NURAGHI DE SARDAIGNE

Les quelque 7 000 tours en grosses pierres sèches appelées *nuraghi* (tas de pierres) constituent un trait distinctif de la Sardaigne. Si les premières traces de ce mode de construction apparurent au IIIᵉ millénaire av. J.-C., c'est entre 1500 et 400 av. J.-C. que l'île se hérissa de ces forteresses, pour certaines solitaires au sommet d'une colline, pour d'autres entourées d'un village. La culture nouragique n'a pas laissé d'inscriptions et, malgré les statuettes et les objets retrouvés dans les nuraghi, elle reste très mystérieuse.

Des nuraghi *isolés, parfois équipés de puits, défendaient depuis les sommets des collines le territoire de la tribu.*

Su Nuraxi, près de Barumini *(ci-dessus), Serra Orrios, près de Dorgali, et Santu Antine à Torralba constituent les sites nouragiques les plus importants. On a même identifié un théâtre.*

Ce guerrier mythique *fait partie des quelque 500 figurines nouragiques en bronze retrouvées. Le musée de Cagliari en possède la majorité.*

LÉGENDE

• Sites nouragiques

0   100 km

Née à Nuoro, Grazia Deledda obtint
le prix Nobel en 1926

Nuoro ❺

🏠 38 000. 🚉 🚌 ℹ️ Piazza d'Italia
19 (0784 300 83). 🚍 ven. et sam.
www.enteturismo.nuoro.it
🎭 29 août : Sagra del Redentore.

Au cœur de la Sardaigne, le
monte Ortobene et le
Sopramonte donnent à Nuoro
un cadre superbe. C'est dans
cette région montagneuse du
Gennargentu, où la circulation
demeure difficile, que les
bergers sardes ont le mieux
préservé leur farouche
indépendance et un mode de
vie dont la description a valu à
Grazia Deledda le prix Nobel
de littérature en 1926. Sa ville
natale reste la gardienne des
traditions et le **musée della
Vita et delle Tradizioni
Popolari Sarde** présente des
costumes, des bijoux et des
objets artisanaux. En août, la
Sagra del Redentore est
prétexte à un grand festival de
folklore réunissant chanteurs
et danseurs de toute l'île.
Aux environs : La région du
massif du **Gennargentu**, la
Barbagia, doit son nom aux
Romains qui ne purent jamais
tout à fait soumettre les
« Barbares » qui l'habitaient. Ce
refus de toute autorité
extérieure, qui s'exprime sur
les peintures murales ornant
les maisons d'**Orgosolo**, a
nourri de terribles vendettas
entre villages et donné le jour
à une tradition de bandits
d'honneur. Celle-ci a
malheureusement dégénéré,
entraînant la création de
bandes maffieuses. Elles ne se
préoccupent toutefois pas des
touristes.

À **Mamoiada**, le carnaval
donne lieu à une procession
aux origines très anciennes mais
au sens devenu mystérieux. Elle
oppose des hommes masqués
et vêtus de peaux de mouton
noir, les *mamuthones*, aux
insokatores habillés de couleurs
vives.

🏛 **Museo della Vita e delle
Tradizioni Popolari Sarde**
Via Mereu 56. **Tél** 0784 24 29 00.
🕐 t.l.j. 9 h-13 h, 15 h-19 h (9 h-20 h
juin-sept.). 🎫

Cala Gonone ❻

Nuoro. 🏠 800. 🚌 ℹ️ Pro Loco,
via Lamormara 108, Dorgali (0784
962 43). 🚍 t.l.j. 🚢 jusqu'aux
grottes (d'avril à mi-oct.). **Tél** 0784
933 05.

À l'est de Nuoro, de hautes
montagnes dominent ce petit
port de pêche devenu une
station balnéaire animée. Des
criques isolées, telles la **cala di
Luna** et la **cala Sisine,** creusent
la côte splendide du golfo di
Orosei. Profonde caverne
naturelle, la **grotta del Bue
Marino** renferme de
magnifiques concrétions
calcaires. De belles
promenades s'offrent aux
marcheurs autour de Cala
Gonone, notamment celle qui
rejoint la cala Sisine. Depuis
Dorgali, la route pour Baunei
et Tortoli est spectaculaire.

Oristano ❼

Cagliari. 🏠 32 000. 🚉 🚌
ℹ️ EPT, Piazza Eleonora 1 (0783 368
31); Pro Loco, Via Vittorio Emanuele 8
(0783 706 21). 🚍 mar., ven.

Ruines de Tharros près d'Oristano

La province d'Oristano
correspond à peu près à
l'ancien *giudicato* d'Arborea
que dirigea Eleonora *(voir ci-
contre)*, patriote célébrée par
une statue du XVIIIe siècle sur la
piazza Eleonora et une **casa di
Eleonora** (XVIe siècle) bordant
le corso Vittorio Emanuele. À
côté , l'**antiquarium
Arborense** présente des
vestiges archéologiques
découverts pour la plupart à
l'emplacement de la cité
phénicienne de Tharros.
Fondé au XIIIe siècle, le **Duomo**
a connu une reconstruction
baroque et les églises **Santa
Chiara** (1343), dans la via
Garibaldi, et **San Martino**
(XIVe siècle), dans la via
Cagliari, se révèlent plus
intéressantes.

Aus environs :
Bâtie au XIIe siècle, la belle
église romane de **Santa Giusta**

Entrée de la grotta del Bue Marino, au sud de Cala Gonone

Carloforte, seule ville de la petite isola di San Pietro

renferme des colonnes antiques provenant de Tharros, cité punique dont les ruines s'étendent à 20 km d'Oristano sur la péninsule de Sinis.

⬜ Antiquarium Arborense
Palazzo Parpaglia, Piazza Corrias 37. **Tél** 0783 79 12 62. ⬜ mar.-dim. 🖾♿♿

Sant'Antioco ❽

Cagliari. **FS** 🚌 **ℹ** *Pro Loco Piazza Repubblica 31a (0781 84 05 92).*

Une route rejoint cette île dont la ville principale, **Sant'Antioco**, s'étend à l'emplacement de la Sulcis punique. De ce passé carthaginois subsistent le **Tophet**, sanctuaire des dieux Baal et Tanit, les riches collections du **Museo Archelogico**, la **nécropole** et une sépulture souterraine transformée en **catacombes** chrétiennes au IIᵉ siècle avant de devenir la crypte de la basilique **Sant'Antioco Martire** fondée en 1102. La petite **isola di San Pietro** s'atteint en ferry depuis Calasetta.

⚱ Catacombes
Piazza Parrocchia.
Tél 0781 830 44.
⬜ t.l.j. 🖾 seulement. 🖾
⬜ Museo Archeologico
Via Regina Margherita 113. **Tél** 0781 835 90. ⬜ t.l.j. ⬜ 1ᵉʳ janv., Pâques, 8, 25-26 déc. 🖾 🖾 valable pour Tophet et la nécropole.

Cagliari ❾

⬜ 250 000. ✈ **FS** 🚌 ⛴
ℹ *Piazza Matteotti 9 (070 66 92 55).* ⬜t.l.j. ; puces le dim. et antiquités le 2ᵉ dim. du mois. **www**.esit.net

Cité punique, comme en témoignent les vestiges de sa nécropole et les ruines de Nora, au sud-ouest de la ville, la capitale sarde devint romaine et ses nouveaux maîtres taillèrent dans le rocher un **amphithéâtre** bien conservé. Au XIVᵉ siècle, les Pisans bâtirent l'enceinte fortifiée du vieux quartier, le **Castello**.
Aménagée dans l'ancien arsenal royal, la **citadella dei Musei** abrite la collection de peintures de la **Pinacoteca** et le **Museo Nazionale Archeologico**.
Les petits bronzes nouragiques *(p. 533)* constituent le clou de son exposition, mais sculptures et objets de la vie quotidienne

San Saturnino à Cagliari, église du VIᵉ siècle au plan en croix grecque

puniques permettent de découvrir une civilisation méconnue.
La via Martini conduit au **Duomo** d'origine romane mais très enlaidi par un remaniement au XXᵉ siècle. Deux belles chaires sculptées en 1159 encadrent le portail. Elles proviennent de la cathédrale de Pise. Poursuivre vers le sud conduit au point de vue offert par la terrasse aménagée sur le **bastione San Remy** au-dessus de la piazza Costituzione. Du bastion, la via dell'Universita mène à la **torre dell'Elefante qui** domine le quartier **Marina** s'étendant jusqu'au port. Depuis la piazza Costituzione, la via San Lucifero (première à droite dans la via Garibaldi) rejoint l'église byzantine **San Saturnino** (VIᵉ siècle).

⚱ Amphithéâtre
Viale Sant'Ignazio. **Tél** 070 68 40 00. ⬜ mar.-dim. 9 h-20 h.
⬜ Cittadella dei Musei
Piazza Arsenale. **Tél** 070 68 40 00.
Museo Nazionale Archeologico ⬜ mar.-dim. 9 h-20 h. 🖾 🖾 **Pinacoteca** **Tél** 070 66 24 96. ⬜ mar.-dim. ⬜ 1ᵉʳ janv., 1ᵉʳ mai, 25 déc. 🖾 🖾

ELEONORA D'ARBOREA

Les Espagnols reçurent la Sardaigne du pape Boniface VIII en 1297 mais ne contrôlèrent pas la totalité de l'île avant le XVᵉ siècle. La résistance sarde avait deux pôles principaux : le massif du Gennargentu et le *giudicato* d'Arborea, l'une des quatre divisions administratives de la Sardaigne au Moyen Âge. Eleonora en fut la *giudessa* de 1383 à 1404 et devint le symbole de l'esprit d'indépendance sarde. Elle promulgua un code législatif qui instituait en 1395 la communauté de biens dans le mariage et le droit des femmes à demander justice d'un viol.

LES BONNES ADRESSES

HÉBERGEMENT

D es touristes du monde entier viennent visiter l'Italie, où la majorité des Italiens passent aussi leurs vacances. Les modes d'hébergement proposés sont donc extrêmement variés, depuis les hôtels splendides aménagés dans d'anciens palais jusqu'aux simples *pensioni* de famille et aux auberges de jeunesse. On peut également louer une magnifique villa isolée en Toscane ou un appartement dans une résidence au bord de la mer. On a souvent reproché aux hôtels italiens de pratiquer des prix élevés et d'offrir des prestations médiocres, mais il en existe d'excellents dans toutes les catégories. Nous avons sélectionné, dans chaque région, un certain nombre d'établissements (*p. 558-603*) qui représentent les meilleurs choix au niveau du charme, du prix, de l'accueil, du confort ou de la localisation.

L'enseigne d'un hôtel 3 étoiles

Le palazzo Gritti, un palais de Venise chargé d'histoire *(p. 91)*

LE CLASSEMENT DES HÔTELS

En Italie, le classement des hôtels va de une à cinq étoiles ; il dépend plus des services offerts que du cadre de l'établissement, et chaque région détermine ses propres critères d'attribution. Parfois, un hôtel est classé dans une catégorie inférieure à celle qu'il mérite, soit parce que l'office du tourisme ne l'a pas encore reclassé, soit parce que son propriétaire préfère éviter un surcroît de taxes.

LES ALBERGHI

En italien, *albergo* signifie hôtel, mais ce terme s'applique surtout aux établissements de catégorie supérieure. La dimension des chambres peut varier considérablement : au centre des villes, elles sont parfois très petites, même dans de grands hôtels renommés, alors qu'en dehors des villes,

elles deviennent parfois de petites suites. Dans les grandes villes, l'enseigne *albergo diurno* ne désigne pas un hôtel mais une sorte de « bain-douche » : on peut s'y laver, s'y faire couper les cheveux, nettoyer et sécher ses vêtements. Ces « hôtels de jour » se trouvent en général dans les gares centrales ou à proximité.

LES PENSIONI

Bien que le terme *pensione* ne soit plus officiellement en usage, on l'utilise toujours pour les petits hôtels à une ou

Panneaux de rues indiquant la direction des hôtels

deux étoiles, à gestion familiale pour la plupart. Ces *pensioni*, en général d'une propreté irréprochable, offrent un accueil convivial et des chambres simples mais fonctionnelles. Elles sont cependant souvent situées dans des édifices anciens dont le charme apparent dissimule parfois des chambres sombres et bruyantes ou des tuyauteries capricieuses. Si vous comptez rentrer tard, assurez-vous qu'il vous sera possible de réintégrer votre *pensione*. Mais en général on vous fournira une clé de la porte d'entrée.

Si vous comptez séjourner dans une *pensione* en hiver, vérifiez qu'elle est équipée d'un chauffage central ; même dans le Sud, les températures sont basses de novembre à février.

Une *locanda* était autrefois une auberge qui procurait aux voyageurs un repas bon marché et un endroit où dormir. Le mot s'utilise encore, particulièrement en Italie centrale et du Nord, mais il sert maintenant à désigner une *pensione*, avec une pointe d'affectation à l'usage des touristes.

LES CHAÎNES D'HÔTELS

On trouve diverses chaînes d'hôtels haut de gamme. Les hôtels **Ciga**, du groupe Sheraton, affichent un luxe très « fin de siècle » ; les hôtels **Jolly**

Un hôtel romantique, la Villa Pagoda à Nervi *(p. 573)*

sont plus semblables à ceux des chaînes de luxe internationales tandis que **Notturno Italiano** offrent des chambres standardisées. Enfin, la chaîne **Relais et Châteaux** a aménagé de charmants hôtels dans des châteaux, des villas anciennes et des monastères.

LES REPAS ET AUTRES SERVICES

D'ordinaire, les hôtels italiens offrent moins de services que ceux de beaucoup d'autres pays. Ainsi, en dépit de l'été très chaud, l'air conditionné est rare dans tous les hôtels de moins de cinq étoiles, comme le service en chambre 24 heures sur 24.

Certains hôtels imposent la pension complète ou la demi-pension en haute saison. Cependant, il vaut mieux l'éviter car vous trouverez certainement beaucoup d'autres endroits où manger à proximité. De nombreuses pensions (en particulier en haute saison) insistent pour que vous preniez le petit déjeuner – en général du café accompagné de biscuits ou de croissants avec du beurre et de la confiture. Ces petits déjeuners sont rarement inoubliables.

Pour une chambre à deux, précisez si vous voulez des lits jumeaux *(letti singoli)* ou un grand lit *(matrimoniale)*. En dehors des hôtels haut de gamme, on dispose plus souvent d'une douche que d'une baignoire.

LES ENFANTS

Les enfants sont partout bien accueillis, mais un petit établissement ou un hôtel très bon marché ne possédera pas de petits lits. Toutefois, pratiquement tous les hôtels sont toujours prêts à mettre un ou deux lits d'enfant dans une chambre double. Dans ce cas, il faut prévoir un supplément de 30 à 40 % sur le prix de la chambre. La plupart des grands hôtels proposent également un service de baby-sitting.

LES PRIX

En Italie, les prix sont relativement élevés, bien qu'ils varient en fonction des lieux et des services. Comprenant les taxes et le service, ils commencent autour de 50 euros pour une chambre double sans salle de bains et de 65 euros avec bain, même dans un hôtel très simple. Le prix d'une chambre pour une personne représente environ les deux tiers de celui d'une chambre pour deux. À partir de 100 euros, on trouve un hébergement confortable et agréable, sans rien de luxueux. Pour 210 euros et plus, on peut espérer un hôtel offrant une vaste gamme de services, situé dans un lieu

Le jardin de l'hôtel Sant'Anselmo à Rome *(p. 587)*

plaisant ou central. Dans les grandes villes et les endroits les plus touristiques, les prix sont d'ordinaire plus élevés.

Les prix sont affichés dans toutes les chambres. La variation entre la haute et la basse saison peut atteindre 100 % et même plus dans les stations les plus fréquentées.

Attention aux suppléments, qui sont parfois exorbitants pour le mini-bar, le parking, le blanchissage ou pour téléphoner à partir de la chambre.

LES RÉSERVATIONS

Réservez dès que possible, surtout si vous avez des exigences telles qu'une chambre bien exposée, ne donnant pas sur la rue ou avec bain. Deux mois devraient suffire, mais en haute saison, les hôtels les plus demandés affichent parfois complets six mois à l'avance. Il en est de même des villes, petites et grandes, en fonction de leur propre calendrier culturel *(p. 66-69)*.

On vous demandera de verser des arrhes à la réservation. En général, vous pouvez alors vous servir de votre carte bancaire (même dans les établissements qui ne l'acceptent pas pour régler la note).

L'hôtel doit vous fournir au moment du paiement un reçu *(ricevuta fiscale)* qu'il vous faudra conserver jusqu'à ce que vous ayez quitté l'Italie..

L'intérieur d'un hôtel traditionnel à Florence.

Le beau hall d'entrée de l'hôtel Porta Rossa à Florence *(p. 577)*

HÔTELS MODE D'EMPLOI

À l'arrivée, on vous demandera votre passeport pour remplir les fiches d'enregistrement que l'hôtel doit remettre à la police. Vous récupérerez votre passeport au bout d'une heure ou deux.

Les départs s'effectuent en général avant midi, souvent plus tôt dans les petits hôtels. Dans la plupart des établissements, vous pourrez laisser vos bagages à la réception et les reprendre plus tard dans la journée.

L'Albergo al Sole, Venise *(p. 561)*

LES LOCATIONS ET L'AGRITURISMO

Si vous avez l'intention de rester dans une région, de nombreuses locations vous attendent, dans des endroits merveilleux.

À travers l'Italie rurale, plus de 2 000 fermes, villas et chalets de montagne offrent des locations à un prix raisonnable ou un hébergement hôtelier dans le cadre de l'**Agriturismo**. Les prestations vont de celles d'un hôtel de première classe dans des villas bien entretenues ou d'anciens châteaux à des chambres toutes simples chez l'habitant dans des fermes. Certains de ces endroits possèdent d'excellents restaurants qui servent des produits locaux, d'autres proposent des activités de loisir comme l'équitation ou la pêche *(p. 658)*. On impose parfois une durée de séjour minimale, en particulier en haute saison. La brochure *Guida dell'Ospitalità Rurale* est disponible dans les offices du tourisme régionaux. Vous pouvez trouver d'autres locations avant de partir, par le biais d'agences spécialisées comme **Interhome, Bellavista** et **Cuendet France**, mais là encore, il convient de réserver longtemps à l'avance.

Les listes d'hébergement de l'**ENIT** proposent également des *residences*, à mi-chemin d'un hôtel et d'un appartement en location. Elles mettent souvent à votre disposition une cuisine et certains services de restauration.

Pour des séjours de plusieurs mois, vous pouvez chercher un logement en vous adressant à des agences. Vous les trouverez dans les *Pagine Gialle* (Pages jaunes), à la rubrique *Immobiliari*.

HÉBERGEMENT BON MARCHÉ

En dehors du cadre de l'Association Internationale des Auberges de Jeunesse (**AIG** en Italie), les offices du tourisme des principales villes proposent des auberges à gestion privée. Leur prix d'environ 12 euros par personne et par nuit est infiniment plus bas que celui de la plus économique des *pensioni*, mais l'hébergement consiste en dortoirs non mixtes et les sanitaires ne sont pas toujours assez nombreux. Une autre solution économique est de trouver une chambre à louer chez des particuliers sous forme de *bed and breakfast* mais la qualité reste variable.

Le **Centro Turistico Studentesco** peut aider les étudiants à trouver un hébergement en résidence universitaire pour l'année ou l'été, même s'ils ne sont pas inscrits sur place.

Les amateurs de paix et de sérénité peuvent résider dans l'un des nombreux couvents ou monastères qui accueillent des hôtes. En revanche, il faut souvent se plier à des règles strictes : ils ferment en général leur porte très tôt le soir et, pour la plupart, n'admettent pas de représentants du sexe opposé, même s'il s'agit d'un conjoint. Ils figurent sur la liste proposée par l'**ENIT**.

Bateau transportant les bagages des touristes vers un hôtel de Venise

REFUGES DE MONTAGNE ET CAMPINGS

On peut profiter d'un hébergement rudimentaire dans des chalets et des refuges. La plupart de ces chalets appartiennent au **Club Alpino Italiano**, dont le siège se trouve à Milan.

Les terrains de camping abondent dans les montagnes et sur tout le littoral. Beaucoup offrent aussi bien un bungalow qu'un espace aménagé pour y installer une tente ou une caravane, avec

La Villa San Michele, un ancien monastère, à Fiesole, Toscane *(p. 579)*

Le plus haut refuge de la Valsesia, dans les Alpes.

des branchements en eau et en électricité et des installations sanitaires. On y trouve en général un restaurant et, en particulier dans les campings situés au bord de la mer, des équipements sportifs. Le **Touring Club Italiano** publie une liste complète dans *Campeggi e Villaggi Turistici in Italia*, ainsi que **Federcampeggio**.

PERSONNES HANDICAPÉES

En Italie, peu d'hôtels offrent des services réservés aux handicapés *(p. 558-603)*. Mais dans la plupart des cas, les hôtels sans équipements

spéciaux feront tout ce qu'ils peuvent pour loger les personnes en fauteuil roulant en leur donnant des chambres situées au rez-de-chaussée (si elles sont disponibles) et en les laissant emprunter les ascenseurs.

INFORMATIONS COMPLÉMENTAIRES

L'**ENIT** dispose de listes d'hébergements pour chaque région. Elles ne sont pas toujours mises à jour et parfois les prix ont changé. On peut également réserver des chambres auprès de l'**APT** (Azienda Provinciale per il Turismo) locale.

ADRESSES

GÉNÉRAL

ENIT (Ente Nazionale Italiano per il Turismo)
Via Marghera 2–6,
00185 Rome.
Tél 06 497 11.
Fax 06 446 33 79.
www.enit.it

En France
23, rue de la Paix,
75002 Paris.
Tél 01 42 66 66 68.

CHAÎNES D'HÔTELS

Ciga Hotels
Piazza della Repubblica 20,
20124 Milano.
Tél 800 820 080.
www.bestwestern.com

Jolly Hotels
Tél 800 017 703.
www.jollyhotels.com

Notturno Italiano
Tél 0578 75 60 70.
Fax 0578 75 60 06.
www.nih.it

Relais & Châteaux
www.relaischateaux.com

AGENCES DE LOCATION

Agriturismo
Corso Vittorio Emanuele II
101, 00186 Rome.
Tél 06 685 23 53.
Fax 06 685 24 24.
www.agriturist.it

Interhome
15, av. Jean-Aicard,
75011 Paris.
Tél 0826 306 000.
www.www.interhome.fr

Bellavista (Solemar)
24, rue Ravignan,
75018 Paris.
Tél 01 42 55 41 92..
www.bellavista.com

Cuendet Cie & Spa
Strada di Strove, 17,
53035 Monteriggioni
Sienne.
Tél 0577 57 63 30.
www.cuendet.fr

REFUGES DE MONTAGNE ET CAMPINGS

Club Alpino Italiano
Via E Petrella 19, Milan.
Tél 02 205 72 31.
www.cai.it

Federcampeggio
Via Vittorio Emanuele 11,
50041 Calenzano, Firenze.
Tél 055 88 23 91.
www.federcampeggio.it

Touring Club Italiano
Corso Italia 10,
20122 Milano.
Tél 02 852 61.
www.touringclub.it

HÉBERGEMENT BON MARCHÉ

AIG (Associazione Italiana Alberghi per la Gioventù)
Via Cavour 44,
00184 Rome.
Tél 06 487 11 52.
Fax 06 488 04 92.
www.ostellionline.org

Centro Turistico Studentesco
Via Genova 16,
00184 Rome.
Tél 06 44 11 11.
Fax 06 44 11 14 00.
www.cts.it

Choisir un hôtel

Les établissements présentés ici ont été choisis dans un vaste éventail de prix pour la qualité de leurs prestations, leur emplacement, leur confort ou leur style. Les hôtels sont recensés par région, du nord au sud. Les indications de Plan se réfèrent aux atlas des rues de Venise, Florence et Rome.

LES PRIX
correspondent à une nuit en chambre double, petit déjeuner et services compris

€ moins de 85 euros
€€ 85-150 euros
€€€ 150-250 euros
€€€€ 250-350 euros
€€€€€ plus de 350 euros

VENISE

CANNAREGIO Al : Gobbo €€
Campo S. Geremia 312, 30121 **Tél** *041 71 50 01* **Fax** *041 71 47 65* **Chambres** *12* **Plan** *2 D4*

Le Gobbo (ou « bossu ») est un hôtel modeste mais sérieux dont plusieurs chambres donnent sur l'artère très animée du Campo San Geremia. Il est situé à quelques pas de la gare. L'intérieur se distingue par sa grande propreté, son confort et sa fraîcheur. Un petit déjeuner continental est servi dans les chambres. **www.albergoalgobbo.it**

CANNAREGIO : Al Saor €€
Calle Zotti 3904/A, 30125 **Tél** *041 296 06 54* **Fax** *041 92 06 32* **Chambres** *3* **Plan** *3 A4*

Agréable bed & breakfast familial flambant neuf, près du Ca'D'Oro, dirigé par une famille de la région qui propose des cookies faits maison au petit déjeuner. Accès à la cuisine pour tous, un appartement tout équipé est disponible pour ceux qui préfèrent être indépendants. Les propriétaires organisent des balades dans leur canot à rames. **www.alsaor.com**

CANNAREGIO : Rossi €€
Lista di Spagna 262, 30121 **Tél** *041 71 51 64* **Fax** *041 71 77 84* **Chambres** *14* **Plan** *2 D4*

Réservez bien à l'avance votre séjour dans cet hôtel familial aux excellentes prestations. À 5 minute à peine de la gare, il occupe une ruelle calme tout près de la Lista di Spagna. Certaines chambres offrent de beaux panoramas sur la ville. Ambiance et accueil chaleureux. **www.hotelrossi.net**

CANNAREGIO : Abbazia €€
Calle Priuli di Cavalletti, 66-68, 30121 **Tél** *041 71 73 33* **Fax** *041 71 79 49* **Chambres** *50* **Plan** *1 C4*

Bien situé, près de la gare et un peu à l'écart de la bruyante Lista di Spagna et de ses magasins, l'Abbazia est une oasis de paix. L'été, vous pourrez prendre un verre dans son charmant jardin. Les chambres sont confortables, bien que pas très grandes, le bâtiment abritant à l'origine un monastère.. **www.abbaziahotel.com**

CANNAREGIO : Giorgione €€€
Calle dei Proverbi 4587, 30125 **Tél** *041 522 58 10* **Fax** *041 523 90 92* **Chambres** *71* **Plan** *3 B5*

Cet hôtel vivement recommandé a été complètement remis à neuf. Il est particulièrement confortable et bien situé – à une dizaine de minutes de marche de la place Saint-Marc et à cinq minutes du marché animé du Rialto. Certaines suites possèdent une terrasse d'où l'on jouit de magnifiques vues sur les toits de la ville. **www.hotelgiorgione.com**

CANNAREGIO : Continental €€€
Lista di Spagna 166, 30121 **Tél** *041 71 51 22* **Fax** *041 524 24 32* **Chambres** *93* **Plan** *2 D4*

Ce grand hôtel moderne accueille surtout des groupes. Son restaurant et nombre de ses chambres offrent un beau panorama sur le Grand Canal, les autres chambres donnant sur une place ombragée. Cet établissement est idéalement situé, dans l'un des principaux quartiers commerçants touristiques. **www.hotelcontinentalvenice.com**

CASTELLO €€€
Riva degli Schiavoni 4161, 30122 **Tél** *041 522 74 63* **Fax** *041 241 46 40* **Chambres** *16* **Plan** *8 D2*

Ce petit hôtel familial aux chambres très propres possède une belle terrasse panoramique où les hôtes peuvent déguster un petit déjeuner buffet dans le calme, en admirant le bassin de St Mark et l'île de San Giorgio. Le romancier Henry James y séjourna en 1881 lorsqu'il travaillait sur son *Portrait de femme*. **www.veneziahotels.com**

CASTELLO : Locanda La Corte €€€
Calle Bressana 6317, 30121 **Tél** *041 241 13 00* **Fax** *041 241 59 82* **Chambres** *16* **Plan** *3 C5*

Les chambres de ce palais du XVIe siècle, ancienne résidence d'un ambassadeur, sont meublées avec goût. L'été, les hôtes prennent leur petit déjeuner dans la charmante cour de l'hôtel. Les taxis d'eau vous conduisent jusqu'à l'entrée ou vous pouvez emprunter les transports en commun près du Fondamente Nuove. **www.locandalacorte.it**

CASTELLO : Paganelli €€€
Riva degli Schiavoni 4687, 30122 **Tél** *041 522 43 24* **Fax** *041 523 92 67* **Chambres** *22* **Plan** *8 D2*

Cet hôtel est idéalement placé sur le front de mer de San Marco, près de l'embarcadère des ferries. Les chambres situées à l'avant, meublées dans un style ancien, sont confortables et offrent de superbes vues. Les chambres aménagées dans l'annexe *(dipendenza)* sont plus calmes, mais moins belles. Service de baby-sitting proposé aux hôtes. **www.hotelpaganelli.com**

Légende des symboles *voir rabat de couverture*

CASTELLO : Londra Palace

Riva degli Schiavoni 4171, 30122 **Tél** *041 520 05 33* **Fax** *041 522 50 32* **Chambres** *53* — **Plan** *8 D2*

Ce grand hôtel se distingue à la fois par son élégance, son excellent service et ses chambres spacieuses. Situé à proximité du monument érigé en l'honneur du roi Vittorio Emanuele, sur la large et animée Riva, à quelques pas de la Piazza, il offre un beau panorama sur la lagune. Tchaikovsky y composa sa *Quatrième Symphonie*. **www.hotelondra.it**

DORSODURO : Istituto Artigianelli

Rio Terrà Foscarini 909/A, 30123 **Tél** *041 522 40 77* **Fax** *041 528 62 14* **Chambres** *50* — **Plan** *6 E4*

Cette institution religieuse est dotée de chambres avec salle de bains attenante, rénovées et claires. Elle se trouve à proximité du quai ensoleillé des Zattere et de la galerie d'art Accademia. L'hiver, les hôtes se partagent l'endroit avec des étudiants. Réservation fortement conseillée. **www.donorione-venezia.it**

DORSODURO : Montin

Fondamenta Eremite 1147, 30123 **Tél** *041 522 71 51* **Fax** *041 520 02 55* **Chambres** *11* — **Plan** *6 D3*

Un peu à l'écart, mais à quelques minutes à peine de la belle promenade des Zattere. Des chambres au mobilier simple vous accueillent dans un appartement vénitien situé au-dessus d'un restaurant réputé, qui domine un canal typique et vous garantit un séjour agréable. Le petit déjeuner y est délicieux. **www.locandamontin.com**

DORSODURO : Pensione La Calcina

Zattere ai Gesuati 780, 30123 **Tél** *041 520 64 66* **Fax** *041 522 70 45* **Chambres** *27* — **Plan** *6 E4*

Réservez longtemps à l'avance votre séjour dans ce splendide bed & breakfast . Tout y est parfait, de la terrasse au bord de l'eau à la salle du petit déjeuner, en passant par les chambres coquettes et le service irréprochable. Vous n'êtes pas prêt d'oublier les couchers de soleil sur la Giudecca. **www.lacalcina.com**

DORSODURO : Locanda Ca'Zose

Calle del Bastion 193/B, 30123 **Tél** *041 522 66 35* **Fax** *041 522 66 24* **Chambres** *12* — **Plan** *6 F4*

Ce bed & breakfast est tenu par deux sœurs de la région et se trouve juste à l'angle de la collection Guggenheim et de l'arrêt de vaporetto La Salute. Les chambres confortables et bien équipées sont meublées avec goût et certaines offrent de charmantes vues sur le canal. Cinq appartements sont également à votre disposition. **www.hotelcazose.com**

DORSODURO : Locanda San Barnaba

Calle del Tragetto 2785-2786, 30123 **Tél** *041 241 12 33* **Fax** *041 241 38 12* **Chambres** *13* — **Plan** *6 D3*

Un endroit que vous aurez plaisir à retrouver après avoir passé la journée à arpenter la ville. Cet ancien palais possède un hall spacieux et un coquet jardin pour l'été. À quelques mètres seulement de l'embarcadère de ferry Ca'Rezzonico. Les chambres impeccables portent le nom de pièces de Goldoni, né à Venise. **www.locanda-sanbarnaba.com**

DORSODURO : Agli Alboretti

Rio Terrà Foscarini 884, 30123 **Tél** *041 523 00 58* **Fax** *041 521 01 58* **Chambres** *23* — **Plan** *6 E4*

Situé au calme, à deux pas de l'Accademia et des Zattere pour prendre le vaporetto, cet hôtel confortable est apprécié des touristes. Bien qu'un peu petites, les chambres sont très belles. Jardin pour l'été et bon restaurant. Fermé fin janvier. **www.aglialboretti.com**

DORSODURO : Pausania

Fondamenta Gherardini 2824, 30123 **Tél** *041 522 20 83* **Fax** *041 522 29 89* **Chambres** *24* — **Plan** *6 D3*

Les chambres de cet hôtel chic et claires offrent tout le confort moderne et un point d'accès à Internet. Vous prendrez le petit déjeuner dans une véranda donnant sur un vaste jardin. Situé sur le canal Rio San Barnaba, l'hôtel n'est pas loin de Campo S. Margherita où vous pourrez profiter d'une vie nocturne animée. **www.hotelpausania.it**

DORSODURO : Ca'Pisani

Rio Terrà Foscarini 979a, 30123 **Tél** *041 240 14 11* **Fax** *041 277 10 61* **Chambres** *29* — **Plan** *6 E4*

Ce palais du XVᵉ siècle reconverti est situé à proximité de la galerie d'art Academia et de la collection Guggenheim. L'atmosphère est raffinée, avec du mobilier moderne, des terrasse et des bains bouillonnants. **www.hotelamerican.com**

LIDO DI VENEZIA : Excelsior Palace

Lungomare Marconi 41, 30126 **Tél** *041 526 02 01* **Fax** *041 526 72 76* **Chambres** *197*

Luxe et flamboyance se mêlent dans ce superbe bâtiment historique du front de mer, où les cabines de plage ressemblent à des tentes arabes. Service et équipement impeccables. Durant le festival du film de Venise, à la fin de l'été, l'hôtel est envahi par les personnalités et les paparazzi. Fermé de nov. à mi-mars. **www.westin.com**

LIDO DI VENEZIA : Villa Mabapa

Riviera San Nicolò 16, 30126 **Tél** *041 526 05 90* **Fax** *041 526 94 41* **Chambres** *73*

Cette villa des années 1930 est une ancienne résidence privée transformée en confortable bed & breakfast. Un charmant jardin ombragé accueille les visiteurs après leur journée en ville. Situé près du débarcadère des *vaporetti*, l'hôtel donne sur la lagune. **www.villamabapa.com**

LIDO DI VENEZIA : Hotel des Bains

Lungomare Marconi 17, 30126 **Tél** *041 526 59 21* **Fax** *041 526 01 13* **Chambres** *191*

Splendide intérieur Art déco, confortables salons meublés de fauteuils pelucheux et service irréprochable. Chambres tout équipées. De l'autre côté de la route qui mène à la plage, l'Hotel des Bains est ouvert de mi-mars à nov. Thomas Mann y écrivit son fameux roman *Mort à Venise*. **www.westin.com**

SAN MARCO : Al Gambèro
€€€

Calle dei Fabbri 4687, 30124 **Tél** *041 522 43 84* **Fax** *041 520 04 31* **Chambres** *27*   **Plan** *7 B2*

Les gondoles longent les baies de ce bed & breakfast récemment rénové, bien situé à mi-chemin entre le Rialto et la place Saint-Marc. Les chambres au mobilier ancien offrent toutes les commodités. Les bons restaurants et magasins abondent dans les rues environnantes. **www.locandaalgambero.com**

SAN MARCO : Antico Panada
€€€

Calle Specchieri 646, 30124 **Tél** *041 522 90 88* **Fax** *041 520 96 19* **Chambres** *48*   **Plan** *7 A2*

Cet hôtel occupe un manoir du XVIIe siècle dans une rue calme, à proximité des principales curiosités touristiques. Son bar intime est décoré de miroirs anciens, sans doute réalisés par les artisans qui possédaient jadis un atelier dans le quartier. Au petit déjeuner, vous dégusterez de délicieuses pâtisseries. **www.hotelpanada.com**

SAN MARCO : Luna Hotel Baglioni
€€€€

Calle Larga dell'Ascension 1243, 30124 **Tél** *041 528 98 40* **Fax** *041 528 71 60* **Chambres** *104*   **Plan** *7 B3*

En bordure de la place Saint-Marc, cet endroit chic et étonnamment spacieux hébergeait autrefois les chevaliers en route vers la Terre Sainte au XIIe siècle. Des chandeliers étincelants et des fresques réalisées par des élèves de Tiepolo tiennent lieu de décor aux hôtes pendant leur petit déjeuner. Récemment ajouté au groupe des hôtels de luxe. **www.baglionihotels.com**

SAN MARCO : Flora
€€€

Via XXII Marzo 2283a, 30124 **Tél** *041 520 58 44* **Fax** *041 522 82 17* **Chambres** *44*   **Plan** *7 A3*

Ce minuscule hôtel s'est établi dans une ruelle étroite, non loin d'une rue commerçante très à la mode, près la place Saint-Marc et du débarcadère des vaporetti. Les chambres sont un peu petites mais bien équipées. Un charmant jardinet accueille les visiteurs lorsque le temps s'y prête. Réservation recommandée. **www.hotelflora.it**

SAN MARCO : La Fenice et les Artistes
€€€

Campiello Fenice 1936, 30124 **Tél** *041 523 23 33* **Fax** *041 520 37 21* **Chambres** *68*   **Plan** *7 A2*

Situé sur une place tranquille près de l'opéra réputé de La Fenice, ce coquet hôtel est doté d'antiquités et de mobilier d'époque. Le personnel est très serviable. L'établissement est formé de deux bâtiments réunis par un patio. Profitez donc de l'apéritif relaxant qui vous est proposé par le bar en fin de journée. **www.fenicehotels.com**

SAN MARCO : Bauer
€€€€€

Campo San Moisè 1459, 30124 **Tél** *041 520 70 22* **Fax** *041 520 75 57* **Chambres** *210*   **Plan** *7 A3*

Ce luxueux hôtel se trouve au cœur de Venise, au beau milieu des boutiques de grande marque, et vous pouvez louer une gondole juste devant la porte d'entrée. Nombre de ses chambres donnent sur le Grand Canal et l'église de la Salute. Le restaurant de front de mer propose un buffet gastronomique. **www.bauervenezia.com**

SAN MARCO : Concordia
€€€€

Calle Larga San Marco 367, 30124 **Tél** *041 520 68 66* **Fax** *041 520 67 75* **Chambres** *56*   **Plan** *7 B2*

Niché entre les boutiques de souvenirs et proche de la Piazza, cet excellent hôtel tenu par une famille possède plusieurs chambres avec une belle vue. Mobilier d'époque. Le restaurant est spécialisé dans les produits saisonniers. Réservez longtemps à l'avance. **www.hotelconcordia.it**

SAN MARCO : Europa & Regina
€€€€€

Calle Larga XXII Marzo 2159, 30124 **Tél** *041 520 04 77* **Fax** *041 523 15 33* **Chambres** *185*   **Plan** *7 A3*

Cet établissement hébergea l'artiste Tiepolo au XVIIIe siècle. Donnant sur le Grand Canal, non loin de la place Saint-Marc, il possède des chambres spacieuses joliment décorées et de somptueuses salles. Nous vous conseillons également son restaurant à ciel ouvert installé au bord de l'eau. **www.westin.com**

SAN MARCO : Monaco et Grand Canal
€€€€€

Calle Vallaresso 1325, 30124 **Tél** *041 520 02 11* **Fax** *041 520 05 01* **Chambres** *99*   **Plan** *7 B3*

Cet hôtel chic abrite le théâtre Ridotto, soigneusement restauré, ainsi qu'un restaurant renommé sur le Grand Canal. Les chambres sont un peu petites et ne donnent pas toutes sur le canal, mais elles sont bien meublées et équipées de toutes les commodités modernes. Vous profiterez de chambres plus vastes dans l'annexe moderne toute proche. **www.hotelmonaco.it**

SAN MARCO : Santo Stefano
€€€

Campo Santo Stefano 2957, 30124 **Tél** *041 520 01 66* **Fax** *041 522 44 60* **Chambres** *11*   **Plan** *6 F3*

Un établissement charmant qui occupe un grand bâtiment dominant le Campo Santo Stefano – apprécié des enfants l'après-midi. Les chambres ont été rénovées et sont tout équipées, bien que certaines soient très petites. À dix minutes à peine de marche de la place Saint-Marc ou du quartier du Rialto. **www.hotelsantostefanovenezia.com**

SAN MARCO : Rialto
€€€

Riva di Ferro 5149, 30124 **Tél** *041 520 91 66* **Fax** *041 523 89 58* **Chambres** *79*   **Plan** *7 A1*

Cet hôtel possède de belles chambres familiales, est bien équipé et offre un restaurant au bord du canal très agréable l'été. Idéalement situé au pied du pont du Rialto, il offre des vues spectaculaires depuis nombre de ses chambres. **www.rialtohotel.com**

SAN MARCO : Gritti Palace
€€€€

Santa Maria del Giglio 2467, 30124 **Tél** *041 79 46 11* **Fax** *041 520 09 42* **Chambres** *91*   **Plan** *7 A3*

Ernest Hemingway le décrivait comme « le meilleur hôtel parmi les grands hôtels ». Particulièrement luxueux, il est très bien placé sur le Grand Canal et occupe un somptueux palais du XVe siècle. Service irréprochable. Ne manquez pas de déjeuner dans son restaurant aménagé au bord de l'eau. **www.luxurycollection.com/grittipalace**

Légende des prix *voir p 558* **Légende des symboles** *voir rabat de couverture*

SAN MARCO : Saturnia et International

Via XXII Marzo 2398, 30124 **Tél** *041 520 83 77* **Fax** *041 520 71 31* **Chambres** *91*

€€€€€

Plan *7 A3*

Luxueux hôtel, accueillant pour les familles, le Saturnia est installé dans l'une des principales artères commerçantes, à quelques minutes de la place Saint-Marc. Ce palais du xive siècle est entièrement doté de mobilier ancien. Au rez-de-chaussée se trouvent l'un des meilleurs restaurants de la ville, ainsi qu'une coquette cour. **www.hotelsaturnia.it**

SAN MARCO : San Clemente

Isola di San Clemente 1, 30124 **Tél** *041 244 50 01* **Fax** *041 244 58 00* **Chambres** *200*

€€€€€

Véritable havre de paix, loin de l'agitation de Venise, le luxueux San Clemente possède sa propre île, agrémentée de vastes jardins, piscine, salle de conférence et centre de remise en forme. Les chambres sont claires et très spacieuses. Un service privé de ferries fait l'aller-retour jusqu'à Saint-Marc. **www.sanclemente.thi.it**

SAN POLO : Al Campaniel

Calle del Campaniel 2889, 30125 **Tél** *041 275 07 49* **Fax** *041 275 07 49* **Chambres** *4*

€

Plan *6 E2*

À quelques mètres à peine de l'arrêt de vaporetto de San Tomà, ce bed & breakfast confortable et impeccable situé dans une rue calme est tenu par un couple hispano-vénitien. Les hôtes peuvent préparer leur thé et leur café dans leur chambre. Un appartement est également disponible pour les familles qui préfèrent garder leur indépendance. **www.alcampaniel.com**

SAN POLO : Alex

Rio Terrà Frari 2606, 30125 **Tél** *041 523 13 41* **Fax** *041 523 13 41* **Chambres** *11*

€€

Plan *6 E1*

Toutes les chambres ne sont pas équipées d'une salle de bains privée et l'hôtel n'est pas climatisé mais il n'en demeure pas moins un établissement familial d'un bon rapport qualité-prix. Situé dans les environs de l'église des Frari, il est à deux pas des marchés du Rialto. Arrêt de vaporetto Piazzale Roma ou San Tomà. **www.hotelalexinvenice.com**

SAN POLO : Hotel Marconi

Riva del Vin 729, 30125 **Tél** *041 522 20 68* **Fax** *041 522 97 00* **Chambres** *26*

€€€

Plan *7 A1*

Le Marconi possède un superbe café donnant sur le Grand Canal, près du pont du Rialto. Il occupe un palais du xvie siècle doté d'une réception opulente, avec des chambres toutefois un peu exiguës et décevantes. Il est nécessaire de réserver à l'avance. **www.hotelmarconi.it**

SANTA CROCE : Al Sole

Fondamenta Minotto 136, 30135 **Tél** *041 71 08 44* **Fax** *041 72 22 87* **Chambres** *60*

€€€

Plan *5 C1*

Réservez longtemps à l'avance votre séjour dans ce charmant palais du XIVe siècle, avec sa réception au sol dallé de marbre et sa façade qui mérite vraiment une photo. L'été, sa cour est une explosion de fleurs parfumées. Près de la Piazzale Roma, des arrêts de bus et de vaporetti. Les chambres coquettes donnent sur le canal ou un jardin privé. **www.alsolehotels.com**

SANTA CROCE : Hotel Falier

Salizzada San Pantalon 130, 30135 **Tél** *041 71 08 82* **Fax** *041 520 65 54* **Chambres** *19*

€€€

Plan *5 C1*

En été, les visiteurs sont accueillis dans le jardin orné de glycine de cet hôtel. Les chambres sont bien équipées. Situé près de San Rocco, à quelques minutes de marche de la Piazzale Roma et de ses transports en commun. Le personnel est particulièrement aimable et serviable. Petit déjeuner inclus. **www.hotelfalier.com**

TORCELLO : Locanda Cipriani

Piazza Santa Fosca 29, 30012 **Tél** *041 73 01 50* **Fax** *041 73 54 33* **Chambres** *6*

€€€

Parmi les hôtes illustres de cette confortable locanda de style ancien, installée sur l'île de Torcello, on peut citer Hemingway et la famille royale britannique. Les chambres sont confortables et vous pouvez y trouver de la lecture. Il est conseillé de réserver bien à l'avance. Fermé en janvier. **www.locandacipriani.com**

LA VÉNÉTIE ET LE FRIOUL

ASOLO : Hotel Duse

Via R. Browning 190, 31011 **Tél** *0423 552 41* **Fax** *0423 95 04 04* **Chambres** *14*

€€

Situé en plein centre d'Asolo, ce petit hôtel de charme offre un bon rapport qualité-prix. Les chambres sont joliment décorées, bien que certaines soient un peu petites, tout comme le hall d'entrée. La plupart donnent sur la place principale ou sur les toits. Personnel accueillant et serviable. **www.hotelduse.com**

ASOLO : Hotel Al Sole

via Collegio 33, 31011 **Tél** *0423 95 13 32* **Fax** *0423 95 10 07* **Chambres** *23*

€€€

La façade orange de cet hôtel est ornée de volets verts. Nombre des chambres dominent la place principale et les vieux remparts de la ville. Les salles sont un peu impersonnelles mais les chambres et les suites sont spacieuses et dotées d'un beau mobilier. L'établissement possède une charmante terrasse verre avant d'aller dîner. **www.albergoalsole.com**

ASOLO : Villa Cipriani

Via Canova 298, 31011 **Tél** *0423 52 34 11* **Fax** *0423 95 20 95* **Chambres** *31*

€€€€

Cet hôtel tout confort est aménagé dans une villa du xve siècle où vivait autrefois Robert Browning. Son coquet jardin avec vue sur la campagne est très apprécié. Il jouit aussi d'un restaurant raffiné servant des spécialités vénétiennes accompagnées de bons vins. Une excellente base pour découvrir la région. **www.sheraton.com/villacipriani**

BASSANO DEL GRAPPA : Victoria   🖼️ P 📧   €

Viale Diaz 33, 36061 **Tél** *0424 50 36 20* **Fax** *0424 50 31 30* **Chambres** *23*

Juste à l'extérieur des remparts de la ville, cet hôtel agréable offre des chambres confortables au mobilier simple. Très fréquenté, il peut parfois être bruyant. C'est toutefois le lieu idéal pour commencer vos visites, à quelques pas du pont de Palladio et du centre historique de la ville. **www.hotelvictoria-bassano.com**

BASSANO DEL GRAPPA : Bonotto Hotel Belvedere   🖼️ P 🍴 📧   €€

Piazzale G Giardino 14, 36061 **Tél** *0424 52 98 45* **Fax** *0424 52 98 49* **Chambres** *87*

Situé sur l'une des principales places de Bassano, cet hôtel fréquenté est le mieux équipé de la ville et particulièrement bien placé pour la découvrir. Il possède un restaurant moderne, une spacieuse réception et un bar. Service excellent. **www.bonotto.it**

BASSANO DEL GRAPPA : Ca' Sette   🖼️ P 🍴 📧   €€€

Via Cunizza da Romano 4, 36061 **Tél** *0424 38 33 50* **Fax** *0424 39 32 87* **Chambres** *19*

Villa vénitienne joliment transformée en hôtel de style. Situé à la périphérie de la ville, il occupe un jardin entouré d'oliveraies. Toutes les chambres sont décorées différemment et certaines ornées de fresques originales. Dans le restaurant, on vous sert une cuisine créative, incluant un menu végétarien. **www.ca-sette.it**

BELLUNO : Astor   🖼️ P   €

Piazza dei Martiri 26e, 32100 **Tél** *0437 94 20 94* **Fax** *0437 94 24 93* **Chambres** *32*

Hôtel à la situation centrale apprécié des skieurs en hiver et des randonneurs en été. Les chambres sont bien conçues et confortables, offrant de plus un bon rapport qualité-prix. Beau panorama sur les Dolomites depuis le bar de l'agréable terrasse qui domine la rivière. **www.astorhotelbelluno.com**

CHIOGGIA : Grande Italia   🖼️ P 🍴 📺 📧   €€

Rione S. Andrea 597, 30015 **Tél** *041 40 05 15* **Fax** *041 40 01 85* **Chambres** *54*

Cet hôtel vieillot et sans prétention, au début de la rue principale, possède une façade de style Liberté mais a récemment été rénové. Ses chambres sont élégantes et confortables et vous pouvez également profiter d'un centre de bien-être moderne. Il est bien placé, près de l'arrêt des bateaux pour Venise. **www.hotelgrandeitalia.com**

CIVIDALE DEL FRIULI : Locanda Al Pomodoro   P 🍴 👟   €

Piazzetta San Giovanni 20, 33043 **Tél** *0432 73 14 89* **Fax** *0432 70 12 57* **Chambres** *17*

Hôtel romantique, joliment peint en rose, aménagé dans une ancienne auberge du XIIe siècle. Caché à l'angle d'une piazza tranquille du centre historique, à quelques pas du Duomo. Ses 17 chambres, rénovées en 2003, diffèrent par leur taille mais sont toutes bien équipées. **www.alpomodoro.com**

CIVIDALE DEL FRIULI : Locanda al Castello   🖼️ P 🍴 ♨️ 👟 📺 📧   €€

Via del Castello 20, 33043 **Tél** *0432 73 32 42* **Fax** *0432 70 09 01* **Chambres** *27*

Cet hôtel occupe un bel édifice du XIXe siècle qui hébergeait autrefois des jésuites l'été, non loin de la Cividale. Les 17 chambres sont toutes décorées différemment et offrent des vues sur la belle campagne du Frioul. Un centre de remise en forme et de cure avec sauna a été ajouté à l'établissement en 2004. **www.alcastello.net**

CONEGLIANO : Il Faè   P ♨️ 👟   €

Via Faè 1, San Pietro di Feletto, 31020 **Tél** *0438 78 71 17* **Fax** *0438 78 78 18* **Chambres** *8*

Confortable bed & breakfast installé dans une ancienne ferme, au milieu des collines et des vignes. Beau panorama sur les Alpes. Dix minutes de voiture suffisent pour gagner Conegliano. Les propriétaires proposent des activités à leurs hôtes, donc des cours de cuisine. **www.ilfae.com**

CORNO DI ROSAZZO : Villa Butussi   P 👟   €

Via San Martino 29, Visinale dello Judrio, 33040 **Tél** *0432 75 99 22* **Fax** *0432 75 31 12* **Chambres** *6*

Cette villa du XVIIe siècle a été aménagée avec goût en un bed & breakfast de six chambres spacieuses et très confortables, avec vue sur les vignes alentour. Vous pouvez aussi vous détendre dans l'agréable jardin. Bon rapport qualité-prix. **www.butussi.it**

CORTINA D'AMPEZZO : Montana   🖼️ P 👟   €€

Corso Italia 94, 32043 **Tél** *0436 86 04 98* **Fax** *0436 86 82 11* **Chambres** *31*

Hôtel bien situé en centre-ville, à proximité des principaux commerces, mais au calme, dans une zone piétonnière. Certaines chambres sont un peu petites mais elles sont toutes joliment décorées. Bon rapport qualité-prix.. **www.cortina-hotel.com**

CORTINA D'AMPEZZO : Menardi   P 🍴   €€

Via Majon 110, 32043 **Tél** *0436 24 00* **Fax** *0436 86 21 83* **Chambres** *51*

Cet hôtel plutôt vieillot, non loin de Cortina, est géré par la famille Menardi depuis 1900. C'est un établissement accueillant au beau mobilier ancien. Le service est irréprochable. Il est également doté d'une annexe confortable, récemment rénovée et située derrière le bâtiment principal. **www.hotelmenardi.it**

FOLLINA : Villa Abbazia   P 🍴 👟 📧   €€€

Via Martiri della Liberta, 31051 **Tél** *0438 971277* **Fax** *0438 970001* **Chambres** *18*

Cette villa du XVIIe siècle a été magnifiquement restaurée par la famille Zanon. Les chambres spacieuses ont une décoration unique dans le style campagnard anglais. Un petit jardin vous invite au repos ou à prendre un verre avant d'aller dîner. Point de départ idéal pour explorer la région. **www.hotelabbazia.it**

Légende des prix *voir p 558* **Légende des symboles** *voir rabat de couverture*

GARDA : Locanda San Vigilio
`P` `11` `X` `E`   €€€€

San Vigilio, 37016 **Tél** *045 725 66 88* **Fax** *045 627 81 82* **Chambres** *7*

L'un des hôtels les plus beaux et les plus chic du lac de Garde, exaltant le charme du Vieux Monde. Installé au calme et doté d'une petite église dédiée à Saint Vigilio. Le confort et le service comblent toutes les espérances. L'hôtel possède une plage privée et un mouillage gratuit. Fermé de déc. à fév. **www.punta-sanvigilio.it**

MALCESINE : Sailing Center Hotel
`P` `11` `≋` `X` `M`   €€

Località Molini Campagnola 3, 37018 **Tél** *045 740 00 55* **Fax** *045 740 03 92* **Chambres** *32*

Un hôtel moderne juste à la sortie de la ville, à l'écart de la foule. Les chambres sont agréables et impeccables. L'hôtel offre aussi un cours de tennis et une plage privée. Sa situation en bordure d'un lac en fait un endroit idéal pour les amateurs de sports nautiques. Fermé de mi-oct. à mars. **www.hotelsailing.com**

PADOUE : Augustus Terme
`N` `P` `11` `≋` `X` `M` `E`   €€

Viale Stazione 150, Montegrotto Terme, 35036 **Tél** *049 79 32 00* **Fax** *049 79 35 18* **Chambres** *120*

Un grand hôtel confortable doté de chambres chic et d'un vaste restaurant. Ses salles sont spacieuses et accueillantes et il possède des courts de tennis. Son centre de bien-être et de beauté et ses sources thermales d'eau chaude constituent les points forts de ce beau complexe hôtelier. **www.hotelaugustus.com**

PADOUE : Grand'Italia
`N` `P` `X` `E`   €€€

Corso del Popolo 81, 35131 **Tél** *049 876 11 11* **Fax** *049 875 08 50* **Chambres** *60*

Proche des principaux monuments de la ville, cet hôtel présente un très bon rapport qualité-prix. Les chambres confortables sont propres et modernes, contrastant avec le restaurant et le hall principal, dorés et ornés de stuc. Toutes les chambres sont climatisées et proposent un accès Internet Wi-Fi. **www.hotelgranditalia.it**

PADOUE : Donatello
`N` `P` `E`   €€€

Via del Santo 104, 35123 **Tél** *049 875 06 34* **Fax** *049 875 08 29* **Chambres** *44*

Hôtel moderne installé dans un bâtiment ancien offrant des chambres ensoleillées et meublées avec goût. Cet établissement porte le nom du sculpteur de la statue équestre de Gattamelata érigée sur la place. Sa situation centrale permet d'accéder à pied aux principaux monuments de la ville. **www.hoteldonatello.net**

PADOUE : Plaza
`P` `11` `M` `E`   €€€

Corso Milano 40, 35139 **Tél** *049 65 68 22* **Fax** *049 66 11 17* **Chambres** *142*

Hôtel bien géré qui mérite son excellente réputation. Bien que son extérieur de style années 1970 ne soit pas très attirant, son intérieur est tout le confort et il dispose d'équipements modernes. Grand nombre de services offerts et accueil particulièrement chaleureux. **www.plazapadova.it**

PESCHIERA DEL GARDA : Peschiera
`N` `P` `11` `≋` `X`   €

Via Parini 4, 37010 **Tél** *045 755 05 26* **Fax** *045 755 04 44* **Chambres** *30*

Cet hôtel est entouré de verdure et possède de très belles chambres fraîches. Belles vues sur le lac ou les collines. Terrasse ensoleillée et piscine privée. Possibilité de balades à cheval dans les collines ou pratique du golf sur le nouveau terrain tout proche. Fermé de mi-nov. à fév. **www.hotel-peschiera.com**

PIEVE D'ALPAGO : La Casa Dolada
`P` `11` `X`   €€

Via Dolada 21, 32010 **Tél** *0437 479 141* **Fax** *0437 478 068* **Chambres** *7*

Petit hôtel chic à l'excellent restaurant très prisé par les Vénitiens. Ses chambres sont modernes et claires, chacune arborant une couleur de l'arc-en-ciel. La plupart offrent un joli panorama sur la campagne environnante. Les plats inventifs varient selon les saisons. **www.dolada.it**

PORDENONE : Hotel Moderno
`N` `P` `11` `X` `M` `E`   €€

Viale Martelli 1, 33170 **Tél** *0434 282 15* **Fax** *0434 52 03 15* **Chambres** *94*

Hôtel traditionnel, confortable et récemment rénové, aux chambres tout équipées. Situation centrale près de la gare. Le restaurant (dont la direction est différente) est spécialisé dans la cuisine traditionnelle, surtout les plats de poisson. **www.palacehotelmoderno.it**

POVOLETTO : La Faula
`P` `11` `X`   €

Via Faula 5, 33040 **Tél** *0432 666394* **Fax** *0432 647828* **Chambres** *9*

Ferme traditionnelle du Frioul restaurée avec beaucoup de goût. L'établissement est entouré de vignes et de terres cultivées. Des chambres spacieuses, joliment meublées et des salles de bains modernes complètent le tableau de cette confortable retraite rurale. Le restaurant de style bistrot utilise des produits et des vins de la ferme. **www.faula.com**

SAN FLORIANO DEL COLLIO : Golf Hotel Castello Formentini
`P` `≋` `E`   €€€

Via Oslavia 2, 34070 **Tél** *0481 88 40 51* **Fax** *0481 88 40 52* **Chambres** *14*

Bâtiment du XVIIIe siècle aménagé avec un mobilier ancien et installé au milieu d'un jardin bien entretenu, avec un terrain de golf à neuf trous et des cours de tennis. Un très bon restaurant se trouve en face de l'hôtel. Le musée du vin attenant à l'hôtel mérite une visite. Bon point de départ pour découvrir les vignes environnantes. **www.golfhotelformentini.com**

SAPPADA : Haus Michaela
`N` `P` `11` `≋` `X` `M`   €€

Borgata Fontana 40, 32047 **Tél** *0435 46 93 77* **Fax** *0435 66131* **Chambres** *20*

Situé dans une petite station de ski, sur les contreforts des Dolomites. Les chambres ont une décoration simple mais sont spacieuses et confortables. Parmi les équipements, piscine, centre de remise en forme et sauna. Un endroit pour passer des vacances en famille, été comme hiver. Dans le restaurant, copieux plats montagnards. **www.hotelmichaela.com**

SARCEDO : Casa Belmonte
€€€

Via Belmonte 2, 36030 **Tél** *0445 88 48 33* **Fax** *0445 88 41 34* **Chambres** 6

Ce petit hôtel occupe le sommet d'une colline, entourée de vignes et d'oliveraies. Les chambres sont luxueusement décorées de mobilier ancien et d'élégants rideaux. L'été, le petit déjeuner est servi dehors ou dans la serre attenante. Une vaste piscine est ouverte aux hôtes. Bonne base pour partir à la découverte des villas palladiennes. **www.casabelmonte.com**

TORRI DEL BENACO : Hotel Gardesana
€€

Piazza Calderini 20, 37010 **Tél** *045 722 54 11* **Fax** *045 722 57 71* **Chambres** 34

La capitainerie du port du XVe siècle, dominant le lac de Garde, est devenue un hôtel accueillant et confortable. Sa situation exceptionnelle offre des vues sur le château depuis la terrasse du restaurant, tandis que les chambres du troisième étage donnent sur le lac. **www.hotel-gardesana.com**

TRÉVISE : Il Folocare
€€

Piazza Ancillotto 4, 31100 **Tél** *0422 566 01* **Fax** *0422 566 01* **Chambres** 14

Un des hôtels les moins chers de Trévise, au cœur du centre historique, Il Folocare est propre et accueillant. Ses chambres et salles de bains sont plutôt petites, mais sa situation idéale mérite d'y séjourner. Excellent restaurant en face de hôtel, où vous pourrez déguster des plats de la ville. **www.albergoilfolocare.it**

TRÉVISE : Ca' del Galletto
€€

Via Santa Bona Vecchia 30, 31100 **Tél** *0422 43 25 50* **Fax** *0422 43 25 10* **Chambres** 67

Situé à dix minutes à peine de marche des remparts de la ville. Les chambres de cet hôtel sont spacieuses et modernes, même si le charme leur fait défaut. Toutefois, le personnel aimable et les équipements sportifs, tout comme l'environnement calme de l'hôtel, vous assurent un séjour agréable. **www.hotelcadelgalletto.it**

TRIESTE : Jolly
€€€

Corso Cavour 7, 34132 **Tél** *040 760 00 55* **Fax** *040 36 26 99* **Chambres** 174

Grand hôtel moderne qui se prête aussi bien aux voyages d'affaires qu'aux vacances. Les chambres bien équipées sont spacieuses, que plutôt impersonnelles. Manquant un peu de caractère, l'établissement est toutefois central et très proche du fameux front de mer de la ville. **www.jollyhotels.com**

TRIESTE : Grand Hotel Duchi d'Aosta
€€€€

Piazza Unità d'Italia 2, 34121 **Tél** *040 760 00 11* **Fax** *040 36 60 92* **Chambres** 55

Ancien palais, cet hôtel possède de vastes chambres dotées de tout le confort moderne, ainsi qu'une piscine et un centre de remise en forme. Situé dans la vieille ville, il offre de magnifiques vues sur la place depuis la terrasse de son restaurant. L'été, les hôtes peuvent profiter de la plage privée de l'hôtel. **www.magesta.com**

UDINE : Quo Vadis
€

Piazzale Cella 28, 33100 **Tél** *0432 210 91* **Fax** *0432 210 92* **Chambres** 26

Cet hôtel confortable, proche du centre-ville, occupe une rue tranquille bordée d'arbres. Son extérieur est élégant, tandis que sa décoration intérieure est plutôt hétéroclite, dominée par les plantes. Malgré leur mobilier simple, les chambres sont impeccables et plusieurs donnent sur une cour privée. **www.hotelquovadis.it**

VÉRONE : Il Torcolo
€€

Vicolo Listone 3, 37121 **Tél** *045 800 75 12* **Fax** *045 800 40 58* **Chambres** 19

La situation de ce petit hôtel familial, à deux pas des arènes, en fait un endroit apprécié durant la saison d'opéra. Bien que certaines des salles de réception soient plutôt exigués, les chambres sont coquettes et traditionnelles. Petit déjeuner servi en terrasse. **www.hoteltorcolo.it**

VÉRONE : Giulietta e Romeo
€€

Vicolo Tre Marchetti 3, 37121 **Tél** *045 800 35 54* **Fax** *045 801 08 62* **Chambres** 31

Cet hôtel au joli nom occupe une rue calme juste derrière les arènes, à cinq minutes à peine de marche. Les principales curiosités de la ville sont également toutes proches. Les chambres rénovées, claires et confortables, sont garnies de meubles modernes. **www.giuliettaeromeo.com**

VÉRONE : Due Torri Hotel Baglioni
€€€€€

Piazza Sant'Anastasia 4, 37121 **Tél** *045 59 50 44* **Fax** *045 800 41 30* **Chambres** 91

À côté d'une splendide église, au cœur de la Vérone médiévale, ce somptueux bâtiment du XIVe siècle abrite l'un des hôtels les plus originaux d'Italie. Toutes les chambres sont décorées et meublées dans un style différent. Les salles de cet hôtel sont elles aussi très élégantes. **www.baglionihotels.com**

VICENCE : Casa San Raffaele
€

Viale X Giugno 10, 36100 **Tél** *0444 54 57 67* **Fax** *0444 54 22 59* **Chambres** 29

Un hôtel tranquille, simple et central, dans un environnement de charme, offrant de superbes vues sur les pentes du monte Berico. Les chambres sont tout confort et le personnel aimable. L'un des meilleurs rapports qualité-prix de la région.

VICENCE : Campo Marzio
€€€

Via Roma 21, 36100 **Tél** *0444 54 57 00* **Fax** *0444 32 04 95* **Chambres** 35

Un hôtel tout confort et calme, à quelques pas du centre-ville et des principaux sites palladiens. Les chambres sont vastes et bien meublées – décoration personnalisée et connexion Wi-Fi. **www.hotelcampomarzio.com**

Légende des prix *voir p 558* **Légende des symboles** *voir rabat de couverture*

TRENTIN-HAUT-ADIGE

BOLZANO (BOZEN) : Asterix   🏔️ P ♿   €

Piazza Mazzini 35, 39100 **Tél** *0471 27 33 00* **Fax** *0471 26 00 21* **Chambres** *25*

Situé dans la partie la plus récente du centre de Bolzano, l'Asterix est un hôtel simple mais confortable présentant un excellent rapport qualité-prix. On admirera son exposition d'œuvres d'art et sa bibliothèque contenant plusieurs centaines de livres destinés aux hôtes. Le petit déjeuner inclut des produits de la région. **www.hotelasterix.it**

BOLZANO (BOZEN) : Engel   🏔️ P 🍽️ ♨️ ♿ 🛗 ▦   €

Via San Valentino, Nova Levante, 39056 **Tél** *0471 61 31 31* **Fax** *0471 61 34 04* **Chambres** *60*

Cet hôtel installé dans une petite ville, près de Bolzano, est parfait pour les familles et les amateurs de marche à pied et de ski. On remarque également le centre de remise en forme avec son sauna et son institut de beauté, ainsi que le club pour enfants avec ses équipements extérieurs. Parmi les activités estivales, on peut pratiquer le golf et l'équitation. **www.hotel-engel.com**

BOLZANO (BOZEN) : Luna-Mondschein   🏔️ P 🍽️ 🛗   €€

Via Piave 15, 39100 **Tél** *0471 97 56 42* **Fax** *0471 97 55 77* **Chambres** *77*

Le bâtiment principal du Luna-Monschein date de 1798, même si de nombreux autres bâtiments ont été ajoutés depuis. Un agréable jardin accueille les visiteurs pour le dîner en été. C'est l'un des plus anciens hôtels du centre historique de Bolzano, reconstruit après la guerre en 1946 et récemment rénové. **www.hotel-luna.it**

BRESSANONE (BRIXEN) : Dominik   🏔️ P ♨️ 🛗   €€

Via Terzo di Sotto 13, 39042 **Tél** *0472 83 01 44* **Fax** *0472 83 65 54* **Chambres** *36*

Le Dominik est doté d'un mobilier ancien, bien que les bâtiments mêmes de l'hôtel ne datent que des années 1970. Situé près des jardins Rapp, dans le plus vieux quartier de Bressanone, près de la place principale. Depuis la rivière, vues sur la ville et la campagne environnante. **www.hoteldominik.com**

BRESSANONE (BRIXEN) : Elephant   🏔️ P 🍽️ ♨️ 🛗   €€€

Via Rio Bianco 4, 39042 **Tél** *0472 83 27 50.* **Fax** *0472 83 65 79* **Chambres** *44*

Un hôtel élégant dont le nom fait référence à un éléphant envoyé de Goa (Inde) à Gênes et qui demeura à l'intérieur du bâtiment au XVIᵉ siècle. Il offre tout le confort moderne (y compris un sauna), mais a su conserver son cachet traditionnel. Des jardins paysagers, d'où l'on jouit d'un magnifique panorama, entourent l'établissement. **www.hotelelephant.com**

BRUNICO (BRUNECK) : Andreas Hofer   🏔️ P 🍽️ ♨️ ♿ 🛗   €€

Via Campo Tures 1, 39031 **Tél** *0474 55 14 69* **Fax** *0474 55 12 83* **Chambres** *48*

Chalet tenu par une famille, à quelques pas du centre de Brunico, doté d'un mobilier en bois de style alpin. L'hôtel occupe un jardin et certaines de ses chambres possèdent un balcon. Dans le restaurant, on vous servira des spécialités tyroliennes que vous pourrez aussi déguster en terrasse l'été. **www.andreashofer.it**

CALDARO (KALTERN) : Leuchtenburg   P 🍽️ 🛗 ▦   €€

Campi al Lago 100, 39052 **Tél** *0471 96 00 93* **Fax** *0471 96 01 55* **Chambres** *13*

Hôtel aménagé dans une magnifique ferme du XVIᵉ siècle entourée de vignobles. Les chambres, simples, sont équipées de meubles peints traditionnels. Non loin de là, vous pouvez vous rafraîchir dans un lac et profiter des paysages alpins sur une terrasse ombragée. Demi-pension seulement. **www.leuchtenburg.it**

CANAZEI : Park Hotel Faloria   🏔️ P   €€

Strada de Pareda 103, 38032 **Tél** *0462 60 11 18* **Fax** *0462 60 27 15* **Chambres** *36*

Au beau milieu de jardins bien entretenus, cet hôtel accueillant propose des chambres sont plutôt simples, certaines munies d'un balcon d'où l'on jouit d'une belle vue sur les Dolomites. L'hôtel n'est qu'à 500 m du centre du village et constitue un point de départ idéal pour les excursions en montagne. Demi-pension seulement. **www.hotelfaloria.com**

CASTELROTTO (KASTELRUTH) : Cavallino d'Oro   P 🍽️ ♿   €€

Piazza Kraus 1, 39040 **Tél** *0471 70 63 37* **Fax** *0471 70 71 72* **Chambres** *23*

Ce charmant hôtel est situé dans un joli village, à 26 km de Bolzano, où l'on porte encore le costume traditionnel. L'ambiance est douillette et intime, les chambres garnies de bois et de meubles de style tyrolien. Le bar offre un large choix de vins de la région. **www.cavallino.it**

COLFOSCO : Cappella   P 🍽️ ♿ ♨️   €€

Strada Pecei 17, 39030 **Tél** *0471 83 61 83* **Fax** *0471 83 65 61* **Chambres** *63*

Chalet des Dolomites récemment restauré, ouvert par le grand-père de l'actuel propriétaire. L'hôtel possède également une galerie d'art et une aire de jeux pour les enfants. Depuis l'extérieur, panoramas époustouflants sur les Dolomites. Grand choix de styles pour les chambres. **www.hotelcappella.com**

FIE ALLO SCILIAR : Romantik Hotel Turm   🏔️ P 🍽️ ♨️ 🛗   €€€

Piazza della Chiesa 9,, 39050 **Tél** *0471 72 50 14* **Fax** *0471 72 54 74* **Chambres** *40*

L'Hotel Turm possède trois bâtiments et deux tours, dont l'une date du XIIIᵉ siècle. Il abrite aussi une impressionnante collection d'art qui inclut des œuvres de Beuys et Kokoschka. L'art et le restaurant (l'un des meilleurs d'Italie) sont les points forts de cet hôtel accueillant. **www.hotelturm.it**

LA VILLA : Hotel La Villa · 🖥️P🍴📺 · €€

Via Boscdaplan 176, 39030 **Tél** *0471 84 70 35* **Fax** *0471 84 73 93* **Chambres** *27*

Au beau milieu du splendide paysage du Val Badia, cet hôtel élégant se distingue par son aimable hospitalité tout au long de l'année. Il est joliment décoré de bois sculpté et d'opulentes étoffes. Nombre des chambres possèdent un balcon, bien que certaines soient un peu petites. Vous pourrez déguster un copieux buffet au petit déjeuner. **www.hotel-lavilla.it**

MADONNA DI CAMPIGLIO : Albergo Dello Sportivo · P · €€

Via Pradalago 29, 38084 **Tél** *0465 44 11 01* **Fax** *0465 44 08 00* **Chambres** *15*

Petit bed & breakfast tenu par une famille au cœur du village. Les chambres sont confortables et décorées simplement. Certaines offrent un balcon, mais les chambres simples sont assez exiguës. Bon buffet au petit déjeuner. Bon rapport qualité-prix. Propriétaires accueillants. **www.dellosportivo.com**

MADONNA DI CAMPIGLIO : Grifone · 🖥️P🍴♨️🏋️📺 · €€€

Via Vallesinella 7, 38084 **Tél** *0465 44 20 02* **Fax** *0465 44 05 40* **Chambres** *40*

Récemment rénové, cet hôtel spacieux de style alpin dispose d'équipements variés pour pratiquer le sport, en été comme en hiver. On remarque plusieurs salles, dont une avec un piano bar, un salon de lecture et une salle de jeu pour les enfants. Certaines chambres sont munies d'un balcon. Demi-pension uniquement. **www.hotelgrifone.it**

MADONNA DI CAMPIGLIO : Chalet Hermitage · 🖥️P🍴♨️🏋️📺📧 · €€€

Via Casteletto 65, 38084 **Tél** *0465 44 15 58* **Fax** *0465 44 16 18* **Chambres** *25*

Un « hôtel bio » dont le bâtiment et l'intérieur respectent l'environnement et tirent le meilleur parti du paysage. L'hôtel est tout confort, les chambres spacieuses et bien conçues. Excellent restaurant où vous dégusterez de la nourriture organique. Nombreux équipements. **www.chalethermitage.com**

MALLES VENOSTA (MALS IM VINSCHGAU) : Garberhof · 🖥️P🍴♨️📺📧 · €€

Via Nazionale 25, 39024 **Tél** *0473 83 13 99* **Fax** *0473 83 19 50* **Chambres** *40*

Situé dans la vallée de Vinschgau, cet hôtel-chalet moderne aux vastes terrasses panoramiques offre un grand choix d'équipements sportifs et de loisirs. Le restaurant sert une cuisine traditionnelle sud tyrolienne quelque peu internationalisée. Petit déjeuner buffet avec bar à jus de fruits. Demi-pension possible. **www.garberhof.com**

MERANO (MERAN) Hotel Castel Fragsburg · 🖥️P🍴♨️📺 · €€€

Via Fragsburger Strasse 3, 39012 **Tél** *0473 24 40 71* **Fax** *0473 24 44 93* **Chambres** *16*

Cet hôtel magnifiquement situé offre une vue exceptionnelle sur les montagnes et Merano. Les pièces communes sont décorées avec goût. Les chambres sont spacieuses et toutes différentes. Les jardins, parfaitement entretenus, sont propices au repos. Fermé de mi-nov. à mars. **www.fragsburg.com**

MERANO (MERAN) : Der Pünthof · P♨️📺 · €€€

Via Steinach 25, Lagundo, 39022 **Tél** *0473 44 85 53* **Fax** *0473 44 99 19* **Chambres** *12*

Entouré de paisibles jardins, cet hôtel est installé dans une ferme du Moyen Âge. Une fresque du XIIIe siècle y a récemment été découverte. Les parquets et plafonds de bois se marient avec le mobilier alpin. Bien qu'il semble à l'écart, cet hôtel n'est pourtant qu'à cinq minutes du centre-ville. Fermé de nov. à mars. **www.puenthof.com**

MERANO (MERAN) Castel Rundegg · 🖥️P🍴♨️📺 · €€€

Via Scena 2, 39012 **Tél** *0473 23 41 00* **Fax** *0473 23 72 00* **Chambres** *30*

Certaines parties de ce château de conte de fées datent du XIIe siècle. Depuis les vastes terres qui l'entourent, vues sur Merano. À l'intérieur, le mobilier en bois, les poutres apparentes et les parquets soulignent l'atmosphère traditionnelle. L'été, possibilité de dîner dehors. **www.rundegg.com**

MERANO (MERAN) : Castello Labers · 🖥️P🍴♨️ · €€€

Via Labers 25, 39012 **Tél** *0473 23 44 84* **Fax** *0473 23 41 46* **Chambres** *35*

Cet hôtel campagnard de grande classe occupe le Castello Labers, qui date du XIe siècle. Panorama sur les vignes et bois environnants. Les hôtes peuvent goûter au vin produit par le domaine. Les pâtes faites maison, les desserts et la confiture sont des spécialités du restaurant. Fermé de mi-nov. à mi-avr. **www.castellolabers.it**

ORTISEI (SANKT ULRICH) : Hell · 🖥️P🍴🏋️📺 · €€

Via Promenade 3, 39046 **Tél** *0471 79 67 85* **Fax** *0471 79 81 96* **Chambres** *25*

Un hôtel agréable au centre du circuit Dolomites Superski, près des pistes. Il est ouvert durant la saison de ski et en été. Situé dans un quartier tranquille de la ville, entouré de luxuriants jardins, il possède une terrasse et une aire de jeu, ainsi qu'un sauna et un gymnase. Fermé d'avr. à juin et de mi-oct. à mi-déc. **www.hotelhell.it**

PERGINE VALSUGANA : Castel Pergine · P🍴 · €

Via al Castello 10, 38057 **Tél** *0461 53 11 58* **Fax** *0461 53 13 29* **Chambres** *21*

Le Castel Pergine est un hôtel depuis le début du XXe siècle, aménagé dans un château du XIIIe siècle dominant la campagne. La décoration est simple et le mobilier traditionnel en bois. L'hôtel présente également des expositions d'art contemporain dans ses jardins et sa cour intérieure. Fermé de nov. à mars. **www.castelpergine.it**

RASUN ANTERSELVA (RASEN ANTHOLZ) : Ansitz Heufler · P🍴 · €€

Rasun di Sopra 37, 39030 **Tél** *0474 49 85 82* **Fax** *0474 49 80 46* **Chambres** *8*

Dans le centre-ville historique, ce château du XVIe siècle, magnifiquement décoré, est doté de vastes chambres garnies de bois et d'un agréable jardin. Vous pouvez dîner aux chandelles dans le restaurant et un grand feu ouvert occupe le bar. L'établissement se trouve également à proximité du lac d'Anterselva, entouré de montagnes. **www.ansitzheufler.com**

Légende des prix *voir p 558* **Légende des symboles** *voir rabat de couverture*

RENON : Ploerr

⊟ P 🔟 🏃   €

Oberinn 45, 39050 **Tél** *0471 602 118* **Fax** *0471 602 251* **Chambres** *11*

Bed & breakfast installé dans une ferme laitière en activité, au milieu d'un paysage de montagnes idyllique. Les chambres sont simples mais très confortables, avec un plafond paré de pin et un balcon pour la plupart. Petit déjeuner copieux. Endroit idéal pour des vacances en famille. Accueil chaleureux. Fermé en janv. **www.poerr.com**

RIVA DEL GARDA : Hotel Centrale

🔟 🏃   €€

Piazza 3 Novembre 27, 38066 **Tél** *0464 55 23 44* **Fax** *0464 55 21 38* **Chambres** *70*

L'Hotel Centrale occupe un bâtiment datant de 1375. Il est situé au cœur de la vieille ville de Riva del Garda, sur la rive du lac de Garde, d'où l'on jouit de belles vues sur le lac et la campagne environnante. Salles et restaurant confortables. **www.welcometogardalake.com**

RIVA DEL GARDA : Europa

🔟 P 🔟 🖥 🗐   €€

Piazza Catena 9, 38066 **Tél** *0464 55 54 33* **Fax** *0464 52 17 77* **Chambres** *63*

Cet hôtel traditionnel aménagé dans un bâtiment aux tons pastel domine la place principale. Situé entre l'ancien port et le Monte Oro, non loin du centre-ville animé. Nombre des chambres confortables au mobilier simple donnent sur le lac. Le restaurant est pourvu d'une terrasse près de l'eau. Fermé de nov. à fév. **www.hoteleuropariva.it**

SAN CASSIANO : Rosa Alpina

🔟 P 🔟 🏊 🏃 🗐   €€€€

Str Micura de Ru 20, 39030 **Tél** *0471 841111* **Fax** *0471 0471 849377* **Chambres** *54*

Cet hôtel traditionnel aménagé dans un bâtiment aux tons pastel domine la place principale. Situé entre l'ancien port et le Monte Oro, non loin du centre-ville animé. Nombre des chambres confortables au mobilier simple donnent sur le lac. Le restaurant est pourvu d'une terrasse près de l'eau. Fermé d'avr. à juin et d'oct. à mai. **www.rosalpina.it**

SAN PAOLO (ST PAULS) : Schloss Korb

🔟 🔟 P 🔟 🖥 🗐   €€

Via CasTél d'Appiano 5, Missiano, 39050 **Tél** *0471 63 60 00* **Fax** *0471 63 60 33* **Chambres** *55*

Cet hôtel joliment meublé est installé dans un château du XIIIᵉ siècle et dans une annexe moderne. Courts de tennis, deux piscines, couverte et extérieure, un terrain de golf tout proche et une aire de jeu pour les enfants. Les hôtes peuvent se détendre sur la terrasse qui domine le verger de l'hôtel. Fermé de nov. à mars. **www.schloss-hotel-korb.com**

SAN VIGILIO : Hotel Monte Sella

🔟 P 🔟 🏊 🏃 🗐   €€

Via Catarina Lanz 7, 39030 **Tél** *0474 501034* **Fax** *0 474501714* **Chambres** *35*

Ce charmant hôtel Art Déco fut édifié en 1901 par la famille Cristofolini. Il a récemment été agrandi, en conservant toutefois beaucoup de ses caractéristiques d'origine. Les salles sont bien meublées et conçues pour tirer le meilleur partie du panorama. Le propriétaire du lieu vous accueille très chaleureusement. Fermé de Pâques à mai et d'oct. à nov. **www.monte-sella.com**

SIUSI ALLO SCILIAR : Albergo Tschoetscherhof

⊟ P 🔟 🏃   €

San Osvaldo 19, 39040 **Tél** *0471 70 60 13* **Fax** *0471 70 48 01* **Chambres** *8*

Ravissant hôtel de montagne installé au milieu des verts pâturages. Bed & breakfast plutôt simple, quelque peu austère, avec ses plafonds bas, ses sols en bois et ses murs blancs de chaux. Les chambres sont impeccables et très confortables. La tranquillité règne ici en maître. Fermé de déc. à fév. **www.tschoetscherhof.com**

TIRES (TIERS) : Stefaner

🔟 P 🔟   €€

San Cipriano 88d, 39050 **Tél** *0471 64 21 75* **Fax** *0471 64 23 02* **Chambres** *16*

Un chalet accueillant à la lisière occidentale des Dolomites offrant d'impressionnants panoramas sur la vallée de Tiers. Les chambres sont spacieuses et parées de balcons fleuris. En hiver, tout le monde se retrouve autour du grand poêle traditionnel. Demi-pension uniquement. Fermé de nov. à mi-déc. **www.stefaner.com**

TRENTE : Accademia

🔟 🔟   €€

Vicolo Colico 4–6, 38100 **Tél** *0461 23 36 00* **Fax** *0461 23 01 74* **Chambres** *44*

Hôtel installé dans un bâtiment médiéval restauré, en plein cœur du centre historique de Trente, près de Santa Maria Maggiore et de la Piazza Duomo. L'intérieur de cet hôtel reposant, bien qu'essentiellement moderne, a conservé beaucoup d'éléments d'origine, tels que sa cour intérieure et ses anciennes voûtes. Excellent restaurant. **www.accademiahotel.it**

VIPITENO : Hotel Schwarzer Adler

P 🔟 🏊 🗐   €€

Piazza Città 1, 39049 **Tél** *0472 76 40 64* **Fax** *0472 76 65 22* **Chambres** *35*

Hôtel familial traditionnel confortable, idéal pour les sports d'hiver ou les randonnées d'été. Sauna, piscine privée, gymnase et bon restaurant. La décoration des chambres est plutôt vieillotte mais la situation de l'établissement, sur la place centrale de la ville, est parfaite pour les visiteurs. Fermé en mai et nov. **www.schwarzeradler.it**

LOMBARDIE

BELLAGIO : La Pergola

P 🔟   €€

Piazza del Porto 4, 22021 **Tél** *031 95 02 63* **Fax** *031 95 02 53* **Chambres** *11*

Ce couvent rénové fut édifié en 1500. Il occupe un endroit paisible, en bordure d'un lac, dans un hameau de pêcheurs. Il se distingue par ses plafonds voûtés, ses fresques et son mobilier ancien. Profitez de vues sur le lac depuis la charmante terrasse du restaurant, où vous dégusterez une cuisine régionale typique. Fermé de déc. à fév. **www.lapergolabellagio.it**

BELLAGIO : Hotel Florence

Piazza Mazzini 46, 22021 **Tél** *031 95 03 42* **Fax** *031 95 17 22* **Chambres** *30*

Très bien situé sur les rives du lac de Côme. Cet hôtel de chic et moderne possède des lits à baldaquin, ainsi qu'un bar et un restaurant gastronomique. Depuis la terrasse ombragée, splendide panorama sur le lac. Vous pourrez, en outre, bénéficier d'un sauna, d'un bain turc, d'un jacuzzi et de massages. **www.hotelflorencebellagio.it**

BORMIO : Palace

Via Milano 54, 23032 **Tél** *0342 90 31 31* **Fax** *0342 90 33 66* **Chambres** *80*

Hôtel entouré de jardins privés et situé près du centre de Bormio – célèbre depuis l'époque romaine pour ses sources thermales. Toutes les chambres couleur crème ont leur propre salle de bains. Dans le restaurant on vous proposera des spécialités locales et un grand choix de vins. Piscine extérieure accessible en été et centre de remise en forme. **www.palacebormio.it**

BRATTO DELLA PRESOLANA (BERGAMO) : Hotel Milano

Via Silvio Pellico 3, 24020 **Tél** *0346 312 11* **Fax** *0346 362 36* **Chambres** *67*

Grand hôtel tout confort situé au pied des Alpes. Vous pourrez, entre autres, y suivre une cure. Il constitue une bonne base pour partir à la découverte des montagnes de la région, pratiquer les sports nautiques et le golf. Les deux restaurants, le bar alpin et la cave à vins vous assurent des soirées décontractées et une cuisine régionale raffinée. **www.hotelmilano.com**

BRESCIA Park : Park Hotel Cà Noa

Via Triumplina 66, 25123 **Tél** *030 39 87 62* **Fax** *030 39 87 64* **Chambres** *79*

L'hôtel occupe un parc tranquille, au nord-est de la ville. L'extérieur fonctionnel et moderniste contraste avec l'intérieur élégant. Les chambres sont dotées d'un mobilier en bois sombre, de murs couleur crème et de peintures anciennes. Beau panorama et piscine extérieure. Fermé à Noël et au Nouvel An, ainsi que deux semaines en août. **www.hotelcanoa.it**

CERVESINA : Il Castello di San Gaudenzio

Via Mulino 1, Località San Gaudenzio, 27050 **Tél** *0383 33 31* **Fax** *0383 33 34 09* **Chambres** *45*

Cet établissement est aménagé dans un château du xve siècle, entouré d'un magnifique parc. Chambres romantiques et excellent restaurant. Admirez ses fontaines, son arboretum et ses cours pavées, ainsi que son intérieur paré de fresques, vieilles estampes et meubles anciens. L'appartement de la tour est un véritable rêve. **www.castellosangaudenzio.com**

COLOGNE/FRANCIACORTA : Cappuccini

Via Cappuccini 54, 25033 **Tél** *030 715 72 54* **Fax** *030 715 72 57* **Chambres** *14*

Cet ancien couvent fut édifié en 1569 et ses chambres blanches et ses longs couloirs rappellent la vie monastique. La campagne environnante est belle et paisible. Vous pourrez vous reposer sur la terrasse et dans les jardins, ou visiter le centre de remise en forme. Dans le restaurant vous dégusterez des plats traditionnels. **www.cappuccini.it**

CÔME : In Riva al Lago

Via Crespi 4, 22100 **Tél** *031 30 23 33* **Fax** *031 30 01 61* **Chambres** *10*

Un hôtel simple mais très bien situé près du lac. Les gares routière et ferroviaire ne sont pas loin, d'où des chambres plus bruyantes côté rue. Accueil et ambiance agréables avec un bistrot où vous trouverez bières et en-cas. Toutes les chambres ne sont pas climatisées ni équipées d'une salle de bains. Fermé deux semaines entre janv. et mars. **www.inrivaallago.com**

CÔME : Hotel Firenze

Piazza Volta 16, 22100 **Tél** *031 30 03 33* **Fax** *031 30 01 01* **Chambres** *44*

Cet hôtel néo-classique récemment rénové occupe une place piétonnière du centre-ville, à quelques pas du lac. Les chambres possèdent toutes une salle de bains et sont décorées dans le style contemporain. Certaines se distinguent par leurs poutres ou leur parquet. Celles donnant sur la cour intérieure sont plus calmes. Fermé à Noël. **www.albergofirenze.it**

CÔME : Hotel Metropole Suisse

Piazza Cavour 19, 22100 **Tél** *031 26 94 44* **Fax** *031 30 08 08* **Chambres** *71*

Situé dans le centre de Côme, sur le front de mer, cet hôtel domine le lac. La façade, réalisée par le célèbre architecte Comasco Terragni, date de 1892, avec des balcons en fer forgé pour la plupart des chambres. Les promenades en bateau partent de la jetée, devant l'hôtel. Fermé trois semaines en décembre et janvier. **www.hotelmetropolesuisse.com**

CÔME : Villa d'Este

Via Regina 40, 22012 **Tél** *031 34 81* **Fax** *031 34 88 44* **Chambres** *158*

Hôtel luxueux aux chambres somptueuses, aménagé au cœur d'un domaine de plus 12 hectares. Le mobilier d'époque, les peintures, les chandeliers, les cheminées en marbre et les soies délicates de Côme ajoutent encore au charme Nouveau Monde de cet établissement aux allures de villa princière. Service excellent et équipements modernes. **www.villadeste.it**

CRÉMONE : Continental

Piazza della Liberta 26, 26100 **Tél** *0372 43 41 41* **Fax** *0372 45 48 73* **Chambres** *62*

Hôtel tout confort à l'ambiance accueillante. Chambres lumineuses, fraîches et impeccables à la décoration moderne. Dans l'entrée, on remarque les canapés en cuir couleur crème. L'hôtel est fier de son restaurant très apprécié qui sert une cuisine italienne traditionnelle. **www.hotelcontinentalcremona.it**

CRÉMONE : Dellearti Design Hotel

Via Bonomelli 8, 26100 **Tél** *0372 231 31* **Fax** *0372 216 54* **Chambres** *33*

Le Dellearti est un hôtel de charme moderne. Parking couvert devant l'hôtel, service de chambre rapide et efficace. Proche de la cathédrale, du clocher médiéval et des boutiques. Des touches d'or poli et des couleurs vives réchauffent la décoration principalement industrielle. **www.dellearti.com**

Légende des prix *voir p 558* **Légende des symboles** *voir rabat de couverture*

DESENZANO DEL GARDA : Piroscafo

€€

Via Porto Vecchio 11, 25015 **Tél** *030 914 11 28* **Fax** *030 991 25 86* **Chambres** *32*

Hôtel aménagé dans un bâtiment historique, sur les anciens docks de la ville. Choisissez une chambre donnant sur les docks ou observez les bateaux depuis la terrasse du restaurant, où vous dégusterez un menu simple à base de poisson et de plats internationaux. Parking à proximité. Fermé en fév. et mars. **www.hotelpiroscafo.it**

GARDONE RIVIERA : Hotel du Lac

€€

Via Repubblica 62, 25083 **Tél** *0365 215 58* **Fax** *0365 219 66* **Chambres** *39*

Situé au bord de l'eau, devant le débarcadère des ferries, cet hôtel possède une terrasse extérieure, un snack-bar, un bar et un restaurant. Les chambres sont simples mais joliment décorées, la moitié d'entre elles offrant une vue sur le lac. Promenades sur le lac, golf et transferts jusqu'au parc de loisirs de Gardaland. **www.gardalake.it/hotel-dulac**

GARDONE RIVIERA : Dimora Bolsone Bed & Breakfast

€€€

Via Panoramica 23, 25083 **Tél** *0365 210 22* **Fax** *0365 29 30 42* **Chambres** *5*

Du haut de sa colline, cet hôtel surplombe la Gardone Riviera depuis toutes ses chambres au mobilier d'époque. Il occupe un manoir de pierre qui fut la maison du poète Gabriele d'Annunzio. Il ne convient pas aux enfants de moins de 12 ans. Séjour de deux nuits minimum. Fermé de fin novembre à fin février. **www.dimorabolsone.it**

GARDONE RIVIERA : Villa del Sogno

€€€€

Via Zandarelli 107, 25083 **Tél** *0365 29 01 81* **Fax** *0365 29 02 30* **Chambres** *30*

L'hôtel est installé dans une villa néo-classique entourée d'un vaste parc paisible, non loin du centre-ville. Il est idéalement placé pour découvrir la campagne et les villes environnantes. Il offre, entre autres, des courts de tennis et une belle piscine. Son restaurant propose une cuisine italienne créative. **www.villadelsogno.it**

GARDONE RIVIERA : Villa Fiordaliso

€€€€

Corso Zandarellli 132, 25083 **Tél** *0365 201 58* **Fax** *0365 29 00 11* **Chambres** *7*

Cette villa à quatre étages se trouve à dix minutes du centre de Gardone, domine le lac de Garde et possède un charmant jardin. La décoration éclectique est à l'image de son nom et les fleurs règnent ici en maître. Goûtez donc aux spécialités vénétiennes et lombardiennes du restaurant. Fermé de novembre à mi-février. **www.villafiordaliso.it**

LIMONE DI GARDA : Capo Reamol

€€

Via IV Novembre 92, 25010 **Tél** *0365 95 40 40* **Fax** *0365 95 42 62* **Chambres** *58*

Situé en bordure de lac, cet hôtel est à 3 km de Limone (bus et vélos à l'hôtel). Il jouit d'une plage privée et d'une piscine. Toutes ses chambres sont munies d'un balcon ou d'une terrasse donnant sur le lac. Excellente école de surf. Idéal pour les familles sportives. Séjour de trois nuits minimum. Fermé de mi-oct. à mi-avr. **www.hotelcaporeamol.com**

LIVIGNO : Residence Capriolo

€

Via Borch 96, 23030 **Tél** *0342 99 67 23* **Fax** *0342 99 69 98* **Chambres** *12*

Proche des magasins, des remontées mécaniques, de l'école de ski, des promenades d'été et des restaurants. Résidence confortable et agréable au charme rustique, tenue par une famille. Un bar-stube (avec coin repas) typique vous propose de la cuisine locale. Solarium et parking couvert. Fermé en mai et d'oct. à fin nov. **www.capriololivigno.com**

LIVIGNO : Hotel Intermonti

€

Via Gerus 310, 23030 **Tél** *0342 97 21 00* **Fax** *0342 97 22 00* **Chambres** *160*

Ce grand hôtel alpin est bien équipé (dépôt pour les skis , sauna, solarium et piscine). La navette gratuite vous emmène jusqu'aux remontées mécaniques et au centre de Livigno. La plupart des chambres donnent sur la vallée et certaines sont munies d'un balcon. Séjour de trois nuits minimum. Fermé de mi-avr. à mi-juin et de sept. à nov. **www.hotelintermonti.it**

MANTOUE : Antica Locanda Matilda B&B

€

Via Rismondo 2, 46100 **Tél** *335 639 06 24* **Chambres** *3*

Superbe petit bed & breakfast aux coquets jardins, aménagé dans un ancien manoir à la lisière de Mantoue. Les trois chambres sont dotées de mobilier ancien mais l'atmosphère est fraîche, moderne et accueillante. Deux chambres partagent une salle de bains. Équipements de base à un prix abordable et parking privé. **www.locandamatilda.it**

MANTOUE : Rechigi

€€€

Via Pier Fortunato Calvi 30, 46100 **Tél** *0376 32 07 81* **Fax** *0376 22 02 91* **Chambres** *56*

Hôtel moderne situé au centre historique de Mantoue possédant un vaste hall d'entrée en marbre blanc. Au rez-de-chaussée, vous pouvez admirer de nombreuses œuvres d'art innovantes. Coquet jardinet intérieur. Proche des principaux monuments et restaurants de la ville. **www.rechigi.com**

MILAN : Alle Meraviglie

€€€

Via San Tomaso 8, 20121 **Tél** *02 805 10 23* **Fax** *02 805 40 90* **Chambres** *10*

Un des secrets les mieux gardés de Milan, installé dans un monument classé du XVIIIe siècle. Dissimulé dans une petite rue, entre le Duomo et le château, près des magasins, musées et restaurants. Discret et chic, il a des allures d'appartement privé. Ses six chambres diffèrent par leur taille et leur décoration. **www.allemeraviglie.it**

MILAN : Gran Duca di York

€€€

Via Moneta 1a, 20123 **Tél** *02 87 48 63* **Fax** *02 869 03 44* **Chambres** *33*

Hôtel très central, à proximité du Duomo et des boutiques des créateurs. Il est aménagé dans un palazzo du XVIIIe siècle récemment rénové et doté d'un joli jardin. L'entrée est spacieuse, les chambres plus petites. Parking possible dans un garage proche. Fermé la troisième semaine d'août. **www.ducadiyork.com**

MILAN : Antica Locanda Leonardo   🔲🅿️🔳   €€€

Corso Magenta 78, 20123 **Tél** *02 46 33 17* **Fax** *02 48 01 90 12* **Chambres** *20*

Bed & breakfast chic possédant un bar et une salle pour le dîner, ainsi qu'une terrasse sur jardin. Ce palazzo du XIXᵉ siècle est doté de mobilier ancien et paré d'une décoration plus contemporaine, et est proche du Dernier Souper de Léonard de Vinci. Accès Internet Wi-Fi dans toutes les chambres. Fermé trois semaines en août. **www.anticalocandaleonardo.com**

MILAN : Antica Locanda Solferino   🅿️🔳   €€€

Via Castelfidardo 2, 20121 **Tél** *02 657 01 29* **Fax** *02 657 13 61* **Chambres** *11*

Élégant et abordable. Le charme éclectique pour ce bed & breakfast situé dans le charmant quartier de Brera. Minuscules balcons en fer forgé, lattes de plancher qui craquent et étroits couloirs. Deux appartements sont disponibles à proximité. Excellent restaurant tout proche. Fermé les trois dernières semaines d'août. **www.anticalocandasolferino.it**

MILAN : Straf   🔲🅿️🍴🔆📺🔳   €€€€

Via San Raffaele 3, 20121 **Tél** *02 80 50 81* **Fax** *02 89 09 52 94* **Chambres** *64*

La façade néo-classique de 1883 cache un intérieur ultramoderne aménagé en 2004. La décoration est soulignée par de luxueux matériaux naturels bruts. Cinq salles uniques de chromothérapie et d'aromathérapie sont disponibles. Agréable salle de bar très appréciée. Fermé les trois dernières semaines d'août. **www.straf.it**

MILAN : Townhouse 31   🔲🔳   €€€€

Via Carlo Goldoni 31, 20129 **Tél** *02 701 56 00* **Fax** *02 71 31 67* **Chambres** *20*

Situé dans un quartier calme, à dix minutes de marche des magasins, près d'excellents restaurants. Un havre de paix au beau milieu d'une ville frénétique, avec des touches exotiques en provenance de contrées lointaines – africaines, marocaines, crème et blanches. Le luxe d'un hôtel de ville et un charmant bar sur jardin pour l'été. **www.townhouse.it**

MILAN : Antica Locanda dei Mercanti   🔲🅿️🍴🔳   €€€€

Via San Tomaso 6, 20121 Tél *02 805 40 80* **Fax** *02 805 40 90* **Chambres** *14*

Lieu de séjour calme et agréable, situé dans une zone piétonnière, près de la Scala, de la place de la cathédrale, du château de Sforzesco et des magasins. Quatre chambres possèdent une terrasse et une décoration reposante de style méditerranéen. Certaines des chambres sont plutôt petites. Accès haut débit et Wi-Fi dans tout l'hôtel. **www.locanda.it**

MILAN : Park Hyatt Milano   🔲🅿️🍴📺🔳   €€€€€

Via Tommaso Grossi 1, 20121 **Tél** *02 88 21 12 34* **Fax** *02 88 21 12 35* **Chambres** *117*

Aménagé dans une ancienne banque, cet hôtel décontracté, moderne et élégant complète la liste des hôtels plus traditionnels de Milan. Depuis les portes de devant on accède à la coupole de la Galleria, principale galerie commerçante de Milan, le long du Duomo. Excellents restaurant, équipements et service. **www.milan.park.hyatt.com**

PAVIE : Moderno   🔲🅿️🍴📺🔳   €€

Viale Vittorio Emanuele 41, 27100 **Tél** *0382 30 34 01* **Fax** *0382 252 25* **Chambres** *53*

Hôtel du centre-ville offrant des équipements modernes et des chambres confortables. Le restaurant Liberty propose une cuisine raffinée. L'hôtel possède également un centre de remise en forme avec bains de vapeur, piscine et jacuzzi, ainsi qu'un service de location de vélos. Fermé les deux dernières semaines d'août et à Noël. **www.hotelmoderno.it**

RANCO : Il Sole di Ranco   🔲🅿️🍴🔆🔆📺🔳   €€€

Piazza Venezia 5, 20120 **Tél** *0331 97 65 07* **Fax** *0331 97 66 20* **Chambres** *14*

Situé dans le village de Ranco, non loin des rives du Lac Majeur. Il jouit d'un jardin privé et offre de belles vues depuis la pergola du restaurant en été. Parking gardé et zone d'atterrissage d'hélicoptère à proximité. Parmi les équipements récents, on peut citer la piscine, le sauna et le hammam. Fermé à Noël. **www.ilsolediranco.it**

RIVA DI SOLTO : Albergo Ristorante Miranda   🔲🅿️🍴♒🔆   €

Via Cornello 8, 24060 **Tél** *035 98 60 21* **Fax** *035 98 00 55* **Chambres** *25*

Situation paisible pour cet hôtel placé sur une colline dominant le lac d'Iseo. Cette pension simple tenue par une famille est dotée de chambres confortables avec balcon, dont deux réservées aux personnes à mobilité réduite. Piscine extérieure et aire de jeu pour les enfants. Plats de poisson frais servis sur la terrasse du restaurant. **www.albergomiranda.it**

RODIGO : Hotel Villa dei Tigli   🔲🅿️🍴♒📺🔳   €€€

Via Cantarana 20, 46040 **Tél** *0376 65 06 91* **Fax** *0376 65 06 49* **Chambres** *30*

Ancienne villa aristocratique édifiée au tournant du XXᵉ siècle, à environ 15 km de Mantoue, dans la paisible campagne de Rodigo, au cœur d'un parc de plusieurs hectares. Institut de beauté et centre de remise en forme. L'excellent restaurant sert de la nourriture organique, végétarienne et saine, typique de Mantoue. **www.hotelvilladeitigli.it**

SABBIONETA : Al Duca   🍴🔳   €

Via della Stamperia 18, 46018 **Tél** *0375 524 74* **Fax** *0375 22 00 21* **Chambres** *10*

Cet édifice Renaissance dissimulé dans une rue près de la Porta Imperiale, dans le centre-ville historique, est calme et sans prétention. Le hall est orné de colonnes et de marbre rose ; la décoration des chambres est plutôt simple. Le restaurant présente un bon rapport qualité-prix et sert de la cuisine de Mantoue. Fermé de janv. à fin fév. **www.italiaabc.it/az/alduca**

SALO : Romantik Hotel Laurin   🔲🅿️🍴♒📺🔳   €€€

Viale Landi 9, 25087 **Tél** *0365 220 22* **Fax** *0365 223 82* **Chambres** *30*

Villa romantique située sur une colline dominant le lac de Garde, offrant de vastes jardins, des chambres spacieuses, une plage, des courts de tennis et une piscine extérieure. Vous dînerez dans l'élégant restaurant-thé dansant en admirant des fresques ou sur la terrasse, sous les étoiles. Séjour de trois nuits minimum. Fermé du 25 décembre au 1ᵉʳ janvier. **www.laurinsalo.com**

Légende des prix *voir p 558* **Légende des symboles** *voir rabat de couverture*

SIRMIONE SUL GARDA : Villa Cortine

Vía Grotte 6, 25019 **Tél** *030 990 58 90* **Fax** *030 91 63 90* **Chambres** *54*

Somptueuse villa néo-classique située au cœur de luxuriants jardins bien entretenus. Des sentiers permettent de parcourir les bois alentour et de découvrir des étangs, des fontaines, des cyprès, des statues et une jetée habillée de chaises longues. L'été, vous pourrez déjeuner sur la terrasse donnant sur le lac. Fermé de mi-oct. à mi-avr. **www.hotelvillacortine.com**

TREMEZZO : Hotel San Giorgio

Vía Regina 81, Lenno, 22016 **Tél** *0344 404 15* **Fax** *0344 415 91* **Chambres** *26*

Hôtel tranquille aux vastes jardins dominant le lac de Côme et offrant un superbe panorama. Le bâtiment de 1920 possède des chambres d'époque dotées d'équipements modernes et de salles de bains. Une ravissante terrasse, des courts de tennis et un bon restaurant servant du poisson frais du lac ajoutent au charme de l'endroit. Fermé de mi-octobre à Pâques.

TREMEZZO : Grand Hotel Tremezzo

Vía Regina 8, 22019 **Tél** *0344 424 91* **Fax** *0344 402 01* **Chambres** *98*

Ce prestigieux hôtel fut édifié dans le style Liberté en 1910 et récemment rénové. Il est entouré de jardins et de terrasses donnant sur le lac. Les dorures et le mobilier ancien lui confèrent un charme particulier. Il possède, en outre, un sauna, une salle de gym, des courts de tennis etun golf tout proche. Fermé de nov. à fév. **www.grandhoteltremezzo.com**

VALSOLDA : Stella d'Italia

Piazza Roma 1, 22010 **Tél** *0344 681 39* **Fax** *0344 687 29* **Chambres** *34*

Cet hôtel est installé au cœur d'un coquet jardin, en bordure du lac de Lugano. Il offre une terrasse abritée sous une pergola rose. Les hôtes ont accès à la plage privée du complexe balnéaire. Une partie de l'hôtel occupe une villa rénovée du XVIIe siècle. Le restaurant sert une cuisine méditerranéenne. Fermé de mi-oct. à Pâques. **www.stelladitalia.com**

VARENNA : Hotel du Lac

Via del Prestino 4, 23829 **Tél** *0341 83 02 38* **Fax** *0341 83 10 81* **Chambres** *17*

Hôtel paisible situé au bord de l'eau. Certaines chambres ont vue sur le lac. Profitez de la terrasse du restaurant donnant sur l'eau. Des colonnes de marbre, des balustrades en fer forgé et des noms de fleur pour chaque chambre caractérisent cet endroit. Fermé de mi-novembre à fin février. **www.albergodulac.com**

VAL D'AOSTE ET PIÉMONT

ALESSANDRIA : Domus Hotel

Via T. Castellani 12, 15100 **Tél** *0131 433 05* **Fax** *0131 23 20 19* **Chambres** *26*

Hôtel à la situation très centrale. Malgré sa proximité de la gare, les chambres doubles, simples et petites, sont plutôt calmes. L'hôtel dispose, en outre, d'un parking privé et d'un accès Internet Wi-Fi. Bon rapport qualité-prix. **www.hoteldomus-al.com**

ALESSANDRIA : Mercure Alessandria Alli Due Buoi Rossi

Via Cavour 32, 15100 **Tél** *0131 51 71 71* **Fax** *0131 51 71 72* **Chambres** *46*

Hôtel de chaîne très accueillant. Outre un point d'accès Internet gratuit et un garage, il possède quatre chambres accessibles aux personnes à mobilité réduite. Décoration simple et traditionnelle. Depuis 1920, sa *trattoria* est une véritable institution à Alexandrie. Orson Welles se régala ici autrefois d'un festin légendaire. **www.mercure.com**

AOSTE : Albergo Mancuso

Vía Voivon 31, 11100 **Tél** *0165 345 26* **Fax** *0165 23 66 39* **Chambres** *12*

Résidence dirigée par une famille, bien placée, près du téléphérique qui conduit aux pistes et du centre-ville. Simple, mais impeccable et financièrement très abordable. Toutes les chambres sont équipées de lits jumeaux et de salles de bains. Possibilité de parking. **www.albergomancuso.com**

AOSTE : Hotel Milleluci

Località Porossan-Roppoz 15, 11100 **Tél** *0165 23 52 78* **Fax** *0165 23 52 84* **Chambres** *31*

Situé dans un quartier calme dominant les lumières d'Aoste, d'où son nom d'hôtel des mille lumières. Les bâtiments de ferme qui l'abritent ont été récemment rénovés et l'hôtel jouit d'un charme rustique avec son mobilier d'époque et ses poutres apparentes. On remarque également la piscine, le jardin, le garage-parking et la terrasse. **www.hotelmilleluci.com**

ARONA : Giardino

Corso Repubblica 1, 28041 **Tél** *0322 459 94* **Fax** *0322 24 94 01* **Chambres** *56*

L'hôtel Giardino se trouve en centre-ville et face au lac. Il est confortable et clair mais peu décoré. Outre un jardin et une vaste terrasse donnant sur l'autre rive du lac Majeur, il possède un débarcadère pour les bateaux. **www.giardinoarona.com**

TURIN : Albergo Serenelle

Via Tarino 4, 10124 **Tél** *011 83 70 31* **Fax** *011 83 70 31* **Chambres** *10*

Ce petit hôtel accueillant aux prix imbattables pour le centre-ville occupe une rue située derrière le Palazzo Reale et le parc, près du môle Antonelliana. Dans son restaurant intime, vous dégusterez une cuisine maison originale. Chambres simples et impeccables. Proche des magasins et des musées. **www.albergoserenella.com**

TURIN : Hotel Conte Biancamano ⬚ P   €€

Corso Vittorio Emanuele 73, 10128 **Tél** *011 562 32 81* **Fax** *011 562 37 89* **Chambres** *24*

Hôtel intime aménagé au troisième étage d'un manoir, au cœur de la ville. Ce *palazzo* a été récemment rénové, bien que les chambres aient conservé un charme désuet avec leurs stucs et leurs chandeliers en cristal. Juste à côté de la Porta Nuova et de la Piazza Carlo Felice. Fermé en août et du 25 décembre au 1er janvier. **www.hotelcontebiancamano.it**

TURIN : Hotel Aston ⬚ P ⊪ ▤   €€€

Strada Traforo del Pino 23, 10025 **Tél** *011 899 87 33* **Fax** *011 899 85 22* **Chambres** *40*

Installé dans un parc tranquille, sur les collines surplombant Turin, dominées par la basilique de Juvarra, cet hôtel est à quelques minutes du centre-ville. La décoration contemporaine minimale inclut un hall d'entrée en marbre léger, des couloirs en marbre pâle et des chambres marron et crème. Fermé deux semaines en août. **www.astonhotel.it**

TURIN : Hotel Victoria ⬚ P ≋ ▼ ▤   €€€

Via Nino Costa 4, 10123 **Tél** *011 561 19 09* **Fax** *011 561 18 06* **Chambres** *106*

Situé dans une rue calme donnant sur un jardin, dans le quartier commerçant de Turin, près des magasins, restaurants, théâtres et musées. Centre de remise en forme très complet, piscine intérieure et café sur cour. Vues sur les montagnes depuis les chambres avec terrasse du dernier étage. Décoration éclectique. **www.hotelvictoria-torino.com**

TURIN : Turin Palace ⬚ P ⊪ ⚐ ▤   €€€

Via Sachi 8, 10128 **Tél** *011 562 55 11* **Fax** *011 561 21 87* **Chambres** *119*

Un service impeccable et le luxe traditionnel caractérisent ce palazzo de 1872. On est à la fois séduit par l'atmosphère tranquille et raffinée et les équipements modernes. Le restaurant Vigna Reale sert des plats régionaux et une cuisine à l'ancienne. Situation centrale pour le shopping, les musées et les visites touristiques. **www.turinpalace.thi.it**

TURIN : Villa Sassi el Toula ⬚ P ⊪ ⚐ ▤   €€€

Strada al Traforo di Pino 47, 10132 **Tél** *011 898 05 56* **Fax** *011 898 00 95* **Chambres** *16*

Cette luxueuse villa patricienne du XVIIe siècle de couleur pêche a conservé nombre de ses éléments d'origine, comme ses cheminées en marbre et ses chandeliers. Les chambres sont élégantes et le restaurant raffiné offre une cuisine gastronomique. Profitez de la terrasse et des jardins environnants. Fermé en août et du 25 décembre au 1er janvier. **www.villasassi.com**

TURIN : Grand Hotel Sitea ⬚ P ⊪ ▼ ▤   €€€

Via Carlo Alberto 35, 10123 **Tél** *011 517 01 71* **Fax** *011 54 80 90* **Chambres** *120*

Proche du quartier commerçant de Via Roma, le Grand Hotel Sitea occupe un palazzo néo-classique dans le centre historique de Turin. Service excellent. Hôtel également renommé pour son restaurant. Le nec plus ultra pour ceux qui aiment la tradition, le style Empire et les suites élégantes. **www.sitea.thi.it**

VARALLO SESIA : Albergo Sacro Monte P ⊪   €

Località Sacro Monte 14, 13019 **Tél** *0163 542 54* **Fax** *0163 511 89* **Chambres** *24*

Hôtel aménagé dans un ancien bâtiment du XVIe siècle, à l'entrée du célèbre Sacro Monte. Restauré en un confortable petit hôtel avec un jardin privé et une terrasse tranquille. Les chambres sont simples et jolies et le restaurant voûté propose des spécialités de la Valsesia. Fermé de déc. à deux semaines avant Pâques. **www.sacromontealbergo.it**

LIGURIE

CAMOGLI : Casmona P ▤   €€

Salita Pineto 13, 16032 **Tél** *0185 77 00 15* **Fax** *0185 77 50 30* **Chambres** *19*

Situé dans une villa du XIXe siècle, sur la promenade du bord de mer de Camogli, cet hôtel offre une vue sur le Golfo Paradiso. Le Casmona possède une terrasse sur jardin, un solarium et un parking privé. Promenades en bateau jusqu'à Punta Chiappa, San Fruttuoso, Portofino et autres stations balnéaires. Fermé de mi-nov. à déc. **www.casmona.com**

CAMOGLI : Cenobio dei Dogi ⬚ P ⊪ ≋ ▤   €€€

Via Cuneo 34, 16032 **Tél** *0185 72 41* **Fax** *0185 77 27 96* **Chambres** *106*

Sur les rivages de ce village de pêcheurs, la villa du Dogi, fréquentée par des prêtres et des cardinaux au XVIIe siècle, est devenue un vaste et luxueux hôtel. Il possède de superbes terrasses ensoleillées donnant sur la ville et la mer, une piscine entourée de palmiers et de pins et de confortables chambres raffinées dans les tons bleu marin. **www.cenobio.it**

CAMOGLI : Hotel Portofino Kulm ⬚ P ⊪ ≋ ▼ ▤   €€€€

Viale Bernardo Gaggini 23, 16030 **Tél** *0185 73 61* **Fax** *0185 77 66 22* **Chambres** *77*

Ce joyau de l'Art nouveau est niché dans un parc, sur le Mont Portofino, entre Camogli et Santa Margherita. L'élégante salle de restaurant de style Régence profite d'une terrasse d'où l'on peut admirer le coucher du soleil sur la baie. On remarque particulièrement le jacuzzi, les soins de beauté et le tennis. **www.portofinokulm.it**

FINALE LIGURE : Punta Est ⬚ P ⊪ ≋ ▤   €€€

Via Aurelia 1, 17024 **Tél** *019 60 06 12* **Fax** *019 60 06 11* **Chambres** *40*

Une villa du XVIIIe siècle abrite cet hôtel dont le mobilier et les poutres apparentes témoignent encore du charme d'antan. Entouré de palmiers, de pins et d'oliviers, il offre des vues majestueuses sur la baie ligure et sur la piscine. Des sentiers, des marches et des terrasses ombragées mènent à la mer. Fermé de mi-octobre à mi-avril. **www.puntaest.com**

Légende des prix *voir p 558* **Légende des symboles** *voir rabat de couverture*

GARLENDA : La Meridiana

Via ai Castelli, 17033 **Tél** *0182 58 02 71* **Fax** *0182 58 01 50* **Chambres** *28*

Cet hôtel occupe une villa de style maison de campagne, paisible et entourée de jardins, au cœur de la campagne ligure t à 4 km de la mer. Idéal pour des vacances consacrées aux activités extérieures. Les chambres et le restaurant sont élégants, le service et les équipements excellents. Fermé de fin oct. à fin mars. **www.lameridianaresort.com**

GÊNES : Best Western Metropoli

Piazza Fontane Marose, 16123 **Tél** *010 246 88 88* **Fax** *010 246 86 86* **Chambres** *48*

Situé en plein centre, sur l'une des plus belles places de Gênes, cet hôtel est proche des musées, du Palazzo Ducale, de l'opéra, du théâtre et de l'aquarium. Arrêts de bus et de métro à proximité. Les chambres, confortables et bien équipées, ont une décoration moderne. **www.bestwestern.it/metropoli_ge**

GÊNES : Torre Cambiaso

Via Scarpanto 49, 16157 **Tél** *010 698 06 36* **Fax** *010 697 30 22* **Chambres** *45*

Cet hôtel occupe une noble villa entourée de vergers et de jardins bien entretenus. Une avenue bordée d'arbres conduit à l'entrée. Les chambres dotées de mobilier d'époque ont été aménagées dans la villa ou les écuries bien restaurées. Les hôtes peuvent profiter de la piscine extérieure chauffée et goûter à la cuisine ligure dans le restaurant. **www.antichedimore.com**

ISOLA PALMARIA : Locanda Lorena

Via Cavour 4, 19025 **Tél** *0187 79 23 70* **Fax** *0187 76 60 77* **Chambres** *7*

Petit hôtel de plage installé sur Palmaria, île située face à Portovenere. De beaux bateaux à moteur vénitiens transportent les hôtes jusqu'à l'hôtel. Les chambres sont coquettes, décorées dans un style simple et dominées par les couleurs vives. Vue sur mer et possibilité de goûter aux poissons du jour au déjeuner. Fermé de nov. à mi-fév. **www.locandalorena.it**

MONTEROSSO AL MARE : Porto Roca

Via Corone 1, 19016 **Tél** *0187 81 75 02* **Fax** *0187 81 76 92* **Chambres** *43*

En pleine nature, à la sortie d'un village de pêcheurs des Cinque Terre, cet hôtel de taille moyenne est perché en haut d'une falaise offrant de magnifiques vues. Havre de paix, il possède une jolie terrasse sur jardin et sa propre plage ombragée jonchée de chaises longues durant les mois d'été. Fermé de novembre à mi-mars. **www.portoroca.it**

NERVI : La Pagoda

Via Capolungo 15, 16167 **Tél** *010 372 61 61* **Fax** *010 32 12 18* **Chambres** *17*

Cet hôtel très romantique est installé dans la villa d'un marchand du XVIIIᵉ siècle qui opta pour le style oriental après être tombé amoureux d'une Chinoise. Des sols dallés de marbre, des chandeliers, des paravents anciens, des palmiers et des terrasses à différents niveaux distinguent cet endroit. Fermé de décembre à fin janvier. **www.villapagoda.it**

PORTOFINO : Splendido Mare

Via Roma 2, 16034 **Tél** *0185 26 78 01* **Fax** *0185 26 78 06* **Chambres** *16*

Hôtel de style douillet situé en plein cœur du minuscule port de Portofino, offrant des chambres luxueuses. On remarque la suite Ava Gardner au dernier étage avec sa terrasse privée et le superbe restaurant avec sa terrasse sur jardin, où les hôtes peuvent dîner. Repas également possibles au Splendido. Fermé de mi-oct. à fin mars. **www.hotelsplendido.com**

PORTOFINO : Splendido

Salita Baratta 16, 16034 **Tél** *0185 26 78 01* **Fax** *0185 26 78 06* **Chambres** *65*

Hôtel à plusieurs terrasses abrité dans un ancien monastère dominant le port de pêche et la station balnéaire huppée de Portofino. Magnifique lieu de séjour. Service impeccable et vues inoubliables depuis les chambres. Fermé de mi-novembre à fin mars. **www.hotelsplendido.com**

PORTOVENERE : Genio

Piazza Bastreri 8, 19025 **Tél** *0187 79 06 11* **Fax** *0187 79 06 11* **Chambres** *7*

Hôtel douillet, simple mais pittoresque, dirigé par une famille, aménagé en 1813 dans les anciens murs d'un château habillé de lierre. Il occupe plusieurs niveaux offrant de petites terrasses et des vues sur mer. L'endroit se distingue par son caractère, près des anciens remparts et de l'église San Pietro. Fermé de mi-janvier à mi-février.

RAPALLO : Hotel Italia e Lido

Lungomare Castello 1, 16035 **Tél** *0185 504 92* **Fax** *0185 504 94* **Chambres** *50*

Idéalement situé entre Portofino et les Cinque Terre, cet hôtel domine la promenade, l'ancien château médiéval et le Golfe du Tigullio. Dorez-vous au soleil sur la terrasse au bord de l'eau. Chambres petites et lumineuses, réservez de préférence une vue sur mer. Fermé de novembre à Noël. **www.italiaelido.com**

RAPALLO : Hotel Stella

Via Aurelia Ponente 6, 16035 **Tél** *0185 503 67* **Fax** *0185 27 28 37* **Chambres** *29*

Ce petit hôtel de couleur rose se trouve en plein centre de Rapallo, à proximité de la plage. Il occupe un bâtiment du tournant du XXᵉ siècle dans le pur style génois. Les petites chambres sont claires et pittoresques. L'hôtel possède aussi une terrasse ensoleillée, un petit bar et un garage. Fermé de mi-janv. à fin fév. **www.hotelstella-riviera.com**

SAN REMO : Nyala Suite

Via Solaro 134, 18038 **Tél** *0184 66 76 68* **Fax** *0184 66 60 59* **Chambres** *81*

Ce vaste hôtel convient parfaitement aux familles. Il possède un bar et une terrasse, une aire de jeu, plusieurs piscines, un club pour enfants et un bon restaurant. Il offre également des services particuliers aux cyclistes, des chambres non fumeur et des chambres réservées aux personnes à mobilité réduite. Entouré d'un jardin tropical. **www.nyalahotel.com**

SAN REMO : Royal Hotel

⬚ P 🍴 ≋ ⛡ 🗑 🗐 €€€€

Corso Imperatrice 80, 18038 **Tél** *0184 53 91* **Fax** *0184 66 14 45* **Chambres** *135*

Ce luxueux hôtel du front de mer, au cœur du San Remo ensoleillé et fleuri, est renommé pour ses jardins et son restaurant. Service impeccable et équipements nombreux, avec, entre autres, accès Internet, piscine extérieure, chaises longues, tennis, coiffeur, etc. **www.royalhotelsanremo.com**

SESTRI LEVANTE : Grand Hotel dei Castelli

⬚ P 🍴 ≋ 🗑 🗐 €€€€

Via Penisola 26, 16039 **Tél** *0185 48 72 20* **Fax** *0185 447 67* **Chambres** *48*

Ancien château joliment transformé en hôtel. Les chambres de style ancien ont une décoration et un mobilier modernes, des mosaïques mauresques, du marbre et des colonnes. Installé dans un parc, dominant la baie et la péninsule, cet hôtel possède une plage privée et une terrasse ensoleillée sur son toit. Fermé de mi-oct. à mars. **www.hoteldeicastelli.com**

ÉMILIE-ROMAGNE

BOLOGNE : Centrale

⬚ 🗐 €

Via della Zecca 2, 40121 **Tél** *051 225 114* **Fax** *051 235 162* **Chambres** *30*

Aménagé au troisième étage d'un beau *palazzo*, près de la place principale, ce petit hôtel-pension est apprécié pour ses chambres impeccables, dont certaines offrent des vues charmantes. Toutes ne possèdent pas de salle de bains attenante et de climatisation, mais elles sont équipées d'un téléphone et de la télévision par satellite. **www.albergocentralebologna.it**

BOLOGNE : Touring

⬚ P ⛡ 🗐 €€

Via De Mattuiani 1-2, 40124 **Tél** *051 584 305* **Fax** *051 334 763* **Chambres** *38*

Cet hôtel bien dirigé occupe un quartier calme et pittoresque de la ville. Les salles sont gaies et accueillantes, les chambres petites mais chic, certaines offrant une belle vue. En été, le petit déjeuner est servi sur la terrasse. Petit jacuzzi entouré de pots de fleurs. Accès pour les personnes à mobilité réduite. Vélos disponibles. **www.hoteltouring.it**

BOLOGNE : De Commercianti

⬚ P 🗐 €€€

Via De'Pignattari 11, 40124 **Tél** *051 745 75 11* **Fax** *051 745 75 22* **Chambres** *36*

Au cœur de la ville, juste à côté de la Piazza Maggiore, ce bâtiment historique date du XIIᵉ siècle. Chambres et suites ravissantes, certaines parées de poutres en bois ou de fresques, d'autres munies d'une terrasse privée dominant l'église de San Petronio. Les prix montent en flèche durant les foires commerciales. Vélos et accès Internet disponibles. **www.bolognarthotels.it**

COMACCIO (PO DELTA) : Hotel Caravel

⬚ P 🍴 🗐 €

Viale Leonardo da Vinci 56, Lido di Spina, 44024 **Tél** *0533 33 01 06* **Fax** *0533 33 01 07* **Chambres** *22*

Installé dans une pinède, près de la plage, cet hôtel est très apprécié. Les chambres sont calmes, confortables et munies d'un balcon. Quatre appartements avec entrée indépendante et jardin privé sont également proposés. Terrasse ensoleillée, jardin et bon restaurant (fermé en hiver). Équipements sportifs à proximité. **www.hotelcaravel.net**

FAENZA : Hotel Vittoria

⬚ P 🍴 ⛡ 🗐 €€€

Corso G Garibaldi 23, 48018 **Tél** *0546 215 08* **Fax** *0546 291 36* **Chambres** *48*

Situé dans le centre de Faenza, internationalement célèbre pour ses céramiques et ses faïences, le Vittoria date de 1861. Un bâtiment de style Liberté, d'élégantes salles, des plafonds ornés de fresques, du marbre et du mobilier ancien le distinguent. Les chambres et les suites mêlent l'ancien et le moderne. Jardin et bon restaurant. **www.hotel-vittoria.com**

FERRARE : Europa

⬚ P 🗐 €€

Corso Giovecca 49, 44100 **Tél** *0532 20 54 56* **Fax** *0532 21 21 20* **Chambres** *43*

A central position near the Castello Estense, Giuseppe Verdi was a regular guest at this charming hostelry. Chambres vary, some have frescoes and are furnished with antiques; others are plainer. Ther is a pretty patio garden and a beautiful frescoed drawing room. Bicycles. Disabled access chambres and apartments are available. **www.hoteleuropaferrara.com**

FERRARE : Duchessa Isabella

⬚ P 🍴 🗐 €€€€

Via Palestro 70, 44100 **Tél** *0532 20 21 21* **Fax** *0532 20 26 38* **Chambres** *27*

Relais & Châteaux aménagé dans un palazzo du XVIᵉ siècle. Les chambres portent des noms de fleur et sont équipées d'écrans plasma et de superbes salles de bains. L'hôtel offre cheval et attelage pour de belles balades à travers Ferrare. Vélos à louer. Centre de remise en forme à proximité. Salles de repos et excellent restaurant. **www.duchessaisabella.it**

MODÈNE : Centrale

⬚ 🗐 €€

Via Rismondo 55, 41100 **Tél** *059 21 88 08* **Fax** *059 23 82 01* **Chambres** *42*

Hôtel très pratique situé dans une rue étroite du vieux Modène, non loin de la cathédrale et du Palazzo Ducale. Récemment rénovées, les chambres sont impeccables et pourvues de grandes salles de bains modernes, dont certaines avec baignoires à tourbillon. Climatisation et télévision satellite. Personnel aimable et serviable. **www.hotelcentrale.com**

MODÈNE : Canalgrande

⬚ P 🗐 €€€

Corso Canalgrande 6, 41100 **Tél** *059 21 71 60* **Fax** *059 22 16 74* **Chambres** *79*

À quelques pas du centre-ville, une villa patricienne du XVIᵉ siècle entourée d'un parc abrite cet hôtel. Les salles sont parées de fresques et décorées dans le style néo-classique. Les chambres sont spacieuses, élégantes et confortables. Les jardins sont particulièrement agréables pour se dorer au soleil ou se reposer. Restaurant très apprécié. **www.canalgrandehotel.it**

Légende des prix *voir p 558* **Légende des symboles** *voir rabat de couverture*

PARME : Brenta €

Via GB Borghesi 12, 43100 **Tél** *0521 20 80 93* **Fax** *0521 20 80 94* **Chambres** *15*

Petit hôtel familial aux propriétaires accueillants. Les chambres sont confortables et possèdent une salle de bains attenante, mais elles ne sont pas climatisées et n'ont pas la télévision. Les chambres doubles donnent sur une cour intérieure, les chambres simples sur une rue étroite. Guide touristique et vélos disponibles. **www.hotelbrenta.it**

PARME : Albergo Park Hotel Stendhal €€€

Via GB Bodoni 3, 43100 **Tél** *0521 20 80 57* **Fax** *0521 28 56 55* **Chambres** *62*

Situation très centrale, à quelques pas de la Piazza della Pilotta, pour cet hôtel qui fait maintenant partie de la chaîne italienne Jolly. Récemment restaurées, ses salles et ses chambres sont très élégantes, mêlant ancien et moderne, avec des parquets en bois. Apprécié des voyageurs d'affaires. **www.jollyhotels.it**

PLAISANCE : Ostello di Don Zermani €

Via Zoni 38, 29100 **Tél** *0523 71 23 19* **Fax** *0523 71 23 19* **Chambres** *16*

Hôtel très agréable offrant des chambres simples, doubles et familiales avec salle de bains attenante, ainsi que des lits dans un dortoir commun. Installé au beau milieu d'une oasis de verdure, à l'ouest de la ville, il est apprécié par les familles. Le petit déjeuner et le dîner sont servis dans la salle à manger. Excellent rapport qualité-prix. **www.ostellodipiacenza.it**

PLAISANCE : Grande Albergo Roma €€€

Via Cittadella 14, 29100 **Tél** *0523 32 32 01* **Fax** *0523 33 05 48* **Chambres** *76*

Situé au cœur du vieux Plaisance, en face de l'impressionnante Piazza Cavelli, c'est le plus grand hôtel de la ville. Les salles et les chambres sont spacieuses et luxueusement décorées dans le style Belle époque. Quatre appartements sont également disponibles. Terrasse avec bar, où vous prendrez le petit déjeuner, et bon restaurant. **www.grandealbergoroma.it**

PORTICO DI ROMAGNA : Al Vecchio Convento €

Via Roma 7, 47010 **Tél** *054 396 70 53* **Fax** *054 396 71 57* **Chambres** *15*

À la frontière de la Toscane et de l'Émilie-Romagne, cet hôtel, tenu par une famille et aménagé dans un ancien couvent du XIXᵉ siècle, possède un excellent restaurant. Les chambres sont dotées de meubles en cerisier ou noisetier et de lits en fer forgé. En été, les hôtes peuvent savourer leur petit déjeuner dans le jardin. **www.vecchioconvento.it**

RAVENNE : Albergo Cappello €€

Via IV Novembre 41, 48100 **Tél** *0544 21 98 13* **Fax** *0544 21 98 14* **Chambres** *7*

Très central, dans une rue piétonnière, cet hôtel est le plus coquet de Ravenne, bien que ses chambres soient vraiment petites. Chaque chambre a son propre style et mobilier ancien. Restaurant et bar à vin réputés. Chambres non fumeur et accès pour les personnes à mobilité réduite. **www.albergocappello.it**

RAVENNE : Centrale Byron €€

Via IV Novembre 14, 48100 **Tél** *0544 21 22 25* **Fax** *0544 341 14* **Chambres** *54*

Cet hôtel est particulièrement apprécié des familles pour ses chambres doubles ou quadruples. Qu'elles soient économiques ou classiques, les chambres sont toutes confortables, même si les secondes sont plus grande et dotées d'une décoration pus soignée. **www.hotelbyron.com**

RAVENNE : Hotel Diana €€

Via Girolamo Rossi 47, 48100 **Tél** *0544 391 64* **Fax** *0544 300 01* **Chambres** *33*

Une villa du XVIIIᵉ siècle peinte en jaune abrite cet hôtel. Service aimable. Excellente situation au calme, près de la tombe de Galla Placidia. Chambres standard, supérieures ou grand standing, les dernières disposant d'un accès Internet haut débit et d'un minibar. Le hall d'entrée est simple et accueillant. Parking à proximité. Vélos disponibles. **www.hoteldiana.ra.it**

REGGIO EMILIA : Hotel Posta €€€

Piazza del Monte 2, 42100 **Tél** *0522 43 29 44* **Fax** *0522 45 26 02* **Chambres** *39*

Au cœur du vieux Reggio Emilia, l'ancien Palazzo del Capitano del Popolo héberge cet hôtel depuis plus de 500 ans. Personnel très professionnel. Chambres doubles standard ou supérieures et une suite. L'annexe de l'hôtel, Albergo Reggio, propose des chambres meilleur marché équipées d'une kitchenette. Vélos disponibles. **www.hotelposta.re.it**

RIMINI : Hotel Card €

Via Dante 50, 47900 **Tél** *0541 264 12* **Fax** *0541 543 74* **Chambres** *54*

Petit hôtel agréable géré par une famille, très bien placé par rapport à la gare ferroviaire et pour découvrir le vieux Rimini. Les chambres sont impeccables et certaines de bonne taille pour les familles. Non climatisé (ventilateurs disponibles sur demande) et salle de bains pas toujours attenante. Bon rapport qualité-prix. **www.hotelcard.it**

RIMINI : Esedra Hotel €€

Viale Caio Duilio 3, 47900 **Tél** *0541 234 21* **Fax** *0541 244 24* **Chambres** *49*

Une charmante villa de style Liberté entouré d'un coquet jardin abrite cet hôtel de Marina Centro, non loin du front de mer animé de Rimini. Plage privée et petite piscine avec jacuzzi. Les chambres sont simples mais offrent tout le confort moderne. Appartements pouvant convenir pour quatre personnes également disponibles. **www.esedrahotel.com**

RIMINI : Le Meridien Rimini €€

Viale Lungomare Murri 13, 47900 **Tél** *0541 39 66 00* **Fax** *0541 39 66 01* **Chambres** *109*

Complexe hôtelier récent conçu par l'architecte italien Paolo Portoghesi. Ce bâtiment de style donne sur la plage et est doté de vastes chambres claires bien aménagées – dont certaines sont communicantes. Les chambres supérieures/de grand standing ont vue sur mer et sont munies d'une terrasse. Bar et restaurant. **www.esedrahotel.com**

SANTARCANGELO DI ROMAGNA : Hotel della Porta   🛅🅿️📋   €

Via Andrea Costa 89, 47822 **Tél** *0541 62 21 52* **Fax** *0541 62 21 68* **Chambres** *22*

Situé dans un village médiéval à l'intérieur de Rimini, cet hôtel possède une petite cour et un jardin avec terrasse. Les salles et les chambres sont charmantes, certaines étant parées de fresques et de meubles anciens. Chambres non fumeur et accès réservé aux personnes à mobilité réduite. Chambres plus modernes dans l'annexe. **www.hoteldellaporta.com**

SORAGNA : Locanda del Lupo   🛅🅿️🍽️📋   €€

Via Garibaldi 64, 43019 **Tél** *0524 59 71 00* **Fax** *0524 59 70 66* **Chambres** *45*

Situé au calme, à 30 km de Parme, ce petit établissement possède un restaurant renommé avec des tables dehors pour l'été. Les salles sont dotées de mobilier ancien, de cheminées du XVIIIe siècle et de poutres en bois. Les chambres sont tout aussi charmantes. Terrasse ensoleillée propice à la détente. **www.locandadellupo.com**

FLORENCE

Alessandra   🧍📋   €€€

Borgo Santi Apostoli, 17, 50123 **Tél** *055 28 34 38* **Fax** *055 21 06 19* **Chambres** *27*   **Plan** 5 C3

Aménagé aux deuxième et troisième étages d'un édifice du XVIe siècle. Les chambres donnant sur l'Arno sont plus spacieuses et plus chères : la suite, avec balcon, présente un bon rapport qualité-prix. Les autres chambres donnent sur la Piazzetta del Limbo et l'église des Santi Apostoli. **www.hotelalessandra.com**

Balestri   📋   €€€

Piazza Mentana, 7, 50122 **Tél** *055 21 47 43* **Fax** *055 239 80 42* **Chambres** *46*   **Plan** 4 D1

Situé sur une petite place, en bordure de l'Arno, à mi-chemin entre le Ponte Vecchio et Santa Croce, cet hôtel existe depuis 1888. Largement rénovées, les chambres sont toutes équipées d'un minibar. Trente chambres offrent une vue sur l'Arno, les autres sur une cour calme. Proche du Musée d'Histoire des Sciences. **www.hotel-balestri.it**

Boboli   📋   €

Via Romana, 63 (corner Via del Ronco), 50125 **Tél** *055 229 86 45* **Fax** *055 233 71 69* **Chambres** *22*   **Plan** 3 A3

Bon rapport qualité-prix. La moitié des chambres donne sur la cour intérieure. Depuis les chambres du deuxième étage, vue sur les jardins de Boboli. Les autres chambres, équipées de double vitrage, dominent la bruyante Via Romana. Petit déjeuner servi dans l'arrière-cour l'été. **www.hotelboboli.com**

Cestelli   €

Borgo Santi Apostoli, 25, 50123 **Tél** *055 21 42 13* **Fax** *055 21 42 13* **Chambres** *8*   **Plan** 3 C1

Cet hôtel occupe un bâtiment du XVe siècle, à l'angle de la Piazza Santa Trinità. Largement restauré, il a toutefois conservé des parquets du XVIIe siècle dans trois chambres pourvues d'une salle de bains privée. Pas de petit déjeuner, mais les propriétaires vous fournissent une liste de leurs bars et cafés préférés. **www.hotelcestelli.com**

Il Bargellino   €

Via Guelfa, 87, 50129 **Tél** *055 238 26 58* **Fax** *055 21 21 90* **Chambres** *10*   **Plan** 1 C4

Cet hôtel possède une vaste terrasse remplie de plantes au premier étage, où les hôtes peuvent prendre leur petit déjeuner en été. À cinq minutes à peine de la gare, mais à des années lumière de l'agitation de la ville. Réservez longtemps à l'avance si vous souhaitez l'une des quatre chambres donnant sur la terrasse. **www.ilbargellino.com**

Instituto Gould   €

Via dei Serragli, 49, 50100 **Tél** *Tel: 055 21 25 76* **Fax** *055 28 02 74* **Chambres** *41*   **Plan** 3 B2

Les prix incroyablement bas et la contribution à une bonne cause (les enfants défavorisés) permettent d'apprécier à sa juste valeur cet établissement sobrement meublé. Les chambres sont impeccables et on jouit d'une belle vue depuis le jardin. Idéal pour ceux qui recherchent la sécurité et le confort à peu de frais. **www.institutogould.it**

Dei Mori Bed & Breakfast   📋   €€

Via D Alighieri 12, 50122 **Tél** *055 21 14 38* **Fax** *055 238 22 16* **Chambres** *5*   **Plan** 4 D1

Ce bed & breakfast bien aménagé, propre et douillet, a ouvert ses portes en 1996 et fut alors le premier bed & breakfast de la ville. Un escalier mal éclairé conduit à de vastes pièces bien décorées ; tous les équipements des (petites) salles de bains sont neufs. Les chambres donnent sur une paisible cour. **www.bnb.it**

Della Robbia   📋   €€

Via dei Della Robbia 7/9, 50132 **Tél** *055 263 85 70* **Fax** *055 246 63 71* **Chambres** *24*

Situé de l'autre côté du viale (boulevard) qui délimite la vieille ville, cet hôtel occupe un édifice de la fin du XIXe siècle récemment rénové. Les chambres sont décorées dans le style Art nouveau italien, ou Liberté (rare à Florence). L'établissement possède plusieurs suites et une annexe. Descendez Borgo Pinti et vous voilà à Santa Croce. **www.hoteldellarobbia.it**

Emma   €€

Via A. Pacinotti, 20, 50131 **Tél** *055 57 59 01* **Fax** *Fax 055 504 89 14* **Chambres** *9*

On se sent chez soi dans cet hôtel dirigé par une femme norvégienne et son mari italien. À dix minutes de bus de la place Saint-Marc. Deux chambres donnent sur la rue, tandis que les autres sont sur cour. Petite terrasse où prendre le petit déjeuner en été. **www.hotelemma.net**

Légende des prix *voir p 558* **Légende des symboles** *voir rabat de couverture*

Firenze

Piazza dei Donati, 4 (Via del Corso), 50133 **Tél** *055 21 42 03* **Fax** *055 21 23 70* **Chambres** *57* **Plan** *2 D5*

Prix bas mais cartes de crédit non acceptées dans cet établissement. Décoration sobre et réduite à l'essentiel. Plusieurs chambres spacieuses peuvent héberger jusqu'à quatre personnes. Endroit calme dans une minuscule rue transversale, près de la Via del Corso piétonnière. **www.hotelfirenze-fi.it**

Hermitage

Vicolo Marzio, 1, 50122 **Tél** *055 28 72 16* **Fax** *055 21 22 08* **Chambres** *28* **Plan** *6 D4*

Cet hôtel occupe quatre étages dans une tour médiévale : la réception et les salles communes se trouvent au cinquième étage ; depuis le jardin du toit, au sixième étage, on jouit d'une vue panoramique sur le Corridor de Vasari, le Ponte Vecchio et l'Arno. Les chambres donnant sur le Duomo sont plus calmes. **www.hermitagehotel.com**

Hôtel Botticelli

Via Toddea 8, 50123 **Tél** *055 29 09 05* **Fax** *055 29 43 22* **Chambres** *34* **Plan** *1 C4*

Situé dans un bâtiment du XVIe siècle récemment révoné, cet hôtel s'enorgueillit de ses plafonds ornés de fresques et de son portique offrant une vue spectaculaire sur le Duomo et San Lorenzo. Proche du marché de San Lorenzo et du centre historique. **www.hotelbotticelli.it**

Hotel Casci

Via Cavour, 13, 50129 **Tél** *055 21 16 86* **Fax** *055 239 64 61* **Chambres** *29* **Plan** *2 D4*

Aménagé au deuxième étage d'un bâtiment du XVe siècle, dans la Via Cavour très animée, entre le Duomo et San Lorenzo, cet hôtel tenu par une famille offre de vastes chambres calmes et impeccables. Le compositeur Gioacchino Rossini y vécut au milieu des années 1850. Cinq chambres non fumeur. Accès Internet gratuit. **www.hotelcasci.com**

Hotel Villa Belvedere

Via Bernardo Castelli, 3, 50124 **Tél** *055 22 25 01* **Fax** *055 22 31 63* **Chambres** *26* **Plan** *3 A5*

À Poggio Imperiale, jonchée sur la première colline à l'extérieur de la Porta Romana, au sud de la ville, cette spacieuse villa des années 1930, agrandie dans les années 1950, est entourée de jardins paysagers. Les vues sur les collines et la ville sont particulièrement belles depuis les terrasses du premier étage. Chambres joliment meublées. **www.villa-belvedere.com**

Loggiato dei Serviti

Via dei Servi, 49 (Piazza Santissima Annunziata 3), 50122 **Tél** *055 28 95 92* **Fax** *055 28 95 95* **Chambres** *39* **Plan** *2 D4*

Édifié au XVIe siècle par l'ordre des Padri Serviti pour héberger des prélats voyageurs. À proximité immédiate du Spedale degli Innocenti de Brunelleschi, de l'autre côté de la place. Toutes les chambres sont différentes. Elles donnent, soit sur la place, soit sur le jardin de l'Académie des Beaux-arts. Réservation indispensable. **www.loggiatodeiservitihotel.it**

Morandi alla Crocetta

Via Laura 50, 50121 **Tél** *055 234 47 47* **Fax** *055 248 09 54* **Chambres** *10* **Plan** *2 E4*

Dix chambres seulement et une réputation bien établie vous obligent à réserver bien à l'avance votre séjour dans cet hôtel. Trois chambres sont sur cour, les autres sur rue. Différents styles de mobilier selon les chambres. Pas de portier de nuit ; si vous sortez, emportez vos clés avec vous. **www.hotelmorandi.it**

Orto dei Medici

Via San Gallo, 30, 50129 **Tél** *055 48 34 27* **Fax** *055 46 12 76* **Chambres** *31* **Plan** *2 D4*

À dix minutes à pied du Duomo et cinq minutes de la place Saint-Marc et de l'Accademia, cet édifice de 1850 possède de vastes salles communes ornées de fresques. Ravissante terrasse. Toutes les chambres sont non fumeur. Quatre chambres du quatrième étage offrent des vues sur le Duomo et San Lorenzo. **www.hotelmorandi.itwww.ortodeimedici.it**

Palazzo Benci

Piazza Madonna Aldobrandini 3, Via Faenza 6/r, 50123 **Tél** *055 21 38 48* **Fax** *055 28 83 08* **Chambres** *35* **Plan** *1 C5*

Ce palazzo du XVIe siècle, avec son ravissant jardin sur cour, appartient à la famille Benci. Les meubles contemporains rehaussent les éléments d'origine, soigneusement restaurés en 1989. Toutes les chambres sont équipées de double vitrage et celles de l'arrière dominent les chapelles Medici. *Petit déjeuner inclus dans le prix.* **www.palazzobenci.com**

Palazzo Niccolini al Duomo

Via dei Servi 2, 50122 **Tél** *055 28 24 12* **Fax** *055 29 09 79* **Chambres** *10* **Plan** *2 D5*

Idéalement situé, face au Duomo, ce palazzo du XVIe siècle est dirigé par des descendants des propriétaires d'origine. La réception et les salles occupent le deuxième étage et sont parées de peintures et de mobilier ancien. Salles de bains en marbre dans les chambres. Le salon de la suite offre une vue unique sur le dôme de Brunelleschi. **www.niccolinidomepalace.com**

Pitti Palace

Borgo San Jacopo 3, 50125 **Tél** *055 239 87 11* **Fax** *055 239 88 67* **Chambres** *72* **Plan** *3 C1*

On ne peut rêver plus près du Ponte Vecchio. Cet hôtel moderne possède deux terrasses (au sixième étage) d'où l'on jouit de vues splendides sur la ville et sur les jardins de Boboli. Il présente un bon rapport-qualité prix pour une situation aussi idéale. La plupart des chambres sont réparties du premier au cinquième étages. **www.vivahotels.com**

Porta Rossa

Via Porta Rossa, 19, 50123 **Tél** *055 28 75 51* **Fax** *055 28 21 79* **Chambres** *78* **Plan** *6 D3*

Situé entre le Ponte Vecchio et la Piazza Santa Trinità. Si l'édifice actuel date de 1500, des documents attestent la présence d'une maison à cet endroit dès 1386. Le hall d'entrée voûté est décoré dans le style Art nouveau italien (Liberté). Toutes les chambres sont spacieuses et dotées de mobilier ancien. **www.hotelportarossa.it**

Silla

Via dè Renai, 5, 50126 **Tél** *055 234 28 88* **Fax** *055 234 14 37* **Chambres** *36*　　　　　**Plan** *6 F5*

On accède par une jolie cour à cet hôtel à la direction familiale, installé dans un édifice du XVIe siècle situé sur la rive Oltrarno du fleuve. Un grand escalier conduit à l'entrée (ascenseur également disponible). L'été, le petit déjeuner est servi sur la terrasse dominant le fleuve et la ville. **www.hotelsilla.it**

Grand Hotel Minerva

Piazza Santa Maria Novella, 16, 50123 **Tél** *055 272 30* **Fax** *055 26 82 81* **Chambres** *102*　　**Plan** *1 B5*

Le seul hôtel de Florence à posséder une piscine sur son toit. Ne manquez pas d'admirer le coucher du soleil depuis le toit ou le bar adjacent. Récemment entièrement rénové, cet hôtel a reçu de nombreux hôtes célèbres, dont Henry James. Les suites familiales comportent deux salles de bains **www.grandhotelminerva.com**

Roma

Piazza Santa Maria Novella, 8, 50123 **Tél** *055 21 03 66* **Fax** *055 21 53 06* **Chambres** *57*　　　**Plan** *1 B5*

Restauré en 1988, ce vaste hôtel se distingue par son élégance, ses sols dallés de marbre, ses boiseries et ses étonnantes verrières réalisées par Galileo et Tito Chini en 1920. Les chambres sont réparties sur cinq étages, quatre chambres de chaque étage donnant sur la place. Ces dernières sont plus spacieuses, mais plus bruyantes. **www.hotelromaflorence.com**

Torre di Bellosguardo

2.5 km (1.5 miles) SW Florence. Via Roti Michelozzi 2, 50124 **Tél** *055 229 81 45* **Fax** *055 22 90 08* **Chambres** *16*

Depuis les jardins de cette villa du XIVe siècle et de sa tour attenante du XVIe siècle, on jouit d'une vue incomparable sur la ville. L'intérieur est également époustouflant, avec ses immenses salles, son mobilier ancien et ses tapis persans. Piscine paysagée et centre de remise en forme. **www.torrebellosguardo.com**

Excelsior

Piazza Ognissanti 3, 50123 **Tél** *055 271 51* **Fax** *055 21 02 78* **Chambres** *171*　　　　　**Plan** *5 A2*

Des dallages et des colonnes de marbre, de grands escaliers, des vitraux, des statues et des peintures d'époque contribuent au charme de cet hôtel exceptionnel. Les chambres sont tout aussi belles et le service impeccable. Le restaurant Il Cestello sert de la cuisine toscane et internationale ; la terrasse offre un beau panorama. **www.westin.com/excelsiorflorence**

Grand Hotel Villa Medici

Via Il Prato, 42, 50123 **Tél** *055 238 13 31* **Fax** *055 238 13 36* **Chambres** *103*　　　　**Plan** *1 A4*

Cette villa du XVIIIe siècle abrite le seul hôtel de la ville qui possède une piscine extérieure dans ses propres jardins. Chambres dotées de meubles anciens. Club de remise en forme avec sauna et bain turc. Situé près de la Porta al Prato, il n'est pas loin du centre-ville. **www.villamedicihotel.com**

Savoy

Piazza della Repubblica, 7, 50123 **Tél** *055 273 51/28 33 13* **Fax** *055 273 58 88* **Chambres** *102*　　**Plan** *6 D3*

Cet établissement se distingue par son architecture magnifique, son intérieur somptueux et ses chambres bien aménagées, avec 14 suites (dont deux équipées d'un hammam). La salle de gym du sixième étage offre des vues spectaculaires sur le Duomo et le campanile de Giotto. Le bar L'Incontro, sur la piazza, est le lieu de rendez-vous des Fiorentins. **www.hotelsavoy.it**

TOSCANE

AREZZO : B&B Casa Volpi

Via Simone Martini 29, 52100 **Tél** *0575 35 43 64* **Fax** *0575 35 59 71* **Chambres** *15*

Installé dans une maison de campagne du XIXe siècle entourée d'un parc, dans les collines surplombant Arezzo, ce bed & breakfast tenu par une famille possède de vastes chambres aux hauts plafonds et aux meubles en fer forgé. Petit déjeuner en terrasse avec vue sur la vallée de Chiana. Vous pouvez également profiter d'un grand jardin. **www.casavolpi.it**

AREZZO : Hotel Il Patio

Via Cavour 23, 52100 **Tél** *0575 40 19 62* **Fax** *0575 274 18* **Chambres** *7*

Hôtel aménagé dans un palazzo du XVIIIe siècle, dans l'ancienne Via Cavour d'Arezzo, bordée de magasins, à quelques mètres à peine de la Chiesa di San Francesco. Chaque chambre a une décoration qui reflète les voyages de l'auteur Bruce Chatwin (Chine, Australie, Maroc, etc.) **www.arezzoresorts.it**

ARTIMINO : Hotel Paggeria Medicea

Via Papa Giovanni XXIII, 1, 59015 **Tél** *0558 751 41* **Fax** *0558 75 14 70* **Chambres** *37*

Cet hôtel quatre étoiles occupe les anciens quartiers des serviteurs de la célèbre villa médicéenne d'Artimino, « La Ferdinanda ». Mobilier d'origine, poutres apparentes, dallages de tommettes et fresques décoratives. Centre d'équitation, restaurant renommé et boutique de produits de la ferme vendant de l'huile d'olive et du vin de la région. **www.artimino.com**

CASTELLINA IN CHIANTI : Colle Etrusco Salivolpi

Via Fiorentina 89, 53011 **Tél** *0577 74 04 84* **Fax** *0577 74 09 98* **Chambres** *19*

Élégant hôtel de style maison de campagne entouré de vignes, d'oliveraies et de cyprès, non loin de Castellina in Chianti. Les chambres ont une décoration chaude avec d'authentiques meubles toscans, comme les lits en fer forgé, des dallages de tommettes et des poutres de bois. Vastes salon et jardin. **www.hotelsalivolpi.com**

Légende des prix *voir p 558* **Légende des symboles** *voir rabat de couverture*

CASTELLINA IN CHIANTI : Tenuta di Ricavo
Loc. Scotoni, 53011 **Tél** *0577 74 02 21* **Fax** *0577 74 10 14* **Chambres** *22*

Charmant hôtel balnéaire installé dans un hameau médiéval restauré, au cœur d'un parc naturel. Le Tenuta di Ricavo associe d'une manière unique histoire et nature. Les chambres ont conservé en partie leurs meubles d'origine, de la pierre, des tommettes et des poutres en bois. Restaurant gastronomique la Percora Nera. **www.ricavo.com**

CORTONE : Hotel Italia
Via Ghibellina 5/7, 52044 **Tél** *0575 63 02 54* **Fax** *0575 60 57 63* **Chambres** *26*

À quelques pas de la principale place du Cortone médiéval, cet hôtel est aménagé dans un ancien palais du XVIIᵉ siècle. Bien que l'établissement ne soit plus dirigé par une famille, le service est extrêmement personnalisé et aimable. La vaste terrasse offre des vues panoramiques sur la vallée de Chiana et le lac Trasimène. **www.planhotel.com**

CORTONE : Hotel Oasi
Via delle Contesse 1, 52044 **Tél** *0575 63 03 54* **Fax** *0575 630 477* **Chambres** *63*

Cet étonnant hôtel trois étoiles occupe un ancien monastère, à l'extérieur des remparts étrusques de Cortone. Les chambres simples mais confortables. Le jardin et la chapelle du monastère, qui date de 1235, sont les principales attractions de l'endroit. Le restaurant sert une saine cuisine toscane Renaissance. **www.hoteloasi.org**

ELBE : Hotel Ilio
Via Sant'Andrea 5, Loc. S.Andrea, Marciana, 57030 **Tél** *0565 90 80 18* **Fax** *0565 90 80 87* **Chambres** *19*

Hôtel idéalement situé à la lisière d'un parc naturel. Les noms des chambres rappellent la flore de la région, tels que le laurier-rose, le géranium et le grenadier. La plage se trouve à quelques pas. Les propriétaires organisent des marches dans la nature autour du parc. Le restaurant sert des plats d'Elbe, à base de poisson et de légumes locaux. **www.ilio.it**

ELBE : Hotel Hermitage
Loc. La Biodola, Portoferraio, 57037 **Tél** *0565 97 40* **Fax** *0565 96 99 84* **Chambres** *30 in main hotel*

Cet hôtel, le plus luxueux d'Elbe, est sis dans la plus belle baie de l'île. L'Hermitage possède sa propre plage de sable doré, trois piscines, un piano bar, un golf à six trous et neuf courts de tennis. Les chambres sont réparties entre le bâtiment principal de l'hôtel et de petites villas. Séjour de trois jours minimum. **www.hotelhermitage.it**

ELBE : Hotel Montecristo
Lungomare Nomelli 11, Campo nell'Elba, 57034 **Tél** *0565 97 68 61* **Fax** *0565 97 65 97* **Chambres** *43*

Hôtel quatre étoiles au mobilier simple et à l'étonnante terrasse côté piscine, offrant des vues sur la baie de Marina di Campo. Les marches de l'hôtel vous conduisent à la plage de sable et à la forêt de pins toute proche. Certaines chambres donnent sur la mer. Restaurant côté piscine, centre de cure et de bien-être. **www.hotelmontecristo.it**

FIESOLE : Pensione Bencista'
Via Benedetto da Maiano, 4, Fiesole, 50014 **Tel/Fax** *055 591 63* **Chambres** *40*

Parmi les aménagements récents de cette villa du XIVᵉ siècle, on remarque l'ascenseur et des chambres plus spacieuses. Bien que la demi-pension soit optionnelle, l'endroit est tellement accueillant et les vues si belles que les hôtes apprécient généralement de manger sur place. Réservation recommandée longtemps à l'avance. **www.bencista.com**

FIESOLE : Villa San Michele
Via Doccia, 4, Fiesole, 50014 **Tél** *055 567 82 00* **Fax** *055 567 82 50* **Chambres** *45*

Au milieu d'un terrain de 15 hectares, cet établissement offre des vues spectaculaires, surtout depuis sa loggia, où le dîner est servi en été. Demandez une chambre donnant sur la ville. La terrasse de la suite du niveau supérieur est idéale pour un dîner aux chandelles. La suite du bas jouit d'un jardin. Fermé de fin nov. à mi-mars. **www.villasanmichele.orient-express.com**

GAIOLE IN CHIANTI : Residence San Sano
Loc San Sano 21, 53100 **Tél** *0577 74 61 30* **Fax** *0577 74 61 56* **Chambres** *14*

Cet hôtel-restaurant occupe une cabane de guetteur du XIIIᵉ siècle rénovée. On emprunte l'ancien escalier pour accéder aux chambres aux murs blanchis à la chaux et aux plafonds garnis de poutres. Un menu à trois plats de spécialités toscanes est servi sous les arches de pierre du restaurant, ou sur la terrasse côté jardin en été. **www.sansanohotel.it**

GAIOLE IN CHIANTI : Castello di Spaltenna
Loc. Spaltenna, 53013 **Tél** *0577 74 94 83* **Fax** *0577 74 92 69* **Chambres** *30 chambres and 8 suites*

Situé dans un ancien hameau féodal aux splendides église et clocher médiévaux, cet ancien monastère joliment transformé en hôtel offre un beau panorama sur la vallée couverte de vignes. Les chambres sont luxueuses, meublées de lits à baldaquin, de spacieux salons et de jacuzzis. Restaurant gastronomique. Promenades à cheval sur demande. **www.spaltenna.it**

LUCQUES : Locanda Vigna Ilaria
Via Per Pieve S.Stefano 967c, Loc. Sant'Alessio, 55100 **Tél** *0583 33 20 91* **Fax** *0583 33 19 08* **Chambres** *4*

Petit hôtel juste à l'extérieur de Lucques, avec un restaurant apprécié pour sa cuisine toscane. Les chambres sont modernes et bien décorées, avec tapis aux couleurs vives, murs aux tons pastels et plafonds ornés de poutres. Sur la Strada del Vino de Lucques (route du vin), le restaurant propose plus de 300 vins. Réservation recommandée. **www.locandavignailaria.it**

LUCQUES : Piccolo Hotel Puccini
Via di Poggio 9, 55100 **Tél** *0583 554 21* **Fax** *0583 534 87* **Chambres** *14*

Ce petit hôtel accueillant occupe un beau bâtiment en pierre au cœur de Lucques, juste au-dessus de la route qui part de la maison où naquit Giacomo Puccini (aujourd'hui transformée en musée) et de la place centrale de San Michele. Les chambres sont petites mais présentent un bon rapport qualité-prix. Voiture gratuite jusqu'à l'aéroport et la gare. **www.hotelpuccini.com**

LUCQUES : Albergo San Martino

Via della Dogana 9, 55100 **Tél** *0583 46 91 81* **Fax** *0583 99 19 40* **Chambres** *9*

Très bien situé dans le centre historique de Lucques, à quelques pas de la cathédrale, ce petit hôtel trois étoiles possède des chambres spacieuses à un prix raisonnable. Service excellent. Vélos à louer sur place. **www.albergosanmartino.it**

LUCQUES : B&B La Romea

Via Sant'Andrea, 55100 **Tél** *0583 46 41 75* **Fax** *0583 47 12 80* **Chambres** *5*

Petit bed & breakfast aménagé au second étage d'un palais de la fin du XIVᵉ siècle, près de la Torre Guinigi. Les vastes chambres de La Romea sont munies de fenêtres cintrées et de plafonds ornés de poutres en bois. Chaque chambre a sa propre couleur, et la chambre bleue est la plus luxueuse. Salon réservé aux hôtes. **www.laromea.com**

LUCQUES : Villa Romantica

Via Barbaranti 246, 55100 **Tél** *0583 49 68 72* **Fax** *0583 95 76 00* **Chambres** *6*

Une villa du XIXᵉ siècle, aux portes de Lucques, abrite ce petit hôtel. Il ne compte que quatre chambres doubles, une suite et une suite junior. Toutes les chambres sont dotées d'un mobilier moderne, en harmonie avec le style Liberté du bâtiment. Suite avec lit à baldaquin et vaste salon. Grand jardin planté de vieux arbres. Courts de tennis. **www.villaromantica.it**

LUCQUES : Locanda L'Elisa

Via Nuova per Pisa 1952, Massa Pisana, 55050 **Tél** *0583 37 97 37* **Fax** *0583 37 90 19* **Chambres** *10*

Hôtel cinq étoiles aménagé dans un château du XVIIIᵉ siècle. Cet élégant Relais & Châteaux se trouve au pied d'une série de collines, près de Lucques. Les chambres, luxueuses, sont spacieuses et munies d'un salon garni de meubles, peintures et tentures anciens. Idéal pour une pause romantique. **www.locandalelisa.com**

PISE : Hotel Roseto

Via Mascagni 24, 56100 **Tél** *050 425 96* **Fax** *050 425 96* **Chambres** *16*

Petit hôtel deux étoiles, parfait pour les petits budgets. Le Roseto constitue une base calme et confortable dans le quartier commerçant de Pise. Les chambres sont claires et pourvues de grandes fenêtres, de carrelages et de hauts plafonds. Sur le toit, on trouve un jardin bien vert planté d'arbres qui offre de belles vues sur la ville. **www.hotelroseto.it**

PISE : Hotel Francesco

Via Santa Maria 129, 56126 **Tél** *050 55 54 53* **Fax** *050 55 61 45* **Chambres** *13*

Petit hôtel trois étoiles accueillant situé à quelques pas de la tour penchée de Pise. Depuis sa terrasse, beau panorama sur la ville. Récemment rénovées, les chambres sont propres, claires et sobrement meublées. Chambres non fumeur disponibles sur demande. **www.hotelfrancesco.com**

PISE : Hotel Villa Kinzica

Piazza Arcivescovado 2, 56126 **Tél** *050 56 04 19* **Fax** *050 55 12 04* **Chambres** *30*

Aménagé dans une imposante villa des années 1750, l'Hotel Kinzica offre des chambres confortables au mobilier moderne, à un prix raisonnable pour sa situation centrale. Les meilleures chambres ont conservé leurs éléments d'origine (cheminées en pierre et plafonds ornés de fresques). Depuis certaines chambres, vue sur la Piazza dei Miracoli. **www.hotelvillakinzica.it**

PISE : Royal Victoria Hotel

Lungarno Pacinotti 12, 56126 **Tél** *050 94 01 11* **Fax** *050 94 01 80* **Chambres** *48*

Cet hôtel occupe l'un des plus anciens bâtiments de Pise, une tour du Xᵉ siècle édifiée pour héberger la guilde des sommeliers. Il devint le principal hôtel de Pise en 1837, avec plusieurs tours médiévales. Dirigé par l'accueillante famille Piegaja. Les chambres ont une bonne taille et une belle décoration. Location de vélos et garage privé. **www.royalvictoria.it**

PISE : Hotel Relais dell'Orologio

Via della Faggiola 12/14, 56126 **Tél** *050 83 03 61* **Fax** *050 55 18 69* **Chambres** *21*

Hôtel cinq étoiles installé dans un manoir rénové et sa tour du XIVᵉ siècle. Les chambres sont bien meublées avec leurs plaids et rideaux écossais, ainsi que leurs cheminées d'origine. Certaines possèdent même un jacuzzi. Le petit déjeuner est servi dans le jardin du manoir et on remarque le bon restaurant. **www.hotelrelaisorologio.com**

PISTOIA : Hotel Piccolo Ritz

Via A. Vannucci 67, 51100 **Tél** *0573 267 75* **Fax** *0573 277 98* **Chambres** *21*

Hôtel trois étoiles peu cher, près de la gare de Pistoia et des remparts de la ville, offrant des chambres petites mais luxueuses. Joli café au plafond orné de fresques. Proche d'une route passante, il est parfois bruyant la nuit mais il demeure un bon rapport qualité-prix étant donné sa situation, près des principales curiosités touristiques de la ville.

PISTOIA : Il Convento

Via San Quirino 33, 51030 **Tél** *0573 45 26 51/52* **Fax** *0573 45 35 78* **Chambres** *32*

Monastère franciscain du XIXᵉ siècle transformé en hôtel aux chambres simples mais charmantes, donnant sur une cour intérieure pittoresque et un petit cloître. Les chambres ont été aménagées dans les anciennes cellules des moines, et le restaurant, dans le réfectoire. Depuis le jardin franciscain, on aperçoit la cathédrale de Florence. **www.ilconventohotel.com**

PRATO : Hotel Hermitage

Via Ginepraia 112, Loc. Poggio a Caiano, 59016 **Tél** *0558 772 44* **Fax** *0558 79 70 57* **Chambres** *59*

Installé dans une zone résidentielle près de la villa médicéenne Ambra du XVᵉ siècle, cet hôtel trois étoiles se trouve au sommet d'une colline. Les chambres sont simples mais confortables, certaines offrant de belles vues sur Florence. Le restaurant sert des spécialités toscanes. Idéal pour partir à la découverte des vignes environnantes. **www.hotelhermitageprato.it**

Légende des prix *voir p 558* **Légende des symboles** *voir rabat de couverture*

RADDA IN CHIANTI : La Locanda

Loc. Montanino, 53017 Tél 0577 73 88 32/33 Fax 0577 73 92 63 Chambres 6 et 1 suite

Ce petit hôtel tenu par une famille occupe une ancienne ferme du XVIᵉ siècle. Panorama époustouflant sur la campagne du Chianti. Un bâtiment en pierre tout proche accueille un salon avec bar et salle à manger. Vaste terrasse près de la piscine et grand jardin. Séjour de deux nuits minimum. **www.lalocanda.it**

SAN GIMIGNANO : Albergo Leon Bianco

Piazza della Cisterna 13, 53037 Tél 0577 94 12 94 Fax 0577 94 21 23 Chambres 25

Donnant sur la Piazza della Cisterna, au cœur de San Gimignano, cet hôtel est l'un des mieux situés de la ville. Il occupe également l'un des bâtiments les plus intéressants, un palazzo du XIᵉ siècle aux briques apparentes et plafonds parés de poutres en bois dans les chambres. **www.leonbianco.com**

SAN GIMIGNANO : La Cisterna

Piazza della Cisterna 23, 53037 Tél 0577 94 03 28 Fax 0577 94 20 80 Chambres 50

Installé dans un palazzo du XIVᵉ siècle, en plein centre-ville, La Cisterna offre de belles vues sur la place principale et la campagne environnante. Les chambres sont meublées dans le style fiorentin traditionnel. Le restaurant (ouvert depuis 1918) est divisé en deux parties, dont l'une, la Loggia Rustica, possède de beaux plafonds hauts en bois. **www.hotelcisterna.it**

SIENNE : Antica Torre

Via di Fieravecchia 7, 53100 Tél 0577 22 22 55 Fax 0577 22 22 55 Chambres 8

Petit hôtel aménagé dans une étonnante tour du XVIᵉ siècle, au sud-ouest de Sienne, le long des remparts. Les chambres, calmes et romantiques, ont beaucoup de caractère avec leurs poutres en bois, leurs arches en pierre et leurs voûtes d'origine en briques. La salle du petit déjeuner occupe la boutique d'un potier médiéval. **www.anticatorresiena.it**

SIENNE : Hotel Arcobaleno

Via Fiorentina 32/40, 53100 Tél 0577 27 10 92 Fax 0577 27 14 23 Chambres 19

Une paisible maison de campagne de 1850 accueille aujourd'hui cet hôtel agréable aux chambres intimes. Situé aux portes de la ville, il est à dix minutes de marche du centre historique de Sienne. Il possède une terrasse et un restaurant idéal pour les dîners romantiques. Service de baby-sitting. **www.hotelarcobaleno.com**

SIENNE : Hotel Chiusarelli

Viale Curtatone 15, 53100 Tél 0577 28 05 62 Fax 0577 27 11 77 Chambres 49

À quelques pas de la Piazza del Campo, cette villa tranquille héberge l'un des plus anciens hôtels de la ville. Construit en 1870 par la famille Chiusarelli, il possède des chambres meublées dans le style néo-classique et donne sur l'église San Domenico. Demandez une chambre avec balcon. Copieux buffet au petit déjeuner, servi dans la véranda. **www.chiusarelli.com**

SIENNE : Palazzo Bruchi di Masignani

Via Pantaneto 105, 53100 Tél 0577 28 73 42 Fax 0577 28 73 42 Chambres 9

Accueillant bed & breakfast installé dans un palazzo du XVIIIᵉ siècle, au cœur de Sienne, près de la Piazza del Campo. Belle vue sur le jardin et les anciens remparts de la ville. Chambres luxueuses aux plafonds ornés de fresques et aux meubles anciens. Les chambres standard sont dotées de mobilier traditionnel et de tapisseries murales. **www.palazzobruchi.it**

SIENNE : Hotel Athena

Via P Mascagni 55, 53100 Tél 0577 28 63 13 Fax 0577 481 53 Chambres 100

Hôtel moderne quatre étoiles à quelques pas du Duomo de Sienne, dans une zone calme et résidentielle, non loin de la Porta San Marco. Il possède un bar et une terrasse avec des vues sur Sienne et au-delà. Les chambres spacieuses ont une décoration contemporaine ou classique. Un restaurant raffiné propose de la cuisine locale. **www.hotelathena.com**

SIENNE : Pensione Palazzo Ravizza

Pian dei Mantellini 34, 53100 Tél 0577 28 04 62 Fax 0577 22 15 97 Chambres 30

Pension installée dans un palais Renaissance calme, dans le centre historique de Sienne. Les chambres ont conservé leur dallage de tommettes, leurs fresques, leurs portes sculptées et leur mobilier ancien. Les suites sont pourvues de leur propre salon. Restaurant gastronomique pour le soir et terrasse sur jardin surplombant les collines toscanes. **www.palazzoravizza.it**

SIENNE : Hotel Certosa di Maggiano

Strada di Certosa 82, 53100 Tél 0577 28 81 80 Fax 0577 28 81 89 Chambres 17

Cet hôtel compte parmi les luxueux Relais & Châteaux. Il occupe un monastère de 1314 restauré, dans la campagne siennoise. L'hôtel est mondialement célèbre pour ses peintures anciennes et ses soies délicates. Le vaste domaine qui l'entoure inclut des oliveraies, des vignes et une piste d'atterrissage pour hélicoptère. **www.certosadimaggiano.it**

SINALUNGA : Locanda dell'Amorosa

Loc. L'Amorosa, 53048 Tél 0577 67 72 11 Fax 0577 63 20 01 Chambres 20

Villa du XIVᵉ siècle magnifiquement transformée en hôtel, sur les collines de Sienne. Chaque chambre a sa propre décoration dans le style rustique toscan , avec d'anciens meubles, estampes et peintures. Les visiteurs peuvent profiter de l'élégant restaurant qui occupe les anciennes écuries, ainsi que du parc, de la ferme et des vignes alentour. **www.amorosa.it**

VIAREGGIO : Hotel Liberty

Viale Manin 18, 55049 Tél 0584 462 47 Fax 0584 462 49 Chambres 50

Hôtel trois étoiles situé dans le centre de la ville, près du front de mer. Les chambres au mobilier simple donnent sur la mer et/ou les montagnes de marbre de Carrara. Il possède un hall d'entrée confortable et moderne et une terrasse ensoleillée réservée aux hôtes en été. Le personnel, aimable, vous conseillera pour profiter au mieux du restaurant. **www.hotelliberty.viareggio.it**

VIAREGGIO : Hotel President
€€€

Viale Carducci 5, 55049 **Tél** *0584 96 27 12* **Fax** *0584 96 36 58* **Chambres** *39*

Hôtel réputé du front de mer, construit en 1949 dans le style Liberté typique de Viareggio. Chambres confortables et modernes. Le restaurant Gaudi propose un généreux buffet au petit déjeuner et un menu du soir, où la cuisine toscane et internationale sont représentées. Aire de jeu pour les enfants et location de vélos. **www.hotelpresident.it**

VOLTERRA : Albergo Villa Nencini
€

Borgo Santo Stefano 55, 56048 **Tél** *0588 863 86* **Fax** *0588 806 01* **Chambres** *35*

Une maison de campagne tenue par une famille accueille cet hôtel à la magnifique situation, juste à l'extérieur de la ville. La vue porte jusqu'à l'archipel toscan. Chambres claires et sobrement meublées. L'hôtel *enoteca*, installé dans les anciennes écuries, offre un grand choix de vins locaux. Piscine, au milieu d'un luxuriant jardin planté de chênes. **www.villanencini.it**

VOLTERRA : Hotel San Lino
€

Via S. Lino 26, 56048 **Tél** *0588 852 50* **Fax** *0588 806 20* **Chambres** *43*

Un ancien couvent, situé à l'intérieur des remparts médiévaux de Volterra (xvᵉ siècle), héberge cet hôtel quatre étoiles depuis 1982. Les chambres sont modernes sans toutefois trahir le passé du bâtiment. Les fenêtres donnent sur les rues pavées de la ville ou le jardinet de l'hôtel. Restaurant apprécié pouvant accueillir jusqu'à 20 couverts. **www.hotelsanlino.com**

OMBRIE

ASSISE : Hotel Alexander
€

Piazza Chiesa Nuova 6, 06081 **Tél** *075 81 61 90* **Fax** *075 81 61 90* **Chambres** *8*

Ce petit hôtel au bon rapport qualité-prix se trouve en plein cœur du vieux Assise. Il se distingue par ses poutres en bois, ses meubles anciens et ses hauts plafonds. Les chambres sont spacieuses et peuvent héberger des lits supplémentaires, une solution idéale pour les familles. Terrasse panoramique sur le toit. **www.assisi-hotel.com**

ASSISE : Hotel Berti
€

Piazza San Pietro, 06081 **Tél** *075 81 34 66* **Fax** *075 816 870* **Chambres** *10*

Hôtel à la situation centrale bien pratique, au pied d'une colline du vieux Assise, non loin de l'arrêt de bus reliant la ville à la gare. Endroit douillet au charme désuet, dont on remarque les meubles anciens, les parquets et le restaurant à la terrasse ensoleillée. Les chambres sont de bonne taille et joliment décorées. Délicieux petits déjeuners. **www.hotelberti.it**

ASSISE : Hotel Umbra
€€

Via degli Archi 6 (Piazza del Comune), 06081 **Tél** *075 81 22 40* **Fax** *075 81 36 53* **Chambres** *25*

Niché dans ruelle, non loin de la mairie de la ville, ce petit hôtel très populaire possède un restaurant avec un jardin sur cour où vous pouvez dîner en été. Calme et dirigé par une famille, tout l'endroit est paré de carrelages et d'antiquités. Les chambres sont claires et élégamment décorées. **www.hotelumbra.it**

ASSISE : Fontebella
€€€

Via Fontebella 25, 06081 **Tél** *075 81 28 83* **Fax** *075 81 29 41* **Chambres** *46*

Cet hôtel occupe un édifice en pierre entouré de paisibles jardins, qui abritait autrefois un moulin à huile. Réparties sur sept étages, les chambres sont vastes et équipées de salles de bains modernes. Belles chambres familiales ; certaines offrent un balcon d'où l'on jouit d'un beau panorama. Élégant salon avec cheminée et resques. **www.fontebella.com**

ASSISE : Hotel Le Silve
€€€

Loc. Armenzano 82, 06081 **Tél** *075 801 90 00* **Fax** *075 801 90 05* **Chambres** *15*

Dans le parc national de Subasio, à 10 km d'Assise, cette ferme du xᵉ siècle constitue une paisible cachette. L'hôtel offre des terrasses ensoleillées, une piscine et un centre d'équitation. Les chambres aux belles vues sont parées de murs en pierre, de dallages de tommettes, de poutres en bois, de cheminées et de mobilier ancien. Fermé de nov. à mars. **www.lesilve.it**

CAMPELLO SUL CLITUNNO : Il Vecchio Molino
€€

Via del Tempio 34, Località Pissignano, 6042 **Tél** *0743 52 11 22* **Fax** *0743 27 50 97* **Chambres** *13*

Moulin du xvᵉ siècle et ancienne hôtellerie. Le moulin, qui produisait de la farine et de l'huile d'olive, et était alimenté par les anciennes eaux des Fonti del Clitunno, a arrêté son activité récemment. Ce bel endroit abrite aujourd'hui un bed & breakfast. Les chambres sont simples, rustiques et confortables. Fermé de nov. à mars. **www.vecchio-molino.it**

CITTÀ DELLA PIEVE : Agriturismo Antica Frateria
€€

Località Poggio al Piano 44, 06062 **Tél** *0578 29 88 05* **Fax** *0578 29 70 55* **Chambres** *8*

Agriturismo spécialisé dans le safran, tenu par une famille. Au milieu des oliveraies et des vergers, il offre des vues sur la ville et jusqu'au lac Trasimène. Il propose des chambres et des appartements (dans une annexe) à la décoration rustique et au mobilier ancien. **www.anticafrateria.net**

CITTÀ DI CASTELLO : Hotel Tiferno
€€

Piazza R Sanzio 13, 06012 **Tél** *075 855 03 31* **Fax** *075 852 11 96* **Chambres** *47*

Installé dans un ancien couvent du xⁱᵉ siècle, cet hôtel ouvert depuis 1895 est l'un des plus vieux d'Ombrie. Situé sur une petite place du centre historique, il possède des salles élégantes dotées de cheminées, de voûtes et d'une collection de peintures d'Alberto Burri. Les salles sont modernes et confortables. Bon restaurant. **www.hoteltiferno.it**

Légende des prix *voir p 558* **Légende des symboles** *voir rabat de couverture*

DERUTA : Antica Fattoria del Colle

🏕️🅿️🍴♨️🐾 €

Str. Colle delle Forche 6, 06053 **Tél** 075 97 22 01 **Fax mobile** 329 989 72 72 **Chambres** 7

À l'extérieur de Deruta, sur une colline entourée d'oliveraies et de vignes, cet *agriturismo* appartient à un charmant couple de Rome. Il est formé de deux fermes de brique et de pierre aux meubles anciens, dallages de tommettes, poutres de bois et terrasses ensoleillées. Excellente cuisine et pâtisseries maison, délicieux vin. **www.anticafattoriadelcolle.it**

FONTIGNANA : Villa Monte Solare

🅿️🍴♨️🎾🐾📺🗖 €€€

Via Montali 7, Colle San Paolo, Panicale, 06064 **Tél** 075 83 23 76 **Fax** 075 835 54 62 **Chambres** 28

Villa patricienne située dans une oasis panoramique, près du lac Trasimène. Le restaurant sert de savoureux produits locaux. Les salles sont dotées de corniches, frises, dallages de tommettes, mobilier ancien et d'une cheminée. Élégante salle à manger et bar belvédère sur le toit. Labyrinthe et court de tennis. **www.villamontesolare.com**

GUBBIO : Grotta dell'Angelo

🍴 €

Via Gioia 47, 06024 **Tél** 075 927 17 47 **Fax** 075 927 34 38 **Chambres** 18

Dans le cœur du vieux Gubbio, cet hôtel familial paisible offre des chambres simples et propres dans une petite maison médiévale aux murs de pierre blanchis à la chaux, et un bon feu de bois l'hiver. Les chambres, toutes avec salle de bains privée, sont impeccables et gaies. Jardin et délicieux restaurant, sous une pergola pour l'été. **www.grottadellangelo.it**

GUBBIO : Relais Ducale

🗖🅿️🗖📺 €€€

Via Galeotti 19, 06024 **Tél** 075 922 01 57 **Fax** 075 922 01 59 **Chambres** 30

Cet imposant bâtiment se trouve sur la principale place de Gubbio, la Piazza della Signoria. Pourvu de mobilier ancien, il offre de belles vues sur la ville et les collines environnantes. Petit déjeuner servi sur la terrasse. Les chambres diffèrent par leur taille et leur décoration mais sont toutes élégantes, certaines possédant un balcon. **www.mencarelligroup.com**

GUBBIO : Villa Montegranelli

🗖🅿️🍴📺 €€€

Località Monteluiano, 06024 **Tél** 075 922 01 85 **Fax** 075 927 33 72 **Chambres** 21

Cette villa médiévale du xviiie siècle, à 4 km de Gubbio, appartenait autrefois aux comtes Guidi di Romena e Montegranelli. Au beau milieu d'une allée de cyprès, le bâtiment regorge de stucs, fresques et mobilier ancien. Les chambres sont luxueuses et donnent sur la vallée. Bon restaurant. **www.villamontegranellihotel.it**

LAC TRASIMÈNE, CASTIGLIONE DEL LAGO : Miralago

🍴📺 €€

Piazza Mazzini 6, 06061 **Tél** 075 951 157 **Fax** 075 51924 **Chambres** 19

Ce bâtiment rouge occupe une position centrale, sur une place de Castiglione del Lago. Ses chambres confortables reflètent le charme d'antan et chacune a sa propre décoration. Vue sur le lac ou la place. Le jardin de l'hôtel, où vous pouvez dîner en été, donne sur le lac Trasimène. **www.hotelmiralago.com**

LAC TRASIMÈNE, ISOLA MAGGIORE : Da Sauro

🍴 €

Via Guglielmini 1, 06060 **Tél** 075 826 168 **Fax** 075 825 130 **Chambres** 12

À l'extrémité nord du petit village de pêcheurs, sur Isola Maggiore, ce coquet hôtel tenu par une famille est installé dans un ancien bâtiment en pierre. Il possède un excellent restaurant de poisson et une véranda donnant sur le lac. Chambres confortables avec salle de bains. Bed & breakfast, demi-pension ou pension complète. **www.infoumbria.com**

LAC TRASIMÈNE, PASSIGNANO SUL TRASIMENO : Hotel Kursaal

🗖🅿️🍴♨️🗖📺 €€

Via Europa 24, 06065 **Tél** 075 82 80 85 **Fax** 075 82 71 82 **Chambres** 16

Cet hôtel occupe une villa appartenant à une famille et dotée d'un vaste jardin, sur les rives du lac. En été, de délicieux petits déjeuners vous sont servis sur la terrasse ensoleillée près de la piscine. Le restaurant de fruits de mer attire des visiteurs toute l'année. Les chambres sont confortables et possèdent un balcon privé. **www.kursaalhotel.net**

MONTEFALCO : Albergo Ristorante Ringhiera Umbra

🍴 €

Corso Mameli 20, 06036 **Tél** 0742 37 91 66 **Fax** 0742 37 91 66 **Chambres** 13

Locanda familiale offrant le gîte et de la bonne nourriture au cœur de Montefalco. Tenue par la même famille depuis son ouverture en 1938. Les chambres sont simples, doubles ou triples (avec salle de bains attenante pour les dernières) et toutes confortablement meublées. Restaurant très apprécié. **www.ringhieraumbra.com**

MONTEFALCO : Villa Pambuffetti

🅿️🍴♨️📺 €€€

Viale della Vittoria 20, 06036 **Tél** 0742 37 94 17 **Fax** 0742 37 92 45 **Chambres** 15

Ravissante villa entourée d'un parc privé dans laquelle le charismatique Gabriele d'Annunzio avait l'habitude de séjourner. Les antiquités sont très nombreuses. Les chambres donnent toutes sur les jardins paysagers et nombre des chambres de l'étage supérieur offrent des vues panoramiques. Bon restaurant de plats régionaux. **www.villapambuffetti.com**

NORCIA : Grotta Azzurra

🗖🅿️🍴♨️📺 €

Corso Sertorio 24, 06046 **Tél** 0743 81 65 13 **Fax** 0743 81 73 42 **Chambres** 45

Proche de la place principale, cet hôtel appartient à à une famille locale. Il date de 1850, possède un charmant restaurant et offre un large choix de chambres. Les plus basiques sont petites et sur rue, munies de balconnets ; les chambres de luxe sont plus spacieuses et dotées de baignoires à remous (deux sont décorées de fresques). **www.bianconi.com**

NORCIA : Il Casale nel Parco

🗖🅿️🍴♨️ €€

Località Fontevena 8, 06046 **Tél** 0743 81 64 81 **Fax** 0743 81 64 81 **Chambres** 12

Agriturismo situé à l'extérieur de Norcia, au pied des montagnes du Monte Sibillini. Aménagées à l'intérieur d'une ferme en pierre et de bâtiments restaurés, ses chambres sont confortables et agréables, avec leurs poutres en bois, leurs lits en fer forgé et leurs belles vues sur jardin. Excellents pique-nique et dîners sur demande. **www.casalenelparco.com**

ORVIETO : Agriturismo Titignano
Località Titignano, 05010 **Tél** *0763 30 80 00* **Fax** *0763 30 80 02* **Chambres** *6*

Au beau milieu d'un vaste parc surplombant le lac Corbara, cet *agriturismo* abrite six appartements dans le château d'un hameau médiéval. La voiture est indispensable pour accéder à cet endroit. Les chambres sont simples, certaines équipées d'un coin cuisine. Nourriture excellente, servie dans une salle à manger spacieuse avec cheminée. **www.titignano.com**

ORVIETO : Hotel Duomo
Vicolo di Maurizio 7, 05018 **Tél** *0763 34 18 87* **Fax** *0763 39 49 73* **Chambres** *18*

Le Duomo occupe une position centrale, sur une petite route près de la cathédrale, et offre des chambres modernes équipées de grandes salles de bains. Le personnel est aimable et certaines des chambres sont pourvues de balcons qui dominent la cathédrale. L'hôtel, qui jouit aussi d'un jardinet, est idéal pour un séjour de courte durée. **www.orvietohotelduomo.com**

ORVIETO : Palazzo Piccolomini
Piazza Ranieri 36, 05018 **Tél** *0763 34 17 43* **Fax** *0763 39 10 46* **Chambres** *33*

Cet hôtel occupe un palazzo du XVIe siècle, dans un quartier calme de la ville. Récemment aménagé, c'est le plus bel hôtel d'Orvieto. Les salles et les chambres sont élégantes, avec leurs plafonds voûtés, leurs murs blanchis à la chaux et leurs candélabres en fer forgé. Les chambres des étages supérieurs offrent un joli panorama. **www.hotelpiccolomini.it**

PÉROUSE : Hotel Sant'Ercolano
Via del Bovaro 9, 06122 **Tel/Fax** *075 572 46 50* **Chambres** *15*

À côté de l'église de Sant'Ercolano, dans le centre historique, cet hôtel bon marché est installé dans un bâtiment du XVIIe siècle. À deux minutes de la gare routière, il permet d'explorer la région. Les chambres sont simples mais confortables, toutes équipées d'une salle de bains privée. Ventilateurs disponibles en été. Délicieux petit déjeuner. **www.santercolano.com**

PÉROUSE : Albergo Lo Spedalicchio
Piazza Bruno Buozzi 3, 06080 **Tél** *075 801 03 23* **Fax** *075 801 03 23* **Chambres** *25*

Hôtel moderne installé à l'intérieur d'une forteresse médiévale, dans un minuscule hameau. Il est surtout fréquenté par les voyageurs et les pèlerins qui recherchent le calme. Chambres spacieuses avec salle de bains. Poutres en bois et mobilier ancien. Très bon petit déjeuner. Le restaurant sert des plats régionaux raffinés. **www.lospedalicchio.it**

PÉROUSE : Hotel La Fortuna
Via Luigi Bonazzi 19, 06123 **Tél** *075 572 28 45* **Fax** *075 573 50 40* **Chambres** *34*

Palazzo restauré avec une jolie terrasse sur son toit, des équipements modernes et un personnel professionnel et aimable. Fresques dans le restaurant et certaines des chambres luxueuses, dont beaucoup sont pourvues d'un salon et d'une terrasse. Les chambres bon marché sont basiques, les chambres standard sont plus spacieuses et climatisées. **www.umbriahotels.com**

PÉROUSE : Albergo Brufani Palace
Piazza Italia 12, 06100 **Tél** *075 573 25 41* **Fax** *075 572 02 10* **Chambres** *94*

Hôtel luxueux sur une colline en plein centre de Pérouse. Plafonds hauts ornés de fresques, parquets, cheminées en pierre, chandeliers et antiquités abondent ; les chambres sont particulièrement somptueuses. Piscine équipée d'un sol en verre qui permet d'admirer les ruines étrusques situées juste en dessous. Restaurant raffiné. **www.brufanipalace.com**

SPELLO : La Bastiglia
Piazza Vallegloria 7, 06038 **Tél** *0742 65 12 77* **Fax** *0742 30 11 59* **Chambres** *33*

Hôtel installé sur les pentes du Monte Subasio, dans un moulin, dont le restaurant est coté une étoile au guide Michelin. Les suites junior ont une terrasse privée et des bains à remous ; les chambres de luxe ont leur propre jardin ; les chambres supérieures sont munies d'un balcon. Piscine chauffée. **www.labastiglia.com**

SPELLO : Palazzo Bocci
Via Cavour 17, 06038 **Tél** *0742 30 10 21* **Fax** *0742 30 14 64* **Chambres** *23*

Hôtel magnifiquement restauré à l'intérieur d'un palazzo du XVIIe siècle, dans le quartier historique de la ville. Les salles sont nombreuses, toutes parées de tommettes, de fresques, d'une cheminée et de poutres en bois. À l'extérieur, fontaine, jardin suspendu, palmiers et terrasses ensoleillées. Excellent restaurant. **www.palazzobocci.com**

SPOLÈTE : Hotel Aurora
Via Apollinaire 3, 06049 **Tél** *0743 22 03 15* **Fax** *0743 22 18 85* **Chambres** *23*

Petit hôtel dirigé par une famille à la situation très centrale, près de l'arrêt du bus qui relie le vieux Spolète à la gare. Situées à l'arrière de la route, les chambres sont calmes, propres et confortables et donnent sur les toits de la ville. Les hôtes bénéficient de prix réduits au restaurant tout proche, l'Apollinaire. **www.hotelauroraspoleto.it**

SPOLÈTE : Hotel San Luca
Via Interna delle Mura 21, 06049 **Tél** *0743 22 33 99* **Fax** *0743 22 38 00* **Chambres** *35*

Hôtel tenu par une famille et installé dans une ancienne tannerie du XVIIIe siècle, avec des jardins et une cour ensoleillée, où le petit déjeuner vous sera servi en été. Chambres spacieuses et insonorisées, équipées de superbes salles de bains. Quelques-unes ont des murs décorés de fresques ou un balcon privé. **www.hotelsanluca.com**

SPOLÈTE : Palazzo Dragoni
Via del Duomo 13, 06049 **Tél** *0743 22 22 20* **Fax** *0743 22 22 25* **Chambres** *15*

Une *residenza d'epoca* proche de la cathédrale. Cet édifice du XIVe siècle possède des chambres spacieuses, des lits en fer forgé, des plafonds voûtés et des meubles anciens. Certaines chambres sont munies de fenêtres à la française, donnant sur les toits et la vallée ; d'autres sont dotées de lits à baldaquin. Élégante salle à manger et petit jardin. **www.palazzodragoni.it**

Légende des prix *voir p 558* **Légende des symboles** *voir rabat de couverture*

SPOLÈTE : Hotel Gattapone

🅿️🏥🖥️ €€€

Via del Ponte 6, 06049 **Tél** *0743 22 34 47* **Fax** *0743 22 34 48* **Chambres** *15*

Situation romantique sous la Rocca Albornoziana, en face du célèbre Ponte delle Torri. Cette ancienne villa porte le nom de l'architecte qui a réalisé le pont, elle possède essentiellement des chambres standard, tandis qu'une annexe moderne offre un logement avec salle de bains privée. Jardin et terrasse donnant sur la vallée. **www.hotelgattapone.it**

TODI : San Lorenzo Tre

€€

Via San Lorenzo 3, 06059 **Tél** *075 894 45 55* **Fax** *075 894 45 55* **Chambres** *6*

En séjournant dans ce petit hôtel, vous effectuerez un véritable voyage dans le passé. Cet établissement familial offre peu d'équipements modernes. On remarque le mobilier ancien, les peintures et la bibliothèque très complète. Toutes les chambres – dont trois possèdent une salle de bains – donnent sur les toits et les collines, au nord de Todi. **www.todi.net/lorenzo**

TODI : Fontecesia

📶🅿️🍴🖥️ €€€

Via Lorenzo Leonj 3, 06059 **Tél** *075 894 37 37* **Fax** *075 894 46 77* **Chambres** *35*

Dans le centre de Todi, ce palazzo du XVIIe siècle rénové, derrière l'ancienne église de San Benedetto, offre des chambres standard spacieuses et confortables, tandis que les quatre suites, toutes différentes, sont vraiment somptueuses. Certaines chambres dominent la vieille ville, d'autres la campagne. **www.fontecesia.it**

TODI : Hotel Bramante

📶🅿️🍴♨️🖥️ €€€

Via Orvietana 48, 06059 **Tél** *075 894 83 81* **Fax** *075 894 80 74* **Chambres** *57*

Situé dans les collines de Todi, près de l'église de Bramante (Santa Maria della Consolazione), à l'extérieur des remparts de la ville. Cet hôtel occupe un ancien couvent du XIIIe siècle et offre de belles vues sur la campagne environnante. Les chambres sont spacieuses, dotées de parquet et peintes dans des couleurs chaudes. **www.hotelbramante.it**

TORGIANO : Le Tre Vaselle

📶🅿️🍴♨️📺🖥️ €€€€

Via Garibaldi 48, 06089 **Tél** *0759 88 04 47* **Fax** *0759 88 02 14* **Chambres** *60*

Hôtel aménagé dans une belle maison du XVIIe siècle entourée de vignes, avec de vastes terrasses et jardins, un centre de cure et deux piscines. Les chambres sont élégantes, parées d'étoffes tissées à la main et de dallages de tommettes ; les suites possèdent une cheminée. Excellent restaurant. Appartements à louer. Service de navette pour Pérouse et Assise. **www.3vaselle.it**

TREVI : Casa Giulia

🅿️♨️🖥️ €€

Via Corciano 1, Bovara, 06039 **Tél** *0742 782 57* **Fax** *0742 38 16 32* **Chambres** *9*

Près des sources de Clitunno, cette maison du XVIIe siècle appartient à la même famille depuis des générations. Les chambres sont pourvues de mobilier ancien et de poutres en bois, de murs blancs et de lits en fer forgé. Certaines sont ornées de fresques d'origine. Piscine au beau milieu de lauriers-roses. **www.casagiulia.com**

MARCHES

ACQUAVIVA PICENA : Hotel O'Viv

🅿️🍴 €

Via Marziale 43, 63030 **Tél** *0735 76 46 49* **Fax** *0735 76 50 54* **Chambres** *9*

Perchée sur une colline de la ville, offrant des vues uniques sur les plages, à 6 km de San Benedetto del Tronto et des monts Sibillini, cette maison restaurée avec goût possède un jardin propice à la détente et un restaurant. Les chambres sont fraîches et spacieuses, remplies de meubles anciens et ornées de fresques. Plage privée. **www.oviv.it**

AMANDOLA : Affittacamere Il Palazzo

🅿️ €

Via Indipendenza 61, 63021 **Tél** *0736 84 70 82* **Fax** *0736 84 70 82* **Chambres** *8*

Cet hôtel est situé dans un charmant village médiéval, près de l'une des entrées du parc des monts Sibillini. Belle balade à proximité. Ce palazzo du XVe siècle au dallage de tommettes et à la ravissante cheminée dans le salon est frais en été et chaud en hiver. Les chambres possèdent toutes leur propre salle de bains. **www.palazzopecci.com**

ANCÔNE : Hotel Fortuna

📶🖥️ €€

Piazza Fratelli Rosselli 15, 60126 **Tél** *071 426 63* **Fax** *071 426 62* **Chambres** *56*

Le Fortuna présente un bon rapport qualité-prix. Juste en face de la gare, cet hôtel accueillant possède des chambres simples, propres et confortables. Pas très loin du centre-ville et de l'aéroport, et bien situé pour découvrir le centre historique d'Ancône. Deux chambres sont réservées aux personnes à mobilité réduite. **www.hotelfortuna.it**

ANCÔNE : Grand Hotel Palace

📶🅿️🖥️ €€€

Lungomare Vanvitelli, 60210 **Tél** *071 20 18 13* **Fax** *071 20 748 32* **Chambres** *40*

Le Palace est le plus bel hôtel d'Ancône, installé dans un ancien palazzo, avec une superbe terrasse panoramique. Très central, à quelques pas de toutes les curiosités touristiques. Les chambres sont élégantes et très confortables. Des petits appartements avec vue sur mer sont disponibles à la location à la semaine. **www.hotelancona.it**

ASCOLI PICENO : Palazzo Guiderocchi

📶🅿️🍴🖥️ €€€

Via Cesare Battisti 3, 63100 **Tél** *0736 24 40 11* **Fax** *0736 24 34 41* **Chambres** *32*

Au cœur du vieux Ascoli, près du Palazzo del Popolo, ce bâtiment historique minutieusement restauré hébergeait autrefois un célèbre tyran dont il porte le nom. Superbes chambres romantiques, autour de deux cours intérieures. Les chambres de luxe et les suites sont dotées de lits à baldaquin et ornées de fresques. Excellent restaurant. **www.palazzoguiderocchi.com**

FABRIANO : Hotel Relais Le Marchese del Grillo   🖼️🅿️🍴🎾📧   €€€€€
Via Rochetta 73, 60044   **Tél** *0732 62 56 90*   **Fax** *0732 62 79 58*   **Chambres** *20*

Hôtel-restaurant romantique aménagé dans une villa de couleur rose, dans la luxuriante campagne, à 5 km de Fabriano, non loin des célèbres grottes de Frasassi. Les chambres du bâtiment principales sont vastes et pourvues de mobilier ancien ; la coquette annexe offre des chambres rustiques (murs de pierre et dallages de tommettes). **www.marchesedelgrillo.com**

FANO : Hotel Augustus   🖼️🅿️🍴🎾📧   €
Via Puccini 2, 61032   **Tél** *0721 80 97 81*   **Fax** *0721 82 55 17*   **Chambres** *22*

Hôtel balnéaire situé juste à l'extérieur des remparts de la ville, proche de la ville médiévale et du front de mer. Son extérieur moderne contraste avec un intérieur un peu vieillot. Oasis de calme, l'endroit comprend de belles salles au mobilier ancien. Les chambres sont spacieuses et lumineuses, décorées dans des tons chauds de jaune. **www.hotelaugustus.it**

JESI : Albergo Mariani   🅿️🍴📧   €
Via dell'Orfanatrofio 10, 60035   **Tél** *0731 20 72 86*   **Fax** *0731 20 00 11*   **Chambres** *33*

Cet hôtel central tenu par une famille a ouvert ses portes en 1951. Chambres calmes et confortables, insonorisées et bien décorées. L'hôtel compte cinq petites suites, dont trois offrent des bains à remous ; certaines chambres sont accessibles aux personnes à mobilité réduite. Restaurant, accès Internet et service de chambre disponible 24 h/24. **www.hotelmariani.com**

LORETO : Hotel Villa Tetlameya   🅿️🍴📧   €€
Via Villa Costantina 187, 60025   **Tél** *071 97 88 63*   **Fax** *071 97 66 39*   **Chambres** *8*

Aux portes de la vieille ville, cette villa aristocratique date de 1873 et est entourée d'un coquet jardin. Les chambres au mobilier ancien donnent sur le Monte Conero et deux sur mer. En bas, on trouve l'excellent restaurant Zi Nene, qui sert des repas dans la salle à manger ou dans les jardins. **www.loretoitaly.com/italia/hotel.htm**

MACERATA : Hotel Lauri   🖼️📧   €
Via Tommaso Lauri 6, 62100   **Tél** *0733 23 23 76*   **Fax** *0733 26 42 21*   **Chambres** *28*

En plein centre-ville, près de l'université, l'hôtel Lauri occupe un bâtiment du xixe siècle. Il offre des chambres doubles, ainsi que des mini-appartements avec cuisine et salon. Les chambres sont de tailles différentes mais toutes confortablement meublées dans un style ancien et dotées de carrelage. **www.gestire2000.com**

PESARO : Albergo Ristorante Villa Serena   🅿️🍴🏊📧   €€€
Via San Nicola 6/3, 61100   **Tél** *0721 552 11*   **Fax** *0721 559 27*   **Chambres** *8*

Palazzo niché dans la campagne, entre Pesaro et Fano, aux chambres élégantes et au prestigieux restaurant. Le chef Renato Pinto, comte, et son fils Stefano assurent une cuisine excellente et créative. Dîner romantique aux chandelles, antiquités, jardin ensoleillé et suites somptueuses. **www.villa-serena.it**

PESARO : Hotel Vittoria   🖼️🅿️🍴🏊🎾📧   €€€€
Piazzale della Libertà 2, 61100   **Tél** *0721 343 43*   **Fax** *0721 652 04*   **Chambres** *27*

Cet hôtel existe depuis 1908 et accueille des hôtes distingués. Situation très centrale, avec une terrasse sur mer et une petite piscine. Les chambres sont meublées avec goût et équipées de salles de bains en marbre – beaucoup ont des balcons avec vue sur mer et des baignoires à remous. Personnel professionnel et aimable. **www.viphotels.it**

PORTONOVO (CONERO PENINSULA) : Hotel Emilia   🖼️🅿️🍴🏊📧   €€€€
Poggio di Portonovo, 60020   **Tél** *071 80 11 17*   **Fax** *071 80 13 30*   **Chambres** *30*

Au beau milieu des chênes verts, des champs de genêts et de lavande, en haut d'une falaise surplombant la mer, l'Emilia est un hôtel dirigé par une famille où se mêlent antiquités et art contemporain. Une navette conduit les hôtes jusqu'à la plage privée située en contrebas. Les jardins accueillent un festival de jazz en été. **www.hotelemilia.com**

PORTONOVO (CONERO PENINSULA) : Fortino Napoleonico   🅿️🍴🏊🎾📧   €€€€€
Via Poggio 166, 60020   **Tél** *071 80 14 50*   **Fax** *071 80 14 54*   **Chambres** *32*

Cet hôtel occupe un ancien fort napoléonien construit pour empêcher les incursions anglaises dans la baie. Situation exceptionnelle avec une plage privée dans une crique, au cœur de la péninsule du Conero. Charmants jardins et terrasses, excellents restaurant et cave à vins. Vous vous endormirez, bercé par le bruit des vagues. **www.hotelfortino.it**

SAINT-MARIN : Hotel Ristorante Titano   🖼️🅿️🍴🎎📧   €€
Contrada del Collegio 31, 47890   **Tél** *0549 99 10 06*   **Fax** *0549 99 13 75*   **Chambres** *48*

Cet hôtel-restaurant date de 1894 et se trouve dans un endroit calme, au centre du principal *borgo* de Città di San Marino. La terrasse des chambres et de la salle à manger dominent les plaines du Montefeltro et, plus loin, les Apennins. Options demi-pension ou pension complète. **www.hoteltitano.com**

SAINT-MARIN : Locanda dell'Artista   🅿️🍴📧   €€
Via del Dragone 18, Montegiardino, 47839   **Tél** *0549 99 60 24*   **Fax** *0549 99 60 24*   **Chambres** *5*

Locanda aux chambres ravissantes et à l'excellente nourriture, à l'intérieur d'un ancien palazzo, près du Castello di Montegiardino, *borgo* le plus calme de Saint-Marin. Murs en pierre et dallages de tommettes. Les cinq chambres portent le nom et illustrent le style de célèbres artistes : Picasso, Severini, Matisse, Magritte et Grosz. **www.locandadellartista.com**

SAN LEO : Locanda San Leone   🅿️🍴🏊   €€
Strada S. Antimo 102, Alta Valmarecchia, 61018   **Tél** *0541 91 21 94*   **Chambres** *5*

Aménagée à l'intérieur d'un ancien moulin, cette petite *locanda* n'a que six chambres, une piscine, un jardin et un restaurant. Le mobilier ancien abonde dans les chambres accueillantes et peintes de couleurs chaudes. Juste de l'autre côté de la Rocca di San Leo, agréable balade en vélo ou voiture jusqu'à la ville. **www.locandasanleone.it**

Légende des prix *voir p 558*   **Légende des symboles** *voir rabat de couverture*

URBINO : Locanda della Brombolona

⊠ P ⏷ ⏷   €

Via Sant'Andrea in Primicilio 16, Canavaccio, 61029 **Tél** *072 25 35 01* **Fax** *072 25 35 01* **Chambres** *12*

Dans les collines, à 11 km à l'extérieur des remparts d'Urbino, cet hôtel rustique occupe une ancienne église. Les chambres sont confortables, avec leur propre salle de bains et chauffage, mais sans autre équipement. Salle de télévision et bar, ainsi que très bon restaurant et joli jardin. **www.locandadellabrombolana.it**

URBINO : Albergo Raffaello

⏷ ▤   €€

Vicolino S. Margherita 40, 61029 **Tél** *0722 47 84* **Fax** *0722 32 85 40* **Chambres** *14*

Au cœur du quartier historique, à quelques pas de la maison où naquit le peintre Raphaël, cet hôtel abritait un séminaire. Chambres simples, confortables, certaines avec des fenêtres à la française et de minuscules balcons donnant sur les toits de la vieille ville et les collines. Dirigé par une famille accueillante. **www.albergoraffaello.com**

URBINO : Hotel Bonconte

⏷ ⏷ ▤   €€

Via delle Mura 28, 61029 **Tél** *0722 24 63* **Fax** *0722 47 82* **Chambres** *23*

À quelques minutes à pied du centre historique, juste à l'intérieur des remparts de la ville, cet hôtel offre un beau panorama sur la campagne qui entoure Urbino. Cette élégante villa ancienne regorge de meubles de style et est agrémentée d'un jardin, où le petit déjeuner est servi en été (non inclus dans le prix de la chambre). Bon restaurant. **www.viphotels.it**

ROME

AVENTIN : Casa Kolbe

⏷ ⏷   €

Via di San Teodoro 44, 00186 **Tél** *06 679 49 74* **Fax** *06 69 94 15 50* **Chambres** *63*   **Plan** *6 E1*

Idéalement placé pour visiter le Palatin et le Forum, cet ancien monastère franciscain est quelque peu spartiate mais très abordable financièrement. Les groupes l'apprécient particulièrement et il est parfois un peu bruyant. Les chambres donnant sur le jardin intérieur et les cloîtres sont plus calmes, avec de belles fenêtres à la française. Demi-pension possible.

AVENTIN : Domus Aventina

⏷ ▤   €€€

Via di Santa Prisca 11b, 00153 **Tél** *06 574 61 35* **Fax** *06 57 30 00 44* **Chambres** *26*   **Plan** *6 E2*

Le Domus Aventina est un hôtel impeccable qui occupe un ancien couvent du xive siècle, au pied de la colline de l'Aventin. Les chambres sont spacieuses et simplement décorées dans les tons pastel. Magnifiques vues sur le mont Caelius depuis plusieurs chambres et l'immense terrasse. **www.hoteldomusaventina.com**

AVENTIN : FortySeven

⏷ ⏷ ♒ ⏷ ⏷ ▤   €€€

Via Petroselli 47, 00186 **Tél** *06 678 78 16* **Fax** *06 69 19 07 26* **Chambres** *61*   **Plan** *6 E1*

Le FortySeven domine le temple des vierges vestales et l'église Santa Maria de Cosmedin. Moderne et plein de style avec la terrasse de son toit et son bar. Les chambres sont spacieuses et les touches de luxe nombreuses. Personnel très aimable. **www.fortysevenhotel.com**

AVENTIN : Sant'Anselmo

⏷ ▤   €€€

Piazza di Sant'Anselmo 2, 00153 **Tél** *06 574 51 74* **Fax** *06 578 36 04* **Chambres** *45*   **Plan** *6 E3*

Cet hôtel occupe une villa dans les jardins de la paisible colline de l'Aventin, près du Colysée. Le hall d'entrée est orné de fleurs peintes ; on remarque les chandeliers et les couloirs avec leurs fleurs de marbre incrusté. Le salon donne sur le jardin de l'hôtel. Nombre des chambres possèdent une terrasse. Service accueillant. **www.aventinohotels.com**

CAMPO DE' FIORI : Arenula

⏷ ▤   €€

Via S Maria de' Calderari 47, 00186 **Tél** *06 687 94 54* **Fax** *06 689 61 88* **Chambres** *50*   **Plan** *10 D5*

Situation idéale, près des ruines de Largo Argentina, entre le Campo de' Fiori et la Piazza Venezia et non loin du Travestere, pour cet hôtel modeste au très bon rapport qualité-prix. Les chambres sont claires et spacieuses et la décoration et les meubles, de qualité. Toutes les chambres ont leur propre salle de bains et sont climatisées. **www.hotelarenula.com**

CAMPO DE' FIORI : Smeraldo

⏷ ⏷ ▤   €€€

Vicolo dei Chiodaroli 9, 00186 **Tél** *06 687 59 29* **Fax** *06 68 80 54 95* **Chambres** *50*   **Plan** *10 D4*

Le Smeraldo occupe un bel endroit, à mi-chemin entre le Campo et Largo Argentina. Les chambres récemment rénovées sont petites mais pleines de charme ; l'une d'entre elles est réservée aux personnes à mobilité réduite. La terrasse du toit, bien que bruyante, est agréable pour boire un verre. Les petits déjeuners sont copieux et le personnel agréable. **www.smeraldoroma.com**

CAMPO DE' FIORI : Suore di Santa Brigida

⏷ ⏷ ▤   €€

Piazza Farnese 96, 00186 **Tél** *06 68 89 25 96* **Fax** *06 68 89 15 73* **Chambres** *20*   **Plan** *2 E5, 9 C4*

Les religieuses de cet hôtel au charme discret offrent des chambres doubles avec salle de bains privée. Vous pouvez choisir bed & breakfast ou demi-pension. Accès autorisé à la chapelle et à la bibliothèque. Contrairement à de nombreuses institutions religieuses, il n'y a pas de couvre-feu. Directement situé sur la prestigieuse Piazza Farnese. **www.brigidine.org**

CAMPO DE' FIORI : Teatro di Pompeo

⏷ P ▤   €€€

Largo del Pallaro 8, 00186 **Tél** *06 687 28 12* **Fax** *06 68 80 55 31* **Chambres** *12*   **Plan** *9 C4*

Petit hôtel construit sur les ruines de l'ancien théâtre du même nom, où l'on raconte que Jules César a rencontré son destin. Les chambres sont spacieuses et confortables, avec leurs poutres en bois et leurs meubles en bois sombre. Le petit déjeuner est servi au rez-de-chaussée, sous une voûte romaine. **www.hotelteatrodipompeo.it**

CAMPO DE' FIORI : Ponte Sisto   🛠️🅿️🍴📧   €€€€
Via dei Pettinari 64, 00186 **Tél** *06 68 63 10* **Fax** *06 68 30 17 12* **Chambres** *103*   **Plan** 2 E5, 9 C5

Idéalement situé près du Campo de' Fiori et du Travestere, le Ponte Sisto est accessible aux personnes en fauteuil roulant. Complexe monastique reconverti en un hôtel moderne aux nombreuses terrasses et au joli cloître avec restaurant et bar. Réservez rapidement la suite Belvédère de l'étage supérieur. **www.hotelpontesisto.com**

FORUM : Paba   🛠️📧   €€
Via Cavour 266, 2nd Floor, 00184 **Tél** *06 47 82 49 02* **Fax** *06 47 88 12 25* **Chambres** *7*   **Plan** 3 B5

Dirigée par une charmante dame, cette minuscule pension occupe le deuxième étage d'un élégant édifice, à quelques pas de la Piazza Venezia et du Forum. Les chambres propres, spacieuses, insonorisées et joliment meublées sont pourvues de parquets, réfrigérateurs et bouilloires. **www.hotelpaba.com**

FORUM : Lancelot   🛠️🅿️🍴📧   €€€
Via Capo d'Africa 47, 00184 **Tél** *06 70 45 06 15* **Fax** *06 70 45 06 40* **Chambres** *60*   **Plan** 7 A1

Endroit apprécié à proximité du Colysée. Personnel très aimable et serviable. Les chambres sont spacieuses et charmantes. Certaines jouissent d'une terrasse privée avec vue et deux sont réservées aux personnes à mobilité réduite. Option demi-pension disponible. Copieux petit déjeuner servi dans le jardin patio. **www.lancelothotel.com**

FORUM : Hotel Celio   🛠️🅿️📺📧   €€€€
Via SS Quattro 35C, 00184 **Tél** *06 70 49 53 33* **Fax** *06 709 63 77* **Chambres** *20*   **Plan** 7 A1

L'Hotel Celio est somptueusement décoré, idéalement situé et particulièrement accueillant. Les chambres sont meublées avec goût, ornées de fresques dans le style des peintres de la Renaissance, tels que Titien et Cellini. Les chambres de l'étage supérieur possèdent un jacuzzi et la suite, une terrasse privée panoramique. Jardin sur le toit. **www.hotelcelio.com**

PIAZZA DELLA ROTONDA : Mimosa   📺📧   €€
Via di Santa Chiara 61, 00186 **Tél** *06 68 80 17 53* **Fax** *06 683 35 57* **Chambres** *12*   **Plan** 2 F4, 10 D3

Hôtel agréable tenu par une famille, aux chambres simples et spacieuses, dont cinq avec salle de bains privée et climatisation. Des chambres moins chères sont également disponibles avec salles de bains communes. Apprécié des petits budgets, l'endroit est également idéal pour visiter le quartier. Petits déjeuners plutôt copieux. **www.hotelmimosa.net**

PIAZZA DELLA ROTONDA : Cesari   🛠️📧   €€€
Via di Pietra 89a, 00186 **Tél** *06 674 97 01* **Fax** *06 67 49 70 30* **Chambres** *47*   **Plan** 10 E2

Le Cesari est aménagé sur quatre étages sur une place romantique, non loin du Panthéon, derrière le temple d'Hadrien. L'hôtel date de 1787 et appartient à la même famille depuis 1899. Il était l'un des endroits préférés de Stendhal, avec ses chambres spacieuses et élégantes. Étages non fumeur et accès Internet gratuit. **www.albergocesari.it**

PIAZZA DELLA ROTONDA : Rinascimento   🛠️📧   €€€
Via del Pellegrino 112, 00186 **Tél** *06 687 48 13* **Fax** *06 683 35 18* **Chambres** *19*   **Plan** 2 E4, 9 B3

Bien situé, ce petit hôtel dirigé par une famille a récemment été rénové. Il offre un confort d'autrefois. Les chambres diffèrent par leur aspect, leur taille et leur prix – certaines parfois jugées un peu trop sombres et petites. Une petite chambre double possède une jolie terrasse et l'une des chambres supérieures est pourvue d'un salon. **www.hotelrinascimento.com**

PIAZZA DELLA ROTONDA : Albergo del Senato   🛠️📧   €€€€
Piazza della Rotonda 73, 00186 **Tél** *06 678 43 43* **Fax** *06 69 94 02 97* **Chambres** *56*   **Plan** 2 F4, 10 D3

Vieil hôtel plutôt chic avec une vue de côté sur le Panthéon et la Piazza. Les chambres sont élégantes et le service discret. Certaines chambres sont munies d'une baignoire ou d'une terrasse privée, et la suite se distingue par son plafond décoré de fresques. Les fenêtres sont insonorisées et on découvre un charmant jardin sur le toit. **www.albergodelsenato.it**

PIAZZA DELLA ROTONDA : Grand Hotel de la Minerve   🛠️🅿️🍴📺📧   €€€€€
Piazza della Minerva 69, 00186 **Tél** *06 69 52 01* **Fax** *06 679 41 65* **Chambres** *135*   **Plan** 2 F4, 10 D3

Très apprécié depuis des générations, le Minerve mêle l'élégance du Vieux Monde au style contemporain. L'établissement regorge de marbre, de chandeliers et de fresques. Excellents bar et restaurant sur le toit. **www.grandhoteldelaminerve.com**

PIAZZA DI SPAGNA : Erdarelli   🛠️📧   €€
Via Due Macelli 28, 00187 **Tél** *06 679 12 65* **Fax** *06 679 07 05* **Chambres** *28*   **Plan** 3 A3, 10 F1

L'Erdarelli est un petit hôtel dirigé par une famille, à mi-chemin entre la fontaine de Trévi et la Piazza di Spagna. Idéal pour les petits budgets à la recherche d'un endroit central, loin de la gare. Les chambres sont basiques mais impeccables. Climatisation sur demande avec supplément, et chambres avec balcon. **www.erdarelliromehotel.com**

PIAZZA DI SPAGNA : Panda   📧   €€
Via della Croce 35, 00187 **Tél** *06 678 01 79* **Fax** *06 69 94 21 51* **Chambres** *28*   **Plan** 3 A2

Petit hôtel attachant à la clientèle fidèle, offrant des chambres bon marché dans l'un des quartiers les plus chers de Rome. Chambres bien propres avec ou sans salle de bains, mais toutes climatisées et équipées de téléphone et accès Internet. Certaines chambres sont ornées de fresques d'origine du xixe siècle. **www.hotelpanda.it**

PIAZZA DI SPAGNA : Parlamento   🛠️📧   €€
Via delle Convertite 5, 00187 **Tel/Fax** *06 69 92 10 00* **Chambres** *23*   **Plan** 10 E1

Charmant hôtel aménagé au dernier étage d'un bâtiment situé juste à la sortie de l'animé Corso. Chambres spacieuses exaltant le charme d'antan avec de lourds meubles en bois et des salles de bains bien aménagées. Climatisation sur demande. Agréable terrasse sur le toit. **www.hotelparlamento.it**

Légende des prix *voir p 558* **Légende des symboles** *voir rabat de couverture*

PIAZZA DI SPAGNA : San Carlo
€€

Via delle Carozze 93, 00187 **Tél** *06 678 45 48* **Fax** *06 69 94 11 97* **Chambres** *50* **Plan** *3 A2*

Dans une jolie rue, un peu à l'écart du Corso et à quelques pas des Marches Espagnoles, en plein cœur du quartier commerçant, le San Carlo présente un bon rapport qualité-prix pour sa situation. Certains le trouveront peut-être un peu bruyant. Les chambres des étages supérieurs – dont certaines avec terrasse - sont plus luxueuses. **www.hotelsancarloroma.com**

PIAZZA DI SPAGNA : Casa Howard
€€€

Via Capo le Case 18, 00187 **Tél** *06 69 92 45 55* **Fax** *06 679 46 44* **Chambres** *5* **Plan** *3 A3, 10 F1*

Proche des Marches Espagnoles, cet hôtel très moderne conçu par Tommaso Ziffer appartient à des Anglais. Les chambres se distinguent par leur décoration, même si elles sont plutôt petites et pas toutes dotées d'une salle de bains privée. Petits plus : sauna et hammam. **www.casahoward.com**

PIAZZA DI SPAGNA : Locarno
€€€

Via della Penna 22, 00186 **Tél** *06 361 08 41* **Fax** *06 321 52 49* **Chambres** *66* **Plan** *2 F1*

Somptueux hôtel Art Déco aux nombreux équipements originaux dans ses salles et chambres. Non loin de la Piazza del Popolo, cet hôtel offre un agréable salon avec feu de bois, un patio ensoleillé regorgeant de fleurs et un jardin de son toit. Vélos disponibles pour les hôtes. **www.hotellocarno.com**

PIAZZA DI SPAGNA : Hotel Piranesi
€€€€

Via del Babuino 196, 00187 **Tél** *06 32 80 41* **Fax** *06 361 05 97* **Chambres** *32* **Plan** *2 F1*

Juste derrière la Piazza del Popolo, dans un ancien *palazzo* construit par Valadier et récemment restauré pour retrouver sa splendeur d'antan, le Piranesi est un hôtel moderne avec une jolie terrasse panoramique, une salle de gymnastique et un sauna. Les chambres sont vastes et luxueusement décorées de bois sombre et d'étoffes teintées d'or. **www.hotelpiranesi.com**

PIAZZA DI SPAGNA : Manfredi
€€€€

Via Margutta 61, 00187 **Tél** *06 320 76 76* **Fax** *06 320 77 36* **Chambres** *18* **Plan** *3 A2*

Hôtel bien dirigé installé au troisième étage d'un bâtiment, le Manfredi possède des chambres de différentes tailles, mais toutes bien meublées et parées de sompteux tapis et tentures murales. Salles de bains en marbre avec baignoire ou douche. Belle petite salle pour le petit déjeuner et minuscule balcon. **www.hotelmanfredi.it**

PIAZZA DI SPAGNA : Hassler
€€€€€

Piazza Trinità dei Monti 6, 00187 **Tél** *06 69 93 40* **Fax** *06 678 99 91* **Chambres** *102* **Plan** *3 A2*

Situé en haut des Marches Espagnoles, le Hassler est le plus bel hôtel de Rome. Service impeccable et luxueux espaces publics garnis de marbre, chandeliers et boiseries. Les chambres et les suites – souvent avec vue – sont magnifiques, et leur décoration, personnalisée. Restaurant légendaire sur le toit. **www.hotelhasslerroma.com**

PIAZZA NAVONA : Due Torri
€€€

Vicolo del Leonetto 23, 00186 **Tél** *06 687 69 83* **Fax** *06 686 54 42* **Chambres** *26* **Plan** *2 E3, 9 C1*

Caché dans une rue pavée calme qui conduit au fleuve, le Due Torri est paré de velours rouge et de brocart, de marbre et de parquet. Ancienne demeure de cardinaux, l'endroit est confortable et agréable, pourvu de chambres plutôt petites, dont certaines jouissent d'une terrasse privée, et d'autres de balcons avec vue. **www.hotelduetorriroma.com**

PIAZZA NAVONA : Teatropace33
€€€

Via del Teatro Pace 33, 00186 **Tél** *06 687 90 75* **Fax** *06 68 19 23 64* **Chambres** *23* **Plan** *9 C3*

Le Teatropalace a ouvert ses portes en 2004 juste à l'angle de la place. Ce *palazzo* de couleur ocre, restauré avec goût, a conservé ses caractéristiques d'origine (poutres en bois, stucs et escalier de pierre en spirale). Les chambres sont toutes spacieuses et très bien décorées. La suite est pourvue d'une petite terrasse. Service de qualité. **www.hotelteatropace.com**

PIAZZA NAVONA : Raphael
€€€€€

Largo Febo 2, 00186 **Tél** *06 68 28 31* **Fax** *06 687 89 93* **Chambres** *59* **Plan** *9 C2*

Élégant *palazzo* romantique en terre de sienne, juste à côté de la place. Le panorama est époustouflant depuis la terrasse du toit, où les repas sont servis en été. Les chambres, quoique un peu petites, sont bien aménagées. Le hall d'entrée est orné d'œuvres d'art, dont une collection de porcelaine de Picasso. **www.raphaelhotelrome.com**

QUIRINAL : Giardino
€€

Via XXIV Maggio 51, 00187 **Tél** *06 679 45 84* **Fax** *06 679 51 55* **Chambres** *11* **Plan** *3 B4*

Le Giardino n'est pas loin de la fontaine de Trévi et du Forum et partage une rue avec le palais du Quirinal, résidence du président de la République. Les chambres sont spacieuses et bien meublées. Le petit déjeuner est servi dans une coquette salle donnant sur un petit jardin patio. **www.hotel-giardino-roma.com**

QUIRINAL : Fontana di Trevi
€€€

Piazza di Trevi 96, 00187 **Tél** *06 678 61 13* **Fax** *06 679 00 24* **Chambres** *25* **Plan** *10 F2*

Le Fontana fait face à la fontaine de Trévi. Avant d'héberger un hôtel au XVIIIᵉ siècle, le bâtiment accueillait un monastère et les chambres en témoignent encore : toutes ne sont pas climatisées. Charme vieillot et service impeccable, jolie terrasse sur toit. Un peu bruyant côté rue, mais le panorama est splendide. **www.hotelfontana-trevi.com**

QUIRINAL : Julia
€€€

Via Rasella 29, 00187 **Tél** *06 488 16 37* **Fax** *06 481 70 44* **Chambres** *33* **Plan** *3 B3*

Agréable petit hôtel bien situé dans une rue calme, le Julia est à quelques pas de la fontaine de Trévi. Les chambres récemment redécorées sont gaies, pourvues de parquet, de murs jaunes et de fresques modernes. Deux appartements offrent des chambres supérieures dans le Domus Julia. **www.hoteljulia.it**

QUIRINAL : Tritone
€€€

Via del Tritone 210, 00187 **Tél** *06 69 92 25 75* **Fax** *06 678 26 24* **Chambres** *43* **Plan** *3 A3, 10 F1*

Près de la Piazza Barberini et de la fontaine de Trévi, le Tritone possède des chambres confortables et une décoration raffinée. Les chambres supérieures ont des murs parés de bois vernis, une télévision à écran plat et un lecteur MP3, ainsi qu'une salle de bains équipée de douches à jets puissants. Petit déjeuner sur la terrasse en été. **www.tritonehotel.com**

TERMINI : Italy B&B
€€

Via Palestro 49, 00185 **Tél** *06 445 26 29* **Fax** *06 445 74 16* **Chambres** *3* **Plan** *4 E2*

Très appréciée par ses anciens hôtes, la famille sicilienne des Restivo a déménagé pour ouvrir un petit bed & breakfast juste à l'angle de leur ancienne pension. La qualité demeure supérieure, avec des chambres impeccables, dont certaines pourvues d'une salle de bains attenante. **www.italybnb.it**

TERMINI : Oceania
€€

Via Firenze 38, 00184 **Tél** *06 482 46 96* **Fax** *06-488 5586* **Chambres** *9* **Plan** *3 C3*

L'Oceania est petit mais très populaire, bien situé en face de l'opéra de Rome. De vastes chambres immaculées et décorées de couleurs vives accueillent les visiteurs. Toutes possèdent leurs propres salle de bains, chauffage et climatisation. Un garage est également disponible pour les hôtes. Personnel très attentif. **www.hoteloceania.it**

TERMINI : Canada
€€€

Via Vicenza 58, 00185 **Tél** *06 445 77 70* **Fax** *06 445 07 49* **Chambres** *70* **Plan** *4 E2*

Cet hôtel fait partie des Best Western avec ses belles chambres et son excellent service. Le Canada hébergeait autrefois les officiers des casernes. Les chambres sont de tailles différentes, avec carrelages et meubles anciens, certaines ornées de fresques. Les chambres de luxe sont romantiques. Très bien situé par rapport à la gare. **www.hotelcanadaroma.com**

TERMINI : Fiori
€€€

Via Nazionale 163, 00184 **Tél** *06 679 72 12* **Fax** *06 679 54 33* **Chambres** *19* **Plan** *3 B4*

Situé dans une rue passante, pas très loin du Forum et des autres curiosités touristiques, le Fiori est petit et agréable avec une décoration ancienne. La salle du petit déjeuner donne sur les jardins tout proches de la Villa Aldobrandini. Les chambres sont insonorisées, spacieuses et très propres. Climatisation sur demande. **www.travel.it/roma/hotelfiori**

TERMINI : Residenza Cellini
€€€

Via Modena 5, 00185 **Tél** *06 47 82 52 04* **Fax** *06 47 88 18 06* **Chambres** *6* **Plan** *3 C3*

Proche de la Piazza della Repubblica, le Cellini mérite vraiment une visite, bien que son extérieur ne soit pas très attrayant. Cette pension romantique offre six chambres, chacune décorée avec beaucoup de soin : meubles anciens, fleurs fraîches et tout ce dont vous pourriez avoir besoin. Personnel très serviable. **www.residenzacellini.it**

TERMINI : Venezia
€€€

Via Varese 18, 00185 **Tél** *06 445 71 01* **Fax** *06 495 76 87* **Chambres** *60* **Plan** *4 E2*

Le Venezia est un hôtel familial qui impressionne par ses meubles anciens et son charme. Ses chambres sont pourvues de chandeliers en verre de Murano, de meubles sombres et de tentures en tissu. Salle de bains ou salle d'eau selon les chambres. Copieux petit déjeuner et personnel aimable. Près de Termini et bien desservi. **www.hotelvenezia.com**

TERMINI : Palladium Palace
€€€€

Via Gioberti 36, 00185 **Tél** *06 446 69 17* **Fax** *06 446 69 37* **Chambres** *80* **Plan** *4 D4*

Bien placé par rapport à Termini et aux transports en commun, le Palladium se trouve à quelques pas de Santa Maria Maggiore et de la colline de l'Esquilin. Les chambres sont spacieuses et décorées avec goût, les chambres supérieures sont équipées d'un jacuzzi. Terrasse sur le toit. Service excellent. **www.hotelpalladiumpalace.it**

TERMINI : Radisson SAS
€€€€

Via Filippo Turati 171, 00185 **Tél** *06 44 48 41* **Fax** *06 44 34 13 96* **Chambres** *235* **Plan** *4 E4*

Le Radisson est un hôtel récent, resplendissant de verre, bois et acier, avec des lumières multicolores la nuit. Avec son bar-restaurant branché situé sur son toit et sa piscine extérieure (avec salle de gymnastique et centre de cure), il a des allures de paquebot. Chambres modernes. Situé près du terminal de transit de l'aéroport de Fiumicino. **www.radissonsas.com**

TERMINI : St Regis Grand Hotel
€€€€€

Via Vittorio Emanuele Orlando 3, 00185 **Tél** *06 470 91* **Fax** *06 474 73 07* **Chambres** *161* **Plan** *3 C3*

Cet hôtel fut édifié en 1894, devenant ainsi le premier hôtel de luxe de Rome. C'est l'un des plus beaux hôtels du monde. Il accueille aussi bien des chefs d'État, des célébrités, que des capitaines de l'industrie. Son restaurant, le Vivendo, compte parmi les plus raffinés de Rome. Chambres somptueuses et service impeccable. **www.stregis.com**

TRASTEVERE : Domus Tiberina
€€

Via in Piscinula 37, 00153 **Tel/Fax** *06 580 30 33* **Chambres** *10* **Plan** *6 D1*

Non loin du fleuve et de l'Isola Tiberina, le Domus Tiberina propose 12 appartements climatisés et équipés de salles de bains, ainsi qu'un service de réception 24 h/24. Les chambres sont confortables et richement décorées, avec des couvre-lits de brocart doré, des murs aux tons chauds et un plafond paré de poutres en bois d'origine. **www.domustiberina.com**

TRASTEVERE : Villa della Fonte
€€

Via della Fonte dell'Olio 8, 00153 **Tél** *06 580 37 97* **Fax** *06 580 37 96* **Chambres** *5* **Plan** *5 C1*

Ravissant bed & breakfast supervisé par un charmant propriétaire, la Villa della Fonte est à une minute de la Piazza Santa Maria di Trastevere. Les chambres sont coquettes, dotées de salles de bains attenantes et climatisées. Le petit déjeuner est servi dans un patio parsemé de fleurs, où les hôtes peuvent se reposer durant la journée. **www.villafonte.com**

Légende des prix *voir p 558* **Légende des symboles** *voir rabat de couverture*

TRASTEVERE : San Francesco 🖼️📧 €€€

Via Jacopa de' Settesoli 7, 00153 **Tél** *06 58 30 00 51* **Fax** *06 58 33 34 13* **Chambres** *24* **Plan** *5 C2*

Petit hôtel situé à l'écart de la foule, avec une terrasse sur son toit. Les chambres de cet ancien couvent franciscain sont modernes et élégantes. Personnel professionnel et aimable. Une minuscule navette vous emmène jusqu'au cœur du Trastevere et un tram vous conduit de l'autre côté du fleuve jusqu'au centre. **www.hotelsanfrancesco.net**

VATICAN : Pensione Paradise 🔼 €

Viale G Cesare 47, 00192 **Tél** *06 36 00 43 31* **Fax** *06 36 09 25 63* **Chambres** *10* **Plan** *2 D1*

Dirigé par la même équipe que la pension Penda, près des Marches Espagnoles, ce petit hôtel est proche de la station de métro de Lepanto. Les chambres sont très propres, équipées de radio et télévision. Les hôtes peuvent choisir une chambre avec salle de bains attenante ou partager une salle de bains. Très bon rapport qualité-prix. **www.pensioneparadise.com**

VATICAN : Florida 🖼️📧 €€

Via Cola di Rienzo 243, 00192 **Tél** *06 324 18 72* **Fax** *06 324 18 57* **Chambres** *9* **Plan** *1 C2*

Endroit calme pour vous reposer l'esprit, le Florida est installé au deuxième étage d'un bâtiment résidentiel, tout proche de Saint-Pierre. Belle décoration et prix raisonnable, surtout hors saison. Chambres avec ou sans salle de bains. Toutes les chambres avec salle de bains sont climatisées. Petit déjeuner en supplément. **www.hotelfloridaroma.it**

VATICAN : Bramante 🚶📧 €€€

Vicolo delle Palline 24, 00192 **Tél** *06 68 80 64 26* **Fax** *06 68 13 33 39* **Chambres** *16* **Plan** *1 C3*

Très bien situé, dans une rue calme, non loin de Saint-Pierre et du Vatican, le Bramante fut le premier hôtel à ouvrir ses portes dans le quartier, à la fin des années 1870. Hébergées dans un bâtiment du XVIᵉ siècle et restaurées en 1999, ses chambres sont élégantes et très confortables, offrant toutes les commodités du confort moderne. **www.hotelbramante.com**

VATICAN : Palazzo Cardinal Cesi 🖼️P📧 €€€

Via della Conciliazione 51, 00193 **Tél** *06 68 48 75 00* **Fax** *06 68 13 62 44* **Chambres** *29* **Plan** *1 C3*

Récemment restauré, cet ancien palais de cardinal appartient à une association qui vise à organiser des manifestations culturelles et à offrir des logements près de la basilique. Un véritable joyau, décoré dans les tons cramoisi et ocre brun et paré de parquet. Chambres pourvues d'équipements modernes. **www.palazzocesi.it**

VATICAN : Sant'Anna 🖼️📧 €€€

Borgo Pio 133, 00193 **Tél** *06 68 80 16 02* **Fax** *06 68 30 87 17* **Chambres** *20* **Plan** *1 C3*

Un bâtiment du XIᵉ siècle orange foncé abrite cet hôtel familial. Les chambres sont romantiques et joliment décorées, avec un trompe-l'œil aux tons pastel et des salles de bains en marbre. Les chambres supérieures possèdent une terrasse. Le petit déjeuner est servi dans la cave aux murs peints ou dans le patio ensoleillé. **www.hotelsantanna.com**

VATICAN : Spring House 🖼️📧 €€€

Via Mocenigo 7, 00192 **Tél** *06-3972 0948* **Fax** *06-3972 1047* **Chambres** *50* **Plan** *1 A1*

Le très moderne Spring House se trouve à quelques pas des musées du Vatican. Ses salles sont lumineuses et gaies et ses chambres arborent une décoration simple et colorée. Certaines chambres sont accessibles aux personnes à mobilité réduite. Bien desservi par les transports. **www.hotelspringhouse.com**

VATICAN : Farnese 🖼️P📧 €€€€

Via A Farnese 30, 00192 **Tél** *06 321 25 53* **Fax** *06 321 51 29* **Chambres** *23* **Plan** *2 D1*

Bien placé près de la station de métro de Lepanto et à quelques pas du Vatican, le Farnese est un petit hôtel aux parquets en bois, aux meubles sur mesure en noyer et aux salles de bains particulièrement belles. Depuis la terrasse du toit, panorama incomparable sur le dôme de Saint-Pierre. **www.hotelfarnese.com**

VATICAN : Hilton Cavalieri 🖼️P🍴🏊🚶📧 €€€€€

Via Cadlolo 101, 00136 **Tél** *06 350 91* **Fax** *06 35 09 22 41* **Chambres** *370*

Bien qu'à 15 minutes en voiture du centre de Rome, le Hilton Cavalieri est l'un des meilleurs hôtels de la capitale, avec son restaurant La Pergola, des plus raffinés. Vastes jardins luxuriants, immense piscine et somptueux centre de cure. Chambres très bien agencées, certaines jouissant d'une vue splendide sur Rome. Les suppléments coûtent cher. **www.cavalierihilton.it**

VIA VENETO : Lilium 🖼️📧 €€

Via XX Settembre 58a, 00187 **Tél** *06 474 11 33* **Fax** *06 23 32 83 87* **Chambres** *14* **Plan** *4 D2*

Aménagé au troisième étage d'un bâtiment résidentiel, à mi-chemin entre Termini et Via Veneto, le Lilium est un coquet petit hôtel. Chacune de ses chambres joliment décorées porte le nom d'une fleur. La salle du petit déjeuner et le salon séduisent avec leurs fleurs fraîches et leurs oiseaux chanteurs australiens colorés. Excellent personnel. **www.liliumhotel.it**

VIA VENETO : Oxford 🍴🚶📧 €€€

Via Boncompagni 89, 00187 **Tél** *06 420 36 01* **Fax** *06 42 81 53 49* **Chambres** *56* **Plan** *3 C1*

L'Oxford est situé dans une rue calme et résidentielle, non loin de la Piazza Fiume, à quelques pas de Via Veneto. Récemment restauré, il propose aussi deux appartements pour des séjours courts ou longs. Bon restaurant et bar agréable. Chambres confortables. Salles élégantes pourvues de sofas propices à la relaxation. **www.hoteloxford.it**

VIA VENETO : Boscolo Aleph 🖼️P🍴🏊🚶📧 €€€€

Via di San Basilio 15, 00187 **Tél** *06 42 29 01* **Fax** *06 42 29 00 00* **Chambres** *96* **Plan** *3 B2*

Cet hôtel très à la mode, près de la Piazza Barberini, a un thème fascinant : le péché. Avec son entrée éclairée en rouge, il cherche à attirer les hôtes avec les plaisirs de la vie. Son centre de cure est très apprécié. Peut-être pas au goût de tout le monde, mais sans aucun doute incontournable. **www.boscolohotels.com**

VIA VENETO : Hotel Eden

Via Ludovisi 49, 00187 **Tél** *06 47 81 21* **Fax** *06 482 15 84* **Chambres** *121*   **Plan** *3 B2*

Un des hôtels historiques de Rome à l'illustre clientèle. L'Eden se distingue par sa décoration et fonctionne comme sur des roulettes. Ses salles et ses suites sont étincelantes et le service impeccable. Le jardin du toit offre une belle vue et le restaurant est côté une étoile au guide Michelin. Prix toutefois très élevé. **www.hotel-eden.it**

VIA VENETO : Westin Excelsior

Via Veneto 125, 00187 **Tél** *06 470 81* **Fax** *06 482 62 05* **Chambres** *317*   **Plan** *3 B2*

Des balcons aux sculptures exotiques ornés de cariatides annoncent la présence de cet hôtel extravagant sur Via Veneto. À l'intérieur on trouve des boutiques, un centre de cure moderne avec piscine, d'excellents restaurants et bar panoramiques, et même un club pour enfants. Toutes les salles sont classiques et somptueuses. **excelsior.hotelinroma.com**

VILLA BORGHESE : Buenos Aires

Via Clitunno 9, 00198 **Tél** *06 855 48 54* **Fax** *06 841 52 72* **Chambres** *52*

Petit hôtel récent au cœur du quartier résidentiel de Parioli, le Buenos Aires est situé un peu au nord de la Villa Borghese, mais seulement à dix minutes de marche. Les chambres sont très élégantes et tout confort. Bien desservi par les transports. Parking également disponible. **www.hotelbuenosaires.it**

VILLA BORGHESE : Villa Mangili

Via G Mangili 31, 00197 **Tél** *06 321 71 30* **Fax** *06 322 43 13* **Chambres** *12*

Dans une partie agréable du quartier de Parioli, la Villa Mangili est proche du parc de la Villa Borghese, à deux pas du nouvel auditorium et de la Villa Giulia. I il possède des chambres spacieuses et bien décorées aux parquets de bois. Le petit déjeuner est servi dans un coquet jardin. L'hôtel expose et vend les œuvres des artistes contemporains. **www.hotelvillamangili.it**

VILLA BORGHESE : Aldrovandi Palace

Via Aldrovandi 15, 00197 **Tél** *06 322 39 93* **Fax** *06 322 14 35* **Chambres** *122*

Pour ceux qui préfèrent rester à l'écart de la frénésie du centre de Rome, cet hôtel luxueux et reposant est idéalement situé, à côté des jardins de la Villa Borghese. Les chambres sont élégamment décorées dans des tons doux. On remarque aussi la superbe piscine et l'excellent restaurant, Baby. **www.aldrovandi.com**

LATIUM

ANAGNI Villa : La Floridiana

Via Casilina, km. 63.7, 03012 **Tél** *0775 769 96 01* **Fax** *0775 77 45 27* **Chambres** *9*

Cette villa du XIXᵉ siècle – à la façade rose délavé et aux volets verts – offre de vastes chambres confortables qui regorgent de meubles rustiques du XIXᵉ siècle. L'hôtel occupe un petit parc, à 5 km d'un village médiéval. Des plats régionaux sont servis sous les plafonds ornés de fresques du restaurant. **www.villalafloridiana.it**

GROTTAFERRATA : Villa Fiorio

Viale Dusmet 25, 00046 **Tél** *06 94 54 80 07* **Fax** *06 94 54 80 09* **Chambres** *24*

Construite pour accueillir une résidence d'été au début du XXᵉ siècle, cette coquette villa au cœur des villages Castelli Romani, au sud de Rome, recèle des fresques originales. Les chambres sont spacieuses, fraîches et calmes, avec une décoration de style maison de campagne. Dans le jardin, la piscine est entourée d'oliviers. **www.villafiorio.it**

ISOLA DI PONZA : Grand Hotel Santa Domitilla

Via Panoramica, 04027 **Tél** *0771 80 99 51* **Fax** *0771 80 99 55* **Chambres** *55*

Cet hôtel quatre étoiles, moderne mais élégant, est très bien situé. Ses salles sont contemporaines et lumineuses. Les meubles en osier et les fauteuils à bascule lui confèrent une atmosphère agréable ! Une partie de la piscine s'étend sous l'hôtel, dans une série très fraîche d'anciens tunnels romains. Jardin luxuriant. **www.santadomitilla.com**

LADISPOLI : La Posta Vecchia

Località Palo Laziale, 00055 **Tél** *06 994 95 01* **Fax** *06 994 95 07* **Chambres** *19*

Cette villa du XVIIᵉ siècle proche de la mer fut la demeure de John Paul Getty et héberge aujourd'hui l'un des hôtels les plus luxueux d'Italie. Les chambres sont toutes décorées de meubles anciens, de style Renaissance dorée et de tapis flamands, et dotéesde salles de bains en marbre. Centre de cure et musée de la Rome antique sur place. **www.lapostavecchia.com**

PALESTRINA : Stella

Piazzale della Liberazione 3, 00036 **Tél** *06 953 81 72* **Fax** *06 957 33 60* **Chambres** *30*

Hôtel calme et agréable installé dans un bâtiment moderne dans le centre historique de Palestrina, près des curiosités touristiques de la ville, avec un excellent restaurant dominant les arbres et les sentiers du parc Barberini tout proche. Les chambres sont pourvues d'éléments encastrés contemporains et de tout l'équipement moderne. **www.hotelstella.it**

SABAUDIA : Oasi di Kufra

Lungomare di Sabaudia, km 29,8, 04016 **Tél** *0773 51 91* **Fax** *0773 519 88* **Chambres** *120*

Hôtel lumineux au beau milieu des dunes. Outre une plage privée, un établissement de cure et un centre de remise en forme, il offre des balcons dans la plupart de ses chambres simples et fraîches. Les suites donnent sur la mer et plusieurs appartements ont une kitchenette. De mi-juin à fin août séjour minimum variant de une à deux semaines. **www.oasidikufra.it**

Légende des prix *voir p 558* **Légende des symboles** *voir rabat de couverture*

SAN FELICE CIRCEO : Punta Rossa

🅿️ 🍴 ♨️ 📺 📧 €€€€

Via delle Batterie 37, 04017 **Tél** *0773 54 80 85* **Fax** *0773 54 80 75* **Chambres** *33*

Hôtel équipé d'un centre de cure et entouré d'un jardin qui mène à la mer. Les chambres – toutes avec terrasse et vue sur mer et sur les îles Pontine – sont réparties dans plusieurs bâtiments disséminés dans un domaine verdoyant. Des appartements privés sont également disponibles dans un vieux village de pêcheurs. **www.puntarossa.it**

SUBIACO : Hotel Livata

🅿️ 🍴 €

Via dei Boschi 28, Località Monte Livata, 00028 **Tél** *0774 82 60 31* **Fax** *0774 82 60 33* **Chambres** *70*

Un bon choix si vous visitez le monastère de San Benedetto. Le Livata est un agréable hôtel de campagne avec courts de tennis et jardins. Le village de Monte Livata vit du tourisme et ses hôtels ne sont donc ouverts que de janvier à mars (pour le ski) et de juin à août (pour la randonnée).

TARQUINIA : Hotel Tarconte

🅿️ 🍴 📧 €€

Via della Tuscia 19, 01016 **Tél** *0766 85 61 41* **Fax** *0766 85 65 85* **Chambres** *53*

Hôtel moderne aux vues panoramiques sur la côte. Les chambres sont décorées dans un style fonctionnel et les espaces publics ont un style plutôt vieillot, mais l'endroit n'est qu'à cinq minutes du Musée national Étrusque et on peut admirer une ancienne tombe au rez-de-chaussée. Restaurant spécialisé dans le gibier. **www.hoteltarconte.it**

TARQUINIA LIDO : La Torraccia

🅿️ 📧 €€

Viale Mediterraneo 45, 01016 **Tél** *0766 86 43 75* **Fax** *0766 86 42 96* **Chambres** *18*

Hôtel moderne et confortable entouré de pinèdes, à 200 mètres de la mer. Les chambres, toutes pourvues d'une terrasse, sont décorées dans de vives couleurs primaires (surtout rouge et jaune), avec des murs blanchis à la chaux. Terrasse sur jardin pour prendre le petit déjeuner, et plage privée à quelques minutes. **www.torraccia.it**

TIVOLI : Sibilla Resort B&B

 €

Via della Sibilla 17, 00019 **Tél/Fax** *0774 33 34 18* **Chambres** *2*

Au cœur du vieux Tivoli, le Sibilla occupe un bâtiment restauré du XIVe siècle, aménagé de meubles et équipements modernes. Entrée séparée et cuisine. Rome n'est qu'à 45 minutes en train. Deux appartements sont également disponibles, dont un réservé aux personnes à mobilité réduite. **www.sibillaresort.it**

TIVOLI : Adriano

🅿️ 🍴 📧 €€

Via di Villa Adriana 194, 00010 **Tél** *0774 53 50 28* **Fax** *0774 53 51 22* **Chambres** *10*

L'Adriano, à l'illustre clientèle, est un hôtel extrêmement confortable qui possède un restaurant raffiné derrière la Villa d'Hadrien. L'une des suites offre des vues romantiques privilégiées sur le complexe romain. Le petit déjeuner est servi à l'intérieur, dans une jolie salle, ou à l'extérieur, dans le patio, et inclut des confitures maison. **www.hoteladriano.it**

TIVOLI TERME : Grand Hotel Duca d'Este

♿ 🅿️ 🍴 ♨️ 🎾 📺 📧 €€€

Via Tiburtina Valeria 330, 00011 **Tél** *0774 38 83* **Fax** *0774 38 81 01* **Chambres** *184*

Hôtel moderne près de Tivoli et de la Villa Adriana, facilement accessible depuis Rome, par la route ou le chemin de fer. Les chambres sont spacieuses et équipées d'éléments fonctionnels. Les suites sont pourvues de jacuzzis. Centre de cure avec sauna et piscine couverte et jardins tropicaux cachant des courts de tennis et une piscine. **www.siriohotel.com**

TUSCANIA : Al Gallo

♿ 🅿️ 🍴 📧 €€

Via del Gallo 22, 01017 **Tél** *0761 44 33 88* **Fax** *0761 44 36 28* **Chambres** *13*

Vieille maison dans le centre historique de la ville. Le mobilier ancien, les motifs très recherchés du papier peint, les épais tapis, les bois sombres et les lourds rideaux donnent aux chambres bien tenues un aspect somptueux. On remarque également le confortable piano-bar qui offre des concerts le week-end. **www.algallo.it**

VITERBE : Roma

🅿️ 🍴 €

Via della Cava 26, 01100 **Tél** *0761 22 64 74* **Fax** *0761 30 55 07* **Chambres** *28*

Hôtel très simple et bon marché en plein centre-ville, à mi-chemin entre la gare de chemin de fer et la forteresse La Rocca. L'extérieur de ce *palazzo* médiéval est fabuleux, tandis que les chambres arborent un style moderne et fonctionnel. Bonnes pizzas servies dans le restaurant.

VITERBE : Balletti Park

♿ 🅿️ 🍴 ♨️ 🎾 📺 📧 €€

Via Umbria 2, 01030 **Tél** *0761 37 71* **Fax** *0761 37 94 96* **Chambres** *130*

Situé aux abords de Viterbe, hôtel moderne aux vues panoramiques sur la vallée, installé dans d'immenses jardins avec des étangs ouverts à la pêche et une piscine avec des toboggans. Équipements sportifs – tennis, football, pêche et équitation –, centre médico-social et appartements séparés. **www.balletti.com**

NAPLES ET CAMPANIE

AMALFI : Hotel Amalfi

♿ 🅿️ 🍴 📧 €€

Via dei Pastai 3, 84011 **Tél** *089 87 24 40* **Fax** *089 87 22 50* **Chambres** *40*

Hôtel tenu par une famille offrant une belle terrasse, un patio et un restaurant dans un endroit calme du vieux Amalfi. Vues sur le Duomo depuis les toits, coquets balcons ornés de géraniums et sensation de paix. Chambres vastes et confortables, la plupart climatisées. Excellent rapport qualité-prix. **www.hamalfi.it**

AMALFI : Hotel Lidomare   €€

Largo Piccolomini 9, 84011   **Tél** *089 87 13 32*   **Fax** *089 87 13 94*   **Chambres** *15*

Pension au charme d'antan tenue par une famille, au cœur d'Amalfi. Les chambres sont spacieuses et calmes, avec leurs carreaux de majolique, leurs meubles anciens et leurs salles de bains modernes. Certaines sont pourvues de balcons avec vue sur mer. Salle agréable pour le petit déjeuner. **www.lidomare.it**

AMALFI : Hotel Santa Caterina   €€€€€

SS Amalfitana 9, 84011   **Tél** *089 87 10 12*   **Fax** *089 87 13 51*   **Chambres** *70*

Dirigé par la même famille depuis 1880, ce luxueux hôtel perché au-dessus de la mer est l'un des plus raffinés de la côte d'Amalfi. On remarque ses vastes jardins et terrasses. Les chambres et les suites sont somptueuses, toutes pourvues de mobilier ancien, de sols en majolique et de balcons ou terrasses. Centre de cure et excellent restaurant. **www.hotelsantacaterina.it**

BENEVENTO : Hotel Villa Traiano   €€

Viale Dei Rettori 9, 82100   **Tél** *0824 32 62 41*   **Fax** *0824 32 61 96*   **Chambres** *19*

Une villa privée édifiée dans le style Liberté, récemment restaurée, accueille ce petit hôtel au cœur de Benevento, près de l'Arco Traino, non loin de la gare de chemin de fer, des magasins et des restaurants. Les salles et les chambres sont très élégantes. La terrasse du toit et la cour ensoleillées offrent un endroit propice à la détente. **www.hotelvillatraiano.it**

CAPRI : Pensione Villa La Tosca   €€

Via D Birago 5, 80073   **Tél** *081 837 09 89*   **Fax** *081 837 09 89*   **Chambres** *11*

Pension confortable au charme d'antan, dans la ville de Capri, avec des murs blancs et des sols dallés de céramique. Ses terrasses dominent la mer, les Fariglioni et le Certosa di San Giacomo. Les chambres, dont certaines sur la mer, sont toutes gaies et possèdent leur propre salle de bains avec climatisation et téléphone. Fermé de nov. à mars. **www.latoscahotel.com**

CAPRI : Hotel La Minerva   €€€

Via Occhio Marina, 80073   **Tél** *081 837 03 74*   **Fax** *081 837 52 21*   **Chambres** *19*

Coquet hôtel de cinq étages aux terrasses fleuries, dans un endroit calme et pittoresque, non loin du centre de Capri. Sols dallés de majolique, antiquités et vues sur mer. Les chambres supérieures ont une terrasse, les chambres de luxe, des baignoires à remous et des terrasses sur mer ; les chambres standard sont nettement moins chères. **www.laminervacapri.com**

CAPRI : Hotel Weber Ambassador   €€

Via Marina Piccola 118, Capri, 80073   **Tél** *081 837 01 41*   **Fax** *081 837 88 66*   **Chambres** *158*

Cet hôtel surplombe la Marina Piccola, la plus belle plage de Capri, et offre des vues splendides sur les célèbres îles Faraglioni. Bâtiment jaune avec des stores bleus et des géraniums. Sur sa terrasse, on peut savourer un copieux petit déjeuner. Jardin sur le toit. Les chambres et suites sur mer sont beaucoup plus chères. **www.hotelweber.com**

CAPRI (ANACAPRI) : Capri Palace Hotel & Spa   €€€€€

Via Capodimonte 2b, Anacapri, 80071   **Tél** *081 978 01 11*   **Fax** *081 837 31 91*   **Chambres** *81*

Son restaurant a récemment été récompensé d'une étoile par le guide Michelin. C'est l'un des plus beaux hôtels de Capri, avec une piscine, un centre de cure et un bon bar à vins. Ses chambres sont très élégantes ; les suites jouissent d'une terrasse privée, d'une piscine et d'un jardin. Collection d'art, yacht et bateau à moteur à l'hôtel. **www.capripalace.com**

CASERTE : Hotel Europa   €€

Via Roma 19, 81100   **Tél** *0823 32 54 00*   **Fax** *0823 32 54 00*   **Chambres** *60*

Très proche de la gare et à quelques pas du beau palais de Caserta et du centre-ville. Il accueille surtout des voyageurs d'affaires. Ses chambres sont élégantes et impeccables – les chambres doubles de luxe et les suites sont pourvues d'un salon attenant. Salle de gymnastique et centre de cure à un prix réduit. **www.hoteleuropacaserta.it**

ISCHIA : Il Monastero   €€

Castello Aragonese, Ischia Ponte, 80070   **Tél** *081 99 24 35*   **Fax** *081 99 24 35*   **Chambres** *22*

Adresse romantique et très distinguée, à l'intérieur du château d'Ischia Ponte, ancien couvent des sœurs Clarisse. Les chambres sont aménagées dans d'anciennes cellules mais sont confortables et spacieuses, équipées de salles de bains modernes. La plupart offrent un panorama sur la mer. Les hôtes peuvent profiter du château. **www.castelloaragonese.it**

ISCHIA : Grand Albergo Mezza Torre   €€€€€

Via Mezzatorre 23, Forió d'Ischia, 80075   **Tél** *081 98 61 11*   **Fax** *081 98 60 15*   **Chambres** *58*

Luxueux hôtel de cure situé sur un promontoire surplombant la mer, au beau milieu d'une pinède, à l'extérieur de Forió. Les chambres standard possèdent des balcons donnant sur le parc, les chambres confort, des balcons avec vue sur mer ; les chambres supérieures et les suites sont somptueuses. Restaurants romantiques, piscine et plage privée. **www.mezzatorre.it**

NAPLES : Cappella Vecchia   €€

Vico Santa Maria a Cappella Vecchia 11, 81021   **Tél** *081 240 51 17*   **Fax** *081 240 51 17*   **Chambres** *6*

Petit bed & breakfast situé dans une minuscule rue d'un beau quartier, à l'écart de la Piazza dei Martiri, à Chiaia. Très pratique pour découvrir Naples, il se trouve près d'un terminus de bus et non loin de la station de métro de Piazza Amedeo. Ses six chambres sont gaies et modernes, avec salles de bains attenantes et climatisation. **www.cappellavecchia11.it**

NAPLES : Hotel Chiaja de Charme   €€

Via Chiaia 216, 81021   **Tél** *081 41 55 55*   **Fax** *081 42 23 44*   **Chambres** *14*

Hôtel intime dont la réception est installée au premier étage d'un noble *palazzo*, dans la rue piétonne de Via Chiaia, à deux minutes de marche de la Piazza Plebiscito. Toutes les chambres sont insonorisées et dotées de meubles anciens. Certaines salles de bains sont équipées de baignoires à remous. Personnel charmant et professionnel. **www.hotelchiaia.it**

Légende des prix *voir p 558* **Légende des symboles** *voir rabat de couverture*

NAPLES : Hotel Neapolis

Via Francesco del Guidice 13, 3rd Floor, 80138 **Tél** *081 442 08 15* **Fax** *081 442 08 19* **Chambres** *19*

Hôtel situé près de l'église de Pietrasanta, sur l'ancien Decumano Maggiore, dans le centre historique, non loin des principales curiosités touristiques, et bien desservi par les transports. Ses chambres sont climatisées et il se trouve au-dessus d'un restaurant. Personnel charmant ; ordinateur et accès Internet dans chacune des chambres. **www.hotelneapolis.com**

NAPLES : Costantinapoli 104

Via Santa Maria di Costantinopoli 104, 80138 **Tél** *081 557 10 35* **Fax** *081 557 10 51* **Chambres** *13*

Une villa de style Liberté parée de verre coloré héberge cet hôtel installé dans une cour ensoleillée et un jardin avec palmiers. Terrasse et petite piscine. Situé dans le centre historique, à cinq minutes de marche du musée archéologique, dans une rue d'anciens marchands. Les chambres et les suites sont d'une élégance discrète. **www.costantinopoli104.it**

NAPLES : Hotel San Francesco al Monte

Corso Vittorio Emanuele 328, 80135 **Tél** *081 423 91 11* **Fax** *081 254 24 85* **Chambres** *31*

Hôtel aménagé dans un ancien couvent avec une terrasse, une petite piscine et un restaurant donnant sur le Vésuve, la baie de Naples et la ville. Les chambres sont élégantes, leur décoration, personnalisée et leurs salles de bains, luxueuses. Les chambres supérieures et les suites sont plus spacieuses. Un havre de paix. **www.hotelsanfrancesco.it**

NAPLES : Hotel Vesuvio

Via Partenope 45, 80121 **Tél** *081 764 00 44* **Fax** *081 764 44 83* **Chambres** *143*

À Santa Lucia, le Vesuvio est l'hôtel le plus luxueux de Naples, avec un spectaculaire appartement de grand standing. Toutes les chambres et les suites sont pourvues de mobilier ancien et d'une terrasse ou d'un balcon sur mer ou sur rue. Centre de cure, salle de gymnastique, restaurant avec terrasse, salle de baby-sitting et bateau sur place. **www.vesuvio.it**

PAESTUM : Agriturismo Seliano

Via Seliano, Capaccio, 84063 **Tél** *0828 72 45 44* **Fax** *0828 72 45 44* **Chambres** *14*

Ferme et *agriturismo* appartenant à une famille d'aristocrates. Les chambres sont réparties dans des cottages ou dans le bâtiment principal. Séjour également possible dans la ferme toute proche, où vous pouvez observer la fabrication de la mozzarella bufflonne. Coquets jardins et piscine. La nourriture et le vin sont excellents. **www.agriturismoseliano.it**

POMPÉI : Hotel Amleto

Via Bartolo Longo 10, 80045 **Tél** *081 863 10 04* **Fax** *081 863 55 85* **Chambres** *26*

Hôtel moderne, élégant et très confortable dans le centre de Pompéi, bien situé par rapport au train Circumvesuviana qui relie Naples à Sorrento, et à quelques pas des ruines. Dirigé par une famille, ses chambres sont spacieuses et bien meublées. La terrasse du toit est un endroit agréable pour se reposer et admirer le panorama. **www.hotelamleto.it**

POSITANO : Palazzo Murat

Via dei Mulini 23, 84017 **Tél** *089 87 51 77* **Fax** *089 81 14 19* **Chambres** *30*

Installé dans une cour avec un excellent restaurant, le Palazzo Murat était autrefois la résidence d'été de Murat, beau-frère de Napoléon. Les chambres sont aménagées dans l'ancienne aile du XVIII siècle – et sont parées de stuc, poutres en bois et fresques – ou dans l'élégante annexe moderne. **www.palazzomurat.it**

PRAIANO (CÔTE AMALFITAINE) : Hotel Onda Verde

Via Terramare 3, 84010 **Tél** *089 87 41 43* **Fax** *089 81 10 49* **Chambres** *20*

Situé dans une ville calme à mi-chemin entre Amalfi et Positano, cet hôtel dirigé par une famille donne sur la mer et possède une terrasse avec restaurant. Les chambres, réparties dans cinq petites villas, ont une baignoire ou une douche, et beaucoup possèdent un balcon privé. Complexe balnéaire privé, à côté d'une petite plage de sable publique. **www.ondaverde.it**

PROCIDA : La Casa sul Mare

Via Salita Castello 13, Terra Murata Corricella, 80079 **Tél** *081 896 87 99* **Fax** *081 896 72 55* **Chambres** *10*

Petit hôtel surplombant le port de pêche de Corricella, à côté de la Terra Murata, abandonnée (fort transformé en prison). Le petit déjeuner est servi dans le charmant jardin qui donne sur la mer. Les salles et les chambres – toutes avec vue sur mer et terrasse – sont élégantes. L'été, service de bateau jusqu'à la plage à La Chiaia. **www.lacasasulmare.it**

RAVELLO : Hotel Toro

Viale Wagner 3, 84100 **Tél** *089 85 72 11* **Fax** *089 85 85 92* **Chambres** *9*

Petit hôtel dirigé par une famille dans le centre de Ravello, récemment restauré, avec un ravissant jardinet et une vue de côté sur la cathédrale. Les chambres sont confortables, claires et lumineuses, dotées de meubles anciens ou modernes. Le petit déjeuner et une bonne cuisine maison vous sont proposés dans le jardin en été. **www.hoteltoro.it**

RAVELLO : Villa Cimbrone

Via Santa Chiara 26, 84010 **Tél** *089 85 74 59* **Fax** *089 85 77 77* **Chambres** *19*

Récemment réouverte, cette villa du XII siècle possède des jardins mondialement célèbres. La villa était autrefois fréquentée par le groupe de Bloomsbury. Les chambres possèdent de spectaculaires voûtes, fresques, dalles de majolique, cheminées et meubles anciens, et sont aussi équipées de tout le confort moderne. **www.villacimbrone.com**

SALERNO : Hotel Plaza

Piazza Vittorio Veneto 42 (Piazza Ferrovia), 84123 **Tél** *089 22 44 77* **Fax** *089 23 73 11* **Chambres** *42*

Hôtel très central, situé en face de la gare de chemin de fer et à quelques pas du port, de la vieille ville et des bus pour la côte amalfitaine. Les chambres sont spacieuses, modernes, propres et confortables, avec au choix baignoire ou douche. Bar et salle de petit déjeuner. Parking disponible à proximité. **www.plazasalerno.it**

SANNIO (SANT'AGATA DEI GOTI) : Agriturismo Mustilli   P ⑪   €€

Via dei Fiori 20, 82019 **Tél** *0823 71 74 33* **Fax** *0823 71 76 19* **Chambres** *6*

Agriturismo situé dans le quartier historique de la ville médiévale de Sant'Agata dei Goti, dans la riche région de Sannio. Ce *palazzo*, qui appartient à la même famille depuis le xvie siècle, offre des terrasses et des jardins ensoleillés, ainsi que de belles salles de réception. Les chambres sont charmantes. Nourriture et vin excellents. **www.mustilli.com**

SANTA MARIA DI CASTELLABATE : Villa Sirio   P ⑪ ☆ 🗐   €€€

Via Lungomare de Simone 15, Castellabate, 84072 **Tél** *0974 96 10 99* **Fax** *0974 96 05 07* **Chambres** *15*

Ville de pêcheurs située en bord de mer, au cœur du Cilento. Ce palazzo peint en jaune, aux volets et portes vert foncé, date de 1904. Les chambres – dont certaines possèdent un balcon – donnent sur la mer ou la vieille ville. Le petit déjeuner et le dîner sont servis sur la terrasse en été. **www.villasirio.it**

SAPRI : Hotel Mediterraneo   P ⑪ ☆ 🗐   €

Via Verdi, 84073 **Tél** *0973 39 17 74* **Fax** *0973 39 20 33* **Chambres** *20*

Cet hôtel balnéaire jouit d'une situation idéale, sur le golfe de Policastro, près du parc national du Cilento. Petit jardin, terrasse ensoleillée et plage privée. Les chambres avec vue sur mer ont leur propre balcon. Aire de jeu pour les enfants et restaurant. Demi-pension en juil.-août seulement. **www.hotelmed.it**

SORRENTE : Hotel Mignon Meublé   P 🗐   €€

Via A Sersale 9, 80067 **Tél** *081 807 38 24* **Fax** *081 877 43 48* **Chambres** *24*

Dans le centre historique, près de la cathédrale et des anciens remparts, cette pension offre des chambres spacieuses au mobilier ancien, aux sols carrelés et aux élégantes salles de bains. Le petit déjeuner est servi dans les chambres ; certaines sont munies de fenêtres à la française et de balconnets. Parking réservé à l'hôtel. **www.sorrentohotelmignon.com**

SORRENTE : La Tonnarella   P ⑪ 🗐   €€€

Via Capo 31, 80067 **Tél** *081 878 11 53* **Fax** *081 878 21 69* **Chambres** *1§*

Perché sur une falaise, à 3 km de Sorrente, cet hôtel est l'ancienne résidence d'été d'une noble famille. Jolis sols de majolique, nombreuses voûtes et antiquités, vues magnifiques sur la baie. Les chambres avec vue sur mer, balcon ou terrasse sont bien évidemment plus chères. Restaurant et accès à une plage privée. **www.latonnarella.it**

SORRENTE : Grand Hotel Cocumella   P ⑪ ≋ ☆ 🍽 🗐   €€€€€

Via Cocumella 7, Sant'Agnello, 80065 **Tél** *081 878 29 33* **Fax** *081 878 37 12* **Chambres** *61*

Vieil hôtel situé dans une banlieue calme de Sorrente. Monastère jésuite entouré de luxuriants jardins paysagers. Parmi les hôtes illustres de l'établissement, le duc de Wellington et Freud. Les suites offrent des vues splendides sur la baie de Naples. Restaurant romantique et concerts en été. Nombreux équipements fermés en basse saison. **www.cocumella.com**

ABRUZZES, MOLISE ET POUILLE

ALBEROBELLO : Hôtel Ramapendula   P ⑪ ≋ ☆ 🗐   €€

Contrada Popoleto, Via Locorotondo, 70011 **Tél/Fax** *080 432 60 69* **Chambres** *41*

Entouré d'oliviers et idéal pour les familles, cet hôtel récent propose des parties communes dans le style *trulli* et un jardin avec une aire de jeux. Les véritables *trulli* sont tout proches. **www.hotelramapendula.it**

ALBEROBELLO : Trulli Dea   ⑪   €€

Via Monte Nero 15, 70011 **Tél** *080 432 38 60* **Chambres** *25*

Petit village de *trulli* à louer, convient pour deux à six personnes. Les plus belles maisons ont une cheminée ou un jardinet privé ; d'autres donnent sur la rue piétonne animée. La plupart sont très centrales, certaines juste à la sortie de la ville. Idéal pour les familles. Accueil entre 11 h et 20 h. **www.trullidea.it**

BARI : Hotel Adria   P ⑪ 🍽 🗐   €€

Via Zuppetta 10, 70121 **Tél** *080 524 66 99* **Fax** *080 521 32 07* **Chambres** *38*

Idéalement situé en face de la gare, cet hôtel présente un bon rapport qualité-prix. Récemment modernisé, il a conservé son élégance d'origine. Les chambres sont spacieuses et très confortables, avec accès Internet et le choix entre baignoire et douche. On remarque le jardin sur le toit avec son bar. Lits une place et demie et deux places. **www.adriahotelbari.com**

BARI : Palace Hotel Bari   P ⑪ ☆ 🗐 🖐   €€€

Via Lombardi 13, 70122 **Tél** *080 521 65 51* **Fax** *080 521 14 99* **Chambres** *197*

Hôtel très élégant à la lisière du centre historique, près des principales curiosités du vieux Bari. Les chambres sont spacieuses, dotées de mobilier ancien, et uniques, avec des chambres spéciales pour les femmes, les amateurs de musique, les enfants et les animaux domestiques. Petits déjeuners primés et excellent dîner servi sur la terrasse du toit. **www.palacehotelbari.it**

GARGANO PENINSULA-VIESTE : Hotel degli Aranci   P ⑪ ☆ 🗐   €€€

Piazza S Maria delle Grazie 10, 71019 **Tél** *0884 70 85 57* **Fax** *0884 70 73 26* **Chambres** *121*

Hôtel balnéaire moderne à l'excellent service, juste à la sortie de Vieste. Les chambres sont gaies et confortables – la plupart ont un balcon et une baignoire ou une douche. Idéal pour les familles, avec un club réservé aux enfants et des menus spéciaux. Piscine sur place et plage privée à proximité. Liaison de bus jusqu'à la ville. **www.hotelaranci.com**

Légende des prix *voir p 558* **Légende des symboles** *voir rabat de couverture*

GARGANO PENINSULA-VIESTE : Hotel Svevo €€

Via Frateli Bandiera, 71019 **Tél** *0884 70 88 30* **Chambres** *30*

Cet hôtel perché sur une colline, doté d'une vue superbe, est sympathique et sans prétention :
une valeur sûre, même en pleine saison; Chaque chambre a sa terrasse privée. Piscine donnant sur la mer.
www.hotelsvevo.com

ISOLE TREMITI : Hotel Gabbiano €€€

Piazza Belvedere, Isola di San Dominio, 71040 **Tél** *0882 46 34 10* **Fax** *0882 46 34 28* **Chambres** *40*

Hôtel moderne avec un excellent restaurant de poisson, idéalement placé pour explorer les criques et admirer le coucher
du soleil. Les chambres ont un balcon et sont installées dans des villette, petites villas, réparties autour d'un jardin avec
terrasse propice à la détente. Les chambres avec vue sur mer sont plus coûteuses. **www.hotel-gabbiano.com**

L'AQUILA : Hotel Duomo €€

Via Dragonetti, 67100 **Tél** *0862 41 08 93* **Fax** *0862 41 30 58* **Chambres** *30*

Au cœur du vieux L'Aquila, ce petit hôtel est aménagé dans un palazzo du XVIIIe siècle situé dans une petite rue offrant de
belles vues sur la place principale. Récemment restaurées, toutes les chambres sont élégantes et très propres, avec des lits
en fer forgé, parées de couleurs chaudes et d'étoffes gaies. Copieux petits déjeuners. **www.hotel-duomo.it**

L'AQUILA/GRAN SASSO D'ITALIA : Hotel Nido dell'Aquila €€

Località Fonte Cerreto, Assergi, 67010 **Tél** *0862 60 68 40* **Fax** *0862 60 88 11* **Chambres** *23*

Situé à 20 km de L'Aquila, à la porte du noble Gran Sasso, près de la ville médiévale d'Assergi. Chalet de montagne
au mobilier rustique, avec jardin, terrasse ensoleillée et aire de jeu pour les enfants. Excellente cuisine maison et vins
des Abruzzes. Proche des pistes de ski du Campo Imperatore. **www.nidodellaquila.it**

LECCE : B&B Prestige €

Via S Maria del Paradiso 4, 73100 **Tél** *0832 24 33 53* **Fax** *178 221 50 06* **Chambres** *3*

Coquet petit bed & breakfast situé dans un quartier calme du vieux Lecce, dans une rue piétonnière dominant la basilique
de San Giambattista. Chaque chambre possède un balconnet avec vue sur la rue et un accès Internet. En été, le petit
déjeuner est servi sur la terrasse ensoleillée. Salles de bains privées – pas toutes attenantes. **www.bbprestige-lecce.it**

LECCE : Hotel Tiziano €€€

Viale Porta d'Europa, 73100 **Tél** *0832 27 21 11* **Fax** *0832 27 28 41* **Chambres** *203*

Ce grand hôtel moderne se trouve de l'autre côté du centre historique, toutefois facilement accessible. Ses chambres sont
confortables et offrent les derniers équipements modernes, ainsi qu'une terrasse sur le toit avec piscine, bar et restaurant.
Un autre restaurant est aménagé dans la cave voûtée. **www.grandhoteltiziano.it**

LORETO APRUTINO (PRÈS D'ATRI) : Castello Chiola €€€

Via degli Aquino 12, 65014 **Tél** *085 829 06 90* **Fax** *085 829 06 77* **Chambres** *49*

Dans la ville médiévale de Loreto Aprutino, cet hôtel élégant et extrêmement confortable est installé à l'intérieur d'un vieux
château datant de 864. Au beau milieu de luxuriants jardins, il jouit de terrasses ensoleillées et d'une piscine. Le restaurant
sert une cuisine et des vins raffinés. Équipements modernes et splendide panorama. **www.castellochiolahotel.com**

MONOPOLI : Melograno €€€€

Contrada Torricella 345, 70043 **Tél** *080 690 90 30* **Fax** *080 74 79 08* **Chambres** *37*

Hôtel Relais & Châteaux aménagé dans une *masseria* (ferme fortifiée) du XVIe siècle, au milieu d'une oliveraie. Les chambres
sont somptueuses, certaines possédant un patio privé ou une baignoire à remous. Le propriétaire a magnifiquement
meublé l'hôtel. Service de navette gratuit jusqu'à la plage privée et accès à deux bateaux à voile. **www.melograno.com**

MONTE SANT'ANGELO : Albergo Hotel Michael €

Via Reale Basilica 86, 71037 **Tél** *0884 56 55 19* **Fax** *0884 56 30 79* **Chambres** *10*

En face du sanctuaire de Saint-Michel, ce petit hôtel offre des chambres confortables. Son propriétaire, serviable et agréable,
est aussi le chef du restaurant Il Grottino. Les chambres sont toutes pourvues d'une salle de bains attenante. Le petit déjeuner
est servi sur une terrasse couverte d'un toit en verre donnant sur la vieille ville et Manfredonia. **www.hotelmichael.com**

OTRANTO : Hotel Rosa Antico €€

SS116. Km 42, 73028 **Tél** *0836 80 15 63* **Fax** *0836 80 15 63* **Chambres** *28*

Situé à 800 m à peine de l'ancienne ville d'Otranto, dans un endroit paisible, de l'autre côté de la baie, ce *palazzo* familial
du XVIe siècle a été récemment restauré et doté d'une extension moderne, tous deux peints dans un joli vieux rose.
Chambres claires et gaies ; bar voûté et frais pour le petit déjeuner. Entouré d'un luxuriant jardin. **www.hotelrosaantico.it**

RUVO DI PUGLIA : Hotel Talos €€

Via R Morandi 12, 70037 **Tél** *0803 61 16 45* **Fax** *0803 60 26 40* **Chambres** *20*

Hôtel moderne situé au cœur de la vieille ville de Ruvo di Puglia. Service aimable. Bon restaurant servant de la cuisine
régionale sur une terrasse extérieure. Les chambres, toutes climatisées, sont confortables et spacieuses. Des visites de
la ville sont organisées. **www.hoteltalos.it**

SCANNO : Albergo Mille Pini €

Via Pescara 2, 67038 **Tél** *0864 743 87* **Fax** *0864 74 98 18* **Chambres** *25*

Situé près du télésiège de Scanno, point de départ pour les marches et le ski sur le Monte Retondo, ce charmant hôtel
rustique installé près du lac se distingue par ses murs en pierre, ses tapis et son mobilier en pin. Les chambres sont chaudes
et accueillantes ; le salon offre un feu en hiver et le restaurant sert une bonne cuisine maison. **www.millepiniscanno.it**

SULMONA : Hotel Italia 🖥️🅿️ €

Piazza S. Tommasi 3, 67039 **Tél** *0864 523 08* **Fax** *0864 20 76 14* **Chambres** *25*

Hôtel familial à l'atmosphère d'autrefois, situé en plein cœur du vieux Sulmona et dirigé par un couple aimable. Situation à la fois calme et centrale. Les chambres, toutes spacieuses et bien décorées, sont dotées d'un mobilier ancien, et certaines possèdent une salle de bains attenante. Salle de télévision et bar. **granlucadicamillo@libero.it**

TARENTE : Hotel Europa 🔲🅿️🍽️📧 €€

Via Roma 2, 74100 **Tel/Fax** *099 452 59 94* **Chambres** *43*

Palazzo du XIXᵉ siècle transformé en hôtel, récemment restauré et réouvert. Avec sa situation très centrale, dans le Taranto moderne, il domine les deux mers de la ville, son vieux port de pêche et son célèbre pont. Les chambres et les suites sont modernes et joliment meublées ; certaines possèdent une cuisine et un balcon sur la mer. **www.hoteleuropaonline.it**

TERMOLI : Hotel Mistral 🔲🅿️🍽️🎿📧 €€

Lungomare C Colombo 50, 86039 **Tél** *0875 70 52 46* **Fax** *0875 70 52 20* **Chambres** *66*

Station balnéaire du Molise du sud, Termoli possède un joli port médiéval et des ferries assurent la liaison vers les îles Tremiti. Cet hôtel moderne, situé à même la plage, offre un beau panorama sur la côte et le vieux quartier. Chambres spacieuses et confortables, la plupart donnant sur la mer. Restaurant-bar animé en terrasse et plage privée. **www.hotelmistral.net**

TRANI : Hotel Regia 🅿️🍽️📧 €€

Piazza Monsignor R M Addazi 2, 70059 **Tel/Fax** *0883 58 44 44* **Chambres** *10*

Juste derrière le port et en face de la cathédrale romane de Trani, ce vieux *palazzo* offre des chambres élégantes et claires et un très beau restaurant avec une terrasse pour l'été. Les chambres sont dotées de parquets et joliment meublées dans les tons blanc et crème. On profite de belles vues. Direction aimable **hotelreggia@tiscali.it**

BASILICATE ET CALABRE

COSENZA : Hotel Royal 🔲🅿️🍽️📧 €€

Via Molinella 24, 87100 **Tél** *0984 41 21 65* **Fax** *0984 41 24 61* **Chambres** *44*

Au cœur du Cosenza moderne, cet endroit est apprécié des hommes d'affaires et des touristes. Bien que sa décoration soit un peu vieillotte, avec ses parquets et son mobilier d'autrefois, il est confortable et pratique. Les chambres sont spacieuses et offrent tout le confort moderne. Bon restaurant La Caprice. **www.hotelroyalsas.it**

GERACE : La Casa di Gianna 🍽️📧 €€

Via Paolo Frascà 4, 89040 **Tél** *0964 35 50 24* **Fax** *0964 35 50 81* **Chambres** *10*

Dans une étroite rue médiévale de Gerace, une vieille maison abrite cet hôtel dont les pièces sont aménagées autour d'un atrium ensoleillé. Charmant restaurant, salle avec piano, bar et terrasse ensoleillée pour l'été. Les chambres sont décorées à l'ancienne et très confortables. La suite est pourvue d'un lit à baldaquin et d'une baignoire à remous. **www.lacasadigianna.it**

CÔTE DE MARATEA – CETRARO : Grand Hotel Villa San Michele 🔲🅿️🍽️🏊🎿📺📧 €€€

Località Bosco 8/9, 87022 **Tél** *0982 910 12* **Fax** *0982 914 30* **Chambres** *59*

Hôtel perché sur une falaise, à 120 m au-dessus du niveau de la mer, dans un jardin rempli de fleurs. La vue embrasse les îles Éoliennes et l'Etna. Des terrasses ensoleillées parfumées de mimosa, genêts et jasmin conduisent à la plage privée. Luxe discret dans une ferme bio pourvue d'un golf à neuf trous. **www.sanmichele.it**

MATERA : Albergo Italia 🔲🅿️🍽️📧 €€

Via Ridola 5, 75100 **Tél** *0835 33 35 61* **Fax** *0835 33 00 87* **Chambres** *46*

Au cœur du vieux centre-ville, un bâtiment historique à la superbe terrasse dominant les anciens quartiers des *sassi* abrite cet hôtel. Les chambres et les salles regorgent d'antiquités, tout en offrant des équipements modernes. Des suites, des chambres familiales et des chambres économiques sont disponibles. Le restaurant Basilico est excellent. **www.albergoitalia.com**

MATERA : Hotel Sassi 🔲🅿️🍽️📧 €€

Via San Giovanni Vecchio 89, Sasso Barisano, 75100 **Tél** *0835 33 10 09* **Fax** *0835 33 37 33* **Chambres** *20*

Cet hôtel occupe un édifice historique du XVIIIᵉ siècle dans un endroit calme, au cœur du vieux *sassi*. Certaines des chambres ont été aménagées dans des caves. Toutes les chambres sont différentes : les chambres supérieures et les suites ont une terrasse ou un balcon ; certaines chambres sont un peu petites. Vues splendides et confort. **www.hotelsassi.it**

METAPONTO (PISTICCI) : Agriturismo San Teodoro 🖥️🅿️🍽️🏊 €€

Contrada San Teodoro, Marconia, 75020 **Tél/Fax** *0835 47 00 42* **Mob** *338 569 81 16* **Chambres** *10*

Agriturismo installé dans une vieille ferme romantique dirigée par une noble famille. À 5 km à peine de la mer, au milieu des citronneraies, des oliveraies et des vignes. Excellente nourriture et cours de cuisine. Vélo, golf, tennis et équitation disponibles sur place, et centre de cure à proximité. **www.santeodoronuovo.com**

REGGIO CALABRIA : Hotel Palace Masoanri's 🔲🅿️📧 €€

Via Vittorio Veneto 95, 89121 **Tél** *0965 264 33* **Fax** *0965 264 36* **Chambres** *65*

Hôtel moderne bien situé, à proximité de la gare ferroviaire, de la vieille ville et du musée archéologique. Les chambres sont vastes et confortables, équipées de tout le confort moderne, dont Internet, la climatisation et la télévision par satellite. Nombre d'entre elles ont un balcon avec vue sur le détroit de Messine. Garage. **www.montesanohotels.it**

Légende des prix *voir p 558* **Légende des symboles** *voir rabat de couverture*

ROCCELLA JONICA : Le Giare

🖼️ P 🍽 ♿ 🌳 📶   €€€

SS106, km 111, 89047 **Tél** *0964 851 70* **Fax** *0964 86 63 34* **Chambres** *10*

Sur la riviera du jasmin, à 4 km de Gioiosa Jonica et 8 km de Locri, cet *agriturismo* est entouré de citronneraies et fait face à une plage privée. Les appartements sont simples mais gais et la nourriture, à base de produits de la ferme, est délicieuse. Nombreuses activités pour les enfants. **www.agriclublegiare.it**

ROSSANO : Giardino d'Iti

P 🍽   €€

Contrada Amica, 87068 **Tél/Fax** *0983 645 08* **Chambres** *9*

Ce coquet petit *agriturismo* dirigé par la baronne Cherubini est installé au milieu d'orangers et d'oliviers, à 3 km de la mer Ionienne tout en étant proche des montagnes. Chambres confortables à la décoration rustique. Nourriture délicieuse. Plusieurs cours sont proposés, parmi lesquels cuisine, tissage et thérapie par les plantes. **www.giardinoiti.it**

STILO : Hotel Città del Sole

📶 P 🍽 🌳 📶   €€

Viale Roma 8, 89049 **Tél** *0964 77 55 88* **Fax** *0964 77 57 00* **Chambres** *33*

Dans le Stilo médiéval, cet hôtel balnéaire moderne possède une plage privée à 14 km. Face aux collines, à l'extérieur de la ville, il offre de belles vues sur la campagne . Les salles et les chambres sont meublées avec goût et on remarque la terrasse ensoleillée. Le restaurant sert une cuisine typique de la Calabre. **cittadelsole2005@libero.it**

TROPEA AREA – CAPO VATICANA : Hostel Costa Azzurra

P 🍽 🖼️ 🌳   €€

Viale Giuseppe Berto, Ricadi; Contrada Capo Vaticana, 89865 **Tél** *0963 66 31 09* **Fax** *0963 66 39 56* **Chambres** *30*

Près de la gare ferroviaire de Ricadi, à 9 km de Tropea à Capo Vaticano, sur la Costal degli Dei. Vastes jardins. Chambres simples, propres et lumineuses. Des appartements sont également disponibles. Vous pourrez goûter à la cuisine calabrienne dans le restaurant. Jeux pour les enfants et canots à rames sur la plage privée. **www.hotelcostazzurra.com**

TROPEA AREA – ZAMBRONE : Casa Isabella

🖼️ P   €

SS522, km 24, Contrada Conturella, 89868 **Tél** *0963 39 28 91* **Chambres** *4*

Cette pension occupe une villa avec jardins dans la fraîcheur des collines qui dominent la côte de Tropea. Tenue par une Allemande qui vécut à Tropea durant plus de 30 ans. Copieux petits déjeuners servis dans le patio. Les chambres, récemment modernisées, sont claires et fraîches, la plupart avec salle de bains attenante. **www.villaisabella.info**

VENOSA : Hotel Orazio

P 📶   €

Via Vittorio Emanuele 142, 85029 **Tél** *0972 311 35* **Fax** *0972 350 81* **Chambres** *14*

Ce *palazzo*, situé au cœur du quartier historique, porte le nom du poète romain Horace qui naquit dans la ville. Magnifiquement restauré, l'hôtel offre tout le confort moderne à un prix raisonnable. Sa terrasse surplombe la vallée. Les chambres sont climatisées et pourvues de télévision et téléphone.

VILLA SAN GIOVANNI : Altafiumara

P 🍽 🖼️ 📶 📶   €€€

Santa Trada di Cannitello, 89010 **Tél** *0965 75 98 04* **Fax** *0965 75 95 66* **Chambres** *128*

Ce luxueux hôtel occupe une ancienne forteresse restaurée sur la Costa Viola, en face des mythiques Charybde et Scylla. Perché sur une falaise, entouré de jardins paysagers, l'établissement domine une plage privée. Suites somptueuses aménagées dans la forteresse ou dans de petites villas modernes. Jardin de sculptures et académie des vins. **www.altafiumarahotel.it**

SICILE

AGRIGENTE : Fattoria Mosè

P 🍽 🌳 🖼️   €€

Via M Pascal 4, Villaggio Mosè, 92100 **Tél** *0922 60 61 15* **Fax** *0922 60 61 15* **Chambres** *10*

Ravissant *agriturismo* à 4 km de la Vallée des Temples et à 3 km de la mer. Au milieu des oliviers, citronniers, pistachiers et amandiers, cet ancien pavillon de chasse et ferme familiale possède quatre chambres et six petits appartements. Séjour de deux nuits minimum. Fermé de nov. à mars. **www.fattoriamose.com**

AGRIGENTE : Hotel Colleverde

📶 P 🍽 🌳 📶 📶   €€

Valle dei Templi, 92100 **Tél** *0922 295 55* **Fax** *0922 290 12* **Chambres** *48*

Hôtel moderne offrant une belle vue sur la vallée des Temples depuis ses jardins. Les chambres sont confortables et joliment meublées : panorama exceptionnel depuis les chambres de luxe. Proche du centre d'Agrigente et de la gare ferroviaire. Le restaurant jouit d'une terrasse. Deux chambres réservées aux personnes à mobilité réduite. **www.colleverde-hotel.it**

CALTAGIRONE : B&B La Pilozza Infiorata

P 📶   €

Via SS Salvatore 95-97, 95041 **Tél** *0933 221 62* **Fax** *mobile 328 702 95 43* **Chambres** *12*

Petit bed & breakfast dans le centre historique de Caltagirone, célèbre pour ses céramiques. À deux minutes du célèbre escalier de Santa Maria del Monte, ce bâtiment de la fin du XIXᵉ siècle offre des chambres (pas toutes équipées de salles de bains attenantes, ni climatisées) et des appartements. Deux terrasses sur la vieille ville. **www.lapilozzainfiorata.com**

CASTÉL DI TUSA : Hotel Atelier sul Mare

📶 P 🍽 📶   €€€

Via Cesare Battisti 4, 98070 **Tél** *0921 33 42 95* **Fax** *0921 33 42 83* **Chambres** *40*

Un édifice blanc entouré d'un jardin avec plage privée abrite cet hôtel situé dans un village de pêcheurs, à 20 km à l'est de Cefalù. La plupart des chambres sont des chambres doubles classiques mais 14 ont été conçues par des artistes internationaux ou italiens (chambres plus coûteuses). Certaines dominent la mer. Terrasse ensoleillée et restaurant. **www.ateliersulmare.it**

CATANIA : Residence La Ville

Via Monteverdi 15, 95131 **Tél** *095 746 52 30* **Fax** *095 746 51 89* **Chambres** *14*

Près de Via Etnea et du délicieux marché alimentaire, cet hôtel récemment restauré occupe un *palazzo* jaune ensoleillé. Parfait pour les familles, il compte des chambres doubles, triples et quadruples, ainsi qu'une suite, toutes joliment meublées. De petits appartements sont également disponibles. Personnel particulièrement serviable. **www.rhlaville.it**

CATANIA : Hotel Katane Palace

Via Finocchiaro April 110, 95129 **Tél** *095 747 07 02* **Fax** *095 747 01 72* **Chambres** *58*

Situation centrale, près du port, de la gare de chemin de fer et du vieux quartier de la ville. Les chambres sont spacieuses, élégamment meublées et insonorisées ; les salles de bains attenantes sont très chic. Cuciniere, le restaurant de l'hôtel, est renommé, et des concerts de musique s'y tiennent tous les ans. **www.katanepalace.it**

CEFALÙ : Hotel Kalura

Via Vincenzo Cavallaro 13, 90015 **Tél** *0921 42 13 54* **Fax** *0921 42 31 22* **Chambres** *72*

Hôtel familial parfait pour les amateurs de sports nautiques, situé dans la baie de Caldura, juste à l'est de Cefalù. Plage privée et centre de plongée. Chambres modernes et spacieuses ; la plupart ont un balcon et vue sur mer. Nombreuses activités organisées, piano-bar, aquagym dans la piscine et massages. **www.hotel-kalura.com**

CEFALÙ : Hotel La Giara

Via Veterani 40, 90015 **Tél** *0921 42 15 62* **Fax** *0921 42 25 18* **Chambres** *24*

En plein cœur du vieux Cefalù, ce petit hôtel sans prétention a vu ses chambres récemment rénovées et dotées de salles de bains. Bien que différentes, toutes sont très confortables, climatisées et équipées de téléphone et télévision. Terrasse sur le toit surplombant le centre historique et la mer. Bon restaurant. **www.hotel-lagiara.it**

ENNA : Hotel Sicilia

Piazza N Colajanni 7, 94100 **Tél** *0935 50 08 50* **Fax** *0935 50 04 88* **Chambres** *60*

Au cœur d'Enna, au centre de la Sicile, cet hôtel moderne est bien placé pour visiter nombre des sites touristiques de l'île. Les chambres sont petites mais on remarque la terrasse et le bar sur le toit. Élégantes salles dotées d'antiquités. Certaines chambres donnent sur la campagne environnante. **www.hotelsiciliaenna.it**

ERICE : Baglio Santcroce

SS187 Valderice, 91019 **Tél** *0923 89 11 11* **Fax** *0923 89 11 92* **Chambres** *25*

Une ferme construite en 1637 sur les pentes du Mont Erice, entre Trapani et Erice, héberge cet hôtel. Jardins en terrasse et bon restaurant de fruits de mer. Les salles et les chambres exaltent le charme rustique avec leurs murs en pierre, leurs poutres en bois, leurs sols carrelés et leurs lits en fer forgé. Piscine et terrasse ensoleillée. **www.bagliosantacroce.it**

ERICE : Hotel Moderno

Via Vittoria Emanuele 67, 91016 **Tél** *0923 86 93 00* **Fax** *0923 86 91 39* **Chambres** *40*

Petit hôtel situé dans le vieux quartier d'Erice, avec une terrasse donnant sur les toits, où le petit déjeuner et l'apéritif peuvent vous être servis. Les chambres sont spacieuses, à la fois dotées de mobilier au charme d'antan et de tout le confort moderne. Certaines possèdent un petit balcon. Excellent restaurant. **www.hotelmodernoerice.it**

GIARDINI-NAXOS : Hotel Arathena Rocks

Via Calcide Eubea 55, 98039 **Tél** *0942 513 49* **Fax** *0942 516 90* **Chambres** *49*

Hôtel élégant et moderne situé dans un quartier calme de Giardini-Naxos, avec piscine et terrasse ensoleillée donnant sur la mer, au-dessus des roches volcaniques. Intérieur confortable au charme d'antan. La plupart des chambres offrent un patio privé et une vue sur mer. Bon restaurant. Personnel aimable. Navette jusqu'à Taormine. **www.hotelarathena.com**

ÎLES ÉGATES – FAVIGNANA : Albergo Ristorante Egadi

Via Cristofero Colombo 17, 91023 **Tél** *0923 92 12 32* **Fax** *0923 92 16 36* **Chambres** *11*

Une villa jaune ensoleillée du centre historique, près du front de mer et à quelques pas du port, abrite cet hôtel. Ses chambres sont pourvues de mobilier ancien. Deux chambres de l'étage supérieur possèdent une terrasse – l'une est équipée d'une baignoire à remous, l'autre d'une douche à jets puissants. Suite familiale également. **www.albergoegadi.it**

ÎLES ÉOLIENNES – LIPARI : Villa Diana

Via Tufo 1, 98055 **Tél** *090 981 14 03* **Fax** *090 981 14 03* **Chambres** *12*

Résidence du peintre suisse Edwin Hunziker à Lipari, sa ville d'adoption, cette ancienne maison de famille est entourée d'un coquet jardin. La terrasse ensoleillée offre des vues sur la ville de Lipari et la mer. Toutes les chambres donnent sur le jardin de cet endroit frais et reposant, regorgeant d'antiquités et abritant une collection d'art. **www.villadiana.com**

ÎLES ÉOLIENNES – PANAREA : Hotel Raya

Via S. Pietro, 98050 **Tél** *090 98 30 13* **Fax** *090 98 31 03* **Chambres** *30*

Série d'appartements aménagés sur un versant de falaise couvert d'hibiscus et de bougainvillées et nichés parmi les oliviers. Répartis dans deux petits villages, à cinq minutes l'un de l'autre, avec vue sur le Stromboli et la mer. Bar et restaurant romantiques avec des lampes à huile pour le soir. La plupart des chambres donnent sur la mer. **www.hotelraya.it**

ÎLES ÉOLIENNES – STROMBOLI : La Locanda del Barbablu

Via Vittorio Emanuele 17-19, 98050 **Tél** *090 98 61 18* **Fax** *090 98 63 23* **Chambres** *6*

Petites habitations de pêcheurs remplies d'antiquités et d'objets d'art. Les chambres sont petites mais charmantes, toutes avec salle de bains attenante. Bar et excellent restaurant offrant une cuisine créative, dans un oasis de verdure et sur une terrasse ensoleillée, avec un beau panorama sur le Stromboli. Proche de la plage de Fico Grande. **www.barbablu.it**

Légende des prix *voir p 558* **Légende des symboles** *voir rabat de couverture*

MARSALA : Baglio Oneto

`P` `11` `泳` `TV` €€

Contrada Baronazzo Amafi 55, 91025 **Tél** *0923 74 62 22* **Fax** *0923 99 69 63* **Chambres** *48*

L'hôtel occupe une maison fortifiée, au beau milieu des vignes, dans les collines qui entourent Marsala. Il jouit d'une piscine et d'une terrasse avec vue sur les îles Egadi. Belles chambres spacieuses, toutes avec balcon ou terrasse. Dans le restaurant, on peut déguster d'excellents plats régionaux. Bon bar à vin. **www.framonhotels.com**

MESSINE : Hotel Sant'Elia

`P` `11` `目` €€

Via I Settembre 67, 98122 **Tél** *090 601 00 82* **Fax** *090 678 37 50* **Chambres** *15*

Petit hôtel agréable situé au cœur de Messine, installé dans un bâtiment du xixe siècle, à l'angle de la Piazza Palazzo Reale, à côté d'une église du xiiie siècle, à quelques minutes à pied des sites touristiques et non loin du port et de gare. Les chambres sont spacieuses et insonorisées. Restaurant de type snack-bar. **www.hotelsantelia.com**

MILAZZO : Petit Hotel

`目` `11` `目` €€

Via Dei Mille 37, 98057 **Tél** *0909 28 67 84* **Chambres** *9*

Petit hôtel jaune qui fait face au port, très bien placé pour rejoindre les îles Éoliennes. Personnel aimable. Chambres élégantes insonorisées et équipées de meubles anti-allergiques, déioniseurs, chauffage et climatisation favorables à l'environnement. Sur le toit, belle terrasse parée de carreaux de majolique. **www.petithotel.it**

MODICA : Hotel Relais

`P` `目` €€

Via Tommaso Campailla 99, 97015 **Tél** *0932 75 44 51* **Fax** *0932 75 44 51* **Chambres** *10*

Bed & breakfast au cœur de Modica Alta, près de Teatro Garibaldi. Ancienne demeure d'un comte sicilien, cet édifice médiéval joliment restauré offre de splendides vues sur la ville baroque depuis sa terrasse. Les chambres élégantes diffèrent – on remarque celles avec balcon et poutres en bois. Chambres familiales disponibles. **www.hotelrelaismodica.it**

NOTO : Masseria degli Ulivi

`P` `11` `泳` `木` `目` €€

Contrada Porcari, SS287, near Madonna della Scala, 96017 **Tél** *0931 81 30 19* **Fax** *0931 81 30 19* **Chambres** *16*

À 8 km du vieux Noto, entourée de caroubiers et d'oliveraies, cette coquette villa rose date de la fin du xixe siècle. Les salles arborent des dallages de tommettes, des meubles en bois sombre, des plafonds ornés de poutres, des volets et du linge de lit bien frais. Excellents restaurant et *enoteca*, et repas servi en terrasse l'été. **www.masseriadegliulivi.com**

PALERME : Giorgio's House

€

Via A Mongitore, 90100 **Tél** *091 52 50 57* **Fax** *mobile 347 221 48 23* **Chambres** *3*

Agréable bed & breakfast au propriétaire particulièrement accueillant, Giorgio. Situé entre la gare et le Palazzo Reale, il est également proche de la cathédrale. Trois chambres se partagent les deux salles de bains. Un salon est également disponible. Excursions organisées. **www.giorgioshouse.com**

PALERME : Hotel Ambasciatori

`目` `P` `目` €€

Via Roma 111, 90133 **Tél** *091 616 68 81* **Fax** *091 610 01 05* **Chambres** *18*

L'entrée de l'hôtel se trouve au cinquième étage d'un bâtiment du xixe siècle, dans l'une des rues les plus animées de Palerme. Les chambres sont vastes, calmes et confortables, certaines donnant sur la ville ; leur décoration et leurs meubles sont élégants. Petit déjeuner servi sur la terrasse du toit. **www.ambasciatorihotelpalermo.com**

PALERME : Massimo Plaza Hotel

`P` `目` €€€

Via Maqueda 437, 90133 **Tél** *091 32 56 57* **Fax** *091 32 57 11* **Chambres** *15*

Situation très centrale, en face du Teatro Messino, pour ce *palazzo* joliment restauré, calme et élégant. Chambres spacieuses et fraîches, insonorisées – certaines avec vue sur la belle place. Bar accueillant et salon. Service excellent. **www.massimoplazahotel.com**

PALERME : Grand Hotel Villa Igeia

`目` `P` `11` `泳` `木` `TV` `目` €€€

Salita Belmonte 43, 90142 **Tél** *091 631 21 11* **Fax** *09154 76 54* **Chambres** *110*

Hôtel romantique à l'extérieur de Palerme, aux jardins parfumés de jasmin qui dominent la mer. Construit en 1908 par Ernesto Basile, grand adepte du style Art nouveau italien, on remarque ses fresques dans les salles et ses meubles originaux. Chambres élégantes avec vue sur jardin ou terrasse privée sur mer. **www.amthotels.it**

PIAZZA ARMERINA : Agriturismo Gigliotto

`P` `11` `木` €€

Contrada Gigliotto, 95040 **Tél** *0933 97 08 98* **Fax** *mobile 335 838 03 24* **Chambres** *15*

Au beau milieu d'un vaste domaine, perchée sur une colline surplombant tout l'est de la Sicile, cette ancienne métairie date de 1296. Les chambres arborent des murs en pierre bien frais, des dallages de tommettes, des poutres en bois et des voûtes ; elles sont dotées de mobilier ancien et possèdent une salle de bains attenante. Nourriture excellente. **www.gigliotto.com**

RAGUSE : Eremo della Giubiliana

`P` `11` `泳` `木` `目` €€€

Contrada Giubiliana, 97100 **Tél** *0932 66 91 19* **Fax** *0932 66 91 29* **Chambres** *16*

À l'extérieur de Raguse, l'Eremo possède la seule piste d'atterrissage privée de Sicile et propose des excursions en avion privé. Une métairie féodale fortifiée de plus de 1 000 ans accueille cet hôtel, véritable oasis de calme et de verdure, avec un magnifique panorama sur la mer. Chambres et suites splendides. Nourriture délicieuse. **www.eremodellagiubiliana.it**

SCIACCA : Grand Hotel delle Terme

`目` `P` `11` `泳` `木` `TV` `目` €€

Viale delle Terme 1, 92019 **Tél** *0925 231 33* **Fax** *0925 870 02* **Chambres** *77*

Hôtel confortable et moderne entouré d'un vaste jardin et pourvu d'une terrasse ensoleillée, d'un centre de cure et de remise en forme, et d'une piscine. Grande variété de soins spécifiques sur demande. La quasi-totalité des chambres donne sur la mer et possède un balcon. Les sources thermales sont toutes proches. Navettes jusqu'à la plage. **www.grandhoteldelleterme.com**

SYRACUSE : Hotel Gutkowski   P ▤   €€

Lungomare Vittorini 26, 96100 **Tél** *0931 46 58 61* **Fax** *0931 48 05 05* **Chambres** *25*

Un bâtiment bleu pastel, en plein cœur d'Ortigia, abrite cet hôtel. Les chambres sont gaies et lumineuses, certaines offrant une petite terrasse et cinq d'entre elles une vue sur mer ; choix entre douche et baignoire. Le petit déjeuner est servi sur une terrasse commune, et en hiver, un feu agrémente le bar. Les salles annexes sont plus basiques et sans vue. **www.guthotel.com**

SYRACUSE : Albergo Domus Mariae   P ▯▯ ▤   €€

Via Vittorio Veneto 76, 96100 **Tél** *0931 248 58* **Fax** *0931 248 54* **Chambres** *16*

Dirigé par des sœurs Ursulines, ce couvent se trouve au cœur d'Ortigia. Mélange d'ancien et de moderne, ses équipements sont plutôt basiques, mais ses chambres sont spacieuses et propres. Six des chambres donnent sur la mer, les autres – munies d'un balcon – sur la rue. Petite terrasse ensoleillée et chapelle. Personnel agréable. **www.sistemia.it/domusmariae**

SYRACUSE : Grand Hotel   ▥ P ▯▯ ▤   €€€

Viale Mazzini 12, 96100 **Tél** *0931 46 46 00* **Fax** *0931 46 46 11* **Chambres** *58*

Bien situé dans Ortigia, juste de l'autre côté du pont reliant l'ancien et le nouveau Syracuse. Ce splendide hôtel a récemment rouvert ses portes après une légère restauration. La grandeur d'autrefois se mêle partout au style high-tech. Belle terrasse sur le toit avec vue sur mer. En été, vous pouvez même dîner dehors. Plage privée. **www.grandhotelsr.it**

TAORMINE : Hotel Condor   ▥ P ▤   €

Via Dietro Cappuccini 25, 98039 **Tél** *0942 231 24* **Fax** *0942 62 57 26* **Chambres** *12*

Jolie villa familiale couverte de bougainvillées, à cinq minutes du centre-ville, offrant des salles fraîches exaltant le charme d'autrefois et une terrasse sur le toit. Les chambres sont simples et accueillantes, nombre d'entre elles offrant un balcon. Les chambres économiques sont plus petites, avec balcon ou vue sur mer. Une suite est disponible. **www.condorhotel.com**

TAORMINE : Villa Belvedere   ▥ P ▯▯ ▦ ▤   €€€

Via Bagnoli Croce 79, 98039 **Tél** *0942 237 91* **Fax** *0942 62 58 30* **Chambres** *47*

Une coquette villa jaune dans le style Liberté, entourée d'un jardin d'orangers et de citronniers, avec une piscine face à la mer, abrite cet hôtel. À cinq minutes du vieux quartier et du funiculaire qui conduit à la plage. Ses salles sont fraîches et accueillantes, et les chambres, généralement claires et lumineuses, la plupart avec balcon ou terrasse. **www.villabelvedere.com**

TAORMINE : Villa Ducale   P ▯▯ ▤   €€€

Via Leonardo da Vinci 60, 98039 **Tél** *0942 281 53* **Fax** *0942 287 10* **Chambres** *13*

L'un des hôtels les plus romantiques de Taormine occupe cette villa, ancienne poste aux chevaux. Beaux jardin avec jacuzzi et terrasses. Chaque chambre a un balcon ou une véranda, un sol dallé de tommettes, des lits en fer forgé, des murs ornés de fresques et des céramiques peintes. Une navette mène à la plage. **www.villaducale.com**

TAORMINE : Mazzaro Sea Palace Hotel   ▥ P ▯▯ ▤ ⚓ ▦ ▤   €€€€

Via Nazionale 147, 98039 **Tél** *0942 61 21 11* **Fax** *0942 62 62 37* **Chambres** *88*

Le luxe cinq étoiles à Mazzaro, principale plage de Taormine. Hôtel élégant et moderne près du téléphérique qui conduit au vieux Taormine. Les chambres et les suites sont splendides, la plupart munies d'un balcon, où les hôtes peuvent dîner aux chandelles. Plage privée, piano bar et suites avec piscines privées. **www.mazzaroseapalace.it**

TRAPANI : Tavernetta Ai Lumi   ▯▯ ▤   €

Corso Vittorio Emanuele 75, 91100 **Tél** *0923 87 24 18* **Chambres** *14*

Bed & breakfast installé au-dessus d'une taverne, dans le centre de Trapani. Aménagées dans la cour d'un *palazzo*, les salles à manger occupent les anciennes écuries. Les chambres sont confortables, parées de meubles d'autrefois. Elles possèdent une salle de bains attenante, mais ne sont pas toutes climatisées. Des appartements sont également disponibles. **www.ailumi.it**

ZAFFARANA-ETNEA : Hotel Airone   ▥ P ▯▯ ▦ ▤   €€

Via Cassone 67, 95019 **Tél** *095 708 18 19* **Fax** *095 708 21 42* **Chambres** *55*

La ville médiévale de Zaffarana-Etnea se trouve sur les pentes de l'Etna, dans une région célèbre pour son miel. Cet hôtel dirigé par une famille possède de ravissantes chambres, un jardin avec piscine, un restaurant et un centre de cure renommé. Vues inoubliable sur la mer Ionienne et les dernières coulées de lave. Visites guidées. **www.hotel-airone.it**

SARDAIGNE

ALGHERO : Hotel Angedras   ▥ P ⛱ ▤   €€

Via Frank 2, 07041 **Tél** *079 973 50 34* **Fax** *079 973 50 34* **Chambres** *24*

Un hôtel chic à dix minutes de la vieille ville d'Alghero, dans une rue calme et résidentielle. La décoration associe le style sarde traditionnel à l'élégance moderne. Le petit déjeuner se compose d'une sélection de pâtisseries typiquement sardes préparées dans la boulangerie familiale. Service chaleureux et aimable. Plage privée. **www.angedras.it**

ALGHERO : Villa Las Tronas   ▥ P ▯▯ ▦ ▤ ⛱ ▦ ▤   €€€€

Lungomare Valencia 1, 07041 **Tél** *079 98 18 18* **Fax** *079 98 10 44* **Chambres** *25*

Une villa du XIXᵉ siècle de couleur moutarde située sur un promontoire surplombant Capo Caccia héberge cet hôtel confortable élégamment décoré. Les salles regorgent de dorures et de meubles raffinés, tandis que les chambres sont plus simples mais jolies. Un jardin et des terrasses surplombent la mer. **www.hotelvillalastronas.it**

Légende des prix *voir p 558* **Légende des symboles** *voir rabat de couverture*

BOSA : Hotel al Gabbiano

Viale Mediterraneo, 5, 08013 **Tél** *0785 37 41 23* **Fax** *0785 37 41 09* **Chambres** *32*

Idéalement placé sur Bosa Marina, cet hôtel tenu par une famille offre un superbe panorama sur la baie. Il possède une plage privée et le personnel organise des excursions. Les chambres sont claires et lumineuses. Le restaurant est spécialisé dans les plats locaux. L'hôtel possède aussi des villas. Demi-pension seulement. **www.bosa.it/gabbianohotel**

CAGLIARI : Hotel 4 Mori

Via GM Angioj 27, 09124 **Tél** *070 66 85 35* **Fax** *070 66 60 87* **Chambres** *42*

Au cœur de la ville, ce petit hôtel accueillant a été rénové en 2004. Les chambres sont simples et propres, avec des murs blanchis à la chaux et des meubles en bois. L'hôtel présente un bon rapport qualité-prix pour son excellente situation, près de Via Roma et Largo Carlo Felice ; parfait pour découvrir la ville et faire du shopping. **www.hotel4mori.it**

CAGLIARI : Hotel Aurora

Salita Santa Chiara 19, 09124 **Tél** *070 65 86 25* **Chambres** *8*

Petit hôtel à la situation centrale installé dans un bâtiment du XIXe siècle, à l'écart de l'agitation de la Piazza Yenne. Certaines chambres ont été redécorées de peintures murales. Les chambres de l'avant sont plus bruyantes, le bâtiment d'en face organisant un marché le matin. L'un des hôtels les moins coûteux si l'on considère sa situation. **www.hotelcagliariaurora.it**

CAGLIARI : Caesar's Hotel

Via Darwin 2/4, 09126 **Tél** *070 34 07 50* **Fax** *070 34 07 55* **Chambres** *48*

Cet hôtel élégant occupe une zone calme et résidentielle. Bien qu'il ne soit pas aussi central que les autres, il est le plus attrayant. Son élégante entrée atrium fut la première de son genre en Sardaigne. Chambres confortables, certaines salles de bains étant équipées d'un jacuzzi. Le restaurant offre de la cuisine traditionnelle de grande qualité. **www.caesarshotel.it**

ISOLA DI SAN PIETRO : Hotel Paola e Primo Maggio

Località Tacca Rossa, 09014 **Tél** *0781 85 00 98* **Fax** *0781 85 01 04* **Chambres** *20*

Pension calme et moderne, tenue par une famille, entourée de verdure et surplombant la mer. Terrasse ombragée pour dîner dehors au restaurant, fier de sa bonne cuisine de Carloforte. Les chambres sont simples mais on s'y sent chez soi. La salle principale est confortable et rustique. **www.carloforte.net/hotelpaola/index.htm**

ISOLA DI SAN PIETRO : Hotel Hieracon

Corso Cavour 62, 09014 **Tél** *0781 85 40 28* **Fax** *0781 85 48 93* **Chambres** *24*

Cette villa bien conservée fut construite dans le style Art nouveau à la fin du XIXe siècle et possède de nombreuses chambres d'époque. Celles donnant sur l'arrière sont plus calmes. Les appartements occupent le coquet jardin méditerranéen, où le petit déjeuner peut être servi. L'hôtel n'est pas très loin du terminus des ferries.

NUORO : Hotel Grillo

Via Mons Melas, 08100 **Tél** *0784 386 78* **Fax** *0784 320 05* **Chambres** *45*

Cet hôtel moderne récemment rénové est situé dans un lieu calme, à quelques pas du centre historique. Les chambres sont spacieuses et élégamment meublées, certaines équipées d'un jacuzzi. Le restaurant sert une très bonne cuisine régionale et est apprécié par la population locale. **www.grillohotel.it**

OLIENA : Su Gologone

Località Su Gologone, 08025 **Tél** *0784 28 75 12* **Fax** *0784 28 76 68* **Chambres** *70*

Villa du Sopramonte, région montagneuse de la Barbagia. L'endroit est paisible, caractéristique de la chaude hospitalité sarde. Les édifices en pierres occupent un parc ombragé par des oliviers. L'hôtel jouit d'un excellent restaurant. Grand choix de sports, activités et excursions. Demi-pension seulement. **www.sugologone.it**

PORTO CERVO : Balocco

Località Liscia di Vacca, 07021 **Tél** *0789 915 55* **Fax** *0789 915 10* **Chambres** *35*

Hôtel clair et attrayant dans le style méditerranéen avec des murs blanchis à la chaux et de la terre cuite, entouré de palmiers. Chaque chambre a sa propre terrasse. Non loin de Porto Cervo, il est proche de tous les équipements locaux et offre comparativement un bon rapport qualité-prix pour la très chic Costa Smeralda. **www.hotelbalocco.it**

PORTO CERVO : Capriccioli

Località Capriccioli, 07020 **Tél** *0789 960 04* **Fax** *0789 964 22* **Chambres** *34*

L'un des meilleurs rapports qualité-prix de la très chère Costa Smeralda. Cet hôtel dirigé par une famille occupe un jardin méditerranéen. Les chambres sont blanchies à la chaux et dotées de meubles traditionnels en bois. L'hôtel est proche de la plage et possède un excellent restaurant. De nombreuses excursions et activités vous sont proposées. **www.hotelcapriccioli.it/**

PORTO ROTONDO : Sporting

Porto Rotondo, 07020 **Tél** *0789 340 05* **Fax** *0789 343 83* **Chambres** *27*

Une oasis de confort sur la Costa Smeralda. Vaste complexe hôtelier avec sa propre plage et de nombreuses activités. L'architecture du bâtiment et le jardin sont typiquement méditerranéens. Les chambres sont claires, confortablement meublées, et possèdent une terrasse privée fleurie ouverte sur la mer. Piano bar. **www.sportingportorotondo.com**

SASSARI : Hotel Leonardo da Vinci

Via Roma 79, 07100 **Tél** *079 28 07 44* **Fax** *079 285 22 33* **Chambres** *116*

Grand hôtel moderne et confortable, à quelques minutes de marche de la Piazza Italia et du centre-ville. Les chambres et le mobilier sont fonctionnels, mais créent une agréable sensation d'espace et de paix. Le hall principal et le bar sont pavés de marbre coloré et agrémentés de canapés. **www.leonardodavincihotel.it**

RESTAURANTS

Pour les Italiens, fiers à juste titre de leur excellente cuisine et de leurs vins, les repas sont une chose sérieuse et ils passent des heures à table. Au cours d'un voyage en Italie, on découvre avec plaisir d'infinies variations régionales sur les pâtes, les pains et les fromages. Les restaurants servent plus souvent des *tortelloni* fourrés aux épinards dans le Nord et des poivrons rouges farcis dans le Sud, mais ils proposent rarement autre chose que des plats italiens. Il n'est pas nécessaire de fréquenter des endroits luxueux pour bien manger : une simple *trattoria*, adaptée aux goûts de la clientèle locale, fait souvent plus l'affaire qu'un restaurant international. Les indications pratiques qui suivent sur les divers types de restaurants et leur fonctionnement vous aideront à découvrir la gastronomie italienne dans les meilleures conditions.

LES DIFFÉRENTS TYPES DE RESTAURANTS

Autrefois, les *trattorie* et les *osterie*, populaires et bon marché, s'opposaient aux restaurants, plus chic. Les termes sont devenus interchangeables et un prix élevé ne présage pas nécessairement un repas inoubliable.

Une *pizzeria* est d'ordinaire un lieu économique où l'on peut manger et boire une bière pour la modique somme de 10 . Elles ne sont souvent ouvertes que le soir, surtout si elles possèdent un four à bois *(forno a legna).*

Une *birreria*, bon marché également, propose des en-cas rapides. Une *enoteca*, ou *vineria*, est par définition un endroit où l'on peut boire du vin. Les Italiens boivent rarement sans manger. Les prix, variables, ont tendance à être disproportionnés par rapport aux portions servies.

À l'heure du déjeuner et en

Villa Crespi, au Piémont, inspiré des Mille et une nuits *(p. 621)*

Le restaurant El Gato, à Chioggia, réputé pour son poisson *(p. 609)*

début de soirée, les *rosticcerie* vendent des poulets rôtis, des portions de pizza *(pizza al taglio)* et d'autres plats à emporter. On peut aussi acheter des pizzas chez les boulangers. Les bars proposent des sandwiches *(panini)*, des toasts *(tramezzini)* et des *pizzette*. Quant à la *tavola calda*, elle sert des plats chauds pour moins de 6 .

Les *gelaterie* offrent souvent un choix de parfums de glaces incroyablement étendu. Les *pasticcerie* vendent une extraordinaire variété de gâteaux et de biscuits délicieux.

L'HEURE DES REPAS

On déjeuner généralement entre 13 h et 14 h 30 et, notamment dans le Sud, toute activité est alors suspendue. Le dîner débute vers 20 h et peut se poursuivre jusqu'à plus de 23 h. Il n'est pas rare de trouver des tables encore occupées à 16 h ou des dîneurs sirotant des *digestivi* bien après minuit.

RÉSERVER UNE TABLE

Les bons restaurants sont souvent bondés ; il est donc prudent de réserver quand on le peut. Sinon, allez-y assez tôt pour éviter de devoir attendre. Beaucoup de restaurant, ferment en hiver ou durant les vacances d'été.

LE MENU

Un repas italien comporte trois ou quatre plats. Au restaurant, il est d'usage d'en prendre au moins deux. L'*antipasto* (entrée) est suivi par le *primo*, une assiette de pâtes, de risotto ou de soupe. Le *secondo* est un plat de viande ou de poisson accompagné de légumes ou de salade (les *contorni*), avant le fromage, les fruits ou le dessert. Après le café, on prend un *digestivo* : une *grappa* ou un *amaro*.

Les menus alternent en général en fonction des arrivages de produits frais de saison. Si vous ne comprenez pas ce que le serveur vous propose, utilisez le décodeur de menu au début de chaque section du guide *(voir p. 672)*.

LA CUISINE VÉGÉTARIENNE

Les restaurants végétariens sont pratiquement inexistants, mais vous n'aurez pas beaucoup de problèmes en puisant dans les menus italiens. En effet, beaucoup de plats de pâtes et d'*antipasti* ne comportent pas de viande, et on peut obtenir un bon plat de légumes en commandant un assortiment de *contorni*.

VINS ET BOISSONS

Beaucoup de régions possèdent leur propre *aperitivo* pour commencer le repas et leur *digestivo* pour le conclure. On peut prendre partout un verre de *prosecco* (vin blanc sec mousseux) ou un *analcolico* (apéritif sans alcool) en apéritif et une *grappa* comme pousse-café. Le vin de la maison (rouge ou blanc) est un vin de pays servi en carafe, en général tout à fait agréable. Les restaurants proposent habituellement une sélection de vins de la région spécialement choisis pour accompagner les mets proposés sur la carte. Pour cette raison, les vins étrangers sont d'ordinaire assez rares.

L'eau du robinet *(acqua del rubinetto)* est toujours buvable et souvent très bonne, mais l'Italie possède un vaste choix d'eaux minérales. L'eau *frizzante* peut contenir du gaz carbonique. Le terme « *naturale* » désigne une

Terrasse de restaurant dans le Chianti, en Toscane

eau plate ou naturellement gazeuse. La *Ferrarelle*, très appréciée, se situe quelque part entre les deux. Si vous voulez vraiment de l'eau plate, demandez-la *non gassata*.

LES PRIX

Le service est inclus dans le prix du menu, mais l'usage est de laisser un pourboire (de 1 à 5). Le couvert *(coperto)*, qui comprend le pain, que vous en mangiez ou non, est un supplément obligatoire.

Les cartes bancaires ne sont pas toujours acceptées en Italie, en particulier dans les petites villes, et il est prudent de s'informer avant de s'installer.

COMMENT S'HABILLER

En général, les Italiens aiment s'habiller pour manger, bien que dans la plupart des établissements on n'exige pas une tenue spécialement élégante. Mais un habillement très débraillé ou très sale vous attire rarement un service chaleureux.

LES ENFANTS

En dehors des restaurants les plus chic, les enfants sont toujours les bienvenus. Dans toute l'Italie, on voit souvent des familles au grand complet en train de déjeuner le dimanche midi. Presque tous les restaurants servent des portions réduites et prêtent des coussins.

La trattoria romaine Sora Lella, dans l'île du Tibre *(p. 637)*

FUMEURS, NON-FUMEURS

Les Italiens fument toujours beaucoup. Cependant les nouvelles lois anti-tabac ont fait de tous les restaurants des lieux non-fumeurs. Alors si vous souhaitez en griller une, préparez-vous à le faire à l'extérieur, à moins qu'il existe une salle fumeurs.

ACCÈS FAUTEUIL ROULANT

Peu de restaurants sont équipés pour accueillir les personnes en fauteuil roulant, mais si vous réservez à l'avance, on vous réservera une table d'accès facile et le personnel vous accueillera.

Le restaurant La Marinella, qui domine la côte amalfitaine *(p. 643)*

Choisir un restaurant

Les restaurants sont recensés par région, du nord au sud. Les indications de Plan se réfèrent aux atlas des rues de Venise, Florence et Rome.

PRICE CATEGORIES
The following price ranges are for a three-course meal for one, including a half-bottle of house wine, cover charge, tax and service.
€ moins de 25 euros
€€ 25-35 euros
€€€ 35-45 euros
€€€€ 45-55 euros
€€€€€ plus de 55 euros

VENISE

BURANO : Da Romano   🍽️ ♿ 🔲   €€€€
Via Galuppi 221, 30012 **Tél** *041 73 00 30*

Il est conseillé de réserver votre table à l'avance dans ce restaurant, le meilleur de l'île de Burano. De nombreux plats de poissons vous sont servis à la mode vénitienne traditionnelle, sous l'œil vigilant d'un descendant du propriétaire d'origine du XIXᵉ siècle. *Fermé dim., mar., 15 déc.-janv.*

BURANO : Ai Pescatori   🍽️ ♿ 🔲   €€€€€
Via Galuppi 371, 30012 **Tél** *041 73 06 50*

Au menu de cet établissement accueillant : des fruits de mer frais, comme les langoustines ou la seiche agrémentés d'une sauce noire et accompagnés de tagliolini (pâtes plates) et de minuscules petits artichauts locaux très goûteux. En hiver, on vous proposera également du gibier au dîner. Carte des vins très étoffée. *Fermé mer., 1ᵉʳ-15 janv.*

CANNAREGIO : Brek   🍽️ ♿ 🔲   €
Lista di Spagna 124, 30121 **Tél** *041 244 01 58*   **Plan 2 D4**

Cet restaurant self-service animé, proche de la gare de chemin de fer, sert des plats fraîchement préparés. Pratique pour avaler rapidement un sandwich ou une pâtisserie, prendre un café ou savourer un repas plus long assis. Prix raisonnables. De délicieux plats de pâtes et de viande sont préparés tandis que vous patientez.

CANNAREGIO : Trattoria da Gigio   🔲   €€
Rio Terrà San Leonardo 1594, 30121 **Tél** *041 71 75 74*   **Plan 2 D3**

Pendant la semaine, cette *trattoria* animée est remplie de commerçants du marché voisin, et donc très vivante. Au menu : plats de poissons frais et viande grillée en quantité généreuse. Les service est convivial. *Fermé lun. soir, dim.*

CANNAREGIO : La Cantina   🔲🍽️🔲   €€
Strada Nuova 3689, 30121 **Tél** *041 522 82 58*   **Plan 2 F4**

Ce joyeux bar à vin donne sur la bruyante Strada Nuova. Ses casse-croûtes mettent l'eau à la bouche. De copieux plats à base de fruits de mer frais, de viandes grillées et de fromages sont également préparés sur place pour accompagner l'excellent choix de vins. *Fermé dim., lun., 1ᵉʳ-15 janv., 1 sem. août*

CANNAREGIO : Fiaschetteria Toscana   🍽️🔲   €€€€
Salizzada San Giovanni Grisostomo 5719, 30131 **Tél** *041 528 52 81* **Fax** *041 528 55 21*   **Plan 3 B5**

Outre un vaste choix de vins, la famille Busatto offre des fruits de mer frais, comme une délicieuse salade chaude de poulpe, suivie d'un turbot dans sa sauce aux câpres. Réservez à l'avance car il s'agit de l'un des meilleurs restaurants de Venise. *Fermé mar. et mer. midi, fin juil.-août.*

CANNAREGIO : Vini Da Gigio   🔲   €€€€
Fondamenta San Felice 3628A, 30121 **Tél** *041 528 51 40*   **Plan 3 A4**

Atmosphère élégante et plats raffinés à base de produits de saison. Le risotto aux crevettes ou la seiche grillée comptent parmi les spécialités, de même que le délicieux canard et les artichauts locaux. Grand choix de vins. Réservation recommandée. *Fermé lun., mar., 15 janv.-fin fév., 2 sem. en août.*

CASTELLO : Aciugheta   🍽️ ♿ 🔲   €
Campo SS Filippo e Giacomo 4357, 30122 **Tél** *041 522 42 92* **Fax** *041 520 82 22*   **Plan 7 C2**

Apprécié des jeunes pour ses apéritifs, cet endroit est bien rempli jusque tard dans la nuit. Soigné et moderne, il propose des salades et des casse-croûtes légers pour le déjeuner, ainsi que d'excellents plats de pâtes. Choisissez donc une place à l'extérieur pour observer l'animation de la ville. À quelques minutes à peine de la place Saint-Marc. *Fermé mer. en hiver.*

CASTELLO : Osteria Giorgione   €€€€
Calle Larga di Proverbi 4582A, 30121 **Tél** *041 522 17 25*   **Plan 3 B4**

Restaurant chaleureux, doté d'une bonne carte des vins. Il sert des spécialités de poisson comme le carpaccio de thon, et des plats de viande comme le *fegato alla veneziona* (foie cuisiné aux oignons). Gardez une petite place pur les délicieux dessert. *Fermé lun.*

Légende des symboles *voir rabat de couverture*

CASTELLO : Trattoria Giorgione 🎵🔳 €

Via Garibaldi 1533, 30122 **Tél** *041 522 87 27*

Excellente *trattoria* locale servant de savoureux plats de poisson traditionnels (tels que les lasagnes de poisson) et un succulent risotto. Le joyeux propriétaire agrémente les dîners de chansons populaires vénitiennes et de morceaux de guitare. Située sur une avenue animée de l'autre côté de l'Arsenale. *Fermé mer., 2 sem. en nov.*

CASTELLO : Da Remigio 📖♿ €€€€€

Salizzada dei Greci 3416, 30122 **Tél** *041 523 00 89* **Plan 8 D2**

Réservez absolument votre table dans ce restaurant et comptant un nombre limité de places assises. Vous y dégusterez un repas de fruits de mer mémorable, sans oublier le crémeux *risotto ai frutti di mare* (risotto de fruits de mer). Finissez votre repas par un *sgropino*, sorbet au citron, et un délicieux *prosecco*. *Fermé lun. soir, mar., Noël-20 janv., dern. sem. juil., 2 sem. en juil.-août.*

CASTELLO : La Corte Sconta 📖🔳 €€€€€

Calle del Pestrin 3886, 30122 **Tél** *041 522 70 24* **Fax** *041 522 75 13* **Plan 7 A3**

Difficile à trouver, ce restaurant simple et décontracté mérite toutefois le détour puisqu'il compte parmi les meilleurs de Venise. Le poisson frais et les pâtes maison sont un véritable régal et les desserts, comme la *pincia* (gâteau vénitien traditionnel) terminent agréablement le repas. *Fermé dim., lun., 7 janv.-7 fév., mi-juil.-mi-août.*

DORSODURO : L'Avogaria 📖♿🔳 €€€

Calle dell'Avogaria 1629, 30123 **Tél** *041 296 04 91* **Fax** *041 296 04 91* **Plan 5 C3**

Ce restaurant moderne et élégant, proche des Zattere, est dirigé par une équipe créative. Il s'est spécialisé dans les plats des Pouilles, comme les calmars farcis et la *tiedda*, plat estival goûteux à base de riz, moules et pommes de terre. Grand choix de crus de toute l'Italie. *Fermé mar., 2 sem. en janv., 2 sem. en août.*

DORSODURO : La Rivista 📖♿🔳 €€€

Rio Terrà Foscarini 979/A, 30123 **Tél** *041 240 14 25* **Fax** *041 277 10 61* **Plan 6 E4**

Restaurant moderne et accueillant, proche de l'Accademia, La Rivista prépare également des salades légères et des plats froids pour le déjeuner. Des plats de viande, pâtes et légumes inventifs sont en outre proposés, sans oublier les divins desserts, comme la crème aux baies sauvages. *Fermé lun.*

DORSODURO : Pizzeria Ae Oche 📖🔳 €€

Fondamenta Zattere 1414, 30100 **Tél** *041 524 11 61* **Plan 6 E4**

Cette pizzeria animée attire une clientèle locale de tous âges tout autant que les touristes avec sa superbe sélection de pizzas. Elle propose également un menu de qualité servi sur une terrasse donnant sur le canal Giudecca. *Fermé à Noël.*

DORSODURO : Taverna San Trovaso 📖 €€€

Fondamenta Priuli 1016, 30123 **Tél** *041 520 37 03* **Fax** *041 523 45 83* **Plan 6 E3**

Ce restaurant animé, situé juste à l'angle de l'Accademia, est très apprécié des touristes anglophones. Réservez votre table à l'avance ou préparez-vous à faire la queue. On vous servira des pizzas, ainsi que des pâtes, des plats de viande et de poisson simples mais savoureux. Desserts très variés. *Fermé lun.*

DORSODURO : Ai Gondolieri 📖 €€€€€

San Vio 366, 30123 **Tél** *041 528 63 96* **Fax** *041 521 00 75* **Plan 6 F4**

Proche de la collection Guggenheim, ce restaurant est installé dans des locaux élégamment lambrissés. Vous y mangerez des spécialités régionales de viande et de légumes. Ne manquez pas le ragoût de poulet et sa polenta aux truffes blanches du Piémont. Réservez à l'avance. *Fermé mar., midi en juil.-août.*

GIUDECCA : Cipriani 📖🎵🔳🍸 €€€€€

Giudecca 10, 30122 **Tél** *041 520 77 44* **Fax** *041 529 39 30*

Une vedette transporte gratuitement les hôtes entre le front de mer de Saint-Marc et ce luxueux hôtel-restaurant insulaire pour un repas unique en son genre. La cuisine et le service sont impeccables et le panorama époustouflant. Endroit interdit aux enfants de moins de 8 ans et tenue de ville exigée. *Fermé nov.-mars.*

GIUDECCA : Harry's Dolci 📖🔳 €€€€€

Fondamenta San Biagio 773, 30133 **Tél** *041 522 48 44* **Fax** *041 522 23 22*

Divine véranda sur le front de mer de Giudecca, loin de l'agitation de Saint-Marc. On dîne avec vue sur les petits bateaux voguant sur le canal. Célèbre pour ses pâtisseries et ses *gelati* (glaces), ce restaurant élégant propose aussi de délicieux repas. Réservation recommandée. *Fermé lun. soir, mar., nov.-avr.*

MAZZORBO : Ai Cacciatori 🔳 €€€

Mazzorbo 23, 30012 **Tél** *041 73 01 18*

Cette *trattoria* traditionnelle, située sur l'île voisine de Burano, sert de succulents plats à base de poisson frais, comme les gnocchis au crabe, à des prix raisonnables. En automne, le canard et le gibier sont également à la carte. À quelques minutes seulement de l'arrêt de ferry de Mazzorbo. *Fermé lun., déc.-15 fév.*

SAN MARCO : Cavatappi 📖🔳 €

Campo della Guerra 525/526, 30124 **Tél** *041 296 02 52* **Plan 7 B1**

Bar à vin moderne et attrayant où vous dégusterez, sur d'élégants plats, des montagnes de pâtes qui mettent à l'eau à la bouche. Vous y trouverez aussi de la ricotta fumée et des artichauts, ainsi que de tendres rôtis et des fromages régionaux. Gardez absolument une place pour le dessert. *Fermé dim. soir, lun., 1 mois en hiver.*

SAN MARCO : Le Chat qui Rit

▤🔣🎴 €

Calle Tron 1131, 30124 **Tél** *041 522 90 86* **Plan** *7 B2*

Ce restaurant self-service apprécié est situé près de la place Saint-Marc et des principaux sites touristiques. Il offre une cuisine classique mais savoureuse, avec des plats de viande et de pâtes, ainsi que des salades fraîches. Un vaste choix de boissons est également proposé, dedans ou dehors. Prix raisonnables. *Fermé sam., 20 j. en janv.*

SAN MARCO : Antico Martini

▤🎴🍷 €€€€€

Campo San Fantin 1983, 30124 **Tél** *041 522 41 21* **Fax** *041 528 98 57* **Plan** *7 A2*

Proche du théâtre de la Fenice, ce restaurant est l'endroit idéal pour dîner. Vous y dégusterez une cuisine de grande qualité, accompagnée d'un large éventail de vins. Service impeccable. Nous vous recommandons, entre autres, l'agneau dans sa sauce balsamique. *Fermé mar., mer. midi, midi en hiver (sauf vacances).*

SAN MARCO : Da Raffaelle

▤🎴 €€€€€

Ponte delle Ostreghe 2347, 30124 **Tél** *041 523 23 17* **Fax** *041 211 65 46* **Plan** *7 A3*

Ce restaurant animé bien établi offre un vaste choix de spécialités régionales dans un endroit particulièrement romantique. Parmi les plats à essayer, nous vous conseillons la *granseola* (araignée de mer) en hors-d'œuvre et le risotto aux scampi et turbot en plat principal. *Fermé jeu., déc.-fin janv.*

SAN MARCO : Harry's Bar

▤ €€€€€

Calle Vallaresso 1323, 30124 **Tél** *041 528 57 77* **Fax** *041 520 88 22* **Plan** *7 B3*

Connu dans le monde entier pour être le bar favori d'Ernest Hemingway à Venise, le Harry's Bar est une institution sacrée et un café douillet. Optez pour un café et des sandwiches toastés, ou un cocktail Bellini. Parmi les plats à la carte, on remarque le *carpaccio* (bœuf cru mariné), plat inventé par le propriétaire.

SAN MARCO : La Caravella

▤🎴🍷 €€€€€

Calle Larga XXII Marzo 2397, 30124 **Tél** *041 520 89 01* **Fax** *041 520 71 31* **Plan** *7 A3*

Remarquable restaurant de l'hôtel Saturnia, situé près de la place Saint-Marc, qui se distingue par l'excellence de son service. L'intérieur de La Caravella imite la décoration d'une galère vénitienne du XVIe siècle. La soupe de poisson et le loup de mer aux pignons grillés, poireaux et basilic sont deux des spécialités que vous pourrez déguster ici. Très bonne carte des vins.

SAN POLO : Osteria alla Patatina

€

Ponte San Polo 2741A, 30123 **Tél** *041 523 72 38* **Plan** *6 E1*

De savoureux légumes frits, de la *baccalà* (morue salée) crémeuse et du poulpe bien tendre vous sont proposés au comptoir de cette *osteria* vénitienne typique. Les Italiens passent y prendre un verre de vin accompagné de frites chaudes (*patatine*, d'où le nom de l'endroit), mais on peut également y déguster un repas. *Fermé dim., 1 sem. mi-août.*

SAN POLO : Taverna Da Baffo

🎴▤🔣🎵🍴 €

Campo Sant'Agostin 2346, 30123 **Tél** *041 520 88 62* **Plan** *2 E5*

Les étudiants de l'université voisine fréquentent ce bar agréable qui donne sur une place tranquille agrémentée de chaises et de tables. Des vins de la région du Frioul et un choix international de bières accompagnent de savoureux sandwiches et petits pains toastés, ainsi que de copieux plats froids et salades. *Fermé dim.*

SAN POLO : Trattoria alla Madonna

▤ €€

Calle della Madonna 594, 30123 **Tél** *041 522 38 24* **Fax** *041 521 01 67* **Plan** *7 A1*

Dans ce restaurant de poisson renommé du quartier du Rialto, les serveurs défilent avec des plats de fruits de mer traditionnels, tels que la *granceola* (araignée de mer) et les *seppie in nero* (calmars à l'encre de seiche). Arrivez tôt si vous voulez n'aimez pas attendre. *Fermé mer., déc.-fin janv., 5-20 août.*

SAN POLO : Poste Vecie

▤🎴 €€€

Rialto Pescheria 1608, 30125 **Tél** *041 72 18 22* **Fax** *041 72 10 37* **Plan** *3 A5*

On entre dans ce restaurant par le marché au poisson du Rialto. Le Poste Vecie se proclame restaurant le plus ancien de la ville, avec son histoire remontant au XVIe siècle. Ses poissons, comme le turbot au four, tout comme ses raviolis et *tagliolini* (pâtes plates) maison, se distinguent. La carte des vins et le chariot des desserts sont impressionnants. *Fermé mar.*

SAN POLO : Da Fiore

▤🎴 €€€€€

Calle del Scaleter 2202, 30125 **Tél** *041 72 13 08* **Fax** *041 72 13 43* **Plan** *2 E5*

Établissement chic caché derrière le Campo San Polo, le Da Fiore est probablement le meilleur restaurant de la ville. On y privilégie les produits de saison. Les gourmets apprécieront le loup de mer au vinaigre balsamique, le thon au romarin et les *molecche* (crabes décortiqués). Délicieux sorbet aux fruits. *Fermé dim., lun., Noël-mi-janv., 3 sem. en août.*

SANTA CROCE : Al Nono Risorto

🎴🎴 €€

Sottoportego di Sior Bettina 2337, 30135 **Tél** *041 524 11 69* **Plan** *2 F5*

Cette pizzeria-restaurant bien remplie jusque tard dans la nuit possède une coquette cour ombragée pour les dîners d'été. Située à proximité du marché du Rialto, elle attire les gens du coin et il est recommandé de réserver votre table le week-end. *Fermé mer., jeu. midi, 3 sem. en janv., 1 sem. mi-août.*

SANTA CROCE : Il Réfolo

🎴 €€

Campo del Piovan 1459, 30135 **Tél** *041 524 00 16* **Fax** *041 72 13 43* **Plan** *2 E5*

Situé sur une place pittoresque, près de San Giacomo dell'Orio, cet établissement moderne sert des pizzas gastronomiques et inventives, ainsi que de simples plats de pâtes. Il appartient à la famille qui dirigeait l'Osteria di Fiore toute proche. *Fermé lun., mar. midi, nov.-avr.*

Légende des prix *voir p 606* **Légende des symboles** *voir rabat de couverture*

TORCELLO : Locanda Cipriani

🗏 ⛶ €€€€€

Piazza Santa Fosca 29, 30012 **Tél** *041 73 01 50* **Fax** *041 73 54 33*

Auberge de pêcheurs dans les années 1930, ce restaurant insulaire chic jouit d'une cour ombragée où les hôtes peuvent déguster des plats à base de produits frais tout droit issus du potager. Le risotto et le *fritto misto* de fruits de mer (plat de poisson frit) sont excellents. *Fermé mar., janv.*

LA VÉNÉTIE ET FRIOUL

ASOLO : Hostaria Ca Derton

€€€

Piazza D'Annunzio 11, 31011 **Tél** *042 352 96 48* **Fax** *042 352 03 08*

Ce restaurant attrayant, installé dans un palais médiéval en plein centre d'Asolo, propose un menu saisonnier. On y trouve des plats traditionnels revus avec beaucoup de créativité, tels que le fromage de tête maison au vinaigre balsamique, les pâtes aux asperges et la chèvre rôtie aux herbes. Les desserts sont particulièrement appétissants. *Fermé lun. midi, dim.*

ASOLO : Villa Cipriani

🗏 ⛐ ⛶ 🍽 €€€€€

Via Canoval 298, 31011 **Tél** *042 352 34 11* **Fax** *042 395 20 95*

Aménagé dans l'un des grands hôtels de la Vénétie, ce restaurant donne sur des jardins et offre des vues époustouflantes sur les collines verdoyantes. Des ingrédients locaux et saisonniers sont employés pour concocter une cuisine inventive, avec, par exemple, les gnocchis à la ricotta et leur sauce au romarin.

BASSANO DEL GRAPPA : Alla Riviera

€€

Via San Giorgio 17, 36061 **Tél** *0424 50 37 00*

Cette *osteria* sert des plats typiques de la Vénétie, comme les *pasta e fagioli*, soupe de haricots et de pâtes généralement servie tiède. On déguste la *baccalà* (morue salée) en *antipasto*, sous forme de pâté et avec du pain. Desserts maison et grand choix de vins, dont un bon vin local vendu au verre *(vino sfuso)*. *Fermé dim. soir, lun. 2 sem. mi-août.*

BELLUNO : Terracotta

⛶ €

Via Garibaldi 61, 32100 **Tél** *0437 94 26 44* **Fax** *0437 94 26 44*

Parmi les spécialités régionales de cet agréable restaurant, on remarque le porc au jambon de Parme servi avec une sauce à la graine de moutarde, mais la carte change tous les mois. Le restaurant n'offre pas de vue, mais il possède une agréable pergola couverte de glycine. Carte de vins bien remplie pour satisfaire toutes les bourses. *Fermé mar.*

BREGANZE : Al Toresan

⛐ ⛶ €€

Via Zabarella 1, 36042 **Tél** *0445 87 32 60* **Fax** *0445 30 76 51*

En automne, les gens du coin affluent pour déguster les délicieux plats de champignons sauvages. Les champignons vous sont ici servis sous toutes les formes : farcis, en farce dans les raviolis et grillés. Les plats sont copieux et accompagnés de vins locaux, avec une mention particulière pour les rouges. *Fermé jeu., août.*

CAORLE : Duilio

🗏 ⛐ ⛶ €€€

Via Strada Nuova 19, 30021 **Tél** *0421 810 87* **Fax** *0421 21 00 89*

Restaurant spacieux à la décoration d'inspiration nautique, où la cuisine régionale à base de poisson est la spécialité de la maison : ne manquez pas le *broeto alla Duilio*, soupe de poissons variés mouillée de vin. Si vous préférez manger léger, optez pour la sole grillée. Le vin et le poisson sont à l'honneur ici. *Fermé lun. en hiver, début janv.-début fév.*

CASTELFRANCO : Barbesin

🗏 €€

Via Montebelluno 41, 31033 **Tél** *0423 49 04 46* **Fax** *0423 49 02 61*

Ce restaurant propose des spécialités régionales, dont un risotto aux asperges et des *porcini* (cèpes). Toutefois, le *radicchio* local (chicorée rouge et amère) prédomine. Parmi les autres mets, on peut citer le copieux assortiment de grillades et la *baccalà alla vicentina* (morue salée préparée d'après une recette locale). *Fermé mer. soir, jeu., 3 sem. en août.*

CHIOGGIA : Osteria Penzo

🗏 ⛐ ⛶ €€

Calle Larga Bersaglio 526, 30015 **Tél/Fax** *041 40 09 92*

Située dans le centre de Chioggia, cette *trattoria* traditionnelle sert une grande variété de plats de poisson, dont des calmars aux pois, des pâtes à l'encre de seiche accompagnées de crevettes et tomates, et des Saint-Jacques aux *porcini* (cèpes). Bon choix de vins locaux. Service agréable. Fermé en hiver : *lun. soir, mar.* ; en été : *mar.*

CHIOGGIA : El Gato

🗏 ⛐ ⛶ €€€€

Campo Sant'Andrea 653, 30015 **Tél/Fax** *041 40 18 06*

Une cuisine classique à base de fruits de mer vous est proposée dans cet établissement élégant. Ce restaurant, l'un des plus anciens de la ville, se trouve à côté d'un clocher du xive siècle et les tables extérieures donnent sur la place principale de Chioggia. À l'intérieur, trois salles à manger différentes accueillent les hôtes. *Fermé mer., fin janv.-fin fév.*

CIVIDALE DEL FRIULI : Zorutti

🗏 €

Borgo di Ponte 9, 33043 **Tél** *0432 73 11 00*

Ce restaurant dirigé par une famille mérite bien sa réputation pour sa bonne cuisine régionale et ses portions généreuses. La spécialité de la maison est la *buzara*, spaghettis aux fruits de mer, avec gambas ou homard. Bon menu à prix fixe changeant selon les saisons. *Fermé lun., 2 sem. en janv.*

CIVIDALE DEL FRIULI : Alla Speranza   €€

Via Foro Giulio Cesare 15, 33043 **Tél** *0432 73 11 31*

Le restaurant Alla Speranza jouit d'un intérieur lambrissé douillet pour les dîners d'hiver, tandis que sa cour ombragée est l'endroit idéal pour déguster un déjeuner léger en été. Le petit menu est à base d'ingrédients locaux et change tous les mois. Choix limité de bons vins, également vendus au verre. Apprécié des locaux. *Fermé mar.*

CONEGLIANO : Al Salisa   €€

Via XX Settembre 2, 31015 **Tél** *0438 242 88*

Élégant restaurant installé dans une maison médiévale dotée d'une belle véranda. Le menu traditionnel comprend des escargots et des pâtes maison agrémentées de sauces végétariennes. Les *guanciole di vitello* (à base de veau), les escargots et les vins délicieux vous garantissent un festin. *Fermé mer.*

CORTINA D'AMPEZZO : Baita Fraina   €€

Località Fraina 1, 32043 **Tél** *0436 36 34* **Fax** *0436 86 37 61*

Ce joli restaurant alpin tout en bois profite d'une terrasse panoramique et d'une grande aire de jeu pour les enfants. Les plats de pâtes sont bons, tout comme ceux de gibier, qui incluent des *tagliata di cervo* (gibier). Excellente carte des vins et choix entre plus de 100 types de grappa. *Fermé lun. en basse saison, mai-juin, oct.-nov.*

DOLO : Alla Posta   €€€€

Via Ca' Tron 33, 30031 **Tél** *041 41 07 40* **Fax** *041 41 07 40*

Ce restaurant de poisson est installé dans un ancien relais de poste vénétien et domine le principal canal de la ville. On y prépare de savoureuses spécialités à base de produits frais. Vous pourrez, entre autres, déguster du homard avec des légumes à la vapeur. *Fermé lun., dim. soir de juin à août.*

GRADO : Trattoria de Toni   €€€

Piazza Duca d'Aosta 37, 34073 **Tél** *0431 801 04* **Fax** *0431 87 78 58*

Ravissante *trattoria* du centre historique. La spécialité de la maison est le *boreto alla gradese*, ragoût de poisson cuit dans l'huile et le vinaigre. On y vient, certes, pour les poissons et le vin, mais aussi pour l'endroit lui-même, avec son sol en partie transparent qui permet d'admirer les ruines romaines situées en dessous. *Fermé mer., déc.-fév.*

GRANCONA : Isetta   €€€

Via Pederiva 96, 36040 **Tél** *0444 88 99 92* **Fax** *0444 88 99 92*

Ce petit restaurant, à 15 minutes à peine de Vicence, sert de la cuisine régionale, avec une prédilection pour les viandes grillées et les bons entremets, réalisés d'après des recettes d'Isetta, grand-mère du propriétaire, Situé sur les collines Berici, le restaurant propose aussi dix chambres. *Fermé mar. soir, mer.*

LAC DE GARDE : Antica Locanda Mincio   €€€€

Via Michelangelo Buonarroti 12, Valeggio sul Mincio, 37067 **Tél** *045 795 00 59* **Fax** *045 637 04 55*

Cet ancien relais de ravitaillement transformé en restaurant aux murs ornés de fresques et aux cheminées ouvertes prépare une bonne cuisine régionale. À l'extérieur, on profite de l'ombre et de la vue sur la rivière bouillonnante. On remarque la truite et les anguilles pêchées dans le lac de Garde tout proche. *Fermé mer., jeu., 2 sem. en fév., 2 sem. en nov.*

LAC DE GARDE : Locanda San Vigilio   €€€€€

Locanda San Vigilio, Garda, 37016 **Tél** *045 725 66 88* **Fax** *045 725 65 51*

Cet excellent restaurant surplombant le lac de Garde propose des vins et des repas depuis cinq siècles. De nos jours, il offre un choix étonnant de poissons d'eau douce et de plats de fruits de mer. Des oliviers ombragent le spacieux jardin. *Fermé déc.-fév.*

MIANE : Da Gigetto   €€€

Via De Gaspari 4, 31050 **Tél** *043 896 00 20* **Fax** *043 896 01 11*

Ce restaurant sert une cuisine vénétienne traditionnelle. La carte varie selon les saisons ; en automne les plats de potiron et de champignons sont particulièrement savoureux. Des plats de gibier, comme le lièvre et la biche, sont également proposés en hiver. La cave regorge de vins et le service est excellent. *Fermé lun. soir, mar., 2 sem. en janv, 3 sem en août.*

MONTECCHIO DI CROSARA : Alpone   €€€

Via Pergola 51, 37030 **Tél** *045 617 53 87*

Un délicieux menu qui change selon les saisons. Au printemps, essayez les plats à base de champignons ou de cerises. Vous pouvez aussi opter pour un plat à la carte, comme les *gnocchi*, les *crespelle* (crêpes), ou les légumes grillés. Finissez votre dîner par une assiette de fromages agrémentés de nombreux condiments et confitures. *Fermé dim. soir, mar., 2 sem. en janv.*

MONTECCHIO DI CROSARA : Baba Jaga   €€€€

Via Cabalao 12, 37030 **Tél** *045 745 02 22*

Le risotto à la truffe noire est un bon choix dans ce restaurant situé au cœur de la région productrice de vin du Soave. Parmi les autres plats, on peut citer la cuisse de canard farcie accompagnée d'une sauce au vin Amarone ou les tagliatelles à la sauce à la caille. *Fermé dim. soir, lun., 3 sem. en janv., 3 sem. en août.*

NOVENTA PADOVANA : Boccadoro   €€€€

Via della Resistenza 49, 35027 **Tél** *049 62 50 29* **Fax** *049 62 57 82*

De la bonne cuisine de Padoue est servie dans ce restaurant tenu par une famille. Le cadre est élégant et décontracté, le service exemplaire. Les pâtes *bigoli* et leur sauce à l'oie constituent un bon choix, tout comme la pintade et son radicchio au gratin. *Fermé mar. soir, mer., 3 sem. en août, 27 déc-6 janv.*

Légende des prix *voir p 606* **Légende des symboles** *voir rabat de couverture*

ODERZO : Dussin   目 &   €€

Via Maggiore 60, Località Piavon, 31046 **Tél** *0422 75 21 30* **Fax** *0422 75 21 30*

Ce restaurant vous propose une cuisine traditionnelle à un bon rapport qualité-prix. Le poisson est une spécialité, avec des plats comme le risotto aux fruits de mer et le thon grillé. Il ne faut pas non plus manquer les desserts maison. L'endroit est paisible, puisque le restaurant est situé à l'écart du centre-ville. *Fermé lun. soir, mar., 2 sem. en août.*

PADOUE : La Braseria   目   €

Via Tommaseo 48, 35121 **Tél** *049 876 09 07* **Fax** *049 876 09 07*

Restaurant agréable dont on apprécie la cuisine. Parmi les plats typiquement vénétiens, on remarque les penne aux cèpes et la poitrine fumée, mais le chef, originaire de Basilicate, propose aussi des spécialités du sud. La *battuta siciliana* est une variante non frite de l'escalope de bœuf. La crème brûlée est incontournable. *Fermé sam. midi, dim., 1 sem. en janv.*

PADOUE : Osteria L'Anfora   €€

Via dei Soncin 13, 35122 **Tél** *049 65 66 29*

Une cuisine traditionnelle vénète, qui comprend des éléments importés de loin par les marchands de la Renaissance, est servie dans ce restaurant animé situé au cœur de Padoue. Les spécialités locales sont le ragoût de poisson, ainsi que les plats de pâtes et de haricots. *Fermé dim., 1ᵉʳ-7 janv.*

PADOUE : San Pietro   目   €€

Via San Pietro 95, 35149 **Tél** *049 876 03 30*

C'est l'endroit parfait pour goûter aux spécialités régionales préparées avec des ingrédients frais et locaux. Ce restaurant traditionnel de Padoue offre un service attentif, bien que pas toujours aimable, dans une atmosphère décontractée. De nombreux plats sont originaires de la Lombardie. *Fermé dim. (sam. et dim. en été).*

PADOUE : Antico Brolo   目 🔐   €€€

Corso Milano 22, 35100 **Tél** *049 66 45 55* **Fax** *049 65 60 88*

Ce restaurant chic et calme prépare une cuisine tout aussi raffinée que son cadre avec, par exemple, les ravioli aux fleurs de courgette. La tête de veau cuite au vinaigre et à l'oignon est la spécialité de la maison. Bon choix de vins. Intéressant pour les familles et les groupes.

PORDENONE : Vecia Osteria del Moro   目   €€€

Via Castello 2, 33170 **Tél** *0434 286 58* **Fax** *0434 206 71*

Restaurant raffiné installé dans un couvent magnifiquement restauré du xiiiᵉ siècle, qui permet de profiter de la cuisine régionale dans un cadre paisible. La carte des vins est très complète, avec de nombreux crus du Frioul. Parmi les suggestions du jour, on remarque le lapin à la polenta.

PREPOTTO : La Sorgente   & 🔐   €

Via Strada di Cialla 36, 33040 **Tél** *0432 70 11 75* **Fax** *0432 70 27 77*

Aménagé au beau milieu des collines vertes qui entourent Cividale, ce restaurant sert une cuisine traditionnelle du Frioul. La plupart des plats sont préparés avec des ingrédients issus de la ferme, y compris la viande. L'une des spécialités est la *grigliata* (viande grillée au barbecue). Le vin provient des propres vignes du restaurant. *Réservation conseillée. Fermé lun.-mer.*

REFRONTOLO : Antica Osteria al Forno   目 🔐   €€

Via Degli Alpini 15, 31020 **Tél** *0438 89 44 96*

Cette *trattoria* est dirigée par la famille Piol depuis 150 ans. La décoration est rustique, avec une large cheminée au centre de la salle à manger. Les plats de pâtes sont remarquables et la plupart des légumes biologiques. Parmi les nombreux vins, on remarque un bon cru local. Cour ombragée disponible pour dîner en été. *Fermé lun., mar., 2 sem. en janv., août.*

ROVIGO : Trattoria Al Sole   目   €

Via Bedendo Nino 6, 45100 **Tél/Fax** *0425 229 17*

Trattoria d'autrefois qui propose une cuisine traditionnelle locale sans prétention. Le bouillon de tripes et la *baccalà alla vicentina* (morue salée) font partie des spécialités. Des gâteaux traditionnels faits maison sont servis en dessert. Service agréable et rapide. *Fermé dim.*

SAVOGNA : Agriturismo Cedron   🍴 & 🔐   €

Località Cedron, 33049 **Tél** *0432 71 49 21* **Fax** *0432 71 79 14*

Petit restaurant situé sur les rives du fleuve Natisone, dans un environnement idyllique. Vous pouvez même y pêcher votre propre poisson. La truite, préparée de multiples façons, est la spécialité de l'établissement, mais les plats de pâtes maison méritent également d'être goûtés. Endroit agréable et amusant pour les enfants, et très bon rapport qualité-prix.

TRÉVISE : Toni del Spin   目   €€

Via Inferiore 7, 31100 **Tél** *0422 54 38 29* **Fax** *0422 58 31 10*

Restaurant sans prétention servant une cuisine régionale. Cette *trattoria* est très animée le midi, puisque les employés de bureau viennent y déjeuner, mais plus calme et plus intime en soirée. Parmi les spécialités, les *pasta e fagioli* (pâtes aux haricots), le *risotto al radicchio*, les tripes et le tiramisù se distinguent. *Fermé dim. et lun.*

TRÉVISE : Osteria all'Antica Torre   目   €€€

Via Inferiore 55, 31100 **Tél** *0422 58 36 94*

De très bons vins accompagnent une excellente cuisine locale. En saison, le radicchio est beaucoup utilisé, notamment pour fabriquer la grappa. Cependant, le poisson est l'aliment le plus présent à la carte, avec des plats inventifs, comme le risotto à la seiche. Des expositions d'art se tiennent dans cet endroit. *Fermé dim., 3 sem. en août*

TRÉVISE : Ristorante Beccherie
☐ 🔲   €€€

Piazza Ancillotto 11, 31100 **Tél** *0422 54 08 71* **Fax** *0422 54 08 71*

Le restaurant occupe un bel édifice évoquant la splendeur vénitienne. Son nom est issu d'un dialecte local et signifie « du boucher », la viande étant effectivement la spécialité de la maison. La pintade à la sauce au poivre et l'oie rôtie au céleri blanc sont particulièrement délicieuses. *Fermé dim. soir, lun., 2ᵉ quinz. de juillet.*

TRIESTE : Al Bragozzo
☐ 🔲   €€

Riva Nazario Sauro 22, 34124 **Tél** *040 30 30 01* **Fax** *040 82 38 63*

Le menu saisonnier change chaque semaine en fonction des produits locaux disponibles. Le poisson demeure toutefois un ingrédient de base, à la fois employé dans des plats traditionnels et dans des mets plus contemporains. Restaurant animé apprécié des locaux. *Fermé lun.*

TRIESTE : All'Antica Ghiacceretta
🔲   €€

Via dei Fornelli 2, 34100 **Tél** *040 30 56 14*

Située dans le centre de Trieste, cette *trattoria* dirigée par une famille sert des plats locaux typiques, tels que la *Jota* (soupe au chou et aux haricots) et de nombreux plats de poisson. Essayez la *baccalà con polenta* (morue salée) et d'autres plats locaux de poisson frais. Une cuisine nourrissante à un prix raisonnable, accompagnée par de bons crus locaux. *Fermé dim. midi.*

TRIESTE : Harry's Grill
☐🔲👤☐€€€€€

Piazza Unità d'Italia 2, 34121 **Tél** *040 66 06 06* **Fax** *040 36 60 92*

Ce restaurant se distingue par sa situation centrale et sa cuisine de grande qualité. Goûtez les raviolis farcis aux aubergines et leur sauce aux écrevisses. Des plats plus traditionnels à base de truffe figurent aussi à la carte. La cave à vins offre un choix étonnant de 11 000 bouteilles, parmi lesquels chacun trouvera son compte. *Fermé dim.*

UDINE : Da Raffaele
€

Via Cividale 11, 33100 **Tél** *0432 29 58 31*

Cette pizzeria propose un vaste éventail de plats. Les pizzas et les calzoni cuits au feu de bois sont les spécialités de la maison, mais les plats de pâtes et de poisson sont également bons. L'atmosphère décontractée et le service aimable attirent les gens du coin. Bon rapport qualité-prix. *Fermé jeu., 3 sem. en juil.-août.*

UDINE : Agli Amici
☐ 🔲   €€€€

Via Liguria 250, Località Godia, 33100 **Tél** *0432 56 54 11* **Fax** *0432 56 55 55*

Des plats du Frioul, comme les *capesante all'aglio orsino* (Saint-Jacques à l'ail sauvage) ou la selle d'agneau au gingembre, sont préparés avec savoir-faire dans ce restaurant. Les vins proposés sont nombreux et excellents. Jolie pergola. *Fermé dim. soir (et midi en été), lun., 2 sem. en janv.-fév., 3 sem. en juil.-août.*

VÉRONE : Al Bersagliere
☐ 🔲   €€

Via Dietro Pallone 1, 37121 **Tél** *045 800 48 24*

Ce restaurant à la situation centrale offre une cuisine traditionnelle de Vérone dans une atmosphère conviviale. La superbe cave à vins s'ouvre à la dégustation tous les soirs, tandis que le jardin et le parc sont accessibles au dîner. Parmi les spécialités, on remarque la *pastisada* (ragoût de viande) et les *bigoli con l'anatra* (pâtes au canard). *Fermé dim., Noël, 10 jours mi-août.*

VÉRONE : Arche
☐   €€€€€

Via Arche Scaligere 6, 37121 **Tél/Fax** *045 800 74 15*

Cet ancien restaurant de poisson a ouvert ses portes dès 1879. Il est idéalement placé, près de la maison de Roméo, ce qui ajoute encore à son charme. Vous dégusterez, entre autres, des huîtres fumées au raifort et au caviar et du homard mariné à la roquette. *Fermé dim. midi, lun. midi, 15 janv.-15 fév.*

VÉRONE : Il Desco
☐   €€€€€

Via Dietro San Sebastiano 5-7, 37121 **Tél** *045 59 53 58* **Fax** *045 59 02 36*

Il Desco, l'un des meilleurs restaurants d'Italie, installé dans un palazzo du xvɪᵉ siècle, mérite vraiment ses deux étoiles Michelin. Il est à la fois romantique et d'une élégance discrète. Parmi ses créations originales, notons le risotto au potiron et à l'Amarone (vin) et les fameux raviolis aux aubergines. Un menu gastronomique à sept plats est également proposé. *Fermé dim.*

VÉRONE : Ristorante Greppia
☐   €€

Vicolo Samaritana 3, 37121 **Tél** *045 800 45 77*

Tenu par la famille Guizzardi depuis 1975, ce restaurant propose une cuisine de grande qualité. Délicieuses pâtes faites maison et mémorable *bollito misto* (assiette de viandes bouillies). Les clients sont invités à se servir sur des chariots. *Réservation recommandée. Fermé lun.*

VICENCE : Taverna Aeolia
☐🦽🔲   €€

Piazza Conte da Schio 1, Costozza di Longare, 36023 **Tél** *0444 55 50 36* **Fax** *0444 95 31 72*

Ce restaurant occupe une élégante villa au plafond orné de fresques. Le chef concocte des plats de viande créatifs, à base de kangourou, bison et grenouille. Les végétariens peuvent opter pour le risotto au citron, et un menu enfants est également disponible. *Fermé mar., 1ᵉʳ-15 nov.*

VICENCE : Antica Trattoria Tre Visi
☐ 🔲   €€€

Corso Palladio 25, 36100 **Tél/Fax** *0444 32 48 68*

L'édifice qui héberge ce restaurant, idéalement situé dans le centre historique de la ville, date de 1483. Sa cour extérieure est agréable pour dîner dehors durant les chauds mois d'été. Vous pouvez également observer la cuisine, où sont préparés d'excellents plats locaux. *Fermé dim. soir, lun., 2 sem. en juil.*

Légende des prix *voir p 606* **Légende des symboles** *voir rabat de couverture*

VICENCE : Cinzia e Valerio 📋 €€€€

Piazzetta Porta Padova 65–67, 36100 **Tél** *0444 50 52 13* **Fax** *0444 51 27 96*

Ce restaurant élégant, situé à l'intérieur des remparts de la ville, ne sert que du poisson. Parmi les plats proposés, on remarque l'assiette de scampis et calmars et le turbot rôti sur un lit de pommes de terre et d'olives. La menthe et le *semifreddo* au réglisse (dessert glacé) vous aideront à digérer les copieuses portions. *Fermé dim., lun.*

TRENTIN-HAUT-ADIGE

ARCO : Alla Lega 📋🏠 €€

Via Vergolano 8, 38062 **Tél** *0464 51 62 05* **Fax** *0464 51 08 96*

Ce restaurant animé, tenu par une famille, occupe un bâtiment élégant et rustique du XVIIIᵉ siècle. Certaines des salles à manger possèdent un plafond orné de fresques. La cuisine est traditionnelle, comprenant des plats, tels qu'un risotto aux champignons sauvages, des viandes séchées, une truite à la polenta et un lapin rôti aux foies. *Fermé mer., fin janv.-mi-mars.*

BOLZANO (BOZEN) : L'Aquila Rossa 🏠 €

Via Goethe 3, 39100 **Tél** *0471 97 39 38.*

Ce restaurant traditionnel est installé dans l'un des plus anciens édifices du centre historique de Bolzano. Essayez les *gnocchi tirolesi* (gnocchis tyroliens) et la venaison rôtie et terminez votre repas par l'un des desserts préparés sur place. Excellente carte des vins comptant plus de 200 vins locaux et internationaux. *Fermé dim.*

BOLZANO (BOZEN) : Rastbichler 🏠 €€€

Via Cadorna 1, 39100 **Tél/Fax** *0471 26 11 31*

Ce restaurant est réputé pour ses plats de poisson et ses viandes grillées. À la fin du repas, goûtez donc la *liquore al mirtillo* (liqueur de myrtille). La décoration est typique du Tyrol du sud, avec deux salles au rez-de-chaussée et une au-dessus, parée d'un plafond en bois. Possibilité de dîner dehors en été. *Fermé sam. midi, dim., 2 sem. en janv., 2 sem. mi-août.*

BOLZANO (BOZEN) : Vogele ♿🏠 €€€

Via Goethe 3, 39100 **Tél/Fax** *0471 97 39 38*

Situé dans le centre historique de Bolzano, ce restaurant attrayant sert des plats typiques du Tyrol du sud, tels que les boulettes de blé noir et la goulache. Parmi les desserts maison, citons le strudel à la pomme et les boulettes de ricotta aux fruits. Bonne carte des vins que vous pouvez déguster dans le bar à vin tout proche. *Fermé dim.*

BRESSANONE (BRIXEN) : Oste Scuro-Finsterwirt 📋♿🏠 €€

Vicolo Duomo 3, 39042 **Tél** *0472 83 53 43* **Fax** *0472 83 56 24*

Aménagé dans l'un des bâtiments les plus anciens de la ville, le Finsterwirt concocte des plats régionaux inventifs. Mentionnons le carpaccio di salmone (fines tranches de saumon cru) ou le speck (poitrine fumée), accompagnés de pains de la région et de crème d'asperges. Personnel attentif. *Fermé dim. soir, lun., 3 sem. en janv., 2 sem. en juin-juil.*

BRESSANONE (BRIXEN) : Fink ♿🏠 €€€

Via Portici Minori 4, 39042 **Tél** *0472 83 48 83* **Fax** *0472 83 52 68*

La belle-fille du propriétaire d'origine est maintenant le chef du Fink. L'endroit est apprécié des locaux qui viennent y déguster de la polenta noire, des *knödel* (sortes de boulettes), ou des pâtes farcies à la queue de bœuf. Parmi les vins, vous trouverez de nombreux crus locaux. *Fermé mar. soir, mer., fév.*

BRUNICO (BRUNECK) : Agnello Bianco 📇 €

Via Stuck 5, 39031 **Tél** *0474 41 13 50*

La cuisine est ici typique du Tyrol du sud et les portions sont généreuses. La carte change toutes les semaines mais les *canederli* (boulettes) sont toujours au menu. En automne, essayez la polenta aux champignons. L'omelette servie en dessert avec de la confiture de fruits rouges est également une spécialité régionale. *Fermé dim.*

BRUNICO (BRUNECK) : Oberraut ♿🏠 €

Via Ameto 1, Località Amaten, 39031 **Tél** *0474 55 99 77* **Fax** *0474 55 99 77*

Situé au milieu des bois, ce restaurant de style tyrolien est spécialisé dans le gibier local et les plats saisonniers, tels les raviolis au potiron et le délicieux *speck* (poitrine fumée) fumé maison. Les desserts sont tentants, avec des spécialités traditionnelles, comme le *strudel* à la pomme. Grand choix de vins. Service très agréable et atmosphère décontractée. *Fermé jeu. (hiver), 2 sem. en janv.*

CALDARO : Zum Badl ♿🏠 €

Località Pozzo 35, 39052 **Tél** *0471 96 33 05* **Fax** *0471 96 46 32*

Ce restaurant attrayant est celui du charmant hôtel du même nom. Parmi les plats traditionnels, on remarque les copieuses portions de soupe aux tripes, saucisses maison, rôti de porc au chou et viandes grillées. En saison, des plats de gibier sont également proposés. Sélection de crus locaux. *Fermé jeu. (hiver), 1 mois à partir du Carnaval.*

CARZANO : Le Rose ♿🏠 €

Via XVIII Settembre 35, 38050 **Tél/Fax** *0461 76 61 77*

Ce restaurant apprécié de la Valsugana sert surtout du poisson et des produits saisonniers. Goûtez à l'assiette de poissons frais variés ou aux *tortelli* de poisson aux cèpes. Le restaurant jouit d'un jardin qui offre un beau panorama pour vos dîners d'été. *Fermé lun.*

CASTELBELLO CIARDES : Schlosswirt Juval €

Località Juval-Stava Venosta, 39021 **Tél** *0473 66 82 38*

Ce restaurant est installé sur une ferme en activité. Les aliments proposés sont biologiques, tout comme les vins et la grappa. On note un excellent goulache, les viandes grillées et la truite. De bons fromages de montagne sont également proposés. Les desserts comprennent un strudel à la pomme et un gâteau au blé noir. *Fermé mer., nov.-mars.*

CAURIA : Fichtenhof €

Cauria 23, Salorno 39040 **Tél** *0471 88 90 28*

Un hôtel-restaurant familial qui domine la vallée de l'Adige. Au menu : légumes du jardin, ainsi que des confitures, du pain et des gâteaux faits maison. Plats délicieux, dont les *pasta con teroldego e ragù* (avec du vin et une sauce à la viande). *Fermé lun., 7 nov.-25 déc.*

CAVALESE : Costa Salici €€

Via Costa dei Salici 10, 38033 **Tél** *0462 34 01 40*

Restaurant apprécié offrant un panorama des Dolomites. Tables dehors en été. On remarque les pâtes plates noires aux calamari et tomate fraîche, la venaison marinée et, en dessert, la terrine d'agrumes, accompagnée de glace et d'une sauce au *limoncello* (liqueur de citron). Réservation recommandée. *Fermé lun., mar. midi (sauf Noël et août).*

CIVEZZANO : Maso Cantanghel €€

Via della Madonnina 33, 38045 **Tél/Fax** *0461 85 87 14*

La décoration de cet excellent restaurant, situé juste à la sortie de Trente, est pittoresque, avec les photos de ses clients accrochées au mur. La cuisine varie selon les saisons. Essayez les fleurs de courgette farcies à la sauce tomate, les viandes rôties, les flans de légumes et les pâtes maison. *Fermé 1 sem. à Noël, 1 sem. en août.*

CORTACCIA : Gasthaus Zur Rose €€

Via Piana 2, 39040 **Tél** *0471 88 01 16*

Cette *osteria* de 200 ans offre des plats typiquement tyroliens, une carte des vins raffinée et une véranda attrayante. Parmi les bons *antipasti*, on remarque le *speck* (poitrine fumée) à la sauce au raifort et le *grostl* (gâteau de viande et pomme de terre à la ciboulette). Les beignets aux pommes agrémentés de sauce à la vanille sont excellents. *Fermé dim., lun., 1 sem. Carnaval, juil.*

LEVICO TERME : Boivin €

Via Garibaldi 9, 38056 **Tél** *0461 70 16 70*

Cette *trattoria*, qui jouit d'une salle à manger confortable, est l'un des meilleurs endroits pour découvrir la vraie cuisine locale avec, par exemple, la polenta de pomme de terre, les *strangolapreti* (sorte de boulettes) et un *strudel* à la pomme et à la poire. Les produits saisonniers sont à l'honneur. *Réservation recommandée. Ouvert le soir seulement et le dim. midi.*

MADONNA DI CAMPIGLIO : Hermitage €€€€

Via Castelletto Inferiore 63, 38084 **Tél** *0465 44 15 58* **Fax** *0465 44 16 18*

L'Hermitage occupe un parc privé, au pied des Dolomites, offrant des vues incroyables sur les montagnes. Le restaurant sert une cuisine inventive du Trentin - des plats aux saveurs fraîches avec un penchant pour les produits naturels et biologiques. Carte des vins très recherchée et variée. *Fermé midi, lun., oct.-nov., avr.-juin.*

MALLES VENOSTA (MALS IM VINSCHGAU) : Greif €

Via Generale Verdross 40a, 39024 **Tél** *0473 83 14 29* **Fax** *0473 83 19 06*

Le chef concocte des plats typiquement tyroliens à base de produits biologiques. Un menu est spécifiquement conçu pour les végétariens, tandis que les amateurs de vin jouissent d'un vaste choix de crus. En été, les hôtes peuvent dîner dehors. *Fermé dim. (basse saison), 2 sem. en juin, 2 sem. en nov.*

MALLES VENOSTA (MALS IM VINSCHGAU) : Weisses Kreuz €€

Località Burgusio 82, 39024 **Tél** *0473 83 13 07* **Fax** *0473 83 16 53*

Ce restaurant au bon rapport qualité-prix est installé dans un hôtel quatre étoiles et sert des plats traditionnels, comme les *knödel* (quenelles de pâte), les viandes grillées et les *strudels*. L'accent est mis sur la simplicité et la qualité des produits utilisés. Le sommelier garantit la qualité de la cave à vins. *Fermé 1 mois à Noël, 1 mois à Pâques.*

MERANO (MERAN) : Artemis €

Via Giuseppe Verdi 72, 39012 **Tél** *0473 44 62 82* **Fax** *047 44 68 49*

L'Artemis domine un parc pourvu d'un coquet jardin d'hiver. Une cuisine italienne et internationale raffinée à base de produits locaux, maison et naturels est préparée dans ce restaurant. La cave possède un vaste choix de vins sélectionnés par le propriétaire et le sommelier Carl de Franceschi. Concerts de musique classique. *Fermé occasionnellement nov.-mars.*

MERANO (MERAN) : Rainer €

Via Portici 266, 39012 **Tél** *0473 236 149*

Ce restaurant attrayant est situé dans un vieux quartier de la ville, en dessous du portique médiéval. Trois salles lambrissées intimes et confortables accueillent les hôtes pour dîner en hiver. À la carte, on trouve des plats traditionnels, tels que le *bollito misto* (viandes variées bouillies), agrémenté de sauces variés, et le gibier. Desserts maison et service de qualité.

MOENA : Malga Panna €€€

Via Costalunga 26, 38035 **Tél** *0462 57 34 89*

Décoré dans le style typique de la région, ce restaurant romantique est un endroit rustique à l'atmosphère accueillante, situé à environ 1 km du centre-ville. Des plats de champignons et de gibier y sont servis. La cave possède quelque 700 vins locaux, nationaux et internationaux. *Fermé lun., mai-juin, nov.*

Légende des prix *voir p 606* **Légende des symboles** *voir rabat de couverture*

MOLVENO : Antica Bosnia €€

Via Paganella 7b, 38018 **Tél** *0461 58 61 23*

Ce restaurant alpin propose de bons *antipasti* sous la forme de speck (poitrine fumée), de poitrine de canard fumée et de salami maison. En plat principal, essayez un plat de pâtes, tel que des boulettes à la sauce aux champignons, ou le *stinco di maiale* (jarret de porc). En dessert, optez pour une tarte aux fruits ou un tiramisù. Bon choix de vins régionaux. *Fermé mer., nov.*

ROVERETO : Novecento €€

Corso Rosmini 82d, 38068 **Tél** *0464 43 54 54*

Les salles à manger de ce restaurant raffiné, qui appartient à un hôtel du centre de Roverto, sont élégantes et le service attentif . Parmi les plats locaux soigneusement préparés, on remarque le saumon mariné à l'aneth, les *strangolapreti alle ortiche* (boulettes d'orties) et un excellent choix de desserts maison. *Fermé dim., 3 sem. en janv., 3 sem. en août.*

ROVERETO : Gourmet San Ilario €€€

Viale Trento 68, 38068 **Tél** *0464 43 72 83*

Cet établissement attrayant propose de la cuisine du Trentin, telle que les *strangolapreti* (boulettes de pommes de terre et épinards) et une sélection de fruits de mer méditerranéens. Le menu change tous les mois. Il existe aussi un *menú degustazione* (menu dégustation). Les desserts sont faits maison. Tables en extérieur. *Fermé dim. soir.*

SAN CASSIANO : St Hubertus €€€€€

Str Micura de Ru 20, 39030 **Tél** *0471 84 11 11* **Fax** *0471 84 93 77*

Le chef Norbert Niederkofler crée des plats inventifs avec les ingrédients locaux. La carte est très variée et offre des plats de poisson, de viande et de gibier. Le service est attentif et le cadre élégant. Vaste choix de vins, comprenant des crus nationaux et internationaux. L'un des meilleurs restaurants d'Italie. *Fermé mar., avr.-mai, oct.-nov.*

TRENTE : Birreria Pedavena Pizzeria €

Via S Croce 15, 38100 **Tél** *0461 98 62 55*

Ce restaurant-brasserie animé du centre-ville possède un vaste espace réservé à la restauration, à la fois à l'intérieur et dehors. La cuisine est traditionnelle, avec des plats comme le goulache, les saucisses et la choucroute, des pizzas et des desserts maison tels que le tiramisù. En tant que *birreria* (brasserie), il offre également une vaste sélection de bières.

TRENTE : Osteria Alle Due Spade €€€

Via Don Rizzi 11, 38100 **Tél** *0461 23 43 43*

Ce restaurant accueillant installé dans une cave sert une cuisine traditionnelle, avec du gibier et des poissons d'eau douce. Essayez les *lasagnette* aux pommes de terre et crevettes d'eau douce, ou le fromage de brebis aux herbes. En dessert, goûtez les pâtisseries à la confiture de pomme et d'abricot. *Fermé dim., lun. midi, 1 sem. en mars, 2 sem. en juin, 1 sem. en oct.*

VAL DI VIZZE (PFITSCH) : Pretzhof €€

Località Tulve 259, 39040 **Tél** *0472 76 44 55*

Karl et Ulli Mair dirigent cette auberge de campagne qui figure dans de nombreux guides gastronomiques. Ils emploient des produits issus de leur propre ferme pour créer des spécialités tyroliennes. Plats de gibier, de viande froide, large choix de fromages et pains locaux. La carte des vins met en valeur de nombreux producteurs locaux. *Fermé lun., mar. (sauf en août).*

VIPITENO : Kleine Flamme €€

Città Nuova 31, 39049 **Tél** *0472 76 60 65*

Ce restaurant chic, installé dans un bâtiment du xviᵉ siècle, se distingue par sa cuisine créative de grand standing et son service attentif aux moindres détails. Le chef propose un curieux mélange réussi de cuisine italienne et thaï. On remarque les crevettes rôties à la tomate et leur sauce à l'ananas, bien que la carte change tous les jours. *Fermé dim., lun.*

LOMBARDIE

BELLAGIO : La Busciona €

Via Valassina 161, 22021 **Tél** *0131 96 48 31*

Le poisson est la suggestion du jour à La Busciona. Ce restaurant de poisson simple mais agréable offre une atmosphère conviviale et décontractée, ainsi que des vues spectaculaires sur Lac de Côme au-dessus de Bellagio. Les *agoni* (petits poissons de lac, grillés ou sautés dans le beurre et la sauge) sont l'une des spécialités. Parking disponible. *Fermé lun., 2 sem. en oct.*

BELLAGIO : Albergo Ristorante Silvio €€

Via Carcano 12, 22021 **Tél** *031 95 03 22*

Silvio et Cristian Ponzini, le propriétaire et son fils, sont des pêcheurs professionnels qui fournissent à leur restaurant de nombreux poissons d'eau douce. Les visiteurs peuvent les accompagner à la pêche ou séjourner dans l'un des appartements proposés sur place. La vue sur le lac de Côme est splendide, surtout depuis la terrasse parée de vignes. *Fermé janv.-fév.*

BERGAME : Antica Hosteria del Vino Buono €

Piazza Mercato delle Scarpe 25, 24100 **Tél** *035 24 79 93*

Ce restaurant confortable s'étend sur deux étages d'un palazzo, à l'angle de la place du marché, près du téléphérique. Les plats sont essentiellement montagnards, avec, entre autres, du gibier accompagné d'une épaisse polenta, et tous arrosés de bons vins rouges. La polenta aux épinards et à la pancetta est une des spécialités. *Fermé lun. (sauf juil.-août).*

BERGAMO : Vineria Cozzi

Via Colleoni 22, 24100 **Tél** *035 23 88 36*

Le Vineria Cozzi est un vieux bar à vin dont les origines remontent à 1848. Une partie du bâtiment qui l'abrite a été conservée intacte et il possède une coquette cour sur l'arrière. Les plats traditionnels accompagnent parfaitement les vins. Attendez-vous à y trouver des mets traditionnels riches, souvent à base de truffes et de polenta. *Fermé mer., 2 sem. en janv., 2 sem. en juil.*

BERGAMO : Taverna del Colleoni dell'Angelo

Piazza Vecchia 7, 24100 **Tél** *035 23 25 96*

Dominant une jolie place au cœur de Bergamo Alta, ce superbe restaurant est apprécié par les hommes d'affaires locaux, les intellectuels et les touristes. La cuisine revoit d'une manière inventive les plats du nord de l'Italie, avec, par exemple, le tartare de thon rouge servi sur de jeunes légumes croustillants et agrémenté d'une sauce verte au curry. *Fermé lun., août.*

BORMIO : Al Filo

Via Dante 6, 23032 **Tél** *034 290 17 32*

Ce restaurant offre des spécialités locales à base de gibier, champignons et viandes séchées. Les spécialités incluent de la venaison farcie accompagnée de polenta, de la *bresaola* (viande fumée) avec une salade de champignons, et des pâtes de blé noir cuites au four avec du beurre et des légumes. *Fermé lun. et mar. midi, 2 1ères sem. de juin, 2 dern. sem. de nov.*

BRESCIA : Trattoria Mezzeria

Via Trieste 66, 25121 **Tél** *030 403 06*

Des plats régionaux typiques, tels que de copieux civets de lapin, des viandes séchées et les *gnocchi di zucca* (gnocchis au potiron) maison, vous sont servis dans ce restaurant. Il n'y a pas d'antipasti, le propriétaire considérant qu'ils coupent l'appétit. Petite *trattoria* animée à l'atmosphère décontractée proche du centre de Brescia. *Fermé dim., août.*

CASTELVECCANA : Sant'Antonio

Località Sant'Antonio, 21010 **Tél** *0332 52 11 66*

Ce restaurant confortable et rustique traditionnel a des allures de ferme. Les chèvres et les vaches errent sur le versant de colline qui domine le lac Majeur. En été, belle vue depuis la terrasse, et en hiver, feu de cheminée. On remarque la polenta, ainsi que des recettes à base de fromage régional et de viandes séchées. *Fermé lun., 15 déc.-15 janv.*

COMO : La Forchetta d'Oro

Via Borsieri 24, 22100 **Tél** *031 27 15 37*

Situé dans le cloître du couvent de Sainte-Marguerite, ce restaurant occupe l'ancien réfectoire. Son atmosphère est romantique et décontractée. Les spécialités locales comptent du salami de gibier, des champignons sauvages et des côtelettes de venaison au gingembre accompagnées de *pizzocheri* (pâtes de blé noir). *Fermé dim. midi, lun., 2 sem. en juil. et à Noël.*

COMO : Navedano

Via Pannilani, 22100 **Tél** *031 30 80 80*

Ce restaurant de première classe appartient à la même famille depuis quatre générations. Le menu est gastronomique et d'inspiration florale. Les salles, aménagées dans une villa du XIXe siècle, regorgent de plantes et fleurs. On déguste des plats régionaux, comme le civet de lapin accompagné de pâtes ou les fleurs de potiron. La cave possède plus de 400 vins.

COMO : Sant'Anna 1907

Via Turati 3, 22100 **Tél** *031 50 52 66*

Une cuisine locale créative est servie dans ce restaurant traditionnel, situé près de la Piazza Camerlata. Goûtez donc le veau en croûte aux olives, le filet de thon rouge aux pousses de chicorée et olives et le risotto de poisson et safran. Les artichauts et la polenta sont aussi souvent proposés. Excellente carte des vins. *Fermé sam. midi, dim.*

CREMONA : Il Violino

Via Sicardo 3, 26100 **Tél** *0372 46 10 10*

Ce restaurant chic installé au cœur du vieux Crémone se distingue par son entrée en forme d'arche pourvue de colonnes. Vous y dégusterez de la cuisine locale traditionnelle et des plats internationaux. Le riz au potiron, les pâtes noires farcies au loup de mer, les steaks et les plats de poisson sont recommandés. Les desserts et les vins sont excellents. *Fermé lun. soir, mar.*

GARGNANO DEL GARDA : La Tortuga

Via XXIV Maggio 5, Porticciolo di Gargnano, 25084 **Tél** *0365 712 51*

Une cuisine légère et inventive vous est proposée dans ce restaurant raffiné et intime situé en bordure de lac. Bien que certains plats comprennent du foie gras, du homard et des pâtes, les mets demeurent légers. Le poisson est excellent, tout comme la carte des vins. On vient de loin pour manger ici, n'oubliez pas de réserver. *Fermé mar., 1er déc.-1er mars.*

LAC DE CÔME : Locanda dell'Isola Comacina

Locanda dell'Isola Comacina, Sala Comacina, 22010 **Tél** *0344 567 55*

Un site unique pour ce restaurant installé sur une île. Le même menu à base de poisson est proposé depuis 1947 et toujours aussi apprécié. On atteint l'île en bateau (paiement directement à bord). L'endroit est splendide au printemps, en été et en automne. *Fermé, mar. au printemps, 2 nov.-1er mars.*

LECCO : Antica Osteria Casa di Lucia

Via Lucia 27, località Acquate, 23900 **Tél** *0341 49 45 94*

Ce restaurant gastronomique à la clientèle fidèle occupe une maison caractéristique du XVIIe siècle qui accueille également des expositions de photos. Les *linguine* aux herbes, les côtes d'agneau, le lapin rôti et une délicieuse tarte maison au chocolat sont quelques-unes des spécialités traditionnelles de la Slow Food. Bonne carte des vins. *Fermé sam. midi, dim.*

Légende des prix *voir p 606* **Légende des symboles** *voir rabat de couverture*

MANERBA DEL GARDA : Capriccio 🍽🛏 €€€€€

Piazza S. Bernardo 6, 25080 **Tél** *0365 55 11 24*

Cet établissement raffiné avec vue sur le lac de Garde offre une cuisine de grande qualité, avec son loup de mer, ses Saint-Jacques à la crème de fenouil et à la sauce au pamplemousse, ou encore ses médaillons de ricciola (sériole, poisson) et ses crevettes à la sauce au fenouil. *Fermé 1ᵉʳ janv.-fin mars.*

MANTOUE : Antica Osteria Ai Ranari 🛗 €€

Via Trieste 11, 46100 **Tél** *0376 32 84 31*

La carte de ce restaurant du centre historique suit les saisons et comprend des plats traditionnels de Mantoue. On peut, entre autres, citer les fameux *tortelli di zucca* (pâtes farcies aux courgettes avec muscade, beurre et sauce à la moutarde) locaux, les *macaroni* maison et les riches sauces mijotées doucement. *Fermé lun., 15 juil.-15 août.*

MANTOUE : L'Ochina Bianca 🍽🛏 €€€

Via Finzi 2, 46100 **Tél** *0376 32 37 00*

Les *tortelli* (pâtes farcies) au potiron et le risotto de poisson sont des exemples de plats régionaux et spécialités locales qui sont ici légèrement revus et « modernisés ». Essayez aussi La *Sbrisolona*, dessert classique de Mantoue qui se casse en morceaux lorsque vous le coupez, accompagné d'une sauce aux baies sauvages. *Fermé lun., 1ᵉʳ sem. janv., 3 dern. sem. août.*

MANTOUE : Il Cigno Trattoria dei Martini 🍽 €€€

Piazza Carlo d'Arco 1, 46100 **Tél** *0376 32 71 01*

Cette *trattoria* est un précurseur de la nouvelle cuisine de Mantoue qui vise à simplifier les lourds plats traditionnels et à en diminuer le prix. Sa spécialité, le *cappone in agrodolce* (chapon aigre-doux) perdure. Les plats raffinés de Mantoue sont accompagnés d'un bon choix de vins. *Fermé lun., mar., 1ᵉʳ sem. janv., août.*

MILAN : Alla Cucina delle Langhe 🍽 €€€

Corso Como 6, 20154 **Tél** *02 655 42 79*

À quelques portes de la boutique de créateur 10 Corso Como, ce restaurant possède deux salles : celle du haut est réservée aux repas habituels, tandis que celle du bas est idéale pour les repas plus cérémonieux. Plats classiques et vins du Piémont, sensationnel risotto Barolo et *tomini alle erbe* (fromage de chèvre parfumé aux herbes). *Fermé dim., 3 dern. sem. août.*

MILAN : Da Giacomo 🍽 €€€€€

Via B Cellini, corner Via Sottocorno 6, 20129 **Tél** *02 76 02 33 13*

Établissement calme et élégant tenu par une famille et une adresse d'initiés pour les Milanais nantis et branchés. La salle à manger est décorée de lampes Art déco et de photos de visages célèbres. Le poisson est la base des spécialités de la maison, comme le steak d'espadon *alla Giacomo*. La carte des vins offre un vaste choix de grands crus. *Fermé lun., mar. midi, août.*

MILAN : Geppo 🛏 €

Via GB Morgagni 37, 20100 **Tél** *02 29514862*

Cette pizzeria classique, plutôt petite, offre plus de 50 variétés de pizzas. On remarque la pizza *milanese*, agrémentée de roquette, safran et cèpes. L'atmosphère est conviviale et l'endroit agréable et bon marché. Parallèle au Corso Buenos Aires, rue commerçante animée. *Fermé dim., 2 sem. en août.*

MILAN : Il Ristorante, Bulgari Hotel 🍽🛗🛏🍴 €€€€€

Via Privata Fratelli Gabba 7b, 20122 **Tél** *02 805 803 28*

Rejoignez les « branchés » pour un luxueux dîner dont le coût se justifie. Le restaurant est aménagé sur deux étages avec une cour extérieure, à la lisière des jardins botaniques. Le risotto aux citron et fleurs de vanille, accompagné par un excellent choix de vins, est un plat typique.

MILAN : La Fermata 🍽🛗 €€€

Via Saronno 3, 20154 **Tél** *02 345 15 96*

Petit restaurant convivial qui attire la foule avec son cadre simple et ses excellentes pizzas et cuisine napolitaine. Les plats d'Italie du sud sont tous délicieux - bien que le poisson mérite une mention particulière. La salade de calmars est une spécialité, comme le gâteau à la ricotta. *Fermé dim., midi, 3 sem. en août, 15 déc.-1ᵉʳ jan.*

MILAN : La Trattoria Milanese 🍽 €€€

Via Santa Marta 11, 20123 **Tél** *02 86 45 19 91*

Cette *trattoria* située près de la Bourse est une institution à Milan. Depuis des générations, un personnel professionnel vous sert une cuisine milanaise authentique. Parmi les classiques, citons l'*ossobuco* (jarret de veau), l'excellent risotto au safran et les *carpione* (mini-côtelettes froides assaisonnées d'oignon et de vinaigrette). *Fermé mar., 15 juil.-1ᵉʳ sept., Noël-10 janv.*

MILAN : Osteria di via Pre 🍽🛏 €€€

Via Casale 4, 20144 **Tél** *02 837 38 69*

Osteria historique servant des spécialités de fruits de mer de Ligurie. Goûtez aux *antipasti* farcis de légumes, au carpaccio d'espadon (cru, fines tranches), au *pesto* biologique d'Albenga, aux *pansotti* à la sauce aux noix (pâtes farcies à la ricotta, au citron et aux herbes), ou aux raviolis de poisson. Le meilleur restaurant de fruits de mer de Milan. *Fermé lun.*

MILAN : Premiata Pizza 🍽🛏 €

Via Alzaia Naviglio Grande 2, 20144 **Tél** *02 89 40 06 48*

Cette pizzeria tout à fait abordable jouit d'une situation centrale, près des canaux. En été, des tables sont dressées dans l'arrière-cour. Service parfois un peu rapide. Grandes tables communes. Bons plats de pâtes et pizzas, à moins que vous ne préfériez essayer la focaccia au jambon de Parme ou la salade de roquette.

MILAN : Rigolo 🔲♿ €€€

Largo Treves, à l'angle de Via Solferino 11, 20121 **Tél** *02 86 46 32 20*

Le Rigolo se trouve près du beau quartier bohémien de Brera. Il sert une cuisine principalement toscane à l'élégante société milanaise. Choisissez entre les *pappardelle* (pâtes en forme de larges rubans) au sanglier sauvage, les copieuses saucisses locales et les *bolliti* (viandes bouillies), servies le jeudi. Le service est excellent. *Fermé lun., 3 sem. en août.*

MILAN : Trattoria Aurora 🔲 €€€

Via Savona 23, 20144 **Tél** *02 89 40 49 78*

Cette brasserie haut de gamme située dans le quartier de Navigli offre une copieuse cuisine piémontaise maison. Essayez es *antipasti*, les délicieux *agnolotti del plin* (raviolis sautés au beurre et à la sauge) ou la soupe à l'oignon caramélisée. De nombreux vins piémontais figurent aussi à la carte. Atmosphère chaleureuse et rustique, idéale par tous les temps. *Fermé lun.*

MONTE ISOLA : La Foresta 🔲🔲 €€€

Località Pescheria Maraglio 174, 25050 **Tél** *030 988 62 10*

L'excellente carte fait la renommée de cet endroit, dont le poisson est tout droit pêché dans le lac Iseo. Les vins se distinguent également, surtout le champagne Franciatorta. Le poisson salé et séché au soleil, puis mariné dans l'huile d'olive, est une spécialité. Vous pourrez même assister à sa préparation sur le rivage, devant le restaurant. *Fermé mer., 20 déc.-1er mars.*

PAVIE : Locanda Vecchia Pavia al Mulino 🔲♿🔲 €€€€€

Via al Monumento 5c, Località Certosa, 27012 **Tél** *0382 92 58 94*

Installé dans le moulin d'un monastère du VIe siècle, c'est l'un des restaurants les plus raffinés d'Italie. On remarque les *fiori di zucca* (fleurs de courgette frites et accompagnées de fromage *taleggio* et de truffes) et le *maialino da latte* (porc cuit au four dans le lait avec des pommes, du foie gras et des truffes). *Fermé lun., mer. midi, 3 1ères sem. janv., 3 dern. sem. août.*

SALÒ : Alla Campagnola 🔲 €€€

Via Brunati 11, 25087 **Tél** *0365 221 53*

L'un des plus anciens établissements autour du lac de Garde, devenu l'un des plus célèbres restaurants de la région grâce à Angelo del Bon, connu pour sa Slow Food. Il utilise des produits frais pour concocter des plats raffinés. Quelque 600 vins sont également proposés à la carte. *Réservez longtemps à l'avance. Fermé lun., mar. midi, janv.*

SALÒ : Cantina San Giustina €€€

Salita Santa Giustina 8, 25087 **Tél** *0365 52 03 20*

Cette osteria typique installée dans une ancienne cave à vins n'est ouverte que le soir, mais jusque tard dans la nuit (2 h en semaine et 3 h le week-end). Vous n'y trouverez que des plats froids, mais tous copieux et excellents, comme la truite au sel, les légumes grillés, le fromage de chèvre du Piémont et les salamis. Grande variété de vins régionaux et nationaux. *Fermé lun.*

SALÒ : Trattoria alle Rose 🔲 €€€

Via Gasparo da Salo 33, 25087 **Tél** *036 54 32 20*

Une jeune clientèle afflue ici pour déguster une cuisine inventive. Cette ancienne trattoria offre des produits saisonniers locaux frais tout droit venus du marché, des poissons d'eau douce et des plats, comme le *carpaccio* (très fines tranches) de cèpes, le lapin ou les délicieux spaghettis à la roquette, aux tomates et aux langoustines. *Fermé mer.*

VAL D'AOSTE ET PIÉMONT

ACQUI TERME : San Guido 🔲 €€

Piazza San Guido 5, 15011 **Tél** *0144 32 04 20*

Située sur une place tranquille au centre d'Acqui Terme, cette authentique trattoria sert une cuisine piémontaise typique. À la carte, vous trouvez des spécialités maison, telles que les pâtes aux anchois et leur sauce aux herbes, les ravioli di carne (à la viande) et des plats à base de légumes saisonniers du coin. *Fermé sam., 2 sem. août-sep.*

ACQUI TERME : La Schiavia €€€

Vicolo della Schiavia, 15011 **Tél** *0144 559 39*

Restaurant accueillant dirigé par une famille et installé dans un ancien palais récemment rénové, près de la cathédrale. On y déguste un mélange de cuisine ligurienne et piémontaise, avec de nombreux plats de légumes et de poisson inventifs. La Schiavia offre un bon choix de vins (350 crus italiens et français). *Réservation recommandée. Fermé dim., 2 sem. en août.*

ALBA : Dolcis Vitis 🔲♿🔲 €€€€€

Via Rattazzi 7, 12051 **Tél** *0173 36 46 33*

Situé dans le centre historique d'Alba, ce restaurant propose des spécialités piémontaises. Les plats sont soigneusement préparés, avec uniquement des ingrédients frais et de saison, comme des truffes en automne. *Fermé mar., mer. midi, 1 sem. en août.*

ALBA : Ristorante Madonna di Como 🔲♿🔲 €€€€€

Frazione Madonna di Como 31, 12051 **Tél** *0173 44 20 58*

Ce restaurant simple situé dans les collines, à 5 km à l'est d'Alba, dominant la région des Langhe, concocte des plats régionaux réputés. La spécialité de la maison est l'assiette de viande grillé et on remarque aussi plusieurs plats à base de truffe en saison. La terrasse panoramique et le vaste choix de vins complètent le tout. *Fermé mar.*

Légende des prix *voir p 606* **Légende des symboles** *voir rabat de couverture*

ALEXANDRIE : Aurora Girarrosto
🏠 €€€

*S.S. per Genova 13, Tortona, 15057 **Tél** 0131 86 30 33*

Ce restaurant, situé à l'extérieur d'Alexandrie, est célèbre pour son brochet rôti (qui lui a donné son nom). Les viandes grillées au barbecue sont la spécialité de la maison. Elles proviennent toutes de fermiers biologiques locaux, y compris les steaks T-bone de bœuf de Carrù, importante race piémontaise. Excellente carte des vins *Fermé lun., 2 sem. en août.*

ALEXANDRIE : Il Grappolo
♿🏠 €€€€

*Via Casale 28, 15100 **Tél** 0131 25 32 17*

Installé dans un ancien palais du XVIIᵉ siècle rose pêche, qui abritait autrefois l'hôtel de ville d'Alexandrie, Il Grappolo est meublé dans un style rustique et élégant. Il possède deux salles à manger, un établissement vinicole et un patio d'été. La cuisine est typiquement piémontaise avec un parfum moderne et la carte des vins très complète. *Fermé lun. soir, mar.*

AOSTE : Grotta Azzurra
🏠 €

*Via Croix de Villa 97, 11100 **Tél** 0165 26 24 74*

Le Grotta Azzurra est situé près du centre d'Aoste. Cette pizzeria à l'ambiance décontractée offre des prix raisonnables et des possibilités de dîner dehors durant les mois d'été. Vous y trouverez une grande variété de plats nationaux, pizzas, poissons et pâtes. Nous vous recommandons également le risotto et la soupe de poisson. *Fermé mer., 3 sem. en juil.*

AOSTE : Trattoria degli Artisti
€€

*Via Maillet 5-7, 11100 **Tél** 0165 409 60*

Située dans une rue pavée du centre-ville, la Trattoria degli Artisti propose une sélection rustique de plats régionaux, dont des gnocchis aux noix ou aux herbes. Vous pouvez également déguster des viandes séchées et, pour ceux qui ont plutôt la dent sucrée, de délicieux gâteaux et desserts maison. *Fermé dim., lun.*

AOSTE : Vecchia Aosta
🏠 €€€€

*Piazza Porta Pretoria 4c, 11100 **Tél** 0165 36 11 86*

Si vous recherchez un endroit unique, le Vecchia Aosta vous comblera. L'établissement se trouve à l'intérieur des anciens remparts romains de la ville, sur une vieille place très centrale. On vous servira une cuisine régionale typique avec, parmi les spécialités, les raviolis et la terrine de légumes. L'atmosphère est conviviale. *Fermé mer., 2 sem. en fév., 2 sem. en oct.*

ASTI : Barolo & Co.
€€

*Via Cesare Battisti 14, 14100 **Tél** 0141 59 20 59*

Barolo & Co, situé dans le centre historique d'Asti, propose une excellente cuisine régionale dans un décor médiéval. Comme son nom l'indique, le restaurant offre également de très bons vins. Vous dégusterez des gnocchis verts à la sauce aux herbes, des pâtes aux cèpes et de l'oie cuite au vin Barbera. *Fermé lun., dim. (en juil.), 2 1ᵉʳᵉˢ sem. janv., 2 1ᵉʳᵉˢ sem. août.*

ASTI : Osteria del Castello (ex Dirce)
♿🏠 €€€€

*Piazza Castello 1, Castel' AlFerro, 14100 **Tél** 0141 20 41 15*

L'endroit idéal pour découvrir la cuisine piémontaise. Ce restaurant occupe un château du XVIIIᵉ siècle connu pour être « l'un des cinq joyaux du Piémont ». Parmi les spécialités, notons les excellentes maltagliati (pâtes) aux haricots et une incomparable mousse au chocolat. La terrasse où est servi le dîner domine les collines de Monferrato. *Fermé lun., mar., janv.*

ASTI : Gener Neuv
🏠 €€€€€

*Lungo Tanaro 4, 14100 **Tél** 0141 55 72 70*

Situé dans un endroit calme, près du fleuve, ce restaurant dirigé par une famille offre une cuisine noble et locale, ainsi qu'un excellent choix de vins. Citons, entre autres, le pigeon aigre-doux, les *agnolotti* au veau rôti (pâtes farcies) et les noisettes glacées au chocolat. Cheminée ouverte, poutres et décoration héraldique. *Fermé dim. soir, lun., 3 sem. en août.*

BRA : Battaglino
🏠 €€

*Piazza Roma 18, 12042 **Tél** 0172 41 25 09*

Ce restaurant convivial situé au cœur de Bra offre de bonnes pâtes maison, telles que les gnocchis aux noisettes. Vous y trouverez aussi de copieux plats locaux, comme le bollito misto, plat à la vapeur associant sept sortes de viande bouillie, des légumes et des condiments. *Fermé dim. soir, lun., 1 sem. en janv., 2 sem. en août.*

BRA : Osteria Boccondivino
€€€

*Via Mendicità 14, 12042 **Tél** 0172 425674*

Cet excellent restaurant Slow Food propose 12 sortes de fromages piémontais, du gibier et des plats de viande, tels qu'un lapin rôti et du bœuf braisé au vin Barolo. Installé dans une ancienne maison de la ville au charme rustique, avec son entrée voûtée et ses balustrades en fer, il offre un service compétent et de bons vins. *Fermé lun., dim.*

BREUIL-CERVINIA : Al Solito Posto
📋♿🏠 €

*Via Meynet 11, 11021 **Tél** 0166 94 91 26*

Restaurant simple proposant une cuisine régionale du val d'Aoste et un intérieur à l'élégance rustique. Le menu à prix fixe comprend de la polenta, des lasagnes, des galettes locales, de la paella (sur demande préalable) et des spécialités montagnardes de la cuisine val d'Aostienne. *Fermé jeu. en basse saison, mai, oct.*

BREUIL-CERVINIA : Les Neiges d'Antan
🏠 €€€€€

*Frazione Cret de Perrères 10, 11021 **Tél** 0166 94 87 75*

Ce restaurant, une élégante cabane en rondins, sert des mets rustiques et raffinés, ainsi que de copieux plats montagnards, d'inspiration italienne et française, accompagnés d'excellent vins. Leur *seuppa alla Valpellinentze* est légendaire (soupe régionale gratinée, agrémentée de pain, chou, fromage local de Fontina et bouillon de viande). *Fermé 1ᵉʳ mai-1ᵉʳ juil.*

CANNOBIO : Cà Bianca €€

Via Casali Cà Bianca 1, 28822 **Tél** *0323 78 80 38*

Situé sur les rives du lac Majeur, avec vue sur les ruines du château de Malpaga, le Cà Bianca se trouve entre Cannobio et Cannero. Ce coquet restaurant avec jardin sert des raviolis maison au beurre et à la sauge, ainsi que de l'excellente perche du lac et de délicieux desserts. *Fermé mer., janv.-15 fév., vac. Pâques, vac. Noël.*

CANNOBIO : Del Lago €€€€€

Via Nazionale 2, Località Carmine Inferiore, 28822 **Tél** *0323 705 95*

La cuisine italienne et internationale raffinée et le beau panorama sur le lac Majeur attirent une clientèle fidèle dans ce restaurant. Des ingrédients frais sont utilisés pour concocter des plats simples et inventifs relevant les arômes et les saveurs. Jolie terrasse entourée de jardins verdoyants pour l'été.

CASALE MONFERRATO : La Torre €€€€

Via Garoglio 3, 15033 **Tél** *0142 702 95*

Ce restaurant occupe une villa perchée sur une colline dominant le château du Monferrato. Cuisine régionale inventive à base de produits saisonniers. On remarque le lapin en croûte de pain et d'herbes et le tartare de truite. Possibilité de dîner dehors en été. Bonne carte des vins. *Fermé mar. soir, mer., 1 sem. en janv., 3 sem. en août, 1 sem. en déc.*

COGNE : Lou Ressignon €€€

Rue des Mines 22, 11012 **Tél** *0165 740 34*

Cette taverne de montagne offre un très grand choix de vins. Les recettes alpines et locales mettent l'accent sur les plats copieux (polenta, viandes séchées, salamis). La spécialité de la maison est la *seupetta a la Cogneintze* (risotto au pain, fromage de Fontina, polenta et agneau au four avec sauce au vin rouge). *Fermé lun. soir (basse saison), mar., 2 dern. sem. mai, nov.*

COSSANO BELBO : Ristorante della Posta €€€€

Corso Fratelli Negro 3 **Tél** *0141 881 26*

Cette trattoria conviviale et décontractée appartient à la famille Giordano depuis les quatre dernières générations. Elle mérite bien une visite pour goûter aux pâtes maison, servies avec un ragoût de viande, des champignons ou, en saison, des truffes. Ne perdez pas de vue qu'un plat à base de truffe augmente toutefois considérablement le coût de votre repas.

COSTIGLIOLE D'ASTI : Cascina Collavini €€€

Strada Traniera 24, 14037 **Tél** *0141 96 64 40*

Ce restaurant simple et élégant installé dans une ancienne ferme propose également des chambres. Atmosphère chaleureuse et décontractée. Spécialités piémontaises traditionnelles à base de veau, d'agneau, de champignons et de légumes de saison. Bon choix de vins régionaux, surtout la Barbera d'Asti. *Fermé mar. soir, mer., 3 sem. en janv., 3 sem. en août.*

COSTIGLIOLE D'ASTI : Sinoira €€

Piazza Umberto 27, 14055 **Tél** *0141 96 60 12*

Nouveau restaurant à deux étages dirigé par Da Guido et servant des spécialités du Piémont, dont du veau, du lapin, des champignons et des pâtes maison, tous accompagnés de délicieux vins issus de la vaste cave. On remarque particulièrement les pâtes *agnolotti* dans une sauce au vin Barbera. *Fermé lun., mar.*

COURMAYEUR : Du Tunnel €

Via Circonvallazione 80, 11013 **Tél** *0165 84 17 05*

Dans une partie animée de la ville, ce snack-bar-pizzeria simple offre une grande variété d'immenses pizzas cuites au feu de bois à des prix abordables et dans une ambiance conviviale. Si vous préférez éviter les maxi-pizzas, essayez l'un des plats de pâtes, le *bresaola* (bœuf séché), les steaks, les desserts et fromages, qui font également partie de la carte. *Fermé mer., juin-oct.*

COURMAYEUR : Pierre Alexis 1877 €€€

Via Marconi 50, 11013 **Tél** *0165 84 35 17*

Chez Pierre Alexis, la nourriture est simple mais bonne. Basés sur les traditions locales, les plats comptent du gibier et du fromage. Essayez les raviolis au gibier, les ragoûts de viande ou la fondue. Les nappes en lin ajoutent une élégance décontractée à l'atmosphère rustique du lieu. Excellents vins et fromage local. *Fermé lun. (basse saison), mai.*

CUNEO : Osteria della Chiocciola €€

Via Fossano 1, 12100 **Tél** *0171 662 77*

Réputée pour sa cuisine de grande qualité, cette *osteria* possède une cave regorgeant de grands crus au rez-de-chaussée et plusieurs salles à manger au-dessus. L'atmosphère est décontractée et tout tourne autour de la cuisine. Excellents plats saisonniers et régionaux, accompagnés de bons vins rouges locaux. *Fermé dim., 2 1ères sem. janv.*

DOMODOSSOLA : Piemonte da Sciolla €

Piazza della Convenzione 4, 28845 **Tél** *0324 24 26 33*

La cuisine régionale servie ici inclut des spécialités telles que les gnocchis au seigle et aux noisettes ou des plats alpins de la vallée d'Ossola, célèbre pour ses viandes séchées. La carte affiche un penchant pour les copieux plats de viande agrémentés de champignons, oignons et noisettes. Tables dehors pour les dîners d'été. *Fermé mer., 2 dern. sem. janv., mi-août-mi-sep.*

IVREA : Trattoria BoccondiVino €€

Via Aosta 47, 10015 **Tél** *0125 489 98*

À quelques pas de la Porta Aosta, dans le centre historique d'Ivrea, le BoccondiVino est une petite *trattoria* confortable à l'atmosphère chaleureuse qui sert une cuisine régionale traditionnelle variant selon les produits de saison. Le poisson fumé est particulièrement bon. Ils proposent également un bon choix de vins de la région. *Fermé jeu., 1 sem. en août.*

Légende des prix *voir p 606* **Légende des symboles** *voir rabat de couverture*

NOVARE : Da Giorgio

Via delle Grazie 2, 28100 **Tél** *0321 62 76 47*

Le Da Giorgio est un grand restaurant situé dans un quartier calme, en plein centre de Novare. L'endroit est apprécié pour sa convivialité. On y sert des plats de poisson raffinés et bien préparés à base de crevettes, des gnocchis, du risotto, ainsi que des poissons grillées. Le service est aimable et le rapport qualité-prix intéressant. *Fermé lun., août.*

NOVARE : Osteria del Laghetto

Case Sparse 11, Località Veveri, 28100 **Tél** *0321 47 29 62*

Ce restaurant est installé dans un parc et ses salles à manger regorgent de fleurs odorantes. Vous y dégusterez une cuisine régionale à base de truffes et de champignons, mais les spécialités de poisson sont à l'honneur. Choisissez donc une table dehors en été. Réservez à l'avance. *Fermé sam. midi, dim., 2 sem. en août, déc.-janv.*

ORTA SAN GIULIO : Villa Crespi

Via Fava, 18, 28016 **Tél** *0322 91 19 02*

Ce bâtiment extravagant du XIXe siècle héberge un hôtel à la décoration orientale, inspirée par les nuits arabes. Sa cuisine italienne classique et ses riches plats méditerranéens inventifs ont valu une étoile Michelin à ce restaurant. Sa cuisine de grande qualité est, en outre, accompagnée d'une carte de plus de 1 000 vins français et italiens. *Fermé mer. midi, 1er janv.-1er mars*

SAINT VINCENT : Nuovo Batezar

Via Marconi 1, 11027 **Tél** *0166 51 31 64*

L'un des meilleurs restaurants de la région. Ses tables sont très peu nombreuses, son atmosphère intime et son mobilier ancien local et typique. La *sinfonia di pesce* (assiette de poisson) se distingue, tout comme le tajarin (tagliatelles locales faites maison) au safran ou la sauce aux truffes et les plats de viande alpins. *Fermé mer., lun.-ven. midi, 3 sem. en juin, 2 sem. en nov.*

SAN SECONDO DI PINEROLO : La Ciau

Via Castello di Miradolo 2, 10060 **Tél** *0121 50 06 11*

L'extérieur de ce restaurant, quelque peu austère, contraste avec son intérieur chaleureux et accueillant. Un bon endroit pour découvrir la slow food régionale, les pâtes maison farcies à la viande, les raviolis au potiron, d'excellents risottos et des plats créatifs à base de fromages locaux typiques de la vallée du Pellice. Possibilité de dîner à l'extérieur en été. *Fermé mer., janv.*

SESTRIERE : Al Braciere del Possetto

Piazza Agnelli 2, 10058 **Tél** *0122 761 29*

Il Braciere est un restaurant de taille moyenne réputé au cœur de Sestriere. Sa cuisine de la vallée est délicieuse. Citons, entre autres, la *raclette* (à base de fromage fondu), la *bourguignonne* (fondue de viande), les riches spécialités piémontaises et les plats à base de fromage de la région et de toute l'Italie. *Fermé mer., 3 sem. en mai, 3 sem. en oct.*

SORRISO : Al Sorriso

Via Roma 18, 28016 **Tél** *0322 98 32 28*

Célèbre dans tout le pays pour sa cuisine de qualité utilisant des produits frais et saisonniers, cet hôtel-restaurant chic offre des plats comme le risotto, les pâtes au poulpe et les haricots aux pignons grillés. Les hôtes peuvent également visiter les cuisines et les caves. Réservation recommandée. *Fermé lun., mar., 2 em. en janv., 3 sem. en août.*

STRESA : Il Piemontese

Via Mazzini 25, 28838 **Tél** *0323 302 35*

Il Piemontese est l'endroit idéal si vous appréciez les plats traditionnels locaux réinterprétés avec originalité. Ce restaurant intime dirigé par une famille au centre de Stresa offre une élégance décontractée et un service en rapport. Profitez de la terrasse aménagée sous les vignes en été. Un excellent choix de vins est également proposé. *Fermé lun., 1er déc.-1er fév.*

TURIN : Birilli

Strada Val San Martino 6, 10131 **Tél** *011 819 05 67*

Vous trouverez ici une grande variété de pâtes, du poisson grillé et des brochettes de viande, du thon, du veau, des risottos et des légumes de saison. Les frères Birilli ont ouvert une première chaîne de restaurants à Turin en 1929, puis d'autres à Hollywood, Paris et même New Delhi. Ce restaurant possède une cour sur jardin pour dîner dehors. *Fermé dim. (hiver), vac. Noël.*

TURIN : Dai Saletta

Via Belfiore 37, 10126 **Tél** *011 668 78 67*

Trattoria typique à l'atmosphère chaleureuse et conviviale, aux nappes à carreaux rouges et blancs et au menu riche en spécialités piémontaises classiques. On remarque les *agnolotti* et le *tajarin* (variétés locales de pâtes), le *bollito* (viandes bouillies), ainsi que la viande cuite dans le vin Barolo et un excellent *zabaglione*. Bon choix de vins également. *Fermé dim., août.*

TURIN : Neuv Caval'd Brons

Piazza San Carlo 151, 10123 **Tél** *011 562 74 83*

Restaurant élégant et spacieux proposant une cuisine de grande qualité. Notons de délicieux plats végétariens, parmi lesquels des pâtes au citron, à la menthe fraîche et aux pois ; le poisson est lui aussi succulent. Terminez votre repas en beauté par un dessert à la menthe et au chocolat accompagné d'un bon vin. *Fermé mar., dim., août.*

TURIN : Porto di Savona

Piazza Vittorio Veneto 2, 10100 **Tél** *011 817 35 00*

Ce restaurant est installé dans un bâtiment du XVIIIe siècle, près du fleuve Pô. Il sert des plats régionaux, tels que des gnocchis au gorgonzola, des *tajarin* et *agnolotti* (variétés de pâtes locales), un risotto aux asperges, un *vitello tonnato* (fines tranches de veau au thon et à la sauce aux câpres) et d'autres spécialités arrosées de vin Barolo.

VERBANIA PALLANZA : Osteria Dell'Angolo   🖼   €€

Piazza Garibaldi 35, 28048 **Tél** *0323 55 63 62*

Situé sur une petite place, le Dell'Angolo est une taverne régionale typique qui offre un grand choix de plats de poisson raffinés, un mélange de cuisine piémontaise et lombardienne et un bon rapport qualité-prix. Des tables sont également dressées dehors sur la *piazza* en été. Les places sont limitées, il est donc conseiller de réserver. *Fermé lun., 1 sem. en janv.*

VERBANIA PALLANZA : Milano   🖼   €€€€€

Corso Zanitello 2, 28048 **Tél** *0323 55 68 16*

Le Milano est aménagé dans un édifice néo-gothique du centre de Pallanza. Il possède une jolie terrasse donnant sur l'autre rive du lac Majeur. Il sert de l'excellent poisson du lac, dont du *persico* (perche) et du *salmerino* (omble-chevalier), accompagnés de légumes biologiques saisonniers du jardin et d'excellents vins. *Fermé lun. soir, mar., 1er nov.-1er mars.*

VERCELLI : Il Giardinetto   🖼   €€

Via Sereno 3, 13100 **Tél** *0161 25 72 30*

Cet hôtel-restaurant chic occupe une partie d'une maison du xixe siècle. Vue sur un coquet jardin bien entretenu et grande variété de plats typiquement piémontais raffinés. Notons le riz, les truffes, les champignons, les pâtes maison, le jambon de Parme, les fromages locaux et le foie gras. Excellents vins. *Fermé lun., 3 sem. en août.*

VERCELLI : Il Paiolo   🖼   €€

Viale Garibaldi 72, 13100 **Tél** *0161 25 05 77*

Trattoria décontractée installée dans une ancienne maison de la ville du centre historique de Vercelli. La cuisine locale est bien représentée et, Vercelli étant la région du riz en Italie, ne manquez pas les risottos et les *panisse* (plat de riz de Vercelli). De bons vins accompagnent le menu saisonnier. *Fermé jeu., 15 juil.-15 août, 24 déc.-6 janv.*

VILLARFOCCHIARDO : La Giaconera   🖼   €€€

Via Antica di Francia 1, 10050 **Tél** *011 964 50 00*

La Giaconera est une auberge ancienne élégante parée de poutres et de chandeliers. Vous y dégusterez de riches mets régionaux aux truffes, du gibier et des légumes frais locaux. Parmi les spécialités, on remarque les tagliatelles aux noisettes, les médaillons de veau aux truffes et les champignons aux crevettes croquantes. Excellents vins locaux. *Fermé mar., 2 sem. en août.*

LIGURIA

CAMOGLI : La Cucina di Nonna Nina   🖼   €€

Via Molfino 126, San Rocco di Camogli, 16032 **Tél** *0185 77 38 35*

Situé de l'autre côté du promontoire de Portofino, dans le paisible village de San Rocco, ce restaurant offre deux salles aménagées dans une villa rustique au panorama époustouflant. On goûte ici de délicieux plats ligures à base de fruits de mer et d'herbes de la région. Essayez la seiche farcie ou les pâtes aux orties et pesto. *Fermé mer., 2 dern. sem. fév., nov.*

CAMOGLI : Rosa   🖼   €€€

Largo Casabona 11, 16032 **Tél** *0185 77 34 11*

Ce restaurant occupe une villa de style Art Nouveau et jouit d'une véranda-jardin d'hiver et d'une terrasse pour l'été, avec vue sur la baie et l'ancien port de pêche de Camogli. Parmi les spécialités de fruits de mer et de pâtes, mentionnons le thon à la sauce aigre-douce, les pâtes à la sauce au rouget et le ragoût de seiche. *Fermé mar., janv., 2 dern. sem. nov.*

CERVO : San Giorgio   🖼   €€€€€

Via Volta 19, 18010 **Tél** *0183 40 01 75*

Le propriétaire de cet endroit niché sur une place du centre historique favorise les saveurs locales et les produits frais et saisonniers. Il en résulte des plats simples et créatifs, tels que les crevettes aux petits artichauts et le poisson du jour aux minuscules olives et à la marjolaine fraîche. *Réservation recommandée. Fermé lun. soir et mar.*

GÊNES : Cantine Squarciafico   🖼   €€

Piazza Invrea 3, 16123 **Tél** *010 247 08 23*

Situé juste derrière la cathédrale, dans une ancienne villa patricienne à la façade ornée de fresques et à l'intérieur paré de colonnes, ce bar à vin ligure traditionnel sert des spécialités locales, dont les *stracci*, sorte de lasagne, et une délicieuse tarte au chocolat. Des bouteilles de vin sont alignées sur les murs de l'ancienne salle à manger voûtée. *Fermé, mar., août.*

GÊNES : Da Genio   €€

Salita San Leonardo 61r, 16128 **Tél** *010 58 84 63*

L'une des *trattorie* les plus appréciées de Gênes à la clientèle fidèle, située dans la vieille ville. Le menu compte des plats de poisson bien préparés, tels que l'espadon frais farci aux anchois et aux câpres, mais l'entrée la plus célèbre est le plat ligure traditionnel de *trenette al pesto* (pâtes à la sauce pesto). *Fermé dim., 3 sem. en août.*

GÊNES : Da O'Colla   🖼   €€

Via alla Chiesa di Murta 10, Località Bolzaneto, 16162 **Tél** *010 740 85 79*

Cuisine ligure maison simple mais excellente. Parmi les spécialités on remarque le *minestrone genovese* (soupe de légumes aux pâtes ou riz et pesto) et le pain focaccia agrémenté d'huile d'olive locale. Cette *trattoria* se trouve un peu à l'extérieur de la ville mais elle mérite vraiment le détour. *Fermé dim., lun., 3 sem. en janv., août.*

Légende des prix *voir p 606* **Légende des symboles** *voir rabat de couverture*

GÊNES : Pintori €€

Via San Bernardo 68 r, 16123 **Tél** 010 275 75 07

Cette *trattoria* offre d'excellents vins et affiche un penchant pour la cuisine sarde. Appréciée des locaux pour sa cuisine abordable et son élégance . Les spécialités comptent des plats végétariens, comme les *torte di verdura* (flans de légumes) et le *maialino sardo* (cochon sarde) sur demande. Plats de poisson, desserts et fromages sont très bons. *Fermé lun. et dim.*

LEVANTO : Cavour €€

Piazza Cavour 1, 19015 **Tél** 0187 80 84 97

Située entre la gare et le front de mer, cette trattoria typique propose une cuisine locale dominée par le poisson. Le restaurant d'origine date de 1800. Au menu, on trouve des *gattafin* (large raviolis frits farcis aux herbes, œufs, oignon et fromage), des anchois au citron et des *trofiette* (pâtes locales) à la sauce pesto. *Fermé lun., déc.-mi-janv.*

LEVANTO : Tumelin 🖼 €€€

Via Grillo 32, 19015 **Tél** 0187 80 83 79

Les *antipasti* de ce restaurant regorgent de fruits de mer. Optez, par exemple, pour une salade de poulpe, des crevettes aux haricots blancs, des sardines farcies, du *carpaccio* (fines tranches crues) d'espadon fumé ou des anchois frais au citron. En plat principal, choisissez un poisson et terminez votre festin par une pannacotta au caramel. *Fermé jeu. (hiver), janv.*

MANAROLA : Marina Piccola ♿🖼 €€

Via Lo Scalo 16, 19010 **Tél** 0187 92 01 03

Ce petit restaurant offre à la fois des vues splendides sur la mosaïque colorée des maisons du village de Cinque Terre et sur les rochers et la mer. Au menu, la pêche du jour sous forme de soupe de poisson, d'excellents plats de fruits de mer régionaux, des *antipasti* variés également à base de fruits de mer et de nombreux poissons grillés. *Fermé mar., nov.*

NERVI : Astor 🗔♿🖼 €€€

Via delle Palme 16-18, 16167 **Tél** 010 32 90 11

Cet hôtel-restaurant clair et sans prétention est à mi-chemin entre la promenade de Nervi et les bois. Il offre une cuisine ligure raffinée et de bons vins dans un endroit simple et élégant. L'une des spécialités de la maison est les *pansotti al sugo di noci* (pâtes fraîches farcies à la ricotta, aux herbes et au zeste de citron, servies dans une sauce aux noix).

PORTOFINO : Da Puny 🗔🖼 €€€€€

Piazza Martiri dell'Olivetta 5, 16034 **Tél** 0185 26 90 37

L'un des meilleurs restaurants qui bordent la minuscule place du port. Le propriétaire, plutôt sociable, aime raconter des anecdotes et flatter ses hôtes. Le poisson frais, les *pasta in pesto corto* (sauce riche aux basilic, fromage et pignons relevée d'un trait de tomate) et les *antipasti* maison sont tous excellents. *Fermé jeu., 15 déc.-15 fév.*

PORTOFINO : Chuflay, Splendido Mare 🗔♿🎵🖼🍽 €€€€€

Via Roma, 2, 16034 **Tél** 0185 26 78 02

Le restaurant Chuflay de l'hôtel Splendido Mare occupe un endroit superbe en haut de la place du port. Il offre de savoureux plats locaux, comme des pâtes maison à la traditionnelle sauce pesto génoise et une soupe aux palourdes fraîches agrémentée de pignons, d'olives noires et de marjolaine. De bons vins et un excellent service complètent le tout.

PORTOVENERE : Da Iseo 🖼 €€€

Calata Doria 9, 19025 **Tél** 0187 79 06 10

Coquette petite *trattoria* panoramique dirigée par l'hôtel Locanda Lorena sur l'île de Palmaria et située sur le front de mer avec vue sur le port et le golfe des poètes. Parmi les plats ligures typiques, on remarque les moules farcies à la viande, les anchois à la sauce au citron et les *antipasti* de fruits de mer. *Fermé mer., nov.*

PORTOVENERE : Le Bocche 🖼 €€€

Calata Doria 102, 19025 **Tél** 0187 79 06 22

Perché sur le promontoire qui domine Portovenere, ce restaurant se trouve en dessous de l'église Saint Pierre et offre un beau panorama. La décoration minimaliste et les tables ombragées à l'extérieur constituent le cadre idéal pour déguster les savoureux plats de poisson ligures. Excellente carte des vins aussi. *Fermé mar., nov.-déc.*

RAPALLO : Roccabruna 🗔🖼 €

Via Sotto la Croce 6, Località Savagna, 16035 **Tél** 0185 26 14 00

Surplombant largement Rapallo, le Roccabruna est un établissement splendide, chaleureux et accueillant, qui jouit d'une vaste terrasse avec vue. Cuisine de grande qualité à base de fruits de mer et à un menu changeant régulièrement avec, par exemple, du *carpaccio* (fines tranches) d'espadon au jus de scampi et des pâtes noires aux crustacés. *Fermé lun.*

SAN REMO : Il Bagatto €€€€

Corso Matteotti 145, 18038 **Tél** 0184 53 19 25

Le restaurant Il Bagatto, qui occupe un petit palazzo du XVe siècle en centre-ville, propose un menu ligure traditionnel fidèle à d'anciennes recettes pour le poisson, ainsi que des plats de viande. Parmi les spécialités, les *acciughe* ou les *verdure ripiene* (anchois frais ou légumes farcis au fromage et cuits au four dans la chapelure). *Fermé dim., juil., 3 sem. en janv.*

SAN REMO : Da Paola e Barbara 🖼 €€€€€

Via Roma 47, 18038 **Tél** 0184 53 16 53

Restaurant exceptionnel à la réputation internationale. À la carte on choisit entre les légumes - courgettes, herbes et haricots - et le poisson frais local - tartare de maquereau, crevettes San Remo. Le Barbara est également un expert en matière de pâtisserie avec, entre autres, sa cassata à la ricotta. *Fermé mer., jeu., 1 sem. en janv., 2 sem. en juil., 2 sem. en déc.*

VERNAZZA : Gambero Rosso

Piazza Marconi 7, 19018 **Tél** *0187 81 22 65*

On déguste ici des plats de fruits de mer ligures réinventés, la spécialité de ce restaurant. Les crevettes sont à l'honneur de cet établissement à la petite terrasse donnant directement sur le port. Les raviolis au poisson et le risotto au citron sont exquis, tout comme les desserts originaux. Optez pour un savoureux menu ou un plat à la carte. *Fermé lun., déc.-fév.*

ÉMILIE-ROMAGNE

BOLOGNE : Trattoria Fantoni

Via del Pratello 11/A, 40122 **Tél** *051 23 63 58*

Cette *trattoria* simple et réputée se trouve dans une rue bordée de restaurants. Le menu est très traditionnel, avec beaucoup de *cavallo* (viande de cheval), servi en steak, de saucisses grillées et de délicieux plats de légumes, comme les *melanzane al forno* (aubergine cuite au four).

BOLOGNE : Antica Trattoria Spiga

Via Broccaindosso 21a, 40125 **Tél** *051 23 00 63* **Fax** *051 23 00 63*

Cette *trattoria* d'autrefois dirigée par une famille est appréciée des locaux pour sa cuisine traditionnelle authentique et très bien préparée. Parmi les spécialités, citons les lasagnes, les *tagliatelle al ragù*, les *pasta e fagioli* (soupe de pâtes et haricots) et les pâtes farcies aux noix et gorgonzola.

BOLOGNE : Olindo Faccioli

Via Altabella 15/B, 40126 **Tél** *051 22 31 71* **Fax** *051 44 09 68*

Cette minuscule *trattoria* peut, à juste titre, être fière de sa carte des vins (plus de 400 bouteilles s'alignent sur les murs des deux salles) ; le menu du jour est inscrit sur un tableau noir. La cuisine est bolognaise, mais légère et agrémentée de nombreuses options végétariennes, comme les *crespellini* (crêpes aux pâtes farcies de fromage) et les tagliatelles au pesto maison.

BOLOGNE : Antica Trattoria del Cacciatore

Via Caduti di Casteldebole 25, 40132 **Tél** *051 56 42 03* **Fax** *051 56 71 28*

La « *trattoria* du vieux chasseur » sert des plats traditionnels depuis plus de 200 ans dans une ancienne auberge de campagne proche d'un parc et de l'aéroport. Outre des pâtes et pains maison, on y déguste des tortellinis au bouillon ; du *capriolo alla boscaiola* (ragoût de chèvre aux cèpes) et des raviolis dans une fondue de fromage aux truffes.

BOLOGNE : Pappagallo

Piazza Mercanzia 3c, 40125 **Tél** *051 23 28 07* **Fax** *051 23 28 07*

Depuis 1919, les princes, artistes et acteurs ont dédicacé leur photo pour décorer les murs de cet élégant restaurant installé dans un palazzo du XIVe siècle, pratiquement en dessous des deux tours de Bologne. La cuisine est traditionnelle avec, notamment, des tortellinis (en bouillon ou ragoût de viande), des lasagnes et du veau.

CASTELL'ARQUATO : Da Faccini

Località Sant'Antonio, 29014 **Tél** *0523 89 63 40* **Fax** *0523 89 64 70*

Cette *trattoria* appartient à la même famille depuis 1932. Il n'y a pas de menu à prix fixe ; le chef suit simplement les saisons. Vous y dégusterez des gnocchis aux carottes, des raviolis de canard et truffes, des *agnellotti al culatello* (pâtes farcies au salami local typique) ou la *faraona alla creta* (pintade cuisinée dans un récipient en terre cuite).

CASTELL'ARQUATO : Plans

Piazza Europa 3, 29014 **Tél** *0523 80 44 11*

Ce moulin médiéval restauré du centre historique de la ville privilégie une cuisine créative relevée d'un savoir-faire international et utilisant des ingrédients locaux. Le menu change tous les jours, selon les arrivages du marché, et met l'accent sur les spécialités de poisson (bien que le chef prépare également de succulents plats de viande).

FAENZA : Le Volte

Corso Mazzini 54, 48018 **Tél** *0546 66 16 00* **Fax** *0546 66 16 00*

Hébergé dans la cave d'un bâtiment du centre historique, ce restaurant offre des plats simples et délicieux très influencés par la Pouille. Essayez les gnocchis à la tomate et au basilic, les *tagliolini all'anatra* (pâtes à la sauce au canard), le *carré d'agnello* (côtes d'agneau aux herbes) et le *maialino al latte* (cochon de lait).

FERRARE : Al Brindisi

Via degli Adelardi 11, 44100 **Tél** *0532 20 91 42* **Fax** *0532 20 91 42*

Il s'agit de la plus ancienne osteria de Ferrare qui existe depuis 1435 sous une forme ou une autre. Elle est située à quelques mètres à peine de la place principale, à côté de la cathédrale. La spécialité locale, les *tortelli di zucca* (pâtes farcies au potiron), est excellente ; goûtez aussi aux saucisses et aux pommes de terre. On remarque les bancs en bois et la carte des vins variée.

FERRARE : Antica Trattoria Volano

Viale Volano 20, 44100 **Tél** *0532 76 14 21* **Fax** *0532 79 84 36*

Cette auberge située en bordure de route, juste au sud des remparts de la ville, est appréciée depuis le XVIIIe siècle. Le chef profite du marché tout proche pour créer des plats locaux typiques. Les indécis apprécieront le *tris di primi*, associant trois variétés de pâtes (par exemple des raviolis farcis à la courge, des *tagliolini* au *prosciutto* et des tortelloni à la ricotta).

Légende des prix *voir p 606* **Légende des symboles** *voir rabat de couverture*

FERRARE : La Sgarbata 🖩 🎵 🏠 €

Via Sgarbata 84, 44046 **Tél** *0532 71 21 10* **Fax** *0532 71 21 10*

Cette *trattoria* de campagne, qui se trouve dans les faubourgs de Ferrare, sert de savoureux plats locaux, comme les *cappellacci di zucca alla ferrarese* (pâtes farcies au potiron de Ferrare), ainsi que des spécialités de poisson dépendant de la pêche du jour. Les gens du coin se retrouvent souvent ici pour déguster une délicieuse pizza.

FERRARE : Quel Fantastico Giovedì 🖩 🏠 €€

Via Castelnuovo 9, 44100 **Tél** *0532 76 05 70* **Fax** *0532 76 05 70*

Ce restaurant clair spécialisé dans les plats de fruits de mer propose un menu varié et original, où sont à la fois représentés des plats traditionnels - comme le risotto con *vongole veraci* (riz aux minuscules palourdes) et l'*anguilla* braisée (anguille) - et des mets créatifs, dont des sushis au saumon à la japonaise. Réservez à l'avance.

FIDENZA : Del Duomo 🖩 ♿ 🏠 €

Via Micheli 27, 43036 **Tél** *0524 52 42 68*

Ce restaurant sert un menu qui inclut des spécialités régionales, telles que les *tortelli alla ricotta* (pâtes farcies au fromage), les *tagliatelle all'uovo con ragù* (pâtes aux œufs dans une sauce à la viande), les *cappelletti in brodo* (soupe de pâtes), et les *trippa alla parmigiana* (tripes à la sauce tomate et au fromage râpé).

GORO : Ferrari 🖩 ♿ 🏠 €

Via Antonio Brugnoli 244, 44020 **Tél** *0533 99 64 48* **Fax** *0533 99 65 46*

À quelques pas du port et du marché au poisson, ce restaurant est dirigé par une famille depuis 60 ans. Le marché détermine le menu du jour de cet établissement spécialisé dans les plats du delta du Pô. Une valeur sûre : *le risotto di pesce* (risotto de poisson). Vous pouvez aussi y déguster des pizzas les vendredi, samedi et dimanche soir.

MODÈNE : Al Boschetto da Loris 🏠 €

Via Due Canali Nord 202, 41100 **Tél** *059 25 17 59*

Le Da Loris occupe l'ancien pavillon de chasse du duc d'Este, dans un vaste parc d'arbres centenaires. Le menu est bref mais compte les meilleurs plats maison de Modène, comme les tortellinis au bouillon de chapon, les *tagliatelle al ragù* (dans une sauce à la viande), ainsi que des viandes cuites à la broche et grillées. L'été, on peut profiter du jardin.

MODÈNE : Giusti 🖩 🏠 €€€€€

Vicolo Squallore 46/Via Farini 75, 41100 **Tél** *059 22 25 33* **Fax** *059 22 25 33*

Réservez longtemps à l'avance l'une des cinq tables de ce bastion de la cuisine modénaise lié à une épicerie fine. Les Galli (propriétaires mari et femme) aiment utiliser le chapon partout, dans la soupe aux tortellins, tout comme dans les salades croquantes. Excellent *stinco* (rôti) de veau ou de porc. *Ouvert le midi seulement.*

MODÈNE : Fini 🖩 ♿ €€€€€

Rua Frati Minori 54, 41100 **Tél** *059 22 33 14* **Fax** *059 22 02 47*

Un pilier de la cuisine locale depuis 1912. Parmi les spécialités, on remarque des mets traditionnels comme les *tortellini di cappone in brodo* (soupe de pâtes farcies au chapon), le *pasticcio di maccheroni* (tourte aux macaronis) et le carrello de viandes bouillies à l'anglaise.

PARME : Aldo 🏠 €

Piazzale Inzani 15, 43100 **Tél** *0521 20 60 01* **Fax** *0521 20 60 01*

Cette *trattoria* de ville sert une cuisine italienne très traditionnelle, où se mêlent parmesan et jambon de Parme. Les « classiques » sont revus d'une manière intéressante avec, par exemple, le rosbif fumé, les *tortellini al prosciutto* (pâtes farcies au jambon) et la pintade et sa sauce à l'orange.

PARME : Le Viole 🖩 ♿ €€

Strada Nuova 60a, Località Castelnuovo Golese, 43100 **Tél** *0521 60 10 00* **Fax** *0521 60 16 73*

Endroit ravissant, situé dans les faubourgs de Parme, et dirigé par deux sœurs de Gorizia, ville frontalière du Frioul et de la Slovénie. Les recettes locales sont modernisées et réinterprétées avec fantaisie pour donner de savoureux plats, comme les *fagottini* de dinde accompagnés de légumes. Excellents desserts maison.

PARME : La Greppia 🖩 €€€€

Strada Garibaldi 39A, 43100 **Tél** *0521 23 36 86* **Fax** *0521 22 13 15*

Le meilleur choix pour déguster un repas de grande qualité dans une ville renommée pour sa gastronomie. La cuisine traditionnelle est bien représentée - avec le meilleur *stracotto* (bœuf braisé) de Parme -, tout comme les plats innovants. Essayez les rognons de veau aux copeaux de truffes, les asperges au prosciutto accompagnées de tortelli farcis au herbes et les *scaloppine* (escalopes) de veau.

PLAISANCE : Antica Osteria del Teatro 🖩 €€€€€

Via Verdi 16, 29100 **Tél** *0523 32 37 77* **Fax** *0523 30 49 34*

Aménagé dans les murs de brique et de plâtre d'un palazzo du xvᵉ siècle, cet élégant restaurant offre une excellente carte des vins et un menu saisonnier regorgeant de plats très imaginatifs et préparés avec les meilleurs produits locaux. Goûtez aux *tortelli dei Farnesi* (pâtes à la ricotta et aux épinards dans une sauce au beurre et à la sauge).

RAVENNE : Al Giaciglio 🏃 €

Via Rocca Brancaleone 42, 48100 **Tél** *0544 394 03* **Fax** *0544 394 03*

Osteria simple installée au rez-de-chaussée d'une *pensione* servant une cuisine ravennaise maison tout aussi simple mais délicieuse et des pâtes fraîches du jour : tortellins, spaghettis au ragoût de viande et escalope de veau au gorgonzola. Fidèle à la tradition, le chef ajoute le poisson au menu le vendredi. Dîner uniquement.

RAVENNE : Villa Antica   目 & 🖼   €

Via Faentina 136, 48100   **Tél** *0544 50 05 22*

Ce restaurant occupe une villa du xixe siècle offrant un belvédère dans son jardin situé à l'arrière. Le menu change selon les saisons et inclut des pâtes, des viandes et du poisson grillés ou rôtis, ainsi que des plats originaux, comme les *garganelli all'indiana* (pâtes au curry). En saison, on peut aussi déguster du gibier et des pizzas.

RAVENNE : Ca de Ven   €€

Via C. Ricci 24, 48100   **Tél/Fax** *0544 301 63*

On raconte que Dante vécut dans une pension située à cet endroit, maintenant occupé par un palazzo du xvie siècle, à côté de la tombe du poète. Ses caves voûtées en brique sont bordées de bouteilles de vin et hébergent l'une des meilleurs *trattorie* de Ravenne. La spécialité est les *piadine*, pain plat local garni de viande, fromages ou légumes.

RIMINI : Europa   目   €€€€

Via Roma 51, 47900   **Tél/Fax** *0541 287 61*

La famille Albini sert l'une des cuisines les plus raffinées de Rimini depuis 70 ans. Le poisson constitue la base du menu : salade de poisson chaud à la chicorée, spaghettis aux fruits de mer et *strozzapreti ai crostaci* (boulettes de pâtes dans une sauce aux crustacés).

RIMINI : Acero Rosso   目 &   €€€€€

Viale Tiberio 11, 47900   **Tél** *0541 535 77*

Ouvert pour dîner seulement, ce restaurant se distingue par sa belle décoration et ses excellents fruits de mer. Le menu comprend un *carpaccio di scampi* (crevettes dans une sauce pesto au basilic) et des *tagliolini* (fins rubans de pâtes) aux fleurs de courgette et crevettes. Essayez le menu dégustation qui compte plusieurs créations du chef.

FLORENCE

Da Mario   🗗 目   €

Via Rosina 2r, 50123   **Tél** *055 21 85 50*   **Plan 1 C4**

Cette *trattoria* animée est toujours remplie de propriétaires d'étals, d'hommes d'affaires et de touristes qui viennent ici pour déguster une bonne cuisine traditionnelle à des prix très raisonnables. Le menu écrit à la main tous les jours est affiché au mur, près de la caisse, et propose de copieuses soupes, des pâtes toutes simples et de nombreux plats de viande et accompagnements.

Da Sergio   目 &   €

Piazza San Lorenzo 8r, 50129   **Tél** *055 28 19 41*   **Fax** *055 28 19 41*   **Plan 1 C4**

Restaurant apprécié dirigé par une famille, la *trattoria* de Sergio est dissimulée derrière les étals du marché. De grandes tables (que vous devrez sans doute partager) sont recouvertes de nappes blanches dans deux salles claires. La cuisine est toscane et traditionnelle *(cucina casalinga)* et très bonne ; le lundi et le jeudi, on y mange des tripes et le vendredi du poisson frais.

Il Pizzaiuolo   目 &   €

Via de' Macci 113r, 50122   **Tél** *055 24 11 71*   **Plan 4 E1**

Assurez-vous de réserver une table : cette pizzeria/restaurant animée est petite et toujours remplie. Les pizzas sont préparées à la napolitaine, avec une pâte bien gonflée et de la mozzarella de bufflonne. Vous dégusterez aussi des *antipasti* variés (légumes grillés et salade de fruits de mer) et des plats de pâtes du sud de l'Italie.

Antico Fattore   目 &   €

Via Lambertesca 1/3r, 50123   **Tél** *055 28 89 75*   **Fax** *055 28 33 41*   **Plan 6 D4**

Cette *trattoria*, très appréciée des literati florentins, a ouvert ses portes en 1908. Bien qu'elle ait perdu de son charme d'antan, la cuisine et le service sont demeurés excellents. Essayez les pâtes au sanglier sauvage et les *involtini* (à base de viande) aux cœurs d'artichaut.

4 Leoni   目 & 🖼   €

Via dei Vellutini 1r, 50125   **Tél** *055 21 85 62*   **Fax** *055 267 88 70*   **Plan 5 B4**

Ce restaurant est bien placé, à cinq minutes du centre-ville, près du Ponte Vecchio. Lorsqu'il fait chaud, les tables de cette *trattoria* restaurée sont dressées sur la coquette Piazza della Passera, mais l'ambiance est également agréable à l'intérieur. Même si ce restaurant n'est plus l'établissement simple et traditionnel qu'il était autrefois, le service est agréable, et l'endroit, charmant.

Angiolino   目 &   €

Via Santo Spirito 36r, 50125   **Tél** *055 239 89 76*   **Plan 3 B1**

Quelque peu modernisée, cette *trattoria* de l'Oltrarno a perdu son atmosphère d'antan. Elle continue toutefois à attirer les gens du coin, même si la qualité laisse parfois un peu à désirer. On remarque les penne aux cèpes et le rôti de porc aux épinards à l'ail.

Baldovino   目 🖼   €

Via San Giuseppe 22r, 50122   **Tél** *055 24 17 73*   **Plan 4 E1**

Grand, bruyant et animé, le Baldovino est l'un des endroits où vous pouvez manger de tout, de la salade ou l'assiette de fromage au repas complet. Les pizzas et les pâtes sont excellentes. En plat principal, optez donc pour un poisson ou une viande et l'une des nombreuses options végétariennes. Les desserts sont vraiment bons et la carte des vins très complète.

Légende des prix *voir p 606* **Légende des symboles** *voir rabat de couverture*

Boccadama

📋🏠 €

Piazza Santa Croce 25-26r, 50122 **Tél** *055 24 36 40* **Plan** *6 F4*

Ce bar à vin/restaurant douillet jouit d'une superbe situation sur la Piazza Santa Croce et offre quelques tables à l'extérieur. On peut faire son choix parmi une grande variété de crus. Grignotez une sélection de fromages ou viandes froides, ou optez pour un repas complet ; la cuisine est bonne et plutôt inventive.

Il Santo Bevitore

📋♿🏠 €

Via Santo Spirito 64/66r, 50125 **Tél** *055 21 12 64* **Plan** *5 A4*

Aménagé dans une ancienne écurie, ce restaurant/bar à vin décontracté propose des plats originaux aux saveurs délicates. Le menu varie avec les saisons mais vous trouverez toujours des soupes et des pâtes maison, du poisson et de la viande grillée. On remarque aussi les fromages et les viandes fumées. Excellente carte des vins.

Il Vegetariano

📋♿🏠 €

Via delle Ruote 30r, 50129 **Tél** *055 47 50 30* **Plan** *2 D3*

L'un des quelques restaurants végétariens de Florence. Cet établissement existe depuis longtemps et continue d'attirer du monde. Sa décoration est rustique et sa cuisine saine et bon marché ; faites votre choix parmi les plats du menu inscrit sur un tableau noir, payez à la caisse et présentez-vous au comptoir avec votre reçu pour récupérer vos plats. Excellent bar à salades.

La Casalinga

📋 €

Via del Michelozzo 9r, 50125 **Tél** *055 21 86 24* **Plan** *5 B5*

En dépit des nombreux touristes qui affluent dans cette trattoria simple, elle demeure un établissement de quartier où la nourriture est saine et copieuse. Choisissez l'un des plats locaux - la *ribollita* (soupe de pain et légumes), l'arista (rôti de porc) ou le *bollisto misto* (mélange de viandes bouillies). En dessert, nous vous conseillons le tiramisù maison.

Coquinaros

📋 €€

Via delle Oche 15r, 50122 **Tél** *055 230 21 53* **Plan** *6 E2*

Petit endroit douillet et bien situé, juste derrière le Duomo, où vous pouvez manger à quasiment n'importe quelle heure. On y trouve de délicieux plats de pâtes (goûtez donc aux raviolis aux pecorino et poires). Vous pouvez aussi commander une salade, une assiette de fromage ou de viandes fumées, ou encore un sandwich ouvert toasté. Bons vins vendus au verre et à la bouteille.

Fuori Porta

📋♿🏠 €€

Via Monte alle Croci 10r, 50125 **Tél** *055 234 24 83* **Fax** *055 234 14 08* **Plan** *4 E3*

Cet établissement est l'une des *enoteche* classiques de Florence, apprécié pour prendre un verre de vin ou un repas plus substantiel. Choisissez votre vin parmi quelque 600 crus. Les *crostini* (sandwiches ouverts toastés) accompagnent agréablement les vins, tout comme les pâtes et les salades.

Ristorante Ricchi

📋♿🏠 €€

Piazza Santo Spirito 8r, 50125 **Tél** *055 21 58 64* **Fax** *055 28 08 30* **Plan** *3 B2*

Avec sa décoration élégante et moderne et sa jolie terrasse, ce petit restaurant de poisson est situé sur l'une des plus belles places de Florence. On remarque une évidente influence orientale dans des plats tels que les crevettes à la menthe, l'espadon au poivre de Sichuan et la morue salée dans sa croûte d'épices. Les amateurs de viande y trouveront aussi leur compte.

Frescobaldi Wine Bar

📋 €€

Via dei Magazzini 2/4r, 50122 **Tél** *055 28 47 24* **Fax** *055 265 65 35* **Plan** *6 E3*

Ce bar à vin et restaurant appartient à l'un des principaux producteurs de vin de Toscane. Le déjeuner est décontracté, tandis que le dîner est un peu plus cérémonieux, avec des nappes blanches et du cristal étincelant. La cuisine créative et raffinée est arrosée de vins maison ; si vous voulez simplement grignoter et boire un verre, visitez donc le tout proche Frescobaldino.

Buca Mario

📋 €€€

Piazza degli Ottaviani 16r, 50123 **Tél** *055 21 41 79* **Fax** *055 264 73 36* **Plan** *5 B2*

L'un des restaurants traditionnels de Florence, installé dans une cave. Le Buca Mario est très apprécié des touristes, mais il a su conserver son atmosphère simple et sans prétention. Il offre des plats locaux classiques, comme la *ribollita* (soupe de légumes), l'*osso buco* (jarret de veau), des viandes grillées et l'*arista* (rôti de porc).

Cavolo Nero

📋🏠 €€€

Via dell'Ardiglione 22, 50125 **Tél/Fax** *055 29 47 44* **Plan** *3 B1*

Ce petit restaurant chic de l'Oltrarno à la décoration élégante attire une foule au genre bohème qui vient ici pour la cuisine toscane ensoleillée. Parmi les spécialités, on remarque les spaghettis aux palourdes, le loup de mer rôti aux aubergines et tomates cerises ou encore, pour les amateurs de viande, le pigeon farci au foie gras.

I Latini

📋♿ €€€

Via dei Palchetti 6r, 50123 **Tél** *055 21 09 16* **Plan** *5 B3*

Les étrangers et les locaux sont nombreux à chercher une table à l'extérieur de cette vaste *trattoria* bruyante au plafond de laquelle pendent des jambons. La cuisine est traditionnelle et les portions copieuses. Ne manquez pas les succulentes viandes grillées et rôties ou le *bistecca alla fiorentina* (steak cuit sur le grill).

Il Guscio

♿🏠 €€€

Via dell'Orto 49, 50125 **Tél/Fax** *055 22 44 21* **Plan** *3 A1*

Ce restaurant animé de San Frediano est souvent complet. La cuisine est basée sur des recettes toscanes traditionnelles et un peu plus raffinée que dans une *trattoria* moyenne. Bon choix de vins . En entrée, vous trouvez des gnocchis aux asperges et des *crespelle* (fines crêpes). Le menu comprend une délicieuse assiette de fruits de mer variés *al guazzetto* (à la sauce tomate).

Osteria del Caffè Italiano
V Isola delle Stinche 11/13r, 50122 **Tél** *055 28 93 68* **Fax** *055 28 89 50*   **Plan** *6 F3*

Vous pouvez manger à n'importe quelle heure du jour dans ce restaurant bien tenu. Au déjeuner, vous dégusterez un menu complet de spécialités principalement toscanes, mais vous pouvez aussi grignoter des fromages ou viandes fumées arrosés d'un bon vin toscan. La pizzeria toute proche appartient également au propriétaire de cet endroit.

Targa
Lungarno C Colombo 7, 50136 (east of city centre) **Tél** *055 67 73 77*

Ce bistrot situé sur l'Arno se distingue par sa musique jazz d'ambiance et son intérieur chaleureux en bois et verre, adouci par beaucoup de verdure, qui lui confèrent son côté décontracté. La nourriture est excellente et basée sur des traditions locales saisonnières : crêpes aux artichauts et *taleggio* (fromage), carré d'agneau aux asperges et fèves. Excellente carte des vins.

Cantinetta Antinori
Piazza Antinori 3, 50123 **Tél** *055 235 98 27* **Fax** *055 235 98 77*   **Plan** *5 C2*

Plus qu'un simple bar à vin, mais pas tout à fait un restaurant, cet établissement aménagé au rez-de-chaussée de l'un des palais Renaissance les plus raffinés de Florence est un endroit agréable pour manger. On y sert des plats florentins traditionnels, tels que les tripes et les pâtes à la sauce au canard, ainsi qu'une sélection raffinée de vins Antinori.

Omero
Via Pian dei Giuliari 11r, 50125 **Tél** *055 22 00 53* **Fax** *055 233 61 83*

Dans le hameau de Pian dei Giuliari, juste derrière la Piazzale Michelangelo, cet établissement jouit d'une belle situation en pleine campagne. L'Omero occupe une vaste salle ensoleillée à l'arrière d'une épicerie. La nourriture est classique et toscane, sans beaucoup d'originalité, mais le panorama vous garantit un déjeuner unique.

Beccofino
Piazza degli Scarlatti 1r, 50125 **Tél** *055 29 00 76*   **Plan** *5 B4*

Animé et branché, le Beccofino est un restaurant moderne et soigné qui n'a rien à envier à ceux de Londres ou de New York. La cuisine inventive est toutefois fortement marquée par les traditions italiennes et généralement excellente. Le menu, qui comprend à la fois des viandes et des poissons, change régulièrement et la carte des vins est intéressante.

Garga
Via del Moro 48r, 50123 **Tél** *055 239 88 98*   **Plan** *5 B2*

Restaurant florentin classique dirigé par Giuliano, l'un des grands noms de la ville, le Garga est plaisant et souvent plein. Ses murs sont barbouillés de fresques voyantes et vous mangerez dans l'une des salles confortables de l'établissement. Tous les plats ne se valent pas, mais les *taglierini del Magnifico* (pâtes à la sauce crémeuse à l'orange et à la menthe) sont un véritable régal.

Oliviero
Via delle Terme 51r, 50123 **Tél** *055 21 24 21*   **Plan** *5 C3*

Une atmosphère vaguement rétro règne dans cet élégant restaurant du centre-ville, mais la cuisine est toscane, créative et délicieuse. Choisissez un plat de poisson ou de viande : galantine de lapin ou thon aux gingembre et haricots blancs. Le service est professionnel et la carte des vins excellente.

San Jacopo
Borgo San Jacopo 62r, 50125 **Tél** *055 28 16 61* **Fax** *055 29 11 14*   **Plan** *5 C4*

Le San Jacopo est l'un des restaurants les plus récents de la ville, idéalement situé sur la rive sud de l'Arno. Réservez et demandez l'une des tables de la minuscule terrasse. L'atmosphère chic et fraîche est en parfaite harmonie avec la cuisine sans prétention mais très bien présentée. Les amateurs de poisson goûteront au *brodetto* (soupe de poisson), spécialité de l'Adriatique.

Fuor d'Acqua
Via Pisana 37r, 50143 (west of city centre) **Tél** *055 22 22 99*

De nombreux locaux le considèrent comme le meilleur restaurant de poisson de Florence ; c'est également l'un des plus chers. Le poisson est en effet très frais, arrivant tout droit des bateaux de Versilia, et cuisiné en toute simplicité. Certains crustacés sont servis crus. Essayez les épais rubans de pâtes noires aux calamari et à la sauge.

Cibreo
V Andrea del Verrocchio 8r, 50122 **Tél** *055 234 11 00* **Fax** *055 24 49 66*   **Plan** *4 F1*

Ce restaurant offre des mets toscans traditionnels très bien préparés dans un endroit élégant et clair. Il n'y a pas de pâtes, mais une grande variété de soupes et des plats tout à fait florentins, comme les tripes, la crête-de-coq ou les rognons. Si vous préférez une cuisine plus classique, optez pour l'agneau aux artichauts ou le pigeon farci. Ne manquez pas les desserts.

Onice
Viale Michelangelo 78, 50125 **Tél** *055 68 16 31* **Fax** *055 658 25 44*   **Plan** *4 F3*

Ce restaurant, récemment récompensé d'une étoile Michelin, occupe une partie de l'élégant hôtel Villa La Vedetta qui domine la ville à proximité de la Piazzale Michelangelo. L'ambiance est raffinée et contemporaine, tandis que la cuisine est simple et délicieuse. Le menu varie selon les saisons. *Fermé lun.*

Enoteca Pinchiorri
Via Ghibellina 87, 50122 **Tél** *055 24 27 57* **Fax** *055 24 49 83*   **Plan** *4 E1*

Le Pinchorri passe souvent pour être le restaurant le plus raffiné d'Italie et possède, en outre, l'une des grandes caves d'Europe, avec plus de 80 000 bouteilles. Au rez-de-chaussée de ce palazzo du XVᵉ siècle, l'ambiance est également très spéciale mais la cuisine (ultra-raffinée, à la fois toscane et française) et le service pointilleux ne sont pas du goût de tout le monde.

TOSCANE

AREZZO : Buca di San Francesco

Via San Francesco 1, 52100 **Tél** *0575 232 71*

Situé près de l'église Saint-François, dans le centre historique, le Buca est l'endroit idéal si vous souhaitez admirer les fresques de l'édifice. Le restaurant occupe le rez-de-chaussée d'un bâtiment du XIVe siècle. Vous pouvez goûter ici à la célèbre ribollita toscane (soupe aux chou et pain) ou au ragoût de bœuf au Chianti.

ARTIMINO : da Delfina

Via della Chiesa 1, 59015 **Tél** *055 871 80 74* **Fax** *055 871 81 75*

Entouré de vignes et de quelques anciennes villas intéressantes, ce restaurant se trouve dans un village médiéval fortifié, à 22 km de Florence. Le propriétaire, Carlo Cioni, renouvelle les traditions culinaires de sa mère, Delfina. La galantine de lapin et les macaronis à la sauce au canard sont tout simplement exquis.

CAMALDOLI : Il Cedro

Via di Camaldoli 20, Località Moggiona, 52010 **Tél/Fax** *0575 55 60 80*

L'un des restaurants les plus appréciés de la région. Le Camaldoli est connu pour ses spécialités raffinées, comme la venaison et le sanglier, sans aucun doute chassé dans les montagnes du Casentino, couvertes de forêts, qui offrent également un époustouflant panorama. Au printemps et en été, on y déguste de bons légumes frits. Réservation recommandée.

CASTELNUOVO BERARDENGA : Bengodi

Via della Società Operaia 11, 53019 **Tél** *0577 35 51 66*

Ce restaurant, situé sur la place principale du village des vertes collines du Chianti, non loin de Sienne, propose des plats toscans typiques : *pappardelle al sugo quattro carni* (pâtes en forme de ruban avec une sauce aux quatre viandes) et autres délices. Les desserts faits maison sont également excellents.

CASTELNUOVO BERARDENGA : La Bottega del 30

Via Santa Caterina 2, Località Villa a Sesta, 53019 **Tél/Fax** *0577 35 92 26*

Ce restaurant sérieux déjà récompensé est dirigé par Franco Camelia et son épouse française Hélène. Le menu inclut un célèbre *petto di anatra con il finocchio selvatico* (blanc de canard au fenouil sauvage). Les plats de pâtes se distinguent : délicieux spaghettis maison aux orties, menthe sauvage et cèpes. Bon choix de vins.

COLLE VAL D'ELSA : Arnolfo

Via XX Settembre 50/52A, 53034 **Tél** *0577 92 05 49*

Les chefs formés « à la française » ont fait gagner à ce petit restaurant l'une des rares étoiles Michelin de Toscane. Les vins, la nourriture et le service sont impeccables, bien que le calme semble quelque peu étrange pour l'Italie. On remarque une sublime *ribollita* (soupe de pain toscane au chou), et le pigeon cuit dans le vin, les prunes et les pignons.

CORTONE : Osteria del Teatro

Via Maffei 2, 52044 **Tél** *0575 63 05 56*

Cette *trattoria* classique sert des plats traditionnels bien préparés. Outre d'excellentes soupes, on y trouve un risotto aux cèpes et safran, des *caramelle al radicchio rosso* (pâtes farcies à la chicorée rouge et à la ricotta) et une pintade aux champignons, le tout arrosé de bons vins.

CORTONE : Preludio

Via Guelfa 11, 52044 **Tél** *0575 63 01 04* **Fax** *0575 63 16 82*

Avec son soufflé aux poires et truffes, ce restaurant satisfait les papilles gustatives de ses hôtes en associant les saveurs avec beaucoup d'originalité. Les plats de viande sont préparés avec du bœuf Chianina, célèbre race locale. Le menu comprend aussi des plats spéciaux pour les enfants.

ELBE : Publius

Piazza del Castagneto, Località Poggio Marciana, 57030 **Tél** *0565 992 08* **Fax** *0565 90 41 74*

Cette ancienne *trattoria* possède, non seulement, peut-être la meilleure cave de l'île, mais elle offre également une alternative aux fruits de mer à l'honneur partout ailleurs et une belle vue. Outre du poisson, vous y dégusterez de la volaille, du gibier, de l'agneau rôti aux herbes et un vaste choix de fromages.

ELBE : Rendez-Vous da Marcello

Piazza della Vittoria 1, Marciana Marina, 57033 **Tél** *0565 992 51* **Fax** *0565 992 98*

Les tables extérieures qui donnent sur le port font de ce restaurant de poisson réputé un endroit agréable pour échapper à la foule de Marciana Marina l'été. Les plats sont simples, basés sur la pêche du matin, mais le menu comprend aussi quelques spécialités à la mode.

GAIOLE IN CHIANTI : Il Carlino D'Oro

Via Brolio, località San Regolo, 53013 **Tél** *0577 74 71 36* **Fax** *0577 35 70 77*

Dans ce restaurant, c'est comme si vous étiez invité à déjeuner le dimanche chez vos voisins toscans. Les *crostini neri* (toasts à la pâte d'olives noire) seront suivis de *panzanella* (salade au pain) en été, ou d'une soupe aux haricots en hiver. Les pâtes en forme de ruban à la sauce au lièvre sont délicieuses, ainsi que le poulet ou le lapin grillé, ou encore le foie de veau à la sauge.

GAIOLE IN CHIANTI : Castello di Spaltenna
🍴🛏🍷 €€€€€

Località Pieve di Spaltenna, 53013 **Tél** *0577 74 94 83* **Fax** *0577 74 92 69*

Ce restaurant aux murs de pierre rempli de fleurs occupe une partie d'un hôtel tranquille installé dans un château, juste à l'extérieur de Gaiole in Chianti. Apprécié des expatriés, il offre des versions raffinées de classiques toscans, comme un pigeon cuit dans le Chianti, des cèpes, une soupe aux pois chiches et même parfois des plats plus originaux.

LIVOURNE : Da Galileo
🍴 €€

Via della Campana, 57122 **Tél** *0586 88 90 09*

Depuis deux générations, la famille Piagneri propose une cuisine locale authentique dans ce restaurant très simple. Même après 50 ans, la passion de Da Galileo pour la gastronomie n'a pas diminué. Le poisson domine, avec des soupes variées, des fettucine de fruits de mer et de la morue salée aux oignons, préparées à la livournaise.

LUCQUES : Vecchia Trattoria Buralli
🍴🛏 €

Piazza Sant'Agostino 10, 55100 **Tél** *0583 95 06 11*

Cette *trattoria* offre un menu végétarien complet le vendredi soir. Essayez la *zuppa alla frantoiana* à base de légumes. Pour finir, le *buccellato di Lucca*, dessert chaud composé de pain frit, d'anis et de raisins trempés dans le vin Santo, constitue une bonne option. La carte des vins présente des recettes et vins de Lucques.

LUCQUES : Da Giulio in Pelleria
♿ €

Via delle Conce 47, 55100 **Tél** *0583 559 48*

Vous devez absolument réserver et pénétrer l'âme de ce restaurant de quartier lumineux, extrêmement animé et bruyant. Les copieux plats locaux prédominent ici : *zuppa di farro* (soupe toscane aux haricots blancs et à l'épeautre) et polenta. Ne vous attendez pas à des surprises gastronomiques. Les prix sont tout à fait raisonnables.

LUCQUES : Ristorante Puccini
🍴♿🛏 €€

Corte San Lorenzo 1-3, 55100 **Tél** *0583 31 61 16* **Fax** *0583 331 60 31*

Dissimulé dans une cour calme, avec une terrasse un peu à l'écart, ce restaurant attrayant trouve ses ingrédients du jour sur le marché de Viareggio. Le risotto de fruits de mer et le turbot au four aux tomates, câpres et olives figurent régulièrement au menu. C'est aussi un endroit idéal pour grignoter du pecorino avec un verre de vin.

LUCQUES : Buca di Sant'Antonio
🍴♿ €€

Via della Cervia 3, 55100 **Tél** *0583 558 81* **Fax** *0583 31 21 99*

Cette taverne du xixe siècle, bien restaurée et idéalement placée, sert des plats locaux classiques et quelques mets originaux. Le lapin farci en croute aux champignons est excellent. En hiver, plusieurs plats mettent à l'honneur les noisettes locales. Essayez le *buccellato*, savoureux dessert local. Bons vins.

MASSA MARITTIMA : Taverna Vecchio Borgo
€

Via Norma Parenti 12, 58024 **Tél/Fax** *0566 90 39 50*

Anciennes salles aux voûtes en berceau pourvues d'une cave à vins vraiment très complète. Au menu on trouve généralement des pâtes farcies à la ricotta et arrosées d'une sauce aux noix et aux herbes, ainsi que de l'*acquacotta* (soupe au pain). Le sanglier sauvage cuit aux olives et le blanc de faisan au vin Santo sont également recommandés.

MONTALCINO : Il Boccon Divino
♿🛏🍷 €€€

Località Colombaio Tozzi 201, 53024 **Tél** *0577 84 82 33*

Parfait pour dîner à la fraîche en été, ce restaurant offre des plats intéressants et une vue magnifique. La *carabaccia* (soupe à l'oignon) et la *scottiglia di cinghiale* (ragoût de sanglier sauvage) se distinguent. Les fromages, pas seulement locaux, méritent aussi d'être goûtés. Excellente carte des vins.

MONTECATINI TERME : Le Prunecce
🛏 €

Via Montaccolle 14, 51016 **Tél** *0572 673 01* **Fax** *0572 67 90 56*

La famille Macchini, qui dirige cette *trattoria* depuis 1910, est toujours restée fidèle à une cuisine traditionnelle authentique, ne cédant pas à la mode. Toutes les pâtes sont faites maison et les sauces riches. Du printemps à l'automne on peut déguster des légumes frits, tandis que le gibier est à l'honneur en hiver.

MONTECATINI TERME : Enoteca Giovanni
🍴🛏 €€€€€

Via Garibaldi 27, 51016 **Tél** *0572 716 95*

Le chef Giovanni Rotti concocte une cuisine locale créative qu'il accompagne d'un choix raffiné de vins de sa cave. Votre dîner sera sans aucun doute inoubliable et rehaussé d'un service impeccable. Essayez le pigeon aux raisins et pignons de l'aide de Rotti pour choisir vos boissons.

MONTEPULCIANO : La Grotta
🍴🛏 €€€€

Località San Biagio 15, 53045 **Tél/Fax** *0578 75 76 07*

Réservé aux dîner raffinés, La Grotta se trouve en face de l'une des principales expressions de l'architecture Renaissance en Toscane : l'église de San Biagio, œuvre de Sangallo l'Ancien. Parmi les spécialités, les excellents *pici* (pâtes locales) au canard et à la sauce au safran. Le filet de bœuf Chianina aux asperges et aux truffes mérite une mention particulière.

MONTERIGGIONI : Il Pozzo
🍴♿🛏 €€€

Piazza Roma 20, 53035 **Tél** *0577 30 41 27*

Il Pozzo occupe des écuries du xiiie siècle et constitue un endroit idéal pour déjeuner. La cuisine est rigoureusement toscane, essentiellement simple, sans être toutefois banale. Essayez les *tortelli al cartoccio* parfumés aux truffes (cuits dans du papier aluminium), enveloppés afin de conserver tous les arômes. Le pigeon farci est tout aussi délicieux.

Légende des prix *voir p 606* **Légende des symboles** *voir rabat de couverture*

ORBETELLO : Osteria del Lupacante

€€€

*Corso Italia 103, 58015 **Tél** 0564 86 76 18 **Fax** 0564 86 05 85*

Cette agréable *osteria*, aménagée dans un endroit envahi par de riches étrangers, est fidèle à la tradition. Basée sur les fruits de mer, la cuisine est légère et plutôt audacieuse. La *zuppa di pesce* (soupe de poisson) est excellente. On remarque également le risotto aux crevettes et pignons, ainsi que la sole aux amandes et oignons.

PESCIA : Cecco

€

*Via Francesco Forti 96/98, 51017 **Tél** 0572 47 79 55*

Ce restaurant calme et décontracté est le meilleur endroit pour goûter aux fameuses asperges de Pescia. Parmi les autres mets traditionnels, citons le *pollo al mattone* (poulet cuit sous une brique) et les *fagioli al fiasco* (haricots cuits dans une flasque). Lorsqu'il fait plus froid, essayez la ciancia, savoureux dessert maison.

PISE : Osteria dei Cavalieri

€€

*Via San Frediano 16, 56126 **Tél** 050 58 08 58*

Cette agréable taverne occupe le rez-de-chaussée d'une maison-tour médiévale, à mi-chemin entre les deux plus prestigieux centres d'enseignement post-scolaire de Pise. Il est habituel de tomber sur un érudit observant la foule en train de déguster un déjeuner spécial tout en un. Le menu est plus complet le soir. Essayez le bœuf aux haricots et champignons.

PISE : Osteria I Miei Sapori

€€

*Via Ugo della Faggiola 20, 56126 **Tél** 050 55 12 98*

Situé près de la Piazza dei Miracoli, non loin de la tour, ce restaurant se distingue par son atmosphère chaleureuse tout autant que par sa cuisine toscane typique. À ne pas manquer : sanglier, lièvre et faisan rôti, ainsi qu'un excellent cacciucco, une soupe de poisson originaire de Livourne.

PISE : Ristorante V. Beni

€€€€

*Piazza Gambacorti Chiara 22, 56125 **Tél** 050 25 067*

Ce restaurant abrité dans un bâtiment du xivᵉ siècle est situé à 15 minutes à pieds de la tour, ce qui signifie qu'il est relativement peu fréquenté par les touristes. Par contre, sa réputation attire une foule de locaux ; mieux vaut donc réserver à l'avance. Les plats à base de poisson sont la spécialité du lieu. *Fermé dim.*

PISTOIA : La Bottegaia

€

*Via del Lastrone 17, 51100 **Tél** 0573 36 56 02 **Fax** 0573 35 84 50*

Donnant sur l'ancienne place du marché d'un côté et la cathédrale de l'autre, ce bar à vin sans prétention possède 300 des meilleurs vins d'Italie. Au menu on trouve de bons fromages, de la viande froide et d'autres succulents mets délicats qui accompagnent agréablement les vins. Superbes desserts. Service aimable.

PORTO ERCOLE : Osteria dei Nobili Santi

€€€

*Via dell'Ospizio 8, 58018 **Tél/Fax** 0564 83 30 15*

Ce petit restaurant de poisson offre un bon rapport qualité-prix pour Porto Ercole et la cuisine y est délicieuse. Les étonnants *antipasti della casa* (entrées de la maison) suffiront presque à vous rassasier. Efforcez-vous toutefois de garder une place pour les succulents plats principaux.

PRATO : Osteria Cibbè

€

*Piazza Mercatale 49, 59100 **Tél** 0574 60 75 09*

Installé dans un édifice médiéval du centre-ville, ce petit restaurant douillet tenu par une famille sert de la bonne viande locale et des *crostini* en *antipasto*, suivis par des mets toscans traditionnels, comme les pappardelle et leur sauce au gibier. Les desserts sont également faits maison : essayez la tarte aux pommes et à l'épeautre. Choix de vins intéressant.

SAN GIMIGNANO : Osteria delle Catene

€€

*Via Mainardi 18, 53037 **Tél/Fax** 0577 94 19 66*

Ce petit restaurant réinterprète la cuisine régionale à sa façon. Commencez, par exemple, par du sanglier froid, puis poursuivez avec une soupe au safran concoctée selon une recette médiévale. Le lièvre cuit dans un vin local est également excellent et les desserts maison méritent qu'on leur garde une petite place.

SAN GIMIGNANO : Dorandò

€€€

*Vicolo dell'Oro 2, 53037 **Tél/Fax** 0577 94 18 62*

Ce restaurant est petit et très chic, il est donc recommandé de réserver. Impressionnant choix de vins et de plats pour les accompagner. Les pâtes à la sauce au pigeon sur un lit de champignons à la crème sont délicieuses. On trouve aussi des spécialités de poisson variées, dont une lotte de mer en croûte de noix accompagnée de poireaux. Prenez le temps de la dégustation.

SANSEPOLCRO : Ristorante da Ventura

€€

*Via Aggiunti 30, 52037 **Tél/Fax** 0575 74 25 60*

Dirigé par la même famille depuis plus de 50 ans, ce charmant restaurant sert de délicieux *agnolotti al tartufo* (pâtes farcies aux truffes). Parmi leurs « classiques », on trouve également un veau mijoté doucement dans le Chianti. Les champignons sont souvent à l'honneur. Même les biscuits *cantucci* à tremper dans le vin Santo sont faits maison.

SATURNIA : Bacco e Cerere

€€

*Via Mazzini 4, 58050 **Tél/Fax** 0564 60 12 35*

La grande variété d'entrées proposée dans ce petit restaurant agréable est une excellente introduction à la cuisine traditionnelle de Maremma. La *zuppa di ricotta* est différente de la traditionnelle *acquacotta* (soupe de légumes servie sur un toast). L'*enoteca* (bar à vin) du même nom offre des bouteilles intéressantes. *Fermé mer.*

SIENNE : La Sosta di Violante   🍽 ♿ 🔲   €

Via di Pantaneto 115, 53100 **Tél/Fax** *0577 437 74*

Près de la Piazza del Campo, La Sosta di Violante possède deux petites salles où vous pouvez déguster des produits saisonniers locaux cuisinés avec imagination : petits pains d'aubergine aux fromage *scamorza* et pignons, par exemple, ou *pici* (pâtes) à la sauce au canard. Le personnel s'efforce d'accompagner les plats de viande de vins adaptés.

SIENNE : La Taverna del Capitano   🍽   €

Via del Capitano 6/8, 53100 **Tél/Fax** *0577 28 80 94*

Situé près du Duomo, ce restaurant aux plafonds voûtés et aux meubles en bois sombre est purement siennois. La *ribollita* (soupe de légumes), les *pici* (pâtes traditionnelles) au pecorino et poivre, le civet de lapin et la savoureuse assiette de bœuf illustrent tous le respect de la tradition. Le vin maison mérite aussi d'être goûté.

SIENNE : Enoteca I Terzi   🍽 ♿ 🔲   €€

Via dei Termini 7, 53100 **Tél/Fax** *0577 443 29*

Le restaurant jouit d'un bel espace voûté et d'une atmosphère conviviale, où il est agréable de profiter d'une bonne bouteille de vin accompagnée par un large choix de morceaux supérieurs de viande froide, *carpaccio*, viandes fumées, steak tartare et fromages de toute l'Italie. En outre, on peut choisir tous les jours entre trois plats cuisinés, changeant selon les saisons.

SIENNE : La Compagnia dei Vinattieri   🍽 ♿ 🔲   €€

Via delle Terme 79, 53100 **Tél** *0577 23 65 68* **Fax** *0577 20 55 39*

Impressionnant espace voûté souterrain doté d'une magnifique cave à vins et offrant une cuisine en rapport. Vous pouvez siroter un verre et avaler une assiette de fromage et salami, ou opter pour une bouteille accompagnée d'un repas chaud avec, par exemple, la soupe de morue salée. Bons desserts et vins sucrés originaux. Une seule table à l'extérieur.

SIENNE : Osterie Le Logge   🍽 🔲   €€€

Via del Porrione 33, 53100 **Tél** *0577 480 13* **Fax** *0577 22 47 97*

Ce restaurant souvent complet est le plus beau de Sienne avec son intérieur en bois sombre et marbre. Les tables sont couvertes de nappes en lin pimpantes et décorées de plantes. Des huiles maison et des vins de Montalcino accompagnent les plats qui réinterprètent légèrement la cuisine toscane traditionnelle. La pintade farcie est délicieuse.

VIAREGGIO : Cabreo   🍽 ♿   €€

Via Firenze 14, 55049 **Tél** *0584 546 43*

Cet agréable restaurant situé dans une petite rue est spécialisé dans les plats simples à base de fruits de mer, préparés de manière à rehausser au mieux les arômes naturels. Parmi les spécialités, notons les spaghettis aux palourdes, les gnocchis à la sauce au homard et le poisson au four. Gardez une place pour les délicieux desserts maison.

VOLTERRA : Etruria   🍽 ♿ 🔲   €

Piazza dei Priory 6-8, 56048 **Tél/Fax** *0588 860 64*

Situé sur la principale place de Volterra, l'Etruria possède un intérieur décoré dans le style du xixᵉ siècle. En été, les tables sont nombreuses dehors pour dîner et profiter de l'atmosphère de cette ville ancienne. Essayez les antipasti, les truffes ou leur spécialité : le sanglier sauvage aigre-doux.

VOLTERRA : Del Duca   ♿ 🔲   €€

Via del Castello 2, 56048 **Tél** *0588 815 10* **Fax** *0588 929 57*

Un charmant palazzo du xixᵉ siècle abrite ce petit restaurant offrant une cave à vins ancienne et un jardin secret. Goûtez aux fleurs de potiron frites farcies à la ricotta et à la tomate. Le blanc de pigeon cuit avec du safran et des olives locaux est une autre spécialité maison. Bon plateau de fromages.

OMBRIE

AEMLIA : Anita   🍽 🔲   €

Via Roma 31, 05022 **Tél** *0744 98 21 46* **Fax** *0744 98 30 79*

Cet hôtel-restaurant simple, juste à l'extérieur du centre-ville, est dirigé par la famille Pernazza depuis 1938. Vous y dégusterez des plats d'Ombrie simplifiés au maximum, tels que des crostini (pain grillé aux multiples garnitures), des viandes grillées, des pâtes aux cèpes et du sanglier sauvage. Les desserts sont faits maison.

ASSISE : La Fortezza   🍽   €

Vicolo della Fortezza/Piazza del Comune, 06081 **Tél** *075 81 24 18* **Fax** *075 819 80 35*

Dirigé par une famille depuis plus de 45 ans, ce restaurant est situé un peu à l'écart de la principale place d'Assise, à mi-hauteur d'une rue en escalier. Il offre une cuisine régionale créative à des prix tout à fait honnêtes. Essayez les cannelloni all'assisiana (pâtes enroulées autour d'un ragoût de veau et cuites au four avec des tomates et du parmesan)

ASSISE : Medioevo   🍽 🎵   €

Via Arco dei Priori 4B, 06081 **Tél** *075 81 30 68* **Fax** *075 81 28 70*

Élégant restaurant installé sous les voûtes médiévales en pierre d'un ancien palazzo au centre d'Assise. Goûtez aux pâtes maison (agrémentées de truffes noires en saison). Les plats de viande, comme l'*agnello al tartufo* (agneau aux truffes), sont préparés selon des recettes traditionnelles et le chef fait des merveilles avec les steaks. Excellents desserts maison.

Légende des prix *voir p 606* **Légende des symboles** *voir rabat de couverture*

ASSISE : Trattoria Pallotta   🍴♿   €€

Vicolo della Volta Pinta/Via S. Rufino 4, 06081 **Tél** *075 81 26 49* **Fax** *075 81 23 07*

Un endroit simple où l'on se sent comme chez soi et l'une des trattorie les moins chères du centre-ville. L'assiette d'*antipasti* variés est très copieuse. Essayez les spécialités d'Assise, comme la *torta al testo* (pain plat farci de légumes ou de viande) et les *strangozzi* (spaghettis roulés à la main dans un pesto aux olives et champignons).

ASSISE : San Francesco   🍴   €€€

Via San Francesco 52, 06081 **Tél** *075 81 23 29* **Fax** *075 81 52 01*

Ce restaurant raffiné, qui donne sur la célèbre basilique, a une situation si touristique que ses prix s'en ressentent. Les plats proposés dans le menu saisonnier sont toutefois copieux : *carpaccio* de cèpes (crus, taillés en tranches fines), pâtés maison et steak aux truffes.

ASSISE : Il Frantoio   🍴   €€€€€

Vicolo Illuminati 10, 06081 **Tél** *075 81 29 77* **Fax** *075 81 29 41*

Un pressoir à olives du XVIIᵉ siècle abrite ce restaurant raffiné d'Ombrie, à la jolie terrasse sur jardin. Goûtez aux *stringozzi paesani* (épais spaghettis roulés à la main et agrémentés de tomates, artichauts et piment).

BASCHI : Vissani   🍴♿   €€€€

Strada Statale 448, km. 606, Todi-Baschi, 05020 **Tél** *0744 95 02 06* **Fax** *0744 95 01 86*

Gianfranco Vissani est célèbre dans toute l'Italie pour ses saveurs équilibrées et ses plats gastronomiques de gibier et viande, servis dans un cadre raffiné. Les recettes sont inventives et originales, basées sur des ingrédients régionaux. Vous dégusterez votre dessert dans une salle séparée, comme autrefois.

CAMPIELLO SUL CLITUNNO : Trattoria Pettino   ♿🏠   €

Frazione Pettino 31, 06042 **Tél/Fax** *0743 27 60 21*

Ce restaurant occupe une ancienne maison restaurée en plein cœur des montagnes. La *bruschetta* (pain grillé aux garnitures variées) est délicieuse, tout comme, en saison, les nombreux plats aux truffes. Essayez les *stringozzi al tartufo* (épaisses pâtes roulées à la main agrémentées de truffes noires) et l'*agnello al tartufo* (agneau aux truffes).

CITTÀ DEL CASTELLO : Amici Miei   €

Via del Monte 2, 06012 **Tél/Fax** *075 85 59 904*

Aménagé dans les entrepôts voûtés en brique d'un palazzo du XVIᵉ siècle, dans le centre historique, ce restaurant offre un menu basé sur la cuisine régionale. Goûtez les *strangozzi con baccalà* (spaghettis roulés à la main agrémentés de morue salée) et les *cinghiale in umido con fagioli* (ragoût de sanglier sauvage servi avec des haricots).

CITTÀ DEL CASTELLO : Il Bersaglio   🍴♿🏠   €€

Via Vittorio Emanuele Orlando 14, 06012 **Tél** *075 85 55 534* **Fax** *075 85 82 07 66*

Ce restaurant traditionnel de l'Ombrie propose des spécialités variant selon la saison. Le chef apprécie les plats à base de champignons, truffes et gibier. Essayez les *gnocchetti* (petits gnocchis) aux truffes, ou optez pour une *degustazione* (menu dégustation) de plusieurs préparations à base de cèpes.

FOLIGNO : Villa Roncalli   🍴🏠   €€€

Via Roma 25, 06034 **Tél** *0742 39 10 91* **Fax** *0742 39 10 01*

Charmante auberge de campagne du XVIIᵉ siècle entourée d'un jardin, à 1 km de Foligno. Des spécialités régionales sont concoctées avec des ingrédients frais. Goûtez les *ravioli* ou *fettucine* aux truffes, l'agneau braisé, les asperges sauvages et le châteaubriand aux herbes.

GUBBIO : Taverna del Lupo   🍴♿🏠   €

Via Ansidei 21, 06024 **Tél** *075 92 74 368* **Fax** *075 92 71 269*

La famille Mencarelli dirige la moitié des hôtels et restaurants de Gubbio, dont cet ensemble romantique de salles à manger médiévales du centre. Optez pour l'un des menus dégustation qui comprennent un grand choix de plats régionaux traditionnels.

GUBBIO : Alcatraz   ♿🏠   €€

Località Santa Cristina 53, 06020 **Tél** *075 92 29 938* **Fax** *075 92 20 714*

Ce centre de l'*agriturismo*, à 25 km au sud-ouest de Gubbio, est la version italienne de l'eco-resort. La cuisine est biologique à 99 %, fidèle à des recettes traditionnelles, tout en tenant compte de la fantaisie du chef, et servie sous la forme d'un buffet à prix fixe dans une salle commune. Réservation recommandée.

GUBBIO : Villa Montegranelli   🍴🏠   €€€

Località Monteluiano, 06024 **Tél** *075 92 20 185* **Fax** *075 92 73 372*

Installé dans une villa du XVIIIᵉ siècle à l'élégante atmosphère rurale, ce restaurant propose des spécialités régionales, nationales et internationales, parmi lesquelles des *crostini* (toasts), des *strangozzi* (pâtes à la saucisse, aux cèpes et au pecorino) et des crêpes à la farine de châtaignes, au fromage fondu et à la ricotta.

MAGIONE : La Fattoria di Montemelino   ♿🏠   €

Via dei Montemelini 22, Località Montemelino, 06063 **Tél/Fax** *075 84 36 06*

Un autre restaurant simple et honnête de l'*agriturismo*. Les salles à manger sont décorées d'anciens outils agricoles et la cuisine est traditionnelle de l'Ombrie. Les steaks grillés viennent de leur propre troupeau de bœuf Chianina. En saison, essayez les raviolis aux cèpes.

NARNI : Cavallino

□ & 🔲 　　€

Via Flaminia Romana 220, Località Testaccio, 05035 **Tél/Fax** *0744 76 10 20*

Atmosphère familiale et cuisine maison dans la tradition ombrienne, incluant des pâtes intéressantes comme les *manfricoli* et *criole* (deux sortes de pâtes sans œuf) servis avec de la sauce tomate, du sanglier sauvage ou des cèpes. Ils préparent également de bonnes *scallopine al limone* (escalope de veau à la sauce au citron), des viandes et du pigeon grillé.

NORCIA : Dal Francese

□ & 　　€

Via Riguardati 16, 06046 **TelFax** *0743 81 62 90*

Cette *trattoria* de style campagnard, au centre de Norcia, offre un *menù degustazione* (menu dégustation) à base de truffes en saison, ainsi que des *pappardelle alla norcina* (pâtes larges arrosées d'une sauce à la crème et agrémentées de saucisse) et de l'*agnello scottadito* (un agneau si bon que vous vous « brûlerez les doigts » en vous hâtant de le manger).

ORVIETO : La Volpe e l'Uva

□ & 　　€

Via Ripa Corsica 1, 05018 **Tél/Fax** *0763 34 16 12*

Trattoria agréable et appréciée dans le centre d'Orvieto, offrant une grande variété de plats régionaux à des prix raisonnables. Les plats changent selon les saisons et aux recettes de viande et de gibier s'ajoutent un bon choix de poisson du lac ainsi que de nombreux plats à base d'œuf (un effort étant fait envers les végétariens).

ORVIETO : Le Grotte del Funaro

□ 🔲 　　€€

Via Ripa Serancia 41, 05018 **Tél** *0763 34 32 76* **Fax** *0763 34 28 98*

Cet ancien atelier d'un funaro (cordier) au XIIᵉ siècle héberge aujourd'hui un restaurant dans ses salles-grottes taillées dans le tuf calcaire, au bord de la falaise. Les *ombrechelli del Funaro* sont des spaghettis maison aux tomates, saucisse, artichauts et champignons. L'assiette de viandes grillées variées est savoureuse.

ORVIETO : I Sette Consoli

□ 🔲 　　€€€

Piazza Sant'Angelo 1A, 05018 **Tél/Fax** *0763 34 39 11*

Restaurant agréable et confortable installé dans la sacristie d'une ancienne église offrant un jardin pour les dîners d'été. Essayez la *baccalà* (morue salée) marinée dans le vinaigre de cidre avec une salade de pommes de terre, le lapin farci, les *ravioli di anatra* (raviolis au canard) et la *zuppa di fave con finocchio* (soupe de haricots au fenouil).

PASSIGNANO SUL TRASIMENO : Cacciatori da Luciano

□ & 🔲 　　€€

Lungolago Pompili 11, 06065 **Tél** *075 82 72 10*

Le menu est à la fois basé sur le poisson de lac et de mer - ce restaurant est situé sur le lac et le chef fait le voyage depuis l'Ombrie jusqu'à un marché de fruits de mer de bord de mer trois fois par semaine. Spécialités : *carpaccio* de poissons variés (crus, finement tranchés), risotto parsemé de différentes variétés de crevettes, sole grillée.

PÉROUSE : Giò Arte e Vini

□ & 　　€€

Via Ruggero d'Andreotto 19, 06124 **Tél/Fax** *075 573 11 00*

Cet hôtel-restaurant moderne situé à l'extérieur de la ville est célèbre pour son très grand choix de vins (pas moins de 1 200), ses œuvres d'art moderne au mur et ses plats régionaux bien choisis et enrichis d'une touche personnelle. Les raviolis au potiron et la *treccia di agnello* (agneau) méritent une mention particulière.

PÉROUSE : Il Falchetto

□ 🔲 　　€

Via Bartolo 20, 06100 **Tél** *075 573 17 75* **Fax** *075 572 90 57*

Une cuisine typique de Pérouse est superbement préparée dans ce palazzo du XIVᵉ siècle, à quelques pas de la place principale, avec des tables dressées dehors sur la *piazza* en été. Quels que soient vos autres choix, commencez par les *falchetti verdi* (gnocchis aux épinards et à la ricotta cuits au four dans la sauce tomate et le fromage), et enchaînez sur du veau ou de l'agneau.

PÉROUSE : La Lanterna

□ 🔲 　　€€

Via U. Rocchi 6, 06122 **Tél** *075 572 63 97* **Fax** *075 572 63 97*

Les salles voûtées en pierre de ce palazzo médiéval constituent le décor de ce restaurant qui offre une cuisine ombrienne créative, dont on remarque les *ravioli all'arancia e petali di rosa* (raviolis au fromage dans une sauce à la crème, aux mandarines et pétales de rose) et l'*arrosto misto* (mélange d'agneau, de pintade, de lapin et d'autres viandes rôties).

PÉROUSE : La Taverna

□ 　　€€

Via delle Streghe 8, 06123 **Tél** *075 572 41 28* **Fax** *075 573 25 36*

L'endroit idéal de Pérouse pour déguster un dîner aux chandelles sur fond de musique romantique. Les entrées sont des classiques d'Ombrie - tagliatelles au ragoût de canard, raviolis, soupe aux fèves -, tandis que le chef fait preuve de plus d'originalité dans la préparation de ses plats principaux. Essayez la *baccalà* (morue salée) aux prunes, pignons et raisins. Excellents desserts.

PÉROUSE : Osteria del Gambero

🔲 🔲 　　€€€

Via Baldeschi 178, 06123 **Tél** *075 573 54 61*

Il est conseillé de réserver longtemps à l'avance votre table dans ce restaurant très prisé qui réinterprète avec créativité des plats traditionnels d'Ombrie. Goûtez, par exemple, aux *pappardelle di crusca con lardo di colonnata* (larges pâtes aux lard salé et fumé, pois chiches, cantaloup et menthe).

SPOLETE : Le Casaline

🔲 　　€

Località Poreta di Spoleto, Frazione Casaline, 06042 **Tél** *0743 52 11 13* **Fax** *0743 27 50 99*

Un oasis de calme dans un moulin restauré du XVIIIᵉ siècle. Essayez les gnocchis farcis aux champignons, les *rigatoni alla norcina* (pâtes en forme de tube, aux champignons, pois, truffes et saucisse), ou les *cinghiale alla cacciatora* (sanglier sauvage dans une sauce au vin et à la tomate). On remarque aussi de nombreux plats d'inspiration paysanne à base d'oie.

Légende des prix *voir p 606* **Légende des symboles** *voir rabat de couverture*

SPOLETE : Il Paniciolle

€€

Vicolo degli Eroli 1/Via Duomo, 06049 **Tél/Fax** *0743 22 42 89*

Une vaste terrasse ombragée par un grand pin pour les dîners d'été et une salle aux murs de pierre où la viande est grillée sur un feu ouvert sont les points forts de ce restaurant. Essayez les *strangozzi alla montanara* (pâtes roulées à la main aux légumes et piments émincés).

SPOLETE : Il Tartufo

€€

Piazza Garibaldi 24, 06049 **Tél** *0743 402 36*

Le sol de la salle à manger du rez-de-chaussée de ce restaurant spécialisé dans les truffes est d'époque romaine. Les spécialités régionales bien préparées incluent des délices, tels que la *zuppa di farro* (soupe à l'épeautre), les fleurs de courgette farcies aux fromage, aubergine et truffes, ainsi que le canard à la sauce au vin Sagrantino.

TERNI : Da Carlino

€

Via Piemonte 1, 05100 **Tél** *0744 42 01 63*

Une copieuse nourriture rustique vous est servie dans un bâtiment historique de la ville. Commencez par les *crostini* (toasts) garnis de salami local, puis continuez avec les tagliatelles ou un plat d'agneau ou de poisson. La spécialité de la maison est les stracci (pâtes maison arrosées d'une sauce au veau et à la mozzarella fraîche).

TODI : Lucaroni

€

Via Cortesi 57, 06059 **Tél** *075 894 26 94*

Installé dans les collines de la « ville carte postale » de Tudi, ce restaurant sert des plats régionaux de poisson, viande et gibier (dont du lièvre, du canard et de l'agneau), souvent agrémentés de truffes en saison. Les desserts, comme la crema (crème) nappée de chocolat chaud, sont un véritable régal.

TODI : Le Mulinella

€

Località Pontenaia 29, 06059 **Tél** *075 894 47 79* **Fax** *075 894 82 35*

Situé dans la campagne, à environ 2 km de Todi, ce restaurant offre des plats simples et honnêtes. Les pains cuits au feu de bois et les pâtes et desserts maison sont excellents. Nous vous recommandons les *carni alle brece* (viandes grillées) accompagnés de légumes de saison et les *pasta in ragù di anatra* (canard) ou l'oca (oie).

TREVI : La Taverna del Pescatore

€€€

Via Flaminia Vecchia 50, 06039 **Tél/Fax** *0742 78 09 20*

Les produits locaux sont associés et préparés d'après d'excellentes recettes simples basées sur des traditions ombriennes et utilisant du poisson de rivière frais. Essayez les *gamberi di fiume alle brace* ou *all'arrabbiata* (écrevisses grillées ou servies très épicées). L'atmosphère est décontractée et le service attentif.

MARCHES

LORETTE : Andreina

€€

Via Buffolareccia 14, 60025 **Tél** *071 97 01 24* **Fax** *071 750 10 51*

L'équipe de ce restaurant, constituée d'une grand-mère et de son petit-fils, prépare des plats traditionnels. Parmi les pâtes maison, on remarque les *tagliatelle con ragù* (pâtes à la sauce à la viande) et, entre autres plats de gibier, les cailles, le sanglier sauvage et les grives, les *piccione allo spiedo* (pigeon rôti à la broche), suivis de desserts alléchants.

MACERATA : Osteria dei Fiori

€€

Via Lauro Rossi 61, 62100 **Tél** *0733 26 01 42* **Fax** *0733 24 09 37*

La cuisine de cet établissement apprécié est régionale et copieuse - avec, par exemple, le *coniglio in porchetta* (porc farci au lapin) - et d'inspiration paysanne, comme les *tagliuli pelusi al sugo finto* (pâtes dans une « fausse sauce » au goût de ragoût mais sans viande coûteuse).

MACERATA : Da Secondo

€€€

Via Pescheria Vecchia 26-28, 62100 **Tél/Fax** *0733 26 09 12*

Une atmosphère élégante et des spécialités régionales bien préparées contribuent à la popularité de ce restaurant. Essayez, entre autres, les *vincigrassi alla Macerata* (lasagnes locales), la *frittura mista* (poisson ou viande frits et légumes) et le *maialino da latte allo spiedo* (cochon de lait rôti à la broche).

NUMANA : La Costarella

€€€€

Via IV Novembre 35, 60026 **Tél/Fax** *071 736 02 97*

Ce restaurant spécialisé dans le poisson porte le nom de la rue en escalier dans laquelle il se trouve (150 marches au total). Goûtez aux *tagliatelle fatte a mano alle seppie* (pâtes maison, noircies à l'encre de seiche, dans un ragoût de seiche et calmars) et le poisson frit aux fleurs de courgette. Réservation recommandée.

PESARO : Da Gennaro

€€

Via Santa Marina Alta 30, Località Santa Marina Alta, 61100 **Tél** *0721 273 21*

Une cuisine authentique vous est proposée dans ce restaurant qui se démarque des nombreux établissements de cette station balnéaire. Situé à 7 km du centre-ville, en bordure d'une route panoramique qui grimpe entre les montagnes, offrant de belles vues sur la côte, le Da Gennaro sert depuis 40 ans des plats de poisson et de fruits de mer frais traditionnels.

PESARO : Da Alceo

目&🖶   €€€

Via Panoramica Ardizio 121, 61100 **Tél** *0721 39 03 18* **Fax** *0721 39 17 82*

Célèbre restaurant de poisson possédant une superbe terrasse panoramique. Goûtez les *gnocchis ou tagliolini* (pâtes) aux crustacés, le risotto de poisson et les *scampi del Conero al vapore* (crevettes pêchées sur place et cuites à la vapeur). Les desserts sont faits maison et savoureux.

PESARO : Lo Scudiero

€€€€

Via Baldassini 2, 61100 **Tél** *0721 641 07* **Fax** *0721 342 48*

Petit restaurant élégant installé sous les voûtes en berceau de brique d'un palazzo du XVIᵉ siècle. En cuisine, on utilise du poisson frais, de la viande et des ingrédients locaux - dont, d'octobre à janvier, des truffes blanches - pour revoir des recettes régionales avec créativité, telles que les pâtes dans une sauce aux haricots blancs garnies de calmars grillés.

SENIGALLIA : Uliassi

目&🖶   €€€€€

Via Banchina di Levante 6, 60019 **Tél** *071 654 63* **Fax** *071 65 93 27*

Ce restaurant agréable dirigé par l'équipe de Mauro et Catia Uliassi, frère et sœur, offre une cuisine de grande qualité. Spécialités : les pâtes aux crevettes et asperges, le loup de mer rôti aux artichauts braisés dans la sauce au soja et le *stoccafisso mantecato* (morue salée) servi avec une purée de poireaux.

SIROLO : Rocco

目&🖶   €€€

Via Torrione 1, 60020 **Tél/Fax** *071 933 05 58*

Auberge datant du XIVᵉ siècle, le Rocco sert de délicieux plats (essentiellement de poisson) regroupés dans un menu saisonnier, dont les *maltagliati di seppia con ragù di pesce* (pâtes noires au ragoût de poisson), des poissons variés frits et la *brina* rôtie (sorte de loup de mer), servie avec des asperges, des artichauts, des fèves et du jambon de Parme.

URBANIA : Big Ben

目&🖶   €€

Corso Vittorio Emanuele 61, 61049 **Tél/Fax** *0722 31 97 95*

Le Big Ben est un restaurant intime installé dans un palazzo du XVIIᵉ siècle du centre-ville, offrant un charmant jardin pour dîner. Parmi les spécialités régionales typiques des Marches, citons les *tagliolini* (fines pâtes) aux truffes, les *lumache* (escargots) aux fenouil sauvage et tomates, l'agneau grillé, de bons fromages et des desserts maison.

URBINO : La Balestra

🖶   €

Via Valerio 16, 61029 **Tél/Fax** *0722 29 42*

Quelques salles en brique et pierre vous accueillent pour déguster du gibier, ainsi que de nombreux plats à base de légumes et salade. Les pâtes dans une sauce au gibier sauvage agrémentée de champignons des bois et cèpes sont la spécialité de la maison. Une pizza au feu de bois est proposée au dîner (et, en été, également au déjeuner). Truffes en saison.

URBINO : Taverna degli Artisti

&🖶   €

Via Bramante 52, 61029 **Tél/Fax** *0722 26 76*

La salle à manger de ce restaurant, au plafond orné de fresques Renaissance et au dallage de tommettes, est tout aussi remarquable que sa cuisine, simple et bonne. Le menu est basé sur les traditions régionales et comprend de copieux plats de pâtes maison, cèpes, viandes grillées et délicieuses pizzas.

URBINO : L'Angolo Divino

目&   €€

Via S. Andrea 14, 61029 **Tél/Fax** *0722 32 75 59*

Ce restaurant au cadre rustique est installé dans des murs de brique et surplombé de poutres en bois, au cœur du centre historique. On y déguste des spécialités régionales - la moitié du menu est même écrite en dialecte local. Essayez les *pasta nel sacco* (pâtes au four agrémentées de fromage, œufs et pain) et les *costarelle tla gradella* (côtes de porc grillées).

URBINO : Vecchia Urbino

目&   €€€

Via dei Vasari 3-5, 61029 **Tél/Fax** *0722 44 47*

Ce restaurant à l'élégance rustique occupe un édifice du XVIᵉ siècle et sert des plats traditionnels simples, dont des *vincigrassi* (lasagnes locales de poulet, jambon et veau), des *raviolone al tartufo* (pâtes géantes farcies de ricotta présentées sur des truffes noires), du lapin et de la polenta aux champignons.

ROME

AVENTIN : Checchino dal 1887

&🖶   €€€

Via di Monte Testaccio 30, 00153 **Tél** *06 574 38 18*   **Plan** *6 D4*

Le Checchino dal 1887 est spécialisé dans la *cucina romana*, utilisant le *quinto quarto* (abats). Les abats, dont on se débarrassait à l'origine dans les abattoirs d'en face, sont ici un mets délicat. Le menu comprend des *rigatoni alla pajata* (intestins de veau), de la *coda alla vaccinara* (queue de bœuf) et des *carciofi alla romana* (artichauts à la menthe).

AVENTIN : DOC

目🖶   €€€

Via B Franklin 9, 00153 **Tél** *06 574 42 36*   **Plan** *5 C3*

Dirigé par un jeune chef, le DOC possède deux petites salles à manger à l'atmosphère rustique marquée par des tables en bois et des murs bordés d'étagères remplies de bouteilles. Le menu change tous les jours et le poisson frais du marché en fait généralement partie, même si les amateurs de viande ne sont pas oubliés non plus. Les desserts sont délicieux.

Légende des prix *voir p 606* **Légende des symboles** *voir rabat de couverture*

CAMPO DE' FIORI : Al Pompiere

🖩 €€

Via S. M. del Calderari 38, 00186 **Tél** *06 686 83 77* **Plan** 10 D5

Installé au premier étage du Palazzo Centi, dans le Ghetto, ce restaurant possède une salle à manger attrayante parée de fresques et de poutres en bois. La carte romano-juive propose des *carciofi alla giudia* (artichauts frits), des pâtes aux la *pajata* (intestins de veau) et du ragoût de bœuf. En dessert, on remarque la *crema fritta* (crème anglaise frite).

CAMPO DE' FIORI : Coccodrillo & Vino Bar

🖩 🛦 €€

Via Giulia 14, 00186 **Tél** *06 68 19 26 50* **Plan** 2 D4, 9 A2

Élégant, tranquille et dominé par des peintures de crocodiles, le Coccodrillo offre un menu tout aussi original que sa décoration. Essayez les spaghettis aux figues, la *pancetta* (lard) et le fromage *pecorino* ou les *tagliata* (bandes de bœuf) cuites sur une pierre chaude, puis les desserts sans gluten, le tout arrosé de vins issus de vignes très prometteuses.

CAMPO DE' FIORI : Monserrato

🖩 🛦 €€€

Via Monserrato 96, 00186 **Tél** *06 687 33 86* **Plan** 2 D4, 9 B4

Populaire et bien situé, avec des tables extérieures en été, le Monserrato est renommé pour la qualité de son poisson et de ses fruits de mer. Le service est impeccable et le poisson frais tous les jours. Les *bigoli* (pâtes) aux crevettes et asperges et le loup de mer salé sont excellents. D'appétissants steaks et plats de viande sont également proposés.

CAMPO DE' FIORI : Sora Lella

🖩 €€€€

Via Ponte Quattro Capi 16, 00186 **Tél** *06 686 16 01* **Plan** 6 D1

Idéalement placé, sur l'enchanteresse île du Tibre, l'impressionnant Sora Lella fut fondé par la célèbre actrice Lella Fabrizi en 1959. Savoureux plats romains classiques, comme les fettucine aux ris de veau et la queue de bœuf à la cannelle et au clou de girofle. On remarque également de délicieux menus végétariens et de poisson. Service aimable.

CAMPO DE' FIORI : Camponeschi

🖩 🎵 🛦 €€€€€

Piazza Farnese 50, 00186 **Tél** *06 687 49 27* **Fax** *06 686 52 44* **Plan** 2 E5, 9 C4

Le Camponeschi, l'un des restaurants les plus chic de Rome, offre des vues splendides sur la Piazza Farnese. Sa cuisine, teintée d'influences italiennes, méditerranéennes et françaises, est extrêmement raffinée. Superbes plats de poisson et de viande. Sa cantina contient plus de 400 vins, dont son propre cru prestigieux produit par la vigne familiale. *Ouvert le soir seulement.*

CAMPO DE' FIORI : Da Piperno

🖩 €€€€€

Via Monte de' Cenci 9, 00186 **Tél** *06 68 80 66 29* **Plan** 2 F5, 10 D5

Un restaurant occupe cet endroit depuis 1850, bien que le Piperno d'origine n'existe plus depuis longtemps. Il est connu pour proposer l'une des meilleures cuisines romano-juives. Les pâtes sont faites main et le poisson est frais du jour. Le vin de la maison est un délicieux Frascati. Ne manquez pas les *carciofi alla giudia* (artichauts frits). *Réservation recommandée.*

CARACALLA : Tramonti & Muffati

🖩 €

Via di Santa Maria Ausiliatrice 105, 00184 **Tél** *06 780 13 42*

Cette agréable enoteca est située près de la Via Appia et de la station de métro de Furio Camillo. D'excellents vins accompagnent les spécialités du jour et les savoureux *salumi* et fromages. Associations créatives et surprenantes d'ingrédients. Ouvert le soir seulement. Il est conseillé de réserver.

ESQUILIN : Monti

🖩 🛦 €€

Via di San Vito 13A, 00185 **Tél** *06 446 65 73* **Plan** 4 D4

À juste titre renommé, cette trattoria dirigée par une famille offre une cuisine de saison, typique des Marches. Spécialités : les *lasagnette*, le lapin ou poulet aux herbes et la dinde au vinaigre balsamique. Service compétent, excellente carte des vins et délicieux desserts. Poisson le vendredi. Réservation conseillée.

ESQUILIN : Scoglio di Frisio

🖩 🎵 €€

Via Merulana 256, 00185 **Tél** *06 487 27 65* **Plan** 7 C1

Ce restaurant napolitain animé, apprécié des touristes, propose une cuisine authentique dans une atmosphère agréable. Excellents fruits de mer et pizzas. Essayez le *spigola all'acqua pazza* (loup de mer cuit dans l'eau bouillante et les herbes), servi avec du vin de Campanie, suivi par un délicieux babà en dessert. Chansons napolitaines le soir.

ESQUILIN : Agata e Romeo

🎬 🖩 🛦 €€€€€

Via Carlo Alberto 45, 00185 **Tél** *06 446 61 15* **Plan** 4 D4

Cette ancienne *trattoria* est aujourd'hui devenue un restaurant renommé. Le chef, Agata, emploie les ingrédients les plus raffinés pour composer un menu très original, essentiellement à base de plats romains ou de l'Italie du Sud. Son mari, Romeo, grand sommelier, accompagne chaque plat du vin qui convient. Le menu dégustation se distingue.

JANICULE : Lo Scarpone

🛦 €€

Via San Pancrazio 15, 00152 **Tél** *06 581 40 94* **Fax** *06 58 33 27 02* **Plan** 5 A1

À mi-chemin entre la ville et la campagne, perché sur la colline du Janicule, ce restaurant noble et élégant met Rome à vos pieds. Le petit jardin est très agréable en été. À l'intérieur, décoration joliment rustique. Bonne cuisine traditionnelle mettant le poisson à l'honneur.

LATRAN : Clementini

🖩 🛦 🛦 €

Via San Giovanni in Laterano 106, 00184 **Tél** *06 70 45 09 35* **Plan** 7 B1

Apprécié par les jeunes prêtres irlandais de San Clemente, tout proche, et les locaux, Il Clementini est une *trattoria* de quartier servant une cuisine romaine classique. Les *spaghetti alla carbonara, les bucatini all'amatriciana* (sauce épicée à la tomate et au lard), les *carciofi alla romana* (artichauts à la menthe) et le lapin ou l'agneau sont des mets typiques.

LATRAN : Arancia Blu

€€€

Via dei Latini 57, 00185 **Tél** *06 445 41 05* **Plan** *4 F4*

Dans le quartier bohémien de San Lorenzo, à l'est de Termini, l'Arancia Blu offre des plats essentiellement végétariens concoctés avec des produits biologiques. On remarque le risotto au gorgonzola et safran, les raviolis à la pomme de terre et à la menthe, les boulettes de légumes à la sauce tomate épicée et les cannellonis à l'aubergine. Bon choix de vins.

LATRAN : Il Dito e La Luna

€€

Via dei Sabelli 51, 00185 **Tél** *06 494 07 26* **Plan** *4 F4*

Le propriétaire de cette *trattoria* sicilienne est originaire de Palerme et sert des plats classiques revus avec créativité. Les spécialités du jour incluent une *caponata* (ratatouille), un couscous aux poisson et légumes, des *vermicelli con la mollica* (anchois, zeste d'orange et chapelure) ou des *paccheri norma* (pâtes à la ricotta). Excellents desserts.

PIAZZA DELLA ROTONDA : Da Gino

€€

Vicolo Rosini 4, 00186 **Tél** *06 687 34 34* **Plan** *2 F3, 10 D1*

Le Da Gino est apprécié des hommes politiques et des journalistes. L'intérieur ancien orné de fresques donne sur une pergola. Plats romains classiques : *spaghetti alla carbonara, abbacchio alla cacciatora* (plat d'agneau), *seppie con piselli* (seiche aux pois) et lapin.

PIAZZA DELLA ROTONDA : Le Cornacchie

€€

Piazza Rondanini 53, 00186 **Tél** *06 68 19 20 96* **Plan** *10 D2*

La Cornacchie offre une cuisine romaine classique à une clientèle variée. De grandes assiettes de *spaghetti alla carbonara* et de *bucatini all'amatriciana* (sauce épicée au lard et à la tomate) sont servies en entrée, suivies par des *trippa alla romana* (tripes). Pendant les mois d'été, il est possible de dîner dehors.

PIAZZA DELLA ROTONDA : La Campana

€€€

Vicolo della Campana 18, 00186 **Tél** *06 686 78 20* **Plan** *10 D1*

C'est la plus ancienne trattoria de Rome, fondée en 1518. Son extérieur, bien que peu prometteur, dissimule un vrai bijou à l'intérieur. On y déguste de la *galantina* (poulet en gelée), des pâtes aux brocolis et bouillon de *pastenague* (raie), des tripes et du poulet au poivre. On termine par des cerises cuites agrémentées de glace. Excellent service et bon choix de vins.

PIAZZA DELLA ROTONDA : Clemente alla Maddalena

€€€€

Piazza della Maddalena 4/5, 00186 **Tél** *06 683 36 33* **Plan** *2 F3, 10 D2*

Ce palazzo du xvie siècle situé en face de l'église de la Madeleine possède des salles à manger lambrissées et une terrasse pour l'été. Sa cuisine créative utilise les anchois, l'origan et la tomate. Spécialités : paccheri pasta aux palourdes et navets, spaghettis au pesto à la chicorée sauvage et pintade à la polenta. Excellente carte des vins et service attentif.

PIAZZA DELLA ROTONDA : El Toulà

€€€€€

Via della Lupa 29B, 00186 **Tél** *06 687 34 98* **Fax** *06 687 11 15* **Plan** *2 F3, 10 D1*

Ce restaurant mérite bien sa réputation du plus luxueux restaurant de Rome. El Toulà sert une cuisine méditerranéenne fortement inspirée par la région de la Vénétie. La salle à manger élégamment voûtée et le service impeccable sont parfaits pour un déjeuner ou dîner spécial. Le risotto, les pâtes, les plats de poisson et de viande varient selon les saisons.

PIAZZA DELLA ROTONDA : La Rosetta

€€€€€

Via della Rosetta 8, 00186 **Tél** *06 68 30 88 41* **Plan** *2 F4, 10 D2*

Le plus raffiné des restaurants de poisson de Rome. Internationalement reconnu, il peut être horriblement cher, bien qu'un menu meilleur marché soit proposé au déjeuner. Des ingrédients, tels que les huîtres, le thon et la seiche, arrivent de Sicile tous les jours. La nourriture est simple mais très bien préparée. Excellente carte des vins. *Réservation recommandée.*

PIAZZA DI SPAGNA : Margutta Vegetariana

€€

Via Margutta 118, 00187 **Tél** *06 32 65 05 77* **Plan** *2 F1*

Cet établissement est le premier et le plus chic des restaurants végétariens de Rome. Vous y mangerez au son du jazz. Ouvert il y a 20 ans, il propose un copieux déjeuner buffet et un brunch à l'excellent rapport qualité-prix le dimanche. Le restaurant adjacent sert des plats végétariens créatifs beaucoup plus coûteux.

PIAZZA DI SPAGNA : Tad Café

€€

Via del Babuino 155a, 00187 **Tél** *06 32 69 51 23* **Plan** *3 A2*

Idéalement situé près de la Piazza del Popolo, ce café moderne et élégant au jardin patio pittoresque propose des spécialités et des repas légers tous les jours. Il attire de nombreux Romains nantis après leur lèche-vitrines matinal. La cuisine combine des influences italiennes et orientales. Recommandé pour le brunch du dimanche.

PIAZZA DI SPAGNA : Le Sorelle

€€€

Via Belsiana 30, 00187 **Tél** *06 679 49 69* **Plan** *2 F2*

Dirigé par deux sœurs, Le Sorelle s'est forgé une clientèle fidèle et a ouvert un second établissement dans le Latran. L'atmosphère est douillette et la cuisine méditerranéenne et créative. Parmi les spécialités, notons la purée de potiron aux crevettes, la soupe de *farro* (épeautre) aux truffes, les pâtes au lard et au radicchio et le pâté de queue de bœuf. Bon choix de vins.

PIAZZA DI SPAGNA : Mangiamoci

€€€

Via San Sebastianello 6B, 00187 **Tél** *06 678 05 46* **Plan** *3 A2*

Animé et agréable en journée et fascinant le soir, le Mangiamoci possède une entrée entourant un énorme aquarium rempli de homard, crevettes géantes et poisson. Les prix des plats essentiellement à base de fruits de mer grimpent vite en flèche si vous n'êtes pas vigilant. Un bar à cocktails est également disponible pour patienter jusqu'au dîner. *Réservation conseillée le week-end.*

Légende des prix *voir p 606* **Légende des symboles** *voir rabat de couverture*

PIAZZA DI SPAGNA : Casina Valadier
🗎 ♿ 🎵 🍴 €€€

*Piazza Bucarest, 00187 Tél 06 69 92 20 90 **Fax** 06 679 12 80* **Plan 2 F1**

Récemment réouvert après un coûteux et interminable programme de restauration, cet ancien palais occupe la Villa Borghèse, à 10 minutes à pied du haut des Marches Espagnoles. La cuisine est italienne et créative, servie dans les salles à manger réparties sur deux étages. L'endroit jouit aussi d'une vaste terrasse aux vues spectaculaires. Menu enfants.

PIAZZA DI SPAGNA : Le Jardin du Russie
🗎 ♿ 🎵 €€€€€

Via del Babuino 9, 00187 Tél 06 32 88 88 70 **Plan 2 F1**

Entouré de jardins, ce restaurant prépare une cuisine italienne qui ne vous décevra pas. Le menu changeant offre des mets alléchants, comme le foie gras aux feuilles de moutarde, les gnocchis de pomme de terre aux brocolis et à la saucisse sicilienne, la lotte de mer aux herbes et parmesan et le miel aux poires et vin rouge. Menu enfants.

PIAZZA DI SPAGNA : Hassler-Roof Garden
🗎 ♿ 🎵 🍴 🍴 €€€€€

*Piazza Trinità dei Monti 6, 00187 Tél 06 69 93 40 **Fax** 06 69 94 16 07* **Plan 3 A2**

Aménagé à l'étage supérieur de l'hôtel Hassler Roma, ce restaurant domine les Marches Espagnoles, avec une vue générale sur les toits du vieux Rome. Avec son service impeccable et sa délicieuse cuisine, c'est l'endroit idéal pour un repas romantique ou un moment de pure folie. Piano en soirée et brunch le dimanche.

PIAZZA NAVONA : Cul de Sac
🗎 ♿ 🎵 €

Piazza Pasquino 73, 00186 Tél 06 6880 1094 **Plan 2 E4, 9 C3**

Le Cul de Sac, ouvert depuis 30 ans, est le plus ancien bar à vin de Rome. Vous y trouverez des milliers de vins d'Italie et d'ailleurs, accompagnant un menu très complet. L'espadon fumé, les lentilles rouges à la crème, les tomates séchées au soleil, les saucisses aux pois chiches, le fromage, les salumi et les pâtés vous assurent un copieux repas.

PIAZZA NAVONA : Da Luigi
♿ 🎵 €€

Piazza Sforza Cesarini 24, 00186 Tél 06 686 5946 **Plan 9 B3**

Le chef du Da Luigi offre une cuisine romaine traditionnelle. Le menu de ce restaurant est très fourni, comptant des salades variées et un carpaccio de poisson (cru, finement tranché), des huîtres fraîches, des pâtes, des viandes et poissons grillés, en plus des « classiques » romains, comme la cervelle frite et l'agneau au four.

PIAZZA NAVONA : Il Primoli
🗎 €€

Via dei Soldati 22, 00186 Tél 06 68 13 51 12 **Plan 9 C2**

Aménagé au rez-de-chaussée du Musée Napoléon, dans le Palazzo Primoli, cet élégant restaurant possède une décoration moderne et des tables éclairées à la bougie. Parmi les plats typiques, le bœuf séché à l'air aux fleurs de courgette et fromage *robiola*, les pâtes à la ricotta et aux pointes d'asperge, le poisson tempura et le soufflé au chocolat. Bon rapport qualité-prix.

PIAZZA NAVONA : Il Cantuccio
🗎 ♿ 🎵 €€€

Corso Rinascimento 71, 00186 Tél 06 68 80 29 82 **Plan 2 E3, 9 C2**

Éblouissant la nuit avec ses bougies et ses miroirs, Il Cantuccio attire les riches et les célébrités. Essayez les pâtes ou la soupe à la pomme de terre, parfumé aux œufs de morue et fromage pecorino, le turbot au four en croûte de pomme de terre agrémenté de tomates et d'olives. En dessert, les profiteroles ou le vin Santo aux *ciambelli* sont un régal. Service impeccable.

PIAZZA NAVONA : Hostaria dell' Orso
🗎 🎵 🍴 🍴 €€€€€

Via dei Soldati 25c, 00186 Tél 06 68 30 11 92 **Plan 9 C2**

Ce restaurant chic installé dans un palazzo du XIVᵉ siècle offre une cuisine exquise, un excellent service et un vaste choix de vins. Piano bar et discothèque à l'étage. Menu dégustation à quatre plats. Le thon grillé aux tomates et olives ou le cochon de lait au lait font partie des spécialités. Ouvert le soir seulement.

QUIRINAL : Antica Birreria Peroni
🗎 ♿ €

Via di San Marcello 19, 00187 Tél 06 679 53 10 **Plan 3 A4, 10 F3**

Bondée le midi et appréciée des groupes, cette brasserie Art Nouveau bien située propose une bonne cuisine et des portions généreuses. On remarque les assiettes de fromage et salumi, les salades, les pâtes, les saucisses, les hamburgers et le goulache. La bière Peroni est excellente. Service efficace.

QUIRINAL : Ristorante del Giglio
🗎 ♿ 🎵 €€

Via Torino 137, 00184 Tél 06 488 16 06 **Plan 3 C3**

Près de l'Opéra et de la Via Nazionale, ce restaurant familial d'autrefois est un véritable bijou. Service efficace, bons vins et cuisine classique. Essayez les *fettucine alla Tosca* (à la ricotta et tomate fraîche), le *spinagorgo* de veau (aux épinards et gorgonzola) ou le turbot, cuit au four avec des pommes de terre et des tomates.

QUIRINAL : F.I.S.H.
🗎 €€€

Via dei Serpenti 16, 00184 Tél 06 47 82 49 62 **Plan 3 B4**

L'un des restaurants les plus branchés de Rome, le F. I. S. H. est dirigé par deux frères italiens qui ont passé plusieurs années en Australie. Rouge et noir, L'Aqua Bar est l'endroit pour avaler un apéritif accompagné d'huîtres. Le Sushi Bar offre une bière japonaise, ainsi que des sushi et des sashimi et le Grill Lounge prépare d'alléchants plats de poisson frais, cuisinés à la perfection.

QUIRINAL : Al Presidente
🗎 ♿ 🎵 €€€

Via in Arcione 95, 00187 Tél 06 679 73 42 **Plan 3 A3**

L'un des meilleurs restaurants de la ville proposant une très bonne cuisine romaine moderne arrosée de vins raffinés dans un cadre élégant - idéal pour les conversations intimes. À quelques minutes de la fontaine de Trévi, il jouit aussi d'une terrasse. Les ingrédients sont soigneusement recherchés et déterminent la carte. Quatre menus dégustation sont proposés au dîner.

TERMINI : Da Vincenzo

目点需   €€

Via Castelfidardo 4/6, 00185 **Tél** *06 48 45 96*   **Plan** *4 D2*

Le poisson est la spécialité du Da Vincenzo, restaurant de quartier proche de Termini. Commencez par les excellents *antipasti* de fruits de mer ou l'espadon fumé. En plat principal, optez pour le *tonnarelli all'astice* (pâtes au homard) et le loup de mer au four ou le turbot au four aux pommes de terre. Pour les amateurs de viande, citons l'agneau au four. Délicieux desserts maison.

TERMINI : Vivendo

目点   €€€

Via V Emanuele Orlando 3, 00185 **Tél** *06 47 09 27 36*   **Plan** *3 C3*

Récemment restauré, élégant, moderne et bien aéré, Le Vivendo est devenu l'un des meilleurs restaurants de Rome. Sa cuisine est italienne et internationale - délicieuse association de plats traditionnels et d'ingrédients inhabituels. Deux menus dégustation et un menu enfants sont proposés. Service impeccable et vaste choix de vins.

TRASTEVERE : Da Lucia

目需   €

Vicolo del Mattonato 2b, 00153 **Tél** *06 580 3601* **Fax** *06 58 31 06 49*   **Plan** *5 B1*

Petite *trattoria* familiale située dans l'une des plus belles rues du Trastevere, le Da Lucia n'a que quelques tables. Possibilité de dîner dehors en été. La cuisine est excellente, bien que le choix des plats soit limité chaque jour. Citons les *alici al limone* (anchois au jus de citron), les pâtes aux brocolis et *pastenague* (raie), le lapin, les tripes, ou encore le bœuf à l'oignon.

TRASTEVERE : Antica Pesa

目需   €€€

Via Garibaldi 18, 00153 **Tél** *06 580 92 36*   **Plan** *2 D5, 5 B1, 9 B5*

Installé à l'intérieur d'un ancien poste de douane de l'État pontifical, l'Antica Pesa jouit d'un coquet jardin patio, bowling populaire au XIXᵉ siècle. L'excellente cuisine est méditerranéenne avec un menu variant selon la fantaisie du chef et les saisons. Large choix de vins. Endroit charmant pour manger et se détendre.

TRASTEVERE : Ripa 12

目点需   €€€

Via di San Francesco a Ripa 1, 00153 **Tél** *06 580 9093*   **Plan** *5 C2*

Dans le sud du Trastevere, loin des touristes, le Ripa 12 sert une très bonne cuisine de Calabre très centrée sur le poisson. Le *carpaccio* (fines tranches) de loup de mer mariné est l'entrée maison, suivie par du poisson frais du jour ou une assiette de fruits de mer frits. Très apprécié des locaux.

TRASTEVERE : Enoteca Ferrara

目需   €€€€

Via del Moro 1A, 00153 **Tél** *06 58 33 39 20*   **Plan** *2 E5, 9 B5*

Aménagé dans un palazzo du XVIIᵉ siècle, caché derrière la Piazza Trilussa, l'Enoteca Ferrara est proche du Ponte Sisto. Ce bar à vin, magasin et restaurant offre un service accueillant et irréprochable dans ses cinq salles. La cuisine est vraiment bonne et créative, complétée par une carte de plus de 1 000 vins.

VATICAN : Osteria dell'Angelo

目目点需   €

Via G Bettolo 24-32, 00195 **Tél** *06 372 94 70*   **Plan** *1 B1*

Établissement animé et décontracté. Au menu : *spaghetti cacio e pepe* (pecorino et poivre) ou *alla gricia* (pecorino et lard), tarte aux anchois, *baccalà* (morue salée) et autres plats romains classiques, suivis par des biscuits arrosés de vin Santo. Excellent menu présentant un bon rapport qualité-prix. Réservation indispensable.

VATICAN : Taverna Angelica

目点   €

Piazza A. Capponi 6, 00193 **Tél** *06 687 45 14*   **Plan** *3 C2*

Une cuisine régionale créative est servie dans ce restaurant moderne, avec des spécialités comme le *carpaccio* (fines tranches crues) de poisson, les *strangozzi* (pâtes) aux crevettes et poivrons, le blanc de canard à l'orange, ou le turbot aux herbes en papillote. Desserts alléchants, comme la glace à la poire et au coriandre.

VATICAN : Dal Toscano

目点需   €€

Via Germanico 58, 00192 **Tél** *06 39 72 57 17*   **Plan** *1 B2*

Le Dal Toscano est une valeur sûre qui vous accueille à l'extérieur en été ou dans sa salle à manger lambrissée. Les plats de viande sont délicieusement préparés et arrosés d'excellents vins rouges. Au menu, on trouve des *pappardelle sulla lepre* (pâtes dans une sauce au lièvre), de la polenta et des cèpes ou du *bistecca alla Fiorentina* (steak à l'os).

VATICAN : Da Benito e Gilberto

目   €€€

Via del Falco 19, 00193 **Tél** *06 686 77 69*   **Plan** *1 C2*

Petit restaurant chic aux murs ornés de peintures. Le menu est très bon, uniquement à base de poisson et fruits de mer frais conservés dans une chambre froide. Les plats sont simples mais très bien préparés, les vins sont bons et le service extrêmement cordial. Réservation recommandée. Ouvert le soir seulement.

VATICAN : La Pergola

目点需▯   €€€€€

Via A Cadlolo 101, 00136 **Tél** *06 35 09 21 52* **Fax** *06 35 09 21 34*   **Plan** *1 A2*

Dans les collines surplombant le Vatican, La Pergola est considéré par beaucoup comme le plus raffiné des restaurants de Rome, dirigé par le grand chef allemand Heinz Beck. La savoureuse cuisine, servie sur une splendide terrasse panoramique fait l'unanimité. Excellent menu dégustation et vins en parfaite harmonie avec les mets.

VIA VENETO : Papà Baccus

目   €€€€€

Via Toscana, 00184 **Tél** *06 42 74 28 08*   **Plan** *3 C1*

Une des meilleures adresses de la ville pour une authentique cuisine toscane. Depuis la classique *ribollita* (soupe de haricots, de légumes et de pain) jusqu'aux morceaux variés de bœuf Chianina, tout est bon. Les steack grillé raviront les amateurs de viande, tandis que le *rombo* (turbot) et la *baccalà* (morue salée) devraient contenter les amoureux du poisson.

Légende des prix *voir p 606* **Légende des symboles** *voir rabat de couverture*

VIA VENETO : Taverna Flavia
□♫⛽ €€€

Via Flavia 9, 00187 **Tél** *06 474 52 14* **Plan** *3 C2*

À l'écart de la Via XX Settembre, l'ancienne Taverna Flavia a des allures nostalgiques avec ses photos dédicacées de vedettes de cinéma américain au mur. Elizabeth Taylor et Richard Burton y mangeaient régulièrement durant le tournage de Cleopatra. La cuisine est excellente et très recherchée, avec des plats portant le nom de célèbres muses.

VIA VENETO : George's
□♿♫⛽ €€€€€

Via Marche 7, 00187 **Tél** *06 42 08 45 75* **Fax** *06 42 01 00 32* **Plan** *3 B1*

Restaurant très prisé offrant une cuisine classique et des plats régionaux largement ignorés par de nombreux chefs du Latium. Les élégantes salles à manger, le service impeccable et la très bonne carte des vins complètent des plats comme la mousse de truite et caviar, les rognons de veau, le rosbif ou le poisson frais. Délicieux desserts.

VIA VENETO : Mirabelle
□♿♫⛽ €€€€€

Via di Porta Pinciana 14, 00187 **Tél** *06 42 16 88 38* **Plan** *3 B1*

Installé au septième étage d'un élégant hôtel, près de la Via Veneto, le Mirabelle jouit d'une terrasse panoramique, d'une agréable salle à manger et d'un service compétent. Les vins bien choisis accompagnent des plats comme les *panzerotti di erbette con pesto* (pâtes farcies aux herbes et pesto), le canard à l'orange ou le pigeon braisé. Réservez à l'avance.

VIA VENETO : La Terrazza, HoTél Eden
□♿♫⛽ €€€€€

Via Ludovisi 49, 00187 **Tél** *06 47 81 27 52* **Fax** *06 482 15 84* **Plan** *3 B2*

La Terrazza offre une vue époustouflante sur la ville. Il est sans conteste l'un des plus attrayants restaurants de Rome, ce qui justifie pour certains ses prix élevés. Le service est impeccable et le jeune chef marie cuisine internationale et saveurs méditerranéennes. Un menu dégustation incluant le vin est également proposé.

VILLA BORGHESE : Duke's
□♿⛽ €€

Viale Parioli 200, 00197 **Tél** *06 8066 2455*

Le Duke's attire des gens chic de Rome tous les soirs. On peut prendre l'apéritif et grignoter dans ce bar qui est également un excellent restaurant et un lieu de rendez-vous nocturne. La cuisine est teintée d'influences orientales, mexicaines et méditerranéennes. Service très professionnel. Impressionnante terrasse.

VILLA BORGHESE : Caffè delle Arti
□♿⛽ €€

Via A Gramsci 73, 00197 **Tél** *06 32 65 12 36*

Endroit calme pour s'arrêter et se reposer un peu, ce café-restaurant se trouve au rez-de-chaussée du musée d'Art moderne, en haut de la Villa Borghèse. Dans les salles à manger et les jardins, vous pouvez non seulement prendre un café ou un apéritif, mais aussi un grignoter des mets légers et des spécialités à n'importe quelle heure de la journée.

VILLA BORGHESE : Baby
□♿⛽♫ €€€€€

Via Ulisse Aldrovandi 15, 00197 **Tél** *06 321 61 26*

Tout nouveau à Rome, le Baby est dirigé par la célèbre équipe du Don Alfonso (l'un des restaurants les plus raffinés d'Italie) constituée d'un mari et de sa femme, sur la côte amalfitaine. Une cuisine exceptionnelle d'inspiration napolitaine est servie dans une ravissante salle à manger et en terrasse de l'un des meilleurs hôtels de Rome, l'Hotel Aldrovandi Palace.

LATIUM

ALATRI : La Rosetta
□♿⛽ €

Via del Duomo 39, 03011 **Tél** *0775 43 45 68*

Restaurant calme situé près de l'acropole du VIe siècle. Le menu change avec les saisons mais les pâtes sont préparées chaque jour sur place. Essayez les lasagnes maison ou la spécialité : les *maccherino alla ciociara* (pâtes dans une sauce aux vin, herbes, lard et viande).

AMATRICE : Roma
□♿ €€

Via dei Bastioni 29, 02012 **Tél** *0746 82 57 77*

Depuis 1896, cet hôtel-restaurant produit peut-être la meilleure interprétation de ce célèbre plat de ville montagnard : les *bucatini all'amatriciana* (spaghettis épais agrémentés de tomates, poivron rouge épicé et lard). Dîner en terrasse.

BRACCIANO : Vino e Camino
♿♫⛽ €€

Piazza Mazzini 11, 00062 **Tél** *06 99 80 34 33*

Sur la principale place de la ville, avec vue sur l'imposant Castello Odescalchi depuis les tables extérieures, ce restaurant offre un mélange de traditions régionales et italiennes. Le chef profite du poisson du lac tout proche, même s'il concocte également de nombreux plats de viande et légumes. Concerts jazz le premier jeudi du mois.

CERVETERI : Da Fiore
⛽ €

Via San Paolo 4, Località Procoio du Ceri, 00052 **Tél** *06 99 20 72 75*

Simple trattoria de campagne dont les spécialités incluent des pâtes maison au ragoût, des *penne al padellaccio* (pâtes aux saucisse, jambon de Parme, tomates séchées au soleil, cèpes et fromage), du lapin et des viandes grillées. Les *bruschette* (pain grillé aux garnitures variées) et les méritent également d'être goûtés.

FRASCATI : Eden Tuscolano 🐧 €

Via Tuscolana km. 18, 00044 **Tél** *06 940 85 87*

Ce restaurant aux salles à manger modernes et claires entourées de verdure, se trouve sur la route allant de Rome à Frascati. On y déguste une cuisine et des vins régionaux des Castelli Romani depuis 1955. Essayez les salami variés et les *bruschette* (toasts), ainsi que les *costolette d'abbacchio alla scottadito* (côtes d'agneau de printemps grillées).

FRASCATI : Nuova Enoteca Frascati 🗒 €€€

Via Diaz 42, 00044 **Tél** *06 941 74 49*

Plus de 400 vins accompagnent un excellent choix de plats à base de fruits de mer dans ce bar à vin-restaurant. La cuisine mêle tradition et innovation pour donner des plats tels qu'un *antipasto* de poissons crus variés et un astice (homard) bouilli aux tomates, pommes de terre et courgettes.

GAETA : La Cianciola 🗒🐧 €

Vico Buonomo 16, 04024 **Tél** *0771 46 61 90*

Charmante trattoria aux tables très convoitées nichée dans une ruelle. Goûtez aux *schiafoni* (pâtes) aux aubergines et crevettes, ou à la *zuppa di pesce* (soupe de poisson), aux steaks d'espadon ou aux *spaghetti con frutti di mare* (spaghettis aux crustacés et fruits de mer).

NETTUNO : Cacciatori dal 1896 🗒🐧 €€€€

Via Matteotti 27-29, 00048 **Tél** *06 988 03 30*

Ce vaste restaurant au mobilier rustique occupe les entrepôts du palazzo de la famille Colonna qui date du XVIIe siècle. Sa véranda donne sur le port et la mer. Le poisson est fraîchement pêché du jour et les plats concoctés d'après des recettes régionales du début du XXe siècle. Leur spécialité est la *minestra di pesce* (soupe de poisson).

OSTIA ANTICA : Il Monumento 🐧 €€€

Piazza Umberto I 8, 00119 **Tél** *06 565 00 21*

Ce restaurant situé dans la principale station balnéaire de Rome, près de son ancien port, propose une carte à base de poisson. Spécialité de la maison : les *spaghetti al Monumento*, dans une sauce aux fruits de mer. En second choix, optez pour les *manzancolle al coccio*, variété locale de crevettes cuisinée au cognac.

SPERLONGA : La Bisaccia 🗒🐧 €€

Via Romita 25, 04029 **Tél** *0771 54 85 76*

Près de la plage, dans la partie récente de la ville, ce restaurant de fruits de mer sert du poisson fraîchement pêché tous les jours - en soupe, grillé, au four et frit - ainsi que des linguine aux asperges sauvages et crevettes et des plats à base de mozzarella au lait de bufflonne produite dans la région.

TIVOLI : Villa Esedra 🗒🐧🔲 €€

Via di Villa Adriana 51, 00010 **Tél** *0774 53 47 16*

Le menu de ce restaurant spécialisé dans le poisson est typique de la région, avec des *antipasti* frais comme l'*insalata ai frutti di mare* (salade de fruits de mer), suivie des *linguine all'astice vivo* (pâtes au homard local) ou les gnocchis aux radicchio et noix et le poisson du jour grillé. Le soir, on y déguste aussi des pizzas.

TIVOLI : La Sibilla 🔲 €€

Via della Sibilla 50, 00019 **Tél** *0774 33 52 81*

Restaurant raffiné ouvert en 1730 dans une partie de la forteresse médiévale de la ville. Le principal avantage du lieu est le jardin, avec ses tables alignées à droite, sous l'ancien Temple des Sybilles, avec vue sur la Villa Gregoriana. La cuisine est rigoureusement régionale et traditionnelle, offrant de nombreuses viandes rôties.

TIVOLI : Adriano 🗒🐧🔲 €€€€

Via di Villa Adriana 194, 00010 **Tél** *0774 38 22 35* **Fax** *0774 53 51 22*

Restaurant entouré d'un jardin, idéalement placé pour visiter la Villa Adriana et les autres sites de Tivoli. La cuisine est traditionnelle et les vins proviennent des vignes locales. Les fettucine aux herbes aromatiques, le fromage de chèvre et de poivre noir à l'artichaut frit, l'agneau au genièvre ou la cassolette de lapin font partie des plats typiques. *Réservation obligatoire.*

TREVIGNANO : Ristorante il Palazzetto 🗒🐧🔲 €€

Piazza Vittorio Emanuele III 15, 00069 **Tél** *06 999 92 54*

Petit restaurant donnant sur le lac de Bracciano. L'excellent menu tire à la fois parti du poisson de mer et de lac, dans des plats comme les *ravioli al persico* (pâtes farcies à la perche de lac) et la *zuppa di scampi* (soupe de crevettes). Tous les desserts sont faits maison.

TUSCANIA : Al Gallo 🗒🐧🔲 €€

Via del Gallo 22, 01017 **Tél** *0761 44 33 88*

Le chef réinterprète d'une manière inhabituelle et créative des plats régionaux pour donner une carte vraiment exceptionnelle (et changeant constamment) à base de fromages, légumes et viandes régionaux. L'atmosphère est chaleureuse et le service agréable.

VITERBE : Porta Romana 🗒 €

Via della Bontà 12, 01100 **Tél** *0761 30 71 18*

Trattoria simple offrant un large choix de plats classiques. Les *ombrichelli all'matriciana* (spaghettis roulés à la main dans une sauce au lard et à la tomate) sont excellents. En hiver, essayez la *pignataccia*, spécialité de Viterbe : veau, bœuf et porc mijotés à feu doux avec du céleri, des carottes et des pommes de terre.

Légende des prix *voir p 606* **Légende des symboles** *voir rabat de couverture*

VITERBE : Il Richiastro 🍽️♿🔳 €

Via della Marrocca 18, 01100 **Tél** *0761 22 80 09*

Installé dans un palazzo du XIIIᵉ siècle, cet établissement sert une cuisine inspirée de recettes paysannes médiévales. Goûtez la soupe de *farro* (épeautre), haricots, champignons et endives et la truite de rivière. Seulement ouvert du vendredi au dimanche midi ; fermé en été (mais le restaurant du fils, tout proche, reste ouvert).

NAPLES ET CAMPANIE

AGROPOLI : Il Ceppo 🔳♿🔳 €€€

Via Madonna del Carmine 31, 84043 **Tél** *0974 84 30 36*

Ce restaurant méditerranéen classique sert de nombreuses variétés de poisson local et de pâtes et pizzas maison. Spécialité : les *tagliolini* (pâtes) aux crevettes, fleurs de courgette et palourdes. Vous pouvez aussi opter pour les spaghettis aux fruits de mer, les crevettes à la sauce au citron ou la *zuppa di pesce* (soupe de poisson).

AMALFI : La Marinella ♿🔳 €

Via Lungomare dei Cavalieri di San Giovanni di Gerusalemme 1, 84011 **Tél** *089 87 10 43*

Restaurant agréable et animé dominant la côte amalfitaine, à deux mètres à peine de la mer. On y mange beaucoup de poisson, ainsi que des spécialités traditionnelles locales, comme les *scialatelli ai frutti di mare* (pâtes maison aux fruits de mer et crustacés). Ouvert le midi seulement, excepté en haute saison.

AMALFI : Il Tarì 🔳 €€

Via Pietro Capuano 9-11, 84011 **Tél** *089 87 18 32*

Toujours autant appréciée, cette trattoria bondée située dans la principale rue d'Amalfi sert de fabuleuses pizzas, comme la *pizza à la Tari* (mozzarella, jambon de Parme, parmesan et roquette), de bons plats de pâtes et des plats de viande et fruits de mer corrects, avec une préférence pour le *pesce al cartoccio* (poisson du jour cuit au four en papillote).

AMALFI : Eolo 🔳🔳 €€€€

Via Comite 3, 84011 **Tél** *089 87 12 41*

Situé sur la plage, au bout de la promenade du front de mer, ce restaurant propose un menu variant selon les saisons. Il ne compte que dix tables à l'intérieur et trois en terrasse, il est donc préférable de réserver. Essayez le *filetto di sarago* (crapet arlequin - poisson grillé avec une sauce aux herbes).

BÉNÉVENT : Da Gino e Pina 🔳♿🔳 €

Viale dell'Università 1, 82100 **Tél** *0824 249 47*

Au cœur du centre historique, ce restaurant propose un menu composé de plats de viande et de poisson. Goûtez au cardone (variété de chardon), aux *pampanelle alla Gino e Pina* (pâtes aux asperges et fruits de mer), au *filetto di maiale con patate* (filet de porc aux pommes de terre), à la *zuppa di pesce* (soupe de poisson), ou optez pour une pizza classique.

CAPRI : La Savardina da Eduardo 🔳 €

Via Lo Capo 8, 80073 **Tél** *081 837 63 00*

C'est l'un des restaurants les plus traditionnels de Capri offrant une pergola extérieure, des orangers, une vue sur mer et de savoureuses spécialités régionales, comme les *ravioli alla caprese* (raviolis au fromage dans une sauce à la tomate et à la mozzarella), les *linguini all'Eduardo* (pâtes aux anchois et câpres) et le civet de lapin.

CAPRI : La Pergola 🔳🔳 €€

Traversa Lo Palazzo 2, 80073 **Tél** *081 837 74 14*

Une atmosphère familiale agréable, une vaste terrasse sur mer et une délicieuse cuisine incitent les clients à revenir. Le citron est à l'honneur, dans des plats tels que les *ravioli al limone* (pâtes farcies au fromage et citron, sauce crémée au citron) et la tarte au citron maison. Bon poisson frais également.

CAPRI : Al Grottino 🔳 €€€

Via Longano 27, 80073 **Tél** *081 837 05 84*

Endroit chic de Capri, ce restaurant attire les célébrités et les chefs d'État depuis 1937. Spécialités : *vermicelli* maison (fins spaghettis) aux fleurs de courgette et crevettes, poisson frais *all'acqua pazza* (cuit au vin blanc, avec tomates et épices) et *involtino alla Napoletana* (paupiette de veau à l'étouffée).

CAPRI : Quisi del Grand Hotel Quisisana 🔳♿🔳 €€€€€

Via Camerelle 2, 80073 **Tél** *081 83 70 788* **Fax** *081 837 60 80*

Atmosphère élégante dans ce restaurant installé dans le premier hôtel de Capri. Le menu variant selon les saisons est un régal. Essayez le canard rôti aux pêches, les pâtes maison, comme les spaghettis aux fruits de mer, et le *fritto misto* (assiette de poisson frit).

CASERTA : Le Colonne 🔳♿🔳 €€

Via Nazionale Appia 7, 81100 **Tél** *0823 46 74 94*

Dans une élégante maison avec jardins, près du palais royal, ce restaurant dirigé par une famille sert une cuisine régionale typique quelque peu innovante. Par exemple, les steaks sont grillés, mais la viande n'est pas de vache mais de bufflonne locale (généralement réservée à la fabrication du lait de mozzarella).

FAICCHIO : La Campagnola

Via S. Nicola 23, Località Massa, 82030 **Tél** *0824 81 40 81*

Agréable trattoria où la cuisine d'inspiration régionale est simple et authentique. Les copieuses spécialités paysannes incluent des *fiocchetti al tartufo nero* (pâtes maison farcies aux fromage et truffes noires) et des *trippa alla massese* (cassolette de tripes aux tomates, carottes, oignon, céleri et épices).

ISCHIA : La Conchiglia

Via N. Sauro 6/Via Chiaia delle Rose 3 Località Sant'Angelo, 80070 **Tél** *081 99 92 70*

Un grand bâtiment rose au cœur d'un village de pêcheurs abrite ce restaurant qui vous sert des fruits de mer frais sous une voûte en berceau ou dehors dans un petit patio surplombant les vagues. Spécialités : *linguine ai frutti di mare* (pâtes aux fruits de mer) et *frittura* (friture) de calmars et crevettes géantes.

ISCHIA : Da Peppina di Renato

Via Bocca 23, Località Forio, 80075 **Tél** *081 99 83 12*

Cette *trattoria* simple et rustique, perchée sur une colline, jouit d'une vaste terrasse avec vue sur la baie de Citara. Les plats sont simples aussi, comme le *coniglio alla cacciatora* (lapin chasseur), les *pasta e fagioli* (soupe de pâtes et haricots aux saucisse et citron), des viandes et du poisson grillé, ainsi que des pizzas cuites dans un four à bois.

ISCHIA : La Tavernetta Pirata Sant'Angelo

Via Sant'Angelo 77, Località Serrara Fontana, 80070 **Tél** *081 99 92 51*

Le « pirate » homonyme de ce restaurant décontracté est Carlo Poerio. Il surveille la salle à manger décorée de céramiques peintes à la main et animée par le piano de son fils Luca. L'endroit regorge généralement de locaux qui y dégustent des plats comme les *penne alla pirata* (pâtes aux tomates cerises, câpres, oignons et parmesan).

NAPLES : Da Ettore

Via Santa Lucia 56, 80123 **Tél** *081 76 404 98*

Cette *trattoria* de quartier sans prétention sert une cuisine napolitaine typique. On y mange de bonnes pizzas et d'excellentes pâtes aux fruits de mer, moules ou palourdes. Goûtez la *parmigiana di melanzane* (cassolette d'aubergines aux tomates et mozzarella, cuite au four). Excellent *antipasto* de mozzarella bufflonne.

NAPLES : Hosteria Toledo

Vico Giardinetti a Toledo 78A, 80134 **Tél** *081 42 12 57*

Cette osteria traditionnelle, en plein cœur du quartier commerçant de Quartieri Spagnoli, offre des spécialités napolitaines classiques de viande et de poisson depuis 1951. Essayez les *maccheroni al ragù*, la *frittura di paranza* (fruits de mer frits) et les *zucchine alla scapece* (semblables au gazpacho mais à base de courgettes).

NAPLES : Pizzeria Brandi

Salita S. Anna di Palazzo 1-2/Via Chiaia, 80123 **Tél** *081 41 69 28*

Cette pizzeria historique (établie en 1780) revendique l'invention de la pizza classique Margherita en 1889, en l'honneur de la reine Marguerite en visite (les tomates rouges, la mozzarella blanche et le basilic vert représentant les couleurs du drapeau italien). Bons plats de pâtes également.

NAPLES : Amici Miei

Via Monte di Dio 78, 80123 **Tél** *081 764 60 63*

Le menu est classique et les plats de viande dominent (ce qui est rare à Naples, où le poisson est plutôt à l'honneur). On remarque les pâtes aux légumes et légumes secs et, en plats principaux, les viandes grillées et la *braciola di maiale al ragù* (côte de porc arrosée d'une sauce aux pignons). Atmosphère douillette et excellente carte des vins.

NAPLES : Vadinchenia

Via Pontano 21, 80122 **Tél** *081 66 02 65*

Les mets délicats souvent à base de poisson dominent le menu saisonnier innovant de ce restaurant situé dans le quartier de Chiaia. Essayez les *paccheri alici et pecorino* (pâtes aux anchois et fromage pecorino), ou le *filetto di branzino* (filet de loup de mer). Les desserts sont délicieux. Salles modernes et très sobres.

NAPLES : La Cantinella

Via N. Sauro 23/Lungomare di Santa Lucia, 80132 **Tél** *081 764 86 84* **Fax** *081 764 87 69*

L'un des restaurants les plus célèbres de Naples. Son curieux décor, avec ses murs couverts de bambou, rappellent vaguement la jungle. Les hôtes sont attirés par la vue sur mer, le service impeccable et la cuisine régionale et internationale soigneusement préparée, à base de fruits de mer et plats traditionnels.

NAPLES : La Sacrestia

Via Orazio 116, 80122 **Tél** *081 66 41 86*

Cet endroit attrayant jouit d'une terrasse panoramique avec vue sur le golfe de Naples. L'atmosphère est élégante mais simple et la nourriture excellente, régionale et légère. Essayez les *schiafoni con totanetti* (pâtes aux minuscules seiches, olives noires, câpres et pommes de terre).

NERANO : Taverna del Capitano

Piazza delle Sirene 10, Località Marina del Cantone, 80068 **Tél** *081 808 10 28*

Installé dans une ancienne maison de pêcheur sur la plage - avec une terrasse pour mieux profiter de la mer - ce restaurant sert une cuisine régionale revue avec originalité. Goûtez aux *cornetti di pasta con gamberi* (pâtes farcies aux crevettes et arrosées d'une sauce aux fruits de mer) et *millefeuille di San Pietro* (saint-pierre,

Légende des prix *voir p 606* **Légende des symboles** *voir rabat de couverture*

PAESTUM : La Pergola   ♿🔲   €€

Via Magna Grecia 1, Capaccio Scalo, 84047   **Tél** *0828 72 33 77*

Ce restaurant rustique, situé à 3 km des ruines de Paestum, propose une cuisine régionale originale employant des produits de saison. La spécialité de la maison est le *susciello*, soupe d'asperges et d'oignons sauvages, agrémentée d'un œuf brouillé et d'herbes aromatiques. Essayez ensuite le poisson frit aux artichauts.

POMPÉI : Il Principe   🔲♿🔲   €€€€

Piazza B. Longo 8, 80045   **Tél** *081 850 55 66*

Ce restaurant clair, raffiné et élégant, situé près des sites de fouilles archéologiques, offre un menu variant selon les saisons. Le poisson est à l'honneur avec, par exemple, les raviolis farcis au poisson et le turbot aux légumes. Les plats sont parfois inspirés de recettes napolitaines du XVIIᵉ siècle, d'anciennes épices romaines, ou de desserts dépeints sur des fresques de Pompéi.

POSITANO : Da Adolfo   🔲   €€

Località Laurito 40, près de San Pietro, 84017   **Tél** *089 87 50 22*

On accède à ce restaurant-grill de poisson installé sous une tente, sur une plage isolée, en bateau. Les départs ont lieu en ville entre 10 h et 13 h et les retours commencent à 16 h et se poursuivent jusqu'à ce que chacun ait regagné sa maison. La cuisine est simple mais bonne : spaghettis aux palourdes, poisson frais ou courgettes à la mozzarella grillée.

POSITANO : Lo Guarracino   🔲   €€€

Via Positanesi d'America 12, 84017   **Tél** *089 87 57 94*

Cinq minutes de marche sur un sentier suspendu à la falaise vous mènent à la terrasse panoramique de ce restaurant qui surplombe une baie paisible et des îles isolées. Les pizzas sont excellentes. Goûtez aussi aux *linguine ai ricci di mare* (pâtes aux oursins), au *pesce spada* (espadon) grillé et aux escalopes de veau au citron.

POSITANO : La Sponda   🔲🔲🔲   €€€€€

Via Colombo 30, 84017   **Tél** *089 87 50 66*

Somptueux restaurant aménagé dans l'un des hôtels les plus élégants d'Italie, où les hôtes sont accueillis comme de riches amis de la famille. Un choix alléchant de plats modernes et traditionnels à base de poisson frais et d'ingrédients de saison vous est proposé. Essayez les *gragnano paccheri* (larges pâtes en forme de tube, agrémentées d'anchois, de poivrons grillés et de basilic).

RAVELLO : Villa Maria   🔲🔲   €€€

Via Santa Chiara 2, 84010   **Tél** *089 85 72 55*

Élégante maison transformée en hôtel-restaurant. Réservez une table sur la terrasse donnant sur la vallée du Dragon et commandez un trittico, trio dégustation des spécialités du jour du chef avec, par exemple, des *soffatini* (crêpes aux fromage et épinard) ou des raviolis farcis aux fruits de mer dans une sauce à la palourde rouge. Poisson frais et gibier local.

SALERNE : Pizzeria Vicolo della Neve   €€

Vicolo della Neve 24, 84121   **Tél** *089 22 57 05*

Cette pizzeria du centre historique propose, outre d'excellentes pizzas et *calzoni* (pizzas fourrées), des plats tels que les *pasta e fagioli* (pâtes aux haricots), la *cassolette de baccalà* (morue salée) et les saucisses aux brocolis. Comme la plupart des pizzerias traditionnelles, elle n'est ouverte que le soir.

SANT'AGATA SUI DUE GOLFI : Don Alfonso 1890   🔲♿   €€€€€

Corso Sant'Agata 11, 80064   **Tél** *081 87 80 026*   **Fax** *081 53 30 226*

L'un des meilleurs restaurants d'Italie, entouré d'élégants jardins. Parmi les plats méditerranéens modernes, on remarque les spécialités de fruits de mer et poisson, ainsi que les délicieux desserts. Pour préparer la meilleure des cuisines, la famille du propriétaire des lieux a même acheté une ferme afin d'y faire pousser ses propres ingrédients frais.

SICIGNANO DEGLI ALBURNI : La Taverna   €

Via Nazionale 139, Frazione Scorzo, 84029   **Tél** *0828 97 80 50*

Auberge de campagne du XVIIIᵉ siècle située près de Salerne. La cuisine régionale inclut des salamis, une *zuppa fagioli e ceci* (soupe de haricots et pois chiches) et des grillades. Essayez les *gnocchetti* (petits gnocchis) ou les raviolis aux cèpes. Le week-end, vous pouvez aussi goûter aux pizzas au feu de bois. Délicieux desserts.

SORRENTE : Da Gigino   🔲🔲   €€

Via degli Archi 15, 80067   **Tél** *081 878 19 27*

Une véritable *trattoria* de quartier, avec la télévision dans un coin et les locaux qui se frottent aux nombreux touristes de Sorrente. Dégustez donc une pizza cuite au feu de bois sur l'une des tables de la rue pavée, ou encore des *gnocchi verdi provola e gamberi* (boulettes d'épinard et pomme de terre aux crevettes et fromage) et des poissons variés grillés.

SORRENTE : Ristorante della Favorita O'Parrucchiano   🔲🔲   €€

Corso Italia 71-73, 80067   **Tél** *081 878 13 21*   **Fax** *081 532 40 35*

Ce restaurant centenaire possède une terrasse nichée sous les vignes, les citronniers et les orangers. Il est apprécié des gens du coin, des touristes et des célébrités, surtout séduits par son excellente cuisine de Sorrentino : les *scialatielli ai frutti di mare* (pâtes aux fruits de mer) et le steak aux grains de poivre sont particulièrement bons.

SORRENTE : Antico Frantoio   ♿🔲   €€€€

Via Casarlano 8, Località Casarlano, 80067   **Tél** *081 807 29 65*

Ce restaurant jouit d'une salle à manger rustique aux poutres de bois et d'une terrasse. Ses plats sont très variés et préparés avec des ingrédients locaux. Essayez les pizzas cuites au four à bois, le pain au maïs, *les pasta con olive e noci* (pâtes maison aux olives et noix) et la bière, brassée juste à côté.

ABRUZZES, MOLISE ET POUILLE

ALBEROBELLO : La Cantina
Vico Lippolis 9/Corso Vittorio Emanuele, 70011 **Tél** *080 432 34 73*

Cette minuscule trattoria de 32 places, installée sous des voûtes de pierre, occupe un rez-de-chaussée à l'écart de la rue principale depuis 1958. Les plats sont traditionnels, représentatifs de la cuisine de la Pouille, comme les *orecchiette* (pâtes en forme de « petites oreilles ») servis dans une sauce tomate à la ricotta salée et aux fanes de navet.

ALBEROBELLO : Trullo d'Oro
Via Felice Cavallotti 27, 70011 **Tél** *080 432 18 20*

Dégustez une excellente cuisine régionale à l'intérieur d'un *trullo* (habitation caractéristique de la région). Optez pour trois plats : les *assaggini dello chef* (petites portions de spaghettis à la roquette et aux tomates fraîches), les *orecchiette in ragù* (pâtes dans une sauce à la viande, garnies de boulettes de pain aux herbes) et la purée de fèves aux endives.

ALBEROBELLO : Il Poeta Contadino
Via Indipendenza 27, 70011 **Tél** *080 432 19 17*

Restaurant élégant aux murs de pierre offrant un piano dans un coin. L'excellent service se marie parfaitement avec la grande qualité de la nourriture et des vins. Le chef utilise avec beaucoup d'imagination les ingrédients frais locaux pour concocter de bons plats de poisson et de viande.

BARI : Terranima
Via Putignani 213-215, 70123 **Tél** *080 521 97 25*

Trattoria populaire servant un menu typique de la Pouille changeant toutes les deux semaines et incluant à la fois des plats de fruits de mer et de viande. Essayez les orecchiette (pâtes en forme de petites oreilles) à la lotte ou l'*arista di maiale in salsa di agrumi* (rôti de porc parfumé au citron). Personnel aimable et endroit agréable.

BARI : Il Kilimangiaro
Lungomare Starita 64, 70123 **Tél** *080 534 76 10*

Trattoria et pizzeria du front de mer. Parmi les spécialités, notons les orecchiette (pâtes en forme de petites oreilles) à la roquette ou *alle rape* (aux navets), les tagliatelles ou le *risotto alla pescatora* (pâtes ou riz aux fruits de mer), le poisson frit et grillé, ainsi que les brochettes de viande.

BARI : Manfredi
Via Re Manfredi 19, 70122 **Tél** *080 523 64 99*

La salle à manger de ce restaurant, surmontée d'une voûte en berceau, donne sur les rues du vieux Bari. Vous y dégusterez une solide cuisine maison de la Pouille. Essayez le *risotto tartufato con asparagi* (riz aux truffes et asperges) et les *tagliolini* (fines pâtes) à la sauce aux crevettes et citron.

GALLIPOLI : Il Capriccio
Viale Bovio 14-16, 73014 **Tél** *0833 26 15 45*

Ce restaurant aux élégantes salles et aux plafonds voûtés sert une cuisine régionale et italienne classique, où le poisson frais domine largement. La spécialité de la maison est les *linguine ai ricci di mare* (pâtes aux oursins) ; essayez aussi la *zuppa di pesce* (soupe de poisson). Pizzas également disponibles

ISOLE TREMITI : Al Gabbiano
Piazza Belvedere San Domino, 71040 **Tél** *0882 46 34 10*

La cuisine de ce restaurant insulaire doté d'une terrasse est basée sur le meilleur poisson de mer, pêché à quelques mètres à peine de là. Goûtez à la traditionnelle soupe de poisson et au poisson rôti au sel, ou encore aux *troccoli gabbiano al mare* (pâtes maison aux moules, crevettes, palourdes et calmars).

L'AQUILA : Ernesto
Piazza Palazzo 22, 67100 **Tél** *0862 210 94*

Établissement paisible et sophistiqué offrant une cour pour les dîners d'été. Le menu est un savoureux mélange créatif de plats montagnards typiques des Abruzzes. Essayez les *sagnarelle alla pastora* (gnocchis de ricotta aux champignons, jambon, ricotta, truffes et fromage pecorino).

LECCE : Guido e Figli
Via XXV Luglio 14, 73100 **Tél** *0832 30 58 68*

Vous avez le choix entre deux endroits pour dîner dans ce restaurant situé à l'écart de la principale place de Lecce : à l'intérieur, sous des voûtes de pierre, ou - en payant moitié prix les mêmes plats de la Pouille - au *tavola calda* (self-service), à l'arrière. Vous pouvez déguster votre plat sur une table extérieure et observer le défilé du soir des piétons.

LECCE : Alle Due Corti
Corte dei Giugni 1/Via Leonardo Prato 42, 73100 **Tél** *0832 24 22 23* **Fax** *0832 39 78 65*

Des salles à manger élégantes et un service impeccable caractérisent ce restaurant qui offre pourtant des bas prix et d'excellents plats traditionnels de Salentino : *turcinieddhi* (cœur, foie et poumons de petite chèvre grillés), *ciceri e tria* (pâtes plates, mi-frites/mi-bouillies, aux pois chiches) et *pezzetti te cavallu* (viande de cheval dans une sauce tomate épicée).

Légende des prix *voir p 606* **Légende des symboles** *voir rabat de couverture*

LOCOROTONDO : Trattoria Centro Storico ⌂ €

Via Eroi di Dogali 6, 70010 **Tél** *080 431 54 73*

Restaurant situé en plein centre de ce village aux maisons blanchies à la chaux. Le vin maison se marie parfaitement avec les plats traditionnels de la Pouille, comme les *pennette della casa* (pâtes à la sauce tomate aux piments, oignon et jambon) et la *portafoglio* (côte d'agneau aux fromage, persil et herbes).

MANFREDONIA : Coppolarossa 📄 €

Via dei Celestini 13, 71043 **Tél** *0884 58 25 22*

Une atmosphère jeune et une décoration d'autrefois (assiettes en céramique peintes sur des murs de stuc) se mêlent dans ce restaurant qui sert des plats de fruits de mer traditionnels. Essayez la spécialité de la maison, les *troccoli ai frutti di mare* (macaronis aux fruits de mer), ou les *grigliata di pesce* (grillades variées à base de crevettes géantes, poisson et calmars).

OSTUNI : Osteria del Tempo Perso 📄 €€

Via Gateano Tanzarella Vitale 47, 72017 **Tél** *0831 30 48 19*

Au cœur d'une ville magnifiquement blanchie à la chaux, perchée sur une colline cette osteria expose du matériel agricole aux murs d'une de ses salles, tandis que l'autre, qui ressemble à une grotte, est grossièrement taillée dans le roc. La cuisine est régionale, employant des ingrédients locaux, et le service impeccable.

OTRANTE : Vecchia Otranto 📄⌂ €€

Corso Garibaldi 96, 73028 **Tél** *0836 80 15 75*

Cette *trattoria* traditionnelle sert des spécialités de la mer et d'autres plats régionaux dans le cœur de pierre de la ville, dont des pâtes aux oursins et de la *zuppa di pesce all'otrantina* (copieuse soupe de poisson). Goûtez aussi le riz aux pommes de terre, aux *cozze gratinate* (moules au gratin) et à l'*anguilla allo spiedo* (anguille rôtie à la broche).

OVINDOLI : Il Pozzo €

Via Monumento dell'Alpino 5, 67046 **Tél** *0863 71 01 91*

Ce restaurant situé dans le centre historique de la ville est joliment encadré par les montagnes à l'arrière-plan. La cuisine est traditionnelle et robuste - avec toutefois quelques plats plus légers et modernes - et les plats préparés avec des produits locaux, dont le *zafferano* (safran) et les champignons sauvages.

POLIGNANO AL MARE : Grotta Palazzese 📄⌂ €€€€€

Via Narciso 59, 70044 **Tél** *080 424 06 77* **Fax** *080 424 07 67*

Une caverne massive à-pic surplombant les eaux de l'Adriatique a été transformée en salle à manger pour accueillir les touristes du Grand Tour au XVIIIᵉ siècle. Bien que le poisson soit sans aucun doute à l'honneur, de nombreux plats de viande sont également proposés et ce restaurant se distingue par sa cuisine de grande qualité. *Fermé nov.-avr.*

PORTO CESAREO : L'Angolo di Beppe 📄⌂ €€

Via Zanella 24, Località Torre Lapillo, 73050 **Tél** *0833 56 53 05* **Fax** *0833 56 53 31*

Atmosphère douillette et décor élégant, avec une grande cheminée pour l'hiver et un jardin pour les dîners d'été. La cuisine à base de poisson allie traditions locales et internationales. Spécialité : les ravioli Apulia'97 (pâtes farcies au poisson agrémentées de vin blanc, tomates cerises, minuscules crevettes, xérès et huile d'olive).

ROCCA DI MEZZO : La Fiorita €

Piazza Principe di Piemonte 3, 67048 **Tél** *0862 91 74 67*

Cette *trattoria* dirigée par une famille occupe un petit village de montagne de haute altitude dans les Abruzzes. Service aimable et efficace. La cuisine utilise des produits locaux de la région et est copieuse, nourrissante et toujours très bien préparée.

SULMONA : Rigoletto 📄♿⌂ €

Via Stazione Introdacqua 46/Strada dei Confetti Pellino, 67039 **Tél** *0864 555 29*

À quelques pas du centre-ville. Des pâtes maison sont servies avec des haricots, du *scamorza* (fromage fumé à pâte molle), du lapin et des truffes. On remarque les *ravioli ripieni di scamorza e zafferano* (pâtes farcies au fromage et safran) et l'*agnello al forno* (agneau rôti au four).

TARENTE : Da Mimmo 📄♿⌂ €

Via C. Giovinazzi 18, 74100 **Tél** *099 459 37 33*

Au Mimmo, les locaux attendent patiemment une table à l'extérieur. Le chef chante Elvis et des chansons populaires napolitaines en préparant ses pizzas, suffisamment petites pour laisser de la place pour un autre plat de fruits de mer ou boulettes de viande frits, ou encore une paupiette de veau à la sauce tomate.

TARENTE : Al Faro Masseria Saracena 📄♿⌂ €€€

Strada Vicinale Fonte delle Citrezze 4000, 74100 **Tél** *099 471 44 44*

Ce restaurant est installé dans une ferme du XVIIIᵉ siècle blanchie à la chaux, située dans les faubourgs de la ville. Son jardin rempli de tables donne sur la ville, de l'autre côté de la baie. Le menu est exclusivement composé de spécialités de la mer, variant selon le poisson et les fruits de mer pêchés, préparés en *antipasti*, soupes, risotto et grillades.

TERMOLI : Z' Bass 📄♿⌂ €€

Via Oberdan 8, 86100 **Tél** *0875 70 67 03*

Cette *trattoria* agréable et accueillante offre une cuisine de grande qualité à base de produits frais de saison. Le pain et les desserts sont fabriqués sur place. Parmi les spécialités, notons la *zuppa di pesce* (soupe de poisson). Carte des vins très complète.

TRANI : Torrento Antico   📋♿   €€

Via Fusco 3, 70059 **Tél** *0883 48 79 11*

Ces plats exquis et légers s'inspirent de la cuisine régionale traditionnelle quelque peu modernisée.
Essayez les *ravioli di pesce* (pâtes farcies au loup de mer sur un lit de fruits de mer et crustacés).
Impressionnant choix de vins.

VIESTE : Il Trabucco dell'HoTél Pizzomunno   📋♿🏨   €€€

Lungomare Enrico Mattei, Km. 1, 71019 **Tél** *0884 70 87 41*

Entouré de jardins et très proche de la mer, cet hôtel balnéaire offre des possibilités de dîner à l'extérieur sous les
bougainvillées, près de la piscine. Sa cuisine, régionale et italienne, est raffinée et quelque peu inventive. Les plats
sont savoureux et légers. Goûtez aux *troccoli alla gargancia* (pâtes aux crevettes, ricotta et courgettes).

VILLETTA BARREA : Trattoria del Pescatore   €

Via B. Virgilio 175, 67030 **Tél** *0864 892 74* **Fax** *0864 892 55*

Cette *trattoria* simple est située en bordure de rivière, dans le parc des Abruzzes. Les plats régionaux incluent une *trota al
vino bianco* (truite au vin blanc), des *chitarrini ai gamberi di fiume maison* (pâtes en forme de cordes de guitare agrémentées
d'écrevisses) et une *zuppa di orati e fagioli* (soupe de haricots aux légumes verts de montagne, semblables aux épinards).

BASILICATE ET CALABRE

ACQUAFREDDA, MARATEA, BASILICATA : Villa Cheta Elite   ♿🏨   €€€

via Timpone, località Acquafredda, 85046 **Tél** *0973 87 81 34* **Fax** *0973 87 81 35*

Hôtel-restaurant romantique installé dans une villa de style Art Nouveau, sur une falaise face à la mer. L'été, possibilité de
dîner en terrasse. Les plats de poisson dominent, arrosés d'excellents vins locaux de producteurs prometteurs. Les *involtini
di sogliola* (paupiettes de sole au citron) et les spaghettis aux sardines font partie des spécialités. Délicieux desserts.

BIVONGI, CALABRIA : La Vecchia Miniera   🍴📋🏨   €

Contrada Perrocalli, 89040 **Tél** *0964 73 18 69* **Fax** *0964 73 18 69*

Juste à la sortie de Bivongi, près des magnifiques Cascate di Marmorate, cette trattoria propose une excellente
cuisine locale dans un endroit intemporel. Spécialités : *salumi* (viandes séchées), pâtes maison à la sauce au chevreau
ou sardines, truite de montagne ou porc, poulet et lapin grillé. Bons vin et tiramisù maison.

CASTROVILLARI (PARCO POLLINO), CALABRIA : La Locanda di Alia   📋♿🏨   €€€

Contrada Jetticelle 55, 87012 **Tél/Fax** *0981 463 70*

L'un des restaurants les plus raffinés de Calabre, mêlant recettes traditionnelles, touches créatives et ingrédients de saison.
Parmi les meilleurs plats, on remarque les *panzerotti* (sortes de galettes) aux herbes, ricotta et anis, les *carne n'cartate* (viande
à la sauce au miel et piments), l'espadon aux oignons rouges et la tarte aux pommes de terre. Excellente carte des vins.

COSENZA, CALABRIA : L'Arco Vecchio   📋🎵🏨   €€

Piazza Archi di Ciaccio 21, 87100 **Tél/Fax** *0984 725 64*

Une cuisine régionale vous est servie dans un ancien palazzo élégant avec terrasse pergola. Goûtez aux *fiori di zucca*
(fleurs de courgette frites), à la *parmigiana di melanzane* (flan d'aubergine) ou aux *lagane* (pâtes aux pois chiches) locales.
Poursuivez avec une côte de porc à la menthe ou un chevreau rôti aux pommes de terre sautées. Bon choix de vins.

GERACE, CALABRIA : La Tavernetta   🍴📋🏨   €

Strada Provinciale Locri-Antonimina 112, 89040 **Tél** *0964 35 60 20*

Situé près des thermes d'Antonin, à 4 km du centre historique de Gerace, ce restaurant agréable et douillet respire le charme
d'antan. Parmi les spécialités, les *strozzapreti* (pâtes) à la saucisse et au fenouil, l'agneau grillé et la viande de sanglier. C'est un
endroit réputé. *Réservation conseillée.*

MARATEA, BASILICATA : Taverna Rovita   📋♿   €€€

Via Rovita 13, 85046 **Tél/Fax** *0973 876 588*

En bas d'une coquette ruelle, cet établissement d'autrefois aux murs blancs et sols carrelés sert des pâtes maison, du
poisson frais, des fruits de mer et des plats de viande locaux, agrémentés de légumes de saison et d'herbes. Essayez
les pâtes aux pois chiches et moules ou le *bocconotto Rovita* (pâte brisée garnie de saucisse).

MARINA DI GIOIOSA JONICA, CALABRIA : Gambero Rosso   📋♿🎵🏨   €€€

Via Montezemolo 65, 89046 **Tél** *0964 41 58 06* **Fax** *0964 41 55 81*

Ce restaurant élégant offre de copieuses portions de poisson et fruits de mer frais et un bon choix de vins. On remarque les
antipasti de poisson mariné, les chaussons à la ricotta et aux légumes ou à l'espadon, les pâtes aux fruits de mer ou le risotto,
les *orecchiette* cuites au four et les poissons variés, morue et langoustines frits. Des menus à prix fixe sont aussi proposés.

MATERA, BASILICATA : Il Casino del Diavolo   🎵📋♿🏨   €

Via La Martella, 75100 **Tél** *0835 26 19 86*

Une cuisine traditionnelle de Matera est préparée dans ce restaurant élégant installé au beau milieu d'une oliveraie. On y
déguste de délicieuses entrées, des pâtes, du poisson frais, des plats de viande et des pizzas. Essayez la *pignata* (mouton cuit
dans une croûte de pain avec saucisse et légumes), le pain dur parfumé aux poivrons chauds ou les pâtes aux amandes.

Légende des prix *voir p 606* **Légende des symboles** *voir rabat de couverture*

MATERA, BASILICATA : Il Terrazzino sui Sassi ☐ €

Vícolo San Giuseppe 7, 75100 **Tél/Fax** *0835 33 25 03*

Situé au cœur des Sassi, ce restaurant possède une terrasse panoramique et sert une cuisine locale : soupe aux pois chiches, agneau grillé, viande rôtie, ragoût d'agneau ou *orechiette al tegamino* (pâtes aux saucisse, mozzarella et tomate cuites au four dans un plat en terre cuite). Essayez les *strazzate* en dessert. Bons vins locaux.

MELFI, BASILICATA : Novecento ☐☐ €€

Contrada Incoronata, 85025 **Tél/Fax** *0972 23 74 70*

Restaurant d'autrefois offrant une cuisine régionale bien préparée à base d'ingrédients locaux raffinés. On remarque l'*agnello a cutturidde* (plat d'agneau local), les viandes grillées ou le *tegami* (plat en terre cuite) de légumes et champignons cuits au four. Pour finir, délicieuse mousse aux chocolat et noisettes. Excellente carte de vins.

REGGIO DI CALABRIA, CALABRIA : Baylik ☐ €€

Vico Leone 1, 89100 **Tél** *0965 486 24* **Fax** *0965 455 25*

Le Baylik, dont le nom signifie « maison du poisson » en turc, a ouvert ses portes en 1950. Il allie une décoration moderne réduite au strict minimum à une cuisine traditionnelle. Choisissez entre plusieurs entrées de saison et plats de poisson frais. En saison, essayez les spaghettis à l'encre de seiche ou à l'espadon et au melon. Vues panoramiques sur le détroit de Messine.

ROSSANO, CALABRIA : Paridò ☐ €€

Via dei Normanni, 87067 **Tél** *0983 29 07 31*

Des plats traditionnel de la région sont réinterprétés ici pour former un menu original et créatif. Parmi les spécialités, des plats de poissons tel que ragoût de seiche, l'espadon aux oignons rouges, la soupe de poisson et le poisson grillé aux agrumes. Excellente sélection de vins du Sud.

SCILLA, CALABRIA : La Grotta Azzurra U'Bais ☐☐☐ €€€€

Via Cristofero Colombo, 89058 **Tél** *0965 75 48 89* **Fax** *0965 70 42 98*

Situé sur la place où, selon la légende, Ulysse débarqua. On y mange du poisson et des fruits de mer frais, parfaitement cuisinés en toute simplicité. On remarque les pâtes aux crustacés ou oursins, l'espadon grillé, le filet d'*aguglia imperiale* (poisson local) et les rissoles de poisson à la sauce tomate. En dessert, essayez le sorbet citron au prosecco.

TROPEA, CALABRIA : Pimm's ☐ €€€

Corso Vittorio Emanuele 60, 88038 **Tél** *0963 66 61 05*

Le choix de l'élégance au cœur du centre historique. Commencez par des *crostini* de fruits de mer (pain grillé) ou de l'espadon fumé, puis optez pour les pâtes aux oursins ou sardines, ou encore la spécialité de la maison : des crevettes, des œufs de thon et les fameux oignons rouges de Tropea. Citons aussi les calmars ou l'espadon aux câpres de Lipari.

VENOSA, BASILICATA : Il Grifo ☐☐☐ €€

Via Fornaci 21, 85029 **Tél/Fax** *0972 351 88*

Située à côté du château, cette *trattoria* a été établie par un chef né dans la ville et de retour après plusieurs années passées à Rome. La décoration est décontractée et romantique, avec d'anciens murs en pierre et une terrasse pour l'été. Cuisine traditionnelle lucanienne incluant des plats de poisson et de viande, arrosés d'un excellent vin Aglianico del Vulture.

SICILE

AGRIGENTE : Kalo's ☐☐ €€

Piazzetta San Calogero 1, 92100 **Tél** *0922 263 89*

Restaurant clair offrant une terrasse et une cuisine bien préparée. Goûtez aux *maccheroncelli al pistacchio* (pâtes fraîches aux pistaches et gorgonzola), au poisson grillé ou au *spigola in crosta di sale* (loup de mer cuit dans une croûte de sel de mer) et, en dessert, à la *cassata alla ricotta*.

AGRIGENTE : Kókalos ☐☐ €€

Via Cavalieri Magazzeni 3, 92100 **Tél** *0922 60 64 27*

Trattoria rustique et accueillante à la vaste terrasse donnant sur le temple de Junon. Essayez les *fettucine* à la sauce à l'orange, le poisson frais grillé, les *involtini valle dei templi* (fines tranches de veau garnies d'un mélange d'aubergine, de fromage et de tomates séchées au soleil, puis roulées) et le parfait aux amandes (la Sicile étant célèbre pour ses amandes).

AGRIGENTE : Trattoria del Pescatore ☐☐ €€€

Lungomare Falcone e Borsellino 20, Località Lido di San Leone, 92100 **Tél** *0922 41 43 42*

Le chef choisit ses poissons chaque jour et les sert parfois crus, dans des plats simples mais délicieux - souvent rôtis ou grillés et arrosés d'un filet d'huile d'olive et de jus de citron. On remarque les spaghettis à la sauce au homard ou à l'espadon et aux aubergines, parsemés de basilic frais.

BAGHERIA : Don Ciccio ☐☐ €

Via del Cavaliere 87, 90011 **Tél** *091 93 24 42*

Cette *trattoria* du centre-ville est tournée vers les spécialités régionales et la cuisine traditionnelle de Bagheria. Goûtez aux pâtes aux sardines ou au *ragù di pesce spada* (sauce à l'espadon), au poisson grillé, aux *gamberi ripieni* (crevettes rôties et farcies) et aux *involtini di pesce spada* (paupiettes d'espadon).

CATANIA : I Viceré   目 ⊞   €€

Via Grotte Bianche 97, 95129 **Tél** *095 32 01 88*

Possibilité de dîner à l'extérieur sur une terrasse offrant une vue spectaculaire. Les locaux disent y déguster la meilleure pizza de la ville. Mentionnons également les plats principaux, comme le succulent filet de porc à la sauce mandarine, et les desserts maison. En été, vous pouvez profiter d'un deuxième établissement sur Via Grande.

CATANIA : Osteria Antica Marina   目 ⅙   €€

Via Pardo 29, 95121 **Tél** *095 34 81 97*

Trattoria très populaire située dans un angle du marché de poisson quotidien. Le service est rapide et la cuisine - évidemment à base de fruits de mer -, exquise. Essayez les classiques *spaghetti coi ricci* (aux oursins) ou *al nero di seppia* (noircis à l'encre de seiche). Réservation recommandée.

CEFALÙ : L'Antica Corte   目 ⊞   €

Ct Pepe 7, 90015 **Tél** *0921 42 32 28*

Trattoria-pizzeria installée dans une ancienne cour du centre historique de la ville. La cuisine est locale, inspirée d'antiques recettes siciliennes presque oubliées. Goûtez au *couscous di pesce* (couscous au poisson), aux *involtini di pesce spada* (paupiettes d'espadon) et aux *pasta con le sarde* (pâtes aux sardines) maison. Pizza également proposée au dîner.

CEFALÙ : La Brace   目   €€

Via 25 Novembre 10, 90015 **Tél** *0921 42 35 70*

L'actuel propriétaire du plus ancien restaurant de Cefalù est hollandais, ce qui explique peut-être les touches créatives apportées à une cuisine sicilienne, incluant les *involtini di melanzane* (aubergine farcie aux tagliatelles et ricotta cuite au four dans une sauce tomate). La longue attente (pour obtenir une table et être servi) se justifie pour profiter des délicieux desserts.

ENNA : Ariston   目 ⊞   €€

Via Roma 353, 94100 **Tél** *0935 260 38*

Au cœur d'Enna, le restaurant offre une sélection de plats de fruits de mer et autres spécialités, comme les *cavatti* (pâtes fraîches maison) aux tomates et piments, l'agneau farci, une soupe de fèves et pois et des olives farcies frites.

ERICE : Monte San Giuliano   目 ⊞   €€

Vicolo San Rocco 7, 91016 **Tél** *0923 86 95 95*

Situé dans une cour calme, de l'autre côté d'une porte médiévale du centre-ville. La carte se réfère aux traditions siciliennes et inclut des *busati di San Giuliano* (spécialité locale de pâtes fraîches aux tomates, ail, basilic, amandes et huile d'olive), des pâtes aux sardines et un couscous au poisson.

ERICE : Osteria di Venere   目 ⊞   €€

Via Roma 6, 91016 **Tél** *0923 86 93 62*

Restaurant raffiné installé dans un bâtiment attrayant du XVIIe siècle. La cuisine est essentiellement sicilienne et méditerranéenne. On remarque les *casarecce alla Venere* (pâtes fraîches maison à l'espadon, agrémentées de tomates, aubergine et menthe) et le poisson grillé, pêché du jour.

ÎLES ÉOLIENNES : Filippino   目 ⅙ ⊞   €€

Piazza del Municipio, Lipari, 98055 **Tél** *090 981 10 02*

On y déguste l'un des meilleurs dîners de Lipari depuis 1910. La carte est principalement sicilienne et basée sur des produits de la mer : espadon, macaronis maison et excellente cassata sicilienne. Spécialités : *trecette delle Eolie* (pâtes aux câpres, tomates, basilic, amandes, ail, menthe, anchois et pecorino).

ÎLES ÉOLIENNES : La Ginestra   目 ⊞   €€

Via Stradale 10, Pianoconte, Lipari, 98055 **Tél** *090 982 22 85*

Situé à flanc de colline, juste à l'extérieur de la ville, sur la route de Lipari, ce restaurant offre une terrasse sur jardin. Plutôt vide au déjeuner, lorsque la majorité des gens sont en ville ou à la plage, il se remplit au dîner, réservation conseillée ! Essayez les *tagliolini* aux œufs d'espadon, les raviolis farcis au homard, le lapin sauvage aigre-doux ou l'agneau grillé.

MARSALA : Delfino   目 ⅙ ⊞   €

Via Lungomare Mediterraneo 672, 91025 **Tél** *0923 75 10 76*

Cet hôtel-restaurant dirigé par une famille possède trois salles somptueusement meublées et donnant toutes sur mer ou jardin. Goûtez aux spaghettis au tournesol, au *cuscus di pesce* (couscous au poisson), aux *bucatini al ragù di tonno* (épais spaghettis au thon, menthe et épices) ou à l'espadon à la messinoise.

MARSALA : Mothia   目 ⅙ ⊞   €

Contrada Ettore Inversa 13, 91025 **Tél** *0923 74 52 55* **Fax** *0923 71 25 30*

Proche des salines, au nord de Marsala. La cuisine simple et délicieuse associe poisson et viande dans des menus à prix fixe offrant du pain, des pâtes et des desserts maison. Les tagliatelles à la sauce au homard sont particulièrement bonnes, tout comme la *busiata alla trapanese* (pâtes aux tomates crues et basilic).

PALERME : Hosteria Al Duar   目   €

Via Ammiraglio Gravina 31-33, 90139

Certaines parties de la Sicile se sentent plus nord-africaines qu'italiennes et les Tunisiens de Palerme qui ont le mal du pays viennent à l'Al Duar pour retrouver la cuisine qu'ils apprécient. Tous les plats sont excellents et très bon marché, comme le *completo tunisino*, mélange de ragoûts et couscous nord-africains.

Légende des prix *voir p 606* **Légende des symboles** *voir rabat de couverture*

PALERME : Trattoria Temptation
🖼️🚫 €

Via Torretta 94, Località Sferracavallo, 90148 **Tél** *091 691 11 04*

Cette *trattoria* avec vue sur mer, proche d'une des principales stations balnéaires de Palerme (près du promontoire, au nord de la ville), offre un menu tout compris à base de fruits de mer, comprenant un succulent choix de hors-d'œuvre. Les pâtes aux aubergines et le poisson frit sont vivement recommandés.

PALERME : Antica Focacceria San Francesco
🖼️🚫🖼️ €€

Via Alessandro Paternostro 58/Piazza San Francesco d'Assisi, 90133 **Tél** *091 32 02 64*

L'établissement le plus ancien et le moins cher du centre-ville pour avaler un déjeuner rapide. Il existe depuis 1834 et offre un intérieur clair meublé dans le style Art Nouveau. On y déguste des pâtes, des pizzas et de la *focaccia* (pain plat) garnie de fromage, viande et légumes.

PALERME : Santandrea
🖼️🚫🖼️ €€

Piazza Sant'Andrea 4, 90133 **Tél** *091 33 49 99*

Restaurant élégant dirigé par une famille offrant des tables éclairées aux chandelles sur une petite place tranquille, au cœur de la ville. Le serveur vous propose des plats siciliens innovants concoctés par le chef avec les produits achetés sur le marché du jour, comme les spaghettis aux homard et œufs de poisson ou le thon aigre-doux à la menthe et aux oignons.

PALERME : Trattoria Sympaty
🖼️🚫🖼️ €€

Via Piano Gallo 18, Località Mondello, 90151 **Tél** *091 45 44 70*

La salle à manger jouit d'un beau panorama sur la baie de Mondello - station balnéaire la plus populaire de Palerme - et le menu n'est quasiment composé que de poisson. Essayez les *fettuccini all'arogasta* (pâtes au homard), les *spaghetti alle sarde* (aux sardines), les *ricci* (oursins), le poulpe ou les calmars.

PALERME : La Scuderia
🖼️🚫🖼️ €€€

Viale del Fante 9, 90146 **Tél** *091 52 03 23* **Fax** *091 52 04 67*

Cet élégant restaurant installé dans le Parco della Favorita, à la lisière nord de Palerme, est fidèle à la cuisine sicilienne traditionnelle, soigneusement préparée. Ne manquez pas les *merluzzetti alla ghiotta* (ragoût de merlan aux câpres, pommes de terre, safran et tomates cerises).

RAGUSE : La Ciotola
🖼️🚫🖼️ €€

Via Archimede 23, 97100 **Tél** *0932 22 89 44*

Ce restaurant élégant et moderne du centre-ville sert des spécialités siciliennes, comme les *maccheroni alla ciotola* (pâtes maison arrosées d'une sauce aux aubergine, champignons et tomates). Le chef est souvent invité à préparer des plats locaux lors de manifestations gastronomiques nationales.

SCIACCA : Hostaria del Vicolo
🖼️ €€

Vicolo Sammartino 10, 92019 **Tél** *0925 230 71*

Restaurant du centre-ville. Le menu est sicilien, avec des plats tels que les *spaghetti alla bottarga* (aux œufs de poisson, menthe et pignons), les *casareccie con cacio, les gamberi e ciliegino* (pâtes maison aux fromage de brebis, crevettes et tomates cerises) et la *coda di rospo con patate* (queue de lotte aux pommes de terre).

SELINONTE : Lido Azzurro
🚫🎵🖼️ €

Via Marco Polo 51, Località Marinella, 91022 **Tél** *0924 462 11* **Fax** *0924 466 80*

Hôtel-restaurant animé et clair, situé sur la promenade du front de plage de cette station balnéaire proche des anciennes ruines. Belles vues sur l'acropole depuis la terrasse. Excellents buffet d'*antipasti, buvette* (pâtes) aux œufs de thon, homard, steaks d'espadon à la menthe et grillades variées de poisson.

SYRACUSE : Minerva
🖼️ €

Piazza Duomo 20, 96100 **Tél** *0931 694 04*

Restaurant du centre historique offrant de nombreux plats de poisson et un large éventail de pizzas originales. L'endroit mérite le détour à lui seul : en été, des tables sont dressées sur la place de la cathédrale, avec vue sur la façade illuminée du Duomo.

SYRACUSE : Jonico 'a Rutta 'e Ciauli
🎵🖼️ €€€

Riviera Dionisio il Grande 194, 96100 **Tél** *0931 655 40*

Ce restaurant raffiné possède une salle à manger aux murs parés de carreaux de faïence et d'outils agricoles siciliens, ainsi qu'une terrasse surplombant les vagues. Cuisine régionale proposée dans un menu pour la plupart rédigé en dialecte sicilien ; essayez la *cernia alla mattalotta* (mérou aux vin blanc, oignons, olives, câpres et tomates).

SYRACUSE : Don Camillo
🖼️ €€€

Via della Maestranza 96, 96100 **Tél** *0931 671 33*

Installé dans un palazzo du XIXᵉ siècle dans le pittoresque Ortigia (centre historique de Syracuse), ce restaurant de fruits de mer met l'espadon à l'honneur et propose également de simples steaks de thon. En entrée, essayez les *spaghetti alla sirena* (spaghettis aux crevettes et oursins frais).

TAORMINE : Al Duomo
🖼️🖼️ €€€€

Vico degli Ebrei 11, 98039 **Tél** *0942 62 56 56*

Ce restaurant sicilien typique jouit d'une terrasse. Les plats mettent en valeur les deux principaux poissons siciliens : le thon et l'espadon. On remarque surtout les *pasta ca'noccal* (macaronis maison aux anchois frais, chapelure et fenouil sauvage) et l'agneau grillé.

TAORMINE : La Giara
Vícolo La Floresta 1, 98039 **Tél** *0942 233 60*

Coquet restaurant doté de colonnes et d'arches et offrant de belles vues sur la baie depuis ses tables en terrasse. Essayez le cocktail de homard, le *petto d'oca affumicato* (blanc de canard fumé), les raviolis aux aubergines et le *pesce alla eoliana* (mérou grillé aux pommes de terre, tomates et câpres). *Fermé le midi.*

TRAPANI : Da Peppe
Via Spalti 50, 91100 **Tél** *0923 282 46*

Des spécialités de Trapani sont servies ici, ainsi que les mêmes plats maison préparés depuis des années. L'ingrédient principal est le poisson, avec le thon pêché dans la région en mai et juin. Commencez par des *focaccine con bottarga di tonno* (minuscules pizzas garnies d'œufs de thon), suivies par des *polpolette di tonno* (boulettes de thon) et un steak d'espadon.

TRAPANI : P&G
Via Spalti 1, 91100 **Tél** *0923 54 77 01*

Ce petit restaurant classique et accueillant est devenu une institution à Trapani. Au cours de la *mattanza* (massacre du thon) annuelle du printemps aux îles Egadi, on y prépare le thon frais de mille et une façons - peut-être meilleur encore en simple steak grillé, ou servi sur des pâtes dans un ragoût parfumé à la menthe.

SARDAIGNE

ALGHERO : La Cuina
Via Cavour 110, 07041 **Tél/Fax** *079 97 69 38*

Trattoria douillette en périphérie de la vieille ville d'Alghero. Le poisson pêché sur place est la spécialité : *antipasti* variés de fruits de mer, *zuppa di pesce* (soupe de poisson), risotto à l'encre de seiche et poisson frit. Terminez votre repas par un dessert sarde maison. Le décor est classique, avec des plafonds voûtés et des briques apparentes. Excellents service et rapport qualité-prix.

ALGHERO : Il Pavone
Piazza Sulis 3-4, 07041 **Tél** *079 97 95 84*

Ce restaurant élégant est situé à la lisière de la vieille ville et donne sur la Piazza Sulis plutôt animée. Cuisine de saison méditerranéenne et sarde créative : figues fraîches aux anchois et piments, pâtes à l'encre de seiche et à la ricotta fumée, sorbet citron au chocolat croustillant. Spécialités de poisson. On remarque le service.

ALGHERO/FERTILIA : Sa Mandra
Strada Aeroporto Civile 21, 07041 **Tél** *079 99 91 50* **Fax** *079 999 91 35*

Agriturismo sarde classique. L'endroit est rustique mais la nourriture digne d'un roi. Le menu à prix fixe représente la cuisine pastorale traditionnelle, avec une sélection de fromages pecorino, jambons et salamis, une grande variété de pâtes maison, un cochon de lait rôti et un agneau aux légumes frais, suivis de desserts sardes maison. Très bon rapport qualité-prix.

BOSA : Mannu da Giancarlo e Rita
Viale Alghero 28, 08013 **Tél** *0785 37 53 06* **Fax** *0785 37 53 08*

Ce restaurant moderne et élégant installé dans un hôtel offre d'excellentes spécialités de poisson. Bosa est célèbre pour son homard frais, accompagné d'une grande variété de sauces et préparé de multiples façons. On trouve aussi des plats de viande, comme du cochon de lait rôti et des gnocchis à l'agneau. Le restaurant revendique la fraîcheur des produits utilisés.

CAGLIARI : Ristorante Jannas
Via Sardegna 85, 09124 **Tél** *070 65 79 02*

Ce petit restaurant à la décoration simple mêle plats sardes traditionnels et innovants, comme le *pesce a scabecciu* (poisson frit dans la chapelure et servi froid avec une sauce aigre-douce) et les tagliatelles aux calmars cuits dans le *Cannonau* (vin rouge sarde). Savoureux desserts maison et service impeccable.

CAGLIARI : Antica Hostaria
Via Cavour 60, 09124 **Tél** *070 66 58 70* **Fax** *070 65 58 78*

Restaurant confortable installé dans un ancien bâtiment dans les arrière-rues du quartier de la Marina. La cuisine est bonne, basée sur des produits traditionnels et locaux. Les spécialités de saison incluent un risotto au radicchio, des spaghettis aux palourdes et des œufs de mulet séchés, du gibier et du poisson. Bon choix de vins.

CAGLIARI : Dal Corsaro
Viale Regina Margherita 28, 09124 **Tél** *070 66 43 18* **Fax** *070 653 439*

Restaurant élégant à l'ambiance agréable et au service raffiné, où vous pouvez déguster des plats régionaux, comme les raviolis au poisson, des créations originales (denti - poisson - aux aubergines et basilic, ou steak dans le filet *all'Angelu Ruju*) et des classiques de Cagliari. Plats végétariens également proposés. Bon choix de vins.

CALASETTE : Da Pasqualino
Via Regina Margherita 85, 09011 **Tél/Fax** *0781 884 73*

Ici, le poisson est délicieux. Des spécialités de thon vous sont servies dans cette *trattoria* familiale simple et décontractée, aménagée dans l'ancien quartier de la ville. Le menu inclut des soupes de poisson, des *bottarga* (œufs de thon), du *musciame* (thon séché au soleil), des spaghettis au thon frais, version locale du couscous, et du homard. Les vins sont également locaux.

Légende des prix *voir p 606* **Légende des symboles** *voir rabat de couverture*

CARLOFORTE : Al Tonno di Corsa
🍴🖼 €€

Via G Marconi 47, 09014 **Tél** *0781 85 51 06*

Surplombant le front de mer, au cœur de la vieille ville, ce restaurant offre une cuisine locale teintée d'influences tunisiennes, des *antipasti* de fruits de mer, du couscous, du *musciame* (thon séché au soleil), des pâtes fraîches au basilic et à la marjolaine ou à la sauce aux fruits de mer, ainsi qu'une grande variété de plats à base de thon. Décor plein de caractère.

NUORO : Canne al Vento
🍴♿ €€

Via G Biasi 123, 08100 **Tél** *0784 20 17 62*

Ce restaurant propose des plats classiques de la Barbagia, d'excellents fromages, viandes rôties - cochon de lait, sanglier, agneau - salade de poulpe et *seadas* (pâtisseries frites au pecorino fondu et enrobées de miel). Le restaurant porte le nom d'un roman de Grazia Deledda, née à Nuoro, qui reçut le prix Nobel.

OLBIA : Gallura
🍴♿ €€€

Corso Umberto 145, 07026 **Tél** *0789 246 48*

L'un des restaurants de fruits de mer les plus raffinés de Sardaigne. La cuisine est créative et les ingrédients biologiques. Spécialité : l'espadon au safran. On y déguste du poisson grillé, poché ou rôti dans le four à bois. On peut également goûter aux plats de viande, chèvre et lapin, et aux pâtes au sanglier sauvage. Délicieux desserts.

OLIENA : CK
🍴♿🖼 €

Corso M L King 2-4, 08025 **Tél** *0784 28 80 24*

Ce restaurant (prononcer « tchi kappa ») dirigé par une famille est situé dans le centre historique. La cuisine locale est préparée dans un four à bois. On y trouve des pâtes maison (dont les *busa*, pâtes fabriquées traditionnellement avec du fil de fer) à la sauce aux noisettes, des viandes rôties, une sélection délicate de fromages et un bon choix de vins.

OLIENA : Su Gologone
🍴🖼 €€€€€

Località Su Gologone, 08025 **Tél** *0784 28 75 12* **Fax** *0784 28 76 68*

Entouré de verdure, le Su Gologone n'est qu'à 12 km de Nuoro. Il est célèbre pour ses plats de viande (cochon de lait rôti, agneau et chèvre), son *pane frattau* (pain plat sarde cuit au four avec du fromage, des tomates et de l'œuf), ses raviolis, ses *malloredus* (pâtes sardes servies dans une sauce tomate à la saucisse) et ses *seadas* (pâtisseries frites).

ORGOSOLO : Ai Monti del Gennargentu
🖼♿🖼 €

Settiles, 08027 **Tél** *0784 40 23 74*

Ce restaurant traditionnel installé en pleine campagne, à 6 km d'Orgosolo, possède ses propres verger et potager biologiques. Il produit également son propre salami. Parmi les spécialités, on remarque la soupe de légumes et jambon et la soupe aux pâtes maison.

ORISTANO : Il Faro
🍴♿🖼 €€

Via Bellini 25, 09170 **Tél** *0783 700 02* **Fax** *0783 30 08 61*

L'un des meilleurs restaurants de Sardaigne, Il Faro est réputé pour sa cuisine traditionnelle. On y sert des plats régionaux variant selon les arrivages quotidiens du marché et essentiellement de poisson et fruits de mer. Spécialités : poulpe aux légumes, soupe de fruits de mer, pâtes aux aubergines, champignons et truffes, et homard. Délicieux desserts maison.

PORTO CERVO : Gianni Pedrinelli
🍴♿🖼 €€€€€

Località Piccolo Pevero, 07020 **Tél** *0789 924 36*

Le menu régional de ce restaurant plein de caractère (murs blanchis à la chaux, voûte d'entrée, plafonds ornés de poutres en bois, carrelages) comprend de nombreux plats de poisson, comme les pâtes au homard et le poisson salé, mais la spécialité de la maison est le *porcettu allo spiedo* (cochon de lait rôti à la broche).

PORTO ROTONDO : Da Giovannino
🍴♿🖼 €€€€€

Piazza Quadrata 1, 07026 **Tél** *0789 352 80*

Luxueux restaurant décoré dans ses moindres détails et muni d'un coquet jardin. Il est apprécié des hommes politiques et personnalités d'Italie qui viennent y déguster de coûteuses mais savoureuses spécialités méditerranéennes, comme les sushi de scampi au jus de citron, l'espadon aux tomates et câpres et les calmars grillés. Excellente carte des vins.

PORTOSCUSO : La Ghinghetta
🍴 €€€€€

Via Cavour 26, Località Sa Caletta, 09010 **Tél** *0781 50 81 43*

Petit restaurant élégant installé dans un village de pêcheurs face à l'île de San Pietro. La carte, composée presque à 100 % de plats de poisson, revoit les spécialités locales avec originalité. On trouve un tartare de poisson et crevettes aux œufs de caille et caviar, du poisson fumé, de la terrine de homard et de la glace aux fruits caramélisés. *Réservation conseillée.*

SASSARI : Il Cenacolo
🍴♿ €€

Via Ozieri 2, 07100 **Tél** *079 23 62 51*

Cet élégant restaurant à l'atmosphère agréable se trouve en plein centre-ville. Sa carte traditionnelle offre les meilleures spécialités régionales de la mer et de la campagne variant selon les saisons : champignons en automne, fruits de mer en été et légumes tout au long de l'année.

SASSARI : Liberty
🍴♿🎵🖼 €€

Piazza N Sauro 3 (corso Vittorio Emanuele), 07100 **Tél/Fax** *079 23 63 61*

Élégant et raffiné, ce restaurant excelle à tout point de vue. La cuisine est centrée sur le poisson. Commencez par l'*antipasto Liberty*, délicieux plateau de poisson et fruits de mer, puis optez pour les *gnocchetti camustia* (boulettes de ricotta fumée et calamari), les spaghettis au homard, ou le poisson cuit au four avec pommes de terre et artichauts. Excellente carte des vins.

BOUTIQUES ET MARCHÉS

Héritière d'une longue tradition artisanale représentée par des entreprises familiales, l'Italie est renommée pour l'élégance de son design qui touche la mode, l'automobile ou les articles ménagers. Les créateurs sont légion, qui mêlent habilement savoir-faire et créativité. Le lèche-vitrines apporte donc un véritable plaisir esthétique.

Les marchés, seuls lieux où l'on puisse encore marchander, regorgent de spécialités régionales. Leur atmosphère, la qualité de leurs produits, leurs prix attractifs contribuent au charme des rues italiennes.

Légumes frais sur l'étal d'un marché florentin

HORAIRES D'OUVERTURE

Les magasins ouvrent en général de 9 h 30 à 13 h et de 15 h 30 à 20 h, du mardi au samedi et le lundi après-midi. Toutefois, les horaires pratiqués sont de plus en plus flexibles. Il existe peu de grands magasins, mais la plupart des grandes villes possèdent une Standa, une Upim et parfois une Coin ou une Rinascente, qui ouvrent sans interruption de 9 h à 20 h, du lundi au samedi. Les disquaires et les librairies restent parfois ouverts le soir après 20 h et le dimanche.

LES MAGASINS D'ALIMENTATION

Bien que l'on trouve partout des supermarchés, rien ne vaut les magasins spécialisés. C'est un *forno* qui fournit le meilleur pain et un *macellaio* la viande la plus savoureuse ; pour la charcuterie, il faut acheter dans une *salumeria*. Les légumes sont plus frais sur les étals du marché ou chez le *fruttivendolo*. On peut acheter des gâteaux à la *pasticceria*, du lait à la *latteria* et des pâtes, du jambon et d'autres produits d'épicerie chez un

alimentari. On y vend du vin, mais le *vinaio* offre plus de choix, de même que l'*enoteca*, où l'on peut parfois goûter le vin avant de l'acheter.

LES MARCHÉS

Dans toutes les villes on trouve au moins un marché hebdomadaire. Les grandes villes ont plusieurs petits marchés quotidiens et un marché aux puces qui se tient en général le dimanche. Les commerçants s'installent à 5 h et commencent à remballer vers 13 h 30. On vend les produits alimentaire à l'*etto*

(100 grammes), au kilo, ou à la pièce. En général, les produits de saison y sont plus frais et moins chers que dans les magasins. On ne marchande pas les produits alimentaires, mais pour les vêtements, vous pouvez essayer de demander une remise *(sconto)*.

LES PRODUITS DE SAISON

Pour découvrir la diversité de la table italienne, l'idéal est de consommer des produits de saison : au printemps, des petits artichauts, des asperges et des fraises ; en été, des courgettes, des tomates, des melons, des prunes, des poires et des cerises ; en automne, des champignons et du raisin ; en hiver, du chou-fleur et des brocolis, des citrons de la région d'Amalfi et des oranges sanguines de Sicile.

MAGASINS D'HABILLEMENT ET BOUTIQUES DE STYLISTES

La mode italienne est renommée dans le monde entier. Milan en est la capitale et les boutiques des stylistes les plus célèbres se trouvent via Montenapoleone, au cœur

Boutique de souvenirs à Ostuni, près de Brindisi, dans la Pouille

de la métropole lombarde. Dans les grandes villes, les boutiques de mode sont situées dans le même quartier. Les marchés et les petits magasins offrent des modèles plus abordables. Les soldes *(saldi)* ont lieu en été et en hiver. Les friperies, assez chères, proposent des habits d'excellente qualité et en très bon état. Sur les marchés, on déballe d'énormes piles de vêtements.

BIJOUTERIES ET BOUTIQUES D'ANTIQUITÉS

Les Italiens raffolent des bijoux en or clinquants dont les

Vitrine très colorée de sacs à main en cuir à Florence

gioiellerie (bijouteries) sont remplies. On trouve des articles plus originaux chez les artisans orfèvres *(oreficerie)* ou dans les *bigiotterie*. Les magasins d'antiquités *(antiquariato)* vendent des meubles et des bibelots. On trouve rarement de véritables affaires en Italie, sauf peut-être dans les *Fiere dell'Antiquariato* (foires aux antiquités).

DÉCORATION D'INTÉRIEUR ET ARTICLES MÉNAGERS

La décoration d'intérieur est un secteur où les produits portant la signature de grands créateurs peuvent atteindre des prix faramineux. De nombreuses boutiques se spécialisent dans les styles post-moderne et high-tech. Les casseroles, les cafetières, les ustensiles de cuisine en acier inoxydable frappent par leur

Élégante boutique de mode à Trévise

élégance. Ceux d'Alessi sont de véritables œuvres d'art ; ils ont d'ailleurs leur place dans les collections du musée d'Art moderne de New York.

Pour profiter des prix les plus bas, évitez les boutiques pour touristes et achetez directement chez les fabricants. Parmi les articles bon marché, citons les tasses à espresso et à cappuccino des bars, vendues sur tous les marchés.

LES SPÉCIALITÉS RÉGIONALES

Certaines spécialités italiennes comme le jambon de Parme, le *chianti*, l'huile d'olive et la *grappa* sont connues dans le monde entier, de même que le *gorgonzola* de Lombardie et le parmesan d'Émilie-Romagne.

L'artisanat traditionnel italien demeure très vivant : dentelles et

verreries de Venise ; papier marbré, orfèvrerie, maroquinerie en Toscane ; peintures sur verre, faïences, céramiques, fer forgé en Ombrie ; céramiques et marqueterie en Campanie ; dentelles de Molise ; objets de cuivre de l'Aquila, dans les Abruzzes ; amphores et tapis en Calabre ; et les célèbres marionnettes de Sicile.

Poteries vernies décoratives de Toscane

TAILLE : TABLEAU DE CORRESPONDANCES

Robes, jupes et manteaux femmes

Italie	38	40	42	44	46	48	50
France	34	36	38	40	42	44	46
Belgique	6	8	10	12	14	16	18
Canada	6	8	10	12	14	16	18

Chaussures femmes

Italie	36	37	38	39	40	41
France	36	37	38	39	40	41
Belgique	36	37	38	39	40	41
Canada	5	6	7	8	9	10

Costumes

Italie	44	46	48	50	52	54	56	58
France	40	42	44	46	48	50	52	54
Belgique	40	42	44	46	48	50	52	54
Canada	30	32	34	36	38	40	42	44

Chemises hommes (encolure)

Italie	36	38	39	41	42	43	44	45
France	36	38	39	41	42	43	44	45
Belgique	36	38	39	41	42	43	44	45
Canada	14	15	15$^{1/2}$	16	16$^{1/2}$	17	17$^{1/2}$	18

Chaussures hommes

Italie	39	40	41	42	43	44	45	46
France	39	40	41	42	43	44	45	46
Belgique	39	40	41	42	43	44	45	46
Canada	7	7$^{1/2}$	8	8$^{1/2}$	9$^{1/2}$	10$^{1/2}$	11	11$^{1/2}$

DIVERTISSEMENTS EN ITALIE

Depuis l'époque romaine, l'Italie s'affirme comme l'un des centres culturels de l'Europe. Berceau de la Renaissance, elle est aujourd'hui la patrie de l'opéra et de divers styles régionaux de musique folk.

Le pays accueille l'un des plus célèbres festivals internationaux du film, et chaque ville italienne possède son *teatro*, lieu classique raffiné dont les programmes variés couvrent tous les aspects de la culture classique et traditionnelle. Il faut encore ajouter à cela les nombreux festivals et foires de rue, souvent en l'honneur de la nourriture, du vin et de la *dolce vita*.

INFORMATIONS PRATIQUES

La plupart des lieux offrent des services de réservation par Internet ou téléphone. Cependant, les événements majeurs ayant tendance à afficher complet bien avant la date de leur déroulement, il est préférable de réserver son billet par l'intermédiaire de sociétés spécialisées qui auront peut-être encore des places disponibles. **Liaisons Abroad** est l'une d'entre elles. Pour connaître les manifestations du moment, procurez-vous *Carnet*, magazine spécialisé dans le cinéma, la musique, le théâtre et l'art, ou *Dove*, publication mensuelle sur la culture, les voyages et la gastronomie. *Il Corriere della Serra*, le plus ancien quotidien italien, contient des pages spéciales consacrées aux spectacles et à la culture ; son site Internet Vivimilano (www.corriere.it/vivimilano) est une véritable mine d'informations sur les manifestations qui se tiennent dans la capitale de la mode. Un autre site Internet (www.romeguide.it) rassemble le même type de

renseignements sur Rome. Les offices de tourisme *(p. 665)*, comme l'**Office national italien de tourisme**, informent également les visiteurs sur les programmes, événements et lieux de spectacle.

OPÉRA ET MUSIQUE CLASSIQUE

L'Italie possède quelques-uns des plus beaux et plus anciens opéras du monde. **La Fenice** de Venise, ravagée par le feu en 1996, a été restaurée pour retrouver sa splendeur d'antan, et le **Teatro alla Scala** *(p 193)* de Milan a subi une importante rénovation. Un théâtre supplémentaire a ainsi été ajouté au bâtiment d'origine, le **Teatro degli Arcimboldi**.

En été, Vérone organise des concerts d'opéra et de musique classique en plein air, dans l'**Arena di Verona** *(p. 147)*, tandis que Rome héberge les **Terme di Caracalla** *(p. 437)*, l'auditorium de Renzo Piano, le **Parco della Musica** et le **Teatro dell'Opera**. En mai et juin, le **Maggio Musicale** *(p. 66)* de Florence ouvre ses portes à des concerts classiques et à des ballet.

Affiche publicitaire pour le festival du film de Venise

MUSIQUE ROCK, JAZZ ET CONTEMPORAINE

De grands concerts sont organisés dans les théâtres classiques ou sur les terrains de sport. L'**Arena di Verona** reçoit des vedettes l'été, tout comme le **Stadio Olimpico** de Rome. Situé juste à la sortie de Milan, le stade du **Forum di Assago** abrite de nombreux concerts. Des interprètes de jazz de renommée mondiale se réunissent tous les ans en juillet à La Pérouse à l'occasion du festival **Umbria Jazz**.

THÉÂTRE ET BALLET

L'Italie compte le plus grand nombre de théâtres traditionnels d'Europe, proposant un mélange de théâtre, ballet et musique classique sous un seul et même toit.

La compagnie de ballet de la **Scala** a acquis une renommée internationale. Quant au festival international de ballet du **Teatro Carlo Felice** de Gênes, en juillet, il propose des spectacles à la fois traditionnels et innovants.

Le festival d'opéra de Vérone attire un vaste public dans l'arène romaine

CINÉMA

Le **Festival du film de Venise** *(p. 67)*, en août et septembre, est un événement majeur. Un festival international du film de moindre ampleur se tient également à Taormine, en Sicile, pendant l'été *(p. 67)*, tandis que Florence reçoit la Festa dei Popoli *(p. 68)* en hiver.

DANSE, MUSIQUE ET FESTIVALS RÉGIONAUX

Les festivals saisonniers sont soit religieux, soit orientés vers la nourriture. Le plus connu d'entre eux est le *Carnevale* (littéralement « adieu à la viande ») *(p. 69)* qui célèbre la fin de l'hiver et annonce le Carême. Venise accueille le plus riche et le plus ancien carnaval, tandis que Viareggio, en Toscane, est réputé pour son défilé de chars. Parmi les grands festivals, on peut aussi évoquer le *Sianese Palio* *(p. 67)*, course de chevaux à cru qui se tient deux fois par an dans l'un des plus beaux coins d'Italie. Pour plus de détails sur les festivals qui se déroulent à travers le pays, consultez les pages 66 à 69. Chaque région possède ses propres danse et musique traditionnelles, mais la plus

Un spectacle palpitant : le *Sianese Palio*, une course de chevaux montés à cru

connue est la *tarantella*, originaire de la Pouille *(p. 511)*. D'après la légende, cette danse doit son nom à l'araignée tarentule, les victimes d'une morsure de tarentule exécutant une danse frénétique pour évacuer le venin.

Un masque de Carnaval raffiné

CULTURE

Qui dit divertissement, dit événements sportifs, festivals de rue ou même grands spectacles. Il s'agit de l'un des passe-temps typiquement italiens : voir et être vu. Vous pouvez le vivre au quotidien, ne serait-ce que dans les cafés. Arpentez donc l'une des places populaires des grandes villes italiennes, telles que la Piazza di Spagna ou la Piazza Navona de Rome, la Piazza del Duomo de Milan ou la Piazza San Marco de Venise, et vous rencontrerez des gens de tout âge élégamment vêtus. On appelle la passeggiata la petite balade rituelle du week-end, tout comme les promenades sur les fronts de mer et de lac l'été et les tours en ville. *L'aperitivo* caractérise également la vie quotidienne en Italie. Ce rassemblement rituel d'amis autour d'un verre, le soir après le travail ou avant d'aller dîner ou de sortir en discothèque est de nouveau à la mode. Les bars proposent des grignotages variés pour accompagner les boissons, généralement plus coûteuses qu'aux autres heures de la journée. Cette tendance a favorisé la multiplication des bars dans les grandes villes.

ADRESSES

INFORMATIONS PRATIQUES

Office national italien de tourisme
23, rue de la Paix
75002 Paris
Tél 01 42 66 66 66.
Fax 01 47 42 19 74

Liaisons Abroad
www.liaisonsabroad.com
Tél 0870 421 4020 ou
020 7376 4020.

OPÉRA ET MUSIQUE CLASSIQUE

Arena di Verona
Piazza Brà, Verona.
Tél 045 800 51 51.
www.arena.it

Terme di Caracalla
Via delle Terme di
Caracalla 52, Rome.
Plan 7 A3.

La Fenice
Campo San Fantin, Venice.
Plan 7 A2.
Tél 041 24 24.
www.teatrolafenice.it

Maggio Musicale
Florence.
Tél 0424 600458.
www.maggiofiorentino.com

Parco della Musica
Viale de Coubertin, Rome.
www.auditorium.com

Teatro alla Scala
Piazza della Scala, Milan.
Tél 02 7200 3744.
www.teatroallascala.org

Teatro degli Arcimboldi
Viale Innovazione 1, Milan.
Tél 02 7200 3744.
www.teatroarcimboldi.org

Teatro dell'Opera
Piazza B Gigli 7, Rome.
Plan 3 C3.
Tél 06 481 601.
www.opera.roma.it

MUSIQUE ROCK, JAZZ ET CONTEMPORAINE

Forum di Assago
Via G Di Vittorio 6,
Assago, Milan.
Tél 199 128 800.
www.forumnet.it

Stadio Olimpico
Viale dei Gladiatori, Roma.

Umbria Jazz
Tél 075 572 1400.
www.umbriajazz.com

THÉÂTRE ET BALLET

Teatro Carlo Felice
Passo E Montale 4, Genova.
Tél 010 53 811.
www.carlofelice.it

CINEMA

Festival du Film de Venise
Tél 041 521 87 11.
www.labiennale.org

Séjours à thème et activités de plein air

Découverte de la campagne à cheval

L'Italie offre une gamme étendue d'activités culturelles, sportives et de loisirs. Toutefois, il faut parfois être inscrit à l'année dans certaines écoles ou associations et il n'est pas toujours simple de trouver des activités pour une courte durée. Dans chaque région, les offices de tourisme – indiqués dans ce guide pour chaque ville – peuvent vous faire connaître les loisirs et les événements sportifs locaux. En ce qui concerne les festivals annuels, voyez la partie intitulée *L'Italie au jour le jour*, pages 66-69.

À vélo sur une route bordée d'arbres du delta du Pô

À PIED, À BICYCLETTE ET À CHEVAL

Certaines branches italiennes du **WWF (World Wide Fund for Nature)** organisent des randonnées pédestres. Le **Club Alpino Italiano (CAI)** met sur pied des randonnées et des ascensions et la **Ligue Italienne de Protection des Oiseaux**
(LIPU) prépare des expéditions pour observer les oiseaux. Les cartes militaires IGM sont les plus détaillées ; on ne peut se les procurer que dans les librairies spécialisées.

En dépit du relief accidenté de l'Italie, le cyclisme est un sport populaire. Le vaste delta du Pô est une région plate très adaptée au vélo. Des librairies spécialisées vendent des cartes pour cyclistes.

Beaucoup d'écoles d'équitation organisent des randonnées annoncées dans la presse locale. Pour des informations générales, contactez la **Federazione Italiana Sport Equestri**.

LES SPORTS DE MONTAGNE

Les stations de ski les plus renommées se trouvent dans les Dolomites. Il y en a d'autres, plus petites et plus économiques, dans les Apennins et en Sicile. Le plus avantageux est de réserver de l'étranger. La **Federazione Arrampicata Sportiva Italiana** fournit une liste d'écoles d'escalade adaptées à tous les niveaux.

Remonte-pente proche du col de Falzarego, au cœur des Dolomites

FOUILLES ARCHÉOLOGIQUES

Le **Gruppo Archeologico Romano** propose de participer à des fouilles archéologiques de deux semaines dans diverses régions. Ces fouilles s'adressent à la fois aux adultes et aux enfants. En France, la revue *Archeologia* publie chaque année dans son numéro de mai ou de juin une liste de fouilles ouvertes aux amateurs, notamment en Italie.

COURS DE LANGUE ET DE CIVILISATION ITALIENNES

Pour obtenir des informations sur les cours et les écoles en Italie, contactez le consulat italien le plus proche de votre domicile. La **Società Dante Alighieri** propose des cours de langue, d'histoire de l'art, de littérature et de civilisation – à temps plein ou à temps partiel – pour tous les niveaux. Les cours de langue abondent dans les grandes villes italiennes ; on trouve leurs adresses dans les Pages Jaunes *(Pagine Gialle)*, dans les librairies étrangères ou dans les journaux. Pour les jeunes étudiants, **Intercultura** organise des échanges d'une semaine, d'un mois ou d'un an, comprenant des cours de langue, l'inscription dans une

Groupe de randonneurs dans les Dolomites du Trentin-Haut-Adige *(p. 78)*

Un cours de cuisine italienne en Sicile

école et l'hébergement dans une famille italienne.

Si vous parlez l'anglais, des organismes comme **Tasting Italy** dispensent des cours de cuisine italienne et de découverte du vin, en Vénétie, en Sicile, en Toscane et au Piémont. Les offices du tourisme locaux organisent des circuits de dégustation de vin.

Enfin, l'**Università per Stranieri** de Pérouse propose des cours de civilisation, d'histoire et de cuisine.

LES SPORTS NAUTIQUES

On peut louer des voiliers, des canoës et des planches à voile dans la plupart des stations balnéaires. D'ordinaire, les clubs ne dispensent des cours qu'à leurs adhérents. On peut obtenir une liste d'associations agréées auprès de la **Federazione Italiana Canoa Kayak** et la **Federazione Italiana Vela**. La plupart des agences de voyages et le magazine *Avventure nel Mondo* proposent des cours de voile et des croisières d'une semaine sur un voilier.

Les piscines sont assez chères, et rares sont celles qui vous acceptent pour la journée. Il faut souvent prendre une carte d'adhésion et payer un forfait mensuel. Certains hôtels de luxe ouvrent leurs piscines au public en été, mais elles sont chères. Les parcs nautiques avec toboggans et jeux sont très prisés. Assurez-vous toujours que l'eau – surtout de la mer à proximité d'une grande ville – n'est pas polluée. La **Federazione Italiana di Attività**

Subacquee organise des cours de plongée sousmarine.

SPORTS AÉRIENS

Dans toute l'Italie, des écoles offrent des cours de deltaplane et de vol, mais la durée minimale de chaque cours est d'un mois. Pour obtenir des informations, contactez l'**Aeroclub Italia**. Il faut acquérir la licence avant de pouvoir voler et chaque appareil doit être enregistré auprès de l'aéro-club.

AUTRES SPORTS

Le golf est un sport très prisé en Italie et on n'a que l'embarras du choix entre une myriade de terrains. Il faut souvent être membre d'un club pour pouvoir y accéder chaque jour. Les clubs de tennis sont en général réservés aux membres, mais on peut se faire inviter. La **Federazione Italiana di Tennis** détient une liste de tous les clubs.

Le football est une véritable passion chez les Italiens et dans chaque parc, sur chaque plage, vous assisterez à des matchs amicaux et bruyants. On peut louer des terrains de football à cinq, mais il est plus agréable de jouer entre amis ou de se joindre à un groupe.

Loisir ou sport de compétition, la voile est très prisée en Italie

ADRESSES

AeroClub Italia
Via Cesare Beccaria 35a, 00196 Rome. *Tél* 06 36 08 46 01.

Club Alpino Italiano
Via Galvani 10, 00153 Rome.
Tél 06 57 28 71 43.
www.cairoma.it

Federazione Arrampicata Sportiva Italiana
Via del Terrapieno 27, 40127 Bologne. *Tél* 051 601 48 90.
www.federclimb.it

Federazione Italiana Attività Subacquee
Via Vittoria Colonna 27, 00193 Rome. *Tél* 06 322 56 87.
www.fipsasroma.it

Federazione Italiana Canoa Kayak
Viale Tiziano 70, 00196 Rome.
Tél 06 36 85 83 16.
www.federcanoa.it

Federazione Italiana Sport Equestri
Viale Tiziano 74, 00196 Rome.
Tél 06 36 85 83 26. www.fise.it

Federazione Italiana di Tennis
Viale Tiziano 74, Rome.
Tél 06 36 85 85 10.
www.federtennis.it

Federazione Italiana Vela
Piazza Borgo Pila 40, Genova.
Tél 010 544 541.
www.federvela.it

Gruppo Archeologico Romano
Via Baldi degli Ubaldi 168, 00167 Rome.
Tél 06 638 52 56.
www.gruppoarcheologico.it

Intercultura
Corso Vittorio Emanuele 187, 00186 Rome. *Tél* 06 687 72 41.
www.intercultura.it

Ligue Italienne de Protection des Oiseaux (LIPU)
Via Trento 49, 43100 Parma.
Tél 0521 27 30 43. www.lipu.it

Società Dante Alighieri
Piazza Firenze 27, Rome.
Tél 06 687 37 22.
www.dante-alighieri.it

World Wide Fund for Nature
Via Po 25c, 00198 Rome.
Tél 06 84 49 71.
www.wwf.it

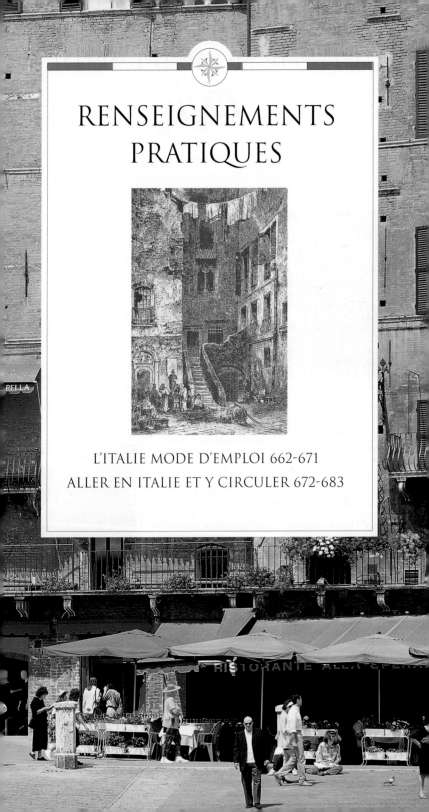

RENSEIGNEMENTS PRATIQUES

L'ITALIE MODE D'EMPLOI

Les Italiens vous diront tous que l'Italie est le plus beau pays du monde. Ils n'ont peut-être pas tout à fait tort, et le charme de leur pays fait parfois oublier les nombreux problèmes pratiques auxquels on se trouve confronté : il est assez difficile d'obtenir des informations, les services publics,

ITALIA

ENTE NAZIONALE ITALIANO PER IL TURISMO

Logo de l'ENIT

notamment les banques, sont souvent congestionnés par de longues files d'attente et de fastidieuses pratiques bureaucratiques et enfin l'inefficacité du service postal est proverbiale. Lisez ces pages. Avec un peu de patience, elles devraient faciliter votre séjour en Italie.

Touristes sur le ponte della Paglia à Venise (p. 109)

VISAS ET PERMIS DE SÉJOUR

Les ressortissants de l'Union européenne, de la Suisse et du Canada n'ont pas besoin de visa pour un séjour n'excédant pas trois mois. Un passeport en cours de validité leur suffit. Officiellement, les étrangers sont tenus de signaler leur présence à la police dans les huit jours qui suivent leur arrivée. Si vous logez à l'hôtel ou en camping, c'est automatique. Sinon, rendez-vous au commissariat (*Questura*) de votre lieu de résidence.

Si vous désirez demeurer en Italie plus de trois mois (ou de huit jours si vous n'êtes pas citoyen de l'UE), il faudra affronter les méandres compliqués de la bureaucratie locale pour obtenir un *permesso di soggiorno* (permis de séjour). Vous pouvez vous adresser à n'importe quel commissariat central (*Questura*) et demander soit un permis de travail (*di lavoro*), soit un permis pour étudier (*di studio*). Il faudra remplir une demande (*domanda*) écrite et fournir

des photographies d'identité et des photocopies de votre passeport. Pour une demande de permis de travail, il faut procurer une attestation confirmant votre futur emploi en Italie ou justifier de ressources.

Si vous demandez un permis pour étudier, il vous faudra obtenir une lettre de l'école ou de l'université et l'envoyer au consulat italien de votre pays d'origine, afin de vous procurer une lettre d'introduction officielle ou une attestation. Vous devrez aussi fournir des garanties attestant le paiement de vos frais en cas de maladie ou d'accident. Une police d'assurance médicale (*p. 667*) devrait suffire.

QUAND SE RENDRE EN ITALIE

L'Italie attire des foules considérables. Rome, Florence et Venise sont envahies du printemps à octobre et il est conseillé d'y réserver un hôtel longtemps à l'avance. Mais en août, au cœur de l'été, les villes sont en général désertées par

leurs habitants. Venise triple sa population en février, à l'occasion du carnaval (*p. 69*), et à Pâques, Rome est prise d'assaut par les pèlerins et les touristes. Les stations balnéaires sont bondées en juillet et en août, alors qu'il fait tout aussi chaud en juin et en septembre. La mer et les plages sont d'ailleurs plus propres au début de l'été. On skie de décembre à mars, bien que la première neige tombe souvent dès le mois de novembre. La plupart des musées et des monuments sont ouverts toute l'année, en dehors de certains jours fériés (*p. 69*) et, souvent, de deux lundis, ou plus, par mois (*p. 664*).

Le célèbre café Tazza d'Oro, à Rome, constitue une halte agréable

LES DIFFÉRENCES SAISONNIÈRES

En gros, le nord de l'Italie est plus tempéré que le sud au climat méditerranéen. De juin à septembre, il fait chaud. Les orages d'été durent rarement plus de quelques heures. Au printemps et en automne, il fait doux : c'est le meilleur moment pour visiter les villes. L'hiver peut être extrêmement froid, notamment dans le nord. *Les climats de l'Italie*, p. 72-73, détaillent les différences climatiques.

◁ **La magnifique piazza del Campo, à Sienne, lieu de réunion des Siennois et des touristes**

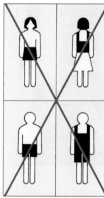

Tenues non admises dans les églises : le torse et les épaules doivent être couverts

SAVOIR-VIVRE ET POURBOIRES

Dans l'ensemble, les Italiens sont aimables à l'égard des étrangers. Quand on entre dans une boutique ou dans un bar, l'usage veut que l'on dise *buon giorno* (bonjour) ou *buona sera* (bonsoir). On fait de même quand on sort. Les gens vous indiquent volontiers le chemin dans la rue. Il suffit souvent de dire *scusi*, suivi du nom de l'endroit où vous désirez vous rendre. À *grazie* (merci), on répond *prego* (je vous en prie).

Au restaurant, on laisse un pourboire quand le service n'est pas compris. Un pourboire de 10 % est considéré comme généreux. Quand un chauffeur de taxi ou un portier d'hôtel s'est montré obligeant, il suffit d'arrondir le total aux euros supérieurs.

Les Italiens sont très attentifs à l'habillement et ils notent immédiatement les vêtements excentriques ou indécents. Dans de nombreux lieux de culte, on impose un code vestimentaire très strict : on doit avoir le torse et les épaules couverts, les shorts et les jupes doivent descendre au-dessous du genou.

PRODUITS IMPORTÉS

Depuis le 30 juin 1999, le service des Duty Free qui proposait des produits de luxe, de l'alcool, du parfum ou du tabac a été supprimé. Bien sûr, cela ne vous empêche pas d'introduire en Italie les produits en petite quantité et pour un usage personnel.

Les consulats pourront vous renseigner sur les conditions particulières de régulations. Pour savoir ce que vous pourrez rapporter d'Italie vers votre pays, contactez les douanes de votre pays.

EXEMPTION DE LA TVA

La TVA (IVA en Italie) est de 12 à 35 % selon les produits. Si vous n'êtes pas citoyen de l'Union européenne, vous pouvez obtenir le remboursement de l'IVA pour tout achat d'une valeur supérieure à 155 euros, mais les démarches pour l'obtenir sont longues et fastidieuses. Il est plus simple d'effectuer vos achats dans les magasins arborant le sigle « Euro Free Tax ». Après avoir montré votre passeport à la caisse et rempli un formulaire, l'IVA sera déduite de votre facture. Vous pouvez également vous présenter à la douane avec le reçu. Le douanier le tamponnera et vous devrez le renvoyer au vendeur. Vous recevrez ensuite le remboursement par la poste.

L'horloge de San Giacomo di Rialto à Venise *(p. 97)*

L'HEURE ITALIENNE

Comme la Belgique, la France et la Suisse, l'Italie vit à l'heure de l'Europe centrale. En mars, on avance les montres d'une heure et en octobre on revient à l'horaire d'hiver. Le décalage horaire avec Montréal est de six heures.

ADAPTATEURS ÉLECTRIQUES

Les prises italiennes sont alimentées en courant alternatif de 220 volts et acceptent des fiches mâles à deux broches. Mais les fiches italiennes présentent différentes tailles. Il convient donc de se munir d'un adaptateur. Achetez-le avant de partir, car c'est un article difficile à trouver en Italie. Dans la plupart des hôtels trois étoiles et plus, les salles de bains sont équipées de prises spéciales pour les rasoirs et les sèche-cheveux ; toutefois, n'oubliez pas de vérifier le voltage.

Prise électrique italienne standard

RÉSERVER DES BILLETS

Les théâtres italiens ne prennent pas de réservations par téléphone. Mais les agences **Box Office**, **Vertours** et **Amitonline**, peuvent vous réserver des billets (elles prennent une commission). Les billets d'opéra sont vendus plusieurs mois à l'avance, sauf quelques-uns que l'on conserve jusqu'à l'avant-veille du spectacle. Quant aux billets des concerts de rock et de jazz, on peut les acheter chez les disquaires mentionnés sur les affiches publicitaires.

INFORMATION TOURISTIQUE

L'Office National Italien du Tourisme (**ENIT**) possède des bureaux dans les capitales du monde entier et fournit des renseignements généraux sur l'Italie. Pour des informations plus spécifiques, adressez-vous aux offices du tourisme locaux. Nous avons indiqué leur adresse et leur numéro de téléphone pour chaque ville ou localité, et ils sont reportés sur les cartes des villes. L'**EPT** (*Ente Provinciale di Turismo*) renseigne sur la ville et la province, alors que l'**APT** (*Azienda di Promozione Turistica*) s'occupe uniquement d'un lieu précis. Les deux organismes distribuent des cartes, des plans et des guides en plusieurs langues, réservent des hôtels et organisent des visites guidées. Ils peuvent vous indiquer des guides locaux préparant des visites et vous signaler les excursions. Les petites localités possèdent un office du tourisme local (*Pro Loco*) qui n'est parfois ouvert que durant la saison touristique. Il se trouve d'ordinaire à la mairie *(comune)*.

Logo des bureaux d'information

LES VISITES GUIDÉES

De nombreuses agences de voyages proposent des excursions en autocar, avec des guides parlant plusieurs langues. La CIT organise des

Une visite guidée dans les rues de Florence

Une étudiante se détend au soleil à Gaiole in Chianti

circuits en autocar dans toute l'Italie. Si vous souhaitez sortir des sentiers battus, cherchez sur place les adresses des agences et des organisations de voyages dans les pages locales des journaux ou en vous informant auprès des offices du tourisme. Employez toujours des guides officiels et négociez le prix à l'avance pour éviter les surprises. Pour les divers types de vacances à thèmes, reportez-vous aux pages 658-659.

AUTORISATION DE VISITE

Pour visiter certains lieux de Rome habituellement interdits au public ou peu fréquentés, on peut se procurer l'indispensable autorisation écrite à l'adresse suivante :

Comune di Roma Soprintendenze Comunale
Via Ostiense 106, Rome.
***Tél** 06 67 10 38 19.*
www.romacultura.org

HORAIRES D'OUVERTURE

Peu à peu les musées italiens adoptent de nouveaux horaires, notamment dans le Nord et le Centre. Ils ouvrent chaque jour de 9 h à 19 h, en dehors du lundi. L'hiver, beaucoup ferment plus tôt, en particulier le dimanche. Les petits musées privés ont leurs propres horaires et il est donc plus prudent de téléphoner avant de s'y rendre. Les sites

archéologiques restent accessibles de 9 h jusqu'à une heure avant le coucher du soleil, du mardi au dimanche. Les églises sont ouvertes de 7 h à 12 h 30 et de 16 h à 19 h. Mais souvent

Promenade sur un paisible canal de Venise

on ne peut pas les visiter durant les offices ; mieux vaut donc éviter les dimanches.

DROITS D'ADMISSION

Ils se situent habituellement entre 2 et 7 euros (les églises sont parfois payantes). Il n'y a pas toujours de tarif étudiant, mais les ressortissants de l'Union européenne de moins de 18 ans et de plus de 60 ans peuvent entrer gratuitement dans de nombreux musées nationaux et sites archéologiques. Les groupes bénéficient souvent d'une réduction. Pour profiter d'un tarif spécial, il faut présenter une carte d'étudiant ou un passeport.

LES ÉTUDIANTS

L'organisation italienne de voyage pour étudiants, le **CTS** (Centro Turistico Studentesco) délivre la carte internationale d'étudiant (ISIC) et la carte d'échanges éducatifs internationaux (YIEE). Toutes deux

Carte ISIC

permettent d'obtenir des réductions dans les musées et les monuments.

Avec la carte de l'ISIC, on bénéficie également 24 heures sur 24 d'un service d'assistance téléphonique fournissant des renseignements et des conseils pratiques sur la vie étudiante en Italie. Le CTS propose également des locations de voiture à prix réduit et organise des séjours et des cours de langue sur place. Si vous êtes membre de la Fédération des Auberges de Jeunesse, adressez-vous à l'**Associazione Italiana Alberghi per la Gioventù**.

VOYAGER AVEC DES ENFANTS

Dans l'ensemble, les Italiens adorent les enfants, au point d'être souvent trop permissifs. On voit souvent des enfants jouer dehors très tard le soir, surtout en été. La plupart des trattorie et des pizzerie les accueillent bien volontiers, et aucun

Enfant donnant à manger aux pigeons, piazza Navona, Rome

règlement ne les exclut des bars. Les hôtels également les acceptent de bon gré, tout en n'étant pas toujours vraiment équipés pour les recevoir. Les hôtels haut de gamme proposent parfois un service de baby-sitting. Enfin, la plupart des villes possèdent des aires de jeu et le calme Méditerranée est l'idéal pour les jeunes nageurs

Pont muni d'une rampe pour fauteuil roulant

LES PERSONNES HANDICAPÉES

Certaines villes disposent d'autobus adaptés aux handicapéset on introduit peu à peu des ascenseurs dans les musées et dans certaines églises.

À milan, **AIAS** (Associazone italiana Assistenza Spastici) et à Rome **CO.IN.Sociale** fournit des renseignements sur les aménagements et des conseils pratiques.

SERVICES RELIGIEUX

Près de 85 % de la population italienne est catholique. La messe du dimanche est célébrée dans tout le pays, et dans les grandes églises du pays, des offices ont lieu en semaine. Dans certaines villes, on peut entendre la messe en français dans quelques églises comme à Saint-Louis-des-Français, à Rome. Pour être reçu en audience publique par le pape, reportez-vous page 419.

L'Italie est majoritairement catholique, mais toutes les autres grandes religions y sont représentées. Pour plus de détails, contactez les différents centres confessionnels à Rome.

Santé et sécurité

En général, l'Italie est un pays sûr, mais il vaut mieux faire attention à ses affaires personnelles, surtout dans les grandes villes. La police est très présente dans tout le pays et en cas d'urgence ou d'agression, elle sera en mesure de vous porter assistance et de vous dire où vous adresser pour signaler un accident. Si vous tombez malade, la première chose à faire est de vous rendre dans une pharmacie : on pourra vous conseiller, ou vous envoyer au bon endroit pour vous faire soigner. En cas d'urgence, le service des urgences *(Pronto Soccorso)* de n'importe quel hôpital vous prendra en charge.

Commissariat de police
(Commissariato di Polizia)

Voiture de police

Bateau-ambulance à Venise

Voiture de pompier romaine

SÉCURITÉ DES BIENS

Les délits mineurs comme le vol à la tire, le vol de sac, le vol de voiture sont répandus. Si vous en êtes victime, il faut le déclarer dans les 24 heures au commissariat *(questura* ou *commissariato)* le plus proche.

Évitez de laisser des objets bien en vue dans un véhicule sans surveillance, notamment un autoradio. Si vous devez laisser des bagages dans votre voiture, cherchez un hôtel disposant d'un parking privé. Ne laissez jamais votre portefeuille dans la poche arrière de votre pantalon dans les autobus ou les endroits bondés. Les « bananes » sont parmi les proies favorites des pickpockets. Dans la rue, tenez vos sacs et appareils-

photo vers l'intérieur du trottoir, pour ne pas tenter des voleurs motorisés et, hors des zones touristiques, n'exhibez pas de caméras de valeur. Pour transporter des sommes importantes, le plus sûr est de vous munir de chèques de voyage ou d'Eurochèques. Conservez vos reçus et votre carte Eurochèque séparément, avec une photocopie de vos papiers. Il est également conseillé de souscrire une assurance globale couvrant aussi bien le vol, les annulations et retards des avions, la perte ou la dégradation des bagages, de l'argent ou d'autres objets de valeur, que la responsabilité personnelle et les accidents. Si vous devez signaler à votre assurance le vol ou la perte d'un bien, il faut fournir la copie de la plainte *(denuncia)* déposée au commissariat de police. En cas de perte de passeport, rendez-vous à votre consulat ou à votre ambassade ; pour la perte de chèques de voyage, contactez la succursale la plus proche de l'organisme les ayant délivrés.

ASSISTANCE JURIDIQUE

Votre assurance doit comporter une assistance juridique et la consultation d'un avocat. Si vous n'êtes pas couvert par une assurance, contactez votre ambassade dès qu'un accident se produit. Celle-ci peut vous

conseiller et vous fournir une liste d'avocats parlant italien et français et connaissant à la fois le système juridique italien et celui de votre pays.

SÉCURITÉ DES PERSONNES

Alors que la petite délinquance est fréquente dans les villes, les actes de violence sont rares en Italie. Bien que les gens aient l'habitude d'élever la voix et de se montrer agressifs durant les disputes, si vous restez calme et poli, cela aide à désamorcer les conflits. Méfiez-vous des guides non autorisés, des chauffeurs de taxi sans licence, ou des inconnus qui proposent de vous conduire dans un hôtel, un restaurant ou une boutique en espérant une rétribution.

FEMMES VOYAGEANT SEULES

En Italie, les femmes seules sont souvent abordées dans la rue. Bien que cela soit souvent plus agaçant que dangereux, la nuit il est préférable d'éviter les

Une compagnie de *carabinieri* en uniforme de ville

endroits déserts et mal éclairés.
Le meilleur moyen d'éviter les
sollicitations importunes est de
savoir où l'on va. D'ordinaire,
le personnel des hôtels et des
restaurants traite les femmes
seules avec un surcroît de
gentillesse et d'attention.

LA POLICE

La police nationale *(polizia)*
porte un uniforme bleu et a des
voitures bleues. Elle s'occupe
de la plupart des délits. Les
carabinieri sont des militaires à
l'uniforme bleu foncé et noir,
au pantalon orné d'un liseré
rouge. Chargés de lutter contre
diverses infractions allant du
crime organisé aux excès de
vitesse, ils opèrent également
des contrôles de sécurité. La
guardia di finanza est chargée
de la répression des fraudes ;
elle porte un uniforme gris, au
pantalon orné d'un liseré
jaune. Les *vigili urbani*
(police municipale)
chargés de régler la
circulation ont un
uniforme bleu et blanc
en hiver, blanc l'été.
Bien qu'ils ne
soient pas de
véritables officiers
de police, ils
peuvent délivrer de
lourdes amendes
pour les infractions
liées à la
circulation et au
stationnement. On
les voit d'ordinaire
en train de
patrouiller dans les
rues ou de régler la
circulation. Toutes
ces forces de
police peuvent
vous assister.

**Policier
municipal**

INTERPRÈTES

Les interprètes et traducteurs
indépendants proposent
souvent leurs services dans les
journaux et dans les librairies
de langue étrangère. Les
agences figurent dans les Pages
Jaunes *(Pagine Gialle)* et l'AITI
*(Associazione Italiana di
Traduttori e Interpreti)* possède
une liste d'interprètes et de
traducteurs qualifiés. En cas
d'urgence, votre ambassade
vous fournira un interprète

Façade d'une pharmacie florentine

LES SOINS MÉDICAUX

En Italie, les soins médicaux
d'urgence sont gratuits pour les
citoyens de l'Union
européenne. Il faut vous
procurer auprès de votre centre
de Sécurité Sociale la carte
européenne d'assurance
maladie. On vous indiquera
comment procéder pour être
pris en charge dans d'autres
pays membres de l'Union
européenne. Dans certains
cas, vous devrez avancer les
sommes, dont vous serez
remboursé à votre retour,
en fournissant les pièces
justificatives. Si vous n'êtes
pas ressortissant de l'Union
européenne, il vous
convient de souscrire une
police d'assurance privée
couvrant les soins médicaux.
En cas d'urgence, rendez-
vous au centre de *Pronto
Soccorso* (service des
urgences) de l'hôpital le plus
proche.

Aucun vaccin n'est
nécessaire pour se rendre en
Italie, mais en été il convient
de se prémunir contre les
moustiques. On peut se
procurer des crèmes, des
vaporisateurs et des diffuseurs
électriques anti-moustiques en
pharmacie.

BESOINS URGENTS

Les pharmacies *(farmacie)*
vendent un grand nombre de
produits médicaux, y compris
des médicaments
homéopathiques, mais il faut
souvent posséder une
ordonnance. Grâce à un
service de nuit par roulement
(servizio notturno), il y a

toujours une pharmacie
ouverte dans les villes. Celle de
garde est indiquée dans les
pages locales des quotidiens et
à la porte des pharmacies.

Les *tabacchi* (tabacs), avec
leur enseigne portant un grand
« T » (voir ci-dessous), sont des
lieux utiles. En dehors des
cigarettes et des allumettes, ils
vendent en effet rasoirs et
piles, tickets de bus et de
métro, cartes téléphoniques,
cartes de parking et timbres-
poste. Dans certains tabacs, on
peut même faire peser et
affranchir des colis.

**Bureau de tabac avec son « T »
blanc caractéristique**

Banques et monnaie

En dehors des endroits les plus reculés, pratiquement tous les hôtels, de nombreux magasins, les grands restaurants et les stations-service acceptent les cartes bancaires et les Eurochèques. Il faut parfois présenter une pièce d'identité avec la carte bancaire. Vous pouvez changer des devises dans les banques, qui proposent souvent de meilleurs taux de change, mais cela prend tellement de temps qu'il vaut mieux passer par les bureaux de change et les changeurs automatiques. Toutes les banques honorent les chèques de voyage et les distributeurs automatiques de billets *(bancomat)* acceptent les cartes Eurochèque. Beaucoup prennent également la MasterCard (Access), la Visa et l'American Express.

Changeur automatique

Distributeur de billets acceptant les cartes Visa et MasterCard

LE CHANGE

Compte tenu des horaires d'ouverture des banques, assez limités et parfois fluctuants, il est plus prudent d'acquérir des euros avant d'arriver en Italie. Les cours du change varient d'une banque à l'autre.

Sur place, le moyen le plus pratique est d'utiliser les changeurs automatiques implantés dans les aéroports, les gares ou à l'extérieur des banques les plus importantes. On peut lire en français le taux de change sur l'écran. Il suffit d'y introduire jusqu'à dix billets étrangers pour recevoir des euros en échange.

On trouve des bureaux de change dans toutes les grandes villes. Ils offrent en général un change moins avantageux et prélèvent une commission plus élevée que celle des banques.

LES EUROCHÈQUES

La carte Eurochèque permet de retirer de l'argent liquide dans tous les distributeurs arborant ce logo. Elle peut aussi être utilisée directement comme titre de paiement. La plupart des boutiques, hôtels et restaurants haut de gamme l'acceptent, mais il vaut mieux vérifier avant de faire ses achats. Sinon, vous pouvez retirer du liquide dans toutes les banques qui affichent le logo Eurochèque. La carte Eurochèque garantit les chèques à concurrence de 300 euros.

VARIATIONS DU COÛT DE LA VIE ENTRE LES RÉGIONS

En général, le Nord est plus cher que le Sud. Les restaurants et les hôtels situés hors des lieux touristiques sont souvent plus économiques et il est plus avantageux d'acheter des produits locaux, en évitant les pièges à touristes.

Sas électronique de sécurité à l'entrée d'une banque

LES HEURES D'OUVERTURE

Les banques ouvrent généralement de 8 h 30 à 13 h 30, du lundi au vendredi. La plupart ouvrent une heure dans l'après-midi, entre 14 h 15 et 15 h ou entre 14 h 30 et 15 h 30, selon les banques. Elles ferment le week-end, les jours fériés et un peu plus tôt les veilles de fêtes. Les bureaux de change restent souvent ouverts toute la journée et même, dans certains endroits, tard le soir.

À LA BANQUE

Par mesure de sécurité, la plupart des banques sont équipées de sas électroniques. Déposez d'abord objets de métal et sacs dans un casier situé dans le vestibule. Pressez ensuite un bouton pour ouvrir la première porte et attendez qu'elle se verrouille derrière vous. La seconde porte s'ouvre alors automatiquement. Des vigiles armés surveillent la plupart des banques.

Changer de l'argent dans une banque peut s'avérer exaspérant, car cela implique de remplir d'interminables formulaires et de faire la queue. Il faut d'abord vous adresser au guichet *cambio*, puis vous rendre à la *cassa*. En cas de doute, renseignez-vous pour éviter d'attendre dans la mauvaise file.

Si vous devez vous faire envoyer de l'argent en Italie, votre banque peut le transmettre par télex à une banque italienne, mais cela prend au moins une semaine. American Express, Thomas Cook et Western Union effectuent des transferts d'argent plus rapides, à la charge de l'expéditeur.

L'EURO

L'euro, la monnaie unique européenne, est aujourd'hui en circulation dans 12 pays sur 25 des États membres de l'Union européenne. L'Allemagne, l'Autriche, la Belgique, l'Espagne, la Finlande, la France, la Grèce, l'Irlande, l'Italie, le Luxembourg, les Pays-Bas et le Portugal ont choisi de changer leur monnaie. L'euro a été mis en circulation au 1er janvier 2002 et tous les achats se règlent avec cette monnaie. Les dernières lires ont été échangées dans les banques le 30 juin 2002. Les billets sont identiques dans les 12 pays : mêmes formats, mêmes valeurs, mêmes couleurs et décors. Les pièces ont une face commune, l'autre change selon le pays d'émission.

Les billets de banque

Différents billets existent.
5 euros (gris) est le plus petit,
suivi de 10 euros (rose),
20 euros (bleu), 50 euros (orange),
100 euros (vert), 200 euros (jaune)
et 500 euros (pourpre).
Tous les billets sont à l'effigie
de l'Union européenne.

5 euros

10 euros

20 euros

50 euros

100 euros

200 euros

500 euros

2 euros

1 euro

50 cents

20 cents

10 cents

Les pièces de monnaie

L'euro a huit pièces différentes :
1 euro et 2 euros ; 50 cents, 20 cents, 10
cents, 5 cents, 2 cents et 1 cent. Les pièces de
1 et 2 euros sont de couleur argent et or. Celles
de 50, 20 et 10 cents sont dorées. Celles de 5,
2 et 1 cents sont de couleur bronze.

5 cents

2 cents

1 cent

Les communications et les médias

La poste italienne est connue pour son extrême lenteur, mais les autres moyens de communication, au moins dans les grandes villes, sont efficaces. Les plus employés sont les télécopieurs et le téléphone. Internet est partout disponible. On trouve les journaux étrangers dans toutes les villes de quelque importance. L'Italie possède des chaînes de télévision publiques et privées, mais seules les chaînes transmises par satellite et les stations de radio diffusent des programmes en langue étrangère.

Logo de la compagnie du téléphone

LES TÉLÉPHONES PUBLICS

En 1994, la compagnie italienne des téléphones, la SIP, a pris le nom de Telecom. Les appareils à pièces deviennent de plus en plus rares, au profit de ceux qui fonctionnent avec une carte ou, comme les nouvelles cabines, acceptent les deux. Vous pouvez acheter une carte téléphonique (*carta* ou *scheda telefonica*) dans les bars, les kiosques à journaux, les *tabacchi* et bien sûr les postes. Les appareils les plus récents affichent leurs instructions en italien, espagnol, français, anglais et allemand. Pour sélectionner une langue, on appuie sur le bouton placé en haut à droite. Si vous téléphonez à l'étranger à partir d'une cabine à pièces, assurez-vous d'avoir la monnaie suffisante. Insérer la somme requise en début de communication ; sinon, la liaison est coupée et vous perdez votre argent. Le moyen le plus simple est de chercher un téléphone muni d'un compteur *(telefono a scatti)*, dans un bar ou un restaurant. On paie en fin de communication.

Téléphone

Les grandes villes possèdent des bureaux téléphoniques *(Telefoni)*. On vous assigne une cabine et vous payez après la communication. Ce service est gratuit.

Les cartes téléphoniques internationales, qui sont en vente elles aussi dans les tabacs et les kiosques à journaux, restent le moyen le plus économique. Certaines cartes offrent jusqu'à 3 heures de communication, en fonction du pays appelé, pour environ 10 euros. Composez le numéro gratuit inscrit sur la carte, puis entrez votre code secret trouvé sous la zone argentée, à l'arrière de la carte. Un opérateur vous donne le montant de votre crédit et vous demande de composer le numéro que vous désirez.

INTERNET

Internet est le meilleur moyen de rester en contact avec votre famille et vos amis lorsque vous voyagez en Italie. Telecom Italia, la compagnie italienne des téléphones, a mis sur place un service internet dans les principales gares du pays et les centres de téléphones public. Le temps passé sur internet peut être décompté sur une simple carte téléphonique.

Certaines chaînes de magasin internet vendent des cartes magnétiques à crédit valables dans tous leurs centres. **Internet Train**, avec plus de 50 centres, est le plus connu en Italie. Visitez leur site afin d'avoir la liste complète de leurs points.

D'autres centres plus petits (placés autour des universités et des gares) proposent aux internautes des plages horaires de 15 minutes. Des réductions sont offertes aux étudiants tout comme un système de barème dégressif.

Internet Train
www.internettrain.it

MODE D'EMPLOI D'UN TÉLÉPHONE À PIÈCES ET À CARTE

1 Décrochez le combiné et attendez la tonalité.

2 Insérez la carte dans la fente.

3 Le voyant affiche le crédit d'unités.

4 Composez votre numéro et attendez que la communication soit établie.

5 S'il vous reste des unités et que vous voulez faire un second numéro, appuyez sur la touche « appel suivant ».

Pour utiliser une carte, détachez le coin, puis insérez-la, flèche en avant.

ADRESSES

Souvenez-vous de faire le code de la région précédé du zéro, même lorsque l'appel est inter-urbain.

NUMÉROS UTILES

Renseignements
Tél 1288.

Renseignements internationaux
Tél 1254.

Italcable
Tél 170 (pour communications en PCV ou par carte bancaire).

Opérateur pour l'Europe
Tél 15.

Opérateur pour appels intercontinentaux
Tél 172.

INDICATIFS NATIONAUX

Pour appeler l'Italie des pays suivants :
Tél France 00 39.
Tél Belgique 00 39.
Tél Canada 011 39.
Tél Suisse 00 39.

Pour appeler les pays suivants depuis l'Italie :
Tél France 00 33.
Tél Belgique 00 32.
Tél Canada 00 1.
Tél Suisse 00 41.

LA TÉLÉVISION ET LA RADIO

Parmi les chaînes de télévision italiennes, on trouve la RAI (Uno, Due et Tre) publique et de nombreuses chaînes privées, dont Retequattro, Canale Cinque et Italia Uno, appartenant à Silvio Berlusconi. Les films étrangers sont doublés en italien, mais des chaînes par satellite, comme Sky, CNN et RTL, diffusent des programmes en V.O. Il existe trois stations de radio nationales et des centaines de stations locales. Radio France Internationale est diffusée sur 6175 KHz (49 m, ondes courtes).

LES JOURNAUX

La Stampa, Il Corriere della Sera et *La Repubblica* sont les principaux quotidiens italiens. Des journaux comme *Il Mattino* à Naples, *Il Messaggero* à Rome et *Il Giornale* à Milan offrent des informations détaillées sur les grandes villes. Tous comportent une rubrique locale et un guide des cinémas, des théâtres et des principaux concerts. À Rome et à Milan, *TrovaRoma* et *ViviMilano*, suppléments de *La Repubblica*, présentent les spectacles et les expositions. Chaque semaine, *Firenze Spettacolo* et *RomaC'è* recensent les distractions et les spectacles. Dans les grandes villes, on trouve les journaux étrangers comme l'*International Herald Tribune, Le Monde, Le Soir* ou *La Tribune de Lausanne*.

On peut se les procurer dans les kiosques et même dans certaines librairies internationales. Cependant, la presse datée du matin n'arrive souvent que le lendemain, sauf exception le jour même, dans l'après-midi.

LA POSTE

Les postes principales sont ouvertes de 8 h 25 à 19 h sans interruption ; les bureaux de poste locaux de 8 h 25 à 13 h 50 en semaine et de 8 h 25 à 12 h le samedi.

La Cité du Vatican et la République de Saint-Marin ont leurs propres postes et leurs timbres. Souvenez-vous que les lettres affranchies avec les timbres de ces États ne peuvent être postées en dehors du Vatican et de Saint-Martin.

Le tarif des lettres et cartes postales à destination de l'Union européenne est le même que pour l'Italie. Les boîtes aux lettres rouges

Pour la ville   **Autres destinations**

Boîte aux lettres italienne

Enseigne de la poste

(bleues au Vatican) ont d'ordinaire deux fentes : *per la città* (pour la ville uniquement) et *tutte le altre destinazioni* (toutes les autres destinations).

La poste italienne est connue pour sa lenteur : les lettres peuvent mettre entre quatre jours et deux semaines pour arriver. Pendant les mois de juillet et août, le service postal peut aller jusqu'à un mois.

Pour jouir d'un service plus rapide, envoyez vos lettres en express *(prioritaria)*. Les envois en recommandé *(raccomandata)* et en recommandé avec accusé de réception *(raccomandata con ricevuta di ritorno)* sont plus fiables. Tout envoi d'objet de valeur doit être effectué par envoi assuré *(assicurata)*.

Les postes principales offrent de nombreux services : télex, télégrammes, télécopies (sauf pour certains pays), messageries publiques *(Posta celere* et *Cai Post* qui garantissent la distribution des plis urgents dans un délai de 24 à 72 heures et sont bien plus économiques que les messageries privées) et poste restante *(fermo posta)*. Faites adresser les lettres à la poste centrale *(Ufficio Postale Principale)* c/o *Fermo Posta* et présentez une pièce d'identité ou un passeport pour retirer votre courrier.

LES RÉGIONS D'ITALIE

L'Italie se compose de 20 régions divisées en provinces dotées chacune d'un *capoluogo* (chef-lieu) et d'un sigle formé par les initiales de ce dernier. Par exemple FI *(Firenze)* désigne le chef-lieu de la province de Florence. Ce sigle apparaît sur les plaques minéralogiques des voitures immatriculées avant 1994. On peut aussi l'utiliser pour rédiger les adresses, après le nom de la commune.

ALLER ET CIRCULER EN ITALIE

L'Italie possède des transports à deux vitesses : un réseau moderne de routes, d'autocars et de voies ferrées au Nord et un système plus lent et plus vieillot au Sud. De nombreuses compagnies aériennes proposent des vols vers les principaux aéroports du pays et, à l'intérieur, la compagnie nationale Alitalia et plusieurs petites sociétés gèrent un réseau très dense de vols internes.

Un avion d'Alitalia

Les liaisons routières avec le reste de l'Europe sont bonnes, bien que les voies alpines soient parfois affectées par les variations climatiques. En général, les autoroutes et les autres routes sont excellentes, mais très fréquentées durant les week-ends et les périodes de pointe. De nombreux ferries – souvent bondés en été – permettent de se rendre en Sicile, en Sardaigne et dans les nombreuses petites îles.

Arriver en avion

Leonardo da Vinci (Fiumicino) à Rome, Linate et Malpensa à Milan sont les trois principaux aéroports d'Italie. La plupart des compagnies européennes proposent aussi des vols réguliers vers Venise, Turin, Bologne, Naples et Florence. Désormais, beaucoup de compagnies desservent également chaque jour Gênes, Palerme, Pise, Catane et Cagliari, alors que les vols charters peuvent même avoir pour destination des villes comme Vérone, Bari, Olbia ou Rimini en période de pointe.

La nouvelle aile de l'aéroport Fiumicino à Rome

LES VOLS LONG-COURRIERS

La Compagnie Canadian Airlines propose des vols réguliers à destination de l'Italie depuis Montréal et Toronto et la compagnie nationale italienne Alitalia dessert également ces deux villes. Depuis le Canada, il est souvent plus intéressant de prendre un vol à tarif réduit pour Londres, Paris, Amsterdam ou Francfort et, à partir de là, de se rendre en Italie en avion ou en train.

LES VOLS EUROPÉENS ET INTERNES

Air France, alliée à Sabena, et Swissair disposent de vols réguliers à destination des principales villes italiennes : Rome, Florence, Milan, Venise, Turin, Bologne, Gênes, Naples,

Cagliari, Palerme et Bari, à partir de Bruxelles ; Air France vers Rome, Milan, Turin, Naples, Bologne, Gênes, Pise, Venise, Florence, Cagliari et Catane, à partir de Paris, Marseille, Lyon et Nice ; Swissair vers Gênes, Milan, Turin, Venise, Florence, Rome, Naples, Olbia, Bologne, Catane et Palerme, à partir de Bâle, Genève, Zurich ou Lugano.

Par ailleurs, Alitalia et ATI, sa branche interne, proposent un grand nombre de vols internes vers les villes italiennes. Mais ces vols sont coûteux et bondés en période de pointe.

Attention ! en automne et en hiver, les vols à destination des aéroports du Nord, comme Milan et Turin, sont parfois déroutés à cause du brouillard. Compte tenu de la concurrence acharnée que se livrent les

compagnies aériennes, il faut bien étudier les différents tarifs proposés. Les compagnies citées proposent en général un tarif jeunes (moins de 26 ans). Ces tarifs ne sont pas toujours les plus avantageux.

LES VOLS À PETITS PRIX

Les liaisons aériennes à destination de l'Italie sont nombreuses. Avec le développement des compagnies à bas prix, telles que Volare, Easy Jet ou encore Ryan Air, il est possible d'effectuer des vols entre les grandes villes européennes et les principaux sites touristiques italiens et ce à des tarifs très intéressants. Néanmoins ces billets sont soumis à certaines restrictions. Ils ne peuvent être échangés une fois achetés sans le paiement d'un surcoût et encore pas toujours. Volare propose également des vols intérieurs parfois moins chers

AÉROPORT
Rome (Fiumicino)
Rome (Ciampino)
Milan (Linate)
Milan (Malpensa)
Pise (Galileo Galilei)
Venise (Marco Polo)
Venise (Treviso)

Le hall d'entrée de l'aéroport de Pise

que le train. Pour bénéficier de ces prix avantageux, il faut donc se renseigner sur les sites internet de ces différentes compagnies, et pour les vols charters auprès des agences de voyages.

Navette pour le parking de voitures à Fiumicino

LES VOYAGES ORGANISÉS

Il est souvent plus économique de faire un voyage organisé en Italie que de voyager par ses propres moyens, à moins de prévoir un budget très serré et de loger dans les auberges de jeunesse ou en camping. Rome, Florence et Venise sont les destinations les plus souvent proposées, séparément ou ensemble, et de nombreux tour-opérateurs proposent des voyages organisés en Toscane et en Ombrie, dans la région des Lacs, sur la riviera ligure, en Sicile, à Naples et sur la côte amalfitaine. En hiver, ils offrent des séjours dans des stations de ski italiennes. Les séjours à thème, tournés vers la cuisine, l'art ou la randonnée, sont de plus en plus fréquents. Les divers organisateurs travaillent avec différents hôtels. Il convient donc de se renseigner et d'opter pour celui qui propose l'hébergement le plus agréable. La plupart des opérateurs comprennent dans leur tarif le transport de l'aéroport à l'hôtel et certains prévoient en plus une visite guidée de la ville

FORMULE AVION + VOITURE

Beaucoup d'agences de voyages et de sociétés de location de voiture proposent une formule spéciale avion + voiture. Cette formule est d'ordinaire plus avantageuse et demande moins de formalités que si vous louez une voiture vous-même à l'arrivée. La plupart des sociétés de location de voiture – Hertz, Avis, Budget –, et beaucoup de plus petites, possèdent des bureaux dans les principaux aéroports italiens.

ADRESSES

LIGNES AÉRIENNES

Alitalia
ITALIE
Tél 06 2222.
PARIS
Tél 0 820 315 315.
BRUXELLES
Tél 272 097 28.
GENÈVE
Tél 848 87 44 44.
MONTRÉAL
Tél 842 82 41.

Air France
Rome
Tél 08 00 53 18 11.
www.airfrance.fr

Air Canada
www.aircanada.com

Swissair
Rome
Tél 06 847 05 55.

Eaysy Jet
www.easyjet.com

Ryanair
www.ryanair.com

Volare
www.volareweb.com

Le quai de l'aéroport Marco Polo de Venise

ENSEIGNEMENTS	DISTANCE DU CENTRE-VILLE	PRIX DU TAXI VERS LE CENTRE-VILLE	TRANSPORT PUBLIC VERS LE CENTRE-VILLE
06 659 51 www.adr.it	35 km	45 euros	**FS** 30 min
06 659 51 www.adr.it	15 km	30 euros	**M** 60 min
74 85 22 00 a-aeroportimilano.it	8 km	15-20 euros	20 min
74 85 22 00 a-aeroportimilano.it	50 km	55-65 euros	60 min
50 84 93 00 pisa-airport.com	2 km	10 euros	**FS** jusqu'à Pise : 5 min / **FS** jusqu'à Florence : 1 h
1 260 92 60 veniceairport.it	13 km	35 euros (75 par bateau-taxi)	60 min / 20 min
22 31 51 11 .trevisoairport.it	30 km	50 euros (Venise)	jusqu'à Trévise : 20 min / jusqu'à Venise : 45min

Arriver en bateau, train ou autocar

Logo de l'Orient-Express

Possédant un excellent réseau d'autoroutes, l'Italie est directement reliée à ses voisins, la France, la Suisse, l'Autriche, la Slovénie et la Grèce, par un réseau dense de routes, de voies ferrées et de ferries. Certaines lignes ferroviaires la mettent même en relation avec Barcelone, Londres ou Moscou. Il faut parfois prévoir des attentes au passage des cols et des tunnels alpins, par mauvais temps ou durant les périodes de pointe en été.

Bornes interactives de renseignements ferroviaires

Guichets à la gare Santa Maria Novella de Florence

LA VOITURE

La plupart des routes unissant l'Italie au reste de l'Europe traversent les Alpes en empruntant des tunnels ou des cols. Les deux seules exceptions sont les autoroutes A 4, en provenance de la Slovénie, au nord-est, et A 10, qui passe par Vintimille après avoir longé la Côte d'Azur.

En provenance de Genève et du sud-est de la France, la voie la plus empruntée est le tunnel du Mont-Blanc et l'autoroute A 5, qui fait pénétrer en Italie par le Val d'Aoste. En partant de la Suisse, le tunnel et le col du Grand-Saint-Bernard, qui débouchent également sur le Val d'Aoste, sont très empruntés aussi.

Plus à l'est, la principale voie d'accès depuis l'Autriche est le col du Brenner, d'où l'autoroute A 22 descend vers Vérone en passant par Trente et la vallée de l'Adige. Les cols sont rarement fermés à cause du mauvais temps, mais la neige et le brouillard peuvent ralentir le trafic en montagne. La plupart des autoroutes sont à péage. On paie à la sortie.

LE TRAIN

Après l'avion, le moyen le plus confortable pour se rendre en Italie est le train. Il existe de nombreuses liaisons directes (dont un grand nombre de trains de nuit) entre Paris, Bruxelles, Lausanne, Toulouse, Marseille et les principales villes italiennes. De fin juin à début septembre, certains trains - assez rares - au départ de Paris transportent également les voitures jusqu'à Milan, Bologne ou Rimini.

La ligne Paris-Venise passe

BINARIO 17

Panneau indiquant la voie

← **uscita**

Panneau indiquant la sortie

Voiture-lits d'un train international Eurocity

par Milan, celle de Rome et Naples traverse Gênes et longe la côte méditerranéenne. Il faut prévoir à peu près 12 heures de voyage de Bruxelles à Milan, 13 de Paris à Venise, 17 de Paris à Rome, 7 de Lausanne à Venise, 13 de Toulouse à Gênes.

Le train peut être moins économique que l'avion, mais l'on peut bénéficier de nombreuses réductions, notamment pour les voyageurs de plus de 60 ans et de moins de 26 ans.

Les trains sont souvent bondés pendant les périodes de pointe, en particulier le vendredi et le dimanche soir, ainsi que pendant les vacances de Noël et de Pâques. Il en est de même en juillet-août, notamment sur les lignes en provenance d'Allemagne et des ports de débarquement des ferries grecs dans le Sud. Il est donc vivement conseillé de réserver votre billet.

LE BATEAU

La plupart des gens qui arrivent en Italie par bateau débarquent à Brindisi ou dans d'autres ports du sud-est de l'Italie, en provenance des ports grecs de Corfou et de Patras. Ces lignes sont extrêmement fréquentées en été, ainsi que les liaisons ferroviaires entre Brindisi et le reste de l'Italie.

D'autres lignes unissent Malte, Tunis et le reste du Maghreb à Gênes, Naples, Palerme et divers ports du sud de l'Italie. Enfin, on peut également se rendre par bateau à Gênes, à Livourne et dans d'autres ports de la Riviera depuis la Côte d'Azur.

L'AUTOCAR

Se rendre en autocar en Italie est relativement bon marché. Le point faible est la durée du voyage : il faut 18 h pour aller de Paris à Venise, 22 h de Paris à Rome.

En France, Eurolines propose des liaisons régulières au départ de Paris, Lyon, Avignon, Perpignan, Montpellier, vers Rome, Venise, Florence et Milan. Ses autocars climatisés offrent le maximum de confort : sièges inclinables, radio, vidéo, toilettes.

De Bruxelles, on peut profiter de l'une des lignes d'Europabus à destination de l'Italie. Certaines compagnies d'autocar proposent désormais des formules avion + autocar, qui

Bus SITA arrivant en à la gare de Florence

permettent d'effectuer l'un des voyages en car et l'autre en avion.

Circuler en ferry

Possédant un grand nombre d'îles, l'Italie dispose d'un réseau de ferries très développé, aussi bien interne qu'à destination du reste de l'Europe et du Maghreb.

Ferry des Moby Lines naviguant en Méditerranée

LES FERRIES

Les ferries offrent une liaison pratique avec les îles au large de l'Italie. Pour la Sardaigne, on embarque à Gênes, à Livourne et Civitavecchia (au nord de Rome) ; pour la Sicile, on part de Naples et de Reggio de Calabre. Des ferries relient les principaux ports siciliens aux archipels des Égates et des Éoliennes et aux innombrables autres petites îles au large de la Sicile (mais ils ne transportent pas toujours les voitures).

D'autres ferries effectuent des liaisons entre Piombino et l'île d'Elbe ou les autres petites îles de l'archipel toscan comme Capraia. Les ports proches de Rome sont reliés à Ponza et aux îles voisines. Enfin, de Naples on peut gagner les îles de Capri et d'Ischia.

De plus en plus, des hydrofoils viennent s'ajouter aux ferries traditionnels, notamment sur les lignes très fréquentées comme celles de Capri et d'Ischia.

En été, il faut souvent faire la queue pour prendre le ferry et il convient de réserver bien à l'avance si vous désirez vous rendre en Sardaigne en juillet ou en août, surtout si vous comptez prendre votre voiture. On peut acheter les billets dans son pays, dans une agence de voyages, par internet ou directement auprès des lignes de ferries.

COMPAGNIES DE FERRIES	INFORMATIONS	LIGNES
Corsica Sardinia Ferries	199 400 500 **www**.corsicaferries.com	Civitavecchia/Livorno - Golfo Aranci
Grandi Navi Veloci	899 199 069 **www**.gnv.it	Genoa/Civitavecchia – Palermo Genoa - Porto Torres/Olbia
Moby Lines	199 303 040 ; 02 7602 8132 **www**.mobylines.it	Piombino - Elba Genoa/Livorno - Olbia
SNAV	081 428 55 55 **www**.snav.it	Pescara - Hvar/Split Naples - Capri/Ischia Naples - Îles Éoliennes/Palermo
Tirrenia	892 123 ; 081 844 9297 **www**.tirrenia.it	Ancona - Split Genoa - Olbia Fiumicino - Golfo Aranci Naples - Palermo/Cagliari Cagliari - Palermo

Circuler en train

Logo FS

Peu coûteux, le train est un des moyens de transport commodes pour visiter l'Italie, offrant souvent des liaisons plus pratiques entre les villes que l'avion. Certaines lignes traversent des paysages agréables. Les trains sont fréquents, le matériel roulant est l'un des plus modernes d'Europe et, même s'ils sont pleins, la situation n'est plus tragique comme autrefois. Dans le Sud ou dans les régions rurales, ils sont plus lents et moins fréquents.

L'Eurostar – le TGV italien

Le hall de la Stazione Termini à Rome

LE RÉSEAU

Le réseau ferroviaire italien est presque totalement géré par une entreprise nationalisée, les Ferrovie dello Stato (FS). Les rares vides laissés sont comblés par des lignes privées. En général, même pour effectuer un trajet empruntant deux réseaux différents, on peut acheter un billet unique. Souvent les FS et les lignes privées utilisent les mêmes gares et pratiquent des tarifs identiques.

LES TRAINS

Les FS revoient leur organisation, mais grosso modo on trouvera toujours les mêmes grandes catégories. Dans l'Eurostar (le TGV italien) et quelques autres trains spéciaux à grande vitesse, la réservation est obligatoire. Pour prendre un Intercity (IC) ou un Eurocity (EC), qui ne dessert que les principales gares, il faut acquitter un supplément (*supplemento*) de première ou de seconde classe (on peut le prendre dans le train, mais il est plus cher). Dans un *Espresso* ou un *Diretto* (parfois baptisés *Regionale* et *Interregionale*) qui fait halte plus souvent, il n'y a pas de

supplément. Quant aux *Locali*, ils s'arrêtent partout.

Alors que les wagons des lignes locales sont parfois encore vétustes, le matériel roulant s'est amélioré au cours des dernières années, notamment l'Intercity, moderne, doté de l'air conditionné et offrant souvent des facilités aux handicapés.

Train en gare de Vérone

LES BILLETS ET LES TARIFS

Les billets (*biglietti*) aller simple (*andata*) et aller-retour (*andata e ritorno*) en première (*prima*) ou en seconde classe (*seconda classe*) s'achètent dans une agence de voyages ou au guichet (*biglietteria*) d'une gare. On introduit peu à peu des billetteries automatiques et de plus en

plus, pour les trajets n'excédant pas 250 km, on peut acheter un billet dans les kiosques à journaux ou les bureaux de tabac des gares (on demande un *biglietto a fascia chilometrica*). Il faut le composter à l'aller comme au retour pour ne pas risquer de payer une amende. La validité du billet part du jour de l'achat et il faut donc spécifier la date du voyage si l'on achète le billet à l'avance. Les tarifs, calculés sur une base kilométrique, sont parmi les plus bas d'Europe occidentale. Vous gagnerez 15% de réduction sur votre billet de retour si le trajet dépasse 250 km. Le billet spécial famille offre un ticket gratuit pour un enfant de moins de 12 ans accompagné de 2 adultes.

Vous pouvez aussi vous faire rembourser votre billet mais le processus est long et compliqué. Mieux vaut ne pas se tromper de billet.

LES FORFAITS

Le forfait le plus utile est la Trenitalia Pass, qui permet de voyager pendant 4 à 10 jours consécutifs ou non-consécutifs sur une période de 2 mois. Des tarifs spéciaux sont proposés pour les moins de 26 ans. Cette carte est en vente dans la plupart des grandes gares et dans certaines agences de voyage hors d'Italie. Elle n'est valable que pour les non-résidents.

LES HORAIRES

Si vous voyagez beaucoup en train, procurez-vous un horaire (*un orario*). Plutôt que l'horaire officiel des FS, complet mais très encombrant, achetez le *Pozzorario* dans un kiosque ; il est publié deux fois par an. Visitez également le site www.trenitalia.com

ADRESSES

INFORMATIONS FERROVIAIRES

Ferrovie dello Stato (F.S)
Un numéro gratuit qu'on peut appeler de n'importe quelle ville pour les informations et les réservations pour toute l'Italie.
***Tél** 89 20 21.*
www.trenitalia.com

CIT
***Tél** 0891 71 51 51.*

VALIDITÉ ET RÉSERVATION

Les billets sont valables deux mois à partir de la date d'acquisition. Mais si vous réservez une place en même temps, la date du voyage est imprimée automatiquement sur le billet. Pour les trajets n'excédant pas 250 km, on peut aussi acheter des billets non datés dans les kiosques à journaux ; il faut les valider le jour où l'on effectue le voyage. Il est prudent de réserver durant les vacances. Pour les trains rapides, on peut se rendre dans la plupart des grandes gares, au guichet des réservations *(prenotazioni)*.

RÉDUCTIONS

On peut obtenir des réductions de 20 % avec la *Carta Verde* pour les jeunes voyageurs de 12 à 26 ans et avec la *Carta d'Argento* pour les personnes de plus de 60 ans. Ces réductions ne sont pas accordées à Noël ni durant certaines périodes de pointe en été. On peut se les procurer dans les principales gares et elles sont valables un an.

CONSIGNE

D'ordinaire, les grandes gares possèdent une consigne, manuelle dans la plupart des cas ; les gares moins importantes ont des consignes automatiques. Il faut parfois présenter une pièce d'identité pour déposer ou retirer ses bagages. Le prix est fonction du nombre de bagages.

Panneau de la consigne

DISTRIBUTEUR DE BILLETS DE TRAIN

Ces appareils automatiques sont faciles à utiliser et donnent pour la plupart des instructions en six langues. Ils acceptent la monnaie, les billets et les cartes de crédit.

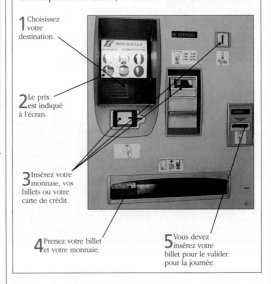

1 Choisissez votre destination.

2 Le prix est indiqué à l'écran.

3 Insérez votre monnaie, vos billets ou votre carte de crédit.

4 Prenez votre billet et votre monnaie.

5 Vous devez insérez votre billet pour le valider pour la journée.

LES PRINCIPALES VOIES FERRÉES ITALIENNES

Les chemins de fer italiens proposent différents types de trains. Renseignez-vous bien avant d'acheter votre billet.

LÉGENDE

- ● Gare principale
- ○ Autre gare
- — Ligne principale
- -- Transbordeur

Circuler en voiture

La voiture s'avère indispensable pour s'évader dans la campagne et faire du tourisme intensif. Elle l'est moins si vous ne comptez visiter que quelques grandes villes, d'autant plus que les encombrements ralentissent beaucoup le trafic et qu'il est très difficile de se garer dans le centre historique des villes – sans parler de la façon de conduire parfois surprenante des Italiens du Sud.

La Fiat 500, un classique

Panneau bleu indiquant une route nationale et panneau vert indiquant une autoroute

Péages automatiques sur l'autoroute, près de Florence

ARRIVER EN VOITURE

Les étrangers entrant en Italie avec un véhicule immatriculé à l'étranger doivent être âgés de 18 ans au moins et être porteurs d'une Carte Verte (assurance), de tous les documents du véhicule et d'un permis de conduire *(patente)* en cours de validité. Les ressortissants de l'Union européenne ne possédant pas le permis de conduire rose réglementaire doivent faire traduire le leur en italien ; ils peuvent s'adresser aux principales organisations de tourisme automobile ou à l'ENIT dans leur pays d'origine. Il faut également posséder un triangle rouge de détresse

L'ESSENCE

L'essence *(benzina)* et le diesel *(gasolio)* sont à peu près aussi chers qu'en France. Beaucoup de stations-service fonctionnent en libre-service, mais il est courant de se faire servir par un employé. Il suffit d'indiquer une somme ou de demander le plein *(il pieno)*. Les cartes bancaires sont de plus en plus acceptées. Les pompes suivent généralement les horaires des magasins et il est

donc prudent de faire le plein avant le déjeuner ou avant les jours fériés. Sur les autoroutes, les stations restent souvent ouvertes 24 heures sur 24.

LES ROUTES

L'Italie possède un excellent réseau d'autoroutes, bien que beaucoup n'aient que deux voies dans chaque sens, ce qui ralentit parfois le trafic. Parmi les autoroutes les plus fréquentées, mentionnons la A 1 entre Bologne et Florence et entre Bologne, Parme et Milan. En dehors de quelques-unes (dans le Sud), toutes les autoroutes sont à péage. On paie à la fin du voyage, en liquide ou à l'aide d'une carte d'abonnement magnétique (VIA), que l'on peut se procurer auprès de l'ACI et dans les bureaux de tabac.

Les autres routes principales, les *Nazionali* (N) ou les *Strade Statali* (S), sont de qualité extrêmement variable, les pires se trouvant dans le Sud. D'ordinaire, les routes de montagne sont bonnes ; en hiver, les chaînes sont obligatoires sur beaucoup de ces voies. Certaines routes très écartées sont simplement recouvertes de graviers, mais elles figurent tout de même sur les cartes.

La réglementation routière
Les véhicules venant de droite ont la priorité. Le port de la ceinture de sécurité est obligatoire à l'avant comme à l'arrière et les enfants doivent être installés dans des sièges spéciaux. Les phares doivent être allumés en journée en dehors des agglomérations. La vitesse est limitée à 50 km/h en ville, à 90 km/h sur route, à 110 km/h sur les voies express à deux chaussées. Sur autoroute, la vitesse est limitée à 110 km/h pour les véhicules de moins de 1 100 cm³ et à 130 km/h pour ceux d'une cylindrée supérieure. Permis de conduire et papiers du véhicule sont obligatoires.

Interdiction de s'arrêter

Fin de limitation de vitesse

Zone piétonne

Cédez le passage

Rue à sens unique

continua

Stationnement interdit

Danger (souvent précisé)

Bureau de location de voiture à l'aéroport de Fiumicino, Rome

LOCATION DE VOITURES

En Italie, la location de voiture *(autonoleggio)* revient cher. Il convient d'opter pour la formule avion + voiture *(p. 673)* ou de réserver un véhicule avant de partir, chez un loueur ayant des succursales en Italie. Sinon, on trouve des bureaux de location dans la plupart des aéroports ; on peut aussi chercher dans les Pages Jaunes *(Pagine Gialle)*, à la rubrique *autonoleggio*.

Pour louer une voiture en Italie, il faut avoir plus de 21 ans et posséder un permis de conduire – international si l'on n'est pas citoyen de l'Union européenne – depuis au moins un an. Lisez bien le contrat pour savoir dans quelle mesure vous êtes couvert par l'assurance.

FIRMES DE LOCATION DE VOITURES

Avis
Tél 199 10 01 33 (gratuit).

Europcar
Tél 800 01 44 10 (gratuit).

Hertz
Tél 199 11 22 11 (gratuit).

Maggiore (Rome)
Tel 06 854 86 98.

Sixt (Rome)
Tél 06 65 96 51.

ACCIDENTS ET PANNES

Si vous tombez en panne, allumez vos feux de détresse et placez le triangle à 50 m derrière votre voiture. Puis appelez le numéro d'urgence de l'ACI (8031176 ou les autres services d'urgence (112 ou 113). L'ACI remorque gratuitement tout véhicule étranger jusqu'au plus proche garage affilié. Elle effectue aussi des réparations gratuites

pour les membres d'associations homologues comme l'Automobile-Club de France.

En cas d'accident, restez calme et évitez toute déclaration qui pourrait vous compromettre par la suite. Échangez vos noms et adresses et notez les numéros des véhicules et des assurances.

LE STATIONNEMENT

Le stationnement pose un réel problème dans la plupart des villes italiennes. L'accès de beaucoup de centres historiques est limité dans la journée. Certaines villes ont construit des aires de parking payant à l'heure avec de la monnaie, des cartes ou des coupons achetés dans les *tabacchi*. Des places, marquées *riservato* ou *residenti*, sont réservées aux

Disque de stationnement

résidents. Et l'avertissement *rimozione forzata* signifie que l'on peut enlever votre voiture. Pour la récupérer, il faut alors appeler la police municipale *(Vigili Urbani)*.

SÉCURITÉ

Le vol de voiture est monnaie courante en Italie. Ne laissez jamais rien à l'intérieur et ôtez toujours votre autoradio. Garez votre véhicule dans un parking gardé aussi souvent que possible. Enfin, soyez très vigilant la nuit, car la façon de conduire des Italiens est alors plus désinvolte que de coutume, et de nombreux feux tricolores restent en position clignotante. L'auto-stop n'est ni courant ni recommandé.

Un parc de stationnement autorisé et son gardien

DISTANCES KILOMÉTRIQUES DE VILLE À VILLE

ROME										
286	ANCÔNE									
748	617	AOSTE								
383	219	401	BOLOGNE							
645	494	449	280	BOLZANO						
278	262	470	106	367	FLORENCE					
510	506	245	291	422	225	GÊNE				
601	614	1220	822	1097	871	1103	LECCE			
575	426	181	210	295	299	145	1029	MILAN		
219	409	959	594	856	489	714	393	786	NAPLES	
673	547	110	332	410	395	170	1150	138	884	TURIN
530	364	442	154	214	255	397	967	273	741	402	VENISE

Circuler dans les villes

Zone piétonne

Le moyen le plus commode pour se déplacer dans les villes italiennes diffère de lieu en lieu. C'est l'autobus à Rome, le métro à Milan et le bateau à Venise. La voiture est presque partout un handicap. En revanche, la marche à pied demeure très souvent la façon la plus simple de visiter les centres historiques aux rues étroites des cités italiennes. Florence bénéficie d'une vaste zone à circulation limitée et dans le centre de la plupart des villes, on trouve désormais une aire piétonnière.

Bus romain portant la livrée rouge et grise de l'ATAC

Autobus urbain, Vérone

LES AUTOBUS ET LES TRAMWAYS

Pratiquement toutes les villes italiennes disposent d'un réseau d'autobus. Ils sont en général bon marché, nombreux et aussi efficaces que la circulation et l'étroitesse des rues le leur permettent. Les arrêts d'autobus *(fermate)* fournissent de plus en plus d'informations sur l'itinéraire. D'ordinaire, ils circulent de 6 h à minuit, et il existe des autobus de nuit *(servizio notturno)* dans les plus grandes villes. Notez que si vous arrivez par le train, les gares sont toujours reliées au centre-ville par des navettes qui stationnent devant la gare (on se procure d'ordinaire les tickets aux guichets des FS ou dans les bureaux de tabac).

LES TICKETS

Il faut généralement acheter les tickets *(biglietti)* avant de monter dans le bus, dans les guichets des sociétés d'autobus (ATAC à Rome, ATAF à Florence) ou dans les bars ou les bureaux de tabac affichant

leur sigle. Dans certains endroits, on trouve même des distributeurs automatiques dans la rue. Il vaut mieux acheter plusieurs tickets car les points de vente ferment dans l'après-midi. On trouve également des carnets *(blocchetto),* moins chers, des abonnements *(tessera),* des billets touristiques valables un jour ou une semaine. Dans certaines villes, les tickets sont valables un temps donné pour un nombre illimité de voyages. Le site internet ATAC offre plus de détails sur les bus de Rome.

ATAC
www.atac.roma.it

PRENDRE L'AUTOBUS OU LE TRAMWAY

On monte dans l'autobus par les portes avant et arrière et on en sort par la porte du milieu. En général, il n'y a pas de receveur (sauf parfois dans les autobus de nuit). Il faut composter les tickets dans les

Arrêt d'autobus avec plan de la ligne

machines disposées à l'avant et à l'arrière de l'autobus. Si vous êtes surpris sans ticket, vous devrez payer sur-le-champ une amende. Certains sièges sont pour les enfants, les personnes âgées et les handicapés. Dans beaucoup de villes, un bureau d'information est situé dans la gare principale ; il fournit des plans gratuits, des horaires et vend des tickets.

Pour la plupart, les autobus urbains sont de couleur orange et le terminus *(capolinea)* de la ligne est indiqué à l'avant.

LE MÉTRO

À Rome et à Milan, il y a un métro *(metropolitana).* Le réseau romain ne comporte que deux lignes, A et B, qui convergent à la gare centrale de Termini. Bien que le système soit avant tout conçu pour le transport des banlieusards, certaines stations desservent des hauts lieux touristiques, et aux heures de pointe ces lignes constituent

Enseigne du métro

la meilleure façon de traverser rapidement la ville. Toutefois, les stations sont assez laides – mais rarement dangereuses – et en été on étouffe de chaleur dans les wagons. À Milan le réseau est plus développé, avec trois lignes – MM1 (la ligne rouge), MM2 (la verte) et MM3 (la jaune) – qui se croisent dans des points clé : Stazione Centrale, Duomo, Cadorna et Lima. Avec ces trois lignes, on accède facilement aux principaux

Station de métro Termini à Rome

Taxi attendant à l'une des stations de Florence

monuments de la ville.

On achète les tickets de métro aux mêmes endroits que les tickets d'autobus et de tramways et aux guichets des stations de métro ou dans les distributeurs automatiques. À Rome, un ticket normal permet d'effectuer un seul voyage, alors que le ticket spécial *BIG* permet de voyager toute une journée en métro, bus et tramway. À Milan, un ticket de métro est valable 75 minutes pour un nombre illimité de voyages et peut être utilisé dans les bus et les tramways.

N'achetez pas de tickets à des inconnus car souvent ils ne sont pas valables.

Alt : les piétons doivent attendre

Avanti : les piétons peuvent traverser

objets de valeur à l'abri des regards. Pour vous promener, il convient de profiter de la fraîcheur du matin et du début de soirée ; c'est d'ailleurs le moment où les gens s'adonnent à leur petite promenade rituelle (la *passeggiata*) précédant le dîner.

LES TAXIS

N'utilisez que des taxis officiels, de différentes couleurs selon les villes, avec le signe « taxi » bien visible sur le toit. En dépit des rumeurs, la plupart des chauffeurs de taxi sont honnêtes – quoique guère

chaleureux –, mais ils peuvent légitimement vous faire payer de nombreux suppléments : pour chaque bagage placé dans le coffre, pour les courses de nuit (entre 22 h et 7 h), pour celles effectuées le dimanche et les jours fériés ou pour les trajets hors de la ville (comme depuis ou vers l'aéroport). Il est donc préférable de s'entendre sur un prix avant de partir, notamment à Rome et à Naples.

En cas de contestation, notez le numéro du taxi et adressez-vous au policier le plus proche. Il est difficile de héler un taxi dans la rue, mais on en trouve à la gare et dans tous les lieux touristiques. Si vous demandez un taxi par téléphone, son compteur tourne à partir du moment où vous l'avez appelé.

LOCATION DE BICYCLETTES

Dans la plupart des villes, notamment là où les touristes sont particulièrement nombreux, on peut louer des bicyclettes et des scooters, le plus souvent à l'heure ou à la journée. On doit parfois laisser son passeport en gage. Il faut toutefois être prudent, car faire du vélo au milieu du trafic des grandes villes n'est pas une mince affaire.

LA MARCHE À PIED

La marche à pied est souvent une merveilleuse façon d'explorer les anciennes cités italiennes dont le centre historique est parfois très exigu. Attention ! La circulation peut constituer un fléau, surtout dans les rues étroites (Rome est ce qu'il y a de pire à cet égard). Mais de nombreuses villes aménagent des espaces piétonniers. Certains dimanche, les voitures sont interdites à la circulation *(Domenica a piedi)*. Les villes italiennes renferment un nombre incroyable de places ombragées et de cafés.

Les églises et les cathédrales offrent également une retraite agréable. Les églises, musées et autres monuments sont en général bien signalés, à l'aide de panneaux jaunes. Portez toujours de préférence vos

DES TRANSPORTS INTERURBAINS : LES AUTOCARS

Les cars (*pullman* ou *corriere*) reliant les différentes villes fonctionnent comme des autobus, bien que l'on achète d'ordinaire son ticket à bord. Les lignes sont gérées par diverses

Autocar Rome-Gubbio

compagnies utilisant des cars de différentes couleurs (le bleu est la couleur la plus fréquente pour les cars, l'orange pour les bus). Ces

lignes ont souvent pour terminus la gare ferroviaire ou l'une des places de la ville. Mais les cars (notamment à Florence) ne partent pas nécessairement des mêmes gares routières. En cas de doute, renseignez-vous auprès de l'office du tourisme local. Enfin, le week-end, le service est parfois réduit.

Rome
COTRAL
www.cotralspa.it
Lazzi
Tél 06 884 08 40.
Appian
Tél 06 48 78 66 04.

Toscane
Lazzi **Tél** 055 215 215.
www.lazzi.it
Sita
Tél 800 37 37 60.
Tra-In **Tél** 0577 20 42 46.
www.trainspa.it

National & International
Sita
Tél 800 001 311.
www.sitabus.it

Circuler dans Venise

Pour visiter Venise, bien que l'on effectue presque tous les trajets à travers la ville plus rapidement à pied, le moyen de transport le plus plaisant est le *vaporetto* ou bateau-bus *(p. 136-137)*. Le principal itinéraire des *vaporetti* à travers Venise est naturellement le Grand Canal. Ces bateaux remplissent une fonction utilitaire car ils relient des points situés à la périphérie de Venise et unissent la cité aux îles de sa lagune. Du point de vue touristique, la ligne la plus intéressante est la N° 1. Elle suit le Grand Canal d'une extrémité à l'autre, assez lentement pour permettre d'admirer la splendide succession de palais qui le bordent *(p. 88-91)*.

L'arrêt du *vaporetto* aux Giardini Pubblici, Venise

Un *vaporetto* arrivant place Saint-Marc

Un *motoscafo* plus petit et plus élancé

LES BATEAUX

À l'origine, les *vaporetti* étaient des bateaux à vapeur (*vaporetto* signifie « petit bateau à vapeur ») ; ils possèdent maintenant un moteur diesel. Bien que l'on ait tendance à qualifier tous les bateaux de *vaporetti*, ce terme ne s'applique qu'aux grands bateaux larges naviguant à faible vitesse, comme le N° 1. Les *motoscafi* sont plus fins et plus petits. Les *motonavi* sont les bateaux à deux ponts desservant les îles.

LES DIFFÉRENTS BILLETS

Le prix du billet ne dépend pas de la longueur du trajet mais de la ligne.

Les billets achetés à bord ne sont pas plus coûteux que ceux que l'on acquiert au kiosque situé à chaque arrêt. Si vous achetez des carnets de 10 ou 20 tickets, vous n'économiserez rien mais vous éviterez de faire la queue à chaque voyage.

Un forfait de 24 h ou de 72 h vous permet de voyager moins cher de façon illimitée sur la plupart des lignes. Si vous restez un certain temps, il est plus économique d'acheter un coupon (*abbonamento*) mensuel ou hebdomadaire dans les bureaux de vente. Les titulaires de la carte « Visite de Venise » (qui accorde des réductions aux 14-30 ans) peuvent acheter un coupon jeune valable trois jours (*Tre Giorni Giovane*).

Le billet «Laguna Nord» donne droit à un aller sur la ligne LN pour visiter les îles (Murano, Mazzorbo, Burano, Torcello, le Lido). Les départs de la ligne LN se situent à San Zaccaria et sur les Fondamente Nuove.

Sur certains bateaux, il faut acheter un billet pour chaque bagage encombrant et le composter.

LES HORAIRES

Les principales lignes sont desservies toutes les 10 à 20 minutes jusqu'en début de soirée. Le service est réduit après 23 h mais fonctionne toute la nuit. De juin à septembre, les dessertes sont multipliées et certaines lignes sont prolongées. Des horaires sont disponibles dans les principales stations. De mai à septembre, ces bateaux sont très fréquentés.

RENSEIGNEMENTS SUR LES VAPORETTI

ACTV (Bureau d'information)
Piazzale Roma, Venise. **Plan** 5 B1.
Tél 041 2424. **www**.actv.it

LES TRAGHETTI

Les *traghetti* sont de grandes gondoles assurant la traversée du Grand Canal. Peu de touristes utilisent ce moyen économique (50 cents par traversée) et régulier. Les divers points d'embarquement sont indiqués dans l'atlas des rues *(p. 126-135)*. Dans la ville, suivez les panneaux jaunes représentant une petite gondole.

Un *motonave* à deux ponts se rendant à Torcello

LES GONDOLES

Ce moyen de transport luxueux est utilisé par les touristes et par les Vénitiens quand ils se marient. Avant de monter à bord, consultez les tarifs officiels et convenez d'un prix avec le gondolier. Les prix officiels, d'environ 73 euros pour 45 minutes, atteignent 91 euros après 20 h. En basse saison, il est possible de négocier un prix inférieur à la normale.

LES BATEAUX-TAXIS

Pour les touristes pressés et en ayant les moyens, la solution la plus rapide pour se rendre d'un point à un autre est le bateau-taxi. Ce canot à moteur équipé d'une cabine est rapide comme l'éclair : il ne lui faut que 20 minutes pour aller à l'aéroport ou en venir. Il existe 16 stations, dont une à l'aéroport et une au Lido. Prévoyez

Un bateau-taxi

les mêmes suppléments que pour un taxi normal. Quand les *vaporetti* sont en grève, ces taxis sont rares.

BORNES DE BATEAUX-TAXIS

Radio Taxi (tout Venise)
Tél 041 522 23 03.

Piazzale Roma
Plan 5 B1.
Tél 041 71 69 22.

La traversée du Grand Canal à bord d'un traghetto

LES PRINCIPALES LIGNES

① L'*accelerato* est le bateau le plus lent de tous. Il part du piazzale Roma, descend lentement le Grand Canal en s'arrêtant à chaque ponton, puis de San Marco met le cap vers le Lido.

⑧② Cette ligne est celle qui remonte le plus vite le Grand Canal. Avec une extension jusqu'au Lido pendant les mois d'été, elle part de Zaccaria et se dirige vers l'est en continuant vers la rive gauche le long de Giudecca Canale jusqu'au Tronchetto et Piazzale Roma, puis descend vers le Grand Canal en retournant vers Zaccaria.

⑤① ⑤② le 51 et le 52 contournent la périphérie de Venise et prolongent jusqu'au Lido. Le circulaire *Giracittà* propose un tour de Venise.

Ⓝ Partant des Fondamenta Nuove, la ligne dessert les principales îles du nord de la lagune : Murano, Mazzorbo, Burano et Torcello puis passe à Punta Sabbioni et le Lido pour arriver à San Zaccaria.

PRENDRE LE VAPORETTO

1 Les billets s'achètent aux différents arrêts, à bord, et dans certains bars, boutiques et bureaux de tabac arborant le sigle ACTV. Le prix du billet est identique pour une seule section ou le trajet entier. Toutefois certaines lignes sont plus chères.

2 Des panneaux indiquent à chaque arrêt où se situe l'accès au bateau.

3 À moins qu'ils ne soient déjà horodatés, les tickets doivent être compostés avant le départ dans les appareils automatiques prévus à cet effet à chaque arrêt. Les contrôleurs sont rares et il est donc extrêmement facile de ne pas composter son ticket. Cependant, les passagers pris sans billet validé reçoivent des amendes très élevées.

4 À l'avant du bateau, un tableau indique le numéro de la ligne et les arrêts. (Ne tenez pas compte des numéros noirs sur la coque.)

5 La destination de chaque bateau est clairement indiquée sur des panneaux. Beaucoup d'arrêts comportent un double embarcadère et il est très facile, surtout lorsqu'il y a foule et que vous ne pouvez voir où se dirige le bateau, de monter sur le bateau allant dans la mauvaise direction. Il convient de bien regarder d'où il vient.

Index

Remerciements

L'éditeur remercie les organismes, les institutions et les particuliers suivants dont la contribution a permis la préparation de cet ouvrage.

AUTEURS

Paul Duncan est historien de l'art et de l'architecture. Il est l'auteur d'un guide sur la Sicile et sur les villes perchées d'Italie.

Tim Jepson, ancien correspondant à Rome du *Sunday Telegraph*, est l'auteur de guides sur la Toscane, l'Ombrie, Rome et Venise et sur l'Italie, *Italy by Train* et *Wild Italy*, un ouvrage sur les réserves naturelles.

Andrew Gumbel, ancien correspondant à Rome de Reuters, est l'auteur de nombreux guides. Il est aujourd'hui correspondant à Rome pour *The Independent.*

Christopher Catling, auteur de guides sur Florence et la Toscane, la Vénétie et les lacs italiens, s'intéresse particulièrement à l'archéologie.

Sam Cole, correspondant à Rome de Reuters, a vécu plusieurs années dans cette ville. Il a également apporté sa contribution à la rédaction de guides sur Rome et le Latium.

Autres collaborateurs

Dominic Robertson, Mick Hamer, Richard Langham Smith.

Photographies d'appoint

Giuseppe Carfagna & Associati, Peter Chadwick, Andy Crawford, Philip Dowell, Mike Dunning, Philip Enticknap, Steve Gorton, Dave King, Neil Mersh, Roger Moss, Poppy, Kim Sayer, James Stevenson, Clive Streeter, David Ward, Matthew Ward.

Illustrations d'appoint

Andrea Corbella, Richard Draper, Kevin Jones Associates, Chris Orr and Associates, Robbie Polley, Martin Woodward.

Recherche cartographique

Jane Hugill, Samantha James, Jennifer Skelley.

Collaboration artistique et éditoriale

Gillian Allan, Gaye Allen, Douglas Amrine, Emily Anderson, Tessa Bindloss, Hilary Bird, Sally-Ann Bloomfield, Samantha Borland, Isabel Boucher, Hugo Bowles, Caroline Brooke, Paola Cacucciola, Stefano Cavedoni, Margaret Chang, Elspeth Collier, Sherry Collins, Lucinda Cooke, Cooling Brown, Michelle Crane, Gary Cross, Felicity Crowe, Peter Douglas, Mandy Dredge, Stephanie Driver, Michael Ellis, Adele Evans, Danny Farnham, Jackie Gordon, Angela-Marie Graham, Caroline Greene, Vanessa Hamilton, Sally-Ann Hibbard, Tim Hollis, Gail Jones, Steve Knowlden, Leonie Loudon, Siri Lowe, Sarah Martin, Georgina Matthews, Ferdie McDonald, Ian Midson, Rebecca Milner, Adam Moore, Jennifer Mussett, Alice Peebles, Tamsin Pender, Gillian Price, David Pugh, Jake Reimann, David Roberts, Evelyn Robertson, Carolyn Ryden, Simon Ryder, Giuseppina Russo, Alison Stace, Hugh Thompson, Jo-Ann Titmarsh, Elaine Verweymeren, Ingrid Vienings, Karen Villabona, Stewart J Wild, Veronica Wood.

Crédits photographiques

L'éditeur remercie les responsables qui ont autorisé la prise de vues dans leur établissement : Assessorato Beni Culturali Comune di Padova. Le Soprintendenze Archeologiche di Agrigento, di Enna, di Etruria Meridionale, per il Lazio, di Napoli, di Pompei, di Reggio Calabria e di Roma.
Le Soprintendenze per i Beni Ambientali e Architettonici di Bolzano, di Napoli, di Potenza, della Provincia di Firenze e Pistoia, di Ravenna, di Roma, di Siena e di Urbino. Le Soprintendenze per i Beni Ambientali, Architettonici, Artistici e Storici di Caserta, di Cosenza, di Palermo, di Pisa, di Salerno e di Venezia. Le Soprintendenze per i Beni Artistici e Storici della Provincia di Firenze e Pistoia, di Milano e di Roma. L'éditeur exprime également sa reconnaissance à tous ceux qui ont autorisé la prise de vues dans les églises, musées, hôtels, restaurants, magasins, galeries et sites, trop nombreux pour être tous cités.

Abréviations utilisées

h = en haut ; hc = en haut au centre ; hcd = en haut au centre à droite ; hd = en haut à droite ; hg = en haut à gauche ; c = au centre ; ch = au centre en haut ; chg = au centre en haut à gauche ; cd = au centre à droite ; cg = au centre à gauche ; cb = au centre en bas ; cdb = au centre à droite en bas ; cbg = au centre en bas à gauche ; b = en bas ; bc = en bas au centre ; bd = en bas à droite ; bg = en bas à gauche.

L'éditeur remercie pour leur aide les personnes et organismes suivants : Eric Crighton: 83 chd, FIAT : 220 c, Gucci Ltd : 39 cd, Prada, Milan : 39 c, Musée national archéologique, Naples : 495 b, Musée national maritime 40 c, Royal Botanic Gardens, Kew : 83 ch, Musée des sciences : 40 chg, Telecom Italia : 670 ch.

L'éditeur exprime également sa reconnaissance aux particuliers, sociétés et bibliothèques qui ont autorisé la reproduction de leurs photographies :

ACCADEMIA ITALIANA : Sue Bond 495 c ; AFE, Rome : 38 cbg, 38 cb, 39 hg ; Giuseppe Carfagna 194 b, 202 b, 218 hg, 218 b, 218 hg, 224 b, 225 h, 235 h ; Claudio Cerquetti 68 h, 69 bg, 69 h ; Enrico Martino 58 cg, 66 hd ; Roberto Merlo 236 b, 239 h, 239 b ; Piero Servo 267 h, 296 b ; Gustavo Tomsich 227 b ; ARCHIVIO APT MONREGALESE 229 h ; ACTION PLUS : Mike Hewitt 70 ch ; Glyn Kirk 71 hd ; ALAMY IMAGES : CullbolImages srl 11 bg ; Adriano Bacchella 181 hd ; Enrico Caracciolo 249 c ; kgphotography 79cg ; Goodshoot 12 hd ; ALITALIA : 672 h, 672 b ; ALLSPORT Mark Thompson : 71 hg ; ANCIENT ART AND ARCHITECTURE : 43 h, 481 bd ; ARCHIV FÜR KUNST UND GESCHICHTE, Londres : 28 bg, 34 b, *Rossini* (1820), Camuccini, Museo Teatrale alla Scala, Milan 36 bd, 37 bg, 41 bd, *Le pape Sixte IV inaugurant la bibliothèque vaticane*, Melozzo da Forlì (1477), Pinacoteca Vaticana, Rome 43, 44 hg, *Statue d'Auguste de la Prima Posta* (Iᵉʳ siècle apr. J.-C.) 41 hg, *La Donation de Constantin* (1246), Oratorio di San Silvestro, Rome 50 cg, *Frédéric Barberousse vêtu en croisé* (1188), Biblioteca Apostolica Vaticana, Rome 53 bg, 56 hg, *Le Christ remettant les clés à saint Pierre*, le Pérugin (1482), Chapelle Sixtine, Vatican, Rome 56 chg, 56 bg, *Machiavel*, Santi di Tito, Palazzo Vecchio, Florence 57 bd, *Andrea Palladio*, Meyer 58 cb, *Goethe dans la campagne romaine*, Tischbein (1787), Stadelsches Kunstinstitut, Francfort 60 cg, *Carnaval vénitien au XVIIIᵉ siècle*, Anon (XIXᵉ siècle) 60 cbg, *Napoléon franchissant les Alpes*, David, Schloss Charlottenburg, Berlin 61 cd, 61 bg, 106 h, 106 b, 199 h, 366-367, 466 b, *Archimède*, Museo Capitolino, Rome 481 bg, 505 h, 509 c ; Stefan Diller *Songe d'Innocent III* (1295-1300), San Francesco, Assise 53 hg ; Erich Lessing *Le Margrave Gualtieri de Saluzzo choisit pour femme Griseldis, la fille du pauvre fermier*, di Stefano, Galleria dell'Accademia Carrara, Bergame 38 cdb, *Saint Augustin dans sa cellule recevant la vision de saint Jérôme* (1502), Carpaccio, Chiesa di San Giorgio degli Schiavoni, Venise 57 cd, 222 b, 268 b, 491 b ; ARCHIVIO IGDA, Milan : 204 h, 204 c, 205 b, 521 bg, 521 bd ; EMPORIO ARMANI : 24 cg, 39 hc ; ARTEMIDE, GB Ltd : 39 cbg.

MARIO BETTELLA 535 c, 542 c ; LA BIENNALE DI VENEZIA : 656 cdh ; FRANK BLACKBURN : 267 c ; OSVALDO BÖHM, VENISE : 89 h, 94 c, 111 h ; BRIDGEMAN ART LIBRARY, Londres/New York : Ambrosiana, Milan 183 h ; Bargello, Florence 279 h, 283 c ; Bibliothèque Nationale, Paris : *Marco Polo et ses éléphants et chameaux arrivant à Ormuz dans le golfe Persique*, Livre des Merveilles Fr 2810 f.14v 41 h ; British Museum,

Londres *Vase représentant des pugilistes* 45 hg, *Fiole en verre portant un symbole chrétien* 50 hg, *Vase attique représentant Ulysse et les sirènes*, Stamnos 481 cb ; Galleria dell'Accademia Carrara, Bergame 201 h ; Galleria Borghese, Rome 439 cg ; Galleria degli Uffizi, Florence 26 hg, 29 hg, 29 bd, *Autoportrait*, Raphaël Sanzio d'Urbano 57 bg, 287 b, 289 b ; K & B News Photo, Florence 276 hg ; Santa Maria Novella, Florence 297 b ; Museo Civico, Prato 328 b ; Louvre, Paris *Statuette d'Hercule* 480 h ; Mausoleo di Galla Placidia, Ravenne 268 hd ; Museo di San Marco, Florence 297 b ; Musée d'Orsay, Paris - Giraudon *Les Romains de la Décadence*, Thomas Couture 395 h ; Museo delle Sinopie, Camposanto, Pise 27 cbg ; Palazzo dei Normanni, Palerme *Scènes avec centaures* 523 b ; Pinacoteca di Brera, Milan 198 c, 198 b, 199 h, Private Collection *Théodoric le Grand* (455-526 apr. J.-C.) *roi ostrogoth d'Italie* 50 b ; San Francesco, Arezzo 27 hd ; San Francesco, Assise 355 c ; San Sebastiano, Venise 29 cdb ; San Zaccaria, Venise 33 c, 33 hd, 99 c ; Santa Croce, Florence 284 bg, 285 cb ; Santa Maria Gloriosa dei Frari, Venise 28 hd ; Santa Maria Novella, Florence 27 chg ; Cappella degli Scrovegni, Padoue 27 hd ; Scuola di San Giorgio degli Schiavoni, Venise 120 b ; Staatliche Museen, Berlin *Empereur Septime Sévère* 49 b ; Musées et galeries du Vatican, Rome 421 b ; Walker Art Gallery, Liverpool *Eschyle et Hygie* 480 b ; BRITISH MUSEUM, Londres : 46 cg.

CAPITOLINE MUSEUMM, ROME : 387 cd ; DEMETRIO CARRASCO : 102bd, 682 hd ; CEPHAS PICTURE LIBRARY Mick Rock : 2-3, 23 h, 24 h, 182 hd, 183 b, 183 hd, 242-243, 251 hg, 251 hd, 472-473, 660-661 ; J.-L. CHARMET, Paris : 353 bd, 495 h ; CIGA HOTELS : 91 cb ; FOTO ELIO E STEFANO CIOL : 77 chd, 164 bg, 164 bd, 165 bg, 165 bc, 165 bd ; COMUNE DI ASTI : 68 cg ; STEPHANI COLASANTI : 76 bg ; CORBIS : Bryn Colton 180 chg ; Dave Bartruff 476 chg ; Gerard Degeorge 11 chd ; Owen Franken 248 chg, 249 h, 477 c ; Michelle Garrett 477 h ; John Heseltime 378 chg ; Robert Holmes 79 h ; Reuters/Tony Gentile 379h ; M.-L. Sinibaldi 13 bd ; JOE CORNISH : 22 h, 74 hd, 138, 160 h, 244-245, 314, 364, 461 b, 537 b ; GIANCARLO COSTA : 9 c, 34 h, 35 cd, 35 hd, 35 hg, 75 c, 177 c, 182 hg, 473 c, 553 c, 661 c.

IL DAGHERROTIPO : 676 cg ; Archivio Arte 207 h ; Archivio Storico 35 b, 206 b, 261 b ; Salvatore Barba 506 h ; Alberto Berni 225 bg ; Riccardo Catani 501 b ; Marco Cerruti 178 h, 213 b, 215 b, 216 b ; Antonio Cittadini 189 b, 192 b, 202 h ; Gianni Dolfini 550 b ; Riccardo d'Errico 70 hd, 247 h, 268 c ; Maurizio Fraschetti 493 ; Diane Haines 173 bd, 659 bd ; Maurizio Leoni 67 c ; Marco Melodia, 507 b, 547 h, 658 hg, 658 cg ; Stefano Occhibelli 69 c, 254, 401 bg ; Giorgio

Oddi 247 cd, 252 h, 513 hd ; Bruno Pantaloni 71 bg ; Donato Fierro Perez 533 cb ; Marco Ravasini 170 h, 549 c ; Giovanni Rinaldi 25h, 66 bg, 67 hg, 179 bg, 231 b, 367 h, 373 h, 398 c, 466 c, 482, 474 bl, 482, 499 h, 506 bd, 507 c, 533 cd, 551 h, 551 c ; Lorenzo Scaramella 468 c ; Stefania Servili 172 h ; James Darell : 348 ; CM Dixon : 421 cb ; Chris Donaghue The Oxford Photo Library : 117 h.

Electa : 156 c, 157 c, 157 h ; Empics : 70 hcd, 70 cbg ; John Marsh 70 b ; ET Archive : 36 bc, 45 c, 46 hg, 49 cd, 52 cd-53 cg, 57 hg, 59 hg, 63 b, 481 h, 531 b ; Mary Evans Picture Library : 34 cbg, 35 cg, 41 ch, 62 b, 62 cdb, 63 cd, 64 cb, 80 hd, 245 c, 320 h, 326 h, 391 ch, 393 bg, 409 b, 442 c, 511 cd, 550 h.

Archivio Storico Fiat, Turin : 64 hd ; Ferrari : 38 b ; APT Folignate e Nocera Umbra : 361 h ; avec l'aimable aurisation de la Fondazione Arena di Verona : Gianfranco Fainello 656b ; Werner Forman Archive : 45 bd, 51 hd, 435 bd ; Consorzio Frasassi : 372 b.

Studio Gavirati, Gubbio : 352 c ; APT Genova : Roberto Merlo 238 bg ; Getty Images : The Image Bank/Andrea Pistolesi 78 chg ; Robert Harding World Imagery/John Miller 396, Stone/Simone Huber 657h ; Giraudon, Paris : *Aphrodite persuadant Hélène de suivre Pâris à Troie,* Museo Nazionale di Villa Giulia, Rome 45 cbg, *Pharmacie,* Museo della Civiltà Romana 48 cb, *Grandes chroniques de France ; Couronnement de Charlemagne à Saint-Pierre par Léon III,* Musée Goya, Castres 51 hg, *Prise de Constantinople,* Basilica San Giovanni Evangelista, Ravenne 53 cd, *L'Enfer de Dante commenté par Guiniforte delli Bargisi* (Ms2017 fol 245), Bibliothèque Nationale, Paris 54 cb, *Portrait de saint Ignace de Loyola,* Rubens, Musée Brukenthal, Sibiu 59 ch, *La Flotte de Charles III à Naples le 6 octobre 1759,* Joli de Dipi, Museo del Prado, Madrid 60 hd, *Inauguration de la ligne de chemin de fer Naples-Portici,* Fergola (1839), Museo Nazionale di San Martino, Naples 62 cbg, *Piémontais et Français à la bataille de San-Martino en 1859* Anon, Museo Centrale del Risorgimento, Rome 63 hg, 106 c, 107 h, 199 c, 268 hg ; Alinari-Giraudon : *Miracle de la découverte du corps de saint Marc,* le Tintoret (1568), Pinacothèque Brera, Milan 29 hd, *Autel,* Maison des Vettii, Pompéi 49 cb, *Messe de saint Grégoire le Grand* (Inv 285), Pinacoteca Nazionale, Bologne 51 bg, *Portrait de Victor-Emmanuel II,* Dugoni (1866), Galleria d'Arte Moderna, Palazzo Pitti, Florence 62 hg, 107 b, 198 h, *Louis Gonzague et sa cour,* Andrea Mantegna (1466-1474), Museo di Palazzo Ducale, Mantova 200-201, 287 hg-hd, *Histoire du pape Alexandre III : Construction d'Alexandrie,* Aretino Spinello (1407), Palazzo

Pubblico, Sienne 55 cr ; Alinari-Seat-Giraudon : 227 ; Flammarion-Giraudon : *Poème de Donizo en l'honneur de la reine Matilda,* Biblioteca Apostolica, Vatican 52 ch ; Lauros-Giraudon : *Portrait de Pétrarque* 54 b, *Liber notabilium Philippi Septimi, francorum regis a libris Galieni extractus* (Ms 334 569 fig17), Guy de Pavie (1345), Musée Condé, Chantilly 55 b, *Galerie de vues de la Rome antique,* Pannini (1758), Musée du Louvre, Paris 60 cd-61 cg, *Portrait de l'artiste,* Bernini, collection privée 58 hg, *Quatre anges et les symboles des évangélistes,* 32 33 hcd ; Orsi-Battaglini-Giraudon : *Vierge,* Musée de San Marco, Florence 32 c, *Supplice de Savonarole,* Anon 56 cg ; Jackie Gordon : 677 ; The Ronald Grant Archive: 65 b ; Paramount *Le Parrain III* (1990) 535 b ; Riama *La Dolce Vita* (1960) 65 hg ; TCF *Boccace 70* (1962) 23 cg, *Le Nom de la rose* (1986) 34 chg ; Palazzo Venier dei Leoni, fondation Peggy Guggenheim, Venise : 91 chg.

Photo Halupka : 120 h ; Robert Harding Picture Library : 1 c, 70 hg, 191 b, 270, 390 cg, 414, 419 b, 665 b, 658 b ; Dumrath 216 c, 269 c ; Gavin Hellier 12 cbd ; HP Merton 166, 658 hd ; Roy Rainford 499 cd ; John Heseltine : 467 h ; Michael Holford : 47 ch, 384 b ; Hotel Porta Rossa : 556 h ; Hotel Villa Pagoda : 555 h ; The Hulton Deutsch Collection : 64 bd, 89 chg, 90 chg, 90 bd, 1571 bd, 375 c ; Keystone 64 ch. The Image Bank, Londres : 334 b ; Marcella Pedone 187 b ; Andrea Pistolesi 255 b ; Guido Rossi 14 b, 47 cb ; The Image Bank, Milan : 195 b ; Impact : 315 b ; Index, Florence : 282 c, 327 h, 327 cd ; Istituto e Museo di Storia della Scienza di Firenze : Franca Principe 40 b, 285 c.

Tim Jepson : 351 h.

Frank Lane Picture Agency : 216 h, 217 h, 217 c, 217 b ; M Melodia/Panda 506 ch.

Magnum, Londres : Abbas 65 cbg ; The Mansell Collection : 52 cg, 393 hg ; Marconi Ltd 40 h ; Marka : L Barbazza 97 hd ; E Cerretelli 121 b ; M Motta 667 h ; Masterstudio, Pescara : 504 c ; Su concessione del Ministero per i Beni Culturali e Ambienti, *La Cène* de Léonard de Vinci 200 b ; Mirror Syndication International : 40 cbg ; Moby Lines : 675 b ; Foto Modena : 266 h, 371 c ; Tony Mott : 465 b, 470 h ; Museo Diocesano di Rossano 520 h.

NHPA : Laurie Campbell 83 cdb ; Gerard Lacz 83 bd ; Silvestris Fotoservice 83 cd ; By courtesy of the National Portrait Gallery, Londres : *Percy Bysshe Shelley* (détail), Amelia Curran (1819) 60 hg ; Grazia Neri : 52 hg ; Marco Bruzzo 68 bd ; Cameraphoto 108 bg ; Marcello Mencarini 88 bd ; Nippon Television Network : 424 c-425 c, 424 h, 242 b-425 bg, 425 h, 425 bd, 426 b ; Peter Noble : 318 h, 336-337, 341 b, 666 b.

L'Occhio di Cristallo/Studio Fotografico di Giorgio Olivero : 229 b ; APT Orvieto : Massimo Roncella 358 h ; Oxford Scientific Films : Stan Osolinski 347 c.

Padoue - Musei Civici - Cappella Scrovegni : 77 cd, 156 h, 156 chg, 156 cbg, 157 chd, 157 cdb, 157 bg ; Padoue - Musei Civici Agli Eremitani : 158 h, 158 c ; Luciano Pedicini - Archivio dell'Arte : 362 b, 404 h, 475 h, 486 hg, 490 h, 490 ch, 490 cb, 490 b, 491 h, 491 ch, 491 cd, 493 h, 530 b ; APT Pesaro - Marches : 554 c ; Pictures Colour Library : 546 b, 548 g ; Andrea Pistolesi : 20 ; PNALM Archive : en association avec www.abruzzonatura.com 506 bc ; Polis Photo Library, Milan : Eugenio Bersani 11 h ; Popperfoto : 64 hg, 65 ch, 65 cb.

Sarah Quill, Venise : 90 h, 94 b, 100 hg.

Retrograph Archive : 37 c ; Rex Features : 37 h ; Steve Wood 39 hd.

Scala Group SpA : 26 b, 27 b, 28 bd, 29 ch, 29 bg, 36 hg, *Portrait de Claudio Monteverdi*, Domenico Feti, Accademia, Venise 36 bg, *Portulan de l'Italie* (xviᵉ siècle), Loggia dei Fenzi, Firenze 291 bg ; Museo Correr, Venise 43 b, *Foie de bronze étrusque*, Museo Civico, Piacenza 44 cg, *Boucles d'oreilles*, Museo Etrusco Guarnacci, Volterra 44 bd, 44 cd-45cg, *Cratère de Pescia Romana*, Museo Archeologico, Grosseto 45 bc, *Vase en terre cuite en forme d'éléphant*, Museo Nazionale, Naples 46 cd, *Cicéron dénonce Catilina*, Palazzo Madama, Rome 47 hg, 47 bg, *Combat de gladiateurs*, Galleria Borghese, Rome 48 h, 48 bd, *Théodelinde fond de l'or pour la nouvelle église* (xvᵉ siècle), Famiglia Zavattari, Duomo, Monza 50 cbg, 50 cd-51 cg, 51 b, *Représentation d'une école sur le relief d'une tombe*, Matteo Gandoni, Museo Civico, Bologne 52 b, *Détail d'un ambon de Frédéric II* (xiiiᵉ siècle), Cattedrale, Bitonto 53 cb, *Guidoriccio da Fogliano pendant le siège de Note Massi*, Simone Martini, Palazzo Pubblico, Sienne 54 cg, 55 hg, *Retour du pape Grégoire XI d'Avignon* Giorgio Vasari, Sala Regia, Vatican 55 cb, 56 bd, 56 cd-57 cg, 57 cdb, *Entretien entre Clément VII et Charles Quint*, Giorgio Vasari, Palazzo Vecchio, Florence 58 chg, *Portrait de Pierluigi da Palestrina*, Istituto dei Padri dell'Oratorio, Rome 58 bd, *Révolte de Masaniello*, Domenico Gargiulo, Museo di San Martino, Naples 59 cdb, 60 bd, 61 hg, 61 cdb, 62 chg, 62 cd-63 cg, 63 cdb, 95 c, 100 c, 448 bd, 146 c, 222 hd, 226 b, 260 h, 263 h, 265 h, 269 h, 274 c, 274 b, 275 h, 276 c, 276 b, 277 h, 277 b, 280, 282 hd, 283 hd, 283 b, 286 h, 286 c, 286 b, 287 ch, 287 cb, 288 h, 288 b, 289 h, 290 c, 291 bg, 292 h, 292 b, 293 h, 293 b, 294 h, 294 c, 295 h, 296 bg, 298 h, 298 cg, 298 chd, 298 cdb, 298 b, 299 h, 299 chg, 299 cbg, 299 cd, 299 bg, 299 bd, 301 bg, 302 hd, 302 hg, 302 c, 303 h, 303 cg, 303 b, 325 c, 325 b, 330 h, 330 chg, 330 c, 330 ch, 330 cd-331 cg, 330 cb,

330 b, 331 cd, 331 cb, 331 cdh, 331 h, 331 b, 332 h, 332 b, 338 b, 340 h, 341 cg, 344 chg, 345 b, 354 h, 354 c, 355 b, 358 b, 359 c, 370 h, 370 b, 371 h, 371 bg, 377 bd, 384 c, 400 bg, 402 h, 404 c, 411 c, 416 hg, 416 c, 416 b, 417 h, 418 b, 419 h, 420 h, 420 cb, 421 c, 423 h, 423 c, 423 b, 427 h, 427 b, 511 c, 513 hg, 529 b, 530 hd, 536 h, 537 h, 538 b, 549 b ; Science Photo Library : 15 h ; Argonne National Laboratory 41 cd ; John Ferro Sims : 24 b, 25 b, 84, 176-177, 365 h, 374-375, 460, 542 b ; Agenzia Sintesi, Rome : 666 hg ; Mario Soster di Alagna : 557 c ; Frank Spooner Pictures : Diffidenti 548 b ; Gamma 65 cd, 65 hd ; Sporting Pictures : 70 cdb, 71 cb, 71 chd ; Tony Stone Images : 83 chg ; Stephen Studd 31 hd, 185 cd ; Agenzia Fotografica Stradella, Milan : Bersanetti 191 c ; Lamberto Caenazzo 546 h ; Francesco Gavazzini 216 c ; F. Giaccone 526 c ; Mozzati 370 cbg ; Massimo Pacifico 507 h ; Ettore Re 499 cdb ; Ghigo Roli 499 b ; Giulio Vegi 533 h ; Amedeo Vergani 210, 214 b, 234 h, 257 h ; SuperStock : age fotostock 379c ; Sygma : 67 hd.

Tasting Italy : Martin Brigdale 659 h ; Tate Gallery Publications : 64 hg ; APT dell'Alta Valle del Tevere : Museo del Duomo 54 hg ; Touring Club of Italy : 204 b, Cresci 534 h ; Archivio Città di Torino Settore Turismo : 221 h, 221 b ; Davide Bogliacino 213 h ; Fototeca APT del Trentino : Foto di Banal 174 h ; Foto di Faganello 173 h, 175 c.

Venice-Simplon Orient Express : 674 hg ; Villa Crespi : 604 b.

Charlie Waite : 21 b ; Edizione White Star : Marcello Bertinetti 85 b ; Giulio Veggi 8-9, 74-75, 139 b ; Fiona Wild : 540-541 ; Peter Wilson : 5 h, 92-93 ; World Pictures : 552-553.

Page de garde (première page)
Joe Cornish : G. cdb, D. c, D. hdc ; Il Dagherrotipo : Marco Melodia G. bg ; Stefano Occhibelli D. hg ; Giovanni Rinaldi D. bg ; James Darell : D. cg ; Robert Harding Picture Library : G. c, H.P. Merton D. chg ; John Ferro Sims : G. hd, D. bc ; Agenzia Fotografica Stradella, Milan : Amedeo Vergani G. hg.

Page de garde (dernière page)
Getty Images : Robert Harding World Imagery/John Miller Ic ; Robert Harding Picture Library : Rolf Richardson G.h.

Couverture
Accademia Italiana : Sue Bond bg ; Getty Images : Taxi/Roger Antrobus image principale.
Dos - Alamy Images : Art Kowalsky chg ; DK Images : John Heseltine bg ; Getty Images : Robert Harding World Imagery/Neil Emerson chg ; Stone/Ian Logan bg ; Stone/Trevor Wood cbg.

Toutes les autres photos © Dorling Kindersley. Pour plus d'informations : www.dkimages.com.

Lexique

En cas d'urgence

Au secours !	**Aiuto !**	*a-iou-to*
Arrêtez !	**Fermate !**	*fèr-ma-té*
Appelez un médecin !	**Chiama un medico !**	*qui-a-ma oun mé-di-co*
Appelez une ambulance !	**Chiama un' ambulanza !**	*qui-a-ma oun am-bou-lan-tsa*
Appelez la police !	**Chiama la polizia !**	*qui-a-ma la po-li-tsi-a*
Appelez les pompiers !	**Chiama i pompieri !**	*qui-a-ma i pom-pi-é-ri*
Où est le téléphone ?	**Dov'è il telefono ?**	*dov-é il té-lé-fo-no ?*
L'hôpital le plus proche ?	**L'ospedale più vicino ?**	*los-pé-da-lé pi-ou vi-tchi-no ?*

L'essentiel

Oui/Non	**Si/No**	*si/no*
S'il vous plaît	**Per favore**	*pèr fa-vo-ré*
Merci	**Grazie**	*gra-tsi-è*
Excusez-moi	**Mi scusi**	*mi scou-zi*
Bonjour	**Buon giorno**	*bouone jor-no*
Au revoir	**Arrivederci**	*a-ri-vé-dèr-tchi*
Bonsoir	**Buona sera**	*bouona sé-ra*
le matin	**la mattina**	*la ma-ti-na*
l'après-midi	**il pomeriggio**	*il po-mé-ri-djio*
le soir	**la sera**	*la sé-ra*
hier	**ieri**	*i-èr-i*
aujourd'hui	**oggi**	*o-dji*
demain	**domani**	*do-ma-ni*
ici	**qui**	*coui*
là	**la**	*la*
Quoi ?	**Quale ?**	*coua-lé ?*
Quand ?	**Quando ?**	*couan-do ?*
Pourquoi ?	**Perchè ?**	*pèr-qué ?*
Où ?	**Dove ?**	*do-vé ?*

Quelques phrases utiles

Comment allez-vous ?	**Come sta ?**	*co-mé-sta ?*
Très bien, merci.	**Molto bene, grazie.**	*mol-to bé-né gra-tsi-é*
Ravi de faire votre connaissance.	**Piacere di conoscerla.**	*pi-a-tchèr-é di co-no-chèr-la*
À bientôt.	**A più tardi.**	*a pi-ou tar-di*
C'est parfait.	**Va bene.**	*va bé-né*
Où est/sont... ?	**Dov'è/Dove sono... ?**	*dov-é/dové so-no ?*
Combien de temps pour aller à... ?	**Quanto tempo ci vuole per andare a... ?**	*couan-to tèm-po tchi vou-o-lé pèr an-dar-é a... ?*
Comment aller à... ?	**Come faccio per arrivare a... ?**	*co-mé fa-tcho pèr arri-var-é a... ?*
Parlez-vous français ?	**Parla francese ?**	*par-la frane-tché-sé ?*
Je ne comprends pas.	**Non capisco.**	*none ca-pi-sco*
Pourriez-vous parler plus lentement, SVP ?	**Può parlare più lentamente, per favore ?**	*pou-ou lèn-ta-mèn-té pèr fa-vo-ré ?*
Excusez-moi.	**Mi dispiace.**	*mi dis-pi-a-tché*

Quelques mots utiles

grand	**grande**	*grane-dé*
petit	**piccolo**	*pi-co-lo*
chaud	**caldo**	*cal-do*
froid	**freddo**	*fréd-do*
bon	**buono**	*bouo-no*
mauvais	**cattivo**	*cat-ti-vo*
assez	**basta**	*bas-ta*
bien	**bene**	*bé-né*
ouvert	**aperto**	*a-pèr-to*
fermé	**chiuso**	*qui-ou-so*
à gauche	**a sinistra**	*a si-ni-stra*
à droite	**a destra**	*a dèss-tra*
tout droit	**sempre diritto**	*sèm-pré diri-to*
près	**vicino**	*vi-tchi-no*
loin	**lontano**	*lone-ta-no*
en haut	**su**	*sou*
en bas	**giù**	*djou*
tôt	**presto**	*prèss-to*
tard	**tardi**	*tar-di*
entrée	**entrata**	*ène-tra-ta*
sortie	**uscita**	*ou-chi-ta*
les toilettes	**il gabinetto**	*il ga-bi-nèt-to*
libre	**libero**	*li-bè-ro*
gratuit	**gratuito**	*gra-tou-i-to*

Au téléphone

Je voudrais l'interurbain.	**Vorrei fare una interurbana.**	*vor-reil far-é ouna ine-tèr-our-ba-na*
Je voudrais téléphoner en P.C.V.	**Vorrei fare una telefonata a carico del destinatario.**	*vor-reil far-é ouna té-lé-fo-na-ta a ca-ri-co dèl dès-ti-na-ta-rio*
Je rappellerai plus tard.	**Ritelefono più tardi.**	*ri-té-lé-fo-no pi-ou tar-dé*
Puis-je laisser un message ?	**Posso lasciare un messaggio ?**	*poss-o lach-a-ré oun mess-sa-djio ?*
Ne quittez pas.	**Un attimo, per favore.**	*oun a-tti-mo pèr fa-vo-ré*
Pourriez-vous parler plus fort ?	**Può parlare più forte, per favore ?**	*pou-ou par-la-ré pi-ou for-té, pèr fa-vo-ré*
Appel local	**la telefonata locale**	*la té-lé-fo-na-ta lo-ca-lé*

Le shopping

Combien cela coûte-t-il ?	**Quant'è, per favore ?**	*couane-té pèr fa-vo-ré ?*
Je voudrais...	**Vorrei...**	*vor-reil*
Avez-vous... ?	**Avete... ?**	*a-vé-té... ?*
Je ne fais que regarder.	**Sto soltanto guardando.**	*sto sol-tan-to gouar-dan-do*
Acceptez-vous les cartes de crédit ?	**Accettate carte di credito ?**	*a-tché-ta-té car-té di cré-di-to ?*
À quelle heure ouvrez-vous/ fermez-vous ?	**A che ora apre/ chiude ?**	*a qué or-a a-pré/ qui-ou-dé ?*
ceci	**questo**	*couè-sto*
cela	**quello**	*couèl-o*
cher	**caro**	*car-o*
bon marché	**a buon prezzo**	*a bouon prêt-so*
la taille (vêtements)	**la taglia**	*la ta-li-a*
la pointure	**il numero**	*il nou-mé-ro*
blanc	**bianco**	*bi-ane-co*
noir	**nero**	*né-ro*
rouge	**rosso**	*ross-o*
jaune	**giallo**	*djial-o*
vert	**verde**	*vèr-dé*
bleu	**blu**	*blou*
brun	**marrone**	*mar-ro-né*

Les magasins

l'antiquaire	**l'antiquario**	*lane-ti-coua-ri-o*
le boulanger	**la panetteria**	*la pa-nèt-tèr-ri-a*
la banque	**la banca**	*la bang-ca*
la librairie	**la libreria**	*la li-bré-ri-a*
le boucher	**la macelleria**	*la ma-tchèl-é-ri-a*
la pâtisserie	**la pasticceria**	*la pas-ti-kèr-i-a*
la pharmacie	**la farmacia**	*la far-ma-tchi-a*
le grand magasin	**il grande magazzino**	*il grane-dé ma-ga-dzi-no*
l'épicerie fine	**la salumeria**	*la sa-lou-mé-ri-a*
la poissonnerie	**la pescheria**	*la pés-kè-ri-a*
le fleuriste	**il fioraio**	*il fi-or-ail-o*
le marchand de légumes	**il fruttivendolo**	*il frou-ti-vène-do-lo*
l'épicier	**alimentari**	*a-li-mène-ta-ri*
le coiffeur	**il parrucchiere**	*il par-ou-ki-èr-é*
le glacier	**la gelateria**	*la dgé-la-tèr-ri-a*
le marché	**il mercato**	*il mèr-ca-to*
le marchand de journaux	**l'edicola**	*lé-di-co-la*
la poste	**l'ufficio postale**	*lou-fi-tcho pos-ta-lé*
le marchand de chaussures	**il negozio di scarpe**	*il né-go-tsio- di scar-pé*
le supermarché	**il supermercato**	*il sou-pèr-mèr-ca-to*
le débit de tabac	**il tabaccaio**	*il ta-bak-ail-o*
l'agence de voyages	**l'agenzia di viaggi**	*la-djen-tsi-a di vi-ad-ji*

Le tourisme

le musée	**la pinacoteca**	*la pina-co-té-ca*
l'arrêt de bus	**la fermata dell'autobus**	*la fèr-ma-ta dèl aou-to-bouss*
l'église	**la chiesa**	*la qui-é-za*
	la basilica	*la ba-sil-i-ca*
le jardin	**il giardino**	*il djiar-di-no*
la bibliothèque	**la biblioteca**	*la bi-bli-o-té-ca*
le musée	**il museo**	*il mou-sé-o*
la gare	**la stazione**	*la sta-tsi-o-né*
l'office du tourisme	**l'ufficio turistico**	*tou-ri-sti-co*
fermé les jours fériés	**chiuso per la festa**	*qui-ou-so pèr la fês-ta*

À l'hôtel

Avez-vous une chambre libre ?	**Avete camere libere ?**	a-vé-té ca-mé-ré li-bé-ré ?
une chambre pour deux personnes	**una camera doppia**	ouna ca-mé-ra do-pi-a
avec un grand lit	**con letto matrimoniale**	cone lét-to ma-tri-mo-ni-a-lé
une chambre à deux lits	**una camera con due letti**	ouna ca-mé-ra cone dou-é lét-ti
une chambre pour une personne	**una camera singola**	ouna ca-mé-ra sing-go-la
une chambre avec bain, douche	**una camera con bagno, con doccia**	ouna ca-mé-ra cone ban-io, cone dot-tcha
le portier	**il facchino**	il fa-qui-no
la clef	**la chiave**	la qui-a-vé
J'ai réservé une chambre.	**Ho fatto una prenotazione.**	ho fat-to ouna pré-no-ta-tsi-o-né

Au restaurant

Avez-vous une table pour…?	**Avete una tavola per… ?**	a-vé-té ouna ta-vo-la pèr… ?
Je voudrais réserver une table.	**Vorrei riservare una tavola.**	vor-rei ri-sèr-va-ré ouna ta-vo-la
le petit déjeuner	**colazione**	co-la-tsi-o-né
le déjeuner	**pranzo**	prane-tso
le dîner	**cena**	ché-na
L'addition, s'il vous plaît.	**Il conto, per favore.**	il cone-to pèr fa-vor-é
Je suis végétarien/ne.	**Sono vegetariano/a.**	so-no vé-gé-tar-i-a-no/na
la serveuse	**cameriera**	ca-mé-ri-èr-a
le garçon	**cameriere**	ca-mé-ri-è-ré
menu à prix fixe	**il menù a prezzo fisso**	il mé-nou a prèt-so fi-so
le plat du jour	**piatto del giorno**	pi-a-to dèl jor-no
l'apéritif	**antipasto**	ane-ti-pas-to
l'entrée	**il primo**	il pri-mo
le plat principal	**il secondo**	il sé-cone-do
la garniture	**il contorno**	il cone-tor-no
le dessert	**il dolce**	il dol-ché
le supplément couvert	**il coperto**	il co-pèr-to
la carte des vins	**la lista dei vini**	la lis-ta dèi vi-ni
saignant	**al sangue**	al sangue-goué
à point	**al puntino**	al poune-ti-no
bien cuit	**ben cotto**	bèn cote-to
le verre	**il bicchiere**	il bi-qui-ér-é
la bouteille	**la bottiglia**	la bot-til-ia
le couteau	**il coltello**	il col-tèl-o
la fourchette	**la forchetta**	la for-quèt-ta
la cuillère	**il cucchiaio**	il cou-qui-aille-o

Lire le menu

l'abbacchio	la-baqu-qui-o	l'agneau
l'aglio	lal-io	l'ail
il carciofo	il car-tchoff-o	l'artichaut
la melanzana	la mé-lane-tsa-na	l'aubergine
il burro	il bour-o	le beurre
la birra	la bir-ra	la bière
la bistecca	la bi-stèque-ca	le bifteck
il manzo	il mane-tso	le bœuf
lesso	léss-o	bouilli
il brodo	il bro-do	le bouillon
il caffè	il ca-fè	le café
l'anatra	la-na-tra	le canard
i funghi	i foun-gi	les champignons
gli zucchini	li dzou-qui-ni	les courgettes
il gelato	il gé-la-to	la crème glacée
i gamberi	i gam-bèr-i	les crevettes
l'acqua	la-coua	l'eau
l'acqua minerale gasata/ naturale	la-coua mi-nèr-a-lé ga-za-ta/ na-tou-ra-lé	l'eau minérale pétillante/ plate
al forno	al for-no	au four
le fragole	lé fra-go-lé	les fraises
patatine fritte	pa-ta-ti-né fri-té	les frites
il formaggio	il for-mad-djio	le fromage
frutta fresca	frou-ta frés-ca	le fruit frais
frutti di mare	frou-ti di ma-ré	les fruits de mer
la torta	il tor-ta	le gâteau
alla griglia	a-la gril-ia	grillé
i fagioli	i fa-djio-li	les haricots
l'aragosta	la-ra-goss-ta	le homard
l'olio	lol-io	l'huile
il prosciutto cotto/crudo	il pro-chou-to cot-to/crou-do	le jambon cuit/cru

succo d'arancia/ di limone	sou-co da-ran-tcha/ di li-mo-né	jus d'orange/ de citron
il latte	il la-té	le lait
i legumi	i lé-gou-mi	les légumes
l'uovo	lou-o-vo	l'œuf
la cipolla	la tchi-pol-a	l'oignon
l'oliva	lo-li-va	l'olive
l'arancia	la-ran-tcha	l'orange
il pane	il pa-né	le pain
le vongole	lé vone-go-lé	les palourdes
la pesca	la pès-ca	la pêche
il panino	il pa-ni-no	le petit pain
il pesce	il pésch-é	le poisson
il pepe	il pé-pé	le poivre
la mela	la mé-la	la pomme
le patate	le pa-ta-té	les pommes de terre
carne di maiale	car-né di maï-ya-lé	le porc
il pollo	il poll-o	le poulet
l'uva	lou-va	le raisin
il riso	il ri-zo	le riz
arrosto	ar-ross-to	rôti
la salsiccia	la sal-si-tcha	la saucisse
secco	séc-co	sec
il sale	il sa-lé	le sel
l'insalata	line-sa-la-ta	la salade
la zuppa,	la tsou-pa	la soupe
la minestra	la mi-nès-tra	
lo zucchero	lo tsou-quèr-o	le sucre
il tè	il té	le thé
il tonno	il ton-no	le thon
la tisana	la ti-sa-na	la tisane
il pomodoro	il po-mo-dor-o	la tomate
il vitello	il vi-tèl-o	le veau
la carne	la car-né	la viande
vino bianco	vi-no bi-ang-co	le vin blanc
vino rosso	vi-no-ross-o	le vin rouge
l'aceto	la-tché-to	le vinaigre

Les nombres

1	**uno**	ou-no
2	**due**	dou-é
3	**tre**	tré
4	**quattro**	couat-ro
5	**cinque**	tching-coué
6	**sei**	seille
7	**sette**	sét-é
8	**otto**	ot-to
9	**nove**	no-vé
10	**dieci**	di-é-tchi
11	**undici**	oune-di-tchi
12	**dodici**	do-di-tchi
13	**tredici**	tré-di-tchi
14	**quattordici**	coua-tor-di-tchi
15	**quindici**	couin-di-tchi
16	**sedici**	séi-di-tchi
17	**diciassette**	di-tcha-sét-té
18	**diciotto**	di-tchot-to
19	**diciannove**	di-tcha-no-vé
20	**venti**	vèn-ti
30	**trenta**	trèn-ta
40	**quaranta**	coua-ran-ta
50	**cinquanta**	tching-couan-ta
60	**sessanta**	séss-an-ta
70	**settanta**	sét-tan-ta
80	**ottanta**	ot-tan-ta
90	**novanta**	no-van-ta
100	**cento**	tchèn-to
1 000	**mille**	mi-lé
2 000	**duemila**	dou-é-mi-la
5 000	**cinquemila**	tching-coué mi-la
1 000 000	**un milioneo**	un mil-io-né

Le jour et l'heure

une minute	**un minuto**	oun mi-nou-to
une heure	**un'ora**	oun or-a
une demi-heure	**mezz'ora**	médz-or-a
un jour	**un giorno**	oun djor-no
une semaine	**una settimana**	ouna sét-ti-ma-na
lundi	**lunedì**	lou-né-di
mardi	**martedì**	mar-té-di
mercredi	**mercoledì**	mèr-co-lé-di
jeudi	**giovedì**	djio-vé-di
vendredi	**venerdì**	vén-èr-di
samedi	**sabato**	sa-ba-to
dimanche	**domenica**	do-mé-ni-ca

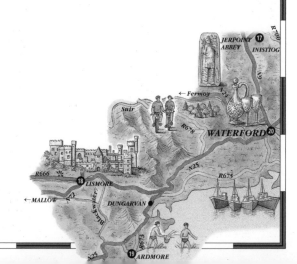

Le centre de Rome

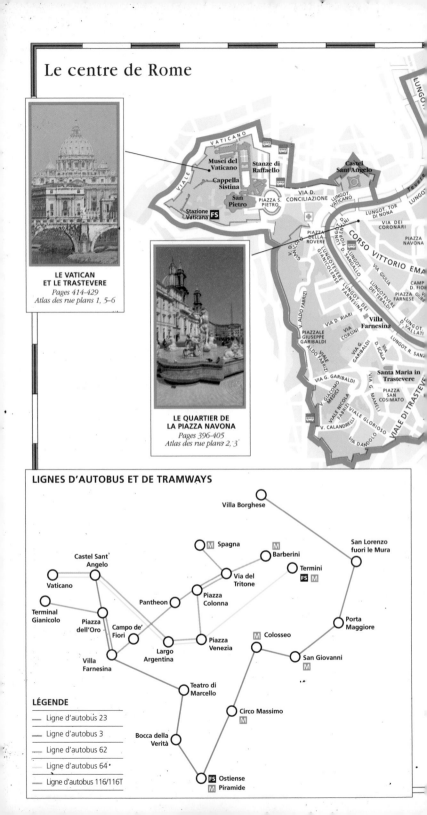

**LE VATICAN
ET LE TRASTEVERE**
*Pages 414-429
Atlas des rue plans 1, 5–6*

**LE QUARTIER DE
LA PIAZZA NAVONA**
*Pages 396-405
Atlas des rue plans 2, 3*

LIGNES D'AUTOBUS ET DE TRAMWAYS

Villa Borghese

M Spagna

M Barberini

Via del Tritone

Termini
FS M

San Lorenzo fuori le Mura

Castel Sant' Angelo

Vaticano

Pantheon

Piazza Colonna

Terminal Gianicolo

Piazza dell'Oro

Campo de' Fiori

Largo Argentina

Piazza Venezia

M Colosseo

Porta Maggiore

Villa Farnesina

San Giovanni
M

Teatro di Marcello

Circo Massimo
M

Bocca della Verità

FS Ostiense
M Piramide

LÉGENDE

— Ligne d'autobus 23

— Ligne d'autobus 3

— Ligne d'autobus 62

— Ligne d'autobus 64

— Ligne d'autobus 116/116T